OPÇÕES, FUTUROS
E OUTROS
DERIVATIVOS

H913o   Hull, John C.
        Opções, futuros e outros derivativos / John C. Hull ; tradução: Francisco Araújo da Costa ; revisão técnica: Guilherme Ribeiro de Macêdo. – 9. ed. – Porto Alegre : Bookman, 2016.
        xxvi, 968 p. : il. ; 25 cm.

        ISBN 978-85-8260-392-5

        1. Finanças. 2. Mercado financeiro. 3. Mercados de opções. I. Título.

        CDU 336.012.23

Catalogação na publicação: Poliana Sanchez de Araujo – CRB 10/2094

John C. Hull
Professor de Derivativos e Gerenciamento de Risco
Universidade de Toronto

OPÇÕES, FUTUROS E OUTROS DERIVATIVOS
9ª EDIÇÃO

Tradução:
Francisco Araújo da Costa

Revisão técnica:
Guilherme Ribeiro de Macêdo
Doutor em Administração pela UFRGS – Ênfase em Finanças
Professor da Escola de Administração da UFRGS e do
Programa de Pós-Graduação em Economia da UFRGS

2016

Obra originalmente publicada sob o título
Options, Futures, and Other Derivatives, 9th Edition
ISBN 9780133456318

© 2015, Pearson Education Inc.
Tradução autorizada a partir do original em língua inglesa da obra publicado por Pearson Education, Inc., sob o selo Prentice Hall.

Gerente editorial: *Arysinha Jacques Affonso*

Colaboraram nesta edição:

Editora: *Maria Eduarda Fett Tabajara*

Capa: *Márcio Monticelli*

Leitura final: *Augusto Quenard e equipe interna Bookman*

Editoração: *Techbooks*

Reservados todos os direitos de publicação, em língua portuguesa, à
BOOKMAN EDITORA LTDA., uma empresa do GRUPO A EDUCAÇÃO S.A.
Av. Jerônimo de Ornelas, 670 – Santana
90040-340 – Porto Alegre – RS
Fone: (51) 3027-7000   Fax: (51) 3027-7070

Unidade São Paulo
Av. Embaixador Macedo Soares, 10.735 – Pavilhão 5 – Cond. Espace Center
Vila Anastácio – 05095-035 – São Paulo – SP
Fone: (11) 3665-1100   Fax: (11) 3667-1333

SAC 0800 703-3444 – www.grupoa.com.br

É proibida a duplicação ou reprodução deste volume, no todo ou em parte, sob quaisquer formas ou por quaisquer meios (eletrônico, mecânico, gravação, fotocópia, distribuição na Web e outros), sem permissão expressa da Editora.

IMPRESSO NO BRASIL
PRINTED IN BRAZIL

Para Michelle

Apresentação à edição brasileira

Desde a década de 90 quando a primeira edição do livro de derivativos do John C. Hull chegou ao Brasil, a obra é extensamente utilizada por *traders*, analistas e especialistas na área de gestão de riscos. É bastante comum observarmos, em uma visita à *assets*, bancos e mesas corretoras brasileiras, a presença do livro nas estantes destas instituições. E o mesmo ocorre ao redor do mundo. Esse é um livro cuja referência aparece em muitas certificações internacionais.

Além do uso pelo mercado financeiro, o livro também é academicamente impecável pois quando a parte matemática pode "assustar", o autor tem o cuidado de indicar o rigor necessário da modelagem ao final do capítulo. Desta forma, atende tanto a cursos introdutórios quanto aos mais avançados no tema em questão.

E é ainda mais interessante observar que ao longo de nove edições, o livro cresce substancialmente junto com a evolução dos produtos derivativos. Acompanhar todas as edições, desde 1988, é conhecer a história do mercado de capitais, pois percebemos a criação de novos mecanismos de proteção de exposições financeiras ao longo do tempo e entendemos em detalhes os inúmeros casos de escândalos financeiros provenientes do mau uso dos derivativos.

Propus à editora Bookman, junto com a equipe do Instituto Educacional BM&FBOVESPA, a adição de um capítulo exclusivo que aborde os produtos derivativos no mercado brasileiro. Isso se justifica uma vez que, embora a mecânica operacional destes ativos seja a mesma em qualquer lugar do mundo, a especificação contratual é completamente diferente já que se deve levar em conta a existência de mercado local forte, sazonalidade de produtos que depende do clima e vários outros fatores que o capítulo dedicado aos derivativos brasileiros tem o cuidado de apresentar ao leitor.

A elaboração desse capítulo foi possível principalmente à dedicação dos professores e profissionais de mercado: Gilberto de Oliveira Kloeckner, Gustavo de Souza e Silva, Álisson Sávio Silva Siqueira, Tamara Ferreira Schmidt, Tricia Thaíse e Silva Pontes, Érika de Oliveira Dias de Macêdo e Arthur Faviero aos quais fico muito agradecido. Esperamos que o capítulo adicional preencha uma lacuna para os profissionais de mercado de capitais brasileiro ao discutir os novos sistemas de controle de risco da BM&FBOVESPA, sistemas esses que foram implementados nos últimos dois anos e são uma referência mundial.

Derivativos, como o primeiro capítulo explica, são ativos que nasceram para proteger variações de preços e, ao longo dos anos, evoluíram para proteger inúmeras exposições que agentes financeiros, produtores agrícolas, gestores e, inclusive, pessoas físicas assumem em suas transações. Com este argumento, é fácil prever que o livro ainda crescerá muito em número de capítulos pois a recente integralização de mercados, evidenciada principalmente pelas fusões e aquisições de diversas bolsas ao redor do mundo, tornou o mundo financeiro muito mais líquido em relação ao século passado e muito mais exposto à "novos" fatores de risco.

O peso, por exemplo, de países emergentes no mercado financeiro mundial aumentou a procura de *swaps* em moedas antes tidas como exóticas e hoje de aceitação mundial. Outra previsão bastante trivial é que certamente este livro continuará sendo referência no mercado financeiro por ser simples e, ao mesmo tempo, completo.

Como vários termos de mercado são utilizados em inglês, a revisão técnica teve o cuidado de respeitar o uso das expressões nas mesas de negociação e em bancos. É possível que algo tenha sido traduzido quando não deveria, por três motivos: i) mercado descrito no capítulo é restrito à apenas um local e não global; ii) livro muito extenso e; iii) o revisor é humano e não, robô!

Para minimizar o primeiro motivo, tomei o cuidado de consultar especialistas no mercado específico em questão. Para os demais motivos, minimizei com o esforço de várias horas dedicadas à leitura atenta contando com minha experiência de 15 anos no tema, tanto acadêmica como profissionalmente. Aos leitores que encontrarem alguma oportunidade de melhoria, encaminhem o contato para que possamos providenciar, em futuras reimpressões, as correções devidas.

Guilherme Ribeiro de Macêdo
guilherme.macedo@ufrgs.br

Prefácio

Às vezes é difícil acreditar que a primeira edição deste livro, publicada em 1988, tinha apenas 330 páginas divididas em 13 capítulos. O livro cresceu e se adaptou para acompanhar as mudanças rápidas que ocorrem no mercado de derivativos.

Assim como as edições anteriores, este livro atende diversos mercados. Ele é apropriado para cursos de pós-graduação em administração, economia e engenharia financeira. Ele pode ser utilizado em cursos de graduação quando os estudantes têm bons níveis de habilidades quantitativas. Muitos praticantes envolvidos nos mercados de derivativos considerarão o livro proveitoso. Fico muito contente em saber que metade dos compradores deste livro é composta de analistas, traders e outros profissionais que trabalham com derivativos e gestão de riscos.

Uma das principais decisões que o autor precisa tomar quando escreve na área de derivativos é relativa ao uso de matemática. Se o nível de sofisticação matemática é alto demais, o material tende a ser inacessível para muitos estudantes e praticantes. Se é baixo demais, algumas questões importantes inevitavelmente são tratadas de uma maneira muito superficial. Tomei muito cuidado com o modo como utilizo a matemática e as notações neste livro. As demonstrações matemáticas não essenciais foram eliminadas ou incluídas em apêndices no final dos capítulos, enquanto as notas técnicas se encontram em meu site na Internet. Conceitos que os leitores provavelmente não teriam encontrado antes são explicados em detalhes, com a inclusão de diversos exemplos numéricos.

Opções, Futuros e Outros Derivativos pode ser usado em um primeiro curso sobre derivativos ou em uma disciplina mais avançada. O livro tem variadas utilizações em sala de aula. Os instrutores de um curso inicial em derivativos provavelmente desejarão dedicar a maior parte do tempo à primeira metade do livro. Os instrutores de cursos mais avançados poderiam utilizar muitas combinações diferentes de capítulos da segunda metade do volume. Na minha opinião, o material do Capítulo 36 funciona muito bem ao final de um curso introdutório ou de um curso avançado.

Novidades da nona edição

Os materiais foram atualizados e aprimorados em todo o livro. As mudanças na nona edição incluem:

1. Novos materiais em diversos pontos do livro sobre o uso de taxas de *overnight indexed swap* (OIS) para descontos.
2. Um novo capítulo no início do livro sobre taxas de desconto, risco de crédito e custos e de financiamento.

3. Novos materiais sobre a regulamentação de mercados de derivativos de balcão.
4. Mais discussões sobre compensação centralizada, requisitos de marketing e execução de swaps.
5. Cobertura de produtos como opções DOOM e CEBOs oferecidas pelo CBOE.
6. Nova explicação não técnica dos termos nas fórmulas de Black–Scholes–Merton.
7. Cobertura de opções perpétuas e outros derivativos perpétuos.
8. Expansão e atualização dos materiais sobre risco de crédito e derivativos de crédito com os principais produtos e questões introduzidos no início do livro.
9. Cobertura mais completa dos modelos de equilíbrio unifatoriais da estrutura a termo.
10. Melhoria do Banco de Provas, disponível para os instrutores que adotam o livro.
11. Muitos novos problemas no final de cada capítulo.

Software DerivaGem

O software DerivaGem 3.0 é utilizado em vários cálculos deste livro. Ele é composto de dois aplicativos do Excel: o Options Calculator e o Applications Builder. O Options Calculator é composto de software fácil de usar para avaliar uma ampla variedade de opções. O Applications Builder é composto de diversas funções do Excel que os usuários podem utilizar para construir suas próprias aplicações. O software inclui uma amostra de diversas aplicações para que os estudantes possam explorar as propriedades das opções e usar diferentes procedimentos numéricos. O software Applications Builder permite a elaboração de problemas mais interessantes para os alunos. Os estudantes têm acesso ao código das funções.

O DerivaGem 3.00 inclui muitos novos recursos. As opções europeias podem ser avaliadas utilizando os modelos CEV, *modelos de difusão* de Merton e modelo de variância, que serão discutidos no Capítulo 27. É possível executar experimentos de Monte Carlo. As curvas à vista LIBOR e OIS podem ser calculadas a partir de dados de mercado. A versão 3.00 está disponível apenas para leitores da edição original (em inglês). Os leitores brasileiros poderão buscar na Web a versão 2.1, disponível de forma gratuita.

Manual do instrutor

A Bookman disponibiliza o Manual do Instrutor online para os instrutores que adotam o livro. Ele contém soluções para todas as perguntas (incluindo Questões e Problemas e Questões Adicionais), notas pedagógicas sobre cada capítulo, questões do Banco de Provas, observações sobre a organização do curso e algumas planilhas de Excel relevantes. Esse manual está disponível apenas em inglês.

Conteúdo online

Os leitores cadastrados no site do Grupo A encontrarão na página deste livro, no Conteúdo Online, materiais adicionais que incluem um Apêndice sobre o software DerivaGem, uma relação das principais bolsas de opções e futuros e outros materiais de interesse.

Notas técnicas

As Notas Técnicas são utilizadas para expandir questões apresentadas no texto. Elas são citadas no texto do livro e podem ser acessadas através do meu site na Internet:

> www-2.rotman.utoronto.ca/hull/technicalnotes

Ao não incluir as Notas Técnicas neste livro, pude simplificar a apresentação do material de modo a torná-lo mais acessível para os estudantes.

Agradecimentos

Muitas pessoas participaram do desenvolvimento das sucessivas edições deste livro. Na verdade, a lista de pessoas que ofereceram feedback sobre é tão longa que seria impossível mencionar todos os seus membros. Ganhei muito com os conselhos de diversos acadêmicos que lecionaram a partir do livro e dos comentários de diversos praticantes do mercado de derivativos. Gostaria de agradecer os estudantes de minhas disciplinas na Universidade de Toronto, que ofereceram inúmeras sugestões sobre como melhorar o material. Eddie Mizzi, da The Geometric Press, fez um trabalho excelente na edição do manuscrito final e na composição das páginas. Emilio Barone, da Libera Università Internazionale degli Studi Sociali Guido Carli (LUISS) de Roma, ofereceu diversos comentários detalhados.

Alan White, meu colega na Universidade de Toronto, merece um agradecimento especial. Alan e eu realizamos pesquisas e consultorias conjuntas nas áreas de derivativos e gestão de riscos há cerca de 30 anos. Durante esse período, passamos muitas horas conversando sobre os principais temas da área. Muitas das novas ideias neste livro, e muitas das novas maneiras usadas para explicar ideias antigas, vêm de Alan tanto quanto de mim.

Também preciso oferecer um agradecimento especial a muita gente na Pearson, particularmente Donna Battista, Alison Kali e Erin McDonagh, pelo seu entusiasmo, conselhos e incentivo. Ficaria contente em receber os comentários dos leitores sobre este livro. Meu endereço de e-mail é:

> hull@rotman.utoronto.ca

John Hull
Joseph L. Rotman School of Management
Universidade de Toronto

Sumário resumido

1 Introdução 1
2 A mecânica operacional dos mercados futuros 25
3 Estratégias de hedge usando futuros........................ 52
4 Taxas de juros 82
5 Determinação de preços a termo e futuros.................. 111
6 Futuros de taxas de juros 141
7 Swaps... 162
8 A securitização e a crise de crédito de 2007 197
9 Desconto OIS, questões de crédito e custos de financiamento ... 213
10 A mecânica operacional dos mercados de opções............ 227
11 Propriedades das opções sobre ações 250
12 Estratégia de negociação envolvendo opções 271
13 Árvores binomiais 293
14 Processos de Wiener e lema de Itô 323
15 O modelo de Black–Scholes–Merton 343
16 Opções sobre ações para funcionários 380
17 Opções sobre índices de ações e moedas 395
18 Opções sobre futuros 413
19 As letras gregas... 431
20 Sorrisos de volatilidade................................. 466
21 Procedimentos numéricos básicos 486
22 Value at risk 532
23 Estimativas de volatilidades e correlações 561
24 Risco de crédito 585
25 Derivativos de crédito................................... 616
26 Opções exóticas 645
27 Mais sobre modelos e procedimentos numéricos 674
28 Martingales e medidas 708
29 Derivativos de taxas de juros: os modelos de mercado padrões ... 728
30 Ajustamentos para convexidade, tempestividade e quanto... 750
31 Derivativos de taxas de juros: modelos da taxa de curto prazo . 765
32 HJM, LMM e múltiplas curvas à vista 801
33 De volta aos swaps 823
34 Derivativos de energia e de commodities 840
35 Opções reais 858
36 Infortúnios com derivativos e o que podemos aprender com eles ... 872
37 O mercado brasileiro e seus derivativos 886
 Glossário de termos 925
 Software DerivaGem (site Grupo A)
 Principais bolsas de futuros e opções (site Grupo A)
 Tabela de $N(x)$ quando $x \leq 0$ (site Grupo A)
 Tabela de $N(x)$ quando $x \geq 0$ (site Grupo A)
 Índice de autores (site Grupo A)
 Índice 951

Sumário

Capítulo 1 Introdução 1
    1.1 Mercados de bolsa 2
    1.2 Mercados de balcão 3
    1.3 Contratos a termo 6
    1.4 Contratos futuros 8
    1.5 Opções 9
    1.6 Tipos de traders 12
    1.7 Hedgers 12
    1.8 Especuladores 15
    1.9 Arbitradores 17
    1.10 Perigos 18
    Resumo 19
    Leituras complementares 20
    Questões e problemas 20
    Questões adicionais 22

Capítulo 2 A mecânica operacional dos mercados futuros 25
    2.1 Contexto 25
    2.2 Especificação de um contrato futuro 26
    2.3 Convergência de preço futuro e preço à vista 29
    2.4 A operação das contas de margem 30
    2.5 Mercados de balcão 34
    2.6 Cotações de mercado 38
    2.7 Entrega 40
    2.8 Tipos de traders e tipos de ordens 41
    2.9 Regulamentação 43
    2.10 Contabilidade e tributação 44
    2.11 Contratos a termo *versus* futuros 46
    Resumo 47
    Leituras complementares 48
    Questões e problemas 48
    Questões adicionais 50

Capítulo 3 Estratégias de hedge usando futuros 52
    3.1 Princípios básicos 52
    3.2 Argumentos pró e contra o hedge 55
    3.3 Risco de base 57
    3.4 Cross hedging 62
    3.5 Futuros de índices de ações 66
    3.6 Rolagem 72

Resumo 74
Leituras complementares. 75
Questões e problemas 76
Questões adicionais 77
Apêndice. 80
Modelo de precificação de ativos financeiros. 80

Capítulo 4   Taxas de juros 82

4.1 Tipos de taxa. 82
4.2 Medição de taxas de juros 85
4.3 Taxas zero 87
4.4 Apreçamento de títulos 88
4.5 Determinação das taxas zero do tesouro 89
4.6 Taxas forward 92
4.7 Contratos de taxa forward 94
4.8 Duração. 97
4.9 Convexidade 101
4.10 Teorias da estrutura a termo das taxas de juros. 102
Resumo. 105
Leituras complementares. 106
Questões e problemas 106
Questões adicionais 109

Capítulo 5   Determinação de preços a termo e futuros 111

5.1 Ativos de investimento *versus* ativos de consumo 111
5.2 Venda a descoberto 112
5.3 Premissas e notação 113
5.4 Preço a termo para um ativo de investimento 114
5.5 Renda conhecida 117
5.6 Rendimento conhecido 119
5.7 Avaliação de contratos a termo. 120
5.8 Os preços a termos e os preços futuros são iguais? 122
5.9 Preços futuros de índices de ações 123
5.10 Contratos a termo e futuros sobre moedas 125
5.11 Futuros sobre commodities 129
5.12 O custo de carregamento 132
5.13 Opções de entrega 132
5.14 Preços futuros e preços à vista futuros esperados 133
Resumo. 135
Leituras complementares. 136
Questões e problemas 137

Capítulo 6   Futuros de taxas de juros 141

6.1 Convenções de contagem de dias e cotação 141
6.2 Futuros de títulos do tesouro 144
6.3 Futuros de eurodólar 149
6.4 Estratégias de hedge baseadas em
    duração usando futuros. 155
6.5 Hedge de portfólios de ativos e passivos 157
Resumo. 157
Leituras complementares. 158
Questões e problemas 158
Questões adicionais 160

Capítulo 7 Swaps. **162**
    7.1 Mecânica dos swaps de taxas de juros. 163
    7.2 Questões de contagem de dias 169
    7.3 Confirmações 169
    7.4 O argumento da vantagem comparativa. 170
    7.5 A natureza das taxas de swap 174
    7.6 Determinando as taxas zero de swap/Libor 174
    7.7 Avaliação de swaps de taxas de juros. 175
    7.8 Efeitos da estrutura a termo 179
    7.9 Swaps de moeda fixa por fixa 179
    7.10 Avaliação de swaps de moeda fixa por fixa 183
    7.11 Outros swaps de moeda 186
    7.12 Risco de crédito 187
    7.13 Outros tipos de swaps 190
        Resumo 192
        Leituras complementares 192
        Questões e problemas 193
        Questões adicionais 195

Capítulo 8 A securitização e a crise de crédito de 2007 . . . . **197**
    8.1 Securitização 197
    8.2 O mercado imobiliário americano 202
    8.3 O que deu errado? 206
    8.4 O resultado 208
        Resumo 210
        Leituras complementares 211
        Questões e problemas 211
        Questões adicionais 212

Capítulo 9 Desconto OIS, questões de crédito e custos
de financiamento. **213**
    9.1 A taxa livre de risco 214
    9.2 A taxa OIS 215
    9.3 Avaliação de swaps e FRAS com desconto OIS 218
    9.4 OIS *versus* LIBOR: qual é o certo? 220
    9.5 Risco de crédito: CVA e DVA 221
    9.6 Custos de financiamento 223
        Resumo 224
        Leituras complementares 225
        Questões e problemas 225
        Questões adicionais 226

Capítulo 10 A mecânica operacional dos mercados de opções **227**
    10.1 Tipos de opções 227
    10.2 Posições em opções 230
    10.3 Ativos subjacentes 232
    10.4 Especificação de opções sobre ações 233
    10.5 Negociação 238
    10.6 Comissões 239
    10.7 Requerimentos de margem 240
    10.8 Options Clearing Corporation 241
    10.9 Regulamentação 242
    10.10 Tributação 243
    10.11 Warrants, opções sobre ações para funcionários e conversíveis 244

10.12 Mercados de opções de balcão.................................... 245
Resumo.. 245
Leituras complementares.. 246
Questões e problemas.. 247
Questões adicionais.. 248

Capítulo 11 Propriedades das opções sobre ações 250

11.1 Fatores que afetam os preços de opções........................... 250
11.2 Premissas e notação 254
11.3 Limites superiores e inferiores para preços de opções 255
11.4 Paridade put–call 258
11.5 Opções de compra sobre ação que não paga dividendos............. 261
11.6 Opções de venda sobre uma ação que não paga dividendos.......... 263
11.7 Efeito dos dividendos... 266
Resumo... 267
Leituras complementares.. 268
Questões adicionais... 269

Capítulo 12 Estratégia de negociação envolvendo opções 271

12.1 Notas com principal protegido..................................... 272
12.2 Negociação de uma opção e do ativo subjacente 273
12.3 Spreads 275
12.4 Combinações 284
12.5 Outros resultados 287
Resumo... 288
Leituras complementares.. 289
Questões e problemas.. 289
Questões adicionais... 290

Capítulo 13 Árvores binomiais 293

13.1 Um modelo binomial de um passo e um argumento sem arbitragem 293
13.2 Avaliação *risk-neutral*... 297
13.3 Árvores binomiais de dois passos.................................. 300
13.4 Um exemplo de opção de venda..................................... 303
13.5 Opções americanas 304
13.6 Delta 305
13.7 Correspondência da volatilidade com *u* e *d* 306
13.8 As fórmulas de árvores binomiais.................................. 308
13.9 Aumentando o número de passos 308
13.10 Usando o DerivaGem 310
13.10 Opções sobre outros ativos....................................... 310
Resumo... 314
Leituras complementares.. 315
Questões e problemas.. 315
Questões adicionais... 317
Apêndice: Derivação da fórmula de apreçamento de opções de Black–Scholes–Merton a partir de uma árvore binomial 319

Capítulo 14 Processos de Wiener e lema de Itô 323
- 14.1 A propriedade de Markov 323
- 14.2 Processos estocásticos de tempo contínuo 324
- 14.3 O processo para um preço de ação 330
- 14.4 Os parâmetros 333
- 14.5 Processos correlacionados 334
- 14.6 Lema de Itô 335
- 14.7 A propriedade lognormal 336
  - Resumo 337
  - Leituras complementares 338
  - Questões e problemas 338
  - Questões adicionais 340
  - Apêndice: Derivação do lema de Itô 341

Capítulo 15 O modelo de Black–Scholes–Merton 343
- 15.1 A propriedade lognormal dos preços de ações 344
- 15.2 A distribuição da taxa de retorno 346
- 15.3 O retorno esperado 347
- 15.4 Volatilidade 348
- 15.5 A ideia por trás da equação diferencial de Black–Scholes–Merton 352
- 15.6 Derivação da equação diferencial de Black–Scholes–Merton 354
- 15.7 Avaliação *risk-neutral* 357
- 15.8 Fórmulas de apreçamento de Black–Scholes–Merton 359
- 15.9 Função de distribuição normal cumulativa 362
- 15.10 Warrants e opções sobre ações para funcionários 363
- 15.11 Volatilidades implícitas 365
- 15.12 Dividendos 367
  - Resumo 370
  - Leituras complementares 371
  - Questões e problemas 372
  - Questões adicionais 375
  - Apêndice: Prova da fórmula de Black–Scholes–Merton usando avaliação *risk-neutral* 377

Capítulo 16 Opções sobre ações para funcionários 380
- 16.1 Arranjos contratuais 381
- 16.2 As opções alinham os interesses de acionistas e gerentes? 382
- 16.3 Questões de contabilidade 383
- 16.4 Avaliação 385
- 16.5 Escândalos de antedatação 390
  - Resumo 391
  - Leituras complementares 392
  - Questões e problemas 392
  - Questões adicionais 393

Capítulo 17 Opções sobre índices de ações e moedas 395
- 17.1 Opções sobre índices de ações 395
- 17.2 Opções de moeda 398
- 17.3 Opções sobre ações que pagam rendimentos em dividendos conhecidos 400
- 17.4 Avaliação de opções sobre índices de ações europeias 403
- 17.5 Avaliação de opções de moeda europeias 406
- 17.6 Opções americanas 407

Resumo... 408
Leituras complementares... 409
Questões e problemas.. 409
Questões adicionais... 411

Capítulo 18 Opções sobre futuros 413

18.1 Natureza das opções sobre futuros............................. 413
18.2 Razões para a popularidade das opções sobre futuros.......... 416
18.3 Opções sobre à vista e sobre futuros europeias............... 417
18.4 Paridade Put–Call... 417
18.5 Limites para opções sobre futuros............................ 419
18.6 Avaliação de opções sobre futuros usando árvores binomiais.. 420
18.7 Drift de um preço futuro em um mundo *risk-neutral*......... 422
18.8 Modelo de Black para avaliar opções sobre futuros........... 423
18.9 Opções sobre futuros americanas *versus* opções sobre preço à vista de opções americanas... 425
18.10 Opções com ajuste... 426
Resumo.. 427
Leituras complementares... 428
Questões e problemas.. 428
Questões adicionais... 429

Capítulo 19 As letras gregas 431

19.1 Ilustração... 431
19.2 Posições cobertas e a descoberto............................. 432
19.3 Uma estratégia de stop-loss.................................. 433
19.4 Delta hedge.. 435
19.5 Teta... 442
19.6 Gama... 444
19.7 Relação entre delta, teta e gama............................. 448
19.8 Vega... 448
19.9 Rô... 451
19.10 As realidades do hedge...................................... 452
19.11 Análise de cenários... 452
19.12 Extensão das fórmulas....................................... 453
19.13 Seguro de portfólio... 455
19.14 Volatilidade do mercado de ações............................ 458
Resumo.. 458
Leituras complementares... 460
Questões e problemas.. 460
Questões adicionais... 463
Apêndice: Expansões em série de Taylor e parâmetros de hedge..... 465

Capítulo 20 Sorrisos de volatilidade................................. 466

20.1 Por que o sorriso de volatilidade é o mesmo para opções de compra e de venda.. 466
20.2 Opções de moeda estrangeira.................................. 468
20.3 Opções sobre ações... 471
20.4 Maneiras alternativas de caracterizar o *sorriso* de volatilidade........ 473
20.5 A estrutura a termo da volatilidade e as superfícies de volatilidade..... 474
20.6 Letras gregas.. 475
20.7 O papel do modelo.. 476
20.8 Quando um único grande salto é esperado...................... 476

Resumo... 478
Leituras complementares.. 479
Questões e problemas... 479
Questões adicionais.. 481
Apêndice: Determinando distribuições *risk-neutral* implícitas a
partir de *sorrisos* de volatilidade........................... 483

Capítulo 21 Procedimentos numéricos básicos................ 486

21.1 Árvores binomiais.. 486
21.2 Usando a árvore binomial para opções sobre índices,
     moedas e contratos futuros............................... 494
21.3 Modelo binomial para uma ação que paga dividendos........ 497
21.4 Procedimentos alternativos para a construção de árvores.. 503
21.5 Parâmetros dependentes do tempo.......................... 505
21.6 Simulação de Monte Carlo................................. 506
21.7 Procedimentos de redução de variância.................... 513
21.8 Métodos das diferenças finitas........................... 516
     Resumo... 527
     Leituras complementares.................................. 528
     Questões e problemas..................................... 528
     Questões adicionais...................................... 530

Capítulo 22 Value at risk................................... 532

22.1 A medida VaR... 532
22.2 Simulação histórica...................................... 535
22.3 Abordagem de construção de modelos....................... 540
22.4 O modelo linear.. 543
22.5 O modelo quadrático...................................... 548
22.6 Simulação de Monte Carlo................................. 551
22.7 Comparação das abordagens................................ 552
22.8 Teste de estresse e *back testing*....................... 552
22.9 Análise de componentes principais........................ 553
     Resumo... 557
     Leituras complementares.................................. 557
     Questões e problemas..................................... 558
     Questões adicionais...................................... 559

Capítulo 23 Estimativas de volatilidades e correlações..... 561

23.1 Estimativa da volatilidade............................... 561
23.2 O modelo de média móvel ponderada exponencialmente....... 563
23.3 O modelo Garch(1,1)...................................... 565
23.4 Escolhendo entre os modelos.............................. 567
23.5 Métodos de probabilidade máxima.......................... 567
23.6 Usando Garch(1,1) para prever a volatilidade futura...... 573
23.7 Correlações.. 576
23.8 Aplicação do EWMA a exemplo de quatro índices............ 579
     Resumo... 581
     Leituras complementares.................................. 581
     Questões e problemas..................................... 582
     Questões adicionais...................................... 584

Capítulo 24 Risco de crédito 585
- 24.1 Classificações de crédito 585
- 24.2 Probabilidades de inadimplência históricas 586
- 24.3 Taxas de recuperação 587
- 24.4 Estimativa de probabilidades de inadimplência a partir de spreads de rendimentos de títulos 588
- 24.5 Comparação de estimativas de probabilidade de inadimplência 592
- 24.6 Utilizando preços de ações para estimar probabilidades de inadimplência 596
- 24.7 Risco de crédito em transações de derivativos 598
- 24.8 Correlação de default... 605
- 24.9 VaR de crédito... 609
- Resumo.. 611
- Leituras complementares... 612
- Questões e problemas.. 612
- Questões adicionais... 614

Capítulo 25 Derivativos de crédito... 616
- 25.1 *Credit default swaps*.. 617
- 25.2 Avaliação de *credit default swaps* 621
- 25.3 Índices de crédito... 625
- 25.4 O uso de cupons fixos 626
- 25.5 Contratos a termo e opções sobre CDS 627
- 25.6 *Basket credit default swaps*... 627
- 25.7 *Swap* de retorno total... 628
- 25.8 Obrigações de dívida garantida... 629
- 25.9 Papel da correlação em um *basket CDS* e CDO 631
- 25.10 Avaliação de um CDO sintético... 632
- 25.11 Alternativas ao modelo de mercado padrão................................ 639
- Resumo.. 641
- Leituras complementares... 642
- Questões e problemas.. 642
- Questões adicionais... 644

Capítulo 26 Opções exóticas 645
- 26.1 Pacotes.. 646
- 26.2 Opções de compra e de venda americanas perpétuas 646
- 26.3 Opções americanas não padrões 647
- 26.4 Opções de gap 648
- 26.5 Opções *forward start*... 649
- 26.6 Opções cliquet 650
- 26.7 Opções compostas 650
- 26.8 Opções do titular 651
- 26.9 Opções de barreira 652
- 26.10 Opções binárias... 655
- 26.11 Opções lookback 655
- 26.12 *Shout options* 658
- 26.13 Opções asiáticas 658
- 26.14 Opções para trocar um ativo por outro................................... 660
- 26.15 Opções que envolvem diversos ativos 662
- 26.16 Swaps de volatilidade e de variância.................................... 662
- 26.17 Replicação estática de opções 665

Resumo.. 668
Leituras complementares.................................... 669
Questões e problemas....................................... 669
Questões adicionais.. 672

Capítulo 27 Mais sobre modelos e procedimentos numéricos..........674

27.1 Alternativas a Black–Scholes–Merton................. 675
27.2 Modelos de volatilidade estocástica................. 681
27.3 O modelo de IVF..................................... 683
27.4 Títulos conversíveis................................ 684
27.5 Derivativos dependentes da trajetória............... 687
27.6 Opções de barreira.................................. 692
27.7 Opções sobre dois ativos correlacionados............ 695
27.8 Simulação de Monte Carlo e opções americanas........ 698
Resumo.. 702
Leituras complementares.................................... 703
Questões e problemas....................................... 704
Questões adicionais.. 706

Capítulo 28 Martingales e medidas...............................708

28.1 O preço de mercado do risco........................ 709
28.2 Múltiplas variáveis de estado....................... 712
28.3 Martingales... 714
28.4 Escolhas alternativas para o *numéraire*............ 715
28.5 Extensão para vários fatores........................ 720
28.6 De volta ao modelo de Black......................... 720
28.7 Opção de trocar um ativo por outro.................. 722
28.8 Mudança de *numéraire*.............................. 723
Resumo.. 724
Leituras complementares.................................... 725
Questões e problemas....................................... 725
Questões adicionais.. 727

Capítulo 29 Derivativos de taxas de juros: os modelos de mercado padrões.......................728

29.1 Opções sobre títulos................................ 728
29.2 Caps e floors de taxas de juros..................... 733
29.3 Opções sobre swaps europeias........................ 740
29.4 Desconto OIS.. 745
29.5 Hedge de derivativos de taxas de juros.............. 745
Resumo.. 746
Leituras complementares.................................... 747
Questões e problemas (respostas no manual de soluções).... 747
Questões adicionais.. 749

Capítulo 30 Ajustamentos para convexidade, tempestividade e quanto..750

30.1 Ajustamentos para convexidade....................... 751
30.2 Ajustamentos para tempestividade.................... 754
30.3 Quantos... 757
Resumo.. 760
Leituras complementares.................................... 760
Questões e problemas (respostas no manual de soluções).... 761
Questões adicionais.. 762
Apêndice: Prova da fórmula de ajustamento para convexidade........ 764

Capítulo 31 Derivativos de taxas de juros: modelos da taxa de curto prazo 765

- 31.1 Contexto 765
- 31.2 Modelos de equilíbrio 767
- 31.3 Modelos sem arbitragem 774
- 31.4 Opções sobre títulos 779
- 31.5 Estruturas da volatilidade 781
- 31.6 Árvores de taxas de juros 781
- 31.7 Um procedimento generalizado de construção de árvores 783
- 31.8 Calibramento 793
- 31.9 Hedge usando um modelo unifatorial ... 796
  - Resumo 796
  - Leituras complementares 797
  - Questões e problemas 797
  - Questões adicionais 799

Capítulo 32 HJM, LMM e múltiplas curvas à vista 801

- 32.1 O modelo de heath, jarrow e morton 801
- 32.2 O modelo de mercado libor 805
- 32.3 Lidando com múltiplas curvas à vista ... 815
- 32.4 Títulos lastreados por hipoteca de agência ... 817
  - Resumo 819
  - Leituras complementares 820
  - Questões e problemas 821
  - Questões adicionais 822

Capítulo 33 De volta aos swaps 823

- 33.1 Variações do swap comum 823
- 33.2 Swaps compostos 825
- 33.3 Swaps de moeda 827
- 33.4 Swaps mais complexos 828
- 33.5 *Equity swaps* 831
- 33.6 Swaps com opções embutidas 832
- 33.7 Outros swaps 835
  - Resumo 837
  - Leituras complementares 837
  - Questões e problemas 837
  - Questões adicionais 838

Capítulo 34 Derivativos de energia e de commodities 840

- 34.1 Commodities agrícolas 841
- 34.2 Metais 841
- 34.3 Produtos de energia 842
- 34.4 Modelamento de preços de commodities ... 844
- 34.5 Derivativos de clima 851
- 34.6 Derivativos de seguro 852
- 34.7 Apreçamento de derivativos de clima e de seguro 853
- 34.8 Como um produtor de energia pode hedgear riscos 855
  - Resumo 855
  - Leituras complementares 856
  - Questões e problemas 856
  - Questões adicionais 857

Capítulo 35 Opções reais 858
    35.1 Avaliação de investimento de capital 858
    35.2 Extensão do sistema de avaliação *risk-neutral* 860
    35.3 Estimando o preço de mercado do risco 861
    35.4 Aplicação à avaliação de um negócio 862
    35.5 Avaliação de opções em uma oportunidade de investimento 863
          Resumo 870
          Leituras complementares 870
          Questões e problemas 871
          Questões adicionais 871

Capítulo 36 Infortúnios com derivativos e o que podemos aprender com eles 872
    36.1 Lições para todos os usuários de derivativos 872
    36.2 Lições para instituições financeiras 877
    36.3 Lições para instituições não financeiras 883
          Resumo 884
          Leituras complementares 885

Capítulo 37 O mercado brasileiro e seus derivativos 886
    37.1 Breve histórico das bolsas brasileiras 887
    37.2 Funcionamento e operacionalização dos mercados de derivativos brasileiros 887
    37.3 Contratos derivativos negociados na BM&FBOVESPA 894
    37.4 Contratos futuros de taxa de juros no Brasil 896
    37.5 Estrutura a termo das taxas de juros (ETTJ) no Brasil 908
    37.6 Operações de *swaps* no Brasil 911
          Resumo e conclusões 919
          Questões práticas 920
          Estudo de caso 923

        Glossário de termos 925

        Software DerivaGem (site Grupo A)

        Principais bolsas de futuros e opções (site Grupo A)

        Tabela de $N(x)$ quando $x \leq 0$ (site Grupo A)

        Tabela de $N(x)$ quando $x \geq 0$ (site Grupo A)

        Índice de autores (site Grupo A)

        Índice 951

NOTAS TÉCNICAS (em inglês)

Disponíveis no site do autor

www-2.rotman.utoronto.ca/nhull/TechnicalNotes/index.html

1. Ajustamento para Convexidade de Futuros de Eurodólar
2. Propriedades da Distribuição Lognormal
3. Avaliação de Garantias Quando o Valor do Patrimônio Líquido Mais Garantias é Lognormal
4. Procedimento Exato para Avaliar Opções de Compra Americanas sobre Ações que Pagam Dividendo Único
5. Cálculo da Probabilidade Cumulativa em uma Distribuição Normal Bivariada
6. Equação Diferencial para o Preço de um Derivativo sobre uma Ação que Paga um Rendimento em Dividendos Conhecido
7. Equação Diferencial para o Preço de um Derivativo sobre um Preço Futuro
8. Aproximação Analítica para Avaliar Opções de Compra Americanas
9. Procedimento de Construção de Árvores
10. A Expansão de Cornish–Fisher para Estimar VaR
11. Manipulação de Matrizes de Transição de Crédito
12. Cálculo de Distribuição Qui-Quadrada Não Central Cumulativa
13. Procedimento Eficiente para Avaliar Opções Exóticas Americanas
14. O Modelo de Dois Fatores de Hull–White
15. Avaliação de Opções sobre Bônus que Paga Cupom em um Modelo Unifatorial de Taxa de Juros
16. Construção de uma Árvore de Taxas de Juros com Passos Não Constantes e Parâmetros Não Constantes
17. O Processo para a Taxa de Curto Prazo em um Modelo de Estrutura a Termo HJM
18. Avaliação de um Swap Composto
19. Avaliação de um Equity Swap
20. Mudando o Preço de Mercado do Risco para Variáveis que não são os Preços de Títulos
21. Polinômios de Hermite e seu Uso para Integração
22. Avaliação de um Swap de Variância
23. O Modelo de Black–Derman–Toy
24. Prova de que Preços a Termo e Futuros são Iguais quando as Taxas de Juros são Constantes
25. Um Procedimento de Mapeamento de Fluxo de Caixa
26. Uma Medida Binomial da Correlação de Crédito
27. Cálculo de Momentos para Avaliação de Opções Asiáticas
28. Cálculo de Momentos para Avaliação de Opções Exóticas
29. Prova das Extensões do Lema de Itô
30. O Retorno de um Título Dependente de Múltiplas Fontes de Incerteza
31. Propriedades de Modelos de Taxas de Juros de Ho–Lee e Hull–White

Histórias de negócios

1.1 A falência do Lehman 4
1.2 Risco sistêmico 5
1.3 Hedge funds 13
1.4 A grande perda da SocGen em 2008 19
2.1 A entrega inesperada de um contrato futuro 27
2.2 O grande prejuízo do Long-Term Capital Management 36
3.1 Hedge de mineradoras de ouro 58
3.2 Metallgesellschaft: o hedge que deu errado 73
4.1 As jogadas da curva de juros de Orange County 94
4.2 Liquidez e a crise financeira de 2007–2009 105
5.1 O erro vergonhoso da Kidder Peabody 116
5.2 Um erro de sistema? 122
5.3 O contrato futuro Nikkei 225 da CME 124
5.4 Arbitragem de índice em outubro de 1987 125
6.1 Contagens de dias podem enganar 142
6.2 A *Wild Card Play* 148
6.3 Gestão de ativos e passivos por bancos 157
7.1 Passagem de confirmação de swap hipotética 170
7.2 A história de Hammersmith and Fulham 189
8.1 O Comitê de Basileia 209
9.1 O que é a taxa livre de risco? 215
10.1 O grande dividendo do Gucci Group 236
10.2 Planejamento tributário usando opções 244
11.1 Paridade put–call e estrutura de capital 261
12.1 Perdendo dinheiro com *box spreads* 281
12.2 Como ganhar dinheiro negociando *straddles* 286
15.1 Os retornos de fundos mútuos podem ser enganosos 348
15.2 Qual é a causa da volatilidade? 352
15.3 Warrants, opções sobre ações para funcionários e diluição 364
17.1 Podemos garantir que as ações superarão os títulos no longo prazo? 405
19.1 Hedge dinâmico na prática 451
19.2 O seguro de portfólio foi o culpado do Crash de 1987? 459
20.1 Ganhando dinheiro com opções de moeda 471
20.2 Crashfobia 474
21.1 Calculando Pi com a simulação de Monte Carlo 506
21.2 Verificando Black–Scholes–Merton no Excel 509
22.1 Como os reguladores do sistema bancário utilizam VaR 533
24.1 *Downgrade Triggers* e a falência da Enron 603
25.1 Quem corre o risco de crédito? 617
25.2 O Mercado de CDS 619
26.1 O delta hedge é mais fácil ou mais difícil para as exóticas? 667
29.1 Paridade put–call para caps e floors 736
29.2 Swaptions e opções sobre títulos 742

30.1 O paradoxo de Siegel 759
32.1 IOs e POs 820
33.1 Confirmação hipotética para swap não padrão 824
33.2 Confirmação hipotética para swaps compostos 825
33.3 Confirmação hipotética para um *equity swap* 832
33.4 A operação bizarra da Procter and Gamble 836
35.1 Avaliando a Amazon.com 864
36.1 Grandes prejuízos de instituições financeiras 873
36.2 Grandes prejuízos de organizações não financeiras 874
37.1 Clearing BM&FBOVESPA 892

CAPÍTULO

1

Introdução

Nos últimos 40 anos, os derivativos se tornaram cada vez mais importantes no mundo das finanças. Os futuros e as opções são negociados ativamente em muitas bolsas de todo o mundo. As instituições financeiras, gerentes de fundos e tesoureiros corporativos firmam muitos tipos diferentes de contratos a termo, swaps, opções e outros derivativos no mercado de balcão. Os derivativos são adicionados às emissões de bônus, usados em planos de compensação de executivos, embutidos em oportunidades de investimento de capital, usados para transferir riscos em hipotecas dos credores originais para investidores e assim por diante. Chegamos a um ponto em que quem trabalha no setor financeiro, e muita gente que trabalha fora dele, precisa entender como os derivativos funcionam, como são usados e como funciona seu apreçamento.

Ame ou odeie os derivativos, você não pode ignorá-los! O mercado de derivativos é enorme, muito maior do que o mercado de ações quando mensurado em termos de ativos subjacentes. O valor dos ativos por trás de transações de derivativos em circulação é muitas vezes maior do que o produto interno bruto mundial. Como veremos neste capítulo, os derivativos podem ser usados para proteção, especulação ou arbitragem. Eles têm um papel crucial na transferência de uma ampla variedade de riscos na economia de uma entidade para outra.

Um *derivativo* pode ser definido como um instrumento financeiro cujo valor depende (ou deriva) dos valores de outras variáveis subjacentes mais básicas. Muitas vezes, as variáveis por trás dos derivativos são os preços de ativos negociados. Uma opção sobre ações, por exemplo, é um derivativo cujo valor depende do preço de uma ação. Contudo, os derivativos podem depender de praticamente qualquer variável, desde o preço da carne à quantidade de neve que cai em um determinado *resort* para esquiadores.

Desde a publicação da primeira edição deste livro, em 1988, houve muitos avanços nos mercados de derivativos. Hoje, há negociação ativa de derivativos de crédito, derivativos de eletricidade, derivativos de clima e derivativos de seguros. Muitos novos tipos de produtos derivativos de taxas de juros, câmbio e patrimônio líquido foram criados. Há muitas novas ideias sobre gestão e mensuração de riscos. A análise de investimentos de capital agora quase sempre envolve a avaliação das chamadas *opções reais*. Foram introduzidas muitas novas regulamentações abrangendo os mercados de derivativos de balcão. O livro acompanhou todas essas novidades.

Os mercados de derivativos passaram a sofrer muitas críticas devido ao seu papel na crise de crédito que teve início em 2007. Os produtos derivativos foram criados a partir de portfólios de hipotecas arriscadas nos Estados Unidos usando um procedimento conhecido como securitização. Muitos dos produtos criados perderam totalmente seu valor quando os preços de imóveis caíram. As instituições financeiras, assim como investidores do mundo todo, perderam grandes quantidades de dinheiro, e o mundo mergulhou em sua pior recessão em 75 anos. O Capítulo 8 explica como funciona a securitização e por que ocorreram perdas tão grandes. Por consequência da crise de crédito, os mercados de derivativos são regulados de forma mais estrita do que costumavam ser. Por exemplo, os bancos são obrigados a manter mais capital para os riscos que estão correndo e dar mais atenção à liquidez.

O modo como os bancos avaliam os derivativos evoluiu com o tempo. Os arranjos de garantia e emissões de crédito recebem muito mais atenção hoje do que no passado. Embora isso não possa ser justificado teoricamente, muitos bancos mudaram os indicadores que usam para a taxa de juros "livre de risco" para refletir seus custos de financiamento. O Capítulo 9, uma novidade desta edição, discute esses avanços. Questões sobre crédito e garantias são analisadas em mais detalhes no Capítulo 24.

Neste capítulo, fazemos uma primeira consideração sobre os mercados de derivativos e os modos como estão mudando. Descrevemos os mercados a termo, de futuros e de opções, e oferecemos uma visão resumida sobre como são utilizados por *hedgers*, especuladores e arbitradores. Capítulos posteriores apresentarão mais detalhes e ampliarão muitas das questões apresentadas aqui.

1.1 MERCADOS DE BOLSA

Uma bolsa de derivativos é um mercado no qual indivíduos negociam contratos padronizados que foram definidos pela bolsa. As bolsas de derivativos existem há bastante tempo. A Chicago Board of Trade (CBOT) foi fundada em 1848 para reunir fazendeiros e comerciantes. Inicialmente, sua principal função era padronizar as quantidades e qualidades de grãos negociados. Em poucos anos, foi desenvolvido o primeiro contrato futuro, chamado de *to-arrive contract* (a entregar). Os especuladores logo se interessaram pelo contrato e descobriram que negociá-lo seria uma alternativa mais atraente do que negociar os grãos em si. Uma bolsa de futuros concorrente, a Chicago Mercantile Exchange (CME), foi estabelecida em 1919. Hoje, as bolsas de futuros estão espalhadas pelo mundo todo (ver tabela ao final do livro). A CME e a CBOT se fundiram para formar o CME Group (www.cmegroup.com), que também inclui a New York Mercantile Exchange, a Commodity Exchange (COMEX) e a Kansas City Board of Trade (KCBT).

A Chicago Board Options Exchange (CBOE, www.cboe.com) começou a negociar contratos de opções de compra sobre 16 ações em 1973. As opções já haviam sido negociadas antes de 1973, mas a CBOE conseguiu criar um mercado ordeiro com contratos bem definidos. Os contratos de opção de venda começaram a ser negociados na bolsa em 1977. Hoje, a CBOE negocia opções sobre mais de 2.500 ações e muitos índices de ações. Assim como os futuros, as opções se revelaram contratos bastante populares. Atualmente, muitas outras bolsas do mundo todo também negociam opções (ver tabela ao final do livro). Os ativos subjacentes incluem contratos futuros e de câmbio, além de ações e índices de ações.

Uma vez que duas partes concordam com uma negociação, ela é executada pela câmara de compensação (ou *clearing house*) da bolsa. Esta fica posicionada entre as duas partes e gerencia os riscos. Imagine, por exemplo, que o trader A concorda em comprar 100 onças de ouro do trader B em um tempo futuro ao preço de $1.450 por onça. O resultado dessa negociação será que A terá um contrato para comprar 100 onças de ouro da câmara de compensação por $1.450 por onça e B terá um contrato para vender 100 onças de ouro à câmara de compensação por $1.450 por onça. A vantagem desse sistema é que os traders não precisam se preocupar com o crédito das pessoas com quem estão negociando. A câmara de compensação resolve essa questão obrigando ambos a depositar fundos (a chamada margem) junto a ela para garantir que cumprirão suas obrigações. As exigências de margem e a operação das câmaras de compensação serão discutidas em mais detalhes no Capítulo 2.

Mercados eletrônicos

Tradicionalmente, as bolsas de derivativos usam o chamado *sistema de pregão viva--voz*. Nele, os traders se reuniam fisicamente no chão da bolsa, gritando e usando uma série de gestos complexos para indicar as negociações que desejavam realizar. Quase todas as bolsas substituíram o sistema de pregão viva-voz pela *negociação eletrônica*. Nela, os traders inserem suas negociações desejadas usando um teclado, e então um computador é usado para reunir compradores e vendedores. O sistema de pregão viva-voz tem seus defensores, mas tem sido cada vez menos usado.

A negociação eletrônica levou ao crescimento da negociação em alta frequência e algorítmica. O processo envolve o uso de programas de computador para iniciar negociações, muitas vezes sem a intervenção humana, e se tornou parte importante dos mercados de derivativos.

1.2 MERCADOS DE BALCÃO

Nem todas as negociações de derivativos ocorrem em bolsas. Muitas acontecem no mercado *de balcão* (OTC, *over-the-counter*). Os bancos, outras grandes instituições financeiras, gerentes de fundos e grandes empresas são os principais participantes dos mercados de derivativos de balcão. Depois que uma negociação de balcão foi acordada, as duas partes podem apresentá-la a uma contraparte central (CCP) ou compensá-la bilateralmente. Uma CCP é como uma câmara de compensação de uma bolsa. Ela fica entre as duas partes da transação de derivativos para que uma parte não precise correr o risco de inadimplência da outra. Quando as negociações são compensadas bilateralmente, as duas partes geralmente assinaram um contrato que abrange todas as transações realizadas uma com a outra. As questões envolvidas no contrato incluem as circunstâncias sob as quais as transações correntes podem ser encerradas, como valores de liquidação em caso de encerramento do contrato e como calcular a garantia (se houver) que cada parte deve depositar. As CCPs e a compensação bilateral são analisadas em mais detalhes no Capítulo 2.

Tradicionalmente, os participantes dos mercados de derivativos de balcão contatam uns aos outros diretamente por telefone ou e-mail ou encontram contrapartes para suas negociações utilizando um corretor intermediário (ou *interdealer*). Os bancos muitas vezes atuam como formadores de mercado para os instrumentos negociados com mais frequência. Isso significa que eles estão sempre preparados para cotar uma oferta de compra (preço que estão preparados para aceitar um lado de uma transação de derivativos) e uma oferta de venda (preço pelo qual estão preparados para aceitar o outro lado).

Antes da crise de crédito que teve início em 2007 (e que será discutida em mais detalhes no Capítulo 8), os mercados de derivativos de balcão praticamente não eram regulados. Após a crise de crédito e a falência da Lehman Brothers (ver História de Negócios 1.1), surgiram muitas novas regulamentações que afetam a operação dos mercados de balcão. O objetivo dessas regras é melhorar a transparência dos mercados de balcão, aumentar a eficiência do mercado e reduzir o risco sistêmico (ver História de Negócios 1.2). Em alguns aspectos, o mercado de balcão está sendo forçado a se tornar mais semelhante ao mercado de bolsa. Três mudanças importantes são:

1. Os derivativos de balcão padronizados nos Estados Unidos devem, sempre que possível, ser negociados nas chamadas *operadoras de execução de swaps* (SEFs), plataformas nas quais os participantes do mercado podem postar cotações de compra e venda e nas quais podem escolher negociar ou não ao aceitarem as cotações de outros participantes do mercado.

História de Negócios 1.1 A falência do Lehman

Em 15 de setembro de 2008, o Lehman Brothers entrou com pedido de falência. Foi a maior falência da história dos EUA, com consequências por todo o mercado de derivativos. Quase até o final, o Lehman parecia ter uma boa chance de sobreviver. Diversas empresas (ex.: o Korean Development Bank, o Barclays Bank na Grã-Bretanha e o Bank of America) expressaram interesse em comprá-lo, mas nenhuma conseguiu chegar a um acordo. Muita gente achava que o Lehman era "grande demais para quebrar" e que o governo americano precisaria resgatá-la caso nenhum comprador aparecesse. Não foi o caso.

Como isso foi acontecer? Uma combinação de alta alavancagem, investimentos arriscados e problemas de liquidez. Os bancos comerciais que aceitam depósitos estão sujeitos a regulamentações sobre a quantidade de capital que devem manter. O Lehman era um banco de investimento e não estava sujeito a essas regras. Em 2007, seu índice de alavancagem aumentara para 31:1, o que significa que uma queda de 3-4% no valor de seus ativos eliminaria seu capital. Dick Fuld, presidente e CEO do Lehman, encorajava uma cultura afeita a riscos e com um estilo agressivo de negociação. Ele supostamente teria dito a seus executivos: "Todo dia é uma batalha. É preciso matar o inimigo". O Diretor de Riscos do Lehman era competente, mas não tinha influência e foi até removido do comitê executivo em 2007. Os riscos assumidos pelo Lehman incluíam posições grandes em instrumentos criados a partir de hipotecas subprime, que serão discutidos no Capítulo 8. O Lehman financiava boa parte de suas operações com dívidas de curto prazo. Quando a confiança na empresa se perdeu, os credores se recusaram a rolar esse financiamento, forçando-o a um pedido de falência.

O Lehman era bastante ativo nos mercados de derivativos de balcão. Ele tinha mais de 1 milhão de transações em circulação com cerca de 8.000 contrapartes diferentes. As contrapartes do Lehman frequentemente precisavam depositar garantias, que muitas vezes haviam sido usadas pelo Lehman com diversas finalidades. Como deve ser fácil de perceber, resolver quem deve o que para quem nesse tipo de situação é um pesadelo!

> **História de Negócios 1.2** Risco sistêmico
>
> O risco sistêmico é o risco de que a inadimplência de uma instituição financeira crie um "efeito cascata" que leve a moratórias de outras instituições financeiras, ameaçando a estabilidade do sistema financeiro. Os bancos realizam um número enorme de transações de balcão entre si. Se o Banco A vai à falência, o Banco B sofre uma perda enorme nas transações que realizara com o Banco A. Isso pode levar o Banco B a falir. O Banco C tem muitas transações em circulação com o Banco A e o Banco B e poderia sofrer uma perda enorme, levando a dificuldades financeiras graves; e assim por diante.
>
> O sistema financeiro sobreviveu a casos de inadimplência como o do Drexel em 1990 e o do Lehman Brothers em 2008, mas os reguladores continuam a se preocupar. Durante as turbulências de 2007 e 2008, muitas grandes instituições financeiras foram resgatadas em vez de serem deixadas falir, pois os governos estavam preocupados com o risco sistêmico.

2. Na maior parte do mundo, exige-se que uma CCP seja usada para a maioria das transações de derivativos padronizados.
3. Todas as negociações devem ser informadas a um registro centralizado.

Tamanho do mercado

Tanto o mercado de balcão quanto o de bolsa são enormes para derivativos. O número de transações de derivativos por ano em mercados de balcão é menor do que nos mercados de bolsas, mas o tamanho médio das transações é muito maior. Apesar de as estatísticas coletadas para os dois mercados não serem exatamente comparáveis, fica evidente que o mercado de balcão é muito maior do que o de bolsa. O Banco de Compensações Internacionais (www.bis.org) começou a coletar estatísticas sobre os mercados em 1998. A Figura 1.1 compara (a) as quantidades de principal total das transações subjacentes em circulação nos mercados de balcão entre junho de 1998 e

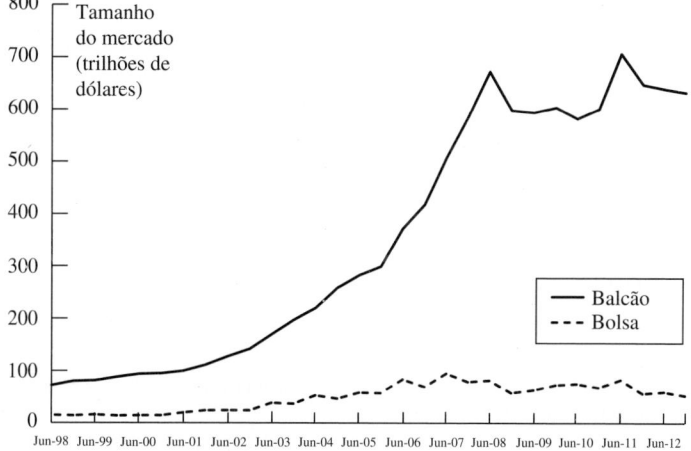

FIGURA 1.1 Tamanho dos mercados de derivativos de balcão e negociados em bolsas.

dezembro de 2012 e (b) o valor total estimado dos ativos subjacentes dos contratos negociados em bolsa durante o mesmo período. Usando essas medidas, até dezembro de 2012, o mercado de balcão chegara a 632,6 trilhões de dólares, enquanto o mercado de bolsa alcançara 52,6 trilhões de dólares.[1]

Ao interpretar esses números, precisamos manter em mente que o principal subjacente de uma transação de balcão não é o mesmo que seu valor. Um exemplo de transação de balcão seria um contrato de compra de 100 milhões de dólares com libras britânicas por um câmbio predeterminado em 1 ano. O valor principal total subjacente a essa transação é de 100 milhões de dólares. Contudo, o valor da transação pode ser de apenas 1 milhão de dólares. O Banco de Compensações Internacionais estimou o valor de mercado bruto de todas as transações de balcão em circulação em dezembro de 2012 como igual a 24,7 trilhões de dólares.[2]

1.3 CONTRATOS A TERMO

Um derivativo relativamente simples é um *contrato a termo*. Este é um contrato para comprar ou vender um ativo em uma determinada data futura por um preço específico. Ele pode ser diferenciado de um *contrato à vista* (ou *à vista*), que é um contrato para comprar ou vender um ativo quase imediatamente. Um contrato a termo é negociado no mercado de balcão, geralmente entre duas instituições financeiras ou entre uma instituição financeira e um de seus clientes.

Uma das partes de um contrato a termo assume a *posição comprada* (*long*) e concorda em comprar o ativo subjacente em uma data futura específica por determinado preço. A outra parte assume a *posição vendida* (*short*) e concorda em vender o ativo na mesma data pelo mesmo preço.

Os contratos de câmbio a termo são bastante populares. A maioria dos grandes bancos emprega traders de câmbio a termo e à vista. Como veremos em um capítulo posterior, há uma relação entre os preços a termo, preços à vista e taxas de juros nas duas moedas. A Tabela 1.1 fornece cotações para a taxa de câmbio entre a libra britânica (GBP) e o dólar americano (USD) que poderiam ser reali-

TABELA 1.1 Cotações à vista e a termo para o câmbio USD/GBP, 6 de maio de 2013 (GBP = libra britânica; USD = dólar americano; a cotação é o número de USD por GBP)

	Oferta de compra	Oferta de venda
À vista	1.5541	1.5545
Termo de 1 mês	1.5538	1.5543
Termo de 3 meses	1.5533	1.5538
Termo de 6 meses	1.5526	1.5532

---

[1] Quando um CCP fica entre dois lados em uma transação de balcão, para os fins das estatísticas do BIS, considera-se que duas transações foram criadas.

[2] Um contrato que vale 1 milhão de dólares para um lado e −1 milhão de dólares para o outro lado seria cotado como tendo valor de mercado bruto de 1 milhão de dólares.

zadas por um grande banco internacional no dia 6 de maio de 2013. A cotação se refere a USD por GBP. A primeira linha indica que o banco está preparado para comprar GBP (também chamada de libra esterlina) no mercado à vista (ou seja, para entrega praticamente imediata) à taxa de 1,5541 dólares por GBP e vender a esterlina no mercado à vista a 1,5545 dólares por GBP. As segunda, terceira e quarta linhas indicam que o banco está preparado para comprar libras esterlinas em 1, 3 e 6 meses a 1,5538, 1,5533 e 1,5526 dólares por GBP, respectivamente, e vender libras esterlinas em 1, 3 e 6 meses a 1,5543, 1,5538 e 1,5532 dólares por GBP, respectivamente.

Os contratos a termo podem ser usados para proteger o risco de câmbio. Imagine que, em 6 de maio de 2013, o tesoureiro de uma empresa americana sabe que a organização pagará £1 milhão em 6 meses (ou seja, em 6 de novembro de 2013) e quer fazer hedge contra mudanças na taxa de câmbio. Usando as cotações da Tabela 1.1, o tesoureiro pode concordar em comprar £1 milhão em 6 meses a termo por uma taxa de câmbio de 1,5532. A empresa então teria um contrato de compra a termo sobre GBP. Ela concordou que, em 6 de novembro de 2013, comprará £1 milhão do banco por 1,5532 milhões de dólares. O banco tem um contrato de venda a termo sobre GBP. Ele concordou que, em 6 de novembro de 2013, venderá £1 milhão por 1,5532 milhões de dólares. Ambos os lados firmaram um compromisso sólido.

Resultados de contratos a termo

Considere a posição da empresa na negociação que acabamos de descrever. Quais são os resultados possíveis? O contrato a termo obriga a organização a comprar £1 milhão por 1.553.200 dólares. Se a taxa de câmbio à vista aumentar para, digamos, 1,6000, ao final de 6 meses, o contrato a termo valeria 46.800 dólares (= 1.600.000 − 1.553.200) para a empresa. Ele permitiria que £1 milhão fosse comprada a uma taxa de câmbio de 1,5532 e não de 1,6000. Da mesma forma, se a taxa de câmbio à vista caísse para 1,5000 ao final de 6 meses, o contrato a termo teria valor negativo de 53.200 dólares para a empresa, pois ela teria que pagar 53.200 a mais do que o preço de mercado pela mesma quantidade de libras esterlinas.

Em geral, o resultado de uma posição longa em um contrato a termo sobre uma unidade de um ativo é:

$$S_T - K$$

onde K é o preço de entrega e S_T é o preço à vista do ativo no vencimento do contrato. Isso ocorre porque o titular do contrato é obrigado a comprar um ativo que vale S_T por K. Da mesma forma, o resultado de uma posição vendida em um contrato a termo sobre uma unidade de um ativo é:

$$K - S_T$$

Esses resultados podem ser positivos ou negativos, como ilustra a Figura 1.2. Como não custa nada firmar um contrato a termo, seu resultado também é o ganho ou a perda do total obtido pelo trader com o contrato.

No exemplo considerado acima, $K = 1,5532$ e a empresa possui uma posição comprada. Quando $S_T = 1,6000$, o resultado é $0,0468 por £1; quando $S_T = 1,5000$, é $-$0,0532 por £1.

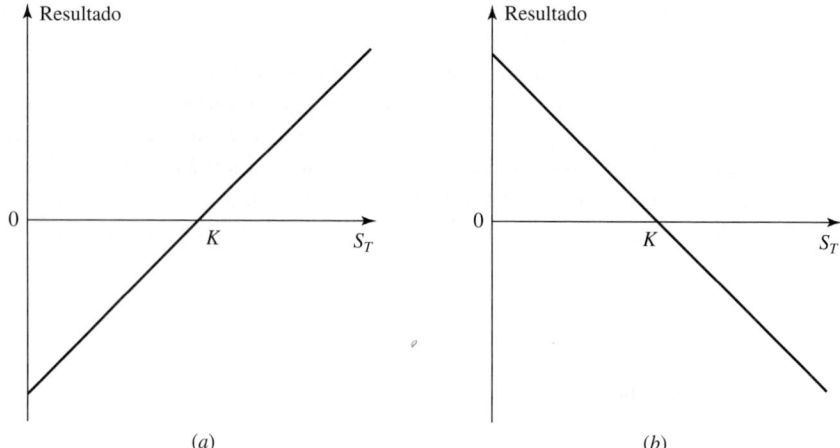

FIGURA 1.2 Resultados de contratos a termo: (a) posição comprada, (b) posição vendida. Preço de entrega = K; preço do ativo no vencimento do contrato = S_T.

Preços a termo e preços à vista

Vamos analisar em detalhes a relação entre os preços à vista e a termo no Capítulo 5. Para uma rápida prévia sobre por que os dois estão relacionados, considere uma ação que não paga dividendo e que vale $60. Você pode tomar emprestado ou emprestar dinheiro por um ano a 5%. Qual deve ser o preço a termo de um ano da ação?

A resposta é $60 ajustados em 5% por um ano, ou $63. Se o preço a termo for maior do que isso, como $67, você pode tomar emprestado $60, comprar uma ação e vendê-la a termo por $67. Após pagar o empréstimo, você teria um lucro líquido de $4 em um ano. Se o preço a termo é menor do que $63, por exemplo, $58, um investidor que possua a ação como parte de um portfólio a venderia por $60 e firmaria um contrato a termo para comprá-la de volta por $58 em um ano. Os resultados do investimento seriam aplicados a 5% para gerar $3. O investidor acabaria com $5 a mais do que se a ação tivesse sido mantida em seu portfólio durante todo o ano.

1.4 CONTRATOS FUTUROS

Assim como um contrato a termo, um contrato futuro é um acordo entre duas partes de comprar ou vender um ativo em uma determinada data no futuro por um preço específico. Ao contrário dos contratos a termo, os contratos futuros normalmente são negociados em uma bolsa. Para possibilitar a negociação, a bolsa especifica certas características padronizadas do contrato. Como as duas partes do contrato não se conhecem necessariamente, a bolsa também oferece um mecanismo que dá a ambas uma garantia de que o contrato será honrado.

As maiores bolsas nas quais contratos futuros são negociados são a Chicago Board of Trade (CBOT) e a Chicago Mercantile Exchange (CME), que se fundiram para formar o CME Group. Nessas e em outras bolsas de todo o mundo, uma ampla variedade de commodities e ativos financeiros formam os ativos subjacentes de diversos contratos. As commodities incluem barriga de porco, boi gordo, açúcar, lã, madeira, cobre, alumínio, ouro e estanho. Os ativos financeiros incluem índices de ações, moedas e bônus do Tesouro. Os preços futuros são informados regularmente na imprensa financeira. Imagine que, no dia 1º de setembro, o preço futuro de dezembro do ouro é cotado em 1.380 dólares. Esse é o preço, exclusivo de comissões, pelo qual os traders concordam em comprar ou vender ouro para entrega em dezembro. Ele é determinado da mesma maneira que outros preços (ou seja, pela lei da oferta e da procura). Se os traders quiserem mais posições compradas do que vendidas, o preço sobe; se o contrário for verdade, o preço cai.

O Capítulo 2 oferece mais detalhes sobre questões como requerimentos de margem, procedimentos de ajuste diário, procedimentos de entrega, spreads de compra e de venda e o papel da câmara de compensação da bolsa.

1.5 OPÇÕES

As opções são negociadas em bolsas e no mercado de balcão. Existem dois tipos de opção. Uma *opção de compra* (*call*) dá ao titular o direito de comprar o ativo subjacente até uma determinada data por um preço específico. Uma *opção de venda* (*put*) dá ao titular o direito de vender o ativo subjacente até uma determinada data por um preço específico. O preço no contrato é conhecido como *preço de exercício* ou *strike price*; a data no contrato é chamada de *data de expiração* ou *vencimento*. As *opções americanas* podem ser exercidas em qualquer momento até a data de expiração, enquanto as *opções europeias* só podem somente ser exercidas na data de seu vencimento.[3] A maioria das opções negociadas em bolsas são americanas. No mercado de opções sobre ações de bolsa, um contrato geralmente se refere à compra ou venda de 100 ações. Em geral, as opções europeias são mais fáceis de analisar do que as americanas; algumas propriedades de uma opção americana frequentemente são deduzidas a partir daquelas de sua contraparte europeia.

É preciso enfatizar que uma opção dá ao titular o direito de fazer algo, mas ele não precisa exercer esse direito. É isso que diferencia as opções dos contratos futuros e a termo, nos quais o titular é obrigado a comprar ou vender o ativo subjacente. Não custa nada firmar um contrato a termo ou futuro, mas há um custo em adquirir uma opção.

A maior bolsa do mundo para negociar opções sobre ações é a Chicago Board Options Exchange (CBOE; www.cboe.com). A Tabela 1.2, apresenta as cotações de oferta de compra e de venda para algumas das opções de compra negociadas sobre a Google (símbolo da ação: GOOG) em 8 de maio de 2013. A Tabela 1.3 faz o mesmo para as opções de venda negociadas sobre a Google naquela data. As cotações foram retiradas do site da CBOE. O preço da ação da Google no momento dessas cotações era: compra, $871,23; venda, $871,37. O spread de compra e de venda sobre uma opção (como porcentagem do preço) geralmente é maior do que aquele sobre a ação subjacente e depende do volume de negociação. Os preços de exercício das opções nas Tabelas 1.2 e 1.3 são $820, $840, $860, $880, $900 e $920. Os vencimentos são

---

[3] Observe que os termos *americana* e *europeia* não se referem ao local da opção ou da bolsa. Algumas opções negociadas em bolsas norte-americanas são europeias.

TABELA 1.2 Preços de opções de compra sobre a Google, em 8 de maio de 2013, de cotações fornecidas pela CBOE; preço da ação: compra, $871,23; venda, $871,37

Preço de exercício ($)	Junho de 2013		Setembro de 2013		Dezembro de 2013	
	Oferta de compra	Oferta de venda	Oferta de compra	Oferta de venda	Oferta de compra	Oferta de venda
820	56,00	57,50	76,00	77,80	88,00	90,30
840	39,50	40,70	62,90	63,90	75,70	78,00
860	25,70	26,50	51,20	52,30	65,10	66,40
880	15,00	15,60	41,00	41,60	55,00	56,30
900	7,90	8,40	32,10	32,80	45,90	47,20
920	n/d	n/d	24,80	25,60	37,90	39,40

junho de 2013, setembro de 2013 e dezembro de 2013. As opções de junho vencem em 22 de junho de 2013, as de setembro em 21 de setembro de 2013 e as de dezembro em 21 de dezembro de 2013.

As tabelas ilustram diversas propriedades das opções. O preço de uma opção de compra diminui com o aumento do preço de exercício, enquanto o preço de uma opção de venda aumenta com o aumento do preço de exercício. Ambos os tipos de opção tendem a se tornar mais valiosos à medida que o tempo até o vencimento aumenta. Essas propriedades das opções serão analisadas em mais detalhes no Capítulo 11.

Imagine que um investidor instrui um corretor a comprar um contrato de opção de compra de dezembro sobre a Google com preço de exercício de $880. O corretor transmitirá essas instruções a um trader na CBOE e a operação será fechada. O preço (de venda) indicado na Tabela 1.2 é $56,30. Esse é o preço por uma opção de comprar uma ação. Nos Estados Unidos, um contrato de opção é um contrato para comprar ou vender 100 ações. Assim, o investidor deve fazer com que $5.630 sejam transferidos para a bolsa por meio do corretor. A seguir, a bolsa faz com que esse montante seja repassado para a parte no outro lado da transação.

TABELA 1.3 Preços de opções de venda sobre a Google, em 8 de maio de 2013, de cotações fornecidas pela CBOE; preço da ação: compra, $871,23; venda, $871,37

Preço de exercício ($)	Junho de 2013		Setembro de 2013		Dezembro de 2013	
	Oferta de compra	Oferta de venda	Oferta de compra	Oferta de venda	Oferta de compra	Oferta de venda
820	5,00	5,50	24,20	24,90	36,20	37,50
840	8,40	8,90	31,00	31,80	43,90	45,10
860	14,30	14,80	39,20	40,10	52,60	53,90
880	23,40	24,40	48,80	49,80	62,40	63,70
900	36,20	37,30	59,20	60,90	73,40	75,00
920	n/d	n/d	71,60	73,50	85,50	87,40

No nosso exemplo, o investidor obteve, ao custo de $5.630, o direito de comprar 100 ações da Google por $880 cada. Se o preço da Google não passar de $880 até 21 de dezembro de 2013, a opção não é exercida e o investidor perde $5.630.[4] Mas se a Google se sair bem e a opção for exercida quando a oferta de compra para a ação for de $1.000, o investidor poderá comprar 100 ações por $880 e imediatamente vendê-las por $1.000, obtendo um lucro de $12.000, ou $6.370 quando levamos em conta o custo inicial das opções.[5]

Uma negociação alternativa seria vender um contrato de opção de venda de setembro com preço de exercício de $840 pela oferta de compra de $31,00. Isso levaria a um fluxo de caixa imediato de 100 × 31,00 = $3.100. Se o preço das ações da Google permanecerem acima de $840, a opção não é exercida e o investidor obtém um lucro sobre esse valor. Contudo, se o preço da ação cai e a opção é exercida quando o preço da ação é $800, ocorre uma perda. O investidor é obrigado a comprar 100 ações por $840 quando elas valem apenas $800. Isso leva a uma perda de $4.000, ou $900 quando levamos em conta o montante inicial recebido pelo contrato de opção.

As opções sobre ações negociadas na CBOE são americanas. Se, por uma questão de simplicidade, pressupormos que são europeias, para que possam ser exercidas apenas no vencimento, a Figura 1.3 mostra o lucro do investidor como função do preço final da ação para as duas negociações consideradas.

Capítulos posteriores fornecerão mais detalhes sobre a operação dos mercados de opções e o modo como os preços (como aqueles nas Tabelas 1.2 e 1.3) são determinados pelos traders. Neste momento, observamos que existem quatro tipos de participantes nos mercados de opções:

1. Compradores de opções de compra
2. Vendedores de opções de compra
3. Compradores de opções de venda
4. Vendedores de opções de venda

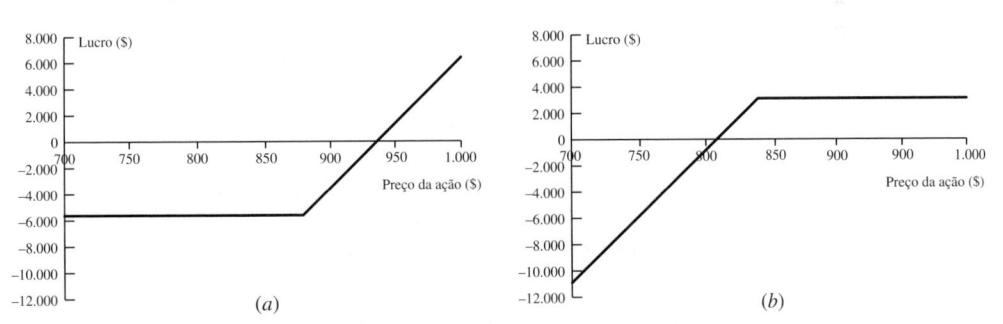

FIGURA 1.3 Lucro líquido por ação de (a) comprar um contrato composto de opções de compra de dezembro de 100 ações da Google com preço de exercício de $880 e (b) vender um contrato composto de opções de venda de setembro de 100 ações da Google com preço de exercício de $840.

---

[4] Esses cálculos ignoram as comissões pagas pelo investidor.

[5] Os cálculos ignoram o efeito dos descontos. Teoricamente, os $12.000 deveriam ser descontados do tempo do exercício até a data da compra quando calculamos o lucro.

Diz-se que os compradores possuem *posições compradas* ou *long*, enquanto os vendedores têm *posições vendidas* ou *short*. A venda de uma opção também é chamada de *lançamento de opção*.

1.6 TIPOS DE TRADERS

Os mercados de derivativos têm tido um sucesso fenomenal. O principal motivo é que eles atraíram muitos tipos diferentes de traders e apresentam bastante liquidez. Quando um investidor deseja se posicionar em um lado de um contrato, ele quase sempre consegue encontrar alguém preparado para assumir o outro lado.

Podemos identificar três grandes categorias de traders: hedgers, especuladores e arbitradores. Os hedgers usam derivativos para reduzir o risco que enfrentam devido a possíveis movimentações futuras em uma variável de mercado. Os especuladores os utilizam para apostar na direção futura de uma variável de mercado. Os arbitradores utilizam posições correspondentes em dois ou mais instrumentos para garantir um lucro. Como descrito na História de Negócios 1.3, os *hedge funds* se tornaram grandes usuários de derivativos para todas essas três finalidades.

Nas próximas seções, consideramos as atividades de cada tipo de trader em mais detalhes.

1.7 HEDGERS

Nesta seção, mostramos como os hedgers podem reduzir seus riscos usando contratos a termo e opções.

Hedge usando contratos a termo

Imagine que no dia 6 de maio de 2013, a ImportCo, empresa sediada nos Estados Unidos, saiba que precisará pagar £10 milhões em 6 de agosto de 2013 por bens que adquiriu de um fornecedor britânico. As cotações de câmbio USD/GBP realizadas pela instituição financeira aparecem na Tabela 1.1. A ImportCo poderia hedgear seu risco cambial pela compra de libras (GBP) da instituição financeira no mercado a termo de três meses a 1,5538. O efeito seria fixar o preço a ser pago ao exportador britânico em 15.538.000 dólares.

Agora considere outra empresa americana, que chamaremos de ExportCo. Ela exporta bens para a Grã-Bretanha e, no dia 6 de maio de 2013, sabe que receberá £30 milhões em três meses. A ExportCo pode hedgear seu risco de câmbio com a venda de £30 milhões no mercado a termo de três meses por uma taxa de câmbio de 1,5533. Isso teria o efeito de garantir que o recebimento de libras esterlinas produziria 46.599.000 dólares americanos.

Observe que a empresa poderia sair ganhando se escolhesse não hedgear. Por outro lado, ela poderia se sair pior. Pense na ImportCo. Se a taxa de câmbio for 1,4000 em 6 de agosto e a empresa não tiver hedgeado, os £10 milhões que precisará pagar custarão 14.000.000 dólares, menos do que os 15.538.000. Por outro lado, se a taxa de câmbio for 1,6000, os £10 milhões custarão 16.000.000 dólares. A empresa se ar-

História de Negócios 1.3   Hedge funds

Os *hedge funds* se tornaram grandes usuários de derivativos para fins de hedge, especulação e arbitragem. Eles são semelhantes aos fundos mútuos, pois investem fundos em nome de clientes. Contudo, eles somente aceitam recursos de indivíduos com sofisticação financeira e não oferecem seus títulos para o público. Os fundos mútuos estão sujeitos a regulamentações que obrigam suas ações a serem resgatáveis em qualquer momento, que suas políticas de investimento sejam divulgadas, que o uso de alavancagem seja limitado e assim por diante. Os *hedge funds* estão relativamente livres dessas regras, o que lhes dá bastante liberdade para desenvolver estratégias de investimento sofisticadas, heterodoxas e proprietárias. As taxas cobradas pelos gerentes de *hedge funds* dependem do desempenho do fundo e são relativamente altas, em geral de 1 a 2% do montante investido mais 20% dos lucros. Os *hedge funds* se tornaram bastante populares, com 2 trilhões de dólares investidos neles em todo o mundo. Também foram criados "fundos de fundos" para investir em portfólios de *hedge funds*.

A estratégia de investimento seguida por um gerente de *hedge fund* muitas vezes envolve usar derivativos para assumir uma posição especulativa ou de arbitragem. Depois que a estratégia foi definida, o gerente de *hedge fund* deve:

1. Avaliar os riscos aos quais o fundo está exposto.
2. Decidir quais riscos são aceitáveis e quais serão hedgeados.
3. Elaborar estratégias (em geral, envolvendo derivativos) para hedgear os riscos inaceitáveis.

A seguir, apresentamos alguns exemplos de rótulos usados por *hedge funds*, em conjunto com as estratégias de negociação adotadas:

Ações long/short: Comprar títulos considerados subvalorizados e vender a descoberto aqueles considerados sobrevalorizados, de modo que a exposição à direção geral do mercado seja pequena.

Arbitragem conversível: Assumir uma posição longa em uma bônus conversível considerado subvalorizado, em combinação com uma posição vendida gerenciada ativamente no patrimônio líquido subjacente.

Títulos em venda forçada: Comprar títulos emitidos por empresas em falência ou próximas dela.

Mercados emergentes: Investir em dívidas e ações de empresas em países emergentes ou em desenvolvimento, ou em títulos da dívida dos países em si.

Global macro: Realizar negociações que refletem tendências macroeconômicas globais esperadas.

Arbitragem de fusão: Negociar após uma possível fusão ou aquisição ser anunciada, para sair lucrando caso o acordo anunciado ocorra de fato.

---

reperderia de não ter hedgeado! A posição da ExportCo, caso não pratique hedge, é a aposta. Se a taxa de câmbio em agosto for menor do que 1,5533, a empresa vai desejar ter hedgeado; se for maior do que 1,5533, vai ficar contente em ter desistido do hedge.

O exemplo ilustra um aspecto fundamental do hedge. O objetivo do hedge é reduzir o risco. Não há garantia de que o resultado com hedge será melhor do que o resultado sem ele.

Hedge usando opções

As opções também podem ser usadas para hedge. Considere um investidor que, em maio de determinado ano, possui 1.000 ações de uma certa empresa. O preço da ação é $28 por ação. O investidor está preocupado com uma possível queda do preço da ação nos próximos dois meses e quer se proteger disso. O investidor poderia comprar dez contratos de opção de venda de julho sobre as ações da empresa com um preço de exercício de $27,50. Isso daria a ele o direito de vender um total de 1.000 ações por um preço de $27,50. Se o preço da opção cotado é de $1, cada contrato de opção custaria $100 \times \$1 = \$100$ e o custo total da estratégia de hedge seria $10 \times \$100 = \$1.000$.

A estratégia custa $1.000, mas garante que cada ação poderá ser vendida por pelo menos $27,50 durante a vida da opção. Se o preço de mercado da ação cair abaixo de $27,50, as opções serão exercidas, de modo que $27.500 são realizados para toda a posição. Quando o custo das opções é levado em conta, o montante realizado é de $26.500. Se o preço de mercado permanece acima de $27,50, as opções não são exercidas e expiram, tendo perdido seu valor. Contudo, nesse caso, o valor da posição sempre fica acima de $27.500 (ou acima de $26.500 quando levamos em conta o custo das opções). A Figura 1.4 mostra o valor líquido do portfólio (após levar em conta o custo das opções) como função do preço da ação em dois meses. A linha pontilhada mostra o valor do portfólio sob o pressuposto de não haver hedge.

Uma comparação

Há uma diferença fundamental entre o uso de contratos a termo e opções para hedge. Os contratos a termo são projetados para neutralizar o risco, fixando o preço que o hedger pagará ou receberá pelo ativo subjacente. Os contratos de opção, por outro lado, oferecem um seguro. Eles dão aos investidores uma maneira de se proteger contra movimentos futuros adversos nos preços, mas ainda se beneficiar de movimentos favoráveis. Ao contrário dos contratos a termo, as opções envolvem o pagamento de taxa adiantada.

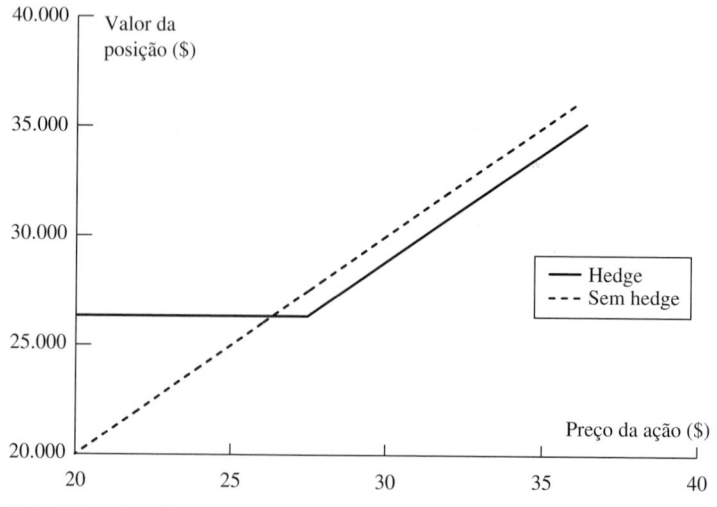

FIGURA 1.4 Valor de ações em 2 meses com e sem hedge.

1.8 ESPECULADORES

Agora vamos considerar como os mercados futuros e opções podem ser usados pelos especuladores. Enquanto os hedgers querem evitar exposição a movimentos adversos no preço de um ativo, os especuladores desejam assumir uma posição no mercado. Eles estão apostando que o preço do ativo irá subir ou então que irá cair.

Especulação usando futuros

Considere um especulador americano que, em fevereiro, acredita que a libra britânica se valorizará em relação ao dólar americano durante os próximos 2 meses e está preparado para apostar £250.000 em seu palpite. Uma das coisas que o especulador pode fazer é comprar £250.000 no mercado à vista, na esperança de que as libras esterlinas poderão ser vendidas posteriormente a um preço maior. (A libra esterlina, após comprada, pode ser mantida em uma conta que rende juros.) Outra possibilidade é assumir uma posição comprada em quatro contratos futuros de abril da CME sobre a libra esterlina. (Cada contrato futuro é referente à compra de £62.500.) A Tabela 1.4 resume as duas alternativas, com o pressuposto de que a taxa de câmbio atual é de 1,5470 dólares por libra e que o preço futuro de abril é de 1,5410 dólares por libra. Se a taxa de câmbio acabar sendo de 1,6000 dólares por libra em abril, a alternativa dos contratos futuros permite que o especulador realize um lucro de $(1,6000 - 1,5410) \times 250.000 = \$14.750$. A alternativa do mercado à vista leva a 250.000 unidades de um ativo comprado por \$1.5470 em fevereiro e vendido por \$1.6000 em abril, de modo que obtém-se um lucro de $(1,6000 - 1,5470) \times 250.000 = \$13.250$. Se a taxa de câmbio cai para 1,5000 dólares por libra, os contratos futuros dão origem a uma perda de $(1,5410 - 1,5000) \times 250.000 = \$10.250$, enquanto a alternativa do mercado à vista dá origem a uma perda de $(1,5470 - 1,5000) \times 250.000 = \$11.750$. A alternativa do mercado a vista parece levar a resultados ligeiramente piores em ambos os cenários, mas isso ocorre porque os cálculos não refletem os juros pagos ou obtidos.

Mas então qual é a diferença entre as duas alternativas? A primeira alternativa, de comprar libras esterlinas, exige um investimento inicial de \$386.750 ($= 250.000 \times 1,5470$). A segunda alternativa, por outro lado, exige apenas que uma pequena quantidade de dinheiro seja depositada pelo especulador em uma chamada "conta de margem" (a operação das contas de margem será explicada no Capítulo 2). Na Tabela 1.4, pressupõe-se que o requerimento de margem inicial seja de \$5.000

TABELA 1.4 Especulação usando contratos spot e futuros. Um contrato futuro é sobre £62.500. Margem inicial sobre quatro contratos futuros = \$20.000

	Possíveis transações	
	Comprar £250.000 Preço spot = 1,5470	Comprar 4 contratos futuros Preço futuro = 1,5410
Investimento	\$386.750	\$20.000
Lucro se preço à vista em abril = 1,6000	\$13.250	\$14.750
Lucro se preço à vista em abril = 1,5000	−\$11.750	−\$10.250

por contrato, ou $20.000 no total. O mercado de futuros permite que o especulador obtenha alavancagem. Com um gasto de margem inicial relativamente pequeno, o investidor pode assumir uma posição especulativa considerável.

Especulação usando opções

As opções também podem ser usadas para especulação. Imagine que é outubro e um especulador considera que uma ação provavelmente aumentará de valor durante os próximos dois meses. O preço atual da ação é $20 e uma opção de compra de dois meses com preço de exercício de $22,50 é vendida por $1. A Tabela 1.5 ilustra duas alternativas possíveis, pressupondo que o especulador está disposto a investir $2.000. Uma alternativa é comprar 100 ações; a outra envolve comprar 2.000 opções de compra (ou seja, 20 contratos de opção de compra). Imagine que o palpite do especulador está correto e o preço da ação sobe para $27 até dezembro. A primeira alternativa, a de comprar a ação, rende um lucro de:

$$100 \times (\$27 - \$20) = \$700$$

A segunda alternativa, contudo, é muito mais lucrativa. A opção de compra sobre a ação com preço de exercício de $22,50 dá um resultado de $4,50, pois permite que algo que vale $27 seja comprado por $22,50. O resultado total das 2.000 opções compradas sob a segunda alternativa é:

$$2.000 \times \$4,50 = \$9.000$$

Subtraindo o custo original das opções, temos um lucro líquido de:

$$\$9.000 - \$2.000 = \$7.000$$

Logo, a estratégia de opções é dez vezes mais lucrativa do que a compra direta das ações.

As opções também dão origem a uma perda potencial maior. Imagine que o preço da ação cai para $15 até dezembro. A primeira alternativa, a compra da ação, rende uma perda de:

$$100 \times (\$20 - \$15) = \$500$$

Como as opções de compra expiram sem ser exercidas, a estratégia de opções levaria a uma perda de $2.000, o montante original pago pelas opções. A Figura 1.5 mostra o lucro ou a perda das duas estratégias como função do preço da ação em 2 meses.

TABELA 1.5 Comparação dos lucros de duas estratégias alternativas de uso de $2.000 para especular sobre uma ação que vale $20 em outubro

Estratégia do investidor	Preço da ação em dezembro	
	$15	$27
Comprar 100 ações	−$500	$700
Comprar 2.000 opções de compra	−$2.000	$7.000

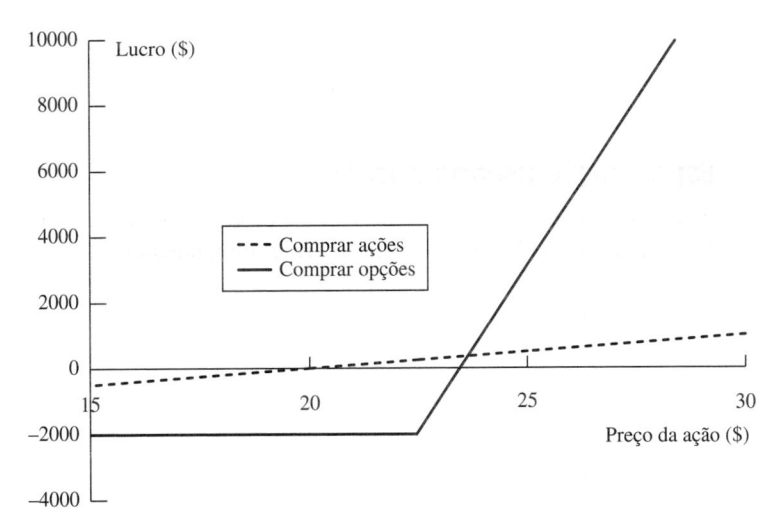

FIGURA 1.5 Lucro ou perda de duas estratégias alternativas para especular sobre uma ação que atualmente vale $20.

Assim como os futuros, as opções oferecem uma forma de alavancagem. Para um determinado investimento, o uso de opções amplia as consequências financeiras. Os bons resultados se tornam ótimos, enquanto os maus resultados levam à perda de todo o investimento inicial.

Uma comparação

Os futuros e as opções são instrumentos semelhantes para os especuladores, pois ambos oferecem uma maneira de obter um tipo de alavancagem. Contudo, há uma diferença importante entre os dois. Quando o especulador usa futuros, a perda potencial é bastante grande, assim como o ganho potencial. Quando são usadas opções, por pior que fique a situação, a perda do especulador se limita ao valor pago pelas opções.

1.9 ARBITRADORES

Os arbitradores são um terceiro grupo importante de participantes dos mercados futuros, a termo e de opções. A arbitragem envolve garantir um lucro de risco zero pelo fechamento simultâneo de transações em dois ou mais mercados. Em capítulos posteriores, veremos como a arbitragem pode ser possível quando o preço futuro de um ativo deixa de corresponder a seu preço à vista. Também analisaremos como a arbitragem pode ser utilizada em mercados de opções. Esta seção ilustra o conceito de arbitragem usando um exemplo bastante simples.

Vamos considerar uma ação negociada tanto na New York Stock Exchange (www.nyse.com) quanto na London Stock Exchange (www.stockex.co.uk). Imagine que o preço da ação é de $150 em Nova Iorque e £100 em Londres em uma data em que o câmbio é de 1,5300 dólares por libra. Um arbitrador poderia simultaneamente comprar 100 ações em Nova Iorque e vendê-las em Londres para obter um lucro livre de risco de:

$$100 \times [(\$1{,}53 \times 100) - \$150]$$

ou 300 dólares na ausência de custos de transação. Os custos de transação provavelmente eliminariam o lucro para um pequeno investidor. Contudo, um grande banco de investimentos tem custos de transação baixíssimos tanto na bolsa de valores quanto no mercado de câmbio. Ele consideraria a oportunidade de arbitragem bastante atraente e tentaria tirar o máximo de vantagem possível dela.

Oportunidades de arbitragem como a descrita acima não têm como durar muito tempo. À medida que os arbitradores compram a ação em Nova Iorque, as forças da oferta e da procura fazem com que o preço em dólar suba. Da mesma forma, à medida que vendem a ação em Londres, o preço em libras esterlinas cai. Rapidamente, os dois preços se tornam equivalentes à taxa de câmbio atual. Na verdade, a simples existência de arbitradores sedentos por lucros impossibilita o surgimento de uma disparidade de preço significativa em dólares e libras. Generalizando a partir desse princípio, podemos dizer que a própria existência dos arbitradores significa que, na prática, se observam apenas oportunidades minúsculas de arbitragem nos preços cotados na maioria dos mercados financeiros. Neste livro, a maioria dos argumentos relativos a preços futuros, preços a termo e os valores de contratos de opção se baseiam no pressuposto de que não há oportunidades de arbitragem.

1.10 PERIGOS

Os derivativos são instrumentos bastante versáteis. Como vimos, eles podem ser usados para hedge, especulação e arbitragem. Mas sua própria versatilidade pode causar problemas. Às vezes, traders com a missão de hedgear riscos ou seguir uma estratégia de arbitragem se transformam (consciente ou inconscientemente) em especuladores. Os resultados podem ser desastrosos. Um exemplo do fenômeno seria o caso de Jérôme Kerviel na Société Général (ver História de Negócios 1.4).

Para evitar os problemas enfrentados pela Société Général, é muito importante que organizações financeiras e não financeiras estabeleçam controles para garantir que os derivativos estão sendo utilizados para os fins apropriados. É preciso estabelecer limites de risco e monitorar as atividades dos traders diariamente para garantir que tais limites são seguidos.

Infelizmente, mesmo quando os traders seguem os limites de risco especificados, é possível cometer erros enormes. Algumas das atividades dos traders nos mercados de derivativos durante o período que levou à crise de crédito em julho de 2007 se revelaram muito mais arriscadas do que acreditavam as instituições financeiras para as quais eles trabalhavam. Como será discutido no Capítulo 8, os preços dos imóveis estavam aumentando rapidamente nos Estados Unidos. A maioria das pessoas acreditava que os aumentos iriam continuar, ou que, na pior das hipóteses, iriam simplesmente se estabilizar. Pouquíssima gente estava preparada para a queda súbita que ocorreu. Além disso, poucos estavam preparados para a forte correlação entre taxas de inadimplência em hipotecas em diferentes partes do país. Alguns gerentes de risco haviam expressado receios sobre as exposições das empresas para as

> **História de Negócios 1.4** A grande perda da SocGen em 2008
>
> Os derivativos são instrumentos bastante versáteis. Eles podem ser utilizados para hedge, especulação e arbitragem. Um dos riscos enfrentados por uma empresa que negocia derivativos é que o funcionário com autoridade para hedgear ou buscar oportunidades de arbitragem pode se transformar em um especulador.
>
> Jérôme Kerviel foi trabalhar para a Société Général (SocGen) em 2000 na área de conformidade. Em 2005, ele foi promovido a trader júnior na equipe de produtos Delta One do banco. Ele negociava índices de bolsas de valores, como o DAX alemão, o CAC 40 francês e o Euro Stoxx 50. Seu trabalho era procurar oportunidades de arbitragem, que poderiam surgir se um contrato futuro sobre um índice fosse negociado por um preço diferente em duas bolsas diferentes. Elas também poderiam ocorrer se os preços futuros de índices de bolsas de valores não fossem consistentes com os preços das ações que constituíam o índice (esse tipo de arbitragem será discutido no Capítulo 5).
>
> Kerviel usou seus conhecimentos sobre os procedimentos do banco para especular enquanto aparentava arbitrar. Ele tomou posições consideráveis em índices de bolsas de valores e criou negociações fictícias para parecer ter hedgeado. Na realidade, ele fez apostas pesadas sobre a direção na qual os índices se moveriam. O tamanho de sua posição não hedgeada foi crescendo com o tempo, chegando a dezenas de bilhões de euros.
>
> Em janeiro de 2008, suas negociações não autorizadas foram descobertas pela SocGen. Durante um período de três dias, o banco liquidou sua posição, realizando uma perda de 4,9 bilhões de euros. Na época, foi a maior perda causada por atividades fraudulentas em toda a história do setor financeiro (naquele mesmo ano, uma perda muito maior no esquema de pirâmide de Bernard Madoff viria a público).
>
> Perdas causadas por traders rebeldes em bancos não eram novidade em 2008. Na década de 1990, por exemplo, Nick Leeson, que trabalhava no Barings Bank, tinha um trabalho semelhante ao de Jérôme Kerviel. Sua função era arbitrar entre cotações futuras do Nikkei 225 em Singapura e Osaka. Em vez disso, ele descobriu uma maneira de apostar pesado na direção do Nikkei 225 usando futuros e opções, perdendo 1 bilhão de dólares e destruindo o banco de 200 anos no processo. Em 2002, descobriu-se que John Rusnak, do Allied Irish Bank, perdera 700 milhões de dólares com negociações cambiais não autorizadas. A lição dessas perdas é que é importante definir limites de risco para os traders e então monitorar o que fazem minuciosamente para garantir a adesão a tais limites.

quais trabalhavam ao mercado imobiliário americano. Infelizmente, "em tempos de vacas gordas" (ou tempos que parecem sê-lo), há uma tendência de ignorar os gerentes de risco. Foi isso o que aconteceu em muitas instituições financeiras no período de 2006 a 2007. A principal lição da crise de crédito é que as instituições financeiras devem sempre se perguntar, fria e objetivamente, "o que pode dar errado?", e, em seguida, "se der errado de fato, quanto vamos perder?"

RESUMO

Um dos avanços mais incríveis do setor financeiro nos últimos 40 anos foi o crescimento do mercado de derivativos. Em muitas situações, hedgers e especuladores consideram mais atraente negociar um derivativo sobre um ativo do que o ativo em si. Alguns derivativos são negociados em bolsas; outros, por instituições financeiras, gerentes de fundos e empresas no mercado de balcão, ou adicionados a novas emissões de títulos de dívida e de patrimônio líquido. Boa parte deste livro aborda a avaliação de derivativos. O objetivo é apresentar uma estrutura unificada que permita a avaliação de todos os derivativos, não apenas opções ou futuros.

Neste capítulo, fizemos uma primeira análise sobre os contratos a termo, futuros e de opções. Um contrato a termo ou futuro envolve uma obrigação de comprar ou vender um ativo em determinada data futura por um preço específico. Existem dois tipos de opções: de compra (*call*) e de venda (*put*). Uma opção de compra dá ao titular o direito de comprar um ativo até determinada data por um preço específico. Uma opção de venda dá ao titular o direito de vender um ativo até determinada data por um preço específico. Contratos a termo, futuros e de opções são negociados sobre uma ampla variedade de ativos subjacentes.

Os derivativos foram inovações extremamente bem-sucedidas nos mercados de capital. Podemos identificar três tipos principais de traders: hedgers, especuladores e arbitradores. Os hedgers estão na posição de enfrentar um risco associado ao preço de um ativo e usam derivativos para reduzir ou eliminar esse risco. Os especuladores desejam apostar nos movimentos futuros do preço de um ativo e usam derivativos para aumentar sua alavancagem. Os arbitradores tentam tirar vantagem da discrepância entre os preços em dois mercados diferentes. Se, por exemplo, eles veem que o preço futuro de um ativo está desalinhado do preço à vista, eles tomam posições correspondentes nos dois mercados para garantir um lucro.

LEITURAS COMPLEMENTARES

Chancellor, E. *Devil Take the Hindmost—A History of Financial Speculation*. New York: Farra Straus Giroux, 2000.

Merton, R. C. "Finance Theory and Future Trends: The Shift to Integration", *Risk*, 12, 7 (July 1999): 48–51.

Miller, M. H. "Financial Innovation: Achievements and Prospects", *Journal of Applied Corporate Finance*, 4 (Winter 1992): 4–11.

Zingales, L., "Causes and Effects of the Lehman Bankruptcy", Testimony before Committee on Oversight and Government Reform, United States House of Representatives, October 6, 2008.

Questões e problemas

1.1 Qual é a diferença entre uma posição a termo comprada e uma posição a termo vendida?

1.2 Explique detalhadamente a diferença entre hedge, especulação e arbitragem.

1.3 Qual é a diferença entre firmar um contrato a termo comprado quando o preço a termo é $50 e assumir uma posição comprada em uma opção de compra com um preço de exercício de $50?

1.4 Explique detalhadamente a diferença entre vender uma opção de compra e comprar uma opção de venda.

1.5 Um investidor firma um contrato a termo vendido para vender 100.000 libras britânicas por dólares americanos a uma taxa de câmbio de 1,5000 dólares americanos por libra. Quanto o investidor ganhará ou perderá se a taxa de câmbio ao final do contrato for (a) 1,4900 e (b) 1,5200?

1.6 Um trader firma um contrato futuro de algodão vendido quando o preço futuro é de 50 centavos por libra. O contrato é referente à entrega de 50.000 libras. Quanto o trader ganhará ou perderá se o preço do algodão ao final do contrato for (a) 48,20 centavos por libra e (b) 51,30 centavos por libra?

1.7 Imagine que você escreve um contrato de venda com preço de exercício de $40 e data de expiração em 3 meses. O preço atual da ação é $41 e o contrato é referente a 100 ações. Com o que você se comprometeu? Quanto você tem a ganhar ou perder?

1.8 Qual é a diferença entre o mercado de balcão e o mercado de bolsa? O que são as ofertas de compra e de venda de um *market maker* no mercado de balcão?

1.9 Você gostaria de especular sobre o aumento do preço de determinada ação. O preço atual da ação é $29 e uma opção de compra de três meses com preço de exercício de $30 custa $2,90. Você tem $5.800 para investir. Identifique duas estratégias de investimento alternativas, uma na ação e outra em uma opção sobre a ação. Quais são os possíveis ganhos e perdas de cada uma?

1.10 Imagine que você possui 5.000 ações, cada uma das quais vale $25. Como você usaria opções de venda como seguro contra uma queda no valor desses ativos durante os próximos 4 meses?

1.11 Quando emitida originalmente, uma ação fornece fundos para uma empresa. O mesmo vale para uma opção sobre ações? Explique.

1.12 Explique por que um contrato futuro pode ser usado para especulação ou para hedge.

1.13 Imagine que uma opção de compra de março para comprar uma ação por $50 custa $2,50 e é mantida até março. Sob quais circunstâncias o titular da opção sairia lucrando? Sob quais circunstâncias a opção será exercida? Desenhe um diagrama mostrando como o lucro de uma posição comprada na opção depende do preço da ação no vencimento da opção.

1.14 Imagine que uma opção de venda de junho para vender uma ação por $60 custa $4 e é mantida até junho. Sob quais circunstâncias o vendedor da opção (ou seja, a parte com a opção vendida) sairá lucrando? Sob quais circunstâncias a opção será exercitada? Desenhe um diagrama mostrando como o lucro de uma posição vendida na opção depende do preço da ação no vencimento da opção.

1.15 É maio e um trader escreve uma opção de compra de setembro com preço de exercício igual a $20. O preço da ação é $18 e o preço da opção é $2. Descreva os fluxos de caixa do trader se a opção for mantida até setembro e o preço da ação for $25 nessa data.

1.16 Um trader lança uma opção de venda de dezembro com preço de exercício de $30. O preço da opção é $4. Sob quais circunstâncias o trader obterá um lucro?

1.17 Uma empresa sabe que deverá receber uma certa quantidade de moeda estrangeira em 4 meses. Qual tipo de contrato de opção seria apropriado para fins de hedge?

1.18 Uma empresa americana espera ter que pagar 1 milhão de dólares canadenses em 6 meses. Explique como o risco de câmbio pode ser hedgeado usando (a) um contrato a termo e (b) uma opção.

1.19 Um trader firma um contrato a termo vendido sobre 100 milhões de ienes. A taxa de câmbio a termo é de $0,0090 por iene. Quanto o trader ganhará ou perderá se a taxa de câmbio ao final do contrato for de (a) $0,0084 por iene e (b) $0,0101 por iene?

1.20 O CME Group oferece um contrato futuro sobre bônus do Tesouro de longo prazo. Caracterize os traders que tenderão a usar esse contrato.

1.21 "Opções e futuros são jogos de soma zero". O que você acha que essa frase quer dizer?

1.22 Descreva o lucro do seguinte portfólio: um contrato a termo comprado sobre um ativo e uma opção de venda europeia comprada sobre o ativo com o mesmo vencimento que o contrato a termo e preço de exercício igual ao preço a termo do ativo no momento em que o portfólio é montado.

1.23 Na década de 1980, a Bankers Trust desenvolveu o *index currency option notes* (ICONs, notas de opção sobre moedas de índice), bônus no qual o montante recebido pelo titular no vencimento variava de acordo com uma taxa de câmbio. Um exemplo era suas negociações com o Long Term Credit Bank of Japan. A ICON especificava que, se a taxa de câmbio iene/dólar americano, S_T, fosse maior do que 169 ienes por dólar na maturidade (em 1995), o titular do bônus receberia $1.000. Se fosse menos de 169 ienes por dólar, o montante recebido pelo titular do bônus seria de:

$$1.000 - \max\left[0,\ 1.000\left(\frac{169}{S_T} - 1\right)\right]$$

Quando a taxa de câmbio fica abaixo de 84,5, nada é recebido pelo titular na maturidade. Mostre que essa ICON é uma combinação de um ativo (título) e duas opções.

1.24 Em 1º de julho de 2011, uma empresa firma um contrato a termo para comprar 10 milhões de ienes japoneses em 1º de janeiro de 2012. Em 1º de setembro de 2011, ela firma um contrato a termo para vender 10 milhões de ienes japoneses em 1º de janeiro de 2012. Descreva o resultado financeiro dessa estratégia.

1.25 Imagine que as taxas de câmbio à vista e a termo dólar/libra esterlina são as seguintes:

À vista	1,5580
A termo de 90 dias	1,5556
A termo de 180 dias	1,5518

Quais oportunidades se abrem para um arbitrador nas seguintes situações?

(a) Uma opção de compra europeia de 180 dias para comprar £1 por $1,52 custa 2 centavos.

(b) Uma opção de venda europeia de 90 dias para vender £1 por $1,59 custa 2 centavos.

1.26 Um trader compra uma opção de compra com um preço de exercício de $30 por $3. O trader em algum momento exerce a opção e perde dinheiro com a transação? Explique a sua resposta.

1.27 Um trader vende uma opção de venda com um preço de exercício de $40 por $5. Qual é o ganho máximo do trader? Qual é a sua perda máxima? E se fosse uma opção de compra?

1.28 "Comprar uma opção de venda sobre uma ação quando se possui a ação é uma forma de seguro". Explique essa afirmação.

Questões adicionais

1.29 Em 8 de maio de 2013, como indicado na Tabela 1.2, a oferta de venda à vista das ações da Google é igual a $871,37 e a oferta de venda de uma opção de compra com preço de exercício de $880 e data de maturidade de setembro é de $41,60. Um trader está considerando duas alternativas: comprar 100 ações e comprar 100 opções de compra de setembro. Para cada alternativa, qual é o (a) custo inicial, (b) o ganho total se o preço da ação em setembro for de $950 e (c) a perda total se o preço da ação em setembro for $800. Pressuponha que a opção não será exercida antes de setembro e que, se a ação for comprada, ela será vendida em setembro.

1.30 O que é arbitragem? Explique a oportunidade de arbitragem quando o preço das ações de uma mineradora listada em duas bolsas é de $50 (USD) na New York Stock Exchange e $52 (CAD) na Toronto Stock Exchange. Pressuponha que a taxa de câmbio é tal que 1 dólar americano seja igual a 1,01 dólar canadense. Explique o que provavelmente ocorrerá com os preços à medida que os traders aproveitam essa oportunidade.

1.31 O trader A firma um contrato a termo para comprar um ativo por $1.000 em um ano. O trader B compra uma opção de compra para comprar o ativo por $1.000 em um ano. O custo da opção é $100. Qual é a diferença entre as posições dos traders? Mostre o lucro como função do preço do ativo em um ano para os dois traders.

1.32 Em março, um investidor americano instrui um corretor a vender um contrato de opção de venda de julho sobre uma ação. O preço da ação é $42 e o preço de exercício é $40. O preço da opção é $3. Explique com o que o investidor concordou. Sob quais circunstâncias a negociação será lucrativa? Quais são os riscos?

1.33 Uma empresa americana sabe que precisará pagar 3 milhões de euros em três meses. A taxa de câmbio atual é 1,3500 dólares por euro. Analise como a empresa poderia usar contratos a termo e de opções para hedgear sua exposição.

1.34 O preço de uma ação é $29. Um investidor compra um contrato de opção de compra sobre a ação com preço de exercício de $30 e vende um contrato de opção de compra com preço de exercício de $32,50. Os preços de mercado das opções são $2,75 e $1,50, respectivamente. As opções têm a mesma data de maturidade. Descreva a posição do investidor.

1.35 Atualmente, o preço do ouro é $1.400 por onça. O preço a termo para entrega em um ano é de $1.500 por onça. Um arbitrador pode tomar dinheiro emprestado a 4% ao ano. O que ele deveria fazer? Pressuponha que o custo de armazenar ouro é zero e que o ouro não produz renda alguma.

1.36 O preço atual de uma ação é $94 e opções de compra europeias de 3 meses com preço de exercício de $95 são vendidas atualmente por $4,70. Um investidor que acredita que o preço da ação aumentará está tentando se decidir entre comprar 100 ações e comprar 2.000 opções de compra (= 20 contratos). Ambas as estratégias envolvem um investimento de $9.400. Como você o aconselharia? Quanto o preço da ação precisaria subir para que a estratégia com opções fosse a mais lucrativa?

1.37 Em 8 de maio de 2013, um investidor possui 100 ações da Google. Como indicado na Tabela 1.3, o preço da ação é de cerca de $871 e uma opção de venda de dezembro, com preço de exercício de $820, custa $37,50. O investidor compara duas alternativas para limitar o risco negativo. A primeira envolve comprar um contrato de opção de venda de dezembro com preço de exercício de $820. A segunda envolve instruir um corretor a vender as 100 ações assim que o preço da Google alcançar $820. Discuta as vantagens e desvantagens das duas estratégias.

1.38 Uma emissão de títulos da Standard Oil funcionou algum tempo atrás da maneira descrita a seguir. O titular não recebia juros. No vencimento do título, a empresa prometia pagar $1.000 mais um valor adicional baseado no preço do petróleo na data. O valor adicional era igual ao produto de 170 e o excesso do preço (se houvesse) de um barril de petróleo no vencimento acima de $25. O valor adicional máximo pago seria de $2.550 (o que corresponde a um preço de $40 por barril). Mostre que o título é uma combinação de compra à vista do título, posição comprada em opções de compra sobre petróleo com preço de exercício de $25 e posição vendida em opções de compra sobre petróleo com preço de exercício de $40.

1.39 Imagine que na situação da Tabela 1.1, um tesoureiro corporativo diz: "Terei £1 milhão para vender em 6 meses. Se a taxa de câmbio for menor do que 1,52, lhe dou 1,52. Se for maior do que 1,58, aceito 1,58. Se a taxa de câmbio ficar entre 1,52 e 1,58, vendo as libras esterlinas por essa taxa". Como você usaria opções para satisfazer o tesoureiro?

1.40 Descreva como opções de câmbio podem ser usadas para hedge na situação considerada na Seção 1.7 de modo que (a) a ImportCo garanta que sua taxa de câmbio será menor do que 1,5700 e (b) a ExportCo garanta que sua taxa de câmbio será de pelo menos 1,5300.

1.41 Um trader compra uma opção de compra europeia e vende uma opção de venda europeia. As opções têm o mesmo ativo subjacente, preço de exercício e vencimento. Descreva a posição do trader. Sob quais circunstâncias o preço da opção de compra é igual ao preço da opção de venda?

CAPÍTULO

2

A mecânica operacional dos mercados futuros

No Capítulo 1, explicamos que os contratos futuros e a termo são contratos para comprar ou vender um ativo em determinada data futura por um preço específico. Um contrato futuro é negociado em uma bolsa e seus termos são padronizados por ela. Um contrato a termo é negociado no mercado de balcão e pode ser customizado quando necessário.

Este capítulo abrange os detalhes de como os mercados futuros funcionam. Analisamos questões como a especificação dos contratos, a operação de contas de margem, a organização das bolsas, a regulamentação dos mercados, o modo como as cotações são realizadas e o tratamento das transações futuras para fins contábeis e tributários. Explicamos como algumas das ideias desenvolvidas de modo pioneiro pelas bolsas de futuros estão sendo adotadas pelos mercados de balcão.

2.1 CONTEXTO

Como vimos no Capítulo 1, os contratos futuros são negociados ativamente ao redor do mundo. A Chicago Board of Trade, a Chicago Mercantile Exchange e a New York Mercantile Exchange se fundiram para formar o CME Group (www.cmegroup.com). Outras grandes bolsas incluem a InterContinentalExchange (www.theice.com), que está adquirindo a NYSE Euronext (www.euronext.com), a Eurex (www.eurexchange.com), a BM&F BOVESPA (www.bmfbovespa.com.br) e a Tokyo Financial Exchange (www.tfx.co.jp). Uma tabela ao final deste livro oferece uma lista completa das bolsas.

Para examinar como um contrato futuro passa a existir, vamos considerar um contrato futuro de milho negociado pelo CME Group. No dia 5 de junho, um trader em Nova Iorque ligaria para um corretor com instruções de comprar 5.000 sacas de milho para entrega em setembro do mesmo ano. O corretor imediatamente emitiria instruções para que um trader comprasse (ou seja, assumisse uma posição comprada em) um contrato de milho de setembro. (Cada contrato de milho é referente à entrega de exatamente 5.000 sacas.) Mais ou menos na mesma época, outro trader, este no Kansas, instruiria um corretor a vender 5.000 sacas de milho para entrega em setembro. Esse corretor então emitiria instruções de vender (ou seja, assumir posição vendida em) um contrato de milho. O preço seria determinado e a transação fechada. Sob o sistema de pregão viva-voz tradicional, os traders no chão da bolsa, representando cada uma das partes, se reuniriam fisicamente para determinar o preço. Com a negociação eletrônica, um computador reuniria os traders.

O trader em Nova Iorque que concordou em comprar tem uma *posição futura comprada* (ou *long*) em um contrato; o trader no Kansas que concordou em vender tem uma *posição futura vendida* (ou *short*) em um contrato. O preço acordado é o *preço futuro* atual para o milho de setembro, por exemplo, 600 centavos por saca. Esse preço, como qualquer outro, é determinado pelas leis da oferta e da procura. Se, em determinado momento, mais traders desejarem mais vender do que comprar milho de setembro, o preço cairá. Novos compradores entrarão no mercado, preservando o equilíbrio entre compradores e vendedores. Se mais traders desejarem comprar do que vender milho de setembro, o preço sobe. Novos vendedores entram no mercado, o que também preservaria o equilíbrio entre compradores e vendedores.

Encerramento de posições

A vasta maioria dos contratos futuros não leva à entrega. O motivo é que a maior parte dos traders escolhe encerrar suas posições antes do período de entrega especificado no contrato. Encerrar uma posição significa realizar uma negociação contrária à original. Por exemplo, o trader de Nova Iorque que comprou um contrato futuro de milho de setembro em 5 de junho poderia encerrar a posição vendendo (ou seja, *shorting*) um contrato futuro de milho de setembro no dia 20 de julho, por exemplo. O trader do Kansas que vendeu (ou seja, *shorted*) um contrato de setembro em 5 de junho poderia encerrar a posição comprando um contrato de setembro em 25 de agosto, por exemplo. Em ambos os casos, o ganho ou perda total do trader é determinado pela mudança no preço futuro entre 5 de junho e a data de encerramento do contrato.

A entrega é tão incomum que os traders às vezes esquecem como funciona o processo (ver História de Negócios 2.1). Ainda assim, revisaremos os procedimentos de entrega posteriormente neste capítulo, pois é a possibilidade de entrega final que liga o preço futuro ao preço spot.[1]

2.2 ESPECIFICAÇÃO DE UM CONTRATO FUTURO

Quando desenvolve um novo contrato, a bolsa deve especificar em detalhes a natureza exata do contrato entre as duas partes. Em especial, ela deve especificar o ativo, o tamanho do contrato (exatamente quanto do ativo será entregue sob um contrato) e onde e quando a entrega pode ser realizada.

Às vezes, são especificadas alternativas para a qualidade do ativo que será entregue ou para os locais de entrega. Em geral, é a parte com a posição vendida (a

---

[1] Como mencionado no Capítulo 1, o preço à vista (spot) é o preço para entrega quase imediata.

> **História de Negócios 2.1** A entrega inesperada de um contrato futuro
>
> A história a seguir, possivelmente apócrifa, foi contada ao autor deste livro muito tempo atrás por um executivo sênior de uma instituição financeira. Ela trata de um funcionário novato que jamais havia trabalhado no setor financeiro. Um dos clientes da instituição firma um contrato futuro comprado regular sobre boi gordo para fins de hedge e emite instruções de encerrar a posição no último dia da negociação. (Os contratos futuros de boi gordo são negociados pelo CME Group, sendo que cada contrato vale 40.000 libras de gado.) O novo funcionário recebeu a responsabilidade por essa operação.
>
> Quando chegou a hora de encerrar o contrato, o funcionário notou que o cliente tinha posição comprada em um contrato e instruiu um trader na bolsa a comprar (não vender) um contrato. O resultado desse erro foi que a instituição financeira acabou com uma posição comprada em dois contratos futuros de boi gordo. Quando o erro foi identificado, a negociação do contrato já terminara.
>
> A instituição financeira (não o cliente) tinha responsabilidade pelo erro. Por consequência, ela começou a analisar os detalhes dos sistemas de entrega para contratos futuros de boi gordo, algo que nunca fizera antes. Sob os termos do contrato, o gado seria entregue pela parte com a posição vendida a diversos locais nos Estados Unidos durante o mês de entrega. Como estava comprada, tudo que a instituição financeira podia fazer era esperar até que uma parte com posição vendida emitisse um *aviso de intenção de entrega* para a bolsa e que a bolsa designasse o aviso para a instituição financeira.
>
> Finalmente, a instituição recebeu um aviso da bolsa e descobriu que receberia boi gordo em um local a mais de 3.000 km de distância na terça-feira seguinte. O novo funcionário foi enviado ao local para resolver a situação. Ele descobriu que o local realizava um leilão de gado toda terça-feira. A parte com a posição vendida que estava fazendo a entrega comprou o gado no leilão e o entregou imediatamente. Infelizmente, o gado não poderia ser revendido até a próxima terça-feira, no leilão seguinte. Assim, o funcionário foi obrigado a arranjar para que o gado fosse alojado e alimentado por uma semana. Que belo início para um primeiro emprego no setor financeiro!

parte que concordou em vender o ativo) que escolhe o que acontecerá quando a bolsa especifica alternativas.[2] Quando a parte com a posição vendida está pronta para a entrega, ela apresenta um *aviso de intenção de entrega* à bolsa. Esse aviso indica quaisquer seleções que tenha realizado com referência à qualidade do ativo que será entregue e ao local da entrega.

O ativo

Quando o ativo é uma commodity, pode haver bastante variação na qualidade do que está disponível no mercado. Assim, quando o ativo é especificado, é importante que a bolsa estipule as qualidades da commodity consideradas aceitáveis. A Intercontinental Exchange (ICE) especificou o ativo em seus contratos futuros de suco de laranja como concentrados congelados US Grade A com valor Brix de não menos do que 62,5 graus.

---

[2] Há exceções. Como indicado por J. E. Newsome, G. H. F. Wang, M. E. Boyd, and M. J. Fuller em "Contract Modifications and the Basic Behavior of Live Cattle Futures", *Journal of Futures Markets*, 24, 6 (2004), 557–90, o CME dava ao comprador algumas opções de entrega em futuros de boi gordo em 1995.

Para algumas commodities, é possível entregar uma série de qualidades diferentes, mas o preço recebido depende da qualidade escolhida. Por exemplo, no contrato futuro de milho do CME Group, a qualidade padrão é "Amarelo nº 2", mas são permitidas substituições, com o preço sendo ajustado da maneira estabelecida pela bolsa. O Amarelo nº 1 pode ser entregue por 1,5 centavo por saca a mais do que o Amarelo nº 2. O Amarelo nº 3 pode ser entregue por 1,5 centavo por saca a menos do que o Amarelo nº 2.

Os ativos financeiros nos contratos futuros normalmente são bem-definidos e sem ambiguidades. Por exemplo, não há necessidade de especificar a qualidade do iene japonês. Contudo, os contratos futuros sobre bônus do Tesouro e notas do Tesouro negociados na Chicago Board of Trade têm algumas características interessantes. O ativo subjacente no contrato de bônus do Tesouro é qualquer bônus do Tesouro dos EUA com vencimento entre 15 e 25 anos. No contrato futuro de notas do Tesouro, o ativo subjacente é qualquer nota do Tesouro com vencimento entre 6,5 e 10 anos. Em ambos os casos, a bolsa tem uma fórmula para ajustar o preço recebido de acordo com o cupom e a data de vencimento do bônus entregue. Isso será discutido no Capítulo 6.

O tamanho do contrato

O tamanho do contrato especifica a quantidade do ativo a ser entregue sob um contrato. É uma decisão importante para a bolsa. Se o tamanho do contrato for grande demais, muitos investidores que desejam hedgear exposições relativamente pequenas ou que desejam assumir posições especulativas relativamente pequenas não conseguirão usar a bolsa. Por outro lado, se o contrato for pequeno demais, a negociação pode ser cara, pois há um custo associado com cada contrato negociado.

O tamanho correto para um contrato claramente depende do usuário. Enquanto o valor do que será entregue sob um contrato futuro sobre um produto agrícola pode ser de $10.000 ou $20.000, ele é muito maior para alguns futuros financeiros. Por exemplo, sob o contrato futuro de bônus do Tesouro negociado pelo CME Group, são entregues instrumentos com valor de face de $100.000.

Em alguns casos, as bolsas introduziram contratos "minis" para atrair pequenos investidores. Por exemplo, o contrato Mini Nasdaq 100 do CME Group é sobre 20 vezes o índice Nasdaq 100, enquanto o contrato normal é referente a 100 vezes o índice. (Analisaremos mais detalhadamente os futuros sobre índices no Capítulo 3.)

Procedimentos de entrega

O local onde a entrega será realizada deve ser especificado pela bolsa. Isso é especialmente importante para commodities que envolvem custos de transporte significativos. No caso do contrato de suco de laranja concentrado congelado da ICE, a entrega ocorre em armazéns licenciados pela bolsa nos estados da Flórida, Nova Jérsei ou Delaware.

Quando são especificados locais de entrega alternativos, em alguns casos o preço recebido pela parte com a posição vendida pode ser ajustado de acordo com o local escolhido pela parte. O preço tende a ser maior para locais de entrega relativamente distantes das principais fontes da commodity.

Meses de entrega

Um contrato futuro tem como referência seu mês de entrega. A bolsa deve especificar o período exato durante o mês em que a entrega pode ser realizada. Para muitos contratos futuros, o período de entrega é o mês inteiro.

Os meses de entrega variam de um contrato para o outro e são escolhidos pela bolsa para atender as necessidades dos participantes do mercado. Por exemplo, os futuros de milho negociados pelo CME Group têm meses de entrega de março, maio, julho, setembro e dezembro. Em um dado momento, os contratos são negociados para o mês de entrega mais próximo e diversos meses de entrega subsequentes. A bolsa especifica quando a negociação de contratos referentes a um determinado mês irá começar. A bolsa também especifica o último dia em que ocorrerão negociações para um determinado contrato. A negociação geralmente termina alguns dias antes do último dia em que a entrega pode ser realizada.

Cotações de preço

A bolsa define como os preços serão cotados. Por exemplo, no contrato futuro de petróleo bruto americano, os preços são cotados em dólares e centavos. Os preços futuros de bônus do Tesouro e notas do Tesouro são cotados em dólares e trinta e dois avos de dólar.

Limites de preço e limites de posições

Para a maioria dos contratos, os limites de movimento de preço diários são especificados pela bolsa. Se em um dia o preço baixa em relação ao fechamento do dia anterior por um valor igual ao limite de preço diário, diz-se que o contrato está no *limite de baixa*. Se sobe pelo limite, diz-se que está no *limite de alta*. Um *movimento limite* é uma movimentação em qualquer direção igual ao limite de preço diário. Normalmente, as negociações encerram pelo resto do dia quando o contrato atinge o limite de baixa ou de alta. Contudo, em alguns casos, a bolsa tem a autoridade de interferir na situação e alterar os limites.

O objetivo dos limites de preço diários é impedir a ocorrência de grandes movimentos de preço devido a excessos especulativos. Contudo, os limites podem se tornar uma barreira artificial às negociações quando o preço da commodity subjacente está subindo ou caindo rapidamente. Há controvérsias se os limites de preço são bons ou não para os mercados futuros.

Os limites de posição são o número máximo de contratos que um especulador pode ter. O objetivo desses limites é impedir que especuladores exerçam influência indevida no mercado.

2.3 CONVERGÊNCIA DE PREÇO FUTURO E PREÇO À VISTA

À medida que nos aproximamos do período de entrega para um contrato futuro, o preço futuro converge com o preço à vista do ativo subjacente. Quando alcançamos o período de entrega, o preço futuro é igual, ou muito próximo, ao preço à vista.

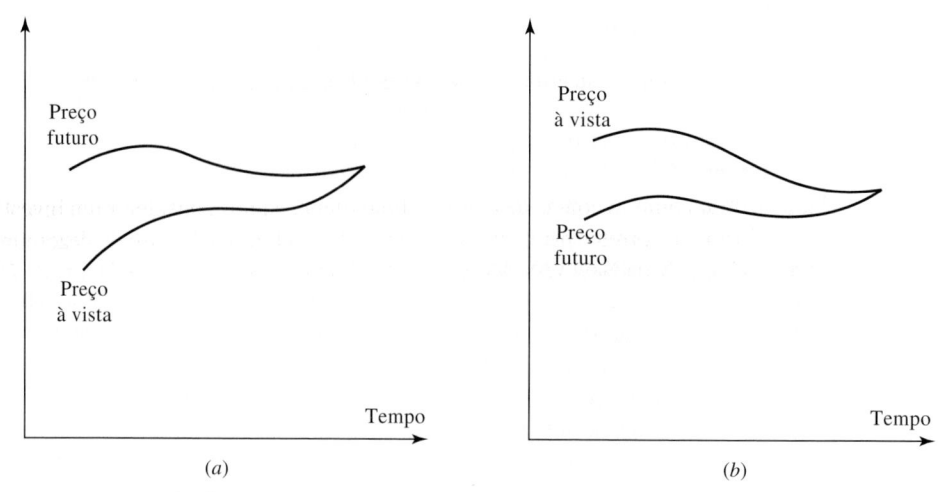

FIGURA 2.1 Relação entre o preço futuro e o preço à vista à medida que nos aproximamos do período de entrega: (*a*) preço futuro acima do preço à vista; (*b*) preço futuro abaixo do preço à vista.

Para entender por que isso ocorre, primeiro imagine que o preço futuro está acima do preço à vista durante o período de entrega. Os traders têm à sua disposição uma oportunidade clara de arbitragem:

1. Vender (ou seja, "shortear") um contrato futuro
2. Comprar o ativo
3. Realizar a entrega.

Esses passos com certeza levam a um lucro igual ao montante pelo qual o preço futuro excede o preço à vista. À medida que os traders exploram essa oportunidade de arbitragem, o preço futuro cai. A seguir, imagine que o preço futuro fica abaixo do preço à vista durante o período de entrega. As empresas interessadas em adquirir o ativo considerarão atraente firmar contratos futuros comprados e então esperar pela entrega. Quando fazem isso, o preço futuro tende a aumentar.

O resultado é que o preço futuro é bastante próximo do preço à vista durante o período de entrega. A Figura 2.1 ilustra a convergência do preço futuro com o preço à vista. Na Figura 2.1a, o preço futuro está acima do preço à vista antes do período de entrega. Na Figura 2.1b, o preço futuro está abaixo do preço à vista antes do período de entrega. As circunstâncias sob as quais esses dois padrões são observados serão analisadas no Capítulo 5.

2.4 A OPERAÇÃO DAS CONTAS DE MARGEM

Se dois investidores entram em contato diretamente um com o outro e concordam em negociar um ativo no futuro por determinado preço, os riscos da transação são óbvios. Um dos investidores pode se arrepender do negócio e tentar voltar atrás. O investidor também pode simplesmente não ter os recursos financeiros necessários para honrar o contrato. Uma das principais funções da bolsa é organizar as negociações de modo a prevenir a inadimplência em contratos. É aí que entram as contas de margem.

Ajuste diário

Para mostrar como as contas de margem funcionam, vamos considerar um investidor que pede ao seu corretor para comprar dois contratos futuros de ouro de dezembro na divisão COMEX da New York Mercantile Exchange (NYMEX), que é parte do CME Group. O preço futuro atual do ouro está em $1.450 por onça. Como o tamanho do contrato é referente a 100 onças, o investidor contratou a compra total de 200 onças por esse preço. O corretor exigirá que o investidor deposite um valor em uma conta de margem. O valor que deve ser depositado no momento da assinatura do contrato é chamado de *margem inicial*. Imagine que esse valor seja de $6.000 por contrato, ou $12.000 no total. Ao final de cada dia de negociação, a conta de margem é ajustada para refletir os ganhos ou as perdas do investidor. Essa prática é chamada de *ajuste diário* ou *marcação a mercado*.

Imagine, por exemplo, que ao final do primeiro dia o preço futuro diminui em $9, de $1.450 para $1.441. O investidor sofreu uma perda de $1.800 (= 200 × $9), pois as 200 onças de ouro de dezembro, que ele contratou para comprar por $1.450, agora valem apenas $1.441. Assim, o saldo na conta de margem seria reduzido em $1.800, para $10.200. Do mesmo modo, se o preço do ouro de dezembro aumentasse para $1.459 ao final do primeiro dia, o saldo na conta de margem seria aumentado em $1.800, passando para $13.800. A negociação é ajustada pela primeira vez no fechamento do primeiro dia em que ocorre, sendo ajustada posteriormente no fechamento de cada dia subsequente.

Observe que o ajuste diário não é simplesmente um arranjo entre corretor e cliente. Quando há uma redução no preço futuro tal que a conta de margem do investidor com posição comprada é reduzida em $1.800, a conta na corretora do investidor pagará à câmara de compensação da bolsa $1.800, dinheiro repassado à outra parte com posição vendida. Da mesma forma, quando há um aumento no preço futuro, os investidores com posições vendidas pagam à câmara de compensação da bolsa e os investidores com posições compradas recebem dinheiro da câmara de compensação da bolsa. Mais tarde, analisaremos em mais detalhes o mecanismo pelo qual isso acontece.

O investidor tem direito a sacar qualquer saldo da conta de margem que esteja acima da margem inicial. Para garantir que o saldo na conta de margem nunca será negativo, é determinada uma *margem de manutenção*, que é ligeiramente menor do que a margem inicial. Se o saldo na conta de margem ficar abaixo da margem de manutenção, o investidor recebe uma chamada de margem e deve completar a conta de margem até alcançar o nível de margem inicial antes do final do dia seguinte. Os fundos adicionais depositados são conhecidos como *margem de variação*. Se o investidor não fornecer a margem de variação, a corretora do investidor encerrará a posição. No caso do investidor considerado anteriormente, encerrar a posição envolveria neutralizar o contrato existente pela venda de 200 onças de ouro para entrega em dezembro.

A Tabela 2.1 ilustra a operação da conta de margem para uma sequência possível de preços futuros no caso do investidor considerado anteriormente. Pressupõe-se que a margem de manutenção é de $4.500 por contrato, ou $9.000 no total. No Dia 7, o

TABELA 2.1 Operação da conta de margem para uma posição comprada em dois contratos futuros de ouro. A margem inicial é de $6.000 por contrato, ou $12.000 no total; a margem de manutenção é de $4.500 por contrato, ou $9.000 no total. O contrato é firmado no Dia 1 a $1.450 e encerrado no Dia 16 a $1.426,90

Dia	Preço da negociação ($)	Preço de ajuste ($)	Ganho diário ($)	Ganho acumulado ($)	Saldo da conta de margem ($)	Chamada de margem ($)
1	1.450,00				12.000	
1		1.441,00	−1.800	1.800	10.200	
2		1.438,30	−540	2.340	9.660	
3		1.444,60	1.260	1.080	10.920	
4		1.441,30	−660	1.740	10.260	
5		1.440,10	−240	1.980	10.020	
6		1.436,20	−780	2.760	9.240	
7		1.429,90	−1.260	4.020	7.980	4.020
8		1.430,80	180	3.840	12.180	
9		1.425,40	−1.080	4.920	11.100	
10		1.428,10	540	4.380	11.640	
11		1.411,00	−3.420	7.800	8.220	3.780
12		1.411,00	0	7.800	12.000	
13		1.414,30	660	7.140	12.660	
14		1.416,10	360	6.780	13.020	
15		1.423,00	1.380	5.400	14.400	
16	1.426,90		780	4.620	15.180	

saldo na conta de margem fica $1.020 abaixo do nível da margem de manutenção. A queda provoca uma chamada de margem do investidor por mais $4.020, levando o saldo da conta de volta ao nível de margem inicial de $12.000. Pressupõe-se que o investidor fornece a margem até o encerramento das negociações no Dia 8. No Dia 11, o saldo da conta de margem cai novamente abaixo do nível da margem de manutenção, provocando uma chamada de margem de $3.780. O investidor fornece a margem até o fechamento das negociações no Dia 12. No Dia 16, o investidor decide encerrar a posição, vendendo dois contratos. O preço futuro naquele dia é de $1.426,90 e o investidor sofreu uma perda acumulada de $4.620. Observe que o investidor possui margens em excesso nos Dias 8, 13, 14 e 15. Pressupõe-se que o excesso não é sacado.

Detalhes adicionais

A maioria dos corretores paga aos investidores juros sobre o saldo na conta de margem. Assim, o saldo na conta não representa um custo real, desde que a taxa de juros seja competitiva com aquela obtida de outras fontes. Para satisfazer os requerimentos de margem iniciais, mas não chamadas de margem subsequentes, os investidores geralmente podem depositar títulos junto à corretora. As letras do Tesouro costumam ser aceitas no lugar do dinheiro, correspondendo a cerca de 90% de seu valor de face. Ocasionalmente, ações também são aceitas no lugar de dinheiro, mas a cerca de 50% de seu valor de mercado.

Os contratos a termo são ajustados ao final de sua vida, mas um contrato futuro é ajustado diariamente. Ao final de cada dia, o ganho (perda) do investidor é somado (subtraído) à conta de margem, levando o valor do contrato de volta a zero. Na prática, um contrato futuro é encerrado e relançado a um novo preço todos os dias.

Os níveis mínimos para as margens inicial e de manutenção são estabelecidos pela câmara de compensação da bolsa, mas cada corretora pode exigir margens maiores de seus clientes do que o mínimo especificado por ela. Os níveis mínimos de margem são determinados pela variabilidade do preço do ativo subjacente e são revisados quando necessário. Quanto maior a variabilidade, maiores os níveis de margem. A margem de manutenção geralmente é de cerca de 75% da margem inicial.

Os requerimentos de margem podem depender dos objetivos do trader. Um hedger de verdade, como uma empresa que produz uma commodity em referência à qual é lançado um contrato futuro, muitas vezes está sujeita a requerimentos de margem menores do que um especulador. O motivo é que se considera que o risco de inadimplência é menor. *Day trades* e operações de spread muitas vezes dão origem a requerimentos de margem menores do que transações de hedge. Em um *day trade*, o trader anuncia para o corretor a intenção de encerrar a posição no mesmo dia. Em uma *operação de spread*, o trader simultaneamente compra (ou seja, assume uma posição comprada) um contrato sobre um ativo por um mês de vencimento e vende (ou seja, assume uma posição vendida) um contrato sobre o mesmo ativo para outro mês de vencimento.

Observe que os requerimentos de margem são os mesmos sobre posições futuras vendidas e compradas. Assumir uma posição futura vendida é tão fácil quanto assumir uma comprada. O mercado à vista não tem essa simetria. Assumir uma posição comprada no mercado à vista envolve comprar o ativo para entrega imediata e não representa nenhum problema. Assumir uma posição vendida envolve vender um ativo que você não possui. É uma transação mais complexa que pode ou não ser possível em determinado mercado. Ela será discutida em mais detalhes no Capítulo 5.

A câmara de compensação e seus membros

Uma *câmara de compensação* (ou *câmara de liquidação*, *clearing house* ou simplesmente *clearing*) atua como intermediária em transações futuras. Ela garante o desempenho das partes de cada transação. A câmara de compensação possui um certo número de membros. As corretoras que não são membros podem terceirizar suas operações para um membro e postar sua margem junto a ele. A principal tarefa da câmara de compensação é controlar e registrar todas as transações que ocorrem durante o dia para que possa calcular a posição líquida de cada um de seus membros.

O membro da câmara de compensação é obrigado a fornecer uma margem inicial (também chamada de margem de compensação) que reflete o número total de contratos sendo compensados. Não há margem de manutenção aplicável ao membro da câmara de compensação. Todos os dias, as transações administradas pelo membro da câmara são ajustadas por meio da câmara. Se o total das transações perdeu dinheiro, o membro precisa fornecer a margem de variação à câmara de compensação da bolsa; se as transações produziram ganho, o membro recebe a margem de variação da câmara.

Na determinação da margem inicial, o número de contratos em circulação geralmente é calculado em base líquida. Isso significa que as posições vendidas que o membro da câmara administra para seus clientes são compensadas pelas posições compradas. Imagine, por exemplo, que o membro da câmara tem dois clientes: um com uma posição comprada em 20 contratos, o outro com uma posição vendida em 15 contratos. A margem inicial seria calculada com base em 5 contratos. Os membros da câmara também precisam contribuir para um fundo de garantia. Ele pode ser usado pela câmara de compensação caso um membro não forneça a margem de variação quando exigido dele e há perdas quando as posições do membro são encerradas.

Risco de crédito

O objetivo fundamental do sistema de margem é garantir que os fundos estarão disponíveis para pagar os traders quando realizarem um lucro. Em geral, o sistema tem sido extremamente bem-sucedido. Os traders que firmam contratos nas grandes bolsas sempre tiveram seus contratos honrados. Os mercados futuros foram testados em 19 de outubro de 1987, quando o índice S&P 500 caiu mais de 20% e os traders com posições compradas em futuros do S&P 500 acabaram com saldos de margem negativos. As posições dos traders que não atenderam chamadas de margem foram encerradas, mas ainda deviam dinheiro a seus corretores. Alguns não pagaram, levando determinadas corretoras à falência; sem o dinheiro de seus clientes, eles não podiam atender as chamadas de margem sobre os contratos que haviam firmado em nome de seus clientes. Contudo, as câmaras de compensação tinham fundos suficientes para garantir que todos que tinham posições futuras vendidas sobre o S&P 500 receberiam seu dinheiro.

2.5 MERCADOS DE BALCÃO

Os mercados de balcão (OTC, *over-the-counter*), introduzidos no Capítulo 1, são mercados nos quais as empresas realizam transações de derivativos sem envolver uma bolsa. Tradicionalmente, o risco de crédito caracteriza os mercados de derivativos de balcão. Pense em duas empresas, A e B, que realizaram diversas transações de derivativos. Se A inadimple quando o valor líquido das transações em circulação com B é positivo, B provavelmente sofrerá uma perda. Da mesma forma, se B inadimple quando o valor líquido das transações em circulação com A é positivo, a empresa A provavelmente sofrerá uma perda. Na tentativa de reduzir o risco de crédito, o mercado de balcão tomou emprestadas algumas ideias dos mercados de bolsa, que serão discutidas a seguir.

Contrapartes centrais

As CCPs foram mencionadas brevemente na Seção 1.2. Elas são câmaras de compensação para transações de balcão padrões que cumprem de certa maneira a mesma função que as câmaras de compensação das bolsas. Os membros da CCP, de forma semelhante aos membros da câmara de uma bolsa, precisam fornecer uma margem inicial e uma margem de variação diária. Assim como os membros de uma câmara de compensação, eles também precisam contribuir para um fundo de garantia.

Depois que as duas partes, A e B, concordaram em realizar uma transação de derivativos de balcão, ela pode ser apresentada para uma CCP. Pressupondo que a CCP aceita a transação, ela se torna uma contraparte para A e para B. (O processo é semelhante ao modo como a casa de compensação de uma bolsa de futuros se torna a contraparte dos dois lados de uma negociação de futuros.) Por exemplo, se a transação é um contrato a termo no qual A concorda em comprar um ativo de B em um ano por determinado preço, a câmara de compensação concorda em:

1. Comprar o ativo de B em um ano pelo preço acordado.
2. Vender o ativo para A em um ano pelo preço acordado.

Ela aceita o risco de crédito de A e de B.

Todos os membros precisam fornecer a margem inicial para a CCP. As transações são avaliadas diariamente e os membros realizam ou recebem pagamentos diários de margem de variação. Se um participante do mercado de balcão não é membro da CCP, ele pode organizar para que suas negociações sejam ajustadas por meio de um membro da CCP. Nesse caso, ele precisa fornecer uma margem para a CCP. Sua relação com o membro da CCP é semelhante à relação entre uma corretora e um membro da câmara de compensação da bolsa de futuros.

Após a crise de crédito que teve início em 2007, os regulares passaram a se preocupar mais com o risco sistêmico (ver História de Negócios 1.2). Uma das consequências disso, como mencionado na Seção 1.2, foi a legislação exigindo que a maioria das transações de balcão padrões entre instituições financeiras sejam administradas por CCPs.

Compensação bilateral

As transações de balcão que não são compensadas por meio de CCPs são compensadas bilateralmente. No mercado de balcão com compensação bilateral, as duas empresas, A e B, geralmente assinam um contrato global que abrange todas as suas negociações.[3] Esse contrato muitas vezes inclui um anexo, chamado de *credit support annex* ou CSA, exigindo que A, B ou ambos forneçam garantias. A garantia é semelhante à margem exigida pelas câmaras de compensação de bolsas ou CCPs de seus membros.

Os contratos de garantia nos CSAs normalmente exigem que as transações sejam avaliadas todos os dias. Um contrato bilateral simples entre as empresas A e B funcionaria da seguinte maneira. Se, de um dia para o outro, as transações entre A e B aumentam em X para A (e, logo, diminuem em X para B), B precisa fornecer uma garantia no valor de X para A. Se o contrário acontece e as transações aumentam de valor em X para B (e diminuem de valor em X para A), A precisa fornecer uma garantia no valor de X para B. (Para usar a terminologia dos mercados de bolsa, X é a margem de variação fornecida.) Os contratos de garantia e o modo como o risco de crédito da contraparte é avaliado para transações de compensação bilateral são discutidos em mais detalhes no Capítulo 24.

---

[3] O mais comum desse tipo de contrato é um International Swaps and Derivatives Association (ISDA) Master Agreement.

No passado, era relativamente raro que um CSA exigisse uma margem inicial, mas isso está mudando. Novas regulamentações, introduzidas em 2012, exigem uma margem inicial e uma margem de variação para transações compensadas bilateralmente entre instituições financeiras.[4] A margem inicial normalmente é segregada dos outros fundos e postada junto a terceiros.

A garantia reduz significativamente o risco de crédito no mercado de balcão com compensação bilateral (e reduzirá ainda mais quando as novas regras exigindo margens iniciais para transações entre instituições financeiras entrar em em vigor). Os contratos de garantia eram usados pelo *hedge fund* Long-Term Capital Management (LTCM) para seus derivativos compensados bilateralmente na década de 1990. Os contratos permitiram que a LTCM ficasse altamente alavancada. Eles ofereciam proteção de crédito, mas, como descrito na História de Negócios 2.2, a alta alavancagem deixou o *hedge fund* exposto a outros riscos.

História de Negócios 2.2   O grande prejuízo do Long-Term Capital Management

O Long-Term Capital Management (LTCM), um *hedge fund* formado em meados da década de 1990, sempre garantia suas transações compensadas bilateralmente. A estratégia de investimento do *hedge fund* era conhecida como arbitragem de convergência. Um exemplo muito simples do que isso significa seria o seguinte. A empresa encontrava dois títulos, X e Y, emitidos pela mesma empresa, prometendo o mesmo resultado, com X sendo menos líquido (ou seja, negociado menos ativamente) do que Y. O mercado dá valor à liquidez, então o preço de X seria menor do que o preço de Y. O LTCM comprava X, vendia Y a descoberto e esperava até que os preços dos dois títulos convergissem em algum momento no futuro.

Quando as taxas de juros aumentavam, a empresa esperava que o preço de ambos os títulos cairia pelo mesmo valor, de modo que a garantia paga sobre o título X seria a mesma que a garantia recebida sobre o título Y. Da mesma forma, quando as taxas de juros diminuíam, o LTCM esperava que o preço de ambos os títulos subiria pelo mesmo valor, de modo que a garantia recebida sobre o título X seria mais ou menos a mesma que a garantia paga sobre o título Y. Assim, a empresa esperava que não haveria uma saída significativa de fundos devido a seus contratos com garantias.

Em agosto de 1998, a Rússia entrou em moratória, provocando um fenômeno que chamamos de "fuga para a qualidade" nos mercados de capital. Um resultado foi que os investidores passaram a dar mais valor aos instrumentos mais líquidos do que o normal e os spreads entre os preços dos instrumentos líquidos e ilíquidos no portfólio do LTCM aumentaram drasticamente. Os preços dos títulos que o LTCM comprara caíram e os preços daqueles que vendera a descoberto aumentaram. O fundo precisaria fornecer garantias para ambos. Como estava altamente alavancada, a empresa sofreu dificuldades. Foi preciso encerrar posições e a empresa LTCM perdeu cerca de 4 bilhões de dólares. Se não fosse tão alavancada, ela provavelmente teria conseguido sobreviver à fuga para a qualidade e esperado que os preços de títulos líquidos e ilíquidos voltassem a se aproximar.

---

[4] Para os fins dessa regulamentação e das regulamentações que exigem que transações padrões entre instituições financeiras sejam compensadas por meio de CCPs, o termo "instituições financeiras" inclui bancos, seguradoras, fundos de pensão e *hedge funds*. As transações com instituições não financeiras e algumas transações de câmbio estão isentas dessas regulamentações.

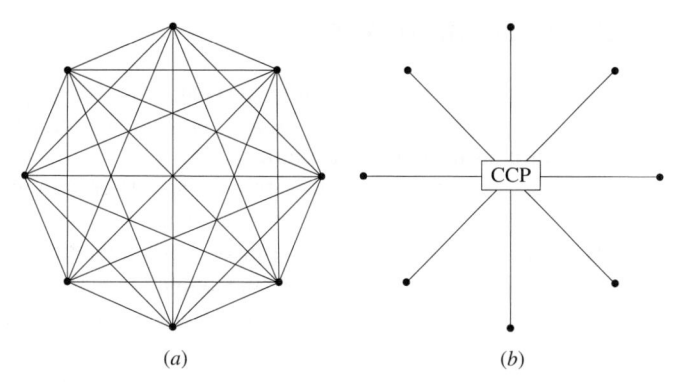

FIGURA 2.2 (a) A maneira tradicional de operação dos mercados de balcão: uma série de acordos bilaterais entre os participantes do mercado; (b) como os mercados de balcão operariam com uma única contraparte central (CCP) atuando como câmara de compensação.

A Figura 2.2 ilustra como funcionam a compensação bilateral e a central. (Por uma questão de simplicidade, ela pressupõe que há apenas oito participantes e uma CCP no mercado.) Sob a compensação bilateral, há muitos contratos diferentes entre os participantes do mercado, como indicado na Figura 2.2a. Se todos os contratos de balcão são compensados por meio de uma única CCP, podemos passar para a situação mostrada na Figura 2.2b. Na prática, como nem todas as transações de balcão são canalizadas através de CCPs e como há mais de uma CCP, o mercado possui elementos da Figura 2.2a e da Figura 2.2b.[5]

Negociações de futuros *versus* negociações de balcão

Independentemente de como as transações são compensadas, a margem inicial, quando fornecida na forma de dinheiro em caixa, em geral rende juros. A margem de variação diária fornecida pelos membros da câmara de compensação para contratos futuros não rende juros. Isso ocorre porque a margem de variação constitui o ajuste diário. As transações no mercado de balcão, utilizem elas compensação bilateral ou por meio de CCPs, geralmente não sofrem ajuste diário. Por esse motivo, a margem de variação diária fornecida pelo membro de uma CCP ou devido a um CSA rende juros quando em caixa.

Os títulos muitas vezes podem ser utilizados para satisfazer requerimentos de margem/garantia.[6] O valor de mercado dos títulos é reduzido por um certo montante para determinar seu valor para fins de margem. Essa redução é conhecida pelo nome de *haircut* (literalmente, um "corte de cabelo").

---

[5] O impacto das CCPs sobre o risco de crédito depende do número de CCPs e das proporções de todas as negociações que são compensadas por meio delas. Ver D. Duffie and H. Zhu, "Does a Central Clearing Counterparty Reduce Counterparty Risk", *Review of Asset Pricing Studies*, 1 (2011): 74–95.

[6] Como mencionado anteriormente, a margem de variação para contratos futuros deve ser fornecida na forma de caixa.

2.6 COTAÇÕES DE MERCADO

As cotações de futuros são disponibilizadas pelas bolsas e por diversas fontes online. A Tabela 2.2 foi construída usando cotações fornecidas pelo CME Group para diversas commodities diferentes ao meio-dia de 14 de maio de 2013. Cotações semelhantes para futuros de índices, moedas e taxas de juros aparecem nos Capítulos 3, 5 e 6, respectivamente.

O ativo subjacente no contrato futuro, o tamanho do contrato e o modo como o preço é cotado aparecem no alto de cada seção da Tabela 2.2. O primeiro ativo é ouro. O tamanho do contrato é 100 onças e o preço é cotado em dólares por onça. O mês de vencimento do contrato está indicado na primeira coluna da tabela.

Preços

Os três primeiros números de cada linha da Tabela 2.2 mostram o preço de abertura e o maior e o menor preço de negociação durante o dia até então. O preço de abertura é representativo dos preços pelos quais os contratos eram negociados imediatamente após o início das operações em 14 de maio de 2013. Para o contrato de ouro de junho de 2013, o preço de abertura em 14 de maio de 2013 era $1.429,50 por onça. O maior preço durante o dia foi de $1.444,90 por onça e o menor, $1.419,70 por onça.

Preço de ajuste

O *preço de ajuste* é o preço usado para calcular os ganhos e perdas diários e os requerimentos de margem. Em geral, ele é calculado como o preço pelo qual o contrato é negociado imediatamente antes do final das sessões de operação do dia. O quarto número da Tabela 2.2 mostra o preço de ajuste do dia anterior (ou seja, 13 de maio de 2013). O quinto número mostra o preço de negociação mais recente e o sexto, a mudança de preço em relação ao preço de ajuste do dia anterior. No caso do contrato de ouro de junho de 2013, o preço de ajuste do dia anterior era de $1.434,80. A negociação mais recente foi de $1.425,30, $9,00 a menos do que o preço de ajuste do dia anterior. Se $1.425,30 se revelasse o preço de ajuste em 14 de maio de 2013, a conta de margem de um trader com posição comprada em um contrato perderia $900 em 14 de maio, enquanto a conta de margem de um trader com posição vendida ganharia esse mesmo valor em 14 de maio.

Volume de negociação e saldo de posições em aberto

A última coluna da Tabela 2.2 mostra o *volume de negociação*. O volume de negociação é o número de contratos negociados em um dia. Ele pode ser contrastado com as *posições em aberto*, que são o número de contratos em circulação, ou seja, o número de posições compradas ou, de modo equivalente, o número de posições vendidas.

Se houve uma grande quantidade de negociações realizadas por *day traders* (ou seja, traders que assumem posições e as encerram no mesmo dia), o volume de negociações em um dia pode ser maior do que o saldo de posições em aberto no início ou no final do dia.

TABELA 2.2 Cotações futuras para determinados contratos do CME Group sobre commodities em 14 de maio de 2013

	Abertura	Alta	Baixa	Ajuste anterior	Última negociação	Mudança	Volume
Ouro, 100 onças, $ por onça							
Junho de 2013	1429,5	1444,9	1419,7	1434,3	1425,3	−9,0	147.943
Agosto de 2013	1431,5	1446,0	1421,3	1435,6	1426,7	−8,9	13.469
Outubro de 2013	1440,0	1443,3	1424,9	1436,6	1427,8	−8,8	3.522
Dezembro de 2013	1439,9	1447,1	1423,6	1437,7	1429,5	−8,2	4.353
Junho de 2014	1441,9	1441,9	1441,9	1440,9	1441,9	+1,0	291
Petróleo bruto, 1000 barris, $ por barril							
Junho de 2013	94,93	95,66	94,50	95,17	94,72	−0,45	162.901
Agosto de 2013	95,24	95,92	94,81	95,43	95,01	−0,42	37.830
Dezembro de 2013	93,77	94,37	93,39	93,89	93,60	−0,29	27.179
Dezembro de 2014	89,98	90,09	89,40	89,71	89,62	−0,09	9.606
Dezembro de 2015	86,99	87,33	86,94	86,99	86,94	−0,05	2.181
Milho, 5000 sacas, centavos por saca							
Julho de 2013	655,00	657,75	646,50	655,50	652,50	−3,00	48.615
Setembro de 2013	568,50	573,25	564,75	568,50	570,00	+1,50	19.388
Dezembro de 2013	540,00	544,00	535,25	539,25	539,50	+0,25	43.290
Março de 2014	549,25	553,50	545,50	549,25	549,25	0,00	2.638
Maio de 2014	557,00	561,25	553,50	557,00	557,00	0,00	1.980
Julho de 2014	565,00	568,50	560,25	564,25	563,50	−0,75	1.086
Soja, 5000 sacas, centavos por saca							
Julho de 2013	1418,75	1426,00	1405,00	1419,25	1418,00	−1,25	56.425
Agosto de 2013	1345,00	1351,25	1332,25	1345,00	1345,75	+0,75	4.232
Setembro de 2013	1263,75	1270,00	1255,50	1263,00	1268,00	+5,00	1.478
Novembro de 2013	1209,75	1218,00	1203,25	1209,75	1216,75	+7,00	29.890
Janeiro de 2014	1217,50	1225,00	1210,75	1217,50	1224,25	+6,75	4.488
Março de 2014	1227,50	1230,75	1216,75	1223,50	1230,25	+6,75	1.107
Trigo, 5000 sacas, centavos por saca							
Julho de 2013	710,00	716,75	706,75	709,75	710,00	+0,25	30.994
Setembro de 2013	718,00	724,75	715,50	718,00	718,50	+0,50	10.608
Dezembro de 2013	735,00	741,25	732,25	735,00	735,00	0,00	11.305
Março de 2014	752,50	757,50	749,50	752,50	752,50	0,00	1.321
Boi gordo, 40.000 libras, centavos por lb							
Junho de 2013	120,550	121,175	120,400	120,575	120,875	+0,300	17.628
Agosto de 2013	120,700	121,250	120,200	120,875	120,500	−0,375	13.922
Outubro de 2013	124,100	124,400	123,375	124,125	123,800	−0,325	2.704
Dezembro de 2013	125,500	126,025	125,050	125,650	125,475	−0,175	1.107

Padrões de futuros

Os preços futuros podem apresentar diversos padrões. Na Tabela 2.2, os preços futuros de ajuste de ouro, trigo e boi gordo são uma função crescente do vencimento do contrato. Essa situação é conhecida como *mercado normal*. A situação em que os preços futuros de ajuste diminuem com o vencimento é chamada de *mercado invertido*.[7] Commodities como petróleo bruto, milho e soja demonstravam padrões parcialmente normais e parcialmente invertidos em 14 de maio de 2013.

2.7 ENTREGA

Como mencionado anteriormente neste capítulo, pouquíssimos contratos futuros firmados levam à entrega do ativo subjacente. A maioria é encerrada antes do vencimento. Ainda assim, é a possibilidade da entrega que determina o preço futuro. Assim, é importante entender os procedimentos de entrega.

O período durante o qual a entrega pode ser realizada é definido pela bolsa e varia de um contrato para outro. A decisão de quando fazer a entrega é tomada pela parte com a posição vendida, a qual designaremos como investidor A. Quando o investidor A decide entregar, seu corretor emite um aviso de intenção de entrega para a câmara de compensação da bolsa. Esse aviso afirma quantos contratos serão entregues e, no caso de commodities, também especifica onde a entrega ocorrerá e qual qualidade será entregue. A seguir, a bolsa escolhe a parte com uma posição comprada para aceitar a entrega.

Imagine que a parte no outro lado do contrato futuro do investidor A, quando este foi firmado, era o investidor B. É importante perceber que não temos por que esperar que será o investidor B a receber a entrega. O investidor B pode muito bem ter encerrado sua posição, negociando com o investidor C, que por sua vez pode ter encerrado sua posição ao negociar com o investidor D, e assim por diante. A regra normal escolhida pela bolsa é repassar o aviso de intenção de entrega para a parte com a posição comprada em circulação mais antiga. As partes com posições compradas são obrigadas a aceitar os avisos de entrega. Contudo, se os avisos são transferíveis, os investidores comprados têm um breve período de tempo, geralmente de meia hora, para encontrar outra parte com uma posição comprada que esteja disposta a aceitar a entrega no seu lugar.

No caso de uma commodity, aceitar a entrega geralmente significa aceitar um recebido de armazém em troca do pagamento imediato. A parte que aceita a entrega é então responsável por todos os custos de estocagem. No caso de futuros de gado, podem haver custos associados com a alimentação e cuidado dos animais (ver História de Negócios 2.1). No caso de futuros financeiros, a entrega geralmente é realizada por transferência eletrônica. Para todos os contratos, o preço pago geralmente é o preço de ajuste mais recente. Se especificado pela bolsa, o preço é ajustado para

---

[7] Ocasionalmente, o termo *contango* é usado para descrever a situação na qual o preço futuro é uma função crescente do vencimento e o termo *backwardation* é usado para descrever a situação na qual o preço futuro é uma função decrescente do contrato. Mais estritamente, como será explicado no Capítulo 5, esses termos se referem à expectativa de que o preço do ativo subjacente irá aumentar ou diminuir com o tempo.

a qualidade, local de entrega e assim por diante. O procedimento de entrega como um todo, da emissão do aviso de intenção de entrega à entrega em si, normalmente demora cerca de dois a três dias.

Há três dias críticos para o contrato: o primeiro dia do aviso, o último dia do aviso e o último dia de negociação. O *primeiro dia do aviso* é o primeiro dia no qual um aviso de intenção de realizar a entrega pode ser apresentado à bolsa. O *último dia do aviso* é o último dia desse tipo. O *último dia de negociação* geralmente ocorre alguns dias antes do último dia de aviso. Para evitar o risco de ter que aceitar a entrega, o investidor com posição comprada deve encerrar seus contratos antes do primeiro dia do aviso.

Liquidação financeira

Alguns futuros financeiros, como aqueles sobre índices de ações que serão discutidos no Capítulo 3, são ajustados ou liquidados em caixa, pois entregar o ativo subjacente seria inconveniente ou impossível. No caso do contrato futuro sobre o S&P 500, por exemplo, entregar o ativo adjacente envolveria entregar uma carteira de 500 ações. Quando um contrato é liquidado em caixa, todos os contratos em circulação são declarados encerrados em um dia predeterminado. O preço de liquidação final é estabelecido como igual ao preço à vista do ativo subjacente no fechamento ou na abertura das negociações naquele dia. Por exemplo, no contrato futuro sobre o S&P 500 negociado pelo CME Group, o dia predeterminado é a terceira sexta-feira do mês de entrega e o ajuste final é o preço de abertura.

2.8 TIPOS DE TRADERS E TIPOS DE ORDENS

Existem dois tipos principais de traders executando negociações: *corretores* (FCMs, *futures commission merchants*) e *operadores* (*locals*). Os FCMs seguem as instruções de seus clientes e cobram uma comissão para tanto; os operadores especiais negociam por conta própria.

Os indivíduos que assumem posições, sejam eles corretores ou clientes de corretores, podem ser categorizados como hedgers, especuladores ou arbitradores, como discutido no Capítulo 1. Os especuladores podem ser classificados como *scalpers*, *day traders* ou *position traders*. Os *scalpers* estão em busca de tendências de curtíssimo prazo e tentam lucrar com pequenas mudanças no preço dos contratos. Eles geralmente assumem posições por apenas alguns minutos. Os *day traders* assumem suas posições por menos de um dia de negociação. Eles não estão dispostos a correr o risco de notícias adversas de um dia para o outro. Os *position traders* mantêm suas posições por períodos muito mais longos, na esperança de obter lucros significativos com grandes movimentos nos mercados.

Ordens

O tipo mais simples de ordem enviada a uma corretora é uma *ordem a mercado*. Ela solicita que uma negociação seja realizada imediatamente pelo melhor preço disponível no mercado. Contudo, existem muitos outros tipos de ordem. A seguir, vamos considerar os tipos usados com mais frequência.

Uma *ordem limitada* especifica um determinado preço. A ordem somente pode ser executada nesse preço ou a um preço mais favorável para o investidor. Assim, se o preço limite é de $30 para um investidor que deseja comprar, a ordem somente será executada a um preço de $30 ou menos. Obviamente, não há garantia alguma de que a ordem será executada um dia, pois o preço limite pode jamais ser alcançado.

Uma *ordem stop-loss* também especifica um determinado preço. A ordem é executada pelo melhor preço disponível após a oferta de compra ou venda ser realizada por determinado preço ou por um preço menos favorável. Imagine que uma ordem de venda a $30 é emitida quando o preço de mercado é de $35. Ela se torna uma ordem para vender quando e se o preço cair para $30. Na prática, uma ordem stop-loss se torna uma ordem a mercado assim que o preço especificado é atingido. O objetivo de uma ordem stop-loss geralmente é encerrar uma posição caso ocorram movimentos de preço desfavoráveis. Ela limita as perdas que podem ser incorridas.

Uma *ordem de stop limitada* combina uma ordem stop-loss e uma ordem limitada. A ordem se torna limitada assim que ocorre uma oferta de compra ou de venda por um preço igual ou menos favorável que o preço de stop-loss. A ordem de stop limitada precisa especificar dois preços: o preço de stop e o preço limite. Imagine que, no momento, o preço de mercado é de $35 e é emitida uma ordem de stop limitada para comprar com preço de stop de $40 e preço limite de $41. Assim que há uma oferta de compra ou de venda de $40, a ordem de stop limitada se torna uma ordem limitada de $41. Se o preço de stop e o preço limite são iguais, a ordem também é chamada de *ordem de stop e limitada*.

Uma *ordem administrada* (MIT) é executada pelo melhor preço disponível após ocorrer uma negociação por um preço específico ou a um preço mais favorável do que este. Na prática, uma MIT se torna uma ordem a mercado depois de o preço especificado ser atingido. Uma MIT também é chamada de *board order*. Considere um investidor que possui uma posição comprada em um contrato futuro e está emitindo instruções que levariam ao encerramento do contrato. Uma ordem de stop é criada para limitar a perda que pode ocorrer em caso de movimentos de preço desfavoráveis. Uma ordem *administrada*, por outro lado, é criada de modo a garantir que os lucros serão garantidos caso ocorram movimentos de preço suficientemente favoráveis.

Uma *ordem discricionária* ou *market-not-held* é negociada como uma ordem a mercado, porém sua execução pode ser atrasada, a critério do corretor, na tentativa de obter um preço melhor.

Algumas ordens especificam condições temporais. A menos que seja determinado o contrário, a ordem é válida por um dia e expira ao final do dia de negociação. Uma *ordem com validade* especifica um determinado período de tempo durante o dia em que pode ser executada. Uma *ordem em aberto* ou *ordem com validade até o cancelamento* fica vigente até ser executada ou até o final da negociação de um contrato específico. Uma *ordem execute ou cancele* (*fill-or-kill*), como sugere o nome, deve ser ou executada imediatamente após seu recebimento ou cancelada.

2.9 REGULAMENTAÇÃO

Os mercados futuros nos Estados Unidos são regulamentados federalmente pela Commodity Futures Trading Commission (CFTC, www.cftc.gov), que foi estabelecida em 1974.

A CFTC tenta proteger o interesse público. Ela é responsável por garantir que os preços sejam comunicados ao público e que os traders de futuros informem suas posições em circulação caso ultrapassem determinados níveis. A CFTC também licencia todos os indivíduos que oferecem seus serviços para o público na negociação de futuros. A formação desses indivíduos é investigada e também há requerimentos de capital mínimos. A CFTC recebe reclamações de membros do público e garante que serão tomadas ações disciplinares contra indivíduos quando apropriado. A comissão tem autoridade para forçar as bolsas a tomar ações disciplinares contra membros que violam as regras das bolsas.

Com a formação da National Futures Association (NFA, www.nfa.futures.org) em 1982, parte das responsabilidades da CFTC foi transferida para o setor de futuros em si. A NFA é uma organização de indivíduos que participam do setor. Seu objetivo é prevenir fraudes e garantir que o mercado irá operar de forma a proteger os interesses do público. A organização está autorizada a monitorar negociações e a tomar ações disciplinares quando apropriado. A agência desenvolveu um sistema eficiente para arbitrar disputas entre indivíduos e seus membros.

A Lei Dodd–Frank, sancionada pelo Presidente Obama em 2010, expandiu o papel da CFTC. Hoje, a comissão é responsável por regras que exigem que derivativos de balcão padrões sejam negociados em operadoras de execução de swaps e compensadas por meio de contrapartes centrais.

Irregularidades nas negociações

Na maior parte do tempo, os mercados futuros operam de maneira eficiente e em prol do interesse público. De tempos em tempos, no entanto, surgem irregularidades nas negociações. Um tipo de irregularidade ocorre quando um grupo de investidores tenta monopolizar o mercado (*corner the market*).[8] O grupo de investidores assume uma posição futura comprada enorme e tenta também exercer algum controle sobre a oferta da commodity subjacente. À medida que o vencimento dos contratos futuros se aproxima, o grupo de investidores não encerra sua posição, de modo que o número de contratos futuros em circulação pode ser maior do que a quantidade da commodity disponível para entrega. Os titulares de posições vendidas percebem que terão dificuldade para entregar e se desesperam para encerrar suas posições. O resultado é um aumento enorme nos preços futuros e à vista. Em geral, os reguladores enfrentam esse tipo de abuso do mercado aumentando os requerimentos de margem, impondo limites de posição mais estritos, proibindo negociações que aumentem a posição em aberto do especulador ou exigindo que os participantes do mercado encerrem suas posições.

---

[8] Talvez o exemplo mais conhecido disso tenha sido a tentativa dos irmãos Hunt de monopolizar o mercado de prata em 1979–80. Entre meados de 1979 e o início de 1980, suas atividades levaram ao aumento de preço de $6 por onça para $50 por onça.

Outros tipos de irregularidade nas negociações podem envolver traders na bolsa. Essa situação ficou famosa no início de 1989, quando foi anunciado que o FBI realizara uma investigação de dois anos, usando agentes disfarçados, sobre as negociações na Chicago Board of Trade e na Chicago Mercantile Exchange. A investigação teve início devido a queixas apresentadas por um grande conglomerado agrícola. As supostas violações incluíam cobranças excessivas de clientes, não pagamento do resultado total de vendas para clientes e traders que usavam seu conhecimento sobre as ordens do cliente para negociar antes em causa própria (uma violação conhecida como *front running*).

2.10 CONTABILIDADE E TRIBUTAÇÃO

Os detalhes completos do tratamento fiscal e tributário dos contratos futuros estão além do escopo deste livro. Um trader que desejar informações detalhadas sobre o tema deve buscar assessoria profissional. Esta seção oferece apenas algumas informações gerais sobre o assunto.

Contabilidade

As normas contábeis exigem que as mudanças no valor de mercado de um contrato futuro sejam reconhecidas quando ocorrem, a menos que o contrato se qualifique como hedge. Se o contrato se qualifica como hedge, os ganhos ou perdas geralmente são reconhecidos para fins contábeis no mesmo período em que os ganhos ou perdas do item hedgeado são reconhecidos. O segundo tratamento é chamado de *hedge accounting*.

Considere uma empresa com final do ano em dezembro. Em setembro de 2014, ela compra um contrato futuro de milho de março de 2015 e encerra a posição ao final de fevereiro de 2015. Imagine que os preços futuros são 650 centavos por saca quando o contrato é firmado, 670 centavos por saca ao final de 2014 e 680 centavos por saca quando o contrato é encerrado. O contrato é referente à entrega de 5.000 sacas. Se o contrato não se qualifica como hedge, os ganhos, para fins contábeis, são:

$$5.000 \times (6{,}70 - 6{,}50) = \$1.000$$

em 2014 e:

$$5.000 \times (6{,}80 - 6{,}70) = \$500$$

em 2015. Se a empresa está hedgeando a compra de 5.000 sacas de milho em fevereiro de 2015, de modo que o contrato se qualifica para a hedge accounting, todo o ganho de $1.500 é realizado em 2015 para fins contábeis.

O tratamento dos ganhos e perdas de hedge é sensato. Se a empresa está hedgeando a compra de 5.000 sacas de milho em fevereiro de 2015, o efeito do contrato futuro é garantir que o preço pago será próximo de 650 centavos por saca. O tratamento contábil reflete que esse é o preço pago em 2015.

Em junho de 1998, o Financial Accounting Standards Board publicou a Statement No. 133 (FAS 133), *Accounting for Derivative Instruments and Hedging Activities* (Contabilidade de Instrumentos Derivativos e Atividades de Hedge). A FAS

133 se aplica a todos os tipos de derivativos (incluindo futuros, contratos a termo, swaps e opções). Ela exige que todos os derivativos sejam incluídos nas demonstrações contábeis pelo valor justo de mercado.[9] Ela também aumenta os requerimentos de divulgação e dá às empresas bem menos liberdade do que no passado para usar hedge accounting. Para que a hedge accounting possa ser usada, o instrumento de hedge deve ser altamente eficaz na compensação de exposições e sua eficácia precisa ser avaliada a cada três meses. Uma norma semelhante, a IAS 39, foi publicada pelo International Accounting Standards Board.

Tributação

Sob a legislação tributária americana, duas questões fundamentais são a natureza do ganho ou perda tributável e a tempestividade do reconhecimento do ganho ou da perda. Os ganhos ou perdas são classificados como ganhos ou perdas de capital ou então como parte da renda ordinária.

Para uma pessoa jurídica, os ganhos de capital são tributados com a mesma alíquota que a renda ordinária, e a capacidade de deduzir perdas é restrita. As perdas de capital somente são dedutíveis até o limite dos ganhos de capital. Uma empresa pode deduzir uma perda de capital do exercício no exercício anterior por três anos e postergá-los por no máximo cinco anos. Para uma pessoa física, os ganhos de capital de curto prazo são tributados da mesma maneira que a renda ordinária, mas os ganhos de capital de longo prazo estão sujeitos à alíquota máxima sobre ganhos de capital, de 15%. (Os ganhos de capital de longo prazo se referem àqueles decorrentes da venda de um ativo de capital mantido por mais de um ano; os ganhos de capital de curto prazo são aqueles decorrentes da venda de um ativo de capital mantido por um ano ou menos.) Para uma pessoa física, as perdas de capital são dedutíveis até o limite dos ganhos de capital mais renda ordinária até $3.000 e podem ser postergadas por prazo indeterminado.

Em geral, posições em contratos futuros são tratadas como se fossem encerradas no último dia do ano fiscal. Para pessoas físicas, isso dá origem a ganhos e perdas de capital que são tratadas como se fossem 60% de longo prazo e 40% de curto prazo, independentemente de por quanto tempo a posição foi mantida. É a chamada regra "60/40". Uma pessoa física pode escolher deduzir quaisquer perdas líquidas da regra 60/40 no exercício anterior por três anos para compensar quaisquer ganhos reconhecidos sob essa regra nos três anos anteriores.

As transações de hedge ficam isentas dessa regra. Para fins fiscais, a definição de uma transação de hedge é diferente daquela para fins contábeis. A regulamentação tributária define uma transação de hedge como aquela firmada durante o curso normal de trabalho, principalmente por um dos seguintes motivos:

1. Reduzir o risco de mudanças de preço ou flutuações cambiais relativas a propriedades mantidas ou que serão mantidas pelo contribuinte com o objetivo de produzir renda ordinária.
2. Reduzir o risco de mudanças de preço ou taxas de juros ou flutuações cambiais relativas a empréstimos tomados pelo contribuinte.

---

[9] No passado, o atrativo dos derivativos em algumas situações é que eles eram itens "extracontábeis".

Uma transação de hedge deve ser identificada clara e tempestivamente nos registros da empresa como sendo um hedge. Os ganhos ou as perdas das transações de hedge são tratados como renda ordinária. A tempestividade do reconhecimento dos ganhos ou das perdas decorrentes de transações de hedge em geral correspondem à tempestividade do reconhecimento das rendas ou despesas associadas à transação sendo hedgeada.

2.11 CONTRATOS A TERMO *VERSUS* FUTUROS

As principais diferenças entre os contratos a termo e futuros estão resumidas na Tabela 2.3. Ambos os tipos de contrato são acordos para a compra ou venda de um ativo por um determinado preço em uma determinada data futura. Um contrato a termo é negociado no mercado de balcão e não há um tamanho de contrato padrão ou sistema de entrega padrão. Em geral, especifica-se uma única data de entrega e o contrato é mantido até o fim de sua vida, quando é liquidado. Um contrato futuro é um contrato padronizado negociado em uma bolsa. Ele geralmente especifica uma série de datas de entrega, é ajustado diariamente e quase sempre é encerrado antes de seu vencimento.

Lucros de contratos a termo e futuros

Imagine que a taxa de câmbio da libra esterlina para um contrato a termo de 90 dias é 1,5000, sendo essa taxa de câmbio também o preço futuro para um contrato que será entregue em exatamente 90 dias. Qual é a diferença entre os ganhos e as perdas sob os dois contratos?

Sob um contrato a termo, todo ganho ou perda é realizado ao final da vida do contrato. Sob o contrato futuro, o ganho ou a perda são realizados diariamente devido aos procedimentos de ajuste diário. Imagine que o trader A tem uma posição comprada de £1 milhão em um contrato a termo de 90 dias e o trader B tem uma posição comprada de £1 milhão em contrato futuro de 90 dias. (Como cada contrato futuro é referente à compra ou venda de £62.500, o trader B deve comprar um total de 16 contratos.) Imagine que a taxa de câmbio à vista em 90 dias acabará sendo de 1,7000 dólares por libra. O trader A realiza um ganho de $200.000 no 90º dia. O trader B realiza o mesmo ganho, mas espalhado por todo o período de 90 dias. Em alguns dias, o trader B pode realizar uma perda, enquanto em outros pode realizar um ganho. Contudo, quando somamos seus ganhos e perdas, o resultado final é um ganho total de $200.000 durante o período de 90 dias.

TABELA 2.3 Comparação de contratos a termo e futuros

A termo	Futuros
Contrato privado entre duas partes	Negociados em uma bolsa
Não padronizado	Contrato padronizado
Geralmente uma data de entrega especificada	Série de datas de entrega
Ajustado no final do contrato	Ajustado diariamente
Geralmente ocorrem entrega ou liquidação financeira final	Contrato geralmente é encerrado antes do vencimento
Algum risco de crédito	Praticamente nenhum risco de crédito

Cotações em moeda estrangeira

Ambos os tipos de contrato, a termo e futuros, são negociados ativamente sobre moedas estrangeiras. Contudo, ocasionalmente há uma diferença no modo como as taxas de câmbio são cotadas nos dois mercados. Por exemplo, os preços futuros em que uma moeda é o dólar são sempre cotados como o número de dólares americanos por unidade da moeda estrangeira ou como o número de centavos americanos por unidade da moeda estrangeira. Os preços a termo são sempre cotados da mesma maneira que os preços à vista. Isso significa que para a libra britânica, o euro, o dólar australiano e o dólar neozelandês, as cotações a termo mostram o número de dólares americanos por unidade de moeda estrangeira e são diretamente comparáveis com as cotações futuras. Para as outras grandes moedas, as cotações a termo mostram o número de unidades de moeda estrangeira por dólar americano (USD). Pense no exemplo do dólar canadense (CAD). Uma cotação de preço futuro de 0,95000 USD por CAD corresponde a uma cotação de preço a termo de 1,0526 CAD por USD (1,0526 − 1/0,9500).

RESUMO

Uma alta proporção dos contratos futuros negociados não leva à entrega do ativo subjacente. Os traders geralmente firmam contratos opostos para encerrar suas posições antes de alcançarem o período de entrega. Contudo, é a possibilidade da entrega final que determina o preço futuro. Para cada contrato futuro, há um período durante o qual a entrega pode ser realizada, com um procedimento de entrega claramente definido. Alguns contratos, como aqueles sobre índices de ações, são liquidados em caixa e não pela entrega do ativo subjacente.

A especificação dos contratos é uma atividade importante para uma bolsa de futuros. Os dois lados de qualquer contrato devem saber o que será entregue e onde e quando a entrega ocorrerá. Eles também precisam conhecer os detalhes sobre horas de negociação, como os preços serão cotados, os movimentos de preço diários máximos e assim por diante. Os novos contratos devem ser aprovados pela Commodity Futures Trading Commission antes de a negociação começar.

As contas de margem são um aspecto importante dos mercados futuros. Um investidor mantém uma conta de margem junto a sua corretora. A conta é ajustada diariamente para refletir ganhos ou perdas, e, de tempos em tempos, a corretora pode exigir que a conta seja completada caso tenham ocorrido movimentos de preço adversos. A corretora deve fazer parte de uma câmara de compensação ou manter uma conta de margem junto a um membro de uma câmara de compensação. Cada membro de uma câmara de compensação mantém uma conta de margem junto à câmara de compensação da bolsa. O saldo na conta é ajustado diariamente para refletir os ganhos e as perdas sobre os negócios pelos quais o membro da câmara é responsável.

Nos mercados de derivativos de balcão, as transações são compensadas bilateral ou centralmente. Quando se utiliza compensação bilateral, com frequência uma ou ambas as partes postam garantias para reduzir o risco de crédito. Quando se utiliza compensação central, uma contraparte central (CCP) fica posicionada entre as duas partes. A CCP exige que cada parte forneça uma margem e desempenha praticamente a mesma função que a câmara de compensação de uma bolsa.

Os contratos a termo são diferentes dos contratos futuros em diversos aspectos. Os contratos a termo são arranjos privados entre duas partes, enquanto os contratos futuros são negociados em bolsas. Em geral, o contrato a termo especifica uma única data de entrega, enquanto os contratos futuros com frequência envolvem uma série de datas. Como não são negociados em bolsas, os contratos a termo não precisam ser padronizados. Um contrato a termo geralmente não é ajustado até o final de sua vida e a maioria deles leva à entrega de fato do ativo subjacente ou a uma liquidação financeira nessa data.

Nos próximos capítulos, vamos analisar em mais detalhes como os contratos a termo e futuros podem ser usados para hedge. Também vamos examinar como os preços a termo e futuros são determinados.

LEITURAS COMPLEMENTARES

Duffie, D., and H. Zhu. "Does a Central Clearing Counterparty Reduce Counterparty Risk?", *Review of Asset Pricing Studies*, 1, 1 (2011): 74–95.

Gastineau, G. L., D. J. Smith, and R. Todd. *Risk Management, Derivatives, and Financial Analysis under SFAS No. 133*. The Research Foundation of AIMR and Blackwell Series in Finance, 2001.

Hull, J. "CCPs, Their Risks and How They Can Be Reduced", *Journal of Derivatives*, 20, 1 (Fall 2012): 26–29.

Jorion, P. "Risk Management Lessons from Long-Term Capital Management", *European Financial Management*, 6, 3 (September 2000): 277–300.

Kleinman, G. *Trading Commodities and Financial Futures*. Upper Saddle River, NJ: Pearson, 2013.

Lowenstein, R. *When Genius Failed: The Rise and Fall of Long-Term Capital Management*. New York: Random House, 2000.

Panaretou, A., M. B. Shackleton, and P. A. Taylor. "Corporate Risk Management and Hedge Accounting", *Contemporary Accounting Research*, 30, 1 (Spring 2013): 116–139.

Questões e problemas

2.1 Diferencie os termos *posições em aberto* e *volume de negociação*.

2.2 Qual é a diferença entre um *operador* e um *corretor*?

2.3 Imagine que você firma um contrato futuro vendido para vender prata de julho por $17,20 por onça. O tamanho do contrato é de 5.000 onças. A margem inicial é de $4.000 e a margem de manutenção é de $3.000. Qual mudança no preço futuro levará a uma chamada de margem? O que acontece se você não atende a chamada de margem?

2.4 Imagine que, em setembro de 2015, uma empresa assume uma posição comprada em um contrato sobre futuros de petróleo bruto de maio de 2016. Ela encerra sua posição em março de 2016. O preço futuro (por barril) é de $88,30 quando o contrato é assinado, $90,50 quando a empresa encerra sua posição e $89,10 no final de dezembro de 2015. Um contrato é referente à entrega de 1.000 barris. Qual é o lucro total da empresa? Quando ele é realizado? Como a empresa é tributada se é (a) um hedger e (b) um especulador? Pressuponha que a empresa tem ano com final em 31 de dezembro.

2.5 O que significa uma ordem stop-loss a $2? Quando ela seria usada? O que significa uma ordem limitada de vender a $2? Quando ela seria usada?

2.6 Qual é a diferença entre a operação de contas de margem administradas por uma câmara de compensação e aquelas administradas por um corretor?

2.7 Quais são as diferenças entre o modo como os preços são cotados no mercado de futuros de câmbio, o mercado à vista de câmbio e o mercado a termo de câmbio?

2.8 A parte com a posição vendida em um contrato futuro ocasionalmente tem opções quanto ao ativo exato que será entregue, onde a entrega ocorrerá, quando e assim por diante. Essas opções aumentam ou diminuem o preço futuro? Explique seu raciocínio.

2.9 Quais são os aspectos mais importantes da elaboração de um novo contrato futuro?

2.10 Explique como as contas de margem protegem os investidores contra a possibilidade de inadimplência.

2.11 Um trader compra dois contratos futuros de julho sobre suco de laranja. Cada contrato é referente à entrega de 15.000 libras. O preço futuro atual é de 160 centavos por libra, a margem inicial é de $6.000 por contrato e a margem de manutenção é de $4.500 por contrato. Qual mudança de preço levaria a uma chamada de margem? Sob quais circunstâncias $2.000 poderiam ser sacados da conta de margem?

2.12 Demonstre que, se o preço futuro de uma commodity é maior do que o preço à vista durante o período de entrega, há uma oportunidade de arbitragem. A oportunidade de arbitragem existe se o preço futuro é menor do que o preço à vista? Explique sua resposta.

2.13 Explique a diferença entre uma ordem administrada e uma ordem de stop.

2.14 Explique o que significa uma ordem de stop limitada de vender a 20,30 com um limite de 20,10.

2.15 Ao final de um dia, determinado membro de uma câmara de compensação tem posição comprada em 100 contratos e o preço de ajuste é de $50.000 por contrato. A margem original é de $2.000 por contrato. No dia seguinte, o membro se torna responsável por compensar mais 20 contratos comprados, firmado a um preço de $51.000 por contrato. O preço de ajuste ao final desse dia é de $50.200. Quanto o membro precisa adicionar à sua conta de margem junto à câmara de compensação da bolsa?

2.16 Explique por que os requerimentos de garantia aumentarão no mercado de balcão devido às novas regulamentações introduzidas desde a crise de crédito de 2008.

2.17 O preço a termo do franco suíço para entrega em 45 dias é cotado como 1,1000. O preço futuro para um contrato que será entregue em 45 dias é 0,9000. Explique essas duas cotações. Qual é mais favorável para um investidor que deseja vender francos suíços?

2.18 Imagine que você chama seu corretor e emite instruções para vender um contrato de porcos de julho. Descreva o que acontece.

2.19 "A especulação nos mercados futuros é puro jogo de azar. Não é do interesse público permitir que especuladores negociem em uma bolsa de futuros". Discuta essa perspectiva.

2.20 Explique a diferença entre compensação bilateral e central para derivativos de balcão.

2.21 O que você acha que aconteceria se uma bolsa começasse a negociar um contrato no qual a qualidade do ativo subjacente fosse especificada de modo incompleto?

2.22 "Quando um contrato futuro é negociado na bolsa, pode ser o caso que as posições abertas aumentam em um, permanecem iguais ou diminuem em um". Explique essa afirmação.

2.23 Imagine que em 24 de outubro de 2015, uma empresa vende um contrato futuro de boi gordo de abril de 2016. Ela encerra sua posição em 21 de janeiro de 2016. O preço futuro (por libra) é de 121,20 centavos quando o contrato é assinado, 118,30 centavos quando ela encerra sua posição e 118,80 centavos no final de dezembro de 2015. Um contrato é referente à entrega de 40.000 libras de gado. Qual é o lucro total? Como ele é tributado se a empresa é (a) um hedger e (b) um especulador? Pressuponha que a empresa tem ano com final em 31 de dezembro.

2.24 Um pecuarista espera ter 120.000 libras de boi gordo para vender em 3 meses. O contrato futuro de boi gordo negociado pelo CME Group é referente à entrega de 40.000 libras de gado. Como o fazendeiro poderia usar o contrato para hedge? Da perspectiva do fazendeiro, quais são os prós e os contras do hedge?

2.25 É julho de 2014. Uma mineradora acaba de descobrir uma pequena jazida de ouro. Levará 6 meses para construir a mina. Depois disso, o ouro será extraído mais ou menos continuamente por um ano. Os contratos futuros sobre ouro estão disponíveis com meses de entrega a cada dois meses de agosto de 2014 a dezembro de 2015. Cada contrato é referente à entrega de 100 onças. Discuta como a mineradora poderia usar os mercados futuros para hedge.

2.26 Explique como as CCPs funcionam. Quais são as vantagens para o sistema financeiro de exigir que todas as transações de derivativos padronizados sejam compensadas por meio de CCPs?

Questões adicionais

2.27 O trader A firma um contrato futuro para comprar 1 milhão de euros por 1,3 milhão de dólares em três meses. O trader B firma um contrato a termo para fazer o mesmo. A taxa de câmbio (dólares por euro) diminui rapidamente durante os dois primeiros meses e então aumenta no terceiro, fechando em 1,3300. Ignorando o ajuste diário, qual é o lucro total de cada trader? Quando levamos em conta o impacto do ajuste diário, qual trader se saiu melhor?

2.28 Explique o que quer dizer o termo "posições em aberto". Por que as posições em aberto geralmente diminuem durante o mês anterior ao mês de entrega? Em um determinado dia, havia 2.000 negociações referentes a um determinado contrato futuro. Isso significa que havia 2.000 compradores (posições compradas) e 2.000 vendedores (posições vendidas). Dos 2.000 compradores, 1.400 estavam encerrando posições e 600 estavam assumindo novas posições. Dos 2.000 vendedores, 1.200 estavam encerrando posições e 800 estavam assumindo novas posições. Qual é o impacto das negociações desse dia sobre as posições em aberto?

2.29 Um contrato futuro de suco de laranja é referente a 15.000 libras de concentrado congelado. Imagine que em setembro de 2014, uma empresa vende um contrato futuro de suco de laranja por 120 centavos por libra. Em dezembro de 2014, o preço futuro é 140 centavos; em dezembro de 2015, é 110 centavos; e em fevereiro de 2016, ele é encerrado em 125 centavos. O ano da empresa termina em dezembro. Qual é o lucro ou a perda da empresa com o contrato? Como ele é realizado? Qual o tratamento contábil e fiscal da transação se a empresa é classificada como (a) hedger e (b) especuladora?

2.30 Uma empresa firma um contrato futuro vendido para vender 5.000 sacas de trigo por 750 centavos a saca. A margem inicial é de $3.000 e a margem de manutenção é de $2.000. Qual mudança de preço levaria a uma chamada de margem? Sob quais circunstâncias $1.500 poderiam ser sacos da conta de margem?

2.31 Imagine que não há custos de estocagem para petróleo bruto e que a taxa de juros para emprestar ou tomar emprestado é de 5% ao ano. Como você ganharia dinheiro se os contratos futuros de junho e dezembro para determinado ano são negociados por $80 e $86, respectivamente?

2.32 Qual posição é equivalente a um contrato a termo longo para comprar um ativo por K em uma determinada data e uma opção de venda para vendê-lo por K na mesma data?

2.33 Uma empresa possui transações de derivativos com os Bancos A, B e C que valem +20 milhões, −$15 milhões e −$25 milhões de dólares, respectivamente, para ela. Quanta margem ou garantia a empresa precisa fornecer em cada uma das situações abaixo?

(a) As transações são compensadas bilateralmente e estão sujeitas a contratos de garantia unilaterais nos quais a empresa coloca uma margem de variação, mas não uma margem inicial. Os bancos não precisam postar garantias.

(b) As transações são compensadas centralmente por meio da mesma CCP e a CCP exige uma margem inicial total de $10 milhões.

2.34 As transações de derivativos de determinado banco com uma contraparte valem +10 milhões para o banco e são compensadas bilateralmente. A contraparte postou 10 milhões de dólares em caixa como garantia. Qual é a exposição de crédito do banco?

2.35 O site do autor (www.rotman.utoronto.ca/~hull/data) contém preços de fechamento diários para contratos futuros de petróleo bruto e ouro. Você precisará baixar os dados referentes a petróleo bruto e responder as seguintes questões:

(a) Pressupondo que as mudanças de preço diárias são distribuídas normalmente com média zero, estime o movimento de preço diário que não será excedido com 99% de confiança.

(b) Imagine que uma bolsa deseja estabelecer a margem de manutenção para os traders de modo que tenha 99% de certeza que a margem não será eliminada por um movimento de preço de dois dias. (Ela escolhe dois dias porque as chamadas de margem são realizadas no final de um dia e o trader tem até o final do dia seguinte para decidir se fornecerá mais margem.) O quão alta precisa ser a margem, partindo da premissa de uma distribuição normal?

(c) Imagine que a margem de manutenção é aquela calculada em (b) e é 75% da margem inicial. Com que frequência a margem seria eliminada por um movimento de preços de dois dias no período abrangido pelos dados para um trader com uma posição comprada? O que seus resultados sugerem sobre a adequação da premissa de distribuição normal?

CAPÍTULO

3

Estratégias de hedge usando futuros

Muitos dos participantes dos mercados futuros são hedgers. Seu objetivo é usar os mercados futuros para reduzir um risco específico que enfrentam. Esse risco pode estar relacionado a flutuações no preço do petróleo, uma taxa de câmbio, o nível da bolsa de valores ou alguma outra variável. Um *hedge perfeito* é aquele que elimina completamente o risco. Os hedges perfeitos são raros. Em sua maior parte, portanto, um estudo sobre o hedge usando contratos futuros é um estudo das maneiras de construir hedges de modo que seu desempenho se aproxime ao máximo da perfeição.

Neste capítulo, consideramos diversas questões gerais associadas com as maneiras como os hedges são estruturados. Quando uma posição futura vendida é apropriada? E uma comprada? Qual contrato futuro deve ser usado? Qual é o tamanho ideal da posição futura para reduzir o risco? Nesta fase, restringiremos nossa atenção a estratégias que poderíamos chamar de *hedge-and-forget*. Pressupomos que não ocorrerão tentativas de ajustar o hedge depois de ele ser realizado. O hedger simplesmente assume uma posição futura no início do hedge e encerra esta ao final. No Capítulo 19, examinaremos as estratégias de hedge dinâmico, nas quais o hedge é monitorado de perto e sofre ajustes frequentes.

Inicialmente, o capítulo trata contratos futuros como contratos a termo (ou seja, ignora o ajuste diário). Posteriormente, ele explica o ajuste chamado *tailing*, que leva em conta a diferença entre contratos futuros e a termo.

3.1 PRINCÍPIOS BÁSICOS

Quando uma empresa individual escolhe usar os mercados futuros para hedgear um risco, o objetivo geralmente é assumir uma posição que neutralize o risco ao máximo. Pense em uma empresa que sabe que ganhará $10.000 para cada aumento de 1 centavo no preço de uma commodity pelos próximos 3 meses e perderá $10.000 para cada redução de 1 centavo no preço durante o mesmo período. Como forma de hedge, o tesoureiro da empresa deveria assumir uma posição futura vendida estruturada de modo a compensar esse risco. A posição futura deve levar a uma perda de $10.000

para cada aumento de 1 centavo no preço da commodity durante os 3 meses e um ganho de $10.000 para cada redução de 1 centavo no preço durante esse período. Se o preço da commodity cai, o ganho na posição futura compensa a perda no resto dos negócios da empresa. Se o preço da commodity sobe, a perda na posição futura é compensada pelo ganho no resto dos negócios da empresa.

Hedges de venda

Um *hedge de venda* é um hedge, como aquele descrito acima, que envolve uma posição vendida em contratos futuros. Um hedge de venda é apropriado quando o hedger já possui um ativo e espera vendê-lo em algum momento no futuro. Por exemplo, um hedge de venda poderia ser usado por um fazendeiro que possui alguns porcos e sabe que eles estarão prontos para venda no mercado local em dois meses. Um hedge de venda também pode ser usado quando o hedger não possui o ativo agora, mas o possuirá em algum momento no futuro. Pense, por exemplo, em uma exportadora americana que sabe que receberá euros em três meses. A exportadora realizará um ganho se o euro aumentar de valor em relação ao dólar americano e sofrerá uma perda se o euro perder valor em relação ao dólar americano. Uma posição futura vendida leva a uma perda se o euro aumentar de valor e a um ganho se diminuir de valor. O efeito é compensar o risco da exportadora.

Para oferecer um exemplo mais detalhado da operação de um hedge de venda em uma situação específica, pressupomos que hoje é 15 de maio e um produtor de petróleo acaba de negociar um contrato para vender 1 milhão de barris de petróleo bruto. Ele concordou que o preço que se aplicará ao contrato será o preço de mercado em 15 de agosto. Assim, o produtor de petróleo está na posição de ganhar $10.000 para cada 1 centavo de aumento no preço do petróleo durante os próximos 3 meses e perder $10.000 para cada 1 centavo de queda durante esse período. Imagine que, em 15 de maio, o preço à vista é de $80 por barril e o preço futuro do petróleo bruto para entrega em agosto é de $79 por barril. Como cada contrato futuro é referente à entrega de 1.000 barris, a empresa pode hedgear sua exposição pela venda de 1.000 contratos futuros. Se o produtor encerrar sua posição em 15 de agosto, o efeito da estratégia deve ser o de garantir um preço próximo a $79 por barril.

Para ilustrar o que poderia acontecer, imagine que o preço à vista em 15 de agosto acaba sendo de $75 por barril. A empresa realiza $75 milhões pelo petróleo sob seu contrato de vendas. Como agosto é o mês de entrega para o contrato futuro, o preço futuro em 15 de agosto deve ser bastante próximo do preço à vista de $75 naquela data. Assim, o ganho da empresa é de aproximadamente:

$$\$79 - \$75 = \$4$$

por barril, ou um total de $4 milhões da posição futura vendida. O valor total realizado com a posição futura e o contrato de venda é, assim, de aproximadamente $79 por barril, ou um total de $79 milhões.

Para um resultado alternativo, imagine que o preço do petróleo em 15 de agosto acaba sendo de $85 por barril. A empresa realiza $85 por barril pelo petróleo e perde aproximadamente:

$$\$85 - \$79 = \$6$$

por barril sobre a posição futura vendida. Mais uma vez, o montante total realizado é de aproximadamente $79 milhões. É fácil enxergar que, em todos os casos, a empresa acaba com aproximadamente $79 milhões em seus cofres.

Hedges de compra

Hedges que envolvem assumir uma posição comprada em um contrato futuro são chamados de *hedges de compra*. Um hedge de compra é apropriado quando a empresa sabe que precisará comprar um determinado ativo no futuro e quer garantir o preço dele agora.

Imagine que hoje é 15 de janeiro. Um fabricante de cobre sabe que precisará de 100.000 libras do metal em 15 de maio para atender um determinado contrato. O preço à vista do cobre é 340 centavos por libra e o preço futuro para entrega em maio é 320 centavos por libra. O fabricante pode hedgear sua posição assumindo uma posição comprada em quatro contratos futuros oferecidos pela divisão COMEX do CME Group e encerrando sua posição em 15 de maio. Cada contrato é referente à entrega de 25.000 libras de cobre. A estratégia tem o efeito de garantir o preço do cobre que será necessário em 320 centavos por libra.

Imagine que o preço à vista do cobre em 15 de maio seja 325 centavos por libra. Como maio é o mês de entrega para o contrato futuro, ele deve ficar bastante próximo do preço futuro. Assim, o fabricante ganha aproximadamente:

$$100.000 \times (\$3{,}25 - \$3{,}20) = \$5.000$$

sobre os contratos futuros. Ele paga $100.000 \times \$3{,}25 = \$325.000$ pelo cobre, tornando o custo líquido igual a aproximadamente $\$325.000 - \$5.000 = \$320.000$. Para um resultado alternativo, imagine que o preço à vista é 305 centavos por libra em 15 de maio. Nesse caso, o fabricante perde aproximadamente:

$$100.000 \times (\$3{,}20 - \$3{,}05) = \$15.000$$

sobre o contrato futuro e paga $100.000 \times \$3{,}05 = \$305.000$ pelo cobre. Mais uma vez, o custo líquido é de aproximadamente $320.000, ou 320 centavos por libra.

Observe que, nesse caso, é obviamente melhor para a empresa usar contratos futuros do que comprar o cobre em 15 de janeiro no mercado à vista. Se usar o mercado à vista, pagará 340 centavos por libra em vez de 320, além de incorrer em custos de juros e custos de estocagem. Para uma empresa que usa cobre regularmente, a desvantagem seria compensada pela conveniência de ter o cobre à sua disposição.[1] Contudo, para uma empresa que sabe que não precisará de cobre até 15 de maio, a alternativa do contrato futuro provavelmente será a melhor.

Os exemplos que analisamos pressupõem que a posição futura é encerrada no mês de entrega. O hedge tem o mesmo efeito básico se a entrega ocorre de fato. Contudo, realizar ou aceitar uma entrega pode ser um processo caro e inconveniente. Por esse motivo, a entrega geralmente não ocorre mesmo quando o hedger mantém o contrato futuro até o mês de entrega. Como veremos posteriormente, os hedgers com posições compradas em geral evitam qualquer possibilidade de precisar aceitar a entrega, encerrando suas posições antes do período de entrega.

---

[1] Consulte a Seção 5.11 para uma discussão sobre rendimentos de conveniência.

Nesses dois exemplos, também pressupomos que não há ajuste diário. Na prática, o ajuste diário tem um efeito pequeno sobre o desempenho de um hedge. Como explicado no Capítulo 2, isso significa que o resultado do contrato futuro é realizado a cada dia durante a vida do hedge, em vez de ocorrer de uma vez só ao seu final.

3.2 ARGUMENTOS PRÓ E CONTRA O HEDGE

Os argumento a favor do hedge são tão óbvios que praticamente não precisam ser repetidos. A maioria das empresas não financeiras está no ramo de fabricar, de vender no varejo ou no atacado ou de prestar serviços. Elas não têm habilidades ou conhecimentos específicos na previsão de variáveis como taxas de juros, taxas de câmbio e preços de commodities. Para elas, faz sentido hedgear os riscos associados com essas variáveis à medida que se conscientizam deles. Com isso, as empresas podem se concentrar em suas atividades principais, nas quais supostamente têm as habilidades e conhecimentos específicos. Com o hedge, elas evitam surpresas desagradáveis, como aumentos drásticos no preço de uma commodity que precisa ser comprado.

Na prática, muitos riscos não são hedgeados. No resto desta seção, vamos explorar alguns motivos para isso acontecer.

Hedge e acionistas

Um argumento apresentado ocasionalmente é que os acionistas podem, se assim desejarem, hedgearem por conta própria. Eles não precisam da empresa para isso. Mas esse argumento suscita questionamentos. Ele presume que os acionistas são tão bem informados quanto a gerência da empresa sobre os riscos que ela enfrenta. Na maioria dos casos, não é assim. O argumento também ignora as comissões e outros custos de transação, que são menores por dólar de hedge no caso das grandes transações, em comparação com as pequenas. Por consequência, o hedge tende a ser mais barato quando realizado pela empresa do que quando pelos acionistas individuais. Na verdade, em muitas situações, o tamanho dos contratos futuros impossibilita o hedge por acionistas individuais.

O que os acionistas podem fazer muito melhor do que uma empresa é diversificar os riscos. Um acionista com um portfólio diversificado pode estar imune a muitos dos riscos enfrentados por uma empresa. Por exemplo, além de ter ações em uma empresa que usa cobre, um acionista bem diversificado poderia ter ações de uma produtora de cobre, de modo que a exposição total ao preço do cobre seria mínima. Se as empresas atuam em prol de acionistas bem diversificados, em muitos casos poderíamos argumentar que o hedge é desnecessário. Contudo, há dúvidas sobre o quanto os gerentes são influenciados na prática por esse tipo de argumento.

Hedge e concorrentes

Se o hedge não é a norma em um determinado setor, pode não fazer sentido que uma empresa específica escolha ser diferente de todas as outras. As pressões competitivas dentro do setor podem ser tais que os preços dos bens e serviços pelo setor flutuam de modo a refletir custos de matéria-prima, taxas de juros, taxas de câmbio e assim por diante. A empresa que não pratica hedge pode esperar que suas margens de lucro permaneçam mais ou menos constantes. A empresa que pratica hedge pode esperar que suas margens de lucro oscilem!

Para ilustrar o conceito, considere dois fabricantes de joias de ouro, a Firme&Segura S/A e a Arriscada S/A. Vamos pressupor que a maioria das empresas do setor não hedgeia contra movimentos no preço do ouro e que a Arriscada não é exceção. Contudo, a Firme&Segura decidiu se diferenciar da concorrência e usar contratos futuros para hedgear sua compra de ouro pelos próximos 18 meses. Se o preço do ouro sobe, as pressões econômicas tendem a levar a um aumento correspondente no preço das joias no varejo, de modo que a margem de lucro bruta da Arriscada não é afetada. A margem de lucro da Firme&Segura, por outro lado, aumentará após os efeitos do hedge serem levados em conta. Se o preço do ouro cai, as pressões econômicas tendem a levar a uma redução correspondente do preço das joias no varejo. Mais uma vez, a margem de lucro da Arriscada não é afetada. A margem de lucro da Firme&Segura, por outro lado, cai. Em condições extremas, a margem de lucro da Firme&Segura poderia se tornar negativa por causa do "hedge"! A situação está resumida na Tabela 3.1.

O exemplo enfatiza a importância de pensar no quadro geral quando se pratica hedge. Todas as consequências das mudanças de preço sobre a rentabilidade da empresa devem ser levadas em conta na hora de desenvolver uma estratégia de hedge para proteção contra mudanças de preço.

Hedges podem levar a resultados piores

É importante entender que um hedge usando contratos futuros pode resultar em uma redução ou em um aumento dos lucros da empresa em relação à posição que ela estaria sem hedge. No exemplo envolvendo o produtor de petróleo considerado anteriormente, se o preço do petróleo diminui, a empresa perde dinheiro em sua venda de 1 milhão de barris e a posição no mercado futuro leva a um ganho de compensação. O tesoureiro pode ser parabenizado por ter tido a previdência de criar um hedge. Claramente, a situação da empresa é melhor do que seria sem hedge. Os outros executivos da organização, espera-se, saberão valorizar a contribuição do tesoureiro. Se o preço do petróleo sobe, a empresa ganha com sua venda do produto e a posição no mercado futuro leva a uma perda de compensação. A situação da empresa é pior do que seria sem hedge. Apesar de decisão de praticar hedge ser perfeitamente lógica, o tesoureiro pode, na prática, ter dificuldade para justificá-la. Imagine que o preço do petróleo ao final do hedge é $89, de modo que a empresa

TABELA 3.1 Perigo do hedge quando a concorrência não pratica hedge

Mudança no preço do ouro	Efeito no preço das joias de ouro	Efeito nos lucros da Arriscada S/A	Efeito nos lucros da Firme&Segura S/A
Aumentar	Aumentar	Nenhum	Aumentar
Diminuir	Diminuir	Nenhum	Diminuir

perde $10 por barril no contrato futuro. É possível imaginar a seguinte conversa entre o tesoureiro e o presidente:

Presidente: Isso é terrível. Perdemos 10 milhões no mercado futuro em apenas três meses. Como é que isso foi acontecer? Quero uma explicação completa.

Tesoureiro: O objetivo dos contratos futuros é hedgear nossa exposição ao preço do petróleo, não é lucrar. Não se esqueça que ganhamos 10 milhões com o efeito favorável do aumento do preço do petróleo no nosso negócio.

Presidente: O que isso tem a ver? É como dizer que não precisamos nos preocupar com a queda das vendas na Califórnia, já que elas cresceram em Nova Iorque.

Tesoureiro: Se o preço do petróleo tivesse caído...

Presidente: Dane-se o que teria acontecido se o preço do petróleo tivesse caído. O fato é que subiu. Não sei o que você estava fazendo, brincando com os mercados futuros desse jeito. Nossos acionistas esperam um desempenho especialmente bom neste trimestre. Vou ter que explicar para eles que suas ações reduziram nosso lucro em 10 milhões. Infelizmente, isso significa que você não vai ganhar bônus nenhum este ano.

Tesoureiro: Isso é injusto. Eu estava apenas...

Presidente: Injusto! Você tem sorte de não ser despedido. Você perdeu 10 milhões.

Tesoureiro: Tudo depende do ponto de vista...

É fácil enxergar por que tantos tesoureiros relutam em criar hedges! O hedge reduz os riscos para a empresa, mas pode aumentar o risco para o tesoureiro caso os outros não entendam corretamente o que está sendo feito. A única solução de verdade para esse problema envolve garantir que todos os altos executivos da organização entendem corretamente a natureza do hedge antes de o programa ser implementado. O ideal é que as estratégias de hedge sejam estabelecidas pelo conselho de administração da empresa e comunicada claramente para a gerência e os acionistas. (Para uma discussão do hedge praticado por mineradoras de ouro, consulte a História de Negócios 3.1.)

3.3 RISCO DE BASE

Os hedges nos exemplos considerados até aqui foram todos quase bons demais para serem verdade. O hedger conseguia identificar a data exata no futuro em que o ativo seria comprado ou vendido. O hedger pode então usar contratos futuros para remover quase todo o risco oriundo do preço do ativo naquela data. Na prática, o hedge muitas vezes não é tão simples e direto. Alguns dos motivos para isso são que:

1. O ativo cujo preço será hedgeado pode não ser exatamente o mesmo que o ativo subjacente no contrato futuro.

> **História de Negócios 3.1** Hedge de mineradoras de ouro
>
> É natural que uma mineradora de ouro considere usar hedge contra mudanças no preço do metal. Em geral, demora muitos anos para extrair todo o ouro de uma mina. Depois que a mineradora decide iniciar a produção em uma mina específica, sua exposição ao preço do ouro é enorme. Na verdade, uma mina que parece rentável no início do processo pode se tornar uma fonte de prejuízos se o preço do ouro despenca.
>
> As mineradoras tomam cuidado para explicar suas estratégias de hedge para os possíveis acionistas. Algumas mineradoras não praticam hedge. Elas tendem a atrair acionistas que compram ações de ouro porque querem se beneficiar quando o preço do metal aumenta e estão preparados para aceitar o risco de prejuízo se o preço do ouro diminui. Outras empresas preferem hedgear. Elas estimam o número de onças de ouro que irão produzir em cada mês pelos próximos anos e firmam contratos futuros ou a termo vendidos para garantir o preço de toda a produção ou parte dela.
>
> Imagine que você é a Goldman Sachs e uma mineradora lhe procura, querendo vender uma grande quantidade de ouro em 1 ano por um preço fixo. Como você estabelece o preço e hedgeia seu risco? A resposta é que você pode hedgear fazendo um empréstimo de ouro de um banco central e vendendo-o imediatamente no mercado à vista, para depois investir o resultado pela taxa de juros livre de risco. No final do ano, você compra o ouro da mineradora e usa-o para repagar o banco central. O preço a termo fixo que você estabelece para o ouro reflete a taxa de juros livre de risco que pode obter e a taxa de arrendamento que paga ao banco central pelo empréstimo de ouro.

2. O hedger pode não ter certeza quanto à data exata na qual o ativo será comprado ou vendido.
3. O hedge pode exigir que o contrato futuro seja encerrado antes de seu mês de entrega.

Esses problemas dão origem ao chamado *risco de base*, conceito que será explicado a seguir.

A base

A *base* em uma situação de hedge é a seguinte:[2]

Base = Preço à vista do ativo sendo hedgeado − Preço futuro do contrato usado

Se o ativo a ser hedgeado e o ativo subjacente do contrato futuro são os mesmos, a base deve ser zero na expiração do contrato futuro. Antes da expiração, a base pode ser positiva ou negativa. Na Tabela 2.2, vemos que, em 14 de maio de 2013, a base era negativa para o ouro e positiva para contratos de vencimento curto sobre milho e soja.

Com o passar do tempo, o preço à vista e o preço futuro para um mês específico não mudam necessariamente pela mesma quantidade. Por consequência, a base

---

[2] Essa é a definição mais comum. Contudo, a definição alternativa Base = Preço futuro − Preço à vista também é usada em alguns casos, especialmente quando o contrato futuro é sobre um ativo financeiro.

muda. Um aumento na base é chamado de *fortalecimento da base*; uma redução na base é chamada de *enfraquecimento da base*. A Figura 3.1 ilustra como a base muda com o passar do tempo, em uma situação na qual a base é positiva antes da expiração do contrato futuro.

Para examinar a natureza do risco de base, vamos utilizar a notação a seguir:

S_1: Preço à vista no tempo t_1

S_2: Preço à vista no tempo t_2

F_1: Preço futuro no tempo t_1

F_2: Preço futuro no tempo t_2

b_1: Base no tempo t_1

b_2: Base no tempo t_2.

Vamos supor que é adotado um hedge no tempo t_1 e encerrado no tempo t_2. Por exemplo, vamos considerar o caso em que os preços à vista e futuro na data em que o hedge é iniciado são $2,50 e $2,20, respectivamente, e que na data em que o hedge é encerrado eles são $2,00 e $1,90, respectivamente. Isso significa que $S_1 = 2,50$, $F_1 = 2,20$, $S_2 = 2,00$ e $F_2 = 1,90$.

Da definição de base, vemos que:

$$b_1 = S_1 - F1 \quad e \quad b_2 = S_2 - F_2$$

assim, em nosso exemplo, $b_1 = 0,30$ e $b_2 = 0,10$.

Considere primeiro a situação de um hedger que sabe que o ativo será vendido no tempo t_2 e assume uma posição futura vendida no tempo t_1. O preço realizado pelo ativo é S_2 e o lucro sobre a posição futura é $F_1 - F_2$. Assim, o preço efetivo obtido pelo ativo com hedge é:

$$S_2 + F_1 - F_2 = F_1 + b_2$$

No nosso exemplo, esse resultado é igual a $2,30. O valor de F_1 é conhecido no tempo t_1. Se b_2 também fosse conhecido nessa data, o resultado seria um hedge perfeito. O risco de hedge é a incerteza associada com b_2, o chamado *risco de base*. A seguir, considere uma situação na qual a empresa sabe que comprará o ativo no tempo t_2 e

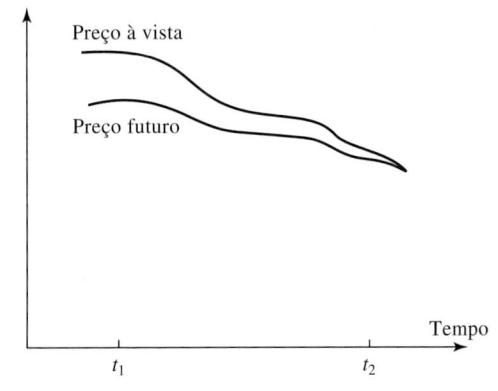

FIGURA 3.1 Variação da base com o tempo.

inicia um hedge de venda no tempo t_1. O preço pago pelo ativo é S_2 e a perda sobre o hedge é de $F_1 - F_2$. Assim, o preço efetivo pago com hedge é:

$$S_2 + F_1 - F_2 = F_1 + b_2$$

Essa é a mesma expressão de antes e é igual a $2,30 em nosso exemplo. O valor de F_1 é conhecido no tempo t_1 e o termo b_2 representa o risco de base.

Observe que as mudanças de base podem fazer com que a posição do hedger melhore ou piore. Considere uma empresa que usa um hedge de venda, pois planeja vender o ativo subjacente. Se a base se fortalece (ou seja, aumenta) de maneira inesperada, a posição da empresa melhora, já que obterá um preço maior pelo ativo após os ganhos ou perdas futuros serem considerados; se a base se enfraquece (ou seja, diminui) inesperadamente, a posição da empresa piora. Para uma empresa que usa um hedge de compra, pois planeja comprar o ativo, ocorre o contrário. Se a base se fortalece inesperadamente, a posição da empresa piora, pois pagará um preço maior pelo ativo após a consideração dos ganhos ou perdas futuros; se a base se enfraquece inesperadamente, a posição da empresa melhora.

O ativo que dá origem à exposição do hedger pode ser diferente do ativo subjacente do contrato futuro usado para hedge. Esse é o chamado *cross hedging*, tema que será discutido na próxima seção. Ele pode levar a um aumento no risco de base. Defina S_2^* como o preço do ativo subjacente do contrato futuro no tempo t_2. Assim como antes, S_2 é o preço do ativo sendo hedgeado no tempo t_2. Com o hedge, a empresa garante que o preço que será pago (ou recebido) pelo ativo é:

$$S_2 + F_1 - F_2$$

Essa fórmula pode ser escrita como:

$$F_1 + (S_2^* - F_2) + (S_2 - S_2^*)$$

Os termos $S_2^* - F_2$ e $S_2 - S_2^*$ representam os dois componentes da base. O termo $S_2^* - F_2$ é a base que existiria se o ativo sendo hedgeado fosse o mesmo que o ativo subjacente do contrato futuro. O termo $S_2 - S_2^*$ é a base decorrente da diferença que existe entre os dois ativos.

Escolha de contrato

Um fator crucial que afeta o risco de base é a escolha do contrato futuro que será usado para hedge. Essa escolha possui dois componentes:

1. A escolha do ativo subjacente do contrato futuro.
2. A escolha do mês de entrega.

Se o ativo sendo hedgeado corresponde exatamente ao ativo subjacente de um contrato futuro, a primeira escolha costuma ser relativamente fácil. Em outras circunstâncias, é necessário realizar uma análise cuidadosa para determinar quais dos contratos futuros disponíveis têm os preços futuros mais correlacionados com o preço do ativo sendo hedgeado.

A escolha do mês de entrega tende a ser influenciada por diversos fatores. No exemplo apresentado anteriormente neste capítulo, pressupomos que, quando a expiração do hedge corresponde a um mês de entrega, o contrato com esse mês de entrega é escolhido. Na verdade, normalmente se escolhe um contrato com mês de entrega posterior nessas circunstâncias. O motivo é que os preços futuros podem ser bastante erráticos durante o mês de entrega em alguns casos. Além do mais, um hedger em posição comprada corre o risco de ter que aceitar a entrega do ativo físico se o contrato for mantido durante o mês de entrega. Aceitar a entrega pode ser um processo caro e inconveniente. (Os hedgers em posição comprada normalmente preferem encerrar o contrato futuro e comprar o ativo de seus fornecedores regulares.)

Em geral, o risco de base aumenta em proporção à diferença de tempo entre a expiração do hedge e o mês de entrega. Assim, uma boa regra geral é escolher um mês de entrega o mais próximo possível da expiração do hedge, mas não posterior a ela. Suponha que os meses de entrega são março, junho, setembro e dezembro para um contrato futuro sobre um determinado ativo. Para expirações de hedge em dezembro, janeiro e fevereiro, o contrato de março seria escolhido; para expirações em março, abril e maio, o contrato de junho seria escolhido; e assim por diante. Essa regra geral pressupõe que há liquidez suficiente em todos os contratos para atender os requisitos do hedger. Na prática, a liquidez tende a ser maior em contratos futuros de vencimento curto. Assim, em algumas situações, o hedger pode preferir usar contratos de vencimento curto e rolá-los, estratégia que será analisada em uma parte posterior deste capítulo.

■ Exemplo 3.1

É 1º de março. Uma empresa americana espera receber 50 milhões de ienes japoneses no final de julho. Os contratos futuros de ienes no CME Group têm meses de entrega de março, junho, setembro e dezembro. Um contrato é referente à entrega de 12,5 milhões de ienes. Assim, a empresa vende a descoberto quatro contratos futuros de ienes de setembro em 1º de março. Quando os ienes são recebidos no final de julho, a empresa encerra sua posição. Vamos supor que o preço futuro em 1º de março, em centavos por ienes, é 0,9800, e que os preços à vista e futuro quando o contrato é encerrado são 0,9200 e 0,9250, respectivamente.

O ganho sobre o contrato futuro é $0,9800 - 0,9250 = 0,0550$ centavos por iene. A base é $0,9200 - 0,9250 = -0,0050$ centavos por iene quando o contrato é encerrado. O preço efetivo obtido em centavos por iene é o preço à vista final mais o ganho sobre os futuros:

$$0,9200 + 0,0550 = 0,9750$$

O que também pode ser escrito como o preço futuro inicial mais a base final:

$$0,9800 + (-0,0050) = 0,9750$$

O valor total recebido pela empresa pelos 50 milhões de ienes é $50 \times 0,00975$ milhões de dólares, ou $487.500.

Exemplo 3.2

É 8 de junho e uma empresa sabe que precisará comprar 20.000 barris de petróleo bruto em algum momento de outubro ou novembro. Os contratos futuros sobre petróleo são negociados com entrega em todos os meses na divisão NYMEX do CME Group, com tamanhos de 1.000 barris. Assim, a empresa decide usar o contrato de dezembro para hedge e assume uma posição comprada em 20 contratos de dezembro. O preço futuro em 8 de junho é $88,00 por barril. A empresa descobre que está pronta para comprar o petróleo bruto em 10 de novembro. Assim, ela encerra seu contrato futuro nessa data. O preço à vista e o preço futuro em 10 de novembro são $90,00 e $89,10 por barril, respectivamente.

O ganho sobre o contrato futuro é 89,10 − 88,00 = $1,10 por barril. A base quando o contrato é encerrado é 90,00 − 89,10 = $0,90 por barril. O preço efetivo pago (em dólares por barril) é o preço à vista final menos o ganho sobre os contratos futuros, ou:

$$90,00 - 1,10 = 88,90$$

O que também pode ser calculado como o preço futuro inicial mais a base final:

$$88,00 + 0,90 = 88,90$$

O preço total pago é 88,90 × 20.000 = $1.778.000. ∎

3.4 CROSS HEDGING

Nos Exemplos 3.1 e 3.2, o ativo subjacente dos contratos futuros era o mesmo que o ativo cujo preço estava sendo hedgeado. O *cross hedging* ocorre quando os dois ativos são diferentes. Considere, por exemplo, uma companhia aérea preocupada com o preço futuro do combustível para aviação. Como os futuros sobre combustível para aviação não são negociados ativamente, ela poderia escolher usar futuros sobre óleo para aquecimento de modo a hedgear sua exposição.

A *razão de hedge* é a razão entre o tamanho da posição assumida nos contratos futuros e o tamanho da exposição. Quando o ativo subjacente do contrato futuro é igual ao ativo sendo hedgeado, é natural usar uma razão de hedge de 1,0. Essa é a razão de hedge que usamos nos exemplos considerados até o momento. No Exemplo 3.2, a exposição do hedger era a 20.000 barris de petróleo e os contratos futuros eram firmados sobre a entrega de exatamente essa quantidade de petróleo.

Quando se utilizar *cross hedging*, uma razão de hedge igual a 1,0 nem sempre será ideal. O hedger deve escolher um valor para a razão de hedge que minimize a variância do valor da posição hedgeada. A seguir, consideramos como o hedger poderia fazê-lo.

Calculando a razão de hedge de variância mínima

A razão de hedge de variância mínima depende da relação entre as mudanças no preço à vista e as mudanças no preço futuro. Defina:

ΔS: Mudança no preço à vista, S, durante um período de tempo igual à vida do hedge

ΔF: Mudança no preço futuro, F, durante um período de tempo igual à vida do hedge.

Denotaremos a razão de hedge de variância mínima por h^*. É possível mostrar que h^* é a inclinação da linha de melhor ajuste de uma regressão linear de ΔS contra ΔF (ver Figura 3.2). Esse resultado é intuitivamente razoável. Seria de se esperar que h^* fosse a razão da mudança média em S para uma determinada mudança em F.

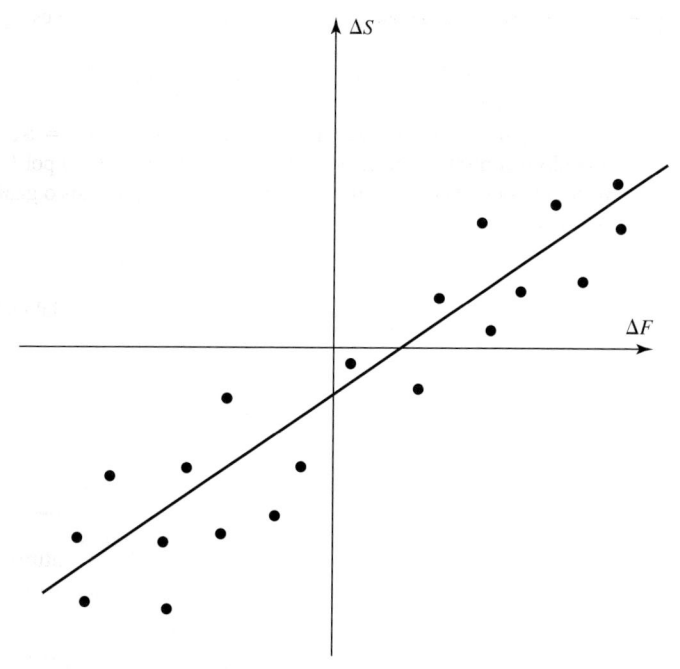

FIGURA 3.2 Regressão da mudança no preço à vista contra a mudança no preço futuro.

A fórmula para h^* é:

$$h^* = \rho \frac{\sigma_S}{\sigma_F} \qquad (3.1)$$

onde σ_S é o desvio padrão de ΔS, σ_F é o desvio padrão de ΔF e ρ é o coeficiente de correlação entre os dois.

A equação (3.1) mostra que a razão de hedge ideal é o produto do coeficiente de correlação entre ΔS e ΔF e razão do desvio padrão de ΔS e o desvio padrão de ΔF. A Figura 3.3 mostra como a variância do valor da posição do hedger depende da razão de hedge escolhida.

Se $\rho = 1$ e $\sigma_F = \sigma_S$, a razão de hedge, h^*, é 1,0. Esse resultado é esperado, pois nesse caso o preço futuro corresponde exatamente ao preço à vista. Se $\rho = 1$ e $\sigma_F = 2\sigma_S$, a razão de hedge, h^*, é 0,5. Esse resultado também é esperado, pois nesse caso o preço futuro sempre muda pelo dobro do preço à vista. A *efetividade do hedge* pode ser definida como a proporção da variância que é eliminada pelo hedge. Este é o R^2 da regressão de ΔS contra ΔF e é igual a ρ^2.

Os parâmetros ρ, σ_F e σ_S na equação (3.1) geralmente são estimados a partir de dados históricos sobre ΔS e ΔF. (O pressuposto implícito é que o futuro será, em algum sentido, semelhante ao passado.) Um número igual de intervalos de tempo sobrepostos são escolhidos e os valores de ΔS e ΔF para cada um dos intervalos são observados. O ideal é que a duração de cada intervalo seja igual à duração do intervalo para o qual o hedge está em uso. Na prática, isso muitas vezes restringe significativamente o número de observações disponíveis, de modo que são utilizados intervalos de tempo mais curtos.

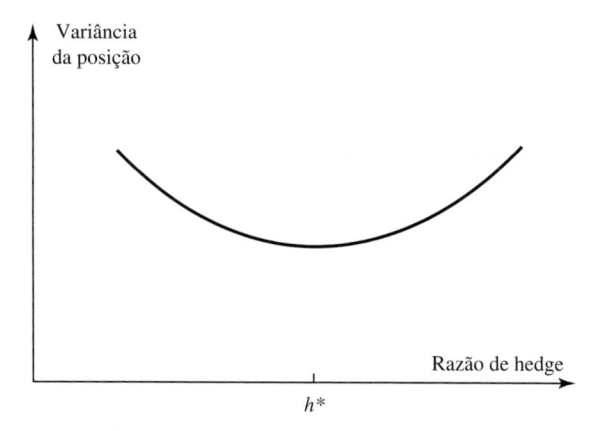

FIGURA 3.3 Como a variância da posição do hedger depende da razão de hedge.

Número ideal de contratos

Para calcular o número de contratos que deve ser usado no hedge, defina:

Q_A: Tamanho da posição sendo hedgeada (unidades)
Q_F: Tamanho de um contrato futuro (unidades)
N^*: Número ideal de contratos futuros para hedge.

Os contratos futuros devem ser sobre h^*Q_A unidades do ativo. Logo, o número de contratos futuros necessários é dado por:

$$N^* = \frac{h^* Q_A}{Q_F} \tag{3.2}$$

O Exemplo 3.3 mostra como os resultados nesta seção podem ser usados por uma companhia aérea que deseja hedgear a compra de combustível para aviação.[3]

■ Exemplo 3.3

Uma companhia aérea espera comprar 2 milhões de galões de combustível para aviação em 1 mês e decide usar futuros de óleo para aquecimento para fins de hedge. Suponha que a Tabela 3.2 informa, para 15 meses sucessivos, dados sobre a mudança, ΔS, no preço do combustível para aviação por galão e a mudança correspondente, ΔF, no preço futuro para o contrato sobre óleo para aquecimento que seria usado para hedgear as mudanças de preço durante o mês. Nesse caso, as fórmulas normais para calcular desvios padrões e correlações informam que $\sigma_F = 0,0313$, $\sigma_S = 0,0263$ e $\rho = 0,928$.

Assim, da equação (3.1), a razão de hedge de variância mínima, h^*, é:

$$0,928 \times \frac{0,0263}{0,0313} = 0,78$$

---

[3] Existem derivativos com resultados dependentes do preço do combustível para aviação, mas os futuros de óleo para aquecimento costumam ser usados para hedgear uma exposição a preços de combustível para aviação por serem negociados mais ativamente.

TABELA 3.2 Dados para calcular a razão de hedge de variância mínima quando um contrato futuro sobre óleo para aquecimento é usado para hedgear a compra de combustível para aviação

Mês *i*	Mudança no preço futuro do óleo para aquecimento por galão (= ΔF)	Mudança no preço do combustível para aviação por galão (= ΔS)
1	0,021	0,029
2	0,035	0,020
3	−0,046	−0,044
4	0,001	0,008
5	0,044	0,026
6	−0,029	−0,019
7	−0,026	−0,010
8	−0,029	−0,007
9	0,048	0,043
10	−0,006	0,011
11	−0,036	−0,036
12	−0,011	−0,018
13	0,019	0,009
14	−0,027	−0,032
15	0,029	0,023

Cada contrato de óleo para aquecimento negociado pelo CME Group é referente a 42.000 galões. Da equação (3.2), o número ideal de contratos é:

$$\frac{0{,}78 \times 2.000.000}{42.000}$$

que é 37, quando arredondado para o número inteiro mais próximo. ∎

Estruturando o hedge

A análise apresentada até aqui é correta se usarmos contratos a termo para criar o hedge, pois nesse caso estamos interessados no nível de correlação da mudança no preço a termo com a mudança no preço à vista durante a vida do hedge.

Quando contratos futuros são usados para hedge, há ajustes diários e uma série de hedges de um dia. Para refletir esses fatos, os analistas ocasionalmente calculam a correlação entre mudanças de um dia percentuais nos preços futuro e à vista. Denotaremos essa correlação por $\hat{\rho}$ e definiremos $\hat{\sigma}_S$ e $\hat{\sigma}_F$ como os desvios padrões das mudanças de um dia percentuais nos preços à vista e futuro.

Se S e F são os preços à vista e futuros atuais, os desvios padrões das mudanças de um dia são $S\hat{\sigma}_S$ e $F\hat{\sigma}_{SF}$; e da equação (3.1), a razão de hedge de um dia é:

$$\hat{\rho}\frac{S\hat{\sigma}_S}{F\hat{\sigma}_F}$$

Da equação (3.2), o número de contratos necessário para hedge durante o próximo dia é:

$$N^* = \hat{\rho}\frac{S\hat{\sigma}_S Q_A}{F\hat{\sigma}_F Q_F}$$

Usar esse resultado também é chamado de *tailing the hedge*.[4] Podemos escrever o resultado como:

$$N^* = \hat{h}\frac{V_A}{V_F} \qquad (3.3)$$

onde V_A é o valor em dólares da posição sendo hedgeada ($= SQ_A$), V_F é o valor em dólares de um contrato futuro ($= FQ_F$) e $\hat{h}$ é definido de maneira semelhante a h^* como:

$$\hat{h} = \hat{\rho}\frac{\hat{\sigma}_S}{\hat{\sigma}_F}$$

Na teoria, esse resultado sugere que deveríamos mudar a posição futura todos os dias para refletir os mais novos valores de V_A e V_F. Na prática, as mudanças diárias no hedge são minúsculas e costumam ser ignoradas.

3.5 FUTUROS DE ÍNDICES DE AÇÕES

Agora vamos considerar os futuros de índices de ações e como podem ser usados para hedgear ou administrar exposições aos preços de ações.

Um *índice de ações* acompanha mudanças no valor de um portfólio hipotético de ações. O peso de uma ação no portfólio em determinado momento é igual à proporção do portfólio hipotético investido na ação naquele momento. O aumento percentual no índice de ações durante um pequeno intervalo de tempo é determinado como igual ao aumento percentual no valor do portfólio hipotético. Os dividendos geralmente não são incluídos no cálculo, de modo que o índice acompanha o ganho/perda de capital decorrente do investimento no portfólio.[5]

Se o portfólio hipotético de ações permanece fixo, os pesos designados às ações individuais nele não permanecem. Quando o preço de determinada ação no portfólio aumenta com mais rapidez do que os outros, mais peso é designado automaticamente a tal ação. Às vezes, os índices são construídos a partir de um portfólio hipotético composto de uma ação de cada uma de diversas ações. Os pesos designados às ações são, então, proporcionais a seus preços de mercado, com ajustes quando ocorrem desdobramentos. Outros índices são construídos de modo que os pesos são proporcionais à capitalização de mercado (preço da ação × número de ações em circulação). O portfólio subjacente é então ajustado automaticamente para refletir desdobramentos, dividendos em ações e novas emissões.

---

[4] Ver o Problema 5.23 para uma discussão adicional no contexto do hedge cambial.

[5] Uma exceção a isso é um *índice de retorno total*, calculado pressupondo que os dividendos do portfólio hipotético são reinvestidos no próprio portfólio.

Índices de ações

A Tabela 3.3 mostra os preços futuros de contratos sobre três índices de ações diferentes em 14 de maio de 2013.

O *Dow Jones Industrial Average* se baseia em um portfólio composto de 30 ações americanas *blue chip* (ações de primeira linha). Os pesos dados às ações são proporcionais a seus preços. O CME Group negocia dois contratos futuros sobre o índice. Um é sobre $10 vezes o índice. O outro (o *Mini DJ Industrial Average*) é sobre $5 vezes o índice. O contrato Mini é negociado mais ativamente.

O *Standard & Poor's 500* (S&P 500) *Index* se baseia em um portfólio de 500 ações diferentes: 400 industriais, 40 de serviços de utilidade pública, 20 de empresas de transporte e 40 de instituições financeiras. Os pesos das ações no portfólio em um dado momento são proporcionais a suas capitalizações de mercado. As ações são de empresas de capital aberto, negociadas na NYSE Euronext ou na Nasdaq OMX. O CME Group negocia dois contratos futuros sobre o S&P 500. Um é sobre $250 vezes o índice; o outro (o contrato Mini S&P 500) é sobre $50 vezes o índice. O contrato Mini é negociado mais ativamente.

O *Nasdaq-100* se baseia em 100 ações que usam o National Association of Securities Dealers Automatic Quotations Service. O CME Group negocia dois contratos futuros. Um é sobre $100 vezes o índice; o outro (o contrato Mini Nasdaq-100) é sobre $20 vezes o índice. O contrato Mini é negociado mais ativamente.

Como mencionado no Capítulo 2, os contratos futuros sobre índices de ações são liquidados em caixa, não pela entrega do ativo subjacente. Todos os contratos são marcados a mercado com referência ao preço de abertura ou de encerramento do índice no último dia de negociação, quando as posições são consideradas encerradas. Por exemplo, contratos sobre o S&P 500 são encerrados pelo preço de abertura do índice S&P 500 na terceira sexta-feira do mês de entrega.

TABELA 3.3 Cotações de futuros de índices, como informadas pelo CME Group em 14 de maio de 2013

	Abertura	Alta	Baixa	Ajuste anterior	Última negociação	Mudança	Volume
Mini Dow Jones Industrial Average, $5 vezes o índice							
Junho de 2013	15055	15159	15013	15057	15152	+95	88.510
Setembro de 2013	14982	15089	14947	14989	15081	+92	34
Mini S&P 500, $50 vezes o índice							
Junho de 2013	1630,75	1647,50	1626,50	1630,75	1646,00	+15,25	1.397.446
Setembro de 2013	1625,00	1641,50	1620,50	1625,00	1640,00	+15,00	4.360
Dezembro de 2013	1619,75	1635,00	1615,75	1618,50	1633,75	+15,25	143
Mini NASDAQ-100, $20 vezes o índice							
Junho de 2013	2981,25	3005,00	2971,25	2981,00	2998,00	+17,00	126.821
Setembro de 2013	2979,50	2998,00	2968,00	2975,50	2993,00	+17,50	337

Hedge de um portfólio de ações

Os futuros de índices de ações podem ser utilizados para hedgear um portfólio de ações bem diversificado. Defina:

V_A: Valor atual do portfólio

V_F: Valor atual de um contrato futuro (preço futuro vezes tamanho do contrato).

Se o portfólio corresponder ao índice, podemos pressupor que a razão de hedge ideal será igual a 1,0. A equação (3.3) mostra que o número de contratos futuros que devem ser vendidos a descoberto é:

$$N^* = \frac{V_A}{V_F} \qquad (3.4)$$

Imagine, por exemplo, que um portfólio que vale $5.050.000 corresponde ao S&P 500. O preço do futuro do índice é 1.010 e cada contrato futuro é sobre $250 vezes o índice. Nesse caso, $V_A = 5.050.000$ e $V_F = 1.010 \times 250 = 252.500$, de modo que 20 contratos devem ser vendidos a descoberto para hedgear o portfólio.

Quando o portfólio não corresponde ao índice, podemos usar o Modelo de Precificação de Ativos Financeiros (CAPM, *Capital Asset Pricing Model*) (ver apêndice no final do capítulo). O parâmetro beta (β) do CAPM é a inclinação da linha de melhor ajuste à regressão do retorno excedente sobre o portfólio em relação à taxa de juros livre de risco contra o retorno excedente do índice em relação à taxa de juros livre de risco. Quando $\beta = 1,0$, o retorno sobre o portfólio tende a corresponder ao retorno sobre o índice; quando $\beta = 2,0$, o retorno excedente sobre o portfólio tende a ser o dobro do retorno excedente sobre o índice; quando $\beta = 0,5$, ele tende a ser a metade; e assim por diante.

Um portfólio com β de 2,0 é duas vezes mais sensível aos movimentos no índice do que um portfólio com beta de 1,0. Assim, é necessário usar duas vezes mais contratos para hedgear o portfólio. Da mesma forma, um portfólio com beta de 0,5 tem metade da sensibilidade a movimentos de mercado do que um portfólio com beta de 1,0, então devemos usar metade do número de contratos para hedgeá-lo. Em geral:

$$N^* = \beta \frac{V_A}{V_F} \qquad (3.5)$$

Essa fórmula pressupõe que o vencimento do contrato futuro é próximo do vencimento do hedge.

Comparando a equação (3.5) com a equação (3.3), vemos que elas implicam que $\hat{h} = \beta$, o que não surpreende. A razão de hedge $\hat{h}$ é a inclinação da linha de melhor ajuste quando obtemos a regressão das mudanças de um dia percentuais no portfólio contra as mudanças de um dia percentuais no preço futuro do índice. O beta (β) é igual à inclinação da linha de melhor ajuste quando obtemos a regressão do retorno do portfólio contra o retorno do índice.

Vamos estender nosso exemplo anterior para mostrar como essa fórmula fornece bons resultados. Imagine que um contrato futuro com 4 meses até o vencimento é usado para hedgear o valor de um portfólio durante os próximos 3 meses na seguinte situação:

Valor do índice S&P 500 = 1.000
Preço futuro do S&P 500 = 1.010
Valor do portfólio = $5.050.000
Taxa de juros livre de risco = 4% ao ano
Rendimento em dividendos sobre o índice = 1% ao ano
Beta do portfólio = 1,5

Um contrato futuro é referente à entrega de $250 vezes o índice. Assim como antes $V_F = 250 \times 1.010 = 252.500$. Da equação (3.5), o número de contratos futuros que devem ser vendidos a descoberto para hedgear o portfólio é:

$$1,5 \times \frac{5.050.000}{252.500} = 30$$

Imagine que o índice acaba sendo igual a 900 em três meses e o preço futuro é de 902. Nesse caso, o ganho da posição futura vendida é:

$$30 \times (1010 - 902) \times 250 = \$810.000$$

A perda sobre o índice é de 10%. O índice paga um dividendo de 1% ao ano, ou 0,25% por três meses. Quando os dividendos são levados em conta, quem investisse no índice obteria −9,75% durante o período de três meses. Como o portfólio tem um β de 1,5, o Modelo de Precificação de Ativos Financeiros (CAPM) nos informa que:

Retorno esperado sobre o portfólio − Taxa de juros livre de risco
$$= 1,5 \times (\text{Retorno sobre índice} - \text{Taxa de juros livre de risco})$$

A taxa de juros livre de risco é de aproximadamente 1% por três meses. Logo, o retorno esperado (%) sobre o portfólio durante os três meses, quando o retorno de 3 meses sobre o índice é −9,75%, é igual a:

$$1,0 + [1,5 \times (-9,75 - 1,0)] = -15,125$$

Assim, o valor esperado do portfólio (incluindo dividendos) ao final de três meses é:

$$\$5.050.000 \times (1 - 0,15125) = \$4.286.187$$

Logo, o valor esperado da posição do hedger, incluindo o ganho sobre o hedge, é:

$$\$4.286.187 + \$810.000 = \$5.096.187$$

A Tabela 3.4 resume esses cálculos, em conjunto com cálculos semelhantes para outros valores do índice na data de vencimento. Como se vê, o valor esperado total da posição do hedger em três meses é quase independente do valor do índice.

O único elemento que não cobrimos nesse exemplo é a relação entre preços futuros e preços à vista. No Capítulo 5, veremos que os 1.010 pressupostos para o preço futuro hoje é aproximadamente o que deveríamos esperar, considerando a taxa de juros e o dividendo que estamos pressupondo. O mesmo vale para os preços futuros em três meses mostrados na Tabela 3.4.[6]

---

[6] Os cálculos na Tabela 3.4 pressupõem que o rendimento em dividendos sobre o índice é previsível, que a taxa de juros livre de risco permanece constante e que o retorno sobre o índice durante o período de três meses é perfeitamente correlacionado com o retorno sobre o portfólio. Na prática, esses pressupostos não são perfeitamente válidos e o hedge funciona um pouco pior do que o indicado na Tabela 3.4.

TABELA 3.4 Desempenho de hedge de índice de ações

Valor do índice em três meses:	900	950	1.000	1.050	1.100
Preço futuro do índice hoje:	1.010	1.010	1.010	1.010	1.010
Preço futuro do índice em três meses:	902	952	1.003	1.053	1.103
Ganho sobre posição futura ($):	810.000	435.000	52.500	−322.500	−697.500
Retorno sobre o mercado:	−9,750%	−4,750%	0,250%	5,250%	10,250%
Retorno esperado sobre o portfólio:	−15,125%	−7,625%	−0,125%	7,375%	14,875%
Valor esperado do portfólio em três meses, incluindo dividendos ($):	4.286.187	4.664.937	5.043.687	5.422.437	5.801.187
Valor total da posição em três meses ($):	5.096.187	5.099.937	5.096.187	5.099.937	5.103.687

Razões para hedgear um portfólio de ações

A Tabela 3.4 mostra que o procedimento de hedge resulta em um valor para a posição do hedger no final do período de três meses que é cerca de 1% maior do que no início do período de três meses. Não há surpresa. A taxa de juros livre de risco é de 4% ao ano, ou 1% por três meses. O hedge faz com que a posição do investidor cresça pela taxa de juros livre de risco.

É natural perguntar por que o hedger se daria ao trabalho de usar contratos futuros. Para obter a taxa de juros livre de risco, o hedger poderia simplesmente vender o portfólio e investir o resultado em um instrumento livre de risco.

Uma resposta para essa pergunta é que o hedge pode ser justificado caso o hedger acredite que as ações no portfólio foram bem escolhidas. Nessas circunstâncias, o hedger pode ter muitas dúvidas sobre o desempenho do mercado como um todo, mas confiar que o desempenho das ações no portfólio será superior ao do mercado (após os ajustes apropriados para o beta do portfólio). Um hedge usando futuros de índices remove o risco oriundo de movimentações do mercado e deixa o hedger exposto apenas ao desempenho do portfólio em relação ao mercado, como será discutido a seguir. Outro motivo para usar o hedge é que o hedger pode estar planejando manter o portfólio por um longo período de tempo e precisa de proteção de curto prazo em uma situação de mercado incerta. A estratégia alternativa de vender o portfólio e comprá-lo de volta posteriormente poderia envolver custos de transação inaceitáveis.

Mudando o beta de um portfólio

No exemplo da Tabela 3.4, o beta do portfólio do hedger é reduzido a zero, de modo que o retorno esperado do hedger é quase independente do desempenho do índice. Às vezes, contratos futuros são usados para alterar o beta de um portfólio até um valor diferente de zero. Continuando a partir de nosso exemplo anterior:

Índice S&P 500 = 1.000
Preço futuro do S&P 500 = 1.010
Valor do portfólio = $5.050.000
Beta do portfólio = 1,5

Assim como antes, $V_F = 250 \times 1.010 = 252.500$ e um hedge completo requer que:

$$1,5 \times \frac{5.050.000}{252.500} = 30$$

contratos sejam vendidos. Para reduzir o beta do portfólio de 1,5 para 0,75, o número de contratos a ser vendido a descoberto deve ser 15, não 30; para aumentar o beta do portfólio para 2,0, deve-se assumir uma posição comprada em 10 contratos; e assim por diante. Em geral, para mudar o beta do portfólio de β para β^*, onde $\beta > \beta^*$, é necessário estabelecer uma posição vendida em:

$$(\beta - \beta^*)\frac{V_A}{V_F}$$

contratos. Quando $\beta < \beta^*$, uma posição comprada em:

$$(\beta^* - \beta)\frac{V_A}{V_F}$$

contratos é necessária.

Garantindo os benefícios da escolha de ações

Imagine que você se considera bom em escolher ações que terão desempenho melhor do que o mercado. Você possui uma única ação ou um pequeno portfólio de ações. Você não sabe qual será o desempenho do mercado nos próximos meses, mas está confiante que seu portfólio se sairá melhor. O que deveria fazer?

Você deveria assumir uma posição vendida em contratos futuros de índices $\beta V_A/V_F$, no qual β é o beta de seu portfólio, V_A é o valor total do portfólio e V_F é o valor atual de um contrato futuro de índice. Se seu portfólio tiver desempenho melhor do que um portfólio bem diversificado com o mesmo beta, você ganhará dinheiro.

Considere um investidor que, em abril, possui 20.000 ações de uma empresa, cada uma das quais vale $100. O investidor acredita que o mercado será bastante volátil durante os próximos três meses, mas que a empresa terá uma boa chance de ter um desempenho superior. O investidor decide usar o contrato futuro de agosto sobre o S&P 500 para hedgear o retorno do mercado durante o período de três meses. O β das ações da empresa é estimado como igual a 1,1. Imagine que o preço futuro atual para o contrato de agosto sobre o S&P 500 é 1.500. Cada contrato é referente à entrega de $250 vezes o índice. Nesse caso, $V_A = 20.000 \times 100 = 2.000.000$ e $V_F = 1.500 \times 250 = 375.000$. O número de contratos que deve ser vendido é:

$$1,1 \times \frac{2.000.000}{375.000} = 5,87$$

Arredondando para o número inteiro mais próximo, o investidor assume uma posição vendida em 6 contratos, encerrando a posição em julho. Suponha que as ações da empresa caem para $90 e o preço futuro do S&P 500 cai para 1.300. O investidor perde $20.000 \times (\$100 - \$90) = \$200.000$ sobre a ação enquanto ganha $6 \times 250 \times (1.500 - 1.300) = \$300.000$ sobre contratos futuros.

O ganho total do investidor nesse caso é $100.000, pois o preço das ações da empresa não caíram tanto quanto o de um portfólio bem diversificado com um β de 1,1. Se o mercado subiu e as ações da empresa subiram mais do que um portfólio com β de 1,1 (como esperado pelo investidor), então também haverá lucro nesse caso.

3.6 ROLAGEM

Às vezes, a data de expiração do hedge é posterior às datas de entrega de todos os contratos futuros que podem ser usados. Nesse caso, o hedger precisa rolar o hedge, encerrando um contrato futuro e assumindo a mesma posição em um contrato futuro com uma data de entrega posterior. Os hedges podem ser rolados muitas vezes. O procedimento é conhecido pelo nome de *rolagem*. Considere uma empresa que deseja usar um hedge de venda para reduzir o risco associado com o preço a ser recebido por um ativo no tempo T. Se há contratos futuros 1, 2, 3, ..., n (não necessariamente em existência no tempo presente) com datas de entrega progressivamente posteriores, a empresa pode usar a seguinte estratégia:

Tempo t_1: Vender contrato futuro 1
Tempo t_2: Encerrar contrato futuro 1
          Vender contrato futuro 2
Tempo t_3: Encerrar contrato futuro 2
          ⋮
          Vender contrato futuro 3
Tempo t_n: Encerrar contrato futuro $n-1$
          Vender contrato futuro n
Tempo T: Encerrar contrato futuro n.

Suponha que, em abril de 2014, uma empresa percebe que precisará ter 100.000 barris de petróleo para vender em junho de 2015 e decide hedgear seu risco com uma razão de hedge de 1,0. (Neste exemplo, não realizamos o ajuste de *tailing* descrito na Seção 3.4.) O preço à vista atual é $89. Apesar de os contratos futuros serem negociados com vencimentos que se estendem por vários anos no futuro, vamos supor que apenas os primeiros seis meses de entrega têm liquidez suficiente para atender as necessidades da empresa. Assim, a empresa assume uma posição vendida em 100 contratos de outubro de 2014. Em setembro de 2014, ela rola o hedge até o contrato de março de 2015. Em fevereiro de 2015, rola o hedge novamente até o contrato de julho de 2015.

A Tabela 3.5 mostra um resultado possível. O contrato de outubro de 2014 é vendido por $88,20 por barril e encerrado por $87,40 por barril, com um lucro de $0,80 por barril; o contrato de março de 2015 é vendido por $87,00 por barril e encerrado por $86,50 por barril, com um lucro de $0,50 por barril. O contrato de julho de 2015 é vendido por $86,30 por barril e encerrado por $85,90 por barril, com um lucro de $0,40 por barril. O preço à vista final é $86.

O ganho em dólares por barril de petróleo do contrato futuro vendido é:

$$(88,20 - 87,40) + (87,00 - 86,50) + (86,30 - 85,90) = 1,70$$

TABELA 3.5 Dados para o exemplo de rolagem do hedge de petróleo

Data	Abril de 2014	Setembro de 2014	Fevereiro de 2015	Junho de 2015
Preço futuro de outubro de 2014	88,20	87,40		
Preço futuro de março de 2015		87,00	86,50	
Preço futuro de julho de 2015			86,30	85,90
Preço à vista	89,00			86,00

O preço do petróleo diminuiu de $89 para $86. Receber apenas $1,70 por barril como compensação por uma queda de preço de $3,00 pode parecer insatisfatório, mas não podemos esperar compensação total por uma queda de preço quando os preços futuros estão abaixo dos preços à vista. O melhor que podemos esperar é garantir o preço futuro que se aplicaria a um contrato de junho de 2015, caso ele fosse negociado ativamente.

Na prática, a empresa geralmente possui uma exposição em todos os meses ao ativo subjacente e usa um contrato futuro de 1 mês para hedge, pois este é o mais líquido. Inicialmente, ela firma (*stacks*, ou *empilha*) contratos suficientes para cobrir sua exposição até o fim de seu horizonte de hedge. Um mês depois, ela encerra todos os contratos e "rola-os" (*rolls*) para novos contratos de um mês de modo a cobrir sua nova exposição, e assim por diante.

Como descrito na História de Negócios 3.2., a empresa alemã Metallgesellschaft seguiu essa estratégia no início da década de 1990 para hedgear os contratos que firmara para fornecer commodities por um preço fixo, mas teve dificuldades porque o preço deles diminuiu, criando saídas de caixa imediatas sobre os futuros e a expectativa de ganhos sobre os contratos no longo prazo. A diferença entre os

---

História de Negócios 3.2 Metallgesellschaft: o hedge que deu errado

Às vezes, rolar hedges pode levar a pressões no fluxo de caixa. As atividades de uma empresa alemã, a Metallgesellschaft (MG), no início da década de 1990, oferecem um exemplo dramático do problema.

A MG vendeu um grande volume de contratos de fornecimento a preço fixo de gasolina e óleo para aquecimento de 5 a 10 anos para seus clientes a 6 a 8 centavos acima dos preços de mercado. Ela hedgeou suas exposições com posições compradas em contratos futuros de prazos pequenos que foram rolados. Posteriormente, o preço do petróleo caiu e ocorreram chamadas de margem sobre as posições futuras. A MG sofreu pressões consideráveis em seu fluxo de caixa de curto prazo. Os membros da MG que haviam elaborado a estratégia de hedge argumentaram que essas saídas de caixa de curto prazo seriam compensadas pelos influxos de caixa que seriam realizados sobre os contratos de preço fixo de longo prazo. Contudo, a alta gerência da empresa e seus bancos ficaram preocupados com a forte perda de caixa. Por consequência, a empresa encerrou todas as posições de hedge e concordou com seus clientes que os contratos de preço fixo seriam abandonados. O resultado foi uma perda de 1,33 bilhões de dólares para a MG.

tempos dos fluxos de caixa sobre o hedge e dos fluxos de caixa da posição sendo hedgeada levaram a problemas de liquidez que não tinham como ser superados. A moral da história é que possíveis problemas de liquidez sempre devem ser levados em conta durante o planejamento de uma estratégia de hedge.

RESUMO

Este capítulo discutiu os diversos modos como uma empresa pode assumir uma posição em contratos futuros para compensar uma exposição ao preço de um ativo. Se a exposição é tal que a empresa ganha quando o preço do ativo aumenta e perde quando o preço do ativo diminui, um hedge de venda é apropriado. Se a exposição funciona ao contrário (ou seja, a empresa ganha quando o preço do ativo diminui e perde quando o preço do ativo aumenta), um hedge de compra é apropriado.

O hedge é uma maneira de reduzir os riscos e, como tal, deve ser recebido de braços abertos pela maioria dos executivos. Na realidade, há diversos motivos práticos e teóricos para as empresas não hedgearem. No nível teórico, podemos argumentar que os acionistas, ao possuírem portfólios bem diversificados, podem eliminar muitos dos riscos enfrentados pela empresa. Eles não precisam que a empresa pratique hedge para protegê-los desses riscos. No nível prático, a empresa pode descobrir que está aumentando seu risco, e não diminuindo, quando pratica hedge e seus concorrentes não o fazem. Além disso, o tesoureiro pode temer as críticas de outros executivos caso a empresa obtenha ganho com os movimentos de preço do ativo subjacente e perca com o hedge.

Um conceito importante no hedge é o risco de base. A base é a diferença entre o preço à vista de um ativo e seu preço futuro. O risco de base é oriundo da incerteza sobre qual será a base no vencimento do hedge.

A razão de hedge é a razão entre o tamanho da posição assumida nos contratos futuros e o tamanho da exposição. Nem sempre é ideal usar uma razão de hedge de 1,0. Se o hedger deseja minimizar a variância de uma posição, pode ser apropriado utilizar uma razão de hedge diferente de 1,0. A razão de hedge ideal é a inclinação da linha de melhor ajuste obtida pela regressão das mudanças no preço à vista contra as mudanças no preço futuro.

Os futuros de índices de ações podem ser usados para hedgear o risco sistemático em um portfólio de ações. O número de contratos futuros necessários é o beta do portfólio multiplicado pela razão entre o valor do portfólio e o valor de um contrato futuro. Os futuros de índices de ações também podem ser usados para mudar o beta de um portfólio sem alterar as ações que o compõem.

Quando não há um contrato futuro líquido que vença em data posterior à expiração do hedge, pode ser apropriado utilizar uma estratégia conhecida como *stack and roll*, que envolve firmar uma sequência de contratos futuros. Quando o primeiro contrato futuro está perto de expirar, ele é encerrado; em seguida, o hedger firma um segundo contrato, com um mês de entrega posterior. Quando o segundo contrato está próximo de expirar, ele é encerrado e o hedger firma um terceiro contrato com mês de entrega posterior, e assim por diante. O resultado de tudo isso é a criação de um contrato futuro de longo prazo por meio da negociação de uma série de contratos de curto prazo.

LEITURAS COMPLEMENTARES

Adam, T., S. Dasgupta, and S. Titman. "Financial Constraints, Competition, and Hedging in Industry Equilibrium", *Journal of Finance*, 62, 5 (October 2007): 2445–73.

Adam, T. and C.S. Fernando. "Hedging, Speculation, and Shareholder Value", *Journal of Financial Economics*, 81, 2 (August 2006): 283–309.

Allayannis, G., and J. Weston. "The Use of Foreign Currency Derivatives and Firm Market Value", *Review of Financial Studies*, 14, 1 (Spring 2001): 243–76.

Brown, G. W. "Managing Foreign Exchange Risk with Derivatives". *Journal of Financial Economics*, 60 (2001): 401–48.

Campbell, J. Y., K. Serfaty-de Medeiros, and L. M. Viceira. "Global Currency Hedging", *Journal of Finance*, 65, 1 (February 2010): 87–121.

Campello, M., C. Lin, Y. Ma, and H. Zou. "The Real and Financial Implications of Corporate Hedging", *Journal of Finance*, 66, 5 (October 2011): 1615–47.

Cotter, J., and J. Hanly. "Hedging: Scaling and the Investor Horizon", *Journal of Risk*, 12, 2 (Winter 2009/2010): 49–77.

Culp, C. and M. H. Miller. "Metallgesellschaft and the Economics of Synthetic Storage", *Journal of Applied Corporate Finance*, 7, 4 (Winter 1995): 62–76.

Edwards, F. R. and M. S. Canter. "The Collapse of Metallgesellschaft: Unhedgeable Risks, Poor Hedging Strategy, or Just Bad Luck?", *Journal of Applied Corporate Finance*, 8, 1 (Spring 1995): 86–105.

Graham, J. R. and C. W. Smith, Jr. "Tax Incentives to Hedge", *Journal of Finance*, 54, 6 (1999): 2241–62.

Haushalter, G. D. "Financing Policy, Basis Risk, and Corporate Hedging: Evidence from Oil and Gas Producers", *Journal of Finance*, 55, 1 (2000): 107–52.

Jin, Y., and P. Jorion. "Firm Value and Hedging: Evidence from US Oil and Gas Producers", *Journal of Finance*, 61, 2 (April 2006): 893–919.

Mello, A. S. and J. E. Parsons. "Hedging and Liquidity", *Review of Financial Studies*, 13 (Spring 2000): 127–53.

Neuberger, A. J. "Hedging Long-Term Exposures with Multiple Short-Term Futures Contracts", *Review of Financial Studies*, 12 (1999): 429–59.

Petersen, M. A. and S. R. Thiagarajan, "Risk Management and Hedging: With and Without Derivatives", *Financial Management*, 29, 4 (Winter 2000): 5–30.

Rendleman, R. "A Reconciliation of Potentially Conflicting Approaches to Hedging with Futures" *Advances in Futures and Options*, 6 (1993): 81–92.

Stulz, R. M. "Optimal Hedging Policies", *Journal of Financial and Quantitative Analysis*, 19 (June 1984): 127–40.

Tufano, P. "Who Manages Risk? An Empirical Examination of Risk Management Practices in the Gold Mining Industry", *Journal of Finance*, 51, 4 (1996): 1097–1138.

Questões e problemas

3.1 Sob quais circunstâncias (a) um hedge de venda e (b) um hedge de compra são apropriados?

3.2 Explique o que significa *risco de base* quando contratos futuros são usados para hedge.

3.3 Explique o que significa *hedge perfeito*. Um hedge perfeito sempre leva a um resultado melhor do que um hedge imperfeito? Explique sua resposta.

3.4 Sob quais circunstâncias um portfólio de hedge de variância mínima levaria a hedge zero?

3.5 Dê três motivos para o tesoureiro de uma empresa não hedgear a exposição dela a um risco específico.

3.6 Suponha que o desvio padrão das mudanças trimestrais nos preços de uma commodity é igual a $0,65, o desvio padrão das mudanças trimestrais do preço futuro da commodity é $0,81 e o coeficiente de correlação entre as duas mudanças é 0,8. Qual é a razão de hedge ideal para um contrato de três meses? O que isso significa?

3.7 Uma empresa possui um portfólio de $20 milhões de dólares com um beta de 1,2. Ela gostaria de usar os contratos futuros sobre um índice de ações para hedgear seu risco. O preço dos futuros do índice estão em 1080 atualmente, e cada contrato é referente à entrega de $250 vezes o índice. Qual é o hedge que minimiza o risco? O que a empresa deveria fazer se deseja reduzir o beta do portfólio para 0,6?

3.8 No contrato futuro de milho negociado em uma bolsa, estão disponíveis os seguintes meses de entrega: março, maio, julho, setembro e dezembro. Quais dos contratos disponíveis devem ser usados para hedging quando a expiração do hedge é em (a) junho, (b) julho e (c) janeiro.

3.9 Um hedge perfeito sempre consegue garantir o preço à vista atual de um ativo para uma transação futura? Explique sua resposta.

3.10 Explique por que a posição de um hedger que pratica hedge de venda melhora quando a base se fortalece inesperadamente e piora quando a base se enfraquece inesperadamente.

3.11 Imagine que você é o tesoureiro de uma empresa japonesa que exporta produtos eletrônicos para os Estados Unidos. Discuta como estruturaria uma estratégia de hedge cambial e os argumentos que usaria para vender a estratégia para seus colegas executivos.

3.12 Imagine que, no Exemplo 3.2 da Seção 3.3, a empresa decide usar uma razão de hedge de 0,8. Como essa decisão afeta o modo como o hedge é implementado e seu resultado?

3.13 "Se a razão de hedge de variância mínima calculada é 1,0, o hedge deve ser perfeito". Essa afirmação está correta? Explique sua resposta.

3.14 "Se não há risco de base, a razão de hedge de variância mínima é sempre 1,0". Essa afirmação está correta? Explique sua resposta.

3.15 "Para um ativo cujos preços futuros normalmente são inferiores aos preços à vista, hedges de compra tendem a ser particularmente atraentes". Explique essa afirmação.

3.16 O desvio padrão das mudanças mensais no preço à vista do boi gordo é (em centavos por libra) 1,2. O desvio padrão das mudanças mensais no preço futuro do boi gordo para o contrato mais próximo é 1,4. A correlação entre as mudanças no preço futuro e no preço à vista é 0,7. Hoje é 15 de outubro. Um produtor de carne bovina está comprometido com a compra de 200.000 libras de boi gordo em 15 de novembro. O produtor quer usar os contratos futuros de boi gordo de dezembro para hedgear seu risco. Cada contrato é referente à entrega de 40.000 libras de gado. Qual estratégia o produtor de carne bovina deveria seguir?

3.17 Um agricultor que cultiva milho argumenta o seguinte: "Não uso contratos futuros para hedge. Meu risco verdadeiro não é o preço do milho, é que toda minha safra seja destruída pelo clima". Discuta esse ponto de vista. O fazendeiro deveria estimar sua produção de milho esperada e hedgear para tentar garantir um preço para a produção esperada?

3.18 Em 1º de julho, um investidor possui 50.000 ações de determinada empresa. O preço de mercado dela é $30 por ação. O investidor está interessado em hedgear contra movimentos no mercado durante o próximo mês e decide usar o contrato futuro de setembro do Mini S&P 500. O preço futuro do índice atual é 1.500 e um contrato é referente à entrega de $50 vezes o índice. O beta da ação é 1,3. Qual estratégia o investidor deveria seguir? Sob quais circunstâncias ela será lucrativa?

3.19 Imagine que, na Tabela 3.5, a empresa decide usar uma razão de hedge de 1,5. Como essa decisão afeta o modo como o hedge é implementado e o seu resultado?

3.20 Um contrato futuro é usado para hedge. Explique por que o ajuste diário do contrato pode dar origem a problemas de fluxo de caixa.

3.21 Um executivo de uma companhia aérea argumenta: "Não vejo por que usaríamos futuros de petróleo. O preço do petróleo no futuro tem a mesma chance de ficar abaixo do preço futuro e de ficar acima desse preço". Discuta a perspectiva do executivo.

3.22 Imagine que a taxa de arrendamento do ouro de 1 ano é 1,5% e a taxa de juros livre de risco de 1 ano é 5,0%. Ambas as taxas são compostas anualmente. Use a discussão da História de Negócios 3.1 para calcular o preço a termo de ouro de 1 ano máximo que a Goldman Sachs deveria cotar para uma mineradora de ouro quando o preço à vista é igual a $1.200.

3.23 O retorno esperado sobre o S&P 500 é 12% e a taxa de juros livre de risco é 5%. Qual é o retorno esperado sobre um investimento com beta de (a) 0,2, (b) 0,5 e (c) 1,4?

Questões adicionais

3.24 Agora estamos em junho. Uma empresa sabe que venderá 5.000 barris de petróleo bruto em setembro. Ela usa o contrato futuro de outubro do CME Group para hedgear o preço que irá receber. Cada contrato é referente a 1.000 barris de *light sweet crude*. Qual posição ela deve assumir? Quais os riscos de preço aos quais ainda está exposta após assumir a posição?

3.25 Sessenta contratos futuros são usados para hedgear uma exposição ao preço da prata. Cada contrato futuro é referente a 5.000 onças de prata. No momento do encerramento do hedge, a base é $0,20 por onça. Qual é o efeito da base sobre a posição financeira do hedger se (a) o trader está hedgeando a compra de prata e (b) o trader está hedgeando a venda de prata?

3.26 Um trader possui 55.000 unidades de um determinado ativo e decide hedgear o valor de sua posição com contratos futuros sobre outro ativo relacionado. Cada contrato futuro é referente a 5.000 unidades. O preço à vista do ativo possuído é $28 e o desvio padrão da mudança nesse preço durante a vida do hedge é estimado em $0,43. O preço futuro do ativo relacionado é $27 e o desvio padrão da mudança nele, durante a vida do hedge, é $0,40. O coeficiente de correlação entre a mudança do preço à vista e a mudança do preço futuro é 0,95.
 (a) O que é a razão de hedge de variância mínima?
 (b) O hedger deveria assumir uma posição comprada ou vendida em contratos futuros?
 (c) Qual é o número ideal de contratos futuros sem o ajuste de *tailing the hedge*?
 (d) Qual é o número ideal de contratos futuros com o ajuste de *tailing the hedge*?

3.27 Uma empresa deseja hedgear sua exposição a um novo combustível cujas mudanças de preço têm uma correlação de 0,6 com as mudanças de preços futuros da gasolina. A empresa perderá $1 milhão para aumento de 1 centavo no preço do galão do novo combustível durante os próximos três meses. As mudanças de preço do novo combustível têm um desvio padrão 50% maior do que as mudanças dos preços futuros da gasolina. Se contratos futuros de gasolina forem usados para hedgear a exposição, qual deve ser a razão de hedge? Qual é a exposição da empresa, mensurada em galões do novo combustível? Qual posição, mensurada em galões, a empresa deve assumir em contratos futuros de gasolina? Quantos contratos futuros de gasolina devem ser negociados? Cada contrato é referente a 42.000 galões.

3.28 Um gerente de portfólio mantém um portfólio gerenciado ativamente com beta de 0,2. Durante o último ano, a taxa de juros livre de risco foi 5% e as ações tiveram péssimo desempenho, com um retorno de −30%. O gerente de portfólio produziu um retorno de −10% e afirma que, nessas circunstâncias, isso representa um bom desempenho. Discuta essa afirmação.

3.29 A tabela a seguir fornece dados sobre as mudanças mensais do preço à vista e do preço futuro para determinada commodity. Use os dados para calcular a razão de hedge de variância mínima.

Mudança do preço à vista	+0,50	+0,61	−0,22	−0,35	+0,79
Mudança do preço futuro	+0,56	+0,63	−0,12	−0,44	+0,60
Mudança do preço à vista	+0,04	+0,15	+0,70	−0,51	−0,41
Mudança do preço futuro	−0,06	+0,01	+0,80	−0,56	−0,46

3.30 É 16 de julho. Uma empresa possui um portfólio de ações que vale $100 milhões. O beta do portfólio é 1,2. A empresa gostaria de usar o contrato futuro de dezembro sobre um índice de ações para mudar o beta do portfólio para 0,5 durante o período de 16 de julho a 16 de novembro. O preço futuro do índice atual é 1.000 e cada contrato é referente a $250 vezes o índice.
   (a) Qual posição a empresa deveria assumir?
   (b) Suponha que a empresa mude de ideia e decida aumentar o beta do portfólio de 1,2 para 1,5. Qual posição ela deveria assumir em contratos futuros?

3.31 Um gerente de fundo possui um portfólio que vale $50 milhões, com um beta de 0,87. O gerente está preocupado com o desempenho do mercado durante os próximos 2 meses e planeja usar contratos futuros de 3 meses sobre o S&P 500 para hedgear o risco. O nível atual do índice é 1.250, um contrato é referente a 250 vezes o índice, a taxa de juros livre de risco é 6% ao ano e o rendimento em dividendos sobre o índice é 3% ao ano. O preço futuro de 3 meses atual é 1.259.
   (a) Qual posição o gerente do fundo deve assumir para hedgear toda a exposição ao mercado durante os próximos 2 meses?
   (b) Calcule o efeito de sua estratégia sobre os retornos do gerente do fundo se o índice em 2 meses for 1.000, 1.100, 1.200, 1.300 e 1.400. Suponha que o preço futuro de 1 mês seja 0,25% maior do que o nível do índice nesse momento.

3.32 Agora é outubro de 2014. Uma empresa espera comprar 1 milhão de libras de cobre em cada um dos seguintes meses: fevereiro de 2015, agosto de 2015, fevereiro de 2016 e agosto de 2016. A empresa decidiu usar os contratos futuros negociados na divisão COMEX do CME Group para hedgear seu risco. Cada contrato é referente à entrega de 25.000 libras de cobre. A margem inicial é $2.000 por contrato e a margem de manutenção é $1.500 por contrato. A política da empresa é de hedgear 80% de sua exposição.

Contratos com vencimentos de até 13 meses no futuro são considerados como tendo liquidez suficiente para atender as necessidades da empresa. Elabore uma estratégia de hedge para a empresa. (Não realize o ajuste de *tailing* descrito na Seção 3.4.)

Suponha que os preços de mercado (em centavos por libra) hoje e em datas futuras são aqueles informados na tabela abaixo. Qual é o impacto da estratégia que você propõe sobre o preço que a empresa paga pelo cobre? Qual é o requerimento de margem inicial em outubro de 2014? A empresa está sujeita a alguma chamada de margem?

Data	Outubro de 2014	Fevereiro de 2015	Agosto de 2015	Fevereiro de 2016	Agosto de 2016
Preço à vista	372,00	369,00	365,00	377,00	388,00
Preço futuro de março de 2015	372,30	369,10			
Preço futuro de setembro de 2015	372,80	370,20	364,80		
Preço futuro de março de 2016		370,70	364,30	376,70	
Preço futuro de setembro de 2016			364,20	376,50	388,20

APÊNDICE

Modelo de precificação de ativos financeiros

O Modelo de Precificação de Ativos Financeiros (CAPM, *Capital Asset Pricing Model*) é um modelo que pode ser usado para relacionar o retorno esperado de um ativo com o risco do retorno. O risco do retorno de um ativo se divide em duas partes. O *risco sistemático* é o risco relacionado ao retorno do mercado como um todo e não pode ser eliminado pela diversificação. O *risco não sistemático* é o risco exclusivo ao ativo e pode ser eliminado pela diversificação com a escolha de um grande portfólio de ativos diferentes. O CAPM afirma que o retorno deve depender apenas do risco sistemático. A fórmula do CAPM é:[7]

$$\text{Retorno esperado sobre o ativo} = R_F + \beta(R_M - R_F) \qquad (3A.1)$$

onde R_M é o retorno sobre o portfólio de todos os investimentos disponíveis, R_F é o retorno sobre um investimento livre de risco e β (a letra grega beta) é um parâmetro que mede o risco sistemático.

O retorno do portfólio de todos os investimentos disponíveis, R_M, é chamado de *retorno sobre o mercado* e geralmente é aproximado pelo retorno sobre um índice de ações bem diversificado, como o S&P 500. O beta (β) de um ativo é uma medida da sensibilidade de seus retornos aos retornos do mercado. A variável pode ser estimada a partir de dados históricos, como a inclinação obtida quando obtemos a regressão do retorno excedente do ativo em relação à taxa de juros livre de risco contra o retorno excedente sobre o mercado em relação à taxa de juros livre de risco. Quando $\beta = 0$, os retornos do ativo não são sensíveis aos retornos sobre o mercado. Nesse caso, não há risco sistemático e a equação (3A.1) mostra que seu retorno esperado é a taxa de juros livre de risco; quando $\beta = 0{,}5$, o retorno excedente sobre o ativo em relação à taxa de juros livre de risco é, em média, metade do retorno excedente do mercado em relação à taxa de juros livre de risco; quando $\beta = 1$, o retorno esperado sobre o ativo é igual ao retorno sobre o mercado; e assim por diante.

Suponha que a taxa de juros livre de risco R_F é 5% e o retorno sobre o mercado é 13%. A equação (3A.1) mostra que, quando o beta de um ativo é zero, seu retorno esperado é 5%. Quando $\beta = 0{,}75$, seu retorno esperado é $0{,}005 + 0{,}75 \times (0{,}13 - 0{,}05) = 0{,}11$, ou 11%.

A derivação do CAPM exige uma série de pressupostos.[8] Em especial:

1. Os investidores só se preocupam com o retorno esperado e o desvio padrão do retorno de um ativo.

2. Os retornos de dois ativos estão correlacionados entre si apenas por sua correlação com o retorno do mercado. Isso é equivalente a pressupor que apenas um fator determina os retornos.

3. Os investidores enfocam os retornos durante um único período e tal período é o mesmo para todos os investidores.

---

[7] Se o retorno sobre o mercado não é conhecido, R_M é substituído pelo valor esperado de R_M nessa fórmula.

[8] Para detalhes sobre a derivação, ver, por exemplo, J. Hull, *Risk Management and Financial Institutions*, 3rd edn. Hoboken, NJ: Wiley, 2012, Chap. 1.

4. Os investidores podem emprestar e tomar emprestado com a mesma taxa de juros livre de risco.
5. Os impostos não influenciam as decisões de investimento.
6. Todos os investidores fazem as mesmas estimativas dos retornos esperados, desvios padrões de retornos e correlações entre retornos.

Esses pressupostos são, na melhor das hipóteses, apenas aproximadamente verdadeiros. Ainda assim, o CAPM se revelou uma ferramenta útil para os gerentes de portfólio e é usado frequentemente como referência para avaliar seu desempenho.

Quando o ativo é uma ação individual, o retorno esperado dado pela equação (3A.1) não é um preditor particularmente bom do retorno real. Contudo, quando o ativo é um portfólio de ações bem diversificado, ele passa a ser um preditor muito melhor. Por consequência, a equação:

$$\text{Retorno sobre portfólio diversificado} = R_F + \beta(R_M - R_F)$$

pode ser usada como base para hedge de um portfólio diversificado, como descrito na Seção 3.5. O β na equação é o beta do portfólio. Ele pode ser calculado como a média ponderada dos betas das ações no portfólio.

CAPÍTULO 4

Taxas de juros

As taxas de juros são um fator na avaliação de praticamente todos os derivativos e será proeminente em boa parte dos materiais apresentados no restante deste livro. Este capítulo trata sobre algumas questões fundamentais relativas ao modo como as taxas de juros são mensuradas e analisadas. Ele explica a frequência de capitalização usada para definir uma taxa de juros e o significado das taxas de juros compostas continuamente, bastante usadas na análise de derivativos. Ele abrange as taxas zero, rendimentos a par e as curvas de juros, analisa o apreçamento de títulos e descreve um procedimento *bootstrap* muito usado nas salas de negociação de derivativos para calcular taxas de juros de cupom zero do Tesouro. Ele também abrange as taxas futuras e contratos de taxas futuras e repassa as diferentes teorias das estruturas a termo das taxas de juros. Finalmente, ele explica o uso das medidas de duração e convexidade para determinar a sensibilidade dos preços de títulos a mudanças nas taxas de juros.

O Capítulo 6 discutirá os futuros de taxas de juros e mostrará como a medida de duração pode ser utilizada quando as exposições a taxas de juros são hedgeadas. Para facilitar a explicação, este capítulo ignorará as convenções sobre contagem de dias. A natureza dessas convenções e seu impacto nos cálculos serão discutidos nos Capítulos 6 e 7.

4.1 TIPOS DE TAXA

Uma taxa de juros em determinada situação define a quantidade de dinheiro que o devedor promete pagar ao credor. Muitos tipos diferentes de taxas de juros são cotados regularmente para cada moeda, incluindo taxas de hipotecas, taxas de depósitos, taxas preferenciais para empréstimos e assim por diante. A taxa de juros aplicável em uma situação depende do risco de crédito. Esse é o risco de inadimplência por parte de quem tomou os fundos emprestados, de modo que os juros e o principal não sejam pagos ao credor como prometido. Quanto maior o risco de crédito, maior a taxa de juros prometida pelo tomador do empréstimo.

As taxas de juros costumam ser expressas em pontos-base. Um ponto-base é igual a 0,01% ao ano.

Taxa do Tesouro

As taxas do Tesouro são as taxas que o investidor obtém sobre letras do Tesouro e títulos do Tesouro, instrumentos usados pelo governo para tomar empréstimos em sua própria moeda. As taxas do Tesouro japonês são as taxas que o governo desse país usa para tomar empréstimos em ienes; as taxas do Tesouro dos EUA são as taxas pelas quais o governo americano toma empréstimos em dólares americanos; e assim por diante. Em geral, pressupõe-se que a probabilidade de um governo entrar em moratória em uma obrigação denominada em sua própria moeda é zero. Assim, as taxas do Tesouro são taxas totalmente livres de risco, no sentido de que um investidor que compra uma letra do Tesouro ou título do Tesouro tem a certeza de que os pagamentos de juros e principal serão realizados como prometidos.

LIBOR

LIBOR, abreviação de *London Interbank Offered Rate*, é uma taxa de empréstimo de curto prazo não garantida. Tradicionalmente, as taxas LIBOR são calculadas em todos os dias úteis para 10 moedas e 15 períodos de empréstimos. Os períodos de empréstimo variam de um dia a um ano. As taxas LIBOR são usadas como taxas de referência para centenas de trilhões de dólares em transações ao redor do mundo. Uma transação de derivativos popular que usa a LIBOR como taxa de juros de referência é o swap de taxas de juros (ver Capítulo 7). As taxas LIBOR são publicadas pela British Bankers Association (BBA) às 11:30 da manhã, horário da Grã-Bretanha. A BBA pede que diversos bancos forneçam cotações estimando as taxas de juros pelas quais podem tomar fundos emprestados logo antes das 11 da manhã (também horário da Grã-Bretanha). O quartil superior e o quartil inferior das cotações para cada combinação de moeda e período de empréstimo são descartados; a média dos dados remanescentes determina as taxas LIBOR do dia. Em geral, os bancos que fornecem cotações têm classificação de crédito AA.[1] Assim, a LIBOR normalmente é considerada uma estimativa da taxa de empréstimos de curto prazo sem garantias para uma instituição financeira de classificação AA.

Nos últimos anos, foi sugerido que alguns bancos podem ter manipulado suas cotações LIBOR. Dois motivos foram sugeridos para a manipulação. Primeiro, para fazer com que os custos de empréstimo dos bancos parecessem menores do que são de fato, fazendo as instituições parecerem mais saudáveis. Outro é lucrar com transações como os swaps de taxas de juros, cujos fluxos de caixa dependem das taxas LIBOR. O problema subjacente é que não há empréstimos interbancários suficientes para que os bancos desenvolvam estimativas precisas de suas taxas de empréstimos para todas as combinações diferentes de moedas e períodos de empréstimos usados. Parece provável que, com o tempo, a grande quantidade de cotações LIBOR fornecidas todos os dias será substituída por um número menor de cotações baseadas em transações reais em um mercado mais líquido.

Taxa de juros básica (*Fed Funds*)

Nos Estados Unidos, as instituições financeiras precisam manter certa quantidade de caixa (conhecida como reservas) junto à Federal Reserve, também chamada de

---
[1] A melhor categoria de classificação de crédito é AAA. A segunda melhor é AA.

Fed, o banco central americano. A exigência de reservas para um banco em dado momento depende de seus ativos e passivos em circulação. Ao final do dia, algumas instituições financeiras normalmente possuem um superávit de fundos em suas contas junto ao Fed, enquanto outras precisam de mais fundos. Isso leva à realização de empréstimos *overnight*, ou seja, de um dia para o outro. Nos Estados Unidos, a taxa *overnight* é chamada de *taxa de juros básica*, *federal funds rate* ou simplesmente *Fed Funds*. Em geral, um corretor reúne os tomadores de empréstimo e os credores. A média ponderada das taxas em transações correntes (com os pesos determinados pelo tamanho da transação) é chamada de *taxa de juros básica efetiva*. Essa taxa *overnight* é monitorada pelo banco central, que pode intervir com suas próprias transações na tentativa de elevá-la ou reduzi-la. Outros países têm sistemas semelhantes ao americano. Por exemplo, na Grã-Bretanha, a média das taxas *overnight* negociadas é chamada de *sterling overnight index average* (SONIA, média do índice *overnight* da libra esterlina), enquanto na Eurozona ela é a *euro overnight index average* (EONIA, média do índice *overnight* do euro).

Tanto a LIBOR quanto a taxa de juros básica são taxas de empréstimos sem garantias. Em média, a LIBOR *overnight* é cerca de 6 pontos-base (0,06%) maior do que a taxa de juros básica efetiva, exceto durante o período tumultuado de agosto de 2007 a dezembro de 2008. As diferenças observadas entre as taxas podem ser atribuídas a efeitos de tempo, à composição dos tomadores de empréstimos em Londres em comparação com Nova Iorque e às diferenças entre os mecanismos de liquidação em Londres e Nova Iorque.[2]

Taxa repo

Ao contrário das taxas LIBOR e *Fed Funds*, as taxas repo são taxas de empréstimos garantidos. Em um repo (ou acordo de recompra), uma instituição financeira que possui títulos concorda em vendê-lo por determinado preço e comprá-los de volta em uma data posterior por um preço ligeiramente maior. A instituição financeira está obtendo um empréstimo e os juros que paga são a diferença entre o preço pelo qual os títulos são vendidos e o preço pelo qual são recomprados. A taxa de juros é chamada de *taxa repo*.

Se estruturado com cuidado, um repo envolve pouquíssimo risco de crédito. Se o devedor não honra o contrato, o credor simplesmente fica com os títulos. Se o credor não cumpre seu lado do acordo, o proprietário original dos títulos fica com o dinheiro fornecido pelo primeiro. O tipo mais comum de repo é um *repo overnight*, que pode ser rolado de um dia para o outro. Contudo, acordos de mais longo prazo, chamados de *term repos*, também são usados. Como são taxas com garantias, as taxas repo em geral ficam ligeiramente abaixo da taxa de juros básica correspondente.

Taxa de juros "livre de risco"

Em geral, os derivativos são avaliados pela criação de um portfólio livre de risco e o argumento de que o retorno sobre ele deve ser igual à taxa de juros livre de risco.

---

[2] Ver L. Bartolini, S. Hilton, and A. Prati, "Money Market Integration", *Journal of Money, Credit and Banking*, 40, 1 (February 2008), 193–213.

Assim, a taxa de juros livre de risco tem um papel crucial na avaliação dos derivativos. No restante deste livro, falaremos de uma taxa de juros "livre de risco" sem definir explicitamente a que ela se refere, pois os praticantes de derivativos usam diversas aproximações diferentes para ela. Tradicionalmente, a LIBOR foi usada como taxa de juros livre de risco, apesar de a LIBOR não ser livre de riscos, já que há uma pequena probabilidade de que uma instituição financeira AA entre em moratória em um empréstimo de curto prazo. Contudo, isso está mudando. No Capítulo 9, discutiremos as questões que os praticantes consideram atualmente quando escolhem a taxa de juros "livre de risco" e alguns dos argumentos teóricos que poderiam ser apresentados.

4.2 MEDIÇÃO DE TAXAS DE JUROS

A declaração de um banco de que a taxa de juros sobre depósitos de um ano é de 10% ao ano parece simples, direta e sem ambiguidades. Na verdade, seu significado exato depende do modo como a taxa de juros é mensurada.

Se a taxa de juros é mensurada com capitalização anual, a afirmação do banco de que a taxa de juros é 10% significa que $100 crescem para:

$$\$100 \times 1,1 = \$110$$

ao final de um ano. Quando a taxa de juros é mensurada com capitalização semestral, isso significa que 5% são obtidos a cada 6 meses, com os juros sendo reinvestidos. Nesse caso, $100 crescem para:

$$\$100 \times 1,05 \times 1,05 = \$110,25$$

ao final de um ano. Quando a taxa de juros é mensurada com capitalização trimestral, a afirmação do banco significa que 2,5% são obtidos a cada três meses, com os juros sendo reinvestidos. Assim, $100 crescem para:

$$\$100 \times 1,025^4 = \$110,38$$

ao final de um ano. A Tabela 4.1 mostra o efeito de aumentar a frequência de capitalização ainda mais.

A frequência de capitalização define as unidades nas quais uma taxa de juros é mensurada. A taxa expressa uma frequência de capitalização pode ser convertida para uma taxa equivalente com uma frequência de capitalização diferente. Por exem-

TABELA 4.1 Efeito da frequência de capitalização sobre o valor de $100 ao final de 1 ano quando a taxa de juros é de 10% por ano

Frequência de capitalização	Valor de $100 no final do ano ($)
Anualmente ($m = 1$)	110,00
Semestralmente ($m = 2$)	110,25
Trimestralmente ($m = 4$)	110,38
Mensalmente ($m = 12$)	110,47
Semanalmente ($m = 52$)	110,51
Diariamente ($m = 365$)	110,52

plo, a Tabela 4.1 mostra que 10,25% com capitalização anual é equivalente a 10% com capitalização semestral. A diferença entre uma frequência de capitalização e outra pode ser considerada análoga à diferença entre quilômetros e milhas. São apenas duas unidades de medida diferentes.

Para generalizar nossos resultados, imagine que a quantia A é investida por n anos a uma taxa de juros de R por ano. Se a taxa é composta uma vez por ano, o valor final do investimento é:

$$A(1 + R)^n$$

Se a taxa é composta m vezes por ano, o valor final do investimento é:

$$A\left(1 + \frac{R}{m}\right)^{mn} \quad (4.1)$$

Quando $m = 1$, a taxa também é chamada de *taxa de juros anual equivalente*.

Capitalização contínua

O limite quando a frequência de capitalização, m, tende ao infinito é conhecido como *capitalização contínua*.[3] Com a capitalização contínua, podemos provar que o valor A investido por n anos à taxa R cresce até:

$$Ae^{Rn} \quad (4.2)$$

onde e é aproximadamente 2,71828. A função exponencial, e^x, está incluída na maioria das calculadoras, então o cálculo dessa expressão na equação (4.2) não apresenta nenhuma dificuldade. No exemplo da Tabela 4.1, $A = 100$, $n = 1$ e $R = 0,1$, de modo que o valor até o qual A cresce com a capitalização contínua é:

$$100e^{0,1} = \$110{,}52$$

O resultado é igual ao valor da capitalização diária (até duas casas decimais). Para a maioria dos fins práticos, a capitalização contínua pode ser considerada equivalente à capitalização diária. A capitalização de uma quantia de dinheiro à taxa composta continuamente R por n anos envolve multiplicá-la por e^{Rn}. Descontá-la pela taxa continuamente composta R por n anos envolve multiplicar por e^{-Rn}.

Neste livro, as taxas de juros serão mensuradas com capitalização contínua, exceto quando explicitado o contrário. Os leitores acostumados a trabalhar com taxas de juros mensuradas com capitalização anual, semestral ou alguma outra frequência poderão achar isso um pouco estranho no começo. Contudo, as taxas de juros compostas continuamente são tão usadas no apreçamento de derivativos que faz sentido se acostumar a trabalhar com elas desde já.

Imagine que R_c é uma taxa de juros com capitalização contínua e R_m é a taxa equivalente com capitalização m vezes ao ano. Segundo os resultados das equações (4.1) e (4.2), temos:

$$Ae^{R_c n} = A\left(1 + \frac{R_m}{m}\right)^{mn}$$

---

[3] Os atuários também chamam a taxa composta continuamente de *força dos juros*.

ou:

$$e^{R_c} = \left(1 + \frac{R_m}{m}\right)^m$$

Isso significa que:

$$R_c = m \ln\left(1 + \frac{R_m}{m}\right) \quad (4.3)$$

e:

$$R_m = m(e^{R_c/m} - 1) \quad (4.4)$$

Essas equações podem ser usadas para converter uma taxa com frequência de capitalização de m vezes ao ano para uma taxa continuamente composta e vice-versa. A função logarítmica natural $\ln x$, incluída na maioria das calculadoras, é o inverso da função exponencial, de modo que, se $y = \ln x$, então $x = e^y$.

■ Exemplo 4.1

Considere uma taxa de juros cotada como 10% ao ano com capitalização semestral. Da equação (4.3), com $m = 2$ e $R_m = 0,1$, a taxa equivalente com capitalização contínua é:

$$2\ln\left(1 + \frac{0,1}{2}\right) = 0,09758$$

ou 9,758% ao ano.

Exemplo 4.2

Imagine que um credor cota uma taxa de juros sobre empréstimos como sendo de 8% ao ano com capitalização contínua e que os juros na verdade são pagos trimestralmente. Da equação (4.4), como $m = 4$ e $R_c = 0,08$, a taxa equivalente com capitalização trimestral é:

$$4 \times (e^{0,08/4} - 1) = 0,0808$$

ou 8,08% ao ano. Isso significa que, sobre um empréstimo de $1.000, seriam necessários pagamentos de juros de $20,20 a cada trimestre. ■

4.3 TAXAS ZERO

A taxa de juros de cupom zero de n anos é a taxa de juros obtida sobre um investimento que inicia hoje e dura n anos. Todos os juros e o principal são realizados ao final de n anos. Não há pagamentos intermediários. A taxa de juros de cupom zero de n anos também é chamada de taxa à vista de n anos, a taxa zero de n anos ou simplesmente de zero de n anos. Imagine que uma taxa zero de cinco anos com capitalização contínua é cotada como 5% ao ano. Isso significa que $100, se investidos por cinco anos, crescerão até:

$$100 \times e^{0,05 \times 5} = 128,40$$

A maior parte das taxas de juros que observamos diretamente no mercado não são taxas zero puras. Considere um título do governo de 5 anos com cupom de 6%. O preço desse título não determina, por si, a taxa zero do Tesouro de 5 anos, pois algum retorno sobre o título é realizado na forma de cupons antes do final do ano 5. Posteriormente neste capítulo, vamos discutir como determinar as taxas zero do Tesouro a partir dos preços de mercado de títulos que pagam cupom.

4.4 APREÇAMENTO DE TÍTULOS

A maioria dos títulos paga cupons periódicos ao titular. O principal do título (também conhecido como seu valor par ou valor de face) é pago no final de sua vida. O preço teórico de um título pode ser calculado como o valor presente de todos os fluxos de caixa que serão recebidos pelo proprietário do título. Ocasionalmente, os traders de títulos usam a mesma taxa de desconto para todos os fluxos de caixa subjacentes a um título, mas uma abordagem mais precisa seria usar uma taxa zero diferente para cada fluxo de caixa.

Para ilustrar esse fato, vamos considerar a situação na qual as taxas zero do Tesouro, mensuradas com capitalização contínua, são aquelas apresentadas na Tabela 4.2. (Posteriormente, explicaremos como elas podem ser calculadas.) Imagine que um título do Tesouro de 2 anos com um principal de $100 oferece cupons a uma taxa de 6% ao ano, semestralmente. Para calcular o valor presente do primeiro cupom de $3, descontamo-lo por 5,0% por 6 meses; para calcular o valor presente do segundo cupom de $3, descontamo-lo por 5,8% por 1 ano; e assim por diante. Assim, o preço teórico do título é:

$$3e^{-0,05 \times 0,5} + 3e^{-0,058 \times 1,0} + 3e^{-0,064 \times 1,5} + 103e^{-0,068 \times 2,0} = 98,39$$

ou $98,39.

Rendimento do título

O rendimento de um título é a taxa de desconto única que, quando aplicada a todos os fluxos de caixa, fornece um preço de título igual a seu preço de mercado. Imagine que o preço teórico do título que estamos considerando, $98,39, também é seu valor de mercado (ou seja, o preço de mercado do título está exatamente de acordo com os dados na Tabela 3.2). Se y é o rendimento do título, expresso com capitalização contínua, deve ser verdadeiro que:

$$3e^{-y \times 0,5} + 3e^{-y \times 1,0} + 3e^{-y \times 1,5} + 103e^{-y \times 2,0} = 98,39$$

TABELA 4.2 Taxas zero do Tesouro

Vencimento (anos)	Taxa zero (%) (composta continuamente)
0,5	5,0
1,0	5,8
1,5	6,4
2,0	6,8

Essa equação pode ser resolvida usando um procedimento iterativo ("tentativa e erro") para nos fornecer $y = 6{,}76\%$.[4]

Rendimento par

O *rendimento par* para determinado vencimento de título é a taxa do cupom que faz com que o preço do título seja igual a seu valor par. (O valor par é o mesmo que o valor do principal.) Em geral, pressupõe-se que o título fornece cupons semestrais. Suponha que o cupom de um título de 2 anos em nosso exemplo é de c ao ano (ou $\frac{1}{2}c$ a cada 6 meses). Usando as taxas zero na Tabela 3.2, o valor do título é igual a seu valor par de 100 quando:

$$\frac{c}{2}e^{-0{,}05 \times 0{,}5} + \frac{c}{2}e^{-0{,}058 \times 1{,}0} + \frac{c}{2}e^{-0{,}064 \times 1{,}5} + \left(100 + \frac{c}{2}\right)e^{-0{,}068 \times 2{,}0} = 100$$

Essa equação pode ser resolvida de maneira simples e direta para fornecer a resposta $c = 6{,}87$. O rendimento par de 2 anos é, assim, 6,87% ao ano. A capitalização semestral é utilizada porque se pressupõe que os pagamentos são realizados a cada 6 meses. Com a capitalização contínua, a taxa é de 6,75% ao ano.

Em termos mais gerais, se d é o valor presente de \$1 recebido no vencimento do título, A é o valor de uma anuidade que paga um dólar em cada data de pagamento do cupom e m é o número de pagamentos de cupom por ano, então o rendimento par c deve satisfazer:

$$100 = A\frac{c}{m} + 100d$$

de modo que:

$$c = \frac{(100 - 100d)m}{A}$$

Em nosso exemplo, $m = 2$, $d = e^{-0{,}068 \times 2} = 0{,}87284$ e:

$$A = e^{-0{,}05 \times 0{,}5} + e^{-0{,}058 \times 1{,}0} + e^{-0{,}064 \times 1{,}5} + e^{-0{,}068 \times 2{,}0} = 3{,}70027$$

A fórmula confirma que o rendimento par é de 6,87% ao ano.

4.5 DETERMINAÇÃO DAS TAXAS ZERO DO TESOURO

Uma maneira de determinar as taxas zero do Tesouro, como aquelas da Tabela 4.2, é observar o rendimento de *strips*, títulos de cupom zero criados sinteticamente por traders quando vendem cupons sobre um título do Tesouro separadamente do principal.

Outra maneira de determinar as taxas zero do Tesouro é a partir de letras do Tesouro e títulos que pagam cupons. A abordagem mais popular é conhecida

---

[4] Uma maneira de resolver equações não lineares da forma $f(y) = 0$, como esta, é usar o método de Newton–Raphson. Começamos com uma estimativa de y_0 da solução e produzimos estimativas sucessivamente melhores de y_1, y_2, y_3 e assim por diante, usando a fórmula $y_{i+1} = y_i - f(y_i)/f'(y_i)$, onde $f'(y)$ denota o derivativo de f com relação a y.

como *método de bootstrap*. Para exemplificar a natureza do método, considere os dados da Tabela 4.3 sobre os preços de cinco títulos. Como os três primeiros títulos não pagam cupons, é fácil calcular as taxas zero correspondentes a seus vencimentos. O título de 3 meses tem o efeito de transformar um investimento de 97,5 em 100 em 3 meses. Assim, a taxa de 3 meses composta continuamente R é dada pela solução de:

$$100 = 97{,}5e^{R \times 0{,}25}$$

A resposta é 10,127% ao ano. A taxa composta continuamente de 6 meses é dada, de forma semelhante, pela solução de:

$$100 = 94{,}9e^{R \times 0{,}5}$$

A resposta é 10,469% ao ano. Da mesma forma, a taxa de um ano com capitalização contínua é dada pela solução de:

$$100 = 90e^{R \times 1{,}0}$$

A resposta é 10,536% ao ano.

O quarto título dura 1,5 ano. Os pagamentos são:

6 meses: $4

1 ano: $4

1,5 ano: $104.

Pelos nossos cálculos anteriores, sabemos que a taxa de desconto para o pagamento ao final de 6 meses é 10,469% e que a taxa de desconto para o pagamento ao final de um ano é 10,536%. Também sabemos que o preço do título, $96, deve ser igual ao valor presente de todos os pagamentos recebidos pelo titular do título. Suponha que a taxa zero de 1,5 ano é denotada por R. Logo:

$$4e^{-0{,}10469 \times 0{,}5} + 4e^{-0{,}10536 \times 1{,}0} + 104e^{-R \times 1{,}5} = 96$$

O que pode ser reduzido para:

$$e^{-1{,}5R} = 0{,}85196$$

ou:

$$R = -\frac{\ln(0{,}85196)}{1{,}5} = 0{,}10681$$

TABELA 4.3 Dados para o método de bootstrap

Principal do título ($)	Tempo até o vencimento (anos)	Cupom anual* ($)	Preço do título ($)
100	0,25	0	97,5
100	0,50	0	94,9
100	1,00	0	90,0
100	1,50	8	96,0
100	2,00	12	101,6

* Pressupõe-se que metade do cupom informado é paga a cada seis meses.

TABELA 4.4 Taxas zero compostas continuamente determinadas a partir dos dados da Tabela 4.3

Vencimento (anos)	Taxa zero (%) (composta continuamente)
0,25	10,127
0,50	10,469
1,00	10,536
1,50	10,681
2,00	10,808

Assim, a taxa zero de 1,5 ano é 10,681%. Essa é a única taxa zero consistente com a taxa de 6 meses, a taxa de 1 ano e os dados na Tabela 4.3.

A taxa zero de 2 anos pode ser calculada de maneira similar a partir das taxas zero de 6 meses, 1 ano e 1,5 ano e as informações sobre o último título na Tabela 4.3. Se R é a taxa zero de 2 anos, então:

$$6e^{-0,10469 \times 0,5} + 6e^{-0,10536 \times 1,0} + 6e^{-0,10681 \times 1,5} + 106e^{-R \times 2,0} = 101,6$$

O que nos informa que $R = 0,10808$, ou 10,808%.

As taxas que calculamos estão resumidas na Tabela 4.4. Um gráfico mostrando a taxa zero como função do vencimento é conhecida como *curva à vista* ou *zero curve*. Um pressuposto comum é que a curva à vista é linear entre pontos determinados usando o método de *bootstrap*. (Isso significa que a taxa zero de 1,25 ano é $0,5 \times 10,536 + 0,5 \times 10,681 = 10,6085\%$ no nosso exemplo.) Em geral, também se supõe que a curva à vista é horizontal antes do primeiro ponto e horizontal além do último ponto. A Figura 4.1 mostra a curva à vista para nossos dados usando esses pressupostos. Usando título de vencimento de mais longo prazo, a curva à vista pode ser determinada de forma mais precisa além de 2 anos.

Na prática, geralmente não temos títulos com vencimentos iguais a exatamente 1,5 ano, 2 anos, 2,5 anos e assim por diante. Uma abordagem muito usada pelos analistas é interpolar entre os dados de preços de títulos antes de usá-los para calcular a curva à vista. Por exemplo, sabe-se que um título de 2,3 anos com cupom de 6% é vendido por 98 e um título de 2,7 anos com cupom de 6,5% é vendido

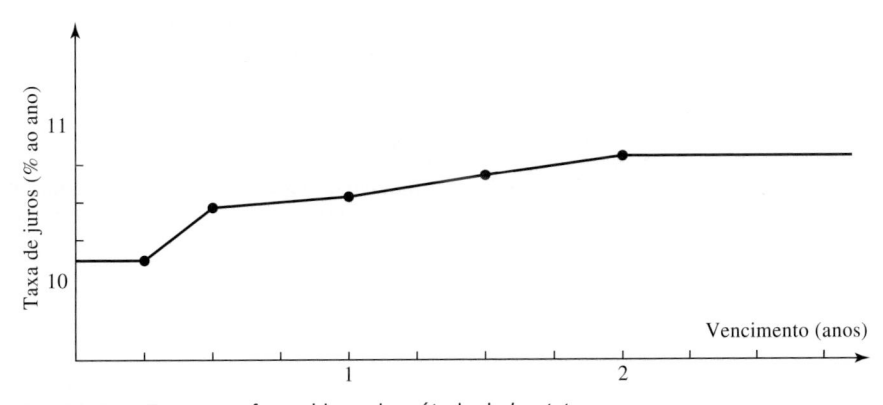

FIGURA 4.1 Taxas zero fornecidas pelo método de *bootstrap*.

por 99, podemos pressupor que um título de 2,5 anos com cupom de 6,25% seria vendido por 98,5.

4.6 TAXAS FORWARD

As taxas de juros a termo ou taxas forward são as taxas de juros futuras derivadas das taxas zero atuais para períodos de tempo no futuro. Para mostrar como são calculadas, imagine que as taxas zero são aquelas mostradas na segunda coluna da Tabela 4.5. Supõe-se que as taxas são com capitalização contínua. Assim, a taxa de 3% ao ano por 1 ano significa que, em troca de um investimento de $100 hoje, o valor de $100e^{0,03 \times 1} = \$103,05$ será recebido em 1 ano; a taxa de 4% ao ano por 2 anos significa que, em troca de um investimento de $100 hoje, o valor de $100e^{0,04 \times 2} = \$108,33$ será recebido em 2 anos; e assim por diante.

A taxa forward na Tabela 4.5 para o ano 2 é de 5% ao ano. Essa é a taxa de juros implícita pelas taxas zero para o período de tempo entre o final do primeiro ano e o final do segundo. Ela pode ser calculada a partir da taxa de juros zero de 1 ano de 3% ao ano e a taxa de juros zero de 2 anos de 4% ao ano. É a taxa de juros para o ano 2 que, quando combinada com 3% ao ano para o ano 1, nos dá 4% no total para os 2 anos. Para mostrar que a resposta correta é 5% ao ano, imagine que $100 são investidos. A taxa de 3% para o primeiro ano e 5% para o segundo ano nos dá:

$$100e^{0,03 \times 1}e^{0,05 \times 1} = \$108,33$$

ao final do segundo ano. Uma taxa de 4% ao ano por 2 anos nos dá:

$$100e^{0,04 \times 2}$$

que também é $108,33. O exemplo ilustra o resultado geral de que, quando as taxas de juros são continuamente compostas e as taxas de períodos sucessivos são combinadas, a taxa equivalente total é simplesmente a taxa média durante todo o período. Em nosso exemplo, 3% para o primeiro ano e 5% para o segundo ano produzem a média de 4% por dois anos. O resultado é apenas aproximadamente verdadeiro quando as taxas não usam capitalização contínua.

A taxa a termo para o ano 3 é a taxa de juros implícita por uma taxa zero de 4% ao ano por 2 anos e uma taxa zero de 4,6% ao ano por 3 anos. Ela é igual a 5,8% ao ano. O motivo para isso é que um investimento por 2 anos a 4% ao ano, combinado

TABELA 4.5 Cálculo de taxas forward

Ano (n)	Taxa zero para um investimento de n anos (% ao ano)	Taxa forward para o enésimo ano (% ao ano)
1	3,0	
2	4,0	5,0
3	4,6	5,8
4	5,0	6,2
5	5,3	6,5

com um investimento por um ano a 5,8% ao ano, dá um retorno médio total para os três anos de 4,6% ao ano. As outras taxas forward podem ser calculadas de modo semelhante e aparecem na terceira coluna da tabela. Em geral, se R_1 e R_2 são as taxas zero para os vencimentos T_1 e T_2, respectivamente, e R_F é a taxa forward para o período de tempo entre T_1 e T_2, então:

$$R_F = \frac{R_2 T_2 - R_1 T_1}{T_2 - T_1} \qquad (4.5)$$

Para ilustrar essa fórmula, considere o cálculo da taxa forward do ano 4 a partir dos dados da Tabela 4.5: $T_1 = 3$, $T_2 = 4$, $R_1 = 0{,}046$ e $R_2 = 0{,}05$, e a fórmula nos informa que $R_F = 0{,}062$.

A equação (4.5) pode ser escrita como:

$$R_F = R_2 + (R_2 - R_1)\frac{T_1}{T_2 - T_1} \qquad (4.6)$$

Isso mostra que, se a curva à vista é ascendente entre T_1 e T_2 de modo que $R_2 > R_1$, então $R_F > R_2$ (ou seja, a taxa forward para um período de tempo que termina em T_2 é maior do que a taxa zero T_2). Do mesmo modo, se a curva zero é descendente, com $R_2 < R_1$, então $R_F < R_2$ (ou seja, a taxa forward é menor do que a taxa zero T_2). Obtendo os limites à medida que T_2 se aproxima de T_1 na equação (4.6) e definindo o valor comum dos dois como T, obtemos:

$$R_F = R + T\frac{\partial R}{\partial T}$$

onde R é a taxa zero rate para um vencimento de T. O valor de R_F obtido dessa maneira é conhecido como *taxa forward instantânea* para um vencimento de T. Essa é a taxa forward aplicável a um período futuro muito curto que começa no tempo T. Defina $P(0; T)$ como o preço de um título de cupom zero no tempo T. Como $P(0; T) = e^{-RT}$, a equação para a taxa forward instantânea pode ser escrita como:

$$R_F = -\frac{\partial}{\partial T}\ln P(0, T)$$

Se uma grande instituição financeira pode emprestar ou tomar emprestado pelas taxas listadas na Tabela 4.5, ela pode garantir as taxas forward. Por exemplo, ela pode tomar emprestados $100 a 3% por 1 ano e investir o dinheiro a 4% por 2 anos, produzindo uma saída de caixa de $100e^{0,03 \times 1} = \$103,05$ ao final do ano 1 e uma entrada de $100e^{0,04 \times 2} = \$108,33$ ao final do ano 2. Como $108,33 = 103,05e^{0,05}$, obtém-se um retorno igual à taxa forward (5%) sobre $103,5 durante o segundo ano. A instituição também poderia tomar emprestados $100 por quatro anos a 5% e investir a quantia por três anos a 4,6%. O resultado é uma entrada de caixa de $100e^{0,046 \times 3} = \$114,80$ ao final do terceiro ano e uma saída de caixa de $100e^{0,05 \times 4} = \$122,14$ ao final do quarto ano. Como $122,14 = 114,80e^{0,062}$, o dinheiro está sendo emprestado no quarto ano pela taxa forward de 6,2%.

Se um grande investidor acha que as taxas no futuro serão diferentes das taxas forward de hoje, ele possui muitas estratégias de operação que poderia considerar

> **História de Negócios 4.1** As jogadas da curva de juros de Orange County
>
> Imagine que um grande investidor pode tomar emprestado ou emprestar pelas taxas informadas na Tabela 4.5 e acha que as taxas de juros de 1 ano não mudarão muito pelos próximos cinco anos. O investidor pode tomar emprestado fundos de 1 ano e investir por 5 anos. Os empréstimos de 1 ano podem ser rolados por mais períodos de 1 ano ao final do primeiro, segundo, terceiro e quarto anos. Se as taxas de juros permanecerem mais ou menos iguais, essa estratégia renderá um lucro de cerca de 2,3% ao ano, pois os juros serão recebidos a 5,3% e pagos a 3%. Esse tipo de estratégia é conhecida pelo nome *yield curve play* (*jogada da curva de juros*). O investidor está especulando que as taxas no futuro serão muito diferentes das taxas forward observadas no mercado hoje. (Em nosso exemplo, as taxas forward observadas no mercado hoje para períodos futuros de 1 ano são 5%, 5,8%, 6,2% e 6,5%.)
>
> Robert Citron, o tesoureiro de Orange County, usou *yield curve plays* semelhantes à que descrevemos com muito sucesso em 1992 e 1993. Os lucros das negociações de Citron foram uma contribuição importante para o orçamento de Orange County e ele foi reeleito para o cargo. (Ninguém escutou seu adversário na eleição, que disse que a estratégia era arriscada demais.)
>
> Em 1994, Citron expandiu suas *yield curve plays* e investiu pesado em *flutuantes inversos*, que pagam uma taxa de juros igual a uma taxa fixa menos uma taxa flutuante. Ele também alavancou sua posição com empréstimos no mercado repo. Se as taxas de juros de curto prazo tivessem permanecido iguais ou diminuído, ele teria continuado a se sair bem, mas as taxas subiram rapidamente durante 1994. Em 1º de dezembro de 1994, Orange County anunciou que seu portfólio de investimentos perdera 1,5 bilhão de dólares. Alguns dias depois, o condado apresentou seu pedido de falência.

atraentes (ver História de Negócios 4.1). Uma delas envolve firmar um acordo conhecido como *contrato de taxa forward*. A seguir, discutimos como esse contrato funciona e como ele é avaliado.

4.7 CONTRATOS DE TAXA FORWARD

Um contrato de taxa forward (FRA, *forward rate agreement*) é uma transação de balcão estruturada de modo a fixar a taxa de juros que se aplicará ao empréstimo de determinado principal durante um período de tempo futuro específico. O pressuposto por trás do contrato é que o empréstimo normalmente usaria a taxa LIBOR.

Se a taxa fixa acordada é maior do que a taxa LIBOR real para o período, o devedor paga ao credor a diferença entre as duas aplicadas ao principal. Se o contrário é verdade, o credor paga ao devedor a diferença aplicada ao principal. Como os juros são pagos no final, o pagamento do diferencial da taxa de juros é devido no final do período de tempo especificado. Em geral, no entanto, o valor presente do pagamento é realizado no início do período especificado, como ilustrado no Exemplo 4.3.

Exemplo 4.3

Imagine que uma empresa firma um FRA projetado para garantir que receberá uma taxa fixa de 4% sobre um principal de $100 milhões por um período de 3 meses iniciando em 3 anos. O FRA é uma troca na qual a LIBOR é paga e 4% são recebidos pelo período de 3 meses. Se a LIBOR de 3 meses acaba sendo de 4,5% para o período de três meses, o fluxo de caixa para o credor será de:

$$100.000.000 \times (0,04 - 0,045) \times 0,25 = -\$125.000$$

no ponto de 3,25 anos, equivalente a um fluxo de caixa de:

$$-\frac{125.000}{1 + 0,045 \times 0,25} = -\$123.609$$

no ponto de 3 anos. O fluxo de caixa para a parte oposta da transação será +$125.000 no ponto de 3,25 anos ou +$123.609 no ponto de 3 anos. (Todas as taxas de juros neste exemplo são expressas com capitalização trimestral.) ∎

Considere um FRA no qual a empresa X concorda em emprestar dinheiro para a empresa Y durante o período de tempo entre T_1 e T_2. Defina:

R_K: A taxa de juros fixa acordada no FRA.

R_F: A taxa forward LIBOR para o período entre os tempos T_1 e T_2, calculada hoje.[5]

R_M: A taxa de juros LIBOR real observada no mercado no tempo T_1 para o período entre os tempos T_1 e T_2.

L: O principal subjacente ao contrato.

Vamos abandonar nossa premissa normal de capitalização contínua e presumir que as taxas R_K, R_F e R_M são todas mensuradas com uma frequência de capitalização que reflete a duração do período ao qual se aplicam. Isso significa que se $T_2 - T_1 = 0,5$, elas são expressas com capitalização semestral; se $T_2 - T_1 = 0,25$, elas são expressas com capitalização trimestral; e assim por diante. (Esse pressuposto corresponde à prática de mercado normal para FRAs.)

Normalmente, a empresa X obteria R_M de um empréstimo LIBOR. O FRA significa que obterá R_K. A taxa de juros extra (que pode ser negativa) que obterá devido à criação do FRA é $R_K - R_M$. A taxa de juros é estabelecida no tempo T_1 e paga no tempo T_2. Assim, a taxa de juros extra leva a um fluxo de caixa para a empresa X no tempo T_2 de:

$$L(R_K - R_M)(T_2 - T_1) \tag{4.7}$$

Da mesma forma, há um fluxo de caixa para a empresa Y no tempo T_2 de:

$$L(R_M - R_K)(T_2 - T_1) \tag{4.8}$$

Das equações (4.7) e (4.8), vemos que há outra interpretação do FRA. Ele é um contrato no qual a empresa X receberá juros sobre o principal entre T_1 e T_2 à taxa fixa de R_K e pagará juros pela taxa LIBOR realizada de R_M. A empresa Y pagará juros sobre o principal entre T_1 e T_2 à taxa fixa de R_K e receberá juros a R_M. Essa interpretação de um FRA será importante quando considerarmos os swaps de taxas de juros no Capítulo 7.

---

[5] O cálculo das taxas forward LIBOR é discutido nos Capítulos 7 e 9.

Como mencionado, os FRAs geralmente são liquidados no tempo T_1 e não no T_2. O resultado deve então ser descontado do tempo T_2 para o tempo T_1. Para a empresa X, o resultado no tempo T_1 é:

$$\frac{L(R_K - R_M)(T_2 - T_1)}{1 + R_M(T_2 - T_1)}$$

e para a empresa Y, o resultado no tempo T_1 é:

$$\frac{L(R_M - R_K)(T_2 - T_1)}{1 + R_M(T_2 - T_1)}$$

Avaliação

Um FRA vale zero quando a taxa fixa R_K é igual à taxa forward R_F.[6] Quando firmada originalmente, R_K é definida como igual ao valor atual de R_F, de modo que o valor do contrato para cada lado é zero.[7] À medida que o tempo passa, as taxas de juros mudam, então o valor torna-se diferente de zero.

O valor de mercado de um derivativo em um determinado momento é chamado de seu valor *marcado a mercado*, ou MTM (*mark-to-market*). Para calcular o valor MTM de um FRA no qual a taxa de juros fixa é recebida, imagine um portfólio composto de dois FRAs. O primeiro FRA afirma que R_K será recebida sobre um principal de L entre os tempos T_1 e T_2. O segundo FRA afirma que R_F será paga sobre um principal de L entre os tempos T_1 e T_2. O resultado do primeiro FRA no tempo T_2 é $L(R_K - R_M)(T_2 - T_1)$ e o resultado do segundo FRA no tempo T_2 é $L(R_M - R_F)(T_2 - T_1)$. O resultado total é $L(R_K - R_F)(T_2 - T_1)$ e é conhecido com certeza absoluta hoje. Assim, o portfólio é um investimento livre de risco e seu valor hoje é o resultado no tempo T_2 descontado pela taxa livre de risco, ou seja:

$$L(R_K - R_F)(T_2 - T_1)e^{-R_2 T_2}$$

onde R_2 é a taxa zero sem risco composta continuamente para um vencimento T_2.[8] Como o valor do segundo FRA, no qual R_F é paga, é zero, o valor do primeiro FRA, no qual R_K é recebida, deve ser:

$$V_{\text{FRA}} = L(R_K - R_F)(T_2 - T_1)e^{-R_2 T_2} \tag{4.9}$$

---

[6] Esta pode ser considerada a definição do que queremos dizer por taxa forward LIBOR. Em uma situação idealizada na qual um banco pode emprestar ou tomar emprestado pela taxa LIBOR, ele pode criar artificialmente um contrato no qual recebe ou paga a taxa forward LIBOR, como mostrado na Seção 4.6. Por exemplo, ele pode garantir que obtém uma taxa forward entre os anos 2 e 3 ao tomar emprestado um determinado valor por 2 anos e investi-lo por 3. Da mesma forma, ele pode garantir que paga uma taxa forward entre os anos 2 e 3 ao tomar emprestada uma certa quantia por 3 anos e emprestá-la por 2.

[7] Na prática, isso não é exatamente verdade. Um *market maker* como um banco cota uma oferta de compra e de venda para R_K, a oferta de compra correspondendo à situação na qual paga R_K e a de venda correspondendo à situação na qual recebe R_K. Em seu início, um FRA terá então um pequeno valor positivo para o banco e um pequeno valor negativo para sua contraparte.

[8] Observe que R_K, R_M e R_F são expressas com uma frequência de capitalização correspondente a $T_2 - T_1$, enquanto R_2 é expressa com capitalização contínua.

Da mesma forma, o valor de um FRA no qual R_K é paga é:

$$V_{FRA} = L(R_F - R_K)(T_2 - T_1)e^{-R_2 T_2} \qquad (4.10)$$

Comparando as equações (4.7) e (4.9), ou as equações (4.8) e (4.10), vemos que um FRA pode ser avaliado se:

1. Calcularmos o resultado com base na premissa de que as taxas forward serão realizadas (ou seja, pressupondo que $R_M = R_F$).
2. Descontarmos esse resultado pela taxa de juros livre de risco.

Usaremos esse resultado quando avaliarmos swaps (que são portfólios de FRAs) no Capítulo 7.

■ Exemplo 4.4

Imagine que a taxa forward LIBOR para o período entre os tempos 1,5 ano e 2 anos no futuro é 5% (com capitalização semestral) e que algum tempo atrás a empresa firmou um FRA no qual receberá 5,8% (com capitalização semestral) e pagará LIBOR sobre um principal de $100 milhões para o período. A taxa de juros livre de risco de 2 anos é 4% (com capitalização contínua). Da equação (4.9), o valor do FRA é:

$$100.000.000 \times (0{,}058 - 0{,}050) \times 0{,}5 e^{-0{,}04 \times 2} = \$369.200 \qquad ■$$

4.8 DURAÇÃO

A *duração* de um título, como o nome sugere, é uma medida de quanto tempo, em média, o titular do título precisa esperar antes de receber pagamentos em caixa. Um título com cupom zero que dura n anos tem duração de n anos. Contudo, um título que paga cupom que dura n anos tem duração inferior a n anos, pois o titular recebe parte dos pagamentos em caixa antes do ano n.

Suponha que um título dá ao titular fluxos de caixa c_i no tempo t_i ($1 \leq i \leq n$). O preço do título B e o rendimento do título y (continuamente composto) estão relacionados por:

$$B = \sum_{i=1}^{n} c_i e^{-yt_i} \qquad (4.11)$$

A duração do título, D, é definida como:

$$D = \frac{\sum_{i=1}^{n} t_i c_i e^{-yt_i}}{B} \qquad (4.12)$$

O que pode ser escrito como:

$$D = \sum_{i=1}^{n} t_i \left[\frac{c_i e^{-yt_i}}{B} \right]$$

O termo em colchetes é a razão entre o valor presente do fluxo de caixa no tempo t_i e o preço do título. O preço do título é o valor presente de todos os pagamentos. Assim, a duração é uma média ponderada dos tempos em que os pagamentos são realizados, com o peso aplicado ao tempo t_i sendo igual à proporção do valor presente total do título fornecido pelo fluxo de caixa no tempo t_i. A soma dos pesos é 1,0. Observe que, para os fins da definição da duração, todo o desconto é realizado à taxa de juros do rendimento do título, y. (Não usamos uma taxa zero diferente para cada fluxo de caixa, como descrito na Seção 4.4.)

Quando uma pequena mudança Δy no rendimento é considerada, é aproximadamente verdade que:

$$\Delta B = \frac{dB}{dy}\Delta y \tag{4.13}$$

Da equação (4.11), isso se torna:

$$\Delta B = -\Delta y \sum_{i=1}^{n} c_i t_i e^{-y t_i} \tag{4.14}$$

(Observe que há uma relação negativa entre B e y. Quando os rendimentos dos títulos aumentam, os preços dos títulos diminuem. Quando os rendimentos dos títulos diminuem, os preços dos títulos aumentam.) Das equações (4.12) e (4.14), obtemos a principal relação da duração:

$$\Delta B = -BD\,\Delta y \tag{4.15}$$

O que pode ser escrito como:

$$\frac{\Delta B}{B} = -D\,\Delta y \tag{4.16}$$

A equação (4.16) é uma relação aproximada entre as mudanças percentuais em um preço de título e as mudanças de seu rendimento. Ela é fácil de usar e é o motivo pelo qual a duração, como sugerido originalmente por Frederick Macaulay em 1938, se tornou uma medida tão popular.

Considerem um título com cupom de 10% de 3 anos com valor de face de $100. Suponha que o rendimento sobre o título é de 12% ao ano com capitalização contínua. Isso significa que $y = 0{,}12$. Os pagamentos de cupom de $5 são realizados a cada seis meses. A Tabela 4.6 mostra os cálculos necessários para determinar a duração do título. Os valores presentes dos fluxos de caixa do título, usando o rendimento como taxa de desconto, aparecem na coluna 3 (ex.: o valor presente do primeiro fluxo de caixa é $5e^{-0,12\times 0,5} = 4{,}709$). A soma dos números na coluna 3 dá o preço do título como igual a 94,213. Os pesos são calculados pela divisão dos

TABELA 4.6 Cálculo da duração

Tempo (anos)	Fluxo de caixa ($)	Valor presente	Peso	Tempo × peso
0,5	5	4,709	0,050	0,025
1,0	5	4,435	0,047	0,047
1,5	5	4,176	0,044	0,066
2,0	5	3,933	0,042	0,083
2,5	5	3,704	0,039	0,098
3,0	105	73,256	0,778	2,333
Total:	130	94,213	1,000	2,653

números na coluna 3 por 94,213. A soma dos números na coluna 5 informa a duração como igual a 2,653 anos.

DV01 é a mudança de preço em consequência de um aumento de 1 ponto-base em todas as taxas. Gama é a mudança em DV01 decorrente de um aumento de 1 ponto-base em todas as taxas. O exemplo a seguir investiga a precisão da relação da duração apresentada na equação (4.15).

■ **Exemplo 4.5**

Para o título na Tabela 4.6, o preço do título, B, é 94,213 e a duração, D, é 2,653, de modo que a equação (4.15) nos informa que:

$$\Delta B = -94{,}213 \times 2{,}653 \times \Delta y$$

ou:

$$\Delta B = -249{,}95 \times \Delta y$$

Quando o rendimento sobre o título aumenta em 10 pontos-base (= 0,1%), $\Delta y =$ +0,001. A relação de duração prevê que $\Delta B = -249{,}95 \times 0{,}001 = -0{,}250$, de modo que o preço do título cai para $94{,}213 - 0{,}250 = 93{,}963$. O quão preciso é esse resultado? Avaliando o título em termos de seu rendimento da maneira tradicional, descobrimos que quando o rendimento do título aumenta em 10 pontos-base, para 12,1%, o preço do título é:

$$5e^{-0{,}121 \times 0{,}5} + 5e^{-0{,}121 \times 1{,}0} + 5e^{-0{,}121 \times 1{,}5} + 5e^{-0{,}121 \times 2{,}0}$$
$$+ 5e^{-0{,}121 \times 2{,}5} + 105e^{-0{,}121 \times 3{,}0} = 93{,}963$$

que é (até três casas decimais) o mesmo previsto pela relação da duração.   ■

Duração modificada

A análise anterior se baseia no pressuposto de que y é expresso com capitalização contínua. Se y é expresso com capitalização anual, podemos mostrar que a relação aproximada na equação (4.15) se torna:

$$\Delta B = -\frac{BD\,\Delta y}{1+y}$$

Em termos mais gerais, se y é expresso com uma frequência de capitalização de m vezes por ano, então:

$$\Delta B = -\frac{BD\,\Delta y}{1+y/m}$$

Uma variável D^*, definida por:

$$D^* = \frac{D}{1+y/m}$$

também é chamada de *duração modificada* do título. Ela permite que a relação de duração seja simplificada para:

$$\Delta B = -BD^*\Delta y \qquad (4.17)$$

quando y é expresso com uma frequência de capitalização de m vezes por ano. O exemplo a seguir analisa a precisão da relação de duração modificada.

■ Exemplo 4.6

O título na Tabela 4.6 tem um preço de 94,213 e duração de 2,653. O rendimento, expresso com capitalização semestral, é 12,3673%. A duração modificada, D^*, é dada por:

$$D^* = \frac{2,653}{1 + 0,123673/2} = 2,499$$

Da equação (4.17):

$$\Delta B = -94,213 \times 2,4985 \times \Delta y$$

ou:

$$\Delta B = -235,39 \times \Delta y$$

Quando o rendimento (com capitalização semestral) aumenta em 10 pontos-base (= 0,1%), temos Δy = +0,001. A relação de duração prevê que esperamos que ΔB seja $-235,39 \times 0,001 = -0,235$, de modo que o preço do título diminui para $94,213 - 0,235 = 93,978$. O quão preciso é esse resultado? Um cálculo semelhante ao do exemplo anterior mostra que quando o rendimento do título (com capitalização semestral) aumenta em 10 pontos-base, para 12,4673%, o preço do título se torna 93,978. Isso mostra que o cálculo de duração modificada é razoavelmente preciso para pequenas mudanças no rendimento. ■

Outro termo utilizado é a *duração em dólares*, que é o produto da duração modificada e o preço do título tal que $\Delta B = -D_\$ \Delta y$, onde $D_\$$ é a duração em dólares.

Portfólios de títulos

A duração, D, de um portfólio de títulos pode ser definida com a média ponderada das durações dos títulos individuais no portfólio, com pesos proporcionais aos preços dos títulos. As equações (4.15) a (4.17) passam a se aplicar, com B sendo definido como o valor do portfólio de títulos. Elas estimam a mudança no valor do portfólio de títulos para uma pequena mudança Δy nos rendimentos de todos os títulos.

É importante entender que, quando a duração é usada para portfólios de títulos, há um pressuposto implícito de que os rendimentos de todos os títulos mudarão por aproximadamente o mesmo valor. Quando os títulos têm vencimentos radicalmente diferentes, isso ocorre apenas quando há um movimento paralelo na curva de juros de cupom zero. Assim, devemos interpretar as equações (4.15) a (4.17) como fornecendo estimativas do impacto sobre o preço de um portfólio de títulos de uma pequena mudança paralela, Δy, na curva à vista.

Ao escolher um portfólio tal que a duração dos ativos seja igual à duração dos passivos (ou seja, cuja duração líquida é zero), a instituição financeira elimina sua exposição a pequenos movimentos paralelos na curva de juros, mas continua exposta a movimentos que forem grandes ou não paralelos.

4.9 CONVEXIDADE

A relação de duração se aplica apenas a pequenas mudanças de rendimento, como ilustrado na Figura 4.2, que mostra a relação entre a mudança percentual no valor e a mudança no rendimento para dois portfólios de títulos com a mesma duração. Os gradientes das duas curvas são iguais na origem. Isso significa que ambos os portfólios de títulos mudam em valor pela mesma porcentagem para pequenas mudanças de rendimento, de modo consistente com a equação (4.16). Para grandes mudanças de rendimento, os portfólios têm comportamentos diferentes. O portfólio X tem mais curvatura em sua relação com rendimentos do que o portfólio Y. Um fator conhecido pelo nome de *convexidade* mede essa curvatura e pode ser usado para melhorar a relação na equação (4.16).

Uma medida da convexidade é:

$$C = \frac{1}{B}\frac{d^2 B}{dy^2} = \frac{\sum_{i=1}^{n} c_i t_i^2 e^{-yt_i}}{B}$$

Das expansões em série de Taylor, obtemos uma expressão mais precisa do que a equação (4.13), dada por:

$$\Delta B = \frac{dB}{dy}\Delta y + \frac{1}{2}\frac{d^2 B}{dy^2}\Delta y^2 \qquad (4.18)$$

Isso nos leva a:

$$\frac{\Delta B}{B} = -D\,\Delta y + \frac{1}{2}C(\Delta y)^2$$

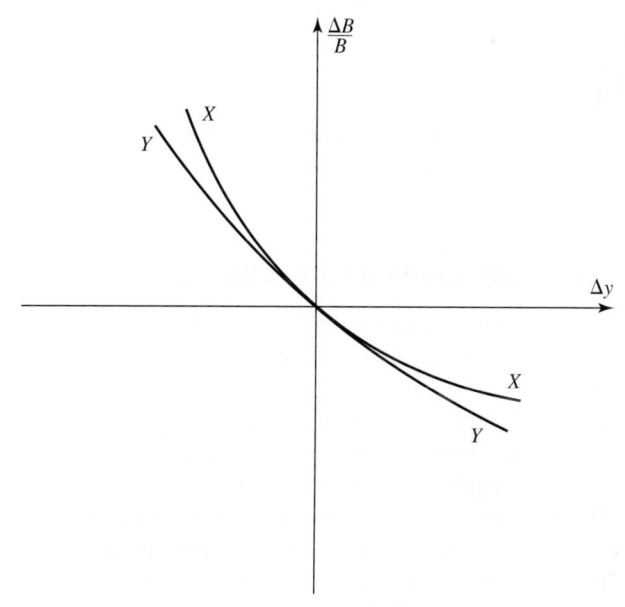

FIGURA 4.2 Dois portfólios de títulos com a mesma duração.

Para um portfólio com determinada duração, a convexidade de um portfólio de títulos tende a ser maior quando o portfólio fornece pagamentos regularmente durante um longo período de tempo. Ela é menor quando os pagamentos são concentrados em torno de um determinado ponto no tempo. Ao escolher um portfólio cujos ativos e passivos têm duração líquida de zero e convexidade líquida de zero, a instituição financeira pode se imunizar contra movimentos paralelos relativamente grandes na curva zero. Contudo, ela continua exposta a movimentos não paralelos.

4.10 TEORIAS DA ESTRUTURA A TERMO DAS TAXAS DE JUROS

É natural perguntar o que determina o formato da curva à vista. Por que às vezes ela tem inclinação descendente, às vezes ascendente e às vezes parcialmente ascendente e parcialmente descendente? Muitas teorias diferentes foram propostas. A mais simples é a *teoria das expectativas*, segundo a qual as taxas de juros de longo prazo devem refletir as taxas de juros de curto prazo futuras esperadas. Mais precisamente, a teoria defende que uma taxa forward correspondente a determinado período futuro é igual à taxa de juros zero futura esperada para esse período. Outra ideia, a *teoria da segmentação do mercado*, defende que não é preciso que haja uma relação entre taxas de juros de curto, médio e longo prazo. Sob essa teoria, um grande investidor, como um grande fundo de pensão ou uma seguradora, investe em títulos de determinado vencimento e não troca facilmente de um vencimento para outro. A taxa de juros de curto prazo de um é determinada pela oferta e a procura no mercado de títulos de curto prazo; a taxa de juros de médio prazo é determinada pela oferta e a procura no mercado de títulos de médio prazo; e assim por diante.

A teoria mais atraente é a *teoria da preferência pela liquidez*. O pressuposto básico por trás dessa teoria é que os investidores preferem preservar sua liquidez e investir seus fundos por breves períodos de tempo. Os devedores, por outro lado, normalmente preferem tomar empréstimos por taxas fixas e longos períodos de tempo. Isso leva a uma situação na qual as taxas forward são maiores do que as taxas zero futuras esperadas. A teoria também é consistente com o resultado empírico de que as curvas de juros tendem a ter inclinação ascendente com mais frequência do que descendente.

A gestão da renda de juros líquida

Para entender a teoria da preferência pela liquidez, é útil considerar o risco de taxa de juros enfrentado pelos bancos quando aceitam depósitos e realizam empréstimos. A *renda de juros líquida* do banco é o excedente dos juros recebidos em relação aos juros pagos e precisa ser gerenciada com cuidado.

Considere uma situação simples na qual o banco oferece aos consumidores uma taxa de depósito de um ano e uma de cinco anos, além de uma taxa de hipoteca de um ano e uma de cinco anos. As taxas são aquelas mostradas na Tabela 4.7. Estamos adotando uma premissa simplificadora de que a taxa de juros de um ano esperada para períodos de tempo futuros serão iguais às taxas de um ano encontradas no mercado atual. Em linhas gerais, isso significa que o mercado considera que um

TABELA 4.7 Exemplo de taxas oferecidas por um banco para seus clientes

Vencimento (anos)	Taxa de depósito	Taxa de hipoteca
1	3%	6%
5	3%	6%

aumento da taxa de juros é tão provável quanto uma redução. Por consequência, as taxas na Tabela 4.7 são "justas", no sentido de refletirem as expectativas do mercado (ou seja, correspondem à teoria das expectativas). Investir dinheiro por um ano e reinvesti-lo por mais quatro períodos de um ano produz o mesmo retorno total esperado que um único investimento de cinco anos. Da mesma forma, tomar emprestado por um ano e refinanciar o empréstimo anualmente pelos quatro anos seguintes leva aos mesmos custos de financiamento esperados de um único empréstimo de cinco anos.

Imagine que você tem dinheiro para depositar e concorda com o consenso de que os aumentos das taxas de juros são tão prováveis quanto suas reduções. Você escolheria depositar seu dinheiro por um ano a 3% ao ano ou por cinco anos a 3% ao ano? É provável que você escolheria a opção de um ano, pois ela oferece mais flexibilidade financeira. Seus fundos ficam presos por períodos mais curtos de tempo.

Agora imagine que você deseja uma hipoteca. Mais uma vez, você concorda com o consenso de que os aumentos das taxas de juros são tão prováveis quanto suas reduções. Você escolheria uma hipoteca de um ano a 6% ou uma hipoteca de cinco anos a 6%? É provável que você escolheria a opção de cinco anos, pois fixa sua taxa de empréstimo pelos próximos cinco anos e lhe deixa menos sujeito a riscos de refinanciamento.

Quando o banco posta as taxas mostradas na Tabela 4.7, é provável que a maioria de seus depositantes optará por depósitos de um ano e a maioria de seus tomadores de empréstimos optará por hipotecas de cinco anos. O resultado é uma não correspondência entre ativos e passivos para o banco que o deixa sujeito a riscos. Caso as taxas de juros caiam, não há problemas. O banco acabará financiando os empréstimos de cincos anos a 6% com depósitos que custam menos de 3% no futuro e a renda de juros líquida aumentará. Se as taxas aumentarem, no entanto, os depósitos que financiam esses empréstimos de 6% custarão mais de 3% no futuro e a renda de juros líquida diminuirá. Um aumento de 3% nas taxas de juros reduziria a renda de juros líquida a zero.

É função do grupo de gestão de ativos/passivos garantir que os vencimentos dos ativos sobre os quais os juros são obtidos e os vencimentos dos passivos sobre os quais juros são pagos correspondem uns aos outros. Uma maneira de fazê-lo é aumentar a taxa de cinco anos sobre depósitos e hipotecas. Por exemplo, poderíamos passar para a situação que vemos na Tabela 4.8, na qual a taxa de depósitos de cinco anos é 4% e a taxa de hipoteca de cinco anos é 7%. Com isso, os depósitos de cinco anos seriam relativamente mais atraentes e as hipotecas de um ano seriam relativamente mais atraentes. Alguns clientes que escolheram os depósitos de um ano quando as taxas eram aquelas da Tabela 4.7 passarão para os depósitos de cinco anos na situação da Tabela 4.8. Alguns clientes que escolheram hipotecas de cinco

TABELA 4.8 As taxas de cinco anos são aumentadas na tentativa de corresponder aos vencimentos de ativos e passivos

Vencimento (anos)	Taxa de depósito	Taxa de hipoteca
1	3%	6%
5	4%	7%

anos quando as taxas eram as da Tabela 4.7 escolherão hipotecas de um ano. Isso pode fazer com que os vencimentos dos ativos e dos passivos correspondam uns aos outros. Se ainda houver desequilíbrio, com os depositantes tendendo a escolher o vencimento de um ano e os tomadores de empréstimos, o vencimento de cinco anos, as taxas de depósito e hipoteca de cinco anos poderiam ser aumentadas ainda mais. Com o tempo, o desequilíbrio desapareceria.

O resultado líquido de todos os bancos se comportarem da maneira descrita acima é a teoria da preferência pela liquidez. As taxas de longo prazo tendem a ser maiores do que seria previsto pelas taxas de curto prazo futuras esperadas. A curva de juros tem inclinação ascendente na maior parte do tempo, sendo descendente apenas quando o mercado espera uma queda forte nas taxas de curto prazo.

Hoje, muitos bancos têm sistemas sofisticados para monitorar as decisões tomadas pelos clientes. Quando detectam pequenas diferenças entre os vencimentos dos ativos e passivos escolhidos pelos clientes, eles podem ajustar as taxas oferecidas. Às vezes, derivativos como swaps de taxas de juros (que serão discutidos no Capítulo 7) também são utilizados para gerenciar sua exposição. O resultado disso tudo é que a renda de juros líquida costuma ser bastante estável. Nem sempre foi assim. Nos Estados Unidos, a falências das associações de poupança e empréstimo (*savings and loans*) na década de 1980 e da Continental Illinois em 1984 foram, em grande parte, resultado da não correspondência dos vencimentos de ativos e passivos. Ambos os casos saíram bastante caros para os contribuintes americanos.

Liquidez

Além de criar problemas da maneira descrita acima, um portfólio cujos vencimentos não correspondem uns aos outros podem levar a problemas de liquidez. Considere uma instituição que financia empréstimos de taxa fixa de 5 anos com depósitos atacadistas que duram apenas 3 meses. A organização poderia reconhecer sua exposição a um aumento nas taxas de juros e hedgear seu risco de taxa de juros. (Um modo de fazê-lo seria com swaps de taxas de juros, como mencionado anteriormente.) Contudo, ela ainda enfrenta risco de liquidez. Os depositantes atacadistas poderiam, por algum motivo, perder confiança na instituição financeira e se recusar a continuar fornecendo o financiamento de curto prazo. A instituição financeira, mesmo que possua capital adequado, sofreria um problema de liquidez grave que poderia levá-la a quebrar. Como descrito na História de Negócios 4.2, problemas de liquidez como esse foram a causa fundamental da falência de instituições financeiras durante a crise que teve início em 2007.

História de Negócios 4.2 Liquidez e a crise financeira de 2007–2009

Durante a crise de crédito que teve início em julho de 2007, ocorreu uma "fuga para a qualidade", na qual instituições financeiras e investidores buscaram investimentos seguros e diminuíram sua tendência de aceitar riscos de crédito. As instituições financeiras que dependiam de financiamento de curto prazo sofreram problemas de liquidez. Um exemplo foi a Northern Rock, na Grã-Bretanha, que escolheu financiar boa parte de seu portfólio de hipotecas com depósitos atacadistas, alguns dos quais duravam apenas 3 meses. A partir de setembro de 2007, os depositantes ficaram nervosos e se recusaram a rolar o financiamento que estavam fornecendo à Northern Rock; em outras palavras, ao final de um período de três meses, se recusaram a depositar seus fundos por um período adicional de três meses. O resultado foi que a Northern Rock não teve como financiar seus ativos e acabou perdendo seu controle para o governo britânico no início de 2008. Nos Estados Unidos, instituições financeiras como Bear Stearns e Lehman Brothers sofreram problemas de liquidez semelhantes, pois haviam escolhido financiar parte de suas operações com fundos de curto prazo.

RESUMO

Duas taxas de juros importantes para os traders de derivativos são as taxas do Tesouro e as taxas LIBOR. As taxas do Tesouro são as taxas pagas por um governo sobre empréstimos em sua própria moeda. As taxas LIBOR são taxas de empréstimo de curto prazo oferecidas por bancos no mercado interbancário.

A frequência de capitalização usada para uma taxa de juros define as unidades nas quais ela é mensurada. A diferença entre uma taxa de capitalização anual e uma taxa de capitalização trimestral é análoga à diferença entre uma distância medida em milhas e uma distância medida em quilômetros. Os traders com frequência usam capitalização contínua quando analisam o valor de opções e de derivativos mais complexos.

Muitos tipos diferentes de taxas de juros são cotados em mercados financeiros e calculadas por analistas. A taxa à vista ou zero do ano n é a taxa aplicável a um investimento com duração de n anos quando todo o retorno é realizado no fim. O rendimento par sobre um título com determinado vencimento é a taxa cupom que faz com que o título seja vendido por seu valor par. As taxas forward ou a termo são as taxas aplicáveis a períodos de tempo futuros implicadas pelas taxas zero atuais.

O método mais usado para calcular as taxas zero é conhecido como método de *bootstrap*. Ele envolve começar com instrumentos de curto prazo e avançar progressivamente para os de mais longo prazo, sempre garantindo que as taxas zero calculadas em cada estágio sejam consistentes com os preços dos instrumentos. Ele é usado diariamente nas salas de negociação para calcular uma curva de taxa zero do Tesouro.

O contrato de taxa forward (FRA, *forward rate agreement*) é uma transação de balcão na qual uma taxa de juros (geralmente a LIBOR) é trocada por uma taxa de juros específica durante um período de tempo futuro específico. Um FRA pode ser avaliado pressupondo que as taxas forward são realizadas e descontando o resultado final.

Um conceito importante nos mercados de taxas de juros é a *duração*. A duração mede a sensibilidade do valor de um portfólio de títulos a um pequeno movimento paralelo na curva de juros de cupom zero. Mais especificamente:

$$\Delta B = -BD\Delta y$$

onde B é o valor do portfólio de títulos, D é a duração do portfólio, Δy é o tamanho de um pequeno movimento paralelo na curva à vista e ΔB é o efeito resultante sobre o valor do portfólio de títulos.

A teoria da preferência pela liquidez pode ser usada para explicar as estruturas a termo das taxas de juros observadas na prática. A teoria argumenta que a maioria das entidades prefere tomar emprestado a longo prazo e emprestar a curto prazo. Para tornar os vencimentos de credores e devedores equivalentes, é necessário que as instituições financeiras elevem as taxas de longo prazo para que as taxas forward sejam maiores do que as taxas de juros à vista futuras esperadas.

LEITURAS COMPLEMENTARES

Fabozzi, F. J. *Bond Markets, Analysis, and Strategies*, 8th edn. Upper Saddle River, NJ: Pearson, 2012.

Grinblatt, M., and F. A. Longstaff. "Financial Innovation and the Role of Derivatives Securities: An Empirical Analysis of the Treasury Strips Program", *Journal of Finance*, 55, 3 (2000): 1415–36.

Jorion, P. *Big Bets Gone Bad: Derivatives and Bankruptcy in Orange County*. New York: Academic Press, 1995.

Stigum, M., and A. Crescenzi. *Money Markets*, 4th edn. New York: McGraw Hill, 2007.

Questões e problemas

4.1 Um banco cota uma taxa de juros de 14% ao ano com capitalização trimestral. Qual é a taxa equivalente com (a) capitalização contínua e (b) capitalização anual?

4.2 O que significam LIBOR e LIBID. Qual das duas é maior?

4.3 As taxas zero de 6 meses e de 1 ano são ambas 10% ao ano. Para um título com vida de 18 meses e que paga um cupom de 8% ao ano (com pagamentos semestrais, um dos quais acaba de ocorrer), o rendimento é de 10,4% ao ano. Qual é o preço do título? Qual é a taxa zero de 18 meses? Todas as taxas são cotadas com capitalização semestral.

4.4 Um investidor recebe $1.100 em um ano em troca de um investimento de $1.000 hoje. Calcule o retorno percentual ao ano com:

   (a) Capitalização anual
   (b) Capitalização semestral
   (c) Capitalização mensal
   (d) Capitalização contínua

4.5 Suponha que as taxas zero com capitalização contínua são:

Vencimento (meses)	Taxa (% ao ano)
3	8,0
6	8,2
9	8,4
12	8,5
15	8,6
18	8,7

Calcule as taxas forward para o segundo, terceiro, quarto, quinto e sexto trimestres.

4.6 Suponha que um banco pode emprestar ou tomar emprestado a taxas do Problema 4.5. Qual é o valor de um FRA no qual ele obterá 9,5% por um período de 3 meses com início em 1 ano sobre um principal de $1.000.000? A taxa de juros é expressa com capitalização trimestral.

4.7 A estrutura a termo das taxas de juros tem inclinação ascendente. Coloque os seguintes itens em ordem de magnitude:

(a) A taxa zero de 5 anos
(b) O rendimento sobre um título que paga cupom de 5 anos
(c) A taxa forward correspondente ao período entre 4,75 e 5 anos no futuro.

Qual é a resposta quando a estrutura a termo das taxas de juros tem curva descendente?

4.8 O que a duração nos informa sobre a sensibilidade de um portfólio de títulos às taxas de juros? Quais são as limitações da medida de duração?

4.9 Qual taxa de juros com capitalização contínua é equivalente a 15% ao ano com capitalização mensal?

4.10 Uma conta de depósito paga 12% ao ano com capitalização contínua, mas os juros na verdade são pagos trimestralmente. Quanto de juros será pago em cada trimestre sobre um depósito de $10.000?

4.11 Suponha que as taxas zero de 6 meses, 12 meses, 18 meses, 24 meses e 30 meses são, respectivamente, 4%, 4,2%, 4,4%, 4,6% e 4,8% ao ano, com capitalização contínua. Estime o preço de caixa de um título com valor de face de 100 que vencerá em 30 meses e paga um cupom de 4% ao ano semestralmente.

4.12 Um título de 3 anos fornece um cupom de 8% semestralmente e tem preço de caixa de 104. Qual é o rendimento do título?

4.13 Suponha que as taxas zero de 6 meses, 12 meses, 18 meses e 24 meses são 5%, 6%, 6,5% e 7%, respectivamente. Qual é o rendimento par de 2 anos?

4.14 Suponha que as taxas zero com capitalização contínua são:

Vencimento (anos)	Taxa (% ao ano)
1	2,0
2	3,0
3	3,7
4	4,2
5	4,5

Calcule as taxas de juros a termo para o segundo, terceiro, quarto e quinto anos.

4.15 Suponha que as taxas LIBOR de 9 meses e 12 meses são 2% e 2,3%, respectivamente. Qual é a taxa forward LIBOR para o período entre 9 meses e 12 meses? Qual é o valor de um FRA no qual 3% é recebido e a LIBOR é paga sobre $10 milhões em referência ao período. Todas as taxas usam capitalização trimestral. Pressuponha que a LIBOR é usada como taxa de desconto livre de risco.

4.16 Um título de 10 anos com cupom de 8% é vendido atualmente por $90. Um título de 10 anos com cupom de 4% é vendido atualmente por $80. Qual é a taxa zero de 10 anos? (*Dica*: Considere assumir uma posição comprada em dois dos títulos com cupom de 4% e uma posição vendida em um dos títulos com cupom de 8%.)

4.17 Explique cuidadosamente por que a teoria da preferência pela liquidez é consistente com a observação de que a estrutura a termo das taxas de juros tende a ter inclinação ascendente com mais frequência do que descendente.

4.18 "Quando a curva à vista tem inclinação ascendente, a taxa zero para um determinado vencimento é maior do que o rendimento par para tal vencimento. Quando a curva à vista tem inclinação descendente, o contrário é verdade". Explique o porquê disso.

4.19 Por que as taxas do Tesouro dos EUA são significativamente menores do que outras taxas quase livres de risco?

4.20 Por que um empréstimo no mercado repo envolve pouquíssimo risco de crédito?

4.21 Explique por que um FRA é equivalente à troca de uma taxa de juros flutuante por uma taxa de juros fixa?

4.22 Um título de 5 anos com rendimento de 11% (composto continuamente) paga um cupom de 8% ao final de cada ano.
 (a) Qual é o preço do título?
 (b) Qual é a duração do título?
 (c) Use a duração para calcular o efeito sobre o preço do título de uma redução de 0,2% em seu rendimento.
 (d) Recalcule o preço do título com base em um rendimento de 10,8% ao ano e confirme que o resultado está de acordo com sua resposta em (c).

4.23 Os preços de caixa de letras do Tesouro de 6 meses e 1 ano são 94,0 e 89,0. Um título de 1,5 ano pagará cupons de $4 a cada 6 meses e atualmente é vendido por $94,84. Um título de 2 anos que pagará cupons de $5 a cada 6 meses e atualmente é vendido por $97,12. Calcule as taxas zero de 6 meses, 1 ano, 1,5 ano e 2 anos.

4.24 "Um swap de taxas de juros no qual a LIBOR de 6 meses é trocada por uma taxa fixa de 5% sobre um principal de $100 milhões por 5 anos envolve um fluxo de caixa conhecido e um portfólio de nove FRAs". Explique essa afirmação.

Questões adicionais

4.25 Quando composta anualmente, uma taxa de juros é de 11%. Qual é a taxa quando expressa com (a) capitalização semestral, (b) capitalização trimestral, (c) capitalização mensal, (d) capitalização semanal e (e) capitalização diária?

4.26 A tabela abaixo fornece as taxas zero do Tesouro e fluxos de caixa sobre um título do Tesouro. As taxas zero são continuamente compostas.

   (a) Qual é o preço teórico do título?
   (b) Qual é o rendimento do título?

Vencimento (anos)	Taxa zero	Pagamento de cupom	Principal
0,5	2,0%	$20	
1,0	2,3%	$20	
1,5	2,7%	$20	
2,0	3,2%	$20	$1.000

4.27 Um título de 5 anos oferece um cupom de 5% ao ano pago semestralmente. Seu preço é 104. Qual é o rendimento do título? O Solver do Excel pode ser útil para essa questão.

4.28 Suponha que as taxas LIBOR para vencimentos de 1, 2, 3, 4, 5 e 6 meses são 2,6%, 2,9%, 3,1%, 3,2%, 3,25% e 3,3% com capitalização contínua. Quais são as taxas forward para períodos futuros de 1 mês?

4.29 Um banco pode emprestar ou tomar emprestado pela LIBOR. A taxa LIBOR de 2 meses é 0,28% ao ano com capitalização contínua. Pressupondo que as taxas de juros não podem ser negativas, qual é a oportunidade de arbitragem se a taxa LIBOR de 3 meses é 0,1% ao ano com capitalização contínua? O quão baixa pode ser a taxa LIBOR de 3 meses sem a criação de uma oportunidade de arbitragem?

4.30 Um banco pode emprestar ou tomar emprestado pela LIBOR. Suponha que a taxa de 6 meses é 5% e a taxa de 9 meses é 6%. A taxa que pode ser garantida para o período entre 6 meses e 9 meses usando um FRA é 7%. Quais oportunidades de arbitragem o banco tem a seu dispor? Todas as taxas usam capitalização contínua.

4.31 Uma taxa de juros é cotada a 5% ao ano com capitalização semestral. Qual é a taxa equivalente com (a) capitalização anual, (b) capitalização mensal e (c) capitalização contínua?

4.32 As taxas zero de 6 meses, 12 meses, 18 meses e 24 meses são 4%, 4,5%, 4,75% e 5%, com capitalização semestral.

   (a) Quais são as taxas com capitalização contínua?
   (b) Qual é a taxa forward para o período de 6 meses com início em 18 meses?
   (c) Qual é o valor de um FRA que promete pagar 6% (composto semestralmente) sobre um principal de $1 milhão pelo período de 6 meses com início em 18 meses?

4.33 Qual é o rendimento par de 2 anos quando as taxas zero são aquelas listadas no Problema 4.32? Qual é o rendimento sobre um título de 2 anos que paga um cupom igual ao rendimento par?

4.34 A tabela a seguir informa os preços de títulos:

Principal do título ($)	Tempo até o vencimento (anos)	Cupom anual ($)	Preço do título ($)
100	0,50	0,0	98
100	1,00	0,0	95
100	1,50	6,2	101
100	2,00	8,0	104

* Pressupõe-se que metade do cupom declarado é paga a cada seis meses.

(a) Calcule as taxas zero para vencimentos de 6 meses, 12 meses, 18 meses e 24 meses.
(b) Quais são as taxas forward para os seguintes períodos: 6 meses a 12 meses, 12 meses a 18 meses e 18 meses a 24 meses?
(c) Quais são os rendimentos pares de 6, 12, 18 e 24 meses para títulos que fornecem pagamentos de cupom semestrais?
(d) Estime o preço e o rendimento de um título de 2 anos que fornece um cupom semestral de 7% ao ano.

4.35 O portfólio A é composto de um título de cupom zero de 1 ano com valor de face de $2.000 e um título de cupom zero de 10 anos com valor de face de $6.000. O portfólio B é composto de um título de cupom zero de 5,95 anos com valor de face de $5.000. O rendimento atual sobre todos os títulos é de 10% ao ano.

(a) Mostre que ambos os portfólios têm a mesma duração.
(b) Mostre que as mudanças percentuais nos valores dos dois portfólios para um aumento de 0,1% ao ano nos rendimentos são iguais.
(c) Quais são as mudanças percentuais nos valores dos dois portfólios para um aumento de 5% ao ano nos rendimentos?

CAPÍTULO

5

Determinação de preços a termo e futuros

Neste capítulo, vamos analisar como os preços a termo e preços futuros se relacionam com o preço à vista do ativo subjacente. Os contratos a termo são mais fáceis de analisar do que os contratos futuros, pois não há ajuste diário, apenas um único pagamento no vencimento. Assim, começaremos este capítulo considerando a relação entre o preço a termo e o preço à vista. Por sorte, podemos mostrar que o preço a termo e o preço futuro de um ativo normalmente são bastante próximos quando os vencimentos dos dois contratos são iguais. Isso é conveniente, pois significa que os resultados obtidos por contratos a termo quase sempre também valem para os contratos futuros.

Na primeira parte do capítulo, derivamos alguns resultados gerais importantes sobre a relação entre preços a termo (ou futuros) e preços à vista. A seguir, usamos os resultados para analisar a relação entre preços futuros e preços à vista para contratos sobre índices de ações, câmbio e commodities. No próximo capítulo, consideraremos contratos futuros sobre taxas de juros.

5.1 ATIVOS DE INVESTIMENTO *VERSUS* ATIVOS DE CONSUMO

Quando consideramos contratos a termo e futuros, é importante diferenciar entre ativos de investimento e ativos de consumo. Um *ativo de investimento* é aquele mantido para fins de investimento por pelo menos alguns traders. As ações e os títulos claramente são ativos de investimento. O ouro e a prata também são exemplos de ativos de investimento. Observe que os ativos de investimento não precisam ser mantidos exclusivamente para investimento. (A prata, por exemplo, possui diversos usos industriais.) Contudo, eles precisam cumprir o requisito de serem mantidos por alguns traders exclusivamente para investimento. Um *ativo de consumo* é aquele mantido principalmente para consumo e normalmente não para investimento. Exemplos de ativos de consumo incluem commodities como cobre, petróleo bruto, milho e barrigas de porco.

Como veremos neste capítulo, podemos utilizar argumentos de arbitragem para determinar os preços futuros e a termo de um ativo de investimento a partir de seu preço à vista e outras variáveis de mercado observáveis, mas não podemos fazer o mesmo para ativos de consumo.

5.2 VENDA A DESCOBERTO

Algumas das estratégias de arbitragem apresentadas neste capítulo envolvem a *venda a descoberto* (*short selling*). Essa negociação, também chamada de *shorting*, envolve vender um ativo que não se possui. Isso é algo possível para alguns ativos de investimento, mas não para todos. Para mostrar como o processo funciona, vamos considerar a venda a descoberto de uma ação.

Suponha que um investidor instrui um corretor a vender a descoberto 500 ações da empresa X. O corretor executará as instruções tomando emprestado as ações de alguém que as possui e vendendo-as no mercado da maneira normal. Em algum ponto posterior, o investidor encerrará sua posição com a compra de 500 ações da empresa X no mercado. Essas ações são então usadas para substituir as emprestadas para que a posição vendida (*short*) seja encerrada. O investidor obtém lucro se o preço da ação diminuir e prejuízo se ele aumentar. Se enquanto o contrato estiver em aberto o corretor precisar devolver as ações emprestadas e não houver outras ações que possam ser emprestadas de uma segunda fonte, o investidor é forçado a encerrar a posição, mesmo que não esteja pronto para fazê-lo. Às vezes, a parte que vende a descoberto precisa pagar uma taxa pelo empréstimo das ações.

Um investidor com uma posição vendida precisa pagar ao corretor quaisquer rendas, como dividendos ou juros, que normalmente seriam recebidas sobre os títulos sendo vendidos a descoberto. O corretor transferirá essa renda para a conta do cliente do qual os títulos foram emprestados. Considere a posição de um investidor que vende a descoberto 500 ações em abril, quando o preço por ação é $120, e encerra a posição comprando-as de volta em julho, quando o preço por ação é $100. Suponha que um dividendo de $1 por ação é pago em maio. O investidor recebe $500 \times \$120 = \$60.000$ em abril, quando a posição vendida é iniciada. O dividendo leva a um pagamento por parte do investidor de $500 \times \$1 = \$500$ em maio. O investidor também paga $500 \times \$100 = \$50.000$ pelas ações quando a posição é encerrada em julho. Assim, o ganho líquido é:

$$\$60.000 - \$500 - \$50.000 = \$9.500$$

pressupondo que não há taxa pelo empréstimo das ações. A Tabela 5.1 ilustra esse exemplo e mostra que os fluxos de caixa da venda a descoberto correspondem aos fluxos de caixa da compra das ações em abril e sua venda em julho. (Mais uma vez, o cenário pressupõe que não há taxa pelo empréstimo das ações.)

O investidor é obrigado a manter uma *conta de margem* junto ao corretor. A conta de margem é composta de caixa ou títulos comercializáveis depositados pelo investidor junto ao corretor para garantir que não abandonará a posição vendida caso o preço da ação aumente. Ela é semelhante à conta de margem discutida no Capítulo 2 para contratos futuros. É necessário fornecer uma margem inicial, mas se

TABELA 5.1 Fluxos de caixa da venda a descoberto e compra de ações

Compra de ações	
Abril: Comprar 500 ações por $120	−$60.000
Maio: Receber dividendo	+$500
Julho: Vender 500 ações por $100 por ação	+$50.000
	Lucro líquido = −$9.500

Venda a descoberto de ações	
Abril: Tomar emprestadas 500 ações e vendê-las por $120	+$60.000
Maio: Pagar dividendo	−$500
Julho: Comprar 500 ações por $100 por ação	−$50.000
Substituir ações emprestadas para encerrar posição vendida	
	Lucro líquido = +$9.500

ocorrerem movimentos adversos (ou seja, aumentos) no preço do ativo sendo vendido a descoberto, é possível que uma margem adicional seja exigida. Se a margem adicional não for fornecida, a posição vendida é encerrada. A conta de margem não representa um custo para o investidor, pois ele geralmente recebe juros sobre o saldo das contas de margem; se a taxa de juros oferecida não é aceitável, títulos comercializáveis, como letras do Tesouro, geralmente podem ser utilizados para cumprir os requerimentos de margem. Os resultados da venda do ativo pertencem ao investidor e normalmente formam parte da margem inicial.

De tempos em tempos, as regulamentações sobre venda a descoberto são alteradas. Em 1938, foi introduzida a regra do *uptick* (aumento). Ela determina que as ações somente podem ser vendidas a descoberto quando há um *uptick*, ou seja, quando o movimento mais recente do preço da ação foi um aumento. A SEC aboliu a regra do *uptick* em julho de 2007, mas introduziu a regra do "*uptick* alternativo" em fevereiro de 2010. Sob essa regra, quando o preço de uma ação diminuir mais de 10% em um dia, a venda a descoberta sofre restrições naquele dia e no dia seguinte. Essas restrições são tais que a ação somente pode ser vendida a descoberto por um preço maior do que a melhor oferta de compra atual. Ocasionalmente, a venda a descoberto sofre proibições temporárias. Isso aconteceu em diversos países em 2008, pois acreditava-se que a venda a descoberto contribuía para a alta volatilidade do mercado que estava ocorrendo naquele período.

5.3 PREMISSAS E NOTAÇÃO

Neste capítulo, pressuporemos que as seguintes afirmações são verdadeiras para alguns participantes do mercado:

1. Os participantes do mercado não estão sujeitos a custos de transação quando negociam.
2. Os participantes do mercado estão sujeitos à mesma alíquota fiscal em todos os lucros de negociação líquidos.

3. Os participantes do mercado podem tomar dinheiro emprestado pela mesma taxa de juros livre de risco à qual podem emprestar dinheiro.
4. Os participantes do mercado aproveitam as oportunidades de arbitragem à medida que elas ocorrem.

Observe que não precisamos que esses pressupostos sejam verdadeiros para todos os participantes do mercado. Tudo que precisamos é que sejam verdadeiros, ou pelo menos aproximadamente verdadeiros, para alguns participantes principais, como grandes negociantes de derivativos. São as atividades de negociação desses participantes principais e sua ânsia por aproveitar as oportunidades de arbitragem à medida que ocorrem que determinam a relação entre os preços a termo e à vista.

A notação a seguir será usada em todo este capítulo:

T: Tempo até a data de entrega em um contrato a termo ou futuro (em anos)

S_0: Preço do ativo subjacente ao contrato a termo ou futuro hoje

F_0: Preço a termo ou futuro hoje

r: Taxa de juros livre de risco com cupom zero ao ano, expressa com capitalização contínua, para um investimento com vencimento na data de entrega (ou seja, em T anos).

A taxa de juros livre de risco, r, é a taxa à qual o dinheiro é emprestado ou tomado emprestado quando não há risco de crédito, de modo que sua devolução é garantida. Como discutido no Capítulo 4, os participantes de mercados de derivativos tradicionalmente usam a LIBOR como indicador da taxa de juros livre de risco, mas os eventos durante a crise os levaram a adotar outras alternativas em alguns casos (para uma discussão mais detalhada sobre isso, consulte o Capítulo 9).

5.4 PREÇO A TERMO PARA UM ATIVO DE INVESTIMENTO

O contrato a termo mais fácil de avaliar é aquele lançado sobre um ativo de investimento que não oferece ao titular nenhuma renda. Ações que não pagam dividendos e títulos com cupom zero são exemplos desse tipo de ativo de investimento.

Considere um contrato a termo comprado para a compra de uma ação que não paga dividendos em 3 meses.[1] Pressuponha que o preço atual da ação é $40 e a taxa de juros livre de risco de 3 meses é 5% ao ano.

Primeiro, suponha que o preço a termo é relativamente alto, $43. Um arbitrador pode tomar emprestados $40 à taxa de juros livre de risco de 5% ao ano, comprar uma ação e vender a descoberto um contrato a termo de vender uma ação em 3 meses. Ao final dos 3 meses, o arbitrador entrega a ação e recebe $43. A soma de caixa necessária para pagar o empréstimo é:

$$40e^{0,05 \times 3/12} = \$40,50$$

---

[1] Os contratos a termo sobre ações individuais não ocorrem com frequência na prática. Contudo, eles representam um exemplo útil para o desenvolvimento de nossas ideias. Os futuros sobre ações individuais começaram a ser negociados nos Estados Unidos em novembro de 2002.

Seguindo essa estratégia, o arbitrador garante um lucro de $43,00 − $40,50 = $2,50 ao final do período de 3 meses.

A seguir, suponha que o preço a termo é relativamente baixo, $39. O arbitrador pode vender uma ação a descoberto, investir o resultado dessa venda a 5% ao ano por 3 meses e assumir uma posição comprada em um contrato a termo de 3 meses. O resultado da venda a descoberto cresce para $40e^{0,05 \times 3/12}$, ou $40,50, em 3 meses. Ao final dos 3 meses, o arbitrador paga $39, aceita a entrega da ação sob as disposições do contrato a termo e a utiliza para encerrar a posição vendida. O resultado é um ganho líquido de:

$$\$40,50 - \$39,00 = \$1,50$$

ao final dos 3 meses. As duas estratégias de negociação consideradas estão resumidas na Tabela 5.2.

Sob quais circunstâncias as oportunidades de arbitragem com aquelas na Tabela 5.2 não existem? A primeira arbitragem ocorre quando o preço a termo é maior do que $40,50. A segunda arbitragem ocorre quando o preço a termo é menor do que $40,50. Assim, deduzimos que, para não haver arbitragem, o preço a termo deve ser exatamente igual a $40,50.

Uma generalização

Para generalizar a partir desse exemplo, vamos considerar um contrato a termo sobre um ativo de investimento com preço S_0 que não oferece renda. Usando nossa notação, T é o tempo até o vencimento, r é a taxa de juros livre de risco e F_0 é o preço a termo. A relação entre F_0 e S_0 é:

$$F_0 = S_0 e^{rT} \qquad (5.1)$$

Se $F_0 > S_0 e^{rT}$, os arbitradores podem comprar o ativo e vender a descoberto contratos a termo sobre o ativo. Se $F_0 < S_0 e^{rT}$, eles podem vender o ativo a descoberto

TABELA 5.2 Oportunidades de arbitragem quando o preço a termo está desalinhado com o preço à vista para um ativo que não oferece renda (preço do ativo = $40; taxa de juros = 5%; vencimento do contrato a termo = 3 meses)

Preço a termo = $43	Preço a termo = $39
Ação agora:	*Ação agora*:
Tomar emprestado $40 a 5% por 3 meses	Vender a descoberto 1 unidade do ativo para realizar $40
Comprar uma unidade do ativo	Investir $40 a 5% por 3 meses
Firmar contrato a termo para vender o ativo em 3 meses por $43	Firmar contrato a termo para comprar o ativo em 3 meses por $39
Ação em 3 meses:	*Ação em 3 meses*:
Vender o ativo por $43	Comprar o ativo por $39
Usar $40,50 para repagar empréstimo com juros	Encerrar posição vendida
	Receber $40,50 do investimento
Lucro realizado = $2,50	Lucro realizado = $1,50

e firmar contratos a termo comprados sobre ele.[2] Em nosso exemplo, $S_0 = 40$, $r = 0{,}05$ e $T = 0{,}25$, de modo que a equação (5.1) nos dá:

$$F_0 = 40e^{0,05 \times 0,25} = \$40{,}50$$

o que está de acordo com nossos cálculos anteriores.

Um contrato a termo comprado e uma compra à vista levam à propriedade do ativo no tempo T. O preço a termo é maior do que o preço à vista devido ao custo de financiar a compra à vista do ativo durante a vida do contrato a termo. Essa questão foi ignorada pela Kidder Peabody em 1994, uma lição que a empresa pagou caro para aprender (ver História de Negócios 5.1).

■ **Exemplo 5.1**

Considere um contrato a termo de 4 meses para comprar um título com cupom zero que vencerá em 1 ano. (Isso significa que o título terá 8 meses até o vencimento do contrato a termo.) O preço atual do título é $930. Pressupomos que a taxa de juros livre de risco de 4 meses (composta continuamente) é de 6% ao ano. Como títulos com cupom zero não oferecem renda, podemos utilizar a equação (5.1) com $T = 4/12$, $r = 0{,}06$ e $S_0 = 930$. O preço a termo, F_0, é dado por:

$$F_0 = 930e^{0,06 \times 4/12} = \$948{,}79$$

Esse seria o preço de entrega em um contrato negociado hoje. ■

História de Negócios 5.1   O erro vergonhoso da Kidder Peabody

Os bancos de investimento desenvolveram uma maneira de criar um título de cupom zero, chamado de *strip*, a partir de um título do Tesouro que paga cupom. O que eles fazem é vender cada um dos fluxos de caixa subjacentes do título que paga cupom como um título separado. Joseph Jett, um trader que trabalhava para a Kidder Peabody, tinha uma estratégia de negociação relativamente simples. Ele comprava *strips* e vendia-os no mercado a termo. Como mostra a equação (5.1), o preço a termo de um título que não fornece renda é sempre maior do que o preço à vista. Suponha por exemplo, que a taxa de juros de 3 meses é 4% ao ano e o preço à vista de um *strip* é $70. O preço a termo de 3 meses do *strip* é $70e^{0,04 \times 3/12} = \$70{,}70$.

O sistema de computadores da Kidder Peabody informava lucro sobre cada uma das negociações de Jett igual ao excedente do preço a termo em relação ao preço à vista ($0,70, em nosso exemplo). Na verdade, esse lucro era simplesmente o custo de financiar a compra do *strip*. Ao rolar seus contratos, Jett conseguia impedir que esse custo se acumulasse para si.

O resultado foi que o sistema informou um lucro de $100 milhões sobre as negociações de Jett (e Jett recebeu uma bonificação enorme), quando na verdade havia um prejuízo de cerca de $350 milhões. Isso prova que mesmo grandes instituições financeiras podem errar nas coisas mais simples!

---

[2] Para outra maneira de ver que a equação (5.1) está correta, considere a seguinte estratégia: comprar uma unidade do ativo e firmar um contrato a termo vendido para vendê-lo por F_0 no tempo T. O custo é S_0 e com certeza levará a um influxo de caixa de F_0 no tempo T. Assim, S_0 deve ser igual ao valor presente de F_0; ou seja, $S_0 = F_0 e^{-rT}$, ou também $F_0 = S_0 e^{rT}$.

E se as vendas a descoberto não fossem possíveis?

As vendas a descoberto não são possíveis para todos os ativos de investimento e, às vezes, é cobrada uma taxa pelo arrendamento dos ativos. Mas isso não importa. Para derivar a equação (5.1), não precisamos ter a capacidade de vender o ativo a descoberto. Tudo que precisamos é que haja participantes do mercado que detêm o ativo puramente para fins de investimento (e, por definição, isso é sempre verdade para um ativo de investimento). Se o preço a termo for baixo demais, eles considerarão atraente vender o ativo e assumir uma posição comprada em um contrato a termo.

Suponha que o ativo de investimento subjacente não gera custos de estocagem ou rendas. Se $F_0 > S_0 e^{rT}$, um investidor pode adotar a seguinte estratégia:

1. Tomar emprestado S_0 dólares a uma taxa de juros r por T anos.
2. Comprar 1 unidade do ativo.
3. Vender a descoberto um contrato a termo sobre 1 unidade do ativo.

No tempo T, o ativo é vendido por F_0. Uma quantia $S_0 e^{rT}$ é necessária para repagar o empréstimo nessa data, e o investidor obtém um lucro de $F_0 - S_0 e^{rT}$.

A seguir, suponha que $F_0 < S_0 e^{rT}$. Nesse caso, um investidor que possui o ativo pode:

1. Vender o ativo por S_0.
2. Investir os resultados à taxa de juros r pelo tempo T.
3. Assumir uma posição comprada em um contrato a termo sobre 1 unidade do ativo.

No tempo T, o dinheiro investido aumentou para $S_0 e^{rT}$. O ativo é recomprado por F_0 e o investidor obtém lucro de $S_0 e^{rT} - F_0$ em relação a posição que o investidor estaria caso o ativo tivesse sido mantido.

Assim como no exemplo da ação que não paga dividendo considerado anteriormente, podemos esperar que o preço a termo se ajustará de modo que nenhuma das duas oportunidades de arbitragem consideradas existam. Isso significa que a relação na equação (5.1) deve se manter válida.

5.5 RENDA CONHECIDA

Nesta seção, consideramos um contrato a termo sobre um ativo de investimento que oferecerá uma renda de caixa perfeitamente previsível para o titular. Os exemplos são ações que pagam dividendos conhecidos e títulos que pagam cupons. Adotaremos a mesma abordagem usada na seção anterior. Primeiro, vamos analisar um exemplo numérico e então revisar os argumentos formais.

Considere um contrato a termo comprado referente à compra de um título que paga cupom cujo preço atual é $900. Vamos supor que o contrato a termo vence em 9 meses. Também vamos supor que um pagamento de cupom de $40 é esperado após 4 meses. Pressupomos que as taxas de juros livres de risco de 4 e 9 meses (compostas continuamente) são, respectivamente, 3% e 4% ao ano.

Primeiro, suponha que o preço a termo é relativamente alto, $910. Um arbitrador poderia tomar emprestado $900 para comprar o título e vender a descoberto um contrato a termo. O pagamento de cupom tem valor presente de $40e^{-0,03 \times 4/12} =$ $39,60. Dos $900, $39,60 são assim tomados emprestados a 3% ao ano por 4 meses para que possam ser pagos com o pagamento de cupom. Os $860,40 restantes são tomados emprestados a 4% ao ano por 9 meses. A quantia devida ao final do período de 9 meses é $860,40e^{0,04 \times 0,75} = \$886,60$. A soma de $910 é recebida pelo título sob as disposições do contrato a termo. Por consequência, o lucro líquido do arbitrador é:

$$910,00 - 886,60 = \$23,40$$

A seguir, suponha que o preço a termo é relativamente baixo, $870. O investidor pode vender o título a descoberto e firmar um contrato a termo comprado. Dos $900 realizados com a venda a descoberto do título, $39,60 são investidos por 4 meses a 3% ao ano, de modo que o valor aumente até uma quantia suficiente para pagar o cupom do título. Os $860,40 restantes são investidos por 9 meses a 4% ao ano e aumentam para $886,60. Sob as disposições do contrato a termo, $870 são pagos para comprar o título e a posição vendida é encerrada. Assim, o ganho do investidor é:

$$886,60 - 870 = \$16,60$$

As duas estratégias que consideramos estão resumidas na Tabela 5.3.[3] A primeira estratégia na Tabela 5.3 produz lucro quando o preço a termo é maior do que $886,60, enquanto a segunda estratégia produz lucro quando o preço a termo é inferior a $886,60. Logo, para não haver oportunidades de arbitragem, o preço a termo deve ser $886,60.

TABELA 5.3 Oportunidades de arbitragem quando o preço a termo de 9 meses está desalinhado com o preço à vista para um ativo que oferece uma renda em caixa conhecida (preço do ativo = $900; renda de $40 ocorre em 4 meses; as taxas de 4 e 9 meses são, respectivamente, 3% e 4% ao ano)

Preço a termo = $910	Preço a termo = $870
Ação agora:	*Ação agora:*
Tomar emprestado $900: $39,60 por 4 meses e $860,40 por 9 meses	Vender a descoberto 1 unidade do ativo para realizar $900
Comprar uma unidade do ativo	Investir $39,60 por 4 meses e $860,40 por 9 meses
Firmar contrato a termo para vender o ativo em 9 meses por $910	Firmar contrato a termo para comprar o ativo em 9 meses por $870
Ação em 4 meses:	*Ação em 4 meses:*
Receber $40 de renda sobre o ativo	Receber $40 do investimento de 4 meses
Usar $40 para repagar primeiro empréstimo com juros	Pagar renda de $40 sobre o ativo
Ação em 9 meses:	*Ação em 9 meses:*
Vender o ativo por $910	Receber $886,60 do investimento de 9 meses
Usar $886,60 para repagar segundo empréstimo com juros	Comprar o ativo por $870
	Encerrar posição vendida
Lucro realizado = $23,40	Lucro realizado = $16,60

---

[3] Se não é possível vender um título a descoberto, os investidores que já o possuem vendem o título e compram um contrato a termo sobre ele, aumentando o valor de sua posição em $16,60. É uma estratégia semelhante àquela descrita para o ativo na seção anterior.

Uma generalização

Podemos generalizar a partir desse exemplo para argumentar que quando um ativo de investimento fornecer uma renda com valor presente de I durante a vida de um contrato a termo, temos:

$$F_0 = (S_0 - I)e^{rT} \quad (5.2)$$

Em nosso exemplo, $S_0 = 900,00$, $I = 40e^{-0,03 \times 4/12} = 39,60$, $r = 0,04$ e $T = 0,75$, de modo que:

$$F_0 = (900,00 - 39,60)e^{0,04 \times 0,75} = \$886,60$$

Isso está de acordo com nosso cálculo anterior. A equação (5.2) se aplica a qualquer ativo de investimento que forneça uma renda em caixa conhecida.

Se $F_0 > (S_0 - I)e^{rT}$, um arbitrador pode garantir lucro comprando o ativo e vendendo a descoberto um contrato a termo sobre tal ativo; se $F_0 < (S_0 - I)e^{rT}$, o arbitrador pode garantir lucro vendendo o ativo a descoberto e assumindo uma posição comprada em um contrato a termo. Se vendas a descoberto não forem possíveis, os investidores que possuem o ativo lucrarão com a venda do ativo e o uso de contratos a termo.[4]

■ Exemplo 5.2

Considere um contrato a termo de 10 meses sobre uma ação quando seu preço é $50. Pressupomos que a taxa de juros livre de risco (composta continuamente) é 8% ao ano para todos os vencimentos. Também pressupomos que dividendos de $0,75 por ação são esperados após 3 meses, 6 meses e 9 meses. O valor presente dos dividendos, I, é:

$$I = 0,75e^{-0,08 \times 3/12} + 0,75e^{-0,08 \times 6/12} + 0,75e^{-0,08 \times 9/12} = 2,162$$

A variável T é 10 meses, de modo que o preço a termo, F_0, da equação (5.2), é dado por:

$$F_0 = (50 - 2,162)e^{0,08 \times 10/12} = \$51,14$$

Se o preço a termo é menor do que isso, o arbitrador vende a ação a descoberto e compra contratos a termo. Se o preço a termo é maior do que isso, o arbitrador assume posição vendida em contratos a termo e compra a ação no mercado à vista. ■

5.6 RENDIMENTO CONHECIDO

Agora vamos considerar a situação na qual o ativo subjacente a um contrato a termo oferece um rendimento conhecido, não uma renda em caixa conhecida. Isso significa que a renda é conhecida quando expressa como porcentagem do preço do ativo no momento em que a renda é paga. Suponha que espera-se que um ativo forneça rendimento de 5% ao ano. Isso pode significar que a renda é paga uma vez ao ano

---

[4] Para outra maneira de ver que a equação (5.2) está correta, considere a seguinte estratégia: comprar uma unidade do ativo e firmar um contrato a termo vendido para vendê-lo por F_0 no tempo T. O custo é S_0 e com certeza levará a um influxo de caixa de F_0 no tempo T e uma renda com valor presente de I. A saída de caixa inicial é S_0. O valor presente dos influxos é $I + F_0e^{-rT}$. Assim, $S_0 = I + F_0e^{-rT}$, ou também $F_0 = (S_0 - I)e^{rT}$.

e que é igual a 5% do preço do ativo no momento em que é paga; nesse caso, o rendimento seria 5% com capitalização anual. Mas isso também pode significar que a renda é paga duas vezes ao ano e é igual a 2,5% do preço do ativo no momento em que é paga; nesse caso, o rendimento seria 5% ao ano com capitalização semestral. Na Seção 4.2, explicamos que normalmente mensuramos as taxas de juros usando capitalização contínua. Da mesma forma, normalmente mensuramentos rendimentos usando capitalização contínua. As fórmulas para traduzir um rendimento mensurado com uma frequência de capitalização para um rendimento usando outra frequência são as mesmas apresentadas para taxas de juros na Seção 4.2.

Defina q como o rendimento médio ao ano sobre um ativo durante a vida de um contrato a termo com capitalização contínua. Podemos mostrar (ver Problema 5.20) que:

$$F_0 = S_0 e^{(r-q)T} \tag{5.3}$$

■ Exemplo 5.3

Considere um contrato a termo de 6 meses sobre um ativo que, espera-se, oferecerá renda igual a 2% do preço do ativo uma vez durante um período de 6 meses. A taxa de juros livre de risco (com capitalização contínua) é 10% ao ano. O preço do ativo é $25. Nesse caso, $S_0 = 25$, $r = 0,10$ e $T = 0,5$. O rendimento é 4% ao ano com capitalização semestral. Da equação (4.3), este é igual a 3,96% com capitalização contínua. Logo, $q = 0,0396$, de modo que, da equação (5.3), o preço a termo, F_0, é dado por:

$$F_0 = 25 e^{(0,10 - 0,0396) \times 0,5} = \$25{,}77$$

■

5.7 AVALIAÇÃO DE CONTRATOS A TERMO

O valor de um contrato a termo no momento em que é firmado originalmente é próximo de zero. Posteriormente, ele pode ter valor positivo ou negativo. Para os bancos e outras instituições financeiras, é importante avaliar o contrato todos os dias (a chamada marcação a mercado do contrato). Usando a notação introduzida anteriormente, vamos supor que K é o preço de entrega para um contrato negociado algum tempo atrás, a data de entrega está T anos no futuro e r é a taxa de juros livre de risco do ano T. A variável F_0 é o preço a termo que se aplicaria se o contrato fosse negociado hoje. Além disso, vamos definir f como o valor do contrato a termo hoje.

É importante ter clareza sobre o significado das variáveis F_0, K e f. No início da vida do contrato a termo, o preço de entrega, K, é determinado como igual ao preço a termo naquele momento, e o valor do contrato, f, é 0. Com o passar do tempo, K permanece igual (pois é parte da definição do contrato), mas o preço a termo muda e o valor do contrato se torna positivo ou negativo.

Um resultado geral, aplicável a todos os contratos a termo comprados (tanto sobre ativos de investimento quanto sobre ativos de consumo) é:

$$f = (F_0 - K)e^{-rT} \tag{5.4}$$

Para ver por que a equação (5.4) está correta, usamos um argumento análogo ao usado para contratos de taxas forward na Seção 4.7. Formamos um portfólio hoje, composto de (a) um contrato a termo para comprar o ativo subjacente por K no tempo T e (b) um contrato a termo para vender o ativo por F_0 no tempo T. O resultado do portfólio no tempo T é $S_T - K$ do primeiro contrato e $F_0 - S_T$ do segundo. O resultado total é $F_0 - K$ e é conhecido com certeza hoje. Assim, o portfólio é um investimento livre de risco e seu valor hoje é o resultado no tempo T, descontado pela taxa de juros livre de risco, ou $(F_0 - K)e^{-rT}$. O valor do contrato a termo para vender o ativo por F_0 vale zero porque F_0 é o preço a termo que se aplica a um contrato a termo firmado hoje. Logo, o valor de um contrato a termo (comprado) referente à compra de um ativo por K no tempo T deve ser $(F_0 - K)e^{-rT}$. Da mesma forma, o valor de um contrato a termo (vendido) referente à venda do ativo por K no tempo T é $(K - F_0)e^{-rT}$.

■ Exemplo 5.4

Um contrato a termo comprado de 1 ano sobre uma ação que não paga dividendo foi firmado algum tempo atrás. Atualmente, ele tem 6 meses até o vencimento. A taxa de juros livre de risco (com capitalização contínua) é 10% ao ano, o preço da ação é $25 e o preço de entrega é $24. Nesse caso, $S_0 = 25$, $r = 0,10$, $T = 0,5$ e $K = 24$. Da equação (5.1), o preço a termo de 6 meses, F_0, é dado por:

$$F_0 = 25e^{0,1 \times 0,5} = \$26,28$$

Da equação (5.4), o valor do contrato a termo é:

$$f = (26,28 - 24)e^{-0,1 \times 0,5} = \$2,17$$

■

A equação (5.4) mostra que podemos avaliar um contrato a termo comprado sobre um ativo pressupondo que o preço do ativo no vencimento do contrato a termo é igual ao preço a termo F_0. Para ver como isso funciona, observe que quando usamos esse pressuposto, um contrato a termo comprado oferece um resultado no tempo T de $F_0 - K$. Ele tem valor presente de $(F_0 - K)e^{-rT}$, que é o valor de f na equação (5.4). Do mesmo modo, podemos avaliar um contrato a termo vendido sobre o ativo pressupondo que o preço a termo atual do ativo é realizado. Esses resultados são análogos ao resultado na Seção 4.7 de que podemos avaliar um contrato de taxa a forward pressupondo que as taxas forward são realizadas.

Usar a equação (5.4) em conjunto com a equação (5.1) fornece a seguinte expressão para o valor de um contrato a termo sobre um ativo de investimento que não fornece renda:

$$f = S_0 - Ke^{-rT} \tag{5.5}$$

Da mesma forma, usar a equação (5.4) em conjunto com a equação (5.2) fornece a seguinte expressão para o valor de um contrato a termo comprado sobre um ativo de investimento que oferece uma renda conhecida com valor presente I:

$$f = S_0 - I - Ke^{-rT} \tag{5.6}$$

Finalmente, usar a equação (5.4) em conjunto com a equação (5.3) fornece a seguinte expressão para o valor de um contrato a termo comprado sobre um ativo de investimento que oferece um rendimento conhecido a uma taxa q:

$$f = S_0 e^{-qT} - Ke^{-rT} \tag{5.7}$$

> **História de Negócios 5.2 Um erro de sistema?**
>
> Um operador cambial de determinado banco firma um contrato a termo comprado para adquirir 1 milhão de libras esterlinas a um câmbio de 1,5000 em 3 meses. Ao mesmo tempo, outro trader na mesa ao lado assume uma posição comprada em 16 contratos futuros de 3 meses sobre a libra. O preço futuro é 1,5000 e cada contrato é referente a 62.500 libras. As posições assumidas pelos traders de contratos futuros e a termo são, assim, iguais. Minutos depois das posições serem assumidas, os preços a termo e futuro aumentam para 1,5040. Os sistemas do banco mostram que o trader de futuros obteve lucro de $4.000, enquanto o trader de contratos a termo lucrou apenas $3.900. O segundo trader liga imediatamente para o departamento de sistemas do banco para reclamar. Sua reclamação é válida?
>
> A resposta é não! O ajuste diário de contratos futuros garante que o trader de futuros realizará um lucro quase imediato correspondente ao aumento no preço futuro. Se o trader de contratos a termo encerrar a posição usando um contrato vendido a 1,5040, ele terá contratado a compra de 1 milhão de libras a 1,5000 em 3 meses e a venda de 1 milhão de libras a 1,5040 em 3 meses. Isso levaria a um lucro de $4.000, mas em três meses, não hoje. O lucro do trader de contratos a termo é o valor presente de $4.000, o que é consistente com a equação (5.4).
>
> O trader de contratos a termo pode se consolar com o fato de que os ganhos e as perdas são tratados simetricamente. Se os preços futuros e a termo tivessem caído para 1,4960 em vez de subido para 1,5040, o trader de futuros também teria uma perda de $4.000, enquanto o trader de contratos a termo teria perda de apenas $3.900.

Quando um preço futuro muda, o ganho ou perda sobre um contrato futuro é calculado como a mudança no preço futuro multiplicada pelo tamanho da posição. Esse ganho é realizado quase imediatamente, pois os contratos futuros são ajustados diariamente. A equação (5.4) mostra que quando um preço a termo muda, o ganho ou perda é o valor presente da mudança no preço a termo multiplicada pelo tamanho da posição. A diferença entre o ganho e a perda sobre contratos a termo e futuros pode causar confusão em uma sala de operações cambiais (ver História de Negócios 5.2).

5.8 OS PREÇOS A TERMOS E OS PREÇOS FUTUROS SÃO IGUAIS?

A Nota Técnica disponível em www.rotman.utoronto.ca/~hull/TechnicalNotes oferece um argumento de arbitragem mostrando que, quando a taxa de juros livre de risco de curto prazo é constante, o preço a termo para um contrato com data de entrega certa é, na teoria, o mesmo que o preço futuro para um contrato com a mesma data de entrega. O argumento pode ser estendido para abranger situações nas quais a taxa de juros é uma função conhecida do tempo.

Quando as taxas de juros variam de maneira imprevisível (como ocorre no mundo real), os preços a termo e futuros, na teoria, deixam de ser iguais. Para entender um pouco a natureza da relação, podemos considerar a situação em que o preço do ativo subjacente, S, está fortemente correlacionado com as taxas de juros. Quando S aumenta, um investidor que possui uma posição futura comprada obtém um ganho imediato devido ao procedimento de ajuste diário. A correlação positiva indica que as taxas de juros provavelmente aumentaram também. Assim, o ganho tenderá a ser investido a uma taxa de juros mais alta do que a média. Da mesma forma, quando S diminui, o investidor incorre uma perda imediata. Essa perda tenderá a ser financiada a uma taxa de juros menor do que a média. Um investidor que possui um contrato a termo, não um contrato futuro, não é afetado dessa maneira pelos movimentos das taxas de juros. Logo, um contrato futuro comprado será ligeiramente mais atraente do que um contrato a termo comprado semelhante. Assim, quando S é forte e positivamente correlacionado com as taxas de juros, os preços futuros tendem a ser ligeiramente maiores do que os preços a termo. Quando S é forte e negativamente correlacionado com as taxas de juros, um argumento semelhante mostra que os preços a termo tenderão a ser ligeiramente superiores aos preços futuros.

As diferenças teóricas entre preços a termo e futuros para contratos que duram apenas alguns meses são, na maioria das circunstâncias, suficientemente pequenas para que possam ser ignoradas. Na prática, os modelos teóricos não refletem diversos fatores que podem causar diferenças entre os preços a termo e futuros, incluindo impostos, custos de transação e requerimentos de margem. O risco de que a contraparte entrará em mora pode ser menor no caso dos contratos futuros, devido ao papel da câmara de compensação da bolsa. Em alguns casos, os contratos futuros também são mais líquidos e mais fáceis de negociar do que os contratos a termo. Apesar de todas essas questões, em geral seria razoável pressupor que os preços a termo e futuros são iguais. Esse é o pressuposto que normalmente usaremos nesse livro. Também usaremos o símbolo F_0 para representar o preço futuro e o preço a termo de um ativo no dia de hoje.

Uma exceção à regra de podermos pressupor que contratos futuros e a termo são iguais é relativa aos futuros de eurodólares. A questão será discutida na Seção 6.3.

5.9 PREÇOS FUTUROS DE ÍNDICES DE AÇÕES

Introduzimos os futuros sobre índices de ações na Seção 3.5 e mostramos como um contrato futuro sobre um índice de ações é uma ferramenta útil na gestão de portfólios de ações. A Tabela 3.3 mostra os preços futuros de diversos índices. Agora, estamos posicionados para considerar como os preços futuros de índices são determinados.

Em geral, um índice de ações pode ser considerado como o preço de um ativo de investimento que paga dividendos.[5] O ativo de investimento é o portfólio composto das ações subjacentes ao índice e os dividendos pagos pelo ativo de investimento são aqueles que seriam recebidos pelo titular desse portfólio. Em geral, pressupõe-se que os dividendos oferecem um rendimento conhecido e não uma renda em caixa conhecida. Se q é a taxa de rendimento em dividendos, a equação (5.3) dá o preço futuro, F_0, como:

$$F_0 = S_0 e^{(r-q)T} \qquad (5.8)$$

Isso mostra que o preço futuro aumenta por uma taxa $r - q$ com o vencimento do contrato futuro. Na Tabela 3.3, o preço de ajuste futuro de dezembro do S&P 500

---
[5] Ocasionalmente, isso não é verdade: ver História de Negócios 5.3.

> **História de Negócios 5.3** O contrato futuro Nikkei 225 da CME
>
> Os argumentos neste capítulo sobre como preços futuros de índices são determinados exigem que o índice tenha o valor de um ativo de investimento. Isso significa que ele tem o valor de um portfólio de ativos que pode ser negociado. O ativo subjacente do contrato futuro sobre o Índice Nikkei 225 da Chicago Mercantile Exchange não cumpre esse requisito, e o porquê disso é bastante sutil. Suponha que S é o valor do Índice Nikkei 225. Este é o valor de um portfólio de 225 ações japonesas mensurado em ienes. A variável subjacente ao contrato futuro da CME sobre o Nikkei 225 tem um *valor em dólares* de $5S$. Em outras palavras, o contrato futuro toma uma variável mensurada em ienes e trata-a como se estivesse em dólares.
>
> Não podemos investir em um portfólio cujo valor sempre será $5S$ dólares. O melhor que podemos fazer é investir em algo que sempre valerá $5S$ ienes ou em um que sempre valerá $5QS$ dólares, em que Q é o valor em dólares de 1 iene. A variável $5S$ dólares não é, assim, o preço de um ativo de investimento, e a equação (5.8) não se aplica.
>
> O contrato futuro sobre o Nikkei 225 da CME é um exemplo de *quanto*. Um quanto é um derivativo no qual o ativo subjacente é mensurado em uma moeda e o resultado em outra. Os quantos serão discutidos em mais detalhes no Capítulo 30.

é cerca de 0,75% menor do que o preço de ajuste de junho. Isso indica que em 14 de maio de 2013, a taxa de juros livre de risco de curto prazo r era menor do que o rendimento em dividendos q em cerca de 1,5% ao ano.

■ Exemplo 5.5

Considere um contrato futuro de 3 meses sobre um índice. Suponha que as ações subjacentes ao índice oferecem um rendimento de 1% ao ano, que o valor atual do índice é 1.300 e que a taxa de juros livre de risco composta continuamente é 5% ao ano. Nesse caso, $r = 0{,}05$, $S_0 = 1.300$, $T = 0{,}25$ e $q = 0{,}01$. Assim, o preço futuro, F_0, é dado por:

$$F_0 = 1.300 e^{(0,05 - 0,01) \times 0,25} = \$1.313{,}07$$ ■

Na prática, o rendimento em dividendos sobre o portfólio subjacente ao índice varia de uma semana para a outra durante o ano. Por exemplo, boa parte dos dividendos sobre ações da NYSE é paga na primeira semana de fevereiro, maio, agosto e novembro de cada ano. O valor escolhido de q deve representar o rendimento em dividendos anualizado médio durante a vida do contrato. Os dividendos usados para estimar q devem ser aqueles para os quais a data ex-dividendos cai durante a vida do contrato futuro.

Arbitragem de índice

Se $F_0 > S_0 e^{(r-q)T}$, é possível obter lucro comprando as ações subjacentes ao índice pelo preço à vista (ou seja, para entrega imediata) e vendendo a descoberto contratos futuros. Se $F_0 < S_0 e^{(r-q)T}$, é possível obter lucro pela ação contrária, ou seja, vendendo a descoberto ou simplesmente vendendo as ações subjacentes ao índice e assumindo uma posição comprada em contratos futuros. Essas estratégias são conhecidas pelo nome de *arbitragem de índice*. Quando $F_0 < S_0 e^{(r-q)T}$, a arbitragem

> **História de Negócios 5.4** Arbitragem de índice em outubro de 1987
>
> Para trabalhar com arbitragem de índice, o trader deve ser capaz de negociar o contrato futuro sobre índice e o portfólio de ações subjacente ao índice muito rapidamente aos preços cotados no mercado. Em condições de mercado normais, isso é possível usando *program trading* (negociação programada), e a relação na equação (5.8) se mantém bem. Dois exemplos de dias em que o mercado foi totalmente anormal são 19 e 20 de outubro de 1987. Na chamada "Segunda-Feira Negra", 19 de outubro de 1987, o mercado despencou mais de 20% e as 604 milhões de ações negociadas na New York Stock Exchange superaram facilmente todos os recordes anteriores. Os sistemas da bolsa ficaram sobrecarregados e as ordens de compra ou venda de ações naquele dia tiveram atrasos de até duas horas antes de serem executadas.
>
> Durante boa parte de 19 de outubro de 1987, os preços futuros tiveram um desconto significativo em relação ao índice subjacente. Por exemplo, no fechamento das negociações, o índice S&P 500 estava em 225,06 (queda de 57,88 no dia), enquanto o preço futuro para a entrega em dezembro sobre o S&P 500 era de 201,50 (queda de 80,75 no dia). O motivo para isso foi principalmente o atraso no processamento de ordens, que tornou a arbitragem de índice impossível. No dia seguinte, a terça-feira de 20 de outubro de 1987, a New York Stock Exchange impôs restrições temporárias sobre o modo como o *program trading* poderia ser realizado. Isso também dificultou bastante a arbitragem de índice e continuou a destruição da ligação tradicional entre índices de ações e futuros de índices de ações. Em determinado momento, o preço futuro para o contrato de dezembro era 18% inferior ao índice S&P 500. Após alguns dias, contudo, o mercado voltou ao normal e as atividades dos arbitradores garantiram que a equação (5.8) governaria a relação entre os preços futuros e à vista dos índices.

de índice muitas vezes é realizada por um fundo de pensão que possui um portfólio indexado de ações. Quando $F_0 > S_0 e^{(r-q)T}$, pode ser realizada por um banco ou empresa que possui investimentos de curto prazo no mercado monetário. Para índices que envolvem muitas ações, a arbitragem de índice também pode ser realizada pela negociação de uma amostra representativa relativamente pequena de ações cujos movimentos se assemelham bastante aos do índice. Em geral, a arbitragem de índice é implementada por meio de *program trading*, o que envolve usar um sistema computadorizado para gerar as negociações.

Na maior parte do tempo, as atividades dos arbitradores garantem que a equação (5.8) será válida, mas ocasionalmente a arbitragem é impossível e o preço futuro se desalinha do preço à vista (ver História de Negócios 5.4).

5.10 CONTRATOS A TERMO E FUTUROS SOBRE MOEDAS

Agora vamos considerar os contratos cambiais a termo e futuros da perspectiva de um investidor americano. O ativo subjacente é uma unidade da moeda estrangeira. Assim, vamos definir a variável S_0 como o preço à vista atual em dólares americanos de uma unidade da moeda estrangeira e F_0 como os preços a termo ou futuros em dólares americanos de uma unidade da moeda estrangeira. As definições são consistentes com o modo como definimos S_0 e F_0 para outros ativos subjacentes de contratos a termo e futuros. Contudo, como mencionado na Seção 2.11, eles não correspondem necessariamente ao modo como as taxas de câmbio à vista e a termo são cotadas. Para os principais câmbios que não a libra esterlina, euro, dólar australiano e dólar neozelandês, a taxa de câmbio à vista ou a termo normalmente é cotada como o número de unidades da moeda equivalente a um dólar americano.

Uma moeda estrangeira tem a propriedade de que o seu titular possa obter juros pela taxa de juros livre de risco prevalecente no país estrangeiro. Por exemplo, o titular pode investir a moeda em um título denominado nela. Vamos definir r_f como o valor da taxa de juros livre de risco estrangeira quando o dinheiro é investido nela pelo tempo T. A variável r é a taxa de juros livre de risco quando o dinheiro é investido por esse período de tempo em dólares americanos.

A relação entre F_0 e S_0 é:

$$F_0 = S_0 e^{(r - r_f)T} \tag{5.9}$$

Essa é a famosa relação de paridade da taxa de juros nas finanças internacionais. O motivo para ela ser verdadeira está ilustrado na Figura 5.1. Imagine que um indivíduo começa com 1.000 unidades da moeda estrangeira. Temos duas maneiras de converter esse valor para dólares no tempo T. Uma é investir a quantia por T anos à taxa r_f e firmar um contrato a termo para vender o resultado em troca de dólares no tempo T. Isso gera $1.000e^{r_f T}F_0$ dólares. A outra é trocar a moeda estrangeira por dólares no mercado à vista e investir o resultado por T anos à taxa r. Isso gera $1.000S_0 e^{rT}$ dólares. Na ausência de oportunidades de arbitragem, as duas estratégias devem dar o mesmo resultado. Logo:

$$1.000e^{r_f T}F_0 = 1.000S_0 e^{rT}$$

de modo que:

$$F_0 = S_0 e^{(r - r_f)T}$$

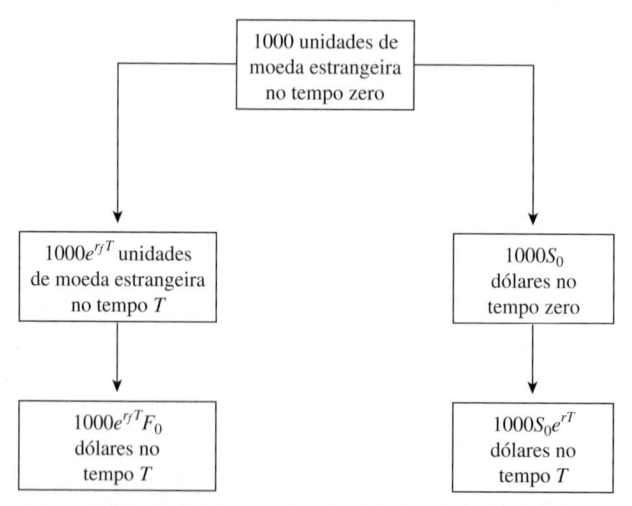

FIGURA 5.1 Duas maneiras de converter 1.000 unidades de uma moeda estrangeira para dólares no tempo T. Aqui, S_0 é a taxa de câmbio à vista, F_0 é a taxa de câmbio a termo e r e r_f são as taxas de juros livre de risco em dólares e na moeda estrangeira.

■ Exemplo 5.6

Suponha que as taxas de juros de 2 anos na Austrália e nos Estados Unidos são 3% e 1%, respectivamente, e o câmbio à vista é 0,9800 USD por AUD. Da equação (5.9), a taxa de câmbio a termo de 2 anos deve ser:

$$0{,}9800e^{(0{,}01 - 0{,}03) \times 2} = 0{,}9416$$

Suponha que a taxa de câmbio a termo de 2 anos é menor do que isso, por exemplo, 0,9300. Um arbitrador pode:

1. Tomar emprestado 1.000 AUD a 3% ao ano por 2 anos, converter 980 USD e investir os USD a 1% (ambas as taxas são continuamente compostas).
2. Firmar um contrato a termo para comprar 1.061.84 AUD por 1.061,84 × 0,93 = 987,51 USD.

Os 980 USD que são investidos a 1% aumentam para $980e^{0{,}01 \times 2} = 999{,}80$ USD em 2 anos. Dessa quantia, 987,51 USD são usados para comprar 1.061,84 AUD sob as disposições do contrato a termo, o que é exatamente o necessário para repagar o principal e os juros sobre os 1.000 AUD emprestados ($1.000e^{0{,}03 \times 2} = 1.061{,}844$). A estratégia, assim, dá origem a lucro sem risco de 999,80 − 987,51 = 12,29 USD. (Se isso tudo não parece muito animador, considere a seguinte estratégia semelhante, na qual você toma emprestado 100 milhões de AUD!)

A seguir, suponha que a taxa a termo de 2 anos é 0,9600 (maior do que o valor de 0,9416 gerado pela equação (5.9)). Um arbitrador pode:

1. Tomar emprestado 1.000 USD a 1% ao ano por 2 anos, converter para 1.000/0,9800 = 1.020,41 AUD e investir os AUD a 3%.
2. Firmar um contrato a termo para vender 1.083,51 AUD por 1.083,51 × 0,96 = 1.040,17 USD.

Os 1.020,41 AUD investidos a 3% aumentam para $1.020{,}41e^{0{,}03 \times 2} = 1.083{,}51$ AUD em 2 anos. O contrato a termo tem o efeito de converter essa quantia em 1.040,17 USD. A quantia necessária para pagar os empréstimos em USD é $1.000e^{0{,}01 \times 2} = 1.020{,}20$ USD. Assim, a estratégia dá origem a um lucro sem risco de 1.040,17 − 1.020,20 = 19,97 USD. ■

A Tabela 5.4 mostra cotações de futuros cambiais em 14 de maio de 2013. As cotações estão em dólares americanos por unidade da moeda estrangeira. (No caso do iene japonês, a cotação está em dólares americanos por 100 ienes.) Essa é a convenção de cotação normal para contratos futuros. A equação (5.9) se aplica, com r igual à taxa de juros livre de risco americana e r_f igual à taxa de juros livre de risco estrangeira.

Em 14 de maio de 2013, as taxas de juros de curto prazo sobre o iene japonês, o franco suíço e o euro eram menores do que a taxa de juros de curto prazo sobre o dólar americano. Isso corresponde à situação $r > r_f$ e explica por que os preços futuros para essas moedas aumentam com o vencimento na Tabela 5.4. Para o dólar australiano, a libra esterlina e o dólar canadense, as taxas de juros de curto prazo eram maiores do que nos Estados Unidos. Isso corresponde à situação $r_f > r$ e explica por que os preços de ajuste futuros dessas moedas diminuem com o vencimento.

TABELA 5.4 Cotações futuras para determinados grupos do CME Group sobre moedas estrangeiras em 14 de maio de 2013

	Abertura	Alta	Baixa	Ajuste anterior	Última negociação	Mudança	Volume
Dólar australiano, USD por AUD, 100.000 AUD							
Junho de 2013	0,9930	0,9980	0,9862	0,9930	0,9870	−0,0060	118.000
Setembro de 2013	0,9873	0,9918	0,9801	0,9869	0,9808	−0,0061	535
Libra esterlina, USD por GBP, 62.500 GBP							
Junho de 2013	1,5300	1,5327	1,5222	1,5287	1,5234	−0,0053	112.406
Setembro de 2013	1,5285	1,5318	1,5217	1,5279	1,5224	−0,0055	214
Dólar canadense, USD por CAD, 100.000 CAD							
Junho de 2013	0,9888	0,9903	0,9826	0,9886	0,9839	−0,0047	63.452
Setembro de 2013	0,9867	0,9881	0,9805	0,9865	0,9819	−0,0046	564
Dezembro de 2013	0,9844	0,9859	0,9785	0,9844	0,9797	−0,0047	101
Euro, USD por EUR, 125.000 EUR							
Junho de 2013	1,2983	1,3032	1,2932	1,2973	1,2943	−0,0030	257.103
Setembro de 2013	1,2990	1,3039	1,2941	1,2981	1,2950	−0,0031	621
Dezembro de 2013	1,3032	1,3045	1,2953	1,2989	1,2957	−0,0032	81
Iene japonês, USD por 100 ienes, 12,5 milhões de ienes							
Junho de 2013	0,9826	0,9877	0,9770	0,9811	0,9771	−0,0040	160.395
Setembro de 2013	0,9832	0,9882	0,9777	0,9816	0,9777	−0,0039	341
Franco suíço, USD por CHF, 125.000 CHF							
Junho de 2013	1,0449	1,0507	1,0358	1,0437	1,0368	−0,0069	41.463
Setembro de 2013	1,0467	1,0512	1,0370	1,0446	1,0376	−0,0070	16

■ *Exemplo 5.7*

Na Tabela 5.4, o preço de ajuste de setembro para o dólar australiano é cerca de 0,6% menor do que o preço de ajuste de junho. Isso indica que os preços futuros estão diminuindo cerca de 2,4% ao ano com o vencimento. Da equação (5.9), esta é uma estimativa de quanto as taxas de juros australianas de curto prazo excederão as taxas de juros americanas de curto prazo em 14 de maio de 2013. ■

Uma moeda estrangeira como um ativo que oferece um rendimento conhecido

A equação (5.9) é idêntica à equação (5.3), com q substituído por r_f. Não é coincidência. Uma moeda estrangeira pode ser considerada um ativo de investimento que paga um rendimento conhecido. O rendimento é a taxa de juros livre de risco na moeda estrangeira.

Para entender isso, observe que o valor dos juros pagos em uma moeda estrangeira depende do valor da moeda. Suponha que a taxa de juros sobre a libra esterlina é 5% ao ano. Para um investidor americano, a libra esterlina oferece renda igual a 5% do valor da libra esterlina ao ano. Em outras palavras, ela é um ativo que oferece rendimento de 5% ao ano.

5.11 FUTUROS SOBRE COMMODITIES

Agora passamos para uma consideração dos contratos futuros sobre commodities. Primeiro, vamos analisar os preços futuros de commodities que são ativos de investimento, como ouro e prata.[6] A seguir, examinamos os preços futuros dos ativos de consumo.

Renda e custos de estocagem

Como explicado na História de Negócios 3.1, as estratégias de hedge dos produtores de ouro levam a um requerimento da parte dos bancos de investimento de tomar ouro emprestado. Os proprietários de ouro, como os bancos centrais, cobram juros na forma da chamada *taxa de arrendamento do ouro* quando emprestam ouro. O mesmo vale para a prata. Assim, ouro e prata geram renda para seus titulares. Assim como outras commodities, os dois metais também têm custos de estocagem.

A equação (5.1) mostra que, na ausência de custos de estocagem e renda, o preço a termo de uma commodity que é um ativo de investimento é dado por:

$$F_0 = S_0 e^{rT} \tag{5.10}$$

Os custos de estocagem podem ser tratados como uma renda negativa. Se U é o valor presente de todos os custos de estocagem, líquidos da renda, durante a vida do contrato a termo, a equação (5.2) nos diz que:

$$F_0 = (S_0 + U)e^{rT} \tag{5.11}$$

■ Exemplo 5.8

Considere um contrato futuro de 1 ano sobre um ativo de investimento que não gera renda. Custa $2 por unidade estocar o ativo, com o pagamento sendo realizado no final do ano. Pressuponha que o preço à vista é $450 por unidade e a taxa de juros livre de risco é 7% ao ano para todos os vencimentos. Isso corresponde a $r = 0{,}07$, $S_0 = 450$, $T = 1$ e:

$$U = 2e^{-0{,}07 \times 1} = 1{,}865$$

Da equação (5.11), o preço futuro teórico, F_0, é dado por:

$$F_0 = (450 + 1{,}865)e^{0{,}07 \times 1} = \$484{,}63$$

Se o preço futuro real é maior do que 484,63, um arbitrador pode comprar o ativo e vender a descoberto contratos futuros de 1 ano para garantir o lucro. Se o preço futuro real é inferior a 484,63, o investidor que já possui o ativo pode melhorar seu retorno vendendo o ativo e comprando contratos futuros. ■

---

[6] Lembre-se que para ser um ativo de investimento, o ativo não precisa ser mantido exclusivamente para fins de investimento. O necessário é que alguns indivíduos o mantenham para fins de investimento e que eles estejam preparados para vendê-lo e para assumir posições compradas em contratos a termo, caso a segunda opção pareça atraente. Isso explica por que a prata, apesar de seus usos industriais, é um ativo de investimento.

Se os custos de estocagem (líquidos da renda) incorridos em qualquer momento são proporcionais ao preço da commodity, eles podem ser tratados como um rendimento negativo. Nesse caso, da equação (5.3):

$$F_0 = S_0 e^{(r+u)T} \tag{5.12}$$

onde u denota os custos de estocagem anuais como proporção do preço à vista líquido de qualquer rendimento obtido sobre o ativo.

Commodities de consumo

Commodities que são ativos de consumo, não ativos de investimento, geralmente não oferecem renda, mas podem estar sujeitos a custos de estocagem significativos. Agora, vamos revisar cuidadosamente as estratégias de arbitragem usadas para determinar os preços futuros a partir de preços à vista.[7]

Suponha que, em vez da equação (5.11), nós temos:

$$F_0 > (S_0 + U)e^{rT} \tag{5.13}$$

Para tirar vantagem dessa oportunidade, um arbitrador poderia implementar a seguinte estratégia:

1. Tomar emprestado uma quantia $S_0 + U$ à taxa de juros livre de risco e usá-la para comprar uma unidade da commodity e pagar os custos de estocagem.
2. Vender a descoberto um contrato futuro sobre uma unidade da commodity.

Se considerarmos o contrato futuro como um contrato a termo, eliminando o ajuste diário, essa estratégia leva a um lucro de $F_0 - (S_0 + U)e^{rT}$ no tempo T. Não há nenhum problema em implementar a estratégia para qualquer commodity. Contudo, quando os arbitradores o fazem, há uma tendência de S_0 aumentar e F_0 diminuir até que a equação (5.13) deixe de ser verdade. Assim, podemos concluir que a equação (5.13) não pode se manter por qualquer período de tempo significativo.

A seguir, suponha que:

$$F_0 < (S_0 + U)e^{rT} \tag{5.14}$$

Quando a commodity é um ativo de investimento, poderíamos argumentar que muitos investidores a mantêm exclusivamente para fins de investimento. Quando observam a desigualdade na equação (5.14), eles obtêm um lucro ao adotar a seguinte estratégia:

1. Vender a commodity, poupar os custos de estocagem e investir o resultado à taxa de juros livre de risco.
2. Assumir uma posição comprada em um contrato futuro.

O resultado é um lucro sem risco no vencimento igual a $(S_0 + U)e^{rT} - F_0$ em relação à posição em que os investidores estariam se tivessem mantido a commodity. Logo, a equação (5.14) não pode ser válida por muito tempo. Como nem a equação (5.13) nem a (5.14) se sustentam por muito tempo, devemos ter que $F_0 = (S_0 + U)e^{rT}$.

---

[7] Para algumas commodities, o preço à vista depende do local da entrega. Pressupomos que o local da entrega é o mesmo para à vista e futuros.

Esse argumento não pode ser utilizado para uma commodity que é um ativo de consumo e não um ativo de investimento. Os indivíduos e empresas que possuem uma commodity de consumo normalmente planejam usá-la de alguma maneira. Eles relutam em vender o commodity no mercado à vista e comprar contratos a termo ou futuros, pois contratos não podem ser utilizados como insumos em um processo industrial ou consumidos de alguma outra maneira. Assim, nada impede a equação (5.14) de se manter e tudo que podemos afirmar em relação a uma commodity de consumo é que:

$$F_0 \leq (S_0 + U)e^{rT} \tag{5.15}$$

Se os custos de estocagem são expressos como uma proporção u do preço à vista, o resultado equivalente é:

$$F_0 \leq S_0 e^{(r+u)T} \tag{5.16}$$

Rendimentos de conveniência

As equações (5.15) e (5.16) não são necessariamente relações de igualdade porque os usuários de uma commodity de consumo podem acreditar que a propriedade do item físico oferece benefícios que não podem ser obtidos pelos titulares de contratos futuros. Por exemplo, uma refinaria de petróleo provavelmente não veria um contrato futuro sobre petróleo bruto como sendo igual ao petróleo bruto armazenado em seu estoque. O petróleo bruto em estoque pode ser usado como insumo do processo de refino, enquanto um contrato futuro não pode ser usado para isso. Em geral, a propriedade do ativo físico permite ao fabricante manter um processo de produção em funcionamento e talvez até lucrar com escassezes locais temporárias. Um contrato futuro não faz o mesmo. Os benefícios de manter o ativo físico também são considerados o *rendimento de conveniência* gerado pela commodity. Se o valor em dólares dos custos de estocagem é conhecido e tem valor presente U, então o rendimento de conveniência y é definido de tal forma que:

$$F_0 e^{yT} = (S_0 + U)e^{rT}$$

Se os custos de estocagem por unidade são uma proporção constante, u, do preço à vista, então y é definido de modo que:

$$F_0 e^{yT} = S_0 e^{(r+u)T}$$

ou:

$$F_0 = S_0 e^{(r+u-y)T} \tag{5.17}$$

O rendimento de conveniência mede simplesmente quanto o lado esquerdo é menor do que o lado direito na equação (5.15) ou na (5.16). Para ativos de investimento, o rendimento de conveniência deve ser zero; caso contrário, há oportunidades de arbitragem. A Tabela 2.2, no Capítulo 2, mostra que em 14 de maio de 2013, o preço futuro da soja diminuía quando o vencimento do contrato aumentava de julho de 2013 para novembro do mesmo ano. Esse padrão sugere que o rendimento de conveniência, y, é maior do que $r + u$ durante esse período.

O rendimento de conveniência reflete as expectativas do mercado em relação à disponibilidade futura da commodity. Quanto maior a possibilidade de ocorrência de escassezes, maior o rendimento de conveniência. Se os usuários da commodity têm estoques altos, é improvável que ocorra escassez no futuro próximo e o rendimento de conveniência tende a ser baixo. Se os estoques são baixos, a escassez se torna mais provável e o rendimento de conveniência normalmente é mais elevado.

5.12 O CUSTO DE CARREGAMENTO

A relação entre preços futuros e preços à vista pode ser resumida em termos do *custo de carregamento*. Este mede o custo de estocagem mais os juros pagos para financiar o ativo menos a renda obtida sobre o ativo. Para uma ação que não paga dividendos, o custo de carregamento é r, pois não há custos de estocagem e não se obtém uma renda; para um índice de ações, é $r - q$, pois obtém-se uma renda a uma taxa q sobre o ativo. Para uma moeda, é $r - r_f$; para uma commodity que oferece renda a uma taxa q e exige custos de estocagem a uma taxa u, é $r - q + u$; e assim por diante.

Defina o custo de carregamento como c. Para um ativo de investimento, o preço futuro é:

$$F_0 = S_0 e^{cT} \tag{5.18}$$

Para um ativo de consumo, é:

$$F_0 = S_0 e^{(c - y)T} \tag{5.19}$$

onde y é o rendimento de conveniência.

5.13 OPÇÕES DE ENTREGA

Um contrato a termo normalmente especifica que a entrega deve ocorrer em um determinado dia, mas um contrato futuro muitas vezes permite que a parte com a posição vendida escolha entregar em qualquer momento durante determinado período. (Em geral, a parte tem que dar alguns dias de aviso sobre sua intenção de realizar a entrega.) A escolha introduz uma complicação à determinação dos preços futuros. O vencimento do contrato futuro deve ser pressuposto como sendo o início, meio ou final do período de entrega? Apesar de a maioria dos contratos futuros ser encerrada antes do vencimento, é importante saber quando a entrega ocorrerá para calcular o preço futuro teórico.

Se o preço futuro é uma função crescente do tempo até o vencimento, a equação (5.19) nos mostra que $c > y$, de modo que os benefícios de manter o ativo (incluindo o rendimento de conveniência e líquido de custos de estocagem) são menores do que a taxa de juros livre de risco. Em geral, o melhor nesse caso para a parte com a posição vendida é realizar a entrega assim que possível, pois os juros obtidos sobre o caixa recebido supera os benefícios de se manter o ativo. Em via de regra, os preços futuros nessas circunstâncias devem ser calculados com base na entrega a ocorrer no início do período. Se os preços futuros diminuem à medida que o tempo até o vencimento aumenta ($c < y$), o contrário é verdade. Nesse caso, em geral é melhor para a parte com a posição vendida entregar o mais tarde possível, e os preços futuros devem, em geral, ser calculados com base nesse pressuposto.

5.14 PREÇOS FUTUROS E PREÇOS À VISTA FUTUROS ESPERADOS

A opinião média do mercado sobre qual será o preço à vista de um ativo em determinado tempo futuro é chamado de *preço à vista esperado* do ativo naquele momento. Suponha que estamos em junho e o preço futuro de setembro do milho é 350 centavos. É interessante perguntar qual é o preço à vista esperado do milho em setembro. Menor do que 350 centavos, maior do que 350 centavos ou exatamente igual a 350 centavos? Como ilustra a Figura 2.1, o preço futuro converge com o preço à vista no vencimento. Se o preço à vista esperado é menor do que 350 centavos, o mercado deve estar esperando que o preço futuro de setembro diminua, então os traders com posições vendidas ganham e os traders com posições compradas perdem. Se o preço à vista esperado é maior do que 350 centavos, o contrário deve ser verdade. O mercado deve estar esperando que o preço futuro de setembro aumente, então os traders com posições compradas ganham, enquanto aqueles com posições vendidas perdem.

Keynes e Hicks

Os economistas John Maynard Keynes e John Hicks argumentaram que se os hedgers tenderem a manter posições vendidas e os especuladores tenderem a manter posições compradas, o preço futuro de um ativo ficará abaixo do preço à vista esperado.[8] Isso ocorre porque os especuladores precisam de compensação pelos riscos que estão correndo. Eles somente negociarão se puderem esperar que, em média, ganharão dinheiro. Os hedgers perdem dinheiro em média, mas provavelmente estão preparados para aceitar isso porque o contrato futuro reduz seus riscos. Se os hedgers tenderem a manter posições compradas enquanto os especuladores mantêm posições vendidas, Keynes e Hicks argumentam que o preço futuro ficará acima do preço à vista esperado por um motivo semelhante.

Risco e retorno

A abordagem moderna para explicar a relação entre preços futuros e preços à vista esperados se baseia na relação entre risco e retorno esperado na economia. Em geral, quanto maior o risco de um investimento, maior o retorno esperado exigido pelo investidor. O Modelo de Precificação de Ativos Financeiros (CAPM), explicado no apêndice do Capítulo 3, mostra que há dois tipos de risco na economia: sistemático e não sistemático. O risco não sistemático não deve ser importante para o investidor. Ele pode ser quase totalmente eliminado por um portfólio bem diversificado. Assim, o investidor não deve precisar de um retorno maior do que o esperado por correr um risco não sistemático. O risco sistemático, por outro lado, não pode ser eliminado por diversificação. Ele decorre da correlação entre os retornos do investimento e os retornos do mercado de ações como um todo. Em geral, o investidor precisa de um retorno esperado maior do que a taxa de juros livre de risco por correr quantidades positivas de risco sistemático. Além disso, o investidor está preparado para aceitar um retorno esperado menor do que a taxa de juros livre de risco quando o risco sistemático em um investimento é negativo.

---

[8] Ver: J. M. Keynes, *A Treatise on Money*. London: Macmillan, 1930; e J. R. Hicks, *Value and Capital*. Oxford: Clarendon Press, 1939.

O risco em uma posição futura

Vamos considerar um especulador que assume uma posição comprada em um contrato futuro que dura T anos na esperança de que o preço à vista do ativo ficará acima do preço futuro ao final da vida do contrato futuro. Vamos ignorar o ajuste diário e pressupor que o contrato futuro pode ser tratado como um contrato a termo. Também supomos que o especulador coloca o valor presente do preço futuro em um investimento sem risco ao mesmo tempo que assume uma posição futura comprada. O resultado do investimento livre de risco é usado para comprar o ativo na data de entrega. O ativo é então imediatamente vendido por seu preço de mercado. Os fluxos de caixa do especulador são os seguintes:

Hoje: $-F_0 e^{-rT}$

Fim do contrato futuro: $+S_T$

onde F_0 é o preço futuro hoje, S_T é o preço do ativo no tempo T ao final do contrato futuro e r é o retorno livre de risco sobre os fundos investidos pelo tempo T.

Como podemos avaliar esse investimento? A taxa de desconto que devemos usar para o fluxo de caixa esperado no tempo T é igual ao retorno exigido pelo investidor para esse investimento. Suponha que k é o retorno exigido pelo investidor para esse investimento. O valor presente do investimento é:

$$-F_0 e^{-rT} + E(S_T)e^{-kT}$$

onde E denota o valor esperado. Podemos pressupor que todos os investimentos em mercados de títulos são apreçados de modo que tenham valor presente líquido zero. Isso significa que:

$$-F_0 e^{-rT} + E(S_T)e^{-kT} = 0$$

ou:

$$F_0 = E(S_T)e^{(r-k)T} \qquad (5.20)$$

Como acabamos de discutir, os retornos que os investidores precisam sobre um investimento dependem de seu risco sistemático. O investimento que estamos considerando é basicamente um investimento no ativo subjacente ao contrato futuro. Se os retornos desse ativo não estão correlacionados com o mercado de ações, a taxa de desconto correta a ser utilizada é a taxa de juros livre de risco r, então devemos estabelecer que $k = r$. Assim, a equação (5.20) nos dá:

$$F_0 = E(ST)$$

Isso mostra que o preço futuro é uma estimativa objetiva do preço à vista futuro esperado quando o retorno do ativo subjacente não está correlacionado com o mercado de ações.

Se o retorno do ativo está positivamente correlacionado com o mercado de ações, $k > r$ e a equação (5.20) leva a $F_0 < E(S_T)$. Isso mostra que quando o ativo subjacente ao contrato futuro possui um risco sistemático positivo, devemos esperar que o preço futuro subestime o preço à vista futuro esperado. Um exemplo de ativo com risco sistemático positivo seria um índice de ações. O retorno esperado dos investidores sobre as ações subjacentes ao índice geralmente é maior do que a taxa de juros livre de risco, r.

TABELA 5.5 Relação entre preço futuro e preço à vista futuro esperado

Ativo subjacente	Relação do retorno esperado k do ativo com a taxa de juros livre de risco r	Relação do preço futuro F com o preço à vista futuro esperado $E(S_T)$
Sem risco sistemático	$k = r$	$F_0 = E(S_T)$
Risco sistemático positivo	$k > r$	$F_0 < E(S_T)$
Risco sistemático negativo	$k < r$	$F_0 > E(S_T)$

Os dividendos oferecem um retorno de q. O aumento esperado no índice deve, assim, ser maior do que $r - q$. Logo, a equação (5.8) é consistente com a previsão de que o preço futuro subestima o preço futuro esperado das ações de um índice.

Se o retorno do ativo está negativamente correlacionado com o mercado de ações, $k < r$ e a equação (5.20) dá $F_0 > E(S_T)$. Isso mostra que quando o ativo subjacente ao contrato futuro possui um risco sistemático negativo, devemos esperar que o preço futuro superestime o preço à vista futuro esperado.

Esses resultados estão resumidos na Tabela 5.5.

Normal backwardation e contango

Quando o preço futuro está abaixo do preço à vista futuro esperado, a situação é chamada de *normal backwardation*; quando o preço futuro está acima do preço à vista futuro esperado, a situação é chamada de *contango*. Contudo, é preciso observar que ocasionalmente esses termos são usados para se referir à situação na qual o preço futuro está abaixo ou acima do preço à vista atual, não do preço à vista futuro esperado.

RESUMO

Na maioria dos casos, o preço futuro de um contrato com data de entrega garantida pode ser considerado igual ao preço a termo de um contrato com a mesma data de entrega. Podemos mostrar que, na teoria, os dois devem ser exatamente iguais quando as taxas de juros são perfeitamente previsíveis.

Para entender os preços futuros (ou a termo), é conveniente dividir os contratos futuros em duas categorias: aqueles nas quais o ativo subjacente é mantido para investimento por pelo menos parte dos traders e aqueles cujo ativo subjacente é mantido principalmente para fins de consumo.

No caso dos ativos de investimento, consideramos três situações diferentes:

1. O ativo não oferece renda.
2. O ativo oferece uma renda em dólar conhecida.
3. O ativo oferece um rendimento conhecido.

Os resultados estão resumidos na Tabela 5.6. Eles permitem que os preços futuros sejam obtidos para contratos sobre índices de ações, moedas, ouro e prata. Os custos de estocagem podem ser tratados como uma renda negativa.

No caso dos ativos de consumo, não é possível obter o preço futuro como função do preço à vista e outras variáveis observáveis. Aqui, o parâmetro conhecido

TABELA 5.6 Resumo dos resultados para um contrato com tempo até o vencimento T sobre um ativo de investimento com preço S_0 quando a taxa de juros livre de risco para um período do ano T é r

Ativo	Preço a termo/futuro	Valor de um contrato a termo comprado com preço de entrega K
Não oferece renda:	$S_0 e^{rT}$	$S_0 - Ke^{-rT}$
Oferece renda conhecida com valor presente I:	$(S_0 - I)e^{rT}$	$S_0 - I - Ke^{-rT}$
Oferece rendimento conhecido q:	$S_0 e^{(r-q)T}$	$S_0 e^{-qT} - Ke^{-rT}$

como o rendimento de conveniência do ativo passa a ser importante. Ele mede o quanto os usuários da commodity acreditam que a propriedade do ativo físico oferece benefícios que não podem ser obtidos pelos titulares dos contratos futuros. Esses benefícios podem incluir a capacidade de lucrar com escassezes locais temporárias ou de manter um processo de produção em atividade. Podemos obter um limite superior para o preço futuro dos ativos de consumo usando argumentos de arbitragem, mas não podemos fixar uma relação de igualdade entre preços futuros e à vista.

O conceito de custo de carregamento é útil em algumas situações. O custo de carregamento é o custo de estocagem do ativo subjacente mais o custo de financiamento e menos a renda recebida dele. No caso dos ativos de investimento, o preço futuro é maior do que o preço à vista por um montante que reflete o custo de carregamento. No caso dos ativos de consumo, o preço futuro é maior do que o preço à vista por um montante que reflete o custo de carregamento líquido do rendimento de conveniência.

Se pressupormos que o Modelo de Precificação de Ativos Financeiros (CAPM) é verdadeiro, a relação entre o preço futuro e o preço à vista futuro esperado depende do retorno sobre o ativo estar positiva ou negativamente correlacionado com o retorno sobre o mercado de ações. A correlação positiva tende a levar a um preço futuro inferior ao preço à vista futuro esperado, enquanto a correlação negativa tende a levar a um preço futuro superior ao preço à vista futuro esperado. É apenas quando a correlação é zero que o preço futuro teórico se torna igual ao preço à vista futuro esperado.

Leituras complementares

Cox, J. C., J. E. Ingersoll, and S. A. Ross. "The Relation between Forward Prices and Futures Prices", *Journal of Financial Economics*, 9 (December 1981): 321–46.

Jarrow, R. A., and G. S. Oldfield. "Forward Contracts and Futures Contracts", *Journal of Financial Economics*, 9 (December 1981): 373–82.

Richard, S., and S. Sundaresan. "A Continuous-Time Model of Forward and Futures Prices in a Multigood Economy", *Journal of Financial Economics*, 9 (December 1981): 347–72.

Routledge, B. R., D. J. Seppi, and C. S. Spatt. "Equilibrium Forward Curves for Commodities", *Journal of Finance*, 55, 3 (2000) 1297–1338.

Questões e problemas

5.1 Explique o que acontece quando um investidor vende uma determinada ação a descoberto.

5.2 Qual é a diferença entre o preço a termo e o valor de um contrato a termo?

5.3 Imagine que você firma um contrato a termo de 6 meses sobre uma ação que não paga dividendo quando o preço da ação é $30 e a taxa de juros livre de risco (com capitalização contínua) é de 12% ao ano. Qual é o preço a termo?

5.4 Um índice de ações está em 350. A taxa de juros livre de risco é de 8% ao ano (com capitalização contínua) e o rendimento em dividendos sobre o índice é de 4% ao ano. Qual deve ser o preço futuro para um contrato de 4 meses?

5.5 Explique detalhadamente por que o preço futuro do ouro pode ser calculado a partir de seu preço à vista e outras variáveis observáveis, enquanto o preço futuro do cobre não pode.

5.6 Explique detalhadamente o significado dos termos *rendimento de conveniência* e *custo de carregamento*. Qual é a relação entre preço futuro, preço à vista, rendimento de conveniência e custo de carregamento?

5.7 Explique por que uma moeda estrangeira pode ser tratada como um ativo que oferece um rendimento conhecido.

5.8 O preço futuro de um índice de ações é maior ou menor do que o valor futuro esperado do índice? Explique sua resposta.

5.9 Um contrato a termo comprado de 1 ano sobre uma ação que não paga dividendo é firmado quando o preço da ação é $40 e a taxa de juros livre de risco é 10% ao ano com capitalização contínua.
   (a) Quais são o preço a termo e o valor inicial do contrato a termo?
   (b) Seis meses depois, o preço da ação é $45 e a taxa de juros livre de risco ainda é 10%. Quais são o preço a termo e o valor do contrato a termo?

5.10 A taxa de juros livre de risco é 7% ao ano com capitalização contínua e o rendimento em dividendos sobre um índice de ações é 3,2% ao ano. O valor atual do índice é 150. Qual é o preço futuro de seis meses?

5.11 Suponha que a taxa de juros livre de risco é 9% ao ano com capitalização contínua e que o rendimento em dividendos sobre um índice de ações varia durante o ano. Em fevereiro, maio, agosto e novembro, os dividendos são pagos a uma taxa de 5% ao ano. Em outros meses, os dividendos são pagos a uma taxa de 2% ao ano. Suponha que o valor do índice em 31 de julho é 1.300. Qual é o preço futuro para um contrato a ser entregue em 31 de dezembro do mesmo ano?

5.12 Suponha que a taxa de juros livre de risco é 10% ao ano com capitalização contínua e que o rendimento em dividendos sobre um índice de ações é 4% ao ano. O índice está em 400 e o preço futuro para um contrato a ser entregue em quatro meses é 405. Quais oportunidades de arbitragem são criadas por essa situação?

5.13 Estime a diferença entre as taxas de juros de curto prazo no Canadá e nos Estados Unidos em 14 de maio de 2013 a partir das informações apresentadas na Tabela 5.4.

5.14 As taxas de juros de 2 meses na Suíça e nos Estados Unidos são, respectivamente, 1% e 2% ao ano com capitalização contínua. O preço à vista do franco suíço é $1,0500. O preço futuro para um contrato entregue em dois meses também é $1,0500. Quais oportunidades de arbitragem são criadas a partir disso?

5.15 O preço à vista da prata é $25 por onça. Os custos de estocagem são $0,24 por onça por ano, pagos trimestralmente e antecipados. Pressupondo que as taxas de juros são

5% ao ano para todas as vencimentos, calcule o preço futuro da prata para entrega em 9 meses.

5.16 Suponha que F_1 e F_2 são dois contratos futuros sobre a mesma commodity, com tempos até o vencimento, t_1 e t_2, onde $t_2 > t_1$. Prove que

$$F_2 \leq F_1 e^{r(t_2 - t_1)}$$

onde r é a taxa de juros (pressuposta como constante) e não há custos de estocagem. Para os fins deste problema, pressuponha que um contrato futuro é o mesmo que um contrato a termo.

5.17 Quando uma saída de caixa futura conhecida em uma moeda estrangeira é hedgeada por uma empresa usando um contrato a termo, não há risco de câmbio. Quando ela é hedgeada usando contratos futuros, o processo de ajuste diário deixa a empresa exposta a algum risco. Explique a natureza desse risco. Em especial, considere se a empresa está em melhor situação se usa um contrato futuro ou um contrato a termo quando:
   (a) O valor da moeda estrangeira cai rapidamente durante a vida do contrato.
   (b) O valor da moeda estrangeira sobe rapidamente durante a vida do contrato.
   (c) O valor da moeda estrangeira sobe e então cai de volta para seu valor inicial.
   (d) O valor da moeda estrangeira cai e então sobe de volta para seu valor inicial.
   Pressuponha que o preço a termo é igual o preço futuro.

5.18 Ocasionalmente, argumenta-se que uma taxa de câmbio a termo é um preditor objetivo das taxas de câmbio futuras. Sob quais circunstâncias isso é verdade?

5.19 Mostre que a taxa de crescimento no preço futuro de um índice é igual ao retorno excedente sobre o portfólio subjacente ao índice em relação à taxa de juros livre de risco. Pressuponha que a taxa de juros livre de risco e o rendimento em dividendos são constantes.

5.20 Mostre que a equação (5.3) é verdadeira considerando um investimento no ativo em combinação com uma posição vendida em um contrato futuro. Pressuponha que toda a renda do ativo é reinvestida no ativo. Use um argumento semelhante àquele nas notas de rodapé 2 e 4 deste capítulo e explique detalhadamente o que um arbitrador faria se a equação (5.3) não fosse verdadeira.

5.21 Explique detalhadamente o que significa o preço esperado de uma commodity em uma determinada data futura. Suponha que o preço futuro para o petróleo bruto diminui com o vencimento do contrato a uma taxa de 2% ao ano. Pressuponha que os especuladores tendem a vender a descoberto futuros de petróleo bruto e os hedgers tendem a assumir posições compradas. O que o argumento de Keynes e Hicks diz sobre o preço futuro esperado do petróleo?

5.22 O Value Line Index foi criado para refletir mudanças no valor de um portfólio de mais de 1.600 empresas, todas com pesos iguais. Antes de 9 de março de 1988, a mudança no índice de um dia para o outro era calculada como a média *geométrica* das mudanças nos preços das ações subjacentes aos índices. Nessas circunstâncias, a equação (5.8) relaciona corretamente o preço futuro do índice com seu preço de caixa? Se não, a equação superestima ou subestima o preço futuro?

5.23 Uma empresa americana está interessada em usar os contratos futuros negociados pelo CME Group para hedgear sua exposição a dólares australianos. Defina r como a taxa de juros (todos os vencimentos) sobre o dólar americano e r_f como a taxa de juros (todos os vencimentos) sobre o dólar australiano. Suponha que r e r_f são constantes e que a empresa usa um contrato com vencimento no tempo T para hedgear uma exposição no tempo t ($T > t$).

(a) Mostre que a razão de hedge ideal é $e^{(rf-r)(T-t)}$.
(b) Mostre que quando t é 1 dia, a razão de hedge ideal é quase exatamente S_0/F_0, onde S_0 é o preço à vista atual da moeda e F_0 é o preço futuro atual da moeda para o contrato com vencimento em T.
(c) Mostre que a empresa pode contabilizar o ajuste diário dos contratos futuros para um hedge que dura mais do que 1 dia pelo ajuste da razão de hedge de modo que sempre seja igual ao preço à vista da moeda dividido pelo preço futuro da moeda.

5.24 O que significa (a) um ativo de investimento e (b) um ativo de consumo? Por que a distinção entre ativos de investimento e de consumo é importante para determinar os preços a termo e futuros?

5.25 Qual é o custo de carregamento para:
(a) uma ação que não paga dividendo
(b) um índice de ações
(c) uma commodity com custos de estocagem
(d) uma moeda estrangeira.

Questões adicionais

5.26 No início de 2012, a taxa de câmbio à vista entre o franco suíço e o dólar americano era 1,0404 (dólares por franco). As taxas de juros nos Estados Unidos e na Suíça eram 0,25% e 0% ao ano, respectivamente, com capitalização contínua, A taxa de câmbio a termo de 3 meses era 1,0300 (dólares por franco). Qual estratégia de arbitragem era possível? Como sua resposta mudaria se a taxa de câmbio fosse 1,0500 (dólares por franco).

5.27 Um índice está em 1.200. A taxa de juros livre de risco de três meses é 3% ao ano e o rendimento em dividendos durante os próximos três meses é 1,2% ao ano. A taxa de juros livre de risco é 3,5% ao ano e o rendimento em dividendos durante os próximos seis meses é 1% ao ano. Estime o preço futuro do índice para contratos de três e seis meses. Todas as taxas de juros e rendimentos em dividendos são continuamente compostos.

5.28 A taxa de câmbio atual USD/euro é 1,4000 dólares por euro. A taxa de câmbio a termo de 6 meses é 1,3950. A taxa de juros em USD de seis meses é 1% a ano com capitalização contínua. Estime a taxa de juros em euros de seis meses.

5.29 O preço à vista do petróleo é $80 por barril e o custo de estocar um barril de petróleo por um ano é $3, pagos no final do ano. A taxa de juros livre de risco é 5% ao ano com capitalização contínua. Qual é o limite superior para o preço futuro de um ano do petróleo?

5.30 Espera-se que uma ação pague um dividendo de $1 por ação em 2 meses e em 5 meses. O preço da ação é $50 e a taxa de juros livre de risco é 8% ao ano, com capitalização contínua, para todos aos vencimentos. Um investidor acaba de assumir uma posição vendida em um contrato a termo de 6 meses sobre a ação.
(a) Quais são o preço a termo e o valor inicial do contrato a termo?
(b) Três meses depois, o preço da ação é $48 e a taxa de juros livre de risco ainda é 8% ao ano. Qual é o preço a termo e o valor da posição vendida no contrato a termo?

5.31 Um banco oferece a um cliente corporativo a escolha entre tomar caixa emprestado a 11% ao ano e tomar ouro emprestado a 2% ao ano. (Se o ouro for emprestado, os juros devem ser pagos em ouro. Assim, 100 onças de ouro emprestadas hoje exigiriam que 102 onças fossem pagas em 1 ano.) A taxa de juros livre de risco é 9,25% ao ano e os custos de estocagem são 0,5% ao ano. Discuta se a taxa de juros sobre o empréstimo em ouro é alta demais ou baixa demais em relação à taxa de juros sobre o empréstimo em caixa. As taxas de juros sobre os dois empréstimos são expressas com capitalização anual. A taxa de juros livre de risco e os custos de estocagem são expressos com capitalização contínua.

5.32 Uma empresa que não tem certeza sobre a data exata em que pagará ou receberá um valor em moeda estrangeira pode tentar negociar com seu banco um contrato a termo que especifique um período durante o qual a entrega pode ser realizada. A empresa deseja reservar o direito de escolher a data de entrega exata para que esta se adapte a seus próprios fluxos de caixa. Coloque-se na posição do banco. Como você apreçaria o produto que a empresa deseja?

5.33 Um trader possui uma commodity que não gera renda e não tem custos de estocagem como parte de um portfólio de investimento de longo prazo. O trader pode comprar a commodity por $1.250 por onça e vendê-lo por $1.249 por onça. O trader pode tomar emprestado fundos a 6% ao ano e investir fundos a 5,5% ao ano (ambas as taxas de juros são expressas com capitalização anual). Para qual faixa de preços a termo de 1 ano o trader não teria oportunidades de arbitragem? Suponha que não há spread entre compra e venda para preços a termo.

5.34 Uma empresa firma um contrato a termo com um banco para vender uma moeda estrangeira por K_1 no tempo T_1. A taxa de câmbio no tempo T_1 acaba sendo $S_1 (> K_1)$. A empresa pede ao banco para rolar o contrato até o tempo $T_2 (> T_1)$ em vez de liquidá-lo no tempo T_1. O banco concorda com um novo preço de entrega, K_2. Explique como K_2 deve ser calculado.

CAPÍTULO

6

Futuros de taxas de juros

Até este ponto, analisamos contratos futuros sobre commodities, índices de ações e moedas estrangeiras. Mostramos como eles funcionam, como são utilizados para hedge e como os preços futuros são determinados. Agora, passamos para uma consideração sobre futuros de taxas de juros.

Este capítulo explica os contratos populares sobre futuros de eurodólares e bônus do Tesouro negociados nos Estados Unidos. Muitos dos outros contratos futuros sobre taxas de juros no resto do mundo se baseiam no modelo desses contratos. Este capítulo também mostra como os contratos futuros sobre taxas de juros, quando usados em conjunto com a medida de duração apresentada no Capítulo 4, podem ser usados para hedgear a exposição de uma empresa a movimentos nas taxas de juros.

6.1 CONVENÇÕES DE CONTAGEM DE DIAS E COTAÇÃO

Para entender melhor o conteúdo deste capítulo, antes vamos considerar as convenções de contagem de dias e cotação aplicadas a bônus e outros instrumentos que dependem da taxa de juros.

Contagens de dias

A contagem de dias define o modo como os juros se acumulam com o passar do tempo. Em geral, conhecemos os juros obtidos durante algum período de referência (ex.: o tempo entre os pagamentos de cupom sobre um bônus) e estamos interessados em calcular os juros obtidos durante algum outro período.

A convenção de contagem de dias geralmente é expressa como X/Y. Quando calculamos os juros obtidos durante duas datas, X define o modo como o número de dias entre as duas datas é calculado e Y define o modo como o número total de dias no período de referência é mensurado. Os juros obtidos entre as duas datas são:

$$\frac{\text{Número de dias entre as datas}}{\text{Número de dias no período de referência}} \times \text{Juros obtidos no período de referência}$$

As três convenções de contagem de dias mais usadas nos Estados Unidos são:

1. Efetivo/efetivo (no período)
2. 30/360
3. Efetivo/360

A contagem de dias efetivo/efetivo (no período) é usada para títulos do Tesouro nos Estados Unidos. Isso significa que os juros obtidos entre duas datas se baseiam na razão entre os dias efetivos passados e o número efetivo de dias no período entre pagamentos de cupom. Suponha que o principal do título é $100, as datas de pagamento de cupom são 1º de março e 1º de setembro e a taxa do cupom é 8% ao ano. (Isso significa que juros de $4 são pagos todo dia 1º de março e 1º de setembro.) Suponha que desejamos calcular os juros obtidos entre 1º de março e 3 de julho. O período de referência vai de 1º de março a 1º de setembro. Há 184 dias (efetivos) no período de referência e os juros de $4 são obtidos durante esse tempo. Há 124 dias (efetivos) entre 1º de março e 3 de julho. Logo, os juros obtidos entre 1º de março e 3 de julho são:

$$\frac{124}{184} \times 4 = 2,6957$$

A contagem de dias 30/360 é usada para títulos corporativos e municipais nos Estados Unidos. Isso significa que pressupomos 30 dias por mês e 360 dias por ano quando realizamos os cálculos. Com a contagem de dias 30/360, o número total de dias entre 1º de março e 1º de setembro é 180. O número total de dias entre 1º de março e 3 de julho é $(4 \times 30) + 2 = 122$. Em um título corporativo com os mesmos termos que o título do Tesouro considerado acima, os juros obtidos entre 1º de março e 3 de julho seriam, então:

$$\frac{122}{180} \times 4 = 2,7111$$

Como mostrado na História de Negócios 6.1, às vezes a convenção de contagem de dias 30/360 tem consequências surpreendentes.

A contagem de dias efetivo/360 é usada para instrumentos do mercado monetário nos Estados Unidos. Ela indica que o período de referência é 360 dias. Os juros

---

História de Negócios 6.1 Contagens de dias podem enganar

Entre 28 de fevereiro e 1º de março de 2015 você pode escolher entre ter um título do governo dos EUA e um título corporativo americano. Ambos pagam o mesmo cupom e têm o mesmo preço cotado. Pressupondo que não há risco de inadimplência, qual você preferiria?

Parece que você deveria ser indiferente, mas a verdade é que o correto seria ter uma preferência clara pelo título corporativo. Sob a convenção de contagem de dias 30/360 usada para títulos corporativos, há 3 dias entre 28 de fevereiro de 2015 e 1º de março de 2015. Sob a convenção de contagem de dias efetivo/efetivo (no período) usada para títulos do governo, há apenas 1 dia. Você obteria aproximadamente três vezes mais juros com o título corporativo!

obtidos durante parte de um ano são calculados pela divisão do número efetivo de dias passados por 360 e a multiplicação pela taxa. Os juros obtidos em 90 dias são, assim, exatamente um quarto da taxa cotada, enquanto os juros obtidos em um ano completo de 365 dias são 365/360 vezes a taxa cotada.

As convenções variam de um país para o outro e de um instrumento para o outro. Por exemplo, os instrumentos do mercado monetário são cotados usando a base efetivo/365 na Austrália, Canadá e Nova Zelândia. A LIBOR é cotada como efetivo/360 para todas as moedas exceto a libra esterlina, para a qual ela é cotada usando uma base efetivo/365. Bônus denominados em euros e libras esterlinas geralmente são cotados usando uma base efetivo/efetivo.

Cotações de preço de letras do Tesouro dos EUA

Os preços de instrumentos do mercado monetário também são cotados usando uma *taxa de desconto*, constituída pelos juros obtidos como porcentagem do valor de face final, não como porcentagem do preço inicial pago pelo instrumento. As letras do Tesouro dos EUA seriam um exemplo. Se o preço de uma letra do Tesouro de 91 dias é cotado como 8, isso significa que a taxa de juros obtida é 8% do valor de face por 360 dias. Suponha que o valor de face é $100. Juros de $2,0222 (= 100 × 0,08 × 91/360) são obtidos durante a vida de 91 dias. Isso corresponde a uma taxa de juros real de 2,0222/(100 − 2,0222) = 2,064% para o período de 91 dias. Em geral, a relação entre o preço de caixa por $100 do valor de face e o preço cotado de uma letra do Tesouro nos Estados Unidos é:

$$P = \frac{360}{n}(100 - Y)$$

onde P é o preço cotado, Y é o preço de caixa e n é a vida remanescente da letra do Tesouro mensurada em dias corridos. Por exemplo, quando o preço de caixa de uma letra do Tesouro de 90 dias é 99, o preço cotado é 4.

Cotações de preço de títulos do Tesouro dos EUA

Os preços de títulos do Tesouro nos Estados Unidos são cotados em dólares e trinta e dois avos de dólar. O preço cotado é referente a um título com valor de face de $100. Assim, uma cotação de 90-05 ou $90\frac{5}{32}$ indica que o preço cotado para um título com valor de face de $100.000 é $90.156,25.

O preço cotado, que os traders chamam de *preço limpo* (*clean price*), não é o mesmo que o preço de caixa pago pelo comprador do título, que é chamado pelos traders de *preço sujo* (*dirty price*). Em geral:

Preço de caixa = Preço cotado + Juros acumulados desde a última data de cupom

Para ilustrar essa fórmula, suponha que é 5 de março de 2015 e o título em consideração é um título com cupom de 11% e maturidade em 10 de julho de 2038, com preço cotado de 95-16, ou $95,50. Como os cupons são pagos semestralmente sobre título do governo (e o cupom final é na maturidade), a data de cupom mais recente é 10 de janeiro de 2015 e a próxima data de cupom é 10 de julho de 2015. O número (efetivo) de dias entre 10 de janeiro de 2015 e 5 de março de 2015 é 54, enquanto o número (efetivo) de dias entre 10 de janeiro de 2015 e 10 de julho de 2015 é 181. Sobre um título com valor de face de $100, o pagamento de cupom é de $5,50 em 10 de janeiro e em 10 de julho. Os juros acumulados em 5 de março de 2015 representam a porcentagem do cupom de 10 de julho acumulado pelo titular do título em 5 de março de 2015. Como se usa efetivo/efetivo no período para título do Tesouro nos Estados Unidos, esse valor é:

$$\frac{54}{181} \times \$5{,}50 = \$1{,}64$$

O preço de caixa por $100 de valor de face para o título é:

$$\$95{,}50 + \$1{,}64 = \$97{,}14$$

Assim, o preço de caixa de um título de $100.000 é $97.140.

6.2 FUTUROS DE TÍTULOS DO TESOURO

A Tabela 6.1 mostra as cotações de futuros de taxas de juros em 14 de maio de 2013. Um contrato futuro de taxas de juros de longo prazo é o contrato futuro de títulos do Tesouro negociado pelo CME Group. Nesse contrato, qualquer título do governo que tenha entre 15 e 25 anos até a maturidade no primeiro dia do mês de entrega pode ser entregue. Um contrato que o CME Group começou a negociar em 2010 é o Ultra T-Bond, no qual qualquer título com maturidade de mais de 25 anos pode ser entregue.

Os contratos futuros de notas do Tesouro de 10, 5 e 2 anos nos Estados Unidos também são bastante populares. No contrato futuro de notas do Tesouro de 10 anos, qualquer título (ou nota) do governo com maturidade entre $6\frac{1}{2}$ e 10 anos pode ser entregue. Nos contratos futuros de notas do Tesouro de 5 e 2 anos, a nota entregue tem vida remanescente de cerca de 5 e 2 anos, respectivamente (e a vida original deve ser inferior a 5,25 anos).

Como será explicado posteriormente nesta seção, a bolsa desenvolveu um procedimento para ajustar o preço recebido pela parte com a posição vendida, de acordo com o título específico que escolhe entregar. O restante da discussão nesta seção se concentra em futuros de títulos do Tesouro. Muitos outros contratos negociados nos Estados Unidos e no resto do mundo são estruturados de maneira semelhante aos futuros de títulos do Tesouro, de modo que muitas das questões apresentadas aqui também se aplicam a tais contratos.

Cotações

Os contratos futuros de Ultra T-bond e títulos do Tesouro são cotados em dólares e trinta e dois avos de dólar por $100 de valor de face, semelhante ao modo como títulos são cotados no mercado à vista. Na Tabela 6.1, o preço de ajuste do contrato futuro de títulos do Tesouro de junho de 2013 é especificado como 144-20. Isso significa $144\frac{20}{32}$, ou 144,625. O preço de ajuste do contrato futuro de notas do Tesouro de 10 anos é cotado arredondado em trinta e dois avos. Assim, o preço de ajuste de 131-025 para o contrato de setembro de 2013 deve ser interpretado como $131\frac{2,5}{32}$, ou 131,078125.

TABELA 6.1 Cotações futuras para determinados contratos do CME Group sobre taxas de juros em 14 de maio de 2013

	Abertura	Alta	Baixa	Ajuste anterior	Última negociação	Mudança	Volume
Ultra T-Bond, $100.000							
Junho de 2013	158-08	158-31	156-31	158-08	157-00	−1-08	45.040
Setembro de 2013	157-12	157-15	155-16	156-24	155-18	−1-06	176
Títulos do Tesouro, $100.000							
Junho de 2013	144-22	145-04	143-26	144-20	143-28	−0-24	346.878
Setembro de 2013	143-28	144-08	142-30	143-24	142-31	−0-25	2.455
Notas do Tesouro de 10 anos, $100.000							
Junho de 2013	131-315	132-050	131-205	131-310	131-210	−0-100	1.151.825
Setembro de 2013	131-040	131-080	130-240	131-025	130-240	−0-105	20.564
Notas do Tesouro de 5 anos, $100.000							
Junho de 2013	123-310	124-015	123-267	123-307	123-267	−0-040	478.993
Setembro de 2013	123-177	123-192	123-122	123-165	123-122	−0-042	4.808
Notas do Tesouro de 2 anos, $200.000							
Junho de 2013	110-080	110-085	110-075	110-080	110-075	−0-005	98.142
Setembro de 2013	110-067	110-072	110-067	110-070	110-067	−0-002	13.103
***Fed Funds* de 30 dias, $5.000.000**							
Setembro de 2013	99,875	99,880	99,875	99,875	99,875	0,000	956
Julho de 2014	99,830	99,835	99,830	99,830	99,830	0,000	1.030
Eurodólar, $1.000.000							
Junho de 2013	99,720	99,725	99,720	99,725	99,720	−0,005	107.167
Setembro de 2013	99,700	99,710	99,700	99,705	99,700	−0,005	114.055
Dezembro de 2013	99,675	99,685	99,670	99,675	99,670	−0,005	144.213
Dezembro de 2015	99,105	99,125	99,080	99,100	99,080	−0,020	96.933
Dezembro de 2017	97,745	97,770	97,675	97,730	97,680	−0,050	14.040
Dezembro de 2019	96,710	96,775	96,690	96,760	96,690	−0,070	23

Os contratos de notas do Tesouro de 5 e 2 anos são cotados com ainda mais precisão, arredondando em um quarto de um trinta e dois avos. Assim, o preço de ajuste de 123-307 do contrato da nota do Tesouro de 5 anos de junho deve ser interpretado como $123\frac{30,75}{32}$, ou 123,9609375. Da mesma forma, o preço de negociação de 123-122 do contrato de setembro deve ser interpretado como $123\frac{12,25}{32}$, ou 123,3828125.

Fatores de conversão

Como mencionado, o contrato futuro de títulos do Tesouro permite que a parte com a posição vendida escolha entregar qualquer título com maturidade entre 15 e 25 anos. Quando um título específico é entregue, um parâmetro conhecido como *fator de conversão* define o preço recebido pelo título e pela parte com a posição vendida. O preço cotado aplicável para o título entregue é o produto do fator de conversão e o preço de ajuste mais recente para o contrato futuro. Considerando os juros acumulados (ver Seção 6.1), a quantia recebida por cada $100 em valor de face do título entregue é:

(Preço de ajuste mais recente × Fator de conversão) + Juros acumulados

Cada contrato é referente à entrega de título com valor de face $100.000. Suponha que o preço de ajuste mais recente é 90-00, o fator de conversão para o título entregue é 1,3800 e os juros acumulados sobre esse título no momento da entrega são de $3 por $100 de valor de face. A quantia recebida pela parte com a posição vendida (e paga pela parte com a posição comprada) é, assim:

$$(1,3800 \times 90,00) + 3,00 = \$127,20$$

por $100 de valor de face. Uma parte com a posição vendida em um contrato entregaria título com valor de face de $100.000 e receberia $127.200.

O fator de conversão de um título é determinado como igual ao preço cotado que o título teria por dólar do principal no primeiro dia do mês de entrega, partindo do pressuposto de que a taxa de juros para todas as maturidades é igual a 6% ao ano (com capitalização semestral). A maturidade do título e os tempos até as datas de pagamento de cupons são arredondados para os próximos 3 meses inferiores para fins de cálculo. A prática permite que a bolsa produza tabelas abrangentes. Se, após o arredondamento, o título dura um número exato de períodos de 6 meses, pressupõe-se que o primeiro cupom será pago em seis meses. Se, após o arredondamento, o título não dura um número exato de 6 meses (ou seja, há 3 meses adicionais), pressupõe-se que o primeiro cupom será pago após 3 meses e os juros acumulados são subtraídos.

Como primeiro exemplo dessas regras, considere um título com cupom de 10% e 20 anos e 2 meses até a maturidade. Para calcular o fator de conversão, pressupõe-se que o título tem exatamente 20 anos até a maturidade. Pressupõe-se que o primeiro pagamento de cupom será realizado após 6 meses. Depois, pressupõe-se que os pagamentos de cupom serão realizados em intervalos de 6 meses até o final dos 20 anos, quando o pagamento do principal é realizado. Pressuponha que o valor de face é $100. Quando a taxa de desconto é de 6% ao ano, com capitalização semestral (ou 3% a cada 6 meses), o valor do título é:

$$\sum_{i=1}^{40} \frac{5}{1,03^i} + \frac{100}{1,03^{40}} = \$146,23$$

Dividindo pelo valor de face, encontramos um fator de conversão de 1,4623.

Como segundo exemplo das regras, considere um título com cupom de 8% com 18 anos e 4 meses até a maturidade. Para calcular o fator de conversão, pressupõe-se que o título tem exatamente 18 anos e 3 meses até a maturidade. Descontando todos os pagamentos retroativamente até um ponto no tempo 3 meses no futuro a 6% ao ano (com capitalização semestral), encontramos um valor de:

$$4 + \sum_{i=1}^{36} \frac{4}{1,03^i} + \frac{100}{1,03^{36}} = \$125,83$$

A taxa de juros para um período de 3 meses é $\sqrt{1,03} - 1$, ou 1,4889%. Assim, descontando de volta ao presente, o valor do título encontrado é 125,83/1,014889 =

$123,99. Subtraindo os juros acumulados de 2,0, o valor se torna $121,99. Assim, o fator de conversão é 1,2199.

Título mais barato para entregar

Em qualquer momento durante o mês de entrega, muitos títulos podem ser entregues no contrato futuro de títulos do Tesouro. Estes variam bastante em termos de cupom e maturidade. A parte com a posição vendida pode escolher qual dos títulos disponíveis é o "mais barato" de entregar. Como a parte com a posição vendida recebe:

(Preço de ajuste mais recente × Fator de conversão) + Juros acumulados

e o custo de comprar um título é:

Preço cotado do título + Juros acumulados

o título mais barato para entregar é aquele para o qual:

Preço cotado do título − (Preço de ajuste mais recente × Fator de conversão)

é o menor. Depois que a parte com a posição vendida decidiu entregar, ela pode determinar o título mais barato para entregar examinando cada um dos títulos entregáveis individualmente.

■ Exemplo 6.1

A parte com a posição vendida decidiu entregar e está tentando escolher entre os três títulos na tabela a seguir. Suponha que o preço de ajuste mais recente é 93-08, ou seja, 93,25.

Título	Preço do título cotado ($)	Fator de conversão
1	99,50	1,0382
2	143,50	1,5188
3	119,75	1,2615

O custo de entregar cada um dos títulos é o seguinte:

Título 1: 99,50 − (93,25 × 1,0382) = $2,69
Título 2: 143,50 − (93,25 × 1,5188) = $1,87
Título 3: 119,75 − (93,25 × 1,2615) = $2,12

O título mais barato para entregar é o Título 2. ■

Diversos fatores determinam o título mais barato para entregar. Quando os rendimentos dos títulos excedem 6%, o sistema de fator de conversão tende a favorecer a entrega de títulos com baixo cupom e maturidade longa. Quando os rendimentos são inferiores a 6%, o sistema tende a favorecer a entrega de títulos com altos cupons e maturidade curta. Além disso, quando a curva de juros tem inclinação ascendente, tende-se a favorecer os títulos com bastante tempo até a maturidade; quando a curva tem inclinação descendente, por outro lado, a tendência é favorecer a entrega de títulos com pouco tempo de maturidade.

> **História de Negócios 6.2** A *Wild Card Play*
>
> O preço de ajuste no contrato futuro de título do Tesouro do CME Group é o preço às 14h, horário de Chicago. Contudo, os títulos do Tesouro continuam a ser negociados no mercado à vista além desse tempo, então um trader com posição vendida pode enviar à câmara de compensação um aviso de intenção de entrega posteriormente no mesmo dia. Se o aviso for emitido, o preço da fatura é calculado com base no preço de ajuste daquele dia, ou seja, o preço às 14h.
>
> Essa prática deu origem a uma opção conhecida pelo nome de *wild card play* ("jogada do curinga"). Se o preço do título diminui após as 14h do primeiro dia do mês de entrega, a parte com a posição vendida pode emitir um aviso de intenção de entrega, digamos, às 15:45, e então comprar os títulos no mercado à vista para entrega pelo preço calculado usando o preço futuro das 14h. Se o preço do título não diminui, a parte com a posição vendida mantém sua posição aberta e espera até o dia seguinte, quando a mesma estratégia pode ser utilizada.
>
> Assim como as outras opções abertas à parte com a posição vendida, a *wild card play* não tem custo zero. Seu valor se reflete no preço futuro, que é menor do que seria sem a opção.

Além da opção sobre o título mais barato para entregar, a parte com a posição vendida possui uma opção conhecida como *wild card play*, descrita na História de Negócios 6.2.

Determinando o preço futuro

É difícil determinar um preço futuro teórico exato para o contrato de título do Tesouro, pois as opções da parte vendida com relação ao tempo da entrega e escolha do título que será entregue não são fáceis de avaliar. Contudo, se pressupormos que o título mais barato para entregar e a data de entrega são conhecidos, o contrato futuro de títulos do Tesouro é um contrato futuro sobre um título negociável (o título) que oferece ao portador uma renda conhecida.[1] Assim, a equação (5.2) mostra que o preço futuro, F_0, está relacionado ao preço à vista, S_0, por:

$$F_0 = (S_0 - I)e^{rT} \qquad (6.1)$$

onde I é o valor presente dos cupons durante a vida do contrato futuro, T é o tempo até a maturidade do contrato futuro e r é a taxa de juros livre de risco aplicável a um período de tempo de duração T.

■ Exemplo 6.2

Suponha que, em um contrato futuro de títulos do Tesouro, sabe-se que o título mais barato para entregar será um título com cupom de 12% e fator de conversão de 1,6000. Suponha também que se sabe que a entrega ocorrerá em 270 dias. Os cupons são pagos semestralmente sobre o título. Como ilustrado na Figura 6.1, a data do último cupom foi

---

[1] Na prática, para estimar o título mais barato para entregar, os analistas normalmente pressupõem que as taxas zero na maturidade do contrato futuro serão iguais às taxas forward do dia de hoje.

	Pagamento de cupom	Tempo atual	Pagamento de cupom	Maturidade do contrato futuro	Pagamento de cupom
	← 60 dias →	← 122 dias →	← 148 dias →	← 35 dias →	

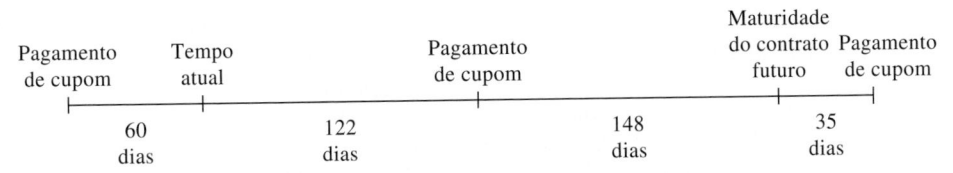

FIGURA 6.1 Diagrama de tempo do Exemplo 6.2.

60 dias atrás, a próxima data de cupom é em 122 dias e a data de cupom subsequente é em 305 dias. A estrutura a termo é plana e a taxa de juros (com capitalização contínua) é 10% ao ano. Pressuponha que o preço do título cotado é $115. O preço de caixa do título é obtido pela soma desse preço cotado à proporção do próximo pagamento de cupom acumulado para o titular. Assim, o preço de caixa é:

$$115 + \frac{60}{60 + 122} \times 6 = 116{,}978$$

Um cupom de $6 será recebido após 122 dias (= 0,3342 ano). O valor presente dessa quantia é:

$$6e^{-0{,}1 \times 0{,}3342} = 5{,}803$$

O contrato futuro dura 270 dias (= 0,7397 ano). O preço futuro de caixa, se o contrato foi lançado sobre o título de 12%, seria, assim:

$$(116{,}978 - 5{,}803)e^{0{,}1 \times 0{,}7397} = 119{,}711$$

Na entrega, há 148 dias de juros acumulados. O preço futuro cotado, se o contrato foi lançado sobre o título de 12%, é calculado pela subtração dos juros acumulados:

$$119{,}711 - 6 \times \frac{148}{148 + 35} = 114{,}859$$

Da definição do fator de conversão, títulos padrões 1,6000 são considerados equivalentes a cada título de 12%. Assim, o preço futuro cotado deve ser:

$$\frac{114{,}859}{1{,}6000} = 71{,}79$$ ∎

6.3 FUTUROS DE EURODÓLAR

O contrato futuro de taxa de juros mais popular dos Estados Unidos é o contrato futuro de eurodólar de três meses negociado pelo CME Group. Um eurodólar é um dólar depositado em um banco americano ou estrangeiro fora dos Estados Unidos. A taxa de juros de eurodólar é a mesma taxa obtida sobre eurodólares depositados por um banco junto a outro banco. Basicamente, ela é igual à London Interbank Offered Rate (LIBOR) apresentada no Capítulo 4.

Um contrato futuro de eurodólar de três meses é um contrato futuro sobre os juros que serão pagos (por alguém que toma um empréstimo à taxa de juros de eurodólar) sobre 1 milhão de dólares para um período futuro de três meses. Ele permite que o trader especule sobre a taxa de juros de três meses futura ou hedgeie a exposição a uma taxa de juros de três meses futura. Os contratos futuros de eurodólar têm maturidades em março, junho, setembro e dezembro por até 10 anos no futuro. Isso significa que em 2014, um trader pode usar futuros de eurodólar para assumir uma posição sobre quais serão as taxas de juros no futuro até 2024. Contratos de maturidade curta são negociados para meses que não março, junho, setembro e dezembro.

Para entender como funcionam os contratos futuros de eurodólar, considere o contrato de junho de 2013 na Tabela 6.1. O preço de ajuste em 13 de maio de 2013 é 99,725. O último dia de negociação é dois dias antes da terceira quarta-feira do mês de entrega, o que no caso desse contrato é 17 de junho de 2013. O contrato é ajustado diariamente da maneira normal até o último dia de negociação. Às 11h do último dia de negociação, há um ajuste final igual a $100 - R$, onde R é a taxa LIBOR de três meses do dia, expressa com capitalização trimestral e convenção de contagem de dias efetivo/360. Assim, se a taxa de juros de eurodólar de três meses em 17 de junho de 2013 for 0,75% (efetivo/360 com capitalização trimestral), o preço de ajuste final seria 99,250. Depois que o ajuste final ocorre, declara-se todos os contratos como encerrados.

O contrato é estruturado de modo que um movimento de um ponto-base (=0,01) na cotação futura corresponda a um ganho ou perda de $25 por contrato. Quando uma cotação futura de eurodólar aumenta em um ponto-base, o trader com posição comprada em um contrato ganha $25 e o trader com posição vendida em um contrato perde $25. Da mesma forma, quando a cotação diminui em um ponto-base, o trader com posição comprada em um contrato perde $25 e o trader com posição vendida em um contrato ganha $25. Suponha, por exemplo, que o preço de ajuste muda de 99,725 para 99,685. Os traders com posições compradas perdem $4 \times 25 =$ $100 por contrato; os traders com posições vendidas ganham $100 por contrato. Uma mudança de um ponto-base na cotação futura corresponde a uma mudança de 0,01% na taxa de juros subjacente. Isso, por sua vez, leva a:

$$1.000.000 \times 0,0001 \times 0,25 = 25$$

ou $25 de mudança na taxa de juros que serão obtidos sobre 1 milhão de dólares em três meses. A regra dos $25 por ponto-base é, assim, consistente com a ideia apresentada anteriormente, de que o contrato garante uma taxa de juros sobre 1 milhão por três meses.

A cotação futura é 100 menos a taxa de juros futura. O investidor com posição comprada ganha quando as taxas de juros caem e o com posição vendida ganha quando as taxas de juros sobem. A Tabela 6.2 mostra um possível conjunto de resultados para o contrato de junho de 2013 na Tabela 6.1 para um trader que assume uma posição comprada ao preço de ajuste de 13 de maio de 2013.

O preço do contrato é definido como:

$$10.000 \times [100 - 0,25 \times (100 - Q)] \qquad (6.2)$$

onde Q é a cotação. Assim, o preço de ajuste de 99,725 para o contrato de junho de 2013 na Tabela 6.1 corresponde a um preço de contrato de:

$$10.000 \times [100 - 0,25 \times (100 - 99,725)] = \$999.312,5$$

Na Tabela 6.2, o preço de contrato final é:

$$10.000 \times [100 - 0,25 \times (100 - 99,615)] = \$999.037,5$$

TABELA 6.2 Possível sequência de preços para o contrato futuro de eurodólar de junho de 2013

Data	Preço futuro de ajuste	Mudança	Ganho por contrato ($)
13 de maio de 2013	99,725		
14 de maio de 2013	99,720	−0,005	−12,50
15 de maio de 2013	99,670	−0,050	−125,00
⋮	⋮	⋮	⋮
17 de junho de 2013	99,615	+0,010	+25,00
Total		−0,110	−275,00

e a diferença entre o preço de contrato inicial e o final é $275, consistente com a perda calculada na Tabela 6.2 usando a regra de "$25 por movimentação de um ponto-base".

■ Exemplo 6.3

Um investidor deseja garantir a taxa de juros para um período de três meses com início dois dias antes da terceira quarta-feira de setembro sobre um principal de 100 milhões de dólares. Suponha que a cotação futura de eurodólar de setembro é 96,50, indicando que o investidor pode garantir uma taxa de juros de 100 − 96,5, ou 3,5% ao ano. O investidor pratica hedge comprando 100 contratos. Suponha que, dois dias antes da terceira quarta-feira de setembro, a taxa de eurodólar de três meses acaba sendo de 2,6%. O ajuste final do contrato ocorre a um preço de 97,40. O investidor ganha:

$$100 \times 25 \times (9.740 - 9.650) = 225.000$$

ou $225.000 sobre o contrato futuro de eurodólar. Os juros obtidos sobre o investimento de três meses são:

$$100.000.000 \times 0,25 \times 0,026 = 650.000$$

ou $650.000. O ganho sobre o futuro de eurodólar leva essa quantia a $875.000, que são os juros que ocorreriam a uma taxa de 3,5% ($100.000.000 \times 0,25 \times 0,035 = 875.000$).

A negociação futura parece ter o efeito de garantir exatamente uma taxa de juros de 3,5% em todas as circunstâncias. Na verdade, o hedge é menos do que perfeito, pois (a) os contratos futuros são ajustados diariamente (não todos no fim) e (b) o ajuste final no contrato futuro ocorre na maturidade do contrato, enquanto o pagamento da taxa de juros sobre o investimento ocorre três meses depois. Um ajuste aproximado para a segunda questão seria reduzir o tamanho do hedge de modo a refletir a diferença entre os fundos recebidos em setembro e aqueles recebidos três meses depois. Nesse caso, pressuporíamos uma taxa de juros de 3,5% para o período de três meses e multiplicaríamos o número de contratos por $1/(1 + 0,035 \times 0,25) = 0,9913$. Isso levaria à compra de 99 contratos e não de 100. ■

A Tabela 6.1 mostra que a estrutura a termo da taxa de juros nos EUA tinha inclinação ascendente em maio de 2013. Usando a coluna "Ajuste anterior", as taxas futuras para períodos de três meses com início em 17 de junho de 2013, 16 de setembro de 2013, 16 de dezembro de 2013, 14 de dezembro de 2015, 18 de dezembro

2017 e 16 de dezembro de 2019 eram 0,275%, 0,295%, 0,325%, 0,900%, 2,270% e 3,324%, respectivamente.

O Exemplo 6.3 mostra como contratos futuros de eurodólar podem ser usados por um investidor que deseja hedgear os juros que serão obtidos durante um período de três meses futuro. Observe que o tempo dos fluxos de caixa decorrentes do hedge não se alinha exatamente com o tempo dos fluxos de caixa dos juros. Isso ocorre porque os contratos futuros são ajustados diariamente. Além disso, o ajuste final ocorre em setembro, enquanto os pagamentos de juros sobre o investimento são recebidos três meses depois, em dezembro. Como indicado no exemplo, pode ser realizado um pequeno ajustamento à posição de hedge para permitir aproximadamente essa segunda questão.

Outros contratos, semelhantes aos futuros de eurodólar do CME Group, são negociados sobre taxas de juros em outros países. O CME Group negocia contratos de euroienes. A London International Financial Futures and Options Exchange (parte da Euronext) negocia contratos Euribor de três meses (ou seja, contratos sobre a taxa de três meses para depósitos em euros entre bancos da Eurozona) e futuros Euroswiss de três meses.

Taxas de juros a termo *versus* futuras

O contrato futuro de eurodólar é semelhante a um contrato de taxa forward (FRA: ver Seção 4.7), pois garante uma taxa de juros para um período futuro. Para maturidades curtas (de até mais ou menos um ano), podemos pressupor que a taxa de juros futura de eurodólar é igual à taxa de juros a termo correspondente. Para contratos mais longos, as diferenças entre os contratos se tornam importantes. Compare um contrato futuro de eurodólar sobre uma taxa de juros para o período entre os tempos T_1 e T_2 com um FRA para o mesmo período. O contrato futuro de eurodólar é ajustado diariamente. O ajuste final ocorre no tempo T_1 e reflete a taxa de juros realizada para o período entre os tempos T_1 e T_2. O FRA, por outro lado, não é ajustado diariamente e seu ajuste final que reflete a taxa de juros realizada entre os tempos T_1 e T_2 ocorre no tempo T_2.[2]

Assim, há duas diferenças entre um contrato futuro sobre eurodólares e um FRA. São elas:

1. A diferença entre um contrato futuro de eurodólar e um contrato semelhante no qual não há ajuste diário. O segundo é um contrato a termo hipotético no qual o resultado é igual à diferença entre a taxa de juros a termo e a taxa de juros realizada é pago no tempo T_1.

2. A diferença entre o contrato a termo hipotético no qual há um ajuste no tempo T_1 e o contrato a termo verdadeiro no qual há ajuste no tempo T_2 é igual à diferença entre a taxa forward e a taxa de juros realizada.

Esses dois componentes da diferença entre os contratos causam alguma confusão na prática. Ambos diminuem a taxa forward em relação à taxa futura, mas para contratos de longo prazo, a redução causada pela segunda diferença é muito menor

---

[2] Como mencionado na Seção 4.7, o ajuste pode ocorrer no tempo T_1, mas é então igual ao valor presente do que seria o resultado do contrato a termo no tempo T_2.

do que aquela causada pela primeira. O motivo para a primeira diferença (o ajuste diário) diminuir a taxa forward é explicado pelos argumentos na Seção 5.8. Suponha que você possui um contrato no qual o resultado é $R_M - R_F$ no tempo T_1, onde R_F é uma taxa predeterminada para o período entre T_1 e T_2 e R_M é a taxa realizada para esse período e você tem a opção de trocar para o ajuste diário. Nesse caso, o ajuste diário tende a levar a influxos de caixa quando as taxas são altas e saídas de caixa quando as taxas são baixas. Assim, você consideraria atraente trocar para o ajuste diário, pois tenderia a ter mais dinheiro em sua conta de margem quando as taxas são altas. Por consequência, o mercado estabeleceria R_F em um nível mais elevado para a alternativa de ajuste diário (reduzindo o resultado esperado cumulativo). Vendo a mesma situação da outra perspectiva, trocar do ajuste diário para o ajuste no tempo T_1 reduz R_F.

Para entender por que a segunda diferença reduz a taxa forward, suponha que o resultado de $R_M - R_F$ ocorre no tempo T_2 em vez de T_1 (como em um FRA normal). Se R_M é alto, o resultado é positivo. Como as taxas são altas, o custo para você de ter o resultado que recebe no tempo T_2 em vez do tempo T_1 é relativamente alto. Se R_M é baixo, o resultado é negativo. Como as taxas são baixas, o benefício para você de ter o resultado que realiza no tempo T_2 em vez do tempo T_1 é relativamente baixo. No total, você preferiria receber o resultado no tempo T_1. Se ele ocorrer no tempo T_2 e não no T_1, você deve ser compensado com uma redução em R_F.[3]

Ajustamento para convexidade

Os analistas realizam o chamado *ajustamento para convexidade* para considerar a diferença total entre as duas taxas. Um ajustamento popular é:[4]

$$\text{Taxa forward} = \text{Taxa futura} - \tfrac{1}{2}\sigma^2 T_1 T_2 \tag{6.3}$$

onde, assim como acima, T_1 é o tempo até a maturidade do contrato futuro e T_2 é o tempo até a maturidade das taxas subjacentes ao contrato futuro. A variável σ é o desvio padrão da mudança na taxa de juros de curto prazo em 1 ano. Ambas as taxas são expressas com capitalização contínua.[5]

■ Exemplo 6.4

Considere a situação na qual $\sigma = 0{,}012$ e que desejamos calcular a taxa forward quando a cotação de preço futuro de eurodólar de 8 anos é 94. Nesse caso, $T_1 = 8$, $T_2 = 8{,}25$ e o ajustamento para a convexidade é:

$$\tfrac{1}{2} \times 0{,}012^2 \times 8 \times 8{,}25 = 0{,}00475$$

ou 0,475% (47,5 pontos-base). A taxa futura é 6% ao ano com base efetivo/360 e capitalização trimestral, o que corresponde a 1,5% por 90 dias ou uma taxa anual de (365/90)

---

[3] A quantificação do efeito desse tipo de diferença de tempo sobre o valor de um derivativo será discutida no Capítulo 30.

[4] Ver Nota Técnica 1 em www.rotman.utoronto.ca/~hull/TechnicalNotes para uma prova disso.

[5] Essa fórmula se baseia no modelo de taxas de juros de Ho–Lee, que será discutido no Capítulo 31. Ver T. S. Y. Ho and S.-B. Lee, "Term structure movements and pricing interest rate contingent claims", *Journal of Finance*, 41 (December 1986), 1011–29.

ln 1,015 = 6,038% com capitalização contínua e contagem de dias efetivo/365. A estimativa da taxa forward dada pela equação (6.3), assim, é 6,038 − 0,475 = 5,563% ao ano com capitalização contínua.

A tabela a seguir mostra como o tamanho do ajuste aumenta com o tempo até a maturidade.

Maturidade de futuros (anos)	Ajustamentos para convexidade (pontos-base)
2	3,2
4	12,2
6	27,0
8	47,5
10	73,8

A tabela nos mostra que o tamanho do ajustamento é aproximadamente proporcional ao quadrado do tempo até a maturidade do contrato futuro. Por exemplo, quando a maturidade dobra de 2 para 4 anos, o tamanho da convexidade aproximadamente quadruplica. ∎

Usando futuros de eurodólar para estender a curva à vista LIBOR

A curva à vista LIBOR até 1 ano é determinada pelas taxas LIBOR de 1 mês, 3 meses, 6 meses e 12 meses. Depois que o ajustamento para convexidade descrito acima é realizado, os futuros de eurodólar muitas vezes são usados para estender a curva zero. Suponha que o i-ésimo contrato futuro de eurodólar tem maturidade no tempo T_i (i = 1, 2, ...). Em geral, pressupõe-se que a taxa de juros a termo calculada a partir do i-ésimo contrato futuro se aplica ao período de T_i a T_{i+1}. (Na prática, isso é quase verdade.) Isso permite que um procedimento *bootstrap* seja usado para determinar taxas zero. Suponha que F_i é a taxa forward calculada a partir do i-ésimo contrato futuro de eurodólar e R_i é a taxa zero para uma maturidade T_i. Da equação (4.5):

$$F_i = \frac{R_{i+1}T_{i+1} - R_i T_i}{T_{i+1} - T_i}$$

de modo que:

$$R_{i+1} = \frac{F_i(T_{i+1} - T_i) + R_i T_i}{T_{i+1}} \quad (6.4)$$

Outras taxas euro, como Euroswiss, Euroiene e Euribor, são usadas de maneira semelhante.

■ Exemplo 6.5

A taxa zero LIBOR de 400 dias foi calculada como 4,80% com capitalização contínua e, das cotações futuras de eurodólar, foi calculado que (a) a taxa forward para um período de 90 dias com início em 400 dias é 5,30% com capitalização contínua, (b) a taxa forward para um período de 90 dias com início em 491 dias é 5,50% com capitalização contínua e (c) a taxa forward para um período de 90 dias com início em 589 dias é 5,60% com capitalização contínua. Podemos usar a equação (6.4) para obter a taxa de 491 dias como:

$$\frac{0,053 \times 91 + 0,048 \times 400}{491} = 0,04893$$

ou 4,893%. Da mesma forma, podemos usar a segunda taxa forward para obter a taxa de 589 dias como:

$$\frac{0,055 \times 98 + 0,04893 \times 491}{589} = 0,04994$$

ou 4,994%. A próxima taxa forward de 5,60% seria usada para determinar a curva à vista até a maturidade do próximo contrato futuro de eurodólar. (Observe que, apesar da taxa subjacente ao contrato futuro de eurodólar ser uma taxa de 90 dias, pressupõe-se que ela se aplica aos 91 ou 98 dias passados entre as maturidades dos contratos de eurodólar.) ∎

6.4 ESTRATÉGIAS DE HEDGE BASEADAS EM DURAÇÃO USANDO FUTUROS

Discutimos a duração na Seção 4.8. Considere a situação na qual uma posição em um ativo que depende da taxa de juros, como um portfólio de ações ou um título do mercado monetário, está sendo hedgeada usando um contrato futuro de taxa de juros. Defina:

V_F: Preço do contrato para um contrato futuro de taxa de juros.

D_F: Duração do ativo subjacente ao contrato futuro na maturidade do contrato futuro.

P: Valor a termo do portfólio sendo hedgeado na maturidade do hedge (na prática, geralmente pressupõe-se que seja igual ao valor do portfólio hoje).

D_P: Duração do portfólio na maturidade do hedge.

Se pressupormos que a mudança do rendimento, Δy, é igual para todas as maturidades, o que significa que apenas movimentos paralelos na curva de juros podem ocorrer, é aproximadamente verdade que:

$$\Delta P = -PD_P \Delta y$$

Também é aproximadamente verdade que:

$$\Delta V_F = -V_F D_F \Delta y$$

O número de contratos necessários para hedgear contra um valor incerto de Δy, é, assim:

$$N^* = \frac{PD_P}{V_F D_F} \quad (6.5)$$

Essa é a *razão de hedge baseada em duração*. Ocasionalmente, ela também é chamada de *razão de hedge de sensibilidade de preço*.[6] Usá-la tem o efeito de tornar a duração de toda a posição igual a zero.

---

[6] Para uma discussão detalhada da equação (6.5), ver R. J. Rendleman, "Duration-Based Hedging with Treasury Bond Futures", *Journal of Fixed Income* 9, 1 (June 1999): 84–91.

Quando o instrumento de hedge é um contrato futuro de título do Tesouro, o hedger deve basear D_F no pressuposto de que um título específico será entregue. Isso significa que o hedger deve estimar qual dos títulos disponíveis provavelmente será o mais barato para entregar no momento em que o hedge é criado. Se, posteriormente, o ambiente de taxa de juros muda de forma que um título diferente seja o mais barato para entregar, o hedge deve ser ajustado e, por consequência, seu desempenho poderá ser pior do que o esperado.

Quando hedges são construídos usando futuros de taxas de juros, é importante manter em mente que as taxas de juros e os preços futuros se movem em direções contrárias. Quando as taxas sobem, o preço futuro da taxa de juros cai. Quando as taxas caem, o contrário acontece e o preço futuro da taxa de juros sobe. Assim, uma empresa posicionada para perder dinheiro com uma queda nas taxas de juros deveria praticar hedge assumindo uma posição futura comprada. Da mesma forma, uma empresa posicionada para perder dinheiro com um aumento das taxas de juros deveria praticar hedge assumindo uma posição futura vendida.

O hedger tenta escolher o contrato futuro de modo que a duração do ativo subjacente esteja o mais próximo possível da duração do ativo sendo hedgeado. Os futuros de eurodólar tendem a ser usados para exposições a taxas de juros de curto prazo, enquanto os contratos futuros de Ultra T-Bond, títulos do Tesouro e notas do Tesouro são usados para exposições a taxas de mais longo prazo.

■ Exemplo 6.6

É 2 de agosto e um gerente de fundo com 10 milhões de dólares investidos em títulos do governo está preocupado com a alta volatilidade esperada das taxas de juros nos próximos três meses. O gerente decide usar um contrato futuro de títulos do Tesouro de dezembro para hedgear o valor do portfólio. O preço futuro corrente é 93-02, ou 93,0625. Como cada contrato é referente à entrega de título com valor de face de $100.000, o preço do contrato futuro é $93.062,50.

Suponha que a duração do portfólio de um título em 3 meses será de 6,80 anos. Espera-se que o título mais barato para entregar no contrato de títulos do Tesouro seja um título de 12% ao ano de 20 anos que paga cupom. O rendimento sobre esse título é atualmente igual a 8,80% ao ano e a duração será de 9,20 anos na maturidade do contrato futuro.

O gerente do fundo precisa de uma posição vendida em futuros de títulos do Tesouro para hedgear o portfólio de títulos. Se as taxas de juros sobem, é realizado um ganho sobre a posição futura vendida, mas uma perda sobre o portfólio de títulos. Se as taxas de juros diminuem, é realizada uma perda sobre a posição vendida, mas há um ganho sobre o portfólio de títulos. O número de contratos futuros de títulos que deveriam ser vendidos a descoberto pode ser calculado pela equação (6.5) como:

$$\frac{10.000.000}{93.062,50} \times \frac{6,80}{9,20} = 79,42$$

Usando o número inteiro mais próximo, o gerente do portfólio deveria vender 79 contratos a descoberto. ■

> **História de Negócios 6.3**   Gestão de ativos e passivos por bancos
>
> Os comitês de gestão de ativos e passivos (ALM, *Asset–Liability Management*) dos bancos monitoram sua exposição a taxas de juros com muito cuidado. Um dos primeiros passos é combinar as durações de ativos e passivos, mas isso não protege o banco contra movimentos não paralelos na curva de juros. Uma abordagem popular é a chamada *gestão de GAP*, que envolve dividir a curva de juros de cupom zero em segmentos conhecidos como *buckets* (literalmente, "baldes"). O primeiro *bucket* pode ser de 0 a 1 mês, o segundo de 1 a 3 meses e assim por diante. O comitê de ALM então investiga o efeito sobre o portfólio do banco de taxas zero correspondentes à mudança em um *bucket* enquanto aquelas correspondentes a todos os outros *buckets* permanecem iguais.
>   Se há um problema de correspondência, geralmente é tomada alguma ação corretiva. Esta pode envolver mudar as taxas de depósito e empréstimo da maneira descrita na Seção 4.10. Também podem ser utilizadas ferramentas como swaps, FRAs, futuros de títulos, futuros de eurodólar e outros derivativos de taxas de juros.

6.5 HEDGE DE PORTFÓLIOS DE ATIVOS E PASSIVOS

Às vezes, as instituições financeiras tentam hedgear contra o risco de taxa de juros garantindo que a duração média de seus ativos será igual à duração média de seus passivos. (Os passivos podem ser considerados posições vendidas sobre títulos.) Essa estratégia é conhecida pelo nome de *duration matching* ou *imunização de portfólio*. Quando implementada, ela garante que um pequeno movimento paralelo nas taxas de juros pouco afetará o valor do portfólio de ativos e passivos. O ganho (perda) sobre os ativos deve compensar a perda (ganho) sobre os passivos.

A *duration matching* não imuniza o portfólio contra movimentos não paralelos na curva à vista. É um ponto fraco da abordagem. Na prática, as taxas de curto prazo geralmente são mais voláteis do que as de longo prazo e não estão perfeitamente correlacionadas com elas. Às vezes, até ocorre de as taxas de curto e longo prazo se moverem em direções opostas. Assim, a *duration matching* é apenas um primeiro passo, e as instituições financeiras desenvolveram outras ferramentas para ajudá-las a administrar sua exposição a taxas de juros. Para mais informações, consulte a História de Negócios 6.3.

RESUMO

Dois contratos de taxas de juros muito populares são os sobre futuros de eurodólares e títulos do Tesouro negociados nos Estados Unidos. Nos contratos futuros de títulos do Tesouro, a parte com a posição vendida possui diversas opções de entrega interessantes:

1. A entrega pode ser realizada em qualquer dia do mês de entrega.
2. Há diversos títulos alternativos que podem ser entregues.
3. Em qualquer dia durante o mês de entrega, o aviso de intenção de entrega pelo preço de ajuste das 14h pode ser emitido em um momento posterior do mesmo dia.

Todas essas opções tendem a reduzir o preço futuro.

O contrato futuro de eurodólar é um contrato sobre a taxa de juros de eurodólar de 3 meses dois dias antes da terceira quarta-feira do mês de entrega. Os futuros de eurodólar são usados com frequência para estimar as taxas forward para fins de construir uma curva à vista LIBOR. Quando contratos de longo prazo são usados dessa maneira, é importante realizar o chamado ajustamento para convexidade para considerar a diferença entre futuros de eurodólar e FRAs.

O conceito de duração é importante no hedge de riscos de taxas de juros. Ele permite que o hedger avalie a sensibilidade de um portfólio de títulos a pequenos movimentos paralelos na curva de juros. Ele também permite que o hedger avalie a sensibilidade de um preço futuro de taxa de juros a pequenas mudanças na curva de juros. Assim, é possível calcular o número de contratos futuros necessários para proteger o portfólio de títulos contra pequenos movimentos paralelos na curva de juros.

O principal pressuposto por trás do hedge baseado em duração é que todas as taxas de juros mudam na mesma quantidade. Isso significa que apenas movimentos paralelos na estrutura a termo são permitidos. Na prática, as taxas de juros de curto prazo geralmente são mais voláteis do que as taxas de juros de longo prazo e o desempenho do hedge pode ser ruim se a duração do título subjacente ao contrato futuro for significativamente diferente da duração do ativo sendo hedgeado.

LEITURAS COMPLEMENTARES

Burghardt, G., and W. Hoskins. "The Convexity Bias in Eurodollar Futures", *Risk*, 8, 3 (1995): 63–70.

Grinblatt, M., and N. Jegadeesh. "The Relative Price of Eurodollar Futures and Forward Contracts", *Journal of Finance*, 51, 4 (September 1996): 1499–1522.

Questões e problemas

6.1 Um título do Tesouro dos EUA paga um cupom de 7% em 7 de janeiro e 7 de julho. Quanto de juros se acumula por $100 do principal para o titular entre 7 de julho de 2014 e 8 de agosto de 2014? Como sua resposta mudaria se fosse um título corporativo?

6.2 É 9 de janeiro de 2015. O preço de um título do Tesouro com um cupom de 12% que vence em 12 de outubro de 2030 é cotado como 102-07. Qual é o preço de caixa?

6.3 Como o CME Group calcula o fator de conversão de um título? Como ele é usado?

6.4 Um preço futuro de eurodólar muda de 96,76 para 96,82. Qual é o ganho ou perda do investidor com posição comprada em dois contratos?

6.5 Qual é o objetivo do ajustamento para convexidade de taxas futuras de eurodólar? Por que o ajustamento para convexidade é necessário?

6.6 A taxa LIBOR de 350 dias é 3% com capitalização contínua e a taxa forward calculada a partir de um contrato futuro de eurodólar que vence em 350 dias é 3,2% com capitalização contínua. Estime a taxa zero de 440 dias.

6.7 É 30 de janeiro. Você está gerenciando um portfólio de título que vale $6 milhões. A duração do portfólio em 6 meses será 8,2 anos. O preço futuro de um título do Tesouro de setembro atualmente é igual a 108-15 e o título mais barato para entregar terá duração de 7,6 anos em setembro. Como você deveria hedgear contra mudanças nas taxas de juros durante os próximos 6 meses?

6.8 O preço de uma letra do Tesouro de 90 dias é cotado como 10,00. Qual retorno com capitalização contínua (base efetivo/365) o investidor obtém sobre a letra do Tesouro no período de 90 dias?

6.9 É 5 de maio de 2014. O preço cotado de um título do governo com cupom de 12% e maturidade em 27 de julho de 2024 é 110-17. Qual é o preço de caixa?

6.10 Suponha que o preço futuro de um título do Tesouro é 101-12. Qual dos quatro títulos é o mais barato para entregar?

Bônus	Preço	Fator de conversão
1	125-05	1,2131
2	142-15	1,3792
3	115-31	1,1149
4	144-02	1,4026

6.11 É 30 de julho de 2015. O título mais barato para entregar em um contrato futuro de título do Tesouro de setembro de 2015 é um título com cupom de 13% e espera-se que a entrega seja realizada em 30 de setembro de 2015. Os pagamentos de cupom sobre o título ocorrem em 4 de fevereiro e 4 de agosto de cada ano. A estrutura a termo é plana e a taxa de juros com capitalização semestral é 12% ao ano. O fator de conversão para o título é 1,5. O preço cotado atual do título é $110. Calcule o preço futuro cotado para o contrato.

6.12 Um investidor procura oportunidades de arbitragem no mercado futuro de títulos do Tesouro. Quais complicações são criadas pelo fato de que a parte com uma posição vendida pode escolher entregar qualquer título com maturidade entre 15 e 25 anos?

6.13 Suponha que a taxa de juros LIBOR de 9 meses é 8% ao ano e a taxa de juros LIBOR de 6 meses é 7,5% ao ano (ambas efetivo/365 e com capitalização contínua). Estime a cotação de preço futuro de eurodólar de 3 meses para um contrato com maturidade em 6 meses.

6.14 Suponha que a taxa zero LIBOR de 300 dias é 4% e as cotações de eurodólar para contratos com maturidade em 300, 398 e 489 dias são 95,83, 95,62 e 95,48. Calcule as taxas zero LIBOR de 398 dias e 489 dias. Pressuponha que não há diferença entre taxas forward e futuras para os fins de seus cálculos.

6.15 Suponha que um portfólio de títulos com duração de 12 anos é hedgeado usando um contrato futuro no qual o ativo subjacente tem duração de 4 anos. Como o fato de a taxa de 12 anos ser menos volátil que a taxa de 4 anos provavelmente impactará o hedge?

6.16 Suponha que é 20 de fevereiro e um tesoureiro percebe que em 17 de julho a empresa precisará emitir uma nota promissória de $5 milhões com maturidade de 180 dias. Se a nota fosse emitida hoje, a empresa realizaria $4.820.000. (Em outras palavras, a empresa receberia $4.820.000 por sua nota e teria que redimi-la por $5.000.000 após 180 dias.) O preço futuro de eurodólar de setembro cotado é 92,00. Como o tesoureiro deveria hedgear a exposição da empresa?

6.17 Em 1º de agosto, um gerente de portfólio possui um portfólio de títulos que vale $10 milhões. A duração do portfólio em outubro será 7,1 anos. O preço futuro de títulos do Tesouro em dezembro atualmente é 91-12 e o título mais barato para entregar terá duração de 8,8 anos na maturidade. Como o gerente deveria imunizar o portfólio contra mudanças nas taxas de juros nos próximos 2 meses?

6.18 Como o gerente de portfólio poderia mudar a duração do portfólio para 3,0 anos no Problema 6.17?

6.19 Entre 30 de outubro de 2015 e 1º de novembro de 2015, você tem a opção de possuir um título do governo dos EUA que paga um cupom de 12% e um título corporativo americano que paga um cupom de 12%. Considere cuidadosamente as convenções de contagem de dias discutidas neste capítulo e decida qual dos dois títulos você preferiria possuir. Ignore o risco de inadimplência.

6.20 Suponha que uma cotação futura de eurodólar é 88 para um contrato com maturidade em 60 dias. Qual é a taxa forward LIBOR para o período de 60 a 150 dias? Ignore a diferença entre contratos futuros e a termo para os fins desta pergunta.

6.21 O preço futuro de eurodólar de 3 meses para um contrato com maturidade em 6 anos é cotado como 95,20. O desvio padrão da mudança na taxa de juros de curto prazo em 1 ano é 1,1%. Estime a taxa de juros LIBOR a termo para o período entre 6,00 e 6,25 anos no futuro.

6.22 Explique por que as taxas de juros a termos são menores do que as taxas de juros futuras correspondentes calculadas a partir de um contrato futuro de eurodólar.

Questões adicionais

6.23 É 7 de abril de 2014. O preço cotado de um título do governo dos EUA com cupom de 6% ao ano (pago semestralmente) é 120-00. O título vence em 27 de julho de 2023. Qual é o preço de caixa? Como sua resposta muda se este for um título corporativo?

6.24 Um preço futuro de títulos do Tesouro é 103-12. Os preços de três títulos entregáveis são 115-06, 135-12 e 155-28. Seus fatores de conversão são 1,0679, 1,2264 e 1,4169, respectivamente. Qual é o título mais barato para entregar?

6.25 O contrato futuro de eurodólar de dezembro é cotado como 98,40 e a empresa planeja tomar emprestado $8 milhões por três meses com início em dezembro a uma taxa LIBOR mais 0,5%.
(a) Qual taxa a empresa pode garantir usando o contrato futuro de eurodólar?
(b) Qual posição a empresa deveria assumir nos contratos?
(c) Se a taxa de três meses real for 1,3%, qual é o preço de ajuste final dos contratos futuros?

Explique por que problemas de correspondência de tempo reduzem a eficácia do hedge.

6.26 Uma cotação futura de eurodólar para o período entre 5,1 e 5,35 anos no futuro é 97,1. O desvio padrão da mudança na taxa de juros de curto prazo em um ano é 1,4%. Estime a taxa de juros a termo em um FRA.

6.27 É 10 de março de 2014. O título mais barato para entregar em um contrato futuro de títulos do Tesouro de dezembro de 2014 é um título com cupom de 8% e espera-se que a entrega ocorra em 31 de dezembro de 2014. Os pagamentos de cupom sobre os títulos ocorrem em 1º de março e 1º de setembro de cada ano. A taxa de juros com capitalização contínua é 5% ao ano para todas as maturidades. O fator de conversão para o título é 1,2191. O preço cotado atual do título é $137. Calcule o preço futuro cotado para o contrato.

6.28 Suponha que um banco pode emprestar ou tomar emprestado à mesma taxa de juros no mercado LIBOR. A taxa de 90 dias é 10% ao ano e a taxa de 180 dias é 10,2% ao ano, ambas expressas com capitalização contínua e contagem de dias efetivo/efetivo. O preço futuro de eurodólar para um contrato com maturidade em 91 dias é cotado como 89,5. Quais oportunidades de arbitragem o banco tem à sua disposição?

6.29 Uma empresa do Canadá deseja criar um contrato futuro LIBOR canadense a partir de um contrato futuro de eurodólar dos EUA e contratos a termo sobre câmbio. Usando um exemplo, explique como a empresa deveria proceder. Para os fins deste problema, pressuponha que um contrato futuro é o mesmo que um contrato a termo.

6.30 Em 25 de junho de 2014, o preço futuro para o contrato futuro de títulos de junho de 2014 é 118-23.
   (a) Calcule o fator de conversão para um título com maturidade em 1º de janeiro de 2030 e que paga um cupom de 10%.
   (b) Calcule o fator de conversão para um título com maturidade em 1º de outubro de 2035 e que paga um cupom de 7%.
   (c) Suponha que os preços cotados dos títulos em (a) e (b) são 169,00 e 136,00, respectivamente. Qual título é o mais barato para entregar?
   (d) Pressupondo que o título mais barato para entregar é aquele entregue de fato em 25 de junho de 2014, qual é o preço de caixa recebido pelo título?

6.31 Um gerente de portfólio planeja usar um contrato futuro de título do Tesouro para hedgear um portfólio de títulos durante os próximos 3 meses. O portfólio vale $100 milhões e terá duração de 4,0 anos em 3 meses. O preço futuro é 122 e cada futuro contrato é referente a $100.000 em títulos. O título que se espera ser o mais barato para entregar terá duração de 9,0 anos na maturidade do contrato futuro. Qual posição em contratos futuros é necessária?
   (a) Quais ajustes ao hedge são necessários se após 1 mês o título que se espera ser o mais barato para entregar passa a ser um com duração de 7 anos?
   (b) Suponha que todas as taxas aumentam durante os próximos 3 meses, mas as taxas de longo prazo aumentam menos do que as de curto e médio prazo. Qual é o efeito disso sobre o desempenho do hedge?

CAPÍTULO

7

Swaps

O nascimento do mercado de swaps de balcão remonta a um swap de moeda negociado entre a IBM e o Banco Mundial em 1981. O Banco Mundial tinha empréstimos denominados em dólares americanos enquanto a IBM tinha empréstimos denominados em marcos alemães e francos suíços. O Banco Mundial (que tinha restrições em termos dos empréstimos em marcos alemães e francos suíços que podia realizar diretamente) concordou em pagar os juros sobre os empréstimos da IBM enquanto a empresa concordou em pagar os juros dos empréstimos do Banco Mundial.

Desde aquela primeira transação em 1981, o mercado de swaps teve um crescimento fenomenal. Hoje, os swaps ocupam uma posição de suma importância no mercado de derivativos de balcão. As estatísticas produzidas pelo Banco de Compensações Internacionais mostram que cerca de 58,5% de todos os derivativos de balcão são swaps de taxas de juros e outros 4% são swaps de moeda. A maior parte deste capítulo é dedicada a esses dois tipos de swap. Outros swaps serão repassados brevemente no final do capítulo e discutidos em mais detalhes em capítulos posteriores (em especial, nos Capítulos 25 e 33).

Um swap é um contrato de balcão entre duas empresas de trocar fluxos de caixa no futuro. O contrato define as datas quando os fluxos de caixa devem ser pagos e o modo como serão calculados. Em geral, o cálculo dos fluxos de caixa envolvem o valor futuro de uma taxa de juros, taxa de câmbio ou outra variável de mercado.

Um contrato a termo pode ser considerado um exemplo simples de swap. Suponha que é 1º de março de 2016 e a empresa firma um contrato a termo para comprar 100 onças de ouro por $1.500 a onça em 1 ano. A empresa pode vender o ouro em 1 ano assim que recebê-lo. Logo, o contrato a termo é equivalente a um swap no qual a empresa concorda em pagar $150.000 e receber $100S$ em 1º de março de 2015, onde S é o preço de mercado de 1 onça de ouro naquela data. Contudo, enquanto o contrato a termo é equivalente à troca de fluxos de caixa em apenas uma data futura, os swaps normalmente levam a trocas de fluxos de caixa em diversas datas futuras.

O swap de taxas de juros mais popular (*plain vanilla*) é aquele no qual a LIBOR é trocada por uma taxa de juros fixa. Na avaliação de swaps, precisamos de uma taxa de desconto "livre de riscos" para fluxos de caixa. Como mencionado na Seção 4.1, a LIBOR tradicionalmente é usada como indicador para a taxa de desconto "livre de riscos". Por sorte, isso simplifica bastante a avaliação dos swaps de taxas de juros *plain vanilla*, pois a taxa de desconto é então a mesma que a taxa de juros de referência no swap. Desde a crise de crédito de 2008, foram usadas outras taxas de desconto livres de risco, especialmente para transações com garantias. Neste capítulo, pressupomos que a LIBOR é usada como taxa de desconto livre de risco. No Capítulo 9, revisitaremos esse pressupostos e discutiremos a escolha da taxa livre de risco e seu impacto na avaliação de swaps de taxas de juros.

7.1 MECÂNICA DOS SWAPS DE TAXAS DE JUROS

Em um swap de taxas de juros, uma empresa concorda em pagar a outra fluxos de caixa iguais aos juros, a uma taxa fixa predeterminada, sobre um principal nocional por um número de anos predeterminado. Em troca, ela recebe da outra empresa juros a uma taxa flutuante sobre o mesmo principal nocional pelo mesmo período de tempo.

LIBOR

A taxa flutuante na maioria dos contratos de swap de taxas de juros é a London Interbank Offered Rate (LIBOR), introduzida no Capítulo 4. Ela é a taxa de juros à qual um banco com avaliação de crédito AA consegue tomar empréstimos de outros bancos.

Assim como a taxa primária muitas vezes é a taxa de referência para empréstimos de taxa flutuante no mercado financeiro nacional, a LIBOR é a taxa de juros de referência para empréstimos nos mercados financeiros internacionais. Para entender como ela é utilizada, considere um título de 5 anos com uma taxa de juros especificada como LIBOR de 6 meses mais 0,5% ao ano. A vida do título é dividida em 10 períodos, cada um dos quais com 6 meses de duração. Para cada período, a taxa de juros é determinada como 0,5% ao ano acima da taxa LIBOR de 6 meses no início do período. Os juros são pagos ao final do período.

Faremos referência a um swap no qual a LIBOR é trocada por uma taxa de juros fixa como um swap "LIBOR por fixa".

Ilustração

Considere um swap de 3 anos hipotético iniciado em 5 de março de 2014 entre a Microsoft e a Intel. Vamos supor que a Microsoft concorda em pagar à Intel uma taxa de juros de 5% ao ano sobre um principal de $100 milhões, e em troca a Intel concorda em pagar à Microsoft a taxa LIBOR de 6 meses sobre o mesmo principal. A Microsoft é o *pagador de taxa fixa*; a Intel é o *pagador de taxa flutuante*. Vamos pressupor que o contrato especifica que os pagamentos deverão ser trocados a cada 6 meses e que a taxa de juros de 5% é cotada com capitalização semestral. Esse swap é representado diagramaticamente na Figura 7.1.

A primeira troca de pagamentos ocorreria em 5 de setembro de 2014, seis meses após o início do contrato. A Microsoft pagaria à Intel $2,5 milhões, que são os juros sobre o principal de $100 milhões por 6 meses a 5%. A Intel pagaria à Microsoft juros sobre o principal de $100 milhões à taxa LIBOR de 6 meses em vigor 6 meses antes de 5 de setembro de 2014, ou seja, em 5 de março de 2014. Suponha que a taxa

```
        5,0%
Intel  ←————  Microsoft
       ————→
       LIBOR
```

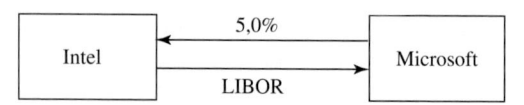

FIGURA 7.1 Swap de taxas de juros entre Microsoft e Intel.

LIBOR de 6 meses em 5 de março de 2014 é 4,2%. A Intel paga à Microsoft 0,5 × 0,042 × $100 = $2,1 milhões.[1] Observe que não há incerteza sobre essa primeira troca de pagamentos, pois ela é determinada pela taxa LIBOR no momento em que o swap começa.

A segunda troca de pagamentos ocorreria em 5 de março de 2015, seis meses após o início do contrato. A Microsoft pagaria à Intel $2,5 milhões. A Intel pagaria à Microsoft juros sobre o principal de $100 milhões à taxa LIBOR de 6 meses em vigor 6 meses antes de 5 de março de 2015, ou seja, em 5 de setembro de 2014. Suponha que a taxa LIBOR de 6 meses em 5 de setembro de 2014 é 4,8%. A Intel paga à Microsoft 0,5 × 0,048 × $100 = $2,4 milhões.

No total, há seis trocas de pagamentos sobre o swap. Os pagamentos fixos são sempre de $2,5 milhões. Os pagamentos de taxa flutuante em uma data de pagamento são calculados usando a taxa LIBOR de 6 meses em vigor 6 meses antes da data do pagamento. Em geral, os swaps de taxas de juros são estruturados de modo que um lado transfira a diferença entre os dois pagamentos para o outro lado. Em nosso exemplo, a Microsoft transferiria para a Intel $0,4 milhão (= $2,5 milhões − $2,1 milhões) em 5 de setembro de 2014 e $0,1 milhão (= $2,5 milhões − $2,4 milhões) em 5 de março de 2015.

A Tabela 7.1 oferece um exemplo completo dos pagamentos realizados sob o swap para determinado conjunto de taxas LIBOR de 6 meses. A tabela mostra os fluxos de caixa do swap da perspectiva da Microsoft. Observe que o principal de $100 milhões é usado apenas para o cálculo dos pagamentos de juros. O principal em si não é trocado. Por esse motivo, ele é chamado de *principal nocional*.

TABELA 7.1 Fluxos de caixa (milhões de dólares) para a Microsoft em um swap de taxas de juros de 3 anos de $100 milhões quando uma taxa fixa de 5% é paga e a LIBOR é recebida

Data	Taxa LIBOR de seis meses (%)	Fluxo de caixa flutuante recebido	Fluxo de caixa fixo pago	Fluxo de caixa líquido
5 de março de 2014	4,20			
5 de setembro de 2014	4,80	+2,10	−2,50	−0,40
5 de março de 2015	5,30	+2,40	−2,50	−0,10
5 de setembro de 2015	5,50	+2,65	−2,50	+0,15
5 de março de 2016	5,60	+2,75	−2,50	+0,25
5 de setembro de 2016	5,90	+2,80	−2,50	+0,30
5 de março de 2017		+2,95	−2,50	+0,45

---

[1] Os cálculos foram simplificados de modo a ignorar as convenções de contagem de dias. A questão é discutida em mais detalhes em uma parte posterior do capítulo.

Se o principal nocional fosse trocado ao final da vida do swap, a natureza do negócio não mudaria em qualquer aspecto. O principal nocional é o mesmo para os pagamentos fixos e flutuantes. Trocar $100 milhões por $100 milhões ao final da vida do swap seria uma transação sem valor financeiro para a Microsoft ou para a Intel. A Tabela 7.2 mostra os fluxos de caixa na Tabela 7.1 com a adição de uma troca final do principal. Isso oferece uma maneira interessante de ver o swap. Os fluxos de caixa na terceira coluna dessa tabela são aqueles de uma posição comprada em um título de taxa flutuante. Os fluxos de caixa na quarta coluna da tabela são aqueles de uma posição vendida em um título de taxa fixa. A tabela mostra que o swap pode ser considerado como a troca de um título de taxa fixa por um de taxa flutuante. A Microsoft, cuja posição está descrita na Tabela 7.2, tem posição comprada em um título de taxa flutuante e vendida em um título de taxa fixa, enquanto a Intel tem posição comprada em um título de taxa fixa e vendida em um título de taxa flutuante.

Essa caracterização dos fluxos de caixa no swap ajuda a explicar por que a taxa flutuante no swap é estabelecida 6 meses antes de ser paga. Sobre um título de taxa flutuante, os juros geralmente são estabelecidos no início do período ao qual se aplicam e são pagos ao final do período. O cálculo dos pagamentos da taxa flutuante em um swap de taxas de juros *plain vanilla*, como aquele na Tabela 7.2, reflete esse fato.

Usando o swap para transformar um passivo

Para a Microsoft, o swap poderia ser usado para transformar um empréstimo de taxa flutuante em um de taxa fixa. Suponha que a Microsoft contratou o empréstimo de $100 milhões a LIBOR mais 10 pontos-base. (Um ponto-base é um centésimo de 1%, de modo que a taxa é LIBOR mais 0,1%). Depois que firmou o swap, a Microsoft possui os três conjuntos de fluxos de caixa a seguir:

1. Paga LIBOR mais 0,1% para seus credores externos.
2. Recebe LIBOR sob os termos do swap.
3. Paga 5% sob os termos do swap.

A soma desses três conjuntos de fluxos de caixa é igual a um pagamento de taxa de juros de 5,1%. Assim, para a Microsoft, o swap teria o efeito de transformar os

TABELA 7.2 Fluxos de caixa (milhões de dólares) da Tabela 7.1 quando há uma troca final do principal

Data	Taxa LIBOR de seis meses (%)	Fluxo de caixa flutuante recebido	Fluxo de caixa fixo pago	Fluxo de caixa líquido
5 de março de 2014	4,20			
5 de setembro de 2014	4,80	+2,10	−2,50	−0,40
5 de março de 2015	5,30	+2,40	−2,50	−0,10
5 de setembro de 2015	5,50	+2,65	−2,50	+0,15
5 de março de 2016	5,60	+2,75	−2,50	+0,25
5 de setembro de 2016	5,90	+2,80	−2,50	+0,30
5 de março de 2017		+102,95	−102,50	+0,45

empréstimos a uma taxa flutuante de LIBOR mais 10 pontos-base em empréstimos a uma taxa fixa de 5,1%.

Para a Intel, o swap teria o efeito de transformar um empréstimo de taxa fixa em um de taxa flutuante. Suponha que a Intel possui um empréstimo de $100 milhões de três anos em circulação sobre o qual paga 5,2%. Após firmar o swap, a empresa teria os três conjuntos de fluxos de caixa a seguir:

1. Paga 5,2% a seus credores externos.
2. Paga LIBOR sob os termos do swap.
3. Recebe 5% sob os termos do swap.

A soma desses três conjuntos de fluxos de caixa é igual a um pagamento de taxa de juros de LIBOR mais 0,2% (ou LIBOR mais 20 pontos-base). Assim, para a Intel, o swap teria o efeito de transformar os empréstimos a uma taxa fixa de 5,2% em uma taxa flutuante de LIBOR mais 20 pontos-base. A Figura 7.2 ilustra os possíveis usos do swap pela Intel e pela Microsoft.

Usando o swap para transformar um ativo

Os swaps também podem ser usados para transformar a natureza de um ativo. Considere a Microsoft em nosso exemplo. O swap poderia ter o efeito de transformar um ativo que obtém uma taxa fixa de juros em um ativo que obtém uma taxa flutuante. Suponha que a Microsoft possui $100 milhões em títulos que pagarão juros de 4,7% ao ano durante os próximos 3 anos. Após firmar o swap, a Microsoft possui os três conjuntos de fluxos de caixa a seguir:

1. Recebe 4,7% sobre os títulos.
2. Recebe LIBOR sob os termos do swap.
3. Paga 5% sob os termos do swap.

A soma desses três conjuntos de fluxos de caixa é igual a um influxo de taxa de juros de LIBOR menos 30 pontos-base. Assim, um uso possível do swap para a Microsoft é transformar um ativo que obtém 4,7% em um ativo que obtém LIBOR menos 30 pontos-base.

A seguir, considere a Intel. O swap poderia ter o efeito de transformar um ativo que obtém uma taxa de juros flutuante em um ativo que obtém uma taxa de juros fixa. Suponha que a Intel possui um investimento de $100 milhões que rende LIBOR menos 20 pontos-base. Após firmar o swap, a empresa possui os três conjuntos de fluxos de caixa a seguir:

1. Recebe LIBOR menos 20 pontos-base sobre seu investimento.
2. Paga LIBOR sob os termos do swap.
3. Recebe 5% sob os termos do swap.

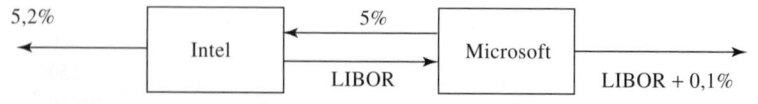

FIGURA 7.2 A Microsoft e a Intel usam o swap para transformar um passivo.

A soma desses três conjuntos de fluxos de caixa é igual a um influxo de taxa de juros de 4,8%. Assim, um uso possível do swap para a Intel é transformar um ativo que obtém LIBOR menos 20 pontos-base em um ativo que obtém 4,8%. A Figura 7.1 ilustra os possíveis usos do swap pela Intel e pela Microsoft.

Papel do intermediário financeiro

Em geral, duas empresas não financeiras, como a Intel e a Microsoft, não se comunicam diretamente para organizar um swap da maneira indicada nas Figuras 7.2 e 7.3. Ambas lidam com um banco ou outra instituição financeira. Swaps LIBOR por fixa *plain vanilla* sobre taxas de juros americanas normalmente são estruturados de modo que a instituição financeira obtenha cerca de 3 ou 4 pontos-base (0,03% ou 0,04%) sobre um par de transações que se compensam.

A Figura 7.4 mostra qual seria o papel da instituição financeira na situação da Figura 7.2. A instituição financeira firma duas transações de swap que se compensam com a Intel e a Microsoft. Pressupondo que ambas as empresas honrarão suas obrigações, a instituição financeira certamente obterá um lucro de 0,03% (3 pontos-base) ao ano multiplicados pelo principal nocional de $100 milhões. O valor equivale a $30.000 ao ano durante o período de 3 anos. A Microsoft acaba fazendo o empréstimo a 5,115% (em vez de 5,1%, como na Figura 7.2) e a Intel toma seu empréstimo a LIBOR mais 21,5 pontos-base (em vez de LIBOR mais 20 pontos-base, como na Figura 7.2).

A Figura 7.5 ilustra o papel da instituição financeira na situação da Figura 7.3. O swap é o mesmo que antes e a instituição financeira com certeza obterá um lucro de 3 pontos-base se nenhuma das empresas entrar em mora. A Microsoft acaba obtendo LIBOR menos 31,5 pontos-base (em vez de LIBOR menos 30 pontos-base, como na Figura 7.3) e a Intel acaba obtendo 4,785% (em vez de 4,8%, como na Figura 7.3).

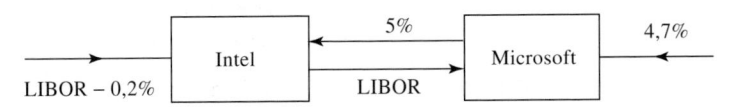

FIGURA 7.3 A Microsoft e a Intel usam o swap para transformar um ativo.

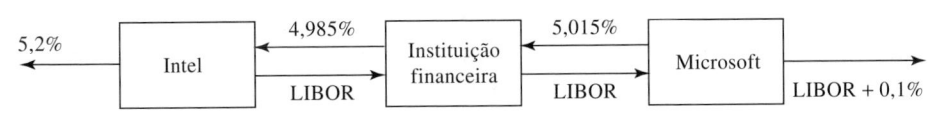

FIGURA 7.4 O swap de taxas de juros da Figura 7.2 quando uma instituição financeira está envolvida.

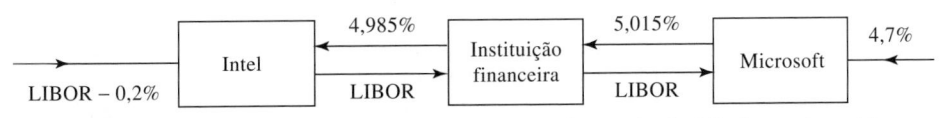

FIGURA 7.5 O swap de taxas de juros da Figura 7.3 quando uma instituição financeira está envolvida.

Observe que, em ambos os casos, a instituição financeira firmou duas transações separadas: uma com a Intel, a outra com a Microsoft. Na maioria dos casos, a Intel sequer saberia que a instituição financeira firmou um swap contrário com a Microsoft e vice-versa. Se uma das empresas inadimplir, a instituição financeira ainda precisará honrar seu contrato com a outra. O spread de 3 pontos-base obtido pela instituição financeira existe em parte para compensá-lo pelo risco de uma das empresas, ou ambas, entrar em mora nos pagamentos do swap.

Market makers

Na prática, é improvável que duas empresas contatem uma instituição financeira ao mesmo tempo e queiram posições opostas exatamente no mesmo swap. Por esse motivo, muitas grandes instituições financeiras atuam como *market makers* para swaps. Isso significa que elas estão preparadas para firmar contratos de swap sem ter um swap contrário correspondente com outra contraparte.[2] Os *market makers* precisam quantificar e hedgear cuidadosamente os riscos que estão assumindo. Títulos, contratos de taxa forward e futuros de taxas de juros são exemplos de instrumentos que podem ser usados para hedge pelos *market makers* de swap. A Tabela 7.3 mostra cotações para swaps de dólar americano *plain vanilla* que poderiam ser postados por um *market maker*.[3] Como mencionado anteriormente, o spread entre compra e venda é de 3 a 4 pontos-base. A média das taxas fixas de compra e venda é chamada de *taxa de swap*. É o que vemos na última coluna da Tabela 7.3.

Considere um novo swap no qual a taxa fixa é igual à taxa de swap atual. Seria razoável pressupor que o valor desse swap é zero. (Por que outro motivo um *market maker* escolheria cotações de compra e venda centradas na taxa de swap?) Na Tabela 7.2, vimos que um swap pode ser caracterizado como a diferença entre um título de taxa fixa e um título de taxa flutuante. Defina:

B_{fix}: Valor do título de taxa fixa subjacente ao swap que estamos considerando

B_{fl}: Valor do título de taxa flutuante subjacente ao swap que estamos considerando

TABELA 7.3 Taxas fixas de oferta de compra e de venda no mercado de swaps e taxas de swap (porcento ao ano)

Maturidade (anos)	Oferta de compra	Oferta de venda	Taxa de swap
2	6,03	6,06	6,045
3	6,21	6,24	6,225
4	6,35	6,39	6,370
5	6,47	6,51	6,490
7	6,65	6,68	6,665
10	6,83	6,87	6,850

---

[2] Isso também é chamado de *warehousing* de swaps.

[3] O swap padrão nos Estados Unidos é aquele no qual pagamentos fixos a cada 6 meses são trocados por pagamentos de LIBOR flutuantes a cada 3 meses. Na Tabela 7.1, pressupomos que os pagamentos fixos e flutuantes são trocados a cada 6 meses.

Como o swap vale zero, conclui-se que:

$$B_{\text{fix}} = B_{\text{fl}} \qquad (7.1)$$

Usaremos esse resultado posteriormente neste capítulo quando discutirmos a determinação da curva à vista LIBOR/swap.

7.2 QUESTÕES DE CONTAGEM DE DIAS

Na Seção 6.1, discutimos as convenções de contagem de dias. Essas convenções afetam os pagamentos sobre um swap e alguns dos números calculados nos exemplos que oferecemos não refletem exatamente essas convenções de contagem de dias. Considere, por exemplo, os pagamentos de LIBOR de 6 meses na Tabela 7.1. Como é uma taxa do mercado monetário americano, a LIBOR de 6 meses é cotada usando uma base efetivo/360. O primeiro pagamento flutuante na Tabela 7.1, baseada na taxa LIBOR de 4,2%, é mostrado como $2,10 milhões. Como há 184 dias entre 5 de março de 2014 e 5 de setembro de 2014, o valor deveria ser:

$$100 \times 0{,}042 \times \frac{184}{360} = \$2{,}1467 \text{ milhões}$$

Em geral, um fluxo de caixa de taxa flutuante baseada na LIBOR sobre uma data de pagamento de swap é calculada como $LRn/360$, onde L é o principal, R é a taxa LIBOR relevante e n é o número de dias desde a última data de pagamento.

A taxa fixa paga em uma transação de swap é cotada de modo semelhante, com uma determinada base de contagem de dias especificada. Por consequência, os pagamentos fixos podem não ser exatamente iguais em cada data de pagamento. A taxa fixa geralmente é cotada como efetivo/365 ou 30/360. Logo, ela não é diretamente comparável com a LIBOR, pois se aplica a um ano completo. Para tornar as taxas aproximadamente comparáveis, a taxa LIBOR de 6 meses deve ser multiplicada por 365/360 ou a taxa fixa deve ser multiplicada por 360/365.

Para tornar a explicação mais clara, vamos ignorar as questões de contagem de dias nos cálculos do resto deste capítulo.

7.3 CONFIRMAÇÕES

A *confirmação* é o contrato legal subjacente a um swap, assinado por representantes de ambas as partes. A elaboração das confirmações foi facilitada pelo trabalho da International Swaps and Derivatives Association (ISDA; www.isda.org) em Nova Iorque. A organização produziu uma série de contratos globais compostos de cláusulas que definem em detalhes a terminologia usada em contratos de swap, o que acontece em caso de inadimplência de qualquer um dos lados e assim por diante. Os contratos globais abrangem todas as transações em circulação entre duas partes. Na História de Negócios 7.1, mostramos uma possível passagem da confirmação referente ao swap mostrado na Figura 7.4, entre a Microsoft e uma instituição financeira (que pressupomos ser a Goldman Sachs, no caso). A confirmação completa poderia afirmar que as disposições de um contrato global da ISDA se aplicariam.

> **História de Negócios 7.1** Passagem de confirmação de swap hipotética
>
> | | |
> |---|---|
> | Data do negócio: | 27 de fevereiro de 2014 |
> | Data efetiva: | 5 de março de 2014 |
> | Convenção de dias úteis (todas as datas): | Dia útil seguinte |
> | Calendário de feriados: | EUA |
> | Data de término: | 5 de março de 2017 |
>
> *Valores fixos*
>
> | | |
> |---|---|
> | Pagador dos valores fixos: | Microsoft |
> | Principal nocional de taxa fixa: | 100 milhões de USD |
> | Taxa fixa: | 5,015% ao ano |
> | Convenção de contagem de dias de taxa fixa: | Efetivo/365 |
> | Datas de pagamento da taxa fixa: | Cada 5 de março e 5 de setembro a partir de 5 de setembro de 2014, até e incluindo 5 de março de 2017 |
>
> *Valores flutuantes*
>
> | | |
> |---|---|
> | Pagador da taxa flutuante: | Goldman Sachs |
> | Principal nocional de taxa flutuante: | 100 milhões de USD |
> | Taxa flutuante: | LIBOR de 6 meses de USD |
> | Convenção de contagem de dias de taxa flutuante: | Efetivo/360 |
> | Datas de pagamento da taxa flutuante: | Cada 5 de março e 5 de setembro a partir de 5 de setembro de 2014, até e incluindo 5 de março de 2017 |

A confirmação especifica que a seguinte convenção de dias úteis será usada e que o calendário americano determina quais dias são úteis e quais são feriados. Isso significa que caso caia em um fim de semana ou feriado americano, o pagamento deverá ocorrer no dia útil seguinte.[4] Cinco de março de 2016 é um sábado. O pagamento programado para esse dia ocorrerá, assim, em 7 de março de 2016.

7.4 O ARGUMENTO DA VANTAGEM COMPARATIVA

Uma explicação oferecida com frequência para explicar a popularidade dos swaps se refere à vantagem comparativa. Considere o uso de um swap de taxas de juros para transformar um passivo. Segundo essa ideia, algumas empresas têm uma vantagem comparativa quando tomam empréstimos em mercados de taxa fixa, enquanto outras têm vantagem comparativa quando tomam empréstimos em mercados de taxa flutu-

---

[4] Outra convenção de dias úteis especificada ocasionalmente é a convenção do dia útil *seguinte modificado*, que é o mesmo que a convenção do dia útil seguinte, exceto que quando o próximo dia útil cai em um mês diferente do dia especificado, o pagamento ocorre no dia útil imediatamente anterior. As convenções de dia útil *precedente* e *precedente modificado* são definidas de maneira análoga.

TABELA 7.4 Taxas de empréstimo que oferecem uma base para o argumento da vantagem comparativa

	Fixa	Flutuante
AAACorp	4,0%	LIBOR de 6 meses −0,1%
BBBCorp	5,2%	LIBOR de 6 meses +0,6%

ante. Para obter um novo empréstimo, faz sentido que a empresa busque o mercado no qual possui uma vantagem comparativa. Por consequência, a empresa pode tomar um empréstimo a uma taxa fixa quando preferiria uma flutuante, ou a uma flutuante quando preferiria uma fixa. O swap é usado para transformar um empréstimo de taxa fixa em um de taxa flutuante e vice-versa.

Suponha que duas empresas, a AAACorp e a BBBCorp, desejam tomar $10 milhões emprestado por 5 anos e as taxas mostradas na Tabela 7.4 foram oferecidas a elas. A AAACorp tem avaliação de crédito AAA; a BBBCorp tem avaliação de crédito BBB.[5] Vamos pressupor que a BBBCorp deseja tomar um empréstimo por uma taxa de juros fixa, enquanto a AAACorp deseja tomar um empréstimo a uma taxa flutuante ligada à LIBOR de 6 meses. Como possui avaliação de crédito inferior à da AAACorp, a BBBCorp paga uma taxa de juros maior do que a AAACorp nos mercados de taxas fixas e flutuantes.

Uma característica fundamental das taxas oferecidas à AAACorp e à BBBCorp é que a diferença entre as duas taxas fixas é maior do que a diferença entre as duas taxas flutuantes. A BBBCorp paga 1,2% mais do que a AAACorp em mercados de taxa fixa e apenas 0,7% mais em mercados de taxa flutuante. A BBBCorp parece ter uma vantagem comparativa nos mercados de taxa flutuante, enquanto a AAACorp parece ter uma vantagem comparativa em mercados de taxa fixa.[6] É essa suposta anomalia que pode levar à negociação de um swap. A AAACorp toma um empréstimo a uma taxa fixa de 4% ao ano. A BBBCorp toma um empréstimo a uma taxa flutuante de LIBOR mais 0,6% ao ano. Elas firmam um contrato de swap para garantir que a AAACorp ficará com os fundos de taxa flutuante e a BBBCorp ficará com os fundos de taxa fixa.

Para entender como esse swap funcionaria, primeiro pressupomos que a AAACorp e a BBBCorp se comunicam diretamente. O tipo de swap que poderiam negociar é apresentado na Figura 7.6, semelhante a nosso exemplo na Figura 7.2. A AAACorp concorda em pagar à BBBCorp juros a LIBOR de 6 meses sobre $10 milhões. Em troca, a BBBCorp concorda em pagar à AAACorp juros a uma taxa fixa de 4,35% ao ano sobre $10 milhões.

---

[5] As notas de crédito designadas às empresas pela S&P e a Fitch (em ordem decrescente de qualidade) são AAA, AA, A, BBB, BB, B, CCC, CC e C. As notas correspondentes designadas pela Moody's são Aaa, Aa, A, Baa, Ba, B, Caa, Ca e C, respectivamente.

[6] Observe que a vantagem comparativa da BBBCorp nos mercados de taxa flutuante não implica que a BBBCorp pagará menos do que a AAACorp nesse mercado. Ela significa que a quantia adicional que a BBBCorp paga em relação à quantia paga pela AAACorp é menor nesse mercado. Um de meus alunos resumiu a situação da seguinte maneira: "A AAACorp paga mais menos em mercados de taxa fixa; a BBBCorp paga menos mais em mercados de taxa flutuante".

```
         4,35%
4%  ←  AAACorp  ←────  BBBCorp  →  LIBOR + 0,6%
                LIBOR
```

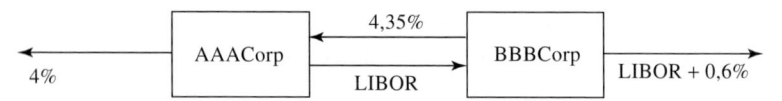

FIGURA 7.6 Contrato de swap entre a AAACorp e a BBBCorp quando as taxas na Tabela 7.4 se aplicam.

A AAACorp tem três conjuntos de fluxos de caixa de taxas de juros:

1. Paga 4% ao ano para credores externos.
2. Recebe 4,35% ao ano da BBBCorp.
3. Paga a LIBOR para a BBBCorp.

O efeito líquido dos três fluxos de caixa é que a AAACorp paga LIBOR menos 0,35% ao ano, o que é 0,25% ao ano menos do que pagaria se fosse diretamente aos mercados de taxa flutuante. A BBBCorp também possui três conjuntos de fluxos de caixa de taxas de juros:

1. Paga LIBOR + 0,6% ao ano para credores externos.
2. Recebe a LIBOR da AAACorp.
3. Paga 4,35% ao ano para a AAACorp.

O efeito líquido dos três fluxos de caixa é que a BBBCorp paga 4,95% ao ano, o que é 0,25% ao ano menos do que pagaria se fosse diretamente aos mercados de taxa fixa.

Nesse exemplo, o swap foi estruturado de modo que o ganho líquido para ambos os lados é o mesmo, 0,25%. Não precisa ser assim. Contudo, o ganho aparente total desse tipo de arranjo de swap de taxas de juros é sempre $a - b$, onde a é a diferença entre as taxas de juros enfrentadas pelas duas empresas em mercados de taxas fixas e b é a diferença entre as taxas de juros enfrentadas pelas duas empresas em mercados de taxas flutuantes. Nesse caso $a = 1,2\%$ e $b = 0,7\%$, então o ganho total é 0,5%.

Se a AAACorp e a BBBCorp não negociaram diretamente uma com a outra e usaram uma instituição financeira, o resultado poderia ser algo como o arranjo mostrado na Figura 7.7. (A situação é semelhante ao exemplo na Figura 7.4.) Nesse caso, a AAACorp acaba tomando um empréstimo a LIBOR menos 0,33%, a BBB-Corp acaba tomando um empréstimo a 4,97% e a instituição financeira obtém um spread de 4 pontos-base ao ano. O ganho para a AAACorp é 0,23%; o ganho para a BBBCorp é 0,23%; e o ganho para a instituição financeira é 0,04%. O ganho total para todas as três partes é 0,50%, assim como antes.

Crítica ao argumento

O argumento de vantagem comparativa que acabamos de descrever para explicar a atratividade dos swaps de taxas de juros pode ser questionado. Na Tabela 7.4, por que os spreads entre as taxas oferecidas à AAACorp e à BBBCorp seriam diferentes nos mercados de taxa fixa e de taxa flutuante? Agora que o mercado de swaps de taxas de juros existe há bastante tempo, seria razoável esperar que a arbitragem teria eliminado diferenças desse tipo.

O motivo dos diferenciais de spread parecem existir devido à natureza dos contratos disponíveis para as empresas nos mercados de taxa fixa e flutuante. As taxas

```
                    4,33%                    4,37%
  4%   ┌────────┐          ┌────────────┐          ┌────────┐
←──────│AAACorp │←─────────│ Instituição│←─────────│BBBCorp │──────→
       └────────┘          │ financeira │          └────────┘  LIBOR + 0,6%
            LIBOR          └────────────┘  LIBOR
```

FIGURA 7.7 Contrato de swap entre a AAACorp e a BBBCorp quando as taxas na Tabela 7.4 se aplicam e um intermediário financeiro está envolvido.

de 4,0% e 5,2% disponíveis para a AAACorp e a BBBCorp nos mercados de taxa fixa são taxas de 5 anos (ou seja, as taxas às quais as empresas podem emitir títulos de taxa fixa de 5 anos). As taxas LIBOR −0,1% e LIBOR +0,6% disponíveis para a AAACorp e a BBBCorp nos mercados de taxa flutuante são taxas de 6 meses. No mercado de taxa flutuante, o credor geralmente tem a oportunidade de revisar as taxas flutuantes a cada 6 meses. Se a qualidade de crédito da AAACorp ou da BBBCorp decai, o credor tem a opção de aumentar o spread em relação à LIBOR cobrada. Em circunstâncias extremas, o credor pode simplesmente se recusar a rolar o empréstimo. Os provedores de financiamento de taxa fixa não têm a opção de alterar as condições do empréstimo dessa maneira.[7]

Os spreads entre as taxas oferecidas à AAACorp e à BBBCorp refletem o quanto a probabilidade de inadimplência da BBBCorp é maior do que a da AAACorp. Durante os próximos seis meses, é muito improvável que a AAACorp ou a BBBCorp entrem em mora. No mais longo prazo, a probabilidade de inadimplência por parte de uma empresa com nota de crédito relativamente baixa (como a BBBCorp) tende a aumentar mais rapidamente do que a probabilidade de inadimplência por parte de uma empresa com nota de crédito relativamente alta (como a AAACorp). É por isso que o spread entre as taxas de 5 anos é maior do que o spread entre as taxas de 6 meses.

Após negociar um empréstimo de taxa flutuante a LIBOR +0,6% e firmar o contrato de swap mostrado na Figura 7.7, a BBBCorp parece obter um empréstimo de taxa fixa a 4,97%. Os argumentos apresentados acima mostram que esse não é o caso. Na prática, a taxa paga é 4,97% apenas se a BBBCorp pode continuar a tomar empréstimos a uma taxa flutuante com spread de 0,6% em relação à LIBOR. Se, por exemplo, a qualidade do crédito da BBBCorp cai a ponto do empréstimo de taxa flutuante ser rolado a LIBOR +1,6%, a taxa paga pela empresa aumenta para 5,97%. O mercado espera que o spread da BBBCorp em relação à LIBOR de 6 meses aumente, em média, durante a vida do swap. A taxa de empréstimo média esperada da BBBCorp quando firma o contrato de swap é, assim, maior do que 4,97%.

O swap na Figura 7.7 garante LIBOR −0,33% para a AAACorp durante os próximos 5 anos, não apenas os próximos 6 meses. Parece ser um bom negócio para a AAACorp. A desvantagem do acordo é que a empresa corre o risco de inadimplência sobre o swap por parte da instituição financeira. Se tivesse tomado um empréstimo de taxa flutuante do modo tradicional, a AAACorp não correria esse risco.

---

[7] Se os empréstimos de taxa flutuante são estruturados de modo que o spread em relação à LIBOR seja garantido de antemão, independentemente das mudanças na avaliação de crédito, os diferenciais de spread desaparecem.

7.5 A NATUREZA DAS TAXAS DE SWAP

Nesse momento, é apropriado examinar a natureza das taxas de swap e a relação entre os mercados de swap e LIBOR. Como explicado na Seção 4.1, a LIBOR é a taxa de juros à qual bancos com nota de crédito AA podem tomar empréstimos por períodos de até 12 meses junto a outros bancos. Além disso, como indicado na Tabela 7.3, uma taxa de swap é a média da (a) taxa fixa pela qual um *market maker* de swaps está preparado a pagar em troca de receber a LIBOR (sua taxa de compra) e (b) taxa fixa que está preparada para receber em troca de pagar a LIBOR (sua taxa de venda).

Assim como as taxas LIBOR, as taxas de swap não são taxas de empréstimo livres de risco. Contudo, elas são razoavelmente próximas de serem livres de risco em condições de mercado normais. Uma instituição financeira pode obter a taxa de swap de 5 anos sobre um determinado principal com a seguinte estratégia:

1. Emprestar o principal pelos primeiros seis meses a um tomador AA e então re-emprestá-lo por períodos sucessivos a outros tomadores AA; e
2. Firmar um swap para trocar a renda LIBOR pela taxa de swap de 5 anos.

Isso mostra que a taxa de swap de 5 anos é uma taxa de juros com risco de crédito correspondente à situação na qual foram realizados empréstimos LIBOR de 6 meses consecutivos a empresas AA. Da mesma forma, a taxa de swap de 7 anos é uma taxa de juros com risco de crédito correspondente à situação na qual são realizados 14 empréstimos LIBOR de 6 meses consecutivos a empresas AA. As taxas de swap de outras maturidades podem ser interpretadas de forma análoga.

Observe que as taxas de swap de 5 anos são inferiores às taxas de empréstimo de 5 anos. É muito mais atraente emprestar o dinheiro por períodos sucessivos de 6 meses a devedores que são sempre AA no início dos períodos do que emprestá-lo a um só devedor por todo o período de 5 anos, quando tudo que podemos ter certeza é que o devedor é AA no início dos 5 anos.

Na discussão sobre as questões acima, Collin-Dufesne e Solnik chamam as taxas de swap de taxas LIBOR "atualizadas continuamente".[8]

7.6 DETERMINANDO AS TAXAS ZERO DE SWAP/LIBOR

Um problema com as taxas LIBOR é que observações diretas somente são possíveis para maturidades de até 12 meses. Como descrito na Seção 6.3, uma maneira de estender a curva à vista LIBOR além de 12 meses é usar futuros de eurodólar. Em geral, os futuros de eurodólar são usados para produzir uma curva à vista LIBOR até 2 anos, mas às vezes até 5 anos. Os traders então usam as taxas de swap para estender a curva à vista LIBOR mais ainda. A curva à vista resultante é chamada de curva à vista LIBOR ou curva à vista de swap. Para evitar confusões, vamos chamá-la de *curva à vista de swap/LIBOR*. A seguir, descrevemos como as taxas de swap são usadas para determinar a curva à vista de swap/LIBOR.

---

[8] Ver P. Collin-Dufesne and B. Solnik, "On the Term Structure of Default Premia in the Swap and Libor Market", *Journal of Finance*, 56, 3 (June 2001).

A primeira questão a ser observada é que o valor de um título de taxa flutuante recém-emitido que paga a LIBOR de 6 meses é sempre igual ao valor do principal (ou valor par) quando a curva à vista de swap/LIBOR é usada para desconto.[9] O motivo é que o título oferece uma taxa de juros de LIBOR, e a LIBOR é a taxa de desconto. Os juros sobre os títulos correspondem exatamente à taxa de desconto, então o valor justo do título é o valor par.

Na equação (7.1), mostramos que para um swap recém-emitido cuja taxa fixa é igual à taxa de swap, $B_{fix} = B_{fl}$. Acabamos de argumentar que B_{fl} é igual ao principal nocional. Logo, B_{fix} também é igual ao principal nocional do swap. Por consequência, as taxas de swap definem um conjunto de títulos de rendimento par. Por exemplo, da Tabela 7.3, podemos deduzir que o rendimento par de swap/LIBOR de 2 anos é 6,045%, o rendimento par de swap/LIBOR de 3 anos é 6,225% e assim por diante.[10]

A Seção 4.5 mostrou como o método de *bootstrap* pode ser usado para determinar a curva à vista do Tesouro a partir dos preços de títulos do Tesouro. Ele pode ser usado com as taxas de swap de maneira semelhante para estender a curva zero de swap/LIBOR.

■ **Exemplo 7.1**

Suponha que as taxas zero de swap/LIBOR de 6 meses, 12 meses e 18 meses foram determinadas como 4%, 4,5% e 4,8% com capitalização contínua e que a taxa de swap de 2 anos (para um swap cujos pagamentos são semestrais) é 5%. Essa taxa de swap de 5% significa que um título com principal de $100 e cupom semestral de 5% ao ano é vendido por par. Logo, se R é a taxa zero de 2 anos:

$$2,5e^{-0,04 \times 0,5} + 2,5e^{-0,045 \times 1,0} + 2,5e^{-0,048 \times 1,5} + 102,5e^{-2R} = 100$$

Resolvendo a equação, obtemos $R = 4,953\%$. (Observe que o cálculo não leva em conta convenções de contagem de dias e calendários de feriados. Ver Seção 7.2.) ■

7.7 AVALIAÇÃO DE SWAPS DE TAXAS DE JUROS

Agora vamos discutir a avaliação dos swaps de taxas de juros. Um swap de taxas de juros vale quase zero quando é iniciado. Após existir por algum tempo, seu valor pode ser positivo ou negativo. Há duas abordagens de avaliação quando usamos as taxas de swap/LIBOR como taxas de desconto. A primeira considera o swap como a diferença entre dois títulos; a segunda o considera um portfólio de FRAs.

Avaliação em termos de preços de títulos

Os pagamentos de principal não são trocados em um swap de taxas de juros. Contudo, como ilustrado pela Tabela 7.2, podemos pressupor que os pagamentos de princi-

---

[9] O mesmo vale, é claro, para um título recém-emitido que paga a LIBOR de 1 mês, 3 meses ou 12 meses.

[10] Os analistas com frequência interpolam entre taxas de swap antes de calcular a curva à vista, criando taxas de swap para maturidades em intervalos de 6 meses. Por exemplo, para os dados na Tabela 7.3, podemos pressupor que a taxa de swap de 2,5 anos seria 6,135%; que a taxa de swap seria 6,696%; e assim por diante.

pal são recebidos e pagos ao final do swap sem alteração de seu valor. No processo, descobrimos que, do ponto de vista do pagador da taxa flutuante, um swap pode ser considerado uma posição comprada em um título de taxa fixa e uma posição vendida em um título de taxa flutuante, de modo que:

$$V_{swap} = B_{fix} + B_{fl}$$

onde V_{swap} é o valor do swap, B_{fl} é o valor do título de taxa flutuante (correspondente aos pagamentos realizados) e B_{fix} é o valor do título de taxa fixa (correspondente aos pagamentos recebidos). Da mesma forma, do ponto de vista do pagador de taxa fixa, um swap é uma posição comprada em um título de taxa flutuante e uma posição vendida em um título de taxa fixa, de modo que o valor do swap é:

$$V_{swap} = B_{fl} - B_{fix}$$

O valor do título de taxa fixa, B_{fix}, pode ser determinado da maneira descrita na Seção 4.4. Para avaliar o título de taxa flutuante, observamos que o título vale o principal nocional imediatamente após um pagamento. Isso ocorre porque, nesse momento, o título é um "negócio justo" no qual o devedor paga a LIBOR por cada período de acúmulo subsequente.

Suponha que o principal nocional é L, a próxima troca de pagamentos ocorre no tempo t^* e o pagamento flutuante que será realizado no tempo t^* (determinado na última data de pagamento) é k^*. Imediatamente após o pagamento, $B_{fl} = L$, como foi explicado. Logo, imediatamente antes do pagamento, $B_{fl} = L + k^*$. O título de taxa flutuante pode, assim, ser considerado um instrumento que oferece um único fluxo de caixa de $L + k^*$ no tempo t^*. Descontando essa quantia, o valor do título de taxa flutuante hoje é $(L + k^*)e^{-r^*t^*}$, onde r^* é a taxa zero de swap/LIBOR para uma maturidade de t^*. A Figura 7.8 ilustra esse argumento.

■ Exemplo 7.2

Suponha que, algum tempo atrás, uma instituição financeira concordou em receber a LIBOR de 6 meses e pagar 3% ao ano (com capitalização semestral) sobre um principal nocional de $100 milhões. O swap tem vida remanescente de 1,25 ano. As taxas LIBOR com capitalização contínua para maturidades de 3 meses, 9 meses e 15 meses são 2,8%,

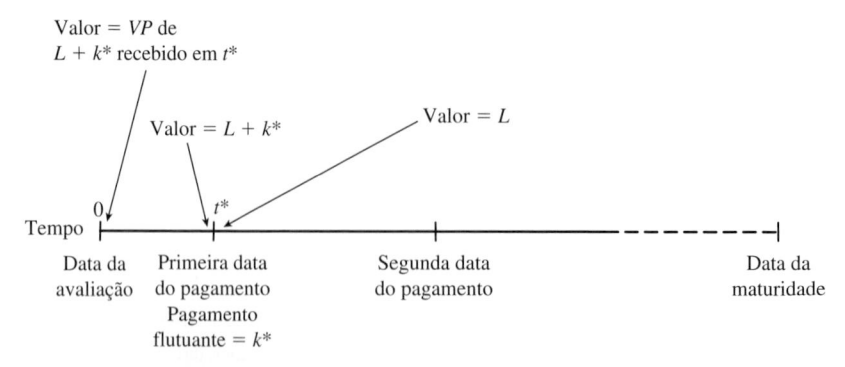

FIGURA 7.8 Avaliação de títulos de taxa flutuante quando o principal do título é L e o próximo pagamento é k^* em t^*.

3,2% e 3,4%, respectivamente. A taxa LIBOR de 6 meses na última data de pagamento era 2,9% (com capitalização semestral).

Os cálculos para avaliar o swap em termos de títulos estão resumidos na Tabela 7.5. O título de taxa fixa tem fluxos de caixa de 1,5, 1,5 e 101,5 nas três datas de pagamento. Os fatores de desconto para esses três fluxos de caixa são, respectivamente, $e^{-0,028 \times 0,25}$, $e^{-0,032 \times 0,75}$ e $e^{0,034 \times 1,25}$ e são mostrados na quarta coluna da Tabela 7.5. A tabela mostra que o valor do título de taxa fixa (em milhões de dólares) é 100,2306.

TABELA 7.5 Avaliação de um swap em termos de títulos ($ milhões). Aqui, B_{fix} é o título de taxa fixa subjacente ao swap e B_{fl} é o título de taxa flutuante subjacente ao swap

Tempo	Fluxo de caixa B_{fix}	Fluxo de caixa B_{fl}	Fator de desconto	Valor presente do fluxo de caixa B_{fix}	Valor presente do fluxo de caixa B_{fl}
0,25	1,5	101,4500	0,9930	1,4895	100,7423
0,75	1,5		0,9763	1,4644	
1,25	101,5		0,9584	97,2766	
Total				100,2306	100,7423

Nesse exemplo, $L = \$100$ milhões, $k^* = 0,5 \times 0,029 \times 100 = \$1,4500$ milhão e $t^* = 0,25$, de modo que o título de taxa flutuante pode ser avaliado como se produzisse um fluxo de caixa de $101,4500 milhões em três meses. A tabela mostra que o valor do título de taxa flutuante (em milhões de dólares) é $101,4500 \times 0,9930 = 100,7423$.

O valor do swap é a diferença entre os dois preços de títulos:

$$V_{swap} = 100,7423 - 100,2306 = 0,5117$$

ou $+0,5117$ milhão de dólares.

Se a instituição financeira estivesse na posição contrária, de pagar uma taxa fixa e receber uma flutuante, o valor do swap seria $-\$0,5117$ milhão. Observe que esses cálculos não levam em conta as convenções de contagem de dias e os calendários de feriados. ∎

Avaliação em termos de FRAs

Um swap pode ser caracterizado como um portfólio de contratos de taxa forward. Considere o swap entre a Microsoft e a Intel na Figura 7.1. O swap é um negócio de 3 anos firmado em 5 de março de 2014, com pagamentos semestrais. A primeira troca de pagamentos é conhecida no momento em que o swap é negociado. As outras cinco trocas podem ser consideradas FRAs. A troca em 5 de março de 2015 é um FRA no qual juros a 5% são trocados por juros à taxa de 6 meses observada no mercado em 5 de setembro de 2014; a troca em 5 de setembro de 2015 é um FRA no qual juros a 5% são trocados por juros à taxa de 6 meses observada no mercado em 5 de março de 2015; e assim por diante.

Como mostrado ao final da Seção 4.7, um FRA pode ser avaliado com o pressuposto de que as taxas de juros a termo são realizadas. Como não é nada mais que um portfólio de contratos de taxa forward, um swap de taxas de juros *plain vanilla* também pode ser avaliado com o pressuposto de que as taxas de juros a termo são realizadas. O procedimento é o seguinte:

1. Use a curva à vista de swap/LIBOR para calcular as taxas forward para cada uma das taxas LIBOR que determinarão os fluxos de caixa do swap.
2. Calcule os fluxos de caixa de swap com base no pressuposto de que as taxas LIBOR serão iguais às taxas forward.
3. Desconte esses fluxos de caixa de swap (usando a curva à vista de swap/LIBOR) para obter o valor do swap.

■ Exemplo 7.3

Considere mais uma vez a situação no Exemplo 7.2. Sob os termos do swap, uma instituição financeira concordou em receber a LIBOR de 6 meses e pagar 3% ao ano (com capitalização semestral) sobre um principal nocional de $100 milhões. O swap tem vida remanescente de 1,25 ano. As taxas LIBOR com capitalização contínua para maturidades de 3 meses, 9 meses e 15 meses são 2,8%, 3,2% e 3,4%, respectivamente. A taxa LIBOR de 6 meses na última data de pagamento era 2,9% (com capitalização semestral).

Os cálculos estão resumidos na Tabela 7.6. A primeira linha da tabela mostra os fluxos de caixa que serão trocados em 3 meses. Estes já foram determinados. A taxa fixa de 3% ao ano levará a uma saída de caixa de $100 \times 0,030 \times 0,5 = \$1,5$ milhão. A taxa flutuante de 2,9% (estabelecida 3 meses atrás) levará a um influxo de caixa de $100 \times 0,29 \times 0,5 = \$1,45$ milhão. A segunda linha da tabela mostra os fluxos de caixa que serão trocados em 9 meses, pressupondo que as taxas forward são realizadas. A saída de caixa é $1,5 milhão, assim como antes. Para calcular esse influxo de caixa, antes precisamos calcular a taxa forward correspondente ao período entre 3 e 9 meses. Da equação (4.5), esse valor é:

$$\frac{0,032 \times 0,75 - 0,028 \times 0,25}{0,5} = 0,034$$

ou 3,4% com capitalização contínua. Da equação (4.4), a taxa forward se torna 3,429% com capitalização semestral. O influxo de caixa é, assim, $100 \times 0,3429 \times 0,5 = \$1,7145$ milhões. A terceira linha, por sua vezes, mostra os fluxos de caixa que serão trocados em 15 meses, pressupondo que as taxas forward são realizadas. Os fatores de desconto para as três datas de pagamento são, respectivamente:

$$e^{-0,028 \times 0,25}, \quad e^{-0,032 \times 0,75}, \quad e^{-0,034 \times 1,25}$$

TABELA 7.6 Avaliação de swaps em termos de FRAs (milhões de $). Os fluxos de caixa flutuantes são calculados pressupondo que as taxas forward serão realizadas

Tempo	Fluxo de caixa fixo	Fluxo de caixa flutuante	Fluxo de caixa líquido	Fator de desconto	Valor presente do fluxo de caixa líquido
0,25	−1,5000	+1,4500	−0,0500	0,9930	−0,0497
0,75	−1,5000	+1,7145	+0,2145	0,9763	+0,2094
1,25	−1,5000	+1,8672	+0,3672	0,9584	+0,3519
Total:					+0.5117

O valor presente da troca em três meses é −$0,0497 milhão. Os valores dos FRAs correspondentes às trocas em 9 meses e 15 meses são +$0,2094 e +$0,3519 milhão, respectivamente. O valor total do swap é +$0,5117 milhão. O resultado está de acordo com o valor que calculamos no Exemplo 7.2 pela decomposição do swap em títulos. ∎

7.8 EFEITOS DA ESTRUTURA A TERMO

Inicialmente, um swap vale quase zero. Isso significa que no primeiro momento de um swap, a soma dos valores dos FRAs subjacentes ao swap é próximo de zero. Isso não significa que o valor de cada FRA individual é próximo a zero. Em geral, alguns FRAs terão valores positivos, enquanto outros terão valores negativos.

Considere os FRAs subjacentes ao swap entre a Microsoft e a Intel na Figura 7.1:

Valor do FRA para a Microsoft > 0 quando a taxa de juros a termo > 5,0%

Valor do FRA para a Microsoft = 0 quando a taxa de juros a termo = 5,0%

Valor do FRA para a Microsoft < 0 quando a taxa de juros a termo < 5,0%

Suponha que a estrutura a termo das taxas de juros tem inclinação ascendente quando o swap é negociado. Isso significa que as taxas de juros a termo aumentam à medida que a maturidade do FRA aumenta. Como a soma dos valores dos FRAs é próxima a zero, a taxa de juros a termo deve ser menor do que 5,0% para as primeiras datas de pagamento e maior do que 5,0% para as datas de pagamento posteriores. O valor para a Microsoft dos FRAs correspondentes às primeiras datas de pagamento é, assim, negativo, enquanto o valor dos FRAs correspondentes às datas de pagamento posteriores é positivo. Se a estrutura a termo das taxas de juros tem inclinação descendente quando o swap é negociado, o contrário é verdade. A Figura 7.9 ilustra o impacto da forma da estrutura a termo das taxas de juros sobre os valores dos contratos a termo subjacentes ao swap.

7.9 SWAPS DE MOEDA FIXA POR FIXA

Outro tipo popular de swap é conhecido como *swap de moeda fixa por fixa*. Ele envolve trocar os pagamentos de principal e juros a uma taxa fixa em uma moeda pelos pagamentos de principal e juros a uma taxa fixa em outra moeda.

Um contrato de swap de moeda exige que o principal seja especificado em ambas as moedas. Os montantes do principal normalmente são trocados no início e ao final da vida do swap. Normalmente, os principais são escolhidos para serem aproximadamente equivalentes usando a taxa de câmbio no início do swap. Quando são trocados no final da vida do swap, seus valores podem ser bastante diferentes.

Ilustração

Considere um swap de moedas de 5 anos hipotético entre a IBM e a British Petroleum, firmado em 1º de fevereiro de 2014. Vamos supor que a IBM paga uma taxa de juros fixa de 5% em libras esterlinas e recebe uma taxa de juros fixa de 6% em

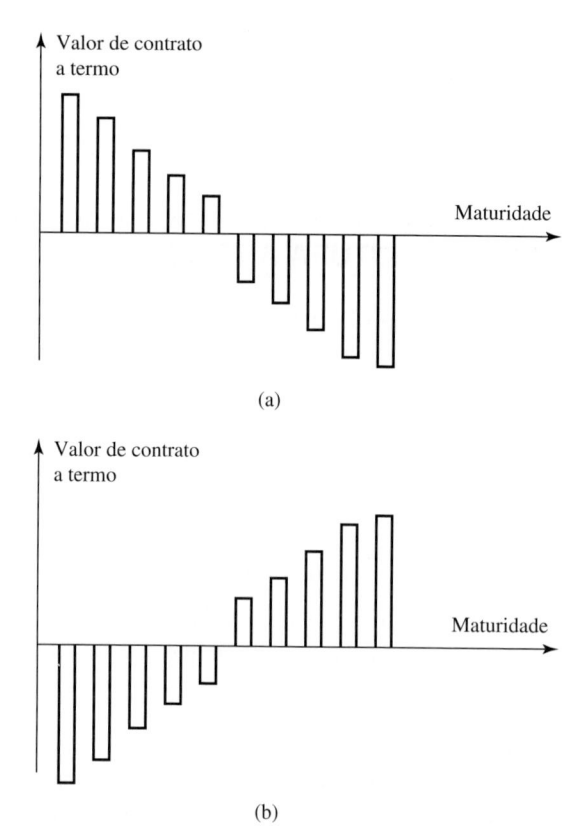

FIGURA 7.9 Avaliação de contratos de taxa forward subjacentes a um swap como função da maturidade. Em (a), a estrutura a termo das taxas de juros tem inclinação ascendente e recebemos uma taxa fixa, ou é descendente e recebemos uma taxa flutuante; em (b), a estrutura a termo das taxas de juros tem inclinação ascendente e recebemos uma taxa flutuante, ou é descendente e recebemos uma taxa fixa.

dólares da British Petroleum. Os pagamentos de taxas de juros são feitos uma vez ao ano e os valores dos principais são $15 milhões e £10 milhões. Esse é um exemplo do chamado swap de moedas *fixa por fixa*, pois a taxa de juros em ambas as denominações é uma taxa fixa. A Figura 7.10 mostra o swap. Inicialmente, os valores dos principais fluem na direção contrária as setas na Figura 7.10. Os pagamentos de juros durante a vida do swap e o pagamento final do principal fluem na mesma direção que as setas. Assim, no início do swap, a IBM paga $15 milhões e recebe £10 milhões. Em cada ano durante a vida do contrato de swap, a IBM recebe $0,90 milhão (= 6% de $15 milhões) e paga £0,50 milhão (= 5% de £10 milhões). Ao final da vida do swap, ela paga um principal de £10 milhões e recebe um principal de $15 milhões. A Tabela 7.7 mostra esses fluxos de caixa.

Uso de um swap de moeda para transformar passivos e ativos

Um swap como aquele que acabamos de considerar pode ser utilizado para transformar empréstimos em uma moeda em empréstimos em outra. Suponha que a IBM

```
         Dólares 6%
IBM  ◄─────────────────  British
     ─────────────────►  Petroleum
         Libras esterlinas 5%
```

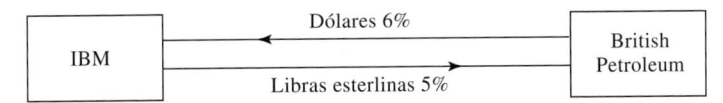

FIGURA 7.10 Um swap de moeda.

TABELA 7.7 Fluxos de caixa para a IBM em um swap de moeda

Data	Fluxo de caixa em dólares (milhões)	Fluxo de caixa em libras esterlinas (milhões)
1º de fevereiro de 2014	−15,00	+10,00
1º de fevereiro de 2015	+0,90	−0,50
1º de fevereiro de 2016	+0,90	−0,50
1º de fevereiro de 2017	+0,90	−0,50
1º de fevereiro de 2018	+0,90	−0,50
1º de fevereiro de 2019	+15,90	−10,50

pode emitir $15 milhões em títulos denominados em dólares americanos a 6% de juros. O swap tem o efeito de transformar essa transação em uma na qual a IBM tomou emprestado £10 milhões a 5% de juros. A troca inicial dos principais converte os resultados da emissão de títulos de dólares americanos para libras esterlinas. As trocas subsequentes no swap têm o efeito de trocar os pagamentos de juros e principais de dólares para libras.

O swap também pode ser usado para transformar a natureza dos ativos. Suponha que a IBM pode investir £10 milhões na Grã-Bretanha a um rendimento de 5% ao ano pelos próximos 5 anos, mas acredita que o dólar americano irá se fortalecer contra a libra e prefere ter um investimento denominado em dólares americanos. O swap tem o efeito de transformar o investimento britânico em um investimento de $15 milhões nos EUA com rendimento de 6%.

Vantagem comparativa

Os swaps de moeda podem ser motivados pela vantagem comparativa. Para entender melhor, vamos considerar outro exemplo hipotético. Suponha que os custos de empréstimo de taxa fixa de 5 anos para a General Electric e a Qantas Airways em dólares americanos (USD) e dólares australianos (AUD) são aqueles mostrados na Tabela 7.8. Os dados da tabela sugerem que as taxas australianas são maiores do que as taxas de juros em USD e também que a qualidade de crédito da General Electric

TABELA 7.8 Taxas de empréstimo que oferecem uma base para um swap de moeda

	USD*	AUD*
General Electric	5,0%	7,6%
Qantas Airways	7,0%	8,0%

* As taxas cotadas foram ajustadas para refletir o impacto diferencial dos impostos.

é melhor do que a da Qantas Airways, pois é oferecida por uma taxa de juros mais favorável em ambas as moedas. Do ponto de vista de um trader de swaps, o aspecto interessante da Tabela 7.8 é que os spreads entre as taxas pagas pela General Electric e pela Qantas Airways nos dois mercados não são os mesmos. A Qantas Airways paga 2% a mais do que a General Electric no mercado de dólares americanos, mas apenas 0,4% a mais do que a General Electric no mercado de AUD.

Essa situação é análoga àquela da Tabela 7.4. A General Electric tem uma vantagem comparativa no mercado de USD, enquanto a Qantas Airways tem uma vantagem comparativa no mercado de AUD. Na Tabela 7.4, na qual um swap de taxas de juros *plain vanilla* foi considerado, argumentamos que as vantagens comparativas são, em grande parte, ilusórias. Aqui, estamos comparando as taxas oferecidas em duas moedas diferentes, e é mais provável que as vantagens comparativas sejam genuínas. Uma fonte possível de vantagem comparativa seria a tributação. A posição da General Electric pode ser tal que empréstimos em USD levam a impostos menores sobre sua renda mundial do que empréstimos em AUD. A posição da Qantas Airways pode ser a contrária. (Observe que pressupomos que as taxas de juros mostradas na Tabela 7.8 foram ajustadas para refletir esses tipos de vantagens fiscais.)

Vamos supor que a General Electric deseja tomar emprestado 20 milhões de AUD e a Qantas Airways deseja tomar emprestado 18 milhões de USD, sendo que a taxa de câmbio atual (USD por AUD) é 0,9000. Isso cria uma situação perfeita para um swap de moeda. A General Electric e a Qantas Airways tomam empréstimos nos mercados onde têm uma vantagem comparativa; ou seja, a General Electric toma um empréstimo em USD, enquanto a Qantas Airways toma um empréstimo em AUD. A seguir, as duas usam um swap de moeda para transformar o empréstimo da General Electric em um empréstimo em AUD e o da Qantas Airways em um empréstimo em USD.

Como mencionado anteriormente, a diferença entre as taxas de juros em USD é 2%, enquanto a diferença entre as taxas de juros em AUD é 0,4%. Por analogia, com o caso do swap de taxas de juros, esperamos que o ganho total para todas as partes seja 2,0 − 0,4 = 1,6% ao ano.

O swap pode ser estruturado de diversas maneiras. A Figura 7.11 mostra uma maneira de firmar swaps com uma instituição financeira. A General Electric toma empréstimos em USD e a Qantas Airways toma empréstimos em UD. O efeito do swap é transformar a taxa de juros em USD de 5% ao ano em uma taxa de juros em AUD de 6,9% ao ano para a General Electric. Por consequência, a General Electric está 0,7% ao ano melhor do que estaria se tivesse entrado diretamente nos mercados de AUD. Da mesma forma, a Qantas Airways troca um empréstimo em AUD a 8% ao ano por um empréstimo em USD a 6,3% ao ano e termina 0,7% ao ano melhor do que se tivesse entrado diretamente nos mercados de USD. A instituição financeira ganha 1,3% ao ano sobre seus fluxos de caixa em USD e perde 1,1% ao ano sobre seus fluxos em AUD. Se ignorarmos a diferença entre as duas moedas, a instituição

```
                    USD 5,0%              USD 6,3%
           ┌──────────────┐     ┌──────────────┐     ┌──────────┐
 USD 5,0%  │   General    │     │  Instituição │     │  Qantas  │
◄──────────│   Electric   │◄────│  financeira  │◄────│  Airways │──────► AUD 8,0%
           └──────────────┘     └──────────────┘     └──────────┘
                    AUD 6,9%              AUD 8,0%
```

FIGURA 7.11   Um swap de moeda motivado por vantagem comparativa.

financeira obtém um ganho líquido de 0,2% ao ano. Como previsto, o ganho total para todas as partes é de 1,6% ao ano.

Todos os anos, a instituição financeira ganha USD 234.000 (= 1,3% de 18 milhões) e incorre uma perda de AUD 220.000 (= 1,1% de 20 milhões). A instituição financeira pode evitar qualquer risco cambial com a compra de AUD 220.000 ao ano no mercado a termo para cada ano de vida do swap, garantindo assim um ganho líquido em USD.

É possível reestruturar o swap de forma que a instituição financeira obtenha um spread de 0,2% em USD. As Figuras 7.12 e 7.13 apresentam duas alternativas. É improvável que essas alternativas sejam usadas na prática, pois não levam a General Electric e a Qantas a ficarem livres do risco cambial.[11] Na Figura 7.12, a Qantas corre algum risco cambial, pois paga 1,1% ao ano em AUD e paga 5,2% ao ano em USD. Na Figura 7.13, a General Electric corre algum risco cambial, pois recebe 1,1% ao ano em USD e paga 8% ao ano em AUD.

7.10 AVALIAÇÃO DE SWAPS DE MOEDA FIXA POR FIXA

Assim como os swaps de taxas de juros, os swaps de moeda fixa por fixa podem ser decompostos como a diferença entre dois títulos ou um portfólio de contratos a termo.

Avaliação em termos de preços de títulos

Se definirmos V_{swap} como o valor em dólares americanos de um swap em circulação no qual dólares são recebidos e uma moeda estrangeira é paga, então:

$$V_{swap} = B_D - S_0 B_F$$

onde B_F é o valor, mensurado na moeda estrangeira, do título definido pelos fluxos de caixa estrangeiros sobre o swap e B_D é o valor do título definido pelos fluxos

FIGURA 7.12 Arranjo alternativo para um swap de moeda: Qantas Airways corre algum risco cambial.

FIGURA 7.13 Arranjo alternativo para um swap de moeda: General Electric corre algum risco cambial.

---

[11] Em geral, faz sentido que a instituição financeira corra o risco cambial, pois ela está melhor posicionada para hedgear o risco.

de caixa nacionais sobre o swap, e S_0 é a taxa de câmbio à vista (expressa como número de dólares por unidade de moeda estrangeira). O valor de um swap pode, assim, ser determinado a partir de taxas de juros nas duas moedas e a taxa de câmbio à vista.

Da mesma forma, o valor de um swap no qual a moeda estrangeira é recebida e os dólares são pagos é:

$$V_{swap} = S_0 B_F - B_D$$

■ Exemplo 7.4

Suponha que a estrutura a termo das taxas de juros é plana no Japão e nos Estados Unidos. A taxa japonesa é 4% ao ano e a taxa americana é 9% ao ano (ambas com capitalização contínua). Algum tempo atrás, uma instituição financeira firmou um swap de moeda pelo qual recebe 5% ao ano em ienes e paga 8% ao ano em dólares uma vez ao ano. Os principais nas duas moedas são $10 milhões e 1.200 milhão de ienes. O swap vai durar mais 3 anos e a taxa de câmbio atual é 110 ienes = $1.

Os cálculos estão resumidos na Tabela 7.9. Nesse caso, os fluxos de caixa do título em dólares subjacentes ao swap aparecem na segunda coluna. O valor presente dos fluxos de caixa que usam a taxa de desconto em dólares de 9% aparece na terceira coluna. Os fluxos de caixa do título em ienes subjacente ao swap aparecem na quarta coluna da tabela. O valor presente dos fluxos de caixa que usam a taxa de desconto em ienes de 4% aparece na última coluna da tabela.

TABELA 7.9 Avaliação de swap de moeda em termos de títulos (todos os valores em milhões)

Tempo	Fluxos de caixa sobre bônus em dólares ($)	Valor presente ($)	Fluxos de caixa sobre bônus em ienes (iene)	Valor presente (iene)
1	0,8	0,7311	60	57,65
2	0,8	0,6682	60	55,39
3	0,8	0,6107	60	53,22
3	10,0	7,6338	1.200	1.064,30
Total:		9,6439		1.230,55

O valor do título em dólares, B_D, é 9,6439 milhões de dólares. O valor do título em ienes é 1230,55 milhões de ienes. O valor do swap em dólares é, assim:

$$\frac{1.230,55}{110} - 9,6439 = 1,5430 \text{ milhão}$$
■

Avaliação como portfólio de contratos a termo

Cada troca de pagamentos em um swap de moeda fixa por fixa é um contrato cambial a termo. Na Seção 5.7, os contratos cambiais a termo foram avaliados com o pressuposto de que as taxas de câmbio a termo seriam realizadas. O mesmo pressuposto pode, assim, ser utilizado para uma swap de moeda.

Exemplo 7.5

Considere mais uma vez a situação no Exemplo 7.4. A estrutura a termo das taxas de juros é plana no Japão e nos Estados Unidos. A taxa japonesa é 4% ao ano e a taxa americana é 9% ao ano (ambas com capitalização contínua). Algum tempo atrás, uma instituição financeira firmou um swap de moeda pelo qual recebe 5% ao ano em ienes e paga 8% ao ano em dólares uma vez ao ano. Os principais nas duas moedas são $10 milhões e 1.200 milhão de ienes. O swap vai durar mais 3 anos e a taxa de câmbio atual é 110 ienes = $1.

Os cálculos estão resumidos na Tabela 7.10. A instituição financeira paga $0{,}08 \times 10 = \$0{,}8$ milhão de dólares e recebe $1.200 \times 0{,}05 = 60$ milhões de ienes a cada ano. Além disso, o principal em dólares de $10 milhões é pago e o principal em ienes de 1.200 é recebido ao final do ano 3. A taxa à vista corrente é 0,009091 dólares por iene. Nesse caso, $r = 9\%$ e $r_f = 4\%$, de modo que, da equação (5.9), a taxa forward de 1 ano é:

$$0{,}009091\, e^{(0{,}09 - 0{,}04) \times 1} = 0{,}009557$$

TABELA 7.10 Avaliação de swap de moeda como portfólio de contratos a termo (todas as quantias em milhões)

Tempo	Fluxo de caixa em dólares	Fluxo de caixa em ienes	Taxa de câmbio a termo	Valor em dólares do fluxo de caixa em ienes	Fluxo de caixa líquido ($)	Valor presente
1	−0,8	60	0,009557	0,5734	−0,2266	−0,2071
2	−0,8	60	0,010047	0,6028	−0,1972	−0,1647
3	−0,8	60	0,010562	0,6337	−0,1663	−0,1269
3	−10,0	1200	0,010562	12,6746	+2,6746	2,0417
Total:						1,5430

As taxas forward de 2 e 3 anos na Tabela 7.10 são calculadas de maneira semelhante. Os contratos a termo subjacentes ao swap podem ser avaliados pressupondo que as taxas forward são realizadas. Se a taxa forward de 1 ano é realizada, o fluxo de caixa em ienes no ano 1 vale $60 \times 0{,}009557 = 0{,}5734$ milhão de dólares e o fluxo de caixa ao final do ano 1 é $0{,}5734 - 0{,}8 = -0{,}2266$ milhão de dólares. Essa quantia tem o valor presente de:

$$-0{,}2266\, e^{-0{,}09 \times 1} = -0{,}2071$$

milhão de dólares. Esse é o valor do contrato a termo correspondente à troca de fluxos de caixa ao final do ano 1. O valor dos outros contratos a termo é calculado de modo semelhante. Como mostrado na Tabela 7.10, o valor total dos contratos a termo é $1,5430 milhões, o que está de acordo com o valor calculado para o swap no Exemplo 7.4 pela sua decomposição em bônus. ∎

Normalmente, o valor de um swap de moeda é quase zero no início. Se os dois principais valem o mesmo no início do swap, o valor do swap também é próximo de zero imediatamente após a troca inicial de principais. Contudo, assim como no caso dos swaps de taxas de juros, isso não significa que cada um dos contratos a termo individuais subjacentes ao swap tem valor próximo a zero. É possível demonstrar que quando as taxas de juros nas duas moedas são significativamente diferentes, a posição do pagador da moeda com a taxa de juros mais alta é tal que os contratos a termo correspondentes às trocas iniciais de fluxos de caixa têm valores negativos e os contratos a termo correspondentes à troca final de principais tem valor positivo. O pagador da moeda com a taxa de juros baixa está na posição contrária; ou seja, os contratos a termo correspondentes às trocas iniciais de fluxos de caixa têm valores positivos, enquanto aquele correspondente à troca final tem valor negativo. Esses resultados são importantes quando estamos avaliando o risco de crédito do swap.

7.11 OUTROS SWAPS DE MOEDA

Dois outros swaps de moeda populares são:

1. Fixa por flutuante, no qual uma taxa de juros flutuante em uma moeda é trocada por uma taxa de juros fixa em outra moeda.
2. Flutuante por flutuante, no qual uma taxa de juros flutuante em uma moeda é trocada por uma taxa de juros flutuante em outra moeda.

Um exemplo do primeiro tipo de swap seria uma troca na qual a LIBOR em libras esterlinas sobre um principal de £7 milhões é paga e 3% sobre um principal de $10 milhões são recebidos, com pagamentos realizados semestralmente por 10 anos. Da mesma forma que um swap de moeda fixa por fixa, isso envolveria uma troca inicial de principais na direção oposta aos pagamentos de juros e uma troca final de principais na mesma direção que os pagamentos de juros ao final da vida do swap. Um swap fixa por flutuante pode ser considerado um portfólio composto de um swap de moeda fixa por fixa e um swap de taxas de juros fixa por flutuante. O swap em nosso exemplo pode ser considerado como (a) um swap no qual 3% sobre um principal de $10 milhões são recebidos e (digamos) 4% sobre um principal de £7 milhões são pagos, mais (b) um swap de taxas de juros no qual 4% são recebidos e a LIBOR é paga sobre um principal nocional de £7 milhões.

Para avaliar o swap que estamos considerando, podemos calcular o valor dos pagamentos em dólar nos próprios dólares, descontando-os pela taxa de juros livre de risco em dólares. Podemos calcular o valor dos pagamentos em libras esterlinas pressupondo que as taxas forward LIBOR em libras serão realizadas e descontando os fluxos de caixa pela taxa de juros livre de risco em libras. O valor do swap é a diferença entre os valores de dois conjuntos de pagamentos usando as taxas de câmbio correntes.

Um exemplo do segundo tipo de swap seria uma troca na qual a LIBOR em libras esterlinas sobre um principal de £7 milhões é paga e a LIBOR em dólares sobre um principal de $10 milhões é recebida. Assim como nos outros casos, isso envolveria uma troca inicial de principais na direção oposta aos pagamentos de juros e uma troca final de principais na mesma direção que os pagamentos de juros ao final da vida do swap. Um swap flutuante por flutuante pode ser considerado um portfólio composto de um swap de moeda fixa por fixa e dois swaps de taxas de juros, um em cada moeda. O swap em nosso exemplo pode ser considerado como (a) um swap no qual (digamos) 3% sobre um principal de $10 milhões são recebidos e (digamos) 4% sobre um principal de £7 milhões são pagos, mais (b) um swap de taxas de juros no qual 4% são recebidos e a LIBOR é paga sobre um principal nocional de £7 milhões, mais (c) um swap de taxas de juros no qual 3% são pagos e a LIBOR é recebida sobre um principal nocional de $10 milhões.

Um swap flutuante por flutuante pode ser avaliado pressupondo que as taxas de juros a termo em cada moeda serão realizadas e descontando os fluxos de caixa pelas taxas livres de risco. O valor do swap é a diferença entre os valores de dois conjuntos de pagamentos usando as taxas de câmbio correntes.

7.12 RISCO DE CRÉDITO

As transações como os swaps que são arranjos privados entre duas empresas envolvem riscos de crédito. Considere uma instituição financeira que firmou transações contrárias com duas empresas (ver Figura 7.4, 7.5 ou 7.7). Se nenhuma das duas partes entrar em mora, a instituição financeira permanece totalmente hedgeada. Uma queda no valor de uma transação sempre será compensada por um aumento no valor da outra. Contudo, há a possibilidade de que uma parte sofra dificuldades financeiras e entre em mora. A instituição financeira ainda precisa honrar o contrato que firmou com a outra parte.

Suponha que, algum tempo após o início das transações na Figura 7.4, a transação com a Microsoft tem valor positivo para a instituição financeira, enquanto a transação com a Intel tem valor negativo. Suponha também que a instituição financeira não tem outras transações de derivativos com essas empresas e que não são postadas garantias. (O impacto da obtenção do saldo líquido dos portfólios e contratos de garantias será discutido no Capítulo 24.) Se a Microsoft entra em mora, a instituição financeira é responsável pela perda de todo o valor positivo que tem na transação. Para manter uma posição hedgeada, ela precisaria encontrar uma terceira parte disposta a assumir a posição da Microsoft. Para induzir a terceira parte a aceitar a posição, a instituição financeira precisaria pagar a ela um valor aproximadamente igual ao valor de seu contrato com a Microsoft antes da moratória.

Quando o valor do swap para ela é positivo, uma instituição financeira claramente tem uma exposição de risco de crédito em um swap. O que acontece quando esse valor é negativo e a contraparte sofre dificuldades financeiras? Na teoria, a instituição financeira poderia realizar um ganho inesperado, pois a inadimplência poderia levá-la a se livrar de um passivo. Na prática, é provável que a contraparte escolha vender a transação para terceiros ou reorganizar seus negócios de alguma maneira para que seu valor positivo na transação não se perca. O pressuposto mais realista para a instituição financeira é, então, aquele descrito a seguir. Se a contraparte for à falência, haverá uma perda se o valor do swap para a instituição financeira for positivo, mas não haverá efeito sobre a posição da instituição financeira caso o valor do swap para esta seja negativo. A Figura 7.14 resume a situação.

Nos swaps, às vezes ocorre que as primeiras trocas de fluxos de caixa têm valores positivos e as trocas posteriores têm valores negativos. (Isso seria verdade na Figura 7.9a e em um swap de moeda no qual a moeda com a taxa de juros mais baixa é paga.) Esses swaps provavelmente terão valores negativos durante a maior de suas vidas e, logo, envolvem menos risco de crédito do que os swaps para os quais o contrário é verdade.

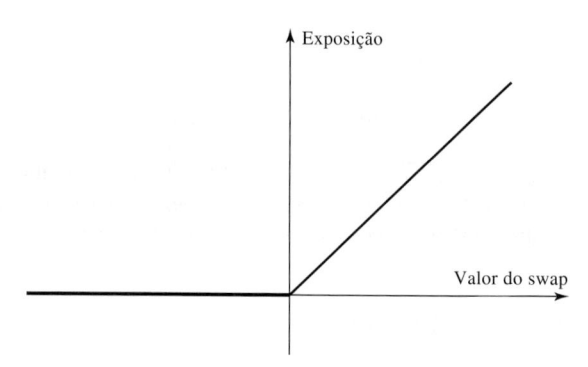

FIGURA 7.14 A exposição de crédito em um portfólio composto de um único swap sem garantia.

As perdas potenciais sobre um swap são muito menores do que as perdas potenciais decorrentes da inadimplência em um empréstimo com o mesmo principal. Isso ocorre porque o valor do swap geralmente é apenas uma fração do valor do empréstimo. As perdas potenciais da inadimplência em um swap de moeda são maiores do que em um swap de taxas de juros. Como os principais nas duas moedas diferentes são trocados ao final da vida de um swap de moeda, este pode ter um valor maior no momento da inadimplência do que um swap de taxas de juros.

É importante diferenciar entre o risco de crédito e o risco de mercado para uma instituição em qualquer contrato. Como discutido anteriormente, o risco de crédito é decorrente da possibilidade de inadimplência pela contraparte quando o valor do contrato para a instituição financeira é positivo. O risco de mercado decorre da possibilidade de que variáveis de mercado como taxas de juros e de câmbio sofrerão movimentos tais que o valor de um contrato para a instituição se tornará negativo. Os riscos de mercado podem ser hedgeados com relativa facilidade pela estruturação de contratos compensatórios; os riscos de crédito são mais difíceis de hedgear.

Uma das histórias mais bizarras dos mercados de swap se encontra na História de Negócios 7.2. Ela trata sobre o governo local britânico de Hammersmith and Fulham e mostra que, além de correr o risco de mercado e o risco de crédito, os bancos que negociam swaps também podem correr riscos legais.

Compensação central

Como explicado no Capítulo 2, na tentativa de reduzir o risco de crédito nos mercados de balcão, os reguladores exigem que derivativos de balcão padronizados sejam compensados por meio de contrapartes centrais (CCPs). A CCP atua como intermediária entre os dois lados e uma transação. Ela exige uma margem inicial e uma margem de variação de ambos os lados, da mesma maneira que estas são exigidas por câmaras de compensação de futuros. A LCH.Clearnet (formada pela fusão da London Clearing House e da parisiense Clearnet) é a maior CCP para swaps de taxas de juros. Em 2013, ela compensou swaps com principal nocional de mais de 350 trilhões de dólares.

> **História de Negócios 7.2** A história de Hammersmith and Fulham
>
> Entre 1987 e 1989, o *borough* londrino de Hammersmith and Fulham, na Grã-Bretanha, firmou cerca de 600 swaps de taxas de juros e instrumentos relacionados, com um principal nocional total de cerca de 6 bilhões de libras esterlinas. As transações parecem ter sido firmadas para fins especulativos e não de hedge. Os dois funcionários de Hammersmith and Fulham responsáveis pelas negociações tinham entendimento muito vago sobre os riscos que estavam correndo e como funcionavam os produtos que estavam negociando.
>
> Até 1989, devido aos movimentos nas taxas de juros da libra, Hammersmith and Fulham perdera centenas de milhões de dólares sobre os swaps. Para os bancos no outro lado das transações, os swaps valiam centenas de milhões de libras. Os bancos estavam preocupados com o risco de crédito. Eles haviam firmado swaps contrários para hedgear seus riscos de taxas de juros. Se Hammersmith and Fulham entrasse em mora, os bancos ainda precisariam honrar suas obrigações com os swaps contrários e sofreriam prejuízos enormes.
>
> O que aconteceu foi um pouco diferente de uma moratória. O auditor de Hammersmith and Fulham pediu que as transações fossem anuladas, pois Hammersmith and Fulham não tinha a autoridade para participar delas. Os tribunais britânicos concordaram. Os recursos foram até a Câmara dos Lordes, o supremo tribunal britânico. A decisão final foi que a Hammersmith and Fulham não tinha a autoridade para firmar os swaps, mas que deveria tê-la no futuro para fins de gerenciamento de riscos. Desnecessário dizer, os bancos ficaram furiosos que seus contratos foram rescindidos dessa maneira pelos tribunais.

Credit default swaps

Um swap que ganhou importância desde o ano 2000 é o *credit default swap* (CDS, swap de inadimplência de crédito). O CDS é um swap que permite os hedge de riscos de crédito da mesma maneira que as empresas hedgeiam riscos de mercado há muitos anos. Um CDS é como um contrato de seguro cujo resultado é pago se uma determinada empresa ou país entra em mora. A empresa ou país é chamada de *entidade de referência*. O comprador da proteção de crédito paga um prêmio de seguro, chamado de *spread de CDS*, ao vendedor da proteção pela vida do contrato ou até a entidade de referência declarar moratória. Suponha que o principal nocional do CDS é $100 milhões e o spread do CDS para um contrato de 5 anos é 120 pontos-base. O prêmio de seguro seria 120 pontos-base aplicados a $100 milhões, ou $1,2 milhão ao ano. Se a entidade de referência não entra em mora durante os 5 anos, nada é recebido em troca dos prêmios de seguro. Se a entidade de referência entra em mora e os bônus emitidos por ela valem 40 centavos por dólar do principal imediatamente após a moratória, o vendedor da proteção precisa fazer um pagamento ao comprador da proteção igual a $60 milhões. A ideia é que, se o comprador da proteção tivesse um portfólio de bônus emitidos pela entidade de referência com um principal de $100 milhões, o resultado seria suficiente para levar o valor do portfólio de volta a $100 milhões.

Os *credit default swaps* serão discutidos em mais detalhes no Capítulo 25.

7.13 OUTROS TIPOS DE SWAPS

Neste capítulo, discutimos os swaps de taxas de juros nos quais a LIBOR é trocada por uma taxa de juros fixa e os swaps de moeda nos quais os juros em uma moeda são trocados por juros em outra moeda. Muitos outros tipos de swap são negociados. Alguns deles serão discutidos em detalhes nos Capítulos 25, 30 e 33. Por ora, vamos apresentar um panorama sobre eles.

Variações sobre o swap de taxas de juros padrão

Em swaps de taxas de juros fixa por flutuante, a LIBOR é a taxa de juros flutuante de referência mais comum. Nos exemplos deste capítulo, o tenor (ou seja, a frequência de pagamentos) da LIBOR foi de 6 meses, mas swaps em que o tenor da LIBOR é 1 mês, 3 meses e 12 meses são negociados regularmente. O tenor do lado flutuante não precisa corresponder ao tenor do lado fixo. (Na verdade, como indicado na nota de rodapé 3, o swap de taxas de juros padrão nos Estados Unidos tem pagamentos de LIBOR trimestrais e pagamentos fixos semestrais.) A LIBOR é a taxa flutuante mais comum, mas outras taxas, como a de notas promissórias (CP, *commercial paper*) são usadas ocasionalmente. Às vezes, são negociados os chamados *swaps de base*. Por exemplo, a taxa CP de 3 meses mais 10 pontos-base poderia ser trocada pela LIBOR de 3 meses, com ambas aplicadas ao mesmo principal. (Essa negociação permitiria que uma empresa hedgeasse sua exposição quando ativos e passivos estão sujeitos a taxas flutuantes diferentes.)

O principal em um contrato de swap pode ser variado durante o termo do swap para atender as necessidades de uma contraparte. Em um *swap com amortização*, o principal é reduzido de uma maneira predeterminada (que pode ser estruturada para corresponder ao cronograma de amortização de um empréstimo). Em um *swap step--up*, o principal aumenta de uma maneira predeterminada (que pode ser estruturada para corresponder a levantamentos em um contrato de empréstimo). Os swaps diferidos ou *swaps a termo*, nos quais as partes não começam a trocar pagamentos de juros até alguma data futura, também podem ser contratados. Às vezes, são negociados swaps nos quais o principal ao qual os pagamentos fixos são aplicados é diferente do principal aos quais os pagamentos flutuantes são aplicados.

Um *swap de maturidade constante* (CMS) é um contrato parar trocar uma taxa LIBOR por uma taxa de swap. Um exemplo seria um contrato para trocar a LIBOR de 6 meses aplicada a um determinado principal pela taxa de swap de 10 anos aplicada ao mesmo principal a cada 6 meses durante os próximos 5 anos. Um *swap do Tesouro de maturidade constante* (swap CMT) é um contrato semelhante para trocar uma taxa LIBOR por uma determinada taxa do Tesouro (ex.: a taxa do Tesouro de 10 anos).

Em um *swap composto*, os juros sobre um ou ambos os lados são compostos a termo até o final da vida do swap de acordo com regras pré-acordadas e há apenas uma data de pagamento ao final da vida do swap. Em um swap *LIBOR-in--arrears*, a taxa LIBOR observada na data de pagamento é usada para calcular o pagamento naquela data. (Como explicado na Seção 7.1, em um contrato padrão, a taxa LIBOR observada em uma data de pagamento é usada para determinar o pagamento na data seguinte). Em um *accrual swap*, os juros sobre um lado do swap se acumulam (*accrue*) apenas quando a taxa de referência flutuante fica dentro de determinada faixa.

Swaps diferenciais

Ocasionalmente, uma taxa observada em uma moeda é aplicada a um principal em outra moeda. Em um contrato como esse, a LIBOR de 3 meses observada nos Estados Unidos poderia ser trocada pela LIBOR de 3 meses na Grã-Bretanha, com ambas as taxas sendo aplicadas a um principal de 10 milhões de libras esterlinas. Swaps desse tipo são chamados de *swaps diferenciais*, *diff swaps* ou *quantos* e serão discutidos no Capítulo 30.

Equity swaps

Um *equity swap* ou *swap de equity* é um contrato para trocar o retorno total (dividendos e ganhos de capital) realizados sobre um índice de ações por uma taxa de juros fixa ou flutuante. Por exemplo, o retorno total sobre o S&P 500 em períodos sucessivos de 6 meses poderia ser trocado pela LIBOR, com ambos sendo aplicados ao mesmo principal. Os *equity swaps* podem ser usados por gerentes de portfólio para converter os retornos de um investimento fixo em flutuante em retornos do investimento em um índice de ações e vice-versa. Eles serão discutidos no Capítulo 33.

Opções

Às vezes, um contrato de swap possui opções embutidas. Por exemplo, em um *extendable swap*, uma parte tem a opção de estender a vida do swap além do período especificado. Em um *puttable bond*, uma parte tem a opção de encerrar o swap antecipadamente. Opções sobre swaps, ou *swaptions*, também estão disponíveis. Estas oferecem a uma parte o direito de, em um momento futuro, firmar um swap no qual uma taxa fixa predeterminada é trocada por uma taxa flutuante; elas serão discutidas no Capítulo 29.

Swaps de commodities, swaps de volatilidade e outros instrumentos exóticos

Os *swaps de commodities* são basicamente uma série de contratos a termo sobre uma commodity com diferentes datas de maturidade e os mesmos preços de entrega. Em um *swap de volatilidade*, há uma série de períodos de tempo. Ao final de cada período, um lado paga uma volatilidade pré-contratada, enquanto o outro paga a volatilidade histórica realizada durante o período. Ambas as volatilidades são multiplicadas pelo mesmo principal nocional no cálculo dos pagamentos. Os swaps de volatilidade são discutidos no Capítulo 26.

Os swaps são limitados apenas pela imaginação dos engenheiros financeiros e o desejo dos tesoureiros corporativos e gerentes de fundos por estruturas exóticas. No Capítulo 33, descrevemos o famoso swap 5/30 firmado entre a Procter and Gamble e a Bankers Trust, no qual os pagamentos dependiam, por uma maneira complexa, da taxa de nota promissória de 30 dias, o preço de bônus do Tesouro de 30 anos e o rendimento de um bônus do Tesouro de 5 anos.

RESUMO

Os dois tipos mais comuns de swaps são os swaps de taxas de juros e os swaps de moeda. Em um swap de taxas de juros, uma parte concorda em pagar à outra juros a uma taxa fixa sobre um principal nocional por um determinado número de anos. Em troca, ela recebe juros a uma taxa flutuante sobre o mesmo principal nocional pelo mesmo período de tempo. Em um swap de moeda, uma parte concorda em pagar juros sobre um principal em uma moeda. Em troca, ela recebe juros sobre um principal em outra moeda.

Nos swaps de taxas de juros, os principais normalmente não são trocados. Em um swap de moeda, os principais normalmente são trocados no início e no fim da vida do swap. Para uma parte que paga juros na moeda estrangeira, o principal estrangeiro é recebido e o principal nacional é pago no início da vida do swap. No fim da vida do swap, o principal estrangeiro é pago e o nacional, recebido.

Um swap de taxas de juros pode ser usado para transformar um empréstimo de taxa flutuante em um de taxa fixa ou vice-versa. Ele também pode ser usado para transformar um investimento de taxa flutuante em um de taxa fixa ou vice-versa. Um swap de moeda pode ser usado para transformar um empréstimo em uma moeda em um empréstimo em outra, ou então transformar um investimento denominado em uma moeda em um investimento denominado em outra.

Existem duas maneiras de avaliar swaps de taxas de juros e de moeda. Na primeira, o swap é decomposto em uma posição comprada em um bônus e uma vendida em outro bônus. Na segunda, ele é considerado um portfólio de contratos a termo.

Quando uma instituição financeira firma uma dupla de swaps contrários com contrapartes diferentes, ela fica exposta a um risco de crédito. Se uma das contrapartes inadimplir quando a instituição financeira tem valor positivo em seu swap com ela, a instituição corre o risco de perder dinheiro, pois ainda precisa honrar o contrato de swap com a outra parte. O risco de contraparte, as garantias e o impacto do saldo líquido serão discutidos no Capítulo 24.

LEITURAS COMPLEMENTARES

Alm, J., and F. Lindskog. "Foreign Currency Interest Rate Swaps in Asset–Liability Management for Insurers", *European Actuarial Journal*, 3 (2013): 133–58.

Corb, H. *Interest Rate Swaps and Other Derivatives*. New York: Columbia University Press, 2012.

Flavell, R. *Swaps and Other Derivatives*, 2nd edn. Chichester: Wiley, 2010.

Klein, P. "Interest Rate Swaps: Reconciliation of Models", *Journal of Derivatives*, 12, 1 (Fall 2004): 46–57.

Memmel, C., and A. Schertler. "Bank Management of the Net Interest Margin: New Measures", *Financial Markets and Portfolio Management*, 27, 3 (2013): 275–97.

Litzenberger, R. H. "Swaps: Plain and Fanciful", *Journal of Finance*, 47, 3 (1992): 831–50.

Purnanandan, A. "Interest Rate Derivatives at Commercial Banks: An Empirical Investigation", *Journal of Monetary Economics*, 54 (2007): 1769–1808.

Questões e problemas

7.1 As empresas A e B receberam a oferta das seguintes taxas anuais sobre um empréstimo de 5 anos de $20 milhões:

	Taxa fixa	Taxa flutuante
Empresa A:	5,0%	LIBOR + 0,1%
Empresa B:	6,4%	LIBOR + 0,6%

A empresa A precisa de um empréstimo de taxa flutuante, a empresa B precisa de um empréstimo de taxa fixa. Estruture um swap que dará a um banco, atuando como intermediário, 0,1% ao ano e que parecerá igualmente atraente para ambas as empresas.

7.2 A empresa X deseja tomar dólares americanos emprestados a uma taxa de juros fixa. A empresa Y deseja tomar ienes japoneses emprestados a uma taxa de juros fixa. As quantias de que as duas precisam são mais ou menos equivalentes pela taxa de câmbio atual. As empresas estão sujeitas às seguintes taxas de juros, ajustadas para refletir o impacto da tributação:

	Iene	Dólares
Empresa X:	5,0%	9,6%
Empresa Y:	6,5%	10,0%

Estruture um swap que dará ao banco, atuando como intermediário, 50 pontos-base ao ano. Torne o swap igualmente atraente para as duas empresas e garanta que todo o risco cambial será assumido pelo banco.

7.3 Um swap de taxas de juros de $100 milhões tem vida remanescente de 10 meses. Sob os termos do swap, a LIBOR de 6 meses é trocada por 7% ao ano (com capitalização semestral). A média das taxas de compra e venda sendo trocadas pela LIBOR de 6 meses em swaps de todas as maturidades atualmente é de 5% ao ano com capitalização contínua. A taxa LIBOR de 6 meses era 4,6% ao ano 2 meses atrás. Qual é o valor atual do swap para a parte que paga a taxa flutuante? Qual é o valor para a parte que paga a taxa fixa?

7.4 Explique o que é uma taxa de swap. Qual é a relação entre taxas de swap e rendimentos par?

7.5 Um swap de moeda tem vida remanescente de 15 meses. Ele envolve trocar juros a 10% sobre £20 milhões por juros a 6% sobre $30 milhões uma vez ao ano. A estrutura a termo das taxas de juros na Grã-Bretanha e nos Estados Unidos é plana no momento. Se o swap fosse negociado hoje, as taxas de juros trocadas seriam 4% em dólares e 7% em libras esterlinas. Todas as taxas de juros são cotadas com capitalização anual. A taxa de câmbio atual (em dólares por libras esterlinas) é 1,5500. Qual é o valor do swap para a parte que paga em libras esterlinas? Qual é o valor do swap para a parte que paga em dólares?

7.6 Explique a diferença entre o risco de crédito e o risco de mercado em um contrato financeiro.

7.7 O tesoureiro de uma corporação lhe diz que acaba de negociar um empréstimo de 5 anos a uma taxa de juros fixa competitiva de 5,2%. O tesoureiro explica que conseguiu a taxa de 5,2% tomando um empréstimo à LIBOR de 6 meses mais 150 pontos-base e trocando a LIBOR por 3,7%. Ele diz também que isso foi possível porque a empresa tem uma vantagem comparativa no mercado de taxas flutuantes. O que o tesoureiro está ignorando?

7.8 Explique por que um banco está sujeito a risco de crédito quando firma dois contratos de swap contrários.

7.9 As empresas X e Y receberam a oferta das seguintes taxas anuais sobre um investimento de 10 anos de $5 milhões:

	Taxa fixa	Taxa flutuante
Empresa X:	8,0%	LIBOR
Empresa Y:	8,8%	LIBOR

A empresa X precisa de um investimento empréstimo de taxa fixa, a empresa B precisa de um investimento de taxa flutuante. Estruture um swap que dará a um banco, atuando como intermediário, 0,2% ao ano e que parecerá igualmente atraente para ambas as empresas.

7.10 Uma instituição financeira firmou um swap de taxas de juros com a empresa X. Sob os termos do swap, ela recebe 10% ao ano e paga a LIBOR de 6 meses sobre um principal de $10 milhões por 5 anos. Os pagamentos são realizados a cada 6 meses. Suponha que a empresa X inadimple na sexta data de pagamento (ao final do ano 3), quando a taxa de juros de swap/LIBOR (com capitalização semestral) é 8% ao ano para todas as maturidades. Qual é a perda para a instituição financeira? Pressuponha que a LIBOR de 6 meses era 9% ao ano na metade do ano 3.

7.11 As empresas A e B enfrentam as seguintes taxas de juros (ajustas para o impacto diferencial dos impostos):

	Empresa A	Empresa B
Dólares americanos (taxa flutuante):	LIBOR + 0,5%	LIBOR + 1,0%
Dólares canadenses (taxa fixa):	5,0%	6,5%

Suponha que A deseja tomar dólares americanos emprestados a uma taxa de juros flutuante e B deseja tomar dólares canadenses emprestados a uma taxa fixa. Uma instituição financeira planeja criar um swap e precisa de um spread de 50 pontos-base. Para que o swap pareça igualmente atraente para A e B, quais taxas de juros A e B acabaram pagando?

7.12 Uma instituição financeira firmou um swap de moeda de 10 anos com a empresa Y. Sob os termos do swap, a instituição financeira recebe juros a 3% ao ano em francos suíços e paga juros a 8% ao ano em dólares americanos. Os pagamentos de juros são trocados uma vez ao ano. Os principais são 7 milhões de dólares e 10 milhões de francos suíços. Suponha que a empresa Y entra com pedido de falência ao final do ano 6, quando a taxa de câmbio é $0,80 por franco. Qual é o custo para a instituição financeira? Suponha que, ao final do ano 6, a taxa de juros é 3% ao ano em francos suíços e 8% ao ano em dólares americanos para todas as maturidades. Todas as taxas de juros são cotadas com capitalização anual.

7.13 Após hedgear seu risco cambial usando contratos a termo, o spread médio da instituição financeira na Figura 7.11 é maior ou menor do que 20 pontos-base? Explique sua resposta.

7.14 "As empresas com riscos de crédito altos são aquelas que não podem acessar os mercados de taxas fixas diretamente. Elas são as empresas com a maior probabilidade de pagar uma taxa fixa e receber uma flutuante em um swap de taxas de juros". Pressupondo que essa afirmação está correta, você acha que ela aumenta ou diminui o risco do portfólio de swaps de uma instituição financeira? Pressuponha que as empresas têm maior probabilidade de inadimplência quando as taxas de juros são altas.

7.15 Por que a perda esperada da inadimplência sobre um swap é menor do que a perda esperada da inadimplência sobre um empréstimo para a mesma contraparte e com o mesmo principal?

7.16 Um banco descobre que seus ativos não correspondem a seus passivos. Ele está aceitando depósitos a taxas flutuantes e fazendo empréstimos a taxas fixas. Como os swaps poderiam ser usados para compensar os riscos?

7.17 Explique como você avaliaria um swap que é a troca de uma taxa flutuante em uma moeda por uma taxa fixa em outra moeda.

7.18 A curva à vista LIBOR é plana em 5% (com capitalização contínua) até 1,5 ano. As taxas de swap para swaps de pagamento semestral de 2 e 3 anos são 5,4% e 5,6%, respectivamente. Estime as taxas zero LIBOR para maturidades de 2,0, 2,5 e 3,0 anos. (Pressuponha que a taxa de swap de 2,5 anos é a médias das taxas de swap de 2 e 3 anos.)

7.19 Como você mediria a duração em dólares de um swap?

Questões adicionais

7.20 (a) As taxas mostradas na Tabela 7.3 foram oferecidas à empresa A. A empresa pode tomar empréstimos de 3 anos por 6,45%. Por qual taxa flutuante ela poderia trocar essa taxa fixa? (b) As taxas mostradas na Tabela 7.3 foram oferecidas à empresa B. A empresa pode tomar empréstimos de 5 anos a LIBOR mais 75 pontos-base. Por qual taxa fixa ela poderia trocar essa taxa flutuante?

7.21 (a) As taxas mostradas na Tabela 7.3 foram oferecidas à empresa A. A empresa pode investir por 4 anos a 5,5%. Por qual taxa flutuante ela poderia trocar essa taxa fixa? (b) As taxas mostradas na Tabela 7.3 foram oferecidas à empresa Y. A empresa pode investir por 10 anos a LIBOR menos 50 pontos-base. Por qual taxa fixa ela poderia trocar essa taxa flutuante?

7.22 A taxa LIBOR de 1 ano é 10% com capitalização anual. Um banco negocia swaps no qual uma taxa de juros fixa é trocada pela LIBOR de 12 meses, com os pagamentos sendo trocados anualmente. As taxas de swap de 2 e 3 anos (expressas com capitalização anual) são 11% e 12% ao ano. Estime as taxas zero LIBOR de 2 e 3 anos.

7.23 Sob os termos de um swap de taxas de juros, uma instituição financeira concordou em pagar 10% ao ano e receber a LIBOR de 3 meses sobre um principal nocional de $100 milhões, com os pagamentos sendo trocados a cada 3 meses. O swap tem vida remanescente de 14 meses. A média das taxas fixas de compra e venda sendo trocadas atualmente pela LIBOR de 3 meses é 12% ao ano para todas as maturidades. A taxa LIBOR de 3 meses 1 mês atrás era 11,8%. Todas as taxas usam capitalização trimestral. Qual é o valor do swap?

7.24 A empresa A, uma indústria britânica, deseja tomar dólares americanos emprestados a uma taxa de juros fixa. A empresa B, uma multinacional americana, deseja tomar libras esterlinas emprestadas a uma taxa de juros fixa. Ambas receberam as seguintes cotações de taxas anuais (ajustadas para efeitos fiscais diferenciais):

	Libras esterlinas	Dólares americanos
Empresa A	11,0%	7,0%
Empresa B	10,6%	6.2%

Estruture um swap que dará ao banco, atuando como intermediário, 10 pontos-base ao ano e que produzirá um ganho de 15 pontos-base ao ano para cada uma das duas empresas.

7.25 Suponha que a estrutura a termo das taxas de juros é plana nos Estados Unidos e na Austrália. A taxa de juros em USD é 7% ao ano e a taxa em AUD é 9% ao ano. O valor atual do AUD é 0,62 USD. Sob os termos de um contrato de swap, uma instituição financeira paga 8% ao ano em AUD e recebe 4% ao ano em USD. Os principais nas duas moedas são $12 milhões de USD e 20 milhões de AUD. Os pagamentos são trocados todos os anos, com uma troca tendo acabado de ocorrer. O swap vai durar mais 2 anos. Qual é o valor do swap para a instituição financeira? Pressuponha que todas as taxas de juros usam capitalização contínua.

7.26 A empresa X, sediada na Grã-Bretanha, gostaria de tomar emprestado $50 milhões a uma taxa de juros fixa por 5 anos em fundos americanos. Como a empresa não é conhecida nos EUA, o processo se revelou impossível. Contudo, a empresa recebeu a cotação de uma taxa fixa de 12% ao ano para fundos em libras esterlinas de 4 anos. A empresa Y, sediada nos Estados Unidos, gostaria de tomar emprestado $50 milhões em fundos em libras esterlinas por 5 anos a uma taxa de juros fixa. Ela não conseguiu obter uma cotação, mas recebeu a ofertas de fundos em dólares americanos a 10,5%. O rendimento atual dos bônus do governo de cinco anos é de 9,5% nos Estados Unidos e 10,5% na Grã-Bretanha. Sugira um swap de moeda apropriado que dará ao intermediário financeiro 0,5% ao ano.

CAPÍTULO

8

A securitização e a crise de crédito de 2007

Derivativos como contratos a termo, futuros, swaps e opções tratam da transferência de risco de uma entidade da economia para outra. Os primeiros sete capítulos deste livro enfocaram os primeiros três ítens dessa lista. Antes de discutirmos as opções, é preciso considerar outra maneira importante de transferir risco na economia: a securitização.

A securitização é especialmente interessante devido à sua função na crise de crédito (também chamada de "colapso do crédito") que iniciou em 2007. A crise teve suas origens em produtos financeiros criados a partir de hipotecas nos Estados Unidos, mas se espalhou rapidamente daquele país para o resto do mundo e dos mercados financeiros para a economia real. Algumas instituições financeiras foram à falência, enquanto outras precisaram ser salvas por governos nacionais. Sem dúvida alguma, a primeira década do século XXI foi desastrosa para o setor financeiro.

Neste capítulo, analisamos a natureza da securitização e seu papel na crise. Ao longo do capítulo, vamos aprender mais sobre o mercado de hipotecas americano, títulos garantidos por ativos, obrigações de dívida garantida, cachoeiras e a importância dos incentivos nos mercados financeiros.

8.1 SECURITIZAÇÃO

Tradicionalmente, os bancos financiam seus empréstimos principalmente por meio de depósitos. Na década de 1960, os bancos americanos descobriram que não conseguiriam acompanhar a demanda por hipotecas residenciais usando esse tipo de financiamento. Isso levou ao desenvolvimento do mercado de títulos lastreados por hipoteca (MBS). Foram criadas carteiras de hipotecas e os fluxos de caixa (pagamentos de juros e principal) gerados por elas foram vendidos como títulos (ou seja, securitizados) e vendidos para investidores. O governo americano criou a Government National Mortgage Association (GNMA, também conhecida como Ginnie Mae) em 1968. Essa organização garantia (por um preço) os pagamentos de juros e principal sobre hipotecas qualificadas e criava os títulos que eram vendidos para investidores.

Assim, apesar dos bancos originarem as hipotecas, eles não as mantinham em seus balanços. A securitização permitiu que os bancos aumentassem seus empréstimos mais rapidamente do que o crescimento dos depósitos. A garantia da GNMA protegia os investidores em MBS contra a inadimplência dos mutuários.[1]

Na década de 1980, as técnicas de securitização desenvolvidas para o mercado de hipotecas foram aplicadas a classes de ativos como empréstimos para automóveis e contas a receber de cartões de crédito nos EUA. A securitização também ganhou popularidade em outras partes do mundo. À medida que o mercado se desenvolveu, os investidores foram se sentindo à vontade em situações nas quais não teriam garantias contra a inadimplência dos mutuários.

ABSs

A Figura 8.1 mostra um esquema de securitização do tipo usado durante o período de 2000 a 2007. Esse é o chamado *título garantido por ativos* ou ABS. Um portfólio de ativos produtores de renda, como empréstimos, é vendido pelos bancos

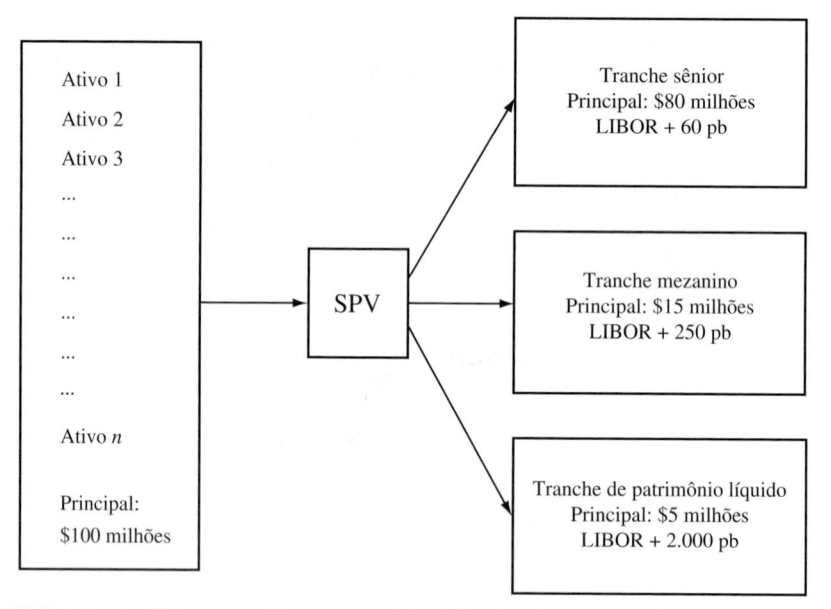

FIGURA 8.1 Um título garantido por ativos (simplificado); pb = pontos-base (1 pb = 0,01%).

---

[1] Contudo, os investidores em MBS enfrentam a incerteza relativa ao pré-pagamento de hipotecas. Os pré-pagamentos tendem a ser maiores quando as taxas de juros são baixas e as oportunidades de reinvestimento abertas para os investidores não são particularmente atraentes. No início, muitos investidores em MBS realizaram retornos menores do que o esperado por não levarem esse fator em consideração.

originadores para uma sociedade de propósito específico (SPV); os fluxos de caixa dos ativos são então alocados a tranches. A Figura 8.1 é mais simples do que as estruturas criadas normalmente, pois tem apenas três tranches (na prática, muito mais tranches eram utilizadas). Estes eram a tranche sênior, a tranche mezanino e a tranche de patrimônio líquido. O portfólio tem principal de $100 milhões, dividido da seguinte forma: $80 milhões na tranche sênior, $15 milhões na tranche mezanino e $5 milhões na tranche de patrimônio líquido. A tranche sênior recebe a promessa de retorno igual a LIBOR mais 60 pontos-base, a tranche mezanino de LIBOR mais 250 pontos-base e a tranche de patrimônio líquido um retorno igual LIBOR mais 2.000 pontos-base.

A tranche de patrimônio líquido parece ser o melhor negócio, mas isso não é necessariamente verdade. Os pagamentos de juros e principal não são garantidos. A tranche de patrimônio líquido tem maior probabilidade de perder parte de seu principal e menor de receber os pagamentos de juros prometidos sobre o principal não liquidado em relação às outras tranches. Os fluxos de caixa são alocados às tranches pela especificação da chamada cachoeira. A Figura 8.2 ilustra o modo geral de funcionamento da cachoeira. Uma cachoeira separada é aplicada aos pagamentos de principal e de juros. Os pagamentos de principal são locados à tranche sênior até seu principal ter sido totalmente repago. Depois, eles são alocados à tranche mezanino até seu principal ter sido totalmente repago. É apenas depois disso que os repagamentos de principal são destinados à tranche de patrimônio líquido. Os pagamentos de juros são alocados à tranche sênior até esta ter recebido o retorno prometido sobre seu principal não liquidado. Pressupondo que esse retorno prometido possa ser realizado, os pagamentos de juros são então alocados à tranche mezanino. Se o retorno prometido à tranche mezanino puder ser realizado e ainda sobrarem fluxos de caixa, estes são alocados à tranche de patrimônio líquido.

Quanto as tranches recebem do principal depende das perdas sobre os ativos subjacentes. O efeito da cachoeira será explicado em termos gerais a seguir. Se as perdas forem maiores do que 5%, a tranche de patrimônio líquido perde todo o seu principal e parte das perdas totais atinge a tranche mezanino. Se as perdas excedem

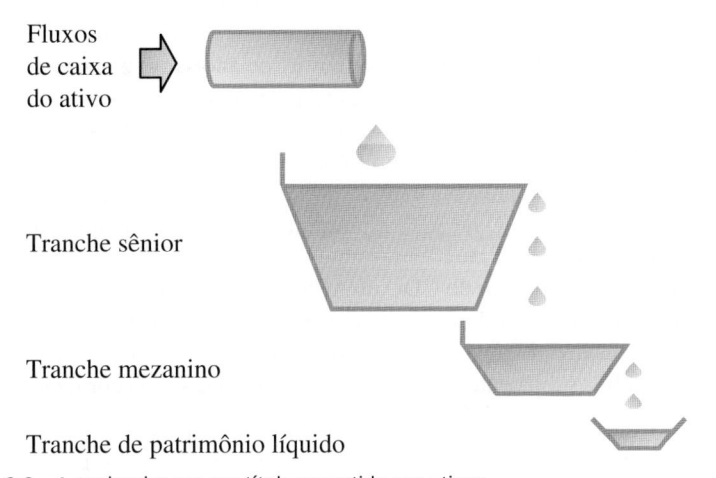

FIGURA 8.2 A cachoeira em um título garantido por ativos.

20%, a tranche mezanino perde todo o seu principal e parte das perdas totais atinge a tranche sênior.

Assim, temos duas maneiras de analisar um ABS. A primeira é referente à cachoeira na Figura 8.2. Os fluxos de caixa vão primeiro para a tranche sênior, depois para a tranche mezanino e então para a tranche de patrimônio líquido. O outro é em termos de perdas. As perdas do principal atingem primeiro a tranche de patrimônio líquido, depois a tranche mezanino e então finalmente a tranche sênior. As agências de notas de crédito, como Moody's, S&P e Fitch, tiveram papel crucial na securitização. O ABS da Figura 8.1 provavelmente foi desenvolvido de modo que a tranche sênior receba a maior classificação possível, AAA. A tranche mezanino provavelmente será classificada como BBB (bem abaixo de AAA, mas ainda grade de investimento). A tranche de patrimônio líquido em geral não é classificada.

A descrição dos ABSs apresentada anteriormente foi relativamente simplista. Em geral, eram criadas mais de três tranches, com uma ampla variedade de classificações. Nas regras de cachoeira, como as descrevemos, a alocação de fluxos de caixa para as tranches é sequencial, no sentido de sempre fluírem primeiro para a tranche mais sênior, depois para a segundo mais sênior e assim por diante. Na prática, as regras são mais complexas, sendo descritas em documentos jurídicos com centenas de páginas. Outra complicação é que muitas vezes havia algum nível de sobregarantia, no qual o principal total das tranches era menor do que o principal total dos ativos subjacentes. Além disso, a média ponderada do retorno prometido para as tranches era menor do que a média ponderada do retorno a ser pago sobre os ativos.[2]

CDOs de ABS

Encontrar investidores para comprar as tranches AAA dos ABSs normalmente não era difícil, pois estes prometiam retornos bastante atraentes em comparação com aquele oferecido por título AAA. As tranches de patrimônio líquido normalmente ficavam com o originador dos ativos ou eram vendidas para *hedge funds*.

Encontrar investidores para as tranches mezanino era mais difícil. Isso levou à criação de ABSs de ABSs. A Figura 8.3 mostra como isso funcionava. Muitas tranches mezanino diferentes, criadas da maneira indicada na Figura 8.1, são colocados em um portfólio. A seguir, os riscos associados com os fluxos de caixa do portfólio são divididos em tranches da mesma maneira que os riscos associados com os fluxos de caixa dos ativos foram divididos na Figura 8.1. A estrutura resultante é chamada de *CDO de ABS* ou *Mezz ABS CDO*. No exemplo da Figura 8.3, a tranche sênior do CDO de ABS representa 65% do principal das tranches mezanino do ABS, a tranche mezanino do CDO de ABS representa 25% do principal e a tranche de patrimônio líquida representa os 10% restantes do principal. A estrutura é projetada de modo que a tranche sênior do CDO de ABS receba a melhor classificação de crédito possível, ou seja, AAA. Isso significa que o total de instrumentos AAA criados no exemplo considerado aqui é de cerca de 90% (80% mais 65% de 15%) do principal dos portfólios subjacentes. O valor parece alto, mas se a securitização fosse levada ainda

---
[2] Esse recurso e a supergarantia tinham o potencial de aumentar a rentabilidade da estrutura para o seu criador.

```
                    ABSs
Ativos ──▶ Tranche sênior (80%)
           AAA                              CDO de ABS

        ▶ Tranche mezanino (15%) ────▶ Tranche sênior (65%)
          BBB                            AAA

                                      ▶ Tranche mezanino (25%)
        ▶ Tranche de patrimônio         BBB
          líquido (5%)
          Não classificado          ▶ Tranche de patrimônio líquido (10%)
```

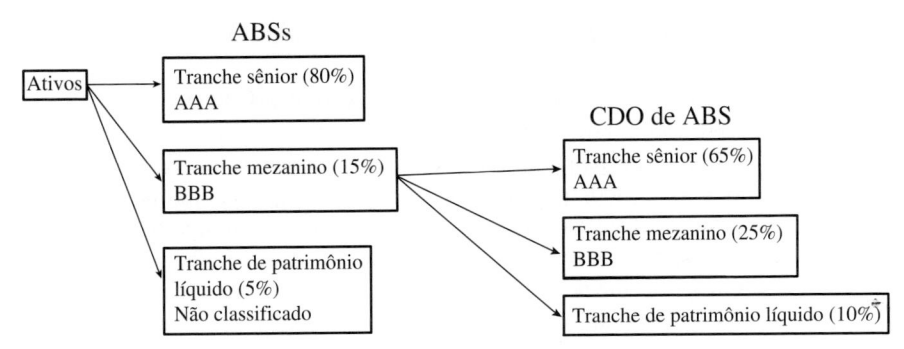

FIGURA 8.3 Criação de ABSs e um CDO de ABS a partir de portfólios de ativos (simplificada).

mais adiante, com ABS sendo criado a partir dos CDOs de ABS (o que acontecia de fato), a porcentagem aumentava ainda mais.

No exemplo da Figura 8.3, a tranche AAA do ABS somente pode esperar receber seu retorno prometido e reaver o principal se as perdas do portfólio subjacente de ativos for inferior a 20%, pois todas as perdas do principal seriam absorvidas pelas tranches menos graduadas. A tranche AAA do CDO de ABS na Figura 8.3 é mais arriscada. Ela receberá o retorno prometido e recuperará o principal se as perdas sobre os ativos subjacentes forem de 10,25% ou menos. Isso ocorre porque uma perda de 10,25% significa que as tranches mezanino dos ABSs precisariam absorver perdas iguais a 5,25% do principal do ABS. Como todas as tranches têm um principal total igual a 15% do principal do ABS, elas perdem 5,25/15 ou 35% de seu principal. As tranches mezanino e de patrimônio líquido então perdem tudo, mas a tranche sênior consegue permanecer intacto.

A tranche sênior do CDO de ABS sofre perdas caso as perdas sobre os portfólios subjacentes sejam superiores a 10,25%. Considere, por exemplo, a situação na qual as perdas são iguais a 17% dos portfólios subjacentes. Dos 17%, 5% pertencem à tranche de patrimônio líquido do ABS e 12% da tranche mezanino do ABS. Logo, as perdas sobre as tranches mezanino são de 12/15 ou 80% do principal. Os primeiros 35% são absorvidos pelas tranches de patrimônio líquido e mezanino do CDO de ABS. Assim, a tranche sênior do CDO de ABS perde 45/65 ou 69,2% de seu valor. Estes e outros resultados estão resumidos na Tabela 8.1. Nossos cálculos pressupõem que todos os portfólios de ABS têm a mesma taxa de inadimplência.

TABELA 8.1 Perdas estimadas das tranches AAA do CDO de ABS da Figura 8.3

Perdas sobre ativos subjacentes	Perdas da tranche mezanino do ABS	Perdas da tranche de patrimônio líquido do CDO de ABS	Perdas da tranche mezanino do CDO de ABS	Perdas da tranche sênior do CDO de ABS
10%	33,3%	100,0%	93,3%	0,0%
13%	53,3%	100,0%	100,0%	28,2%
17%	80,0%	100,0%	100,0%	69,2%
20%	100,0%	100,0%	100,0%	100,0%

8.2 O MERCADO IMOBILIÁRIO AMERICANO

A Figura 8.4 apresenta o índice S&P/Case–Shiller Composite-10 de preços imobiliários nos EUA entre janeiro de 1987 e fevereiro de 2013. O índice registra os preços de imóveis residenciais em dez áreas metropolitanas dos EUA. Ele mostra que, em torno do ano 2000, os preços dos imóveis começaram a crescer muito mais rapidamente do que na década anterior. Os níveis baixíssimos das taxas de juros entre 2002 e 2005 foram fator importante nesse processo, mas a bolha imobiliária foi alimentada principalmente pelas práticas de empréstimos hipotecários.

O período de 2000 a 2006 foi caracterizado por um aumento enorme nos chamados empréstimos hipotecários subprime. As hipotecas subprime eram as hipotecas consideradas significativamente mais arriscadas do que a média. Antes de 2000, a maioria das hipotecas classificadas como subprime era segundas hipotecas. Depois daquele ano, a situação mudou, pois as instituições financeiras ficaram mais à vontade com a ideia de uma primeira hipoteca subprime.

O relaxamento das normas de empréstimos

O relaxamento das normas de empréstimos e o crescimento das hipotecas subprime fez com que a casa própria se tornasse uma realidade para muitas famílias que, no passado, eram consideradas riscos de crédito grandes demais para uma hipoteca. Essas famílias aumentaram a demanda por imóveis, então os preços aumentaram. Para os corretores e credores de hipotecas, realizar mais empréstimos se tornou atraente, especialmente quando o resultado era um aumento no preço dos imóveis. Mais empréstimos significa mais lucros. Imóveis mais caros significavam que os empréstimos estavam muito bem lastreados pela garantia subjacente. Se o mutuário entrava em mora, era menos provável que a execução resultante da hipoteca levasse a uma perda.

Os corretores e credores de hipotecas naturalmente queriam continuar aumentando seus lucros, mas o problema é que com o aumento dos preços de imóveis, se

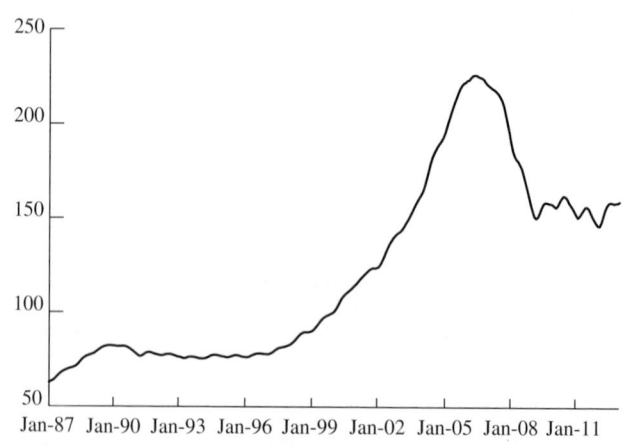

FIGURA 8.4 O índice S&P/Case–Shiller Composite-10 de preços imobiliários americanos, 1987–2013.

tornava mais difícil adquirir um primeiro imóvel. Para continuar a atrair novos participantes para o mercado imobiliário, seria preciso relaxar as normas de empréstimos ainda mais. E foi exatamente isso que fizeram. Foram desenvolvidas hipotecas com taxa ajustável (ARMS) com uma taxa de juros *teaser* mais baixa que duraria de dois a três anos, sendo substituída por uma taxa muito maior.[3] Uma taxa *teaser* típica seria de cerca de 6%, sendo que a taxa ao final do período inicial normalmente seria a LIBOR de seis meses mais 6%.[4] Contudo, sabe-se que taxas *teaser* de apenas 1 ou 2% foram oferecidas. Os emprestadores também se tornaram mais desleixados com o modo como avaliavam solicitações de hipotecas. Na verdade, a renda do candidato e outras informações do formulário muitas vezes sequer eram confirmadas.

Securitização de hipotecas subprime

As hipotecas subprime eram securitizadas com frequência da maneira indicada nas Figura 8.1 a 8.3. Os investidores nas tranches criadas a partir de hipotecas subprime muitas vezes não tinham garantias de que os juros e o principal seriam pagos. A securitização foi um fator na crise. O comportamento dos originadores de hipotecas foi influenciado pelo seu conhecimento de que as hipotecas seriam securitizadas.[5] Quando consideravam novas solicitações de hipotecas, eles não se perguntavam: "É um risco de crédito que vamos querer assumir?" Em vez disso, pensavam: "Podemos ganhar dinheiro vendendo essa hipoteca para alguém?"

Quando um portfólio de hipotecas era securitizado, os compradores dos produtos criados acreditavam que tinham informações suficientes se sabiam, para cada hipoteca no portfólio, a razão empréstimo/valor (ou seja, a relação entre o tamanho do empréstimo e a avaliação da casa) e o escore FICO do mutuário.[6] As outras informações dos formulários de solicitação de hipoteca eram consideradas irrelevantes e, como mencionado, muitas vezes sequer eram confirmadas pelos emprestadores. Para estes, o mais importante era se a hipoteca podia ser vendida para terceiros, o que dependia principalmente da razão empréstimo/valor e o escore FICO do candidato.

É interessante observar que essas duas informações, a razão empréstimo/valor e o escore FICO, tinham qualidade duvidosa. Os avaliadores que determinavam o valor da casa no momento da solicitação de hipoteca ocasionalmente sucumbiam à pressão dos emprestadores para fornecer valores mais altos. Alguns mutuários em potencial eram aconselhados a agir de determinadas maneiras para melhorar seus escores FICO.[7]

---

[3] Se os preços de imóveis aumentavam, os credores esperavam que os mutuários pré-pagariam seus empréstimos e fariam uma nova hipoteca ao final do período de taxa *teaser*. Contudo, as penas por pré-pagamento, muitas vezes de zero nas hipotecas prime, eram bastante altas nas subprime.

[4] Uma ARM "2/28", por exemplo, é uma ARM na qual a taxa é fixada por dois anos e então flutua pelos 28 anos restantes.

[5] Ver B. J. Keys, T. Mukherjee, A. Seru, and V. Vig, "Did Securitization Lead to Lax Screening? Evidence from Subprime Loans", *Quarterly Journal of Economics*, 125, 1 (February 2010): 307–62.

[6] O FICO é uma classificação de crédito desenvolvida pela Fair Isaac Corporation e bastante usada nos EUA. Ela varia de 300 a 850.

[7] Uma dessas ações era realizar pagamentos regulares em um novo cartão de crédito por alguns meses.

Por que o governo não estava regulando o comportamento dos emprestadores de hipotecas? A resposta é que, desde a década de 1990, o governo americano estava tentando expandir a propriedade de imóveis entre a população e pressionava essas instituições para aumentar seus empréstimos para indivíduos de baixa e média renda. Alguns legisladores estaduais, como os de Ohio e Geórgia, se preocuparam com o que estava acontecendo e tentaram limitar os empréstimos predatórios.[8] Contudo, os tribunais decidiram que as normas nacionais deveriam prevalecer.

Diversos termos foram utilizados para descrever os empréstimos hipotecários durante o período anterior à crise de crédito. Um deles é "empréstimo mentiroso", pois os indivíduos que solicitavam a hipoteca, sabendo que não ocorreria nenhuma verificação das informações apresentadas, escolhiam mentir nos formulários. Outro termo usado para descrever alguns mutuários é "NINJA" (sigla em inglês para "sem renda, sem emprego, sem ativos").

O estouro da bolha

Mais cedo ou mais tarde, todas as bolhas estouram, e esta não foi exceção. Em 2007, muitos mutuários descobriram que não tinham mais como pagar suas hipotecas depois que as taxas *teaser* acabavam. Isso levou a execuções e a uma grande quantidade de casas entrando no mercado, o que por sua vez levou a uma queda do preço dos imóveis. Outros titulares de hipotecas, que haviam tomado empréstimos equivalentes a 100% do custo da casa, ou quase isso, descobriram que seu patrimônio líquido se tornara negativo.

Uma das características do mercado imobiliário americano é que, em muitos estados, as hipotecas são empréstimos sem recurso. Isso significa que quando há inadimplência, o credor pode se apropriar da casa, mas outros ativos do mutuário não podem ser atingidos. Por consequência, o mutuário tem uma opção de venda americana gratuita. Sempre que quiser, ele pode vender a casa de volta ao credor pelo valor do principal devido sobre a hipoteca. Essa característica encorajou a especulação e foi uma das causas da bolha. Os participantes do mercado perceberam tarde demais o quanto essa opção de venda era cara e desestabilizante. Se o mutuário tinha patrimônio líquido negativo, a melhor decisão a seu dispôr era trocar a casa pelo principal devido sobre a hipoteca. A casa era então vendida pelo credor, o que ajudava a reduzir ainda mais os preços de imóveis.

Seria um erro pressupor que todos os mutuários em mora com suas hipotecas estavam na mesma posição. Alguns não conseguiram pagar suas parcelas e sofreram bastante quando perderam seus lares. Mas muitos dos inadimplentes eram especuladores que compraram múltiplas residências para aluguel e escolheram exercitar suas opções de venda. Foram seus inquilinos que sofreram. Também há relatos de alguns proprietários (que não eram especuladores) que foram bastante criativos na hora de extrair valor de suas opções de venda. Após entregar as chaves de suas casas para o credor, eles imediatamente compravam (às vezes por uma pechincha) outras casas que estavam em processo de execução. Imagine duas pessoas com casas idênticas, uma ao lado da outra. Ambas têm hipotecas de $250.000. Ambas valem $200.000

---

[8] "Empréstimo predatório" descreve a situação em que um emprestador engana o mutuário para que este concorde com condições injustas e abusivas para obter um empréstimo.

e, em excussão, seu preço de venda esperado é de $170.000. Qual seria a estratégia ideal para os proprietários? A resposta é que ambos deveriam exercitar suas opções de venda e comprar a casa do vizinho.

Os Estados Unidos não foram o único país com os preços imobiliários em queda. Os preços também diminuíram em diversos outros países. Os preços na Grã-Bretanha sofreram uma queda particularmente forte.

As perdas

À medida que as execuções foram aumentando, as perdas sobre hipotecas aumentaram também. Você poderia achar que uma redução de 35% nos preços de imóveis levaria, no máximo, a uma perda de 35% do principal em hipotecas em mora. Na verdade, as perdas foram muito maiores do que isso. As casas em execução muitas vezes estavam em mau estado e eram vendidas por uma fração de seu valor antes da crise de crédito. Em 2008 e 2009, foram informadas perdas de até 75% do principal da hipoteca para os empréstimos referentes a imóveis em execução em alguns casos.

Os investidores em tranches formadas a partir das hipotecas incorreram em perdas enormes. O valor das tranches de ABSs criadas a partir de hipotecas subprime era monitorado por uma série de índices conhecidos como ABX. Esses índices indicavam que as tranches com classificação original BBB haviam perdido cerca de 80% de seu valor até o final de 2007 e cerca de 97% de seu valor até meados de 2009. O valor das tranches de CDOs de ABS criados a partir de tranches BBB era monitorado por uma série de índices conhecidos como TABX. Esses índices indicavam que as tranches com classificação original AAA haviam perdido 80% de seu valor até o final de 2007 e basicamente não valiam nada em meados de 2009.

Instituições financeiras como UBS, Merrill Lynch e Citigroup haviam tomado posições significativas em algumas das tranches e incorrido em perdas fortes, assim como a gigante dos seguros AIG, que oferecia proteção contra perdas em tranches de CDOs de ABS com classificação original AAA. Muitas instituições financeiras precisaram ser resgatadas com recursos governamentais. A história financeira registra poucos anos piores do que 2008. A Bear Stearns foi adquirida pela JP Morgan Chase; a Merrill Lynch, pela Bank of America; a Goldman Sachs e a Morgan Stanley, antes bancos de investimento, se tornaram holdings bancárias com interesses em bancos comerciais e de investimento; e a Lehman Brothers não foi resgatada e faliu (ver História de Negócios 1.1).

A crise de crédito

As perdas sobre títulos lastreados por hipotecas residenciais levou a uma crise de crédito grave. Em 2006, os bancos estavam razoavelmente bem capitalizados, os empréstimos eram fáceis de obter e os spreads de crédito eram baixos. (O spread de crédito é o excesso da taxa de juros sobre um empréstimo em relação à taxa de juros livre de risco.) Em 2008, a situação era radicalmente diferente. A crise levara a uma erosão terrível do capital bancário, deixando essas instituições muito mais avessas a riscos e relutantes em realizar empréstimos. Indivíduos e empresas com boas classificações de crédito tinham dificuldade em tomar empréstimos. Os spreads de crédito aumentaram drasticamente. O mundo sofreu sua pior recessão em várias gerações.

Uma medida do estresse nos mercados financeiros é o TED spread, ou seja, o excesso da taxa de depósito em eurodólar de três meses em relação aos juros do Tesouro de três meses. Em condições de mercado normal, o spread é de 30 a 50 pontos-base, mas chegou a 450 pontos-base em outubro de 2008.

8.3 O QUE DEU ERRADO?

Alan Greenspan, Presidente do Federal Reserve Board, cunhou a expressão "exuberância irracional" para descrever o comportamento dos investidores durante o mercado altista da década de 1990. Ela também pode ser aplicada ao período que levou à crise de crédito. Os emprestadores de hipotecas, investidores em tranches de ABSs e CDOs de ABS criados a partir de hipotecas residenciais e empresas que vendiam proteções sobre as tranches imaginavam que o período de "vacas gordas" duraria para sempre. Eles achavam que os preços das residências americanas continuariam a aumentar. Poderia haver quedas em uma ou duas áreas, mas a possibilidade do declínio generalizado que vemos na Figura 8.4 era um cenário que poucos consideravam.

Muitos fatores contribuíram para a crise que iniciou em 2007. Os originadores de hipotecas usaram regras pouco estritas em seus empréstimos. Foram desenvolvidos produtos que permitiam que os originadores transferissem com lucro o risco de crédito para os investidores. As agências de notas de crédito se afastaram de seu ramo tradicional, a classificação de títulos, no qual tinham bastante experiência, e passaram a avaliar produtos estruturados, que eram relativamente novos e para os quais havia relativamente poucos dados históricos. Os produtos adquiridos pelos investidores eram complexos e, em muitos casos, as agências de notas de crédito e os investidores tinham informações incorretas ou incompletas sobre a qualidade dos ativos subjacentes. Quem investia nos produtos estruturados criados a partir desses ativos achava que havia encontrado uma máquina de fazer dinheiro e escolhia confiar nas agências de notas de crédito em vez de formar suas próprias opiniões sobre os riscos subjacentes. O retorno oferecido pelos produtos com classificação AAA era alto em comparação com os retornos sobre títulos com classificação AAA.

Os produtos estruturados como aqueles nas Figuras 8.1 e 8.3 são altamente dependentes da correlação de default entre os ativos subjacentes. A correlação de default mede a tendência de diferentes mutuários de inadimplir (*default*) mais ou menos ao mesmo tempo. Se a correlação de default entre os ativos subjacentes na Figura 8.1 é baixo, as tranches AAA têm baixíssima probabilidade de sofrer perdas. À medida que essa correlação de default aumenta, elas se tornam mais vulneráveis. As tranches dos CDOs de ABS na Figura 8.3 dependem ainda mais da correlação de default.

Se as hipotecas demonstram uma correlação de default moderada (como fazem em períodos normais), a chance de uma taxa de inadimplência geral alta é minúscula e as tranches AAA de ABSs e CDOs de ABS criadas a partir das hipotecas são relativamente seguros. Contudo, como muitos investidores pagaram caro para aprender, as correlações de default tendem a aumentar em condições de mercado estressadas, o que possibilita o surgimento de taxas de inadimplência altíssimas.

Havia uma tendência de pressupor que uma tranche com determinada classificação poderia ser tratada da mesma maneira que um título com a mesma classificação. As agências de notas de crédito publicavam os critérios que usavam para avaliar tranches. A S&P e a Fitch avaliavam as tranches de modo a garantir que a probabilidade da tranche sofrer uma perda fosse a mesma que a de um título de classificação semelhante. A Moody's avaliava as tranches de modo que a perda esperada dela fosse a mesma que a perda esperada de um título de classificação semelhante.[9] Assim, os procedimentos usados pelas agências de notas de créditos eram projetados para garantir que um aspecto das distribuições de perda das tranches e dos títulos seriam correspondentes. Contudo, outros aspectos das distribuições podiam ser muito diferentes entre si.

As diferenças entre as tranches e os títulos foram acentuadas pelo fato de as tranches muitas vezes serem bastante finas. Com frequência, as tranches AAA representavam cerca de 80% do principal, como na Figura 8.1, mas não raro havia de 15 a 20 outras tranches, cada uma delas com 1 ou 2% de largura. Tranches finas assim tendem a incorrer perdas iguais a zero ou então totais. A chance de os investidores recuperarem parte de seu principal (como acontece com os titulares de títulos) é pequena. Considere, por exemplo, uma tranche BBB responsável por perdas na faixa de 5 a 6%. Se as perdas sobre o portfólio subjacente forem inferiores a 5%, a tranche está segura. Se forem maiores do que 6%, a tranche perde tudo. É apenas caso as perdas fiquem entre 5% e 6% que os investidores realizam uma recuperação parcial.

A diferença entre uma tranche BBB fino e um título BBB foi ignorada por muitos investidores. A diferença torna as tranches de CDOs de ABS criadas a partir de tranches BBB de ABSs muito mais arriscadas do que as tranches criados de maneira similar a partir de títulos BBB. É razoável pressupor que as perdas sobre um portfólio de títulos BBB dificilmente excederiam 25%, mesmo nas condições de mercado mais graves. A Tabela 8.1 mostra que perdas de 100% em um portfólio de tranches BBB ocorrem de modo relativamente fácil, e isso vale ainda mais quando as tranches têm apenas 1 ou 2% de largura.

Arbitragem regulatória

Muitas das hipotecas foram originadas por bancos e foram os bancos os principais investidores nas tranches criadas a partir delas. Por que os bancos optariam por securitizar as hipotecas e então criar os produtos securitizados que foram criados? A resposta está relacionada ao que chamamos de *arbitragem regulatória*. O capital regulatório que os bancos precisavam manter para as tranches criadas a partir de um portfólio de hipotecas era muito menor do que o capital regulatório exigido para as hipotecas em si.

Incentivos

Uma das lições da crise é a importância dos incentivos. Os economistas usam o termo "custos de agência" para descrever a situação na qual os incentivos são tais que os interesses de duas partes em uma relação de negócios não estão perfeitamente

---

[9] Para uma discussão dos critérios usados pelas agências de notas de crédito e a razoabilidade das avaliações dados os critérios utilizados, ver J. Hull and A. White, "Ratings Arbitrage and Structured Products", *Journal of Derivatives*, 20, 1 (Fall 2012): 80–86; e "The Risk of Tranches Created from Mortgages", *Financial Analysts Journal*, 66, 5 (September/October 2010): 54–67.

alinhados. Infelizmente, o processo pelo qual as hipotecas foram originadas, securitizadas e vendidas a investidores estava repleto de custos de agência.

O incentivo dos originadores de hipotecas era realizar empréstimos que seriam aceitáveis para os criadores das tranches de ABS e CDO de ABS. O incentivo dos indivíduos que avaliavam as casas sobre as quais as hipotecas eram criadas era agradar o emprestador, oferecendo a avaliação mais alta possível para que a razão empréstimo/valor fosse o mais baixa possível (agradar o emprestador provavelmente levaria a novos negócios com ele no futuro). A principal preocupação dos criadores de tranches era como as tranches seriam classificadas. Eles queriam criar o maior volume possível de tranches AAA e descobriram maneiras de usar os critérios publicados das agências de notas de crédito para tanto. As agências eram pagas pelos emissores dos títulos que classificavam e cerca de metade de sua renda vinha de produtos estruturados.

Outra fonte de custos de agências envolve os incentivos dos funcionários de instituições financeiras. A compensação dos funcionários se divide em três categorias: salário normal, bonificação de fim de ano e ações ou opções de ações. Muitos funcionários de todos os níveis das instituições financeiras, mas especialmente os traders, recebem boa parte de sua compensação na forma de bonificação de fim de ano. Essa forma de compensação se concentra no desempenho de curto prazo. Se um funcionário gera lucros enormes em um ano e é responsável por perdas graves no seguinte, ele muitas vezes recebe uma bonificação enorme no primeiro ano e não precisa devolvê-la no seguinte. (O funcionário pode perder seu emprego devido às perdas do segundo ano, mas mesmo isso não é um desastre. As instituições financeiras parecem ter uma disposição surpreendente de recrutar indivíduos com perdas enormes em seus currículos).

Imagine que você é funcionário de uma instituição financeira em 2006, responsável por investir em CDOs de ABS criados a partir de hipotecas. Você quase certamente teria reconhecido que havia uma bolha no mercado imobiliário americano e esperaria que essa bolha estourasse mais cedo ou mais tarde. Contudo, é possível que você decidisse continuar com seus investimentos em CDOs de ABS. Se a bolha não estourar até o final de 2006, você ainda recebe uma bela bonificação ao final daquele ano.

8.4 O RESULTADO

Antes da crise, os mercados de balcão de derivativos basicamente não eram regulamentados. Isso mudou. Como mencionado em capítulos anteriores, agora se exige que a maioria dos derivativos de balcão padronizados sejam compensados por meio de contrapartes centrais (CCPs). Isso significa que eles são tratados de forma semelhante a derivativos como futuros, negociados em bolsas. Os bancos geralmente são membros de uma ou mais CCPs. Quando negociam derivativos padronizados, eles são obrigados a postar uma margem inicial e uma margem de variação com o CCP, além de contribuírem para um fundo de inadimplência. Para transações que continuam a ser compensadas bilateralmente, os arranjos de garantia são legislados, e não deixados para a decisão das partes envolvidas.

As bonificações pagas pelos bancos estão sendo mais vigiadas e é possível que, em algumas jurisdições, haja limites sobre os tamanhos das bonificações que podem ser distribuídas. O modo como as bonificações são pagas está mudando. Antes da crise, era comum que a bonificação de um trader relativa ao ano fosse paga integralmente ao final do ano, sem possibilidade de precisar ser devolvida. Hoje, é mais comum que essa bonificação seja dividida durante vários anos e que se perca caso os resultados subsequentes sejam ruins.

A Lei Dodd–Frank nos EUA e legislação semelhante na Grã-Bretanha e União Europeia criaram mais supervisão das instituições financeiras e incluem muitos novos elementos que afetam essas instituições. Por exemplo, negociação proprietária e outras atividades semelhantes de instituições que aceitam depósitos estão se tornando mais difíceis. (Nos EUA, isso é chamado de "regra Volcker", pois foi proposta por Paul Volcker, ex-presidente da Federal Reserve. Um comitê independente na Grã-Bretanha presidido por Sir John Vickers também propôs que as operações de varejo dos bancos sejam isoladas. Na União Europeia, o comitê Liikanen quer que as negociações proprietárias e outras operações de alto risco sejam separadas das outras atividades bancárias.) Outra regra exige que toda instituição financeira designada como tendo importância sistêmica prepare um "testamento vital", mapeando como liquidá-la com segurança em caso de falência. Outra regra exige que os emissores de produtos securitizados (com algumas exceções) mantenham 5% de cada produto criado.

Os bancos de todo o mundo são regulamentados pelo Comitê de Supervisão Bancária de Basileia.[10] Antes da crise, o comitê implementou regulamentações conhecidas como Basileia I e Basileia II (resumidos na História de Negócios 8.1). Após a crise, ele implementou o chamado "Basileia II.5", que aumenta as exigência de

---

História de Negócios 8.1 O Comitê de Basileia

À medida que as atividades dos bancos se tornaram mais globais na década de 1980, os reguladores dos diferentes países tiveram que trabalhar em conjunto para determinar uma estrutura regulatória internacional. O resultado foi a formação do Comitê de Supervisão Bancária de Basileia. Em 1988, a organização publicou um conjunto de regras sobre o capital que os bancos precisariam manter para fins de risco de crédito. Essas exigências de capital se tornaram conhecidas como Basileia I. Elas foram modificadas para acomodar a liquidação de transações em 1995. Em 1996, foi publicada uma nova exigência de capital para risco de mercado, que seria implementada em 1998. Em 1999, foram propostas mudanças significativas para o cálculo dos requisitos de capital para risco de crédito; além disso, foi introduzida uma exigência de capital para risco operacional. Chamadas de Basileia II, essas regras são significativamente mais complexas do que as da Basileia I. Assim, sua implementação foi atrasada até 2007 (mais tarde em alguns países). Durante e após a crise de crédito, o Comitê de Basileia introduziu novos requisitos regulatórios, conhecidos como Basileia II.5, que aumentaram o capital para risco de mercado. Depois disso veio a Basileia III, que tornou as exigências de capital mais estritas e introduziu requisitos de liquidez.

---

[10] Para mais detalhes sobre o trabalho do Comitê de Basileia e as exigências regulatórias bancárias, ver J. Hull, *Risk Management and Financial Institutions*, 3rd edition, Wiley, 2012.

capital para risco de mercado. A Basileia III foi publicada em 2010 e será implementada durante um período que se estende até 2019. A norma aumenta a quantidade e qualidade de capital que os bancos são obrigados a manter, além de exigir que as instituições satisfaçam determinados requisitos de liquidez. Como discutido na História de Negócios 4.2, uma das causas dos problemas durante a crise foi a dependência excessiva do uso de passivos de curto prazo para necessidades de financiamento de longo prazo. As novas exigências de liquidez foram projetadas para dificultar consideravelmente essa prática.

RESUMO

A securitização é um processo utilizado pelos bancos para criar títulos a partir de empréstimos e outros ativos produtores de renda. Os títulos são vendidos para investidores, o que remove os empréstimos dos balanços dos bancos e permite que essas instituições expandam seus empréstimos com mais rapidez do que sem o processo. Os primeiros empréstimos a serem securitizados foram hipotecas americanas nas décadas de 1960 e 1970. Os investidores que compraram os títulos lastreados por hipoteca não estavam expostos ao risco de inadimplência dos mutuários porque os empréstimos eram garantidos pela Government National Mortgage Association. Mais tarde, empréstimos para automóveis, empréstimos corporativos, contas a receber de cartões de crédito e hipotecas subprime passaram a ser securitizados. Em muitos casos, os investidores nos títulos criados a partir desses instrumentos não possuíam garantia alguma contra inadimplência.

A securitização foi um dos fatores na crise de crédito que iniciou em 2007. Foram criadas tranches a partir de hipotecas subprime, e então novas tranches a partir dessas primeiras. As origens da crise podem ser encontradas no mercado imobiliário americano. O governo dos EUA queria incentivar a aquisição da casa própria. As taxas de juros eram baixas. Os corretores e emprestadores de hipotecas consideraram atraente aumentar seu volume de negócios com o relaxamento das normas de empréstimos. A securitização significava que os investidores responsáveis pelo risco de crédito geralmente não eram os mesmos que os credores originais. As agências de notas de crédito deram classificação AAA para as tranches sênior criadas. Não faltavam compradores para essas tranches AAA, pois seu rendimento era maior do que o de outros títulos AAA. Os bancos achavam que o "tempo das vacas gordas" continuaria e, como os planos de compensação enfocavam os lucros de curto prazo, escolheram ignorar a bolha imobiliária e seu possível impacto sobre alguns produtos extremamente complexos que estavam negociando.

Os preços de imóveis aumentaram à medida que primeiros compradores e especuladores foram entrando no mercado. As hipotecas usavam uma taxa *teaser* baixa por dois ou três anos. Após o final da taxa *teaser*, havia um aumento significativo na taxa de juros para alguns mutuários. Incapazes de pagar suas contas com a taxa maior, eles eram obrigados inadimplir. Isso levou a execuções e a um aumento na oferta de casas à venda. Os aumentos de preço entre 2000 e 2006 começaram a se reverter. Especuladores e outros participantes do mercado que descobriram que o valor devido sobre suas hipotecas era maior do que o valor de suas casos (ou seja, seu patrimônio líquido era negativo) se tornaram inadimplentes. Isso acentuou ainda mais a queda de preços.

Os bancos estão pagando um preço pela crise. Novas leis e regulamentações reduzirão sua rentabilidade. Por exemplo, as exigências de capital estão aumentando, regulamentações de liquidez estão sendo introduzidas e derivativos de balcão são regulados de forma muito mais rígida.

LEITURAS COMPLEMENTARES

Gorton, G. "The Subprime Panic", *European Financial Management*, 15, 1 (January 2009): 10–46.

Hull, J. C. "The Financial Crisis of 2007: Another Case of Irrational Exuberance", in: *The Finance Crisis and Rescue: What Went Wrong? Why? What Lessons Can be Learned*. University of Toronto Press, 2008.

Hull, J. C., and A. White. "Ratings Arbitrage and Structured Products", *Journal of Derivatives*, 20, 1 (Fall 2012): 80–86.

Keys, B. J., T. Mukherjee, A. Seru, and V. Vig. "Did Securitization Lead to Lax Screening? Evidence from Subprime Loans", *Quarterly Journal of Economics*, 125, 1 (2010): 307–62.

Krinsman, A. N. "Subprime Mortgage Meltdown: How Did It Happen and How Will It End", *Journal of Structured Finance*, 13, 2 (Summer 2007): 13–19.

Mian, A., and A. Sufi. "The Consequences of Mortgage Credit Expansion: Evidence from the US Mortgage Default Crisis", *Quarterly Journal of Economics*, 124, 4 (November 2010): 1449–96.

Zimmerman, T. "The Great Subprime Meltdown", *Journal of Structured Finance*, Fall 2007, 7–20.

Questões e problemas

8.1 Qual foi o papel da GNMA (Ginnie Mae) no mercado de títulos lastreados por hipoteca na década de 1970?

8.2 Explique o que significa (a) ABS e (b) CDO de ABS.

8.3 O que é uma tranche mezanino?

8.4 Em uma securitização, o que é a cachoeira?

8.5 Quais os números na Tabela 8.1 para uma taxa de perda de (a) 12% e (b) 15%?

8.6 O que é uma hipoteca subprime?

8.7 Na sua opinião, por que o aumento dos preços de imóveis no período de 2000 a 2007 é chamado de bolha?

8.8 Por que os emprestadores de hipotecas frequentemente não verificavam as informações fornecidas por candidatos a mutuários em seus formulários de solicitação durante o período de 2000 a 2007?

8.9 De que maneiras o mercado avaliou incorretamente os riscos dos CDOs de ABS?

8.10 O que significa o termo "custos de agência"? Qual foi o papel dos custos de agência na crise de crédito?

8.11 Como se cria um CDO de ABS? Qual é a motivação para criar CDOs de ABS?

8.12 Explique o impacto de um aumento na correlação de default sobre os riscos da tranche sênior de um ABS. Qual o seu impacto sobre os riscos da tranche de patrimônio líquido?

8.13 Explique por que a tranche AAA de um CDO ABS é mais arriscada do que a tranche AAA de um ABS.

8.14 Explique por que a bonificação de fim de ano também é chamada de "compensação de curto prazo".

8.15 Adicione linhas à Tabela 8.1 correspondentes a perdas sobre os ativos subjacentes de (a) 2%, (b) 6%, (c) 14% e (d) 18%.

Questões adicionais

8.16 Imagine que o principal designado às tranches sênior, mezanino e de patrimônio líquido é de 70%, 20% e 10% para o ABS e o CDO de ABS na Figura 8.3. Qual é a diferença para a Tabela 8.1?

8.17 "A ressecuritização era uma ideia terrível. As tranches AAA criadas a partir das tranches mezanino de ABSs estavam destinados a ter uma maior probabilidade de inadimplência do que as tranches AAA de ABSs". Discuta essa perspectiva.

8.18 Imagine que as tranches mezanino dos CDOs de ABS, semelhantes àquelas na Figura 8.3, são ressecuritizadas para formar o chamado "CDO ao quadrado". Assim como no caso das tranches criadas a partir de ABSs na Figura 8.3, 65% do principal é alocado a uma tranche AAA, 25% a uma tranche BBB e 10% a uma tranche de patrimônio líquido. O quão alto precisa ser o percentual de perda sobre os ativos subjacentes para que uma tranche AAA criada dessa maneira sofra perdas. (Pressuponha que todos os portfólios de ativos usados para criar ABSs sofrem a mesma taxa de perda.)

8.19 Investigue o que acontece à medida que a largura da tranche mezanino do ABS na Figura 8.3 diminui com a redução do principal da tranche mezanino sendo dividida igualmente entre as tranches sênior e de patrimônio líquido. Em especial, qual é o efeito na Tabela 8.1?

8.20 Imagine que a estrutura na Figura 8.1 é criada em 2000 e dura 10 anos. Não há inadimplência nos ativos subjacentes até o final do oitavo ano, quando 17% do principal se perde devido a inadimplência durante a crise de crédito. Nenhum principal é perdido nos últimos dois anos. Não há repagamento do principal até o final. Avalie o desempenho relativo das tranches. Pressuponha uma taxa LIBOR constante de 3%. Considere os pagamentos de juros e de principal.

CAPÍTULO

9

Desconto OIS, questões de crédito e custos de financiamento

Este capítulo discute uma série de questões que se tornaram importantes nos mercados de derivativos desde a crise de crédito de 2007. A primeira delas é a escolha de uma taxa de desconto livre de risco. Isso é importante porque, como veremos em capítulos posteriores, a avaliação de quase todos os derivativos envolve descontar os fluxos de caixa esperados por uma taxa livre de risco. Antes da crise de crédito, os participantes do mercado normalmente usavam as taxas LIBOR/swap como indicador para taxas livres de risco. Eles construíram uma curva à vista a partir das taxas LIBOR e de swap LIBOR por fixa, como descrito na Seção 7.6, e usaram o resultado para oferecer taxas zero livres de risco. Desde a crise, eles começaram a usar outros indicadores em algumas circunstâncias.

A segunda parte do capítulo discute o risco de crédito. A questão se tornou progressivamente mais importante para os mercados de derivativos. Tradicionalmente, as bolsas lidavam muito bem com o risco de crédito em derivativos (o Capítulo 2, por exemplo, explica como a negociação de futuros é projetada de modo a minimizar o risco de crédito). Os derivativos de balcão, como explicado na Seção 2.5, são compensados bilateral ou centralmente. A compensação central opera de maneira semelhante à câmara de compensação da bolsa e, se gerenciada de forma prudente, deve ser igualmente eficaz na redução do risco de crédito. A compensação bilateral tende a envolver mais risco de crédito do que a central, sendo que a maneira como o risco de crédito deve ser levado em conta na avaliação de derivativos compensados bilateralmente se torna uma questão fundamental para os participantes do mercado de derivativos. Este capítulo oferece uma primeira análise sobre a questão, mas o tema é explorado em mais detalhes no Capítulo 24.

O último tópico considerado neste capítulo é a questão dos custos de financiamento. Esses custos deveriam influenciar o modo como os derivativos são avaliados? O tema é controverso. Alguns analistas apoiam o chamado "ajuste de valor de financiamento" (FVA) quando apreçam derivativos. Outros defendem que um FVA não pode ser justificado e leva a oportunidades de arbitragem.

9.1 A TAXA LIVRE DE RISCO

O procedimento padrão para avaliar um derivativo envolve criar um portfólio livre de risco e argumentar que, em um mundo sem arbitragem, ele deveria obter a taxa de juros livre de risco. Nossa avaliação de FRAs na Seção 4.7 e de contratos a termo na Seção 5.7 oferece uma aplicação simples dessa ideia. Os swaps são portfólios de FRAs ou contratos a termo e suas avaliações também dependem do desconto livre de risco. Na verdade, à medida que nosso entendimento sobre derivativos evolui, vemos que a avaliação de praticamente qualquer derivativo exige o desconto livre de risco. Isso torna a escolha da taxa livre de risco importante.

Nos Estados Unidos, as taxas sobre letras do Tesouro, notas do Tesouro e bônus do Tesouro poderiam ser consideradas candidatas naturais para taxas livres de risco. Os instrumentos são emitidos pelo governo dos EUA e denominados em dólares americanos. A maioria dos analistas considera extremamente improvável que o governo americano entre em mora em seus instrumentos, pois sempre tem a oportunidade de aumentar a base monetária (em outras palavras, "imprimir dinheiro") para repagar seus credores. Argumentos semelhantes podem ser apresentados para os instrumentos emitidos por outros governos em suas próprias moedas.[1]

Na verdade, os participantes do mercado de derivativos não usam as taxas do Tesouro como livres de risco, pois estas em geral são consideradas artificialmente baixas (a História de Negócios 9.1 lista alguns dos motivos para isso). Antes de 2008, os participantes do mercado usavam as taxas LIBOR e de swap LIBOR por fixa como taxas livres de risco. A LIBOR, como descrito na Seção 4.1, é a taxa de juros de curto prazo (1 ano ou menos) com a qual bancos com boa classificação de crédito (AA ou mais, em geral) podem tomar empréstimos de outros bancos. Antes da crise de crédito que teve início em 2007, a LIBOR era considerada praticamente livre de risco. A chance de um banco entrar em mora em um banco com duração de 1 ano ou menos, quando o banco tinha classificação AA na época da concessão do empréstimo, era considerada minúscula.

Durante a crise de crédito, as taxas LIBOR foram às alturas, pois os bancos relutavam em fazer empréstimos uns para os outros. Como mencionado no Capítulo 8, o TED spread, que é o excesso da taxa de depósito em eurodólar de três meses (que, como a LIBOR de três meses, é uma taxa para empréstimos interbancários) em relação aos juros do Tesouro de três meses, é de menos de 50 pontos-base em condições de mercado normais. Entre outubro de 2007 e maio de 2009, ele raramente ficou abaixo de 100 pontos-base, chegando a um máximo de 450 pontos-base em outubro de 2008. Os bancos claramente não consideravam empréstimos uns para os outros como sendo livres de risco durante esse período!

Você poderia imaginar que a experiência durante a crise de crédito levaria os praticantes a buscar um indicador melhor da taxa livre de risco para avaliar derivativos, mas não foi exatamente isso que aconteceu. Após a crise de crédito, a maior parte dos bancos mudou suas taxas de desconto livres de risco para transações com garantias, passando da LIBOR para as chamadas taxas de *overnight indexed swap*

---

[1] Observe que o argumento não se aplica aos países da Eurozona, ou seja, países que usam o euro como moeda. O motivo é que nenhum país da Eurozona, como a Itália ou a Espanha, tem controle absoluto sobre o Banco Central Europeu.

Capítulo 9 ▪ Desconto OIS, questões de crédito e custos de financiamento

> **História de Negócios 9.1** O que é a taxa livre de risco?
>
> Os corretores de derivativos defendem que as taxas de juros implícitas nas letras do Tesouro e bônus do Tesouro são artificialmente baixas porque:
>
> 1. As letras e bônus do Tesouro devem ser compradas por instituições financeiras para cumprir uma ampla variedade de requisitos regulatórios. Isso aumenta a demanda por esses instrumentos do Tesouro, aumentando o preço e reduzindo o rendimento.
> 2. A quantidade de capital que um banco precisa manter para sustentar um investimento em letras e bônus do Tesouro é significativamente menor do que o capital necessário para sustentar um investimento semelhante em outros instrumentos com risco muito baixo.
> 3. Nos Estados Unidos, os instrumentos do Tesouro recebem um tratamento fiscal favorável em comparação com a maioria dos outros investimentos de renda fixa, pois não são tributados em nível estadual.
>
> Tradicionalmente, os corretores de derivativos presumem que as taxas LIBOR são livres de risco, e foi isso que fizemos na avaliação de swaps no Capítulo 7. Mas as taxas LIBOR não são totalmente livres de risco. Após a crise de crédito que teve início em 2007, muitos corretores passaram a utilizar taxas de *overnight indexed swap* (OIS) como taxas livres de risco, pelo menos para transações com garantias. Essas taxas e os modos como são usadas serão explicados neste capítulo.

(OIS) (ver próxima seção). Para transações sem garantias, no entanto, eles continuam a usar a LIBOR, ou uma taxa de desconto ainda mais alta (ver a Seção 2.5 para uma discussão sobre garantias). Isso reflete a crença de que a taxa de desconto usada por um banco para um derivativo deve representar seus custos de financiamento médios, não uma taxa livre de risco real. Os custos de financiamento médios para um derivativo sem garantia são considerados pelo menos tão altos quanto a LIBOR. Os derivativos com garantias são financiados por garantias, e as taxas OIS, como veremos a seguir, fornecem uma estimativa do custo de financiamento para tais transações.

9.2 A TAXA OIS

Como explicado na Seção 4.1, a taxa de juros básica é uma taxa de empréstimo sem garantias *overnight* entre instituições financeiras nos Estados Unidos. Normalmente, um corretor reúne credores e tomadores de empréstimos. A média ponderada das taxas em transações corretadas (com pesos proporcionais ao tamanho da transação) é chamada de *taxa de juros básica efetiva*. Outros países usam sistemas semelhantes ao americano. Por exemplo, na Grã-Bretanha, a média das taxas *overnight* corretadas é a *sterling overnight index average* (SONIA), enquanto na Eurozona é a *euro overnight index average* (EONIA). A taxa *overnight* em um país é monitorada pelo banco central, que pode intervir com suas próprias transações na tentativa de elevá-la ou reduzi-la.

Um *overnight indexed swap* (OIS) é um swap no qual uma taxa fixa por um período (ex.: 1 mês ou 3 meses) é trocada pela média geométrica das taxas *overnight* durante o período. (As taxas *overnight* são a média das taxas em transações corretadas, como descrito anteriormente.) Se, durante certo período, um banco toma fundos emprestados à taxa *overnight* (rolando os juros e o principal diariamente), a taxa de juros que paga pelo período é a média geométrica das taxas de juros *overnight*. Da mesma forma, se empresta dinheiro à taxa de juros *overnight* todos os dias (rolando os juros e o principal diariamente), os juros que obtém pelo período também são a média geométrica das taxas de juros *overnight*. Assim, um OIS permite que os empréstimos *overnight* por um período sejam trocados por empréstimos a uma taxa fixa para o período. A taxa fixa em um OIS é chamada de *taxa OIS*. Se a média geométrica das taxas diárias para o período acaba sendo menor que a taxa fixa, há um pagamento do pagador de taxa fixa para o pagador de taxa flutuante ao final do período; se não, o pagamento vai do pagador de taxa flutuante para o pagador de taxa fixa ao final do período.

■ *Exemplo 9.1*

Suponha que em um OIS de 3 meses americano, o principal nocional é $100 milhões e a taxa fixa (ou seja, a taxa OIS) é 3% ao ano. Se a média geométrica das taxas de juros básicas efetivas *overnight* durante os 3 meses for 2,8% ao ano, o pagador de taxa fixa deve pagar 0,25 × (0,030 − 0,028) × $100.000.000, ou $50.000, ao pagador de taxa flutuante. (O cálculo não leva em conta o impacto das convenções de contagem de dias.) ■

Os *overnight indexed swaps* tendem a ter vidas relativamente curtas (muitas vezes 3 meses ou menos). Contudo, transações que duram de 5 a 10 anos estão se tornando mais comuns. Um OIS que dura mais de 1 ano normalmente é dividido em subperíodos de 3 meses. Ao final de cada subperíodo, a média geométrica das taxas *overnight* durante o subperíodo é trocada pela taxa OIS. Na Seção 7.5, explicamos que a taxa de swap em um swap LIBOR por fixa *plain vanilla* é uma taxa LIBOR de atualização contínua (ou seja, a taxa que pode ser obtida sobre uma série de empréstimos de curto prazo para instituições financeiras de classificação de crédito AA). Da mesma forma, a taxa OIS é uma taxa *overnight* de atualização contínua (ou seja, é a taxa que pode ser obtida por uma instituição financeira a partir de uma série de empréstimos *overnight* para outras instituições financeiras).

Suponha que o Banco A participa das seguintes transações:

1. Tomar emprestado $100 milhões no mercado *overnight* por 3 meses, rolando os juros e o principal sobre o empréstimo todas as noites.
2. Emprestar $100 milhões por 3 meses à taxa LIBOR para outro banco, o Banco B.
3. Usar um OIS para trocar os empréstimos *overnight* por empréstimos à taxa OIS de 3 meses.

Isso levará o Banco A a receber a taxa LIBOR de 3 meses e (pressupondo que sua qualidade de crédito permaneça aceitável para o mercado *overnight*), pagar a taxa de swap indexada *overnight* de 3 meses. Assim, podemos esperar que a taxa de swap indexada *overnight* de 3 meses será igual à taxa LIBOR de 3 meses. Contudo, ela geralmente é menor. Isso ocorre porque o Banco A precisa de alguma compensação pelo risco que assume, a saber, de que o Banco B entrará em mora no empréstimo à LIBOR de 3 meses. Os credores *overnight* do Banco A correm muito menos risco do que o Banco quando este empresta ao Banco B por 3 meses, pois têm a opção de deixar de emprestar para A caso sua qualidade de crédito diminua.

O excedente da taxa LIBOR de 3 meses em relação à taxa de swap indexada *overnight* de 3 meses é conhecida como *spread LIBOR-OIS* de 3 meses. Em geral, ele é usado como medida de estresse nos mercados financeiros. Seus valores entre 2002 e 2013 aparecem na Figura 9.1. Em condições de mercado normais, ele é de cerca de 10 pontos-base. Contudo, ele aumentou rapidamente durante a crise de crédito de 2007–2009, pois os bancos se tornaram menos dispostos a emprestar uns para os outros por períodos de 3 meses. Em outubro de 2008, o spread bateu seu recorde alta, alcançando 364 pontos-base. Um ano depois, ele voltara a seus níveis mais normais. Desde então, o spread aumentou em resposta a estresses e incertezas nos mercados financeiros. Por exemplo, ele aumentou para cerca de 50 pontos-base no final de dezembro de 2011 devido a preocupações com as economias de países europeus, como a Grécia.

A taxa OIS é um bom indicador da taxa de juros livre de risco. A taxa OIS não é totalmente livre de riscos, mas é bastante próxima disso. Duas fontes de riscos podem ser identificadas, ambas bastante pequenas. A primeira é que possa haver inadimplência em um empréstimo *overnight* entre duas instituições financeiras. A chance disso é mínima, pois qualquer sinal de problemas de crédito iminente provavelmente levará a instituição a ser excluída do mercado *overnight*. A segunda é que haja inadimplência em um swap de OIS em si. Contudo, o ajustamento para uma taxa de swap de OIS para refletir as possibilidades de inadimplência geralmente são bastante pequenas (especialmente se o OIS é garantido).

Determinando a curva à vista OIS

Na Seção 7.6, descrevemos como o método de *bootstrap* pode ser utilizado para calcular a curva à vista de swap/LIBOR. Vimos que as taxas de swap LIBOR por fixa definem uma série de bônus de rendimento par. Uma questão crucial é que para que as taxas de swap definam uma série de bônus de rendimento par, é necessário que as taxas sujeitadas ao método de *bootstrap* sejam as mesmas usadas para desconto.

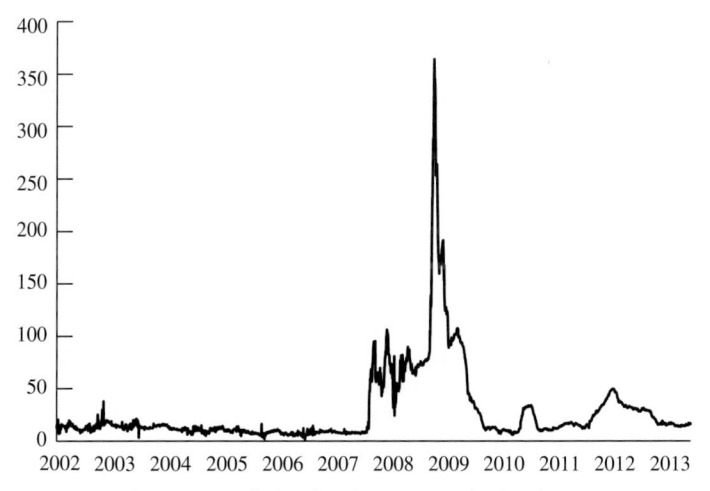

FIGURA 9.1 O spread LIBOR–OIS de janeiro de 2002 a maio de 2013.

O procedimento para construir a curva à vista OIS quando as taxas OIS são usadas para desconto é semelhante àquele usado para construir a curva à vista LIBOR quando as taxas LIBOR são usadas para desconto, A taxa OIS de 1 mês define a taxa zero de 1 mês, a taxa OIS de 3 meses define a taxa zero de 3 meses e assim por diante. Quando há ajustes periódicos no contrato OIS, a taxa OIS define um bônus de rendimento par. Suponha, por exemplo, que a taxa OIS de 5 anos é 3,5%, com ajustes trimestrais. (Isso significa que ao final de cada trimestre, $0,25 \times 3,5\% = 0,875\%$ são trocados pela média geométrica das taxas *overnight* durante o trimestre.) Presumiria-se que um bônus de 5 anos que paga um cupom trimestral a uma taxa de 3,5% ao ano seria vendido por par.

Apesar dos swaps OIS estarem se tornando mais líquidos, eles não são negociados por maturidades tão longas quanto os swaps de taxas de juros LIBOR por fixa mais comuns. Se a curva à vista OIS é necessária para maturidades longas, uma abordagem natural seria pressupor que o spread entre uma taxa OIS e as taxas de swap/LIBOR correspondentes é a mesma no final e para a maturidade OIS maior para a qual há dados confiáveis. Suponha, por exemplo, que não há dados confiáveis sobre swaps OIS para maturidades maiores do que 5 anos. Se a taxa OIS de 5 anos é 4,7% e a taxa de swap LIBOR por fixa de 5 anos é 4,9%, poderíamos pressupor que as taxas OIS serão 20 pontos-base menores do que as taxas de swap/LIBOR correspondentes para todas as maturidades além de 5 anos. Uma abordagem alternativa para estender a curva à vista OIS seria usar swaps de base nos quais a LIBOR de 3 meses é trocada pela taxa de juros básica média. Esses swaps têm maturidades de até 30 anos nos EUA.[2]

9.3 AVALIAÇÃO DE SWAPS E FRAS COM DESCONTO OIS

Depois que a curva à vista OIS foi determinada, muitos tipos de derivativos podem ser avaliados usando taxas OIS como taxas de juros livres de risco. Por exemplo, o valor de um contrato a termo sobre um ativo pode ser calculado usando a equação (5.4) com r igual à taxa zero OIS para uma maturidade de T anos.[3] Para avaliar swaps e FRAs, o processo é um pouco mais trabalhoso. Antes, é necessário calcular a LIBOR a termo de uma maneira consistente com o desconto OIS.

Determinação das taxas forward LIBOR com desconto OIS

Os swaps LIBOR por fixa podem ser avaliados pressupondo que as taxas forward LIBOR são realizadas. Os swaps LIBOR por fixa, se negociados pelas taxas de swap

---

[2] Se a taxa de swap para um swap de taxas de juros LIBOR de 30 anos é 5% e a LIBOR é trocada pela taxa de juros básica média mais 20 pontos-base, podemos pressupor que a taxa OIS de 30 anos é 4,8% (pressupondo que os ajustamentos apropriados foram realizados para considerar as contagens de dias). Infelizmente, isso envolveria uma aproximação, pois um swap da taxa de juros básica pela LIBOR envolve a média aritmética (e não a geométrica) das taxas *overnight* durante um período sendo trocada pela taxa LIBOR aplicável ao período. Na teoria, é necessário um "ajustamento para convexidade". Ver, por exemplo, K. Takada, "Valuation of Arithmetic Average of Fed Funds Rates and Construction of the US Dollar Swap Yield Curve", 2011, SSRN-id981668.

[3] Para aplicar a equação (5.4), o preço a termo F_0 para a maturidade T é necessário. Em geral, este é obtido pela interpolação entre os preços a termo observados no mercado.

médias do mercado do dia, valem zero. Isso oferece uma maneira de determinar as taxas forward LIBOR. As taxas forward LIBOR dadas pelo desconto OIS são diferentes daquelas dadas pelo desconto LIBOR. Vamos ilustrar esse processo para uma situação simples. O Exemplo 9.2 calcula uma taxa forward LIBOR pressupondo que as taxas LIBOR são usadas para desconto. O Exemplo 9.3 calcula a mesma taxa forward LIBOR pressupondo que as taxas OIS são usadas para desconto.

■ Exemplo 9.2

Suponha que a taxa LIBOR de 1 ano é 5% e a taxa de swap LIBOR por fixa de 2 anos com pagamentos anuais é 6%. Ambas as taxas usam capitalização anual. Um banco usa as taxas LIBOR para desconto. Suponha que R é a taxa zero de swap/LIBOR de 2 anos. Como um bônus que oferece um cupom de 6% é um bônus de rendimento par (ver Seção 7.6), precisamos ter:

$$\frac{6}{1,05} + \frac{106}{(1+R)^2} = 100$$

Resolvendo essa equação, temos $R = 6,030\%$. Suponha que F é a taxa forward LIBOR para o período de 1 ano com início em 1 ano. A partir dela, podemos calcular as taxas zero:

$$F = \frac{1,06030^2}{1,05} - 1 = 7,0707\%$$

Para verificar esse resultado, podemos calcular F de modo que o valor do swap seja zero. A troca em 1 ano para a parte que recebe a taxa fixa vale $+1$ por 100 de principal. (Isso ocorre porque a parte recebe 6 e paga 5.) Pressupondo que as taxas forward são realizadas, a troca em 2 anos é $6 - 100F$ por 100 de principal. O valor do swap é:

$$\frac{1}{1,05} + \frac{6-100F}{1,06030^2}$$

por 100 de principal. Definindo isso como igual a zero e resolvendo o valor de F, vemos que $F = 7,0707\%$ assim como antes.

Exemplo 9.3

Assim como no Exemplo 9.2, suponha que a taxa LIBOR de 1 ano é 5% e a taxa de swap de 2 anos com pagamentos anuais é 6%. (Ambas as taxas usam capitalização anual.) Um banco usa taxas OIS para desconto. Pressuponha que a curva à vista OIS foi calculada da maneira descrita na Seção 9.2 e as taxas zero OIS de 1 e 2 anos são 4,5% e 5,5% com capitalização anual. (Nessa situação, as taxas zero OIS são cerca de 50 pontos-base menores do que as taxas zero LIBOR.) Suponha que F é a taxa forward LIBOR para o período de 1 ano com início em 1 ano. Os swaps podem ser avaliados pressupondo que as taxas forward LIBOR são realizadas. Como um swap no qual 6% são recebidos e a LIBOR paga vale zero, devemos ter:

$$\frac{1}{1,045} + \frac{6-100F}{1,055^2} = 0$$

Resolvendo a equação, obtemos $F = 7,0651\%$. ■

Nos Exemplos 9.2 e 9.3, quando trocamos o desconto LIBOR pelo desconto OIS, a LIBOR forward muda de 7,0707% para 7,0651%. A mudança representa pouco mais de meio ponto-base. Ela é pequena, mas é algo que os traders não deveriam ignorar. Na prática, o impacto da troca depende da inclinação da curva à vista e a maturidade da taxa forward.

Os cálculos do tipo apresentado no Exemplo 9.3 permitem que uma curva a termo LIBOR seja construída quando as taxas OIS são usadas como taxas de desconto livres de risco. Usar uma série de swaps nos quais as trocas ocorrem a cada 3 meses permite que as taxas forward de 3 meses como função da maturidade (ou seja, como função do início do período de 3 meses) sejam construídas; usar swaps nos quais as trocas ocorrem a cada 6 meses permite que a taxa forward de 6 meses como função da maturidade seja construída; e assim por diante.[4] (A interpolação entre as taxas forward calculadas é usada para determinar as curvas a termo LIBOR completas.)

Quando um swap é avaliado usando desconto OIS, as taxas forward correspondentes aos fluxos de caixa do swap são obtidas a partir das curvas a termo LIBOR apropriadas. Os fluxos de caixa sobre o swap são então calculados pressupondo que essas taxas forward ocorrerão e os fluxos de caixa são descontados usando as taxas zero OIS apropriadas.

9.4 OIS *VERSUS* LIBOR: QUAL É O CERTO?

Como mencionado anteriormente, a maioria dos corretores de derivativos usa taxas de descontos baseadas nas taxas OIS quando avalia derivativos com garantias (ou seja, derivativos para os quais há um contrato de garantia semelhante àquele descrito na Seção 2.5) e taxas de desconto baseadas na LIBOR quando avaliam derivativos não garantidos.[5] O motivo mais citado para isso está relacionado com os custos de financiamento. Os derivativos com garantias são financiados pela garantia e a taxa de juros básica (que, como explicamos, está ligada à taxa OIS) é a taxa de juros *overnight* paga mais frequentemente sobre a garantia. No caso de transações sem garantia, argumenta-se que os custos de financiamento são maiores, então a taxa de desconto deve refletir esse fato.

Como explicado anteriormente, os argumentos baseados em custos de financiamento são questionáveis, pois um princípio tradicional das finanças é que a avaliação de um investimento não deve depender da maneira como ele é financiado. São os riscos do investimento e seus fluxos de caixa esperados que importam. A teoria financeira leva à conclusão de que devemos sempre usar o melhor indicador disponível da taxa de juros livre de risco quando descontamos em situações nas quais foram

---

[4] Swaps de base nos quais, por exemplo, a LIBOR de 1 mês é trocada pela LIBOR de 6 meses, oferecem informações adicionais para auxiliar na compilação de um conjunto completo de curvas a termo LIBOR correspondentes a diferentes períodos de acúmulo.

[5] A LCH.Clearnet é uma grande CCP que compensava transações de swaps de taxas de juros com principal nocional total de mais de $350 trilhões em 2013. Suas transações são garantidas com margens iniciais e margens de variação. Seguindo a prática dos corretores, ela hoje usa desconto OIS em vez de desconto LIBOR.

montados portfólios sem risco. A curva à vista OIS é talvez a mais livre de risco possível e, logo, deve ser usada para descontos independentemente da transação ser ou não garantida.[6]

9.5 RISCO DE CRÉDITO: CVA E DVA

É preciso enfatizar que a taxa de desconto não é usada como maneira de considerar o risco de crédito quando um derivativo é avaliado. O objetivo das avaliações que descrevemos até aqui (independentemente de usar OIS ou LIBOR para desconto) é calcular o valor do derivativo, pressupondo que nenhuma das partes entrará em mora. (Chamamos isso de "valor sem inadimplência" do derivativo.) Em geral, o risco de crédito é levado em conta por um cálculo separado. A seguir, descreveremos a natureza desse cálculo. Mais detalhes serão apresentados no Capítulo 24.

Suponha que um banco e uma contraparte estruturam um portfólio de transações de derivativos compensadas bilateralmente. A primeira questão a ser observada é que o acordo entre o banco e a contraparte quase certamente estabelece que deve haver aplicação do saldo líquido. Isso significa que todos os derivativos em circulação são considerados como um único derivativo em caso de inadimplência. Se uma parte declara falência, não posta o colateral necessário ou não tem o desempenho prometido em algum outro aspecto, a outra parte declarará um evento de inadimplência. Isso levará à rescisão do portfólio de transações de derivativos em circulação.

Primeiro, suponha que não é postada nenhuma garantia. Se a rescisão ocorre quando o portfólio de derivativos tem valor positivo para o banco e negativo para a contraparte, o banco será um credor não garantido de uma quantia igual ao valor do portfólio e provavelmente incorrerá uma perda, pois não conseguirá recuperar todo o valor do portfólio de derivativos. Na situação contrária, na qual o portfólio tem valor negativo para o banco e positivo para a contraparte, o banco faz um pagamento de liquidação para a contraparte (ou os liquidadores da contraparte) e não há perda.

O ajuste de valor de crédito (CVA) é a estimativa do banco sobre o valor presente do custo esperado para o banco de uma moratória da contraparte. Suponha que a vida da transação de derivativos em circulação mais longa entre o banco e a contraparte é T anos. Para calcular o CVA, o banco divide os próximos T anos em um certo número de intervalos. Para cada intervalo, ele calcula:

1. A probabilidade de uma rescisão precoce durante o intervalo decorrente de uma inadimplência da contraparte, q_i.
2. O valor presente da perda esperada do portfólio de derivativos, se houver uma rescisão precoce no ponto médio do intervalo, v_i.

O CVA é calculado como:

$$\text{CVA} = \sum_{i=1}^{N} q_i v_i$$

---

[6] Para uma análise mais detalhada sobre esse assunto, ver J. Hull and A. White, "LIBOR vs. OIS: The Derivatives Discounting Dilemma", *Journal of Investment Management*, 11, 3 (2013), 14–27.

quando N é o número de intervalos. Essa fórmula parece muito simples, mas os procedimentos de cálculo, especialmente aqueles usados para determinar v_i, na verdade são bastante complexos. Eles serão explicados no Capítulo 24.

Defina f_{nd} como o valor sem inadimplência do portfólio de derivativos para o banco. Esse é o valor pressupondo que nenhum dos lados entrará em mora. (A maioria das fórmulas desenvolvidas para a avaliação de derivativos, incluindo aquelas neste livro, tratam do cálculo de valores sem inadimplência.) Quando a possibilidade de inadimplência da contraparte é levado em conta, o valor do portfólio passa a ser:

$$f_{nd} - CVA$$

Mas a história não acaba por aí. O banco em si pode entrar em mora, o que poderia levar a uma perda para a contraparte e a um ganho igual e oposto para o banco. O ajuste de valor de débito (ou de dívida) (DVA) é o valor presente do ganho esperado para o banco de sua própria inadimplência. Ele é calculado de forma semelhante ao CVA:

$$DVA = \sum_{i=1}^{N} q_i^* v_i^*$$

onde q_i^* é a probabilidade de inadimplência por parte do banco durante o i-ésimo intervalo e v_i^* é o valor presente do ganho do banco (e da perda da contraparte) se o banco inadimplir no ponto médio do intervalo. Levando o CVA e o DVA em conta, o valor do portfólio para o banco é:

$$f_{nd} - CVA + DVA$$

Garantia

Quando o contrato entre as duas partes exige a postagem de garantia, os cálculos são mais complexos por dois motivos. Primeiro, a garantia afeta o cálculo do CVA e do DVA. Segundo, a taxa de juros paga sobre a garantia em caixa pode influenciar as avaliações.

Para calcular v_i e v_i^*, é necessário que o banco calcule a garantia que seria fornecida pelo banco ou pela contraparte no momento da rescisão. Esse cálculo normalmente é bastante complexo, pois em geral se pressupõe que a parte inadimplente parará de postar garantias e de devolver a garantia excedente vários dias antes da rescisão.

Normalmente, a garantia é composta de caixa ou títulos negociáveis. (O tipo de título negociável aceitável e os *haircuts* aplicáveis são especificados no contrato de garantia.) Normalmente, são pagos juros sobre a garantia em caixa. Se os juros são a taxa livre de risco, não é preciso ajustar a avaliação. Se os juros são diferentes da taxa de juros livre de risco, é preciso estimar o valor presente do excedente esperado dos juros pagos líquidos reais em relação à garantia em caixa sobre os juros líquidos que seriam pagos se a taxa de juros fosse igual à taxa livre de risco. O valor pode ser positivo ou negativo e representa um ajuste, que chamaremos de ajuste de taxa de garantia (CRA). Levando este em conta, o valor do portfólio passa a ser:

$$f_{nd} - CVA + DVA - CRA$$

Como mencionado, os bancos tendem a pressupor que a taxa OIS é a taxa de juros livre de risco para transações garantidas. Se a taxa de juros básica efetiva (que, como explicado anteriormente, está por trás da taxa OIS) é paga sobre saldos de garantia em caixa *overnight* (como costuma ser o caso), não é necessário realizar um ajuste CRA.

9.6 CUSTOS DE FINANCIAMENTO

Suponha que a taxa livre de risco é 5% e o custo de financiamento médio do banco é 7%. Se surge um projeto que não tem riscos e oferece um retorno de 6%, o banco deveria realizá-lo? A resposta é que o projeto deve ser realizado. A taxa de desconto apropriada para os fluxos de caixa do projeto é 5% e o projeto tem valor presente positivo quando essa taxa de desconto é utilizada. Não é correto argumentar que o banco está se financiando a 7% e, logo, somente deve realizar projetos que rendem mais de 7%. Em média, os projetos realizados por um banco devem render mais do que 7%; se não, o banco estaria operando com prejuízo. Mas isso não significa que cada projeto individual realizado pelo banco deve superar esse nível.

Para entender por que o custo de financiamento de 7% não é relevante para a avaliação de um projeto, considere o que acontece quando o banco realiza projetos livres de risco. Seus custos de financiamento diminuem de tal forma que os custos incrementais de financiamento de um projeto livre de risco são de 5%, não 7%. Para mostrar como isso acontece, vamos pensar em um exemplo extremo. Suponha que o banco está considerando dobrar seu tamanho com a realização de projetos totalmente livres de risco. O custo de financiamento do banco passará a ser 6% (uma média de 7% para os projetos antigos e 5% para os novos). O custo de financiamento incremental para os novos projetos é, assim, 5%.

Em geral, se uma empresa usa seu custo de financiamento médio como taxa limite para todos os projetos, um projeto livre de risco tenderá a parecer pouco atraente e os projetos de alto risco parecerão mais atraentes. Assim, a empresa desenvolverá a tendência de gravitar em direção aos projetos mais arriscados.

Nem todos os praticantes de derivativos concordariam com esses argumentos. Na verdade, como indicado anteriormente, a prática atual em muitos bancos é usar o desconto OIS para derivativos garantidos, enquanto uma taxa de desconto mais elevada é usada para derivativos não garantidos. A justificativa que costuma ser oferecida para isso trata dos custos de financiamento (que, como argumentamos, não deveriam ser relevantes). Os derivativos com garantia são financiados à taxa de juros paga sobre a garantia (em geral, a taxa de juros básica). Os derivativos não garantidos, pressupõe-se, são financiados ao custo de financiamento médio geral do banco.

Os bancos que consideram os custos de financiamento relevantes nas avaliações de derivativos ocasionalmente realizam o chamado ajuste de valor de financiamento (FVA) para derivativos não garantidos. O objetivo de um FVA é mudar o valor de um derivativo para que corresponda ao que seria se o custo de financiamento médio do banco fosse utilizado como taxa de desconto "livre de riscos". Se o custo de financiamento médio do banco é, digamos, 3,8%, e a taxa de desconto livre de risco usada pelo banco é 3%, o FVA captura o impacto de aumentar a taxa de desconto em 80 pontos-base.[7]

Os ajustes de FVA são controversos. Ainda não se sabe se sobreviverão ao teste do tempo. Já argumentamos que os custos de financiamento não deveriam influenciar o modo como um investimento é avaliado. É o risco do investimento que importa. Os ajustes de CVA e DVA devem ser realizados, mas o debate em torno do FVA parece depender principalmente da confusão entre FVA e DVA. Os bancos com altos custos de financiamento que fazem ajustes de FVA tendem a oferecer preços competitivos para derivativos que geram fundos (ex.: a venda de opções); os bancos com baixos custos de financiamento que fazem ajustes de FVA tendem a oferecer preços competitivos para derivativos que exigem fundos. O FVA pode criar oportunidades de arbitragem para os usuários finais. Eles podem comprar opções de corretores com altos custos de financiamento e vender as mesmas opções para corretores com baixos custos de financiamento.[8]

Os traders que trabalham para bancos devem, é claro, ter liberdade para usar quaisquer procedimentos que desejarem para determinar os preços pelos quais estão preparados a negociar. Contudo, as transações precisam ser avaliadas diariamente para fins contábeis e de outras naturezas. (É a chamada *marcação a mercado* das transações.) Os contadores que trabalham para um banco tentam avaliar as transações pelo "preço de saída". Este é o preço de mercado corrente pelo qual um banco poderia firmar uma transação contrária. Em determinado momento, o preço de saída deve ser o preço que resolve o mercado (ou seja, que equilibra oferta e procura). Ele não deve depender do custo de financiamento do banco que possui o derivativo.

RESUMO

Em capítulos anteriores, vimos que a crise de crédito que teve início em 2007 levou à regulamentação muito mais pesada dos mercados de derivativos de balcão. Neste capítulo, vimos que ela também fez com que os participantes do mercado de derivativos revisassem com muito cuidado suas práticas. Antes da crise de crédito, pressupunha-se que a LIBOR fosse um indicador razoável para a taxa de juros livre de risco. (Isso era conveniente. Como indicado no Capítulo 7, a técnica tornava relativamente fácil a avaliação de um swap de taxas de juros no qual a LIBOR é trocada por uma taxa de juros fixa.) Desde a crise de crédito, os praticantes deixaram de usar a taxa LIBOR como indicador livre de risco e adotaram a taxa OIS, pelo menos para transações de derivativos com garantias.

A taxa OIS é aquela trocada pela média geométrica da taxa de juros básica *overnight*. Ela não é perfeitamente livre de risco, pois a inadimplência em um em-

---

[7] Como veremos em capítulos posteriores, as taxas de juros desempenham duas funções na avaliação de derivativos. Elas definem a taxa de desconto e definem a taxa de crescimento do ativo subjacente em um mundo *risk-neutral*. Aumentamos a taxa de juros quando ela é usada para o primeiro objetivo, mas não para o segundo. Isso ocorre porque as posições no ativo subjacente usadas para hedgear o derivativo podem ser retomadas e, logo, financiadas a uma taxa de juros muito próxima da livre de risco. As posições em derivativos não podem ser retomadas.

[8] Para uma análise mais detalhada sobre todos esses temas, ver J. Hull and A. White, "Valuing Derivatives: Funding Value Adjustments and Fair Value," *Financial Analysts Journal* (no prelo).

préstimo *overnight* ou o swap sempre são possibilidades. Contudo, ela é muito mais próxima de ser livre de risco do que a LIBOR.

Usar as taxas OIS e não as taxas LIBOR para descontos muda as estimativas das taxas forward LIBOR. Quando o desconto OIS é usado, as taxas forward LIBOR devem ser estimadas de modo que todos os swaps LIBOR por fixa, se firmados hoje pela taxa de swap média do mercado, tenham valor igual a zero.

Os bancos e outros corretores de derivativos se preocupam há muitos anos com o risco de crédito de contrapartes. Atualmente, são realizados dois ajustes para transações com compensação bilateral. O ajuste de valor de crédito (CVA) é um ajuste para a possibilidade de que a contraparte entrará em mora e reduz o valor de um portfólio de derivativos. O ajuste de valor de débito (ou de dívida) (DVA) é um ajuste importante para a possibilidade de que o banco entrará em mora e aumenta o valor de um portfólio de derivativos. Além disso, para portfólios garantidos, é necessário um ajuste adicional caso os juros pagos sobre uma garantia em caixa forem diferentes da taxa de juros livre de risco.

A teoria financeira mostra que o modo como um projeto é financiado não deve influenciar sua avaliação. Apesar disso, alguns bancos aplicam o chamado "ajuste de valor de financiamento" (FVA) de modo que o portfólio de derivativos que exige (gera) financiamento seja debitado de (ou creditado com) um valor que reflita o custo de financiamento médio do banco. Os FVAs são controversos e têm o potencial de causar polêmica entre contadores, analistas e traders.

LEITURAS COMPLEMENTARES

Demiralp, S., B. Preslopsky, and W. Whitesell. "Overnight Interbank Loan Markets", Manuscript, Board of Governors of the Federal Reserve, 2004.

Filipovic, D., and A. Trolle. "The Term Structure of Interbank Risk", *Journal of Financial Economics*, 109, 3 (September 2013): 707–33.

Hull, J., and A. White. "The FVA Debate", *Risk*, 25th anniversary edition (July 2012): 83–85.

Hull, J., and A. White. "LIBOR vs. OIS: The Derivatives Discounting Dilemma", *Journal of Investment Management*, 11, 3 (2013): 14–27.

Hull, J., and A. White. "OIS Discounting and the Pricing of Interest Rate Derivatives", Working Paper, University of Toronto, 2013.

Smith, D. "Valuing Interest Rate Swaps Using OIS Discounting", *Journal of Derivatives*, 20, 4 (Summer 2013): 49–59.

Questões e problemas

9.1 Explique o que significam (a) a taxa LIBOR de 3 meses e (b) a taxa OIS de 3 meses. Qual é a maior? Por quê?

9.2 "Quando os bancos relutam em emprestar uns para os outros, o spread LIBOR-OIS de 3 meses aumenta". Explique essa afirmação.

9.3 Suponha que, no Exemplo 9.2, em que o desconto LIBOR é usado, a taxa de swap LIBOR por fixa de 3 anos é 7%. Qual é a taxa zero de swap/LIBOR de 3 anos? Qual é a taxa forward LIBOR para o período entre 2 e 3 anos?

9.4 Suponha que, no Exemplo 9.3, em que o desconto OIS é usado, a taxa de swap LIBOR por fixa de 3 anos é 7%. A taxa zero OIS de 3 anos é 6,5% (com capitalização anual). Qual é a taxa forward LIBOR para o período entre 2 e 3 anos?

9.5 Por que os traders de derivativos ocasionalmente usam mais de uma curva à vista livre de risco para desconto?

9.6 Explique o que o CVA e o DVA medem.

9.7 Se o mercado considera que a probabilidade de inadimplência de um banco aumentou, o que acontece com seu DVA? O que acontece com a renda que declara?

9.8 Explique o ajuste de taxa de garantia. Sob quais circunstâncias ele não é zero?

9.9 O custo de financiamento médio para uma empresa é 5% ao ano quando a taxa de juros livre de risco é 3%. Atualmente, a empresa está realizando projetos que valem $9 milhões. Ela planeja aumentar seu tamanho pela realização de $1 milhão em projetos livres de risco. O que você espera que aconteça com seu custo de financiamento médio?

9.10 As taxas OIS estão estimadas em 3,4% ao ano para todas as maturidades. A taxa LIBOR de 3 meses é 3,5% ao ano. Para um swap de 6 meses nos quais os pagamentos são trocados a cada 3 meses, a taxa de swap é 3,6% ao ano. Todas as taxas são expressas com capitalização trimestral. Qual é a taxa forward LIBOR para o período de 3 a 6 meses se for utilizado desconto OIS?

9.11 Explique por que o CVA e o DVA são calculados para todo o portfólio de transações que um banco tem com uma contraparte e não com base nas transações individuais.

Questões adicionais

9.12 Suponha que a taxa LIBOR de 1 ano é 4% e as taxas de swap LIBOR por fixa de 2, 3 e 4 anos com pagamentos anuais são 4,2%, 4,4% e 4.5%. Todas as taxas usam capitalização anual.
(a) Se a LIBOR é usada para desconto, quais são as taxas zero de swap/LIBOR para maturidades de 2, 3 e 4 anos?
(b) Se a LIBOR é usada para desconto, quais são as taxas forward LIBOR para o segundo, terceiro e quarto anos?
(c) Se as taxas zero OIS para maturidades de 1, 2, 3 e 4 anos são 3,6%, 3,8%, 4% e 4,1% ao ano com capitalização anual e é utilizado desconto OIS, quais são as taxas forward LIBOR para o segundo, terceiro e quarto anos?

9.13 A taxa zero LIBOR de 1 ano é 3% ao ano e a taxa forward LIBOR para o período de 1 a 2 anos é 3,2%. A taxa de swap de 3 anos para um swap com pagamentos anuais é 3,2%. Todas as taxas usam capitalização anual. Qual é a taxa forward LIBOR para o período de 2 a 3 anos se usarmos desconto OIS e as taxas zero OIS para maturidades de 1, 2 e 3 anos são 2,5%, 2,7% e 2,9%, respectivamente? Qual é o valor de um swap de 3 anos no qual são recebidos 4% e a LIBOR é paga sobre um principal de $100 milhões?

CAPÍTULO

10

A mecânica operacional dos mercados de opções

As opções foram introduzidas no Capítulo 1. Este capítulo explica como os mercados de opções são organizados, qual terminologia é utilizada, como os contratos são negociados, como os requerimentos de margem são estabelecidos e assim por diante. Os capítulos posteriores examinarão temas como estratégias de negociação que envolvem opções, a determinação dos preços de opções e os modos como os portfólios de opções podem ser hedgeados. Este capítulo analisa principalmente as opções sobre ações, mas também apresenta material introdutório sobre opções de moeda, opções de índice e opções sobre futuros. Mais detalhes sobre esses instrumentos se encontram nos Capítulos 17 e 18.

As opções são fundamentalmente diferentes dos contratos a termo e futuros. Uma opção dá ao titular o direito de fazer algo, mas ele não precisa exercitar esse direito. Em um contrato futuro ou a termo, por outro lado, as duas partes se comprometerem com alguma ação. Não custa nada firmar um contrato a termo ou futuro (exceto pelos requerimentos de margem/garantias), mas a compra de uma opção exige pagamento adiantado.

Quando são produzidos gráficos que mostram os ganhos ou perdas das opções, normalmente se ignora o valor temporal do dinheiro, de modo que o lucro é o resultado final menos o custo inicial. Este capítulo seguirá essa prática.

10.1 TIPOS DE OPÇÕES

Como mencionado no Capítulo 1, existem dois tipos de opção. Uma *opção de compra* (*call*) dá ao titular o direito de comprar o ativo subjacente até determinada data por um preço específico. Uma *opção de venda* (*put*) dá ao titular o direito de vender o ativo subjacente até determinada data por um preço específico. A data no contrato é chamada de *data de expiração* ou *maturidade*; o preço no contrato é conhecido como *preço de exercício* ou *strike price*.

As opções podem ser americanas ou europeias, uma distinção que não tem nada a ver com local geográfico. As *opções americanas* podem ser exercidas em qualquer momento até a data de expiração, enquanto as *opções europeias* podem somente ser exercidas na data de seu vencimento. A maioria das opções negociadas em bolsas são americanas. Contudo, as opções europeias são mais fáceis de analisar do que as americanas; algumas propriedades de uma opção americana frequentemente são deduzidas a partir daquelas de sua contraparte europeia.

Opções de compra

Considere a situação de um investidor que adquire uma opção de compra europeia com preço de exercício de $100 para comprar 100 ações de determinada empresa. Suponha que o preço atual da ação é $98, a data de expiração da opção é em 4 meses e o preço de uma opção para comprar uma ação é $5. O investimento inicial é $500. Como a opção é europeia, o investidor somente pode exercê-la na data de expiração. Se o preço da ação nessa data for inferior a $100, o investidor claramente escolherá não exercer a opção. (Não faz sentido comprar por $100 uma ação que tem valor de mercado inferior a $100.) Nessas circunstâncias, o investidor perde todo o investimento inicial de $500. Se o preço da ação fica acima de $100 na data da expiração, a opção é exercida. Suponha, por exemplo, que o preço da ação é $115. Ao exercer a opção, o investidor pode comprar 100 ações a $100 cada. Se as ações são vendidas imediatamente, o investidor obtém ganho de $15 por ação, ou $1.500, se ignorarmos os custos de transação. Quando o custo inicial da opção é levado em conta, o lucro líquido para o investidor é de $1.000.

A Figura 10.1 mostra como o lucro ou prejuízo líquido do investidor em uma opção de compra de uma ação varia com o preço final da ação no exemplo. Por exemplo, quando o preço final da ação é $120, o lucro de uma opção de compra de uma ação é $15. É importante entender que o investidor ocasionalmente exercita a opção e sofre uma perda líquida. Suponha que, no exemplo, o preço da ação é $102 na data de expiração. O investidor exerceria a opção para obter um ganho de $102 − $100 = $2 e realizar uma perda total de $3 quando o custo inicial da ação é levado em conta. Seria

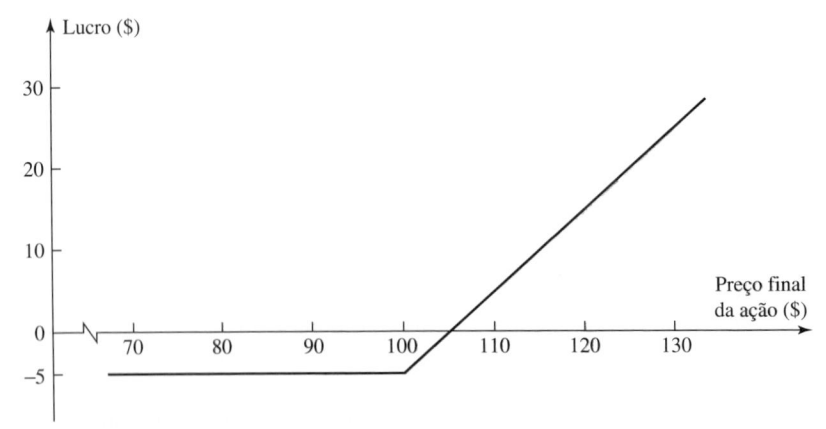

FIGURA 10.1 Lucro da compra de uma opção de compra europeia sobre uma ação. Preço da opção = $5; preço de exercício = $100.

tentador argumentar que o investidor não deveria exercer a opção nessas circunstâncias. Contudo, o não exercício levaria a uma perda de $5, que é pior do que a perda de $3 sofrida pelo investidor após o exercício. Em geral, as opções de compra sempre devem ser exercidas na data de expiração caso o preço da ação esteja acima do preço de exercício.

Opções de venda

Enquanto o comprador de uma opção de compra espera que o preço da ação aumente, o comprador de uma opção de venda torce para que ele diminua. Considere um investidor que compra uma opção de venda europeia com preço de exercício de $70 para vender 100 ações de uma determinada empresa. Suponha que o preço da ação é $65, a data de expiração da opção é em 3 meses e o preço de uma opção de venda de uma ação é $7. O investimento inicial é de $700. Como a opção é europeia, ela será exercida apenas se o preço da ação ficar abaixo de $70 na data de expiração. Suponha que o preço da ação é $55 nessa data. O investidor pode comprar 100 ações por $55 cada e, sob os termos da opção de venda, vender as mesmas ações por $70 e realizar um ganho de $15, ou $1.500. (Mais uma vez, estamos ignorando os custos de transação.) Quando o custo inicial de $700 da opção é levado em conta, o lucro líquido do investidor é igual a $800. Não há garantia de que o investidor obterá um ganho. Se o preço final da ação fica acima de $70, a opção de venda expira com valor zero e o investidor perde $700. A Figura 10.2 mostra como o lucro ou prejuízo em uma opção de venda de uma ação varia com o preço final da ação nesse exemplo.

Exercício antecipado

Como mencionado anteriormente, as opções sobre ações negociadas em bolsas geralmente são americanas e não europeias. Isso significa que o investidor nos exemplos anteriores não precisaria esperar até a data de expiração antes de exercer sua opção. Como veremos posteriormente, em algumas circunstâncias, o ideal seria exercer uma opção americana antes da data de expiração.

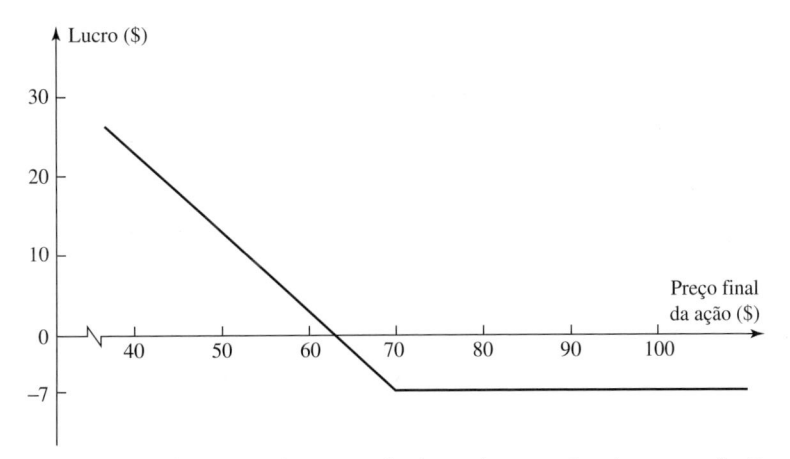

FIGURA 10.2 Lucro da compra de uma opção de venda europeia sobre uma ação. Preço da opção = $7; preço de exercício = $70.

10.2 POSIÇÕES EM OPÇÕES

Todo contrato de opção tem dois lados. Um lado é o do investidor que assumiu a posição comprada (ou seja, adquiriu a opção). O outro lado é o do investidor que assumiu a posição *short* ou vendida (ou seja, vendeu ou *lançou* a opção). O lançador de uma opção recebe caixa à vista, mas tem um passivo potencial no futuro. O lucro ou perda do lançador é o contrário daquele do comprador da opção. As Figuras 10.3 e 10.4 mostram a variação do lucro ou perda com o preço final da ação para os lançadores das opções consideradas nas Figuras 10.1 e 10.2.

Existem quatro tipos de posições em opções:

1. Uma posição comprada em uma opção de compra.
2. Uma posição comprada em uma opção de venda.
3. Uma posição vendida em uma opção de compra.
4. Uma posição vendida em uma opção de venda.

Muitas vezes, é útil caracterizar uma opção europeia em termos de seu resultado para o comprador da opção. Assim, o custo inicial da opção não é incluído no cálculo. Se K é o preço de exercício e S_T é o preço final do ativo subjacente, o resultado de uma posição comprada em uma opção de compra europeia é:

$$\max(S_T - K, 0)$$

Isso reflete o fato de que a opção será exercida se $S_T > K$ e não será exercida se $S_T \leq K$. O resultado para o titular da posição vendida na opção de compra europeia é:

$$\max(S_T - K, 0) = \min(K - S_T, 0)$$

O resultado para o titular de uma posição comprada em uma opção de venda europeia é:

$$\max(K - S_T, 0)$$

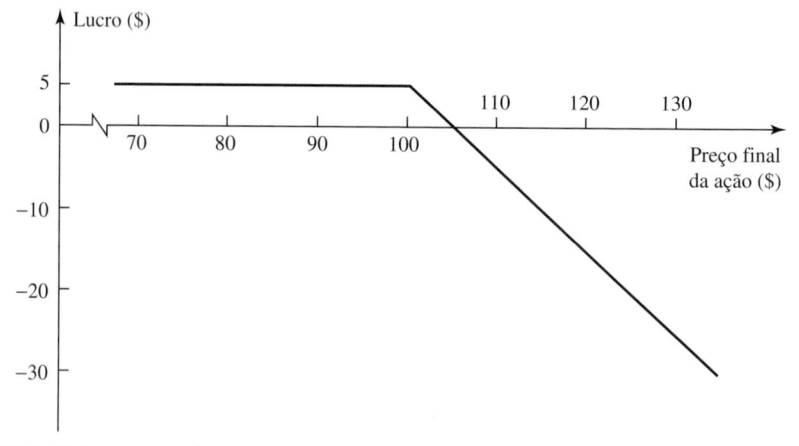

FIGURA 10.3 Lucro do lançamento de uma opção de compra europeia sobre uma ação. Preço da opção = $5; preço de exercício = $100.

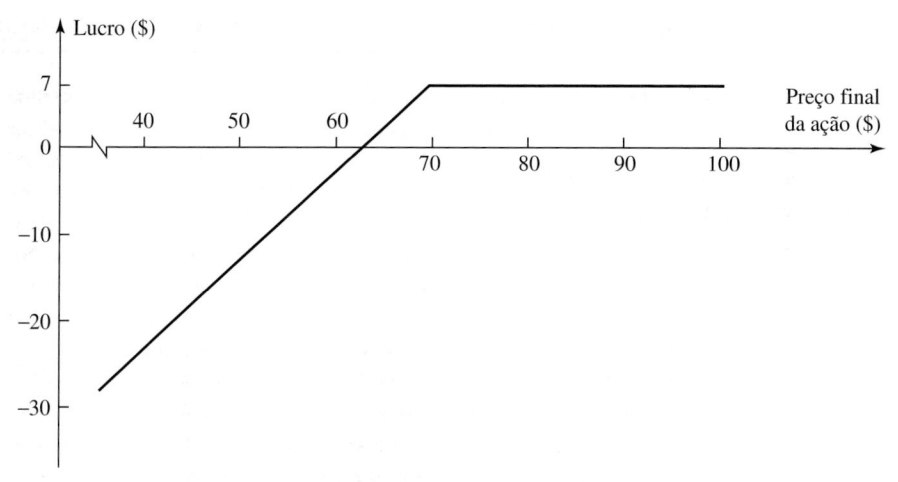

FIGURA 10.4 Lucro do lançamento de uma opção de venda europeia sobre uma ação. Preço da opção = $7; preço de exercício = $70.

e o resultado de uma posição vendida em uma opção de venda europeia é:

$$\max(K - S_T, 0) = \min(S_T - K, 0)$$

A Figura 10.5 ilustra esses resultados.

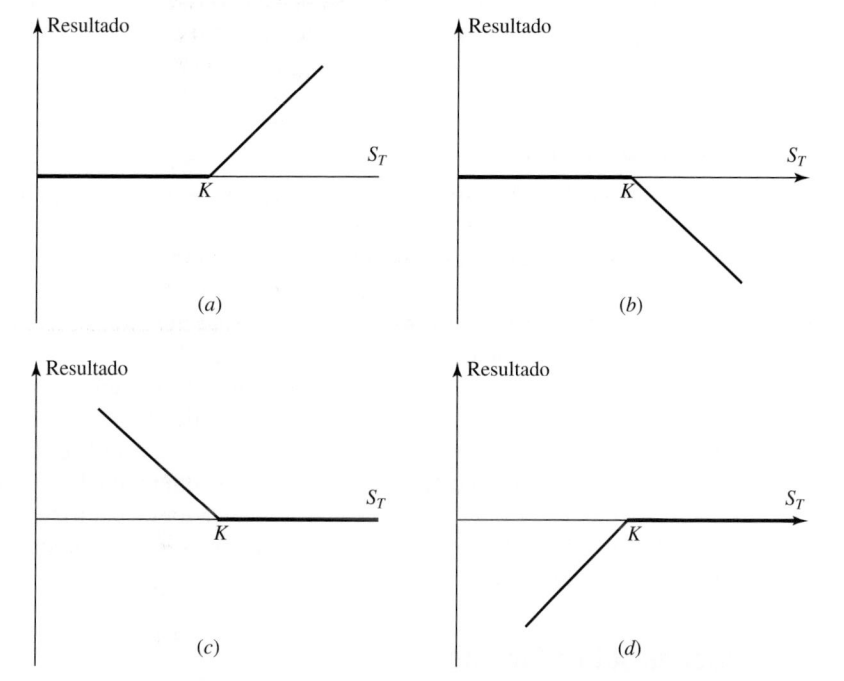

FIGURA 10.5 Resultados de posições em opções europeias: (*a*) opção de compra comprada; (*b*) opção de compra vendida; (*c*) opção de venda comprada; (*d*) opção de venda vendida. Preço de exercício = *K*; preço do ativo na maturidade = S_T.

10.3 ATIVOS SUBJACENTES

Esta seção oferece uma primeira análise de como opções sobre ações, moedas, índices de ações e futuros são negociadas em bolsas.

Opções sobre ações

A maior parte da negociação de opções sobre ações ocorre em bolsas. Nos Estados Unidos, as bolsas incluem a Chicago Board Options Exchange (www.cboe.com), a NYSE Euronext (www.euronext.com), que adquiriu a American Stock Exchange em 2008, a International Securities Exchange (www.iseoptions.com) e a Boston Options Exchange (www.bostonoptions.com). São negociadas opções sobre milhares de ações diferentes. Um contrato dá ao titular o direito de comprar ou vender 100 ações por um preço de exercício específico. Esse tamanho de contrato é conveniente porque as ações normalmente são negociadas em lotes de 100.

Opções de moeda estrangeira

A maior parte da negociação de opções de moeda ocorre no mercado de balcão, mas uma parcela é negociada em bolsas. As bolsas que negociam opções de moedas estrangeiras nos Estados Unidos incluem a NASDAQ OMX (www.nasdaqtrader.com), que adquiriu a Philadelphia Stock Exchange em 2008. Essa bolsa oferece contratos de estilo europeu sobre diversas moedas diferentes. Um contrato é referente à compra ou venda de 10.000 unidades de uma moeda estrangeira (1.000.000, no caso do iene japonês) por dólares americanos. Os contratos de opção de moeda estrangeira serão discutidos em mais detalhes no Capítulo 17.

Opções de índice

Muitas opções de índice diferentes são negociadas em todo o mundo, tanto no mercado de balcão quanto no de bolsas. Os contratos negociados em bolsas mais populares nos Estados Unidos são aqueles sobre o Índice S&P 500 (SPX), o índice S&P 100 (OEX), o Índice Nasdaq-100 (NDX) e o Dow Jones Industrial Index (DJX). Todos eles são negociados na Chicago Board Options Exchange. A maioria desses contratos é de estilo europeu. Uma exceção é o contrato OEX sobre o S&P 100, que é americano. Um contrato geralmente se refere à compra ou venda de 100 vezes o índice ao preço de exercício especificado. A liquidação é sempre em caixa e não pela entrega do portfólio subjacente ao índice. Considere, por exemplo, um contrato de compra sobre um índice com preço de exercício de 980. Se exercido quando o valor do índice é 992, o lançador do contrato paga ao titular $(992 - 980) \times 100 = \$1.200$. As opções de índice serão discutidas em mais detalhes no Capítulo 17.

Opções sobre futuros

Quando uma bolsa negocia um contrato futuro específico, ela muitas vezes negocia também opções americanas sobre esse contrato. A vida de uma opção sobre futuro normalmente termina em um breve período de tempo antes da expiração das negociações do contrato futuro subjacente. Quando uma opção de compra é exercida, o ganho do titular é igual ao excedente do preço futuro em relação ao preço de exercício. Quando uma opção de venda é exercida, o ganho do titular é igual ao excedente do preço de exercício em relação ao preço futuro. Os contratos de opções sobre futuros serão discutidos em mais detalhes no Capítulo 18.

10.4 ESPECIFICAÇÃO DE OPÇÕES SOBRE AÇÕES

No restante deste capítulo, vamos nos concentrar em opções sobre ações. Como foi mencionado, uma opção sobre ações negociadas em bolsa padrão nos Estados Unidos é um contrato de opção americana referente à compra ou venda de 100 ações. Os detalhes do contrato (data de expiração, preço de exercício, o que acontece quando dividendos são declarados, o tamanho máximo da posição dos investidores e assim por diante) são especificados pela bolsa.

Datas de expiração

Um dos itens usados para descrever uma opção sobre ações é o mês em que cai a data de expiração. Assim, uma opção de compra de janeiro negociada sobre a IBM é uma opção de compra sobre a IBM com data de expiração em janeiro. A data de expiração exata é o sábado imediatamente posterior a terceira sexta-feira do mês de expiração. O último dia em que as opções são negociadas é a terceira sexta-feira do mês de expiração. Um investidor com posição comprada em uma opção normalmente tem até as 16:30 (fuso-horário da região central dos EUA) daquela sexta-feira para instruir um corretor a exercer a opção. O corretor tem até as 22:59 do dia seguinte para completar a papelada notificando a bolsa de que o exercício irá ocorrer.

As opções sobre ações nos Estados Unidos seguem um ciclo de janeiro, fevereiro ou março. O ciclo de janeiro é composto dos meses de janeiro, abril, julho e outubro. O ciclo de fevereiro é composto dos meses de fevereiro, maio, agosto e novembro. O ciclo de março é composto dos meses de março, junho, setembro e dezembro. Se a data de expiração para o mês corrente ainda não foi alcançada, as opções são negociadas com datas de expiração no mês corrente, o mês seguinte e os próximos dois meses no ciclo. Se a data de expiração do mês corrente já passou, as opções são negociadas com datas de expiração no mês seguinte, no subsequente e nos próximos dois meses do ciclo de expiração. Por exemplo, a IBM está em um ciclo de janeiro. No início de janeiro, as opções são negociadas com datas de expiração em janeiro, fevereiro, abril e julho; no final de janeiro, são negociadas com datas de expiração em fevereiro, março, abril e julho; no início de maio, são negociadas com datas de expiração em maio, junho, julho e outubro; e assim por diante. Quando uma opção alcança a expiração, tem início a negociação em outra. As opções de mais longo prazo, chamadas de LEAPS (sigla em inglês para "títulos de antecipação do patrimônio a longo prazo") também são negociadas sobre muitas ações nos Estados Unidos. As LEAPS têm datas de expiração de até 39 meses no futuro. As datas de expiração para LEAPS sobre ações são sempre em janeiro.

Preços de exercício

A bolsa normalmente escolhe os preços de exercício aos quais as opções podem ser lançadas, de modo que tenham espaçamento de $2,50, $5 ou $10. Em geral, o espaçamento é $2,50 quando o preço da ação fica entre $5 e $25, $5 quando o preço da ação fica entre $25 e $200 e $10 para ações com preço acima de $200. Como será explicado em seguida, desdobramentos de ações e dividendos em ações podem levar a preços de exercícios diferentes do padrão.

Quando uma nova data de expiração é introduzida, os dois ou três preços de exercício mais próximos do preço de ação atual geralmente são selecionados pela bolsa. Se o preço da ação se movimenta além da faixa definida pelo maior e o menor preço de exercício, em geral tem início a negociação de uma opção com um novo preço de exercício. Para ilustrar essas regras, imagine que o preço da ação é $84 quando começam as negociações sobre opções de outubro. As opções de compra e venda provavelmente serão oferecidas inicialmente com preços de exercício de $80, $85 e $90. Se o preço da ação subir além de $90, é provável que um preço de exercício de $95 seja oferecido; se cair abaixo de $80, é provável que o preço de exercício de $75 seja oferecido; e assim por diante.

Terminologia

Para um ativo qualquer em um determinado momento, muitos contratos de opções diferentes podem estar sendo negociados. Suponha que há quatro datas de expiração e cinco preços de exercício para opções sobre uma determinada ação. Se as opções de compra e venda são negociadas com cada data de expiração e cada preço de exercício, há um total de 40 contratos diferentes. Todas as opções do mesmo tipo (compra ou venda) sobre uma ação são chamadas de uma *classe de opção*. Por exemplo, as opções de compra da IBM são uma classe, enquanto as opções de venda da IBM são outra classe. Uma *série de opção* é composta de todas as opções de uma determinada classe com a mesma data de expiração e preço de exercício. Em outras palavras, ela se refere a um contrato específico que é negociado. Por exemplo, as opções de compra da IBM 200 de outubro de 2014 representam uma série de opção.

As opções podem estar *dentro do dinheiro*, *no dinheiro* ou *fora do dinheiro* (*in the money*, *at the money* ou *out of the money*). Se S é o preço da ação e K é o preço de exercício, uma opção de compra está dentro do dinheiro quando $S > K$, no dinheiro quando $S = K$ e fora do dinheiro quando $S < K$. Uma opção de venda está dentro do dinheiro quando $S < K$, no dinheiro quando $S = K$ e fora do dinheiro quando $S > K$. Claramente, uma opção será exercida apenas quando estiver dentro do dinheiro. Na ausência de custos de transação, uma opção dentro do dinheiro sempre será exercida na data de expiração se não tiver sido exercida anteriormente.[1]

O *valor intrínseco* de uma opção é definido como o valor que ela teria se não houvesse tempo até a maturidade, de modo que a decisão de exercício precisaria ser tomada imediatamente. Para uma opção de compra, o valor intrínseco é, assim, $\max(S - K; 0)$. Para uma opção de venda, é $\max(K - S; 0)$. Uma opção americana

---

[1] A Seção 20.4 oferece definições alternativas, muito usadas por traders, para dentro do dinheiro, fora do dinheiro e no dinheiro.

dentro do dinheiro deve valor pelo menos tanto quanto seu valor intrínseco, pois o titular tem o direito de exercê-la imediatamente. Muitas vezes, o ideal é que o titular de uma opção americana dentro do dinheiro espere em vez de exercê-la imediatamente. Assim, diz-se que a opção tem *valor temporal*. O valor total de uma opção pode ser considerado como igual à soma de seu valor intrínseco e seu valor temporal.

Opções flexíveis

A Chicago Board Options Exchange oferece opções flexíveis (ou *FLEX*) sobre ações e índices de ações. Essas são opções nas quais os traders concordam em utilizar termos não padrões. Esses termos não padrões podem envolver um preço de exercício ou uma data de expiração diferente daqueles que costumam ser oferecidos pela bolsa. Eles também podem envolver uma opção europeia em vez de americana. As opções flexíveis são uma tentativa por parte das bolsas de opções de reconquistar os negócios que passaram para os mercados de balcão. A bolsa especifica um tamanho mínimo (ex.: 100 contratos) para negociações de opções flexíveis.

Outros produtos não padrões

Além das opções flexíveis, a CBOE negocia diversos outros produtos não padrões. Por exemplo:

1. Opções sobre fundos de índices.[2]
2. *Weeklys*. São opções criadas em uma quinta-feira que expiram na sexta-feira da semana seguinte.
3. *Opções binárias*. São opções que oferecem um resultado fixo de $100 se o preço de exercício for alcançado. Por exemplo, uma opção de compra binária com preço de exercício de $50 oferece um resultado de $100 se o preço da ação subjacente exceder $50 na data de expiração; uma opção de venda binária com preço de exercício de $50 oferece um resultado de $100 se o preço da ação ficar abaixo de $50 na data de expiração. As opções binárias serão discutidas em mais detalhes no Capítulo 26.
4. *Credit event binary options* (CEBOs, opções binárias de eventos de crédito). São opções que oferecem resultado fixo se uma determinada empresa (conhecida como entidade de referência) sofre um "evento de crédito" até a data da maturidade. Os eventos de crédito são definidos como falência, não pagamento de juros ou principal de uma dívida ou reestruturação de dívidas. As datas de maturidade são em dezembro de um determinado ano e os resultados, caso hajam, ocorrem na data da maturidade. Um CEBO é um tipo de *credit default swap* (ver Seção 7.12 para uma introdução aos *credit default swaps* e o Capítulo 25 para mais detalhes).

---

[2] Os fundos de índices (ETFs, *exchange-traded funds*) se tornaram uma alternativa popular aos fundos mútuos para os investidores. Eles são negociados como ações e são estruturados de modo que seus preços reflitam ao máximo o valor dos ativos do fundo.

5. *Opções DOOM*. São opções de venda muito fora do dinheiro. Como têm preços de exercício baixíssimos, elas custam muito pouco. Essas opções oferecem um resultado apenas se o preço do ativo subjacente despenca. As opções DOOM oferecem o mesmo tipo de proteção que os *credit default swaps*.

Dividendos e desdobramentos de ações

As primeiras opções de balcão eram protegidas contra dividendos. Se uma empresa declarava um dividendo em caixa, o preço de exercício para as opções sobre as ações da empresa era reduzido no dia ex-dividendos pela quantia do dividendo. As opções negociadas em bolsas normalmente não são ajustadas para dividendos em caixa. Em outras palavras, quando ocorre um dividendo em caixa, não há ajustes aos termos do contrato de opção. Ocasionalmente, são feitas exceções para grandes dividendos em caixa (ver História de Negócios 10.1).

As opções negociadas em bolsas são ajustadas para desdobramentos de ações. Um desdobramento ocorre quando as ações existentes se "desdobram" em mais ações. Por exemplo, em um desdobramento de 3 por 1, três novas ações são emitidas para substituir cada ação existente. Como um desdobramento não altera os ativos ou a capacidade de rendimento de uma empresa, não devemos esperar que elas afetem o patrimônio de seus acionistas. Tudo mais sendo igual, o desdobramento de 3 por 1 deve fazer com que o preço das ações diminua para um terço de seu valor anterior. Em geral, um desdobramento de ações de n para m deve fazer com que o preço cai para m/n de seu valor anterior. Os termos dos contratos de opção são ajustados para refletir as mudanças esperadas no preço da ação decorrentes de um desdobramento. Após um desdobramento de n por m, o preço de exercício é reduzido para m/n de seu valor anterior e o número de ações abrangido por um contrato aumenta para n/m de

---

História de Negócios 10.1 O grande dividendo do Gucci Group

Quando há um grande dividendo em caixa (em geral, maior do que 10% do preço da ação), uma comissão da Options Clearing Corporation (OCC) na Chicago Board Options Exchange pode decidir ajustar os termos das opções negociadas na bolsa.

Em 28 de maio de 2003, o Gucci Group NB (GUC) declarou um dividendo em caixa de 13,50 euros (aproximadamente 15,88 dólares) por ação ordinária, aprovado na reunião anual dos acionistas em 16 de julho de 2003. O dividendo era de cerca de 16% do preço das ações na época em que foi declarado. Nesse caso, a comissão da OCC decidiu ajustar os termos das opções. O resultado foi que o titular de um contrato de compra pagou 100 vezes o preço de exercício na data do exercício e recebeu $1.588 em dinheiro além das 100 ações; o titular de um contrato de venda recebeu 100 vezes o preço de exercício na data do exercício e entregou $1.588 em caixa além das 100 ações. Esses ajustes tiveram o efeito de reduzir o preço de exercício em $15,88.

Nem sempre são realizados ajustes para grandes dividendos. Por exemplo, a Deutsche Terminbörse escolheu não ajustar os termos das opções negociadas nessa bolsa quando a Daimler-Benz surpreendeu o mercado em 10 de março de 1998 com um dividendo igual a cerca de 12% do preço de suas ações.

seu valor anterior. Se o preço da ação diminui da maneira esperada, as posições do lançador e do comprador do contrato permanecem inalteradas.

■ **Exemplo 10.1**

Considere uma opção de compra referente a 100 ações de uma empresa a $30 por ação. Suponha que a empresa faz um desdobramento de 2 por 1. Os termos do contrato de opção são então alterados de modo que o titular tenha o direito de comprar 200 ações a $15 por ação. ■

As opções sobre ações são ajustadas para dividendos em ações. Em um dividendo em ações, a empresa emite mais ações para seus acionistas existentes. Por exemplo, um dividendo em ações de 20% significa que os investidores recebem uma nova ação para cada cinco que já possuem. Um dividendo em ações, assim como um desdobramento, não afeta os ativos ou a capacidade de rendimento da empresa. Espera-se que o preço das ações diminua em consequência do dividendo em ações. O dividendo em ações de 20% citado é basicamente o mesmo que um desdobramento de 6 por 5. Tudo mais sendo igual, ele deve fazer com que o preço da ação caia para 5/6 de seu valor anterior. Os termos das opções são ajustados para refletir a queda de preço esperada decorrente de um dividendo em ações da mesma maneira que ocorreria para a queda decorrente de um desdobramento.

■ **Exemplo 10.2**

Considere uma opção de venda referente a 100 ações de uma empresa por $15 por ação. Suponha que a empresa declara um dividendo em ações de 25%. Isso equivale a um desdobramento de 5 por 4. Os termos do contrato de opção são alterados para que o titular tenha o direito de vender 125 ações por $12. ■

Também são realizados ajustes para direitos de subscrição. O procedimento básico é calcular o preço teórico dos direitos e então reduzir o preço de exercício por esse valor.

Limites de posição e limites de exercício

A Chicago Board Options Exchange muitas vezes especifica um *limite de posição* para contratos de opção, definindo o número máximo de contratos de opção que um investidor pode possuir em um lado do mercado. Para tanto, opções de compra compradas e opções de venda vendidas são consideradas como estando no mesmo lado do mercado. As opções de compra vendidas e as opções de venda compradas também são consideradas como estando no mesmo lado. O *limite de exercício* normalmente é igual ao limite de posição. Ele define o número máximo de contratos que pode ser exercido por um indivíduo (ou grupo de indivíduos atuando em conjunto) em qualquer período de cinco dias úteis consecutivos. As opções sobre as maiores ações e as mais negociadas têm limites de posição de 250.000 contratos. As ações de capitalização menores têm limites de posição de 200.000, 75.000, 50.000 ou 25.000 contratos.

Os limites de posição e de exercício são definidos para impedir que o mercado seja influenciado indevidamente pelas atividades de um investidor ou grupo de investidores individual. Contudo, a necessidade real desses limites é uma questão controversa.

10.5 NEGOCIAÇÃO

Tradicionalmente, as bolsas precisavam oferecer uma grande área aberta para que os indivíduos se reunissem e negociassem opções. Isso mudou. A maioria das bolsas de derivativos é totalmente eletrônica, então os traders não precisam se reunir fisicamente. A International Securities Exchange (www.iseoptions.com) lançou o primeiro mercado de opções 100% eletrônico para ações nos Estados Unidos em maio de 2000. Mais de 95% das ordens na Chicago Board Options Exchange são resolvidas eletronicamente. O restante é composto principalmente de ordens de grande porte ou institucionais complexas, que precisam das habilidades dos traders.

Market Makers

A maioria das bolsas de opções usa *market makers* para facilitar as negociações. Um *market maker* para determinada opção é um indivíduo que, quando solicitado, cota um preço de oferta de compra e de venda para a opção. A oferta de compra é o preço pelo qual o *market maker* está preparado para comprar, enquanto a oferta de venda é o preço pelo qual o *market maker* está disposto a vender. No momento em que as ofertas de compra e venda são cotadas, o *market maker* não sabe se o trader que solicitou as cotações deseja comprar ou vender a opção. A oferta de venda é sempre maior do que a de compra, e a diferença entre elas é chamada de *spread entre compra e venda*. A bolsa estabelece limites máximos para esse spread. Por exemplo, ela pode especificar que o spread não pode ultrapassar $0,25 para opções com preços inferiores a $0,50, $0,50 para opções com preços entre $0,50 e $10, $0,75 para opções com preços entre $10 e $20 e $1 para opções com preços acima de $20.

A existência do *market maker* garante que as ordens de compra e venda sempre poderão ser executadas a algum preço e sem qualquer atraso. Os *market makers*, por consequência, agregam liquidez ao mercado. Os *market makers* em si obtêm seu lucro com o spread entre compra e venda, usando métodos como aqueles discutidos no Capítulo 19 para hedgear seus riscos.

Ordens de encerramento

Um investidor que adquiriu opções pode encerrar a posição pela emissão de uma ordem de encerramento referente à venda do mesmo número de opções. Da mesma forma, um investidor que lançou opções pode encerrar sua posição emitindo uma ordem de encerramento referente à compra do mesmo número de opções. (Nesse aspecto, os mercados de opções são semelhantes aos mercados futuros.) Se, quando um contrato de opção é negociado, nenhum dos investidores está encerrando uma posição existente, as posições em aberto aumentam em um contrato. Se um investidor está encerrando uma posição e o outro não, as posições em aberto permanecem iguais. Se ambos os investidores estão encerrando posições existentes, as posições em aberto diminuem em um contrato.

10.6 COMISSÕES

Os tipos de ordens que podem ser feitas junto a um corretor para a negociação de opções são semelhantes àqueles para a negociação de futuros (ver Seção 2.8). Uma ordem a mercado é executada imediatamente, uma ordem limitada especifica o preço menos favorável ao qual a ordem pode ser executada e assim por diante.

Para um pequeno investidor, as comissões variam significativamente entre os corretores. Os *discount brokers* geralmente cobram comissões menores do que os corretores de serviços completos. O valor real cobrado muitas vezes é calculado como um custo fixo mais uma proporção do valor em dólares da negociação. A Tabela 10.1 mostra o tipo de cotação que poderia ser oferecida por um *discount broker*. Usando essa tabela, a compra de oito contratos quando o preço da opção é $3 custaria $20 + (0,02 × $2.400) = $68 em comissões.

Se uma posição em opções é encerrada por uma transação contrária, a comissão deve ser paga novamente. Se a opção é exercida, a comissão é a mesma que seria cobrada caso o investidor emitisse uma ordem de compra ou venda da ação subjacente.

Considere um investidor que compra um contrato de compra com preço de exercício de $50 quando o preço da ação é $49. Supomos que o preço da opção é $4,50, então o custo do contrato é $450. Sob as regras da Tabela 10.1, a compra ou venda de um contrato sempre custa $30 (a comissão máxima e a mínima é $30 para o primeiro contrato). Suponha que o preço da ação aumenta e a opção é exercida quando a ação alcança $60. Pressupondo que o investidor paga uma comissão de 0,75% para exercer a opção e outros 0,75% de comissão para vender a ação, há um custo adicional de:

$$2 \times 0{,}0075 \times \$60 \times 100 = \$90$$

A comissão total paga é, assim, $120, e o lucro líquido para o investidor é:

$$\$1.000 - \$450 - \$120 = \$430$$

Observe que vender a opção por $10 em vez de exercê-la pouparia ao investidor $60 em comissões. (A comissão a ser paga quando a opção é vendida é de apenas $30 em nosso exemplo.) Como indica o exemplo, o sistema de comissões pode levar os pequenos investidores na direção de vender suas opções em vez de exercê-las.

Um custo oculto na negociações de opções (e de ações) é o spread entre compra e venda do *market maker*. Suponha que, no exemplo considerado acima, a oferta de compra era $4,00 e a oferta de venda era $4,50 quando a opção foi comprada. Se-

TABELA 10.1 Exemplo de plano de comissões para um *discount broker*

Valores em dólares da negociação	Comissão*
<$2.500	$20 + 2% da quantia em dólares
$2.500 a $10.000	$45 + 1% da quantia em dólares
>$10.000	$120 + 0,25% da quantia em dólares

* A comissão máxima é $30 por contrato para os primeiros cinco contratos mais $20 por contrato para cada contrato adicional. A comissão mínima é $30 por contrato pelo primeiro contrato mais $2 por contrato para cada contrato adicional.

ria razoável pressupor que um preço "justo" para a opção seria igual ao meio termo entre as ofertas de compra e venda, ou seja, $4,25. O custo para o comprador e para o vendedor do sistema de *market maker* é a diferença entre o preço justo e o preço pago: $0,25 por opção ou $25 por contrato.

10.7 REQUERIMENTOS DE MARGEM

Quando as ações são compradas nos Estados Unidos, o investidor pode tomar emprestado até 50% do preço do corretor. É a chamada *compra na margem*. Se o preço da ação diminui tanto que o empréstimo se torna significativamente maior do que 50% do valor atual da ação, há uma "chamada de margem" na qual o corretor solicita que o investidor deposite mais dinheiro. Se a chamada de margem não é atendida, o corretor vende a ação.

Quando opções de compra e de venda com maturidades de menos de 9 meses são compradas, o preço da opção deve ser pago em sua totalidade. Os investidores não podem comprar essas opções na margem, pois elas já contêm alavancagem significativa e comprá-las na margem aumentaria essa alavancagem a um nível inaceitável. Para opções com maturidades acima de 9 meses, os investidores podem comprar na margem, tomando emprestado até 25% do valor da opção.

O trader que lança opções precisa manter fundos em uma conta de margem. O corretor do trader e a bolsa desejam se convencer de que o trader não entrará em mora caso a opção seja exercida. A quantidade de margem exigida depende da posição do trader.

Lançamento de opções a descoberto

Uma *opção lançada ou vendida a descoberto* (*naked**) é uma opção que não é combinada com uma posição de contrária na ação subjacente. A margem inicial e de manutenção exigida pela CBOE para uma opção de compra a descoberto lançada é o maior entre os dois cálculos a seguir:

1. Um total de 100% do resultado da venda mais 20% do preço da ação subjacente menos a quantia, se houver, pela qual a opção está fora do dinheiro.
2. Um total de 100% do resultado da venda mais 10% do preço da ação subjacente.

Para uma opção de venda a descoberto lançada, é o maior entre:

1. Um total de 100% do resultado da venda mais 20% do preço da ação subjacente menos a quantia, se houver, pela qual a opção está fora do dinheiro.
2. Um total de 100% do resultado da venda mais 10% do preço de exercício.

Os 20% nos cálculos anteriores são substituídos por 15% para opções em um índice de ações abrangente, pois índices costumam ser menos voláteis que o preço de uma ação individual.

---

* N de T.: Não confundir com *venda a descoberto* ou *shorting*.

Exemplo 10.3

Um investidor lança quatro contratos de opção de compra a descoberto sobre uma ação. O preço da opção é $5, o preço de exercício é $40 e o preço da ação é $38. Como a opção está $2 fora do dinheiro, o primeiro cálculo nos informa que:

$$400 \times (5 + 0{,}2 \times 38 - 2) = \$4.240$$

O segundo cálculo produz:

$$400 \times (5 + 0{,}1 \times 38) = \$3.520$$

O requerimento de margem inicial é, assim, de $4.240. Observe que se a opção fosse de venda, ela estaria $2 dentro do dinheiro e o requerimento de margem seria:

$$400 \times (5 + 0{,}2 \times 38) = \$5.040$$

Em ambos os casos, os resultados da venda podem ser usados para formar parte da conta de margem. ∎

Um cálculo semelhante ao de margem inicial (mas com o preço de mercado atual do contrato substituindo os resultados da venda) é repetido diariamente. Fundos podem ser sacados da conta de margem quando o cálculo indica que a margem exigida é inferior ao saldo corrente da conta de margem. Quando o cálculo indica a necessidade de uma margem maior, é realizada uma chamada de margem.

Outras regras

No Capítulo 12, examinaremos estratégias de negociações de opções como opções de compra cobertas, *protective puts*, spreads, combinações, *straddles* e *strangles*. A CBOE possui regras especiais para determinar os requerimentos de margem quando essas estratégias são utilizadas. Elas estão descritas no *CBOE Margin Manual*, disponível no site da CBOE (www.cboe.com).

Como exemplo dessas regras, considere um investidor que lança uma opção de compra coberta. Esta é uma opção de compra lançada quando já se possui as ações que poderiam ser entregues. As opções de compra cobertas são muito menos arriscadas do que as opções a descoberto, pois o pior que pode acontecer é que o investidor seja obrigado a vender ações que já possui por um preço inferior ao valor de mercado. Não é exigido uma margem sobre a opção lançada. Contudo, o investidor pode tomar um empréstimo igual a $0{,}5 \min(S, K)$, em vez do tradicional $0{,}5S$ sobre a posição na ação.

10.8 OPTIONS CLEARING CORPORATION

A Options Clearing Corporation (OCC) desempenha praticamente a mesma função para os mercados de opções que as câmaras de compensação têm nos mercados futuros (ver Capítulo 2). Ela garante que os lançadores de opções cumprirão suas obrigações sob os termos dos contratos de opções e mantém um registro de todas as posições compradas e vendidas. A OCC tem um certo número de membros e todas as negociações de opções devem ser compensadas por meio de um deles. Se um corretor não é membro da OCC da bolsa, ele deve contratar com um membro para compensar suas negociações. Os membros precisam ter uma determinada quantidade de capital e contribuir para um fundo especial que pode ser usado se algum dos membros entrar em mora em uma obrigação de opção.

Os fundos usados para comprar uma opção devem ser depositados junto à OCC até a manhã do dia útil após a negociação. O lançador da opção mantém uma conta de margem junto a um corretor, como descrito anteriormente.[4] O corretor mantém uma conta de margem junto ao membro da OCC que compensa suas negociações. O membro da OCC, por sua vez, mantém uma conta de margem junto à OCC.

Exercendo uma opção

Quando um investidor instrui um corretor a exercer uma opção, o corretor notifica o membro da OCC que compensa suas negociações. Este membro então emite uma ordem de exercício junto à OCC. A OCC seleciona aleatoriamente um membro com posição vendida em circulação na mesma opção. O membro, usando um procedimento estabelecido de antemão, seleciona um investidor específico que tenha lançado a opção. Se a opção é de compra, esse investidor é obrigado a vender ações pelo preço de exercício. Se é de venda, o investidor é obrigado a comprar a ação pelo preço de exercício. O investidor é chamado de *designado*. A transação de compra/venda ocorre no terceiro dia útil após a ordem de exercício. Quando uma opção é exercida, as posições em aberto são reduzidas em uma unidade.

Na expiração da opção, todas as opções dentro do dinheiro devem ser exercidas a menos que os custos de transação sejam tão altos a ponto de eliminar o resultado da opção. Alguns corretores exercem automaticamente as opções para um cliente na expiração quando fazê-lo é do interesse do cliente. Muitas bolsas também têm regras sobre o exercício de opções que estão dentro do dinheiro na data da expiração.

10.9 REGULAMENTAÇÃO

Os mercados de opções são regulados de diversos modos diferentes. As bolsas e as Options Clearing Corporations têm regras que regem o comportamento dos traders. Além disso, há autoridades regulatórias em nível federal e estadual nos Estados Unidos. Em geral, os mercados de opções demonstraram que estão dispostos a regular a si mesmos. Não houve grandes escândalos ou inadimplências por parte dos membros das OCCs. Os investidores têm um alto nível de confiança no modo como o mercado é gerido.

A Securities and Exchange Commission (SEC) é responsável pelaa regulamentações dos mercados de opções em ações, índices de ações, moedas e bônus em nível federal. A Commodity Futures Trading Commission é responsável por regular os mercados de opções sobre futuros. Os principais mercados de opções se encontram nos estados americanos de Illinois e Nova Iorque. Ambos são proativos na aplicação de suas próprias leis sobre práticas de negociações inaceitáveis.

---

[4] Os requerimentos de margem descritos na seção anterior são os requerimentos mínimos especificados pela OCC. Um corretor pode exigir uma margem maior de seus clientes. Contudo, ele não pode exigir uma margem menor. Alguns corretores não permitem que seus clientes de varejo lancem opções a descoberto sob qualquer circunstância.

10.10 TRIBUTAÇÃO

Determinar as consequências fiscais das estratégias de negociação de opções pode ser complicado, então o investidor que está em dúvida deve consultar um especialista tributário. Nos Estados Unidos, a regra geral é que (a menos que o contribuinte seja um trader profissional), os ganhos e as perdas da negociação de opções sobre ações são tributadas como ganhos ou perdas de capital. O modo como os ganhos e as perdas de capital são tributados nos Estados Unidos foi discutido na Seção 2.10. Para o titular e para o lançador de uma opção sobre ações, o ganho ou a perda é reconhecido quando (a) a opção expira sem ser exercida ou (b) a posição na opção é encerrada. Se a opção é exercida, o ganho ou a perda da opção é rolado para a posição assumida na ação e reconhecido quando a posição na ação é encerrada. Por exemplo, quando uma opção de compra é exercida, a parte com a posição comprada é considerada como tendo comprado a ação pelo preço de exercício mais o preço da opção de compra. Essa quantia é então utilizada como base para calcular o ganho ou a perda da parte quando a ação for vendida. Da mesma forma, a parte com a posição vendida na opção de compra é considerada como tendo vendido a ação pelo preço de exercício mais o preço da opção de compra. Quando uma opção de venda é exercida, o vendedor da opção é considerado como tendo comprado a ação pelo preço de exercício menos o preço original da opção de venda, enquanto o comprador é considerado como tendo vendido a ação pelo preço de exercício menos o preço original da opção de venda.

Regra *wash sale*

Uma consideração fiscal na negociação de opções nos Estados Unidos é a regra *wash sale*. Para entender a regra, imagine um investidor que compra uma ação quando o preço é $60 e planeja mantê-la no longo prazo. Se o preço da opção cai para $40, o investidor pode ficar tentado a vender a ação e então recomprá-la imediatamente, de modo que a perda de $20 seja realizada para fins tributários. Para prevenir essa prática, as autoridades fiscais determinaram que quando a recompra ocorre em até 30 dias da venda (ou seja, entre 30 dias antes da venda e 30 dias após a venda), qualquer perda incorrida na venda não pode ser abatida. A proibição também se aplica, com um período de 61 dias, quando o contribuinte firma uma opção ou contrato semelhante para adquirir a ação. Assim, vender uma ação com prejuízo e comprar uma opção de compra dentro de um período de 30 dias leva à proibição da perda.

Vendas construtivas

Antes de 1997, se um contribuinte americano vendia a descoberto um título enquanto mantinha uma posição comprada em um título substancialmente idêntico, um ganho ou perda não era reconhecido até a posição vendida ser encerrada. Isso significa que as posições vendidas poderiam ser usadas para diferir o reconhecimento de um ganho para fins tributários. A situação mudou com a Tax Relief Act de 1997. Uma propriedade apreciada passou a ser tratada como "vendida construtivamente" quando o proprietário realiza uma das seguintes ações:

1. Firma uma venda a descoberto da mesma propriedade ou de outra substancialmente idêntica.

2. Firma um contrato futuro ou a termo para entregar a mesma propriedade ou outra substancialmente idêntica.

3. Assume uma ou mais posições que eliminam substancialmente toda a perda e a oportunidade de ganho.

É preciso observar que as transações que reduzem apenas o risco de perda ou apenas a oportunidade de ganho não devem resultar em vendas construtivas. Assim, o investidor com posição comprada em uma ação pode comprar opções de venda dentro do dinheiro sobre a ação sem provocar uma venda construtiva.

Os praticantes tributários também usam opções para minimizar os custos fiscais ou maximizar os benefícios fiscais (ver História de Negócios 10.2). As autoridades fiscais de muitas jurisdições propuseram leis para combater o uso de derivativos para fins tributários. Antes de realizar qualquer transação com motivação tributária, o tesoureiro corporativo ou indivíduo privado deve estudar cuidadosamente como a estrutura pode ser liquidada em caso de mudança legislativa e o quanto esse processo pode vir a custar.

10.11 WARRANTS, OPÇÕES SOBRE AÇÕES PARA FUNCIONÁRIOS E CONVERSÍVEIS

Os *warrants* são opções emitidas por uma instituição financeira ou empresa não financeira. Por exemplo, uma instituição financeira poderia emitir warrants de venda sobre um milhão de onças de ouro e então criar um mercado para os warrants. Para exercer um warrant, o titular contataria a instituição financeira. Um uso frequente dos warrants por empresas não financeiras ocorre na época de uma emissão de bônus. A empresa emite warrants sobre suas próprias ações e então liga-os à emissão de bônus para torná-lo mais atraente para investidores.

As *opções sobre ações para funcionários* são opções de compra emitidas para os funcionários pela empresa para motivá-los a agir em prol dos interesses dos acio-

---

História de Negócios 10.2 Planejamento tributário usando opções

Um exemplo simples de uma possível estratégia de planejamento tributário usando opções: imagine que o país A possui um regime fiscal no qual os impostos são baixos sobre juros e dividendos e altos sobre os ganhos de capital, enquanto no país B os impostos são altos sobre juros e dividendos e baixos sobre ganhos de capital. Para uma empresa, seria vantajoso receber a renda de um título no país A e o ganho de capital, se houver, no país B. A empresa gostaria de manter suas perdas de capital no país A, onde poderiam ser utilizadas para compensar os ganhos de capital sobre outros itens. Tudo isso pode ser realizado arranjando para que uma subsidiária no país A tenha propriedade legal do título e uma subsidiária no país B compre uma opção de compra sobre o título da empresa no país A, com o preço de exercício da opção igual ao valor corrente do título. Durante a vida da opção, a renda do título é ganhada no país A. Se o preço do título aumenta rapidamente, a opção pode ser exercida e o ganho de capital realizado no país B. Se cai de repente, a opção não é exercida e a perda de capital é realizada no país A.

nistas da empresa (ver Capítulo 16). Em geral, elas estão no dinheiro quando emitidas. Na maioria dos países, hoje elas são listadas como um custo na demonstração de resultados do exercício da empresa.

Os *bônus conversíveis*, muitas vezes chamados de *conversíveis* ou *convertibles*, são bônus que podem ser convertidos em ações em determinados momentos usando uma taxa de câmbio predeterminada. Assim, eles são bônus com uma opção de compra embutida sobre as ações da empresa.

Uma característica dos warrants, opções sobre ações para funcionários e bônus conversíveis é que um número predeterminado de opções é emitido. O número de opções sobre determinada ação negociado na CBOE ou outra bolsa, por outro lado, não é predeterminado. À medida que são assumidas posições em determinada série de opções, o número de opções em circulação aumenta; à medida que as posições são encerradas, ele diminui. Os warrants emitidos por uma empresa sobre suas próprias ações, opções sobre ações para funcionários e bônus conversíveis são diferentes das opções negociadas em bolsas em outro aspecto importante. Quando esses instrumentos são exercidos, a empresa emite mais ações e vende-as ao titular pelo preço de exercício. O exercício dos instrumentos leva, assim, a um aumento no número de ações da empresa em circulação. Quando uma opção de compra negociada em bolsa é exercida, entretanto, a parte com a posição vendida compra no mercado ações que já foram emitidas e vende-as à parte com a posição comprada pelo preço de exercício. A empresa cuja ação subjaz a opção não se envolve com a transação em nenhum sentido.

10.12 MERCADOS DE OPÇÕES DE BALCÃO

A maior parte deste capítulo enfocou os mercados de opções negociadas em bolsas. O mercado de balcão para opções tem ganhado importância desde o início da década de 1980 e agora é maior do que o mercado negociado em bolsas. Como explicado no Capítulo 1, os principais participantes dos mercados de balcão são instituições financeiras, tesoureiros corporativos e gerentes de fundos. As opções têm uma ampla variedade de ativos subjacentes. As opções de balcão sobre taxas de câmbio e taxas de juros são especialmente populares. A principal desvantagem do mercado de balcão é que o lançador da opção pode inadimplir. Isso significa que o comprador está sujeito a algum risco de crédito. Na tentativa de superar essa desvantagem, os participantes do mercado (e os reguladores) muitas vezes exigem que as contrapartes ofereçam garantias, como foi discutido na Seção 2.5.

Os instrumentos negociados no mercado de balcão muitas vezes são estruturados por instituições financeiras para atender as necessidades exatas de seus clientes. Às vezes, isso envolve escolher datas de exercício, preços de exercício e tamanhos de contrato diferentes daqueles oferecidos por uma bolsa. Em outros casos, a estrutura da opção é diferente dos *calls* e *puts* tradicionais. A opção é então chamada de *opção exótica*. O Capítulo 26 descreve diversos tipos diferentes de opções exóticas.

RESUMO

Existem dois tipos de opção. Uma opção de compra (*call*) dá ao titular o direito de comprar o ativo subjacente até determinada data por um preço específico. Uma opção de venda (*put*) dá ao titular o direito de vender o ativo subjacente até determinada data por um preço específico. Há quatro posições possíveis nos mercados de opções: posição comprada em opção de compra, vendida em opção de compra, comprada em opção de venda e vendida em opção de venda. Assumir uma posição vendida em uma opção é chamado de lançar uma opção. Atualmente, são negociadas opções sobre ações, índices de ações, moedas estrangeiras, contratos futuros e outros ativos.

A bolsa deve especificar os termos dos contratos de opção que negocia. Em especial, ela deve especificar o tamanho do contrato, a data de expiração exata e o preço de exercício. Nos Estados Unidos, um contrato de opção sobre ações dá ao titular o direito de comprar ou vender 100 ações. A expiração de um contrato de opção sobre ações é 22:59, fuso-horário da região central dos EUA, do sábado imediatamente posterior a terceira sexta-feira do mês de expiração. As opções com diversos meses de expiração diferentes são negociadas em qualquer data. Os preços de exercício usam intervalos de $2,5, $5 ou $10, dependendo do preço das ações. Em geral, o preço de exercício é relativamente próximo ao preço da ação quando a opção começa a ser negociada.

Os termos de uma opção sobre ações normalmente não são ajustados para dividendos em caixa. Contudo, eles são ajustados para dividendos em ações, desdobramentos e direitos de subscrição. O objetivo do ajuste é manter inalteradas as posições do lançador e do comprador do contrato.

A maioria das bolsas de opções usa *market makers*. Um *market maker* é um indivíduo preparado para cotar um preço de oferta de compra (pelo qual está preparado para comprar) e de venda (pelo qual está preparado para vender). Os *market makers* melhoram a liquidez do mercado e garantem que nunca há atrasos na execução das ordens a mercado. Eles próprios lucram com a diferença entre seus preços de oferta de compra e de venda (o chamado spread entre compra e venda). A bolsa tem regras que especificam os limites máximos para o spread entre compra e venda.

Os lançadores de opções têm passivos em potencial e são obrigados a manter uma conta de margem junto a seus corretores. Se não for membro da Options Clearing Corporation, o corretor mantém a conta de margem junto a uma empresa que é membro. Essa empresa, por sua vez, mantém uma conta de margem junto à Options Clearing Corporation. A Options Clearing Corporation é responsável por manter um registro de todos os contratos em circulação, lidar com as ordens de exercício e assim por diante.

Nem todas as opções são negociadas em bolsas. Muitas opções são negociadas no mercado de balcão (OTC). Uma vantagem das opções de balcão é que elas podem ser adaptadas por uma instituição financeira para atender as necessidades específicas de um tesoureiro corporativo ou gerente de fundos.

LEITURAS COMPLEMENTARES

Chicago Board Options Exchange. *Characteristics and Risks of Standardized Options*. Disponível online em www.optionsclearing.com/about/publications/character-risks.jsp. Publicação original, 1994; última atualização, 2012.

Chicago Board Options Exchange. *Margin Manual*. Disponível online em www.cboe.com/LearnCenter/workbench/pdfs/MarginManual2000.pdf. 2000.

Questões e problemas

10.1 Um investidor compra uma opção de venda europeia sobre uma ação por $3. O preço da ação é $42 e o preço de exercício é $40. Sob quais circunstâncias o investidor obtém lucro? Sob quais circunstâncias a opção será exercida? Desenhe um diagrama mostrando a variação do lucro do investidor com o preço da ação na maturidade da opção.

10.2 Um investidor vende uma opção de venda europeia sobre uma ação por $4. O preço da ação é $47 e o preço de exercício é $50. Sob quais circunstâncias o investidor obtém lucro? Sob quais circunstâncias a opção será exercida? Desenhe um diagrama mostrando a variação do lucro do investidor com o preço da ação na maturidade da opção.

10.3 Um investidor vende uma opção de compra europeia com preço de exercício de K e maturidade T e compra uma opção de venda com o mesmo preço de exercício e maturidade. Descreva a posição do investidor.

10.4 Explique por que as contas de margem são exigidas quando os clientes lançam opções, mas não quando as compram.

10.5 Uma opção sobre ação está em um ciclo de fevereiro, maio, agosto e novembro. Quais opções são negociadas em (a) 1º de abril e (b) 30 de maio?

10.6 Uma empresa declara um desdobramento de ações de 2 por 1. Explique como os termos mudam para uma opção de compra com preço de exercício de $60.

10.7 "Opções sobre ações para funcionários emitidas por uma empresa são diferentes das opções de compra ordinárias negociadas em bolsas sobre as ações da empresa, pois podem afetar a estrutura de capital da empresa". Explique essa afirmação.

10.8 Um tesoureiro corporativo está desenvolvendo um programa de hedge que envolve opções de moedas estrangeiras. Quais são os prós e contras de usar (a) a NASDAQ OMX e (b) o mercado de balcão para negociação?

10.9 Imagine que uma opção de compra europeia para comprar uma ação por $100,00 custa $5,00 e é mantida até a maturidade. Sob quais circunstâncias o titular da opção sairia lucrando? Sob quais circunstâncias a opção será exercida? Desenhe um diagrama mostrando como o lucro de uma posição comprada na opção depende do preço da ação na maturidade da opção.

10.10 Imagine que uma opção de venda europeia para vender uma ação por $60 custa $8 e é mantida até a maturidade. Sob quais circunstâncias o vendedor da opção (ou seja, a parte com a opção vendida) sairá lucrando? Sob quais circunstâncias a opção será exercida? Desenhe um diagrama mostrando como o lucro de uma posição vendida na opção depende do preço da ação na maturidade da opção.

10.11 Descreva o valor terminal do seguinte portfólio: um contrato a termo longo recém-firmado sobre um ativo e uma posição comprada em uma opção de venda europeia comprada sobre o ativo com a mesma maturidade que o contrato a termo e preço de exercício igual ao preço a termo do ativo no momento em que o portfólio é montado. Mostre que a opção de venda europeia tem o mesmo valor que uma opção de compra europeia com os mesmos preço de exercício e maturidade.

10.12 Um trader adquire uma opção de compra com preço de exercício de $45 e uma opção de venda com preço de exercício de $40. Ambas têm a mesma maturidade. A opção de compra custa $3 e a de venda custa $4. Desenhe um diagrama mostrando a variação do lucro do trader com o preço do ativo.

10.13 Explique por que uma opção americana sempre vale pelo menos tanto quanto uma opção europeia sobre o mesmo ativo, com o mesmo preço de exercício e a mesma data de exercício.

10.14 Explique por que uma opção americana vale sempre pelo menos tanto quanto seu valor intrínseco.

10.15 Explique cuidadosamente a diferença entre lançar uma opção de venda e comprar uma opção de compra.

10.16 O tesoureiro de uma corporação está tentando escolher entre opções e contratos a termo para hedgear o risco cambial da corporação. Discuta as vantagens e desvantagens de cada um.

10.17 Considere um contrato opção de compra negociado em bolsas para comprar 500 ações com preço de exercício de $40 e maturidade em 4 meses. Explique como os termos do contrato de opção mudam quando há: (a) um dividendo em ações de 10%; (b) um dividendo em caixa de 10% e (c) um desdobramento de ações de 4 por 1.

10.18 "Se a maioria das opções de compra sobre uma ação são dentro do dinheiro, é provável que o preço da ação tenha aumentado rapidamente nos últimos meses". Discuta essa afirmação.

10.19 Qual é o efeito de um dividendo em caixa inesperado sobre (a) um preço de opção de compra e (b) um preço de opção de venda?

10.20 As opções sobre as ações da General Motors estão em um ciclo de março, junho, setembro e dezembro. Quais opções são negociadas em (a) 1º de março, (b) 30 de junho e (c) 5 de agosto?

10.21 Explique por que o spread entre compra e venda do *market maker* representa um custo real para os investidores em opções.

10.22 Um investidor dos Estados Unidos lança cinco contratos de opção de venda a descoberto. O preço da opção é $3,50, o preço de exercício é $60,00 e o preço da ação é $57,00. Qual é o requerimento de margem inicial?

Questões adicionais

10.23 Calcule o valor intrínseco e o valor temporal da média do mercado (dos preços de ofertas de compra e venda) das opções de compra de setembro de 2013 na Tabela 1.2. Faça o mesmo para as opções de venda de setembro de 2013 na Tabela 1.3. Pressuponha que, em ambos os casos, o preço médio de mercado da ação é $871,30.

10.24 Um trader possui contrato de opção de venda para vender 100 ações por um preço de exercício de $60. Qual é o efeito sobre os termos do contrato de:
 (a) Um dividendo de $2 ser declarado.
 (b) Um dividendo de $2 ser pago.
 (c) Um desdobramento de ações de 5 por 2.
 (d) Um dividendo em ações de 5% ser pago.

10.25 Um trader lança cinco contratos de opção de venda a descoberto, cada um dos quais referentes a 100 ações. O preço da opção é $10, o tempo até a maturidade é 6 meses e o preço de exercício é $64.
 (a) Qual é o requerimento de margem se o preço da ação é $58?
 (b) Como a resposta de (a) mudaria se as regras para opções de índice fossem aplicadas?
 (c) Como a resposta de (a) mudaria se o preço da ação fosse $70?
 (d) Como a resposta de (a) mudaria se o trader estivesse comprando as opções em vez de vendendo?

10.26 O preço de uma ação é $40. O preço de uma opção de venda europeia de 1 ano sobre a ação com preço de exercício de $30 é cotado como $7 e o preço de uma opção de compra europeia de 1 ano sobre a ação com preço de exercício de $50 é cotado como

$5. Suponha que um investidor compra 100 ações, vende a descoberto 100 opções de compra e compra 100 opções de venda. Desenhe um diagrama ilustrando como o lucro ou prejuízo do investidor varia com o preço da ação durante o próximo ano. Como sua resposta mudaria se o investidor comprasse 100 ações, vendesse 200 opções de compra a descoberto e comprasse 200 opções de venda?

10.27 "Se uma empresa não se sai melhor que seus concorrentes, mas a bolsa sobe, os executivos ganham muito com suas opções sobre ações. Isso não faz sentido". Discuta essa perspectiva. Você consegue imaginar alternativas ao plano tradicional de opções sobre ações para funcionários que leve em conta esse ponto de vista?

10.28 Em 20 de julho de 2004, a Microsoft surpreendeu o mercado com o anúncio de um dividendo de $3. A data ex-dividendos era 17 de novembro de 2004 e a data de pagamento, 2 de dezembro de 2004. O preço das ações da empresa na época eram de cerca de $28. Ela também mudou os termos de suas opções sobre ações para funcionários de modo que cada preço de exercício fosse ajustado para baixo para:

$$\text{Preço de exercício pré-dividendo} \times \frac{\text{Preço do fechamento} - \$3{,}00}{\text{Preço do fechamento}}$$

O número de ações abrangidas por cada opção sobre ações em circulação foi ajustado para cima para:

$$\text{Número de ações pré-dividendo} \times \frac{\text{Preço do fechamento}}{\text{Preço do fechamento} - \$3{,}00}$$

"Preço do fechamento" significa o preço do fechamento oficial da NASDAQ de uma ação ordinária da Microsoft no último dia de negociação antes da data ex-dividendos. Avalie esse ajuste. Compare-o com o sistema usado pelas bolsas para ajuste para dividendos extraordinários (ver História de Negócios 10.1).

CAPÍTULO 11

Propriedades das opções sobre ações

Neste capítulo, analisamos os fatores que afetam os preços de opções sobre ações. Utilizamos diferentes argumentos de arbitragem para explorar as relações entre preços de opções europeias, preços de opções americanas e o preço da ação subjacente. A mais importante dessas relações é a paridade put–call, que é uma relação entre o preço de uma opção de compra europeia, o preço de uma opção de venda europeia e o preço da ação subjacente.

Este capítulo analisa se as opções americanas devem ou não ser exercidas antecipadamente. Ele mostra que nunca é ideal exercer uma opção de compra americana sobre uma ação que não paga dividendos antes de sua expiração, mas que, sob certas circunstâncias, o exercício antecipado de uma opção de venda americana sobre tal ação é ideal. Quando há dividendos, pode ser ideal exercer opções de compra ou de venda antecipadamente.

11.1 FATORES QUE AFETAM OS PREÇOS DE OPÇÕES

Seis fatores afetam o preço de uma opção sobre ações:

1. O preço atual da ação, S_0
2. O preço de exercício, K
3. O tempo até a expiração, T
4. A volatilidade do preço da ação, σ
5. A taxa de juros livre de risco, r
6. Os dividendos pagos esperados.

Nesta seção, consideramos o que acontece com os preços de opções quando há uma mudança em um desses fatores, com todos os outros permanecendo fixos. A Tabela 11.1 resume os resultados.

As Figuras 11.1 e 11.2 mostram como os preços e opções de compra e de venda europeias dependem dos primeiros cinco fatores na situação em que $S_0 = 50$, $K = 50$, $r = 5\%$ ao ano, $\sigma = 30\%$ ao ano, $T = 1$ ano e não há dividendos. Nesse caso, o preço da opção de compra é 7,116 e o preço da opção de venda é 4,677.

TABELA 11.1 Resumo do efeito sobre o preço de uma opção sobre ações do aumento de uma variável enquanto todas as outras permanecem fixas

Variável	Opção de compra europeia	Opção de venda europeia	Opção de compra americana	Opção de venda americana
Preço da ação atual	+	−	+	−
Preço de exercício	−	+	−	+
Tempo até a expiração	?	?	+	+
Volatilidade	+	+	+	+
Taxa de juros livre de risco	+	−	+	−
Quantia dos dividendos futuros	−	+	−	+

+ indica que um aumento na variável faz com que o preço da opção aumente ou permaneça o mesmo;
− indica que um aumento na variável faz com que o preço da opção diminua ou permaneça o mesmo;
? indica que a relação é incerta.

Preço da ação e preço de exercício

Se uma opção de compra é exercida em algum tempo futuro, o resultado será a quantia pela qual o preço da ação excede o preço de exercício. Assim, as opções de compra se tornam mais valiosas à medida que o preço da ação aumenta e menos valiosas à medida que o preço de exercício aumenta. Para uma opção de venda, o resultado no exercício é a quantia pela qual o preço de exercício excede o preço da ação. Assim, as opções de venda se comportam de maneira contrária às de compra: elas se tornam menos valiosas à medida que o preço da ação aumenta e mais valiosas à medida que o preço de exercício aumenta. A Figura 11.1a-d ilustra como os preços das opções de compra e de venda dependem do preço da ação e do preço de exercício.

Tempo até a expiração

Agora considere o efeito da data de expiração. Ambas as opções americanas, de compra e de venda, se tornam mais valiosas (ou pelo menos não perdem valor) à medida que o tempo até a expiração aumenta. Considere duas opções americanas que diferem apenas em termos de suas datas de expiração. O proprietário da opção de vida mais longa tem a seu dispor todas as oportunidades de exercício que o proprietário da opção de vida mais curta, e mais. A opção de vida mais longa deve, assim, sempre valer pelo menos tanto quanto a de vida mais curta.

Apesar de as opções de compra e de venda europeias normalmente se tornarem mais valiosas à medida que o tempo até a expiração aumenta (ver Figura 11.1e-f), esse não é sempre o caso. Considere duas opções de compra europeias sobre uma ação: uma com data de expiração em 1 mês e a outra com data de expiração em 2 meses. Suponha que se espera um grande dividendo em 6 semanas. O dividendo fará com que o preço da ação diminua, de modo que a opção de vida mais curta pode valer mais do que a opção de vida mais longa.[1]

---

[1] Estamos pressupondo que quando a vida da opção é alterada, os dividendos sobre a ação e sua tempestividade permanecem iguais.

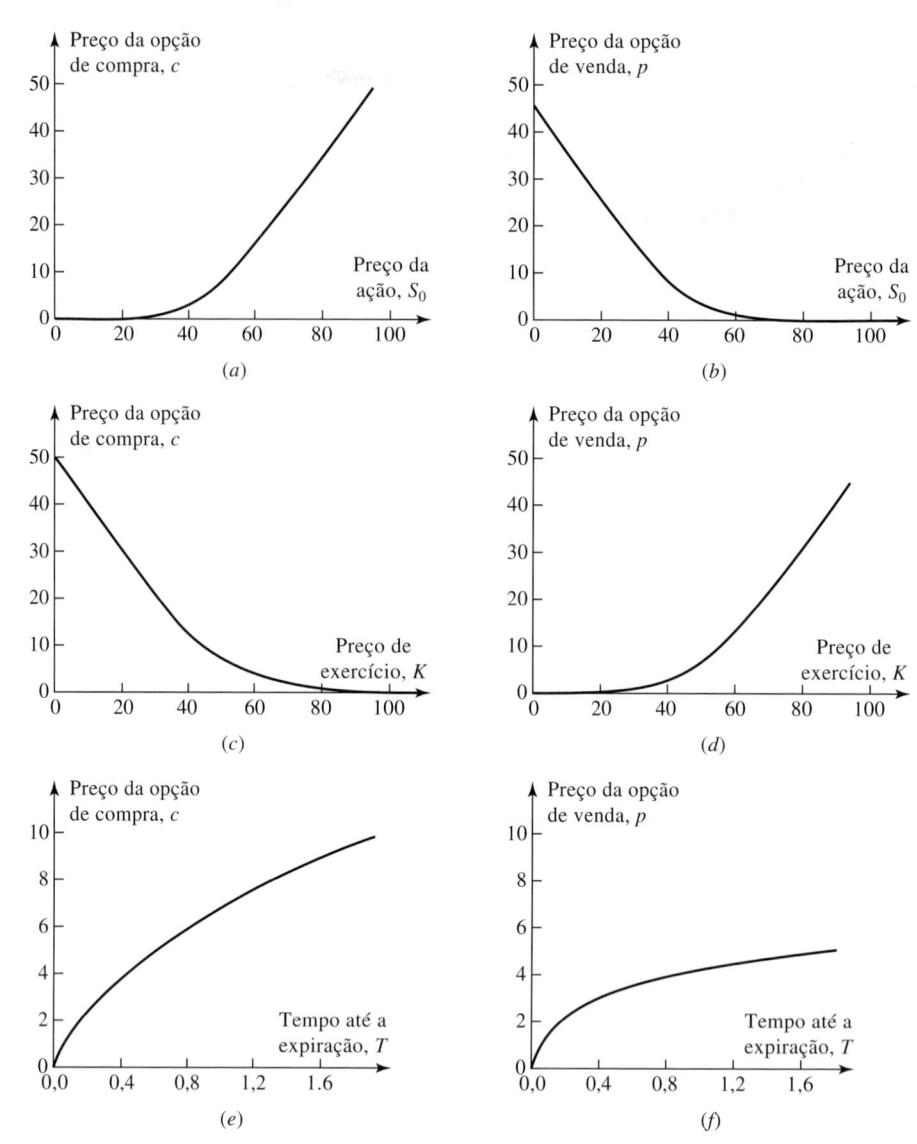

FIGURA 11.1 Efeito de mudanças no preço da ação, preço de exercício e data de expiração sobre preços de opções quando $S_0 = 50$, $K = 50$, $r = 5\%$, $\sigma = 30\%$ e $T = 1$.

Volatilidade

A maneira exata como a volatilidade é definida será discutida no Capítulo 15. Em termos gerais, a *volatilidade* de um preço de ação é uma medida da incerteza sobre os movimentos futuros desse preço. À medida que a volatilidade aumenta, a chance da ação ter desempenho muito bom ou muito ruim aumenta. Para o proprietário da ação, esses dois resultados tendem a compensar um ao outro. Contudo, o mesmo não vale para o proprietário de uma opção de compra ou de venda. O proprietário de uma opção de compra se beneficia dos aumentos de preço, mas tem riscos negativos

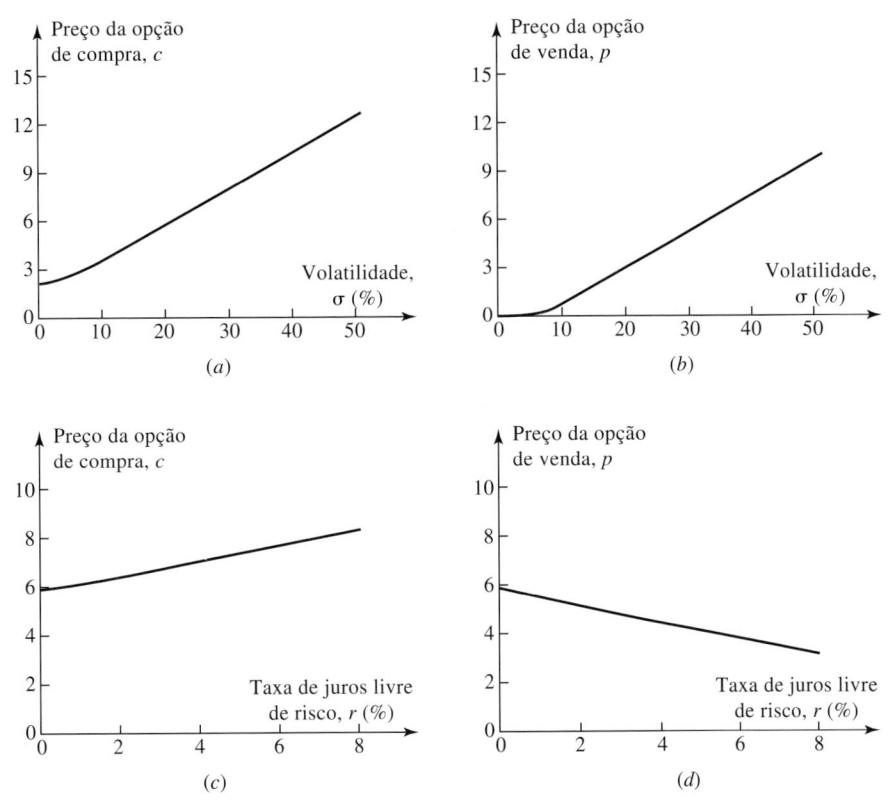

FIGURA 11.2 Efeito de mudanças na volatilidade e taxa de juros livre de risco sobre preços de opção quando $S_0 = 50$, $K = 50$, $r = 5\%$, $\sigma = 30\%$ e $T = 1$.

limitados em caso de quedas de preço, pois o máximo que pode perder é o preço da opção. Da mesma forma, o proprietário de uma opção de venda se beneficia quando o preço diminui, mas tem risco negativo limitado em caso de aumentos de preço. Os valores de ambos os tipos de opções, assim, aumentam à medida que a volatilidade aumenta (ver Figura 11.2a-b).

Taxa de juros livre de risco

É menos claro como a taxa de juros livre de risco afeta o preço de uma opção. À medida que as taxas de juros na economia aumentam, o retorno esperado exigido pelos investidores da ação tende a aumentar. Além disso, o valor presente de qualquer fluxo de caixa futuro recebido pelo titular da opção diminui. O impacto combinado desses dois efeitos é aumentar o valor das opções de compra e diminui o valor das opções de venda (ver Figura 11.2c-d).

É importante enfatizar que estamos pressupondo que as taxas de juros mudam, mas todas as outras variáveis permanecem iguais. Em especial, na Tabela 11.1 estamos pressupondo que as taxas de juros mudam, mas o preço da ação permanece o mesmo. Na prática, quando as taxas de juros sobem (caem), os preços das ações tendem a cair (subir). O efeito combinado de um aumento da taxa de juros e da redução correspondente do preço da ação pode ser o de diminuir o valor de uma opção de compra e aumentar o valor de uma opção de venda. Da mesma forma, o efeito combinado de uma queda das taxas de juros e o aumento correspondente do preço da ação pode ser o de aumentar o valor de uma opção de compra e reduzir o valor de uma opção de venda.

Quantia dos dividendos futuros

Os dividendos têm o efeito de reduzir o preço da ação na data ex-dividendos, o que é má notícia para o valor das opções de compra e boa para o valor das opções de venda. Considere um dividendo cuja data ex-dividendos ocorre durante a vida de uma opção. O valor da opção está negativamente relacionado com o tamanho do dividendo caso a opção seja de compra e positivamente relacionado com o tamanho do dividendo caso a opção seja de venda.

11.2 PREMISSAS E NOTAÇÃO

Neste capítulo, usaremos pressupostos semelhantes àqueles aplicados na derivação de preços a termo e futuros no Capítulo 5. Pressupomos que há alguns participantes do mercado, como grandes bancos de investimento, para os quais as seguintes afirmações são verdadeiras:

1. Não há custos de transação.
2. Todos os lucros das negociações (líquidos de perdas das negociações) estão sujeitos à mesma alíquota tributária.
3. Emprestar e tomar emprestado são possível pela taxa de juros livre de risco.

Pressupomos que tais participantes do mercado estão preparados para aproveitar oportunidades de arbitragem à medida que estas ocorrem. Como discutido nos Capítulos 1 e 5, isso significa que todas as oportunidades de arbitragem disponíveis desaparecem rapidamente. Para os fins de nossa análise, então, é razoável pressupor que não há nenhuma oportunidade de arbitragem.

Utilizaremos a seguinte notação:

S_0: Preço da ação atual

K: Preço de exercício da opção

T: Tempo até a expiração da opção

S_T: Preço da ação na data de expiração

r: Taxa de juros livre de risco com capitalização contínua para um investimento com maturidade no tempo T

C: Valor de uma opção de compra americana referente à compra de uma ação

P: Valor de uma opção de venda americana referente à venda de uma ação

c: Valor de uma opção de compra europeia referente à compra de uma ação

p: Valor de uma opção de venda europeia referente à venda de uma ação

É preciso observar que r é a taxa de juros nominal, não a taxa de juros real. Podemos pressupor que $r > 0$. Caso contrário, um investimento livre de risco não ofereceria vantagens em relação ao caixa. (Na verdade, se $r < 0$, manter o dinheiro em caixa seria preferível a realizar um investimento livre de risco.)

11.3 LIMITES SUPERIORES E INFERIORES PARA PREÇOS DE OPÇÕES

Nesta seção, vamos derivar os limites superiores e inferiores para os preços de opções. Esses limites não dependem de nenhum pressuposto específico sobre os fatores mencionados na Seção 11.1 (exceto $r > 0$). Se um preço de opção está acima do limite superior ou abaixo do limite inferior, isso significa que ele oferece oportunidades lucrativas para arbitradores.

Limites superiores

Uma opção de compra americana ou europeia dá ao titular o direito de comprar uma ação de uma empresa por um determinado preço. Independentemente do que acontecer, a opção nunca pode valer mais do que a ação. Assim, o preço da ação é um limite superior para o preço da opção:

$$c \leq S_0 \quad \text{e} \quad C \leq S_0 \qquad (11.1)$$

Se essas relações não fossem verdadeiras, um arbitrador poderia facilmente obter um lucro sem risco comprando a ação e vendendo a opção de compra.

Uma opção de venda americana dá ao titular o direito de vender uma ação de uma empresa por K. Independentemente de quanto o preço da ação caia, a opção nunca valerá mais de K. Assim:

$$P \leq K \qquad (11.2)$$

Para opções europeias, sabemos que na maturidade a opção não pode valer mais do que K. Logo, sabemos que ela não pode valer mais do que o valor presente de K hoje:

$$p \leq Ke^{-rT} \qquad (11.3)$$

Se isso não fosse verdade, um arbitrador poderia obter um lucro sem risco lançando a opção e investindo o resultado da venda à taxa de juros livre de risco.

Limites inferiores para opções de compra sobre ações que não pagam dividendos

Um limite inferior para o preço de uma opção de compra europeia sobre uma ação que não paga dividendos é:

$$S_0 - Ke^{-rT}$$

Primeiro analisamos um exemplo numérico, depois um argumento mais formal.

Suponha que $S_0 = \$20$, $K = \$18$, $r = 10\%$ ao ano e $T = 1$ ano. Nesse caso:

$$S_0 - Ke^{-rT} = 20 - 18e^{-0,1} = 3,71$$

ou $3,71. Considere a situação na qual o preço da opção de compra europeia é $3,00, que é inferior ao mínimo teórico de $3,71. Um arbitrador poderia vender a ação a descoberto e comprar a opção de compra para obter um influxo de caixa de $20,00 − $3,00 = $17,00. Se investidos por 1 ano a 10% ao ano, os $17,00 aumentam para $17e^{0,1} = $18,79. Ao final do ano, a opção expira. Se o preço da ação é maior do que $18,00, o arbitrador exerce a opção por $18,00, encerra a posição vendida e obtém um lucro de:

$$\$18,79 - \$18,00 = \$0,79$$

Se o preço da ação é inferior a $18,00, a ação é comprada no mercado e a posição vendida é encerrada. Nesse caso, o lucro do arbitrador é ainda maior. Por exemplo, se o preço da ação é $17,00, o lucro do arbitrador é:

$$\$18,79 - \$17,00 = \$1,79$$

Para um argumento mais formal, vamos considerar os dois portfólios a seguir:

Portfólio A: uma opção de compra europeia mais um bônus de cupom zero que oferece um resultado de K no tempo T.

Portfólio B: uma ação da empresa.

No portfólio A, o bônus de cupom zero vale K no tempo T. Se $S_T > K$, a opção de compra é exercida na maturidade e o portfólio A vale S_T. Se $S_T < K$, a opção de compra expira sem valor e o portfólio vale K. Assim, no tempo T, o portfólio A vale:

$$\max(S_T, K)$$

O portfólio B vale S_T no tempo T. Assim, o portfólio A sempre vale tanto quanto o portfólio B, e pode valer muito mais do que isso, na maturidade da opção. Logo, na ausência de oportunidades de arbitragem, isso também deve ser verdadeiro agora. O bônus de cupom zero vale Ke^{-rT} hoje. Logo:

$$c + Ke^{-rT} \geq S_0$$

ou:

$$c \geq S_0 - Ke^{-rT}$$

Como o pior que pode acontecer com uma opção de compra é que ela expira sem valer nada, seu valor não pode se tornar negativo. Isso significa que $c \geq 0$ e, logo:

$$c \geq \max(S_0 - Ke^{-rT}, 0) \tag{11.4}$$

■ Exemplo 11.1

Considere uma opção de compra europeia sobre uma ação que não paga dividendos quando o preço da ação é $51, o preço de exercício é $50, o tempo até a maturidade é de 6 meses e a taxa de juros livre de risco é 12% ao ano. Nesse caso, $S_0 = 51$, $K = 50$, $T = 0,5$ e $r = 0,12$. Da equação (11.4), um limite inferior para o preço da opção é $S_0 - Ke^{-rT}$, ou:

$$51 - 50e^{-0,12 \times 0,5} = \$3,91 \quad \blacksquare$$

Limites inferiores para opções de venda sobre ações que não pagam dividendos

Para uma opção de venda europeia sobre uma ação que não paga dividendos, um limite inferior para o preço é:

$$Ke^{-rT} - S_0$$

Mais uma vez, antes vamos considerar um exemplo numérico e depois um argumento mais formal.

Suponha que $S_0 = \$37$, $K = \$40$, $r = 5\%$ ao ano e $T = 0,5$ anos. Nesse caso:

$$Ke^{-rT} - S_0 = 40e^{-0,05 \times 0,5} - 37 = \$2,01$$

Considere a situação na qual o preço de uma opção de venda europeia é $1,00, menor do que o mínimo teórico de $2,01. Um arbitrador pode tomar emprestado $38,00 por 6 meses para comprar a opção de venda e a ação em si. Ao final dos 6 meses, o arbitrador precisará repagar $38e^{0,05 \times 0,5} = \$38,96$. Se o preço da ação ficar abaixo de $40,00, o arbitrador exerce a opção e vende a ação por $40,00, repaga o empréstimo e obtém um lucro de:

$$\$40,00 - \$38,96 = \$1,04$$

Se o preço da ação for maior do que $40,00, o arbitrador descarta a opção, vende a ação e repaga o empréstimo para obter um lucro maior ainda. Por exemplo, se o preço da ação é $42,00, o lucro do arbitrador é:

$$\$42,00 - \$38,96 = \$3,04$$

Para um argumento mais formal, vamos considerar os dois portfólios a seguir:

Portfólio C: uma opção de venda europeia mais uma ação.

Portfólio D: um bônus de cupom zero com resultado de K no tempo T.

Se $S_T < K$, então a opção no portfólio C é exercida na maturidade da opção e o portfólio passa a valer K. Se $S_T > K$, então a opção de venda expira sem ter valor e o portfólio vale S_T nessa data. Assim, o portfólio C vale:

$$\max(S_T, K)$$

no tempo T. O portfólio D vale K no tempo T. Assim, o portfólio C sempre vale tanto quanto o portfólio D, e às vezes mais do que isso, no tempo T. Logo, na ausência de oportunidades de arbitragem, o portfólio C deve valer pelo menos tanto quanto o portfólio D hoje. Assim:

$$p + S_0 \geq Ke^{-rT}$$

ou:

$$p \geq Ke^{-rT} - S_0$$

Como o pior que pode acontecer com uma opção de venda é que ela expire sem valer nada, seu valor não pode ser negativo. Isso significa que:

$$p \geq \max(Ke^{-rT} - S_0, 0) \tag{11.5}$$

■ *Exemplo 11.2*

Considere uma opção de venda europeia sobre uma ação que não paga dividendos quando o preço da ação é $38, o preço de exercício é $40, o tempo até a maturidade é 3 meses e a taxa de juros livre de risco é 10% ao ano. Nesse caso, $S_0 = 38$, $K = 40$, $T = 0{,}25$ e $r = 0{,}10$. Da equação (11.5), um limite inferior para o preço da opção é $Ke^{-rT} - S_0$, ou:

$$40e^{-0{,}1 \times 0{,}25} - 38 = \$1{,}01$$ ■

11.4 PARIDADE PUT–CALL

Agora vamos derivar uma relação importante entre os preços de opções de venda e compra europeias com o mesmo preço de exercício e o mesmo tempo até a maturidade. Considere os dois portfólios a seguir, usados na seção anterior:

Portfólio A: uma opção de compra europeia mais um bônus de cupom zero que oferece um resultado de K no tempo T.

Portfólio C: uma opção de venda europeia mais uma ação.

Continuamos a pressupor que a ação não paga dividendos. As opções de compra e de venda têm o mesmo preço de exercício K e o mesmo tempo até a maturidade T.

Como discutido na seção anterior, o bônus de cupom zero no portfólio A valerá K no tempo T. Se o preço da ação S_T no tempo T ficar acima de K, então a opção de compra no portfólio A será exercida. Isso significa que o portfólio A vale $(S_T - K) + K = S_T$ no tempo T nessas circunstâncias. Se S_T ficar abaixo de K, então a opção de compra no portfólio A expira sem valor e o portfólio vale K no tempo T.

No portfólio C, a ação vale S_T no tempo T. Se S_T fica abaixo de K, a opção de venda no portfólio C é exercida. Isso significa que o portfólio C vale $(K - S_T) + S_T = K$ no tempo T nessas circunstâncias. Se S_T fica acima de K, então a opção de venda no portfólio C expira sem valor e o portfólio vale S_T no tempo T.

A situação está resumida na Tabela 11.2. Se $S_T > K$, ambos os portfólios valem S_T no tempo T; se $S_T < K$, ambos os portfólios valem K no tempo T. Em outras palavras, ambos valem:

$$\max(S_T, K)$$

quando as opções expiram no tempo T. Como são europeias, as opções não podem ser exercidas antes do tempo T. Como os portfólios têm valores idênticos no tempo T, eles devem ter valores idênticos hoje. Se esse não fosse o caso, o arbitrador poderia

TABELA 11.2 Valores do portfólio A e do portfólio C no tempo T

		$S_T > K$	$S_T < K$
Portfólio A	Opção de compra	$S_T - K$	0
	Bônus de cupom zero	K	K
	Total	S_T	K
Portfólio C	Opção de Venda	0	$K - S_T$
	Ação	S_T	S_T
	Total	S_T	K

comprar o portfólio mais barato e vender o mais caro. Como os portfólios têm 100% de chance de se cancelarem mutuamente no tempo T, essa estratégia de negociação garantiria um lucro de arbitragem igual à diferença nos valores dos dois portfólios.

Os componentes do portfólio A valem c e Ke^{-rT} hoje e os componentes do portfólio C valem p e S_0 hoje. Assim:

$$c + Ke^{-rT} = p + S_0 \qquad (11.6)$$

Essa relação é conhecida pelo nome de *paridade put–call*. Ela mostra que o valor de uma opção de compra europeia com um determinado preço de exercício e data de exercício pode ser deduzido a partir do valor de uma opção de venda europeia com os mesmos preço e data de exercício, e vice-versa.

Para ilustrar as oportunidades de arbitragem quando a equação (11.6) não é válida, suponha que o preço da ação é $31, o preço de exercício é $30, a taxa de juros livre de risco é 10% ao ano, o preço de uma opção de compra europeia de três meses é $3 e o preço de uma opção de venda europeia de três meses é $2,25. Nesse caso:

$$c + Ke^{-rT} = 3 + 30e^{-0,1 \times 3/12} = \$32,26$$
$$p + S_0 = 2,25 + 31 = \$33,25$$

O portfólio C tem preço alto em relação ao portfólio A. Um arbitrador pode comprar os títulos no portfólio A e vender a descoberto os títulos no portfólio C. A estratégia envolve comprar a opção de compra e vender a descoberto a opção de venda e a ação, gerando um fluxo de caixa positivo de:

$$3 + 2,25 + 31 = \$30,25$$

adiantado. Quando investida à taxa de juros livre de risco, essa quantia aumenta para:

$$-30,25e^{0,1 \times 0,25} = \$31,02$$

em três meses. Se o preço da ação na expiração da opção for maior do que $30, a opção de compra é exercida. Se for inferior a $30, a opção de venda é exercida. Em ambos os casos, o arbitrador acaba comprando uma ação por $30. Essa ação pode ser usada para encerrar a posição vendida. O lucro líquido é, então:

$$\$31,02 - \$30,00 = \$1,02$$

Para uma solução alternativa, suponha que o preço da opção de compra é $3 e o preço da opção de venda é $1. Nesse caso:

$$c + Ke^{-rT} = 3 + 30e^{-0,1 \times 3/12} = \$32,26$$
$$p + S_0 = 1 + 31 = \$32,00$$

O portfólio A tem preço alto em relação ao portfólio C. Um arbitrador pode vender a descoberto os títulos no portfólio A e comprar os títulos no portfólio C para garantir um lucro. A estratégia envolve vender a descoberto a opção de compra e comprar a opção de venda e a ação, com um investimento inicial de:

$$\$31 + \$1 - \$3 = \$29$$

Quando um investimento é financiado à taxa de juros livre de risco, um repagamento de $29e^{0,1 \times 0,25} = \$29,73$ será necessário ao final de três meses. Assim como no caso anterior, a opção de compra ou a de venda será exercida. A posição com opção de compra vendida e opção de venda comprada, assim, leva à ação ser vendida por $30,00. O lucro líquido é, portanto:

$$\$30{,}00 - \$29{,}73 = \$0{,}27$$

Esses exemplos estão ilustrados na Tabela 11.3. A História de Negócios 11.1 mostra como as opções e a paridade put–call podem nos ajudar a entender as posições dos credores e proprietários de ações de uma empresa.

Opções americanas

A paridade put–call só é válida para opções europeias. Contudo, é possível derivar alguns resultados para os preços de opções americanas. Podemos mostrar que (ver Problema 11.18), quando não há dividendos:

$$S_0 - K \leqslant C - P \leqslant S_0 - Ke^{-rT} \qquad (11.7)$$

■ Exemplo 11.3

Uma opção de compra americana sobre uma ação que não paga dividendos com preço de exercício de $20,00 e maturidade em 5 meses vale $1,50. Suponha que o preço atual da ação é $19,00 e a taxa de juros livre de risco é 10% ao ano. Da equação (11.7), temos:

$$19 - 20 \leqslant C - P \leqslant 19 - 20e^{-0{,}1 \,-\, 5/12}$$

ou:

$$1 \geqslant P - C \geqslant 0{,}18$$

mostrando que $P - C$ fica entre $1,00 e $0,18. Com C em $1,50, P deve ficar entre $1,68 e $2,50. Em outras palavras, os limites superior e inferior para o preço de uma opção de venda americana com o mesmo preço de exercício e a mesma data de expiração que uma opção de compra americana são $2,50 e $1,68. ■

TABELA 11.3 Oportunidades de arbitragem quando a paridade put–call não é válida. Preço da ação = $31; taxa de juros = 10%; preço da opção de compra = $3. As opções de compra e de venda têm preço de exercício de $30 e três meses até a maturidade

Preço da opção de venda de três meses = $2,25	Preço da opção de compra de três meses = $1
Ação agora: Comprar opção de compra por $3 Vender opção de venda para realizar $2,25 Vender a ação a descoberto para realizar $31 Investir $30,25 por 3 meses	*Ação agora*: Tomar $29 emprestado por 3 meses Vender opção de compra para realizar $3 Comprar opção de venda por $1 Comprar a ação por $31
Ação em 3 meses se $S_T > 30$: Receber $31,02 do investimento Exercer opção de compra para comprar ação por $30 Lucro líquido = $1,02	*Ação em 3 meses se $S_T > 30$*: Opção de compra exercida: vender ação por $30 Usar $29,73 para pagar empréstimo Lucro líquido = $0,27
Ação em 3 meses se $S_T < 30$: Receber $31,02 do investimento Opção de venda exercida: comprar ação por $30 Lucro líquido = $1,02	*Ação em 3 meses se $S_T < 30$*: Exercer opção de venda para vender ação por $30 Usar $29,73 para pagar empréstimo Lucro líquido = $0,27

> **História de Negócios 11.1**   Paridade put–call e estrutura de capital
>
> Fischer Black, Myron Scholes e Robert Merton foram pioneiros do apreçamento de opções. No início da década de 1970, eles também mostraram que as opções podem ser utilizadas para caracterizar a estrutura de capital de uma empresa. Hoje, essa análise é bastante usada por instituições financeiras para avaliar o risco de crédito de uma empresa.
>
> Para ilustrar a análise, considere uma empresa cujos ativos são financiados por bônus de cupom zero e por patrimônio líquido. Suponha que os bônus têm vencimento em cinco anos, quando um pagamento de principal de K é necessário. A empresa não paga dividendos. Se os ativos valem mais de K em cinco anos, os acionistas escolhem repagar os titulares dos bônus. Se os ativos valem menos de K, os acionistas escolhem declarar falência e os titulares dos bônus se tornam proprietários da empresa.
>
> O valor do patrimônio líquido em cinco anos é, assim, $\max(A_T - K, 0)$; onde A_T é o valor dos ativos da empresa nessa data. Isso mostra que os acionistas têm uma opção de compra europeia de cinco anos sobre os ativos da empresa, com um preço de exercício de K. E quanto aos titulares dos bônus? Eles recebem $\min(A_T, K)$ em cinco anos, que é o mesmo que $K - \max(K - A_T, 0)$. Isso mostra que, hoje, os bônus valem o valor presente de K menos o valor de uma opção de venda europeia de cinco anos sobre os ativos com preço de exercício de K.
>
> Em suma, se c e p são os valores, respectivamente, das opções de compra e de venda sobre os ativos da empresa, então:
>
> Valor do patrimônio líquido da empresa $= c$
>
> Valor das dívidas da empresa $= PV(K) - p$
>
> Denote o valor dos ativos da empresa hoje por A_0. O valor dos ativos deve ser igual ao valor total dos instrumentos usados para financiar os ativos. Isso significa que ele deve ser igual à soma do valor do patrimônio líquido e do valor da dívida, de modo que:
>
> $$A_0 = c + [PV(K) - p]$$
>
> Reorganizando essa equação, temos:
>
> $$c + PV(K) = p + A_0$$
>
> Esse é o resultado de paridade put–call na equação (11.6) para opções de compra e venda (calls e puts) sobre os ativos da empresa.

11.5 OPÇÕES DE COMPRA SOBRE AÇÃO QUE NÃO PAGA DIVIDENDOS

Nesta seção, primeiro mostramos que nunca é ideal exercer uma opção de compra americana sobre uma ação que não paga dividendos antes da data de expiração.

Para ilustrar a natureza geral do argumento, considere uma opção de compra americana sobre uma ação que não paga dividendos com um mês até a expiração, quando o preço da ação é $70 e o preço de exercício é $40. A opção está muito dentro do dinheiro e o investidor que a possui pode ficar tentado a exercê-la imediatamente. Contudo, se o investidor planeja manter a ação obtida pelo exercício da opção por mais de um mês, essa não é a melhor estratégia. O melhor seria manter a opção e exercê-la no final do mês. Assim, o preço de exercício de $40 é pago um mês depois do que seria caso a opção fosse exercida imediatamente, de modo que o titular obtém juros sobre os $40 por um mês. Como a ação não paga dividendos, não é sacrificada nenhuma renda sobre a ação. Outra vantagem de esperar, em vez de exercer a opção imediatamente, é que há alguma chance (por mais remota que seja) de que o preço da ação cairá abaixo de $40 em um mês. Nesse caso, o investidor não exercerá a opção no final do mês e ficará contente em não ter tomado a decisão de exercício antecipado.

O argumento mostra que não há vantagem alguma em exercer uma opção antecipadamente caso o investidor planeje manter a ação pelo restante da vida desta (no caso, um mês). Mas e se o investidor acha que a ação está supervalorizada e está considerando exercer a opção e vender a ação? Nesse caso, o investidor se sai melhor vendendo a opção, não exercendo-a.[2] A opção será comprada por outro investidor, que por sua vez deseja manter a ação em seu portfólio. Tais investidores necessariamente existem, ou então o preço atual da ação não seria $70. Pelos motivos mencionados acima, o preço obtido pela opção será maior do que seu valor intrínseco de $30.

Para um argumento mais formal, podemos utilizar a equação (11.4):

$$c \geq S_0 - Ke^{-rT}$$

Como o proprietário de uma opção de compra americana tem todas as oportunidades de exercício abertas ao proprietário de uma opção de compra europeia correspondente, deve ser o caso que $C \geq c$. Assim:

$$C \geq S_0 - Ke^{-rT}$$

Dado $r > 0$, por consequência, $C > S_0 - K$ quando $T > 0$. Isso significa que C sempre é maior do que o valor intrínseco da opção antes da maturidade. Se fosse ideal exercer a opção em algum momento específico antes da maturidade, C seria igual ao valor intrínseco da opção naquele momento. Logo, nunca pode ser ideal exercer a opção antecipadamente.

Em resumo, há dois motivos para uma opção de compra americana sobre uma ação que não paga dividendos não dever ser exercida antecipadamente. Um é referente ao seguro que ela oferece. Uma opção de compra, quando mantida no lugar da ação em si, na prática segura o titular contra uma queda do preço da ação abaixo do preço de exercício. Depois que a opção foi exercida e o preço de exercício foi trocado pelo preço da ação, o seguro desaparece. O outro motivo é referente ao valor temporal do dinheiro. Da perspectiva do titular da opção, quanto mais tarde o preço de exercício for pago, melhor.

Limites

Como as opções de compra americanas nunca são exercidas antecipadamente quando não há dividendos, elas são equivalentes a opções de compra europeias, de modo que $C = c$. Das equações (11.1) e (11.4), os limites inferior e superior são dados por:

$$\max(S_0 - Ke^{-rT}, 0) \quad e \quad S_0$$

respectivamente. A Figura 11.3 ilustra esses limites.

---

[2] Como estratégia alternativa, o investidor pode manter a opção e vender a ação a descoberto para garantir um lucro melhor do que $30.

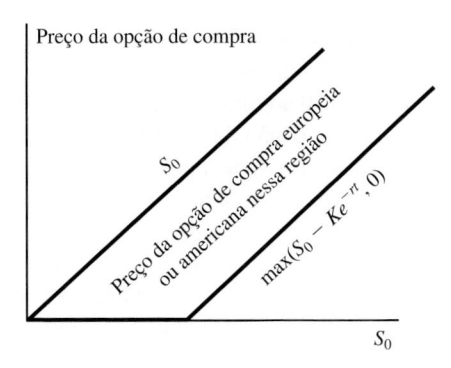

FIGURA 11.3 Limites para opções de compra europeias e americanas quando não há dividendos.

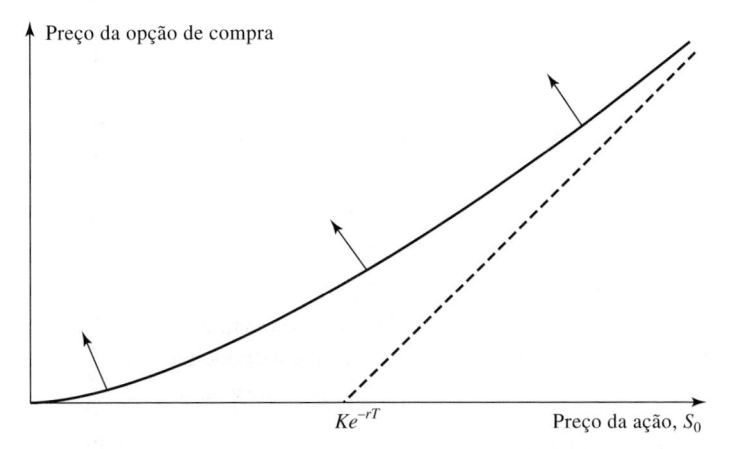

FIGURA 11.4 Variação do preço de uma opção de compra americana ou europeia sobre uma ação que não paga dividendos com o preço da ação. A curva se move na direção das setas quando há um aumento na taxa de juros, tempo até a maturidade ou volatilidade do preço da ação.

A maneira geral como o preço da opção e compra varia com o preço da ação, S_0, aparece na Figura 11.4. À medida que r ou T ou a volatilidade do preço da ação aumenta, a linha que relaciona o preço da opção e compra ao preço da ação se move na direção indicada pelas setas.

11.6 OPÇÕES DE VENDA SOBRE UMA AÇÃO QUE NÃO PAGA DIVIDENDOS

Pode ser ideal exercer antecipadamente uma opção de venda americana sobre uma ação que não paga dividendos. Na verdade, em qualquer momento durante sua vida, a opção de venda deve sempre ser exercida com antecipação se estiver suficientemente dentro do dinheiro.

Considere uma situação extrema. Suponha que o preço de exercício é $10 e o preço da ação é praticamente zero. Exercendo imediatamente, o investidor obtém um ganho imediato de $10. Se ele esperar, o ganho do exercício pode ser inferior a $10, mas nunca será mais de $10, pois é impossível ter preços negativos. Além disso, receber $10 agora é preferível a receber $10 no futuro. Logo, a opção deve ser exercida imediatamente.

Assim como uma opção de compra, uma opção de venda pode ser considerada como uma fonte de seguro. Uma opção de venda, quando mantida em conjunto com a ação, garante o titular contra a queda do preço da ação abaixo de um determinado nível. Contudo, uma opção de venda é diferente de uma de compra, pois o investidor pode considerar ideal exercê-la antecipadamente para realizar o preço de exercício imediatamente. Em geral, o exercício antecipado de uma opção de venda se torna mais atraente à medida que S_0 diminui, r aumenta e a volatilidade diminui.

Limites

Das equações (11.3) e (11.5), os limites inferior e superior para uma opção de venda europeia quando não há dividendos são dados por:

$$\max(Ke^{-rT} - S_0; 0) \leq p \leq Ke^{-rT}$$

Para uma opção de venda americana sobre uma ação que não paga dividendos, a condição

$$P \geq \max(K - S_0, 0)$$

deve ser válida, pois a opção pode ser exercida a qualquer momento. É uma condição mais forte do que aquela aplicada para uma opção de venda europeia na equação (11.5). Usando o resultado da equação (11.2), os limites para uma opção de venda americana sobre uma ação que não paga dividendos são:

$$\max(K - S_0, 0) \leq P \leq K$$

A Figura 11.5 ilustra os limites.

A Figura 11.6 mostra a maneira geral como o preço de uma opção de venda americana varia com S_0. Como argumentamos anteriormente, desde que $r > 0$, sempre é ideal exercer uma opção de venda americana imediatamente quando o preço da ação é suficientemente baixo. Quando o exercício antecipado é ideal, o valor da opção é $K - S_0$. A curva que representa o valor da opção de venda se funde assim com o valor intrínseco da opção, $K - S_0$, para um valor suficientemente baixo de S_0. Na Figura 11.6, esse valor de S_0 é mostrado como o ponto A. A linha que relaciona

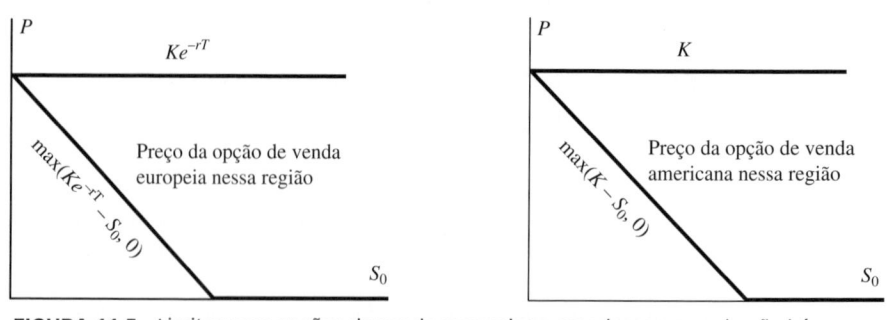

FIGURA 11.5 Limites para opções de venda europeias e americanas quando não há dividendos.

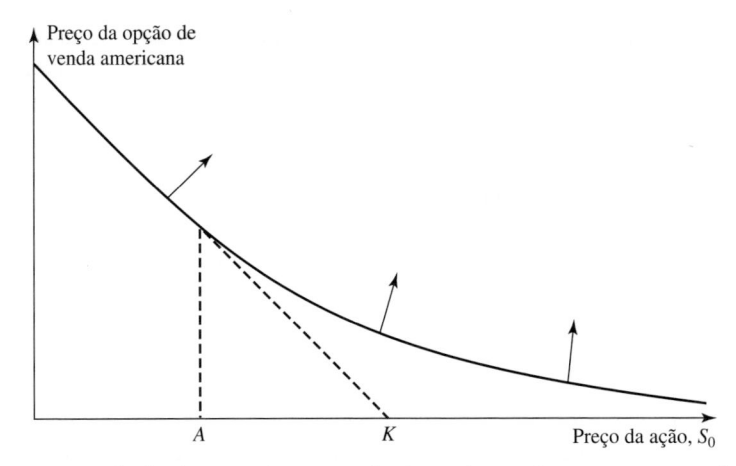

FIGURA 11.6 Variação do preço de uma opção de venda americana com o preço da ação. A curva se move na direção das setas quando o tempo até a maturidade ou a volatilidade do preço da ação aumentam ou quando a taxa de juros diminui.

o preço da opção de venda ao preço da ação se move na direção indicada pelas setas quando r diminui, quando a volatilidade aumenta e quando T aumenta.

Como em algumas circunstâncias é desejável exercer uma opção de venda americana antecipadamente, uma opção de venda americana sempre vale mais do que a opção de venda europeia correspondente. Além disso, como uma opção de venda americana ocasionalmente vale seu valor intrínseco (ver Figura 11.6), uma opção de venda europeia ocasionalmente deve valer menos do que seu valor intrínseco. Isso significa que a curva que representa a relação entre o preço da opção de venda e o preço da ação para uma opção europeia deve ficar abaixo da curva correspondente para uma opção americana.

A Figura 11.7 mostra a variação do preço da opção de venda europeia com o preço da ação. Observe que o ponto B na Figura 11.7, no qual o preço da opção é igual a seu valor intrínseco, deve representar um valor maior do preço da ação do

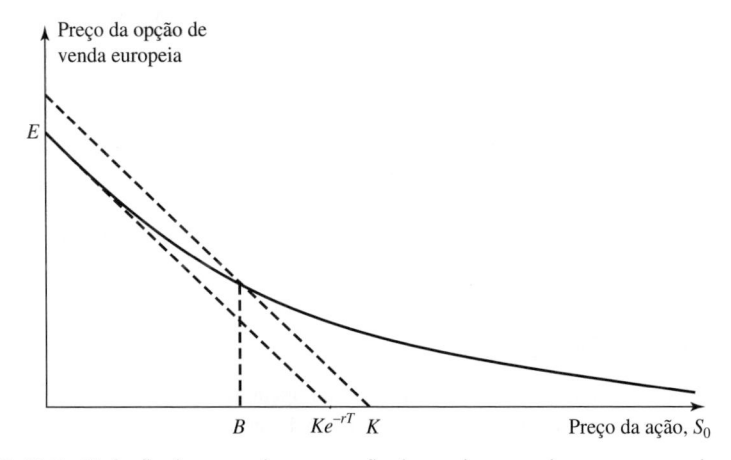

FIGURA 11.7 Variação do preço de uma opção de venda europeia com o preço da ação.

que o ponto A na Figura 11.6, pois a curva na Figura 11.7 está abaixo da daquela na Figura 11.6. O ponto E na Figura 11.7 é onde $S_0 = 0$ e o preço da opção de venda europeia é Ke^{-rT}.

11.7 EFEITO DOS DIVIDENDOS

Os resultados produzidos até aqui neste capítulo pressupõem que estamos lidando com opções sobre uma ação que não paga dividendos. Nesta seção, examinamos o impacto dos dividendos. Vamos pressupor que os dividendos que serão pagos durante a vida da opção são conhecidos. A maioria das opções sobre ações negociadas em bolsas têm vida de menos de um ano, então esse pressuposto muitas vezes é suficientemente razoável. Usaremos D para denotar o valor presente dos dividendos durante a vida da opção. No cálculo de D, pressupõe-se que o dividendo ocorre no momento de sua data ex-dividendos.

Limite inferior para opções de compra e de venda

Podemos redefinir os portfólios A e B da seguinte maneira:

Portfólio A: uma opção de compra europeia mais uma quantia em caixa igual a $D + Ke^{-rT}$.

Portfólio B: uma ação.

Um argumento semelhante àquele usado para derivar a equação (11.4) mostra que:

$$c \geq \max(S_0 - D - Ke^{-rT}, 0) \quad (11.8)$$

Também podemos redefinir os portfólios C e D da seguinte maneira:

Portfólio C: uma opção de venda europeia mais uma ação.

Portfólio D: uma quantidade de caixa igual a $D + Ke^{-rT}$.

Um argumento semelhante àquele usado para derivar a equação (11.5) mostra que:

$$p \geq \max(D + Ke^{-rT} - S_0, 0) \quad (11.9)$$

Exercício antecipado

Quando são esperados dividendos, não podemos mais afirmar que uma opção de compra americana não será exercida antecipadamente. Às vezes, é ideal exercer uma opção de compra americana imediatamente antes de uma data ex-dividendos, mas nunca é ideal exercer uma opção de compra em outros momentos. A questão será discutida em mais detalhes na Seção 15.12.

Paridade put–call

Comparando o valor na maturidade da opção dos portfólios redefinidos A e C percebe-se que, com os dividendos, o resultado da paridade put–call na equação (11.6) se torna:

$$c + D + Ke^{-rT} = p + S_0 \quad (11.10)$$

Os dividendos fazem com que a equação (11.7) seja modificada (ver Problema 11.19) para:

$$S_0 - D - K \leq C - P \leq S_0 - Ke^{-rT} \tag{11.11}$$

RESUMO

Seis fatores afetam o valor de uma opção sobre ações: o preço da ação atual, o preço de exercício, a data de expiração, a volatilidade do preço da ação, a taxa de juros livre de risco e os dividendos esperados durante a vida da opção. O valor de uma opção de compra normalmente aumenta à medida que o preço da ação atual, o tempo até a expiração, a volatilidade e a taxa de juros livre de risco aumentam. O valor de uma opção de compra diminui à medida que o preço de exercício e os dividendos esperados aumentam. O valor de uma opção de venda normalmente aumenta à medida que o preço de exercício, o tempo até a expiração, a volatilidade e os dividendos esperados aumentam. O valor de uma opção de venda diminui à medida que o preço da ação atual e a taxa de juros livre de risco aumentam.

É possível chegar a algumas conclusões sobre o valor de opções sobre ações sem usar quaisquer pressupostos sobre a volatilidade dos preços de ações. Por exemplo, o preço de uma opção de compra sobre uma ação deve sempre valer menos do que o preço da ação em si. Da mesma forma, o preço de uma opção de venda sobre uma ação deve sempre valer menos do que o preço de exercício da opção.

Uma opção de compra europeia sobre uma ação que não paga dividendos deve valer mais do que:

$$\max(S_0 - Ke^{-rT}, 0)$$

onde S_0 é o preço da ação, K é o preço de exercício, r é a taxa de juros livre de risco e T é o tempo até a expiração. Uma opção de venda europeia sobre uma ação que não paga dividendos deve valer mais do que:

$$\max(Ke^{-rT} - S_0, 0)$$

Quando serão pagos dividendos com valor presente de D, o limite inferior para uma opção de compra europeia se torna:

$$\max(S_0 - D - Ke^{-rT}, 0)$$

e o limite inferior para uma opção de venda europeia se torna:

$$\max(Ke^{-rT} + D - S_0, 0)$$

A paridade put–call é uma relação entre o preço, c, de uma opção e compra europeia sobre uma ação e o preço, p, de uma opção de venda europeia sobre uma ação. Para uma ação que não paga dividendos, ela é:

$$c + Ke^{-rT} = p + S_0$$

Para uma ação que paga dividendos, a relação de paridade put–call é:

$$c + D + Ke^{-rT} = p + S_0$$

A paridade put–call não é válida para opções americanas. Contudo, é possível usar argumentos de arbitragem para obter limites superiores e inferiores para a diferença entre o preço de uma opção de compra americana e o preço de uma opção de venda americana.

No Capítulo 15, levaremos adiante as análises deste capítulo, usando pressupostos específicos sobre o comportamento probabilístico dos preços de ações. A análise nos permitirá derivar fórmulas de apreçamento exatas para opções sobre ações europeias. Nos Capítulos 13 e 21, veremos como procedimentos numéricos podem ser utilizados para apreçar opções americanas.

LEITURAS COMPLEMENTARES

Broadie, M., and J. Detemple. "American Option Valuation: New Bounds, Approximations, and a Comparison of Existing Methods", *Review of Financial Studies*, 9, 4 (1996): 1211–50.

Merton, R. C.. "On the Pricing of Corporate Debt: The Risk Structure of Interest Rates", *Journal of Finance*, 29, 2 (1974): 449–70.

Merton, R. C. "The Relationship between Put and Call Prices: Comment", *Journal of Finance*, 28 (March 1973): 183–84.

Stoll, H. R. "The Relationship between Put and Call Option Prices", *Journal of Finance*, 24 (December 1969): 801–24.

Questões e problemas

11.1 Liste os seis fatores que afetam os preços de opções sobre ações.

11.2 Qual é o limite inferior para o preço de uma opção de compra de 4 meses sobre uma ação que não paga dividendos quando o preço da ação é $28, o preço de exercício é $25 e a taxa de juros livre de risco é 8% ao ano?

11.3 Qual é o limite inferior para o preço de uma opção de venda europeia de 1 mês sobre uma ação que não paga dividendos quando o preço da ação é $12, o preço de exercício é $15 e a taxa de juros livre de risco é 6% ao ano?

11.4 Apresente dois motivos por que o exercício antecipado de uma opção de compra americana sobre uma ação que não paga dividendos não é ideal. O primeiro motivo deve envolver o valor temporal do dinheiro. O segundo deve se aplicar mesmo que as taxas de juros sejam zero.

11.5 "O exercício antecipado de uma opção de venda americana é uma troca entre o valor temporal do dinheiro e o valor de seguro da opção de venda." Explique essa firmação.

11.6 Por que uma opção de compra americana sobre uma ação que não paga dividendos sempre vale pelo menos tanto quanto seu valor intrínseco? O mesmo vale para uma opção de compra europeia? Explique sua resposta.

11.7 O preço de uma ação que não paga dividendos é $19 e o preço de uma opção de compra europeia de 3 meses sobre a ação com preço de exercício de $20 é $1. A taxa de juros livre de risco é 4% ao ano. Qual é o preço de uma opção de venda europeia de 3 meses com um preço de exercício de $20?

11.8 Explique por que os argumentos que levam à paridade put–call para opções europeias não pode ser utilizado para criar um resultado semelhante para opções americanas.

11.9 Qual é o limite inferior para o preço de uma opção de compra de 6 meses sobre uma ação que não paga dividendos quando o preço da ação é $80, o preço de exercício é $75 e a taxa de juros livre de risco é 10% ao ano?

11.10 Qual é o limite inferior para o preço de uma opção de venda europeia de 2 meses sobre uma ação que não paga dividendos quando o preço da ação é $58, o preço de exercício é $65 e a taxa de juros livre de risco é 5% ao ano?

11.11 Uma opção de compra europeia de 4 meses sobre uma ação que não paga dividendos está sendo vendida por $5. O preço da ação é $64, o preço de exercício é $60 e um dividendo de $0,80 é esperado em 1 mês. A taxa de juros livre de risco é 12% ao ano para todas as maturidades. Quais oportunidades um arbitrador poderia aproveitar?

11.12 Uma opção de venda europeia de 1 mês sobre um ação que não paga dividendos está sendo vendida por $2,50. O preço da ação é $47, o preço de exercício é $50 e a taxa de juros livre de risco é 6% ao ano. Quais oportunidades um arbitrador poderia aproveitar?

11.13 Ofereça uma explicação intuitiva de por que o exercício antecipado de uma opção de venda americana se torna mais atraente à medida que a taxa de juros livre de risco aumenta e a volatilidade diminui.

11.14 O preço de uma opção de compra europeia que expira em 6 meses e tem preço de exercício de $30 é $2. O preço da ação subjacente é $29 e um dividendo de $0,50 é esperado em 2 meses, e depois novamente em 5 meses. As taxas de juros (todas as maturidades) são de 10%. Qual é o preço de uma opção de venda europeia que expira em 6 meses e tem preço de exercício de $30?

11.15 Explique as oportunidades de arbitragem no Problema 11.14 se o preço da opção de venda europeia é $3.

11.16 O preço de uma opção de compra americana sobre uma ação que não paga dividendos é $4. O preço da ação é $31, o preço de exercício é $30 e a data de expiração é em 3 meses. A taxa de juros livre de risco é 8%. Derive limites superiores e inferiores para o preço de uma opção de venda americana sobre a mesma ação, com os mesmos preço de exercício e data de expiração.

11.17 Explique cuidadosamente as oportunidades de arbitragem do Problema 11.16 se o preço da opção de venda americana é maior do que o limite superior calculado.

11.18 Prove o resultado na equação (11.7). (*Dica*: Para a primeira parte da relação, considere (a) um portfólio composto de uma opção de compra europeia mais uma quantia em caixa igual a K e (b) um portfólio composto de uma opção de venda americana mais uma ação.)

11.19 Prove o resultado na equação (11.11). (*Dica*: Para a primeira parte da relação, considere (a) um portfólio composto de uma opção de compra europeia mais uma quantia em caixa igual a $D + K$, e (b) um portfólio composto de uma opção de venda americana mais uma ação.)

11.20 Considere uma opção de compra de 5 anos sobre uma ação que não paga dividendos emitida para os funcionários. A opção pode ser exercida em qualquer momento após o final do primeiro ano. Ao contrário de uma opção de compra negociada em bolsas, a opção sobre ações para funcionários não pode ser vendida. Qual é o impacto provável dessa restrição sobre a decisão de exercício antecipado?

Questões adicionais

11.22 As opções de compra eram negociadas nas bolsas antes das opções de venda. Durante o período em que as opções de compra eram negociadas, mas as de venda não, como você teria criado sinteticamente uma opção de venda europeia sobre uma ação que não paga dividendos.

11.23 Os preços de opções de compra e de venda europeias sobre uma ação que não paga dividendos com data de expiração em 12 meses e preço de exercício de $120 são $20 e $5, respectivamente. O preço da ação atual é $130. Qual é a taxa de juros livre de risco implícita?

11.24 Uma opção de compra europeia e uma opção de venda sobre uma ação têm o mesmo preço de exercício, $20, e data de expiração em 3 meses. Ambas são vendidas por $3. A taxa de juros livre de risco é 10% ao ano, o preço da ação atual é $19 e espera-se um dividendo de $1 em 1 mês. Identifique a oportunidade de arbitragem disponível para um trader.

11.25 Suponha que c_1, c_2 e c_3 são os preços de opções de compra europeias com preços de exercício K_1, K_2 e K_3, respectivamente, onde $K_3 > K_2 > K_1$ e $K_3 - K_2 = K_2 - K_1$. Todas as opções têm a mesma maturidade. Mostre que:

$$c_2 \leq 0{,}5(c_1 + c_3)$$

(*Dica*: Considere um portfólio comprado em uma opção com preço de exercício K_1, comprado em uma opção com preço de exercício K_3 e vendido em duas opções com preço de exercício K_2.)

11.26 Qual é o resultado correspondente a isso no Problema 11.25 para opções de venda europeias?

11.27 Você é o gerente e proprietário exclusivo de uma empresa altamente alavancada. Todas as dívidas têm maturidade em 1 ano. Se nessa data o valor da empresa for maior do que o valor de face da dívida, você pagará a dívida. Se o valor da empresa for menor do que o valor de face da dívida, você declarará falência e os credores se tornarão os novos proprietários da empresa.
(a) Expresse sua posição como uma opção sobre o valor da empresa.
(b) Expresse a posição dos credores em termos de opções sobre o valor da empresa.
(c) O que você poderia fazer para aumentar o valor de sua posição?

11.28 A Seção 11.1 apresenta um exemplo de situação na qual o valor de uma opção de compra europeia diminui à medida que o tempo até a maturidade aumenta. Ofereça um exemplo de uma situação na qual o mesmo acontece para uma opção de venda europeia.

CAPÍTULO

12

Estratégia de negociação envolvendo opções

No Capítulo 10, discutimos o padrão de lucro de um investimento em uma única opção. Neste capítulo, analisamos o que podemos fazer quando uma opção é negociada em conjunto com outros ativos. Em especial, examinamos as propriedades de portfólios compostos de (a) uma opção e um bônus de cupom zero, (b) uma opção e o ativo subjacente à opção e (c) duas ou mais opções sobre o mesmo ativo.

Uma pergunta natural é por que um trader buscaria os padrões de lucro discutidos aqui. A resposta é que as escolhas que o trader faz dependem de sua avaliação de como os preços se movimentarão e a disposição do trader para correr riscos. As notas com principal protegido, discutidas na Seção 12.1, atraem indivíduos com alta aversão ao risco. Eles não querem arriscar a perda do principal, mas têm opinião sobre se um determinado ativo irá aumentar ou diminuir de valor e estão preparados para deixar o retorno sobre o principal depender de estarem corretos. Se um trader está disposto a aceitar mais riscos, ele deve escolher um spread de alta ou de baixa, conforme discutimos na Seção 12.3. Mais riscos ainda seriam possíveis com uma posição comprada simples em uma opção de compra ou de venda.

Imagine que o trader acredita que ocorrerá um movimento forte no preço de um ativo, mas não sabe se este será positivo ou negativo. Ele tem diversas alternativas a seu dispor. O trader com alta aversão a riscos poderia escolher um spread borboleta invertido, discutido na Seção 12.3, no qual há um ganho pequeno se o palpite do trader está correto e um prejuízo pequeno se está incorreto. Um investidor mais agressivo poderia escolher um *straddle* ou um *strangle*, discutidos na Seção 12.4, nos quais os ganhos e perdas potenciais são muito maiores.

Outras estratégias de negociação que envolvem opções serão consideradas em capítulos posteriores. Por exemplo, o Capítulo 17 mostra como as opções sobre índices de ações podem ser utilizadas para gerenciar riscos em um portfólio de ações e explica como os contratos *range forward* podem ser utilizados para hedgear uma exposição cambial; o Capítulo 19 analisa como as letras gregas são usadas para gerenciar os riscos quando os derivativos são negociados; o Capítulo 26 abrange as opções exóticas e a chamada replicação estática de opções.

12.1 NOTAS COM PRINCIPAL PROTEGIDO

As opções são muito usadas para criar as chamadas *notas com principal protegido* para o mercado de varejo. São produtos que atraem investidores mais conservadores. O retorno obtido pelo investidor depende do desempenho de uma ação, índice de ações ou outro ativo arriscado, mas o principal inicial investido não corre risco algum. Um exemplo mostra como é possível criar uma nota com principal protegido simples.

■ Exemplo 12.1

Suponha que a taxa de juros de 3 anos é 6% com capitalização contínua. Isso significa que $1.000e^{-0,06 \times 3} = \$835,27$ aumentará para $\$1.000$ em 3 anos. A diferença entre $\$1.000$ e $\$835,27$ é $\$164,73$. Suponha que um portfólio de ações vale $\$1.000$ e oferece um rendimento em dividendos de 1,5% ao ano. Suponha também que uma opção de compra europeia no dinheiro de 3 anos sobre o portfólio de ações pode ser adquirida por menos de $\$164,73$. Um banco pode oferecer aos clientes uma oportunidade de investimento de $\$1.000$ composta de:

1. Um bônus de cupom zero de 3 anos com principal de $\$1.000$
2. Uma opção de compra europeia no dinheiro de 3 anos sobre o portfólio de ações.

Se o valor do portfólio aumenta, o investidor obtém o valor até o qual teria aumentado $\$1.000$ investidos no portfólio (pois o bônus de cupom zero tem resultado de 1.000 e isso é igual ao preço de exercício da opção.) Se o valor do portfólio diminui, a opção não tem valor, mas o resultado do cupom zero garante que o investidor receberá o principal original de $\$1.000$ investido. ■

A atração de uma nota com principal protegido é que o investidor pode assumir uma posição arriscada sem arriscar o principal. O pior que pode acontecer é que o investidor perde a chance de obter juros, ou outras rendas, como dividendos, sobre o investimento inicial durante a vida da nota.

O produto descrito acima permite diversas variações. Um investidor que acha que o preço de um ativo diminuirá pode comprar uma nota com principal protegido composta de um bônus de cupom zero mais uma opção de venda. O resultado do investidor em 3 anos é então de $\$1.000$ mais o resultado (se houver) da opção de venda.

A nota protegida com principal é um bom negócio da perspectiva do pequeno investidor? O banco sempre estruturará o instrumento com um lucro para si quando criar a nota. Isso significa que, no Exemplo 12.1, o bônus de cupom zero mais a opção de compra sempre custarão ao banco menos de $\$1.000$. Além disso, os investidores correm o risco de que o banco não possa fornecer o resultado da nota com principal protegido na maturidade. (Alguns pequenos investidores perderam dinheiro com as notas com principal protegido criadas pela Lehman Brothers quando o banco foi à falência em 2008.) Assim, em algumas situações, o investidor se sairia melhor comprando a opção subjacente da maneira tradicional e investindo o restante do principal em um investimento livre de risco. Contudo, esse nem sempre é o caso. O investidor provavelmente enfrentará spreads entre compra e venda maiores sobre a opção do que o banco e provavelmente obterá taxas de juros menores do que o banco. Assim, é possível que o banco consiga agregar valor para o investidor ao mesmo tempo que obtém um lucro para si.

Agora vamos analisar as notas com principal protegido da perspectiva do banco. A viabilidade econômica da estrutura no Exemplo 12.1 depende criticamente do nível das taxas de juros e da volatilidade do portfólio. Se a taxa de juros é de 3% em vez de 6%, o banco tem apenas $1.000 - 1.000e^{-0,03 \times 3} = \$86,07$ com os quais comprar a opção de compra. Se a taxa de juros é 6%, mas a volatilidade é 25% em vez de 15%, o preço da opção aumenta para cerca de \$221. Em ambas as circunstâncias, o produto descrito no Exemplo 12.1 não pode ser criado pelo banco com lucro. Contudo, o banco ainda teria diversas maneiras de criar um produto de 3 anos viável. Por exemplo, o preço de exercício da opção pode ser aumentado para que o valor do portfólio precise aumentar em, digamos, 15% antes do investidor obter um ganho; o retorno do investidor pode ser limitado; o retorno do investidor pode depender do preço médio do ativo e não do preço final; poderia ser especificada uma barreira de *knockout*. Os derivativos envolvidos em algumas dessas alternativas serão discutidos posteriormente neste livro. (Limitar a opção corresponde a criar um spread de alta para o investidor, como veremos em uma parte posterior deste capítulo.)

Ocasionalmente, uma maneira do banco criar uma nota com principal protegido lucrativa quando as taxas de juros são baixas ou as volatilidades são altas seria aumentando sua vida. Considere a situação no Exemplo 12.1 quando (a) a taxa de juros é 3%, não 6%, e (b) o portfólio de ações tem volatilidade de 15% e oferece um rendimento em dividendos de 1,5%. O DerivaGem mostra que uma opção europeia no dinheiro de 3 anos custa cerca de \$119, o que é mais do que os fundos disponíveis para sua compra ($1.000 - 1.000e^{-0,03 \times 3} = \$86,07$). Uma opção no dinheiro de 10 anos custa cerca de \$217, o que é menos do que os fundos disponíveis para comprá-la ($1.000 - 1.000e^{-0,03 \times 10} = \$259,18$), o que torna a estrutura rentável. Quando a vida é aumentada para 20 anos, o custo da opção é de cerca de \$281, que é muito menos do que os fundos disponíveis para comprá-la ($1.000 - 1.000e^{-0,03 \times 20} = \$451,19$), tornando a estrutura mais rentável ainda.

Uma variável crítica para o banco em nosso exemplo é o rendimento em dividendos. Quanto maior ele é, mais lucrativo o produto para o banco. Se o rendimento em dividendos fosse zero, a nota com principal protegido no Exemplo 12.1 não poderia ser lucrativa para o banco, por maior que seja sua duração. (Isso é consequência da equação (11.4).)

12.2 NEGOCIAÇÃO DE UMA OPÇÃO E DO ATIVO SUBJACENTE

Por uma questão de conveniência, vamos pressupor que o ativo subjacente às opções consideradas no restante deste capítulo é uma ação. (Estratégias de negociação semelhantes podem ser desenvolvidas para outros ativos subjacentes.) Também seguiremos a prática tradicional de calcular o lucro de uma estratégia de negociação como o resultado final menos o custo inicial, sem usar descontos.

Existem diversas estratégias de negociação diferentes que envolvem uma única opção sobre uma ação e mais a ação em si. A Figura 12.1 ilustra os lucros dessas estratégias. Nessa figura e em outras figuras no restante deste capítulo, a linha tracejada mostra a relação entre o lucro e o preço da ação para os títulos individuais que compõem o portfólio, enquanto a linha sólida mostra a relação entre o lucro e o preço da ação para todo o portfólio.

Na Figura 12.1a, o portfólio é composto de uma posição comprada em uma ação mais uma posição vendida em uma opção de compra europeia. Isso é conhecido como *lançar uma opção de compra coberta*. A posição comprada na ação "cobre" ou protege o investidor do resultado sobre a opção de compra vendida que se torna necessária caso haja um aumento súbito no preço da ação. Na Figura 12.1b, uma posição vendida na ação é combinada com uma opção comprada em uma opção

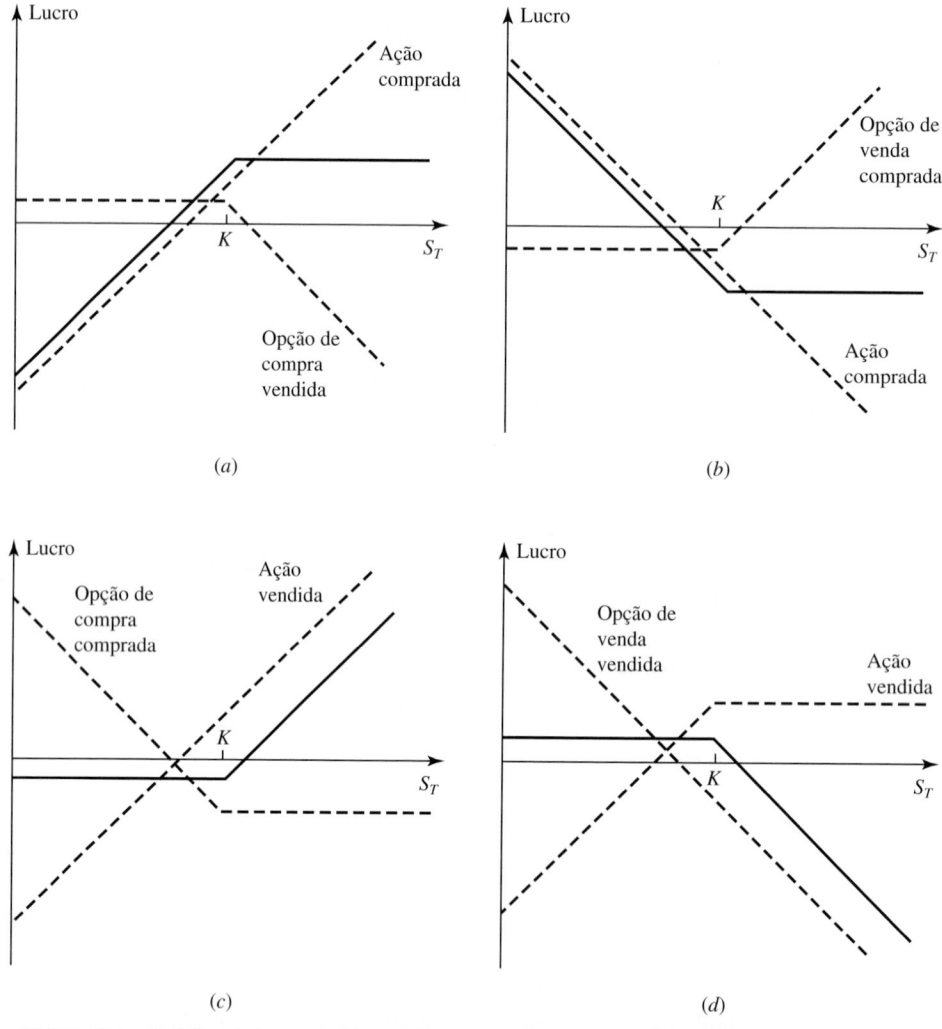

FIGURA 12.1 Padrões de lucro de (a) posição comprada em uma ação combinada com posição vendida em uma opção de compra; (b) posição vendida em uma ação combinada com posição comprada em uma opção de compra; (c) posição comprada em uma opção de venda combinada com posição comprada em uma ação; (d) posição vendida em uma opção de venda combinada com posição vendida em uma ação.

de compra. É o oposto de lançar uma opção de compra coberta. Na Figura 12.1c, a estratégia de investimento envolve comprar uma opção de venda europeia sobre uma ação e mais a ação em si. É a chamada estratégia de *protective put*. Na Figura 12.1d, uma posição vendida em uma opção de venda é combinada com uma posição vendida na ação. É o contrário de um *protective put*.

Os padrões de lucro nas Figuras 12.1a, b, c e d têm o mesmo formato geral que os padrões discutidos no Capítulo 10 para opção de venda vendida, opção de venda comprada, opção de compra comprada e opção de compra vendida, respectivamente. A paridade put–call oferece uma maneira de entender por que isso acontece. Do Capítulo 11, a relação de paridade put–call é:

$$p + S_0 = c + Ke^{-rT} + D \tag{12.1}$$

onde p é o preço de uma opção de venda europeia, S_0 é o preço da ação, c é o preço de uma opção de compra europeia, K é o preço de exercício da opção de compra e da de venda, r é a taxa de juros livre de risco, T é o tempo até a maturidade da opção de compra e da de venda e D é o valor presente dos dividendos esperados durante a vida das opções.

A equação (12.1) mostra que uma posição comprada em uma opção de venda europeia, combinada com uma posição comprada na ação, é equivalente a uma opção de compra europeia comprada mais uma determinada quantia ($= Ke^{-rT} + D$) em caixa. Isso explica por que o padrão de lucro na Figura 12.1c é semelhante ao padrão de lucro de uma posição comprada em uma opção de compra. A posição na Figura 12.1d é o contrário daquela na Figura 12.1c e, logo, leva a um padrão de lucro semelhante àquele da posição vendida na opção de compra.

A equação (12.1) pode ser reorganizada para se tornar:

$$S_0 - c = Ke^{-rT} + D - p$$

Isso mostra que uma posição comprada em uma ação, combinada com uma posição vendida em uma opção de compra europeia, é equivalente a uma posição vendida em uma opção de venda europeia mais uma certa quantia ($= Ke^{-rT} + D$) em caixa. Essa igualdade explica por que o padrão de lucro na Figura 12.1a é semelhante ao padrão de lucro de uma posição vendida em uma opção de venda. A posição na Figura 12.1b é o contrário daquela na Figura 12.1a e, logo, leva a um padrão de lucro semelhante àquele de uma posição comprada na opção de venda.

12.3 SPREADS

Uma estratégia de negociação de spread envolve assumir uma posição em duas ou mais opções do mesmo tipo (ou seja, duas ou mais opções de compra ou duas ou mais opções de venda).

Spreads de alta

Um dos tipos mais populares de spread é o *spread de alta* (*bull spread*), que pode ser criado pela compra de uma opção de compra europeia sobre uma ação com determinado preço de exercício e a venda de uma opção de compra europeia sobre

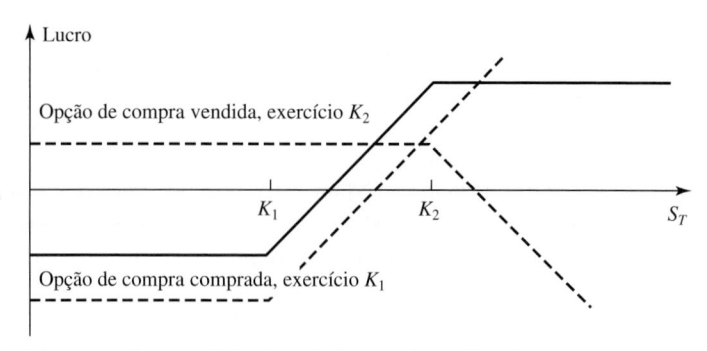

FIGURA 12.2 Lucro de spread de alta criado usando opções de compra.

a mesma ação com um preço de exercício mais elevado. Ambas as opções têm a mesma data de expiração. A estratégia está ilustrada na Figura 12.2. Os lucros das duas posições em opções, considerados separadamente, são indicados pelas linhas tracejadas. O lucro da estratégia como um todo é a soma dos lucros dados pelas linhas tracejadas e é indicado pela linha sólida. Como o preço da opção de compra sempre diminui à medida que o preço de exercício aumenta, o valor da opção vendida sempre é inferior ao valor da opção de comprada. Por consequência, um spread de alta, quando criado usando opções de compra, sempre exige um investimento inicial.

Suponha que K_1 é o preço de exercício da opção de compra adquirida, K_2 é o preço de exercício da opção de compra vendida e S_T é o preço da ação na data de expiração das opções. A Tabela 12.1 mostra o resultado total que será realizado por um spread de alta em diferentes circunstâncias. Se a ação se valoriza e fica acima do preço de exercício mais alto, o resultado é a diferença entre os dois preços de exercício, ou seja, $K_2 - K_1$. Se o preço da ação na data de expiração fica entre os dois preços de exercício, o resultado é $S_T - K_1$. Se o preço da ação na data de expiração fica abaixo do preço de exercício mais baixo, o resultado é zero. O lucro na Figura 12.2 é calculado subtraindo o investimento inicial do resultado.

Uma estratégia de spread de alta limita o ganho potencial do investidor assim como sua perda potencial. A estratégia pode ser descrita da seguinte forma: o investidor tem uma opção de compra com preço de exercício igual a K_1 e escolheu abrir mão de parte do potencial positivo vendendo uma opção de compra com preço de exercício $K_2 (K_2 > K_1)$. Em troca de abrir mão do potencial positivo, o investidor obtém o preço da opção com preço de exercício K_2. Podemos distinguir três tipos de spreads de alta:

TABELA 12.1 Resultado de um spread de alta criado usando opções de compra

Amplitude do preço da ação	Resultado de opção de compra comprada	Resultado de opção de compra vendida	Resultado total
$S_T \leq K_1$	0	0	0
$K_1 \leq S_T \leq K_2$	$S_T - K_1$	0	$S_T - K_1$
$S_T \geq K_2$	$S_T - K_1$	$-(S_T - K_2)$	$K_2 - K_1$

1. Ambas as opções de compra estão inicialmente fora do dinheiro.
2. Uma opção de compra está inicialmente dentro do dinheiro, a outra opção de compra está inicialmente fora do dinheiro.
3. Ambas as opções de compra estão inicialmente dentro do dinheiro.

Os spreads de alta mais agressivos são os do tipo 1. Eles custam pouco para criar e têm uma probabilidade pequena de gerar um resultado relativamente alto ($= K_2 - K_1$). À medida que passamos do tipo 1 para o tipo 2 e do 2 para o 3, os spreads se tornam mais conservadores.

■ **Exemplo 12.2**

Um investidor compra uma opção de compra europeia de 3 meses por \$3 com preço de exercício de \$30 e vende por \$1 uma opção de compra europeia de 3 meses com preço de exercício de \$35. O resultado dessa estratégia de spread de alta é \$5 se o preço da ação ficar acima de \$35 e zero se ficar abaixo de \$30. Se o preço da ação ficar entre \$30 e \$35, o resultado é a quantia pela qual o preço da ação excede \$30. O custo da estratégia é \$3 − \$1 = \$2. Assim, o lucro é:

Amplitude do preço da ação	Lucro
$S_T \leq 30$	−2
$30 < S_T < 35$	$S_T - 32$
$S_T \geq 35$	3

■

Os spreads de alta também podem ser criados pela compra de uma opção de venda europeia com preço de exercício baixo e a venda de uma opção de venda europeia com um preço de exercício alto, como ilustrado na Figura 12.3. Ao contrário dos spreads de alta criados com opções de compra, aqueles criados com opções de venda envolvem um fluxo de caixa adiantado positivo para o investidor (ignorando os requerimentos de margem) e um resultado negativo ou zero.

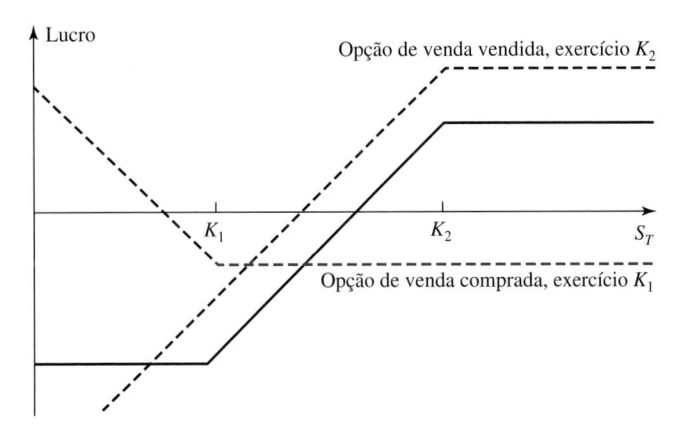

FIGURA 12.3 Lucro de spread de alta criado usando opções de venda.

Lucro

Opção de venda vendida, exercício K_1

K_1 K_2 S_T

Opção de venda comprada, exercício K_2

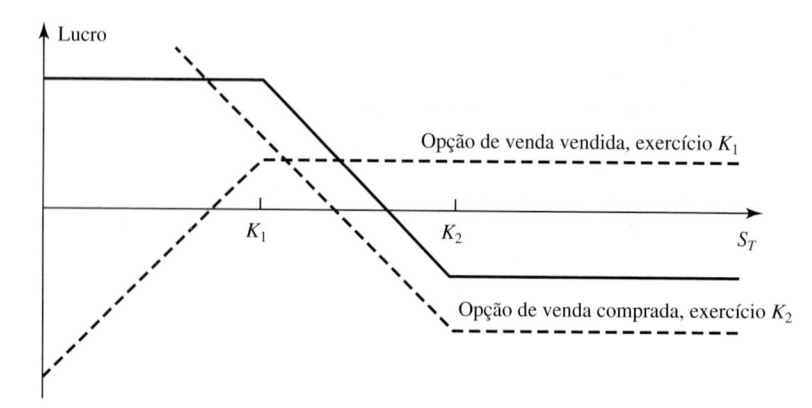

FIGURA 12.4 Lucro de spread de baixa criado usando opções de venda.

Spreads de baixa

Um investidor que estrutura um spread de alta espera que o preço da ação aumente. Um investidor que estrutura um *spread de baixa* (*bear spread*), por outro lado, espera que o preço da ação diminua. Os spreads de baixa podem ser criados pela compra de uma opção de venda com um preço de exercício e a venda de uma opção de venda com outro preço de exercício. O preço de exercício da opção adquirida é maior do que o preço de exercício da opção vendida. (Isso está em contraste com o spread de alta, no qual o preço de exercício da opção adquirida é sempre inferior ao preço de exercício da opção vendida.) Na Figura 12.4, o lucro do spread é representado pela linha sólida. Um spread de baixa criado com opções de venda envolve um gasto de caixa inicial, pois o preço da opção de venda vendida é sempre menor do que o preço da opção de venda comprada. Basicamente, o investidor compra uma opção de venda com determinado preço de exercício e escolhe abrir mão de parte do lucro potencial vendendo uma opção de venda com um preço de exercício inferior. Em troca do lucro perdido, o investidor obtém o preço da opção vendida.

Pressuponha que os preços de exercício são K_1 e K_2, com $K_1 < K_2$. A Tabela 12.2 mostra qual resultado que será realizado de um spread de baixa sob diferentes circunstâncias. Se o preço da ação é maior do que K_2, o resultado é zero. Se o preço da ação é inferior a K_1, o resultado é $K_2 - K_1$. Se o preço da ação fica entre K_1 e K_2, o resultado é $K_2 - S_T$. O lucro é calculado subtraindo o custo inicial do resultado.

TABELA 12.2 Resultado de um spread de baixa criado usando opções de venda

Amplitude do preço da ação	Resultado da opção de venda comprada	Resultado da opção de venda vendida	Resultado total
$S_T \leq K_1$	$K_2 - S_T$	$-(K_1 - S_T)$	$K_2 - K_1$
$K_1 < S_T < K_2$	$K_2 - S_T$	0	$K_2 - S_T$
$S_T \geq K_2$	0	0	0

Exemplo 12.3

Um investidor compra uma opção de venda europeia de 3 meses por $3 com preço de exercício de $35 e vende por $1 uma opção de venda europeia de 3 meses com preço de exercício de $30. O resultado dessa estratégia de spread de baixa é zero se o preço da ação ficar acima de $35 e $5 se ficar abaixo de $30. Se o preço da ação fica entre $30 e $35, o resultado é $35 - S_T$. As opções custam $3 - $1 = $2 em caixa. Assim, o lucro é:

Amplitude do preço da ação	Lucro
$S_T \leq 30$	+3
$30 < S_T < 35$	$33 - S_T$
$S_T \geq 35$	−2

Assim como os spreads de alta, os spreads de baixa limitam o potencial de lucro e o de prejuízo. Os spreads de baixa podem ser criados usando opções de compra em vez das de venda. O investidor compra uma opção de compra com alto preço de exercício e vende uma opção de compra com baixo preço de exercício, como ilustrado na Figura 12.5. Os spreads de baixa criados com opções de compra envolvem um influxo de caixa inicial (ignorando os requerimentos de margem).

Box spreads

O *box spread* é uma combinação de um spread de alta com opções de compra com preços de exercício de K_1 e K_2 e um spread de baixa com opções de venda com os mesmos dois preços de exercício. Como mostrado na Tabela 12.3, o resultado de um *box spread* é sempre $K_2 - K_1$. O valor de um *box spread* é, portanto, sempre o valor presente desse resultado ou $(K_2 - K_1)e^{-rT}$. Se o valor for diferente, há uma oportunidade de arbitragem. Se o preço de mercado do *box spread* for baixo demais, adquirir o *box* é lucrativo. Isso envolve comprar uma opção de compra com preço de exercício K_1, comprar uma opção de venda com preço de exercício K_2, vender uma opção de compra com preço de exercício K_2 e vender uma opção de venda com preço de exercício K_1. Se o preço de mercado do *box spread* for alto demais, será

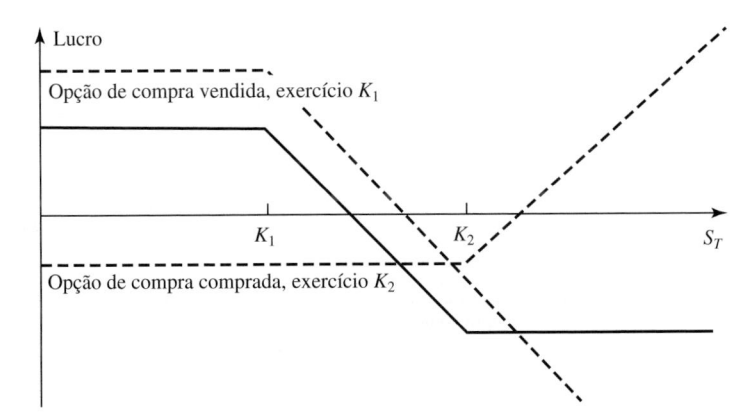

FIGURA 12.5 Lucro de spread de baixa criado usando opções de compra.

TABELA 12.3 Resultado de um *box spread*

Amplitude do preço da ação	Resultado de spread de alta com opções de compra	Resultado de spread de baixa com opções de venda	Resultado total
$S_T \leq K_1$	0	$K_2 - K_1$	$K_2 - K_1$
$K_1 < S_T < K_2$	$S_T - K_1$	$K_2 - S_T$	$K_2 - K_1$
$S_T \geq K_2$	$K_2 - K_1$	0	$K_2 - K_1$

lucrativo vender o *box*. Isso envolve comprar uma opção de compra com preço de exercício K_2, comprar uma opção de venda com preço de exercício K_1, vender uma opção de compra com preço de exercício K_1 e vender uma opção de venda com preço de exercício K_2.

É importante entender que uma arbitragem de *box spread* somente funciona com opções europeias. Muitas das opções negociadas nas bolsas são americanas. Como mostrado na História de Negócios 12.1, traders inexperientes que tratam as opções americanas como se fossem europeias correm o risco de perder dinheiro.

Spreads borboleta

Um *spread borboleta* envolve posições em opções com três preços de exercício diferentes. Ele pode ser criado com a compra de uma opção de compra europeia com um preço de exercício relativamente baixo K_1, a compra de uma opção de compra com um preço de exercício relativamente alto K_3 e a venda de duas opções de compra europeias com um preço de exercício K_2 intermediário entre K_1 e K_3. Em geral, K_2 é próximo ao preço atual da ação. O padrão dos lucros gerados com essa estratégia aparece na Figura 12.6. Um spread borboleta leva a um lucro se o preço da ação permanece próximo de K_2, mas dá origem a um pequeno prejuízo se há um movimento de preços significativo em qualquer direção. Assim, ele representa uma estratégia apropriada para o investidor que acredita que movimentos significativos no preço da ação são improváveis. A estratégia exige um pequeno investimento inicial. A Tabela 12.4 mostra o resultado de um spread borboleta.

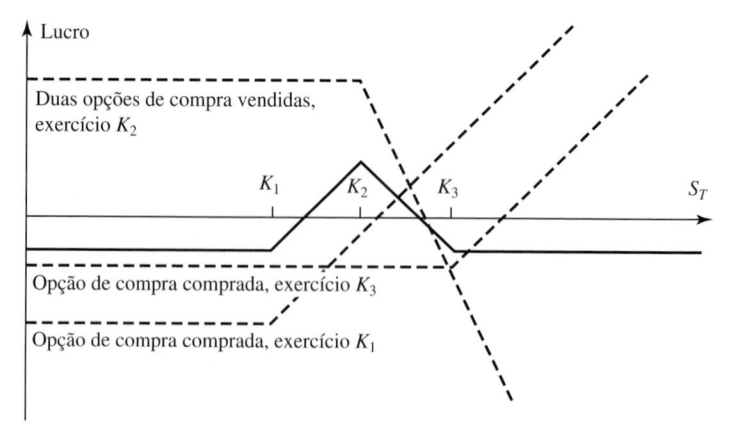

FIGURA 12.6 Lucro de spread borboleta usando opções de compra.

História de Negócios 12.1   Perdendo dinheiro com *box spreads*

Suponha que uma ação tem preço de $50 e volatilidade de 30%. Não se espera dividendos e a taxa de juros livre de risco é igual a 8%. Um trader lhe oferece a chance de vender na CBOE um *box spread* de dois meses no qual os preços de exercício são $55 e $60 por $5,10. Você deveria aceitar a oferta ou não?

A negociação parece mesmo muita atraente. Nesse caso, $K_1 = 55$, $K_2 = 60$ e o resultado com certeza será igual a $5 em 2 meses. Vendendo o *box spread* por $5,10 e investindo os fundos por 2 meses, você teria mais do que o suficiente para atender o resultado de $5 em 2 meses. O valor teórico do *box spread* hoje é $5 \times e^{-0,08 \times 2/12} = \$4,93$.

Infelizmente, esbarramos em um obstáculo. As opções sobre ações da CBOE são americanas e o resultado de $5 do *box spread* é calculado com base na premissa de que as opções que o compõem são europeias. Os preços de opções para esse exemplo (calculados usando o DerivaGem) são mostrados na tabela abaixo. Um spread de alta com opções de compra no qual os preços de exercício são $55 e $60 custa $0,96 - 0,26 = \$0,70$. (O valor é o mesmo para opções europeias e americanas, pois, como vimos no Capítulo 11, o preço de uma opção de compra europeia é o mesmo que o preço de uma opção de compra americana quando não há dividendos.) Um spread de baixa com opções de venda com o mesmo preço de exercício custa $9,46 - 5,23 = \$4,23$ se as opções são europeias e $10,00 - 5,44 = \$4,56$ se são americanas. O valor combinado dos dois spreads, se criados usando opções europeias, é $0,70 + 4,23 = \$4,93$. Esse é o preço teórico do *box spread* calculado acima. O valor combinado de comprar ambos os spreads se forem americanos é $0,70 + 4,56 = \$5,26$. Vender um *box spread* criado com opções americanas por $5,10 não seria uma boa negociação. Você perceberia isso quase imediatamente, pois ela envolve vender uma opção de venda com preço de exercício de $60 que seria exercida quase imediatamente após ser vendida!

Tipo de opção	Preço de exercício	Preço da opção europeia	Preço da opção americana
Opção de compra	60	0,26	0,26
Opção de compra	55	0,96	0,96
Opção de venda	60	9,46	10,00
Opção de venda	55	5,23	5,44

TABELA 12.4   Resultado de um spread borboleta

Amplitude do preço da ação	Resultado da primeira opção de compra comprada	Resultado da segunda opção de compra comprada	Resultado das opções de compra vendidas	Resultado total*
$S_T \leq K_1$	0	0	0	0
$K_1 < S_T \leq K_2$	$S_T - K_1$	0	0	$S_T - K_1$
$K_2 < S_T < K_3$	$S_T - K_1$	0	$-2(S_T - K_2)$	$K_3 - S_T$
$S_T \geq K_3$	$S_T - K_1$	$S_T - K_3$	$-2(S_T - K_2)$	0

* Esses resultados são calculados utilizando a relação $K_2 = 0,5(K_1 + K_3)$.

Suponha que uma determinada ação atualmente vale $61. Considere um investidor que acredita que uma movimentação de preço significativa nos próximos 6 meses é improvável. Suponha que os preços de mercado das opções de compra europeias de 6 meses são:

Preço de exercício ($)	Preço da opção de compra ($)
55	10
60	7
65	5

O investidor poderia criar um spread borboleta comprando uma opção de compra com preço de exercício de $55, comprando uma opção de compra com preço de exercício de $65 e vendendo duas opções de compra com preço de exercício de $60. Custa $10 + $5 − (2 × $7) = $1 criar o spread. Se o preço da ação em 6 meses é maior do que $65 ou menor do que $55, o resultado total é zero e o investidor incorre uma perda líquida de $1. Se o preço da ação fica entre $56 e $64, ele obtém lucro. O lucro máximo, $4, ocorre quando o preço da ação em 6 meses é de $60.

Os spreads borboleta podem ser criados usando opções de venda. O investidor compra duas opções de venda europeias, uma com preço de exercício baixo e outra com preço de exercício alto, e vende duas opções de venda europeias com um preço de exercício intermediário, como ilustrado na Figura 12.7. O spread borboleta no exemplo considerado anteriormente poderia ser criado pela compra de uma opção europeia com preço de exercício de $55, outra com preço de exercício de $65 e a venda de duas opções de venda com preço de exercício de $60. O uso de opções de venda produz exatamente o mesmo spread que o uso de opções de compra. A paridade put–call pode ser utilizada para demonstrar que o investimento inicial é o mesmo em ambos os casos.

Um spread borboleta pode ser vendido ou vendido a descoberto com a estratégia invertida a seguir. As opções são vendidas com preços de exercício de K_1 e K_3, e duas opções com o preço de exercício médio de K_2 são adquiridas. Essa estratégia produz um lucro modesto caso haja um movimento significativo no preço da ação.

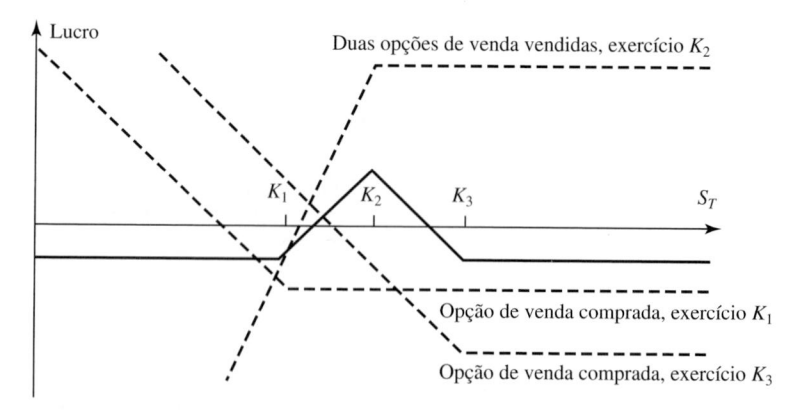

FIGURA 12.7 Lucro de spread borboleta usando opções de venda.

Spreads calendário

Até aqui, pressupomos que todas as opções usadas para criar um spread expiram ao mesmo tempo. Agora passamos para os *spreads calendário*, nos quais as opções têm o mesmo preço de exercício, mas datas de expiração diferentes.

Um spread calendário pode ser criado pela venda de uma opção de compra europeia com determinado preço de exercício e a aquisição de uma opção de compra europeia com maturidade maior e o mesmo preço de exercício. Quanto maior a maturidade de uma opção, mais cara ela costuma ser. Um spread calendário, assim, normalmente precisa de um investimento inicial. Os diagramas de lucro para spreads calendário em geral são produzidos de modo que mostrem o lucro quando a opção de maturidade mais curta expira, com base no pressuposto de que a opção de maturidade maior será encerrada na mesma data. A Figura 12.8 mostra o padrão de lucro para um spread calendário produzido a partir de opções de compra. O padrão é semelhante ao lucro de um spread borboleta, mostrado na Figura 12.6. O investidor obtém um lucro se o preço da ação quando expira a opção de maturidade mais curta está próximo ao preço de exercício desta. Contudo, ele incorre uma perda quando o preço da ação está significativamente acima ou abaixo desse preço de exercício.

Para entender o padrão de lucro de um spread calendário, primeiro considere o que acontece se o preço da ação é muito baixo quando a opção com maturidade mais curta expira. A opção de maturidade mais curta não vale nada e o valor da opção de maturidade maior é próximo de zero. Assim, o investidor incorre uma perda que é próxima do custo inicial de estruturar o spread. A seguir, considere o que acontece se o preço da ação, S_T, é bastante alto quando a opção de maturidade mais curta expira. A opção de maturidade mais curta custa ao investidor $S_T - K$, enquanto a opção de maturidade maior vale cerca de $S_T - K$, onde K é o preço de exercício das opções. Mais uma vez, o investidor sofre uma perda líquida próxima ao custo inicial de estruturar o spread. Se S_T é próximo de K, a opção de maturidade mais curta custa ao investidor uma quantia pequena ou absolutamente nada. Contudo, a opção de maturidade maior ainda é bastante valiosa. Nesse caso, o investidor obtém um lucro líquido significativo.

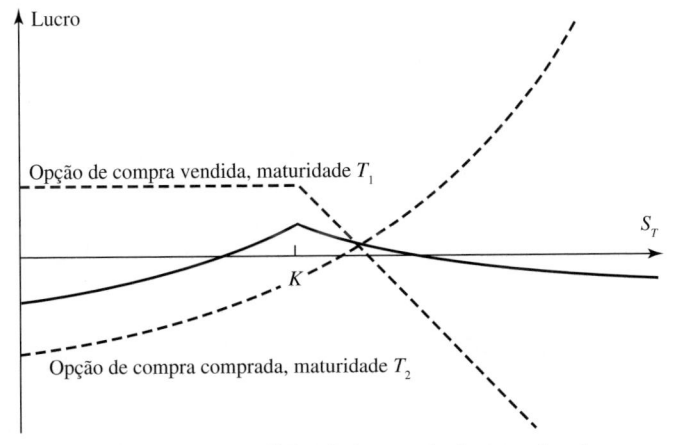

FIGURA 12.8 Lucro de spread calendário criado usando duas opções de compra, calculado no momento em que a opção de compra de maturidade mais curta expira.

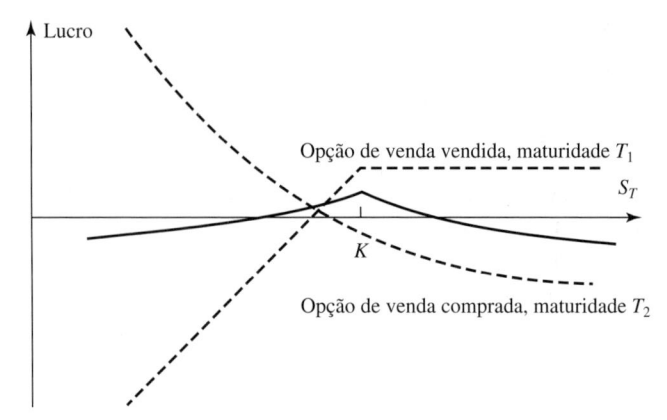

FIGURA 12.9 Lucro de spread calendário criado usando duas opções de venda, calculado no momento em que a opção de venda de maturidade mais curta expira.

Em um *spread calendário neutro*, um preço de exercício próximo ao preço da ação atual é escolhido. Um *spread calendário altista* envolve um preço de exercício mais elevado, enquanto um *spread calendário baixista* envolve um preço de exercício mais baixo.

Os spreads calendário podem ser criados com opções de venda e não apenas com as de compra. O investidor compra uma opção de venda de maturidade maior e vende uma opção de venda com maturidade mais curta. Como mostrado na Figura 12.9, o padrão de lucro é semelhante àquele obtido usando opções de compra.

Um *spread calendário invertido* é o oposto daquele mostrado nas Figuras 12.8 e 12.9. O investidor compra uma opção de maturidade mais curta e vende uma de maturidade mais longa. Um pequeno lucro ocorre se o preço da ação na expiração da opção de maturidade mais curta fica bastante acima ou bastante abaixo do preço da opção de maturidade mais curta. Contudo, se o preço fica próximo ao de exercício, o resultado é um prejuízo.

Spreads diagonais

Os spreads de alta, baixa e calendário podem ser criados usando uma posição comprada em uma opção de compra e uma opção vendida em outra. No caso dos spreads de alta e de baixa, as opções de compra têm preços de exercício diferentes e a mesma data de expiração. No caso dos spreads calendário, as opções de compra têm o mesmo preço de exercício e datas de expiração diferentes.

Em um *spread diagonal*, a data de expiração e o preço de exercício das opções de compra são diferentes, o que aumenta a gama de padrões de lucro possíveis.

12.4 COMBINAÇÕES

Uma *combinação* é uma estratégia de negociação de opções que envolve assumir uma posição em opções de compra e de venda sobre a mesma ação. Nesta seção, vamos considerar os *straddles*, *strips*, *straps* e *strangles*.

Straddle

Uma combinação popular é um *straddle*, que envolve comprar uma opção de compra europeia e uma de venda com os mesmos preço de exercício e data de expiração. O padrão de lucro é aquele mostrado na Figura 12.10. O preço de exercício é denotado por K. Se o preço da ação é próximo ao preço de exercício na expiração das opções, o *straddle* leva a uma perda. Contudo, se há um movimento suficientemente grande em qualquer direção, o resultado é um lucro significativo. O resultado de um *straddle* está calculado na Tabela 12.5.

Um *straddle* é apropriado quando o investidor espera um grande movimento no preço da ação, mas não sabe em qual direção ele ocorrerá. Considere um investidor que acredita que o preço de uma determinada ação, atualmente avaliada em $69 pelo mercado, se moverá significativamente nos próximos 3 meses. O investidor poderia criar um *straddle* comprando uma opção de venda e uma de compra com preço de exercício de $70 e data de expiração em 3 meses. Suponha que a opção de compra custa $4 e a de venda custa $3. Se o preço da ação permanece em $69, é fácil ver que a estratégia custa $6 para o investidor. (É necessário um investimento inicial de $7, a opção de compra expira sem valor e a opção de venda expira com valor de $1.) Se o preço da ação aumenta para $70, a perda sofrida é de $7. (Esse é o pior resultado possível.) Contudo, se o preço da ação salta para $90, o investidor tem lucro de $13; se ela cai para $55, o lucro é de $8; e assim por diante. Como discutido na História de Negócios 12.2, o investidor deve considerar com muito cuidado se o salto esperado já não esta refletido nos preços das opções antes de estruturar um *straddle*.

O *straddle* na Figura 12.10 também é chamado de *bottom straddle* ou *straddle de compra*. Um *top straddle* ou *straddle de venda* é a posição contrária. Ela é criada pela venda de uma opção de compra e uma de venda com os mesmos preços de exercício e datas de expiração. É uma estratégia altamente arriscada. Se o preço da

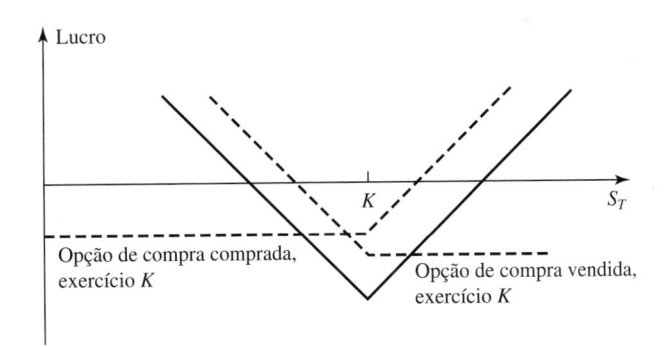

FIGURA 12.10 Lucro de um *straddle*.

TABELA 12.5 Resultado de um straddle

Amplitude do preço da ação	Resultado da opção de compra	Resultado da opção de venda	Resultado total
$S_T \leq K$	0	$K - S_T$	$K - S_T$
$S_T > K$	$S_T - K$	0	$S_T - K$

> **História de Negócios 12.2** Como ganhar dinheiro negociando *straddles*
>
> Suponha que se espera um grande movimento no preço das ações de uma empresa. Ela pode ser alvo de uma tentativa de aquisição ou então o resultado de um grande processo judicial envolvendo a empresa está prestes a ser anunciado. Você deveria ou não negociar um *straddle*?
>
> Nesse caso, um *straddle* parece uma estratégia de negociação natural. Contudo, se sua perspectiva sobre a situação da empresa está alinhada às dos outros participantes do mercado, essa visão se refletirá nos preços das opções. As opções sobre a ação serão significativamente mais caras do que aquelas sobre uma ação semelhante para a qual não se espera um salto. O padrão de lucro em formato de V do *straddle* na Figura 12.10 se moverá para baixo, de modo que um movimento maior no preço da ação será necessário para que você obtenha lucro.
>
> Para que o *straddle* seja uma estratégia efetiva, é preciso acreditar que um grande movimento no preço da ação é provável e também que essa crença seja diferente da opinião da maioria dos outros investidores. Os preços de mercado incorporam as crenças dos participantes do mercado. Para ganhar dinheiro com qualquer estratégia de investimento, é preciso adotar uma perspectiva diferente daquela que predomina no mercado... e é preciso estar certo!

ação na data de expiração for próximo ao preço de exercício, o resultado é um lucro. Contudo, não há limites para a perda resultante de uma movimentação maior.

Strips e straps

Um *strip* é composto de uma posição comprada em uma opção de compra europeia e duas opções de venda europeias com o mesmo preço de exercício e mesma data de expiração. Um *strap* é composto de uma posição comprada em duas opções de compra europeias e uma opção de venda europeia com o mesmo preço de exercício e a mesma data de expiração. Os padrões de lucros dos *strips* e *straps* aparecem na Figura 12.11. Em um *strip*, o investidor está apostando que haverá uma movimentação forte no preço da ação e considera uma redução no preço da ação mais provável do que um aumento. Em um *strap*, o investidor também aposta que haverá um movimento forte, mas nesse caso o aumento no preço da ação é considerado mais provável do que uma redução.

Strangles

Em um *strangle*, também chamado de *combinação vertical de baixa*, o investidor compra uma opção de venda europeia e uma opção de compra europeia com a mesma data de expiração e preços de exercício diferentes. A Figura 12.12 mostra o padrão de lucro. O preço de exercício da opção de compra, K_2, é maior do que o preço de exercício da opção de venda, K_1. A função de resultado para um *strangle* está calculada na Tabela 12.6.

Um *strangle* é uma estratégia semelhante a um *straddle*. O investidor está apostando que haverá um movimento forte no preço, mas não tem certeza se será um

Strip (uma opção de compra + duas opções de venda)

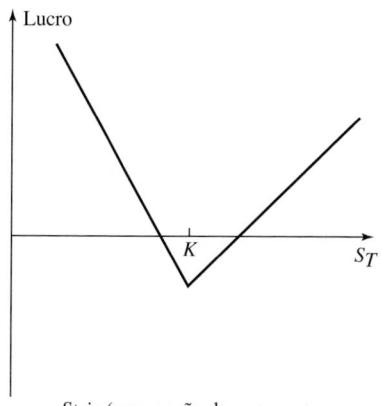

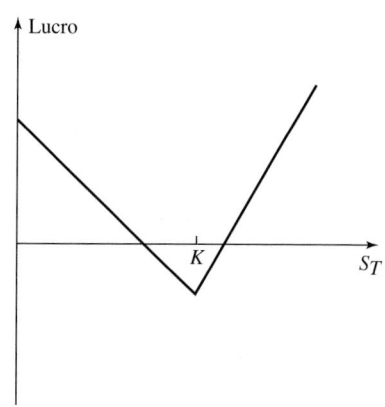

Strap (duas opções de compra + uma opção de venda)

FIGURA 12.11 Lucro de um *strip* e um *strap*.

TABELA 12.6 Resultado de um strangle

Amplitude do preço da ação	Resultado da opção de compra	Resultado da opção de venda	Resultado total
$S_T \leq K_1$	0	$K_1 - S_T$	$K_1 - S_T$
$K_1 < S_T < K_2$	0	0	0
$S_T \geq K_2$	$S_T - K_2$	0	$S_T - K_2$

aumento ou uma redução. Comparando as Figuras 12.12 e 12.10, vemos que o preço da ação precisa se mover mais em um *strangle* do que em um *straddle* para que o investidor obtenha lucro. Contudo, o risco negativo caso o preço acabe em um valor central é menor com um *strangle*.

O padrão de lucros obtido com um *strangle* depende da proximidade dos preços de exercício. Quanto mais distantes eles forem, menor o risco negativo e mais o preço precisa se mover para que seja realizado um lucro.

A venda de um *strangle* também é chamada de *combinação vertical de alta*. Ela pode ser apropriada para um investidor que acredita que um grande movimento no preço da ação é improvável. Contudo, assim como na venda de um *straddle*, ela representa uma estratégia arriscada e que envolve um potencial de perda ilimitado para o investidor.

12.5 OUTROS RESULTADOS

Este capítulo demonstrou algumas das maneiras pelas quais podemos usar opções para produzir uma relação interessante entre o lucro e o preço da ação. Se opções europeias com expiração no tempo T estivessem disponíveis para todos os preços de exercício possíveis, na teoria, seria possível obter qualquer função de resultado no tempo T. A ilustração mais fácil disso envolve os spreads borboleta. Lembre-se de

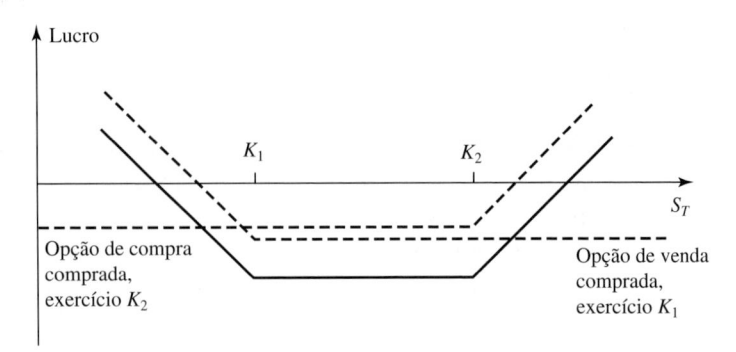

FIGURA 12.12 Lucro de um *strangle*.

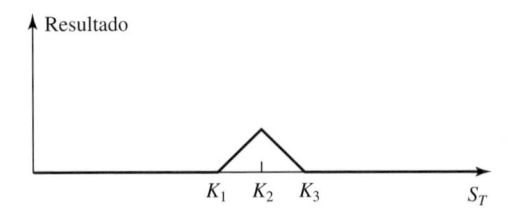

FIGURA 12.13 "Resultado de pico" de um spread borboleta que pode ser usado como pedra fundamental para criar outros resultados.

que um spread borboleta é criado pela compra de opções com preços de exercício K_1 e K_3 e a venda de duas opções com o preço de exercício K_2, onde $K_1 < K_2 < K_3$ e $K_3 - K_2 = K_2 - K_1$. A Figura 12.13 mostra o resultado de um spread borboleta. O padrão pode ser descrito como um pico. À medida que K_1 e K_3 se aproximam, o pico diminui. Pela combinação inteligente de um grande número de picos muito pequenos, é possível aproximar qualquer função de resultado com toda a precisão desejada.

RESUMO

As notas com principal protegido podem ser criadas a partir de um bônus de cupom zero e uma opção de compra europeia. Elas são atraentes para alguns investidores porque o emissor do produto garante que o comprador receberá seu principal de volta independentemente do desempenho do ativo subjacente à opção.

Diversas estratégias de negociação comuns envolvem uma única opção e a ação subjacente. Por exemplo, lançar uma opção coberta envolve comprar a ação e vender uma opção de compra sobre a ação; um *protective put* envolve comprar uma opção de venda e comprar a ação. O primeiro é semelhante a vender uma opção de venda, o segundo é semelhante a comprar uma opção de compra.

Os spreads envolvem assumir uma posição em duas ou mais opções de compra ou em duas ou mais opções de venda. Um spread de alta pode ser criado com a compra de uma opção de compra (venda) com baixo preço de exercício e a venda de uma opção de compra (venda) com alto preço de exercício. Um spread de baixa pode ser criado com a compra de uma opção de venda (compra) com alto preço de exercício e a venda de uma opção de venda (compra) com baixo preço de exercício. Um spread borboleta envolve comprar opções de compra (venda) com baixo e alto preços de exercício e a venda de duas opções de compra (venda) com algum preço de exercício intermediário. Um spread calendário envolve vender uma opção de compra (venda) com pouco tempo até a expiração e a compra de uma opção de compra (venda) com mais tempo até a expiração. Um spread diagonal envolve uma posição comprada em uma opção e uma posição vendida em outra opção tais que o preço de exercício e a data de expiração sejam diferentes.

As combinações envolvem assumir uma posição em opções de compra e de venda sobre a mesma ação. Uma combinação *straddle* envolve assumir uma posição comprada em uma opção de compra e uma posição comprada em uma opção de venda com o mesmo preço de exercício e data de expiração. Um *strip* consiste em uma posição comprada em uma opção de compra e duas opções de venda com o mesmo preço de exercício e data de expiração. Um *strap* consiste em uma posição comprada duas opções de compra e uma de venda com o mesmo preço de exercício e data de expiração. Um *strangle* consiste em uma posição comprada em uma opção de compra e uma de venda com preços de exercício diferentes e a mesma data de expiração. Há muitas outras maneiras de usar opções para produzir resultados interessantes. Não surpreende que a negociação de opções está se tornando cada vez mais popular e continua a fascinar os investidores.

LEITURAS COMPLEMENTARES

Bharadwaj, A. and J. B. Wiggins. "Box Spread and Put–Call Parity Tests for the S&P Index LEAPS Markets", *Journal of Derivatives*, 8, 4 (Summer 2001): 62–71.

Chaput, J. S., and L. H. Ederington, "Option Spread and Combination Trading," *Journal of Derivatives*, 10, 4 (Summer 2003): 70–88.

McMillan, L. G. *Options as a Strategic Investment*, 5th edn. Upper Saddle River, NJ: Prentice Hall, 2012.

Rendleman, R. J. "Covered Call Writing from an Expected Utility Perspective", *Journal of Derivatives*, 8, 3 (Spring 2001): 63–75.

Ronn, A. G. and E. I. Ronn. "The Box–Spread Arbitrage Conditions", *Review of Financial Studies*, 2, 1 (1989): 91–108.

Questões e problemas

12.1 O que significa um *protective put*? Qual posição em opções de compra é equivalente a um *protective put*?

12.2 Explique duas maneiras de criar um spread de baixa.

12.3 Quando é apropriado que um investidor adquira um spread borboleta?

12.4 As opções de compra sobre uma ação estão disponíveis com preços de exercício de $15, $17,5 e $20, e datas de expiração em 3 meses. Seus preços são $4, $2 e $0,5, respectivamente. Explique como as opções podem ser utilizadas para criar um spread borboleta. Construa uma tabela mostrando como o lucro varia com o preço da ação para o spread borboleta.

12.5 Qual estratégia de negociação cria um spread calendário invertido?

12.6 Qual é a diferença entre um *strangle* e um *straddle*?

12.7 Uma opção de compra com preço de exercício de $50 custa $2. Uma opção de venda com preço de exercício de $45 custa $3. Explique como um *strangle* pode ser criado a partir dessas duas opções. Qual é o padrão de lucro do *strangle*?

12.8 Use a paridade put–call para relacionar o investimento inicial para um spread de alta criado usando opções de compra com o investimento inicial para um spread de alta criado usando opções de venda.

12.9 Explique como um spread de baixa agressivo pode ser criado usando opções de venda.

12.10 Suponha que as opções de venda sobre uma ação com preços de exercício de $30 e $35 custam $4 e $7, respectivamente. Como as opções podem ser utilizadas para criar (a) um spread de alta e (b) um spread de baixa? Construa uma tabela que mostre o lucro e o resultado de ambos os spreads.

12.11 Use a paridade put–call para mostrar que o custo de um spread borboleta criado a partir de opções de venda europeias é idêntico ao de um spread borboleta criado a partir de opções de compra europeias.

12.12 Uma opção de compra com preço de exercício de $60 custa $6. Uma opção de venda com o mesmo preço de exercício e data de expiração custa $4. Construa uma tabela mostrando o lucro do *straddle*. Para qual faixa de preços o *straddle* levaria a um prejuízo?

12.13 Construa uma tabela mostrando o resultado de um spread de alta quando são utilizadas opções de venda com preços de exercício K_1 e K_2, com $K_2 > K_1$.

12.14 Um investidor acredita que haverá um grande salto no preço de uma ação, mas não tem certeza sobre a direção. Identifique seis estratégias diferentes que o investidor pode seguir e explique as diferenças entre elas.

12.15 Como um contrato a termo sobre uma ação com um preço de entrega e uma data de entrega determinados pode ser criado a partir de opções.

12.16 "Um *box spread* é composto de quatro opções. Duas podem ser combinadas para criar uma posição a termo comprada e duas podem ser combinadas para criar uma posição a termo vendida." Explique essa afirmação.

12.17 Qual é o resultado se o preço de exercício da opção de venda é maior do que o preço de exercício da opção de compra em um *strangle*?

12.18 Um índice oferece um rendimento em dividendos de 1% e tem volatilidade de 20%. A taxa de juros livre de risco é 4%. Quanto tempo uma nota com principal protegida, criada como no Exemplo 12.1, precisa durar para que seja lucrativa para o banco que a emite?

Questões adicionais

12.20 Um trader cria um spread de baixa vendendo uma opção de venda de 6 meses com um preço de exercício de $25 por $2,15 e comprando uma opção de venda de 6 meses com preço de exercício de $29 por $4,75. Qual é o investimento inicial? Qual é o resultado total (excluindo o investimento inicial) quando o preço da ação em 6 meses é (a) $23, (b) $28 e (c) $33?

12.21 Um trader vende um *strangle* com a venda de uma opção de compra europeia de 6 meses com preço de exercício de $50 por $3 e a venda de uma opção de venda europeia de 6 meses com preço de exercício de $40 por $4. Para qual faixa de preços do ativo subjacente em 6 meses o trader obtém um lucro?

12.22 Três opções de venda sobre uma ação têm a mesma data de expiração e preços de exercício de $55, $60 e $65. Os preços de mercado são $3, $5 e $8, respectivamente. Explique como seria possível criar um spread borboleta. Construa uma tabela mostrando o lucro da estratégia. Para qual faixa de preços de ações o spread borboleta levaria a uma perda?

12.23 Um spread diagonal é criado pela compra de uma opção de compra com preço de exercício K_2 e data de exercício T_2 e a venda de uma opção de compra com preço de exercício K_1 e data de exercício T_1, onde $T_2 > T_1$. Desenhe um diagrama mostrando o lucro no tempo T_1 quando (a) $K_2 > K_1$ e (b) $K_2 < K_1$.

12.24 Desenhe um diagrama mostrando a variação do lucro e o prejuízo de um investidor com o preço de ação final para um portfólio composto de:
   (a) Uma ação e uma posição vendida em uma opção de compra.
   (b) Duas ações e uma posição vendida em uma opção de compra.
   (c) Uma ação e uma posição vendida em duas opções de compra.
   (d) Uma ação e uma posição vendida em quatro opções de compra.

   Em todos os casos, pressuponha que a opção de compra tem preço de exercício igual ao preço da ação atual.

12.25 Suponha que o preço de uma ação que não paga dividendos é $32, sua volatilidade é 30% e a taxa de juros livre de risco para todas as maturidades é 5% ao ano. Calcule o custo de estruturar as seguintes posições:
   (a) Um spread de alta usando opções de compra europeias com preços de exercício de $25 e $30 e maturidade de 6 meses.
   (b) Um spread de baixa usando opções de venda europeias com preços de exercício de $25 e $30 e maturidade de 6 meses.
   (c) Um spread borboleta usando opções de compra europeias com preços de exercício de $25, $30 e $35 e maturidade de 1 ano.
   (d) Um spread borboleta usando opções de venda europeias com preços de exercício de $25, $30 e $35 e maturidade de 1 ano.
   (e) Um *straddle* usando opções com preço de exercício de $30 e uma maturidade de 6 meses.
   (f) Um *strangle* usando opções com preços de exercício de $25 e $35 e uma maturidade de 6 meses.

   Em cada um dos casos, crie uma tabela mostrando a relação entre o lucro e o preço final da ação. Ignore o impacto do desconto.

12.26 Qual posição de negociação é criada a partir de um *strangle* comprado e um *straddle* vendido quando ambos têm o mesmo tempo até a maturidade? Pressuponha que o preço de exercício no *straddle* é intermediário entre os dois preços de exercício do *strangle*.

12.27 Descreva a posição de negociação criada quando uma opção de compra é adquirida com preço de exercício K_2 e uma opção de venda é vendida com preço de exercício K_1 quando ambas têm o mesmo tempo até a maturidade e $K_2 > K_1$. O que acontece com a posição quando $K_1 = K_2$?

12.28 Um banco decide criar uma nota com principal protegido sobre uma ação que não paga dividendos oferecendo aos investidores um cupom de bônus zero mais um spread de alta criado usando opções de compra. A taxa de juros livre de risco é 4% e a volatilidade do preço da ação é 25%. A opção com baixo preço de exercício no spread de alta está no dinheiro. Qual é a razão máxima entre o preço de exercício alto e o baixo no spread de alta?

CAPÍTULO

13

Árvores binomiais

Uma técnica muito útil e popular para o apreçamento de uma opção envolve construir uma *árvore binomial*, um diagrama representando os diferentes caminhos possíveis que poderiam ser seguidos pelo preço da ação durante a vida de uma opção. O pressuposto fundamental é que o preço da ação segue um *caminho aleatório*. Em cada passo no tempo, ela tem determinada probabilidade de subir por um certo valor percentual e determinada probabilidade de cair por um certo valor percentual. No limite, à medida que cada passo no tempo diminui, o modelo passa a ser igual ao modelo de Black–Scholes–Merton que discutiremos no Capítulo 15. Na verdade, no apêndice deste capítulo, mostramos que o preço de opção europeia dado pela árvore binomial converge com o preço de Black–Scholes–Merton à medida que cada passo no tempo diminui.

O material neste capítulo é importante por diversos motivos. Primeiro, ele explica a natureza dos argumentos sem arbitragem usados para avaliar opções. Segundo, ele explica o procedimento numérico de árvores binomiais bastante usado para avaliar opções americanas e outros derivativos. Terceiro, ele apresenta um princípio muito importante, conhecido como avaliação *risk-neutral*.

A abordagem geral à construção de árvore neste capítulo é aquela usada em um artigo importante publicado por Cox, Ross e Rubinstein em 1979. Mais detalhes sobre os procedimentos numéricos que usam árvores binomiais serão dados no Capítulo 21.

13.1 UM MODELO BINOMIAL DE UM PASSO E UM ARGUMENTO SEM ARBITRAGEM

Em um primeiro momento, vamos considerar uma situação bastante simples. O preço da ação atual é $20 e sabe-se que ao final de 3 meses será $22 ou $18. Estamos interessados em avaliar uma opção de compra europeia para comprar a ação por $21 em 3 meses. Essa opção terá um de dois valores ao final de 3 meses. Se o preço da ação for $22, o valor da opção será $1; se o preço da ação for $18, o valor da opção será zero. A Figura 13.1 ilustra a situação.

```
                                          Preço da ação = $22
                                          Preço da opção = $1

    Preço da ação = $20

                                          Preço da ação = $18
                                          Preço da opção = $0
```

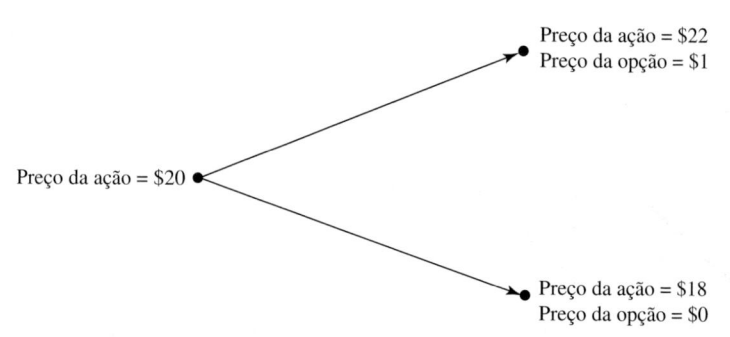

FIGURA 13.1 Movimentos nos preços de ações para o exemplo numérico na Seção 13.1.

Acontece que um argumento relativamente simples pode ser utilizado para apreçar a opção nesse exemplo. O único pressuposto necessário é que não existam oportunidades de arbitragem. Estruturamos um portfólio da ação e da opção de tal modo que não haja incerteza sobre o valor do portfólio ao final de 3 meses. A seguir, argumentamos que como o portfólio não tem risco, o retorno que gera deve ser igual à taxa de juros livre de risco. Isso nos permite descobrir o custo de estruturar o portfólio e, logo, o preço da opção. Como há dois valores mobiliários (a ação e a opção sobre a ação) e apenas dois resultados possíveis, sempre é possível estruturar um portfólio sem risco.

Considere um portfólio composto de uma posição comprada em Δ ações da empresa e uma posição vendida em uma opção de compra (Δ é a letra maiúscula grega "delta"). Calculamos o valor de Δ que torna o portfólio livre de risco. Se o preço da ação sobe de $20 para $22, o valor das ações é 22Δ e o valor da opção é 1, de modo que o valor total do portfólio é $22\Delta - 1$. Se o preço da ação cai de $20 para $18, o valor das ações é 18Δ e o valor da opção é zero, então o valor total do portfólio é 18Δ. O portfólio é livre de risco caso o valor de Δ seja escolhido de forma que o valor final do portfólio seja igual para ambas as alternativas. Isso significa que:

$$22\Delta - 1 = 18\Delta$$

ou:

$$\Delta = 0{,}25$$

Um portfólio sem risco é, assim:

Comprado: 0,25 ação

Vendido: 1 opção.

Se o preço da ação sobe $22, o valor do portfólio é:

$$22 \times 0{,}25 - 1 = 4{,}5$$

Se o preço da ação cai para $18, o valor do portfólio é:

$$18 \times 0{,}25 = 4{,}5$$

Independentemente do preço da ação subir ou descer, o valor do portfólio sempre é 4,5 ao final da vida da opção.

Na ausência de oportunidades de arbitragem, os portfólios sem risco devem obter a taxa de juros livre de risco. Suponha que, nesse caso, a taxa de juros livre de risco é de 12% ao ano. Logo, o valor do portfólio hoje deve ser o valor presente de 4,5, ou:

$$4{,}5e^{-0{,}12 \times 3/12} = 4{,}367$$

Sabe-se que o valor do preço da ação hoje é $20. Suponha que o preço da ação é denotado por f. O valor do portfólio hoje é:

$$20 \times 0{,}25 - f = 5 - f$$

Logo:

$$5 - f = 4{,}367$$

ou:

$$f = 0{,}633$$

Isso mostra que, na ausência de oportunidades de arbitragem, o valor atual da opção deve ser 0,633. Se o valor da opção fosse maior do que 0,633, o portfólio custaria menos de 4,367 para ser estruturado e obteria mais do que a taxa de juros livre de risco. Se o valor da opção fosse menos de 0,633, vender o portfólio a descoberto representaria uma maneira de tomar dinheiro emprestado a menos do que a taxa de juros livre de risco.

Negociar 0,25 ação é, obviamente, impossível. Contudo, o argumento é o mesmo se imaginarmos a venda de 400 opções e a compra de 100 ações. Em geral, é necessário comprar Δ ações para cada opção vendida para formar um portfólio sem risco. O parâmetro Δ (delta) é importante no hedge de opções. Ele será discutido posteriormente neste capítulo e também no Capítulo 19.

Uma generalização

Podemos generalizar o argumento sem arbitragem apresentado anteriormente considerando uma ação cujo preço é S_0 e uma opção sobre tal ação (ou qualquer derivativo dependente da ação) cujo preço atual é f. Vamos supor que a opção dura o tempo T e que durante a vida desta o preço da ação pode subir de S_0 para um novo nível, $S_0 u$, onde $u > 1$, ou descer de S_0 para um novo nível, $S_0 d$, onde $d < 1$. O aumento percentual no preço da ação quando há um movimento positivo é $u - 1$; a redução percentual quando há um movimento negativo é $1 - d$. Se o preço da ação sobe para $S_0 u$, supomos que o resultado da opção é f_u; se o preço da ação cai para $S_0 d$, supomos que o resultado da opção é f_d. A Figura 13.2 ilustra a situação.

Assim como antes, imaginamos um portfólio composto de uma posição comprada em Δ ações e uma posição vendida em uma opção. Calculamos o valor de Δ que torna o portfólio sem risco. Se há um movimento positivo no preço da ação, o valor do portfólio ao final da vida da opção é:

$$S_0 u \Delta - f_u$$

Se há um movimento descendente no preço da ação, o valor se torna:

$$S_0 D \Delta - f_d$$

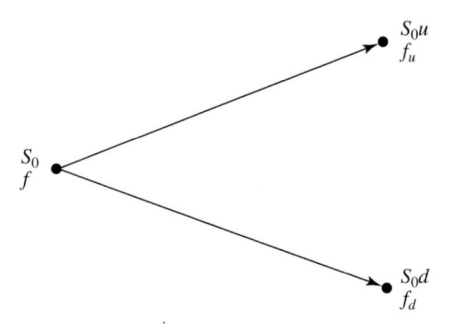

FIGURA 13.2 Preços de ações e opções em uma árvore de um passo geral.

Os dois são iguais quando:

$$S_0 u \Delta - f_u = S_0 d \Delta - f_d$$

ou:

$$\Delta = \frac{f_u - f_d}{S_0 u - S_0 d} \quad (13.1)$$

Nesse caso, o portfólio é sem risco e, para que não haja oportunidades de arbitragem, ele deve obter a taxa de juros livre de risco. A equação (13.1) mostra que Δ é a razão entre a mudança no preço da opção e a mudança no preço da ação à medida que nos movemos entre os nós no tempo T.

Se denotamos a taxa de juros livre de risco por r, o valor presente do portfólio é:

$$(S_0 u \Delta - f_u) e^{-rT}$$

O custo de montar o portfólio é:

$$S_0 \Delta - f$$

Logo:

$$S_0 \Delta - f = (S_0 u \Delta - f_u) e^{-rT}$$

ou:

$$f = S_0 \Delta (1 - u e^{-rT}) + f_u e^{-rT}$$

Da equação (13.1), substituindo o valor de Δ, obtemos:

$$f = S_0 \left(\frac{f_u - f_d}{S_0 u - S_0 d} \right) (1 - u e^{-rT}) + f_u e^{-rT}$$

ou:

$$f = \frac{f_u (1 - d e^{-rT}) + f_d (u e^{-rT} - 1)}{u - d}$$

ou:

$$f = e^{-rT} [p f_u + (1 - p) f_d] \quad (13.2)$$

onde:

$$p = \frac{e^{rT} - d}{u - d} \quad (13.3)$$

As equações (13.2) e (13.3) permitem que uma opção seja apreçada quando os movimentos no preço da ação são dados por uma árvore binomial de um passo. O único pressuposto necessário para a equação é que não haja oportunidades de arbitragem no mercado.

No exemplo numérico considerado anteriormente (ver Figura 13.1), $u = 1,1$, $d = 0,9$, $r = 0,12$, $T = 0,25$, $f_u = 1$ e $f_d = 0$. Da equação (13.3), temos:

$$p = \frac{e^{0,12 \times 3/12} - 0,9}{1,1 - 0,9} = 0,6523$$

e, da equação (13.2), temos:

$$f = e^{-0,12 \times 0,25}(0,6523 \times 1 + 0,3477 \times 0) = 0,633$$

O resultado concorda com a resposta obtida anteriormente nesta seção.

Irrelevância do retorno esperado da ação

A fórmula de apreçamento de opções na equação (13.2) não envolve as probabilidades de o preço das ações subir ou cair. Por exemplo, obtemos o mesmo preço de opção quando a probabilidade de um movimento positivo é 0,5 e quando é 0,9. O resultado é surpreendente e parece contraintuitivo. É natural pressupor que, à medida que a probabilidade de um movimento positivo no preço da ação aumenta, o valor de uma opção de compra sobre a ação aumenta e o valor de uma opção de venda sobre a ação diminui. Mas não é o caso.

O principal motivo é que não avaliamos a opção em termos absolutos. Estamos calculando seu valor em termos do preço da ação subjacente. As probabilidades de movimentos positivos ou negativos futuros já estão incorporados no preço da ação: não precisamos levá-los em conta novamente quando avaliamos a opção em termos de preço da ação.

13.2 AVALIAÇÃO *RISK-NEUTRAL*

Agora podemos introduzir um princípio muito importante do apreçamento de derivativos, a *avaliação risk-neutral*. Ela afirma que, quando avaliamos um derivativo, podemos pressupor que os investidores são *risk-neutral* (ou seja, neutros em relação ao risco). Esse pressuposto significa que os investidores não aumentam o retorno esperado que exigem de um investimento para compensar o risco maior. Um mundo no qual os investidores são *risk-neutral* é chamado de *mundo risk-neutral*. O mundo no qual vivemos, obviamente, não é um mundo *risk-neutral*. Quanto maiores os riscos assumidos pelos investidores, maiores os retornos esperados que exigem. Contudo, pressupor um mundo *risk-neutral* nos dá o preço de opção correto para o mundo em que vivemos, não apenas para um mundo *risk-neutral*. Quase que por milagre, essa premissa resolve o problema de não sabermos praticamente nada sobre o nível de aversão ao risco dos compradores e vendedores de opções.

A avaliação *risk-neutral* parecia um resultado surpreendente quando foi descoberta. As opções são investimentos arriscados. As preferências de risco dos indivíduos não deveriam afetar seu apreçamento? A resposta é que quando estamos apreçando uma opção em termos do preço da ação subjacente, as preferências de risco não são importantes. À medida que os investidores se tornam mais avessos a riscos, os preços das ações diminuem, mas as fórmulas que relacionam os preços de opções aos preços de ações permanecem as mesmas.

Um mundo *risk-neutral* tem duas características que simplificam o apreçamento de derivativos:

1. O retorno esperado sobre uma ação (ou qualquer outro investimento) é a taxa de juros livre de risco.
2. A taxa de desconto usada para o resultado esperado sobre uma opção (ou qualquer outro instrumento) é a taxa de juros livre de risco.

Voltando à equação (13.2), o parâmetro p deve ser interpretado como a probabilidade de um movimento positivo em um mundo *risk-neutral*, de modo que $1 - p$ é a probabilidade de um movimento negativo nesse mundo. Pressupomos que $u > e^{rT}$, então $0 < p < 1$. A expressão

$$pf_u + (1 - p)f_d$$

é o resultado futuro esperado da opção em mundo *risk-neutral*, e a equação (13.2) afirma que o valor da opção hoje é seu resultado futuro esperado em um mundo *risk-neutral*, descontado pela taxa de juros livre de risco. Essa é uma aplicação da avaliação *risk-neutral*.

Para provar a validade de nossa interpretação de p, observamos que quando p é a probabilidade de um movimento positivo, o preço da ação esperado $E(S_T)$ no tempo T é dada por:

$$E(S_T) = pS_0u + (1 - p)S_0d$$

ou:

$$E(S_T) = pS_0(u - d) + S_0d$$

Inserindo o resultado da equação (13.3) no lugar de p, obtemos:

$$E(S_T) = S_0e^{rT} \qquad (13.4)$$

Isso mostra que o preço da ação cresce, em média, à taxa de juros livre de risco quando p é a probabilidade de um movimento positivo. Em outras palavras, o preço da ação se comporta exatamente como seria esperado em um mundo *risk-neutral* quando p é a probabilidade de um movimento positivo.

A avaliação *risk-neutral* é um resultado geral importantíssimo no apreçamento de derivativos. Ela afirma que quando pressupomos que o mundo é *risk-neutral*, obtemos o preço certo para um derivativo em todos os mundos e não apenas em um mundo *risk-neutral*. Mostramos que a avaliação *risk-neutral* é correta quando se pressupõe um modelo binomial simples para o modo como o preço da ação evolui. Podemos demonstrar que o resultado é válido independentemente dos pressupostos que adotamos sobre a evolução do preço da ação.

Para aplicar a avaliação *risk-neutral* ao apreçamento de um derivativo, primeiro calculamos quais seriam as probabilidades de diferentes resultados se o mundo fosse *risk-neutral*. A seguir, calculamos o resultado esperado do derivativo e descontamos o resultado esperado pela taxa de juros livre de risco.

Revisitando o exemplo binomial de um passo

Agora voltamos ao exemplo na Figura 13.1 e ilustramos que a avaliação *risk-neutral* dá a mesma resposta que os argumentos sem arbitragem. Na Figura 13.1, o preço da ação atual é $20 e se moverá para $22 ou $18 ao final de 3 meses. A opção considerada é uma opção de compra europeia com preço de exercício de $21 e data de expiração em 3 meses. A taxa de juros livre de risco é 12% ao ano.

Definimos p como a probabilidade de um movimento positivo no preço da ação em um mundo *risk-neutral*. Podemos calcular p da equação (13.3). Por outro lado, poderíamos argumentar que o retorno esperado sobre a ação em um mundo *risk-neutral* deve ser a taxa de juros livre de risco de 12%. Isso significa que p deve satisfazer:

$$22p + 18(1 - p) = 20e^{0,12 \times 3/12}$$

ou:

$$4p = 20e^{0,12 \times 3/12} - 18$$

Ou seja, p deve ser 0,6523.

Ao final de 3 meses, a opção de compra tem probabilidade de 0,6523 de valer 1 e probabilidade de 0,3477 de valer zero. Seu valor esperado é, portanto:

$$0,6523 \times 1 + 0,3477 \times 0 = 0,6523$$

Em um mundo *risk-neutral*, esse resultado deve ser descontado pela taxa de juros livre de risco. O valor da opção hoje é, assim:

$$0,6523e^{-0,12 \times 3/12}$$

ou $0,633. É o mesmo valor obtido anteriormente, demonstrando que os argumentos sem arbitragem e a avaliação *risk-neutral* dão a mesma resposta.

Mundo real *versus* mundo *risk-neutral*

É preciso enfatizar que p é a probabilidade de um movimento positivo em um mundo *risk-neutral*. Em geral, esta não é a mesma que a probabilidade de um movimento positivo no mundo real. Em nosso exemplo, $p = 0,6523$. Quando a probabilidade de um movimento positivo é 0,6523, o retorno esperado sobre a ação e sobre a opção é a taxa de juros livre de risco de 12%. Suponha que, no mundo real, o retorno esperado sobre a ação é 16% e p^* é a probabilidade de um movimento positivo nesse mundo. Logo:

$$22p^* + 18(1 - p^*) = 20e^{0,16 \times 3/12}$$

de modo que $p^* = 0,7041$.

O resultado esperado da opção no mundo real é dado por:

$$p^* \times 1 + (1 - p^*) \times 0$$

ou 0,7041. Infelizmente, não é fácil conhecer a taxa de desconto correta a ser aplicada ao resultado esperado no mundo real. O retorno que o mercado exige sobre a ação é 16%, e essa é a taxa de desconto que seria usada para os fluxos de caixa esperados de um investimento na ação. Uma posição em uma opção de compra é mais arriscada do que uma posição na ação. Por consequência, a taxa de desconto que será aplicada ao resultado de uma opção de compra é maior do que 16%, mas não sabemos o quanto maior ela deve ser.[1] Usar a avaliação *risk-neutral* resolve esse problema, pois sabemos que em um mundo *risk-neutral* o retorno esperado sobre todos os ativos (e, logo, a taxa de desconto a ser usada para todos os resultados esperados) é a taxa de juros livre de risco.

13.3 ÁRVORES BINOMIAIS DE DOIS PASSOS

Podemos estender a análise para uma árvore binomial de dois passos como aquela mostrada na Figura 13.3. Nela, o preço da ação começa em $20 e em cada um dos dois passos no tempo pode subir 10% ou cair 10%. Cada passo no tempo tem 3 meses de duração e a taxa de juros livre de risco é de 12% ao ano. Vamos considerar uma opção de 6 meses com preço de exercício de $21.

O objetivo da análise é calcular o preço da opção no nó inicial da árvore. Para tanto, os princípios estabelecidos anteriormente neste capítulo devem ser aplicados de maneira repetida. A Figura 13.4 mostra a mesma árvore que a Figura 13.3, mas com o preço da ação e o preço da opção em cada nó. (O preço da ação é o número superior e o da opção é o número inferior.) Os preços de opções nos nós finais da

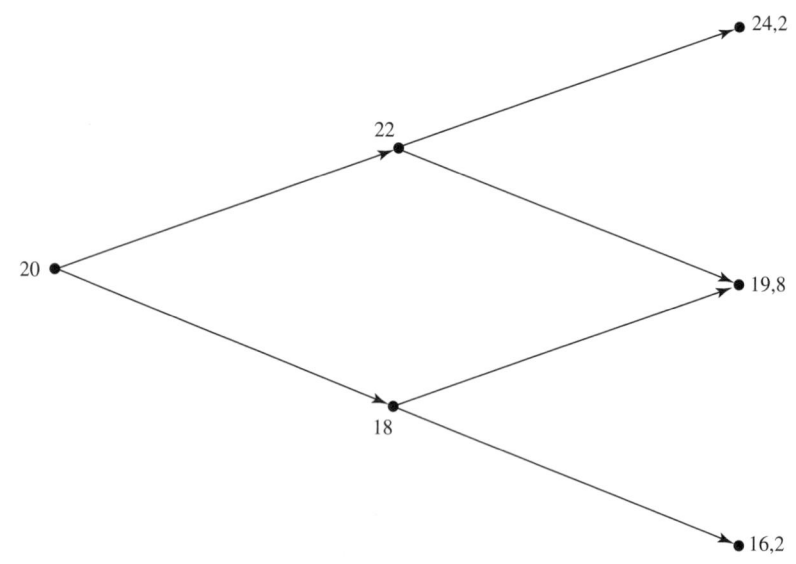

FIGURA 13.3 Preços de ações em uma árvore de dois passos.

---

[1] Como sabemos que o valor correto da opção é 0,633, podemos deduzir que a taxa de desconto do mundo real correta é 42,58%, pois $0,633 = 0,7041 e^{-0,4258 \times 3/12}$.

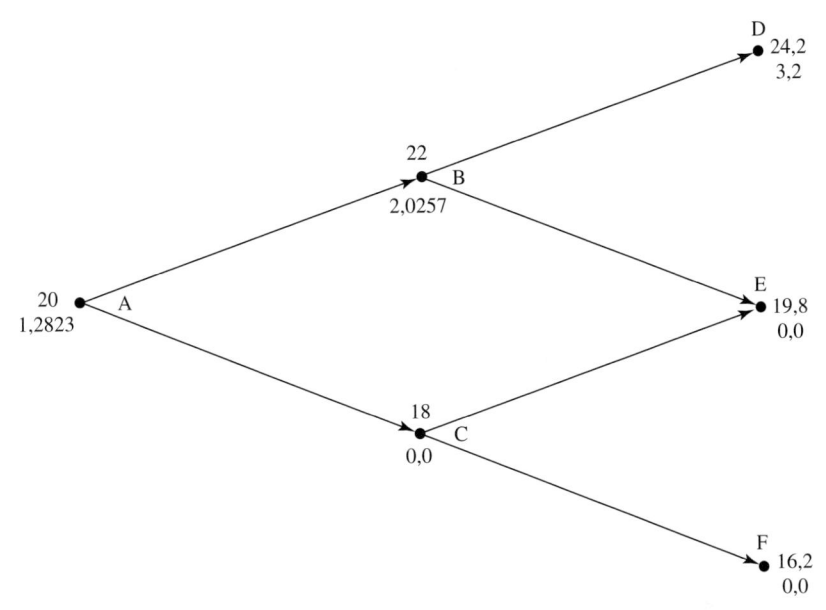

FIGURA 13.4 Preços de ações e opções em uma árvore de dois passos. O número superior em cada nó é o preço da ação e o número inferior é o preço da opção.

árvore são fáceis de calcular. Eles são os resultados da opção. No nó D, o preço da ação é 24,2 e o preço da opção é 24,2 − 21 = 3,2; nos nós E e F a opção está fora do dinheiro e seu valor é zero.

No nó C, o preço da opção é zero, pois o nó C leva ao nó E ou ao nó F, e em ambos o preço da opção é zero. Calculamos o preço da opção no nó B focando nossa atenção na parte da árvore mostrada na Figura 13.5. Usando a notação introduzida anteriormente neste capítulo, $u = 1,1$, $d = 0,9$, $r = 0,12$ e $T = 0,25$, de modo que $p = 0,6523$, e a equação (13.2) dá o valor da opção no nó B como:

$$e^{-0,12 \times 3/12}(0,6523 \times 3,2 + 0,3477 \times 0) = 2,0257$$

Ainda precisamos calcular o preço da opção no nó inicial A. Para tanto, nos concentramos no primeiro passo da árvore. Sabemos que o valor da opção no nó B é 2,0257 e que no nó C é zero. Assim, a equação (13.2) dá o valor no nó A como:

$$e^{-0,12 \times 3/12}(0,6523 \times 2,0257 + 0,3477 \times 0) = 1,2823$$

O valor da opção é $1,2823.

Observe que este exemplo foi construído de modo que u e d (os movimentos positivo e negativo proporcionais) fossem iguais em cada um dos nós da árvore e que os passos no tempo tivessem a mesma duração. Por consequência, a probabilidade *risk-neutral*, p, como calculada pela equação (13.3), é a mesma em cada nó.

Uma generalização

Podemos generalizar o caso de dois passos no tempo considerando a situação na Figura 13.6. Inicialmente, o preço da ação é S_0. Durante cada passo no tempo, ele sobe

```
            D  24,2
           •
          ↗   3,2
    22
   • B
  2,0257
          ↘
            E  19,8
           •   0,0
```

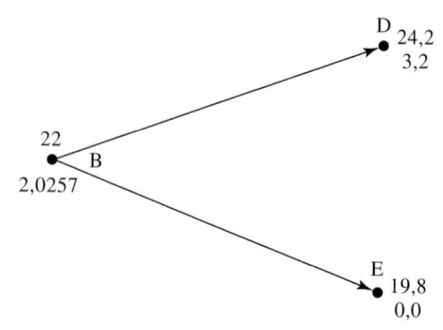

FIGURA 13.5 Avaliação do preço da opção no nó B da Figura 13.4.

para u vezes seu valor inicial ou cai para d vezes seu valor inicial. A notação para o valor da opção é mostrado na árvore. (Por exemplo, após dois movimentos positivos, o valor da opção é f_{uu}.) Vamos supor que a taxa de juros livre de risco é r e a duração de cada passo no tempo é Δt anos.

Como a duração do passo no tempo agora é Δt e não T, as equações (13.2) e (13.3) se tornam:

$$f = e^{-r\Delta t}[pf_u + (1-p)f_d] \tag{13.5}$$

$$p = \frac{e^{r\Delta t} - d}{u - d} \tag{13.6}$$

A aplicação repetida da equação (13.5) nos dá:

$$f_u = e^{-r\Delta t}[pf_{uu} + (1-p)f_{ud}] \tag{13.7}$$

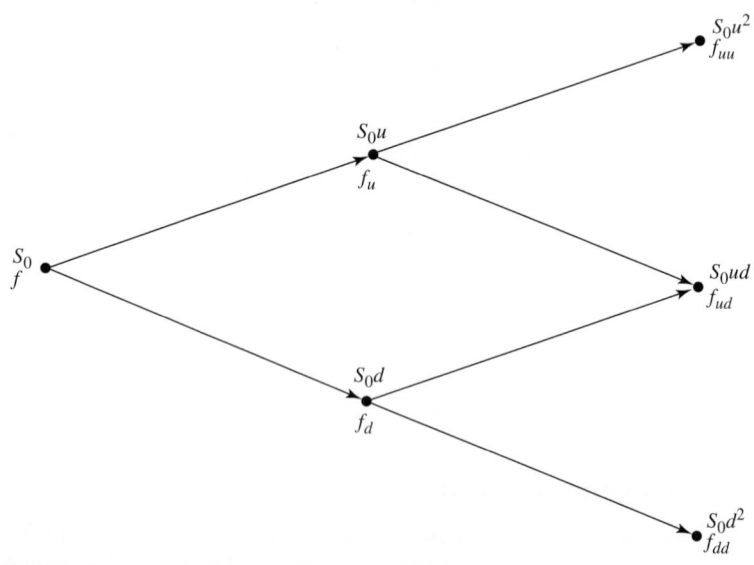

FIGURA 13.6 Preços de ações e opções em uma árvore de dois passos geral.

$$f_d = e^{-r\Delta t}[pf_{uu} + (1-p)f_{dd}] \tag{13.8}$$

$$f = e^{-r\Delta t}[pf_u + (1-p)f_d] \tag{13.9}$$

Inserindo as equações (13.7) e (13.8) na (13.9), obtemos:

$$f = e^{-2r\Delta t}[p^2 f_{uu} + 2p(1-p)f_{ud} + (1+p)^2 f_{dd}] \tag{13.10}$$

Isso é consistente com o princípio de avaliação *risk-neutral* mencionado anteriormente. As variáveis p^2, $2p(1-p)$ e $(1-p)^2$ são as probabilidades dos nós finais superior, médio e inferior serem alcançados. O preço da opção é igual a seu resultado esperado em um mundo *risk-neutral* descontado pela taxa de juros livre de risco.

À medida que adicionamos passos à árvore binomial, o princípio da avaliação *risk-neutral* continua a se manter válido. O preço da opção é sempre igual a seu resultado esperado em um mundo *risk-neutral* descontado pela taxa de juros livre de risco.

13.4 UM EXEMPLO DE OPÇÃO DE VENDA

Os procedimentos descritos neste capítulo também podem ser utilizados para opções de venda e não apenas para as de compra. Considere uma opção de venda europeia de 2 anos com preço de exercício de $52 sobre uma ação cujo preço atual é $50. Vamos supor que há dois passos no tempo de 1 ano e que em cada passo o preço da ação se move positiva ou negativamente em 20%. Vamos supor também que a taxa de juros livre de risco é 5%.

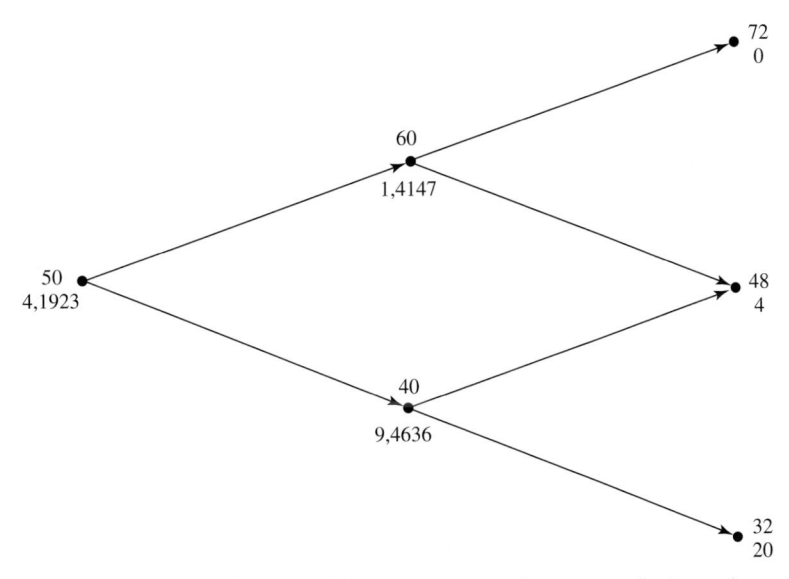

FIGURA 13.7 Uso de uma árvore de dois passos para avaliar uma opção de venda europeia. Em cada nó, o número superior é o preço da ação e o número inferior é o preço da opção.

A árvore se encontra na Figura 13.7. Nesse caso, $u = 1,2$, $d = 0,8$, $\Delta t = 1$ e $r = 0,05$. Da equação (13.6), o valor da probabilidade *risk-neutral*, p, é dado por:

$$p = \frac{e^{0,05 \times 1} - 0,8}{1,2 - 0,8} = 0,6282$$

Os preços finais possíveis da ação são: $72, $48 e $32. Nesse caso, $f_{uu} = 0$, $f_{ud} = 4$ e $f_{dd} = 20$. Da equação (13.10):

$$f = e^{-2 \times 0,05 \times 1}(0,6282^2 \times 0 + 2 \times 0,6282 \times 0,3718 \times 4 + 0,3718^2 \times 20) = 4,1923$$

O valor da opção de venda é $4,1923. Esse resultado também pode ser obtido usando a equação (13.5) e analisando a árvore retroativamente, um passo de cada vez. A Figura 13.7 mostra os preços de opção intermediários calculados.

13.5 OPÇÕES AMERICANAS

Até aqui, todas as opções que consideramos foram europeias. Agora passaremos a considerar como avaliar as opções americanas usando uma árvore binomial como aquelas nas Figuras 13.4 ou 13.7. O procedimento é analisar a árvore retroativamente, do final para o começo, testando cada nó para descobrir se o exercício antecipado seria ou não ideal. O valor da opção nos nós finais é o mesmo que aquele de uma opção europeia. Nos nós anteriores, o valor da opção é sempre o maior entre:

1. O valor dado pela equação (13.5).
2. O resultado do exercício antecipado.

A Figura 13.8 mostra como a Figura 13.7 é afetada se a opção sob consideração é americana em vez de europeia. Os preços das ações e suas probabilidades perma-

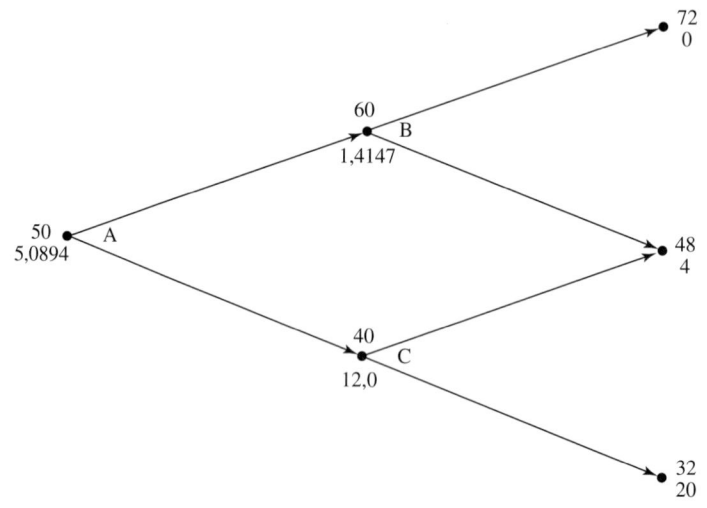

FIGURA 13.8 Uso de uma árvore de dois passos para avaliar uma opção de venda americana. Em cada nó, o número superior é o preço da ação e o número inferior é o preço da opção.

necem os mesmos. Os valores para a opção nos nós finais também não mudam. No nó B, a equação (13.5) dá o valor da opção como 1,4147, enquanto o resultado do exercício anterior é negativo (= −8). Claramente, o exercício antecipado não é ideal no nó B e o valor da opção nele é 1,4147. No nó C, a equação (13.5) dá o valor da opção como 9,4636, enquanto o resultado do exercício antecipado é 12. Nesse caso, o exercício antecipado é ideal e o valor da opção no nó é 12. No nó inicial A, o valor dado pela equação (13.5) é:

$$e^{-0,05 \times 1}(0,6282 \times 1,4147 + 0,3718 \times 12,0) = 5,0894$$

e o resultado do exercício antecipado é 2. Nesse caso, o exercício antecipado não é ideal. O valor da opção é, assim, $5,0894.

13.6 DELTA

Nesse momento, torna-se apropriado introduzir o *delta*, um parâmetro importante (também chamado de uma "letra grega" ou simplesmente uma "grega") ao apreçamento e hedge de opções.

O delta (Δ) de uma opção sobre ações é a razão entre a mudança no preço da opção sobre ações e a mudança no preço da ação subjacente. É o número de unidades da ação que devemos possuir para cada opção vendida a descoberto de modo a criar um portfólio livre de risco. Ele é igual ao Δ introduzido anteriormente neste capítulo. A construção de um portfólio sem risco também é chamada de *delta hedging*. O delta de uma opção de compra é positivo, enquanto o delta de uma opção de venda é negativo.

Da Figura 13.1, podemos calcular o valor do delta da opção de compra sendo considerada como:

$$\frac{1 - 0}{22 - 18} = 0,25$$

Isso ocorre porque quando o preço da ação muda de $18 para $22, o preço da opção muda de $0 para $1. (Esse também é o valor de Δ calculado na Seção 13.1.)

Na Figura 13.4, o delta correspondente aos movimentos de preço da ação durante o primeiro passo no tempo é:

$$\frac{2,0257 - 0}{22 - 18} = 0,5064$$

O delta para os movimentos do preço da ação durante o segundo passo no tempo é:

$$\frac{3,2 - 0}{24,2 - 19,8} = 0,7273$$

se há um movimento positivo durante o primeiro passo e:

$$\frac{0 - 0}{19,8 - 16,2} = 0$$

se há um movimento negativo durante o primeiro passo.

Da Figura 13.7, o delta é:

$$\frac{1{,}4147 - 9{,}4636}{60 - 40} = -0{,}4024$$

ao final do primeiro passo e:

$$\frac{0 - 4}{72 - 48} = -0{,}1667 \quad \text{ou} \quad \frac{4 - 20}{48 - 32} = -1{,}0000$$

ao final do segundo passo no tempo.

Os exemplos de dois passos mostram que o delta muda com o tempo. (Na Figura 13.4, o delta muda de 0,5064 para 0,7273 ou 0; e na Figura 13.7, ele muda de $-0{,}4024$ para $-0{,}1667$ ou $-1{,}0000$.) Assim, para manter um hedge sem risco usando uma opção e a ação subjacente, precisamos ajustar nossas posições na ação periodicamente. Voltaremos a essa característica das opções no Capítulo 19.

13.7 CORRESPONDÊNCIA DA VOLATILIDADE COM u E d

Os três parâmetros necessários para construir uma árvore binomial com passos no tempo Δt são u, d e p. Depois que u e d foram especificados, p deve ser escolhido para que o retorno esperado seja a taxa de juros livre de risco r. Como mostramos anteriormente:

$$p = \frac{e^{r\Delta t} - d}{u - d} \tag{13.11}$$

Os parâmetros u e d devem ser escolhidos para corresponder à volatilidade. A volatilidade da ação (ou qualquer outro ativo), σ, é definida de modo que o desvio padrão de seu retorno em um curto período de tempo Δt seja $\sigma\sqrt{\Delta t}$ (ver Capítulo 15 para uma análise mais detalhada da questão). De maneira equivalente, a variância do retorno no tempo Δt é $\sigma^2 \Delta t$. A variância de uma variável X é definida como $E(X^2) - [E(X)]^2$, onde E denota o valor esperado. Durante um passo no tempo de duração Δt, há uma probabilidade p de que a ação oferecerá um retorno de $u - 1$ e uma probabilidade $1 - p$ de que ela oferecerá um retorno de $d - 1$. Logo, a volatilidade é correspondida se:

$$p(u - 1)^2 + (1 - p)(d - 1)^2 - [p(u - 1) + (1 - p)(d - 1)]^2 = \sigma^2 \Delta t \tag{13.12}$$

Inserindo o p da equação (13.11), o resultado se simplifica para:

$$e^{r\Delta t}(u + d) - ud - e^{2r\Delta t} = \sigma^2 \Delta t \tag{13.13}$$

Quando os termos em Δt^2 e potências maiores de Δt são ignorados, uma solução da equação (13.13) é:[2]

$$u = e^{\sigma\sqrt{\Delta t}} \quad \text{e} \quad d = e^{-\sigma\sqrt{\Delta t}}$$

Esses são os valores de u e d usados por Cox, Ross e Rubinstein (1979).

---

[2] Aqui usamos a expansão em série:

$$e^x = 1 + x + \frac{x^2}{2!} + \frac{x^3}{3!} + \cdots$$

Na análise dada acima, escolhemos u e d para que correspondessem à volatilidade em um mundo *risk-neutral*. O que acontece se, em vez disso, eles corresponderem à volatilidade no mundo real. Como mostraremos a seguir, as fórmulas para u e d permanecem as mesmas.

Suponha que p^* é a probabilidade de um movimento positivo no mundo real, enquanto p é, assim como antes, a probabilidade de um movimento positivo em um mundo *risk-neutral*. É o que ilustra a Figura 13.9. Defina μ como o retorno esperado no mundo real. Devemos ter:

$$p^*u + (1 - p^*)d = e^{\mu \Delta t}$$

ou:
$$p^* = \frac{e^{\mu \Delta t} - d}{u - d} \tag{13.14}$$

Suponha que σ é a volatilidade no mundo real. A equação que corresponde à variância é a mesma que a equação (13.12), exceto que p é substituído por p^*. Quando essa equação é combinada com a equação (13.14), obtemos:

$$e^{\mu \Delta t}(u + d) - ud - e^{2\mu \Delta t} = \sigma^2 \Delta t$$

Essa é a mesma que a equação (13.13), exceto que r é substituído por μ. Quando os termos em Δt^2 e potências maiores de Δt são ignorados, a solução é a mesma que a da equação (13.13):

$$u = e^{\sigma \sqrt{\Delta t}} \quad \text{e} \quad d = e^{-\sigma \sqrt{\Delta t}}$$

O teorema de Girsanov

Os resultados que acabamos de produzir têm relação próxima com um resultado importante conhecido pelo nome de *teorema de Girsanov*. Quando passamos de um mundo *risk-neutral* para o mundo real, o retorno esperado do preço da ação muda, mas sua volatilidade permanece a mesma. Em termos mais gerais, quando passamos de um mundo com um conjunto de preferências de risco para um mundo com outro conjunto de preferências de risco, as taxas de crescimento esperadas nas variáveis mudam, mas suas volatilidades permanecem as mesmas. Analisaremos o impacto das preferências de risco sobre o comportamento das variáveis de mercado em mais

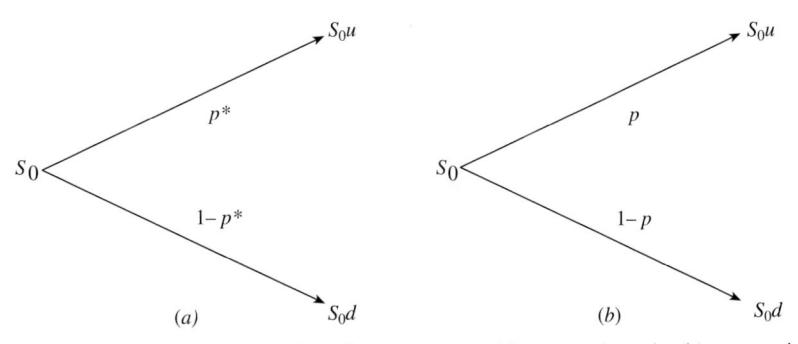

FIGURA 13.9 Mudança no preço da ação no tempo Δt (a) no mundo real e (b) no mundo *risk-neutral*.

detalhes no Capítulo 28. Passar de um conjunto de preferências de risco para outro também é chamado de *mudar a medida*. A medida do mundo real é chamada de *medida P*, enquanto a medida do mundo *risk-neutral* é chamada de *medida Q*.[3]

13.8 AS FÓRMULAS DE ÁRVORES BINOMIAIS

A análise na seção anterior mostra que quando a duração do passo de tempo em uma árvore binomial é Δt, devemos acertar a correspondência da volatilidade determinando:

$$u = e^{\sigma\sqrt{\Delta t}} \quad (13.15)$$

e:

$$d = e^{-\sigma\sqrt{\Delta t}} \quad (13.16)$$

Além disso, da equação (13.6):

$$p = \frac{a - d}{u - d} \quad (13.17)$$

onde:

$$a = e^{r\Delta t} \quad (13.18)$$

As equações (13.15) a (13.18) definem a árvore.

Considere mais uma vez a opção de venda americana na Figura 13.8, na qual o preço da ação é $50, o preço de exercício é $52, a taxa de juros livre de risco é 5%, a vida da opção é 2 anos e há dois passos no tempo. Nesse caso, $\Delta t = 1$. Suponha que a volatilidade σ é 30%. Assim, das equações (13.15) a (13.18), temos:

$$u = e^{0,3 \times 1} = 1,3499, \quad d = \frac{1}{1,3499} = 0,7408, \quad a = e^{0,05 \times 1} = 1,0513$$

e:

$$p = \frac{1,053 - 0,7408}{1,3499 - 0,7408} = 0,5097$$

A árvore aparece na Figura 13.10. O valor da opção de venda é 7,43. (Que é diferente do valor obtido na Figura 13.8 com o pressuposto de que $u = 1,2$ e $d = 0,8$.) Observe que a opção é exercida no final do primeiro passo no tempo caso o nó inferior seja alcançado.

13.9 AUMENTANDO O NÚMERO DE PASSOS

O modelo binomial apresentado anteriormente simplesmente não é realista. Claramente, o máximo que um analista pode esperar é uma aproximação grosseira de um

---

[3] Com a notação que estamos utilizando, p é a probabilidade sob a medida Q, enquanto $p*$ é a probabilidade sob a medida P.

```
                                              91,11
                                               0
                        67,49
                         0,93
    50                                         50
   7,43                                         2
                        37,04
                        14,96
                                              27,44
                                              24,56
```

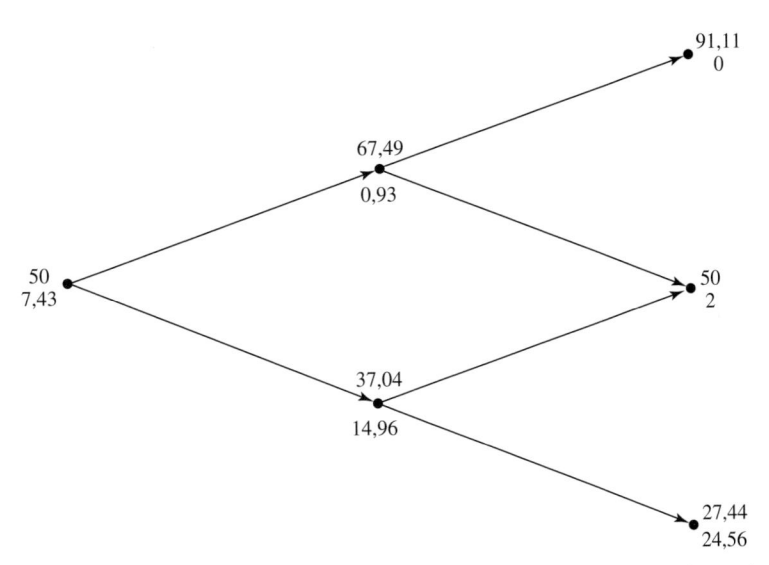

FIGURA 13.10 Árvore de dois passos para avaliar uma opção de venda americana de 2 anos quando o preço da ação é 50, o preço de exercício é 52, a taxa de juros livre de risco é 5% e a volatilidade é 30%.

preço de opção ao pressupor que os movimentos de preço da ação durante a vida da opção são compostos de um ou dois passos binomiais.

Quando as árvores binomiais são usadas na prática, a vida da opção normalmente é dividida em 30 ou mais passos no tempo. Em cada passo, há um movimento binomial no preço da ação. Com 30 passos no tempo, temos 31 preços de ação terminais e 2^{30}, ou cerca de 1 bilhão, de possíveis caminhos para o preço da ação que devem ser considerados.

As equações que definem a árvore são as equações (13.15) a (13.18), independentemente do número de passos no tempo. Suponha, por exemplo, que há cinco passos em vez de dois no exemplo considerado na Figura 13.10. Os parâmetros seriam $\Delta t = 2/5 = 0,4$, $r = 0,05$ e $\sigma = 0,3$. Esses valores dão $u = e^{0,3 \times \sqrt{0,4}} = 1,2089$, $d = 1/1,2089 = 0,8272$, $a = e^{0,05 \times 0,4} = 1,0202$ e $p = (1,0202 - 0,8272)/(1,2089 - 0,8272) = 0,5056$.

À medida que o número de passos no tempo aumenta (de modo que Δt diminui), o modelo de árvore binomial usa os mesmos pressupostos sobre o comportamento do preço da ação que o modelo de Black–Scholes–Merton, que será apresentado no Capítulo 15. Quando a árvore binomial é usada no apreçamento de uma opção europeia, o preço converge com o preço de Black–Scholes–Merton, como esperado, à medida que o número de passos no tempo aumenta. O material apresentado no apêndice deste capítulo comprova essa afirmação.

13.10 USANDO O DERIVAGEM

O software que acompanha este livro, o DerivaGem 3.00, é uma ferramenta útil para se acostumar com as árvores binomiais. Após carregar o software da maneira descrita no final deste livro, vá até a planilha Equity_FX_Indx_Fut_Opts_Calc. Escolha Equity como o Underlying Type e selecione Binomial American como Option Type. Insira o preço da ação, a volatilidade, a taxa de juros livre de risco, o tempo até a expiração, o preço de exercício e o número de passos da árvore como 50, 30%, 5%, 2, 52 e 2, respectivamente. Clique no botão *Put* e então em *Calculate*. O preço da opção é mostrado como 7,428 na caixa Price. Agora clique em *Display Tree* para ver o equivalente à Figura 13.10. (Os números em vermelho no software indicam os nós nos quais a opção é exercida.)

Volte à planilha Equity_FX_Indx_Fut_Opts_Calc e mude o número de passos para 5. Pressione Enter e clique em *Calculate*. Você verá que o valor da opção muda para 7,671. Clicando em *Display Tree*, a árvore de cinco passos é apresentada, junto com os valores de u, d, a e p calculados anteriormente.

O DerivaGem pode mostrar árvores com até 10 passos, mas os cálculos podem ser realizados para até 500 passos. No nosso exemplo, usar 500 passos dá o preço da opção (até duas casas decimais) como igual a 7,47. É uma resposta exata. Mudando Option Type para Binomial European, podemos usar a árvore para avaliar uma opção europeia. Usando 500 passos no tempo, o valor de uma opção europeia com os mesmos parâmetros que a opção americana é 6,76. (Mudando Option Type para Black–Scholes European, podemos ver o valor da opção usando a fórmula de Black–Scholes–Merton que será apresentada no Capítulo 15. O valor também é 6,76.)

Mudando o Underlying Type, podemos considerar opções sobre ativos que não ações, como veremos a seguir.

13.10 OPÇÕES SOBRE OUTROS ATIVOS

No Capítulo 10, introduzimos as opções sobre índices, moedas e contratos futuros, assunto que discutiremos em mais detalhes nos Capítulos 17 e 18. Mas acontece que a construção e uso de árvores binomiais para essas opções seguem exatamente o mesmo modo que para opções sobre ações, exceto que as equações para p mudam. Assim como no caso das opções sobre ações, a equação (13.2) se aplica, de modo que o valor em um nó (antes da possibilidade do exercício antecipado ser considerada) é p vezes o valor se há um movimento positivo mais $1 - p$ vezes o valor se há um movimento negativo, descontado pela taxa de juros livre de risco.

Opções sobre ações que pagam um rendimento em dividendos contínuo

Considere uma ação que paga um rendimento em dividendos conhecido à taxa q. O retorno total dos dividendos e ganhos de capital em um mundo *risk-neutral* é r. Os dividendos oferecem um retorno de q. Os ganhos de capital devem, assim, oferecer um retorno de $r - q$. Se a ação começa em S_0, seu valor esperado após um passo no tempo de duração Δt deve ser $S_0 e^{(r-q)\Delta t}$. Isso significa que:

$$pS_0 u + (1-p)S_0 d = S_0 e^{(r-q)\Delta t}$$

de modo que:

$$p = \frac{e^{(r-q)\Delta t} - d}{u - d}$$

Assim como no caso das opções sobre ações que não pagam dividendos, fazemos com que as variáveis correspondam à volatilidade determinando que $u = e^{\sigma\sqrt{\Delta t}}$ e $d = 1/u$. Isso significa que podemos usar as equações (13.15) a (13.18), exceto que estabelecemos $a = e^{(r-q)\Delta t}$ em vez de $a = e^{r\Delta t}$.

Opções sobre índices de ações

Quando calculamos um preço futuro para um índice de ações no Capítulo 5, pressupomos que as ações subjacentes ao índice ofereciam um rendimento em dividendos à taxa q. Usaremos um pressuposto semelhante aqui. A avaliação de uma opção sobre um índice de ações é, assim, bastante similar à avaliação de uma opção sobre uma ação que paga um rendimento em dividendos conhecido.

■ Exemplo 13.1

Um índice de ações está atualmente em 810 e tem volatilidade de 20% e rendimento em dividendos de 2%. A taxa de juros livre de risco é de 5%. A Figura 13.11 mostra o produto do DerivaGem para avaliar uma opção de compra europeia de 6 meses com preço de exercício de 800 usando uma árvore de dois passos. Nesse caso:

$$\Delta t = 0{,}25, \quad u = e^{0{,}20 \times \sqrt{0{,}25}} = 1{,}1052,$$
$$d = 1/u = 0{,}9048, \quad a = e^{(0{,}05-0{,}02) \times 0{,}25} = 1{,}0075$$
$$p = (1{,}0075 - 0{,}9048)/(1{,}1052 - 0{,}9048) = 0{,}5126$$

O valor da opção é 53,39. ■

Opções sobre moedas

Como indicado na Seção 5.10, uma moeda estrangeira pode ser considerada um ativo que oferece um rendimento à taxa de juros livre de risco estrangeira, r_f. Por analogia com o caso do índice de ações, podemos construir uma árvore para opções sobre uma moeda usando as equações (13.15) a (13.18) e estabelecendo que $a = e^{(r-r_f)\Delta t}$.

■ Exemplo 13.2

O dólar australiano atualmente vale 0,6100 dólares americanos e essa taxa de câmbio tem volatilidade de 12%. A taxa de juros livre de risco australiana é de 7% e a taxa de

Em cada nó:
Valor superior = Preço do ativo subjacente
Valor inferior = Preço da Opção
O sombreamento indica onde a opção é exercida

Preço de exercício = 800
Fator de desconto por passo = 0,9876
Passo no tempo, dt = 0,2500 anos, 91,25 dias
Fator de crescimento por passo, a = 1,0075
Probabilidade de movimento de alta, p = 0,5126
Tamanho do movimento de alta, u = 1,1052
Tamanho do movimento de baixa, d = 0,9048

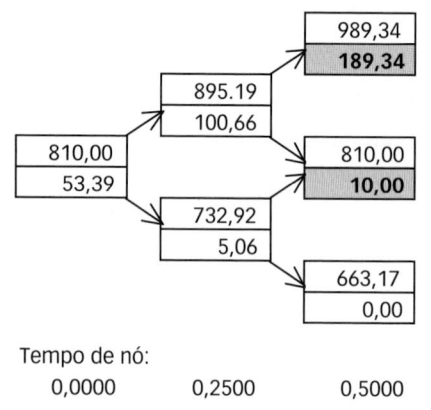

```
                                    989,34
                                    189,34
                   895.19
                   100,66
   810,00                           810,00
   53,39                             10,00
                   732,92
                    5,06
                                    663,17
                                     0,00
```

Tempo de nó:
0,0000   0,2500   0,5000

FIGURA 13.11 Árvore de dois passos para avaliar uma opção de compra europeia de 6 meses sobre um índice quando o nível do índice é 810, o preço de exercício é 800, a taxa de juros livre de risco é 5%, a volatilidade é 20% e o rendimento em dividendos é 2% (produto do DerivaGem).

juros livre de risco americana é de 5%. A Figura 13.12 mostra o produto do DerivaGem para a avaliação de uma opção de compra americana de 3 meses com preço de exercício de 0,6000 usando uma árvore de três passos. Nesse caso:

$$\Delta t = 0{,}08333, \quad u = e^{0{,}12 \times \sqrt{0{,}08333}} = 1{,}0352$$
$$d = 1/u = 0{,}9660, \quad a = e^{(0{,}05 - 0{,}07) \times 0{,}08333} = 0{,}9983$$
$$p = (0{,}9983 - 0{,}9660)/(1{,}0352 - 0{,}9660) = 0{,}4673$$

O valor da opção é 0,019. ∎

Opções sobre futuros

Não custa nada assumir uma posição comprada ou vendida em um contrato futuro. Logo, em um mundo *risk-neutral*, um preço futuro deveria ter uma taxa de crescimento esperada de zero. (Discutiremos essa questão em mais detalhes na Seção 18.7.) Assim como antes, definimos *p* como a probabilidade de um movimento

Em cada nó:
 Valor superior = Preço do ativo subjacente
 Valor inferior = Preço da opção
O sombreamento indica onde a opção é exercida

Preço de exercício = 0,6
Fator de desconto por passo = 0,9958
Passo no tempo, dt = 0,0833 ano, 30,42 dias
Fator de crescimento por passo, a = 0,9983
Probabilidade de movimento de alta, p = 0,4673
Tamanho do movimento de alta, u = 1,0352
Tamanho do movimento de baixa, d = 0,9660

Tempo de nó:
 0,0000   0,0833   0,1667   0,2500

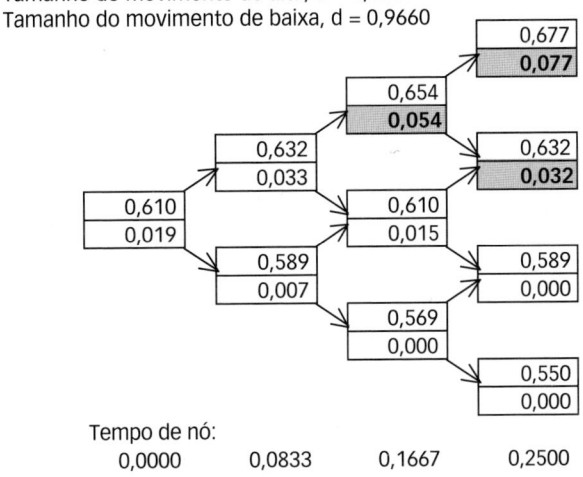

FIGURA 13.12 Árvore de três passos para avaliar uma opção de compra americana de 3 meses sobre uma moeda quando o valor da moeda é 0,6100, o preço de exercício é 0,6000, a taxa de juros livre de risco é 5%, a volatilidade é 12% e a taxa de juros livre de risco estrangeira é 7% (produto do DerivaGem).

positivo no preço futuro, u como o movimento positivo percentual e d como o movimento negativo percentual. Se F_0 é o preço futuro inicial, o preço futuro esperado ao final de um passo no tempo de duração Δt também deve ser F_0. Isso significa que:

$$pF_0u + (1 - p)F_0d = F_0$$

de modo que:

$$p = \frac{1-d}{u-d}$$

e podemos usar as equações (13.15) a (13.18) com a = 1.

■ *Exemplo 13.3*

Um preço futuro é atualmente 31 e tem volatilidade de 30%. A taxa de juros livre de risco é 5%. A Figura 13.13 mostra o produto do DerivaGem para avaliar uma opção de

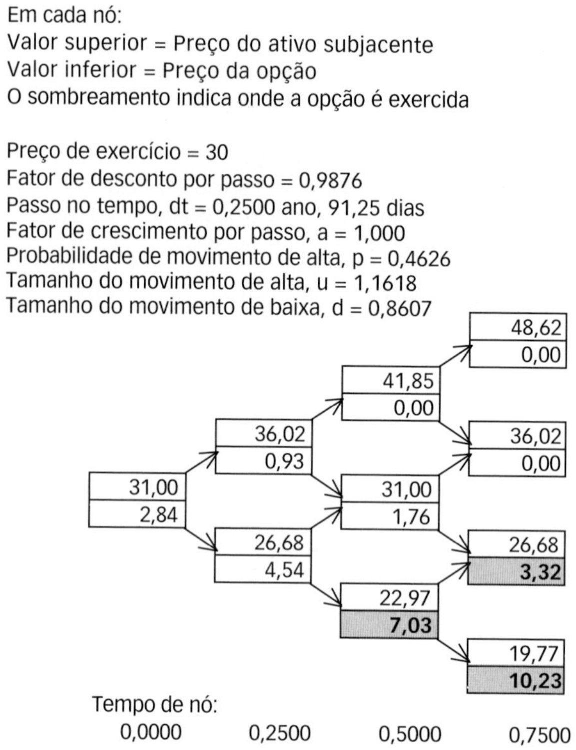

Em cada nó:
Valor superior = Preço do ativo subjacente
Valor inferior = Preço da opção
O sombreamento indica onde a opção é exercida

Preço de exercício = 30
Fator de desconto por passo = 0,9876
Passo no tempo, dt = 0,2500 ano, 91,25 dias
Fator de crescimento por passo, a = 1,000
Probabilidade de movimento de alta, p = 0,4626
Tamanho do movimento de alta, u = 1,1618
Tamanho do movimento de baixa, d = 0,8607

```
                                                    48,62
                                                    0,00
                                         41,85
                                         0,00
                              36,02              36,02
                              0,93               0,00
                  31,00                  31,00
                  2,84                   1,76
                              26,68              26,68
                              4,54               3,32
                                         22,97
                                         7,03
                                                    19,77
                                                    10,23
```

Tempo de nó:
0,0000   0,2500   0,5000   0,7500

FIGURA 13.13 Árvore em três passos para avaliar uma opção de venda americana de 9 meses sobre um contrato futuro quando o preço futuro é 31, o preço de exercício é 30, a taxa de juros livre de risco é 5% e a volatilidade é 30% (produto do DerivaGem).

venda americana de 9 meses com preço de exercício de 30 usando uma árvore de três passos. Nesse caso:

$$\Delta t = 0{,}25, \quad u = e^{0{,}3\sqrt{0{,}25}} = 1{,}1618$$
$$d = 1/u = 1/1{,}1618 = 0{,}8607, \quad a = 1,$$
$$p = (1 - 0{,}8607)/(1{,}1618 - 0{,}8607) = 0{,}4626$$

O valor da opção é 2,84. ∎

RESUMO

Este capítulo ofereceu uma primeira análise da avaliação de opções sobre ações e outros ativos com o uso de árvores. Na situação simples na qual os movimentos no preço da ação durante a vida da opção são governados por uma árvore binomial de um passo, é possível estruturar um portfólio sem risco composto de uma posição na opção sobre ações e uma posição na ação. Em um mundo sem oportunidades de arbitragem, os portfólios sem risco devem obter a taxa de juros livre de risco. Isso permite que a opção sobre ações seja apreçada em termos da ação em si. É interessante observar que não são necessários pressupostos sobre as probabilidades de movimentos positivos ou negativos no preço da ação em cada nó da árvore.

Quando os movimentos dos preços de ações são governados por uma árvore binomial de múltiplos passos, podemos tratar cada passo binomial separadamente e retroceder do fim da vida da opção até o início para obter o valor atual da opção. Mais uma vez, são utilizados apenas argumentos sem arbitragem e não são necessários pressupostos sobre as probabilidades de movimentos positivos ou negativos no preço da ação em cada nó.

Um princípio importantíssimo afirma que podemos pressupor que o mundo é *risk-neutral* quando avaliamos uma opção. Este capítulo mostrou, usando exemplos numéricos e álgebra, que os argumentos sem arbitragem e a avaliação *risk-neutral* são equivalentes e levam aos mesmos preços de opções.

O delta de uma opção sobre ações, Δ, considera o efeito de uma pequena mudança no preço da ação subjacente sobre a mudança no preço da opção. Ele é a razão entre a mudança no preço da opção e a mudança no preço da ação. Para uma posição sem risco, o investidor deve comprar Δ ações para cada opção vendida. Uma inspeção de uma árvore binomial típica mostra que o delta muda durante a vida da opção. Isso significa que para hedgear uma posição específica em opções, é preciso mudar periodicamente a posição nas ações subjacentes.

Construir árvores binomiais para avaliar opções sobre índices de ações, moedas e contratos futuros é bastante parecido com o processo usado para a avaliação de opções sobre ações. No Capítulo 21, voltaremos às árvores binomiais e forneceremos mais detalhes sobre como elas são utilizadas na prática.

LEITURAS COMPLEMENTARES

Coval, J. E. and T. Shumway. "Expected Option Returns", *Journal of Finance*, 56, 3 (2001): 983–1009.

Cox, J. C., S. A. Ross, and M. Rubinstein. "Option Pricing: A Simplified Approach", *Journal of Financial Economics* 7 (October 1979): 229–64.

Rendleman, R., and B. Bartter. "Two State Option Pricing", *Journal of Finance* 34 (1979): 1092–1110.

Shreve, S. E. *Stochastic Calculus for Finance I: The Binomial Asset Pricing Model*. New York: Springer, 2005.

Questões e problemas

13.1 O preço atual de uma ação é $40. Sabe-se que ao final de 1 mês ele será $42 ou $38. A taxa de juros livre de risco é 8% ao ano com capitalização contínua. Qual é o valor de uma opção de compra europeia de 1 mês com preço de exercício de $39?

13.2 Explique as abordagens sem arbitragem e de avaliação *risk-neutral* à avaliação de uma opção europeia usando uma árvore binomial de um passo.

13.3 O que significa o "delta" de uma opção sobre ações?

13.4 O preço atual de uma ação é $50. Sabe-se que ao final de 6 meses ele será $45 ou $55. A taxa de juros livre de risco é 10% ao ano com capitalização contínua. Qual é o valor de uma opção de venda europeia de 6 meses com preço de exercício de $50?

13.5 O preço atual de uma ação é $100. Durante os próximos dois períodos de 6 meses, espera-se que ele suba ou desça 10%. A taxa de juros livre de risco é 8% ao ano com capitalização contínua. Qual é o valor de uma opção de compra europeia de 1 ano com preço de exercício de $100?

13.6 Para a situação considerada no Problema 13.5, qual é o valor de uma opção de venda europeia de 1 ano com preço de exercício de $100? Confirme que os preços das opções de venda e de compra europeias se conformam com a paridade put–call.

13.7 Quais são as fórmulas para u e d em termos de volatilidade?

13.8 Considere a situação na qual os movimentos do preço da ação durante a vida de uma opção europeia são regidos por uma árvore binomial de dois passos. Explique por que não é possível estruturar uma posição na ação e na opção que permaneça livre de risco durante toda a vida da opção.

13.9 O preço atual de uma ação é $50. Sabe-se que ao final de 2 meses ele será $53 ou $48. A taxa de juros livre de risco é 10% ao ano com capitalização contínua. Qual é o valor de uma opção de compra europeia de 2 meses com preço de exercício de $49? Utilize argumentos sem arbitragem.

13.10 O preço atual de uma ação é $80. Sabe-se que ao final de 4 meses ele será $75 ou $85. A taxa de juros livre de risco é 5% ao ano com capitalização contínua. Qual é o valor de uma opção de venda europeia de 4 meses com preço de exercício de $80? Utilize argumentos sem arbitragem.

13.11 O preço atual de uma ação é $40. Sabe-se que ao final de 3 meses, ele será $45 ou $35. A taxa de juros livre de risco com capitalização trimestral é de 8% ao ano. Calcule o valor de uma opção de venda europeia de 3 meses sobre a ação com preço de exercício de $40. Confirme que os argumentos sem arbitragem e os argumentos de avaliação *risk-neutral* dão a mesma resposta.

13.12 O preço atual de uma ação é $50. Durante os próximos dois períodos de 3 meses, espera-se que ele suba 6% ou desça 5%. A taxa de juros livre de risco é 5% ao ano com capitalização contínua. Qual é o valor de uma opção de compra europeia de 6 meses com preço de exercício de $51?

13.13 Para a situação considerada no Problema 13.12, qual é o valor de uma opção de venda europeia de 6 meses com preço de exercício de $51? Confirme que os preços das opções de venda e de compra europeias se conformam com a paridade put–call. Se a opção de venda fosse americana, em algum dos nós da árvore seria ideal exercê-la antecipadamente?

13.14 O preço atual de uma ação é $25. Sabe-se que ao final de 2 meses será $23 ou $27. A taxa de juros livre de risco é 10% ao ano com capitalização contínua. Suponha que S_T é o preço da ação ao final de 2 meses. Qual é o valor de um derivativo que paga S_T^2 nesse tempo?

13.15 Calcule u, d e p quando uma árvore binomial é construída para avaliar uma opção sobre uma moeda estrangeira. A duração dos passos da árvore é 1 mês, a taxa de juros nacional é 5% ao ano, a taxa de juros estrangeira é 8% ao ano e a volatilidade é 12% ao ano.

13.16 A volatilidade uma ação que não paga dividendos cujo preço é $78 é 30%. A taxa de juros livre de risco é 3% ao ano (com capitalização contínua) para todas as maturidades. Calcule valores para u, d e p quando é usado um passo no tempo de 2 meses. Qual é o valor de uma opção de compra europeia de 4 meses com preço de exercício de $80 dado por uma árvore binomial de dois passos? Suponha que um trader vende 1.000 opções (10 contratos). Qual posição na ação é necessária para hedgear a posição do trader no momento da negociação?

13.17 Um índice de ações está atualmente em 1.500. Sua volatilidade é 18%. A taxa de juros livre de risco é de 4% ao ano (capitalização contínua) para todas as maturidades e o rendimento em dividendos sobre o índice é 2,5%. Calcule valores para u, d e p quando é usado um passo no tempo com 6 meses de duração. Qual é o valor de uma opção de venda americana de 12 meses com preço de exercício de 1.480 dado por uma árvore binomial de dois passos?

13.18 O preço futuro de um commodity é $90. Use uma árvore de três passos para avaliar (a) uma opção de compra americana de 9 meses com preço de exercício de $93 e (b) uma opção de venda americana de 9 meses com preço de exercício de $93. A volatilidade é 28% e a taxa de juros livre de risco (todas as maturidades) é 3% com capitalização contínua.

Questões adicionais

13.19 O preço atual de uma ação de biotecnologia que não paga dividendos é $140, com volatilidade de 25%. A taxa de juros livre de risco é de 4%. Para um passo no tempo com duração de 3 meses:
   (a) Qual é o movimento positivo percentual?
   (b) Qual é o movimento negativo percentual?
   (c) Qual é a probabilidade de um movimento positivo em um mundo *risk-neutral*?
   (d) Qual é a probabilidade de um movimento negativo em um mundo *risk-neutral*?

   Use uma árvore de dois passos para avaliar uma opção de compra europeia de 6 meses e uma opção de venda europeia de 6 meses. Em ambos os casos, o preço de exercício é $150.

13.20 No Problema 13.19, suponha que um trader vende 10.000 opções de compra europeias e a árvore de dois passos descreve o comportamento da ação. Quantas ações serão necessárias para hedgear a opção de compra europeia de 6 meses para o primeiro e o segundo período de 3 meses? Para o segundo período, considere o caso no qual o preço da ação sobe durante o primeiro período e o caso no qual ele diminui durante o primeiro período.

13.21 O preço atual de uma ação é $50. Sabe-se que ao final de 6 meses, ele será $60 ou $42. A taxa de juros livre de risco com capitalização contínua é de 12% ao ano. Calcule o valor de uma opção de compra europeia de 6 meses sobre a ação com preço de exercício de $48. Confirme que os argumentos sem arbitragem e os argumentos de avaliação *risk-neutral* dão a mesma resposta.

13.22 O preço atual de uma ação é $40. Durante os próximos dois períodos de 3 meses, espera-se que ele suba 10% ou desça 10%. A taxa de juros livre de risco é 12% ao ano com capitalização contínua. (a) Qual é o valor de uma opção de venda europeia de 6 meses com preço de exercício de $42? (b) Qual é o valor de uma opção de venda americana de 6 meses com preço de exercício de $42?

13.23 Usando uma abordagem de "tentativa e erro", estime o quão alto o preço de exercício precisa ser no Problema 13.22 para que seja ideal exercer a opção imediatamente.

13.24 O preço atual de uma ação é $30. Durante cada período de 2 meses pelos próximos 4 meses, ele aumentará em 8% ou se reduzirá em 10%. A taxa de juros livre de risco é de 5%. Use uma árvore de dois passos para calcular o valor de um derivativo que paga $[\max(30 - S_T, 0)]^2$, onde S_T é o preço da ação em 4 meses. Se o derivativo for americano, ele deveria ser exercido antecipadamente?

13.25 Considere uma opção de compra europeia sobre uma ação que não paga dividendos na qual o preço da ação é $40, o preço de exercício é $40, a taxa de juros livre de risco é 4% ao ano, a volatilidade é 30% ao ano e o tempo até a maturidade é de 6 meses.

(a) Calcule u, d e p para uma árvore de dois passos.
(b) Avalie a opção usando uma árvore de dois passos.

13.26 Repita o Problema 13.25 para uma opção de venda americana sobre um contrato futuro. O preço de exercício e o preço futuro são $50, a taxa de juros livre de risco é 10%, o tempo até a maturidade é 6 meses e a volatilidade é 40% ao ano.

13.27 A nota de rodapé 1 mostra que a taxa de desconto correta para o resultado esperado no mundo real no caso da opção de compra considerada na Figura 13.1 é 42,6%. Mostre que se a opção for de venda e não de compra, a taxa de desconto é 52,5%. Explique por que as duas taxas de desconto do mundo real são tão diferentes.

13.28 Um índice de ações está atualmente em 990, a taxa de juros livre de risco é 5% e o rendimento em dividendos sobre o índice é de 2%. Use uma árvore de três passos para avaliar uma opção de venda americana de 18 meses com preço de exercício de 1.000 quando a volatilidade é de 20% ao ano. Quanto o titular da opção ganha ao poder exercê-la antecipadamente? Quando esse ganho é realizado?

13.29 Calcule o valor de uma opção de compra americana de 9 meses referente à compra de 1 milhão de unidades de uma moeda estrangeira usando uma árvore binomial de três passos. A taxa de câmbio atual é 0,79 e o preço de exercício é 0,80 (ambos expressos em dólares por unidade da moeda estrangeira). A volatilidade da taxa de câmbio é de 12% ao ano. As taxas de juros livre de risco nacional e estrangeira são 2% e 5%, respectivamente. Qual posição na moeda estrangeira é necessária inicialmente para hedgear o risco?

APÊNDICE

Derivação da fórmula de apreçamento de opções de Black–Scholes–Merton a partir de uma árvore binomial

Uma maneira de derivar o famoso resultado de Black–Scholes–Merton para avaliar uma opção europeia sobre uma ação que não paga dividendos é fazer com que o número de passos no tempo em uma árvore binomial se aproxime do infinito.

Suponha que uma árvore com n passos no tempo é usada para avaliar uma opção de compra europeia com preço de exercício K e vida T. Cada passo tem duração de T/n. Se houve j movimentos positivos e $n - j$ movimentos negativos na árvore, o preço da ação final é $S_0 u^j d^{n-j}$, onde u é o movimento positivo proporcional, d é o movimento negativo proporcional e S_0 é o preço inicial da ação. O resultado de uma opção de compra europeia é, então:

$$\max(S_0 u^j d^{n-j} - K, 0)$$

Das propriedades da distribuição binomial, a probabilidade de exatamente j movimentos positivos e $n - j$ movimentos negativos é dada por:

$$\frac{n!}{(n-j)!\, j!} p^j (1-p)^{n-j}$$

Logo, o resultado esperado da opção de compra é:

$$\sum_{j=0}^{n} \frac{n!}{(n-j)!\, j!} p^j (1-p)^{n-j} \max(S_0 u^j d^{n-j} - K, 0)$$

Como a árvore representa movimentos em um mundo *risk-neutral*, podemos descontá-la pela taxa de juros livre de risco r para obter o preço da opção:

$$c = e^{-rT} \sum_{j=0}^{n} \frac{n!}{(n-j)!\, j!} p^j (1-p)^{n-j} \max(S_0 u^j d^{n-j} - K, 0) \quad (13A.1)$$

Os termos na equação (13A.1) são não zero quando o preço final da ação é maior do que o preço de exercício, ou seja, quando:

$$S_0 u^j d^{n-j} > K$$

ou:

$$\ln(S_0/K) > -j \ln(u) - (n-j) \ln(d)$$

Como $u = e^{\sigma \sqrt{T/n}}$ e $d = e^{-\sigma \sqrt{T/n}}$, essa condição se torna:

$$\ln(S_0/K) > n\sigma\sqrt{T/n} - 2j\sigma\sqrt{T/n}$$

ou:

$$j > \frac{n}{2} - \frac{\ln(S_0/K)}{2\sigma\sqrt{T/n}}$$

Assim, a equação (13A.1) pode ser escrita como:

$$c = e^{-rT} \sum_{j>\alpha} \frac{n!}{(n-j)!\,j!} p^j (1-p)^{n-j} (S_0 u^j d^{n-j} - K)$$

onde:

$$\alpha = \frac{n}{2} - \frac{\ln(S_0/K)}{2\sigma\sqrt{T/n}}$$

Por uma questão de conveniência, definimos:

$$U_1 = \sum_{j>\alpha} \frac{n!}{(n-j)!\,j!} p^j (1-p)^{n-j} u^j d^{n-j} \qquad (13A.2)$$

e:

$$U_2 = \sum_{j>\alpha} \frac{n!}{(n-j)!\,j!} p^j (1-p)^{n-j} \qquad (13A.3)$$

de modo que:

$$c = e^{-rT} (S_0 U_1 - K U_2) \qquad (13A.4)$$

Primeiro, considere o U_2. Como se sabe, a distribuição binomial se aproxima de uma distribuição normal à medida que o número de testes se aproxima do infinito. Mais especificamente, quando há n testes e p é a probabilidade de sucesso, a distribuição de probabilidade do número de sucessos é aproximadamente normal, com média np e desvio padrão $\sqrt{np(1-p)}$. A variável U_2 na equação (13A.3) é a probabilidade do número de sucessos ser maior do que α. Das propriedades da distribuição normal, por consequência, para um valor grande de n:

$$U_2 = N\left(\frac{np - \alpha}{\sqrt{np(1-p)}}\right) \qquad (13A.5)$$

onde N é a função de distribuição de probabilidade cumulativa para uma variável normal padrão. Substituindo α, obtemos:

$$U_2 = N\left(\frac{\ln(S_0/K)}{2\sigma\sqrt{T}\sqrt{p(1-p)}} + \frac{\sqrt{n}\,(p - \frac{1}{2})}{\sqrt{p(1-p)}}\right) \qquad (13A.6)$$

Das equações (13.15) a (13.18), temos:

$$p = \frac{e^{rT/n} - e^{-\sigma\sqrt{T/n}}}{e^{\sigma\sqrt{T/n}} - e^{-\sigma\sqrt{T/n}}}$$

Expandindo as funções exponenciais em uma série, vemos que, à medida que n tende ao infinito, $p(1-p)$ tende a $\frac{1}{4}$ e $\sqrt{n}(p - \frac{1}{2})$ tende a:

$$\frac{(r - \sigma^2/2)\sqrt{T}}{2\sigma}$$

de modo que, no limite, à medida que n tende ao infinito, a equação (13A.6) se torna:

$$U_2 = N\left(\frac{\ln(S_0/K) + (r - \sigma^2/2)T}{\sigma\sqrt{T}}\right) \quad (13A.7)$$

Agora passamos para a avaliação de U_1. Da equação (13A.2), temos:

$$U_1 = \sum_{j>\alpha} \frac{n!}{(n-j)!\,j!}(pu)^j[(1-p)d]^{n-j} \quad (13A.8)$$

Defina:

$$p^* = \frac{pu}{pu + (1-p)d} \quad (13A.9)$$

Logo:

$$1 - p^* = \frac{(1-p)d}{pu + (1-p)d}$$

e podemos escrever a equação (13A.8) como:

$$U_1 = [pu + (1-p)d]^n \sum_{j>\alpha} \frac{n!}{(n-j)!\,j!}(p^*)^j(1-p^*)^{n-j}$$

Como a taxa de retorno esperada no mundo *risk-neutral* é a taxa de juros livre de risco r, $pu + (1-p)d = e^{rT/n}$ e

$$U_1 = e^{rT} \sum_{j>\alpha} \frac{n!}{(n-j)!\,j!}(p^*)^j(1-p^*)^{n-j}$$

Isso mostra que U_1 envolve uma distribuição binomial na qual a probabilidade de um movimento positivo é p^* e não p. Aproximando a distribuição binomial com uma distribuição normal, obtemos, de forma semelhante à equação (13A.5):

$$U_1 = e^{rT} N\left(\frac{np^* - \alpha}{\sqrt{np^*(1-p^*)}}\right)$$

e substituindo α obtemos, assim como na equação (13A.6):

$$U_1 = e^{rT} N\left(\frac{\ln(S_0/K)}{2\sigma\sqrt{T}\sqrt{p^*(1-p^*)}} + \frac{\sqrt{n}(p^* - \frac{1}{2})}{\sqrt{p^*(1-p^*)}}\right)$$

Substituindo u e d na equação (13A.9), obtemos:

$$p^* = \left(\frac{e^{rT/n} - e^{-\sigma\sqrt{T/n}}}{e^{\sigma\sqrt{T/n}} - e^{-\sigma\sqrt{T/n}}}\right)\left(\frac{e^{\sigma\sqrt{T/n}}}{e^{rT/n}}\right)$$

Expandindo as funções exponenciais em uma série, vemos que, à medida que n tende ao infinito, $p^*(1-p^*)$ tende a $\frac{1}{4}$ e $\sqrt{n}(p^* - \frac{1}{2})$ tende a:

$$\frac{(r + \sigma^2/2)\sqrt{T}}{2\sigma}$$

com o resultado que:

$$U_1 = e^{rT} N\left(\frac{\ln(S_0/K) + (r + \sigma^2/2)T}{\sigma\sqrt{T}}\right) \qquad (13A.10)$$

Das equações (13A.4), (13A.7) e (13A.10), temos:

$$c = S_0 N(d_1) - Ke^{-rT} N(d_2)$$

onde:

$$d_1 = \frac{\ln(S_0/K) + (r + \sigma^2/2)T}{\sigma\sqrt{T}}$$

e:

$$d_2 = \frac{\ln(S_0/K) + (r - \sigma^2/2)T}{\sigma\sqrt{T}} = d_1 - \sigma\sqrt{T}$$

Essa é a fórmula de Black–Scholes–Merton para a avaliação de uma opção de compra europeia. Ela será discutida no Capítulo 15. Uma derivação alternativa é apresentada no apêndice desse capítulo.

CAPÍTULO

14

Processos de Wiener e lema de Itô

Qualquer variável cujo valor muda com o passar do tempo de uma maneira incerta segue um chamado *processo estocástico*. Os processos estocásticos podem ser classificados como de *tempo discreto* ou de *tempo contínuo*. Os processos estocásticos de tempo discreto são aqueles nos quais o valor da variável apenas pode mudar em pontos fixos no tempo, enquanto os processos estocásticos de tempo contínuo são aqueles nos quais a mudança pode ocorrer a qualquer momento. Os processos estocásticos também podem ser classificados entre os de *variável contínua* e os de *variável discreta*. Em um processo de variável contínua, a variável subjacente pode assumir qualquer valor dentro de uma determinada faixa, enquanto nos processos de variável discreta, apenas determinados valores discretos são possíveis.

Este capítulo desenvolve um processo de variável contínua e tempo contínuo para os preços de ações. Aprender sobre esse processo é o primeiro passo para entender o apreçamento de opções e de outros derivativos mais complexos. É preciso lembrar de que, na prática, não observamos os preços de ações seguindo processos de variável contínua e tempo contínuo. Os preços de ações se restringem a valores discretos (ex.: múltiplos de um centavo) e as mudanças somente podem ser observadas quando a bolsa está aberta para negociações. Ainda assim, o processo de variável contínua e tempo contínuo acaba sendo um modelo útil para diversos objetivos.

Muita gente acha que os processos estocásticos de tempo contínuo são tão complexos que deveriam ser deixados exclusivamente para os "cientistas de foguete". Não é verdade. O maior obstáculo para entender esses processos é sua notação. Neste capítulo, apresentamos uma abordagem passo a passo criada para ajudar o leitor a superar esse obstáculo. Também explicamos um resultado muito importante, chamado de *lema de Itô*, que é fundamental para o apreçamento de derivativos.

14.1 A PROPRIEDADE DE MARKOV

Um *processo de Markov* é um tipo específico de processo estocástico no qual apenas o valor atual de uma variável é relevante para prever o futuro. A história pregressa da variável e a maneira como o presente emergiu do passado são irrelevantes.

Em geral, pressupõe-se que os preços de ações seguem um processo de Markov. Imagine que o preço de uma ação é $100 hoje. Se o preço da ação segue um processo de Markov, nossas previsões para o futuro não devem ser afetadas pelo preço da semana passada, mês passado ou ano passado. A única informação relevante é que o preço é $100 hoje.[1] As previsões para o futuro são incertas e devem ser expressas em termos de distribuições de probabilidade. A propriedade de Markov sugere que a distribuição de probabilidade do preço em um momento futuro qualquer não depende do caminho específico seguido pelo preço no passado.

A propriedade de Markov dos preços de ações é consistente com a forma mais fraca da eficiência de mercado, segundo a qual o preço presente de uma ação integra todas as informações contidas em um registro dos preços passados. Se a forma mais fraca da eficiência de mercado não fosse verdadeira, os analistas técnicos poderiam obter retornos acima da média com a interpretação de gráficos da história pregressa dos preços de ações, mas não há evidências de que eles realmente conseguem realizar esse feito.

É a concorrência no mercado que tende a garantir que a forma mais fraca da eficiência de mercado e a propriedade de Markov são válidas. Muitos investidores acompanham o mercado de ações com muito interesse. Isso leva a uma situação na qual o preço da ação, em um momento qualquer, reflete as informações sobre preços passados. Imagine que alguém descobrisse que um determinado padrão no preço de uma ação sempre dá uma chance de 65% de aumentos subsequentes rápidos. Os investidores tentariam comprar a ação assim que o padrão fosse observado e a procura por ela aumentaria imediatamente. O resultado seria um aumento imediato no preço, eliminando o efeito observado, assim como quaisquer oportunidades de lucro com as operações.

14.2 PROCESSOS ESTOCÁSTICOS DE TEMPO CONTÍNUO

Considere uma variável que segue um processo estocástico de Markov. Suponha que seu valor atual é 10 e que a mudança em seu valor durante um ano é $\phi(0, 1)$, onde $\phi(m, v)$ denota uma distribuição de probabilidade normalmente distribuída, com média m e variância v.[2] Qual é a distribuição de probabilidade da mudança no valor da variável durante 2 anos?

A mudança em 2 anos é a soma de duas distribuições normais, cada uma das quais tem média zero e variância 1,0. Como a variável segue um processo de Markov, as duas distribuições de probabilidade são independentes. Quando somamos duas distribuições normais independentes, o resultado é uma distribuição normal na qual a média é a soma das médias e a variância é a soma das variâncias. A média da mudança durante 2 anos na variável que estamos considerando é, portanto, zero, e a variância dessa mudança é 2,0. Assim, a mudança na variável durante 2 anos tem a distribuição $\phi(0, 2)$. O desvio padrão da mudança é $\sqrt{2}$.

---

[1] As propriedades estatísticas do histórico do preço da ação podem ser úteis para determinar as características do processo estocástico seguido pelo preço da ação (ex.: sua volatilidade). A ideia sendo defendida nesta seção é que o caminho específico seguido pela ação no passado é irrelevante.

[2] A variância é o quadrado do desvio padrão. O desvio padrão de uma mudança de 1 ano no valor da variável que estamos considerando é, assim, 1,0.

A seguir, considere a mudança na variável durante 6 meses. A variância da mudança no valor da variável durante 1 ano é igual à variância da mudança durante os primeiros 6 meses mais a variância da mudança durante os segundos 6 meses. Vamos pressupor que elas são iguais. Logo, a variância da mudança durante um período de 6 meses deve ser 0,5. De forma equivalente, o desvio padrão da mudança é $\sqrt{0,5}$. A distribuição de probabilidade para a mudança no valor da variável durante 6 meses é $\phi(0, 0,5)$.

Um argumento semelhante mostra que a distribuição de probabilidade para a mudança no valor da variável durante 3 meses é $\phi(0, 0,25)$. Em termos mais gerais, a mudança durante qualquer período de tempo de duração T é $\phi(0, T)$. Em especial, a mudança durante um período de duração muito curta Δt é $\phi(0, \Delta t)$.

Observe que quando os processos de Markov são considerados, as variâncias das mudanças em períodos de tempo sucessivos são aditivas. Os desvios padrões das mudanças em períodos de tempo sucessivos não são aditivos. A variância da mudança na variável em nosso exemplo é de 1,0 por ano, então a variância da mudança em 2 anos é 2,0 e a variância da mudança em 3 anos é 3,0. Os desvios padrões das mudanças em 2 e 3 anos são $\sqrt{2}$ e $\sqrt{3}$, respectivamente. (Em termos mais estritos, não deveríamos nos referir ao desvio padrão da variável como 1,0 por ano.) Os resultados explicam por que alguns autores afirmam que a incerteza é proporcional à raiz quadrada do tempo.

Processo de Wiener

O processo seguido pela variável que estamos considerando é chamado de *processo de Wiener*, um tipo específico de processo estocástico de Markov com mudança média de zero e taxa de variância de 1,0 ao ano. O processo foi usado na física para descrever o movimento de uma partícula sujeita a um grande número de pequenos choques moleculares e também é chamado de *movimento browniano*.

Expressa formalmente, uma variável z segue um processo de Wiener se possui as duas propriedades a seguir:

Propriedade 1. *A mudança Δz durante um período curto Δt é:*

$$\Delta z = \epsilon \sqrt{\Delta t} \tag{14.1}$$

onde ϵ tem uma distribuição normal padrão $\phi(0, 1)$.

Propriedade 2. *Os valores de Δz para quaisquer dois intervalos curtos de tempo diferentes, Δt, são independentes.*

Logo, segundo a primeira propriedade, Δz em si tem uma distribuição normal com:

$$\text{média de } \Delta z = 0$$
$$\text{desvio padrão de } \Delta z = \sqrt{\Delta t}$$
$$\text{variância de } \Delta z = \Delta t$$

A segunda propriedade implica que z segue um processo de Markov.

Considere a mudança no valor de z durante um período relativamente longo, T. Esta pode ser denotada por $z(T) - z(0)$. Ela pode ser considerada como igual à soma das mudanças em z em N intervalos de pequena duração Δt, onde:

$$N = \frac{T}{\Delta t}$$

Assim:

$$z(T) - z(0) = \sum_{i=1}^{N} \epsilon_i \sqrt{\Delta t} \qquad (14.2)$$

onde os ϵ_i ($i = 1, 2, ..., N$) são distribuídos $\phi(0, 1)$. Da segunda propriedade dos processos de Wiener, sabemos que os ϵ_i são independentes uns dos outros. Logo, da equação (14.2), $z(T) - z(0)$ é normalmente distribuído, com:

$$\text{média de } [z(T) - z(0)] = 0$$
$$\text{variância de } [z(T) - z(0)] = N \Delta t = T$$
$$\text{desvio padrão de } [z(T) - z(0)] = \sqrt{T}$$

Isso é consistente com nossa discussão anterior nesta seção.

■ *Exemplo 14.1*

Suponha que o valor, z, de uma variável que segue um processo de Wiener inicialmente é 25 e que o tempo é medido em anos. Ao final de 1 ano, o valor da variável é distribuído normalmente, com média 25 e desvio padrão 1,0. Ao final de 5 anos, ela é distribuída normalmente com média 25 e desvio padrão $\sqrt{5}$, ou 2,236. Nossa incerteza sobre o valor da variável em um determinado ponto no futuro, como medida pelo seu desvio padrão, aumenta com a raiz quadrada da extensão do período futuro analisado. ■

No cálculo normal, geralmente se procede de mudanças pequenas até o limite à medida que as primeiras se aproximam de zero. Assim, $dx = adt$ é a notação usada para indicar que $\Delta x = a\Delta t$ no limite à medida que $\Delta t \to 0$. Utilizamos convenções de notação semelhantes no cálculo estocástico. Assim, quando chamamos dz de um processo de Wiener, queremos dizer que tem as propriedades para Δz dadas acima no limite à medida que $\Delta t \to 0$.

A Figura 14.1 ilustra o que acontece ao caminho seguido por z à medida que se aproxima do limite $\Delta t \to 0$. Observe que o caminho é bastante "serrilhado". Isso ocorre porque o desvio padrão do movimento z no tempo Δt é igual a $\sqrt{\Delta t}$ e, quando Δt é pequeno, $\sqrt{\Delta t}$ é muito maior do que Δt. Duas propriedades intrigantes dos processos de Wiener, relacionadas a essa propriedade $\sqrt{\Delta t}$, são que:

1. A duração esperada do caminho seguido por z em qualquer intervalo de tempo é infinita.
2. O número esperado de vezes em que z é igual a qualquer valor específico em qualquer intervalo de tempo é infinito.[3]

---

[3] Isso ocorre porque z tem alguma probabilidade não zero de ser igual a qualquer valor v no intervalo de tempo. Se for igual a v no tempo t, o número esperado de vezes em que é igual a v na vizinhança imediata de t é infinito.

Valor relativamente grande de Δt

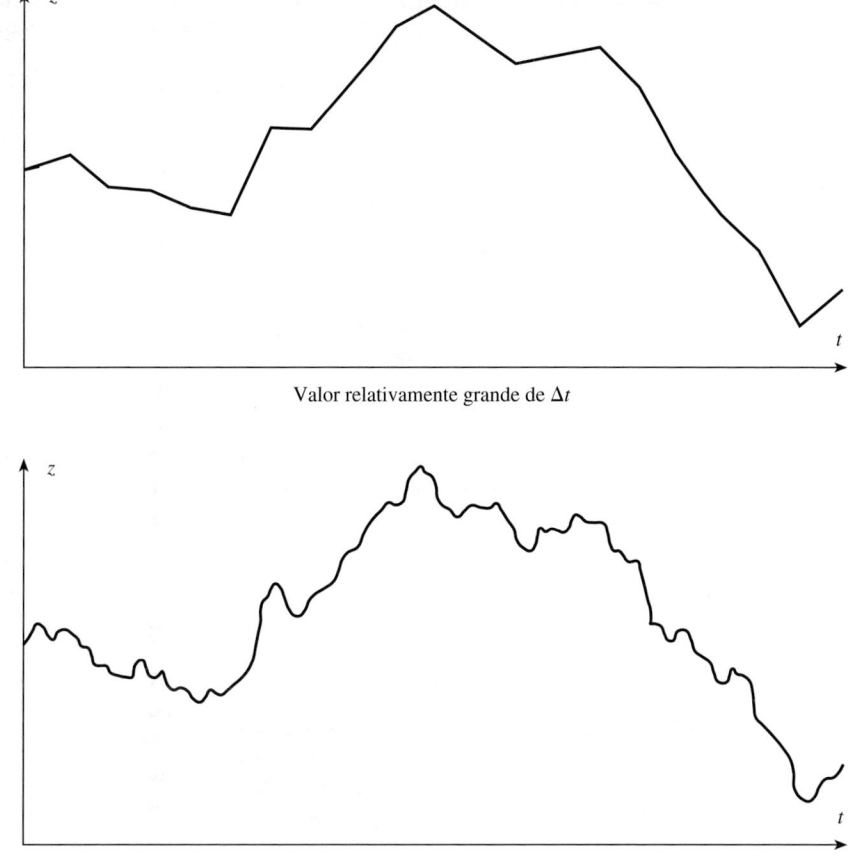

Valor menor de Δt

O verdadeiro processo obtido como $\Delta t \to 0$

FIGURA 14.1 Como um processo de Wiener é obtido quando $\Delta t \to 0$ na equação (14.1).

Processo de Wiener generalizado

A mudança média por unidade de tempo para um processo estocástico é conhecido como a *taxa de deriva* e a variância por unidade de tempo é conhecida como *taxa de variância*. O processo de Wiener básico, dz, desenvolvido até aqui tem taxa de deriva zero e taxa de variância zero. A taxa de deriva zero significa que o valor esperado de z em qualquer momento futuro é igual a seu valor atual. A taxa de variância 1,0 significa que a variância da mudança em z em um intervalo de tempo T é igual a T. Um *processo de Wiener generalizado* para uma variável x pode ser definido em termos de dz como:

$$dx = a\, dt + b\, dz \tag{14.3}$$

onde a e b são constantes.

Para entender a equação (14.3), é útil considerar os dois componentes no lado direito separadamente. O termo $a\, dt$ implica que x tem uma taxa de deriva esperada de a por unidade de tempo. Sem o termo $b\, dz$, a equação é $dx = a\, dt$, que implica que $dx/dt = a$. Integrando com relação ao tempo, obtemos:

$$x = x_0 + at$$

onde x_0 é o valor de x no tempo 0. Em um período de tempo de duração T, a variável x aumenta na quantidade aT. O termo $b\, dz$ no lado direito da equação (14.3) pode ser considerado como adicionando ruído ou variabilidade ao caminho seguido por x. O nível desse ruído ou variabilidade é b vezes um processo de Wiener. Um processo de Wiener tem uma taxa de variância por unidade de tempo de 1,0. Logo, b vezes um processo de Wiener tem uma taxa de variância por unidade de tempo de b^2. Em um pequeno intervalo Δt, a mudança Δx no valor de x é dada pelas equações (14.1) e (14.3) como:

$$\Delta x = a\, \Delta t + b\epsilon\sqrt{\Delta t}$$

onde, assim como antes, ϵ tem uma distribuição normal padrão $\phi(0, 1)$. Assim, Δx tem uma distribuição normal com:

$$\text{média de } \Delta x = a\, \Delta t$$
$$\text{desvio padrão de } \Delta x = b\sqrt{\Delta t}$$
$$\text{variância de } \Delta x = b^2 \Delta t$$

Argumentos semelhantes àqueles dados para um processo de Wiener mostram que a mudança de valor de x em qualquer intervalo de tempo T é normalmente distribuída com:

$$\text{média da mudança em } x = aT$$
$$\text{desvio padrão da mudança em } x = b\sqrt{T}$$
$$\text{variância da mudança em } x = b^2 T$$

Em suma, o processo de Wiener generalizado dado na equação (14.3) tem uma taxa de deriva esperada (ou seja, deriva média por unidade de tempo) de a e uma taxa de variância (ou seja, variância por unidade de tempo) de b^2. A Figura 14.2 ilustra a situação.

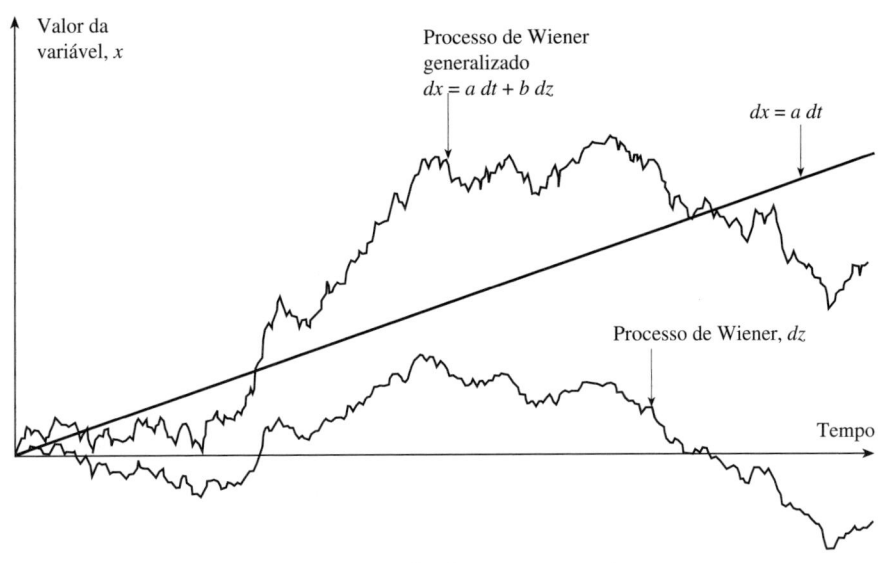

FIGURA 14.2 Processo de Wiener generalizado com $a = 0{,}3$ e $b = 1{,}5$.

■ *Exemplo 14.2*

Considere a situação na qual a posição em dinheiro de uma empresa, medida em milhares de dólares, segue um processo de Wiener generalizado com deriva de 20 por ano e taxa de variância de 900 por ano. Inicialmente, a posição em dinheiro é 50. Ao final de 1 ano, a posição em dinheiro terá uma distribuição normal, com média de 70 e desvio padrão de $\sqrt{900}$, ou seja, 30. Ao final de 6 meses, ela terá uma distribuição normal com média de 60 e desvio padrão de $30\sqrt{0{,}5} = 21{,}21$. Nossa incerteza sobre a posição em dinheiro em algum momento no futuro, como medida pelo desvio padrão, aumenta com a raiz quadrada da extensão de tempo analisada. (Observe que a posição em dinheiro pode se tornar negativa. Podemos interpretar o resultado como uma situação na qual a empresa está tomando empréstimos.) ■

Processo de Itô

Outro tipo de processo estocástico, conhecido como *processo de Itô*, também pode ser definido. Ele é um processo de Wiener generalizado no qual os parâmetros a e b são funções do valor da variável subjacente x e do tempo t. Assim, um processo de Itô pode ser escrito como:

$$dx = a(x, t)\, dt + b(x, t)\, dz \tag{14.4}$$

A taxa de deriva e a taxa de variância esperadas de um processo de Itô podem mudar com o tempo. Em um pequeno intervalo entre t e $t + \Delta t$, a variável muda de x para $x + \Delta x$, onde:

$$\Delta x = a(x, t)\Delta t + b(x, t)\epsilon\sqrt{\Delta t}$$

Essa equação envolve uma pequena aproximação. Ela pressupõe que a taxa de deriva e de variância de x permanecem constantes, iguais a seus valores no tempo t, durante o intervalo de tempo entre t e $t + \Delta t$.

Observe que o processo na equação (14.4) é de Markov porque a mudança em x no tempo t depende apenas do valor de x no tempo t, não de seu histórico. Um processo não Markov poderia ser definido fazendo com que a e b na equação (14.4) dependessem dos valores de x antes do tempo t.

14.3 O PROCESSO PARA UM PREÇO DE AÇÃO

Nesta seção, discutimos o processo estocástico normalmente pressuposto para o preço de uma ação que não paga dividendos.

É tentador sugerir que um preço de ação segue um processo de Wiener generalizado, ou seja, que tem taxa de deriva e taxa de variância constantes. Contudo, esse modelo não captura um aspecto fundamental dos preços de ações: o retorno percentual esperado exigido pelos investidores de uma ação é independente do preço da ação. Se os investidores exigem um retorno esperado de 14% ao ano quando o preço da ação é $10, então, tudo mais permanecendo igual, eles também esperarão um retorno esperado de 14% ao ano quando o preço for $50.

Claramente, o pressuposto de uma taxa de deriva esperada constante é imprópria e precisa ser substituída pelo pressuposto de que o retorno esperado (ou seja, a deriva esperada dividida pelo preço da ação) é constante. Se S é o preço da ação no tempo t, então a taxa de deriva esperada em S deve ser pressuposta como sendo μS para algum parâmetro constante μ. Isso significa que em um breve intervalo de tempo, Δt, o aumento esperado em S é $\mu S \Delta t$. O parâmetro μ é a taxa de retorno esperado sobre a ação.

Se o coeficiente de dz é zero, de modo que não há incerteza, então esse modelo implica que:

$$\Delta S = \mu S \Delta t$$

No limite, como $\Delta t \to 0$:

$$dS = \mu S\, dt$$

ou:

$$\frac{dS}{S} = \mu\, dt$$

Integrando entre o tempo 0 e o tempo T, obtemos:

$$S_T = S_0 e^{\mu T} \qquad (14.5)$$

onde S_0 e S_T são o preço da ação no tempo 0 e no tempo T. A equação (14.5) mostra que quando não há incerteza, o preço da ação cresce à taxa de capitalização contínua de μ por unidade de tempo.

Na prática, é claro, há alguma incerteza. Um pressuposto razoável é que a variabilidade do retorno em um breve período de tempo, Δt, é a mesma independentemente do preço da ação. Em outras palavras, o investidor tem a mesma incerteza sobre o retorno quando o preço da ação é $50 e quando é $10. Isso sugere que o desvio padrão da mudança no breve período de tempo Δt deve ser proporcional ao preço da ação e leva ao modelo:

$$dS = \mu S\, dt + \sigma S\, dz$$

ou:

$$\frac{dS}{S} = \mu \, dt + \sigma \, dz \tag{14.6}$$

A equação (14.6) é o modelo mais usado do comportamento do preço de ações. A variável μ é a taxa de retorno esperada da ação. A variável σ é a volatilidade do preço da ação. A variável σ^2 é chamada de taxa de variância. O modelo na equação (14.6) representa o processo do preço da ação no mundo real. Em um mundo *risk-neutral*, μ é igual à taxa de juros livre de risco r.

Modelo de tempo discreto

O modelo de comportamento de preço de ação que desenvolvemos é conhecido pelo nome de *movimento browniano geométrico*. A versão de tempo discreto do modelo é:

$$\frac{\Delta S}{S} = \mu \, \Delta t + \sigma \epsilon \sqrt{\Delta t} \tag{14.7}$$

ou:

$$\Delta S = \mu S \, \Delta t + \sigma S \epsilon \sqrt{\Delta t} \tag{14.8}$$

A variável ΔS é a mudança no preço da ação S no pequeno intervalo de tempo Δt e, assim como antes, ϵ tem uma distribuição normal padrão (ou seja, uma distribuição normal com média de zero e desvio padrão de 1,0). O parâmetro μ é a taxa de retorno esperado por unidade de tempo da ação. O parâmetro σ é a volatilidade do preço da ação. Neste capítulo, vamos pressupor que esses parâmetros são constantes.

O lado esquerdo na equação (14.7) é a aproximação discreta do retorno oferecido pela ação em um breve período de tempo, Δt. O termo $\mu \Delta t$ é o valor esperado desse retorno e o termo $\sigma \epsilon \sqrt{\Delta t}$ é o componente estocástico do retorno. A variância do componente estocástico (e, logo, de todo o retorno) é $\sigma^2 \Delta t$. Isso é consistente com a definição da volatilidade σ dada na Seção 13.7; ou seja, σ é tal que $\sigma \sqrt{\Delta t}$ é o desvio padrão do retorno em um breve período de tempo Δt.

A equação (14.7) mostra que $\Delta S/S$ tem distribuição aproximadamente normal com média $\mu \Delta t$ e desvio padrão $\sigma \sqrt{\Delta t}$. Em outras palavras:

$$\frac{\Delta S}{S} \sim \phi(\mu \, \Delta t, \, \sigma^2 \Delta t) \tag{14.9}$$

■ Exemplo 14.3

Considere uma ação que não paga dividendos, que tem volatilidade de 30% ao ano e oferece um retorno esperado de 15% ao ano com capitalização contínua. Nesse caso, $\mu = 0{,}15$ e $\sigma = 0{,}30$. O processo para o preço da ação é:

$$\frac{dS}{S} = 0{,}15 \, dt + 0{,}30 \, dz$$

Se S é o preço da ação em momento específico e ΔS é o aumento no preço da ação no próximo pequeno intervalo de tempo, a aproximação discreta ao processo é:

$$\frac{\Delta S}{S} = 0{,}15\Delta t + 0{,}30\epsilon\sqrt{\Delta t}$$

onde ϵ tem uma distribuição normal padrão. Considere um intervalo de tempo de 1 semana, ou 0,0192 ano, tal que $\Delta t = 0{,}0192$. Nesse caso, a aproximação dá:

$$\frac{\Delta S}{S} = 0{,}15 \times 0{,}0192 + 0{,}30 \times \sqrt{0{,}0192}\,\epsilon$$

ou:

$$\Delta S = 0{,}0288S + 0{,}0416S\epsilon$$

∎

Simulação de Monte Carlo

Uma simulação de Monte Carlo de um processo estocástico é um procedimento para a amostragem de resultados aleatórios para o processo. Vamos usá-la como maneira de desenvolver um entendimento da natureza do processo de preços de ações na equação (14.6).

Considere a situação no Exemplo 14.3, no qual o retorno esperado de uma ação é 15% ao ano e a volatilidade é 30% ao ano. A mudança no preço da ação durante 1 semana foi mostrada como sendo de aproximadamente:

$$\Delta S = 0{,}00288S + 0{,}0416S\epsilon \qquad (14.10)$$

Um caminho para o preço da ação durante 10 semanas pode ser simulado pela amostragem repetida para ϵ de $\phi(0, 1)$ e substituindo na equação (14.10). A expressão =RAND( ) no Excel produz uma amostra aleatória entre 0 e 1. A distribuição normal cumulativa inversa é NORMSINV. A instrução para produzir uma amostra aleatória a partir de uma distribuição normal no Excel é, assim, =NORMSINV(RAND( )). A Tabela 14.1 mostra um caminho para um preço de ação amostrado dessa maneira. Pressupõe-se que o preço inicial da ação era $100. Para o primeiro período, ϵ foi amostrado como 0,52. Da equação (14.10), a mudança durante o primeiro período de tempo é:

$$\Delta S = 0{,}00288 \times 100 + 0{,}0416 \times 100 \times 0{,}52 = 2{,}45$$

Assim, no início do segundo período de tempo, o preço da ação é $102,45. O valor de ϵ amostrado para o próximo período é 1,44. Da equação (14.10), a mudança durante o segundo período de tempo é:

$$\Delta S = 0{,}00288 \times 102{,}45 + 0{,}0416 = 102{,}45 \times 1{,}44 = 6{,}43$$

Assim, no início do período seguinte, o preço da ação é $108,88, e assim por diante.[4] Observe que como o processo que estamos simulando é de Markov, as amostras para ϵ devem ser independentes umas das outras.

A Tabela 14.1 pressupõe que os preços de ações são mensurados até o centavo mais próximo. É importante lembrar que a tabela mostra apenas um padrão possível de movimentos de preços de ação. Amostras aleatórias diferentes levariam a movi-

---
[4] Na prática, é mais eficiente amostrar ln S do que S, como será discutido na Seção 21.6.

TABELA 14.1 Simulação do preço da ação quando $\mu = 0{,}15$ e $\sigma = 0{,}30$ durante períodos de 1 semana

Preço da ação no início do período	Amostra aleatória para	Mudança no preço da ação durante o período
100,00	0,52	2,45
102,45	1,44	6,43
108,88	−0,86	−3,58
105,30	1,46	6,70
112,00	−0,69	−2,89
109,11	−0,74	−3,04
106,06	0,21	1,23
107,30	−1,10	−4,60
102,69	0,73	3,41
106,11	1,16	5,43
111,54	2,56	12,20

mentos de preço diferentes. Qualquer pequeno intervalo Δt pode ser usado na simulação. No limite, à medida que $\Delta t \to 0$, obtém-se uma descrição perfeita do processo estocástico. O preço da ação final de 111,54 na Tabela 14.1 pode ser considerado uma amostra aleatória da distribuição de preços da ação ao final de 10 semanas. Simulando os movimentos no preço da ação repetidamente, é possível obter uma distribuição de probabilidade completa do preço da ação ao final do período. A simulação de Monte Carlo será discutida em mais detalhes no Capítulo 21.

14.4 OS PARÂMETROS

O processo para um preço de ação desenvolvido neste capítulo envolve dois parâmetros, μ e σ. O parâmetro μ é o retorno esperado (anualizado) obtido por um investidor em um breve período de tempo. A maioria dos investidores exige retornos esperados mais altos para induzi-los a correr riscos maiores. Logo, o valor de μ deve depender do risco do retorno da ação.[5] Ele também deve depender do nível das taxas de juros na economia. Quanto maior for o nível das taxas de juros, maior será o retorno esperado exigido sobre uma ação qualquer.

Felizmente, não precisamos nos preocupar com os determinantes de μ em detalhes, pois o valor de um derivativo dependente de uma ação, em geral, é independente de μ. O parâmetro σ, a volatilidade do preço da ação, por outro lado, é de importância crítica para a determinação do valor de muitos derivativos. Discutiremos os procedimentos usados para estimar σ no Capítulo 15. Os valores típicos de σ para uma ação estão na faixa de 0,15 a 0,60 (ou seja, de 15% a 60%).

O desvio padrão da mudança proporcional no preço da ação em um breve intervalo de tempo Δt é $\sigma\sqrt{\Delta t}$. Como uma aproximação grosseira do resultado real, o desvio

---

[5] Mais precisamente, μ depende daquela parte do risco que não pode ser eliminada por diversificação por parte do investidor.

padrão da mudança proporcional no preço da ação durante um período de tempo relativamente longo T é $\sigma\sqrt{\Delta t}$. Isso significa que, como uma aproximação, a volatilidade pode ser interpretada como o desvio padrão da mudança no preço da ação em 1 ano. No Capítulo 15, mostraremos que a volatilidade de um preço de ação é exatamente igual ao desvio padrão do retorno com capitalização contínua oferecido pela ação em 1 ano.

14.5 PROCESSOS CORRELACIONADOS

Até aqui, consideramos como podemos representar os processos estocásticos para uma única variável. Agora, vamos estender a análise para a situação na qual duas ou mais variáveis seguem processos estocásticos correlacionados. Vamos supor que os processos seguidos por duas variáveis x_1 e x_2 são:

$$dx_1 = a_1\,dt + b_1\,dz_1 \quad \text{e} \quad dx_2 = a_2\,dt + b_2\,dz_2$$

onde dz_1 e dz_2 são processos de Wiener.

Como foi explicado, as aproximações de tempo discreto para esses processos são:

$$\Delta x_1 = a_1\,\Delta t + b_1\,\epsilon_1\sqrt{\Delta t} \quad \text{e} \quad \Delta x_2 = a_2\,\Delta t + b_2\,\epsilon_2\sqrt{\Delta t}$$

onde ϵ_1 e ϵ_2 são amostras de uma distribuição normal padrão $\phi(0, 1)$.

As variáveis x_1 e x_2 podem ser simuladas da maneira descrita na Seção 14.3. Se não estiverem correlacionadas, as amostras aleatórias ϵ_1 e ϵ_2 usadas para obter movimentos em um determinado período de tempo Δt devem ser independentes umas das outras.

Se x_1 e x_2 têm uma correlação não zero ρ, então o ϵ_1 e o ϵ_2 usados para obter os movimentos em determinado período de tempo devem ser amostrados de uma distribuição normal bivariada. Cada variável na distribuição normal bivariada possui uma distribuição normal e a correlação entre as variáveis é ρ. Nessa situação, devemos dizer que os processos de Wiener dz_1 e dz_2 têm uma correlação ρ.

Obter amostras para variáveis normais padrões não correlacionadas nas células do Excel envolve colocar a instrução "=NORMSINV(RAND())" em cada uma das células. Para amostrar variáveis normais padrões ϵ_1 e ϵ_2 sem a correlação ρ, podemos determinar que:

$$\epsilon_1 = u \quad \text{e} \quad \epsilon_2 = \rho u + \sqrt{1-\rho^2}\,v$$

onde u e v são amostrados como variáveis não correlacionadas com distribuições normais padrões.

Observe que, nos processos, pressupomos que para x_1 e x_2, os parâmetros a_1, a_2, b_1 e b_2 podem ser funções de x_1, x_2 e t. Em especial, a_1 e b_1 podem ser funções de x_2 além de x_1 e t; e a_2 e b_2 podem ser funções de x_1 além de x_2 e t.

Esses resultados podem ser generalizados. Quando há três variáveis diferentes seguindo processos estocásticos correlacionados, precisamos amostrar três ϵ's diferentes. Estes possuem uma distribuição normal trivariada. Quando há n variáveis correlacionadas, temos n ϵ diferentes, e estes devem ser amostrados de uma distribuição normal multivariada apropriada. O modo como isso é realizado está explicado no Capítulo 21.

14.6 LEMA DE ITÔ

O preço de uma opção sobre ações é uma função do preço da ação subjacente e do tempo. Em termos mais gerais, podemos dizer que o preço de qualquer derivativo é uma função das variáveis estocásticas subjacentes ao derivativo e do tempo. Um estudante sério na área de derivativos deve, por consequência, adquirir algum entendimento sobre o comportamento das funções de variáveis estocásticas. Um resultado importante nessa área foi descoberto pelo matemático K. Itô em 1951,[6] e é conhecido pelo nome de *lema de Itô*.

Suponha que o valor de uma variável x segue o processo de Itô:

$$dx = a(x, t)dt + b(x, t)\, dz \qquad (14.11)$$

onde dz é um processo de Wiener e a e b são funções de x e t. A variável x tem taxa de deriva de a e taxa de variância de b_2. O lema de Itô mostra que uma função G de x e t segue o processo:

$$dG = \left(\frac{\partial G}{\partial x}a + \frac{\partial G}{\partial t} + \frac{1}{2}\frac{\partial^2 G}{\partial x^2}b^2\right)dt + \frac{\partial G}{\partial x}b\, dz \qquad (14.12)$$

onde dz é o mesmo processo de Wiener que na equação (14.11). Assim, G também segue um processo de Itô, com taxa de deriva de:

$$\frac{\partial G}{\partial x}a + \frac{\partial G}{\partial t} + \frac{1}{2}\frac{\partial^2 G}{\partial x^2}b^2$$

e a taxa de variância de:

$$\left(\frac{\partial G}{\partial x}\right)^2 b^2$$

Uma prova completamente rigorosa do lema de Itô está além do escopo deste livro. No apêndice deste capítulo, mostramos que o lema pode ser considerado uma extensão de resultados bastante conhecidos do cálculo diferencial.

Anteriormente, argumentamos que:

$$dS = \mu S\, dt + \sigma S\, dz \qquad (14.13)$$

com μ e σ constantes, é um modelo razoável dos movimentos de preços de ações. Uma consequência do lema de Itô é que o processo seguido por uma função G de S e t é:

$$dG = \left(\frac{\partial G}{\partial S}\mu S + \frac{\partial G}{\partial t} + \frac{1}{2}\frac{\partial^2 G}{\partial S^2}\sigma^2 S^2\right)dt + \frac{\partial G}{\partial S}\sigma S\, dz \qquad (14.14)$$

Observe que ambos S e G são afetados pela mesma fonte subjacente de incerteza, dz. Isso prova uma derivação importantíssima dos resultados de Black–Scholes–Merton.

---

[6] Ver K. Itô, "On Stochastic Differential Equations", *Memoirs of the American Mathematical Society*, 4 (1951): 1–51.

Aplicação a contratos a termo

Para ilustrar o lema de Itô, considere um contrato a termo sobre uma ação que não paga dividendos. Pressuponha que a taxa de juros livre de risco é constante e igual a r para todas as maturidades. Da equação (5.1):

$$F_0 = S_0 e^{rT}$$

onde F_0 é o preço a termo no tempo zero, S_0 é o preço à vista no tempo zero e T é o tempo até a maturidade do contrato a termo.

Estamos interessados no que acontece com o preço a termo com o passar do tempo. Definimos F como o preço a termo em um tempo geral t e S como o preço da ação no tempo t, com $t < T$. A relação entre F e S é dada por:

$$F = S e^{r(T-t)} \tag{14.15}$$

Pressupondo que o processo para S é dado pela equação (14.13), podemos usar o lema de Itô para determinar o processo para F. Da equação (14.15):

$$\frac{\partial F}{\partial S} = e^{r(T-t)}, \quad \frac{\partial^2 F}{\partial S^2} = 0, \quad \frac{\partial F}{\partial t} = -rSe^{r(T-t)}$$

Da equação (14.14), o processo para F é dado por:

$$dF = \left[e^{r(T-t)}\mu S - rSe^{r(T-t)}\right]dt + e^{r(T-t)}\sigma S\, dz$$

Inserindo F no lugar de $Se^{r(T-t)}$, obtemos:

$$dF = (\mu - r)F\, dt + \sigma F\, dz \tag{14.16}$$

Assim como S, o preço a termo F segue um movimento browniano geométrico. Ele tem uma taxa de crescimento esperada de $\mu - r$ em vez de μ. A taxa de crescimento em F é o retorno excedente de S em relação à taxa de juros livre de risco.

14.7 A PROPRIEDADE LOGNORMAL

Agora vamos usar o lema de Itô para derivar o processo seguido por $\ln S$ quando S segue o processo na equação (14.13). Definimos:

$$G = \ln S$$

Como:

$$\frac{\partial G}{\partial S} = \frac{1}{S}, \quad \frac{\partial^2 G}{\partial S^2} = -\frac{1}{S^2}, \quad \frac{\partial G}{\partial t} = 0$$

logo, de acordo com a equação (14.14), o processo seguido por G é:

$$dG = \left(\mu - \frac{\sigma^2}{2}\right)dt + \sigma\, dz \tag{14.17}$$

Como μ e σ são constantes, essa equação indica que $G = \ln S$ segue um processo de Wiener generalizado. Ele tem uma taxa de deriva constante de $\mu - \sigma^2/2$ e taxa de variância constante de σ^2. A mudança em ln S entre o tempo 0 e algum tempo futuro T é, assim, normalmente distribuída, com média $(\mu - \sigma^2/2)T$ e variância $\sigma^2 T$. Isso significa que:

$$\ln S_T - \ln S_0 \sim \phi\left[\left(\mu - \frac{\sigma^2}{2}\right)T, \sigma^2 T\right] \quad (14.18)$$

ou:

$$\ln S_T \sim \phi\left[\ln S_0 + \left(\mu - \frac{\sigma^2}{2}\right)T, \sigma^2 T\right] \quad (14.19)$$

onde S_T é o preço da ação no tempo T, S_0 é o preço da ação no tempo 0 e, assim como antes, $\phi(m, v)$ denota uma distribuição normal com média m e variância v.

A equação (14.19) mostra que ln S_T é normalmente distribuída. Uma variável tem distribuição lognormal se o logaritmo natural da variável é normalmente distribuído. O modelo do comportamento de preço de ação que desenvolvemos neste capítulo implica, assim, que o preço de uma ação no tempo T, dado seu preço hoje, tem distribuição lognormal. O desvio padrão do logarimo do preço da ação é $\sigma\sqrt{T}$. Ele é proporcional à raiz quadrada da distância futura analisada.

RESUMO

Os processos estocásticos descrevem a evolução probabilística do valor de uma variável com o tempo. Um processo de Markov é aquele no qual apenas o valor presente da variável é relevante para prever o futuro. A história pregressa da variável e a maneira como o presente emergiu do passado são irrelevantes.

Um processo de Wiener dz é um processo de Markov descrevendo a evolução de uma variável distribuída normalmente. A deriva do processo é zero e a taxa de variância é de 1,0 por unidade de tempo. Isso significa que se o valor da variável x_0 no tempo 0, então no tempo T ela é normalmente distribuída com média x_0 e desvio padrão $\sqrt{T}$.

Um processo de Wiener generalizado descreve a evolução de uma variável distribuída normalmente com deriva de a por unidade de tempo e taxa de variância de b^2 por unidade de tempo, onde a e b são constantes. Isso significa que se, assim como antes, o valor da variável é x_0 no tempo 0, ela é normalmente distribuída com média de $x_0 + aT$ e desvio padrão de $b\sqrt{T}$ no tempo T.

Um processo de Itô é um processo no qual as taxas de deriva e de variância de x podem ser uma função de x em si e do tempo. A mudança em x em um breve período de tempo é, em uma aproximação razoável, normalmente distribuída, mas sua mudança durante períodos de tempo mais longos pode ser não normal.

Uma maneira de entender intuitivamente um processo estocástico para uma variável é simular o comportamento da variável. Isso envolve dividir um intervalo de tempo em muitos passos menores e amostrar aleatoriamente caminhos possíveis para a variável, possibilitando o cálculo da distribuição de probabilidade futura para a variável. A simulação de Monte Carlo é discutida em mais detalhes no Capítulo 21.

O lema de Itô é uma maneira de calcular o processo estocástico seguido por uma função de uma variável do processo estocástico seguido pela variável em si.

Como veremos no Capítulo 15, o lema de Itô desempenha uma função muito importante no apreçamento de derivativos. Uma questão fundamental é que o processo de Wiener dz subjacente ao processo estocástico para a variável é exatamente o mesmo que o processo de Wiener subjacente ao processo estocástico para a função da variável. Ambos estão sujeitos à mesma fonte subjacente de incerteza.

O processo estocástico que normalmente se pressupõe para um preço de ação é o movimento browniano geométrico. Sob esse processo, o retorno para o titular da ação em um breve período de tempo é normalmente distribuído, e os retornos em dois períodos não sobrepostos são independentes. O valor do preço da ação em um momento futuro tem uma distribuição lognormal. O modelo de Black–Scholes–Merton, que será analisado no próximo capítulo, se baseia no pressuposto do movimento browniano geométrico.

LEITURAS COMPLEMENTARES

Sobre mercados eficientes e a propriedade de Markov dos preços de ações

Brealey, R. A. *An Introduction to Risk and Return from Common Stock*, 2nd edn. Cambridge, MA: MIT Press, 1986.

Cootner, P. H. (ed.) *The Random Character of Stock Market Prices*. Cambridge, MA: MIT Press, 1964.

Sobre processos estocásticos

Cox, D. R., and H. D. Miller. *The Theory of Stochastic Processes*. London: Chapman & Hall, 1977.

Feller, W. *Introduction to Probability Theory and Its Applications*. New York: Wiley, 1968.

Karlin, S., and H. M. Taylor. *A First Course in Stochastic Processes*, 2nd edn. New York: Academic Press, 1975.

Shreve, S. E. *Stochastic Calculus for Finance II: Continuous-Time Models*. New York: Springer, 2008.

Questões e problemas

14.1 O que significa dizer que a temperatura em um determinado local segue um processo de Markov? Você acha que as temperaturas seguem de fato um processo de Markov?

14.2 Uma regra de negociação baseada no histórico pregresso do preço da ação poderia, de alguma maneira, produzir retornos consistentemente acima da média? Discuta.

14.3 A posição em dinheiro de uma empresa, medida em milhões de dólares, segue um processo de Wiener generalizado com uma taxa de deriva de 0,5 por trimestre e uma taxa de variância de 4,0 por trimestre. O quão alta precisa ser a posição em dinheiro inicial da empresa para que ela tenha uma probabilidade inferior a 5% de ter uma posição em dinheiro negativa ao final de 1 ano?

14.4 As variáveis X_1 e X_2 seguem processo de Wiener generalizados, com taxas de deriva μ_1 e μ_2 e variâncias σ^2_1 e σ^2_2. Quais processos $X_1 + X_2$ seguem se:
 (a) As mudanças em X_1 e X_2 em qualquer breve intervalo de tempo não são correlacionadas?
 (b) Há uma correlação ρ entre as mudanças em X_1 e X_2 em qualquer breve intervalo de tempo?

14.5 Considere uma variável S que segue o processo:

$$dS = \mu\, dt + \sigma\, dz$$

Pelos primeiros três anos, $\mu = 2$ e $\sigma = 3$; para os próximos três anos, $\mu = 3$ e $\sigma = 4$. Se o valor inicial da variável é 5, qual é a distribuição de probabilidade do valor da variável ao final do ano 6?

14.6 Suponha que G é uma função do preço da ação S e do tempo. Suponha que σ_S e σ_G são as volatilidades de S e G. Mostre que, quando o retorno esperado de S aumenta em $\lambda\sigma_S$, a taxa de crescimento de G aumenta em $\lambda\sigma_G$, onde λ é uma constante.

14.7 A ação A e a ação B seguem o movimento browniano geométrico. As mudanças em qualquer breve intervalo de tempo não são correlacionadas entre si. O valor de um portfólio composto de uma ação A e uma ação B segue o movimento browniano geométrico? Explique sua resposta.

14.8 O processo para o preço de ação na equação (14.8) é:

$$\Delta S = \mu S\, \Delta t + \sigma S \epsilon \sqrt{\Delta t}$$

onde μ e σ são constantes. Explique cuidadosamente a diferença entre esse modelo e cada um dos seguintes:

$$\Delta S = \mu\, \Delta t + \sigma \epsilon \sqrt{\Delta t}$$
$$\Delta S = \mu S\, \Delta t + \sigma \epsilon \sqrt{\Delta t}$$
$$\Delta S = \mu\, \Delta t + \sigma S \epsilon \sqrt{\Delta t}$$

Por que o modelo na equação (14.8) é um modelo mais apropriado do comportamento do preço da ação do que qualquer uma dessas três alternativas?

14.9 Foi sugerido que a taxa de curto prazo r segue o processo estocástico:

$$dr = a(b - r)\, dt + rc\, dz$$

onde a, b e c são constantes positivas e dz é um processo de Wiener. Descreva a natureza desse processo.

14.10 Suponha que um preço de ação S segue um movimento browniano geométrico com retorno esperado μ e volatilidade σ:

$$dS = \mu S\, dt + \sigma S\, dz$$

Qual é o processo seguido pela variável S_n? Mostre que S^n também segue o movimento browniano geométrico.

14.11 Suponha que x é o rendimento até a maturidade com capitalização contínua sobre um cupom de bônus zero com resultado de \$1 no tempo T. Pressuponha que x segue o processo:

$$dx = a(x_0 - x)\, dt + sx\, dz$$

onde a, x_0 e s são constantes positivas e dz é um processo de Wiener. Qual é o processo seguido pelo preço do bônus?

14.12 Uma ação cujo preço é \$30 tem retorno esperado de 9% e volatilidade de 20%. No Excel, simule o caminho do preço da ação durante 5 anos usando passos mensais e amostras aleatórias de uma distribuição normal. Crie um gráfico do caminho do preço da ação simulado. Usando a tecla F9, observe como o caminho muda com a mudança das amostras aleatórias.

Questões adicionais

14.13 Suponha que um preço de ação tem retorno esperado de 16% ao ano e volatilidade de 30% ao ano. Quando o preço da ação para um determinado dia é $50, calcule:
(a) O preço esperado da ação no final do dia seguinte
(b) O desvio padrão do preço da ação no final do dia seguinte
(c) Os limites com 95% de confiança para o preço da ação no final do dia seguinte.

14.14 A posição em dinheiro de uma empresa, medida em milhões de dólares, segue um processo de Wiener generalizado com uma taxa de deriva de 0,1 por mês e uma taxa de variância de 0,16 por mês. A posição em dinheiro inicial é 2,0.
(a) Quais são as distribuições de probabilidade da posição em dinheiro após 1 mês, 6 meses e 1 ano?
(b) Quais são as probabilidades de uma posição em dinheiro negativa ao final de 6 meses e 1 ano?
(c) Em qual momento no futuro a probabilidade de uma posição em dinheiro negativa é maior?

14.15 Suponha que x é o rendimento sobre um bônus perpétuo do governo que paga juros a uma taxa de $1 ao ano. Pressuponha que x é expresso com capitalização contínua, que os juros são pagos continuamente sobre o bônus e que x segue o processo:

$$dx = a(x_0 - x)\,dt + sx\,dz$$

onde a, x_0 e s são constantes positivas e dz é um processo de Wiener. Qual é o processo seguido pelo preço do bônus? Qual é o retorno instantâneo esperado (incluindo juros e ganhos de capital) para o titular do bônus?

14.16 Se S segue o processo de movimento browniano geométrico na equação (14.6), qual é o processo seguido por:
(a) $y = 2S$
(b) $y = S^2$
(c) $y = e^S$
(d) $y = e^{r(T-t)}/S$.

Em cada caso, expresse os coeficientes de dt e dz em termos de y em vez de S.

14.17 O preço de uma ação atual é 50. Seu retorno esperado e volatilidade são 12% e 30%, respectivamente. Qual é a probabilidade do preço da ação ser maior do que 80 em 2 anos? (*Dica*: $S_T > 80$ quando $\ln S_T > \ln 80$.)

14.18 A ação A, cujo preço é $30, tem retorno esperado de 11% e volatilidade de 25%. A ação B, cujo preço é $40, tem retorno esperado de 15% e volatilidade de 30%. Os processos que determinam os retornos estão correlacionados com o parâmetro de correlação ρ. No Excel, simule dois caminhos de preços de ações durante 3 meses usando passos diários e amostras aleatórias de distribuições normais. Crie um gráfico do caminho do preço da ação. Usando a tecla F9, observe como o caminho é alterado com a mudança das amostras aleatórias. Considere valores para ρ iguais a 0,25, 0,75 e 0,95.

APÊNDICE
Derivação do lema de Itô

Neste apêndice, mostramos como o lema de Itô pode ser considerado uma extensão natural de outros resultados mais simples. Considere uma função contínua e diferenciável G de uma variável x. Se Δx é uma pequena mudança em x e ΔG é a pequena mudança resultante em G, um resultado muito bem conhecido do cálculo comum é que:

$$\Delta G \approx \frac{dG}{dx} \Delta x \qquad (14A.1)$$

Em outras palavras, ΔG é aproximadamente igual à taxa de mudança de G com relação a x multiplicada por Δx. O erro envolve termos da ordem de Δx^2. Se for necessário um nível maior de precisão, pode ser utilizada uma expansão em série de Taylor de ΔG:

$$\Delta G = \frac{dG}{dx} \Delta x + \frac{1}{2} \frac{d^2 G}{dx^2} \Delta x^2 + \frac{1}{6} \frac{d^3 G}{dx^3} \Delta x^3 + \cdots$$

Para uma função contínua e diferenciável G de duas variáveis x e y, o resultado análogo à equação (14A.1) é:

$$\Delta G \approx \frac{\partial G}{\partial x} \Delta x + \frac{\partial G}{\partial y} \Delta y \qquad (14A.2)$$

e a expansão em série de Taylor de ΔG é:

$$\Delta G = \frac{\partial G}{\partial x} \Delta x + \frac{\partial G}{\partial y} \Delta y + \frac{1}{2} \frac{\partial^2 G}{\partial x^2} \Delta x^2 + \frac{\partial^2 G}{\partial x \partial y} \Delta x \Delta y + \frac{1}{2} \frac{\partial^2 G}{\partial y^2} \Delta y^2 + \cdots \qquad (14A.3)$$

No limite, à medida que Δx e Δy tendem a zero, a equação (14A.3) se torna:

$$dG = \frac{\partial G}{\partial x} dx + \frac{\partial G}{\partial y} dy \qquad (14A.4)$$

Agora estendemos a equação (14A.4) para abranger funções de variáveis que seguem os processos de Itô. Suponha que uma variável x segue o processo de Itô:

$$dx = a(x, t)\, dt + b(x, t)\, dz \qquad (14.5)$$

e que G é uma função de x e do tempo t. Por analogia com a equação (14A.3), podemos escrever que:

$$\Delta G = \frac{\partial G}{\partial x} \Delta x + \frac{\partial G}{\partial t} \Delta t + \frac{1}{2} \frac{\partial^2 G}{\partial x^2} \Delta x^2 + \frac{\partial^2 G}{\partial x \partial t} \Delta x \Delta t + \frac{1}{2} \frac{\partial^2 G}{\partial t^2} \Delta t^2 + \cdots \qquad (14A.6)$$

A equação (14A.5) pode ser discretizada para:

$$\Delta x = a(x, t)\, \Delta t + b(x, t)\epsilon\sqrt{\Delta t}$$

ou, se os argumentos forem eliminados:

$$\Delta x = a\, \Delta t + b\epsilon\sqrt{\Delta t} \qquad (14A.7)$$

A equação revela uma diferença importante entre a situação na equação (14A.6) e aquela na equação (14A.3). Quando são usados argumentos limitantes para passar da equação (14A.3) para a (14A.4), os termos em Δx^2 foram ignorados porque eram termos de segunda ordem. Da equação (14A.7), temos:

$$\Delta x^2 = b^2 \epsilon^2 \Delta t + \text{termos de ordem superior a } \Delta t \qquad (14A.8)$$

Isso mostra que o termo envolvendo Δx^2 na equação (14A.6) possui um componente da ordem de Δt e não pode ser ignorado.

A variância de uma distribuição normal padrão é 1,0. Isso significa que:

$$E(\epsilon^2) - [E(\epsilon)]^2 = 1$$

onde E denota o valor esperado. Como $E(\epsilon) = 0$, $E(\epsilon^2) = 1$. O valor esperado de $\epsilon^2 \Delta t$ é, assim, Δt. A variância de $\epsilon^2 \Delta t$ é, das propriedades da distribuição normal padrão, $2\Delta t^2$. Sabemos que a variância da mudança em uma variável estocástica no tempo Δt é proporcional a Δt, não Δt^2. A variância de $\epsilon^2 \Delta t$ é, assim, pequena demais para ter um componente estocástico. Por consequência, podemos tratar $\epsilon^2 \Delta t$ como não estocástico e igual a seu valor esperado, Δt, à medida que Δt tende a zero. Da equação (14A.8), então, Δx^2 se torna não estocástico e igual a $b^2 dt$ à medida que Δt tende a zero. Assumindo os limites à medida que Δx e Δt tendem a zero na equação (14A.6), e usando esse último resultado, obtemos:

$$dG = \frac{\partial G}{\partial x} dx + \frac{\partial G}{\partial t} dt + \frac{1}{2} \frac{\partial^2 G}{\partial x^2} b^2 dt \qquad (14A.9)$$

Esse é o lema de Itô. Se substituirmos dx na equação (14A.5), a equação (14A.9) se torna:

$$dG = \left(\frac{\partial G}{\partial x} a + \frac{\partial G}{\partial t} + \frac{1}{2} \frac{\partial^2 G}{\partial x^2} b^2 \right) dt + \frac{\partial G}{\partial x} b\, dz.$$

A Nota Técnica 29 em www.rotman.utoronto.ca/~hull/TechnicalNotes oferece provas de extensões ao lema de Itô. Quando G é uma função das variáveis $x_1, x_2, ..., x_n$ e:

$$dx_i = a_i\, dt + b_i\, dz_i$$

temos:

$$dG = \left(\sum_{i=1}^{n} \frac{\partial G}{\partial x_i} a_i + \frac{\partial G}{\partial t} + \frac{1}{2} \sum_{i=1}^{n} \sum_{j=1}^{n} \frac{\partial^2 G}{\partial x_i \partial x_j} b_i b_j \rho_{ij} \right) dt + \sum_{i=1}^{n} \frac{\partial G}{\partial x_i} b_i\, dz_i \qquad (14A.10)$$

Além disso, quando G é uma função de uma variável x com várias fontes de incerteza tal que:

$$dx = a\, dt + \sum_{i=1}^{m} b_i\, dz_i$$

temos:

$$dG = \left(\frac{\partial G}{\partial x} a + \frac{\partial G}{\partial t} + \frac{1}{2} \frac{\partial^2 G}{\partial x^2} \sum_{i=1}^{m} \sum_{j=1}^{m} b_i b_j \rho_{ij} \right) dt + \frac{\partial G}{\partial x} \sum_{i=1}^{m} b_i\, dz_i \qquad (14A.11)$$

Nessa equações, ρ_{ij} é a correlação entre dz_i e dz_j (ver Seção 14.5).

CAPÍTULO

15

O modelo de Black–Scholes–Merton

No início da década de 1970, Fischer Black, Myron Scholes e Robert Merton produziram um avanço fenomenal no apreçamento de opções sobre ações europeias.[1] O avanço se tornaria conhecido pelo nome de modelo de Black–Scholes–Merton (ou Black–Scholes). O modelo teve uma influência incrível no modo como os traders apreçam e hedgeiam derivativos. Em 1997, a importância do modelo foi reconhecida quando Robert Merton e Myron Scholes receberam o Prêmio Nobel da economia. Infelizmente, Fischer Black morreu em 1995, pois com certeza teria dividido o prêmio com os outros dois.

Como Black, Scholes e Merton fizeram esse avanço? Pesquisadores anteriores haviam usado pressupostos semelhantes e calculado corretamente o resultado esperado de uma opção europeia. Como explicado na Seção 13.2, no entanto, é difícil saber a taxa de desconto correta a ser usada para esse resultado. Black e Scholes usaram o Modelo de Precificação de Ativos Financeiros (ver apêndice do Capítulo 3) para determinar a relação entre o retorno exigido do mercado sobre a opção e o retorno exigido sobre a ação. Não foi fácil, pois a relação depende do preço da ação e do tempo. A abordagem de Merton era diferente da de Black e Scholes. Ela envolvia estruturar um portfólio livre de risco composto da opção e da ação subjacente e argumentar que o retorno sobre o portfólio durante um breve período de tempo deve ser o retorno livre de risco. Isso é semelhante ao que fizemos na Seção 13.1, mas mais complexo, pois o portfólio muda continuamente com o tempo. A abordagem de Merton era mais geral do que a de Black e Scholes, pois não dependia dos pressupostos do Modelo de Precificação de Ativos Financeiros.

Este capítulo abrange a abordagem de Merton à derivação do modelo de Black–Scholes–Merton. Ele explica como a volatilidade pode ser estimada a partir de dados históricos ou implicada a partir de preços de opções usando o modelo. Ele mostra como o argumento de avaliação *risk-neutral* introduzido no Capítulo 13 pode ser utilizado. Ele também demonstra como o modelo de Black–Scholes–Merton

---

[1] Ver F. Black and M. Scholes, "The Pricing of Options and Corporate Liabilities", *Journal of Political Economy*, 81 (May/June 1973): 637–59; R.C. Merton, "Theory of Rational Option Pricing", *Bell Journal of Economics and Management Science*, 4 (Spring 1973): 141–83.

pode ser estendido para lidar com opções de compra e venda europeias sobre ações que pagam dividendos e apresenta alguns resultados sobre o apreçamento de opções de compra americanas sobre ações que pagam dividendos.

15.1 A PROPRIEDADE LOGNORMAL DOS PREÇOS DE AÇÕES

O modelo de comportamento de preço de ação usado por Black, Scholes e Merton é o modelo que desenvolvemos no Capítulo 14. Ele pressupõe que as mudanças percentuais no preço da ação em um período de tempo bastante curto são normalmente distribuídas. Defina:

μ: Retorno esperado sobre a ação por ano

σ: Volatilidade do preço da ação por ano

A média e o desvio padrão do retorno no tempo Δt são aproximadamente $\mu \Delta t$ e $\sigma \sqrt{\Delta t}$, de modo que:

$$\frac{\Delta S}{S} \sim \phi(\mu \Delta t, \sigma^2 \Delta t) \tag{15.1}$$

onde ΔS é a mudança no preço da ação S no tempo Δt e $\phi(m, v)$ denota uma distribuição normal com média m e variância v. (Essa é a equação (14.9).)

Como mostrado na Seção 14.7, o modelo implica que:

$$\ln S_T - \ln S_0 \sim \phi\left[\left(\mu - \frac{\sigma^2}{2}\right)T, \sigma^2 T\right]$$

de modo que:

$$\ln \frac{S_T}{S_0} \sim \phi\left[\left(\mu - \frac{\sigma^2}{2}\right)T, \sigma^2 T\right] \tag{15.2}$$

e:

$$\ln S_T \sim \phi\left[\ln S_0 + \left(\mu - \frac{\sigma^2}{2}\right)T, \sigma^2 T\right] \tag{15.3}$$

onde S_T é o preço da ação em um tempo futuro T e S_0 é o preço da ação no tempo 0. Não há aproximação nesse caso. A variável $\ln S_T$ é normalmente distribuída, de modo que S_T tem uma distribuição lognormal. A média de $\ln S_T$ é $\ln S_0 + (\mu - \sigma^2/2)T$ e o desvio padrão de $\ln S_T$ é $\sigma \sqrt{T}$.

■ *Exemplo 15.1*

Considere uma ação com preço inicial de \$40, retorno esperado de 16% ao ano e volatilidade de 20% ao ano. Da equação (15.3), a distribuição de probabilidade do preço da ação S_T em 6 meses é dada por:

$$\ln S_T \sim \phi[\ln 40 + (0,16 - 0,2^2/2) \times 0,5, \ 0,2^2 \times 0,5]$$
$$\ln S_T \sim \phi(3,759, \ 0,02)$$

Há 95% de chance de que uma variável normalmente distribuída tenha um valor dentro de 1,96 desvios padrões de sua média. Nesse caso, o desvio padrão é $\sqrt{0,02} = 0,141$. Assim, com 95% de confiança:

$$3{,}759 - 1{,}96 \times 0{,}141 < \ln S_T < 3{,}759 + 1{,}96 \times 0{,}141$$

O que pode ser escrito como:

$$e^{3{,}759 - 1{,}96 \times 0{,}141} < S_T < e^{3{,}759 + 1{,}96 \times 0{,}141}$$

ou:

$$32{,}55 < S_T < 56{,}56$$

Assim, há 95% de chance que o preço da ação em 6 meses fique entre 32,55 e 56,56.
∎

Uma variável que possui uma distribuição lognormal pode assumir qualquer valor entre zero e o infinito. A Figura 15.1 ilustra o formato de uma distribuição lognormal. Ao contrário da distribuição normal, ela é enviesada de modo que média, mediana e moda sejam todas diferentes. Da equação (15.3) e das propriedades da distribuição lognormal, podemos mostrar que o valor esperado $E(S_T)$ de S_T é dado por:

$$E(S_T) = S_0 e^{\mu T} \qquad (15.4)$$

Isso corresponde à definição de μ como a taxa de retorno esperada. Podemos mostrar que a variância var(S_T) de S_T é dada por:[2]

$$\text{var}(S_T) = S_0^2 e^{2\mu T}(e^{\sigma^2 T} - 1) \qquad (15.5)$$

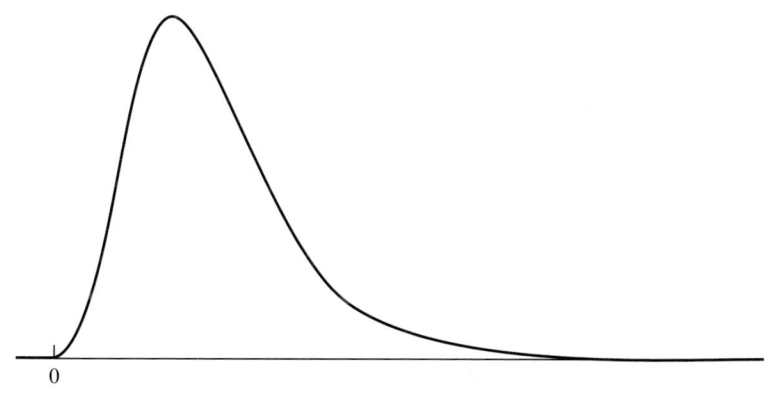

FIGURA 15.1 Distribuição lognormal.

---

[2] Ver Nota Técnica 2 em www.rotman.utoronto.ca/~hull/TechnicalNotes para uma prova dos resultados nas equações (15.4) e (15.5). Para uma discussão detalhada das propriedades da distribuição lognormal, ver J. Aitchison and J. A. C. Brown, *The Lognormal Distribution*. Cambridge University Press, 1966.

■ **Exemplo 15.2**

Considere uma ação cujo preço atual é $20, o retorno esperado é 20% ao ano e a volatilidade é 40% ao ano. O preço esperado da ação, $E(S_T)$, e a variância do preço da ação, $\text{var}(S_T)$, em 1 ano são dados por:

$$E(S_T) = 20e^{0,2\times 1} = 24,43 \quad \text{e} \quad \text{var}(S_T) = 400e^{2\times 0,2\times 1}(e^{0,4^2 \times 1} - 1) = 103,54$$

O desvio padrão do preço da ação em 1 ano é $\sqrt{103,54}$, ou 10,18. ■

15.2 A DISTRIBUIÇÃO DA TAXA DE RETORNO

A propriedade lognormal dos preços de ações pode ser utilizado para fornecer informações sobre a distribuição de probabilidade da taxa de retorno com capitalização contínua obtida sobre uma ação entre os tempos 0 e T. Se definirmos a taxa de retorno com capitalização contínua por ano realizada entre os tempos 0 e T como x, então:

$$S_T = S_0 e^{xT}$$

de modo que:

$$x = \frac{1}{T} \ln \frac{S_T}{S_0} \tag{15.6}$$

Por consequência, da equação (15.2):

$$x \sim \phi\left(\mu - \frac{\sigma^2}{2}, \frac{\sigma^2}{T}\right) \tag{15.7}$$

Assim, a taxa de retorno com capitalização contínua por ano é normalmente distribuída, com média $\mu - \sigma^2/2$ e desvio padrão $\sigma/\sqrt{T}$. À medida que T aumenta, o desvio padrão de x diminui. Para entender por que isso acontece, considere dois casos: $T = 1$ e $T = 20$. Temos mais certeza sobre o retorno médio anual durante 20 anos do que sobre o retorno em qualquer ano específico.

■ **Exemplo 15.3**

Considere uma ação com retorno esperado de 17% ao ano e volatilidade de 20% ao ano. A distribuição de probabilidade para a taxa de retorno média (com capitalização contínua) realizada durante 3 anos é normal, com média:

$$0,17 - \frac{0,2^2}{2} = 0,15$$

ou 15% por ano, e desvio padrão:

$$\sqrt{\frac{0,2^2}{3}} = 0,1155$$

ou 11,55% ao ano. Como há 95% de chance que uma variável normalmente distribuída fique a 1,96 desvios padrões de sua média, temos 95% de confiança que o retorno médio realizado durante 3 anos ficará entre 15 − 1,96 ×11,55 = −7,6% e 15 + 1,96 × 11,55 = +37,6% ao ano. ∎

15.3 O RETORNO ESPERADO

O retorno esperado, μ, exigido pelos investidores em uma ação depende do nível de risco da ação. Quanto maior o risco, maior o retorno esperado. Ele também depende do nível das taxas de juros na economia. Quanto maiores as taxas de juros, maior o retorno esperado exigido sobre uma ação qualquer. Felizmente, não precisamos nos preocupar com os determinantes de μ em detalhes. O valor de uma opção sobre ações, quando expresso em termos do valor da ação subjacente, acaba não dependendo nada de μ. Ainda assim, há um aspecto do retorno esperado de uma ação que costuma causar confusões e precisa ser explicado.

Nosso modelo do comportamento do preço de ações implica que, em um curtíssimo período de tempo, o retorno médio é $\mu \Delta t$. É natural pressupor a partir disso que μ é o retorno esperado sobre a ação com capitalização contínua. Mas não é o caso. O retorno com capitalização contínua, x, realizado de fato durante um período de tempo T, é dado pela equação (15.6) como:

$$x = \frac{1}{T}\ln\frac{S_T}{S_0}$$

e, como indicado na equação (15.7), o valor esperado $E(x)$ de x é $\mu - \sigma^2/2$.

O motivo para o retorno com capitalização contínua esperado ser diferente de μ é sutil, mas importante. Suponha que vamos considerar um número enorme de períodos de tempo curtíssimos de duração Δt. Defina S_i como o preço da ação ao final do i-ésimo intervalo e ΔS_i como $S_{i+1} - S_i$. Sob os pressupostos que estamos utilizando para o comportamento de preços de ações, a média dos retornos sobre a ação em cada intervalo é próxima de μ. Em outras palavras, $\mu \Delta t$ é próxima da média aritmética de $\Delta S_i/S_i$. Contudo, o retorno esperado sobre todo o período coberto pelos dados, expresso com um intervalo de capitalização de Δt, é próximo de $\mu - \sigma^2/2$, não μ.[3] A História de Negócios 15.1 oferece um exemplo numérico relativo ao setor de fundos mútuos para ilustrar por que isso é assim.

Para outra explicação do que está acontecendo, começamos pela equação (15.4):

$$E(S_T) = S_0 e^{\mu T}$$

Usando logaritmos, obtemos:

$$\ln[E(S_T)] = \ln(S_0) + \mu T$$

Podemos ficar tentados a determinar que $\ln[E(S_T)] = E[\ln(S_T)]$, de modo que $E[\ln(S_T)] - \ln(S_0) = \mu T$, ou $E[\ln(S_T/S_0)] = \mu T$, o que leva a $E(x) = \mu$. Contudo,

---
[3] Os argumentos nesta seção mostram que o termo "retorno esperado" é ambíguo. Ele pode se referir a μ ou a $\mu - \sigma 2/2$. A menos que se afirme o contrário, o termo será usado em referência a μ em todo este livro.

> **História de Negócios 15.1**   Os retornos de fundos mútuos podem ser enganosos
>
> A diferença entre μ e $\mu - \sigma^2/2$ tem relação próxima com um problema das informações sobre retornos de fundos mútuos. Suponha que os números a seguir são uma sequência dos retornos anuais informados por um gerente de fundos mútuos durante os últimos cinco anos (medidos com capitalização anual): 15%, 20%, 30%, −20%, 25%.
>   A média aritmética dos retornos, calculada pela soma dos retornos e sua divisão por 5, é 14%. Contudo, um investidor na verdade obteria menos de 14% ao ano se deixasse o dinheiro investido no fundo por 5 anos. O valor em dólares de $100 ao final de 5 anos seria:
>
> $$100 \times 1{,}15 \times 1{,}20 \times 1{,}30 \times 0{,}80 \times 1{,}25 = \$179{,}40$$
>
> Por outro lado, um retorno de 14% com capitalização anual daria:
>
> $$100 \times 1{,}14^5 = \$192{,}54$$
>
> O retorno que dá $179,40 ao final de cinco anos é 12,4%, pois:
>
> $$100 \times (1{,}124)^5 = 179{,}40$$
>
> Qual é o retorno médio que o gerente do fundo deveria informar? Para o gerente, é tentador afirmar algo como: "A média dos retornos anuais realizados nos últimos cinco anos é de 14%". Apesar de verdadeira, a afirmação é enganosa. Seria muito mais realista dizer: "O retorno médio realizado por alguém que investiu conosco nos últimos 5 anos é de 12,4% ao ano". Em algumas jurisdições, as regulamentações exigem que os gerentes de fundos informem seus retornos da segunda maneira.
>   O fenômeno exemplifica um resultado muito conhecido na matemática. A média geométrica de um conjunto de números é sempre menor do que a média aritmética. Em nosso exemplo, os multiplicadores de retorno são 1,15, 1,20, 1,30, 0,80 e 1,25; A média aritmética desses números é 1,140, mas a média geométrica é apenas 1,124 e é a média geométrica que é igual a 1 mais o retorno realizado durante 5 anos.

não podemos proceder dessa maneira, pois ln é uma função não linear. Na verdade, $\ln[E(S_T)] > E[\ln(S_T)]$, então $E[\ln(S_T/S_0)] < \mu T$, o que leva a $E(x) < \mu$. (Como indicado acima, $E(x) = \mu - \sigma^2/2$.)

15.4   VOLATILIDADE

A volatilidade, σ, de uma ação é uma medida de nossa incerteza sobre os retornos oferecidos por ela. Em geral, a volatilidade das ações varia entre 15% e 60%.
    Da equação (15.7), a volatilidade de um preço de ação pode ser definida como o desvio padrão do retorno oferecido pela ação em 1 ano quando o retorno é expressado utilizando capitalização contínua.
    Quando Δt é pequeno, a equação (15.1) mostra que $\sigma^2 \Delta t$ é aproximadamente igual à variância da mudança percentual no preço da ação no tempo Δt. Isso significa que $\sigma\sqrt{\Delta t}$ é aproximadamente igual ao desvio padrão da mudança percentual no preço da ação no tempo Δt. Suponha que $\sigma = 0{,}3$, ou 30%, ao ano, e que o preço

da ação atual é $50. O desvio padrão da mudança percentual no preço da ação em 1 semana é de aproximadamente:

$$30 \times \sqrt{\frac{1}{52}} = 4,16\%$$

Um movimento de 1 desvio padrão no preço da ação em 1 semana é, assim, $50 \times 0,0416 = 2,08$.

A incerteza sobre um preço de ação futura, como medida por seu desvio padrão, aumenta, pelo menos aproximadamente, com a raiz quadrada da extensão futura analisada. Por exemplo, o desvio padrão do preço da ação em 4 semanas é aproximadamente o dobro do desvio padrão em 1 semana.

Estimando a volatilidade a partir de dados históricos

Para estimar a volatilidade de um preço de ação empiricamente, em geral se observa o preço da ação em intervalos de tempo fixos (ex.: todos os dias, semanas ou meses). Defina:

$n + 1$: Número de observações

S_i: Preço da ação ao final do i-ésimo intervalo, com $i = 0, 1, ..., n$

τ: Intervalo de tempo em anos

e defina:

$$u_i = \ln\left(\frac{S_i}{S_{i-1}}\right) \quad \text{para } i = 1, 2, \ldots, n$$

A estimativa normal, s, do desvio padrão de u_i é dada por:

$$s = \sqrt{\frac{1}{n-1}\sum_{i=1}^{n}(u_i - \bar{u})^2}$$

ou:

$$s = \sqrt{\frac{1}{n-1}\sum_{i=1}^{n}u_i^2 - \frac{1}{n(n-1)}\left(\sum_{i=1}^{n}u_i\right)^2}$$

onde $\bar{u}$ é a média de u_i.[4]

Da equação (15.2), o desvio padrão de u_i é $\sigma\sqrt{\tau}$. A variável s é, assim, uma estimativa de $\sigma\sqrt{\tau}$. Logo, σ em si pode ser estimado como $\hat{\sigma}$, onde:

$$\hat{\sigma} = \frac{s}{\sqrt{\tau}}$$

O erro padrão dessa estimativa pode ser demonstrado como sendo aproximadamente igual a $\hat{\sigma}/\sqrt{2n}$.

---

[4] Muitas vezes se pressupõe que a média $\bar{u}$ é zero quando são realizadas estimativas de volatilidades históricas.

Escolher um valor apropriado para n não é fácil. Em geral, mais dados levam a mais precisão, mas σ muda com o tempo e dados velhos demais podem não ser relevantes para prever a volatilidade futura. Um meio-termo que parece funcionar razoavelmente bem é usar os dados de preços de fechamento diários dos últimos 90 a 180 dias. Outra opção seria usar uma regra básica na qual n é determinado como igual ao número de dias ao qual a volatilidade será aplicada. Assim, se a estimativa de volatilidade será utilizada para avaliar uma opção de dois anos, são usados os dados diários dos últimos dois anos. Abordagens mais sofisticadas à estimativa da volatilidade, envolvendo modelos GARCH, serão discutidas no Capítulo 23.

■ **Exemplo 15.4**

A Tabela 15.1 mostra uma possível sequência de preços de ações durante 21 dias de negociação consecutivos. Nesse caso, $n = 20$, de modo que:

$$\sum_{i=1}^{n} u_i = 0{,}09531 \quad \text{e} \quad \sum_{i=1}^{n} u_i^2 = 0{,}00326$$

e a estimativa do desvio padrão do retorno diário é:

$$\sqrt{\frac{0{,}00326}{19} - \frac{0{,}09531^2}{20 \times 19}} = 0{,}01216$$

TABELA 15.1 Cálculo da volatilidade

Dia i	Preço da ação no fechamento (dólares), S_i	Preço relativo S_i/S_{i-1}	Retorno diário $u_i = \ln(S_i/S_{i-1})$
0	20,00		
1	20,10	1,00500	0,00499
2	19,90	0,99005	−0,01000
3	20,00	1,00503	0,00501
4	20,50	1,02500	0,02469
5	20,25	0,98780	−0,01227
6	20,90	1,03210	0,03159
7	20,90	1,00000	0,00000
8	20,90	1,00000	0,00000
9	20,75	0,99282	−0,00720
10	20,75	1,00000	0,00000
11	21,00	1,01205	0,01198
12	21,10	1,00476	0,00475
13	20,90	0,99052	−0,00952
14	20,90	1,00000	0,00000
15	21,25	1,01675	0,01661
16	21,40	1,00706	0,00703
17	21,40	1,00000	0,00000
18	21,25	0,99299	−0,00703
19	21,75	1,02353	0,02326
20	22,00	1,01149	0,01143

ou 1,216%. Pressupondo que há 252 dias de negociação por ano, $\tau = 1/252$ e os dados oferecem uma estimativa para a volatilidade anual de $0{,}01216\sqrt{252} = 0{,}193$, ou 19,3%. O erro padrão dessa estimativa é:

$$\frac{0{,}193}{\sqrt{2 \times 20}} = 0{,}031$$

ou 3,1% por ano. ∎

A análise acima pressupõe que a ação não paga dividendos, mas pode ser adaptada para acomodar ações que pagam dividendos. O retorno, u_i, durante um intervalo que inclui uma data ex-dividendos é dado por:

$$u_i = \ln \frac{S_i + D}{S_{i-1}}$$

onde D é a quantia do dividendo. O retorno em outros intervalos de tempo ainda é:

$$u_i = \ln \frac{S_i}{S_{i-1}}$$

Contudo, como fatores tributários influenciam a determinação dos retornos em torno de uma data ex-dividendos, provavelmente é melhor descartar totalmente dados para intervalos que incluem uma data ex-dividendos.

Dias de negociação *versus* dias corridos

Uma questão importante é se o tempo deve ser mensurado em dias corridos ou dias de negociação quando estão sendo estimados e usados parâmetros de volatilidade. Como mostrado na História de Negócios 15.2, as pesquisas mostram que a volatilidade é muito maior quando a bolsa está aberta para negociações do que quando está fechada. Por consequência, os praticantes tendem a ignorar os dias nos quais a bolsa está fechada quando estimam a volatilidade a partir de dados históricos e quando calculam a vida da opção. A volatilidade anual é calculada a partir da volatilidade por dia de negociação usando a fórmula:

$$\text{Volatilidade por ano} = \text{Volatilidade por dia de negociação} \times \sqrt{\text{Número de dias de negociação por ano}}$$

Foi o que fizemos no Exemplo 15.4 quando calculamos a volatilidade a partir dos dados na Tabela 15.1. Para ações, em geral se pressupõe que o número de dias de negociação em um ano é 252.

A vida de uma opção geralmente é medida usando os dias de negociação, não os dias corridos. Ela é calculada como T anos, onde:

$$T = \frac{\text{Número de dias de negociação até a maturidade da opção}}{252}$$

> **História de Negócios 15.2** Qual é a causa da volatilidade?
>
> É natural pressupor que a volatilidade de uma ação é causada pela entrada de novas informações no mercado, que fazem com que os indivíduos revisem suas opiniões sobre o valor da ação. O preço da ação muda e o resultado é a volatilidade. Mas as pesquisas não apoiam essa visão sobre o que causa a volatilidade. Com vários anos de dados de preços diários, os pesquisadores podem calcular:
>
> 1. A variância dos retornos do preço da ação entre o encerramento das negociações em um dia e o encerramento das negociações do dia seguinte quando não há dias sem negociação entre os dois.
> 2. A variância dos retornos do preço da ação entre o encerramento das negociações na sexta-feira e o encerramento das negociações na segunda-feira.
>
> O segundo item é a variância dos retornos durante um período de 3 dias. O primeiro é a variância durante um período de 1 dia. Seria razoável esperar que a segunda variância é o triplo da primeira. Fama (1965), French (1980) e French e Roll (1986) mostram que isso não é verdade. Os três estudos estimam que a segunda variância é, respectivamente, 22%, 19% e 10,7% superior à primeira.
>
> Nesse momento, ficaríamos tentados a argumentar que esses resultados são explicados pelo maior influxo de notícias quando o mercado está aberto para negociação. Mas as pesquisas de Roll (1984) não apoiam essa explicação. Roll analisou os preços de futuros de suco de laranja. As notícias mais importantes de todas para os preços futuros de suco de laranja são aquelas sobre o clima, que têm sempre a mesma probabilidade de surgirem. Quando Roll conduziu uma análise semelhante àquela descrita para as ações, ele descobriu que a segunda variância (de sexta-feira para segunda-feira) para futuros de suco de laranja é apenas 1,54 vez maior que a primeira.
>
> A única conclusão razoável de tudo isso é que a volatilidade é causada, em grande parte, pelas negociações em si. (Os traders normalmente não têm problemas para aceitar essa conclusão!)

15.5 A IDEIA POR TRÁS DA EQUAÇÃO DIFERENCIAL DE BLACK–SCHOLES–MERTON

A equação diferencial de Black–Scholes–Merton é uma equação que deve ser cumprida pelo preço de qualquer derivativo dependente de uma ação que não paga dividendos. A equação será derivada na próxima seção. Nesta, vamos considerar a natureza dos argumentos que utilizaremos.

Estes são semelhantes aos argumentos sem arbitragem usados para avaliar opções sobre ações no Capítulo 13 para a situação na qual se pressupunha que os movimentos de preços de ações são binomiais. Eles envolvem montar um portfólio livre de risco composto de uma posição no derivativo e uma posição na ação. Na ausência de oportunidades de arbitragem, o retorno do portfólio deve ser a taxa de juros livre de risco, r. Isso leva à equação diferencial de Black–Scholes–Merton.

O motivo pelo qual é possível estruturar um portfólio livre de risco é que o preço da ação e o preço do derivativo são afetados pela mesma fonte subjacente de incerteza: os movimentos do preço da ação. Em um breve período de tempo qualquer, o preço do derivativo está perfeitamente correlacionado com o preço da ação subjacente. Quando um portfólio apropriado da ação e do derivativo é estabelecido, o ganho ou perda da posição na ação sempre compensa o ganho ou perda da posição no derivativo, de forma que o valor total do portfólio ao final desse breve período de tempo é conhecido com certeza.

Suponha, por exemplo, que em determinado momento a relação entre uma pequena mudança ΔS no preço da ação e a pequena mudança resultante Δc no preço de uma opção de compra europeia são dados por:

$$\Delta c = 0{,}4\, \Delta S$$

Isso significa que a inclinação da linha que representa a relação entre c e S é 0,4, como indicado na Figura 15.2. Um portfólio livre de risco seria composto de:

1. Uma posição comprada em 40 ações
2. Uma posição vendida em 100 opções de compra.

Suponha, por exemplo, que o preço da ação aumenta em 10 centavos. O preço da opção aumentará em 4 centavos e o ganho de $40 \times 0{,}1 = \$4$ sobre as ações é igual à perda de $100 \times 0{,}04 = \$4$ sobre a posição vendida na opção.

Há uma diferença importante entre a análise de Black–Scholes–Merton e nossa análise usando um modelo binomial no Capítulo 13. Em Black–Scholes–Merton, a posição na ação e no derivativo é livre de risco apenas por um período curtíssimo. (Teoricamente, ela permanece livre de risco apenas por um período instantâneo.) Para permanecer livre de risco, ela precisa ser ajustada, ou *rebalanceada*, com frequência.[5] Por exemplo, a relação entre Δc e ΔS em nosso exemplo pode mudar de $\Delta c = 0{,}4 \Delta S$ hoje para $\Delta c = 0{,}5 \Delta S$ amanhã. Isso significaria que, para manter a posição livre de risco, seria necessário comprar 10 ações para cada 100 opções de compra vendidas. Ainda assim, é verdade que o retorno do portfólio livre de risco em qualquer período de tempo muito curto deve ser a taxa de juros livre de risco. Esse é o elemento fundamental da análise de Black–Scholes–Merton e leva a suas fórmulas de apreçamento.

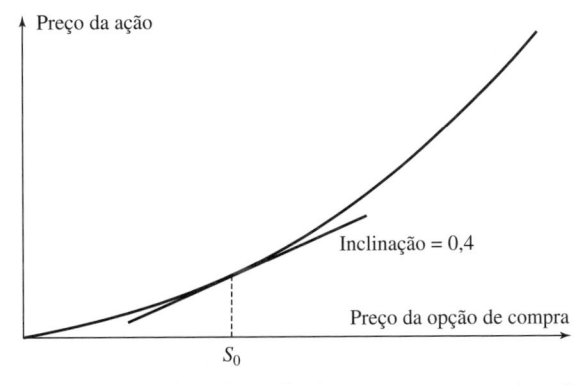

FIGURA 15.2 Relação entre o preço da opção de compra e o preço da ação. O preço da ação atual é S_0.

---

[5] Discutiremos o rebalanceamento de portfólios em mais detalhes no Capítulo 19.

Pressupostos

Os pressupostos usados para derivar a equação diferencial de Black–Scholes–Merton são:

1. O preço da ação segue o processo desenvolvido no Capítulo 14 com μ e σ constantes.
2. A venda a descoberto de títulos com uso total dos resultados é permitida.
3. Não há custos de transação ou impostos. Todos os títulos são perfeitamente divisíveis.
4. Não há dividendos durante a vida do derivativo.
5. Não há oportunidades de arbitragem livres de risco.
6. A negociação de títulos é contínua.
7. A taxa de juros livre de risco, r, é constante e a mesma para todas as maturidades.

Como discutiremos em capítulos posteriores, alguns desses pressupostos podem ser relaxados. Por exemplo, σ e r podem ser funções conhecidas de t. Podemos até permitir que as taxas de juros sejam estocásticas, desde que a distribuição do preço da ação na maturidade da opção ainda seja lognormal.

15.6 DERIVAÇÃO DA EQUAÇÃO DIFERENCIAL DE BLACK–SCHOLES–MERTON

Nesta seção, a notação é diferente daquela utilizada no resto do livro. Vamos considerar o preço de um derivativo no tempo geral t (não no tempo zero). Se T é a data da maturidade, o tempo até a maturidade é $T - t$.

O processo de preço de ação que estamos pressupondo é aquele desenvolvido na Seção 14.3:

$$dS = \mu S\, dt + \sigma S\, dz \tag{15.8}$$

Suponha que f é o preço de uma opção de compra ou outro derivativo dependente de S. A variável f deve ser uma função de S e t. Logo, da equação (14.14):

$$df = \left(\frac{\partial f}{\partial S}\mu S + \frac{\partial f}{\partial t} + \frac{1}{2}\frac{\partial^2 f}{\partial S^2}\sigma^2 S^2\right) dt + \frac{\partial f}{\partial S}\sigma S\, dz \tag{15.9}$$

As versões discretas das equações (15.8) e (15.9) são:

$$\Delta S = \mu S\, \Delta t + \sigma S\, \Delta z \tag{15.10}$$

e:

$$\Delta f = \left(\frac{\partial f}{\partial S}\mu S + \frac{\partial f}{\partial t} + \frac{1}{2}\frac{\partial^2 f}{\partial S^2}\sigma^2 S^2\right) \Delta t + \frac{\partial f}{\partial S}\sigma S\, \Delta z \tag{15.11}$$

onde Δf e ΔS são as mudanças em f e S em um pequeno intervalo de tempo Δt. Da discussão sobre o lema de Itô na Seção 14.6, lembre-se de que os processos de Wiener por trás de f e S são os mesmos. Em outras palavras, o Δz $(= \epsilon\sqrt{\Delta t}\,)$ nas equações (15.10) e (15.11) são os mesmos. Logo, um portfólio da ação e do derivativo pode ser estruturado de forma a eliminar o processo de Wiener. O portfólio é:

    -1: derivativo

    $+\partial f/\partial S$: ações.

O titular desse portfólio tem posição vendida em um derivativo e comprada em uma quantia $\partial f/\partial S$ de ações. Defina Π como o valor do portfólio. Por definição:

$$\Pi = -f + \frac{\partial f}{\partial S} S \tag{15.12}$$

A mudança $\Delta\Pi$ no valor do portfólio no intervalo de tempo Δt é dada por:

$$\Delta\Pi = -\Delta f + \frac{\partial f}{\partial S} \Delta S \tag{15.13}$$

Inserindo as equações (15.10) e (15.11) na equação (15.13) produz:

$$\Delta\Pi = \left(-\frac{\partial f}{\partial t} - \tfrac{1}{2}\frac{\partial^2 f}{\partial S^2}\sigma^2 S^2\right)\Delta t \tag{15.14}$$

Como essa equação não envolve Δz, o portfólio deve ser livre de risco durante o tempo Δt. Os pressupostos listados na seção acima indicam que o portfólio deve obter instantaneamente a mesma taxa de retorno que outros títulos livres de risco de curto prazo. Se obtivesse mais do que esse retorno, os arbitradores poderiam obter um lucro sem risco tomando empréstimos para comprar o portfólio; se obtivesse menos, eles poderiam obter um lucro sem risco vendendo o portfólio a descoberto e comprando títulos livres de risco. Logo:

$$\Delta\Pi = r\Pi\,\Delta t \tag{15.15}$$

onde r é a taxa de juros livre de risco. Inserindo as equações (15.12) e (15.14) na (15.15), obtemos:

$$\left(\frac{\partial f}{\partial t} + \tfrac{1}{2}\frac{\partial^2 f}{\partial S^2}\sigma^2 S^2\right)\Delta t = r\left(f - \frac{\partial f}{\partial S} S\right)\Delta t$$

de modo que:

$$\frac{\partial f}{\partial t} + rS\frac{\partial f}{\partial S} + \tfrac{1}{2}\sigma^2 S^2 \frac{\partial^2 f}{\partial S^2} = rf \tag{15.16}$$

A equação (15.16) é a equação diferencial de Black–Scholes–Merton. Ela tem muitas soluções, correspondentes a todos os derivativos diferentes que podem ser definidos com S como a variável subjacente. O derivativo específico obtido quando a equação é resolvida depende das *condições de limite* utilizadas. Estas especificam os valores do derivativo nos limites dos valores possíveis de S e t. No caso de uma opção de compra europeia, a condição de limite fundamental é:

$$f = \max(S - K; 0) \quad \text{quando } t = T$$

No caso de uma opção de venda europeia, é:

$$f = \max(K - S, 0) \quad \text{quando } t = T$$

■ **Exemplo 15.5**

Um contrato a termo sobre uma ação que não paga dividendos é um derivativo dependente da ação. Dessa forma, ele deve satisfazer a equação (15.16). Da equação (5.5), sabemos que o valor do contrato a termo, f, em um tempo geral t é dado em termos do preço de ação S nesse tempo por:

$$f = S - Ke^{-r(T-t)}$$

onde K é o preço de entrega. Isso significa que:

$$\frac{\partial f}{\partial t} = -rKe^{-r(T-t)}, \quad \frac{\partial f}{\partial S} = 1, \quad \frac{\partial^2 f}{\partial S^2} = 0$$

Quando estes são inseridos no lado esquerdo da equação (15.16), obtemos:

$$-rKe^{-r(T-t)} + rS$$

O que é igual a rf, mostrando que a equação (15.16) é, de fato, satisfeita. ■

Um derivativo perpétuo

Considere um derivativo perpétuo que paga uma quantia fixa Q quando o preço da ação é igual a H pela primeira vez. Nesse caso, o valor do derivativo para um S específico não depende em nada de t, de modo que o termo $\partial f/\partial t$ desaparece e a equação diferencial parcial (15.16) se torna uma equação diferencial normal.

Suponha primeiro que $S < H$. As condições de limite para os derivativos são $f = 0$ quando $S = 0$ e $f = Q$ quando $S = H$. A solução simples $f = QS/H$ satisfaz as condições de limite e a equação diferencial. Logo, ela deve ser o valor do derivativo.

A seguir, suponha que $S > H$. As condições de limite passam a ser $f = 0$ à medida que S tende ao infinito e $f = Q$ quando $S = H$. O preço do derivativo:

$$f = Q\left(\frac{S}{H}\right)^{-\alpha}$$

onde α é positivo, satisfaz as condições de limite. Ele também satisfaz a equação diferencial quando:

$$-r\alpha + \tfrac{1}{2}\sigma^2\alpha(\alpha + 1) - r = 0$$

ou $\alpha = 2r/\sigma^2$. O valor do derivativo é, assim:

$$f = Q\left(\frac{S}{H}\right)^{-2r/\sigma^2} \tag{15.17}$$

O Problema 15.23 mostra como a equação (15.17) pode ser usada para apreçar uma opção de venda americana perpétua. A Seção 26.2 estende a análise para mostrar como opções de compra e de venda americanas perpétuas podem ser apreçadas quando o ativo subjacente oferece um rendimento a uma taxa q.

Os preços de derivativos negociáveis

Qualquer função $f(S, t)$ que é uma solução da equação diferencial (15.16) é o preço teórico de um derivativo que poderia ser negociado. Se um derivativo com esse preço existisse, ele não criaria nenhuma oportunidade de arbitragem. Por outro lado, se uma função $f(S, t)$ não satisfaz a equação diferencial (15.16), ela não pode ser o preço de um derivativo sem criar oportunidades de arbitragem para os traders.

Para ilustrar essa questão, considere primeiro a função e^S. Ela não satisfaz a equação diferencial (15.16) e, logo, não pode ser o preço de um derivativo dependente do preço da ação. Se um instrumento cujo preço sempre fosse e^S existisse, haveria uma oportunidade de arbitragem. Como segundo exemplo, considere a função:

$$\frac{e^{(\sigma^2 - 2r)(T-t)}}{S}$$

Ela satisfaz a equação diferencial e então é, na teoria, o preço de um título negociável. (Ela é o preço de um derivativo que paga $1/S_T$ no tempo T.) Para outros exemplos de derivativos negociáveis, consulte os Problemas 15.11, 15.12, 15.23 e 15.29.

15.7 AVALIAÇÃO *RISK-NEUTRAL*

No Capítulo 13, introduzimos a avaliação *risk-neutral* em conexão com o modelo binomial. Sem dúvida nenhuma, ela é a ferramenta mais importante para a análise de derivativos. Ela decorre de uma propriedade fundamental da equação diferencial de Black–Scholes–Merton (15.16): a equação não envolve nenhuma variável afetada pelas preferências de risco dos investidores. As variáveis que aparecem na equação são o preço da ação atual, o tempo, a volatilidade do preço da ação e a taxa de juros livre de risco. Todas são independentes das preferências de risco.

A equação diferencial de Black–Scholes–Merton não seria independente das preferências de risco se envolvesse o retorno esperado, μ, sobre a ação. Isso ocorre porque o valor de μ depende das preferências de risco. Quanto maior o nível de aversão ao risco dos investidores, maior será o valor de μ para uma ação qualquer. Felizmente, μ desaparece da derivação da equação diferencial.

Como a equação diferencial de Black–Scholes–Merton é independente das preferências de risco, podemos utilizar um argumento engenhoso. Se as preferências de risco não entram na equação, elas não podem afetar sua solução. Asim, podemos utilizar qualquer conjunto de preferências de risco para avaliar f. Em especial, podemos nos basear no pressuposto bastante simples de que todos os investidores são *risk-neutral*.

Em um mundo no qual os investidores são *risk-neutral*, o retorno esperado sobre todos os ativos de investimento é a taxa de juros livre de risco, r. O motivo é que os investidores *risk-neutral* não exigem um prêmio para induzi-los a correr riscos. Também é verdade que o valor presente de qualquer fluxo de caixa em um mundo *risk-netrual* pode ser obtido pelo desconto de seu valor esperado pela taxa de juros livre de risco. Assim, o pressuposto de que o mundo é *risk-neutral* simplifica consideravelmente a análise dos derivativos.

Considere um derivativo que oferece um resultado em determinado momento. Ele pode ser avaliado usando a avaliação *risk-neutral* com o seguinte procedimento:

1. Pressupor que o retorno esperado do ativo subjacente é a taxa de juros livre de risco, r (ou seja, pressupor que $\mu = r$).
2. Calcular o resultado esperado do derivativo.
3. Descontar o resultado esperado pela taxa de juros livre de risco.

É importante entender que a avaliação *risk-neutral* (ou o pressuposto de que todos os investidores são *risk-neutral*) é apenas um dispositivo artificial para obter soluções para a equação diferencial de Black–Scholes–Merton. As soluções obtidas são válidas em todos os mundos, não apenas naqueles nos quais os investidores são *risk-neutral*. Quando passamos de um mundo *risk-neutral* para um mundo avesso ao risco, duas coisas acontecem. A taxa de crescimento esperada no preço da ação muda e a taxa de desconto que deve ser utilizada para quaisquer resultados do derivativo também muda, mas as duas alterações sempre se cancelam exatamente.

Aplicação a contratos a termo sobre uma ação

Na Seção 5.7, aprendemos a avaliar contratos a termo sobre uma ação que não paga dividendos. No Exemplo 15.5, confirmamos que a fórmula de apreçamento satisfaz a equação diferencial de Black–Scholes–Merton. Nesta seção, derivamos a fórmula de apreçamento a partir da avaliação *risk-neutral*. Partimos do pressuposto de que as taxas de juros são constantes e iguais a r, o que é mais restritivo do que o pressuposto adotado no Capítulo 5.

Considere um contrato a termo comprado com maturidade no tempo T e preço de entrega K. Como indicado na Figura 1.2, o valor do contrato na maturidade é:

$$S_T - K$$

onde S_T é o preço da ação no tempo T. Do argumento de avaliação *risk-neutral*, o valor do contrato a termo no tempo 0 é seu valor esperado no tempo T em um mundo *risk-neutral* descontado à taxa de juros livre de risco. Denotando o valor do contrato a termo no tempo zero por f, isso significa que:

$$f = e^{-rT} \hat{E}(S_T - K)$$

onde $\hat{E}$ denota o valor esperado em um mundo *risk-neutral*. Como K é uma constante, essa equação se torna:

$$f = e^{-rT} \hat{E}(S_T) - Ke^{-rT} \tag{15.18}$$

O retorno esperado μ sobre a ação se torna r em um mundo *risk-neutral*. Assim, da equação (15.4), temos:

$$\hat{E}(S_T) = S_0 e^{rT} \tag{15.19}$$

Inserindo a equação (15.19) na equação (15.18), obtemos:

$$f = S_0 - Ke^{-rT}$$

O que está de acordo com a equação (5.5).

15.8 FÓRMULAS DE APREÇAMENTO DE BLACK–SCHOLES–MERTON

As soluções mais famosas da equação diferencial (15.16) são as fórmulas de Black–Scholes–Merton para os preços das opções de compra e de venda europeias. As fórmulas são:

$$c = S_0 N(d_1) - Ke^{-rT} N(d_2) \qquad (15.20)$$

e:

$$p = Ke^{-rT} N(-d_2) - S_0 N(-d_1) \qquad (15.21)$$

onde:

$$d_1 = \frac{\ln(S_0/K) + (r + \sigma^2/2)T}{\sigma\sqrt{T}}$$

$$d_2 = \frac{\ln(S_0/K) + (r - \sigma^2/2)T}{\sigma\sqrt{T}} = d_1 - \sigma\sqrt{T}$$

A função $N(x)$ é a função de distribuição de probabilidade cumulativa para uma variável com distribuição normal padrão. Em outras palavras, ela é a probabilidade de que uma variável com distribuição normal padrão será menor do que x. A função está ilustrada na Figura 15.3. As variáveis remanescentes devem ser familiares. As variáveis c e p são o preço da opção de compra e da de venda europeias, S_0 é o preço da ação no tempo zero, K é o preço de exercício, r é a taxa de juros livre de risco com capitalização contínua, σ é a volatilidade do preço da ação e T é o tempo até a maturidade da opção.

Uma maneira de derivar as fórmulas de Black–Scholes–Merton é resolvendo a equação diferencial (15.16) sujeita à condição de limite mencionada na Seção 15.6.[6] (Consulte o Problema 15.17 para provar que o preço da opção de compra na equação (15.20) satisfaz a equação diferencial.) Outra abordagem é usar a avaliação *risk-neutral*. Considere uma opção de compra europeia. O valor esperado da opção na maturidade em um mundo *risk-neutral* é:

$$\hat{E}[\max(S_T - K, 0)]$$

---

[6] A equação diferencial dá os preços de opções de compra e de venda em um tempo geral t. Por exemplo, o preço de opção de compra que satisfaz a equação diferencial é $c = SN(d_1) - Ke^{-r(T-t)} N(d_2)$, onde:

$$d_1 = \frac{\ln(S/K) + (r + \sigma^2/2)(T-t)}{\sigma\sqrt{T-t}}$$

e $d_2 = d_1 - \sigma\sqrt{T-t}$.

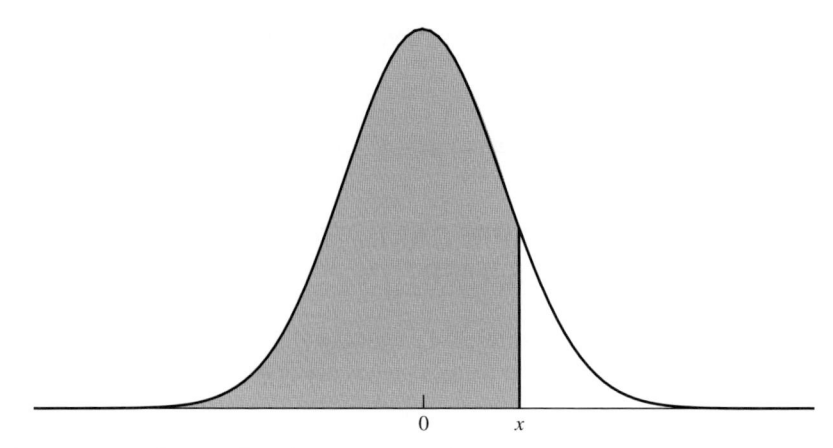

FIGURA 15.3 A área sombreada representa $N(x)$.

onde, assim como antes, $\hat{E}$ denota o valor esperado em um mundo *risk-neutral*. Do argumento de avaliação *risk-neutral*, o preço da opção de compra europeia c é esse valor esperado descontado pela taxa de juros livre de risco, ou seja:

$$c = e^{-rT}\hat{E}[\max(S_T - K, 0)] \quad (15.22)$$

O apêndice no final deste capítulo mostra que essa equação leva ao resultado na equação (15.20).

Como nunca é ideal exercer antecipadamente uma opção de compra americana sobre uma ação que não paga dividendos (ver Seção 11.5), a equação (15.20) é o valor de uma opção de compra americana sobre uma ação que não paga dividendos. Infelizmente, jamais foi produzida uma fórmula analítica exata para o valor de uma opção de venda americana sobre uma ação que não paga dividendos. Os procedimentos numéricos para calcular os valores de opções de venda americanas são discutidos no Capítulo 21.

Quando a fórmula de Black–Scholes–Merton é usada na prática, a taxa de juros r é determinada como igual à taxa de juros livre de risco para uma maturidade T. Como mostraremos em capítulos posteriores, isso é teoricamente correto quando r é uma função conhecida do tempo e também quando a taxa de juros é estocástica, desde que o preço da ação no tempo T seja lognormal e o parâmetro de volatilidade seja escolhido corretamente. Como mencionado anteriormente, o tempo normalmente é mensurado como o número de dias de negociação remanescentes na vida da opção dividido pelo número de dias de negociação em 1 ano.

Entendendo $N(d_1)$ e $N(d_2)$

O termo $N(d_2)$ na equação (15.20) tem uma interpretação relativamente simples. Ele é a probabilidade de que uma opção de compra será exercida em um mundo *risk-neutral*. O termo $N(d_1)$ não é tão fácil de interpretar, no entanto. A expressão $S_0N(d_1)e^{rT}$ é o preço esperado da ação no tempo T em um mundo *risk-neutral* quando os preços de ações menores do que o preço de exercício são contados como zero.

O preço de exercício somente é pago se o preço da ação é maior do que K e, como mencionado anteriormente, tem uma probabilidade de $N(d_2)$. O resultado esperado em um mundo *risk-neutral* é, assim:

$$S_0 N(d_1) e^{rT} - K N(d_2)$$

Determinando o valor presente disso do tempo T até o tempo zero dá a equação de Black–Scholes–Merton para uma opção de compra europeia:

$$c = S_0 N(d_1) - K e^{-rT} N(d_2)$$

Para outra interpretação, observe que a equação de Black–Scholes–Merton para o valor de uma opção de compra europeia pode ser escrita como:

$$c = e^{-rT} N(d_2) [S_0 e^{rT} N(d_1)/N(d_2) - K]$$

Os termos aqui têm a seguinte interpretação:

e^{-rT}: Fator de valor presente

$N(d_2)$: Probabilidade de exercício

$e^{rT} N(d_1)/N(d_2)$: Um mais o aumento percentual esperado no preço da ação em um mundo *risk-neutral* se a opção é exercida

K: Preço de exercício pago se a opção é exercida.

Propriedades das fórmulas de Black–Scholes–Merton

Agora vamos considerar o que acontece quando alguns dos parâmetros assumem valores extremos para demonstrar que as fórmulas de Black–Scholes–Merton têm as propriedades gerais corretas.

Quando o preço da ação, S_0, se torna muito grande, há uma certeza quase absoluta de que a opção de compra será exercida. Nessa situação, ela se torna muito semelhante a um contrato a termo com preço de entrega K. Da equação (5.5), esperamos que o preço da opção de compra será:

$$S_0 - K e^{-rT}$$

Esse é, de fato, o preço da opção de compra dado pela equação (15.20), pois quando S_0 se torna muito grande, d_1 e d_2 se tornam muito grandes também e $N(d_1)$ e $N(d_2)$ se aproximam de 1,0. Quando o preço da ação se torna muito grande, o preço de uma opção de venda europeia, p, se aproxima de zero. Isso é consistente com a equação (15.21), pois $N(-d_1)$ e $N(-d_2)$ são próximos de zero nesse caso.

A seguir, considere o que acontece quando a volatilidade σ se aproxima de zero. Como a ação praticamente não tem risco, seu preço cresce à taxa r até $S_0 e^{rT}$ no tempo T e o resultado de uma opção de compra é:

$$\max(S_0 e^{rT} - K, 0)$$

Descontando à taxa r, o valor da opção de compra hoje é:

$$e^{-rT} \max(S_0 e^{rT} - K, 0) = \max(S_0 - K e^{-rT}, 0)$$

Para mostrar que isso é consistente com a equação (15.20), vamos primeiro considerar o caso no qual $S_0 > Ke^{-rT}$. Isso implica que $\ln(S_0/K) + rT > 0$. À medida que σ tende a zero, d_1 e d_2 tendem a $+\infty$, de modo que $N(d_1)$ e $N(d_2)$ tendem a 1,0 e a equação (15.20) se torna:

$$c = S_0 - Ke^{-rT}$$

Quando $S_0 < Ke^{-rT}$, $\ln(S_0/K) + rT < 0$. À medida que σ tende a zero, d_1 e d_2 tendem a $-\infty$, de modo que $N(d_1)$ e $N(d_2)$ tendem a zero e a equação (15.20) dá um preço de opção de compra de zero. O preço da opção de compra é, assim, sempre $\max(S_0 - Ke^{-rT}, 0)$ à medida que σ tende a zero. Da mesma forma, podemos mostrar que o preço da opção de venda é sempre $\max(Ke^{-rT} - S_0, 0)$ à medida que σ tende a zero.

15.9 FUNÇÃO DE DISTRIBUIÇÃO NORMAL CUMULATIVA

Quando implementamos as equações (15.20) e (15.21), é necessário avaliar a função de distribuição normal cumulativa $N(x)$. As tabelas para $N(x)$ são fornecidas no final deste livro. A função NORMSDIST no Excel também oferece uma maneira conveniente de calcular $N(x)$.

■ Exemplo 15.6

O preço da ação a 6 meses da expiração de uma opção é $42, o preço de exercício da opção é $40, a taxa de juros livre de risco é 10% ao ano e a volatilidade é 20% ao ano. Isso significa que $S_0 = 42$, $K = 40$, $r = 0,1$, $\sigma = 0,2$, $T = 0,5$:

$$d_1 = \frac{\ln(42/40) + (0,1 + 0,2^2/2) \times 0,5}{0,2\sqrt{0,5}} = 0,7693$$

$$d_2 = \frac{\ln(42/40) + (0,1 - 0,2^2/2) \times 0,5}{0,2\sqrt{0,5}} = 0,6278$$

e:

$$Ke^{-rT} = 40e^{-0,05} = 38,049$$

Assim, se a opção é de compra europeia, seu valor c é dado por:

$$c = 42N(0,7693) - 38,049N(0,6278)$$

Se a opção é de venda europeia, seu valor p é dado por:

$$p = 38,049N(-0,6278) - 42N(-0,7693)$$

Usando a função NORMSDIST no Excel obtemos:

$$N(0,7693) = 0,7791, \quad N(-0,7693) = 0,2209$$
$$N(0,6278) = 0,7349, \quad N(-0,6278) = 0,2651$$

de modo que:

$$c = 4{,}76, \qquad p = 0{,}81$$

Ignorando o valor temporal do dinheiro, o preço da ação precisa aumentar em $2,76 para que o comprador da opção de compra alcance o ponto de equilíbrio. Da mesma forma, o preço da ação precisa diminuir em $2,81 para que o comprador da opção de venda alcance o ponto de equilíbrio. ■

15.10 WARRANTS E OPÇÕES SOBRE AÇÕES PARA FUNCIONÁRIOS

O exercício de uma opção de compra normal não afeta o número de ações em circulação de uma empresa. Se o lançador da opção não possui ações da empresa, ele precisa comprá-las no mercado da maneira tradicional e vendê-las ao titular da opção pelo preço de exercício. Como explicado no Capítulo 10, os warrants e opções sobre ações para funcionários são diferentes das opções de compra normais, pois seu exercício leva a empresa a emitir mais ações e então vendê-las ao titular pelo preço de exercício. Como o preço de exercício é inferior ao preço de mercado, isso dilui a participação dos acionistas existentes.

Como a possível diluição deve afetar o modo como avaliamos os warrants e opções sobre ações para funcionários em circulação? A resposta é que não deve afetar em nada! Pressupondo que os mercados são eficientes, o preço da ação reflete a diluição em potencial de todos os warrants e opções sobre ações para funcionários em circulação. É o que explica a História de Negócios 15.3.[7]

A seguir, considere a situação de uma empresa quando esta contempla uma nova emissão de warrants (ou de opções sobre ações para funcionários). Vamos supor que a empresa está interessada em calcular o custo da emissão, pressupondo que não há benefícios que a compensem. Vamos pressupor que a empresa tem N ações que valem S_0 cada e que o número de novas opções contempladas é M, com cada opção dando ao titular o direito de comprar uma ação por K. O valor da empresa hoje é NS_0. Esse valor não muda devido à emissão de warrants. Imagine que sem a emissão de warrants, o preço das ações será S_T na maturidade do warrant. Isso significa que (com ou sem a emissão dos warrants), o valor total do patrimônio líquido e dos warrants no tempo T será NS_T. Se os warrants são exercidos, há um influxo de caixa do preço de exercício que aumenta este valor para $NS_T + MK$. O valor é distribuído entre $N + M$ ações, de modo que o preço da ação imediatamente após o exercício passa a ser:

$$\frac{NS_T + MK}{N + M}$$

Assim, o resultado para o titular de uma opção caso a opção seja exercida é:

$$\frac{NS_T + MK}{N + M} - K$$

---

[7] Os analistas ocasionalmente pressupõem que a soma dos valores dos warrants e do patrimônio líquido (e não apenas o valor do patrimônio líquido) é lognormal. O resultado é uma equação do tipo Black–Scholes para o valor do warrant em termos do valor do warrant. Ver a Nota Técnica em www.rotman.utoronto.ca/~hull/TechnicalNotes para uma explicação desse modelo.

> **História de Negócios 15.3** Warrants, opções sobre ações para funcionários e diluição
>
> Considere uma empresa com 100.000 ações, cada uma das quais vale $50. Ela surpreende o mercado com o anúncio de que está concedendo 100.000 opções sobre ações para seus funcionários, com preço de exercício de $50. Se o mercado não vê benefício para os acionistas das opções sobre ações para funcionários na forma de salários reduzidos ou gerentes mais altamente motivados, o preço da ação diminuirá imediatamente após o anúncio das opções. Se o preço da ação diminui para $45, o custo de diluição para os acionistas atuais é de $5 por ação, ou $500.000 no total.
>
> Imagine que a empresa se sai bem no mercado e, ao final de três anos, o preço de suas ações é $100. Suponha também que todas as opções são exercidas nesse momento. O resultado para os funcionários é de $50 por opção. Seria tentador argumentar que haverá uma diluição adicional, pois as 100.000 ações que valem $100 cada serão mescladas com as 100.000 ações para as quais apenas $50 são pagos, de modo que (a) o preço da ação cai para $75 e (b) o resultado para os titulares das opções é de apenas $25 por opção. Contudo, há uma falha nesse argumento. O exercício das opções é esperado pelo mercado e já está refletido no preço das ações. O resultado do exercício de cada opção é de $50.
>
> O exemplo ilustra o conceito geral de que quando os mercados são eficientes, o impacto da diluição de opções sobre ações para executivos ou de warrants se reflete no preço da ação assim que ela é anunciada e não precisa ser considerada novamente quando as opções são avaliadas.

ou:

$$\frac{N}{N+M}(S_T - K)$$

Isso mostra que o valor de cada opção é o valor de:

$$\frac{N}{N+M}$$

opções de compra normais sobre as ações da empresa. Assim, o custo total das opções é M vezes esse valor. Como estamos pressupondo que a emissão de warrants não gera benefícios para a empresa, o valor total de seu patrimônio líquido diminui pelo custo total das opções assim que a decisão de emitir os warrants se torna conhecida pelo público geral. Isso significa que a redução no preço da ação é de:

$$\frac{M}{N+M}$$

vezes o valor de uma opção de compra normal com preço de exercício K e maturidade T.

■ **Exemplo 15.7**

Uma empresa com 1 milhão de ações, cada uma das quais vale $40, está considerando emitir 200.000 warrants, cada um dos quais dá ao titular o direito de comprar uma ação com preço de exercício de $60 em 5 anos. Ela deseja saber o custo dessa ação. A taxa de juros é de 3% ao ano e a volatilidade é de 30% ao ano. A empresa não paga dividendos. Da equação (15.20), o valor de uma opção de compra europeia de 5 anos sobre a ação é de $7,04. Nesse caso, $N = 1.000.000$ e $M = 200.000$, então o valor de cada warrant é:

$$\frac{1.000.000}{1.000.000 + 200.000} \times 7,04 = 5,87$$

ou $5,87. O custo total da emissão de warrants é $200.000 \times 5,87 = \$1,17$ milhão. Pressupondo que o mercado não vê benefícios na emissão dos warrants, espera-se que o preço da ação diminua em $1,17, caindo para $38,83. ■

15.11 VOLATILIDADES IMPLÍCITAS

O único parâmetro das fórmulas de apreçamento de Black–Scholes–Merton que não pode ser observado diretamente é a volatilidade do preço da ação. Na Seção 15.4, discutimos como essa variável pode ser estimada a partir do histórico do preço da ação. Na prática, os traders normalmente trabalham com as chamadas *volatilidades implícitas*, ou seja, volatilidades implicadas pelos preços de opções observados no mercado.[8]

Para ilustrar como são calculadas as volatilidades implícitas, imagine que o valor de uma opção de compra europeia sobre uma ação que não paga dividendos é 1,875 quando $S_0 = 21$; $K = 20$, $r = 0,1$ e $T = 0,25$. A volatilidade implícita é o valor de σ que, quando inserido na equação (15.20), dá $c = 1,875$. Infelizmente, não é possível inverter a equação (15.20) para que σ seja expresso como uma função de S_0, K, r, T e c. Contudo, um procedimento de busca iterativo pode ser usado para descobrir o σ implícito. Por exemplo, podemos começar experimentando $\sigma = 0,20$. Isso dá um valor de c igual a 1,76, que é baixo demais. Como c é uma função crescente de σ, é preciso um valor maior de σ. A seguir, podemos experimentar um valor de 0,30 para σ. Isso dá um valor de c igual a 2,10, que é alto demais e significa que σ deve ficar entre 0,20 e 0,30. A seguir, podemos tentar um valor de 0,25 para σ. Esse também é alto demais, mostrando que σ fica entre 0,20 e 0,25. Procedendo dessa maneira, podemos diminuir a amplitude de σ em cada iteração e calcular o valor correto de σ até a precisão necessária.[9] Nesse exemplo, a volatilidade implícita é 0,235, ou 23,5%, ao ano. Um procedimento semelhante pode ser utilizado em conjunto com as árvores binomiais para descobrir as volatilidades implícitas para opções americanas.

As volatilidades implícitas são usadas para monitorar a opinião do mercado sobre a volatilidade de uma determinada ação. Enquanto as volatilidades históricas (ver Seção 15.4) estão voltadas para o passado, as implícitas estão voltadas para o futuro. Os traders muitas vezes cotam a volatilidade da opção em vez de seu preço. Isso é conveniente, pois a volatilidade implícita tende a ser menos variável do que o

---

[8] As volatilidades implícitas para opções europeias e americanas podem ser calculadas usando o DerivaGem.

[9] O método é apresentado para fins de ilustração. Outros métodos mais poderosos, como o de Newton–Raphson, costumam ser utilizados na prática (ver nota de rodapé 3 do Capítulo 4).

preço da opção. Como será explicado no Capítulo 20, as volatilidades implícitas de opções negociadas ativamente são utilizadas pelos traders para estimar volatilidades implícitas apropriadas para outras opções.

O índice VIX

A CBOE publica índices de volatilidade implícita. O mais popular deles, o SPX VIX, é um índice da volatilidade implícita de opções de 30 dias sobre o S&P 500, calculado a partir de uma ampla variedade de opções de compra e de venda.[10] Ele também é chamado de *fear factor* (literalmente, "fator do medo"). Um valor de índice de 15 indica que a volatilidade implícita de opções de 30 dias sobre o S&P 500 está estimada em 15%. A Seção 26.15 apresenta informações sobre como o índice é calculado. A negociação de futuros sobre o VIX teve início em 2004 e de opções sobre ele em 2006. Um contrato é referente a 1.000 vezes o índice.

■ Exemplo 15.8

Suponha que um trader compra um contrato futuro de abril sobre o VIX quando o preço futuro é 18,5 (correspondente a uma volatilidade de 30 dias do S&P 500 de 18,5%) e encerra o contrato quando o preço futuro é 19,3 (correspondente a uma volatilidade do S&P 500 de 19,3%). O trader obtém um ganho de $800. ■

Uma negociação que envolve futuros ou opções sobre o S&P 500 é uma aposta no nível futuro do S&P 500 e na volatilidade do índice. Por outro lado, um contrato futuro ou de opção sobre o VIX é uma aposta apenas na volatilidade. A Figura 15.4 mostra o índice VIX entre janeiro de 2004 e junho de 2013. Entre 2004 e meados de 2007,

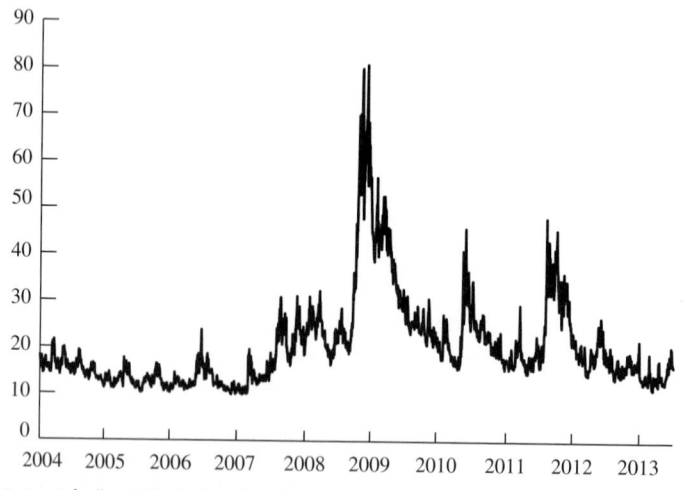

FIGURA 15.4 O índice VIX, de janeiro de 2004 a junho de 2013.

---

[10] Da mesma forma, o VXN é um índice da volatilidade do índice NASDAQ 100 e o VXD é um índice da volatilidade do Dow Jones Industrial Average.

o índice tendeu a ficar entre 10 e 20. Ele alcançou 30 durante a segunda metade de 2007 e um recorde de 80 em outubro e novembro de 2008, após a falência da Lehman. No início de 2010, o VIX estava de volta a níveis mais normais, mas teve novos picos em maio de 2010 e na segunda metade de 2011 devido a tensões e incertezas nos mercados financeiros.

15.12 DIVIDENDOS

Até este momento, sempre pressupomos que a ação sobre a qual a opção foi lançada não paga dividendos. Nesta seção, modificamos o modelo de Black–Scholes–Merton para levar em conta os dividendos. Vamos pressupor que a quantia e tempestividade dos dividendos durante a vida da opção podem ser previstos com certeza. Quando as opções têm durações relativamente curtas, esse pressuposto é bastante razoável. (Para opções de vida mais longa, normalmente se pressupõe que o rendimento em dividendos, não os pagamentos de dividendos em dólares, é conhecido. As opções podem então ser avaliadas da maneira descrita no Capítulo 17.) Pressupõe-se que a data na qual o dividendo é pago é a data ex-dividendos. Nessa data, o preço da ação diminui pelo valor do dividendo.[11]

Opções europeias

As opções europeias podem ser analisadas com base no pressuposto que o preço da ação é a soma de dois componentes: um componente sem risco, correspondente aos dividendos conhecidos durante a vida da opção, e um componente arriscado. O componente sem risco, em um momento qualquer, é o valor presente de todos os dividendos durante a vida da opção, descontado das datas ex-dividendos até o presente pela taxa de juros livre de risco. Quando a opção alcançar sua maturidade, os dividendos terão sido pagos e o componente sem risco deixará de existir. A fórmula de Black–Scholes–Merton é, assim, correta se S_0 for igual ao componente arriscado do preço da ação e σ for a volatilidade do processo seguido pelo componente arriscado.[12]

Operacionalmente, isso significa que as fórmulas de Black–Scholes–Merton podem ser utilizadas, desde que o preço da ação seja reduzido pelo valor presente de todos os dividendos durante a vida da opção, com o desconto ocorrendo em referência à data ex-dividendos pela taxa de juros livre de risco. Como foi mencionado, o dividendo é contado como ocorrendo durante a vida da opção apenas se sua data ex-dividendos ocorre durante a vida da opção.

---

[11] Por motivos tributários, o preço da ação pode diminuir um pouco menos do que a quantia em caixa do dividendo. Para levar em conta esse fenômeno, precisamos interpretar a palavra "dividendo" no contexto do apreçamento de opções como a redução no preço da ação na data ex-dividendos causada pelo dividendo. Assim, se um dividendo de $1 por ação é esperado e o preço normalmente diminui em 80% do dividendo na data ex-dividendos, devemos pressupor que o dividendo será de $0,80 para os fins da análise.

[12] Esta não exatamente a mesma que a volatilidade de todo o preço da ação. (Na teoria, é impossível que ambas sigam o movimento browniano geométrico.) No tempo zero, a volatilidade do componente arriscado é aproximadamente igual à volatilidade de todo o preço da ação multiplicada por $S_0/(S_0 - D)$, onde D é o valor presente dos dividendos.

Exemplo 15.9

Considere uma opção de compra europeia sobre uma ação quando há datas ex-dividendos em dois meses e cinco meses. Espera-se que o dividendo em cada data ex-dividendos seja de $0,50. O preço da ação atual é $40, o preço de exercício é $40, a volatilidade do preço da ação é 30%, a taxa de juros livre de risco é 9% ao ano e o tempo até a maturidade é de 6 meses. O valor presente dos dividendos é:

$$0{,}5e^{-0{,}09 \times 2/12} + 0{,}5e^{-0{,}09 \times 5/12} = 0{,}9742$$

Assim, o preço da opção pode ser calculado usando a fórmula de Black–Scholes–Merton, com $S_0 = 40 - 0{,}9742 = 39{,}0258$, $K = 40$, $r = 0{,}09$, $\sigma = 0{,}3$ e $T = 0{,}5$:

$$d_1 = \frac{\ln(39{,}0258/40) + (0{,}09 + 0{,}3^2/2) \times 0{,}5}{0{,}3\sqrt{0{,}5}} = 0{,}2020$$

$$d_2 = \frac{\ln(39{,}0258/40) + (0{,}09 - 0{,}3^2/2) \times 0{,}5}{0{,}3\sqrt{0{,}5}} = -0{,}0102$$

Usando a função NORMSDIST no Excel obtemos:

$$N(d_1) = 0{,}5800, \quad N(d_2) = 0{,}4959$$

e, da equação (15.20), o preço da opção de compra é:

$$39{,}0258 \times 0{,}5800 - 40e^{-0{,}09 \times 0{,}5} \times 0{,}4959 = 3{,}67$$

ou $3,67. ■

Alguns pesquisadores criticam a abordagem descrita acima para calcular o valor de uma opção europeia sobre uma ação que não paga dividendos. Eles argumentam que a volatilidade deve ser aplicada ao preço da ação, não ao preço da ação menos o valor presente dos dividendos. Foram sugeridos diversos procedimentos numéricos diferentes para tanto.[13] Quando a volatilidade é calculada a partir de dados históricos, pode fazer sentido utilizar um desses procedimentos. Contudo, na prática, a volatilidade usada para apreçar uma opção quase sempre é implicada dos preços de outras opções usando os procedimentos descritos no Capítulo 20. Se um analista usa o mesmo modelo para implicar e para aplicar volatilidades, os preços resultantes devem ser precisos e não altamente dependentes do modelo. Outra questão importante é que, na prática, como será explicado no Capítulo 18, os praticantes normalmente avaliam opções europeias em termos do preço a termo do ativo subjacente. Isso evita a necessidade de estimar explicitamente a renda esperada do ativo. A volatilidade do preço da ação a termo é igual à volatilidade do preço da ação menos o valor presente dos dividendos.

O modelo que propusemos, no qual o preço da ação é dividido em dois componentes, é internamente consistente e bastante popular entre praticantes. Usaremos o mesmo modelo para avaliar opções americanas no Capítulo 21.

---

[13] Ver, por exemplo, N. Areal and A. Rodrigues, "Fast Trees for Options with Discrete Dividends", *Journal of Derivatives*, 21, 1 (Fall 2013), 49–63.

Opções de compra americanas

A seguir, considere as opções de compra americanas. O Capítulo 11 mostrou que, na ausência de dividendos, as opções americanas nunca devem ser exercidas antecipadamente. Uma extensão a esse argumento mostra que, quando há dividendos, somente pode ser ideal exercer a opção em um momento imediatamente antes da data ex-dividendos da ação. Vamos pressupor que n datas ex-dividendos são esperadas e que elas ocorrem nos tempos $t_1, t_2, ..., t_n$, com $t_1 < t_2 < ... t_n$. Os dividendos correspondentes a esses tempos serão denotados por $D_1, D_2, ..., D_n$, respectivamente.

Começaremos considerando a possibilidade do exercício antecipado logo antes da última data ex-dividendos (ou seja, no tempo t_n). Se a opção é exercida no tempo t_n, o investidor recebe:

$$S(t_n) - K$$

onde $S(t)$ denota o preço da ação no tempo t. Se a opção não é exercida, o preço da ação cai para $S(t_n) - D_n$. Como demonstra a equação (11.4), o valor da opção é então maior do que:

$$S(t_n) - D_n - Ke^{-r(T-t_n)}$$

Por consequência, se:

$$S(t_n) - D_n - Ke^{-r(T-t_n)} \geqslant S(t_n) - K$$

ou seja:

$$D_n \leqslant K\left[1 - e^{-r(T-t_n)}\right] \qquad (15.24)$$

não pode ser ideal exercer a opção no tempo t_n. Por outro lado, se:

$$D_n > K\left[1 - e^{-r(T-t_n)}\right] \qquad (15.25)$$

para qualquer pressuposto razoável sobre o processo estocástico seguido pelo preço da ação, podemos mostrar que é sempre ideal exercer a opção no tempo t_n para um valor suficientemente alto de $S(t_n)$. A desigualdade em (15.25) tenderá a ser satisfeita quando a data ex-dividendos estiver razoavelmente próxima da maturidade da opção (ou seja, $T - t_n$ for pequeno) e o dividendo for grande.

Considere a próxima data t_{n-1}, a penúltima data ex-dividendos. Se a opção é exercida imediatamente antes do tempo t_{n-1}, o investidor recebe $S(t_{n-1}) - K$. Se a opção não é exercida no tempo t_{n-1}, o preço da ação cai para $S(t_{n-1}) - D_{n-1}$ e o tempo subsequente mais cedo no qual o exercício poderia ocorrer é t_n. Logo, da equação (11.4), um limite inferior para o preço da opção se ela não for exercida no tempo t_{n-1} é:

$$S(t_{n-1}) - D_{n-1} - Ke^{-r(t_n - t_{n-1})}$$

Logo, se:

$$S(t_{n-1}) - D_{n-1} - Ke^{-r(t_n - t_{n-1})} \geqslant S(t_{n-1}) - K$$

ou:

$$D_{n-1} \leqslant K[1 - e^{-r(t_n - t_{n-1})}]$$

não é ideal exercer imediatamente antes do tempo t_{n-1}. Da mesma forma, para qualquer $i < n$, se:

$$D_i \leqslant K[1 - e^{-r(t_{i+1} - t_i)}] \tag{15.26}$$

não é ideal exercer imediatamente antes do tempo t_i.

A desigualdade em (15.26) é aproximadamente equivalente a:

$$D_i \leqslant Kr(t_{i+1} - t_i)$$

Pressupondo que K é razoavelmente próximo do preço da ação, essa desigualdade é satisfeita quando o rendimento em dividendos sobre a ação é menor do que a taxa de juros livre de risco. Isso muitas vezes é verdade.

Por essa análise, podemos concluir que, em muitas circunstâncias, a data mais provável para o exercício antecipado de uma opção de compra americana é imediatamente antes da última data ex-dividendos, t_n. Além disso, se a desigualdade (15.26) for válida para $i = 1, 2, ..., n - 1$ e a desigualdade (15.24) se sustentar, podemos ter certeza que o exercício antecipado nunca é ideal e a opção americana pode ser tratada como uma opção europeia.

Aproximação de Black

Black sugere um procedimento aproximado para levar em conta o exercício antecipado de opções de compra.[14] Ele envolve calcular, como descrito anteriormente nesta seção, os preços de opções europeias com maturidade nos tempos T e t_n e então determinar que o preço americano é igual ao maior entre os dois.[15] O resultado é uma aproximação porque, na prática, pressupõe que o titular da opção precisa decidir no tempo zero se a opção será exercida no tempo T ou em t_n.

RESUMO

Começamos este capítulo analisando as propriedades do processo para preços de ações introduzido no Capítulo 14. O processo implica que o preço de uma ação em algum tempo futuro, dado seu preço atual, é lognormal. Ele também implica que o retorno com capitalização contínua da ação em um dado período de tempo é normalmente distribuído. Nossa incerteza sobre os preços de ação futuros aumenta à medida que estendemos nosso período de análise. O desvio padrão do logaritmo do preço da ação é proporcional à raiz quadrada da extensão do período de análise.

---

[14] Ver F. Black, "Fact and Fantasy in the Use of Options", *Financial Analysts Journal*, 31 (July/August 1975): 36–41, 61–72.

[15] Para uma fórmula exata, sugerida por Roll, Geske e Whaley, para avaliar opções de compra americanas quando há apenas uma data ex-dividendos, consulte a Nota Técnica 4 em www.rotman.utoronto.ca/~hull/TechnicalNotes. Ela envolve a função de distribuição normal bivariada cumulativa. Um procedimento para calcular essa função aparece na Nota Técnica 5, enquanto uma planilha para calcular a distribuição normal bivariada cumulativa se encontra no site do autor.

Para estimar a volatilidade σ de um preço de ação empiricamente, o preço da ação é observado em intervalos de tempo fixos (ex.: todos os dias, todas as semanas ou todos os meses). Para cada período de tempo, calcula-se o logaritmo natural da razão entre o preço da ação ao final do período e o preço da ação no início do período. A volatilidade é estimada como o desvio padrão desses números dividido pela raiz quadrada do período de tempo em anos. Em geral, os dias nos quais as bolsas estão fechadas são ignorados na mensuração do tempo para fins de cálculos de volatilidade.

A equação diferencial para o preço de qualquer derivativo dependente de uma ação pode ser obtida pela criação de um portfólio livre de risco do derivativo e da ação. Como o preço do derivativo e o preço da ação dependem da mesma fonte fundamental de incerteza, isso sempre é possível. O portfólio criado permanece livre de risco apenas por um curtíssimo período de tempo. Contudo, o retorno sobre um portfólio livre de risco deve sempre ser a taxa de juros livre de risco se não houver oportunidades de arbitragem.

O retorno esperado sobre a ação não afeta a equação diferencial de Black––Scholes–Merton. Isso leva a um resultado extremamente útil, conhecido como avaliação *risk-neutral*. O resultado afirma que quando avaliamos um derivativo dependente de um preço e ação, podemos pressupor que o mundo é *risk-neutral*. Isso significa que podemos pressupor que o retorno esperado da ação é a taxa de juros livre de risco e então descontar os resultados esperados à taxa de juros livre de risco. As equações de Black–Scholes–Merton para opções de compra e de venda europeias podem ser derivadas pela solução de suas equações diferenciais ou utilizando a avaliação *risk-neutral*.

Uma volatilidade implícita é uma volatilidade que, quando usada em conjunto com a fórmula de apreçamento de opções de Black–Scholes–Merton, fornece o preço de mercado da opção. Os traders monitoram as volatilidades implícitas e muitas vezes cotam a volatilidade da opção em vez de seu preço. Eles desenvolveram procedimentos para usar as volatilidades implicadas pelos preços de opções negociadas ativamente para estimar as volatilidades de outras opções.

Os resultados de Black–Scholes–Merton podem ser estendidos para cobrir opções de compra e de venda europeias sobre ações que pagam dividendos. O procedimento envolve usar a fórmula de Black–Scholes–Merton com o preço da ação reduzido pelo valor presente dos dividendos esperados durante a vida da opção, e a volatilidade igual ao preço da ação líquido do valor presente desses dividendos.

Na teoria, pode ser ideal exercer opções de compra americanas imediatamente antes de qualquer data ex-dividendos. Na prática, muitas vezes somente é necessário considerar a data ex-dividendos final. Fischer Black sugeriu uma aproximação, que envolve estabelecer o preço da opção de compra americana como igual ao maior de dois preços de opções de compra europeias. A primeira opção de compra europeia expira ao mesmo tempo que a opção de compra americana; a segunda, imediatamente antes da última data ex-dividendos.

LEITURAS COMPLEMENTARES

Sobre a distribuição das mudanças de preço de ações

Blattberg, R., and N. Gonedes, "A Comparison of the Stable and Student Distributions as Statistical Models for Stock Prices", *Journal of Business*, 47 (April 1974): 244–80.

Fama, E. F., "The Behavior of Stock Market Prices", *Journal of Business*, 38 (January 1965): 34–105.

Kon, S. J., "Models of Stock Returns—A Comparison", *Journal of Finance*, 39 (March 1984): 147–65.

Richardson, M., and T. Smith, "A Test for Multivariate Normality in Stock Returns", *Journal of Business*, 66 (1993): 295–321.

Sobre a análise de Black–Scholes–Merton

Black, F. "Fact and Fantasy in the Use of Options and Corporate Liabilities", *Financial Analysts Journal*, 31 (July/August 1975): 36–41, 61–72.

Black, F. "How We Came Up with the Option Pricing Formula", *Journal of Portfolio Management*, 15, 2 (1989): 4–8.

Black, F., and M. Scholes, "The Pricing of Options and Corporate Liabilities", *Journal of Political Economy*, 81 (May/June 1973): 637–59.

Merton, R. C., "Theory of Rational Option Pricing", *Bell Journal of Economics and Management Science*, 4 (Spring 1973): 141–83.

Sobre a avaliação risk-neutral

Cox, J. C., and S. A. Ross, "The Valuation of Options for Alternative Stochastic Processes", *Journal of Financial Economics*, 3 (1976): 145–66.

Smith, C. W., "Option Pricing: A Review", *Journal of Financial Economics*, 3 (1976): 3–54.

Sobre as causas da volatilidade

Fama, E. F. "The Behavior of Stock Market Prices", *Journal of Business*, 38 (January 1965): 34–105.

French, K. R. "Stock Returns and the Weekend Effect", *Journal of Financial Economics*, 8 (March 1980): 55–69.

French, K. R., and R. Roll "Stock Return Variances: The Arrival of Information and the Reaction of Traders", *Journal of Financial Economics*, 17 (September 1986): 5–26.

Roll R. "Orange Juice and Weather", *American Economic Review*, 74, 5 (December 1984): 861–80.

Questões e problemas

15.1 O que o modelo de apreçamento de opções sobre ações de Black–Scholes–Merton pressupõe sobre a distribuição de probabilidade do preço da ação em um ano? O que ele pressupõe sobre a distribuição de probabilidade da taxa de retorno sobre a ação com capitalização contínua durante o ano?

15.2 A volatilidade de um preço de ação é 30% ao ano. Qual é o desvio padrão da mudança de preço percentual em um dia de negociação?

15.3 Explique o princípio da avaliação *risk-neutral*.

15.4 Calcule o preço de uma opção de venda europeia de 3 meses sobre uma ação que não paga dividendos com preço de exercício de $50 quando o preço da ação atual é $50, a taxa de juros livre de risco é 10% ao ano e a volatilidade é 30% ao ano.

15.5 Qual é a diferença para seus cálculos no Problema 15.4 se espera-se um dividendo de $1,50 em 2 meses?

15.6 O que é *volatilidade implícita*? Como ela é calculada?

15.7 Um preço de ação atual é $40. Pressuponha que o retorno esperado da ação é de 15% e sua volatilidade é de 25%. Qual é a probabilidade de distribuição para a taxa de retorno (com capitalização contínua) obtida durante um período de 2 anos?

15.8 Um preço de ação segue o movimento browniano geométrico, com retorno esperado de 16% e volatilidade de 35%. O preço atual é $38.
(a) Qual é a probabilidade de que uma opção de compra europeia sobre a ação, com preço de exercício de $40 e data de maturidade em 6 meses, será exercida?
(b) Qual é a probabilidade de uma opção de venda europeia sobre a ação, com o mesmo preço de exercício e maturidade, ser exercida?

15.9 Usando a notação deste capítulo, prove que um intervalo de confiança de 95% para S_T fica entre $S_0 e^{(\mu-\sigma^2/2)T - 1{,}96\sigma\sqrt{T}}$ e $S_0 e^{(\mu-\sigma^2/2)T + 1{,}96\sigma\sqrt{T}}$.

15.10 Um gerente de portfólio anuncia que a média dos retornos realizados em cada um dos últimos 10 anos é de 20% ao ano. De que maneira essa afirmação é enganosa?

15.11 Pressuponha que uma ação que não paga dividendos tem retorno esperado de μ e volatilidade de σ. Uma instituição financeira inovadora acaba de anunciar que negociará um título que paga uma quantia em dólares igual a ln S_T no tempo T, onde S_T denota o valor do preço da ação no tempo T.
(a) Use a avaliação *risk-neutral* para calcular o preço do título no tempo t em termos do preço da ação, S, no tempo t.
(b) Confirme que seu preço satisfaz a equação diferencial (15.16).

15.12 Considere um derivativo que paga S_T^n no tempo T, onde S_T é o preço da ação nesse tempo. Quando a ação não paga dividendos e seu preço segue o movimento browniano geométrico, é possível demonstrar que seu preço no tempo t ($t \leq T$) tem a forma $h(t, T)S^n$, onde S é o preço da ação no tempo t e h é uma função apenas de t e T.
(a) Usando a equação diferencial parcial de Black–Scholes–Merton, derive uma equação diferencial normal satisfeita por $h(t, T)$.
(b) Qual é a condição de limite para a equação diferencial para $h(t, T)$?
(c) Mostre que $h(t, T) = e^{[0{,}5\sigma^2 n(n-1) + r(n-1)](T-t)}$, onde r é a taxa de juros livre de risco e σ é a volatilidade do preço da ação.

15.13 Qual é o preço de uma opção de compra europeia sobre uma ação que não paga dividendos quando o preço da ação é $52, o preço de exercício é $50, a taxa de juros livre de risco é 12% ao ano, a volatilidade é 30% ao ano e o tempo até a maturidade é de 3 meses?

15.14 Qual é o preço de uma opção de venda europeia sobre uma ação que não paga dividendos quando o preço da ação é $69, o preço de exercício é $70, a taxa de juros livre de risco é 5% ao ano, a volatilidade é 35% ao ano e o tempo até a maturidade é de 6 meses?

15.15 Considere uma opção de compra americana sobre uma ação. O preço da ação é $70, o tempo até a maturidade é 8 meses, a taxa de juros livre de risco é 10% ao ano, o preço de exercício é $65 e a volatilidade é 32%. Um dividendo de $1 é esperado após 3 meses e novamente após 6 meses. Mostre que nunca será ideal exercer a opção em qualquer uma das duas datas de dividendos. Calcule o preço da opção.

15.16 Uma opção de compra sobre uma ação que não paga dividendos tem preço de mercado de $2,5. O preço da ação é $15, preço de exercício é $13, o tempo até a maturidade é 3 meses e a taxa de juros livre de risco é 5% ao ano. Qual é a volatilidade implícita?

15.17 Com a notação usada neste capítulo:
(a) O que é $N'(x)$?

(b) Mostre que $SN'(d_1) = Ke^{-r(T-t)}N'(d_2)$, onde S é o preço da ação no tempo t e:

$$d_1 = \frac{\ln(S/K) + (r + \sigma^2/2)(T-t)}{\sigma\sqrt{T-t}}, \quad d_2 = \frac{\ln(S/K) + (r - \sigma^2/2)(T-t)}{\sigma\sqrt{T-t}}$$

(c) Calcule $\partial d_1/\partial S$ e $\partial d_2/\partial S$.

(d) Mostre que quando $c = SN(d_1) - Ke^{-r(T-t)}N(d_2)$:

$$\frac{\partial c}{\partial t} = -rKe^{-r(T-t)}N(d_2) - SN'(d_1)\frac{\sigma}{2\sqrt{T-t}}$$

onde c é o preço de uma opção de compra sobre uma ação que não paga dividendos.

(e) Mostre que $\partial c/\partial S = N(d_1)$.

(f) Mostre que c satisfaz a equação diferencial de Black–Scholes–Merton.

(g) Mostre que c satisfaz a condição de limite para uma opção de compra europeia, ou seja, que $c = \max(S - K, 0)$ à medida que $t \to T$.

15.18 Mostre que as fórmulas de Black–Scholes–Merton para opções de compra e de venda estão em conformidade com a paridade put–call.

15.19 O preço de uma ação está em $50 e a taxa de juros livre de risco é 5%. Traduza a tabela a seguir de opções de compra europeias sobre a ação em uma tabela de volatilidades implícitas, pressupondo que não há dividendos. Os preços das opções são consistentes com os pressupostos por trás de Black–Scholes–Merton?

Preço de exercício ($)	Vencimento (meses)		
	3	6	12
45	7,0	8,3	10,5
50	3,7	5,2	7,5
55	1,6	2,9	5,1

15.20 Explique cuidadosamente por que a abordagem de Black para a avaliação de uma opção de compra americana sobre uma ação que paga dividendos pode fornecer uma resposta aproximada mesmo quando apenas um dividendo é esperado. A resposta dada pela abordagem de Black subestima ou superestima o valor real da opção? Explique sua resposta.

15.21 Considere uma opção de compra americana sobre uma ação. O preço da ação é $50, o tempo até o vencimento é 15 meses, a taxa de juros livre de risco é 8% ao ano, o preço de exercício é $55 e a volatilidade é 25%. Dividendos de $1,50 são esperados em 4 meses e em 10 meses. Mostre que nunca será ideal exercer a opção em qualquer uma das duas datas de dividendos. Calcule o preço da opção.

15.22 Mostre que a probabilidade de uma opção de compra europeia ser exercida em um mundo *risk-neutral* é, com a notação introduzida neste capítulo, $N(d_2)$. Qual é uma expressão para o valor de um derivativo que paga $100 se o preço de uma ação no tempo T for maior do que K?

15.23 Use o resultado na equação (15.17) para determinar o valor de uma opção de venda americana perpétua sobre uma ação que não paga dividendos com preço de exercício K se exercida quando o preço da ação é igual a H, onde $H < K$. Pressuponha que o preço da ação atual S é maior do que H. Qual é o valor de H que maximiza o valor da opção? Deduza o valor de uma opção de venda americana perpétua com preço de exercício K.

15.24 Uma empresa tem uma emissão de opções sobre ações para executivos não liquidada. A diluição deve ser levada em conta quando as opções são avaliadas? Explique sua resposta.

15.25 O preço da ação de uma empresa é $50 e há 10 milhões de ações em circulação. A empresa está considerando conceder a seus funcionários 3 milhões de opções de compra de 5 anos no dinheiro. Os exercícios de opções serão resolvidos com a emissão de mais ações. A volatilidade do preço da ação é 25%, a taxa de juros livre de risco é 5% e a empresa não paga dividendos. Estime o custo para a empresa da emissão de opções sobre ações para funcionários.

Questões adicionais

15.26 Se a volatilidade de uma ação é de 18% ao ano, estime o desvio padrão da mudança de preço percentual em (a) 1 dia, (b) 1 semana e (c) 1 mês.

15.27 Um preço de ação atual é $50. Pressuponha que o retorno esperado da ação é de 18% e sua volatilidade é de 30%. Qual é a distribuição de probabilidade para o preço da ação em 2 anos? Calcule a média e o desvio padrão da distribuição. Determine o intervalo de confiança de 95%.

15.28 Suponha que as observações sobre um preço de ação (em dólares) ao final de cada uma de 15 semanas consecutivas são:

30,2; 32,0; 31,1; 30,1; 30,2; 30,3; 30,6; 33,0; 32,9; 33,0; 33,5; 33,5; 33,7; 33,5; 33,2

Estime a volatilidade do preço da ação. Qual é o erro padrão da sua estimativa?

15.29 Uma instituição financeira planeja oferecer um título que paga uma quantia em dólares igual a S_T^2 no tempo T, onde S_T é o preço da ação no tempo T de uma ação que não paga dividendos.
(a) Use a avaliação *risk-neutral* para calcular o preço do título no tempo t em termos do preço de ação S no tempo t. (*Dica*: O valor esperado de S_T^2 pode ser calculado a partir da média e da variância de S_T dadas na Seção 15.1.)
(b) Confirme que seu preço satisfaz a equação diferencial (15.16).

15.30 Considere uma opção sobre uma ação que não paga dividendos quando o preço da ação é $30, o preço de exercício é $29, a taxa de juros livre de risco é 5%, a volatilidade é 25% ao ano e o tempo até o vencimento é 4 meses.
(a) Qual é o preço da opção se é uma opção de compra europeia?
(b) Qual é o preço da opção se é uma opção de compra americana?
(c) Qual é o preço da opção se é uma opção de venda europeia?
(d) Confirme que a paridade put–call se mantém.

15.31 Pressuponha que a ação no Problema 15.30 terá data ex-dividendos em 1,5 mês. O dividendo esperado é de 50 centavos.
(a) Qual é o preço da opção se é uma opção de compra europeia?
(b) Qual é o preço da opção se é uma opção de venda europeia?
(c) Se a opção é uma opção de compra americana, há alguma circunstância na qual ela deve ser exercida antecipadamente?

15.32 Considere uma opção de compra americana quando o preço de uma ação é $18, o preço de exercício é $20, o tempo até o vencimento é 6 meses, a volatilidade é 30% ao ano e a taxa de juros livre de risco é 10% ao ano. Dois dividendos iguais são esperados durante a vida da opção, com datas ex-dividendos ao final de 2 meses e de 5 meses. Pressuponha que os dividendos são de 40 centavos. Use a aproximação de Black para avaliar a opção. O quão altos poderiam ser os dividendos sem a opção americana valer mais do que a opção europeia correspondente?

APÊNDICE
Prova da fórmula de Black–Scholes–Merton usando avaliação *risk-neutral*

Para provar o resultado de Black–Scholes, primeiro vamos provar outro resultado fundamental, algo que também será útil em capítulos posteriores.

Resultado principal

Se V é lognormalmente distribuído e o desvio padrão de $\ln V$ é w, então:

$$E[\max(V - K, 0)] = E(V)N(d_1) - KN(d_2) \qquad (15A.1)$$

onde:

$$d_1 = \frac{\ln[E(V)/K] + w^2/2}{w}$$

$$d_2 = \frac{\ln[E(V)/K] - w^2/2}{w}$$

e E denota o valor esperado.

Prova de resultado fundamental

Defina $g(V)$ como a função de densidade da probabilidade de V. Logo:

$$E[\max(V - K, 0)] = \int_K^\infty (V - K)g(V)\,dV \qquad (15A.2)$$

A variável $\ln V$ é normalmente distribuída, com desvio padrão w. Das propriedades da distribuição lognormal, a média de $\ln V$ é m, onde:[16]

$$m = \ln[E(V)] - w^2/2 \qquad (15A.3)$$

Defina uma nova variável

$$Q = \frac{\ln V - m}{w} \qquad (15A.4)$$

Essa variável é normalmente distribuída, com média de zero e desvio padrão de 1,0. Denote a função de densidade para Q por $h(Q)$ de modo que:

$$h(Q) = \frac{1}{\sqrt{2\pi}} e^{-Q^2/2}$$

Usando a equação (15A.4) para converter a expressão no lado direito da equação (15A.2) de uma integral sobre V para uma integral sobre Q, obtemos:

$$E[\max(V - K, 0)] = \int_{(\ln K - m)/w}^\infty (e^{Qw+m} - K)h(Q)\,dQ$$

---

[16] Para uma prova disso, ver Nota Técnica 2 em www.rotman.utoronto.ca/~hull/TechnicalNotes.

ou:

$$E[\max(V - K, 0)] = \int_{(\ln K - m)/w}^{\infty} e^{Qw+m} h(Q) dQ - K \int_{(\ln K - m)/w}^{\infty} h(Q) dQ \quad (15A.5)$$

Agora:

$$e^{Qw+m} h(Q) = \frac{1}{\sqrt{2\pi}} e^{(-Q^2 + 2Qw + 2m)/2} = \frac{1}{\sqrt{2\pi}} e^{[-(Q-w)^2 + 2m + w^2]/2}$$

$$= \frac{e^{m+w^2/2}}{\sqrt{2\pi}} e^{[-(Q-w)^2]/2} = e^{m+w^2/2} h(Q - w)$$

Isso significa que a equação (15A.5) se torna:

$$E[\max(V - K, 0)] = e^{m+w^2/2} \int_{(\ln K - m)/w}^{\infty} h(Q - w) dQ - K \int_{(\ln K - m)/w}^{\infty} h(Q) dQ \quad (15A.6)$$

Se definirmos $N(x)$ como a probabilidade de que uma variável com média zero e desvio padrão 1,0 seja menor do que x, o primeiro integral na equação (15A.6) é:

$$1 - N[(\ln K - m)/w - w] = N[(-\ln K + m)/w + w]$$

Inserir m da equação (15A.3) leva a:

$$N\left(\frac{\ln[E(V)/K] + w^2/2}{w}\right) = N(d_1)$$

Da mesma forma, o segundo integral na equação (15A.6) é $N(d_2)$. A equação (15A.6), assim torna-se:

$$E[\max(V - K, 0)] = e^{m+w^2/2} N(d_1) - K N(d_2)$$

Inserir m da equação (15A.3) dá o resultado fundamental.

O resultado de Black–Scholes–Merton

Agora vamos considerar uma opção de compra sobre uma ação que não paga dividendos com vencimento no tempo T. O preço de exercício é K, a taxa de juros livre de risco é r, o preço da ação atual é S_0 e a volatilidade é σ. Como mostrado na equação (15.22), o preço da opção de compra c é dado por:

$$c = e^{-rT} \hat{E}[\max(S_T - K, 0)] \quad (15A.7)$$

onde S_T é o preço da ação no tempo T e $\hat{E}$ denota a expectativa em um mundo *risk-neutral*. Sob os processos estocásticos pressupostos por Black–Scholes–Merton, S_T é lognormal. Além disso, das equações (15.3) e (15.4), $\hat{E}(S_T) = S_0 e^{rT}$ e o desvio padrão de $\ln S_T$ é $\sigma\sqrt{T}$.

A partir do resultado principal provado acima, a equação (15A.7) implica que:
$$c = e^{-rT}[S_0 e^{rT} N(d_1) - KN(d_2)] = S_0 N(d_1) - Ke^{-rT} N(d_2)$$
onde:
$$d_1 = \frac{\ln[\hat{E}(S_T)/K] + \sigma^2 T/2}{\sigma\sqrt{T}} = \frac{\ln(S_0/K) + (r + \sigma^2/2)T}{\sigma\sqrt{T}}$$
$$d_2 = \frac{\ln[\hat{E}(S_T)/K] - \sigma^2 T/2}{\sigma\sqrt{T}} = \frac{\ln(S_0/K) + (r - \sigma^2/2)T}{\sigma\sqrt{T}}$$

Esse é o resultado de Black–Scholes–Merton.

CAPÍTULO 16

Opções sobre ações para funcionários

As opções sobre ações para funcionários são opções de compra sobre as ações de uma empresa concedidas por ela a seus funcionários. As opções dão aos funcionários um interesse no futuro da empresa. Se a organização vai bem, o preço de suas ações aumenta acima do preço de exercício e os funcionários saem ganhando quando exercem as opções e vendem as ações adquiridas pelo preço de mercado.

Muitas empresas, especialmente no ramo da tecnologia, acreditam que a única maneira de atrair e reter seus melhores funcionários é com a oferta de pacotes generosos de opções sobre ações. Muitas empresas concedem opções apenas à alta gerência; outras as concedem a indivíduos em todos os níveis da organização. A Microsoft foi uma das primeiras empresas a usar opções sobre ações para funcionários. Todos os funcionários da Microsoft recebiam opções; com o aumento do preço das ações da empresa, estima-se que mais de 10.000 deles se tornaram milionários. As opções sobre ações para funcionários se tornaram menos populares nos últimos anos, por motivos que explicaremos neste capítulo. (A Microsoft, por exemplo, anunciou em 2003 que descontinuaria o uso de opções e em vez disso daria ações da empresa para os funcionários.) Contudo, muitas empresas ao redor do mundo continuam amando as opções sobre ações para funcionários.

As opções sobre ações para funcionários são populares entre as *start-ups*. Muitas vezes, essas empresas não têm os recursos necessários para pagar seus principais membros de equipe tanto quanto estes poderiam obter em uma empresa tradicional, então elas resolvem esse problema suplementando os salários de seus funcionários com opções sobre ações. Se a empresa vai bem e as ações são vendidas para o público em um IPO (oferta pública inicial), as opções provavelmente acabam sendo valiosíssimas. Algumas empresas recém-formadas concedem opções até para estudantes que trabalham para ela apenas por alguns meses, durante suas férias de verão, o que levou a centenas de milhares de dólares em lucro para alguns deles.

Este capítulo explica como os planos de opções sobre ações funcionam e como sua popularidade foi influenciada por seu tratamento contábil. Ele discute se as opções sobre ações para funcionários ajudam a alinhar os interesses dos acionistas com os dos altos executivos que administram a empresa, descreve como essas opções são avaliadas e analisa os escândalos de antedatação.

16.1 ARRANJOS CONTRATUAIS

As opções sobre ações para funcionários muitas vezes têm durações de 10 a 15 anos. Em geral, o preço de exercício é igual ao preço da ação na data de concessão, de modo que a opção inicia no dinheiro.

As seguintes premissas normalmente caracterizam os planos de opções sobre ações para funcionários:

1. Há um período de aquisição de direito durante o qual as opções não podem ser exercidas. Esse período de aquisição de direito pode durar até quatro anos.
2. Quando os funcionários trocam de emprego (voluntária ou involuntariamente) durante o período de aquisição, eles abrem mão de suas opções.
3. Quando os funcionários vão embora (voluntária ou involuntariamente) após o período de aquisição, eles abrem mão de opções que estão fora do dinheiro e precisam exercer as opções adquiridas que estão dentro do dinheiro quase que imediatamente.
4. Os funcionários não podem vender as opções.
5. Quando um funcionário exerce as opções, a empresa emite novas ações e as vende para o funcionário pelo preço de exercício.

A decisão de exercício antecipado

A quarta característica dos planos de opções sobre ações para funcionários observada acima tem consequências importantes. Se os funcionários, por qualquer que seja o motivo, desejarem realizar um benefício financeiro de opções cujo direito foi adquirido, eles precisam exercer as opções e vender as ações subjacentes. Eles não podem vender as opções para mais alguém. Isso leva a uma tendência das opções sobre ações para funcionários serem exercidas antes de opções de compra negociadas em bolsa ou de balcão semelhantes.

Considere uma opção de compra sobre uma ação que não paga dividendos. Na Seção 11.5, mostramos que se é uma opção de compra normal, ela nunca deve ser exercida antecipadamente. O titular da opção sempre se sai melhor se vende a opção em vez de exercê-la antes do final de sua vida. Contudo, os argumentos utilizados na Seção 11.5 não se aplicam às opções sobre ações para funcionários, pois estas não podem ser vendidas. A única maneira dos funcionários realizarem um benefício em caixa das opções (ou diversificar sua posição) é exercendo as opções e vendendo as ações. Assim, não é raro que uma opção sobre ações para funcionários seja exercida muito antes do momento que seria ideal caso ela fosse uma opção normal de balcão ou negociada em bolsas.

Há alguma situação na qual os funcionários devem exercer suas opções antes do vencimento e então manter as ações em vez de vendê-las? Suponha que o preço de exercício da ação é constante durante a vida da opção e que esta pode ser exercida em qualquer momento. Para responder essa pergunta, vamos considerar duas opções: a opção sobre ações para funcionários e uma opção normal, idêntica em todos os outros aspectos, que poderia ser vendida no mercado. A primeira será a opção A, a segunda será a opção B. Se a ação não paga dividendos, sabemos que a opção B jamais deve ser exercida antecipadamente. Logo, não é ideal exercer a opção A e manter as ações. Se o funcionário deseja manter uma participação em sua empresa, uma estratégia melhor seria manter a opção. Essa medida atrasa o pagamento do preço de exercício e preserva o valor de seguro da opção, como descrito na Seção 11.5. É apenas quando seria ideal exercer a opção B que o exercício da opção A pelo funcionário antes do vencimento e a manutenção da ação em seu portfólio passam a ser uma estratégia racional.[1] Como discutido na Seção 15.12, somente é ideal exercer a opção B quando um dividendo relativamente alto e iminente.

Na prática, o comportamento de exercício antecipado dos funcionários varia bastante de uma empresa para a outra. Em algumas, há uma cultura de não exercer antecipadamente; em outras, os funcionários tendem a exercer suas opções e vender as ações assim que termina o período de aquisição de direito, mesmo que as opções estejam apenas ligeiramente dentro do dinheiro.

16.2 AS OPÇÕES ALINHAM OS INTERESSES DE ACIONISTAS E GERENTES?

Para que os investidores tenham confiança nos mercados de capital, é importante que os interesses dos acionistas e gerentes estejam razoavelmente alinhados. Isso significa que os gerentes devem estar motivados a tomar decisões que sejam do interesse dos acionistas. Os gerentes são agentes dos acionistas e, como mencionado no Capítulo 8, os economistas utilizam o termo *custos de agência* para descrever as perdas sofridas quando os interesses de agentes e principais não estão alinhados.

As opções sobre ações para funcionários ajudam a alinhar os interesses de funcionários e acionistas? A resposta dessa pergunta não é simples. Ninguém duvida que elas são úteis para uma *start-up*. As opções são uma maneira excelente para os principais acionistas, que em geral também são os altos executivos, motivarem os funcionários a fazer horas-extras. Se a empresa tem sucesso e há um IPO, os funcionários fazem fortuna; se a empresa dá errado, no entanto, as opções não valem nada.

São as opções concedidas a altos executivos de empresas de capital aberto que geram as maiores controvérsias. Estima-se que as opções sobre ações para funcionários representam cerca de 50% da compensação dos altos executivos nos EUA. Essas opções também são chamadas de "compensação por desempenho" dos executivos. Se o preço das ações da empresa sobe, de modo que os acionistas obtêm ganho, o executivo é recompensado. Contudo, isso ignora o resultado assimétrico das opções. Se a empresa vai mal, os acionistas perdem dinheiro, mas tudo que acontece com os executivos é que eles deixam de ganhar. Ao contrário dos acionistas, eles não sofrem

---

[1] A única exceção a isso poderia ocorrer quando um executivo deseja possuir a ação devido a seus direitos de voto.

uma perda.[2] Muitos acreditam que uma compensação por desempenho melhor seria uma *restricted stock unit* ("unidade de ação restrita"), que dá ao executivo o direito de possuir uma ação da empresa em um tempo futuro específico (a data de aquisição de direito). Os ganhos e as perdas dos executivos, nesse caso, refletem os dos outros acionistas. Também se argumenta que os resultados assimétricos das opções podem levar os altos executivos a correrem riscos que não aceitariam em outras situações, o que pode ou não atender os interesses dos acionistas.

Quais tentações as opções sobre ações criam para os altos executivos? Imagine que um executivo planeja exercer um grande número de opções em três meses e vender as ações. Ele pode ficar tentado a alterar o cronograma de declarações de boas notícias da empresa, ou até mover rendas de um trimestre para o outro, de modo que o preço da ação aumente logo antes do exercício das opções. Por outro lado, se opções no dinheiro serão concedidas para o executivo em três meses, ele pode ficar tentado a agir de modo a reduzir o preço da ação logo antes da data de emissão. O tipo de comportamento que estamos discutindo é totalmente inaceitável, claro, e pode até ser ilegal. Mas os escândalos de antedatação, que serão discutidos posteriormente neste capítulo, mostram que o modo como alguns executivos lidam com questões relativas a opções sobre ações deixa muito a desejar.

Mesmo quando não há comportamentos impróprios como aqueles mencionados acima, as opções sobre ações para executivos podem ter o efeito de motivá-los a se concentrar nos lucros de curto prazo às custas do desempenho de longo prazo. Os gerentes de fundos se preocupam com a possibilidade das opções sobre ações serem uma grande fonte de distrações, pois representam uma parcela enorme da compensação dos executivos. A alta gerência pode passar tempo demais pensando sobre os diversos aspectos de sua compensação e tempo de menos administrando a empresa de fato.

O conhecimento interno do gerente e sua capacidade de afetar resultados e declarações sempre pode acabar interagindo com suas operações de modos que prejudiquem outros acionistas. Uma sugestão radical para atenuar esse problema exigiria que os executivos avisassem ao mercado, talvez com uma semana de antecedência, sua intenção de comprar ou vender as ações de sua empresa.[3] (Após o aviso de intenção ser declarado, ele seria vinculante para o executivo.) Isso permitiria ao mercado formar suas próprias conclusões sobre por que o executivo estaria negociando as ações. Por consequência, o preço poderia aumentar antes de o executivo comprar e diminuir antes de ele vender.

16.3 QUESTÕES DE CONTABILIDADE

Uma opção sobre ações para funcionários representa um custo para a empresa e um benefício para o funcionário, assim como qualquer outra forma de compensação. Essa questão, óbvia para muitos, na verdade é bastante controversa. Muitos executivos parecem acreditar que a opção tem valor a menos que esteja dentro do dinheiro.

---

[2] Quando as opções saem do dinheiro, as empresas às vezes as substituem com novas opções no dinheiro. Essa prática, conhecida como "repreficação", leva aos ganhos e às perdas do executivos terem uma relação ainda mais distante com os dos acionistas.

[3] Isso se aplicaria ao exercício de opções, pois, se um executivo desejasse exercer suas opções e vender as ações adquiridas, ele precisaria dar aviso de sua intenção de venda.

Por consequência, eles argumentam que uma opção no dinheiro emitida pela empresa não é um custo para a organização. A realidade é que se as opções são valiosas para os funcionários, elas devem representar um custo para os acionistas e, logo, para a empresa. Não existe almoço grátis. O custo das opções para a empresa decorre do fato de a empresa ter concordado que, se o preço subir, e a venderá ações a seus funcionários por um preço menor do que aquele que se aplicaria no mercado aberto.

Até 1995, o custo debitado da demonstração de resultados do exercício da empresa quando esta emitia opções sobre ações era o valor intrínseco. A maioria das opções estava no dinheiro quando emitidas originalmente, de modo que esse custo era zero. Em 1995, foi publicada a norma contábil FAS 123. Muitos esperavam que ela exigiria o débito das opções por seu valor justo. Contudo, devido a pressões intensas, a versão de 1995 da FAS 123 apenas encorajava as empresas a debitar as opções emitidas ao seu valor justo em suas demonstrações de resultados do exercício. Elas não eram obrigadas a fazê-lo. Se o valor justo não era debitado na demonstração, ele precisava ser informado em uma nota de rodapé da contabilidade da empresa.

Hoje as normas contábeis exigem que toda a compensação baseada em ações seja debitada ao seu valor justo na demonstração de resultados do exercício. Em fevereiro de 2004, a International Accounting Standards Board publicou a IAS 2, exigindo que as empresas começassem a debitar as opções sobre ações em 2005. Em dezembro de 2004, a FAS 123 foi revisada para exigir que opções sobre ações para funcionários fossem debitadas nos Estados Unidos a partir de 2005.

O efeito das novas normas contábeis é exigir que as opções sejam avaliadas na data de concessão e que a quantia seja registrada como uma despesa na demonstração de resultados do exercício referente ao ano em que foram concedidas. A avaliação em datas posteriores à concessão não é exigida. Poderíamos argumentar que as opções devem ser reavaliadas no final de cada ano (ou trimestre) financeiro até seu exercício ou fim de suas vidas.[4] Dessa maneira, elas seriam tratadas como todas as outras transações com derivativos firmadas pela empresa. Se a opção se tornasse mais valiosa de um ano para o outro, haveria uma despesa adicional. Se perdesse valor, no entanto, haveria um impacto positivo nos resultados.

Essa abordagem teria diversas vantagens. A cobrança cumulativa refletiria o custo real das opções (zero se elas não são exercidas ou o resultado da opção se são exercidas). Apesar da cobrança em cada ano depender do modelo de apreçamento de opções utilizado, a cobrança cumulativa durante a vida da opção seria o mesmo.[5] Também é possível que haveria muito menos incentivos para a empresa adotar as práticas de antedatação descritas em uma seção posterior deste capítulo. A desvantagem mais citada para o uso dessa prática contábil é que ela seria indesejável, pois introduz volatilidade à demonstração de resultados do exercício.[6]

---

[4] Ver J. Hull and A. White, "Accounting for Employee Stock Options: A Practical Approach to Handling the Valuation Issues", *Journal of Derivatives Accounting*, 1, 1 (2004): 3–9.

[5] É interessante que se uma opção for liquidada em caixa, não pela emissão de novas ações pela empresa, o fato fica sujeito ao tratamento contábil proposto aqui. (Contudo, não há diferença econômica entre uma opção liquidada em caixa e uma liquidada pela venda de novas ações para o funcionário.)

[6] Na verdade, a demonstração de resultados do exercício provavelmente será menos volátil se as opções sobre ações forem reavaliadas. Quando a empresa vai bem, o resultado é reduzido pela reavaliação das opções sobre ações para executivos. Quando vai mal, o resultado aumenta.

Alternativas a opções sobre ações

As regras contábeis que entraram em vigor em 2005 levaram empresas a considerar alternativas aos planos de compensação tradicionais, nos quais eram concedidas opções sobre ações no dinheiro. As *restricted stock units* (RSUs), ações que serão de propriedade do funcionário em uma data futura (a data de aquisição de direito), foram mencionadas acima. Muitas empresas substituíram suas opções sobre ações por RSUs. Uma variação da RSU é a *market-leveraged stock unit* (MSU, unidade de ação alavancada pelo mercado), na qual o número de ações que o funcionário possuirá na data de aquisição de direito é igual a S_T/S_0, onde S_0 é o preço da ação na data de concessão e S_T é o preço da ação na data de aquisição de direito.[7]

Se o mercado de ações vai bem, os funcionários com opções sobre ações tendem a sair ganhando, mesmo que o preço das ações de sua própria empresa tenha desempenho pior que a média. Uma maneira de superar esse problema é ligar o preço de exercício das opções ao desempenho do S&P 500. Suponha que na data de concessão da opção, o preço de exercício é $30 e o S&P 500 é 1.500. O preço de exercício inicialmente seria fixado em 30. Se o S&P 500 aumentasse em 10%, alcançando 1.650, o preço de exercício também aumentaria em 10%, passando para $33. Se o S&P 500 diminuísse em 15%, para 1.275, o preço de exercício também diminuiria em 15%, passando para $25,50. O efeito disso é que o desempenho do preço das ações da empresa precisaria superar o do S&P 500 para que as ações ficassem dentro do dinheiro. Como alternativa ao uso do S&P 500 como índice de referência, a empresa poderia usar um índice de preços de ações em seu mesmo setor industrial.

16.4 AVALIAÇÃO

As normas contábeis dão às empresas bastante liberdade para escolher um método para a avaliação das opções sobre ações para funcionários. Nesta seção, revisamos algumas das alternativas.

A abordagem "rapidinha"

Uma abordagem muito usada se baseia na chamada *vida esperada* da opção, que é o tempo médio durante o qual os funcionários mantêm a opção até ela ser exercida ou expirar. A vida esperada pode ser estimada aproximadamente a partir de dados históricos sobre o comportamento de exercício antecipado dos funcionários e reflete o período de aquisição de direito, o impacto dos funcionários que deixam a empresa e a tendência, mencionada na Seção 16.1, das opções sobre ações para funcionários serem exercidas mais cedo do que as opções normais. O modelo de Black–Scholes–Merton é utilizado com a vida da opção, T, determinada como sendo igual à vida esperada. A volatilidade normalmente é estimada a partir de diversos anos de dados históricos, como descrito na Seção 15.4.

---

[7] Às vezes, há um limite superior e inferior para o número de ações que cujo direito será adquirido e às vezes S_0 e S_T são definidos como os preços de ação médios durante um número de dias anterior à data de concessão e de aquisição de direito, respectivamente. Para uma análise das MSUs, ver J. Hull and A. White, "The Valuation of Market-Leveraged Stock Units", Working Paper, University of Toronto, 2013.

É preciso enfatizar que o uso da fórmula de Black–Scholes–Merton dessa maneira não tem validade teórica. Não há por que o valor de uma opção sobre ações europeia com tempo até a maturidade, T, igual à vida esperada ser aproximadamente o mesmo que o valor da opção sobre ações para funcionários americana na qual estamos interessados. Contudo, os resultados fornecidos por este modelo não estão longe de serem razoáveis. Quando informam suas despesas com opções sobre ações para funcionários, as empresas frequentemente mencionam a volatilidade e a vida esperada utilizadas em seus cálculos de Black–Scholes–Merton.

■ Exemplo 16.1

Uma empresa concede 1.000.000 de opções sobre ações para seus executivos em 1º de novembro de 2014. O preço da ação naquela data é $30 e o preço de exercício das opções também é $30. As opções duram 10 anos e o período de aquisição de direito é de três anos. A empresa emitiu opções no dinheiro semelhantes nos últimos 10 anos. O tempo médio até o exercício ou expiração dessas opções é de 4,5 anos. Assim, a empresa decide usar uma "vida esperada" de 4,5 anos. Ela estima que a volatilidade de longo prazo do preço da ação, usando 5 anos de dados históricos, é de 25%. O valor presente dos dividendos durante os próximos 4,5 anos é estimado em $4. A taxa de juros livre de risco com cupom zero de 4,5 anos é de 5%. Assim, a opção é avaliada usando o modelo de Black–Scholes–Merton (ajustado para dividendos da maneira descrita na Seção 15.12) com $S_0 = 30 - 4 = 26$, $K = 30$, $r = 5\%$, $\sigma = 25\%$ e $T = 4,5$. A fórmula de Black–Scholes–Merton dá o valor de uma opção como igual a $6,31. Assim, a despesa na declaração de resultados do exercício é 1.000.000 × 6,31, ou $6.310.000. ■

Abordagem de árvore binomial

Uma abordagem mais sofisticada à avaliação de opções sobre ações para funcionários envolve construir uma árvore binomial como aquela descrita no Capítulo 13 e ajustar as regras usadas na análise retroativa da árvore para refletir (a) se o período de aquisição de direito da opção foi cumprido, (b) a probabilidade de o funcionário deixar a empresa e (c) a probabilidade de o funcionário escolher exercer a opção. Os termos da opção definem se o período de aquisição de direito foi cumprido em diferentes nós da árvore. Os dados históricos sobre a rotatividade do quadro de lotação podem ser utilizados para estimar a probabilidade de a opção ser exercida prematuramente ou abandonada em um nó quando o funcionário deixa a empresa. A probabilidade de um funcionário escolher exercer a opção em diferentes nós da árvore é mais difícil de quantificar. Claramente, essa probabilidade aumenta à medida que a razão entre o preço da ação e o preço de exercício aumenta e o tempo até a maturidade da opção diminui. Se dados históricos suficientes estiverem disponíveis, é possível estimar a probabilidade de exercício como função dessas duas variáveis, pelo menos de forma aproximada.

■ Exemplo 16.2

Suponha que uma empresa concede opções sobre ações que duram 8 anos e têm período de aquisição de direito de 3 anos. O preço da ação e o preço de exercício são ambos $40. A volatilidade do preço da ação é 30%, a taxa de juros livre de risco é 5% e a empresa não paga dividendos. A Figura 16.1 mostra como usar uma árvore de quatro passos para avaliar a opção. (A figura serve para fins de ilustração; na prática, seriam utilizados mais passos.) Nesse caso, $\sigma = 0{,}3$, $\Delta t = 2$ e $r = 0{,}05$, de modo que, usando a notação do Capítulo 13, $a = e^{0{,}05 \times 2} = 1{,}1052$, $u = e^{0{,}3\sqrt{2}} = 1{,}5285$, $d = 1/u = 0{,}6543$ e $p = (a - d)/(u - d) = 0{,}5158$. A probabilidade nos "ramos superiores" é 0,5158 e a probabilidade nos "ramos inferiores" é 0,4842. Há três nós nos quais o exercício poderia ser desejável: D, G e H. (O período de aquisição de direito não terminou no nó B e não está dentro do dinheiro nos outros nós antes da maturidade.) Vamos pressupor que as probabilidades de que o titular escolherá exercer a opção nos nós D, G e H (dependendo de não haver exercício anterior) foram estimadas em 40%, 80% e 30%, respectivamente. Vamos pressupor também que a probabilidade de um funcionário deixar a empresa em cada passo no tempo é de 5%. (Isso corresponde a uma taxa de rotatividade do quadro de lotação de aproximadamente 2,5% ao ano.) Para os fins deste cálculo, pressupõe-se que os funcionários sempre saem ao final de um período. Se um funcionário deixa a empresa antes do final do período de aquisição de direito da opção ou quando a opção está fora do dinheiro, a opção é abandonada. Em outros casos, a opção deve ser exercida imediatamente.

O valor da opção nos nós finais é seu valor intrínseco. Considere os nós no tempo 6 anos. Os nós I e J são fáceis. Como esses nós com certeza levarão a nós nos quais a opção não vale nada, o valor da opção neles é zero. No nó H, há uma chance de 30% de o funcionário escolher exercer a opção. Em casos nos quais o funcionário não escolhe exercer, há uma chance de 5% de o funcionário deixar a empresa e ser forçado a exercer.

Em cada nó:
Valor superior = Preço do ativo subjacente
Valor inferior = Preço da opção
Os valores em negrito são resultado do exercício antecipado.

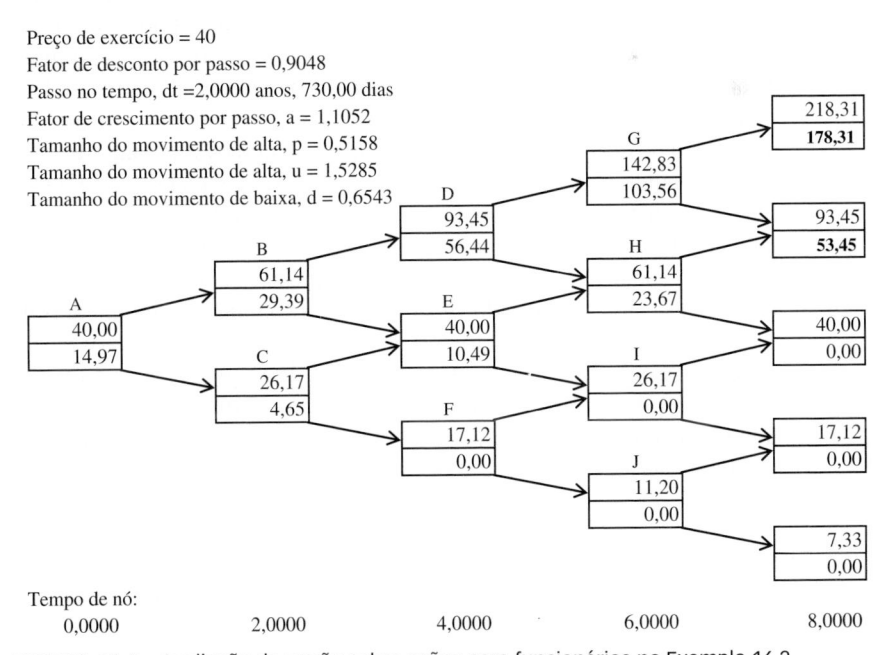

Preço de exercício = 40
Fator de desconto por passo = 0,9048
Passo no tempo, dt = 2,0000 anos, 730,00 dias
Fator de crescimento por passo, a = 1,1052
Tamanho do movimento de alta, p = 0,5158
Tamanho do movimento de alta, u = 1,5285
Tamanho do movimento de baixa, d = 0,6543

```
                                                                    218,31
                                                           G        178,31
                                                         142,83
                                                 D       103,56
                                                93,45               93,45
                                     B          56,44      H        53,45
                                   61,14                 61,14
              A                    29,39         E       23,67
            40,00                              40,00                40,00
            14,97          C                   10,49       I         0,00
                         26,17                           26,17
                          4,65         F                  0,00
                                     17,12                          17,12
                                      0,00       J                   0,00
                                                11,20
                                                 0,00
                                                                     7,33
                                                                     0,00
```

Tempo de nó:
0,0000   2,0000   4,0000   6,0000   8,0000

FIGURA 16.1 Avaliação de opção sobre ações para funcionários no Exemplo 16.2.

A probabilidade total do exercício é, assim, $0,3 + 0,7 \times 0,05 = 0,335$. Se a opção é exercida, seu valor é $61,14 - 40 = 21,14$. Se não é exercida, seu valor é:

$$e^{-0,05 \times 2}(0,5158 \times 53,45 + 0,4842 \times 0) = 24,95$$

O valor da opção no nó H é, assim:

$$0,335 \times 21,14 + 0,665 \times 24,95 = 23,67$$

O valor no nó G, por sua vez, é:

$$0,81 \times 102,83 + 0,19 \times 106,64 = 103,56$$

Agora passamos para os nós no tempo 4 anos. No nó F, a opção claramente vale zero. No nó E, há uma chance de 5% de o funcionário abandonar a opção por deixar a empresa e 95% de retê-la. No segundo caso, a opção vale:

$$e^{-0,05 \times 2}(0,5158 \times 23,67 + 0,4842 \times 0) = 11,05$$

Assim, a opção vale $0,95 \times 11,05 = 10,49$. No nó D, há uma probabilidade de 0,43 de a opção ser exercida e 0,57 de ser retida. O valor da opção é 56,44.

A seguir, considere o nó inicial e os nós no tempo 2 anos. O período de aquisição de direito não terminou nesses nós. Há chance de 5% de a opção ser abandonada e de 95% de ser retida por mais 2 anos. Isso leva às avaliações mostradas na Figura 16.1. A avaliação da opção no nó inicial é 14,97. (Em comparação com uma avaliação de 17,98 para uma opção normal usando a mesma árvore.) ∎

A abordagem de múltiplo de exercício

Hull e White sugerem um modelo simples no qual o funcionário exerce a opção assim que o período de aquisição de direito termina e a razão entre o preço da ação e o preço de exercício ultrapassa determinado nível.[8] Eles chamam a razão entre o preço da ação e o preço de exercício de "múltiplo de exercício". A opção pode ser avaliada utilizando uma árvore binomial ou trinomial. Como descrito na Seção 27.6, é importante construir uma árvore binominal ou trinomial na qual os nós estão posicionados nos preços de ações que levarão ao exercício. Por exemplo, se o preço de exercício é $30 e o pressuposto é que os funcionários exercerão suas opções quando a razão entre o preço da ação e o preço de exercício for 1,5, a árvore deve ser construída de modo a haver nós em um nível de preço da ação de $45. Os cálculos de árvores são semelhantes àqueles do Exemplo 16.2 e levam em conta a probabilidade de o funcionário deixar a empresa.[9] Para estimar o múltiplo de exercício, é necessário usar dados históricos para calcular a razão média entre o preço da ação e o preço de exercício na data do exercício. (Os exercícios na maturidade e aqueles decorrentes da saída do funcionário da empresa não são incluídos na média.) Esse valor pode ser mais fácil de estimar a partir dos dados históricos do que a vida esperada da opção, pois a segunda depende bastante do caminho específico seguido pelo preço da ação.

---

[8] Ver J. Hull and A. White, "How to value employee stock options", *Financial Analysts Journal*, 60, 1 (January/February 2004): 3–9.

[9] O software que implementa essa abordagem está disponível em www.rotman.utoronto.ca/hull.

Uma abordagem de mercado

Uma maneira de avaliar uma opção sobre ações para funcionários é descobrir o que o mercado pagaria por ela. A Cisco foi a primeira a tentar isso, em 2006. Ela propôs a venda de opções com exatamente os mesmos termos que as opções sobre ações para funcionários, mas para investidores institucionais. A abordagem foi rejeitada pela SEC com base na gama de investidores que faziam ofertas pelas opções não ser ampla o suficiente.

A Zions Bancorp sugeriu uma abordagem alternativa. Ela propôs a venda de títulos com resultados que refletissem aqueles realizados de fato por seus funcionários. Imagine que o preço de exercício para determinada concessão para os funcionários é de $40 e que 1% dos funcionários exerce suas ações após exatamente 5 anos, quando o preço da ação é $60, 2% exercem após exatamente 6 anos, quando o preço da ação é $65, e assim por diante. Nesse caso, 1% dos títulos no portfólio do investidor gerarão um resultado de $20 após 5 anos, 2% gerarão um resultado de $25 após 6 anos e assim por diante.

A Zions Bancorp testou a ideia usando sua própria concessão de opções sobre ações para funcionários para sua própria equipe. Ela vendeu os títulos usando um processo de leilão holandês. Nele, indivíduos ou empresas apresentam lances indicando o preço que estão preparados para pagar e o número de opções que estão preparados para comprar. O preço de equilíbrio é a maior oferta tal que o número agregado de opções buscado por aquele preço ou um preço maior é igual ou maior ao número de opções a venda. Os compradores que fizeram lances maiores do que o preço de equilíbrio têm seus pedidos atendidos ao preço de equilíbrio, enquanto o comprador que fez lances iguais ao preço de equilíbrio obtém o restante. A Zions Bancorp anunciou que recebera aprovação da SEC para sua abordagem de mercado em outubro de 2007, mas o método nunca foi utilizado em larga escala.

Diluição

O fato de a empresa emitir novas ações quando uma opção sobre ações para funcionários é exercida leva a alguma diluição para os acionistas existentes, pois as novas ações são vendidas aos funcionários por um preço abaixo do atual. É natural pressupor que essa diluição ocorre quando a opção é exercida, mas não é assim. Como explicado na Seção 15.10, os preços de ações são diluídos quando o mercado descobre sobre a concessão da opção sobre ações. O possível exercício das opções é esperado e se reflete imediatamente no preço da ação. A questão é enfatizada no exemplo da História de Negócios 15.3.

O preço da ação imediatamente após a concessão de opções ser anunciado para o público reflete a diluição. Desde que esse preço de ação seja utilizado para avaliar a opção, não é necessário ajustar o preço da ação para levar em conta a diluição. Em muitos casos, o mercado espera que a empresa conceda opções sobre ações regularmente, então o preço de mercado da ação já antecipa a diluição mesmo antes de a empresa anunciar o lançamento das opções.

Se a empresa está considerando uma concessão de opções sobre ações que surpreenderá o mercado, o custo pode ser calculado da maneira descrita no Exemplo 15.7. O custo pode ser comparado a benefícios como a menor remuneração regular dos funcionários e a menor rotatividade do quadro de lotação.

16.5 ESCÂNDALOS DE ANTEDATAÇÃO

Nenhuma discussão sobre opções sobre ações para funcionários estaria completa sem mencionarmos os escândalos de antedatação. A antedatação é a prática de marcar um documento com uma data que precede a data atual.

Imagine que uma empresa decide conceder opções no dinheiro para seus executivos em 30 de abril, quando o preço da ação é $50. Se o preço da ação era $42 em 3 de abril, é tentador agir como se as opções tivessem sido concedidas em 3 de abril e usar um preço de exercício de $42. Isso é legal, desde que a empresa informe as opções como estando $8 dentro do dinheiro na data em que a decisão de concedê-las foi tomada, ou seja, em 30 de abril. Mas é ilegal informar as opções como no dinheiro e concedidas em 3 de abril. O valor em 3 de abril de uma opção com preço de exercício de $42 é muito menor do que seu valor em 30 de abril. Os acionistas são enganados sobre o custo real da decisão de conceder as opções caso a empresa informe as opções como tendo sido concedidas em 3 de abril.

A antedatação é um problema comum? Para responder essa pergunta, os pesquisadores investigam se o preço das ações da empresa tende, em média, a ser baixo na data da concessões das ações informada pela empresa. As pesquisas iniciais de Yermack mostram que os preços de ações tendem a aumentar após as datas de concessão informadas.[10] Lie estendeu o trabalho de Yermack, mostrando que os preços de ações também tendem a diminuir antes das datas de concessão informadas.[11] Além disso, ele mostrou que os padrões de preços de ação pré e pós-concessão haviam se fortalecido com o passar do tempo. A Figura 16.2 resume seus resultados, mostrando os retornos anormais médios em torno da data de concessão para os períodos de 1993–94, 1995–98 e 1999–2002. (Os retornos anormais são os retornos após os ajustes para retornos sobre o portfólio de mercado e o beta da ação.) Testes estatísticos mostram que é praticamente impossível para que os padrões observados na Figura 16.2 ocorram por acaso. Isso levou reguladores e acadêmicos a concluírem em 2002 que a antedatação havia se tornado uma prática comum. Em agosto de 2002, a SEC exigiu que as concessões de opções por empresas de capital aberto fossem informadas em até dois dias úteis. Heron e Lie mostram que isso levou a uma redução drástica nos retornos anormais em torno das datas de concessão, especialmente para as empresas que ficaram em conformidade com esse requisito.[12] Alguém poderia argumentar que os padrões na Figura 16.2 são explicados pelo fato de os gerentes simplesmente escolherem datas de concessão após as más notícias ou antes das boas, mas o estudo de Heron e Lie oferece evidências convincentes de que não é isso o que acontece.

As estimativas do número de empresas que antedataram ilegalmente suas concessões de opções sobre ações nos Estados Unidos variam bastante. Dezenas de empresas, talvez centenas, parecem ter adotado a prática. Muitas parecem ter acreditado

---

[10] Ver D. Yermack, "Good timing: CEO stock option awards and company news announcements", *Journal of Finance*, 52 (1997), 449–476.

[11] Ver E. Lie, "On the timing of CEO stock option awards", *Management Science*, 51, 5 (May 2005), 802–12.

[12] Ver R. Heron and E. Lie, "Does backdating explain the stock price pattern around executive stock option grants", *Journal of Financial Economics*, 83, 2 (February 2007), 271–95.

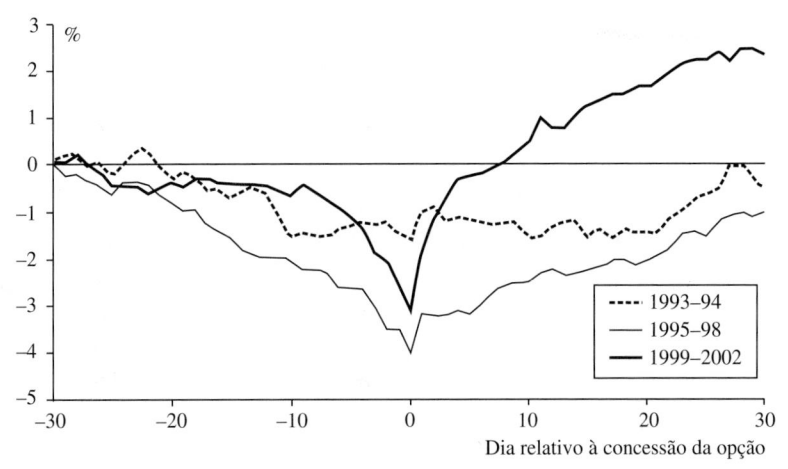

FIGURA 16.2 Os resultados de Erik Lie oferecem evidências de antedatação. (Reproduzido com permissão, de www.biz.uiowa.edu/faculty/elie/backdating.htm.)

que seria aceitável antedatar até um mês. Alguns CEOs pediram demissão quando suas práticas de antedatação vieram à tona. Em agosto de 2007, Gregory Reyes, da Brocade Communications Systems, Inc., foi o primeiro CEO a ser julgado pela antedatação de concessões de opções sobre ações. Supostamente, Reyes teria dito a um funcionário de recursos humanos que "não é ilegal se você não é pego". Em junho de 2010, ele foi condenado a 18 meses de prisão e a uma multa de 15 milhões de dólares.

As empresas envolvidas na antedatação precisaram reapresentar demonstrações contábeis passadas e foram rés em ações coletivas de acionistas que alegavam ter perdido dinheiro devido à prática. Por exemplo, a McAfee anunciou em dezembro de 2007 que reapresentaria seus rendimentos entre 1995 e 2005 em 137,4 milhões de dólares. Em 2006, a empresa reservou 13,8 milhões para cobrir processos judiciais.

RESUMO

A compensação de executivos cresceu rapidamente nos últimos 20 anos e boa parte desse aumento veio do exercício de opções sobre ações concedidas a eles. Até 2005, conceder opções sobre ações no dinheiro era uma forma muito atraente de compensação. Elas não impactavam a demonstração de resultados do exercício e eram bastante valiosas para os funcionários. Hoje, as normas contábeis exigem que as opções sejam debitadas.

Há diversas abordagens diferentes para avaliar opções sobre ações para funcionários. Uma abordagem comum é usar o modelo de Black–Scholes–Merton com a vida da opção determinada como igual ao tempo esperado até o exercício ou expiração da opção. Outra abordagem envolve pressupor que as opções são exercidas logo que a razão entre o preço da ação e o preço de exercício alcança determinada barreira. Uma terceira abordagem é tentar estimar a relação entre a probabilidade de exercício, a razão entre o preço da ação e o preço de exercício e o tempo até a maturidade da opção. Uma quarta abordagem é criar um mercado para títulos e replicar os resultados das opções.

As pesquisas acadêmicas demonstram, sem sombra de dúvida, que muitas empresas adotaram a prática ilegal de antedatação de concessões de opções sobre ações de modo a reduzir seu preço de exercício e ainda declarar que tais opções estavam no dinheiro. Os primeiros processos judiciais contra praticantes dessa prática ilegal ocorreram em 2007.

LEITURAS COMPLEMENTARES

Carpenter, J., "The Exercise and Valuation of Executive Stock Options", *Journal of Financial Economics*, 48, 2 (May 1998): 127–58.

Core, J. E., and W. R. Guay, "Stock Option Plans for Non-Executive Employees", *Journal of Financial Economics*, 61, 2 (2001): 253–87.

Heron, R., and E. Lie, "Does Backdating Explain the Stock Price Pattern around Executive Stock Option Grants", *Journal of Financial Economics*, 83, 2 (February 2007): 271–95.

Huddart, S., and M. Lang, "Employee Stock Option Exercises: An Empirical Analysis", *Journal of Accounting and Economics*, 21, 1 (February): 5–43.

Hull, J., and A. White, "How to Value Employee Stock Options", *Financial Analysts Journal*, 60, 1 (January/February 2004): 3–9.

Lie, E., "On the Timing of CEO Stock Option Awards", *Management Science*, 51, 5 (May 2005): 802–12.

Yermack, D., "Good Timing: CEO Stock Option Awards and Company News Announcements", *Journal of Finance*, 52 (1997): 449–76.

Questões e problemas

16.1 Por que as empresas consideravam atraente emitir opções sobre ações no dinheiro antes de 2005? O que mudou em 2005?

16.2 Quais são as principais diferenças entre uma opção sobre ações para funcionários típica e uma opção de compra americana negociada em uma bolsa ou no mercado de balcão?

16.3 Explique por que opções sobre ações para funcionários sobre ações que não pagam dividendos frequentemente são exercidas antes do final de suas vidas, enquanto uma opção de compra negociada na bolsa sobre tais ações nunca é exercida de maneira antecipada.

16.4 "Concessões de opções sobre ações são boas porque motivam os executivos a agir em prol dos interesses dos acionistas". Discuta essa perspectiva.

16.5 "Conceder opções sobre ações para executivos é como permitir que um jogador de futebol aposte no resultado dos jogos". Discuta essa perspectiva.

16.6 Por que algumas empresas antedatavam opções sobre ações nos EUA antes de 2002? O que mudou em 2002?

16.7 Como os benefícios da antedatação seriam reduzidos se uma concessão de opções sobre ações fosse reavaliada ao final de cada trimestre?

16.8 Explique como você realizaria a análise para produzir um gráfico como o da Figura 16.2.

16.9 Em 31 de maio, o preço das ações de uma empresa é $70. Um milhão de ações estão em circulação. Um executivo exerce 100.000 opções sobre ações com preço de exercício de $50. Qual é o impacto disso sobre o preço da ação?

16.10 As notas que acompanham as demonstrações do resultado do exercício de uma empresa afirmam: "Nossas opções sobre ações para executivos têm 10 anos de duração e período de aquisição de direito de 4 anos. Avaliamos as opções concedidas neste ano usando o modelo de Black–Scholes–Merton, com vida esperada de 5 anos e volatilidade de 20%". O que isso significa? Analise a abordagem de modelamento utilizada pela empresa.

16.11 Em um leilão holandês de 10.000 opções, os lances são os seguintes: A oferece $30 por 3.000; B oferece $33 por 2.500; C oferece $29 por 5.000; D oferece $40 por 1,000; E oferece $22 por 8.000; e F oferece $35 por 6.000. Qual é o resultado do leilão? Quem compra quantas e a qual preço?

16.12 Uma empresa concedeu 500.000 opções para seus executivos. O preço da ação e o preço de exercício são ambos $40. As opções duram 12 anos e o período de aquisição de direito é de 4 anos. A empresa decide avaliar as opções usando uma vida esperada de 5 anos e volatilidade de 30% ao ano. A empresa não paga dividendos e a taxa de juros livre de risco é de 4%. O que a empresa informará como uma despesa em relação às opções em sua demonstração de resultados do exercício?

16.13 O CFO de uma empresa afirma: "O tratamento contábil das opções sobre ações é maluco. Concedemos 10.000.000 de opções sobre ações no dinheiro para nossos funcionários no ano passado, quando o preço da ação era $30. Estimamos que o valor de cada opção na data de concessão era de $5. No final do ano, o preço das nossas ações havia caído para $4, mas ainda estávamos com um débito de $50 milhões encalhado na nossa contabilização de lucro e prejuízo". Analise.

Questões adicionais

16.14 Qual é a vida esperada (*risk-neutral*) para a opção sobre ações para funcionários no Exemplo 16.2? Qual é o valor da opção obtido usando a vida esperada em Black–Scholes–Merton?

16.15 Uma empresa concedeu 2.000.000 opções para seus funcionários. O preço da ação e o preço de exercício são ambos $60. As opções duram 8 anos e o período de aquisição de direito é de 2 anos. A empresa decide avaliar as opções usando uma vida esperada de 6 anos e volatilidade de 22% ao ano. Os dividendos sobre a ação são de $1 ao ano, pagos na metade de cada ano, e a taxa de juros livre de risco é de 5%. O que a empresa informará como uma despesa em relação às opções em sua demonstração de resultados do exercício?

16.16 Uma empresa concedeu 1.000.000 opções para seus funcionários. O preço da ação e o preço de exercício ambos são $20. As opções duram 10 anos e o período de aquisição de direito é de 3 anos. A volatilidade do preço da ação é 30%, a taxa de juros livre de risco é 5% e a empresa não paga dividendos. Use uma árvore de quatro passos para avaliar as opções. Pressuponha que há probabilidade de 4% de um funcionário deixar a empresa ao final de cada um dos passos da sua árvore. Pressuponha também que a probabilidade de exercício antecipado voluntário em cada nó, dependendo de não haver exercício anterior, quando (a) o período de aquisição de direito passou e (b) a opção está dentro do dinheiro é:

$$1 - \exp[-a(S/K - 1)/T]$$

onde S é o preço da ação, K é o preço de exercício, T é o tempo até a maturidade e $a = 2$.

16.17 (a) Os *hedge funds* ganham um incentivo de administração e mais uma comissão dos lucros, caso haja algum, que eles tenham gerado (ver História de Negócios 1.3). Como esse tipo de pacote de compensação motiva o comportamento do gerente de fundo?

(b) "Conceder opções a um executivo dá a ele o mesmo tipo de pacote de compensação que um gerente de *hedge fund* e o motiva a se comportar da mesma maneira que um gerente de *hedge fund*". Discuta essa afirmação.

CAPÍTULO

17

Opções sobre índices de ações e moedas

As opções sobre índices de ações e moedas foram introduzidas no Capítulo 10. Este capítulo as analisa em mais detalhes. Ele explica como elas funcionam e revisa algumas das maneiras como são utilizadas. Na segunda metade deste capítulo, os resultados de avaliação do Capítulo 15 são estendidos para abranger opções europeias sobre uma ação que paga um rendimento em dividendos conhecido. A seguir, argumenta-se que índices de ações e moedas são análogas a ações que pagam rendimentos em dividendos. Isso permite que os resultados para opções sobre uma ação que paga rendimento em dividendos também sejam aplicados a esses tipos de opções.

17.1 OPÇÕES SOBRE ÍNDICES DE AÇÕES

Várias bolsas negociam opções sobre índices de ações. Alguns dos índices acompanham o movimento do mercado como um todo, outros se baseiam no desempenho de um setor específico (ex.: tecnologia de informática, petróleo e gás natural, transporte ou telecomunicações). Entre as opções sobre índices negociadas na Chicago Board Options Exchange (CBOE) estão opções americanas e europeias sobre o S&P 100 (OEX e XEO), opções europeias sobre o S&P 500 (SPX), opções europeias sobre a Dow Jones Industrial Average (DJX) e opções europeias sobre o Nasdaq 100 (NDX). No Capítulo 10, explicamos que a CBOE negocia LEAPS e opções flexíveis sobre ações individuais. Ela também oferece esses produtos de opções sobre índices.

Um contrato de opção sobre índice equivale a 100 vezes o índice. (Observe que o índice Dow Jones usado para opções sobre índices é 0,01 vezes o índice Dow Jones que costuma ser citado.) As opções sobre índices são liquidadas em caixa. Isso significa que, no exercício da opção, o titular da opção de compra recebe $(S - K) \times 100$ em caixa e o lançador da opção paga essa quantia em caixa, em que S é o valor do índice no encerramento das negociações no dia de exercício e K é o preço de exercício. Da mesma forma, o titular de um contrato de opção de venda recebe ($K - S$) × 100 em caixa e o lançador da opção paga essa quantia em caixa.

Seguro de portfólio

Os gerentes de portfólio podem utilizar opções sobre índices para limitar seu risco de perda. Suponha que o valor de um índice hoje é S_0. Considere um gerente responsável por um portfólio diversificado cujo beta é 1,0. Um beta de 1,0 indica que o retorno do portfólio reflete o do índice. Pressupondo que o rendimento em dividendos do portfólio é igual ao rendimento em dividendos do índice, podemos esperar que as mudanças percentuais no valor do portfólio sejam aproximadamente iguais às mudanças percentuais no valor do índice. Como cada contrato é referente a 100 vezes o índice, o valor do portfólio está protegido contra a possibilidade do índice ficar abaixo de K se, para cada $100S_0$ dólares no portfólio, o gerente compra um contrato de opção de venda com preço de exercício K. Suponha que o portfólio do gerente vale $500.000 e o valor do índice é 1.000. O portfólio vale 500 vezes o índice. O gerente pode obter seguro contra o valor do portfólio cair abaixo de $450.000 nos próximos três meses com a compra de cinco contratos de opção de venda de três meses sobre o índice com preço de exercício de 900.

Para ilustrar como o seguro funciona, considere a situação na qual o índice cai para 880 em três meses. O portfólio valerá cerca de $440.000. O resultado das opções será 5 × (900 − 880) × 100 = $10.000, levando o valor total do portfólio de volta à quantia segurada de $450.000.

Quando o beta do portfólio não é 1,0

Se o beta do portfólio (β) não é 1,0, β opções de venda devem ser compradas para cada $100S_0$ dólares no portfólio, em que S_0 é o valor atual do índice. Suponha que o portfólio de $500.000 considerado acima tem um beta de 2,0, não de 1,0. Continuamos a pressupor que o índice é 1.000. O número de opções de venda exigidas é:

$$2,0 \times \frac{500.000}{1.000 \times 100} = 10$$

em vez de 5 como antes.

Para calcular o preço de exercício apropriado, podemos utilizar o Modelo de Precificação de Ativos Financeiros (ver apêndice do Capítulo 3). Suponha que a taxa de juros livre de risco é 12%, o rendimento em dividendos sobre o índice e sobre o portfólio é 4% e que é preciso proteção contra a queda do valor do portfólio abaixo de $450.000 nos próximos três meses. Sob o Modelo de Precificação de Ativos Financeiros, pressupõe-se que o retorno excedente esperado de um portfólio em relação à taxa de juros livre de risco seja igual ao beta vezes o retorno excedente do portfólio de índice em relação à taxa de juros livre de risco. O modelo permite que o valor esperado do portfólio seja calculado para diferentes valores do índice ao final de três meses. A Tabela 17.1 mostra os cálculos para o caso no qual o índice é 1.040. Nesse caso, o valor esperado do portfólio ao final dos três meses é $530.000. Podemos realizar cálculos semelhantes para outros valores do índice ao final de três me-

TABELA 17.1 Cálculo do valor esperado do portfólio quando o índice é 1.040 em três meses e $\beta = 2{,}0$

Valor do índice em três meses:	1.040
Retorno de mudança no índice:	40/1.000, ou 4% por três meses
Dividendos do índice:	$0{,}25 \times 4 = 1\%$ por três meses
Retorno total do índice:	$4 + 1 = 5\%$ por três meses
Taxa de juros livre de risco:	$0{,}25 \times 12 = 3\%$ por três meses
Retorno excedente do índice sobre a taxa de juros livre de risco:	$5 - 3 = 2\%$ por três meses
Retorno excedente esperado do portfólio sobre a taxa de juros livre de risco:	$2 \times 2 = 4\%$ por três meses
Retorno esperado do portfólio:	$3 + 4 = 7\%$ por três meses
Dividendos do portfólio:	$0{,}25 \times 4 = 1\%$ por três meses
Aumento de valor esperado do portfólio:	$7 - 1 = 6\%$ por três meses
Valor esperado do portfólio:	$\$500.000 \times 1{,}06 = \$530.000$

ses. Os resultados se encontram na Tabela 17.2. O preço de exercício para as opções adquiridas deve ser o nível do índice correspondente ao nível de proteção exigido sobre o portfólio. Nesse caso, o nível de proteção é $450.000 e o preço de exercício correto para os 10 contratos de opção de venda adquiridos é 960.[1]

Para ilustrar como o seguro funciona, considere o que acontece se o valor do índice cai para 880. Como mostrado na Tabela 17.2, o valor do portfólio passa então para cerca de $370.000. As opções de venda pagam $(960 - 880) \times 10 \times 100 = \$80.000$, exatamente a quantia necessária para levar o valor total da posição do gerente de portfólio de $370.000 para o nível exigido de $450.000.

Os exemplos nesta seção mostram que há dois motivos para o custo do hedge aumentar à medida que o beta de um portfólio aumenta. São necessárias mais opções de venda e elas têm um preço de exercício mais alto.

TABELA 17.2 Relação entre o valor de um índice o valor de um portfólio para $\beta = 2{,}0$

Valor do índice em três meses	Valor do portfólio em três meses ($)
1.080	570.000
1.040	530.000
1.000	490.000
960	450.000
920	410.000
880	370.000

---

[1] Aproximadamente 1% de $500.000, ou $5.000, será obtido em dividendos durante os próximos três meses. Se quisermos que o nível segurado de $450.000 inclua os dividendos, podemos escolher um preço de exercício correspondente a $445.000 em vez de $450.000. Este seria 955.

17.2 OPÇÕES DE MOEDA

As opções sobre moedas são negociadas principalmente no mercado de balcão. A vantagem desse mercado é que é possível realizar operações de grande porte, com preços de exercício, datas de expiração e outras características adaptadas às necessidades dos tesoureiros corporativos. Apesar de as opções sobre moedas também serem negociadas na NASDAQ OMX nos Estados Unidos, o mercado negociado em bolsas para essas opções é muito menor do que o mercado de balcão.

Um exemplo de opção de compra europeia é um contrato que dá ao titular o direito de comprar um milhão de euros com dólares americanos a uma taxa de câmbio de 1,3000 dólares americanos por euro. Se a taxa de câmbio real no vencimento da opção é 1,3500, o resultado é 1.000.000 × (1,3500 − 1,3000) = $50.000. Da mesma forma, um exemplo de opção de venda europeia é um contrato que dá ao titular o direito de vender dez milhões de dólares australianos por dólares americanos a uma taxa de câmbio de 0,9000 dólares americanos por dólar australiano. Se a taxa de câmbio real no vencimento da opção é 0,8700, o resultado é 10.000.000 × (0,9000 − 0,8700) = $300.000.

Para uma organização que deseja hedgear uma exposição a uma taxa de câmbio, as opções de moeda são uma alternativa aos contratos a termo. Uma empresa americana que receberá libras esterlinas em uma data futura conhecida pode hedgear seu risco com a compra de opções de venda sobre a libra com vencimento nessa data. A estratégia de hedge garante que a taxa de câmbio aplicável à libra não será inferior ao preço de exercício ao mesmo tempo que permite à empresa se beneficiar de possíveis movimentos favoráveis na taxa de câmbio. Da mesma forma, uma empresa americana que pagará uma quantia em libras esterlinas em uma data futura conhecida pode hedgear seu risco adquirindo opções de compra sobre libras esterlinas com vencimento nessa data. Essa estratégia de hedge garante que o custo das libras esterlinas não será maior do que uma determinada quantia ao mesmo tempo que permite que a empresa se beneficie de movimentos favoráveis na taxa de câmbio. Enquanto um contrato a termo garante a taxa de câmbio de uma transação futura, uma opção oferece uma forma de seguro. Isso não é gratuito. Não custa nada firmar uma transação a termo, mas as opções exigem o pagamento de um prêmio adiantado.

Range forwards

Um contrato *range forward* é uma variação sobre um contrato a termo padrão para hedge de risco cambial. Considere uma empresa americana que sabe que receberá um milhão de libras esterlinas em três meses. Suponha que a taxa de câmbio a termo de três meses é de 1,5200 dólares por libra. A empresa poderia garantir essa taxa de câmbio para os dólares que recebe firmando um contrato a termo vendido para vender um milhão de libras esterlinas em três meses. Isso garantiria que a quantia recebida em troca do milhão de libras seria de $1.520.000.

Uma alternativa é comprar uma opção de venda europeia com preço de exercício K_1 e vender uma opção de compra europeia com preço de exercício K_2, em que K_1 < 1,5200 < K_2. A situação é conhecida como uma posição vendida em um contrato *range forward*. A Figura 17.1a mostra o resultado. Em ambos os casos, as opções são sobre um milhão de libras. Se a taxa de câmbio em três meses for inferior a K_1, a op-

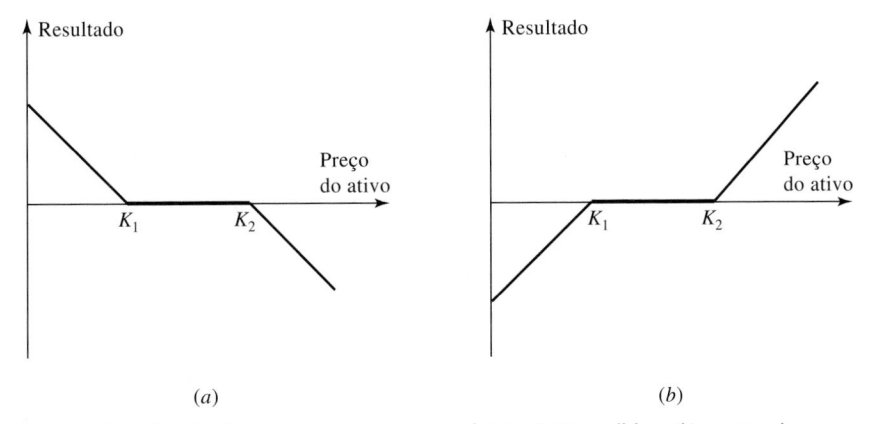

FIGURA 17.1 Resultados de um contrato range *forward* (a) vendido e (b) comprado.

ção de venda será exercida e, por consequência, a empresa poderá vender o milhão de libras a uma taxa de câmbio de K_1. Se a taxa de câmbio ficar entre K_1 e K_2, nenhuma das duas opções será exercida e a empresa receberá a taxa de câmbio corrente para o milhão de libras. Se a taxa de câmbio for maior do que K_2, a opção de compra será exercida contra a empresa e o milhão de libras será vendido pela taxa de câmbio de K_2. A taxa de câmbio realizada para o milhão de libras aparece na Figura 17.2.

Se a empresa soubesse que precisaria pagar ao invés de receber um milhão de libras em três meses, ela poderia vender uma opção de venda europeia com preço de exercício K_1 e comprar uma opção de compra europeia com preço de exercício K_2. Essa é uma posição comprada em um contrato *range forward* e o resultado aparece na Figura 17.1b. Se a taxa de câmbio em três meses for menor do que K_1, a opção de venda é exercida contra a empresa e, por consequência, a empresa compra o milhão

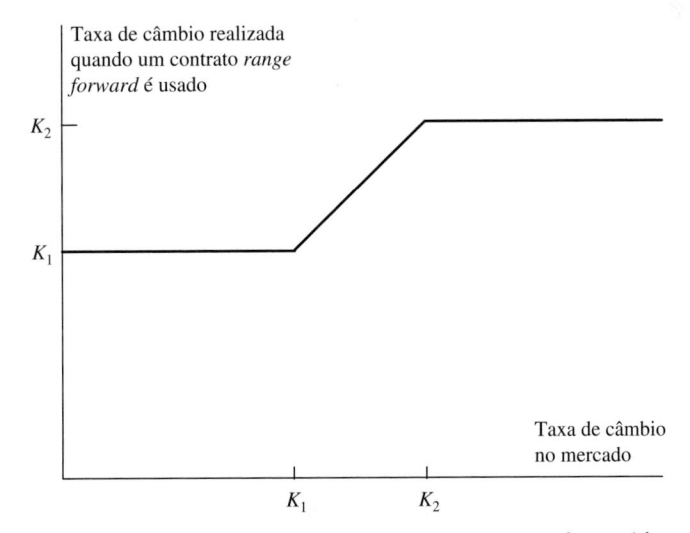

FIGURA 17.2 Taxa de câmbio realizada quando um contrato *range forward* é usado para *hedgear* um influxo de moeda estrangeira futuro ou uma saída de moeda estrangeira futura.

de libras que precisa a uma taxa de câmbio de K_1. Se a taxa de câmbio fica entre K_1 e K_2, nenhuma das duas opções é exercida e a empresa compra o milhão de libras à taxa de câmbio atual. Se a taxa de câmbio é maior do que K_2, a opção de compra é exercida e a empresa consegue comprar um milhão de libras a uma taxa de câmbio de K_2. A taxa de câmbio paga pelo milhão de libras é a mesma recebida pelo milhão de libras no exemplo anterior e aparece na Figura 17.2.

Na prática, um contrato *range forward* é estruturado de modo que o preço da opção de venda seja igual ao preço da opção de compra. Isso significa que não custa nada criar um contrato *range forward*, assim como não custa nada montar um contrato a termo normal. Suponha que as taxas de juros americana e britânica são ambas 5%, então a taxa de câmbio à vista é 1,5200 (a mesma que a taxa de câmbio a termo). Suponha também que a volatilidade da taxa de câmbio é de 14%. Podemos usar o DerivaGem para mostrar que uma opção de venda europeia com preço de exercício de 1,5000 para vender uma libra esterlina tem o mesmo preço que uma opção de compra europeia com preço de exercício de 1,5413 para comprar uma libra esterlina. (Ambas valem 0,03250.) Definir $K_1 = 1,5000$ e $K_2 = 1,5413$ leva, assim, a um contrato com custo zero em nosso exemplo.

À medida que os preços de exercício das opções de compra e de venda em um contrato *range forward* se aproximam, o instrumento se torna um contrato a termo normal. O contrato *range forward* (vendido) na Figura 17.1a se torna um contrato a termo vendido e o contrato *range forward* (comprado) na Figura 17.1b se torna um contrato a termo comprado.

17.3 OPÇÕES SOBRE AÇÕES QUE PAGAM RENDIMENTOS EM DIVIDENDOS CONHECIDOS

Nesta seção, produzimos uma regra simples que permite que os resultados de avaliação para opções europeias sobre uma ação que não paga dividendos sejam estendidos de modo a se aplicarem a opções europeias sobre uma ação que paga um rendimento em dividendos conhecido. Posteriormente, mostraremos que isso nos permite avaliar opções sobre índices de ações e moedas.

Os dividendos fazem com que os preços de ações se reduzam na data ex-dividendos pela quantia do pagamento de dividendo. O pagamento de um rendimento em dividendos à taxa q faz, assim, com que a taxa de crescimento no preço da ação seja menor do que ocorreria pela quantia q. Se, com um rendimento em dividendos de q, o preço da ação cresce de S_0 hoje para S_T no tempo T, então, na ausência de dividendos, ele cresceria de S_0 hoje para $S_T e^{qT}$ no tempo T. Por outra perspectiva, na ausência de dividendos, ele cresceria de $S_0 e^{-qT}$ hoje para S_T no tempo T.

O argumento mostra que obtemos a mesma distribuição de probabilidade para o preço da ação no tempo T nos dois casos a seguir:

1. O preço da ação começa em S_0 e oferece um rendimento em dividendos à taxa q.
2. O preço da ação começa em $S_0 e^{-qT}$ e não paga dividendos.

Isso leva a uma regra simples. Quando avaliamos uma opção europeia com duração T sobre uma ação que paga um rendimento em dividendos conhecido a uma taxa q, reduzimos o preço da ação atual de S_0 para $S_0 e^{-qT}$ e então avaliamos a opção como se a ação não pagasse dividendos.[2]

Limites inferiores para preços de opções

Como primeira aplicação dessa regra, vamos considerar o problema de determinar limites para o preço de uma opção europeia sobre uma ação que paga um rendimento em dividendos à taxa q. Inserindo $S_0 e^{-qT}$ no lugar de S_0 na equação (11.4), vemos que um limite inferior para o preço da opção de compra europeia, c, é dado por:

$$c \geqslant \max(S_0 e^{-qT} - Ke^{-rT},\ 0) \tag{17.1}$$

Também podemos provar isso diretamente considerando os dois portfólios a seguir:

Portfólio A: uma opção de compra europeia mais uma quantidade de caixa igual a Ke^{-rT}.

Portfólio B: e^{-qT} ações com dividendos sendo reinvestidos em ações adicionais.

Para obter um limite inferior para uma opção de venda europeia, podemos, da mesma forma, substituir S_0 por $S_0 e^{-qT}$ na equação (11.5) para obter:

$$p \geqslant \max(Ke^{-rT} - S_0 e^{-qT},\ 0) \tag{17.2}$$

Também podemos provar esse resultado diretamente considerando os dois portfólios a seguir:

Portfólio C: uma opção de venda europeia mais e^{-qT} ações com dividendos sobre as ações sendo reinvestidos em ações adicionais.

Portfólio D: uma quantia em caixa igual a Ke^{-rT}.

Paridade put–call

Substituindo S_0 por $S_0 e^{-qT}$ na equação (11.6), obtemos a paridade put–call para uma opção sobre uma ação que paga um rendimento em dividendos à taxa q:

$$c + Ke^{-rT} = p + S_0 e^{-qT} \tag{17.3}$$

Também podemos provar esse resultado diretamente considerando os dois portfólios a seguir:

Portfólio A: uma opção de compra europeia mais uma quantidade de caixa igual a Ke^{-rT}.

Portfólio C: uma opção de venda europeia mais e^{-qT} ações com dividendos sobre as ações sendo reinvestidos em ações adicionais.

---

[2] Essa regra é análoga àquela desenvolvida na Seção 15.12 para avaliar uma opção europeia sobre uma ação que paga dividendos em caixa conhecidos. (Naquele caso, concluímos que é correto reduzir o preço da ação pelo valor presente dos dividendos; nesse caso, descontamos o preço da ação pela taxa de rendimento em dividendos.)

Ambos os portfólios valem max(S_T, K) no tempo T. Assim, ambas devem valer o mesmo hoje, e o resultado de paridade put–call na equação (17.3) é a consequência. Para opções americanas, a relação de paridade put–call é (ver Problema 17.12):

$$S_0 e^{-qT} - K \leqslant C - P \leqslant S_0 - Ke^{-rT}$$

Fórmulas de apreçamento

Substituindo S_0 por $S_0 e^{-qT}$ nas fórmulas de Black–Scholes–Merton, as equações (15.20) e (15.21), obtemos o preço, c, de uma opção de compra europeia e o preço, p, de uma opção de venda europeia sobre uma ação que paga um rendimento em dividendos à taxa q como

$$c = S_0 e^{-qT} N(d_1) - Ke^{-rT} N(d_2) \tag{17.4}$$

$$p = Ke^{-rT} N(-d_2) - S_0 e^{-qT} N(-d_1) \tag{17.5}$$

Como:

$$\ln \frac{S_0 e^{-qT}}{K} = \ln \frac{S_0}{K} - qT$$

logo, d_1 e d_2 são dados por:

$$d_1 = \frac{\ln(S_0/K) + (r - q + \sigma^2/2)T}{\sigma\sqrt{T}}$$

$$d_2 = \frac{\ln(S_0/K) + (r - q - \sigma^2/2)T}{\sigma\sqrt{T}} = d_1 - \sigma\sqrt{T}$$

Esses resultados foram derivados originalmente por Merton.[3] Como discutido no Capítulo 15, a palavra *dividendo* deve, para os fins da avaliação de opções, ser definida como a redução no preço da ação na data ex-dividendos decorrente de quaisquer dividendos declarados. Se a taxa de rendimento em dividendos é conhecida, mas não constante, durante a vida da opção, as equações (17.4) e (17.5) ainda são válidas, com q igual ao rendimento em dividendos anualizado médio durante a vida da opção.

Equação diferencial e avaliação *risk-neutral*

Para provar os resultados nas equações (17.4) e (17.5) mais formalmente, podemos resolver a equação diferencial que o preço da opção deve satisfazer ou usar a avaliação *risk-neutral*. Quando incluímos um rendimento em dividendos de q na análise da Seção 15.6, a equação diferencial (15.16) se torna:[4]

$$\frac{\partial f}{\partial t} + (r - q)S \frac{\partial f}{\partial S} + \tfrac{1}{2}\sigma^2 S^2 \frac{\partial^2 f}{\partial S^2} = rf \tag{17.6}$$

---

[3] Ver R. C. Merton, "Theory of Rational Option Pricing", *Bell Journal of Economics and Management Science*, 4 (Spring 1973): 141–83.

[4] Ver a Nota Técnica Note 6 em www.rotman.utoronto.ca/~hull/TechnicalNotes para uma prova disso.

Assim como a equação (15.16), isso não envolve qualquer variável afetada por preferências de risco. Assim, o procedimento de avaliação *risk-neutral* descrito na Seção 15.7 pode ser utilizado.

Em um mundo *risk-neutral*, o retorno total da ação deve ser r. Os dividendos oferecem um retorno de q. A taxa de crescimento esperada do preço da ação deve, assim, ser de $r - q$. Logo, o processo *risk-neutral* para o preço da ação é:

$$dS = (r - q)S\,dt + \sigma S\,dz \tag{17.7}$$

Para avaliar um derivativo dependente de uma ação que oferece um rendimento em dividendos igual a q, estabelecemos a taxa de crescimento esperada da ação como igual a $r - q$ e descontamos o resultado esperado à taxa r. Quando a taxa de crescimento esperada do preço da ação é $r - q$, o preço da ação esperado no tempo T é $S_0 e^{(r-q)T}$. Uma análise semelhante àquela no apêndice do Capítulo 15 fornece o resultado esperado para uma opção de compra em um mundo *risk-neutral* como:

$$e^{(r-q)T} S_0 N(d_1) - K N(d_2)$$

onde d_1 e d_2 são definidos da mesma forma que acima. Descontando à taxa r pelo tempo T leva à equação (17.4).

17.4 AVALIAÇÃO DE OPÇÕES SOBRE ÍNDICES DE AÇÕES EUROPEIAS

Na avaliação de futuros de índices no Capítulo 5, pressupomos que o índice poderia ser tratado como um ativo que paga um rendimento conhecido. Na avaliação de opções de índices, adotamos pressupostos semelhantes. Isso significa que as equações (17.1) e (17.2) oferecem um limite inferior para opções de índices europeias; a equação (17.3) é o resultado de paridade put–call para opções de índice europeias; as equações (17.4) e (17.5) podem ser usadas para avaliar as opções europeias sobre um índice; e a abordagem de árvore binomial pode ser utilizada para opções americanas. Em todos os casos, S_0 é igual ao valor do índice, σ é igual à volatilidade do índice e q é igual ao rendimento em dividendos anualizado médio sobre o índice durante a vida da opção.

■ *Exemplo 17.1*

Considere uma opção de compra europeia sobre o S&P 500 com dois meses até o vencimento. O valor atual do índice é 930, o preço de exercício é 900, a taxa de juros livre de risco é 8% ao ano e a volatilidade do índice é 20% ao ano. São esperados rendimentos em dividendos de 0,2% e 0,3% no primeiro e segundo mês, respectivamente. Nesse caso, $S_0 = 930$, $K = 900$, $r = 0,08$, $\sigma = 0,2$ e $T = 2/12$. O rendimento em dividendos total durante a vida da opção é $0,2\% + 0,3\% = 0,5\%$, o que corresponde a 3% ao ano. Assim, $q = 0,03$ e:

$$d_1 = \frac{\ln(930/900) + (0,08 - 0,03 + 0,2^2/2) \times 2/12}{0,2\sqrt{2/12}} = 0,5444$$

$$d_2 = \frac{\ln(930/900) + (0,08 - 0,03 - 0,2^2/2) \times 2/12}{0,2\sqrt{2/12}} = 0,4628$$

$$N(d_1) = 0,7069, \qquad N(d_2) = 0,6782$$

de modo que o preço da opção de compra, c, é dado pela equação (17.4) como:

$$c = 930 \times 0{,}7069 e^{-0{,}03 \times 2/12} - 900 \times 0{,}6782 e^{-0{,}08 \times 2/12} = 51{,}83$$

Um contrato custaria $5.183. ∎

O cálculo de q deve incluir apenas os dividendos para os quais as datas ex-dividendos ocorrem durante a vida da opção. Nos Estados Unidos, as datas ex-dividendos tendem a ocorrer durante a primeira semana de fevereiro, maio, agosto e novembro. Assim, em um momento qualquer, o valor correto de q provavelmente depende da vida da opção. Isso vale ainda mais para índices em outros países. No Japão, por exemplo, todas as empresas tendem a usar as mesmas datas ex-dividendos.

Se pressupõe-se que a quantia absoluta do dividendo que será pago sobre as ações subjacentes ao índice (em vez do rendimento em dividendos) é conhecida, as fórmulas de Black–Scholes–Merton básicas podem ser utilizadas com o preço da ação inicial reduzido pelo valor presente dos dividendos. Essa é a abordagem recomendada no Capítulo 15 para uma ação que paga dividendos conhecidos. Contudo, pode ser difícil implementar um índice de ações de base ampla, pois este exige o conhecimento sobre os dividendos esperados de cada ação que compõe o índice.

Ocasionalmente, argumenta-se que, no longo prazo, o retorno de investir uma determinada quantia de dinheiro em um portfólio de ações diversificado quase sempre superará o retorno de investir a mesma quantia em um portfólio de títulos. Se fosse assim, uma opção de venda de longo prazo que permitisse a venda do portfólio de ações pelo valor do portfólio de títulos deveria ser barata. Na realidade, como indicado pela História de Negócios 17.1, ela é bem cara.

Preços a termo

Defina F_0 como o preço a termo do índice para um contrato com vencimento T. Como mostrado na equação (5.3), $F_0 = S_0 e^{(r-q)T}$. Isso significa que as equações para o preço da opção de compra europeia c e o preço da opção de venda europeia p nas equações (17.4) e (17.5) podem ser escritas como:

$$c = F_0 e^{-rT} N(d_1) - K e^{-rT} N(d_2) \qquad (17.8)$$

$$p = K e^{-rT} N(-d_2) - F_0 e^{-rT} N(-d_1) \qquad (17.9)$$

onde:

$$d_1 = \frac{\ln(F_0/K) + \sigma^2 T/2}{\sigma \sqrt{T}} \quad e \quad d_2 = \frac{\ln(F_0/K) - \sigma^2 T/2}{\sigma \sqrt{T}}$$

A relação de paridade put–call na equação (17.3) pode ser escrita como:

$$c + K e^{-rT} = p + F_0 e^{-rT}$$

ou:

$$F_0 = K + (c - p) e^{rT} \qquad (17.10)$$

> **História de Negócios 17.1** Podemos garantir que as ações superarão os títulos no longo prazo?
>
> Como frequência, ouvimos que o investidor de longo prazo deve comprar ações e não títulos. Considere um gerente de fundo americano que tenta convencer os investidores a comprarem, como investimento de longo prazo, um fundo de ações que deverá refletir o S&P 500. O gerente pode ficar tentado a oferecer aos compradores do fundo uma garantia de que seu retorno será pelo menos tão bom quanto o retorno sobre títulos livres de risco nos próximos 10 anos. Historicamente, o desempenho das ações é superior aos dos títulos nos Estados Unidos durante quase qualquer período de 10 anos. Aparentemente, o gerente do fundo não estaria arriscando demais.
>
> Na verdade, garantias desse tipo são surpreendentemente caras. Suponha que um índice de ações está em 1.000 hoje, o rendimento em dividendos sobre o índice é 1% ao ano, a volatilidade do índice é 15% ao ano e a taxa de juros livre de risco é 5% ao ano. Para superar o desempenho dos títulos, as ações subjacentes ao índice devem obter mais de 5% ao ano. O rendimento em dividendos oferecerá 1% ao ano. Os ganhos de capital sobre as ações devem, assim, gerar 4% ao ano. Isso significa que precisamos que o nível do índice seja de pelo menos $1.000e^{0,04 \times 10} = 1.492$ em 10 anos.
>
> A garantia de que o retorno sobre $1.000 investidos no índice será maior do que o retorno sobre $1.000 investidos em títulos durante os próximos 10 anos é, assim, equivalente ao direito de vender o índice por 1.492 em 10 anos. Essa é uma opção de venda europeia sobre o índice, que pode ser avaliada usando a equação (17.5), com $S_0 = 1.000$, $K = 1.492$, $r = 5\%$, $\sigma = 15\%$, $T = 10$ e $q = 1\%$. O valor da opção de venda é 169,7. Isso mostra que a garantia contemplada pelo gerente do fundo vale cerca de 17% do fundo. Não é algo para ser dado de graça!

Se, como não é raro nos mercados negociados em bolsa, pares de opções de compra e de venda com o mesmo preço de exercício são negociados ativamente para determinada data de vencimento, essa equação pode ser usada para estimar o preço a termo do índice para tal data de vencimento. Depois que foram obtidos os preços a termo do índice para diversas datas de vencimento diferentes, podemos estimar a estrutura a termo dos preços a termo e outras opções podem ser avaliadas com o uso das equações (17.8) e (17.9). A vantagem dessa abordagem é que o rendimento em dividendos sobre o índice não precisa ser estimado explicitamente.

Rendimentos em dividendos implícitos

Se são necessárias estimativas do rendimento em dividendos (ex.: porque uma opção americana está sendo avaliada), as opções de compra e de venda com o mesmo preço de exercício e o mesmo tempo até o vencimento podem ser utilizadas novamente. Da equação (17.3):

$$q = -\frac{1}{T}\ln\frac{c - p + Ke^{-rT}}{S_0}$$

Para determinado preço de exercício e tempo até o vencimento, as estimativas de q calculadas com essa equação correm o risco de não serem confiáveis. Mas quando os resultados de muitos pares correspondentes de opções de compra e de venda são combinados, surge uma imagem mais clara da estrutura a termo dos rendimentos em dividendos pressupostos pelo mercado.

17.5 AVALIAÇÃO DE OPÇÕES DE MOEDA EUROPEIAS

Para avaliar opções de moeda, definimos S_0 como a taxa de câmbio spot. Para ser mais exato, S_0 é o valor de uma unidade de moeda estrangeira em dólares americanos. Como explicado na Seção 5.10, uma moeda estrangeira é análoga a uma ação que paga um rendimento em dividendos conhecido. O proprietário de moeda estrangeira recebe um rendimento igual à taxa de juros livre de risco, r_f, na moeda estrangeira. As equações (17.1) e (17.2), com q substituído por r_f, informam os limites para o preço da opção de compra europeia, c, e o preço da opção de venda europeia, p:

$$c \geq \max(S_0 e^{-r_f T} - K e^{-rT}, 0)$$
$$p \geq \max(K e^{-rT} - S_0 e^{-r_f T}, 0)$$

A equação (17.3), com q substituído por r_f, informa o resultado de paridade put–call para opções de moeda europeias:

$$c + K e^{-rT} = p + S_0 e^{-r_f T}$$

Finalmente, as equações (17.4) e (17.5) oferecem as fórmulas de apreçamento para opções de moeda europeias quando q é substituído por r_f:

$$c = S_0 e^{-r_f T} N(d_1) - K e^{-rT} N(d_2) \qquad (17.11)$$

$$p = K e^{-rT} N(-d_2) - S_0 e^{-r_f T} N(-d_1) \qquad (17.12)$$

onde:

$$d_1 = \frac{\ln(S_0/K) + (r - r_f + \sigma^2/2)T}{\sigma\sqrt{T}}$$

$$d_2 = \frac{\ln(S_0/K) + (r - r_f - \sigma^2/2)T}{\sigma\sqrt{T}} = d_1 - \sigma\sqrt{T}$$

Ambas as taxas de juros, a nacional, r, e a estrangeira, r_f, são as taxas para um vencimento T.

■ Exemplo 17.2

Considere uma opção de compra europeia de 4 meses sobre a libra esterlina. Suponha que a taxa de câmbio atual é 1,6000, o preço de exercício é 1,6000, a taxa de juros livre de risco nos Estados Unidos é 8% ao ano, a taxa de juros livre de risco na Grã-Bretanha ao ano é 11% ao ano e o preço da opção é 4,3 centavos. Nesse caso, $S_0 = 1,6$, $K = 1,6$, $r = 0,08$, $r_f = 0,11$, $T = 0,3333$ e $c = 0,043$. A volatilidade implícita pode ser calculada por tentativa e erro. Uma volatilidade de 20% dá um preço de opção de 0,0639; uma volatilidade de 10% dá um preço de opção de 0,0285; e assim por diante. A volatilidade implícita é 14,1%. ∎

As opções de venda e de compra sobre uma moeda são simétricas, pois uma opção de venda para vender uma unidade da moeda A pela moeda B ao preço de exercício K é igual a uma opção de compra para comprar K unidades de B com a moeda A ao preço de exercício $1/K$ (ver Problema 17.8).

Usando taxas de câmbio a termo

Como os bancos e outras instituições financeiras negociam ativamente contratos a termo sobre taxas de câmbio, as taxas de câmbio a termo muitas vezes são utilizadas para avaliar opções. Da equação (5.9), a taxa forward, F_0, para um vencimento T é dada por:

$$F_0 = S_0 e^{(r-r_f)T}$$

Essa relação permite que as equações (17.11) e (17.12) sejam simplificadas para:

$$c = e^{-rT}[F_0 N(d_1) - KN(d_2)] \quad (17.13)$$

$$p = e^{-rT}[KN(-d_2) - F_0 N(-d_1)] \quad (17.14)$$

onde:

$$d_1 = \frac{\ln(F_0/K) + \sigma^2 T/2}{\sigma\sqrt{T}}$$

$$d_2 = \frac{\ln(F_0/K) - \sigma^2 T/2}{\sigma\sqrt{T}} = d_1 - \sigma\sqrt{T}$$

As equações (17.13) e (17.14) são as mesmas que as equações (17.8) e (17.9). Como veremos no Capítulo 18, uma opção europeia sobre o preço à vista de qualquer ativo pode ser avaliada em termos do preço de um contrato a termo ou futuro sobre o ativo usando as equações (17.13) e (17.14). O vencimento do contrato a termo ou futuro deve ser o mesmo que o vencimento da opção europeia.

17.6 OPÇÕES AMERICANAS

Como descrito no Capítulo 13, as árvores binomiais podem ser usadas para avaliar opções americanas sobre índices e moedas. Assim como no caso das opções americanas sobre uma ação que não paga dividendos, o parâmetro que determina o tamanho dos movimentos positivos, u, é determinado como sendo igual a $e^{\sigma\sqrt{\Delta t}}$, onde σ é a volatilidade e Δt é a duração dos passos no tempo. O parâmetro que determina o tamanho dos movimentos negativos, d, é determinado como igual a $1/u$, ou $e^{-\sigma\sqrt{\Delta t}}$. Para uma ação que não paga dividendos, a probabilidade de um movimento positivo é:

$$p = \frac{a-d}{u-d}$$

onde $a = e^{r\Delta t}$. Para opções sobre índices e moedas, a fórmula para p é a mesma, mas a é definido de maneira diferente. No caso de opções sobre um índice:

$$a = e^{(r-q)\Delta t} \tag{17.15}$$

onde q é o rendimento em dividendos sobre o índice. No caso de opções sobre uma moeda:

$$a = e^{(r-r_f)\Delta t} \tag{17.16}$$

onde r_f é a taxa de juros livre de risco estrangeira. O Exemplo 13.1 na Seção 13.11 mostra como uma árvore de dois passos pode ser construída para avaliar uma opção sobre um índice. O Exemplo 13.2 mostra como uma árvore de três passos pode ser construída para avaliar uma opção sobre uma moeda. Mais exemplos do uso de árvores binomiais para avaliar opções sobre índices e moedas são dados no Capítulo 21.

Em algumas circunstâncias, é ideal exercer opções sobre moedas e índices americanas antes do vencimento. Assim, as opções sobre moedas e índices americanas valem mais do que suas contrapartes europeias. Em geral, as opções de compra sobre moedas com altas taxas de juros e opções de venda sobre moedas com baixas taxas de juros têm maior probabilidade de exercício antes do vencimento. O motivo é que espera-se que uma moeda com altas taxas de juros se desvalorize e uma moeda com baixas taxas de juros se valorize. Da mesma forma, opções de compra sobre índices com altos rendimentos em dividendos e opções de venda sobre índices com baixos rendimentos em dividendos têm maior probabilidade de exercício antecipado.

RESUMO

As opções de índice negociadas em bolsas são liquidadas em caixa. No exercício de uma opção de compra de índice, o titular recebe 100 vezes a quantia pela qual o índice excede o preço de exercício. Da mesma forma, no exercício de um contrato de opção de venda, o titular recebe 100 vezes a quantia pela qual o preço de exercício excede o índice. As opções de índice podem ser utilizadas como seguro de portfólio. Se o valor do portfólio reflete o índice, é apropriado comprar um contrato de opção de venda para cada $100S_0$ dólares no portfólio, onde S_0 é o valor do índice. Se o portfólio não reflete o índice, β contratos de opção de venda devem ser adquiridos para cada $100S_0$ dólares no portfólio, onde β é o beta do portfólio calculado usando o Modelo de Precificação de Ativos Financeiros. O preço de exercício das opções de venda adquiridas deve refletir o nível de seguro exigido.

A maioria das opções de moeda é negociada no mercado de balcão. Elas podem ser utilizadas por tesoureiros corporativos para hedgear uma exposição a uma taxa de câmbio. Por exemplo, um tesoureiro corporativo americano que sabe que a empresa receberá libras esterlinas em determinada data futura pode praticar hedge comprando opções de venda com vencimento na mesma data. Da mesma forma, um tesoureiro corporativo americano que sabe que a empresa pagará libras esterlinas em determinada data futura pode praticar hedge comprando opções de compra com vencimento na mesma data. As opções de moeda também podem ser utilizadas para criar um contrato *range forward*. Este é um contrato de custo zero usado para criar proteção contra risco de perda ao mesmo tempo que abre mão do potencial positivo para uma empresa com uma exposição cambial conhecida.

A fórmula de Black–Scholes–Merton para avaliar opções europeias sobre uma ação que não paga dividendos pode ser estendida para cobrir opções europeias sobre uma ação que paga um rendimento em dividendos conhecido. A extensão pode ser utilizada para avaliar opções europeias sobre índices de ações e moedas porque:

1. Um índice de ações é análogo a uma ação que paga um rendimento em dividendos. O rendimento em dividendos é o rendimento em dividendos sobre as ações que compõem o índice.

2. Uma moeda estrangeira é análoga a uma ação que paga um rendimento em dividendos. A taxa de juros livre de risco estrangeira desempenha o papel do rendimento em dividendos.

As árvores binomiais podem ser utilizadas para avaliar opções americanas sobre índices de ações e moedas.

LEITURAS COMPLEMENTARES

Biger, N., and J. C. Hull. "The Valuation of Currency Options", *Financial Management*, 12 (Spring 1983): 24–28.

Bodie, Z. "On the Risk of Stocks in the Long Run", *Financial Analysts Journal*, 51, 3 (1995): 18–22.

Garman, M. B., and S. W. Kohlhagen. "Foreign Currency Option Values", *Journal of International Money and Finance*, 2 (December 1983): 231–37.

Giddy, I. H., and G. Dufey. "Uses and Abuses of Currency Options", *Journal of Applied Corporate Finance*, 8, 3 (1995): 49–57.

Grabbe, J. O. "The Pricing of Call and Put Options on Foreign Exchange", *Journal of International Money and Finance*, 2 (December 1983): 239–53.

Merton, R. C. "Theory of Rational Option Pricing", *Bell Journal of Economics and Management Science*, 4 (Spring 1973): 141–83.

Questões e problemas

17.1. Um portfólio vale atualmente $10 milhões e tem beta de 1,0. Um índice está em 800. Explique como uma opção de venda sobre o índice com preço de exercício de 700 poderia ser utilizada para oferecer seguro de portfólio.

17.2. "Depois que sabemos como avaliar as opções sobre uma ação que paga um rendimento em dividendos, sabemos como avaliar opções sobre índices de ações e moedas". Explique essa afirmação.

17.3. Um índice de ações está em 300, o rendimento em dividendos sobre o índice é 3% ao ano e a taxa de juros livre de risco é 8% ao ano. Qual é o limite inferior para o preço de uma opção de compra europeia de seis meses sobre o índice quando o preço de exercício é 290?

17.4. Uma moeda atualmente vale $0,80 e tem volatilidade de 12%. As taxas de juros livres de risco nacional e estrangeira são 6% e 8%, respectivamente. Use uma árvore binomial de dois passos para avaliar (a) uma opção de compra europeia de quatro meses com preço de exercício de 0,79 e (b) uma opção de compra americana de quatro meses com o mesmo preço de exercício.

17.5. Explique como corporações podem utilizar contratos *range forward* para hedgear seu risco cambial quando esperam receber determinada quantia de moeda estrangeira no futuro.

17.6. Calcule o valor de uma opção de compra europeia de três meses no dinheiro sobre um índice de ações quando o índice está em 250, a taxa de juros livre de risco é 10% ao ano, a volatilidade do índice é 18% ao ano e o rendimento em dividendos sobre o índice é 3% ao ano.

17.7. Calcule o valor de uma opção de venda europeia de oito meses sobre uma moeda com preço de exercício de 0,50. A taxa de câmbio atual é 0,52, a volatilidade da taxa de câmbio é 12%, a taxa de juros livre de risco nacional é 4% ao ano e a taxa de juros livre de risco estrangeira é 8% ao ano.

17.8. Mostre que a fórmula na equação (17.12) para uma opção de venda para vender uma unidade da moeda A com a moeda B ao preço de exercício K dá o mesmo valor que a equação (17.11) para uma opção de compra para comprar K unidades da moeda B com a moeda A ao preço de exercício $1/K$.

17.9. Uma moeda estrangeira atualmente vale $1,50. As taxas de juros livres de risco nacional e estrangeira são 5% e 9%, respectivamente. Calcule um limite inferior para o valor de uma opção de compra de seis meses sobre a moeda com preço de exercício de $1,40 se ela é (a) europeia e (b) americana.

17.10. Considere um índice de ações que está atualmente em 250. O rendimento em dividendos sobre o índice é 4% ao ano e a taxa de juros livre de risco é 6% ao ano. Uma opção de compra europeia de três meses sobre o índice, com preço de exercício de 245, atualmente vale $10. Qual é o valor de uma opção de venda de três meses sobre o índice com preço de exercício de 245?

17.11. Um índice atualmente está em 696 e sua volatilidade é de 30% ao ano. A taxa de juros livre de risco é 7% ao ano e o índice oferece um rendimento de 4% ao ano. Calcule o valor de uma opção de venda europeia de três meses com preço de exercício de 700.

17.12. Mostre que se C é o preço de uma opção de compra europeia com preço de exercício K e vencimento T sobre uma ação que paga um rendimento em dividendos de q e P é o preço de uma opção de venda americana sobre a mesma ação, com o mesmo preço de exercício e a mesma data de exercício, então:

$$S_0 e^{-qT} - K < C - P < S_0 - Ke^{-rT};$$

onde S_0 é o preço da ação, r é a taxa de juros livre de risco e $r > 0$. (*Dica*: Para obter a primeira metade da desigualdade, considere possíveis valores de:

Portfólio A: uma opção de compra europeia mais uma quantia K investida à taxa de juros livre de risco.

Portfólio B: uma opção de venda americana mais e^{-qT} da ação, com os dividendos sendo reinvestidos na ação.

Para obter a segunda metade da desigualdade, considere possíveis valores de:

Portfólio C: uma opção de compra americana mais uma quantia Ke^{-rT} investida à taxa de juros livre de risco.

Portfólio D: uma opção de venda europeia mais uma ação, com os dividendos sendo reinvestidos na ação.)

17.13. Mostre que uma opção de compra europeia sobre uma moeda tem o mesmo preço que a opção de venda europeia correspondente sobre a moeda quando o preço a termo é igual ao preço de exercício.

17.14. Você espera que a volatilidade de um índice de ações seja maior ou menor do que a volatilidade de uma ação típica? Explique sua resposta.

17.15. O custo do seguro de portfólio aumenta ou diminui com o aumento do beta do portfólio? Explique sua resposta.

17.16. Suponha que um portfólio vale $60 milhões e o S&P 500 está em 1.200. Se o valor do portfólio reflete o valor do índice, quais opções devem ser adquiridas para oferecer proteção contra o valor do portfólio cair abaixo de $54 milhões em um ano?

17.17. Considere mais uma vez a situação no Problema 17.16. Suponha que o portfólio tem beta de 2,0, taxa de juros livre de risco de 5% ao ano e o rendimento em dividendos sobre o portfólio e o índice é de 3% ao ano. Quais opções devem ser adquiridas para oferecer proteção contra o valor do portfólio cair abaixo de $54 milhões em um ano?

17.18. Um índice está atualmente em 1.500. Opções de compra e de venda europeias com preço de exercício de 1.400 e tempo até o vencimento de seis meses têm preços de mercado de 154,00 e 34,25, respectivamente. A taxa de juros livre de risco de seis meses é 5%. Qual é o rendimento em dividendos implícito?

17.19. Um índice de retorno total acompanha o retorno, incluindo os dividendos, sobre um determinado portfólio. Explique como você avaliaria (a) contratos a termo e (b) opções europeias sobre o índice.

17.20. Qual é a relação de paridade put–call para opções de moeda europeias?

17.21. Prove os resultados nas equações (17.1), (17.2) e (17.3) usando os portfólios indicados.

17.22. Uma opção sobre a taxa de câmbio iene/euro pode ser criada a partir de duas opções, uma sobre a taxa de câmbio dólar/euro e a outra sobre a taxa de câmbio dólar/iene? Explique sua resposta.

Questões adicionais

17.23. A Dow Jones Industrial Average em 12 de janeiro de 2007 era 12.556 e o preço da opção de compra de março 126 era $2,25. Calcule a volatilidade implícita dessa opção. Pressuponha que a taxa de juros livre de risco era 5,3% e o rendimento em dividendos era 3%. A opção expira em 20 de março de 2007. Estime o preço de uma opção de venda de março 126. Qual é a volatilidade implícita pelo preço que você estima para essa opção? (Observe que as opções são sobre o índice Dow Jones dividido por 100.)

17.24. Um índice de ações atualmente está em 300 e tem volatilidade de 20%. A taxa de juros livre de risco é 8% e o rendimento em dividendos sobre o índice é 3%. Use uma árvore binomial de três passos para avaliar uma opção de venda de seis meses sobre o índice com preço de exercício de 300 se ela é (a) europeia e (b) americana?

17.25. Suponha que o preço à vista do dólar canadense é US $0,95 e que a taxa de câmbio dólar canadense/dólar americano tem volatilidade de 8% ao ano. As taxas de juros livres de risco no Canadá e nos Estados Unidos são 4% e 5% ao ano, respectivamente. Calcule o valor de uma opção de compra europeia para comprar um dólar canadense por US $0,95 em nove meses. Use a paridade put–call para calcular o preço de uma opção de venda europeia para vender um dólar canadense por US $0,95 em nove meses. Qual é o preço de uma opção de compra para comprar US $0,95 com um dólar canadense em nove meses?

17.26. O preço à vista de um índice é 1.000 e a taxa de juros livre de risco é 4%. Os preços de opções de compra e de venda europeias de 3 meses quando o preço de exercício é 950 são 78 e 26. Estime (a) o rendimento em dividendos e (b) a volatilidade implícita.

17.27. Pressuponha que o preço da moeda A, expressa em termos do preço da moeda B, segue o processo $dS = (r_B - r_A)S\,dt + \sigma S\,dz$, onde r_A é a taxa de juros livre de risco na moeda A e r_B é a taxa de juros livre de risco na moeda B. Qual é o processo seguido pelo preço da moeda B expresso em termos da moeda A?

17.28. A taxa de câmbio USD/euro é 1,3000. A volatilidade da taxa de câmbio é 15%. Uma empresa americana receberá 1 milhão de euros em três meses. As taxas de juros livres de risco em euros e em USD são 5% e 4%, respectivamente. A empresa decide usar um contrato *range forward* com o preço de exercício menor igual a 1,2500.

(a) Qual deve ser o preço de exercício maior para criar um contrato de custo zero?
(b) Qual posição a empresa deve assumir em opções de compra e de venda?
(c) Mostre que sua resposta para (a) não depende das taxas de juros, desde que o diferencial entre as taxas de juros das duas moedas, $r - r_f$, permaneça o mesmo.

17.29. Na História de Negócios 17.1, qual é o custo de uma garantia de que o retorno sobre o fundo não será negativo durante os próximos 10 anos?

17.30. O preço a termo de um ano do peso mexicano é $0,0750 por MXN. A taxa de juros livre de risco americana é 1,25% e a taxa de juros livre de risco mexicana é 4,5%. A volatilidade da taxa de câmbio é 13%. Quais são os valores de opções de venda europeias e americanas de um ano com um preço de exercício de 0,0800.

CAPÍTULO

18

Opções sobre futuros

As opções consideradas até aqui dão ao titular o direito de comprar ou vender determinado ativo até determinada data por determinado preço. Elas também são chamadas de *opções sobre* à vista ou *opções sobre o mercado à vista* pois, quando as opções são exercidas, a compra ou venda do ativo pelo preço acordado ocorre imediatamente. Neste capítulo, vamos considerar as *opções sobre futuros*, também conhecidas como *opções de futuros*. Nesses contratos, o exercício da opção dá ao titular uma posição em um contrato futuro.

Nos EUA, a Commodity Futures Trading Commission autorizou a negociação de opções sobre futuros experimentalmente em 1982. A negociação permanente foi aprovada em 1987, e desde então a popularidade do contrato com os investidores cresceu à toda velocidade.

Neste capítulo, consideramos como as opções sobre futuros funcionam e as diferenças entre elas e as opções sobre spot. Vamos analisar como as opções sobre futuros podem ser apreçadas usando árvores binomiais ou fórmulas semelhantes àquelas produzidas por Black, Scholes e Merton para opções sobre ações. Também vamos explorar o apreçamento relativo de opções sobre futuros e opções sobre preço à vista e examinaremos as chamadas opções com ajuste (*futures-style options*).

18.1 NATUREZA DAS OPÇÕES SOBRE FUTUROS

Uma opção sobre futuro é o direito, mas não a obrigação, de firmar um contrato futuro a um determinado preço futuro até uma determinada data. Mais especificamente, uma opção de compra sobre futuro é o direito de firmar um contrato futuro comprado a um determinado preço, enquanto uma opção de venda sobre futuro é o direito de firmar um contrato futuro vendido a um determinado preço. As opções sobre futuros normalmente são americanas, ou seja, podem ser exercidas em qualquer momento durante a vida do contrato.

Se uma opção de compra sobre futuro é exercida, o titular adquire uma posição comprada no contrato futuro subjacente mais uma quantia em caixa igual ao preço futuro de ajuste mais recente menos o preço de exercício. Se uma opção de venda futura é exercida, o titular adquire uma posição vendida no contrato futuro subjacente mais uma quantia em caixa igual ao preço de exercício menos o preço futuro de ajuste mais recente. Como mostram os exemplos a seguir, o resultado efetivo de uma opção de compra sobre futuro é max$(F - K, 0)$ e o resultado efetivo de uma opção de venda sobre futuro é max$(K - F, 0)$, onde F é o preço futuro na data de exercício e K é o preço de exercício.

■ Exemplo 18.1

Suponha que é 15 de agosto e um investidor possui um contrato de opção de compra sobre futuro de setembro de cobre com preço de exercício de 320 centavos por libra. Um contrato futuro é referente a 25.000 libras de cobre. Suponha que o preço futuro do cobre para entrega em setembro é atualmente 331 centavos e que no encerramento das negociações em 14 de agosto (o último ajuste), ele era de 330 centavos. Se a opção é exercida, o investidor recebe uma quantia em caixa de:

$$25.000 \times (330 - 320) \text{ centavos} = \$2.500$$

mais uma posição comprada em um contrato futuro para comprar 25.000 libras de cobre em setembro. Se desejado, a posição no contrato futuro pode ser encerrada imediatamente. Isso deixaria o investidor com um resultado em caixa de $2.500 mais uma quantia de:

$$25.000 \times (331 - 330) \text{ centavos} = \$250$$

refletindo a mudança no preço futuro desde o último ajuste. O resultado total do exercício da opção em 15 de agosto é $2.750, igual a 25.000$(F - K)$, onde F é o preço futuro na data de exercício e K é o preço de exercício. ■

■ Exemplo 18.2

Um investidor possui uma opção de venda sobre futuro de dezembro sobre milho com preço de exercício de 600 centavos por saca. Um contrato futuro é referente a 5.000 sacas de milho. Suponha que o preço futuro atual do milho para entrega em dezembro é 580 e o preço de ajuste mais recente é 579 centavos. Se a opção é exercida, o investidor recebe uma quantia em caixa de:

$$5.000 \times (600 - 579) \text{ centavos} = \$1.050$$

mais uma posição vendida em um contrato futuro para venda de 5.000 sacas de milho em dezembro. Se desejado, a posição no contrato futuro pode ser encerrada. Isso deixaria o investidor com $1.050 em caixa menos uma quantia de:

$$5.000 \times (580 - 579) \text{ centavos} = \$50$$

refletindo a mudança no preço futuro desde o último ajuste. O resultado líquido do exercício é $1.000, que é igual a 5.000$(K - F)$, onde F é o preço futuro na data de exercício e K é o preço de exercício. ■

Meses de expiração

As opções sobre futuros são indicadas pelo mês de entrega do contrato futuro subjacente, não pelo mês de expiração da opção. Como mencionado anteriormente, a maioria das opções sobre futuros são americanas. A data de expiração de um contrato de opção sobre futuro geralmente é um breve período de tempo antes do último dia de negociação do contrato futuro subjacente. (Por exemplo, a opção sobre futuros de títulos do Tesouro do CME Group expira na última sexta-feira pelo menos dois dias úteis anterior ao final do mês antes do mês de entrega do contrato futuro.) Uma exceção é o contrato *mid-curve* sobre eurodólares do CME Group, no qual o contrato futuro expira um ou dois anos antes do contrato de opção.

Contratos populares negociados nos Estados Unidos são referentes a milho, soja, algodão, açúcar, petróleo bruto, gás natural, ouro, títulos do Tesouro, notas do Tesouro, notas do Tesouro de cinco anos, *fed funds* de 30 dias, eurodólares, eurodólares *mid-curve* de um e dois anos, Euribor, Eurobônus e o S&P 500.

Opções sobre futuros de taxas de juros

As opções de taxas de juros negociadas mais ativamente oferecidas pelas bolsas nos Estados Unidos são aquelas sobre futuros de títulos do Tesouro, futuros de notas do Tesouro e futuros de eurodólar.

Uma opção sobre futuro de títulos do Tesouro, que é negociada pelo CME Group, é uma opção de firmar um contrato futuro sobre títulos do Tesouro. Como mencionado no Capítulo 6, um contrato futuro de títulos do Tesouro é referente à entrega de $100.000 em títulos do Tesouro. O preço de uma opção sobre futuro de títulos do Tesouro é cotada como uma porcentagem do valor de face dos títulos do Tesouro subjacentes (arredondado para o um sessenta e quatro e avos de 1% mais próximo).

Uma opção sobre futuro de eurodólar, negociada pelo CME Group, é uma opção para firmar um contrato futuro de eurodólares. Como explicado no Capítulo 6, quando a cotação futura de eurodólar muda em 1 ponto-base, ou 0,01%, há um ganho ou perda sobre o contrato futuro de eurodólar de $25. Da mesma forma, no apreçamento de opções sobre futuros de eurodólares, 1 ponto-base representa $25.

Os contratos de opção sobre futuro de taxas de juros funcionam da mesma maneira que os outros contratos de opções sobre futuros discutidos neste capítulo. Por exemplo, além do resultado em caixa, o titular de uma opção de compra obtém uma posição comprada no contrato futuro quando a opção é exercida e o lançador da opção obtém uma posição vendida correspondente. O resultado total da opção de compra, incluindo o valor da posição futura, é $\max(F - K, 0)$, onde F é o preço futuro na data de exercício e K é o preço de exercício.

Os preços futuros de taxas de juros aumentam quando os preços de títulos aumentam (ou seja, quando as taxas de juros diminuem). Eles diminuem quando os preços de títulos diminuem (ou seja, quando as taxas de juros aumentam). Um investidor que acha que as taxas de juros de curto prazo irão aumentar pode praticar especulação comprando opções de venda sobre futuros eurodólar, enquanto um investidor que acha que as taxas irão cair pode praticar especulação comprando opções de compra sobre futuros de eurodólar. Um investidor que acha que as taxas de juros de longo prazo irão aumentar pode praticar especulação comprando opções de venda sobre futuros de notas do Tesouro ou futuros de títulos do Tesouro, enquanto o investidor que acha que as taxas irão cair pode praticar especulação comprando opções de compra sobre esses instrumentos.

■ Exemplo 18.3

É fevereiro e o preço futuro para o contrato de eurodólar de junho é 93,82 (correspondente a uma taxa de juros de eurodólar de três meses de 6,18% ao ano). O preço de uma opção de compra sobre o contrato com preço de exercício de 94,00 é cotado como 0,1, ou 10 pontos-base. Essa opção pode ser atraente para um investidor que acredita que as taxas de juros provavelmente irão diminuir. Suponha que as taxas de juros de curto prazo caiam em 100 pontos-base e o investidor exerce a opção de compra quando o preço futuro de eurodólar é 94,78 (correspondente a uma taxa de juros de eurodólar de três meses de 5,22% ao ano). O resultado é 25 × (94,78 − 94,00) ×100 = $1.950. O custo do contrato é 10 × 25 = $250. O lucro do investidor é, assim, $1.700. ■

■ Exemplo 18.4

É agosto e o preço futuro para o contrato de títulos do Tesouro de dezembro é 96-09 (ou $96\frac{9}{32}$ = 96,28125). O rendimento sobre títulos do governo de longo prazo é de cerca de 6,4% ao ano. Um investidor que acredita que esse rendimento diminuirá até dezembro poderia comprar opções de compra de dezembro com preço de exercício de 98. Pressuponha que o preço dessas opções de compra é 1-04 (ou $1\frac{4}{64}$ = 1,0625% do principal). Se as taxas de longo prazo caem para 6% ao ano e o preço futuro de títulos do Tesouro aumenta para 100-00, o investidor obtém um lucro líquido por $100 de futuros de títulos de:

$$100,00 - 98,00 - 1,0625 = 0,9375$$

Como um contrato de opção é referente à compra ou venda de instrumentos com valor de face de $100.000, o lucro do investidor é de $937,50 por contrato de opção comprado. ■

18.2 RAZÕES PARA A POPULARIDADE DAS OPÇÕES SOBRE FUTUROS

É natural perguntar por que as pessoas escolhem negociar opções sobre futuros em vez de opções sobre o ativo subjacente. O principal motivo parece ser que um contrato futuro é, em muitas circunstâncias, mais líquido e mais fácil de negociar do que o ativo subjacente. Além disso, o preço futuro é conhecido imediatamente devido às negociações na bolsa de futuros, enquanto o preço à vista do ativo subjacente pode não ter a mesma disponibilidade.

Pense nos títulos do Tesouro. O mercado para futuros de títulos do Tesouro é muito mais ativo do que o mercado para quaisquer títulos do Tesouro específico. Além disso, o preço futuro de títulos do Tesouro é conhecido imediatamente devido às negociações na bolsa. O preço de mercado corrente de um título, no entanto, só pode ser obtido por meio da comunicação com um ou mais corretores. Não surpreende que os investidores preferem aceitar a entrega de um contrato futuro de títulos do Tesouro do que títulos do Tesouro em si.

Os futuros sobre commodities também costumam ser mais fáceis de negociar do que as commodities em si. Por exemplo, é muito mais fácil e mais conveniente realizar ou aceitar a entrega de um contrato futuro de boi gordo do que entregar ou aceitar a entrega do gado em si.

Uma questão importante relativa às opções sobre futuros é que exercê-las geralmente não leva à entrega do ativo subjacente, pois, na maioria dos casos, o contrato futuro subjacente é encerrado antes da entrega. As opções sobre futuros são, assim, quase sempre liquidadas financeiramente no final. O processo é atraente para muitos investidores, especialmente para aqueles com capital limitado e que podem ter dificuldade para arranjar o capital necessário para comprar o ativo subjacente quando uma opção sobre o preço à vista é exercida. Outra vantagem citada para opções sobre futuros é que os futuros e as opções sobre eles são negociados lado a lado na mesma bolsa, o que facilita o hedge, a arbitragem e a especulação. Isso também tende a tornar os mercados mais eficientes. Uma questão final é que, em muitas situações, as opções sobre futuros têm custos de transação menores do que as opções sobre preços à vista.

18.3 OPÇÕES SOBRE À VISTA E SOBRE FUTUROS EUROPEIAS

O resultado de uma opção de compra europeia com preço de exercício K sobre o preço à vista de um ativo é:

$$\max(S_T - K, 0)$$

onde S_T é o preço à vista no vencimento da opção. O resultado de uma opção e compra europeia com o mesmo preço de exercício sobre o preço futuro do ativo é:

$$\max(F_T - K, 0)$$

onde F_T é o preço futuro no vencimento da opção. Se o contrato futuro vence na mesma data que a opção, então $F_T = S_T$ e as duas opções são equivalentes. Da mesma forma, uma opção de venda sobre futuro europeia vale o mesmo que sua opção de venda sobre à vista europeia equivalente quando o contrato futuro vence na mesma data que a opção.

A maioria das opções sobre futuros negociadas são americanas. Contudo, como veremos, é útil estudar as opções sobre futuros europeias, pois os resultados obtidos podem ser utilizados para avaliar as opções sobre à vista europeias correspondentes.

18.4 PARIDADE PUT–CALL

No Capítulo 11, derivamos uma relação de paridade put–call para opções sobre ações europeias. Nesta seção, vamos considerar um argumento semelhante para derivar uma relação de paridade put–call para opções sobre futuros europeias. Considere uma opções de compra e de venda sobre futuros europeias, ambas com preço de exercício K e tempo até a expiração T. Podemos formar dois portfólios:

Portfólio A: uma opção de compra sobre futuro europeia mais uma quantia em caixa igual a Ke^{-rT}.

Portfólio B: uma opção de venda sobre futuro europeia mais um contrato futuro comprado mais uma quantia em caixa igual a $F_0 e^{-rT}$, onde F_0 é o preço futuro.

No portfólio A, o dinheiro pode ser investido à taxa de juros livre de risco, r, e aumenta para K no tempo T. Defina F_T como o preço futuro no vencimento da opção. Se $F_T > K$, a opção de compra no portfólio A é exercida e o portfólio A vale F_T. Se $F_T \leq K$, a opção de compra não é exercida e o portfólio A vale K. O valor do portfólio A no tempo T é, assim:

$$\max(F_T, K)$$

No portfólio B, o dinheiro pode ser investido à taxa de juros livre de risco para aumentar para F_0 no tempo T. A opção de venda oferece um resultado de $\max(K - F_T, 0)$. O contrato futuro oferece um resultado de $F_T - F_0$.[1] O valor do portfólio B no tempo T é, assim:

$$F_0 + (F_T - F_0) + \max(K - F_T, 0) = \max(F_T, K)$$

Como os dois portfólios têm o mesmo valor no tempo T e as opções europeias não podem ser exercidas antecipadamente, ambas valem o mesmo no dia de hoje. O valor do portfólio A hoje é:

$$c + Ke^{-rT}$$

onde c é o preço da opção de compra sobre futuro. O processo de ajuste diário garante que o contrato futuro no portfólio B vale zero hoje. Logo, o portfólio B vale:

$$p + F_0 e^{-rT}$$

onde p é o preço da opção de venda sobre futuro. Logo:

$$c + Ke^{-rT} = p + F_0 e^{-rT} \tag{18.1}$$

A diferença entre essa relação de paridade put–call e aquela para uma ação que não paga dividendos na equação (11.6) é que o preço da ação, S_0, é substituído pelo preço futuro descontado, $F_0 e^{-rT}$.

Como mostrado na Seção 18.3, quando o contrato futuro subjacente vence na mesma data que a opção, as opções sobre futuros e sobre preço à vista europeias são iguais. Assim, a equação (18.1) dá uma relação entre o preço de uma opção de compra sobre o preço spot, o preço de uma opção de venda sobre o preço à vista e o preço futuro quando ambas as opções vencem na mesma data que o contrato futuro.

■ Exemplo 18.5

Suponha que o preço de uma opção de compra europeia sobre prata à vista para entrega em seis meses é $0,56 por onça quando o preço de exercício é $8,50. Pressuponha que o preço futuro da prata para entrega em seis meses está em $8,00 e a taxa de juros livre de risco para um investimento com vencimento em seis meses é de 10% ao ano.

---

[1] Essa análise pressupõe que um contrato futuro é como um contrato a termo e é liquidado ao final de sua vida em vez de ser ajustado diariamente.

Reorganizando a equação (18.1), o preço de uma opção de venda europeia sobre prata à vista com o mesmo vencimento e a mesma data de exercício que a opção de compra é:

$$0{,}56 + 8{,}50e^{-0{,}1 \times 6/12} - 8{,}00e^{-0{,}1 \times 6/12} = 1{,}04$$

∎

Para opções sobre futuros americanas, a relação put–call é (ver Problema 18.19):

$$F_0 e^{-rT} - K < C - P < F_0 - Ke^{-rT} \tag{18.2}$$

18.5 LIMITES PARA OPÇÕES SOBRE FUTUROS

A relação de paridade put–call na equação (18.1) oferece limites para opções de compra e de venda europeias. Como o preço de uma opção de venda, p, não pode ser negativo, a consequência da equação (18.1) é que:

$$c + Ke^{-rT} \geqslant F_0 e^{-rT}$$

de modo que:

$$c \geqslant \max((F_0 - K)e^{-rT}, 0) \tag{18.3}$$

Da mesma forma, como o preço de uma opção de compra não pode ser negativo, a consequência da equação (18.1) é que:

$$Ke^{-rT} \leqslant F_0 e^{-rT} + p$$

de modo que:

$$p \geqslant \max((K - F_0)e^{-rT}, 0) \tag{18.4}$$

Esses limites são bastante semelhantes àqueles derivados para opções sobre ações europeias no Capítulo 11. Os preços de opções de compra e de venda europeias são bastante semelhantes a seus limites inferiores quando as opções estão muito dentro do dinheiro. Para entender por que isso é verdade, voltamos à relação de paridade put–call na equação (18.1). Quando uma opção de compra europeia está muito dentro do dinheiro, a opção de venda correspondente está muito fora do dinheiro. Isso significa que p é muito próximo de zero. A diferença entre c e seu limite inferior é igual a p, de modo que o preço da opção de compra deve ser bastante próximo de seu limite inferior. Um argumento semelhante se aplica às opções de venda.

Como as opções sobre futuros americanas podem ser exercidas a qualquer momento, é preciso que:

$$C \geqslant \max(F_0 - K, 0)$$

e:

$$P \geqslant \max(K - F_0, 0)$$

Assim, pressupondo que as taxas de juros são positivas, o limite inferior para um preço de opção americana sempre é maior do que o limite inferior para o preço de opção europeia correspondente. Sempre há alguma chance de uma opção sobre futuro americana ser exercida antecipadamente.

18.6 AVALIAÇÃO DE OPÇÕES SOBRE FUTUROS USANDO ÁRVORES BINOMIAIS

Esta seção examina, mais formalmente do que no Capítulo 13, como as árvores binomiais podem ser utilizadas para apreçar opções sobre futuros. Uma diferença fundamental entre as opções sobre futuros e as opções sobre ações é que não há custos iniciais para firmar um contrato futuro.

Suponha que o preço futuro atual é 30 e que ele subirá para 33 ou cairá para 28 durante o próximo mês. Consideramos uma opção de compra de um mês sobre o futuro, com preço de exercício de 29, e ignoramos o ajuste diário. A situação é aquela indicada na Figura 18.1. Se o preço futuro sobe para 33, o resultado da opção é 4 e o valor do contrato futuro é 3. Se o preço futuro cai para 28, o resultado da opção é zero e o valor do contrato futuro é -2.[2]

Para estruturar um hedge sem risco, consideramos um portfólio composto de uma posição vendida em um contrato de opção e uma posição comprada em Δ contratos futuros. Se o preço futuro sobe para 33, o valor do portfólio é $3\Delta - 4$; se cai para 28, o valor do portfólio é -2Δ. O portfólio é sem risco quando os dois são iguais, ou seja, quando:

$$3\Delta - 4 = -2\Delta$$

ou $\Delta = 0{,}8$.

Para esse valor de Δ, sabemos que o portfólio valerá $3 \times 0{,}8 - 4 = -1{,}6$ em um mês. Pressuponha uma taxa de juros livre de risco de 6%. O valor do portfólio hoje deve ser:

$$-1{,}6 e^{-0{,}06 \times 1/12} = -1{,}592$$

O portfólio é composto de uma opção vendida e Δ contratos futuros. Como o valor do contrato futuro hoje é zero, o valor da opção deve ser $-1{,}592$.

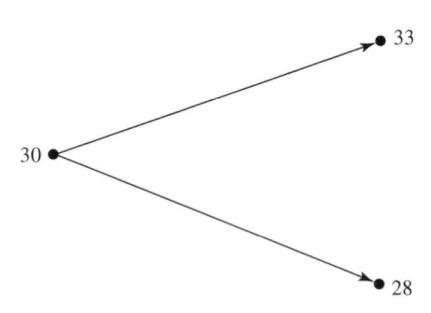

FIGURA 18.1 Movimentos de preços futuros no exemplo numérico.

---

[2] Há uma aproximação aqui de que o ganho ou a perda sobre o contrato futuro não são realizados no tempo T. Eles são realizados diariamente entre o tempo 0 e o tempo T. Contudo, à medida que a duração dos passos em uma árvore binomial de múltiplos passos diminui, a aproximação melhora.

Uma generalização

Podemos generalizar essa análise considerando um preço futuro que começa em F_0 e que se espera aumentar para $F_0 u$ ou cair para $F_0 d$ durante o período de tempo T. Consideramos uma opção com vencimento no tempo T e supomos que seu resultado é f_u se o preço futuro aumenta e f_d se diminui. A situação está resumida na Figura 18.2.

O portfólio livre de risco nesse caso é composto de uma posição vendida em uma opção combinada com uma posição comprada em Δ contratos futuros, onde:

$$\Delta = \frac{f_u - f_d}{F_0 u - F_0 d}$$

O valor do portfólio no tempo T é, assim, sempre:

$$(F_0 u - F_0)\Delta - f_u$$

Denotando a taxa de juros livre de risco por r, obtemos o valor do portfólio hoje como:

$$[(F_0 u - F_0)\Delta - f_u]e^{-rT}$$

Outra expressão para o valor presente do portfólio é $-f$, onde f é o valor da opção hoje. Logo:

$$-f = [(F_0 u - F_0)\Delta - f_u]e^{-rT}$$

Com a substituição de Δ e a simplificação, essa equação é reduzida para:

$$f = e^{-rT}[pf_u + (1-p)f_d] \tag{18.5}$$

onde:

$$p = \frac{1-d}{u-d} \tag{18.6}$$

Isso está de acordo com o resultado na Seção 13.9. A equação (18.6) dá a probabilidade *risk-neutral* de um movimento positivo.

No exemplo numérico considerado anteriormente (ver Figura 18.1), $u = 1,1$, $d = 0,9333$, $r = 0,06$, $T = 1/12$, $f_u = 4$ e $f_d = 0$. Da equação (18.6):

$$p = \frac{1 - 0,9333}{1,1 - 0,9333} = 0,4$$

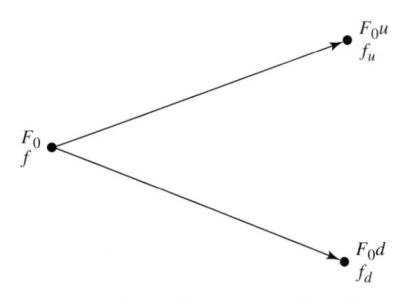

FIGURA 18.2 Preço futuro e preço de opção em uma situação geral.

e, da equação (18.5):

$$f = e^{-0,06 \times 1/12}[0,4 \times 4 + 0,6 \times 0] = 1,592$$

Esse resultado concorda com a resposta obtida para o exemplo anterior.

Árvores de múltiplos passos

As árvores binomiais de múltiplos passos são usadas para avaliar opções sobre futuros americanas da mesma maneira que são usadas para avaliar opções sobre ações. Isso é explicado na Seção 13.9. O parâmetro u que define movimentos positivos no preço futuro é $e^{\sigma\sqrt{\Delta t}}$, onde σ é a volatilidade do preço futuro e Δt é o comprimento de cada passo no tempo. A probabilidade de um movimento positivo no preço futuro é aquele na equação (18.6):

$$p = \frac{1-d}{u-d}$$

O Exemplo 13.3 ilustra o uso de árvores binomiais de múltiplos passos para avaliar uma opção sobre futuro. O Exemplo 21.3 no Capítulo 21 oferece uma ilustração adicional.

18.7 DRIFT DE UM PREÇO FUTURO EM UM MUNDO *RISK-NEUTRAL*

Há um resultado geral que nos permite usar a análise na Seção 17.3 para opções sobre futuros. Esse resultado é que, em um mundo *risk-neutral*, um preço futuro se comporta da mesma maneira que uma ação pagando um rendimento em dividendos à taxa de juros livre de risco r.

Uma indicação de que isso pode ser verdade é dado pela observação de que a equação para a probabilidade p em uma árvore binomial para um preço futuro é a mesma que para uma ação que paga um rendimento em dividendos igual a q quando $q = r$ (compare a equação (18.6) com as equações (17.15) e (17.16)). Outra indicação é que a relação de paridade put–call para preços de opções sobre futuros é a mesma que para opções sobre uma ação que paga um rendimento em dividendos à taxa q quando o preço da ação é substituído pelo preço futuro e $q = r$ (compare com as equações (18.1) e (17.3)).

Para provar esse resultado formalmente, calculamos a derivada de um preço futuro em um mundo *risk-neutral*. Definimos F_t como o preço futuro no tempo t e supomos que as datas de ajuste ocorrem nos tempos $0, \Delta t, 2\Delta t,\ldots$ Se firmarmos um contrato futuro comprado no tempo 0, seu valor é zero. No tempo Δt, ele oferece um resultado de $F_{\Delta t} - F_0$. Se r é a taxa de juros de curtíssimo prazo (período Δt) no tempo 0, a avaliação *risk-neutral* dá o valor do contrato no tempo 0 como:

$$e^{-r\Delta t}\hat{E}[F_{\Delta t} - F_0]$$

onde $\hat{E}$ denota expectativas em um mundo *risk-neutral*. Assim, devemos ter:

$$e^{-r\Delta t}\hat{E}(F_{\Delta t} - F_0) = 0$$

mostrando que:

$$\hat{E}(F_{\Delta t}) = F_0$$

Da mesma forma, $\hat{E}(F_{2\Delta t}) = F_{\Delta t}$, $\hat{E}(F_{3\Delta t}) = F_{2\Delta t}$ e assim por diante. Reunindo diversos resultados como esse, vemos que:

$$\hat{E}(F_T) = F_0$$

para qualquer tempo T.

Assim, o drift do preço futuro em um mundo *risk-neutral* é zero. Da equação (17.7), o preço futuro se comporta como uma ação que oferece um rendimento em dividendos q igual a r. Esse resultado é bastante geral. Ele é verdadeiro para todos os preços futuros e não depende de quaisquer pressupostos sobre taxas de juros, volatilidades, etc.[3]

O pressuposto normal usado para o processo seguido por um preço futuro F no mundo *risk-neutral* é:

$$dF = \sigma F\, dz \qquad (18.7)$$

onde σ é uma constante.

Equação diferencial

Para outra maneira de ver que um preço futuro se comporta como uma ação que paga um rendimento em dividendos à taxa q, podemos derivar a equação diferencial satisfeita por um derivativo dependente de um preço futuro da mesma forma que derivamos a equação diferencial para um derivativo dependente de uma ação que não paga dividendos na Seção 15.6. A saber:[4]

$$\frac{\partial f}{\partial t} + \tfrac{1}{2}\frac{\partial^2 f}{\partial F^2}\sigma^2 F^2 = rf \qquad (18.8)$$

Ela tem a mesma forma que a equação (17.6), com q definido como igual a r. Isso confirma que, para fins de avaliar derivativos, um preço futuro pode ser tratado da mesma maneira que uma ação que oferece um rendimento em dividendos à taxa r.

18.8 MODELO DE BLACK PARA AVALIAR OPÇÕES SOBRE FUTUROS

As opções sobre futuros europeias podem ser avaliadas estendendo os resultados que produzimos. Fischer Black foi o primeiro a provar que isso é possível em um artigo

---

[3] Como descobriremos no Capítulo 28, uma declaração mais exata do resultado é: "Um preço futuro tem drift zero no mundo *risk-neutral* tradicional no qual o *numéraire* é a conta do mercado monetário". Um processo estocástico de drift zero é conhecido pelo nome de martingale. Um preço a termo é um martingale em um mundo *risk-neutral* diferente, no qual o *numéraire* é um título de cupom zero com vencimento no tempo T.

[4] Ver a Nota Técnica Note 7 em www.rotman.utoronto.ca/~hull/TechnicalNotes para uma prova disso.

publicado em 1976.[5] Pressupondo que o preço futuro segue o processo (lognormal) na equação (18.7), o preço da opção de compra europeia c e o preço da opção de venda europeia p para uma opção sobre futuros são dados pelas equações (17.4) e (17.5), com S_0 substituído por F_0 e $q = r$:

$$c = e^{-rT}[F_0 N(d_1) - K N(d_2)] \tag{18.9}$$

$$p = e^{-rT}[K N(-d_2) - F_0 N(-d_1)] \tag{18.10}$$

onde:

$$d_1 = \frac{\ln(F_0/K) + \sigma^2 T/2}{\sigma\sqrt{T}}$$

$$d_2 = \frac{\ln(F_0/K) - \sigma^2 T/2}{\sigma\sqrt{T}} = d_1 - \sigma\sqrt{T}$$

e σ é a volatilidade do preço futuro. Quando o custo de carregamento e o rendimento de conveniência são funções apenas do tempo, podemos provar que a volatilidade do preço futuro é a mesma que a volatilidade do ativo subjacente.

■ Exemplo 18.6

Considere uma opção de venda sobre futuro europeia sobre uma commodity. O tempo até o vencimento da opção é 4 meses, o preço futuro atual é $20, o preço de exercício é $20, a taxa de juros livre de risco é 9% ao ano e a volatilidade do preço futuro é 25% ao ano. Nesse caso, $F_0 = 20$, $K = 20$, $r = 0,09$, $T = 4/12$, $\sigma = 0,25$ e $\ln(F_0/K) = 0$, de modo que:

$$d_1 = \frac{\sigma\sqrt{T}}{2} = 0,07216$$

$$d_2 = -\frac{\sigma\sqrt{T}}{2} = -0,07216$$

$$N(-d_1) = 0,4712, \quad N(-d_2) = 0,5288$$

e o preço de opção de venda p é dado por:

$$p = e^{-0,09 \times 4/12}(20 \times 0,5288 - 20 \times 0,4712) = 1,12$$

ou $1,12. ■

Usando o modelo de Black em vez de o de Black–Scholes–Merton

Os resultados na Seção 18.3 mostram que as opções sobre futuros europeias e as opções sobre preço à vista europeias são equivalentes quando o contrato de opção vence na mesma data que o contrato futuro. Assim, as equações (18.9) e (18.10) oferecem uma maneira de calcular o valor de opções europeias sobre o preço à vista de um ativo.

---

[5] Ver F. Black, "The Pricing of Commodity Contracts", *Journal of Financial Economics*, 3 (March 1976): 167–79.

■ **Exemplo 18.7**

Considere uma opção de compra europeia de seis meses no preço à vista do ouro, ou seja, uma opção de comprar uma onça de ouro no mercado à vista em seis meses. O preço de exercício é $1.200, o preço futuro de seis meses do ouro é $1.240, a taxa de juros livre de risco é 5% ao ano e a volatilidade do preço futuro é 20%. A opção é a mesma que uma opção europeia de seis meses sobre o preço futuro de seis meses. Assim, o valor da opção é dado pela equação (18.9) como:

$$e^{-0,05 \times 0,5}[1.240N(d_1) - 1.200N(d_2)]$$

onde:

$$d_1 = \frac{\ln(1.240/1.200) + 0,2^2 \times 0,5/2}{0,2 \times \sqrt{0,5}} = 0,3026$$

$$d_2 = \frac{\ln(1.240/1.200) - 0,2^2 \times 0,5/2}{0,2 \times \sqrt{0,5}} = 0,1611$$

O resultado é $88,37. ■

Os traders preferem usar o modelo de Black e não o de Black–Scholes–Merton para avaliar opções sobre preço à vista europeias. Sua aplicabilidade é relativamente geral. O ativo subjacente pode ser de consumo ou de investimento e pode oferecer uma renda para o titular. A variável F_0 nas equações (18.9) e (18.10) é determinada como igual ao preço futuro ou a termo do ativo subjacente para um contrato com vencimento na mesma data que a opção.

As equações (17.13) e (17.14) mostram o modelo de Black sendo usado para avaliar opções europeias sobre o valor à vista de uma moeda. As equações (17.8) e (17.9) mostram o modelo de Black sendo usado para avaliar opções europeias sobre o valor à vista de um índice. A grande vantagem do modelo de Black é que ele evita a necessidade de estimar a renda (ou rendimento de conveniência) sobre o ativo subjacente. O preço futuro ou a termo usado no modelo incorpora a estimativa do mercado sobre essa renda.

Quando consideramos índices de ações na Seção 17.4, explicamos que a paridade put–call é usada para implicar os preços a termo para vencimentos para os quais há opções negociadas ativamente. A interpolação é utilizada para estimar os preços a termo para outros vencimentos. A mesma abordagem pode ser utilizada para uma ampla gama de outros ativos subjacentes.

18.9 OPÇÕES SOBRE FUTUROS AMERICANAS *VERSUS* OPÇÕES SOBRE PREÇO À VISTA DE OPÇÕES AMERICANAS

As opções sobre futuros negociadas na prática normalmente são americanas. Pressupondo que a taxa de juros livre de risco, r, é positiva, sempre há alguma probabilidade de que será ideal exercer uma opção sobre futuro americana antecipadamente. Logo, as opções sobre futuros americanas valem mais do que suas contrapartes europeias.

Não é sempre verdade que uma opção sobre futuro americana vale o mesmo que a opção sobre preço à vista de opção americana correspondente quando os contratos futuros e de opções têm o mesmo vencimento.[6] Suponha, por exemplo, que há um mercado normal com preços futuros consistentemente superiores aos preços à vista antes do vencimento. Uma opção de compra sobre futuro americana deve valer mais do que a opção de compra sobre preço à vista de opção americana correspondente. O motivo é que, em algumas situações, a opção sobre futuro será exercida antecipadamente, e nesse caso ela gerará um lucro maior para o titular. Da mesma forma, uma opção de venda sobre futuro americana deve valer menos do que a opção de venda sobre preço à vista sobre opção americana correspondente. Se há um mercado invertido, com os preços futuros consistentemente inferiores aos preços spot, o contrário deve ser verdade. As opções de compra sobre futuros americanas valem menos do que a opção de compra sobre preço à vista de opção americana correspondente, enquanto as opções de venda sobre futuros americanas valem mais do que a opção de venda sobre preço à vista de opção americana correspondente.

As diferenças descritas acima entre as opções sobre futuros e sobre preço à vista de opções americanas valem quando o contrato futuro expira após o contrato de opção e também quando os dois expiram na mesma data. Na verdade, quanto mais tarde é a expiração do contrato futuro, maiores tendem a ser as diferenças.

18.10 OPÇÕES COM AJUSTE

Algumas bolsas, especialmente as europeias, negociam as chamadas *opções com ajuste* ou *futures-style options*. Estas são contratos futuros sobre o resultado de uma opção. Normalmente, o trader que compra (vende uma opção), seja ela sobre o preço à vista de um ativo ou o preço futuro de um ativo, paga (recebe) em caixa adiantado. Os traders que compram opções com ajuste, por outro lado, postam margens da mesma maneira que fariam sobre um contrato futuro normal (ver Capítulo 2). O contrato é ajustado diariamente, assim como qualquer outro contrato futuro, e o preço de ajuste final é o resultado da opção. Assim como um contrato futuro é uma aposta sobre qual será o preço futuro de um ativo, uma opção com ajuste é uma aposta sobre qual será o resultado de uma opção.[7] Se as taxas de juros são constantes, o preço futuro em uma opção com ajuste é o mesmo que o preço a termo em um contrato a termo sobre o resultado da opção. Isso mostra que o preço futuro para uma opção com ajuste é o preço que seria pago pela opção se o pagamento fosse realizado no final. Logo, ele é o valor de uma opção normal composto a termo pela taxa de juros livre de risco.

O modelo de Black nas equações (18.9) e (18.10) dá o preço de uma opção europeia normal sobre um ativo em termo do preço futuro (ou a termo) F_0 para um

---

[6] A opção sobre à vista "correspondente" a uma opção sobre futuro é definida aqui como aquela com o mesmo preço de exercício e a mesma data de expiração.

[7] Para uma discussão mais detalhada sobre opções com ajuste, ver D. Lieu, "Option Pricing with Futures--Style Margining", *Journal of Futures Markets*, 10, 4 (1990), 327–38. Para apreçamento quando as taxas de juros são estocásticas, ver R.-R. Chen and L. Scott, "Pricing Interest Rate Futures Options with Futures-Style Margining". *Journal of Futures Markets*, 13, 1 (1993):15–22.

contrato com vencimento na mesma data que a opção. O preço futuro em uma opção de compra com ajuste é, assim:

$$F_0 N(d_1) - K N(d_2)$$

e o preço futuro em uma opção de venda com ajuste é:

$$K N(-d_2) - F_0 N(-d_1)$$

onde d_1 e d_2 seguem as definições nas equações (18.9) e (18.10). Essas fórmulas não dependem do nível das taxas de juros. Elas são corretas para uma opção com ajuste sobre um contrato futuro e uma opção com ajuste sobre o valor à vista de um ativo. No primeiro caso, F_0 é o preço futuro atual para o contrato subjacente à opção; no segundo caso, é o preço futuro atual para um contrato futuro sobre o ativo subjacente com vencimento na mesma data que a opção.

A relação de paridade put–call para opções com ajuste é:

$$p + F_0 = c + K$$

Uma opção com ajuste americana pode ser exercida antecipadamente. Nesse caso, há um ajuste final imediato pelo valor intrínseco da opção. Contudo, nunca é ideal exercer opções americanas com ajuste sobre um contrato futuro antecipadamente, pois o preço futuro da opção sempre é maior do que o valor intrínseco. Esse tipo de opção americana com ajuste pode, assim, ser tratada como se fosse a opção europeia com ajuste correspondente.

RESUMO

As opções sobre futuros exigem a entrega do contrato futuro subjacente no exercício. Quando uma opção de compra é exercida, o titular adquire uma posição futura comprada mais uma quantia em caixa igual ao excedente do preço futuro em relação ao preço de exercício. Da mesma forma, quando uma opção de venda é exercida, o titular adquire uma posição vendida mais uma quantia de caixa igual ao excedente do preço de exercício em relação ao preço futuro. O contrato futuro entregue geralmente expira ligeiramente após a opção.

Um preço futuro se comporta da mesma maneira que uma ação que oferece um rendimento em dividendos igual à taxa de juros livre de risco, r. Isso significa que os resultados produzidos no Capítulo 17 para opções sobre uma ação que paga um rendimento em dividendos se aplica a opções sobre futuros se substituirmos o preço da ação pelo preço futuro e determinarmos que o rendimento em dividendos é igual à taxa de juros livre de risco. As fórmulas de apreçamento para opções sobre futuros europeias foram produzidas originalmente por Fischer Black em 1976. Elas pressupõem que o preço futuro é lognormalmente distribuído na expiração da opção.

Se as datas de expiração para os contratos de opção e futuro são as mesmas, a opção sobre futuro europeia vale exatamente o mesmo que a opção sobre preço à vista de opção europeia correspondente. O resultado muitas vezes é utilizado para avaliar opções sobre preço à vista de opções europeias. O resultado não é válido para opções americanas. Se o mercado futuro é normal, uma opção de compra sobre futuro americana vale mais do que a opção de compra sobre preço à vista de opção americana correspondente, enquanto uma opção de venda sobre futuro americana vale menos do que a opção de venda sobre preço à vista de opção americana correspondente. Se o mercado futuro é invertido, o contrário é verdade.

LEITURAS COMPLEMENTARES

Black, F. "The Pricing of Commodity Contracts", *Journal of Financial Economics*, 3 (1976): 167–79.

Questões e problemas

18.1 Explique a diferença entre uma opção de compra sobre ienes e uma opção de compra sobre futuros de ienes.

18.2 Por que as opções sobre futuros de títulos são negociadas mais ativamente do que as opções sobre títulos?

18.3 "Um preço futuro é como uma ação que paga um rendimento em dividendos". Qual é o rendimento em dividendos?

18.4 Um preço futuro atualmente está em 50. Ao final de seis meses, ele será 56 ou 46. A taxa de juros livre de risco é 6% ao ano. Qual é o valor de uma opção de compra europeia de seis meses sobre o futuro com um preço de exercício de 50?

18.5 De que maneiras a fórmula de paridade put–call para uma opção sobre futuro difere da paridade put–call para uma opção sobre uma opção que não paga dividendos?

18.6 Considere uma opção de compra sobre futuro americana na qual o contrato futuro e o contrato de opção expiram ao mesmo tempo. Sob quais circunstâncias a opção sobre futuro vale mais do que a opção americana correspondente sobre o ativo subjacente?

18.7 Calcule o valor de uma opção de venda sobre futuro europeia de cinco meses quando o preço futuro é $19, o preço de exercício é $20, a taxa de juros livre de risco é 12% ao ano e a volatilidade do preço futuro é 20% ao ano.

18.8 Suponha que você compra um contrato de opção de venda sobre futuros de ouro de outubro com preço de exercício de $1.400 por onça. Cada contrato é referente à entrega de 100 onças. O que acontece se você exerce a opção quando o preço futuro de outubro é $1.380?

18.9 Suponha que você vende um contrato de opção de compra sobre futuros de boi gordo de abril com um preço de exercício de 130 centavos por libra. Cada contrato é referente à entrega de 40.000 libras. O que acontece se o contrato é exercido quando o preço futuro é 135 centavos?

18.10 Considere uma opção sobre futuro de compra de dois meses com preço de exercício de 40 quando a taxa de juros livre de risco é 10% ao ano. O preço futuro atual é 47. Qual é um limite inferior para o valor da opção sobre futuro se ela é (a) europeia e (b) americana?

18.11 Considere uma opção sobre futuro de venda de quatro meses com preço de exercício de 50 quando a taxa de juros livre de risco é 10% ao ano. O preço futuro atual é 47. Qual é o limite inferior para o valor da opção sobre futuro se ela é (a) europeia e (b) americana?

18.12 Um preço futuro atual está em 60 e sua volatilidade é 30%. A taxa de juros livre de risco é de 8% ao ano. Use uma árvore binomial de dois passos para calcular o valor de uma opção de compra europeia de seis meses sobre o futuro com um preço de exercício de 60. Se a opção de compra fosse americana, em algum momento valeria a pena exercê-la antecipadamente?

18.13 No Problema 18.12, qual é o valor dado pela árvore binomial para uma opção de venda europeia de seis meses sobre futuro com um preço de exercício de 60? Se a opção de venda fosse americana, em algum momento valeria a pena exercê-la antecipadamente? Confirme que os preços de opções de compra calculados no Problema 18.12 e os preços de opções de venda calculados aqui satisfazem as relações de paridade put–call.

18.14 Um preço futuro atualmente está em 25, sua volatilidade é 30% ao ano e a taxa de juros livre de risco é 10% ao ano. Qual é o valor de uma opção de compra europeia de nove meses sobre futuro com um preço de exercício de 26?

18.15 Um preço futuro atualmente está em 70, sua volatilidade é 20% ao ano e a taxa de juros livre de risco é 6% ao ano. Qual é o valor de uma opção de venda europeia de cinco meses sobre futuro com um preço de exercício de 65?

18.16 Suponha que um preço futuro de um ano está em 35. Uma opção de compra europeia de um ano e uma opção de venda europeia de um ano sobre o futuro com preço de exercício de 34 têm preço de 2 no mercado. A taxa de juros livre de risco é 10% ao ano. Identifique uma oportunidade de arbitragem.

18.17 "O preço de uma opção de compra sobre futuro europeia no dinheiro sempre é igual ao preço de uma opção de venda sobre futuro europeia no dinheiro semelhante". Explique por que essa afirmação está correta.

18.18 Suponha que um preço futuro está em 30. A taxa de juros livre de risco é de 5% ao ano. Uma opção de compra futura americana de três meses com preço de exercício de 28 vale 4. Calcule limites para o preço de uma opção de venda futura americana de três meses com preço de exercício de 28.

18.19 Mostre que, se C é o preço de uma opção de compra americana sobre um contrato futuro quando o preço de exercício é K e o vencimento é T, e P é o preço de uma opção de venda americana sobre o mesmo contrato futuro, com o mesmo preço de exercício e a mesma data de exercício, então:

$$F_0 e^{-rT} - K < C - P < F_0 - K e^{-rT}$$

onde F_0 é o preço futuro e r é a taxa de juros livre de risco. Pressuponha que $r > 0$ e que não há diferença entre contratos futuros e a termo. (*Dica*: Use uma abordagem análoga àquela indicada para o Problema 17.12.)

18.20 Calcule o preço de uma opção de compra europeia de três meses sobre o valor à vista da prata. O preço futuro de três meses é $12, o preço de exercício é $13, a taxa de juros livre de risco é 4% e a volatilidade do preço da prata é 25%.

18.21 Uma empresa sabe que em três meses terá $5 milhões para investir por 90 dias à taxa LIBOR menos 50 pontos-base e deseja garantir que a taxa obtida será de pelo menos 6,5%. Qual posição ela deve assumir em opções negociadas em bolsas como forma de hedge?

Questões adicionais

18.22 Um preço futuro está em 40. Sabe-se que ao final de três meses o preço será 35 ou 45. Qual é o valor de uma opção e compra europeia de três meses sobre o futuro com um preço de exercício de 42 caso a taxa de juros livre de risco seja de 7% ao ano?

18.23 O preço futuro de um ativo está em 78 e a taxa de juros livre de risco é 3%. Uma opção de venda sobre de seis meses sobre o futuro com preço de exercício de 80 atualmente vale 6,5. Qual é o valor de uma opção de compra de seis meses sobre o futuro com preço de exercício de 80 se ambas as opções, de compra e de venda, são europeias? Qual é a amplitude de valores possíveis da opção de compra de seis meses com preço de exercício de 80 se ambas as opções, de compra e de venda, são americanas?

18.24 Use uma árvore de três passos para avaliar uma opção de venda sobre futuro americana quando o preço futuro é 50, a vida da opção é 9 meses, o preço de exercício é 50, a taxa de juros livre de risco é 3% e a volatilidade é 25%.

18.25 É dia 4 de fevereiro. As opções de compra de julho sobre futuros de milho com preços de exercício de 260, 270, 280, 290 e 300 custam 26,75, 21,25, 17,25, 14,00 e 11,375, respectivamente. As opções de julho com esses preços de exercício custam 8,50, 13,50, 19,00, 25,625 e 32,625, respectivamente. As opções vencem em 19 de junho, o preço futuro de milho de julho atual é 278,25 e a taxa de juros livre de risco é 1,1%. Calcule as volatilidades implícitas para as opções. Comente os resultados obtidos.

18.26 Calcule a volatilidade implícita de preços futuros de soja a partir das informações a seguir sobre uma opção de venda europeia sobre futuros de soja:

Preço futuro corrente	525
Preço de exercício	525
Taxa de juros livre de risco de	6% ao ano
Tempo até o vencimento	5 meses
Preço da opção de venda	20

18.27 Calcule o preço de uma opção de venda europeia de seis meses sobre o valor à vista do S&P 500. O preço a termo de seis meses do índice é 1.400, o preço de exercício é 1.450, a taxa de juros livre de risco é 5% e a volatilidade do índice é 15%.

18.28 O preço de exercício de uma opção sobre futuro é 550 centavos, a taxa de juros livre de risco é 3%, a volatilidade do preço futuro é 20% e o tempo até o vencimento da opção é 9 meses. O preço futuro é 500 centavos.

(a) Qual é o preço da opção se é uma opção de compra europeia?
(b) Qual é o preço da opção se é uma opção de venda europeia?
(c) Confirme que a paridade put–call se mantém.
(d) Qual é o preço futuro para uma opção com ajuste se ela é uma opção de compra?
(e) Qual é o preço futuro para uma opção com ajuste se ela é uma opção de venda?

CAPÍTULO

19

As letras gregas

Uma instituição financeira que vende uma opção para um cliente nos mercados de balcão enfrenta o problema de gerenciar seu risco. Se a opção é a mesma negociada em uma bolsa, a instituição financeira pode neutralizar sua exposição adquirindo na bolsa a mesma opção que vendeu. Contudo, quando a opção foi adaptada às necessidades do cliente e não corresponde aos produtos padronizados negociados pelas bolsas, fica muito mais difícil hedgear a exposição.

Neste capítulo, discutimos algumas das abordagens alternativas a esse problema. Vamos analisar as populares "letras gregas" ou, simplesmente, as "gregas". Cada letra grega mede uma dimensão diferente do risco em uma posição em opções, sendo que o objetivo do trader é gerenciar as gregas de modo que todos os riscos sejam aceitáveis. A análise apresentada neste capítulo se aplica aos *market makers* em opções em uma bolsa e também aos traders que trabalham no mercado de balcão para instituições financeiras.

No final do capítulo, vamos considerar a criação sintética de opções. Essa alternativa se revela intrinsecamente relacionada ao hedge de opções. Criar uma posição em opções de forma sintética é basicamente a mesma tarefa que hedgear a posição em opções contrária. Por exemplo, criar uma opção de compra comprada sinteticamente é o mesmo que hedgear uma posição vendida na opção de compra.

19.1 ILUSTRAÇÃO

Nas próximas seções, usamos como exemplo a posição de uma instituição financeira que vendeu por $300.000 uma opção de compra europeia sobre 100.000 ações de uma empresa que não paga dividendos. Vamos pressupor que o preço da ação é $49, o preço de exercício é $50, a taxa de juros livre de risco é 5% ao ano, a volatilidade do preço da ação é 20% ao ano, o tempo até o vencimento é 20 semanas (0,3846 ano) e o retorno esperado da ação é de 13% ao ano.[1] Com nossa notação normal, isso significa que:

$$S_0 = 49, \quad K = 50, \quad r = 0{,}05, \quad \sigma = 0{,}20, \quad T = 0{,}3846, \quad \mu = 0{,}13$$

O preço de Black–Scholes–Merton da opção é de cerca de $240.000. (Isso ocorre porque o valor de uma opção para comprar uma ação é $2,40.) Assim, a instituição financeira vendeu um produto por $60.000 mais do que seu valor teórico, mas agora enfrenta o problema de hedgear os riscos.[2]

19.2 POSIÇÕES COBERTAS E A DESCOBERTO

Uma estratégia disponível para a instituição financeira é não fazer nada. Essa opção também é chamada de *posição a descoberto* (*naked position*). É uma estratégia que funciona bem se o preço da ação fica abaixo de $50 ao final das 20 semanas. Nesse caso, a opção não custa nada à instituição financeira, que obtém um lucro de $300.000. Uma posição a descoberto não funciona tão bem se a opção de compra é exercida, pois nesse caso a instituição precisa comprar 100.000 ações pelo preço de mercado corrente em 20 semanas para cobrir a opção. O custo para a instituição financeira é de 100.000 vezes a quantia pela qual o preço da ação excede o preço de exercício. Por exemplo, se após 20 semanas o preço da ação é $60, a opção custa $1.000.000 à instituição financeira, o que é significativamente mais do que os $300.000 cobrados pela opção.

Uma alternativa à posição a descoberto seria adotar uma *posição coberta* (*covered position*), que envolve comprar 100.000 ações assim que a opção for vendida. Se a opção é exercida, a estratégia funciona bem, mas em outras circunstâncias pode levar a uma perda significativa. Por exemplo, se o preço da ação cai para $40, a instituição financeira perde $900.000 em sua posição, o que é consideravelmente mais do que os $300.000 cobrados pela opção.[3]

Nenhuma das duas posições, coberta e a descoberto, oferece um bom hedge. Se os pressupostos por trás da fórmula de Black–Scholes–Merton se sustentarem, o custo para a instituição financeira deve sempre ser de $240.000, em média, para ambas as abordagens.[4] Mas em cada ocasião específica, esse custo pode variar de zero a mais de $1.000.000. Um bom hedge garante que o custo sempre será próximo de $240.000.

---

[1] Como mostrado nos Capítulos 13 e 15, o retorno esperado é irrelevante para o apreçamento de uma opção. Ele é informado aqui porque pode ter alguma influência na eficácia de um esquema de hedge.

[2] Uma opção de compra sobre uma ação que não paga dividendos é um exemplo conveniente com o qual desenvolver nossas ideias. As ideias apresentadas se aplicam a outros tipos de opções e a outros derivativos.

[3] A paridade put–call mostra que a exposição do lançamento de uma opção de compra coberta é igual à exposição do lançamento de uma opção de venda a descoberto.

[4] Para ser mais preciso, o valor presente do custo esperado é $240.000 para ambas as abordagens, pressupondo que as taxas de desconto ajustadas por risco são utilizadas.

19.3 UMA ESTRATÉGIA DE STOP-LOSS

Um procedimento de hedge interessante que já foi proposto envolve uma *estratégia de stop-loss*. Para ilustrar a ideia básica, considere uma instituição que lançou uma opção de compra com preço de exercício K referente à compra de uma unidade de uma ação. O procedimento de hedge envolve comprar uma unidade da ação assim que seu preço subir acima de K e vendê-la assim que seu preço cair abaixo de K. O objetivo é manter uma posição a descoberto sempre que o preço da ação for inferior a K e uma posição coberta sempre que for maior do que K. O procedimento foi criado para garantir que no tempo T, a instituição possuirá a ação se a opção se encerrar dentro do dinheiro e não possuirá se a opção se encerrar fora do dinheiro. Na situação ilustrada na Figura 19.1, isso envolve comprar a ação no tempo t_1, vendê-la no tempo t_2, comprá-la no tempo t_3, vendê-la no tempo t_4, comprá-la no tempo t_5 e entregá-la no tempo T.

Como sempre, denotamos o preço da ação inicial por S_0. O custo de estruturar o hedge inicialmente é S_0 se $S_0 > K$ e zero se não. Ao que parece, o custo total, Q, de lançar e hedgear a opção é o valor intrínseco inicial da opção:

$$Q = \max(S_0 - K, 0) \tag{19.1}$$

Isso ocorre porque todas as compras e vendas subsequentes ao tempo 0 são realizadas ao preço K. Se isso fosse mesmo correto, o procedimento de hedge funcionaria perfeitamente na ausência de custos de transação. Além disso, o custo de hedgear a opção sempre seria inferior a seu preço de Black–Scholes–Merton. Assim, um investidor poderia obter lucros sem risco lançando e hedgeando opções.

Há dois motivos principais para a equação (19.1) estar incorreta. O primeiro é que os fluxos de caixa do hedger ocorrem em tempos diferentes e devem ser descontados. O segundo é que as compras e vendas não podem ocorrer exatamente ao

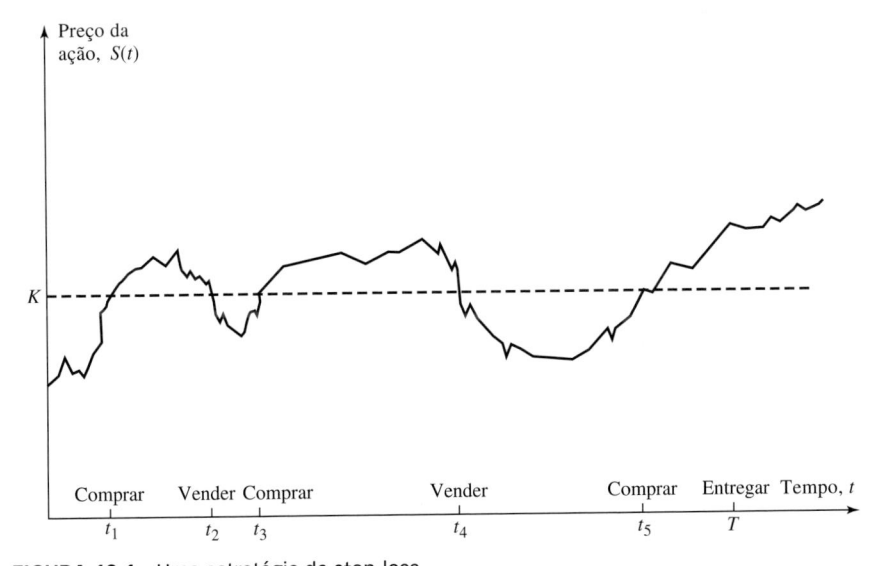

FIGURA 19.1 Uma estratégia de stop-loss.

preço K. Essa segunda questão é crítica. Se pressupormos um mundo *risk-neutral* com taxas de juros zero, podemos justificar a ideia de ignorar o valor temporal do dinheiro, mas não podemos pressupor legitimamente que as compras e as vendas são realizadas pelo mesmo preço. Se os mercados são eficientes, o hedger não tem como saber se, quando o preço da ação for igual a K, ele continuará acima ou abaixo de K.

Por uma questão prática, as compras devem ser realizadas ao preço $K + \epsilon$ e as vendas ao preço $K - \epsilon$, para algum número pequeno e positivo ϵ. Assim, cada compra e venda subsequente envolve um custo (além dos custos de transação) de 2ϵ. Uma resposta natural da parte do hedger é monitorar os movimentos de preço em mais detalhes, de modo que ϵ seja reduzido. Pressupondo que os preços de ações mudam continuamente, ϵ pode ser reduzido arbitrariamente pelo monitoramento detalhado dos preços de ações. Mas à medida que ϵ diminui, as negociações tendem a ocorrer com mais frequência. Assim, o menor custo por negociação é compensado pela maior frequência de negociação. À medida que $\epsilon \to 0$, o número esperado de negociações tende ao infinito.[5]

Uma estratégia de stop-loss, apesar de superficialmente atraente, não funciona especialmente bem como procedimento de hedge. Considere seu uso para uma opção fora do dinheiro. Se o preço da ação nunca alcança o preço de exercício K, o procedimento de hedge não custa nada. Se o caminho do preço da ação cruza o nível do preço de exercício muitas vezes, o procedimento é caríssimo. A simulação de Monte Carlo pode ser utilizada para avaliar o desempenho geral do hedge de stop-loss, o que envolve a amostragem aleatória de caminhos para o preço da ação e a observação dos resultados usando o procedimento. A Tabela 19.1 mostra os resultados para a opção considerada na Seção 19.1. Ela pressupõe que o preço da ação é observado ao final de intervalos de tempo de duração Δt.[6] A medida de desempenho do hedge na Tabela 19.1 é a razão entre o desvio padrão do custo de hedgear a opção e o preço de Black–Scholes–Merton. (O custo do hedge foi calculado como o custo cumulativo, excluindo-se o impacto de pagamentos de juros e descontos.) Cada resultado se baseia em um milhão de caminhos amostrais para o preço da ação. Um esquema de hedge eficaz deve ter uma medida de desempenho do hedge próxima a zero. Nesse caso, ela parece ficar acima de 0,7 por menor que seja o valor de Δt. Isso enfatiza que a estratégia de stop-loss não é um bom procedimento de hedge.

TABELA 19.1 Desempenho de stop-loss. A medida de desempenho é a razão entre o desvio padrão do custo de lançar a opção e hedgeá-la e o preço teórico da opção

Δt (semanas)	5	4	2	1	0,5	0,25
Desempenho do hedge	0,98	0,93	0,83	0,79	0,77	0,76

---

[5] Como mencionado na Seção 14.2, o número esperado de vezes em que um processo de Wiener é igual a qualquer valor específico em um determinado intervalo de tempo é infinito.

[6] A regra de hedge exata usada é a seguinte. Se o preço da ação se move de menos de K para mais de K em um intervalo de tempo Δt, a ação é comprada no final do intervalo. Se ela se move de mais de K para menos de K no intervalo de tempo, ela é vendida no final; em caso contrário, nenhuma ação é realizada.

19.4 DELTA HEDGE

A maioria dos traders usa procedimentos de hedge mais sofisticados do que aqueles mencionados até aqui, envolvendo o cálculo de medidas como delta, gama e vega. Nesta seção, vamos considerar o papel do delta nesse processo.

O *delta* (Δ) de uma opção foi apresentado no Capítulo 13. O termo é definido como a taxa de mudança do preço da opção com relação ao preço do ativo subjacente. Ele é a inclinação da curva que relaciona o preço da opção com o preço do ativo subjacente. Suponha que o delta de uma opção de compra sobre uma ação é 0,6. Isso significa que quando o preço da ação muda em uma pequena quantia, o preço da opção muda por cerca de 60% dessa quantia. A Figura 19.2 mostra a relação entre um preço de compra e o preço da ação subjacente. Quando o preço da ação corresponde ao ponto A, o preço da opção corresponde ao ponto B e Δ é a inclinação da linha indicada. Em geral:

$$\Delta = \frac{\partial c}{\partial S}$$

onde c é o preço da opção de compra e S é o preço da ação.

Suponha que na Figura 19.2, o preço da ação é $100 e o preço da opção é $10. Imagine um investidor que vendeu opções de compra referentes à aquisição de 2.000 ações de uma empresa (ou seja, ele vendeu 20 contratos de opção de compra). A posição do investidor poderia ser hedgeada pela compra de $0,6 \times 2.000 = 1.200$ ações. O ganho (perda) sobre a posição na ação tenderia, assim, a compensar a perda (ganho) sobre a posição na opção. Por exemplo, se o preço da ação aumenta em $1 (produzindo um ganho de $1.200 sobre as ações compradas), o preço da opção tenderá a aumentar em $0,6 \times \$1 = \$0,60$ (produzindo uma perda de $1.200 sobre as opções lançadas); se o preço da ação diminui em $1 (produzindo uma perda de $1.200 sobre as ações compradas), o preço da opção tenderá a diminuir em $0,60 (produzindo um ganho de $1.200 sobre as opções lançadas).

Nesse exemplo, o delta da posição vendida do trader em 2.000 opções é:

$$0,6 \times (-2.000) = 1.200$$

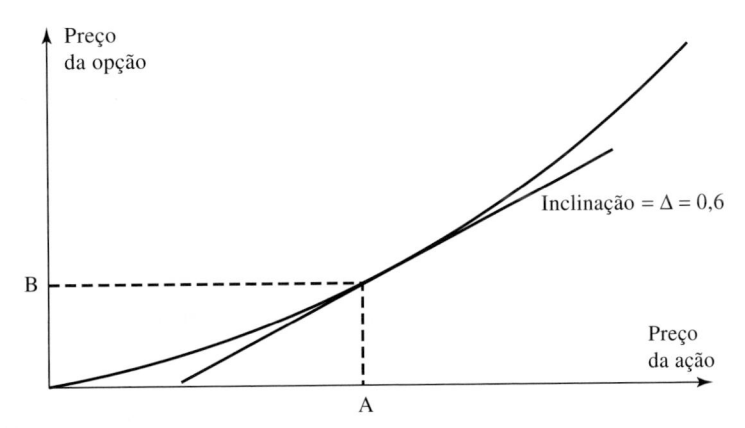

FIGURA 19.2 Cálculo do delta.

Isso significa que o trader perde 1.200ΔS sobre a posição na opção quando o preço da ação aumenta em ΔS. O delta de uma ação da empresa é 1,0, de modo que a posição comprada em 1.200 ações tem um delta de +1.200. O delta da posição total do trader é, assim, zero. Uma posição com delta igual a zero é chamada de *delta neutra*.

É importante entender que, como o delta de uma opção não permanece constante, a posição do trader permanece com delta hedge (ou delta neutra) apenas por um período relativamente curto de tempo. O hedge precisa ser ajustado periodicamente. Esse é o chamado *rebalanceamento*. No nosso exemplo, ao final de 1 dia, o preço da ação pode ter aumentado para $110. Como indicado pela Figura 19.2, um aumento no preço da ação leva a um aumento no delta. Suponha que o delta aumenta de 0,60 para 0,65. Seria preciso adquirir 0,05 × 2.000 = 100 ações adicionais para manter o hedge. Um procedimento como esse, no qual o hedge é ajustado regularmente, é chamado de *hedge dinâmico*. Ele pode ser contrastado com o *hedge estático*, no qual o hedge é estruturado inicialmente e nunca reajustado. O hedge estático também é chamado de *hedge-and-forget* ("hedgear e esquecer").

O delta tem uma relação íntima com a análise de Black–Scholes–Merton. Como explicado no Capítulo 15, a equação diferencial de Black–Scholes–Merton pode ser derivada pela estruturação de um portfólio livre de risco composto de uma posição em uma opção sobre uma ação e uma posição na ação em si. Expresso em termos de Δ, o portfólio é:

-1: opção

$+\Delta$: ações

Usando nossa nova terminologia, dizemos que as opções podem ser avaliadas pela criação de uma posição delta neutra e argumentando que o retorno sobre a posição deve ser (instantaneamente) a taxa de juros livre de risco.

Delta de opções sobre ações europeias

Para uma opção de compra europeia sobre uma ação que não paga dividendos, podemos mostrar que (ver Problema 15.17):

$$\Delta(\text{opção de compra}) = N(d_1)$$

onde d_1 é definido como na equação (15.20) e $N(x)$ é a função de distribuição cumulativa para uma distribuição normal padrão. A fórmula dá o delta de uma posição comprada em uma opção de compra. O delta de uma posição vendida em uma opção de compra é $-N(d_1)$. Usar delta hedge para uma posição vendida em uma opção de compra europeia envolve manter uma posição comprada de $N(d_1)$ para cada opção vendida. Da mesma forma, usar delta hedge para uma posição comprada em uma opção de compra europeia envolve manter uma posição vendida de $N(d_1)$ ações para cada opção comprada.

Para uma opção de venda europeia sobre uma ação que não paga dividendos, o delta é dado por:

$$\Delta(\text{opção de compra}) = N(d_1) - 1$$

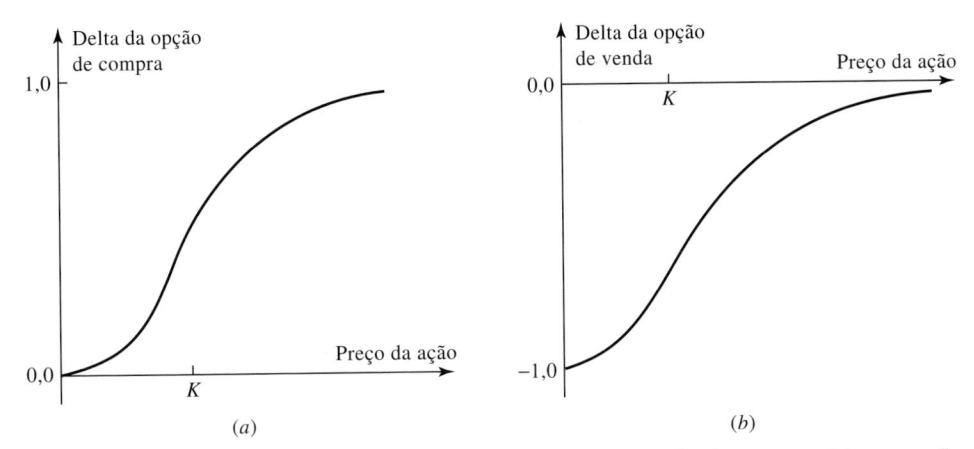

FIGURA 19.3 Variação do delta com o preço da ação para (a) uma opção de compra e (b) uma opção de venda sobre uma ação que não paga dividendos.

O delta é negativo, o que significa que uma posição comprada em uma opção de venda deve ser hedgeada com uma posição comprada na ação subjacente e uma posição vendida em uma opção de venda deve ser hedgeada com uma posição vendida na ação subjacente. A Figura 19.3 mostra a variação do delta de uma opção de compra e uma opção de venda com o preço de exercício. A Figura 19.4 mostra a variação do delta com o tempo até o vencimento para opções de compra dentro do dinheiro, no dinheiro e fora do dinheiro.

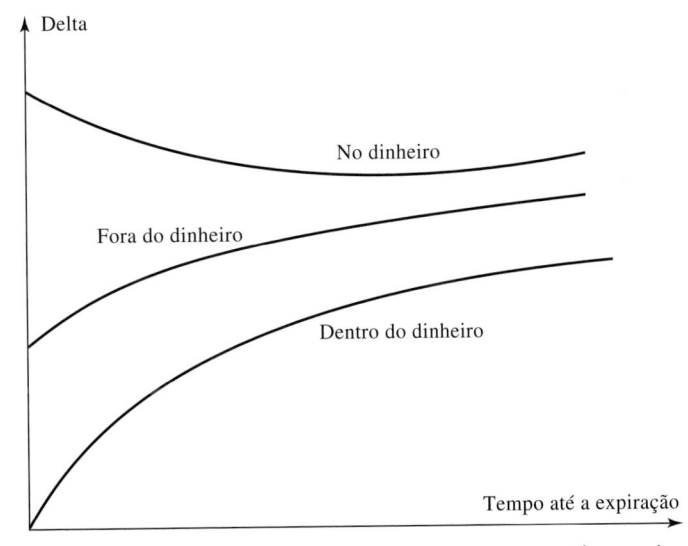

FIGURA 19.4 Padrões típicos para variação do delta com o tempo até o vencimento para uma opção de compra.

Exemplo 19.1

Considere mais uma vez a opção de compra sobre uma ação que não paga dividendos na Seção 19.1, onde o preço da ação é $49, o preço de exercício é $50, a taxa de juros livre de risco é 5%, o tempo até o vencimento é 20 semanas (= 0,3846 ano) e a volatilidade é 20%. Nesse caso:

$$d_1 = \frac{\ln(49/50) + (0,05 + 0,2^2/2) \times 0,3846}{0,2 \times \sqrt{0,3846}} = 0,0542$$

O delta é $N(d_1)$, ou 0,522. Quando o preço da ação muda em ΔS, o preço da opção muda em $0,522\Delta S$. ∎

Aspectos dinâmicos do delta hedge

As Tabelas 19.2 e 19.3 oferecem dois exemplos da opção do delta hedge para o exemplo na Seção 19.1, na qual 100.000 opções de compra são vendidas. Pressupõe-se que o hedge será ajustado ou rebalanceado semanalmente. O valor inicial do delta para uma única opção é calculado no Exemplo 19.1 como 0,522. Isso significa que

TABELA 19.2 Simulação de delta hedge. A opção se encerra dentro do dinheiro e o custo do hedge é $263.300

Semana	Preço da ação	Delta	Ações compradas	Custo das ações compradas ($000)	Custo cumulativo, incluindo juros ($000)	Custo dos juros ($000)
0	49,00	0,522	52.200	2.557,8	2.557,8	2,5
1	48,12	0,458	(6.400)	(308.0)	2.252,3	2,2
2	47,37	0,400	(5.800)	(274.7)	1.979,8	1,9
3	50,25	0,596	19.600	984.9	2.966,6	2,9
4	51,75	0,693	9.700	502.0	3.471,5	3,3
5	53,12	0,774	8.100	430.3	3.905,1	3,8
6	53,00	0,771	(300)	(15.9)	3.893,0	3,7
7	51,87	0,706	(6.500)	(337.2)	3.559,5	3,4
8	51,38	0,674	(3.200)	(164.4)	3.398,5	3,3
9	53,00	0,787	11.300	598.9	4.000,7	3,8
10	49,88	0,550	(23.700)	(1.182,2)	2.822,3	2,7
11	48,50	0,413	(13.700)	(664.4)	2.160,6	2,1
12	49,88	0,542	12.900	643.5	2.806,2	2,7
13	50,37	0,591	4.900	246.8	3.055,7	2,9
14	52,13	0,768	17.700	922.7	3.981,3	3,8
15	51,88	0,759	(900)	(46.7)	3.938,4	3,8
16	52,87	0,865	10.600	560.4	4.502,6	4,3
17	54,87	0,978	11.300	620.0	5.126,9	4,9
18	54,62	0,990	1.200	65.5	5.197,3	5,0
19	55,87	1,000	1.000	55.9	5.258,2	5,1
20	57,25	1,000	0	0.0	5.263,3	

TABELA 19.3 Simulação de delta hedge. A opção se encerra fora do dinheiro e o custo do hedge é $256.600

Semana	Preço da ação	Delta	Ações compradas	Custo das ações compradas ($000)	Custo cumulativo, incluindo juros ($000)	Custo dos juros ($000)
0	49,00	0,522	52.200	2.557,8	2.557,8	2,5
1	49,75	0,568	4.600	228,9	2.789,2	2,7
2	52,00	0,705	13.700	712,4	3.504,3	3,4
3	50,00	0,579	(12.600)	(630,0)	2.877,7	2,8
4	48,38	0,459	(12.000)	(580,6)	2.299,9	2,2
5	48,25	0,443	(1.600)	(77,2)	2.224,9	2,1
6	48,75	0,475	3.200	156,0	2.383,0	2,3
7	49,63	0,540	6.500	322,6	2.707,9	2,6
8	48,25	0,420	(12.000)	(579,0)	2.131,5	2,1
9	48,25	0,410	(1.000)	(48,2)	2.085,4	2,0
10	51,12	0,658	24.800	1.267,8	3.355,2	3,2
11	51,50	0,692	3.400	175,1	3.533,5	3,4
12	49,88	0,542	(15.000)	(748,2)	2.788,7	2,7
13	49,88	0,538	(400)	(20,0)	2.771,4	2,7
14	48,75	0,400	(13.800)	(672,7)	2.101,4	2,0
15	47,50	0,236	(16.400)	(779,0)	1.324,4	1,3
16	48,00	0,261	2.500	120,0	1.445,7	1,4
17	46,25	0,062	(19.900)	(920,4)	526,7	0,5
18	48,13	0,183	12.100	582,4	1.109,6	1,1
19	46,63	0,007	(17.600)	(820,7)	290,0	0,3
20	48,12	0,000	(700)	(33,7)	256,6	

o delta da posição na opção inicialmente é −100.000 × 0,522, ou −52.200. Logo que a opção é lançada, $2.2557.800 devem ser tomados emprestados para comprar 52.200 ações ao preço de $49 para criar uma posição delta neutra. A taxa de juros é 5%. Logo, incorre-se um custo de juros de aproximadamente $2.500 na primeira semana.

Na Tabela 19.2, o preço da ação cai para $48,12 ao final da primeira semana. O delta da opção cai para 0,458, de modo que o novo delta da posição na opção é −45.800. Isso significa que 6.400 das ações compradas inicialmente são vendidas para manter o hedge delta neutro. A estratégia realiza $308.000 em caixa e os empréstimos cumulativos ao final da Semana 1 são reduzidos a $2.252.300. Durante a segunda semana, o preço da ação cai para $47,37, o delta diminui de novo e assim por diante. No final da vida da opção, fica óbvio que ela será exercida e o delta se aproxima de 1,0. Assim, na semana 20, o hedger cobriu a posição totalmente. O hedger recebe $5 milhões pelas ações mantidas, de modo que o custo total de lançar a opção e hedgeá-la é $263.300.

A Tabela 19.3 ilustra uma sequência alternativa de eventos tais que a opção se encerra fora do dinheiro. À medida que fica claro que a opção não será exercida, o delta se aproxima de zero. Na Semana 20, o hedger tem uma posição a descoberto e incorreu custos no total de $256.600.

Nas Tabelas 19.2 e 19.3, os custos de hedgear a opção, quando descontados em relação ao início do período, são próximos, mas não exatamente iguais, ao preço de Black–Scholes–Merton de $240.000. Se o hedge funcionasse perfeitamente, o custo de hedgear seria, após os descontos, exatamente igual ao preço de Black–Scholes–Merton para cada caminho de preço de ação simulado. O motivo para a variação no custo do hedge é que o hedge é rebalanceado apenas uma vez por semana. Como o rebalanceamento ocorre com mais frequência, a variação no custo do hedge é reduzida. Obviamente, os exemplos nas Tabelas 19.2 e 19.3 são idealizados, pois pressupomos que a volatilidade é constante e não há custos de transação.

A Tabela 19.4 mostra estatísticas sobre o desempenho do delta hedge obtido de um milhão de preços de ações aleatórios em nosso exemplo. A medida de desempenho é calculada de maneira semelhante à Tabela 19.1 como a razão entre o desvio padrão do custo de hedgear a opção e o preço de Black–Scholes–Merton da opção. É evidente que o delta hedge representa uma melhoria significativa em relação à estratégia de stop-loss. Ao contrário da estratégia de stop-loss, o desempenho da estratégia de delta hedge melhora progressivamente à medida que o hedge é monitorado com mais frequência.

O delta hedge pretende manter o valor da instituição financeira o mais inalterado possível. Inicialmente, o valor da opção lançada é $240.000. Na situação representada na Tabela 19.2, o valor da opção pode ser calculado como $414.500 na Semana 9. Assim, a instituição financeira perdeu $174.500 em sua posição vendida na opção. Sua posição em caixa, medida pelo custo cumulativo, é $1.442.900 pior na Semana 9 do que era na Semana 0. O valor das ações mantidas aumentou de $2.557.800 para $4.171.100. O efeito líquido de tudo isso é que o valor da posição da instituição financeira mudou apenas $4.100 entre a Semana 0 e a Semana 9.

De onde vem o custo

O procedimento de delta hedge nas Tabelas 19.2 e 19.3 cria o equivalente a uma posição comprada na opção, o que neutraliza a posição vendida que a instituição financeira criou ao lançar a opção. Como ilustra a tabela, o delta hedge de uma posição vendida em geral envolve vender a ação logo antes do preço diminuir e comprar a ação logo depois do preço subir. É o que poderíamos chamar de uma estratégia de comprar na alta e vender na baixa! O custo médio de $240.000 decorre do valor

TABELA 19.4 Desempenho de delta hedge. A medida de desempenho é a razão entre o desvio padrão do custo de lançar a opção e hedgeá-la e o preço teórico da opção

Tempo entre rebalanceamento do hedge (semanas):	5	4	2	1	0,5	0,25
Medida de desempenho:	0,42	0,38	0,28	0,21	0,16	0,13

presente da diferença entre o preço pelo qual a ação é comprada e o preço pelo qual é vendida.

Delta de um portfólio

O delta de um portfólio de opções ou outros derivativos dependentes de um único ativo cujo preço é S é:

$$\frac{\partial \Pi}{\partial S}$$

onde Π é o valor do portfólio.

O delta do portfólio pode ser calculado a partir dos deltas das opções individuais no portfólio. Se um portfólio é composto de uma quantidade w_i da opção i ($1 \leq i \leq n$), o delta do portfólio é dado por:

$$\Delta = \sum_{i=1}^{n} w_i \Delta_i$$

onde Δ_i é o delta da i-ésima opção. A fórmula pode ser utilizada para calcular a posição no ativo subjacente necessária para tornar o delta do portfólio igual a zero. Quando essa posição é assumida, diz-se que o portfólio é *delta neutro*.

Suponha que uma instituição financeira tem as três posições a seguir em opções sobre uma ação:

1. Uma posição comprada em 100.000 opções de compra com preço de exercício $55 e data de expiração em 3 meses. O delta de cada opção é 0,533.
2. Uma posição vendida em 200.000 opções de compra com preço de exercício $56 e data de expiração em 5 meses. O delta de cada opção é 0,468.
3. Uma posição vendida em 50.000 opções de venda com preço de exercício $56 e data de expiração em 2 meses. O delta de cada opção é $-0,508$.

O delta do portfólio como um todo é:

$$100.000 \times 0,533 - 200.000 \times 0,468 - 50.000 \times (-0,508) = -14.900$$

Isso significa que o portfólio pode ser tornado delta neutro com a compra de 14.900 ações.

Custos de transação

Os corretores de derivativos geralmente rebalanceiam suas posições uma vez ao dia para manter a neutralidade do delta. Quando o corretor tem um pequeno número de opções sobre um determinado ativo, essa estratégia pode acabar tendo custos proibitivos devido aos spread entre compra e venda aos quais o corretor está sujeito nas negociações. Para um grande portfólio de opções, a estratégia é mais viável. Apenas uma negociação no ativo subjacente é necessária para zerar o delta de todo o portfólio. Os custos de transação dos spreads entre compra e venda são absorvidos pelos lucros sobre muitas negociações diferentes.

19.5 TETA

O *teta* (Θ) de um portfólio de opções é a taxa de mudança do valor do portfólio com relação à passagem do tempo quando tudo mais permanece igual. O teta também é chamado de *decaimento temporal* do portfólio. Para uma opção de compra europeia sobre uma ação que não paga dividendos, a fórmula de Black–Scholes–Merton nos permite mostrar que (ver Problema 15.17):

$$\Theta \text{ (opção de compra)} = -\frac{S_0 N'(d_1)\sigma}{2\sqrt{T}} - rKe^{-rT} N(d_2)$$

onde d_1 e d_2 são definidos como na equação (15.20) e:

$$N'(x) = \frac{1}{\sqrt{2\pi}} e^{-x^2/2} \qquad (19.2)$$

é a função de densidade de probabilidade para uma distribuição normal padrão.

Para uma opção de venda europeia sobre a ação:

$$\Theta(\text{put}) = -\frac{S_0 N'(d_1)\sigma}{2\sqrt{T}} + rKe^{-rT} N(-d_2)$$

Como $N(-d_2) = 1 - N(d_2)$, o teta de uma opção de venda excede o teta da opção de compra correspondente em rKe^{-rT}.

Nessas fórmulas, o tempo é medido em anos. Em geral, quando o teta é cotado, o tempo é medido em dias, de modo que o teta é a mudança no valor do portfólio quando 1 dia passa e tudo mais permanece o mesmo. Podemos medir o teta "por dia corrido" ou "por dia de negociação". Para obter o teta por dia corrido, a fórmula do teta deve ser dividida por 365; para obter o teta por dia de negociação, ela deve ser dividida por 252.

■ *Exemplo 19.2*

Assim como no Exemplo 19.1, considere uma opção de compra sobre uma ação que não paga dividendo na qual o preço da ação é $49, o preço de exercício é $50, a taxa de juros livre de risco é 5%, o tempo até o vencimento é 20 semanas (= 0,3846 ano) e a volatilidade é 20%. Nesse caso, $S_0 = 49$, $K = 50$, $r = 0,05$, $\sigma = 0,2$ e $T = 0,3846$.

O teta da opção é:

$$-\frac{S_0 N'(d_1)\sigma}{2\sqrt{T}} - rKe^{-rT} N(d_2) = -4,31$$

O teta é $-4,31/365 = -0,0118$ por dia corrido, ou $-4,31/252 = -0,0171$ por dia de negociação. ■

O teta geralmente é negativo para uma opção.[7] Isso ocorre porque, com o passar do tempo, com tudo mais permanecendo igual, a opção tende a se tornar menos

---

[7] Uma exceção a isso seria uma opção de venda europeia dentro do dinheiro sobre uma ação que não paga dividendos ou uma opção de compra europeia dentro do dinheiro sobre uma moeda com uma taxa de juros bastante alta.

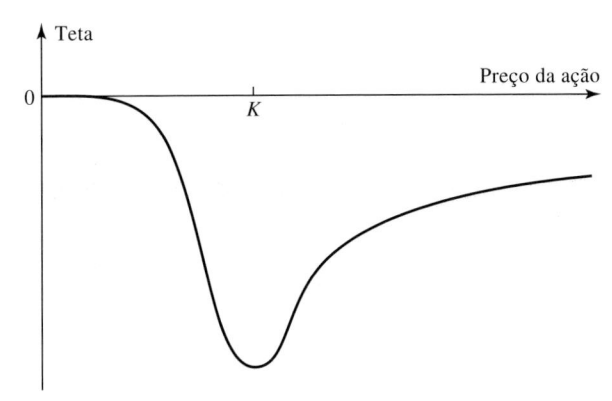

FIGURA 19.5 Variação do teta de uma opção de compra europeia com o preço da ação.

valiosa. A Figura 19.5 mostra a variação de Θ com o preço da ação para uma opção de compra sobre uma ação. Quando o preço da ação é muito baixo, o teta se aproxima de zero. Para uma opção de compra no dinheiro, o teta é grande e negativo. À medida que o preço aumenta, o teta tende a $-rKe^{-rT}$. A Figura 19.6 mostra os padrões típicos para a variação do Θ com o tempo até o vencimento para opções de compra dentro do dinheiro, no dinheiro e fora do dinheiro.

O teta não é o mesmo tipo de parâmetro de hedge que o delta. Há incertezas sobre o preço futuro da ação, mas não há incerteza sobre a passagem do tempo. Faz sentido hedgear contra mudanças no preço do ativo subjacente, mas não faz nenhum sentido hedgear contra a passagem do tempo. Apesar disso, muitos traders consideram o teta uma estatística descritiva útil para um portfólio. Por causa disso,

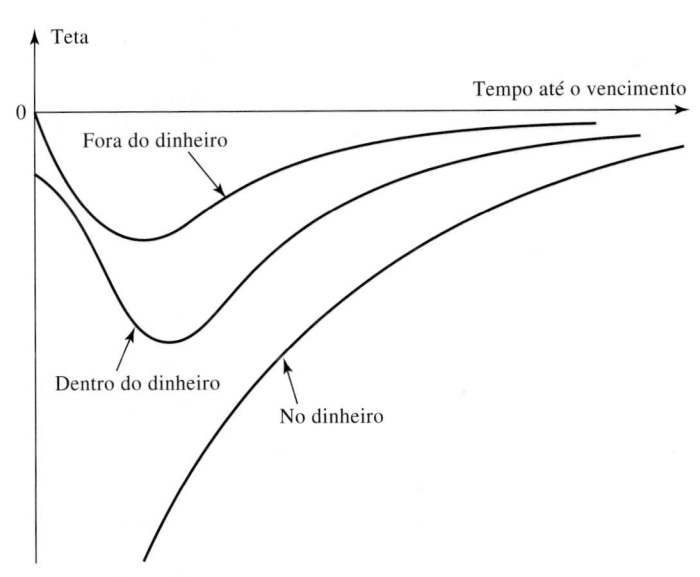

FIGURA 19.6 Padrões típicos de variação do teta de uma opção de compra europeia com o tempo até o vencimento.

como veremos posteriormente, em um portfólio delta neutro, o teta funciona como indicador do gama.

19.6 GAMA

O *gama* (Γ) de um portfólio de opções sobre um ativo subjacente é a taxa de mudança do delta do portfólio com relação ao preço do ativo subjacente. Ele é o segundo derivativo parcial do portfólio com relação ao preço do ativo:

$$\Gamma = \frac{\partial^2 \Pi}{\partial S^2}$$

Se o gama é pequeno, o delta muda lentamente e os ajustes para manter o portfólio delta neutra precisam ser realizados relativamente poucas vezes. Contudo, se o gama é altamente negativo ou altamente positivo, o delta é bastante sensível ao preço do ativo subjacente. Nesse caso, é muito arriscado manter um portfólio delta neutro inalterado por qualquer período de tempo. A Figura 19.7 ilustra essa questão. Quando o preço da ação passa de S para S', o delta hedge pressupõe que o preço da opção muda de C para C', quando na verdade ele passa de C para C''. A diferença entre C' e C'' leva a um erro de hedge. O tamanho do erro depende da curvatura da relação entre o preço da opção e o preço da ação. O gama mede essa curvatura.

Suponha que ΔS é a mudança de preço de um ativo subjacente durante um breve intervalo de tempo, Δt, e $\Delta \Pi$ é a mudança de preço correspondente no portfólio. O apêndice no final deste capítulo mostra que se ignorarmos termos de ordem maiores do que Δt:

$$\Delta \Pi = \Theta \, \Delta t + \tfrac{1}{2} \Gamma \, \Delta S^2 \tag{19.3}$$

para um portfólio delta neutro, onde Θ é o teta do portfólio. A Figura 19.8 mostra a natureza dessa relação entre $\Delta \Pi$ e ΘS. Quando o gama é positivo, o teta tende a ser negativo. O portfólio diminui de valor se não há mudança em S, mas aumenta de valor se há uma grande mudança positiva ou negativa em S. Quando o gama é negativo,

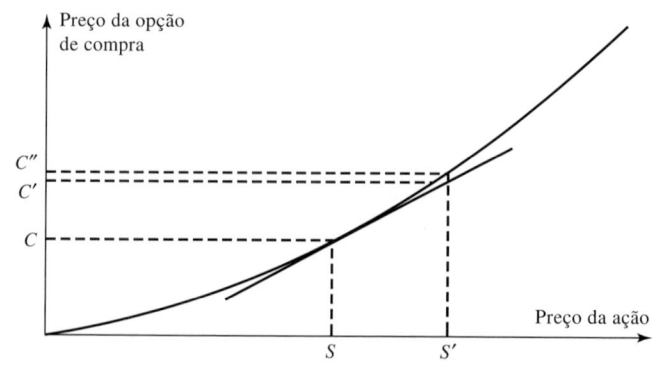

FIGURA 19.7 Erro de hedge introduzido pela não linearidade.

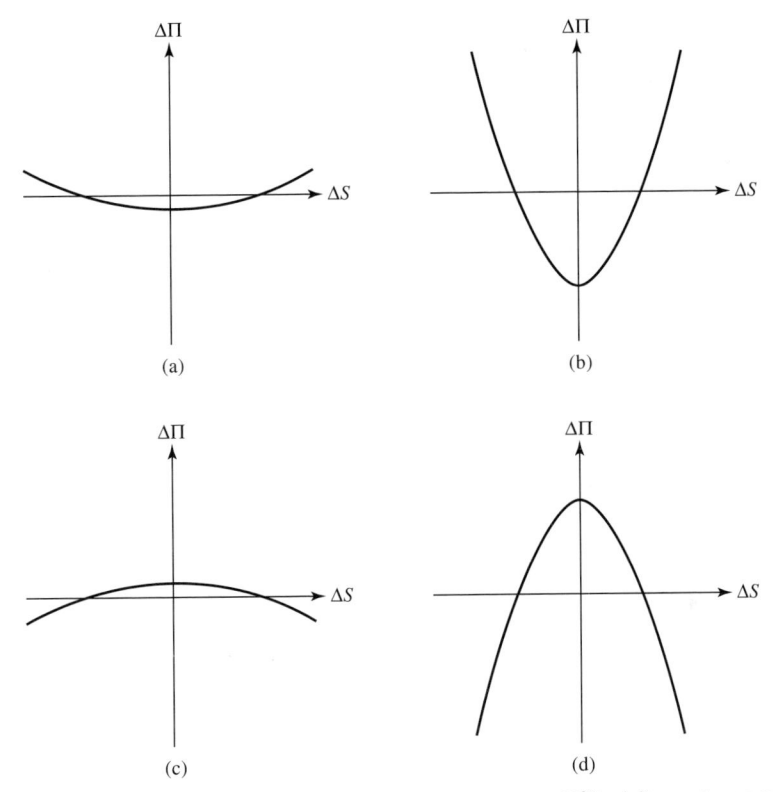

FIGURA 19.8 Relação entre $\Delta\Pi$ e ΔS no tempo Δt para um portfólio delta neutro com (a) gama ligeiramente positivo, (b) gama positivo grande, (c) gama ligeiramente negativo e (d) gama negativo grande.

o teta tende a ser positivo e o contrário é verdade: o portfólio aumenta de valor se não há mudança em S, mas diminui se há uma grande mudança positiva ou negativa em S. À medida que o valor absoluto de gama aumenta, a sensibilidade do portfólio a S aumenta também.

■ *Exemplo 19.3*

Suponha que o gama de um portfólio delta neutro de opções sobre um ativo é $-10,000$. A equação (19.3) mostra que se ocorrer uma mudança de $+2$ ou -2 no preço do ativo durante um breve período de tempo, há uma redução inesperada no valor do portfólio de aproximadamente $0,5 \times 10.000 \times 2^2 = \$20.000$. ∎

Tornando um portfólio gama neutro

Uma posição no ativo subjacente tem gama zero e não pode ser usada para alterar o gama de um portfólio. É preciso criar uma posição em um instrumento tal que uma opção não seja linearmente dependente do ativo subjacente.

Suponha que um portfólio delta neutro tem gama igual a Γ e uma opção negociada tem gama igual a Γ_T. Se o número de opções negociadas somado ao portfólio é w_T, o gama do portfólio é:

$$w_T \Gamma_T + \Gamma$$

Assim, a posição na opção negociada necessária para tornar o portfólio gama neutro é $-\Gamma/\Gamma_T$. Incluir a opção negociada provavelmente alterará o delta do portfólio, então a posição no ativo subjacente precisa ser alterada para manter a neutralidade delta. Observe que o portfólio somente é gama neutro por um breve período de tempo. Com o passar do tempo, a neutralidade gama só pode ser mantida se a posição na opção negociada for ajustada de modo a sempre ser igual a $-\Gamma/\Gamma_T$.

Tornar um portfólio gama neutro e não apenas delta neutro pode ser considerado uma correção do erro de hedge ilustrado na Figura 19.7. A neutralidade delta oferece proteção contra movimentos relativamente pequenos no preço da ação entre rebalanceamentos. A neutralidade gama oferece proteção contra movimentos maiores nesse preço de ação entre os rebalanceamentos do hedge. Suponha que um portfólio é delta neutro e tem gama de -3.000. O delta e o gama de uma determinada opção de compra negociada são 0,62 e 1,50, respectivamente. Podemos tornar o portfólio gama neutro incluindo no portfólio uma posição comprada de:

$$\frac{3.000}{1,5} = 2.000$$

na opção de compra. Contudo, o delta do portfólio muda então de zero para $2.000 \times 0,62 = 1.240$. Logo, 1.240 unidades do ativo subjacente devem ser vendidas do portfólio para mantê-lo delta neutro.

Cálculo do gama

Para uma opção de compra ou de venda europeia sobre uma ação que não paga dividendos, o gama é dado por:

$$\Gamma = \frac{N'(d_1)}{S_0 \sigma \sqrt{T}}$$

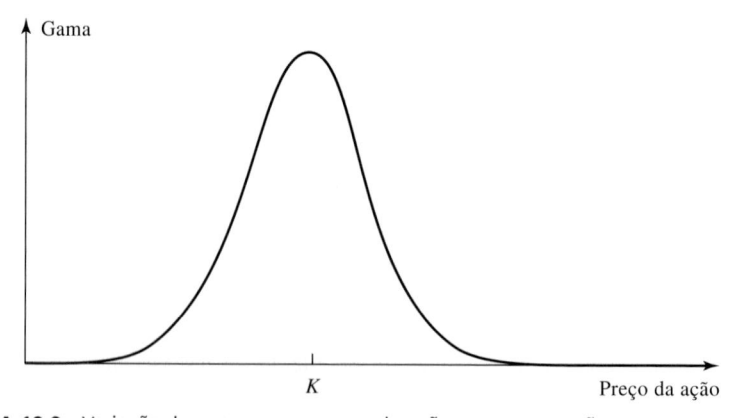

FIGURA 19.9 Variação do gama com o preço da ação para uma opção.

onde d_1 é definido como na equação (15.20) e $N'(x)$ é como dado na equação (19.2). O gama de uma posição comprada sempre é positivo e varia com S_0 da maneira indicada na Figura 19.9. A variação de gama com o tempo até o vencimento para opções fora do dinheiro, no dinheiro e dentro do dinheiro aparece na Figura 19.10. Para uma opção no dinheiro, o gama aumenta à medida que o tempo até o vencimento diminui. As opções no dinheiro de curto prazo têm gamas bastante altos, o que significa que o valor da posição do titular da opção é bastante sensível a saltos no preço da ação.

■ **Exemplo 19.4**

Assim como no Exemplo 19.1, considere uma opção de compra sobre uma ação que não paga dividendo na qual o preço da ação é $49, o preço de exercício é $50, a taxa de juros livre de risco é 5%, o tempo até o vencimento é 20 semanas (= 0,3846 ano) e a volatilidade é 20%. Nesse caso, $S_0 = 49$, $K = 50$, $r = 0,05$, $\sigma = 0,2$ e $T = 0,3846$.

O gama da opção é:

$$\frac{N'(d_1)}{S_0 \sigma \sqrt{T}} = 0,066$$

Quando o preço da ação muda em ΔS, o delta da opção muda em $0,066\Delta S$. ■

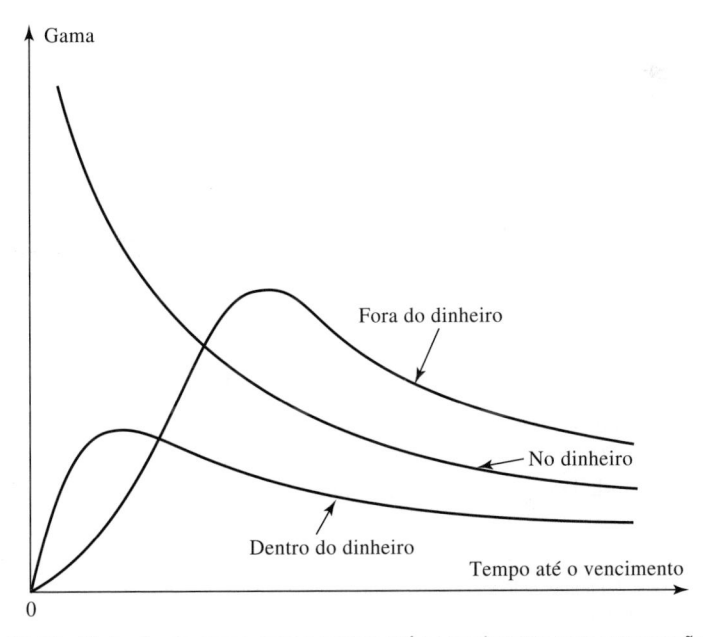

FIGURA 19.10 Variação do gama com o tempo até o vencimento para uma opção sobre ações.

19.7 RELAÇÃO ENTRE DELTA, TETA E GAMA

O preço de um único derivativo dependente de uma ação que não paga dividendos deve satisfazer a equação diferencial (15.16). Logo, o valor do Π de um portfólio de tais derivativos também satisfaz a equação diferencial:

$$\frac{\partial \Pi}{\partial t} + rS\frac{\partial \Pi}{\partial S} + \tfrac{1}{2}\sigma^2 S^2 \frac{\partial^2 \Pi}{\partial S^2} = r\Pi$$

Como:

$$\Theta = \frac{\partial \Pi}{\partial t}, \qquad \Delta = \frac{\partial \Pi}{\partial S}, \qquad \Gamma = \frac{\partial^2 \Pi}{\partial S^2}$$

logo:

$$\Theta + rS\Delta + \tfrac{1}{2}\sigma^2 S^2 \Gamma = r\Pi$$

Resultados semelhantes podem ser produzidos para outros ativos subjacentes (ver Problema 19.19).

Para um portfólio delta neutro, $\Delta = 0$ e:

$$\Theta + \tfrac{1}{2}\sigma^2 S^2 \Gamma = r\Pi$$

Isso mostra que quando Θ é grande e positivo, o gama de um portfólio tende a ser grande e negativo, e vice-versa. O resultado é consistente com o modo como a Figura 19.8 foi desenhada e explica por que o teta pode, até certo ponto, ser considerado um indicador do gama em um portfólio delta neutro.

19.8 VEGA

Até aqui, pressupomos implicitamente que a volatilidade do ativo subjacente ao derivativo é constante. Na prática, as volatilidades mudam com o tempo. Isso significa que o valor de um derivativo corre o risco de mudar devido a movimentos na volatilidade, além de devido a mudanças no preço do ativo e à passagem do tempo.

O *vega* de um portfólio de derivativos, $\mathcal{V}$, é a taxa de mudança do valor do portfólio com relação à volatilidade do ativo subjacente.[8]

$$\mathcal{V} = \frac{\partial \Pi}{\partial \sigma}$$

Se o vega é altamente positivo ou altamente negativo, o valor do portfólio é bastante sensível a pequenas mudanças na volatilidade. Se é próximo de zero, as mudanças de volatilidade têm relativamente pouco impacto sobre o valor do portfólio.

---

[8] Vega é o nome dado a uma das "letras gregas" no apreçamento de opções, mas não é uma das letras do alfabeto grego.

Uma posição no ativo subjacente tem vega zero. Contudo, o vega de um portfólio pode ser alterado, de forma parecida com o modo como podemos mudar o gama, adicionando uma posição em uma opção negociada. Se $\mathcal{V}$ é o vega do portfólio e $\mathcal{V}_T$ é o vega de uma opção negociada, uma posição de $-\mathcal{V}/\mathcal{V}_T$ na opção negociada torna o portfólio imediatamente vega neutro. Infelizmente, um portfólio gama neutro em geral não será vega neutro e vice-versa. Se um hedger exige que o portfólio seja ao mesmo tempo gama e vega neutro, em geral é preciso utilizar pelo menos dois derivativos dependentes do ativo subjacente.

■ **Exemplo 19.5**

Considere um portfólio delta neutro com gama de -5.000 e vega de -8.000. As opções mostradas na tabela a seguir podem ser negociadas. Podemos tornar o portfólio vega neutro pela inclusão de uma posição comparada em 4.000 da Opção 1. Isso aumentaria o delta para 2.400 e exigiria que 2.400 unidades do ativo fossem vendidas para manter a neutralidade delta. O gama do portfólio mudaria de -5.000 para -3.000.

	Delta	Gama	Vega
Portfólio	0	−5000	−8000
Opção 1	0,6	0,5	2,0
Opção 2	0,5	0,8	1,2

Para tornar o portfólio gama e vega neutro, podemos utilizar a Opção 1 e a Opção 2. Se w_1 e w_2 são as quantidades da Opção 1 e da Opção 2 adicionadas ao portfólio, precisamos que:

$$-5.000 + 0{,}5w_1 + 0{,}8w_2 = 0$$

e:

$$-8.000 + 2{,}0w_1 + 1{,}2w_2 = 0$$

A solução dessas equações é $w_1 = 400$, $w_2 = 6.000$. Assim, o portfólio pode ser tornado gama e vega neutro pela inclusão de 400 da Opção 1 e 6.000 da Opção 2. O delta do portfólio, após a soma das posições nas duas opções negociadas, é $400 \times 0{,}6 + 6.000 \times 0{,}5 = 3.240$. Logo, 3.240 unidades do ativo precisariam ser vendidos para manter a neutralidade do delta. ■

Para uma opção de compra ou de venda europeia sobre uma ação que não paga dividendos, o vega é dado por:

$$\mathcal{V} = S_0 \sqrt{T}\, N'(d_1)$$

onde d_1 é definido como na equação (15.20). A fórmula para $N'(x)$ é dada na equação (19.2). O vega de uma posição comprada em uma opção europeia ou americana é sempre positivo. A Figura 19.11 mostra a maneira geral como o vega varia com S_0.

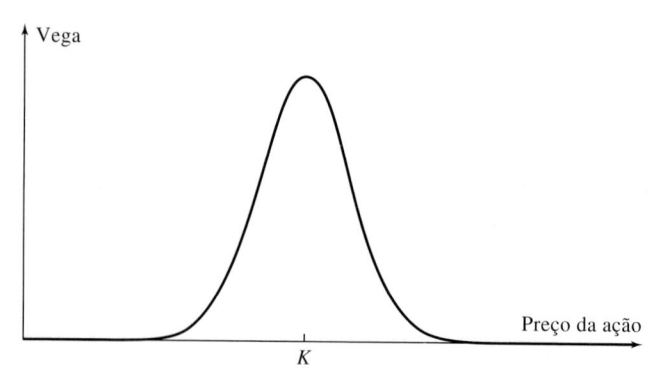

FIGURA 19.11 Variação do vega com o preço da ação para uma opção.

■ Exemplo 19.6

Assim como no Exemplo 19.1, considere uma opção de compra sobre uma ação que não paga dividendo na qual o preço da ação é $49, o preço de exercício é $50, a taxa de juros livre de risco é 5%, o tempo até o vencimento é 20 semanas (= 0,3846 ano) e a volatilidade é 20%. Nesse caso, $S_0 = 49$, $K = 50$, $r = 0,05$, $\sigma = 0,2$ e $T = 0,3846$.

O vega da opção é:

$$S_0\sqrt{T}N'(d_1) = 12,1$$

Assim, um aumento de 1% (0,01) na volatilidade de (20% para 21%) aumenta o valor da opção em aproximadamente $0,01 \times 12,1 = 0,121$. ■

Calcular o vega a partir do modelo de Black–Scholes–Merton e suas extensões pode parecer estranho, pois um dos pressupostos do modelo é que a volatilidade é constante. Teoricamente, seria mais correto calcular o vega a partir de um modelo no qual pressupõe-se que a volatilidade é estocástica. Contudo, o vega calculado a partir de um modelo de volatilidade estocástica acaba sendo bastante próximo do vega de Black–Scholes–Merton, então a prática de calculá-lo a partir de um modelo no qual a volatilidade é constante acaba funcionando razoavelmente bem.[9]

A neutralidade gama protege contra grandes mudanças no preço do ativo subjacente entre rebalanceamentos do hedge. A neutralidade vega protege contra um σ variável. Como seria de esperar, se é melhor usar uma opção negociada disponível para vega ou gama hedge depende do tempo entre o rebalanceamento do hedge e a volatilidade da volatilidade.[10]

Quando as volatilidades mudam, as volatilidades implícitas das opções de curto prazo tendem a mudar mais do que as volatilidades implícitas das opções de longo prazo. Assim, o vega de um portfólio muitas vezes é calculado alterando as volatili-

---

[9] Ver J. C. Hull and A. White, "The Pricing of Options on Assets with Stochastic Volatilities", *Journal of Finance* 42 (June 1987): 281–300; J. C. Hull and A. White, "An Analysis of the Bias in Option Pricing Caused by a Stochastic Volatility", *Advances in Futures and Options Research* 3 (1988): 27–61.

[10] Para uma análise mais detalhada sobre esse assunto, ver J. C. Hull and A. White, "Hedge the Risks from Writing Foreign Currency Options", *Journal of International Money and Finance* 6 (June 1987): 131–52.

> **História de Negócios 19.1** Hedge dinâmico na prática
>
> Em uma instituição financeira típica, a responsabilidade por um portfólio de derivativos dependentes de um ativo subjacente específico é alocada a um trader ou grupo de traders que trabalham em equipe. Por exemplo, um trader da Goldman Sachs poderia ser responsável por todos os derivativos dependentes do valor do dólar australiano. Um sistema computadorizado calcula o valor do portfólio e as letras gregas do portfólio. São definidos limites para cada letras grega, sendo que é preciso permissão especial caso o trader deseje exceder um limite no final do dia de negociação.
>
> Em geral, o limite delta é expresso como a posição máxima equivalente no ativo subjacente. Por exemplo, o limite delta da Goldman Sachs para uma ação poderia ser $1 milhão. Se o preço da ação é $50, isso significa que o valor absoluto do delta, como o calculamos, não pode passar de 20.000. O limite vega normalmente é expresso como uma exposição em dólares máxima por 1% de mudança na volatilidade.
>
> Normalmente, os traders de opções tornam suas posições delta neutras (ou próximas disso) ao final de cada dia. O gama e o vega são monitorados, mas em geral não são gerenciados diariamente. Os negócios das instituições financeiras com seus clientes muitas vezes envolvem lançar opções e, por causa disso, elas acumulam gamas e vegas negativos. Logo, elas estão sempre em busca de oportunidades para gerenciar seus riscos de gama e vega com a compra de opções a preços competitivos.
>
> Há um aspecto de um portfólio de opções que atenua parcialmente os problemas de gerenciar o gama e o vega. As opções com frequência estão próximas do dinheiro quando vendidas originalmente, então têm gamas e vegas relativamente altos. Com o passar do tempo, no entanto, o preço do ativo subjacente muitas vezes mudou o suficiente para elas ficarem muito fora ou muito dentro do dinheiro. Nesses casos, seus gamas e vegas se tornam muito pequenos e inconsequentes. Para um trader de opções, uma situação de pesadelo é quando as opções lançadas permanecem muito próximas do dinheiro à medida que a data de vencimento se aproxima.

dades de opções de longo prazo por menos do que as opções de curto prazo. A Seção 23.6 discute uma maneira de realizar esse procedimento.

19.9 RÔ

O *rô* de um portfólio de opções é a taxa de mudança do valor do portfólio com relação à taxa de juros:

$$\frac{\partial \Pi}{\partial r}$$

Ele mede a sensibilidade do valor de um portfólio a uma mudança na taxa de juros quando todos os outros fatores permanecem os mesmos. Para uma opção de compra europeia sobre uma ação que não paga dividendos:

$$\text{rô (opção de compra)} = KTe^{-rT}N(d_2)$$

onde d_2 é definido como na equação (15.20). Para uma opção de venda europeia:

$$\text{rô (opção de venda)} = -KTe^{-rT}N(-d_2)$$

Exemplo 19.7

Assim como no Exemplo 19.1, considere uma opção de compra sobre uma ação que não paga dividendo na qual o preço da ação é $49, o preço de exercício é $50, a taxa de juros livre de risco é 5%, o tempo até o vencimento é 20 semanas (= 0,3846 ano) e a volatilidade é 20%. Nesse caso, $S_0 = 49$, $K = 50$, $r = 0,05$, $\sigma = 0,2$ e $T = 0,3846$.
O rô da opção é:

$$KTe^{-rT}N(d_2) = 8,91$$

Isso significa que um aumento de 1% (0,01) na taxa de juros livre de risco (de 5% para 6%) aumenta o valor da opção em aproximadamente $0,01 \times 8,91 = 0,0891$.

19.10 AS REALIDADES DO HEDGE

Em um mundo ideal, os traders que trabalham para instituições financeiras seriam capazes de rebalancear seus portfólios com alta frequência para manter todas as letras gregas iguais a zero. Na prática, isso não é possível. Quando administram um grande portfólio dependente de um único ativo subjacente, os traders normalmente tornam o delta igual a zero, ou próximo de zero, pelo menos uma vez ao dia usando negociações do ativo subjacente. Infelizmente, um gama zero e um vega zero são ainda mais difíceis de produzir, pois é difícil encontrar opções ou outros derivativos não lineares que possam ser negociados no volume necessário e a preços competitivos. A História de Negócios 19.1 oferece uma discussão sobre como o hedge dinâmico é organizado nas instituições financeiras.

Como foi mencionado, há grandes economias de escala na negociação de derivativos. Manter a neutralidade do delta para um pequeno número de opções sobre um ativo usando negociação diária quase nunca é economicamente viável devido aos custos de transação.[11] Mas quando um corretor de derivativos mantém a neutralidade do delta para um grande portfólio de opções sobre um ativo, os custos de transação por opção hedgeada provavelmente serão muito mais razoáveis.

19.11 ANÁLISE DE CENÁRIOS

Além de monitorar riscos como delta, gama e vega, os traders de opções muitas vezes também executam análises de cenários. A análise envolve calcular o ganho ou a perda sobre seu portfólio durante um período específico sob diversos cenários diferentes. O período de tempo escolhido provavelmente depende da liquidez dos instrumentos. Os cenários podem ser escolhidos pela gerência ou gerados por um modelo.

Considere um banco com um portfólio de opções sobre uma moeda estrangeira. O valor do portfólio depende de duas variáveis principais: a taxa de câmbio e a volatilidade da taxa de câmbio. Suponha que a taxa de câmbio atual é 1,0000 e sua volatilidade é 10% ao ano. O banco poderia calcular uma tabela como aquela

---

[11] Os custos de transação decorrem do fato de que, todos os dias, o hedger compra um pouco do ativo subjacente pela oferta de venda ou vende um pouco do ativo subjacente pela oferta de compra.

na Tabela 19.5, mostrando o lucro ou a perda durante um período de 2 semanas sob diferentes cenários. Essa tabela considera sete taxas de câmbios e três volatilidades diferentes. Como um movimento de um desvio padrão na taxa de câmbio durante um período de 2 semanas é de cerca de 0,02, os movimentos de taxa de câmbio considerados são aproximadamente zero, um, dois e três desvios padrões.

Na Tabela 19.5, a maior perda está na parte inferior direita. A perda corresponde a um aumento de 12% na volatilidade e da taxa de câmbio para 1,06. Em geral, a maior perda em uma tabela como a Tabela 19.5 ocorre em uma das extremidades, mas não é sempre assim. Considere, por exemplo, a situação na qual o portfólio de um banco é composto de uma posição vendida em um spread borboleta (ver Seção 12.3). A maior perda ocorrerá se a taxa de câmbio manter seu nível atual.

19.12 EXTENSÃO DAS FÓRMULAS

As fórmulas produzidas para delta, teta, gama, vega e rô até qui foram referentes a uma opção europeia sobre uma ação que não paga dividendos. A Tabela 19.6 mostra como elas mudam quando a ação paga um rendimento em dividendos contínuo à taxa q. As expressões para d_1 e d_2 são aquelas das equações (17.4) e (17.5). Definindo q como igual ao rendimento em dividendos sobre um índice, obtemos as letras gregas para opções europeias sobre índices. Definindo q como igual à taxa de juros livre de risco estrangeira, obtemos as letras gregas para opções de moeda europeias. Definindo $q = r$, obtemos delta, gama, teta e vega para opções europeias sobre um contrato futuro. O rô para uma opção de compra sobre futuro é $-cT$ e o rô para uma opção de venda sobre futuro europeia é $-pT$.

No caso das opções de moeda, há dois rôs correspondentes às duas taxas de juros. O rô correspondente à taxa de juros nacional é dado pela fórmula na Tabela 19.6 (com d_2 como na equação (17.11)). O rô correspondente à taxa de juros estrangeira para uma opção de compra europeia sobre uma moeda é:

$$\text{rô(opção de compra; taxa de câmbio)} = -Te^{-r_f T} S_0 N(d_1)$$

Para uma opção de venda europeia, é:

$$\text{rô(opção de venda; taxa de câmbio)} = Te^{-r_f T} S_0 N(-d_1)$$

com d_1 como na equação (17.11).

O cálculo das letras gregas para opções americanas é discutido no Capítulo 21.

TABELA 19.5 Lucro ou prejuízo realizado em 2 semanas sob cenários diferentes (milhões de $)

	Taxa de câmbio						
Volatilidade	0,94	0,96	0,98	1,00	1,02	1,04	1,06
8%	+102	+55	+25	+6	−10	−34	−80
10%	+80	+40	+17	+2	−14	−38	−85
12%	+60	+25	+9	−2	−18	−42	−90

TABELA 19.6 Letras gregas para opções europeias sobre um ativo que oferece um rendimento à taxa q

Letra grega	Opção de compra	Opção de venda
Delta	$e^{-qT}N(d_1)$	$e^{-qT}[N(d_1)-1]$
Gama	$\dfrac{N'(d_1)e^{-qT}}{S_0\sigma\sqrt{T}}$	$\dfrac{N'(d_1)e^{-qT}}{S_0\sigma\sqrt{T}}$
Teta	$-S_0N'(d_1)\sigma e^{-qT}/(2\sqrt{T})$ $+qS_0N(d_1)e^{-qT}-rKe^{-rT}N(d_2)$	$-S_0N'(d_1)\sigma e^{-qT}/(2\sqrt{T})$ $-qS_0N(-d_1)e^{-qT}+rKe^{-rT}N(-d_2)$
Vega	$S_0\sqrt{T}N'(d_1)e^{-qT}$	$S_0\sqrt{T}N'(d_1)e^{-qT}$
Rô	$KTe^{-rT}N(d_2)$	$-KTe^{-rT}N(-d_2)$

Delta de contratos a termo

O conceito de delta pode ser aplicado a instrumentos que não as opções. Considere um contrato a termo sobre uma ação que não paga dividendos. A equação (5.5) mostra que o valor de um contrato a termo é $S_0 - Ke^{-rT}$, onde K é o preço de entrega e T é o tempo até o vencimento do contrato. Quando o preço da ação muda em ΔS, com tudo mais permanecendo igual, o valor de um contrato a termo sobre a ação também muda em ΔS. O delta de um contrato a termo comprado sobre uma ação da empresa é, assim, sempre igual a 1,0. Isso significa que um contrato a termo comprado sobre uma ação pode ser hedgeado pela venda a descoberto de uma ação; um contrato a termo vendido sobre uma ação pode ser hedgeado com a compra de uma ação.[12]

Para um ativo que oferece rendimento em dividendos a uma taxa q, a equação (5.7) mostra que o delta do contrato a termo é e^{-qT}. Para o delta de um contrato a termo sobre um índice de ações, q é definido como igual ao rendimento em dividendos sobre o índice nessa expressão. Para o delta de um contrato de câmbio a termo, ele é definido como igual à taxa de juros livre de risco estrangeira, r_f.

Delta de um contrato futuro

Da equação (5.1), o preço futuro para um contrato sobre uma ação que não paga dividendos é S_0e^{rT}, onde T é o tempo até o vencimento do contrato futuro. Isso mostra que quando o preço da ação muda em ΔS, com tudo mais permanecendo constante, o preço futuro muda em $\Delta S\,e^{rT}$. Como os contratos futuros são ajustados diariamente, o titular de uma posição futura comprada obtém um ganho quase imediato igual a essa quantia. O delta de um contrato futuro é, assim, e^{rT}. Para uma posição futura sobre um ativo que oferece um rendimento em dividendos à taxa q, a equação (5.3) mostra da mesma forma que o delta é $e^{(r-q)T}$.

---

[12] Estes são esquemas de *hedge-and-forget*. Como o delta é sempre 1,0, não seria necessário realizar nenhuma mudança na posição na ação durante a vida do contrato.

É interessante que o ajuste diário torna os deltas dos contratos futuros e a termo ligeiramente diferentes. Isso é verdade mesmo quando as taxas de juros são constantes e o preço a termo é igual ao preço futuro. (Uma questão relacionada é discutida na História de Negócios 5.2.)

Às vezes, um contrato futuro é utilizado para produzir uma posição delta neutra. Defina:

T: Vencimento de contrato futuro.

H_A: Posição exigida no ativo para delta hedge.

H_F: Posição alternativa exigida nos contratos futuros para delta hedge.

Se o ativo subjacente é uma ação que não paga dividendos, a análise que acabamos de apresentar mostra que:

$$H_F = e^{-rT} H_A \qquad (19.5)$$

Quando o ativo subjacente paga um rendimento em rendimentos q:

$$H_F = e^{-(r-q)T} H_A \qquad (19.6)$$

Para um índice de ações, definimos q igual ao rendimento em dividendos sobre o índice; para uma moeda, definimo-o como igual à taxa de juros livre de risco estrangeira, r_f, de modo que:

$$H_F = e^{-(r-r_f)T} H_A \qquad (19.7)$$

■ **Exemplo 19.8**

Suponha que um portfólio de opções de moeda mantido por um banco americano pode se tornar delta neutro com uma posição vendida de 458.000 libras esterlinas. As taxas de juros livres de risco são 4% nos EUA e 7% na Grã-Bretanha. Da equação (19.7), o hedge utilizando um futuro de moeda de 9 meses exige uma posição futura vendida de:

$$e^{-(0,04-0,07)\times 9/12} \times 458.000$$

ou £468.442. Como cada contrato futuro é referente à compra ou venda de £62.500, sete contratos seria vendidos a descoberto. (Sete é o número inteiro mais próximo de 468.442/62.500.) ■

19.13 SEGURO DE PORTFÓLIO

Um gerente de portfólio muitas vezes está interessado em adquirir uma opção de venda sobre seu portfólio, o que representa proteção contra quedas no mercado ao mesmo tempo que preserva o potencial de ganho caso o mercado tenha um bom desempenho. Uma abordagem (discutida na Seção 17.1) seria comprar opções de venda sobre um índice de mercado, como o S&P 500. Uma alternativa seria criar as opções sinteticamente.

Criar uma opção sinteticamente envolve manter uma posição no ativo subjacente (ou futuro sobre o ativo subjacente) de modo que o delta da posição seja igual ao delta da opção exigida. A posição necessária para criar uma opção sinteticamente é o contrário daquela necessária para hedgeá-la. Isso ocorre porque o procedimento para hedgear uma opção envolve criar uma opção igual e contrária sinteticamente.

Para o gerente de portfólio, criar a opção de venda sinteticamente pode ser mais atraente do que comprá-la no mercado por dois motivos. Primeiro, os mercados de opções nem sempre têm a liquidez necessária para absorver as negociações exigidas pelos gerentes de fundos de grande porte. Segundo, os gerentes de fundos muitas vezes exigem preços de exercício e datas de exercício diferentes daquelas disponíveis nos mercados de opções de bolsas.

A opção sintética pode ser criada pela negociação do portfólio ou de contratos futuros de índices. Primeiramente, analisaremos a criação de uma opção de venda com a negociação do portfólio. Da Tabela 19.6, o delta de uma opção de venda europeia sobre o portfólio é:

$$\Delta = e^{-qT}[N(d_1) - 1] \tag{19.8}$$

onde, seguindo nossa notação normal:

$$d_1 = \frac{\ln(S_0/K) + (r - q + \sigma^2/2)T}{\sigma\sqrt{T}}$$

As outras variáveis são definidas como sempre: S_0 é o valor do portfólio, K é o preço de exercício, r é a taxa de juros livre de risco, q é o rendimento em dividendos sobre o portfólio, σ é a volatilidade do portfólio e T é a vida da opção. Em geral, podemos pressupor que a volatilidade do portfólio é seu beta vezes a volatilidade de um índice de mercado diversificado.

Para criar a opção de venda sinteticamente, o gerente do fundo deve garantir que, em qualquer momento, uma proporção:

$$e^{-qT}[1 - N(d_1)]$$

das ações no portfólio original foi vendida e que o resultado foi investido em ativos livres de risco. À medida que o valor do portfólio original diminui, o delta da opção de venda dado pela equação (19.8) se torna mais negativo e a proporção do portfólio original vendido deve ser aumentada. À medida que o valor do portfólio original aumenta, o delta da opção de venda se torna menos negativo e a proporção do portfólio original vendida deve ser reduzida (ou seja, parte do portfólio original deve ser readquirida).

Usar essa estratégia para criar seguro de portfólio significa que, em um momento qualquer, os fundos estão divididos entre o portfólio de ações para o qual o seguro é necessário e ativos livres de risco. À medida que o valor do portfólio de ações aumenta, os ativos livres de risco são vendidos e a posição no portfólio de ações aumenta. À medida que o valor do portfólio de ações diminui, a posição no portfólio de ações é reduzida e os ativos livres de risco são adquiridos. O custo do seguro decorre do fato do gerente de portfólio estar sempre vendendo após uma queda no mercado e comprando após uma alta.

■ **Exemplo 19.9**

Um portfólio vale $90 milhões. Para protegê-lo contra quedas no mercado, os gerentes do portfólio exigem uma opção de venda europeia de 6 meses sobre o portfólio com preço de exercício de $87 milhões. A taxa de juros livre de risco é 9% ao ano, o rendimento em dividendos é 3% ao ano e a volatilidade do portfólio é 25% ao ano. O índice S&P 500 está em 900. Como se considera que o portfólio acompanha o S&P 500 relativamente bem, uma alternativa, discutida na Seção 17.1, é comprar 1.000 contratos de opção de venda sobre o S&P 500 com preço de exercício de 870. Outra alternativa seria criar a opção exigida sinteticamente. Nesse caso, S_0 = 90 milhões, K = 87 milhões, r = 0,09, q = 0,03, σ = 0,25 e T = 0,5, de modo que:

$$d_1 = \frac{\ln(90/87) + (0,09 - 0,03 + 0,25^2/2)0,5}{0,25\sqrt{0,5}} = 0,4499$$

e o delta da opção exigida é:

$$e^{-qT}[N(d_1) - 1] = -0,3215$$

Isso mostra que 32,15% do portfólio deve ser vendido inicialmente e investido em ativos livres de risco para corresponder ao delta da opção exigida. A quantidade vendida do portfólio deve ser monitorada com frequência. Por exemplo, se o valor do portfólio cai para $88 milhões após 1 dia, o delta da opção exigida muda para 0,3679 e outros 4,64% do portfólio original devem ser vendidos e investidos em ativos livres de risco. Se o valor do portfólio aumenta para $92 milhões, o delta da opção exigida muda para −0,2787 e 4,28% do portfólio original devem ser readquiridos. ■

Uso de futuros de índices

Usar futuros de índices para criar opções sinteticamente pode ser preferível a usar as ações subjacentes, pois os custos de transação associados com as negociações em futuros de índices geralmente são menores do que aqueles associados com as negociações correspondentes nas ações subjacentes. A quantia em dólares dos contratos futuros vendida a descoberto como proporção do valor do portfólio deve ser, das equações (19.6) e (19.8):

$$e^{-qT}e^{-(r-q)T^*}[1 - N(d_1)] = e^{q(T^*-T)}e^{-rT^*}[1 - N(d_1)]$$

onde T^* é o vencimento do contrato futuro. Se o portfólio vale A_1 vezes o índice e cada contrato futuro de índice é sobre A_2 vezes o índice, o número de contratos futuros vendidos a descoberto em qualquer momento deve ser:

$$e^{q(T^*-T)}e^{-rT^*}[1 - N(d_1)]A_1/A_2$$

■ **Exemplo 19.10**

Suponha que, no exemplo anterior, contratos futuros sobre o S&P 500 com vencimento em 9 meses são usados para criar a opção sinteticamente. Nesse caso, inicialmente T = 0,5, T^* = 0,75, A_1 = 100.000 e d_1 = 0,4499. Cada contrato futuro sobre índice é referente a 250 vezes o índice, de modo que $A_2 = 250$. O número de contratos futuros vendidos a descoberto deve ser:

$$e^{q(T^*-T)}e^{-rT^*}[1 - N(d_1)]A_1/A_2 = 122,96$$

ou 123, arredondando para o número inteiro mais próximo. Com o passar do tempo e as mudanças no índice, a posição nos contratos futuros precisa ser ajustada. ∎

Essa análise pressupõe que o portfólio reflete o índice. Quando esse não é o caso, é necessário (a) calcular o beta do portfólio, (b) encontrar a posição em opções sobre o índice que ofereça a proteção exigida e (c) escolher uma posição em futuros de índices para criar as opções sinteticamente. Como discutido na Seção 17.1, o preço de exercício para as opções deve ser o nível esperado do índice de mercado quando o portfólio alcança seu valor segurado. O número de opções exigido é o beta vezes o número que seria exigido se o portfólio tivesse beta de 1,0.

19.14 VOLATILIDADE DO MERCADO DE AÇÕES

No Capítulo 15, discutimos a questão da volatilidade ser causada exclusivamente pela entrada de novas informações ou se as negociações em si geram volatilidade. As estratégias de seguro de portfólio como aquelas descritas têm o potencial de aumentar a volatilidade. Quando o mercado cai, elas fazem com que os gerentes de portfólio vendam ações ou vendam contratos futuros sobre índices. Ambas as ações podem acentuar o declínio (ver História de Negócios 19.2). A venda de ações corre o risco de acelerar a queda do índice de mercado diretamente. A venda de contratos futuros sobre índices pode reduzir os preços futuros, o que cria uma pressão de venda sobre as ações por meio do mecanismo de arbitragem de índice (ver Capítulo 5). Assim, o índice de mercado também pode ser reduzido nesse caso. Da mesma forma, quando o mercado está em alta, as estratégias de seguro de portfólio fazem com que os gerentes comprem a ação ou comprem contratos futuros, o que pode acentuar a alta.

Além de estratégias de negociação de portfólio formais, podemos especular que muitos investidores, consciente ou subconscientemente, seguem suas próprias regras de seguro de portfólio. Por exemplo, o investidor pode escolher vender quando o mercado está em queda para limitar seu risco negativo.

Se as estratégias de seguro de portfólio (formais ou informais) afetam ou não a volatilidade depende da facilidade com a qual o mercado consegue absorver as negociações geradas pelo seguro de portfólio. Se as negociações de seguro de portfólio representam uma fração ínfima do total, o efeito provavelmente será nulo. Se o seguro de portfólio se popularizar bastante, no entanto, ele corre o risco de ter um efeito desestabilizador no mercado, como ocorreu em 1987.

RESUMO

As instituições financeiras oferecem diversos produtos de opções para seus clientes. Muitas vezes, as opções não correspondem aos produtos padronizados negociados pelas bolsas. Nesse caso, as instituições financeiras enfrentam o problema de hedge-

História de Negócios 19.2   O seguro de portfólio foi o culpado do Crash de 1987?

Em 19 de outubro de 1987, uma segunda-feira, o índice Dow Jones Industrial Average caiu mais de 20%. Muita gente acredita que o seguro de portfólio teve um papel importante nesse crash. Em outubro de 1987, entre $60 e $90 bilhões em ativos de ações estavam sujeitos a regras de negociação de seguro de portfólio, nas quais opções de venda eram criadas sinteticamente da maneira descrita na Seção 19.13. Durante o período de 14-16 de outubro de 1987, de quarta-feira a sexta-feira, o mercado caiu cerca de 10%, com boa parte dessa queda ocorrendo na tarde de sexta-feira. As regras de negociação de portfólio deveriam ter gerado pelo menos $12 bilhões de vendas de futuros de índices ou de ações por causa dessa queda. Na verdade, os seguradores de portfólio apenas tiveram tempo para vender $4 bilhões e iniciaram a semana seguinte com quantidades enormes de vendas já determinadas pelos seus modelos. Estima-se que na segunda-feira seguinte, 19 de outubro, os programas de venda de tres seguradoras de portfólio representaram quase 10% de todas as vendas na New York Stock Exchange, e que as vendas de seguro de portfólio representavam 21,3% de todas as vendas nos mercados de futuros de índices. É provável que a queda nos preços de ações tenha sido exacerbada por investidores além das seguradoras de portfólio que começaram a vender em massa por antecipar as ações dessas seguradoras.

Como o mercado caiu tão rapidamente e os sistemas da bolsa ficaram sobrecarregados, muitas seguradoras de portfólio não conseguiram executar as negociações geradas pelos seus modelos e não obtiveram a proteção de que precisavam. Desnecessário dizer, a popularidade do seguro de portfólio diminuiu significativamente desde 1987. Uma das morais dessa história é que é perigoso seguir uma estratégia de negociação específica, mesmo uma estratégia de hedge, quando muitos outros participantes do mercado estão fazendo o mesmo.

ar sua exposição. As posições cobertas e a descoberto as deixam sujeitas a um nível de risco inaceitável. Uma ação possível, proposta ocasionalmente, é a estratégia de stop-loss, que envolve manter uma posição a descoberto quando a opção está fora do dinheiro e convertê-la em posição coberta assim que a opção entra no dinheiro. Apesar de parecer atraente, essa estratégia não oferece um bom hedge.

O delta (Δ) de uma opção é a taxa de mudança de seu preço com relação ao preço do ativo subjacente. O delta hedge envolve criar uma posição com delta zero (também chamada de posição delta neutra). Como o delta do ativo subjacente é 1,0, uma maneira de praticar hedge é assumir uma posição de $-\Delta$ no ativo subjacente para cada opção comprada sendo hedgeada. O delta de uma opção muda com o tempo, o que significa que a posição no ativo subjacente precisa ser ajustada com frequência.

Depois que uma posição em opções se torna delta neutra, a próxima fase muitas vezes é analisar seu gama (Γ). O gama de uma opção é a taxa de mudança de seu delta com relação ao preço do ativo subjacente. Ele é uma medida da curvatura da relação entre o preço da opção e o preço do ativo. O impacto dessa curvatura sobre o desempenho do delta hedge pode ser reduzido tornando a posição na opção gama neutra. Se Γ é o gama da posição sendo hedgeada, essa redução normalmente é possível com uma posição em uma opção negociada que tenha gama de $-\Gamma$.

O delta hedge e o gama hedge se baseiam no pressuposto de que a volatilidade do ativo subjacente é constante. Na prática, as volatilidades mudam com o tempo. O vega de uma opção ou de um portfólio de opções mede a taxa de mudança de seu valor com relação à volatilidade. Um trader que deseja hedgear uma posição em opções contra mudanças de volatilidade pode tornar a posição vega neutra. Assim como o procedimento usado para criar a neutralidade gama, isso normalmente envolve assumir uma posição contrária em uma opção negociada. Se o trader deseja ter neutralidade gama e vega, em geral é preciso usar duas opções negociadas.

Duas outras medidas do risco de uma posição em opções são o teta e o rô. O teta mede a taxa de mudança do valor da posição com relação à passagem do tempo quando tudo mais permanece constante. O rô mede a taxa de mudança do valor da posição com relação à taxa de juros quando tudo mais permanece constante.

Na prática, os traders de opções normalmente rebalanceiam seus portfólios pelo menos uma vez ao dia para manter a neutralidade do delta. Em geral, não é viável manter a neutralidade do gama e do vega regularmente. O normal é que o trader monitore essas medidas. Se elas ficam grandes demais, ele toma uma medida corretiva ou restringe as negociações.

Em alguns casos, os gerentes de portfólio se interessam por criar opções de venda sinteticamente para segurar um portfólio de ações. Para tanto, eles podem negociar o portfólio ou futuros de índices sobre o portfólio. Negociar o portfólio envolve dividí-lo entre ações e títulos livres de risco. À medida que o mercado cai, uma parcela maior é investida em títulos livres de risco. À medida que o mercado sobe, uma parcela maior é investida em ações. A negociação de futuros de índices envolve manter um portfólio de ações intacto e vender futuros de índices. À medida que o mercado diminui, mais futuros de índices são vendidos; à medida que sobe, menos são vendidos. Esse tipo de seguro de portfólio funciona bem em condições de mercado normais. Em 19 de outubro de 1987, uma segunda-feira, quando o índice Dow Jones Industrial Average despencou, a estratégia funcionou muito mal. As seguradoras de portfólio não conseguiram vender futuros de índices ou ações com a velocidade necessária para proteger suas posições.

LEITURAS COMPLEMENTARES

Passarelli, D. *Trading Option Greeks: How Time, Volatility, and Other Factors Drive Profits*, 2nd edn. Hoboken, NJ: Wiley, 2012.

Taleb, N. N., *Dynamic Hedge: Managing Vanilla and Exotic Options*. New York: Wiley, 1996.

Questões e problemas

19.1 Explique como uma regra de negociação stop-loss pode ser implementada para o lançador de uma opção de compra fora do dinheiro. Por que ela representa um hedge relativamente ruim?

19.2 O que significa afirmar que o delta de uma opção de compra é 0,7? Como tornar uma posição vendida em 1.000 opções delta neutra quando o delta de cada opção é 0,7?

19.3 Calcule o delta de uma opção de compra europeia de seis meses no dinheiro sobre uma ação que não paga dividendos quando a taxa de juros livre de risco é 10% ao ano e a volatilidade do preço da ação é 25% ao ano.

19.4 O que significa afirmar que o teta de uma posição em opções é $-0,1$ quando o tempo é medido em anos? Se o trader acredita que nem o preço da ação nem sua volatilidade implícita irão mudar, que tipo de posição em opções é apropriada?

19.5 O que significa o gama de uma posição em opções? Quais são os riscos na situação em que o gama de uma posição é altamente negativo e o delta é zero?

19.6 "O procedimento para criar uma posição em opções sinteticamente é o contrário do procedimento para hedgear a posição nas opções". Explique essa afirmação.

19.7 Por que o seguro de portfólio não funcionou bem em 19 de outubro de 1987?

19.8 O preço de Black–Scholes–Merton de uma opção de compra fora do dinheiro com preço de exercício $40 é $4. O trader que lançou a opção planeja usar uma estratégia de stop-loss. O plano do trader é comprar a $40,10 e vender a $39,90. Estime o número esperado de vezes que a ação será comprada ou vendida.

19.9 Suponha que um preço de ação está em $20 e que uma opção de compra com preço de exercício de $25 é criada sinteticamente usando uma posição em mutação constante na ação. Considere os dois cenários a seguir: (a) O preço da ação aumenta continuamente de $20 para $35 durante a vida da opção; (b) O preço da ação oscila violentamente, acabando em $35. Qual cenário tornaria a opção criada sinteticamente mais cara? Explique sua resposta.

19.10 Qual é o delta de uma posição vendida em 1.000 opções de compra europeias sobre futuros de prata? As opções têm vencimento em 9 meses e o contrato futuro subjacente à opção tem vencimento em 9 meses. O preço futuro de 9 meses atual é $8 por onça, o preço de exercício das opções é $8, a taxa de juros livre de risco é 12% ao ano e a volatilidade dos preços futuros de prata é 18% ao ano.

19.11 No Problema 19.10, qual posição inicial em futuros de prata de 9 meses é necessária para delta hedge? Se a prata em si é usada, qual é a posição inicial? Se são usados futuros de prata de 1 ano, qual é a posição inicial? Pressuponha que não há custos de estocagem para prata.

19.12 Uma empresa usa delta hedge para hedgear um portfólio de posições compradas em opções de venda e de compra sobre uma moeda. Qual das opções a seguir ofereceria o resultado mais favorável?
(a) Uma taxa zero praticamente constante.
(b) Movimentos bruscos na taxa zero.

Explique sua resposta.

19.13 Repita o Problema 19.12 para uma instituição financeira com um portfólio de posições vendidas em opções de venda e de compra sobre uma moeda.

19.14 Uma instituição financeira acaba de vender 1.000 opções de compra europeias de 7 meses sobre o iene japonês. Suponha que a taxa de câmbio à vista é 0,80 centavos por iene, o preço de exercício é 0,81 centavos por iene, a taxa de juros livre de risco nos Estados Unidos é 8% ao ano, a taxa de juros livre de risco no Japão é 5% ao ano e a volatilidade do iene é 15% ao ano. Calcule delta, gama, vega, teta e rô da posição da instituição financeira. Interprete cada um dos números.

19.15 Sob quais circunstâncias é possível tornar uma opção europeia sobre um índice ações gama neutra e vega neutra adicionando uma posição em outra opção europeia?

19.16 Um gerente de fundo possui um portfólio diversificado que reflete o desempenho do S&P 500 e vale $360 milhões. O valor do S&P 500 é 1.200 e o gerente do portfólio gostaria de comprar seguro contra uma redução de mais de 5% no valor do portfólio durante os próximos 6 meses. A taxa de juros livre de risco é 6% ao ano. O rendimento em dividendos sobre o portfólio e sobre o S&P 500 é 3% e a volatilidade do índice é 30% ao ano.
  (a) Se o gerente do fundo compra opções de venda europeias negociadas, de quanto será o custo de seguro?
  (b) Explique cuidadosamente estratégias alternativas disponíveis para o gerente do fundo envolvendo opções de compra europeias negociadas e mostre que elas levam ao mesmo resultado.
  (c) Se o gerente do fundo decide oferecer seguro mantendo parte do portfólio em títulos livres de risco, qual deve ser a posição inicial?
  (d) Se o gerente do fundo decide oferecer seguro usando futuros sobre índices de 9 meses, qual deve ser a posição inicial?

19.17 Repita o Problema 19.16 com o pressuposto de que o portfólio tem beta de 1,5. Pressuponha que o rendimento em dividendos sobre o portfólio é de 4% ao ano.

19.18 Substituindo os diversos termos da equação (19.4), mostre que ela é válida para:
  (a) Uma única opção de compra europeia sobre uma ação que não paga dividendos.
  (b) Uma única opção de venda europeia sobre uma ação que não paga dividendos.
  (c) Qualquer portfólio de opções de venda e de compra europeias sobre uma ação que não paga dividendos.

19.19 Qual é a equação correspondente à equação (19.4) para (a) um portfólio de derivativos sobre uma moeda e (b) um portfólio de derivativos sobre um preço futuro?

19.20 Suponha que esquemas de seguro de portfólio envolvem $70 bilhões em ativos de patrimônio líquido. Pressuponha que os esquemas são estruturados de modo a segurar contra uma queda de mais de 5% no valor dos ativos em 1 ano. Usando quaisquer estimativas que você considere necessárias, calcule o valor da ação ou contrato futuro que os administradores dos esquemas de seguro de portfólio tentarão vender caso o mercado caia 23% em um único dia.

19.21 Um contrato a termo sobre um índice de ações tem o mesmo delta que o contrato futuro correspondente? Explique sua resposta.

19.22 A posição de um banco em opções sobre a taxa de câmbio dólar/euro tem delta de 30.000 e gama de -80.000. Explique como interpretar esses números. A taxa de câmbio (dólares por euro) é 0,90. Qual posição você assumiria para tornar a posição delta neutra? Após um breve período de tempo, a taxa de câmbio aumenta para 0,93. Estime o novo delta. Qual negociação adicional será necessária para manter a posição delta neutra? Pressupondo que o banco originalmente estruturou uma posição delta neutra, ele ganhou ou perdeu dinheiro com a movimentação da taxa de câmbio?

19.23 Use a relação de paridade put–call para derivar, para uma ação que não paga dividendos, a relação entre:
  (a) O delta de uma opção de compra europeia e o delta de uma opção de venda europeia.
  (b) O gama de uma opção de compra europeia e o gama de uma opção de venda europeia.
  (c) O vega de uma opção de compra europeia e o vega de uma opção de venda europeia.
  (d) O teta de uma opção de compra europeia e o teta de uma opção de venda europeia.

Questões adicionais

19.24 Uma instituição financeira possui o seguinte portfólio de opções de balcão sobre libra esterlina:

Tipo	Posição	Delta da opção	Gama da opção	Vega da opção
Opção de compra	−1.000	0,50	2,2	1,8
Opção de compra	−500	0,80	0,6	0,2
Opção de venda	−2.000	−0,40	1,3	0,7
Opção de compra	−500	0,70	1,8	1,4

Uma opção negociada está disponível com delta de 0,6, gama de 1,5 e vega de 0,8.
(a) Qual posição na opção negociada e na libra esterlina tornaria o portfólio gama neutro e delta neutro?
(b) Qual posição na opção negociada e na libra esterlina tornaria o portfólio vega neutro e delta neutro?

19.25 Considere mais uma vez a situação do Problema 19.24. Suponha que uma segunda opção negociada, com delta de 0,1, gama de 0,5 e vega de 0,6 está disponível. Como seria possível tornar o portfólio delta, gama e vega neutro?

19.26 Considere uma opção de compra europeia de 1 ano sobre uma ação quando o preço da ação é $30, o preço de exercício é $30, a taxa de juros livre de risco é 5% e a volatilidade é 25% ao ano. Calcule o preço, delta, gama, vega, teta e rô da opção. Confirme que o delta está correto mudando o preço da ação para $30,1 e recalculando o preço da opção. Confirme que o gama está correto recalculando o delta para a situação na qual o preço da ação é $30,1. Realize cálculos similares para confirmar que o vega, teta e rô estão corretos.

19.27 Um instrumento de depósito oferecido por um banco garante que os investidores receberão um retorno durante um período de 6 meses que é o maior entre (a) zero e (b) 40% do retorno oferecido por um índice de mercado. Um investidor planeja investir $100.000 no instrumento. Descreva o resultado de uma opção sobre o índice. Pressupondo que a taxa de juros livre de risco é 8% ao ano, o rendimento em dividendos sobre o índice é 3% ao ano e a volatilidade do índice é 25% ao ano, o produto representa um bom negócio para o investidor?

19.28 A fórmula para o preço c de uma opção de compra sobre futuro europeia nos termos do preço futuro F_0 é dada no Capítulo 18 como:

$$c = e^{-rT}[F_0 N(d_1) - K N(d_2)]$$

onde:

$$d_1 = \frac{\ln(F_0/K) + \sigma^2 T/2}{\sigma\sqrt{T}} \quad \text{e} \quad d_2 = d_1 - \sigma\sqrt{T}$$

e K, r, T e σ são o preço de exercício, a taxa de juros, o tempo até o vencimento e a volatilidade, respectivamente.
(a) Prove que $F_0 N'(d_1) = K N'(d_2)$.
(b) Prove que o delta do preço da opção de compra com relação ao preço futuro é $e^{-rT} N(d_1)$.

(c) Prove que o vega do preço da opção de compra é $F_0\sqrt{T}N'(d_1)e^{-rT}$.
(d) Prove a fórmula para o rô de uma opção de compra sobre futuro dada na Seção 19.12.

O delta, gama, teta e vega de uma opção de compra sobre futuro são os mesmos que aqueles para uma opção de compra sobre uma ação que paga dividendos à taxa q, com q substituído por r e S_0 por F_0. Explique por que o mesmo não vale para o rô de uma opção de compra sobre futuro.

APÊNDICE
Expansões em série de Taylor e parâmetros de hedge

Uma expansão em série de Taylor da mudança no valor do portfólio em um breve período de tempo mostra o papel das diversas letras gregas. Se pressupomos que a volatilidade do ativo é constante, o valor Π do portfólio é uma função do preço de ativo S e do tempo t. A expansão em série de Taylor produz:

$$\Delta\Pi = \frac{\partial \Pi}{\partial S}\Delta S + \frac{\partial \Pi}{\partial t}\Delta t + \frac{1}{2}\frac{\partial^2 \Pi}{\partial S^2}\Delta S^2 + \frac{1}{2}\frac{\partial^2 \Pi}{\partial t^2}\Delta t^2 + \frac{\partial^2 \Pi}{\partial S\,\partial t}\Delta S\,\Delta t + \cdots \quad (19A.1)$$

onde $\Delta\Pi$ e ΔS são a mudança em Π e S em um pequeno intervalo de tempo Δt. O delta hedge elimina o primeiro termo no lado direito. O segundo termo é não estocástico. O terceiro termo (que é da ordem de Δt) pode ser zerado garantindo que o portfólio é gama neutro além de delta neutro. Outros termos são de ordem maior do que Δt.

Para um portfólio delta neutro, o primeiro termo no lado direito da equação (19A.1) é zero, de modo que:

$$\Delta\Pi = \Theta\,\Delta t + \tfrac{1}{2}\Gamma\,\Delta S^2$$

quando termos de ordem maior do que Δt são ignorados. Essa é a equação (19.3).

Quando a volatilidade do ativo subjacente é incerta, Π é uma função de σ, S e t. A equação (19A.1) se torna, então:

$$\Delta\Pi = \frac{\partial \Pi}{\partial S}\Delta S + \frac{\partial \Pi}{\partial \sigma}\Delta \sigma + \frac{\partial \Pi}{\partial t}\Delta t + \tfrac{1}{2}\frac{\partial^2 \Pi}{\partial S^2}\Delta S^2 + \tfrac{1}{2}\frac{\partial^2 \Pi}{\partial \sigma^2}\Delta \sigma^2 + \cdots$$

onde $\Delta\sigma$ é a mudança em σ no tempo Δt. Nesse caso, o delta hedge elimina o primeiro termo no lado direito. O segundo termo é eliminado tornando o portfólio vega neutro. O terceiro termo é não estocástico. O quarto termo é eliminado tornando o portfólio gama neutro. Ocasionalmente, os traders definem outras letras gregas para corresponder aos termos posteriores da expansão.

CAPÍTULO

20

Sorrisos de volatilidade

O quanto os preços de mercado das opções se aproximam daqueles previstos pelo modelo de Black–Scholes–Merton? Os traders realmente usam o modelo de Black–Scholes–Merton quando determinam o preço de uma opção? As distribuições de probabilidade de preços de ativos são mesmo lognormais? Este capítulo responde essas perguntas. Ele explica que os traders realmente usam o modelo de Black–Scholes–Merton, mas não exatamente seguindo a intenção original de Black, Scholes e Merton. Isso ocorre porque eles permitem que a volatilidade usada para apreçar uma opção dependa de seu preço de exercício e tempo até o vencimento.

Um gráfico da volatilidade implícita de uma opção com uma determinada vida como função de seu preço de exercício é chamado de *sorriso de volatilidade* ou *sorriso de volatilidade*. Este capítulo descreve os *sorrisos* de volatilidade que os traders usam nos mercados de ações e de câmbio. Ele explica a relação entre um *sorriso* de volatilidade e a distribuição de probabilidade *risk-neutral* pressuposta para o preço do ativo futuro. Ele também discute como os corretores de opções utilizam as superfícies de volatilidades como ferramentas de apreçamento.

20.1 POR QUE O SORRISO DE VOLATILIDADE É O MESMO PARA OPÇÕES DE COMPRA E DE VENDA

Esta seção mostra que a volatilidade implícita de uma opção de compra europeia é a mesma que a de uma opção de venda europeia quando ambas têm o mesmo preço de exercício e o mesmo tempo até o vencimento. Isso significa que o *sorriso* de volatilidade para opções de compra europeias com determinado vencimento é o mesmo que para opções de venda europeias com o mesmo vencimento. É um resultado particularmente conveniente. Ele mostra que quando falamos sobre um *sorriso* de volatilidade, não precisamos nos preocupar se as opções são de compra ou de venda.

Como explicado nos capítulos anteriores, a paridade put–call oferece uma relação entre os preços de opções de compra e de venda europeias quando elas têm o mesmo preço de exercício e mesmo tempo até o vencimento. Com um rendimento em dividendos sobre o ativo subjacente de q, a relação é:

$$p + S_0 e^{-qT} = c + K e^{-rT} \tag{20.1}$$

Como sempre, c e p são os preços de opções de compra e de venda europeias. Ambas têm o mesmo preço de exercício, K, e tempo até o vencimento, T. A variável S_0 é o preço do ativo subjacente hoje e r é a taxa de juros livre de risco para o vencimento T.

Uma característica fundamental da relação de paridade put–call é que ela se baseia em um argumento sem arbitragem relativamente simples. Ela não exige nenhum pressuposto sobre a distribuição de probabilidade do preço do ativo no futuro. Ela é verdade independentemente da distribuição do preço do ativo ser ou não lognormal.

Suponha que, para um determinado valor da volatilidade, p_{BS} e c_{BS} são os valores das opções de venda e de compra europeias calculadas usando o modelo de Black–Scholes–Merton. Suponha também que p_{mkt} e c_{mkt} são os valores de mercado dessas opções. Como a paridade put–call é válida para o modelo de Black–Scholes–Merton, precisamos ter que:

$$p_{BS} + S_0 e^{-qT} = c_{BS} + K e^{-rT}$$

Na ausência de oportunidades de arbitragem, a paridade put–call também é válida para os preços de mercado, de modo que:

$$p_{mkt} + S_0 e^{-qT} = c_{mkt} + K e^{-rT}$$

Subtraindo essas duas equações, obtemos:

$$p_{BS} - p_{mkt} = c_{BS} - c_{mkt} \tag{20.2}$$

Isso mostra que o erro de apreçamento em dólares quando o modelo de Black–Scholes–Merton é usado para apreçar uma opção de venda europeia deve ser exatamente igual ao erro de apreçamento em dólares quando o modelo é usado para apreçar uma opção de compra europeia com os mesmos preço de exercício e tempo até o vencimento.

Suponha que a volatilidade implícita da opção de venda é 22%. Isso significa que $p_{BS} = p_{mkt}$ quando a volatilidade de 22% é usada no modelo de Black–Scholes–Merton. Da equação (20.2), então, $c_{BS} = c_{mkt}$ quando essa volatilidade é usada. A volatilidade implícita da opção de compra também é, portanto, 22%. Esse argumento mostra que a volatilidade implícita de uma opção de compra europeia é sempre a mesma que a volatilidade implícita de uma opção de venda europeia quando as duas têm o mesmo preço de exercício e a mesma data de vencimento. Em outras palavras, para um determinado preço de exercício e vencimento, a volatilidade correta para uso em conjunto com o modelo de Black–Scholes–Merton para apreçar uma opção de compra europeia deve sempre ser a mesma que aquela usada para apreçar uma opção de venda europeia. Isso significa que o *sorriso* de volatilidade (ou seja, a relação entre a volatilidade implícita e o preço de exercício para uma determinado vencimento) é o mesmo para opções de compra europeias e opções de venda europeias. Em termos mais gerais, significa que a superfície de volatilidade (ou seja, a volatilidade implícita como função do preço de exercício e tempo até o vencimento) é a mesma para opções de compra europeias e opções de venda europeias. Esses resultados também são uma boa aproximação para as opções americanas.

■ **Exemplo 20.1**

O valor de uma moeda estrangeira é $0,60. A taxa de juros livre de risco é 5% ao ano nos Estados Unidos e 10% ao ano no país estrangeiro. O preço de mercado de uma opção de compra europeia sobre a moeda estrangeira com vencimento de 1 ano e preço de exercício de $0,59 é 0,0236. Volatilidade implícita da opção de compra é 14,5%. Para que não haja arbitragem, a relação de paridade put–call na equação (20.1) deve ser aplicável com q igual à taxa de juros livre de risco estrangeira. O preço p de uma opção de venda europeia com preço de exercício $0,59 e vencimento de 1 ano satisfaz, assim:

$$p + 0{,}60e^{-0{,}10 \times 1} = 0{,}0236 + 0{,}59e^{-0{,}05 \times 1}$$

de modo que $p = 0{,}0419$. Quando a opção de venda tem esse preço, sua volatilidade implícita também é 14,5%. É isso que esperamos da análise que acabamos de apresentar.
■

20.2 OPÇÕES DE MOEDA ESTRANGEIRA

O *sorriso* de volatilidade usado pelos traders para apreçar opções de moeda estrangeira tem a forma geral mostrada na Figura 20.1. A volatilidade implícita é relativamente baixa para opções no dinheiro. Ela se torna progressivamente maior à medida que a opção entra ou sai do dinheiro.

No apêndice no final deste capítulo, mostramos como determinar a distribuição de probabilidade *risk-neutral* para um preço de ativo em um momento futuro a partir do *sorriso* de volatilidade dado pelas opções com vencimento nessa data. É a chamada *distribuição implícita*. O *sorriso* de volatilidade na Figura 20.1 corresponde à distribuição implícita mostrada pela linha sólida na Figura 20.2. Uma distribuição lognormal com a mesma média e mesmo desvio padrão tem a distribuição implícita mostrada pela linha tracejada na Figura 20.2. Nela, vemos que a distribuição implícita tem caudas maiores do que a distribuição lognormal.[1]

Para ver que as Figuras 20.1 e 20.2 são consistentes entre si, considere primeiro uma opção de compra muito fora do dinheiro com um alto preço de exercício K_2. Essa opção só dá resultado se a taxa de câmbio fica acima de K_2. A Figura 20.2 mostra que a rentabilidade dela é maior para a distribuição de probabilidade implícita do que para a distribuição lognormal. Assim, esperamos que a distribuição implícita resulte em um preço relativamente alto para a opção. Um preço relativamente alto leva a uma volatilidade implícita relativamente alto, e é isso que observamos na Figura 20.1 para a opção. Assim, as duas figuras são consistentes entre si para altos preços de exercício. A seguir, considere uma opção de venda muito fora do dinheiro com um baixo preço de exercício K_1. Essa opção somente dá resultado se a taxa de câmbio fica abaixo de K_1. A Figura 20.2 mostra que a probabilidade disso também é maior para a distribuição de probabilidade implícita do que para a distribuição lognormal. Logo, esperamos que a distribuição implícita também resulte em um preço

---

[1] Esta é conhecida como a *curtose*. Observe que, além de ter uma cauda mais pesada, a distribuição implícita tem um "pico" mais elevado. Movimentos grandes e pequenos na taxa de câmbio são mais prováveis do que com a distribuição lognormal. Os movimentos intermediários são menos prováveis.

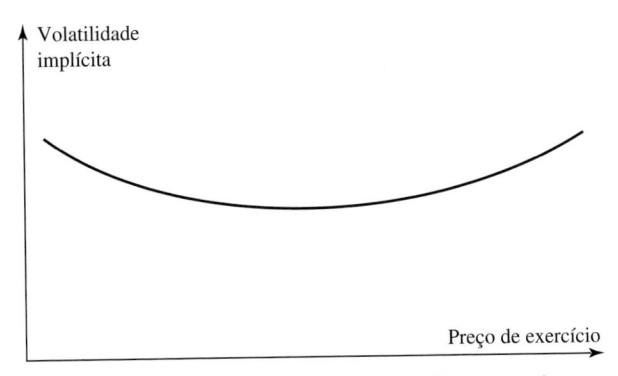

FIGURA 20.1 *Sorriso* de volatilidade para opções de moeda estrangeira.

relativamente alto, e uma volatilidade implícita relativamente alta, para essa opção. Mais uma vez, é exatamente isso que observamos na Figura 20.1.

Resultados empíricos

Acabamos de mostrar que o *sorriso* de volatilidade usado pelos traders para opções de moeda estrangeira significa que eles consideram que a distribuição lognormal subestima a probabilidade de movimentos extremos nas taxas de câmbio. Para testar se eles estão certos, a Tabela 20.1 examina os movimentos diários em 12 taxas de câmbios diferentes durante um período de 10 anos.[2] O primeiro passo na produção

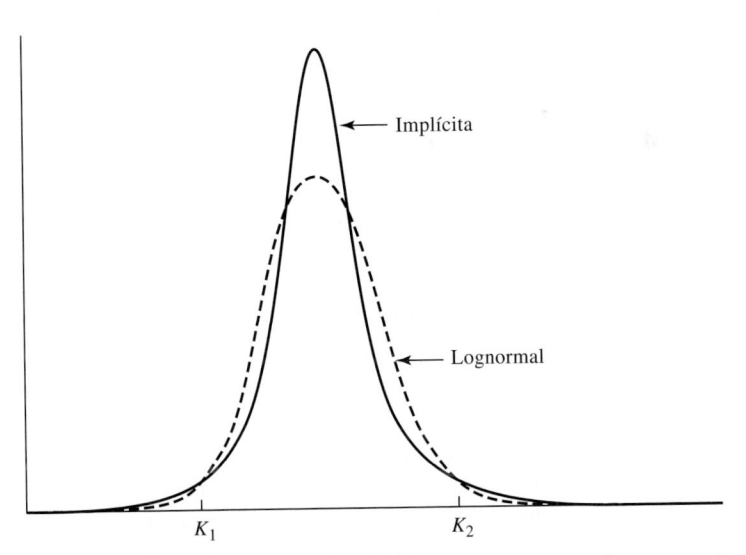

FIGURA 20.2 Distribuição implícita e distribuição lognormal para opções de moeda estrangeira.

---

[2] Os resultados dessa tabela foram retirados de J. C. Hull and A. White, "Value at Risk When Daily Changes in Market Variables Are Not Normally Distributed". *Journal of Derivatives*, 5, No. 3 (Spring 1998): 9–19.

TABELA 20.1 Porcentagem de dias nos quais os movimentos da taxa de câmbio diários são maiores do que 1, 2,..., 6 desvios padrões (DP = desvio padrão da mudança diária)

	Mundo real	Modelo lognormal
>1 SD	25,04	31,73
>2 SD	5,27	4,55
>3 SD	1,34	0,27
>4 SD	0,29	0,01
>5 SD	0,08	0,00
>6 SD	0,03	0,00

da tabela é calcular o desvio padrão da mudança percentual diária em cada taxa de câmbio. A próxima fase é observar com que frequência a mudança percentual real excede 1 desvio padrão, 2 desvios padrões e assim por diante. A última fase é calcular com que frequência isso ocorreria se as mudanças percentuais fossem normalmente distribuídas. (Pelo modelo lognormal, as mudanças percentuais têm distribuição quase exatamente normal durante um período de tempo de um dia.)

As mudanças diárias excedem 3 desvios padrões em 1,34% dos dias. O modelo lognormal prevê que isso deveria acontecer em apenas 0,27% dos dias. As mudanças diárias excedem 4, 5 e 6 desvios padrões em 0,29%, 0,08% e 0,03% dos dias, respectivamente. O modelo lognormal prevê que praticamente nunca deveríamos observar esses acontecimentos. Assim, a tabela oferece provas que apoiam a existência de caudas pesadas (Figura 20.2) e o *sorriso* de volatilidade usado pelos traders (Figura 20.1). A História de Negócios 20.1 mostra como você poderia ter ganho dinheiro se tivesse realizado a análise da Tabela 20.1 antes do resto do mercado.

Motivos para o *sorriso* em opções de moeda estrangeira

Por que as taxas de câmbio não têm distribuição lognormal? Duas das condições para que um preço de ativo tenha distribuição lognormal são:

1. A volatilidade do ativo é constante.
2. O preço do ativo muda de forma harmônica, sem saltos.

Na prática, nenhuma dessas condições é satisfeita para uma taxa de câmbio. A volatilidade de uma taxa de câmbio está longe de ser constante e as taxas demonstram saltos com bastante frequência.[3] Por consequência, o efeito de uma volatilidade não constante e dos saltos é que os resultados extremos se tornam mais prováveis.

O impacto dos saltos sobre a volatilidade não constante depende do vencimento da opção. À medida que o vencimento aumenta, o impacto percentual da volatilidade não constante sobre os preços se torna mais destacada, mas seu impacto percentual sobre a volatilidade implícita normalmente se atenua. O impacto percentual dos saltos sobre os preços e sobre a volatilidade implícita se enfraquece à medida

---

[3] Às vezes, os saltos ocorrem em resposta às ações dos bancos centrais.

> **História de Negócios 20.1** Ganhando dinheiro com opções de moeda
>
> Em seu modelo de apreçamento de opções, Black, Scholes e Merton pressupõem que o preço do ativo subjacente tem distribuição lognormal em datas futuras. Isso é equivalente ao pressuposto de que as mudanças do preço do ativo muda durante um breve período de tempo, como um dia, são normalmente distribuídas. Suponha que a maioria dos participantes do mercado está à vontade com os pressupostos de Black–Scholes–Merton para taxas de câmbio. Você acaba de realizar a análise na Tabela 20.1 e sabe que o pressuposto lognormal não serve para taxas de câmbio. O que você deveria fazer?
>
> A resposta é que você deveria comprar opções de compra e de venda muito fora do dinheiro sobre diversas moedas diferentes e esperar. Essas opções serão relativamente baratas e mais delas se encerrarão dentro do dinheiro do que o modelo lognormal prevê. O valor presente de seus resultados será, em média, muito maior do que o custo das opções.
>
> Em meados da década de 1980, alguns traders sabiam sobre as caudas mais pesadas das distribuições de probabilidade das taxas de câmbio. Todo mundo mais acreditava que o pressuposto lognormal de Black–Scholes–Merton era razoável. Alguns dos traders bem informados seguiram a estratégia que acabamos de descrever e fizeram fortunas. No final da década, todos já sabiam que as opções de moeda estrangeira precisavam ser apreçadas com um *sorriso* de volatilidade e a oportunidade de operação desapareceu.

que o vencimento da opção aumenta.[4] O resultado de tudo isso é que o *sorriso* de volatilidade se torna menos destacado à medida que o vencimento da opção aumenta.

20.3 OPÇÕES SOBRE AÇÕES

Antes do crash de 1987, não havia um *sorriso* de volatilidade significativo para opções sobre ações. Desde então, o *sorriso* de volatilidade usado pelos traders para apreçar opções sobre ações (tanto as ações individuais quanto os índices de ações) tem a forma geral mostrada na Figura 20.3. Esse formato também é chamado de *vantagem de volatilidade* ou *volatility skew*. A volatilidade diminui à medida que o preço de exercício aumenta. A volatilidade usada para apreçar uma opção com baixo preço de exercício (ou seja, uma opção de venda muito fora do dinheiro ou opção de compra muito dentro do dinheiro) é significativamente maior do que aquela usada para apreçar uma opção com alto preço de exercício (ou seja, uma opção de venda muito dentro do dinheiro ou uma opção de compra muito fora do dinheiro).

O *sorriso* de volatilidade para opções sobre ações corresponde à distribuição de probabilidade implícita dada pela linha sólida na Figura 20.4. Uma distribuição lognormal com a mesma média e mesmo desvio padrão que a distribuição implícita

---

[4] Quando analisamos opções suficientemente de longo prazo, os saltos tendem a desaparecer na média, de modo que a distribuição da taxa de câmbio quando há saltos é praticamente indistinguível daquela obtida quando as mudanças da taxa de câmbio são mais suaves.

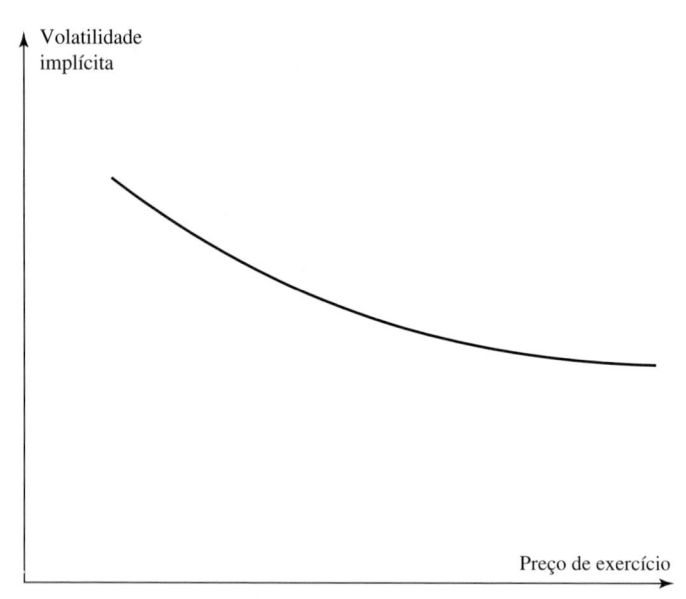

FIGURA 20.3 *Sorriso* de volatilidade para ações.

aparece como a linha tracejada. Nela, vemos que a distribuição implícita tem cauda esquerda maior e cauda direita menor do que a distribuição lognormal.

Para ver que as Figuras 20.3 e 20.4 são consistentes entre si, procedemos da mesma maneira que para as Figuras 20.1 e 20.2 e consideramos opções que estão muito fora do dinheiro. Da Figura 20.4, uma opção de compra muito fora do dinheiro com preço de exercício K_2 tem um preço menor quando a distribuição implícita é usada e não a distribuição lognormal. Isso ocorre porque a opção só dá resultado se o preço da ação fica acima de K_2 e a probabilidade disso é menor para a distribuição de probabilidade implícita do que para a distribuição lognormal. Assim, esperamos que a distribuição implícita informe um preço relativamente baixo para a opção, o que leva a uma volatilidade implícita relativamente baixa. É exatamente isso que observamos na Figura 20.3 para a opção. A seguir, considere uma opção de venda muito fora do dinheiro com preço de exercício K_1. A opção somente dá resultado se o preço da ação fica abaixo de K_1. A Figura 20.4 mostra que a probabilidade disso é maior para a distribuição de probabilidade implícita do que para a distribuição lognormal. Assim, esperamos que a distribuição implícita informe um preço relativamente alto, e uma volatilidade implícita relativamente alta, para essa opção. Mais uma vez, é exatamente isso que observamos na Figura 20.3.

O motivo para o *sorriso* nas opções sobre ações

Uma possível explicação para o *sorriso* nas opções sobre ações é relativa à alavancagem. À medida que as ações da empresa perdem valor, sua alavancagem aumenta. Isso significa que as ações se tornam mais arriscadas e que sua volatilidade diminui. O argumento sugere que podemos esperar que a volatilidade de uma ação seja uma função decrescente de seu preço e é consistente com as Figuras 20.3 e 20.4. Outra explicação é a chamada "crashfobia" (ver História de Negócios 20.2).

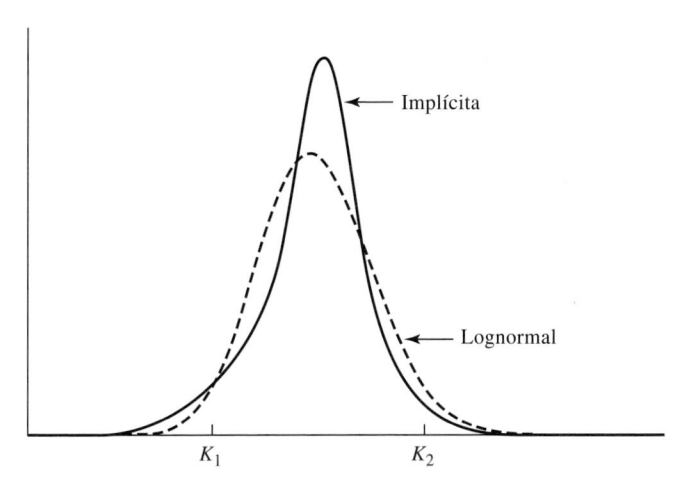

FIGURA 20.4 Distribuição implícita e distribuição lognormal para opções sobre ações.

20.4 MANEIRAS ALTERNATIVAS DE CARACTERIZAR O *SORRISO* DE VOLATILIDADE

Até aqui, definimos o *sorriso* de volatilidade como a relação entre a volatilidade implícita e o preço de exercício. A relação depende do preço atual do ativo. Por exemplo, o ponto mais baixo do *sorriso* de volatilidade na Figura 20.1 geralmente é próximo da taxa de câmbio atual. Se a taxa de câmbio aumenta, o *sorriso* de volatilidade tende a se mover para a direita; se a taxa de câmbio diminui, o *sorriso* de volatilidade tende a se mover para a esquerda. Da mesma forma, na Figura 20.3, quando o preço da ação aumenta, a vantagem de volatilidade tende a se mover para a direita, e quando o preço da ação diminui, ele tende a se mover para a esquerda.[5] Por esse motivo, o *sorriso* de volatilidade muitas vezes é calculado como a relação entre a volatilidade implícita e K/S_0 em vez de como a relação entre a volatilidade implícita e K. Assim, o *sorriso* é muito mais estável.

Um refinamento desse processo seria calcular o *sorriso* de volatilidade como a relação entre a volatilidade implícita e K/F_0, onde F_0 é o preço a termo do ativo para um contrato com vencimento na mesma data que as opções consideradas. Os traders muitas vezes definem uma opção "no dinheiro" como uma opção na qual $K = F_0$, não como uma opção onde $K = S_0$. O argumento para isso é que F_0, não S_0, é o preço de ação esperado na data de vencimento da opção em um mundo *risk-neutral*.

Outra abordagem para definir o *sorriso* de volatilidade é como a relação entre a volatilidade implícita e o delta da opção (na qual o delta é definido como no Capítulo 19). Ocasionalmente, essa abordagem possibilita a aplicação de *sorrisos* de volatilidade a opções que não opções de compra e de venda europeias e americanas. Quando a abordagem é utilizada, uma opção no dinheiro é definida como uma opção de compra com um delta de 0,5 e uma opção de venda com um delta de −0,5. Estas são chamadas de "opções delta 50".

---

[5] As pesquisas de Derman sugerem que esse ajustamento pode ser *"sticky"* no caso das opções negociadas em bolsas. Ver E. Derman, "Regimes of Volatility", *Risk*, April 1999: 55–59.

> **História de Negócios 20.2** Crashfobia
>
> É interessante que o padrão na Figura 20.3 para ações existe apenas desde o crash da bolsa de outubro de 1987. Antes de outubro de 1987, as volatilidades implícitas eram muito menos dependentes do preço de exercício. Isso levou Mark Rubinstein a sugerir que um motivo para o *sorriso* de volatilidade das ações pode ser a "crashfobia". Os traders estão preocupados com a possibilidade de outro crash parecido com o de outubro de 1987 e apreçam opções de forma correspondente.
>
> Essa explicação tem alguma sustentação empírica. Quedas no S&P 500 tendem a ser acompanhadas de um aprofundamento da vantagem de volatilidade. Quando o S&P aumenta, a vantagem tende a se tornar menos profunda.

20.5 A ESTRUTURA A TERMO DA VOLATILIDADE E AS SUPERFÍCIES DE VOLATILIDADE

Os traders permitem que a volatilidade implícita dependa do tempo até o vencimento além do preço de exercício. A volatilidade implícita tende a ser uma função crescente do vencimento quando as volatilidades de curto prazo são historicamente baixas. Isso ocorre porque, nesse caso, há uma expectativa de que as volatilidades irão aumentar. Da mesma forma, a volatilidade tende a ser uma função decrescente do vencimento quando as volatilidades de curto prazo são historicamente altas. Isso ocorre porque, nesse caso, há uma expectativa de que as volatilidades irão diminuir.

As superfícies de volatilidade combinam os *sorrisos* de volatilidade com a estrutura a termo da volatilidade para tabular as volatilidades apropriadas para o apreçamento de uma opção com qualquer preço de exercício e qualquer vencimento. A Tabela 20.2 apresenta um exemplo de superfície de volatilidade que poderia ser usada para opções de moeda.

Uma dimensão da Tabela 20.2 é K/S_0; a outra é o tempo até o vencimento. A parte principal da tabela mostra as volatilidades implícitas calculadas a partir do modelo de Black–Scholes–Merton. Em um momento qualquer, alguns dos itens na tabela provavelmente correspondem a opções para as quais dados de mercado confiáveis estão disponíveis. As volatilidades implícitas para essas opções são calculadas diretamente a partir de seus preços de mercado e inseridas na tabela. O resto da tabela normalmente é determinado usando interpolação. A tabela mostra que o *sorriso* de volatilidade se torna menos destacado à medida que o vencimento da opção aumenta. Como mencionado anteriormente, é isso que se observa para opções de moeda. (Isso também é observado para opções sobre a maioria dos outros ativos.)

Quando uma nova opção precisa ser avaliada, os engenheiros financeiros consultam a volatilidade apropriada na tabela. Por exemplo, quando avalia uma opção de 9 meses com uma razão K/S_0 de 1,05, o engenheiro financeiro interpola entre 13,4 e 14,0 na Tabela 20.2 para obter uma volatilidade de 13,7%. Essa é a volatilidade que seria utilizada na fórmula de Black–Scholes–Merton ou em uma árvore binomial. Quando avalia uma opção de 1,5 ano com uma razão K/S_0 de 0,925, seria utilizada uma interpolação bidimensional (bilinear) para obter uma volatilidade implícita de 14,525%.

TABELA 20.2 Superfície de volatilidade

	K/S₀				
	0,90	0,95	1,00	1,05	1,10
1 mês	14,2	13,0	12,0	13,1	14,5
3 meses	14,0	13,0	12,0	13,1	14,2
6 meses	14,1	13,3	12,5	13,4	14,3
1 ano	14,7	14,0	13,5	14,0	14,8
2 anos	15,0	14,4	14,0	14,5	15,1
5 anos	14,8	14,6	14,4	14,7	15,0

O formato do *sorriso* de volatilidade depende do vencimento da opção. Como mostrado na Tabela 20.2, o *sorriso* tende a se tornar menos destacada à medida que a maturidade da opção aumenta. Defina T como o tempo até o vencimento e F_0 como o preço a termo do ativo para um contrato com vencimento na mesma data que a opção. Alguns engenheiros financeiros escolhem definir o *sorriso* de volatilidade como a relação entre a volatilidade implícita e:

$$\frac{1}{\sqrt{T}} \ln\left(\frac{K}{F_0}\right)$$

em vez da relação entre a volatilidade implícita e K. O *sorriso* depende, então, muito menos do tempo até o vencimento.

20.6 LETRAS GREGAS

O *sorriso* de volatilidade complica o cálculo das letras gregas. Pressuponha que a relação entre a volatilidade implícita e K/S para uma opção com um determinado tempo até o vencimento permanece a mesma.[6] À medida que o preço do ativo subjacente muda, a volatilidade implícita da opção muda para refletir a *moneyness* (ou seja, quanto ela está dentro ou fora do dinheiro). As fórmulas para letras gregas apresentadas no Capítulo 19 não são mais corretas. Por exemplo, o delta de uma opção de compra é dado por:

$$\frac{\partial c_{BS}}{\partial S} + \frac{\partial c_{BS}}{\partial \sigma_{imp}} \frac{\partial \sigma_{imp}}{\partial S}$$

onde c_{BS} é o preço de Black–Scholes da opção expresso como uma função do preço do ativo S e da volatilidade implícita σ_{imp}. Considere o impacto dessa fórmula sobre o delta de uma opção de compra sobre ações. A volatilidade é uma função decrescen-

---

[6] É interessante que esse modelo natural é internamente consistente apenas quando o *sorriso* de volatilidade é *flat* para todos os vencimentos. Ver, por exemplo, T. Daglish, J. Hull, and W. Suo, "Volatility Surfaces: Theory, Rules of Thumb, and Empirical Evidence", *Quantitative Finance*, 7, 5 (October 2007): 507–24.

te de K/S. Isso significa que a volatilidade implícita aumenta à medida que o preço do ativo aumenta, de modo que:

$$\frac{\partial \sigma_{imp}}{\partial S} > 0$$

Por consequência, o delta é maior do que aquele dado pelos pressupostos de Black–Scholes–Merton.

Na prática, os bancos tentam garantir que sua exposição às mudanças mais observadas na superfície de volatilidade é razoavelmente pequena. Uma técnica para identificar essas mudanças é a análise de componentes principais, discutida no Capítulo 22.

20.7 O PAPEL DO MODELO

Qual é a importância do modelo de apreçamento de opções se os traders estão preparados para utilizar uma volatilidade diferente para cada opção? Poderíamos argumentar que o modelo de Black–Scholes–Merton não passa de uma ferramenta de interpolação sofisticada que os traders usam para garantir que uma opção é apreçada de maneira consistente com os preços de mercado de outras opções negociadas ativamente. Se os traders parassem de usar Black–Scholes–Merton e adotassem outro modelo plausível, a superfície de volatilidade e o formato do *sorriso* mudariam, mas os preços em dólar cotados no mercado talvez não sofressem nenhuma alteração significativa. Mesmo o delta, se calculado da maneira descrita na seção anterior, não muda muito quando o modelo se altera.

O efeito dos modelos sobre o apreçamento de derivativos é máximo quando derivativos semelhantes não são negociados ativamente no mercado. Por exemplo, o apreçamento de muitos dos derivativos exóticos não padrões discutidos em capítulos posteriores é dependente do modelo.

20.8 QUANDO UM ÚNICO GRANDE SALTO É ESPERADO

Vamos considerar um exemplo de como um *sorriso* de volatilidade incomum pode ocorrer nos mercados de ações. Suponha que um preço de ação está em $50 e uma notícia importante em alguns dias irá aumentar o preço da ação em $8 ou reduzi-lo em $8. (Essa notícia pode ser referente ao resultado de uma tentativa de aquisição ou o veredito de uma ação judicial importante.) A distribuição de probabilidade do preço da ação em, digamos, 1 mês poderia ser consistente com uma mistura de duas distribuições lognormais, sendo a primeira correspondente a notícias favoráveis e a segunda a notícias desfavoráveis. A Figura 20.5 ilustra a situação. A linha sólida mostra a distribuição de mistura de lognormais para o preço da ação em 1 mês; a linha tracejada mostra uma distribuição lognormal com a mesma média e desvio padrão que essa distribuição.

A distribuição de probabilidade verdadeira é bimodal (com certeza não é lognormal). Uma maneira fácil de investigar o efeito geral da distribuição bimodal do

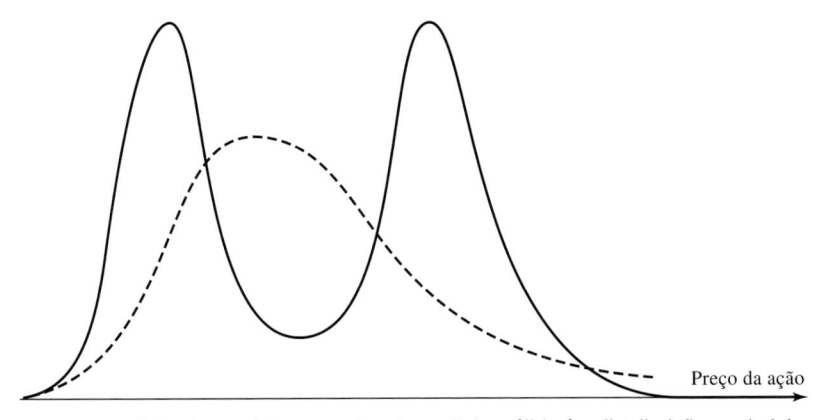

FIGURA 20.5 Efeito de um único grande salto. A linha sólida é a distribuição verdadeira, a linha tracejada é a distribuição lognormal.

preço da ação é considerar o caso extremo no qual há apenas dois preços de ação futuros possíveis. É isso que faremos agora.

Suponha que o preço de uma ação está em $50 e sabe-se que em um mês será $42 ou $58. Suponha também que a taxa de juros livre de risco é 12% ao ano. A situação está ilustrada na Figura 20.6. As opções podem ser avaliadas utilizando o modelo binomial do Capítulo 13. Nesse caso, $u = 1,16$, $d = 0,84$, $a = 1,0101$ e $p = 0,5314$. A Tabela 20.3 apresenta os resultados da avaliação de diversas opções diferentes. A primeira coluna mostra preços de exercício alternativos; a segunda, preços de opções de compra europeias de 1 mês; a terceira, preços de opções de venda europeias e 1 mês; a quarta, as volatilidades implícitas. (Como mostrado na Seção 20.1, a volatilidade implícita de uma opção de venda europeia é a mesma que a de uma opção de compra europeia quando ambas têm o mesmo preço de exercício e o mesmo vencimento.) A Figura 20.7 mostra o *sorriso* de volatilidade da Tabela 20.3. Esse *sorriso* na verdade não é um sorriso, mas uma "testa franzida" (o contrário daquela observada para moedas), com as volatilidades diminuindo à medida que saímos ou entramos no dinheiro. A volatilidade implicada por uma opção com preço de exercício de 50 exagera o preço de uma opção com preço de exercício 44 ou 56.

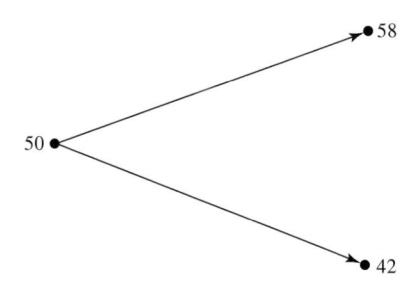

FIGURA 20.6 Mudança no preço da ação em 1 mês.

TABELA 20.3 Volatilidades implícitas na situação em que se sabe que o preço da ação passará de $50 para $42 ou $58

Preço de exercício ($)	Preço da opção de compra ($)	Preço da opção de venda ($)	Volatilidade implícita (%)
42	8,42	0,00	0,0
44	7,37	0,93	58,8
46	6,31	1,86	66,6
48	5,26	2,78	69,5
50	4,21	3,71	69,2
52	3,16	4,64	66,1
54	2,10	5,57	60,0
56	1,05	6,50	49,0
58	0,00	7,42	0,0

RESUMO

O modelo de Black–Scholes–Merton e suas extensões pressupõem que a distribuição de probabilidade do ativo subjacente em qualquer momento futuro é lognormal. Esse pressuposto não é aquele adotado pelos traders, que por sua vez pressupõem que a distribuição de probabilidade de um preço de ação tem uma cauda esquerda mais pesada, e uma cauda direita menos pesada, do que a distribuição lognormal. Eles também pressupõem que a distribuição de probabilidade de uma taxa de câmbio tem uma cauda direita mais pesada, e uma cauda esquerda menos pesada, do que a distribuição lognormal.

Os traders utilizam *sorrisos* de volatilidade para levar em conta a não lognormalidade. O *sorriso* de volatilidade define a relação entre a volatilidade implícita de uma opção e seu preço de exercício. Para opções sobre ações, o *sorriso* de volatili-

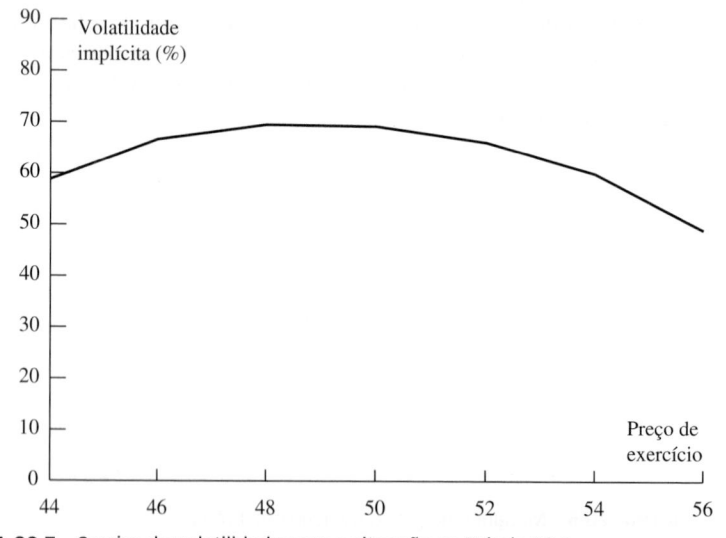

FIGURA 20.7 *Sorriso* de volatilidade para a situação na Tabela 20.3.

dade tende a ter inclinação descendente, o que significa que opções de venda fora do dinheiro e opções de compra dentro do dinheiro têm volatilidades implícitas altas, enquanto opções de compra fora do dinheiro e opções de venda dentro do dinheiro têm volatilidades implícitas baixas. Para opções de moeda estrangeira, o *sorriso* de volatilidade tem formato em U. Ambas as opções fora e dentro do dinheiro têm volatilidades implícitas maiores do que as opções no dinheiro.

Muitas vezes, os traders também utilizam uma estrutura a termo da volatilidade. A volatilidade implícita de uma opção depende então de sua vida. Quando os *sorrisos* de volatilidade e as estruturas a termo da volatilidade são combinados, eles produzem uma superfície de volatilidade. Isso define a volatilidade implícita como uma função do preço de exercício e do tempo até o vencimento.

LEITURAS COMPLEMENTARES

Bakshi, G., C. Cao, and Z. Chen. "Empirical Performance of Alternative Option Pricing Models", *Journal of Finance*, 52, No. 5 (December 1997): 2004–49.

Bates, D. S. "Post-'87 Crash Fears in the S&P Futures Market", *Journal of Econometrics*, 94 (January/February 2000): 181–238.

Daglish, T., J. Hull, and W. Suo. "Volatility Surfaces: Theory, Rules of Thumb, and Empirical Evidence", *Quantitative Finance*, 7, 5 (2007), 507–24.

Derman, E. "Regimes of Volatility", *Risk*, April 1999: 55–59.

Ederington, L. H., and W. Guan. "Why Are Those Options Smiling", *Journal of Derivatives*, 10, 2 (2002): 9–34.

Jackwerth, J. C., and M. Rubinstein. "Recovering Probability Distributions from Option Prices", *Journal of Finance*, 51 (December 1996): 1611–31.

Melick, W. R., and C. P. Thomas. "Recovering an Asset's Implied Probability Density Function from Option Prices: An Application to Crude Oil during the Gulf Crisis", *Journal of Financial and Quantitative Analysis*, 32, 1 (March 1997): 91–115.

Reiswich, D., and U. Wystup. "FX Volatility Smile Construction", Working Paper, Frankfurt School of Finance and Management, April 2010.

Rubinstein, M. "Nonparametric Tests of Alternative Option Pricing Models Using All Reported Trades and Quotes on the 30 Most Active CBOE Option Classes from August 23, 1976, through August 31, 1978", *Journal of Finance*, 40 (June 1985): 455–80.

Questões e problemas

20.1 Qual *sorriso* de volatilidade tem mais probabilidade de ser observado quando:

(a) Ambas as caudas da distribuição de preço da ação são menos pesadas do que aquelas da distribuição lognormal?

(b) A cauda direita é mais pesada, e a cauda esquerda é menos pesada, do que aquela de uma distribuição lognormal?

20.2 Qual *sorriso* de volatilidade é observado para ações?

20.3 Qual *sorriso* de volatilidade tende a ser causado por saltos no preço do ativo subjacente? O padrão será ou não mais destacado para uma opção de 2 anos do que para uma opção de 3 meses?

20.4 Uma opção de compra e uma de venda europeias têm os mesmos preço de exercício e tempo até o vencimento. A opção de compra tem volatilidade implícita de 30% e a de venda tem volatilidade implícita de 25%. Quais operações você realizaria?

20.5 Explique cuidadosamente por que uma distribuição com uma cauda esquerda mais pesada e uma cauda direita menos pesada do que a distribuição lognormal dá origem a um *sorriso* de volatilidade com inclinação descendente.

20.6 O preço de mercado de uma opção de compra europeia é $3,00 e seu preço dado pelo modelo de Black–Scholes–Merton com volatilidade de 30% é $3,50. O preço dado por esse modelo de Black–Scholes–Merton para uma opção de venda europeia com os mesmos preço de exercício e tempo até o vencimento é $1,00. Qual deveria ser o preço de mercado da opção de venda? Justifique sua resposta.

20.7 Explique o que quer dizer o termo "crashfobia".

20.8 O preço atual de uma ação é $20. Amanhã, espera-se que seja anunciado uma notícia que levará ao aumento do preço em $5 ou à sua redução em $5. Quais os problemas de usar Black–Scholes–Merton para avaliar opções de 1 mês sobre a ação?

20.9 Qual *sorriso* de volatilidade provavelmente será observado para opções de 6 meses quando a volatilidade for incerta e positivamente correlacionada com o preço da ação?

20.10 Na sua opinião, quais problemas seriam encontrados no teste empírico de um modelo de apreçamento de opções sobre ações?

20.11 Suponha que a política de um banco central é permitir que a taxa de câmbio flutue entre 0,97 e 1,03. Qual padrão de volatilidades implícitas para opções sobre a taxa de câmbio seria esperado?

20.12 Os traders de opções chamam as opções muito fora do dinheiro de opções sobre a volatilidade. Por que você acha que isso acontece?

20.13 Uma opção de compra europeia sobre uma determinada ação tem preço de exercício de $30, tempo até o vencimento de 1 ano e volatilidade implícita de 30%. Uma opção de venda europeia sobre a mesma ação tem preço de exercício de $30, tempo até o vencimento de 1 ano e volatilidade implícita de 33%. Qual é a oportunidade de arbitragem disponível para um trader? A arbitragem funciona somente quando o pressuposto lognormal por trás de Black–Scholes–Merton é válida? Justifique sua resposta cuidadosamente.

20.14 Suponha que o veredito de uma grande ação judicial que afeta uma empresa será anunciado amanhã. O preço das ações da empresa está em $60. Se a decisão for favorável à empresa, espera-se que o preço da ação salte para $75. Se for desfavorável, espera-se que a ação salte para $50. Qual é a probabilidade *risk-neutral* de uma decisão favorável? Pressuponha que a volatilidade das ações da empresa será 25% por 6 meses após a decisão se esta for favorável e 40% se for desfavorável. Calcule a relação entre a volatilidade implícita e o preço de exercício para opções europeias de 6 meses sobre a empresa hoje. A empresa não paga dividendos. Pressuponha que a taxa de juros livre de risco de 6 meses é 6%. Considere opções de compra com preços de exercício de $30, $40, $50, $60, $70 e $80.

20.15 Uma taxa de câmbio atual é 0,8000. A volatilidade da taxa de câmbio é cotada como 12% e as taxas de juros nos dois países são iguais. Usando o pressuposto lognormal, estime a probabilidade da taxa de câmbio em 3 meses estar (a) abaixo de 0,7000, (b) entre 0,7000 e 0,7500, (c) entre 0,7500 e 0,8000, (d) entre 0,8000 e 0,8500, (e) entre 0,8500 e 0,9000 e (f) acima de 0,9000. Com base no *sorriso* de volatilidade geralmente observado no mercado para taxas de câmbio, quais dessas estimativas você espera que sejam baixas demais? Quais você espera que sejam altas demais?

20.16 O preço de uma ação é $40. Uma opção de compra europeia de 6 meses sobre a ação com preço de exercício $30 tem uma volatilidade implícita de 35%. Uma opção de compra europeia de 6 meses sobre a ação com preço de exercício de $50 tem uma volatilidade implícita de 28%. A taxa de juros livre de risco de seis meses é 5% e não se esperam dividendos. Explique por que as duas volatilidades implícitas são diferentes. Calcule os preços das duas opções. Use a paridade put–call para calcular os preços de opções de venda europeias de 6 meses com preços de exercício de $30 e $50. Calcule as volatilidades implícitas dessas duas opções de venda.

20.17 "O modelo de Black–Scholes–Merton é usado pelos traders como uma ferramenta de interpolação". Discuta esse ponto de vista.

20.18 Usando a Tabela 20.2, calcule a volatilidade implícita que um trader usaria para uma opção de 8 meses com $K/S_0 = 1,04$.

Questões adicionais

20.19 As ações de uma empresa são vendidas por $4. A empresa não tem dívidas em circulação. Os analistas consideram que o valor de liquidação da empresa seja de pelo menos $300.000 e há 100.000 ações em circulação. Qual é o *sorriso* de volatilidade que você esperaria encontrar?

20.20 Uma empresa está esperando o veredito de uma grande ação judicial. Espera-se que a decisão seja conhecida dentro de 1 mês. O preço da ação está em $20. Se o resultado for positivo, espera-se que o preço da ação seja de $24 ao final de 1 mês. Se for negativo, espera-se que seja $18 na mesma data. A taxa de juros livre de risco de 1 mês é 8% ao ano.

(a) Qual é a probabilidade *risk-neutral* de um resultado positivo?
(b) Quais são os valores das opções de compra de 1 mês com preços de exercício de $19, $20, $21, $22 e $23?
(c) Calcule um *sorriso* de volatilidade para opções de compra de 1 mês.
(d) Confirme que o mesmo *sorriso* de volatilidade é obtido para opções de venda de 1 mês.

20.21 Um preço futuro está em $40. A taxa de juros livre de risco é 5%. Espera-se que amanhã saia uma notícia que fará com que a volatilidade nos próximos 3 meses seja de 10% ou 30%. Há uma chance de 60% do primeiro resultado e de 40% do segundo. Calcule um *sorriso* de volatilidade para opções de 3 meses.

20.22 Dados referentes a diversas moedas estrangeiras se encontram no site do autor: http://www.rotman.utoronto.ca/~hull/data.

Escolha uma moeda e use os dados para produzir uma tabela semelhante à Tabela 20.1.

20.23 Dados referentes a diversos índices de ações se encontram no site do autor:
http://www.rotman.utoronto.ca/~hull/data

Escolha um índice e teste se um movimento negativo de três desvios padrões acontece com mais frequência do que um movimento positivo de três desvios padrões.

20.24 Considere uma opção de compra europeia e uma opção de venda europeia com o mesmo preço de exercício e mesmo tempo até o vencimento. Mostre que elas mudam de valor na mesma quantia quando a volatilidade aumenta de um nível σ_1 para um novo nível σ_2 após de um breve período de tempo. (*Dica*: Use a paridade put–call.)

20.25 Uma taxa de câmbio está em 1,0 e as volatilidades implícitas de opções europeias de 6 meses com preços de exercício 0,7, 0,8, 0,9, 1,0, 1,1, 1,2, 1,3 são 13%, 12%, 11%,

10%, 11%, 12%, 13%. As taxas de juros livres de risco nacional e estrangeira são ambas 2,5%. Calcule a distribuição de probabilidade implícita usando uma abordagem semelhante àquela usada para o Exemplo 20A.1 no apêndice deste capítulo. Compare-a com a distribuição implícita na qual todas as volatilidades implícitas são 11,5%.

20.26 Usando a Tabela 20.2, calcule a volatilidade implícita que um trader usaria para uma opção de 8 meses com $K/S_0 = 0{,}98$.

APÊNDICE

DETERMINANDO DISTRIBUIÇÕES *RISK-NEUTRAL* IMPLÍCITAS A PARTIR DE *SORRISOS* DE VOLATILIDADE

O preço de uma opção de compra europeia sobre um ativo com preço de exercício K e vencimento T é dado por:

$$c = e^{-rT} \int_{S_T=K}^{\infty} (S_T - K) g(S_T) dS_T$$

onde r é a taxa de juros (pressupõe-se que seja constante), S_T é o preço do ativo no tempo T e g é a função de densidade da probabilidade *risk-neutral* de S_T. Diferenciando uma vez com relação a K, obtemos:

$$\frac{\partial c}{\partial K} = -e^{-rT} \int_{S_T=K}^{\infty} g(S_T) dS_T$$

Diferenciando novamente com relação K, obtemos:

$$\frac{\partial^2 c}{\partial K^2} = e^{-rT} g(K)$$

Isso mostra que a função de densidade de probabilidade g é dada por:

$$g(K) = e^{rT} \frac{\partial^2 c}{\partial K^2} \qquad (20A.1)$$

Este resultado, que vem de Breeden e Litzenberger (1978), permite que estimemos as distribuições de probabilidade *risk-neutral* a partir de *sorrisos* de volatilidade.[7] Suponha que c_1, c_2 e c_3 são os preços de opções de compra europeias de T anos com preços de exercício $K - \delta$, K e $K + \delta$, respectivamente. Pressupondo que δ é pequeno, uma estimativa de $g(K)$, obtida pela aproximação da derivativa parcial na equação (20A.1), é:

$$e^{rT} \frac{c_1 + c_3 - 2c_2}{\delta^2}$$

Para entender essa fórmula de outra maneira, suponha que você estrutura um spread borboleta com preços de exercício $K - \delta$, K e $K + \delta$, e vencimento T. Isso significa que você compra uma opção de compra com preço de exercício $K - \delta$, compra uma opção de compra com preço de exercício $K + \delta$ e vende duas opções de compra com preço de exercício K. O valor da sua posição é $c_1 + c_3 - 2c_2$. O valor da posição também pode ser calculado integrando o resultado sobre a distribuição de probabilidade *risk-neutral*, $g(S_T)$, e descontando à taxa de juros livre de risco. A Figura 20A.1 mostra o resultado. Como δ é pequeno, podemos pressupor que $g(S_T) =$

---

[7] Ver D. T. Breeden and R. H. Litzenberger, "Prices of State-Contingent Claims Implicit in Option Prices", *Jounal of Business*, 51 (1978):621–51.

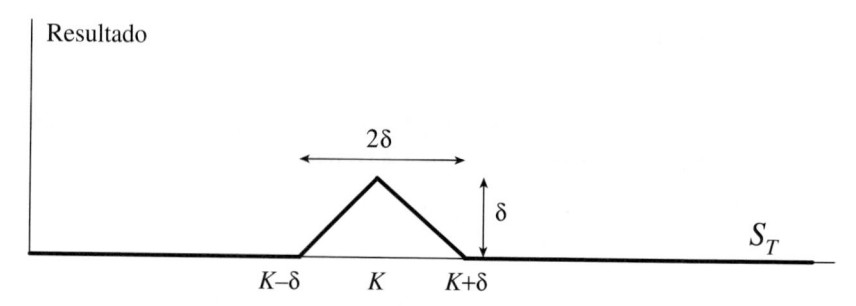

FIGURA 20A.1 Resultado de um spread borboleta.

$g(K)$ em toda a amplitude de $K - \delta < S_T < K + \delta$, onde resultado não é zero. A área sob o "pico" na Figura 20A.1 é $0{,}5 \times 2\delta \times \delta = \delta^2$. O valor do resultado (quando δ é pequeno) é, assim, $e^{-rT} g(K)\delta^2$. Logo:

$$e^{-rT} g(K)\delta^2 = c_1 + c_3 - 2c_2$$

que leva diretamente a:

$$g(K) = e^{rT} \frac{c_1 + c_3 - 2c_2}{\delta^2} \qquad (20A.2)$$

■ Exemplo 20A.1

Suponha que o preço de uma ação que não paga dividendos é $10, a taxa de juros livre de risco é 3% e as volatilidades implícitas das opções europeias de 3 meses com preços de exercício de $6, $7, $8, $9, $10, $11, $12, $13, $14 são 30%, 29%, 28%, 27%, 26%, 25%, 24%, 23%, 22%, respectivamente. Uma maneira de aplicar os resultados acima é explicada a seguir. Pressuponha que $g(S_T)$ é constante entre $S_T = 6$ e $S_T = 7$, constante entre $S_T = 7$ e $S_T = 8$ e assim por diante. Defina:

$$\begin{aligned}
g(S_T) &= g_1 \quad \text{para } 6 \leq S_T < 7 \\
g(S_T) &= g_2 \quad \text{para } 7 \leq S_T < 8 \\
g(S_T) &= g_3 \quad \text{para } 8 \leq S_T < 9 \\
g(S_T) &= g_4 \quad \text{para } 9 \leq S_T < 10 \\
g(S_T) &= g_5 \quad \text{para } 10 \leq S_T < 11 \\
g(S_T) &= g_6 \quad \text{para } 11 \leq S_T < 12 \\
g(S_T) &= g_7 \quad \text{para } 12 \leq S_T < 13 \\
g(S_T) &= g_8 \quad \text{para } 13 \leq S_T < 14
\end{aligned}$$

O valor de g_1 pode ser calculado por interpolação para obtermos a volatilidade implícita para uma opção de 3 meses com preço de exercício de $6,5 como igual a 29,5%. Isso significa que opções com preços de exercício de $6, $6,5 e $7 têm volatilidades implícitas de 30%, 29,5% e 29%, respectivamente. Seus preços são $4,045, $3,549 e $3,055, respectivamente. Usando a equação (20A.2), com $K = 6{,}5$ e $\delta = 0{,}5$, obtemos:

$$g_1 = \frac{e^{0{,}03 \times 0{,}25}(4{,}045 + 3{,}055 - 2 \times 3{,}549)}{0{,}5^2} = 0{,}0057$$

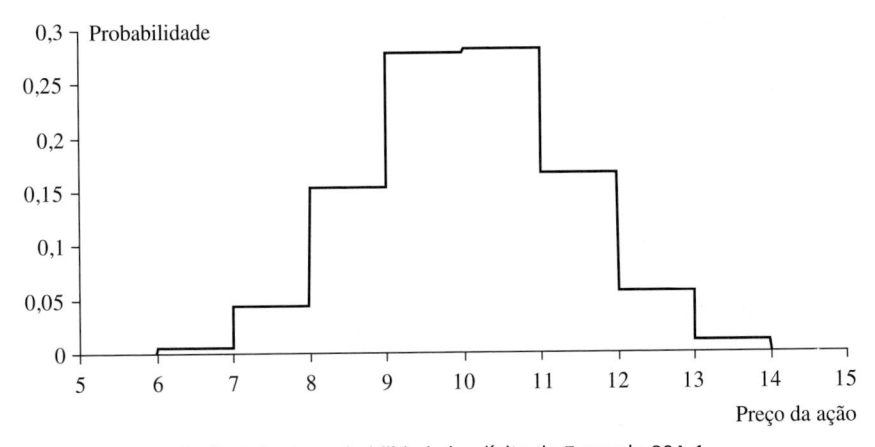

FIGURA 20A.2 Distribuição de probabilidade implícita do Exemplo 20A.1.

Cálculos semelhantes mostram que:

$$g_2 = 0{,}0444, \quad g_3 = 0{,}1545, \quad g_4 = 0{,}2781$$
$$g_5 = 0{,}2813, \quad g_6 = 0{,}1659, \quad g_7 = 0{,}0573, \quad g_8 = 0{,}0113$$

A Figura 20A.2 mostra a distribuição implícita. (Observe que a área sob a distribuição de probabilidade é 0,9985. A probabilidade de que $S_T < 6$ ou $S_T > 14$ é, logo, 0,0015.) Apesar de não ser óbvio pela Figura 20A.2, a distribuição implícita tem uma cauda esquerda mais pesada e uma cauda direita menos pesada do que uma distribuição lognormal. Para a distribuição lognormal baseada em uma única volatilidade de 26%, a probabilidade de um preço de ação entre $6 e $7 é 0,0031 (em comparação com 0,0057 na Figura 20A.2) e a probabilidade de um preço de ação entre $13 e $14 é 0,0167 (em comparação com 0,0113 na Figura 20A.2). ∎

CAPÍTULO
21

Procedimentos numéricos básicos

Este capítulo discute três procedimentos numéricos para avaliar derivativos quando não existem resultados analíticos como a fórmula de Black–Scholes–Merton. O primeiro representa os movimentos do preço do ativo na forma de uma árvore e foi introduzido no Capítulo 13. O segundo é a simulação de Monte Carlo, que encontramos brevemente no Capítulo 14 durante a explicação sobre processos estocásticos. O terceiro envolve os métodos das diferenças finitas.

A simulação de Monte Carlo geralmente é utilizada para derivativos cujo resultado depende do histórico da variável subjacente e para os quais há diversas variáveis subjacentes. As árvores e os métodos das diferenças finitas normalmente são usadas para opções americanas e outros derivativos cujo titular tem que tomar decisões antes do vencimento. Além de avaliar derivativos, todos os procedimentos podem ser utilizados para calcular letras gregas como delta, gama e vega.

Os procedimentos básicos discutidos neste capítulo podem ser utilizados para lidar com a maioria dos problemas de avaliação de derivativos encontrados na prática. Contudo, ocasionalmente eles precisam ser adaptados a situações específicas, como será explicado no Capítulo 27.

21.1 ÁRVORES BINOMIAIS

As árvores binomiais foram introduzidas no Capítulo 13. Elas podem ser utilizadas para avaliar opções europeias e americanas. As fórmulas de Black–Scholes–Merton e suas extensões, apresentadas nos Capítulos 15, 17 e 18, oferecem avaliações analíticas para opções europeias.[1] Não há avaliações analíticas para opções ame-

---

[1] As fórmulas de Black–Scholes–Merton se baseiam no mesmo conjunto de pressupostos que as árvores binomiais. Como mostrado no apêndice do Capítulo 13, no limite, à medida que o número de passos no tempo aumenta, o preço dado por uma árvore binomial para uma opção europeia converge com o preço de Black–Scholes–Merton.

ricanas. Logo, a maior utilidade das árvores binomiais está em avaliar esses tipos de opções.[2]

Como explicado no Capítulo 13, a abordagem de avaliação por árvore binomial envolve dividir a vida da opção em um grande número de pequenos intervalos de duração Δt. Ela pressupõe que em cada intervalo de tempo, o preço do ativo subjacente muda de seu valor inicial S para um de dois novos valores, Su e Sd. A Figura 21.1 ilustra a abordagem. Em geral, $u > 1$ e $d < 1$. O movimento de S para Su, assim, é um movimento "positivo" ou "ascendente, e o movimento de S para Sd é um movimento "negativo" ou "descendente". A probabilidade de um movimento positivo é denotada por p. A probabilidade de um movimento negativo é $1 - p$.

Avaliação *risk-neutral*

O princípio da avaliação *risk-neutral*, explicado nos Capítulos 13 e 15, afirma que uma opção (ou outro derivativo) pode ser avaliada com base no pressuposto de que o mundo é *risk-neutral*, ou seja, neutro em relação ao risco. Isso significa que, para fins de avaliação, podemos utilizar o seguinte procedimento:

1. Pressuponha que o retorno esperado de todos os ativos negociados é a taxa de juros livre de risco.
2. Avalie os resultados do derivativo calculando seus valores esperados e descontando à taxa de juros livre de risco.

Esse princípio está por trás do modo como as árvores são utilizadas.

Determinação de *p*, *u* e *d*

Os parâmetros p, u e d devem fornecer valores corretos para a média e a variância das mudanças de preço de um ativo durante um intervalo de tempo de duração Δt. Como estamos trabalhando em um mundo *risk-neutral*, o retorno esperado do ativo é a taxa de juros livre de risco, r. Suponha que o ativo oferece um rendimento de q. O retorno esperado na forma de ganhos de capital deve ser $r - q$. Isso significa que

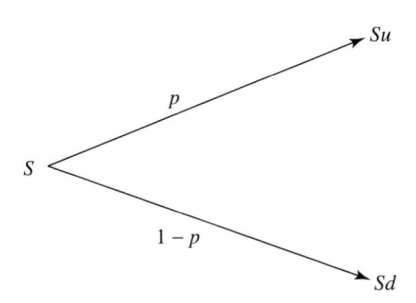

FIGURA 21.1 Movimentos do preço do ativo no tempo Δt sob o modelo binomial.

---

[2] Foram sugeridas algumas aproximações analíticas para avaliar opções americanas. Veja, por exemplo, a Nota Técnica 8 em www.rotman.utoronto.ca/~hull/TechnicalNotes para uma descrição da abordagem da aproximação quadrática.

o valor esperado do preço do ativo ao final de um intervalo de tempo de duração Δt deve ser $Se^{(r-q)\Delta t}$, onde S é o preço do ativo no início do intervalo de tempo. Para fazer com que o retorno médio corresponda à árvore, precisamos, assim, de:

$$Se^{(r-q)\Delta t} = pSu + (1-p)Sd$$

ou:

$$e^{(r-q)\Delta t} = pu + (1-p)d \qquad (21.1)$$

A variância de uma variável Q é definida como $E(Q^2) - [E(Q)]^2$. Definindo R como a mudança percentual do preço do ativo no tempo Δt, há uma probabilidade p de que $1 + R$ será u e uma probabilidade $1 - p$ de que será d. Usando a equação (21.1), portanto, a variância de $1 + R$ é:

$$pu^2 + (1-p)d^2 - e^{2(r-q)\Delta t}$$

Como adicionar uma constante a uma variável não faz diferença para a sua variância, a variância de $1 + R$ é igual à variância de R. Como explicado na Seção 15.4, esta é $\sigma^2 \Delta t$.

Assim:

$$pu^2 + (1-p)d^2 - e^{2(r-q)\Delta t} = \sigma^2 \Delta t$$

Da equação (21.1), $e^{(r-q)\Delta t}(u+d) = pu^2 + (1-p)d^2 + ud$, de modo que:

$$e^{(r-q)\Delta t}(u+d) - ud - e^{2(r-q)\Delta t} = \sigma^2 \Delta t \qquad (21.2)$$

As equações (21.1) e (21.2) impõe duas condições sobre p, u e d. Uma terceira condição usada por Cox, Ross e Rubinstein (1979) é:[3]

$$u = 1/d \qquad (21.3)$$

Uma solução para as equações (21.1) a (21.3), quando termos de ordem superior a Δt são ignorados, é:[4]

$$p = \frac{a-d}{u-d} \qquad (21.4)$$

$$u = e^{\sigma\sqrt{\Delta t}} \qquad (21.5)$$

$$d = e^{-\sigma\sqrt{\Delta t}} \qquad (21.6)$$

---

[3] Ver J. C. Cox, S. A. Ross, and M. Rubinstein, "Option Pricing: A Simplified Approach", *Journal of Financial Economics*, 7 (October 1979), 229–63.

[4] Para mostrar como isso funciona, observamos que as equações (21.4) e (21.7) satisfazem as condições nas equações (21.1) e (21.3) exatamente. A função exponencial e^x pode ser expandida como $1 + x + x^2/2 + \ldots$. Quando termos de uma ordem maior do que Δt são ignorados, a equação (21.5) significa que $u = 1 + \sigma\sqrt{\Delta t} + \frac{1}{2}\sigma^2\Delta t$ e a equação (21.6) significa que $d = 1 - \sigma\sqrt{\Delta t} + \frac{1}{2}\sigma^2\Delta t$. Além disso, $e^{(r-q)\Delta t} = 1 + (r-q)\Delta t$ e $e^{2(r-q)\Delta t} = 1 + 2(r-q)\Delta t$. Por substituição, vemos que a equação (21.2) é satisfeita quando termos de ordem superior a Δt são ignorados.

onde:

$$a = e^{(r-q)\Delta t} \tag{21.7}$$

A variável *a* também é chamada de *fator de crescimento*. As equações (21.4) a (21.7) são consistentes com as fórmulas nas Seções 13.8 e 13.11.

Árvore de preços de ativos

A Figura 21.2 mostra a árvore completa de preços de ativo que é considerada quando o modelo binomial é usado com quatro passos no tempo. No tempo zero, o preço do ativo, S_0, é conhecido. No tempo Δt, há dois preços de ativo possíveis, $S_0 u$ e $S_0 d$; no tempo $2\Delta t$, há três preços possíveis do ativo, $S_0 u^2$, S_0 e $S_0 d^2$; e assim por diante. Em geral, no tempo $i\Delta t$, consideramos $i+1$ preços do ativo. Estes são:

$$S_0 u^j d^{i-j}, \quad j = 0, 1, \ldots, i$$

Observe que a relação $u = 1/d$ é utilizada no cálculo do preço do ativo em cada nó da árvore na Figura 21.2. Por exemplo, o preço do ativo quando $j = 2$ e $i = 3$ é $S_0 u^2 d = S_0 u$. Observe também que a árvore se recombina, no sentido de que um movimento positivo seguido por um movimento negativo leva ao mesmo preço de ativo que um movimento negativo seguido de um movimento positivo.

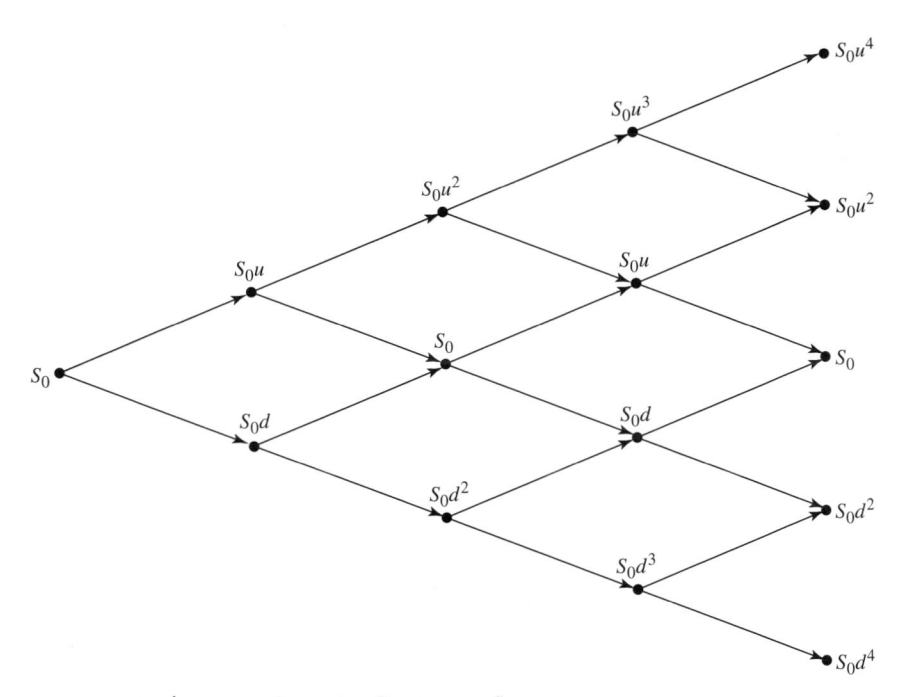

FIGURA 21.2 Árvore usada para avaliar uma opção.

Analisando uma árvore retroativamente

As opções são avaliadas começando pelo final da árvore (tempo T) e analisando retroativamente. O valor da opção é conhecido no tempo T. Por exemplo, uma opção de venda vale $\max(K - S_T, 0)$ e uma opção de compra vale $\max(S_T - K, 0)$, onde S_T é o preço do ativo no tempo T e K é o preço de exercício. Como estamos pressupondo um mundo *risk-neutral*, o valor em cada nó no tempo $T - \Delta t$ pode ser calculado como o valor esperado no tempo T descontado à taxa r para um período de tempo Δt. Da mesma forma, o valor em cada nó no tempo $T - 2\Delta t$ pode ser calculado como o valor esperado no tempo $T - \Delta t$ descontado para um período de tempo Δt à taxa r, e assim por diante. Se a opção é americana, é necessário verificar cada nó para determinar se o exercício antecipado é ou não preferível a manter a opção por um período de tempo adicional Δt. Analisando retroativamente todos os nós, conseguimos obter o valor da opção no tempo zero.

■ Exemplo 21.1

Considere uma opção de venda americana de 5 meses sobre uma ação que não paga dividendos quando o preço da ação é $50, o preço de exercício é $50, a taxa de juros livre de risco é 10% ao ano e a volatilidade é 40% ao ano. Usando nossa notação tradicional, isso significa que $S_0 = 50$, $K = 50$, $r = 0,10$, $\sigma = 0,40$, $T = 0,4167$ e $q = 0$. Suponha que dividimos a vida da opção em cinco intervalos de duração igual a 1 mês ($= 0,0833$ ano) para construir uma árvore binomial. Nesse caso, $\Delta t = 0,0833$ e usar as equações (21.4) a (21.7) nos dá:

$$u = e^{\sigma\sqrt{\Delta t}} = 1{,}1224, \qquad d = e^{-\sigma\sqrt{\Delta t}} = 0{,}8909, \qquad a = e^{r\Delta t} = 1{,}0084$$

$$p = \frac{a - d}{u - d} = 0{,}5073, \qquad 1 - p = 0{,}4927$$

A Figura 21.3 mostra a árvore binomial produzida pelo DerivaGem. Há dois números em cada nó. O superior mostra o preço da ação no nó; o inferior, o valor da opção no nó. A probabilidade de um movimento positivo é sempre 0,5073; a de um negativo, sempre 0,4927.

O preço da ação no j-ésimo nó ($j = 0, 1,..., i$) no tempo $i\Delta t$ ($i = 0, 1,..., 5$) é calculado como $S_0 u^j d^{i-j}$. Por exemplo, o preço da ação no nó A ($i = 4, j = 1$) (ou seja, o segundo nó superior ao final do quarto passo no tempo) é $50 \times 1{,}1224 \times 0{,}8909^3 = \$39{,}69$. Os preços da opção nos nós finais são calculados como $\max(K - S_T, 0)$. Por exemplo, o preço da opção no nó G é $50{,}00 - 35{,}36 = 14{,}64$. Os preços da opção nos penúltimos nós são calculados a partir dos preços da opção nos nós finais. Primeiro, pressupomos que não há exercício da opção nos nós. Isso significa que o preço da opção é calculado como o valor presente do preço da opção esperado um passo adiante. Por exemplo, no nó E, o preço da opção e calculado como:

$$(0{,}5073 \times 0 + 0{,}4927 \times 5{,}45)e^{-0{,}10 \times 0{,}0833} = 2{,}66$$

enquanto no nó A ele é calculado como:

$$(0{,}5073 \times 5{,}45 + 0{,}4927 \times 14{,}64)e^{-0{,}10 \times 0{,}0833} = 9{,}90$$

A seguir, verificamos se o exercício antecipado é preferível à espera. No nó E, o exercício antecipado daria um valor de zero para o opção, pois o preço da ação e o preço de

Em cada nó:
Valor superior = Preço do ativo subjacente
Valor inferior = Preço da opção
O sombreamento indica onde a opção é exercida

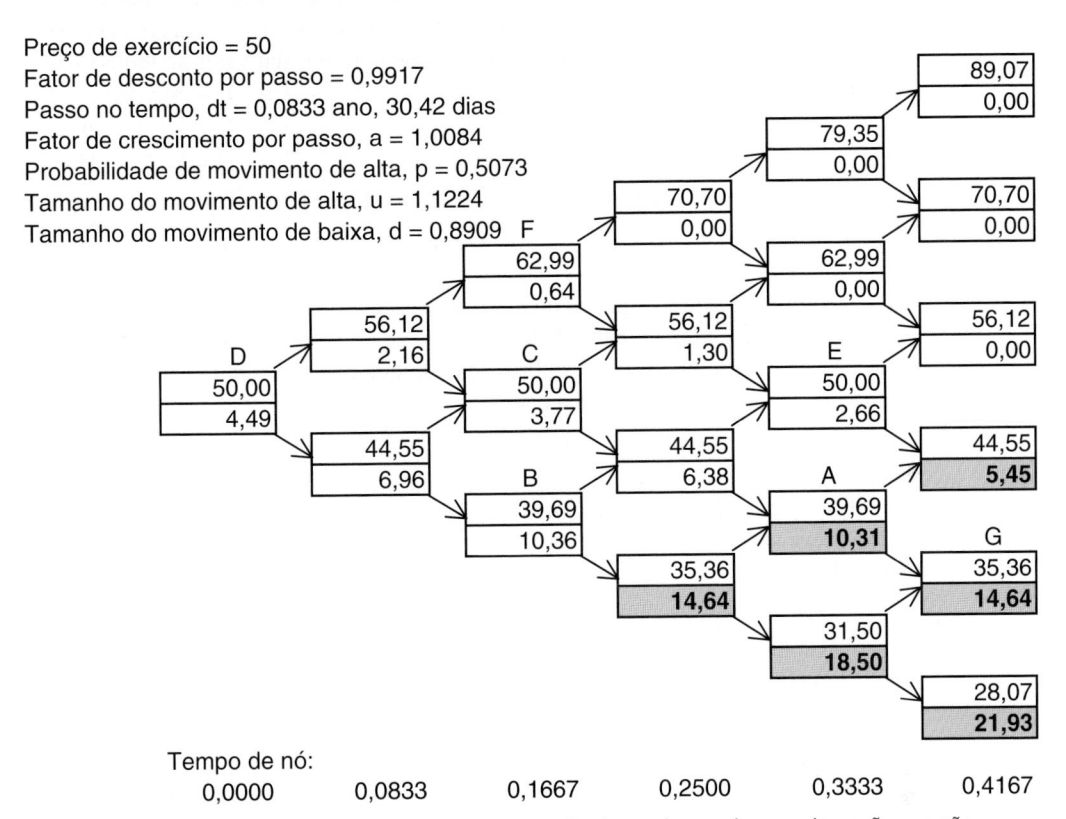

Preço de exercício = 50
Fator de desconto por passo = 0,9917
Passo no tempo, dt = 0,0833 ano, 30,42 dias
Fator de crescimento por passo, a = 1,0084
Probabilidade de movimento de alta, p = 0,5073
Tamanho do movimento de alta, u = 1,1224
Tamanho do movimento de baixa, d = 0,8909

[Árvore binomial com nós D, C, B, F, E, A, G mostrando preços do ativo e valores da opção em cada nó]

Tempo de nó:
0,0000   0,0833   0,1667   0,2500   0,3333   0,4167

FIGURA 21.3 Árvore binomial do DerivaGem para opção de venda americana sobre ação que não paga dividendos (Exemplo 21.1).

exercício são $50. Evidentemente, é melhor esperar. O valor correto para a opção no nó E é, logo, $2,66. No nó A, a história é diferente. Se a opção é exercida, ela vale $50,00 − $39,69, ou $10,31. Esse valor é maior do que $9,90. Se o nó A é alcançado, a opção deve ser exercida e o valor correto para a opção no nó A é $10,31.

Os preços de opção em nós anteriores são calculados de maneira semelhante. Observe que nem sempre é melhor exercer a opção antecipadamente quando ela está no dinheiro. Considere o nó B. Se exercida, a opção vale $50,00−$39,69, ou $10,31. Se não for exercida, no entanto, ela vale:

$$(0{,}5073 \times 6{,}38 + 0{,}4927 \times 14{,}64)e^{-0{,}10 \times 0{,}0833} = 10{,}36$$

Logo, a opção não deve ser exercida nesse nó e o valor correto da opção nele é $10,36.
Analisando a árvore retroativamente, o valor da opção no nó inicial é $4,49. Essa é nossa estimativa numérica do valor atual da opção. Na prática, seria usado um valor menor de t, e muitos mais nós. O DerivaGem mostra que com 30, 50, 100 e 500 passos no tempo, obtemos valores para a opção de 4,263, 4,272, 4,278 e 4,283. ∎

Expressando a abordagem algebricamente

Suponha que a vida de uma opção americana é dividida em N subintervalos de duração Δt. Chamaremos o j-ésimo nó no tempo $i\Delta t$ como o (i, j), onde $0 \leq i \leq N$ e $0 \leq j \leq i$). Isso significa que o menor nó no tempo $i\Delta t$ é $(i, 0)$, o segundo menor é $(i, 1)$ e assim por diante. Defina $f_{i,j}$ como o valor da opção no nó (i, j). O preço do ativo subjacente no nó (i, j) é $S_0 u^j d^{i-j}$. Se a opção é de compra, seu valor no tempo T (a data de expiração) é $\max(S_T - K, 0)$, tal que:

$$f_{N,j} = \max(S_0 u^j d^{N-j} - K, 0), \quad j = 0, 1, \ldots, N$$

Se a opção é de venda, seu valor no tempo T é $\max(K - S_T, 0)$, tal que:

$$f_{N,j} = \max(K - S_0 u^j d^{N-j}, 0), \quad j = 0, 1, \ldots, N$$

Há uma probabilidade p de passar do nó (i, j) no tempo $i\Delta t$ para o nó $(i + 1, j + 1)$ no tempo $(i + 1)\Delta t$, e uma probabilidade $1 - p$ de passar do nó (i, j) no tempo $i\Delta t$ para o nó $(i + 1; j)$ no tempo $(i + 1)\Delta t$. Pressupondo que não há exercício antecipado, a avaliação *risk-neutral* nos informa que:

$$f_{i,j} = e^{-r\Delta t}[p f_{i+1,j+1} + (1 - p) f_{i+1,j}]$$

para $0 \leq i \leq N - 1$ e $0 \leq j \leq i$. Quando o exercício antecipado é possível, esse valor para $f_{i,j}$ deve ser comparado com o valor intrínseco da opção, de modo que, para uma opção de compra:

$$f_{i,j} = \max\{S_0 u^j d^{i-j} - K, e^{-r\Delta t}[p f_{i+1,j+1} + (1 - p) f_{i+1,j}]\}$$

e para uma opção de venda:

$$f_{i,j} = \max\{K - S_0 u^j d^{i-j}, e^{-r\Delta t}[p f_{i+1,j+1} + (1 - p) f_{i+1,j}]\}$$

Observe que, como os cálculos começam no tempo T e seguem retroativamente, o valor no tempo $i\Delta t$ captura, além do efeito das possibilidades de exercício antecipado no tempo $i\Delta t$, o efeito do exercício antecipado em datas subsequentes.

No limite, à medida que Δt tende a zero, obtém-se um valor exato para a opção de venda americana. Na prática, $N = 30$ geralmente fornece resultados razoáveis. A Figura 21.4 mostra a convergência do preço da opção no Exemplo 21.1.

Estimando o delta e outras letras gregas

Como você deve lembrar, o delta (Δ) de uma opção é a taxa de mudança do seu preço com relação ao preço da ação subjacente. Ele pode ser calculado como:

$$\frac{\Delta f}{\Delta S}$$

onde ΔS é uma pequena mudança no preço do ativo e Δf é a pequena mudança correspondente no preço da opção. No tempo Δt, temos uma estimativa $f_{1,1}$ do preço da opção quando o preço do ativo é $S_0 u$ e uma estimativa $f_{1,0}$ do preço da opção quan-

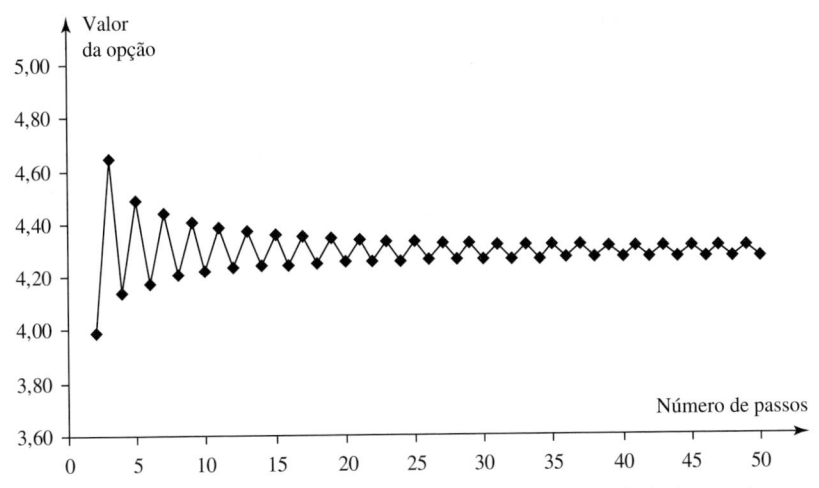

FIGURA 21.4 Convergência do preço da opção no Exemplo 21.1 calculada usando as funções do Construtor de Aplicações do DerivaGem.

do o preço do ativo é $S_0 d$. Isso significa que quando $\Delta S = S_0 u - S_0 d$, $\Delta f = f_{1,1} - f_{1,0}$. Logo, uma estimativa do delta no tempo Δt é:

$$\Delta = \frac{f_{1,1} - f_{1,0}}{S_0 u - S_0 d} \tag{21.8}$$

Para determinar o gama (Γ), observe que temos duas estimativas de Δ no tempo $2\Delta t$. Quando $S = (S_0 u^2 + S_0)/2$ (na metade do caminho entre o segundo e o terceiro nó), delta é $(f_{2,2} - f_{2,1})/(S_0 u^2 - S_0)$, quando $S = (S_0 + S_0 d^2)/2$ (na metade do caminho entre o primeiro e o segundo nó), delta é $(f_{2,1} - f_{2,0})/(S_0 - S_0 d^2)$. A diferença entre os dois valores de S é h, onde:

$$h = 0{,}5(S_0 u^2 - S_0 d^2)$$

Gama é a mudança em delta dividida por h:

$$\Gamma = \frac{[(f_{2,2} - f_{2,1})/(S_0 u^2 - S_0)] - [(f_{2,1} - f_{2,0})/(S_0 - S_0 d^2)]}{h} \tag{21.9}$$

Esses procedimentos fornecem estimativas do delta no tempo Δt e do gama no tempo $2\Delta t$. Na prática, eles geralmente também são utilizados como estimativas do delta e do gama no tempo zero.[5]

Outro parâmetro de hedge que pode ser obtido diretamente a partir da árvore é o teta (Θ), que é a taxa de mudança do preço da opção quando tudo mais se mantém

---

[5] Se for necessário obter um nível ligeiramente maior de precisão para o delta e o gama, podemos começar a árvore binomial no tempo $-2\Delta t$ e pressupor que o preço da ação é S_0 nessa data. Isso leva ao cálculo do preço da opção para três preços de ação diferentes no tempo zero.

constante. O valor da opção no tempo zero é $f_{0,0}$ e no tempo $2\Delta t$ é $f_{2,1}$. Logo, uma estimativa do teta é:

$$\Theta = \frac{f_{2,1} - f_{0,0}}{2\Delta t} \quad (21.10)$$

O vega pode ser calculado por uma pequena mudança, $\Delta\sigma$, na volatilidade e a construção de uma nova árvore para obter um novo valor da opção. (O número de passos no tempo deve ser mantido igual.) A estimativa do vega é:

$$\mathcal{V} = \frac{f^* - f}{\Delta\sigma}$$

onde f e f^* são as estimativas do preço da opção da árvore original e da nova, respectivamente. O rô pode ser calculado de forma semelhante.

■ **Exemplo 21.2**

Considere mais uma vez o Exemplo 21.1. Da Figura 21.3, $f^{1,0} = 6{,}96$ e $f^{1,1} = 2{,}16$. A equação (21.8) oferece uma estimativa para o delta de:

$$\frac{2{,}16 - 6{,}96}{56{,}12 - 44{,}55} = -0{,}41$$

Da equação (21.9), uma estimativa do gama da opção pode ser obtida a partir dos valores nos nós B, C e F como:

$$\frac{[(0{,}64 - 3{,}77)/(62{,}99 - 50{,}00)] - [(3{,}77 - 10{,}36)/(50{,}00 - 39{,}69)]}{11{,}65} = 0{,}03$$

Da equação (21.10), uma estimativa do teta da opção pode ser obtida a partir dos valores nos nós D e C como:

$$\frac{3{,}77 - 4{,}49}{0{,}1667} = -4{,}3 \text{ por ano}$$

ou $-0{,}012$ por dia corrido. Estas são apenas estimativas aproximadas. Elas se tornam progressivamente melhores à medida que o número de passos no tempo da árvore aumenta. Usando 50 passos, o DerivaGem fornece estimativas de $-0{,}415$, $0{,}034$ e $-0{,}0117$ para delta, gama e teta, respectivamente. Realizando pequenas mudanças nos parâmetros e recalculando os valores, vega e rô são estimados como $0{,}123$ e $-0{,}072$, respectivamente. ■

21.2 USANDO A ÁRVORE BINOMIAL PARA OPÇÕES SOBRE ÍNDICES, MOEDAS E CONTRATOS FUTUROS

Como explicado nos Capítulos 13, 17 e 18, índices de ações, moedas e contratos futuros podem, para fins de avaliação de opções, ser considerados ativos que oferecem rendimentos conhecidos. Para um índice de ações, o rendimento relevante é o rendimento em dividendos sobre o portfólio de ações subjacente ao índice; no caso de uma moeda, é a taxa de juros livre de risco estrangeira; no caso de um contrato futuro, é a taxa de juros livre de risco nacional. Logo, a abordagem de árvore binomial pode ser utilizada para avaliar opções sobre índices de ações, moedas e contratos futuros, desde que a variável q na equação (21.7) seja interpretada corretamente.

■ *Exemplo 21.3*

Considere uma opção de compra americana de 4 meses sobre um futuro de índice no qual o preço futuro atual é 300, o preço de exercício é 300, a taxa de juros livre de risco é de 8% ao ano e a volatilidade do índice é de 30% ao ano. A vida da opção é dividida em quatro períodos de 1 mês para a construção da árvore. Nesse caso, $F_0 = 300$, $K = 300$, $r = 0{,}08$, $\sigma = 0{,}3$, $T = 0{,}3333$ e $\Delta t = 0{,}0833$. Como um contrato futuro é análogo a uma ação que paga dividendos a uma taxa r, q deve ser determinado como igual a r na equação (21.7). Isso produz $a = 1$. Os outros parâmetros necessários para construir a árvore são:

$$u = e^{\sigma\sqrt{\Delta t}} = 1{,}0905, \qquad d = 1/u = 0{,}9170$$
$$p = \frac{a-d}{u-d} = 0{,}4784, \qquad 1 - p = 0{,}5216$$

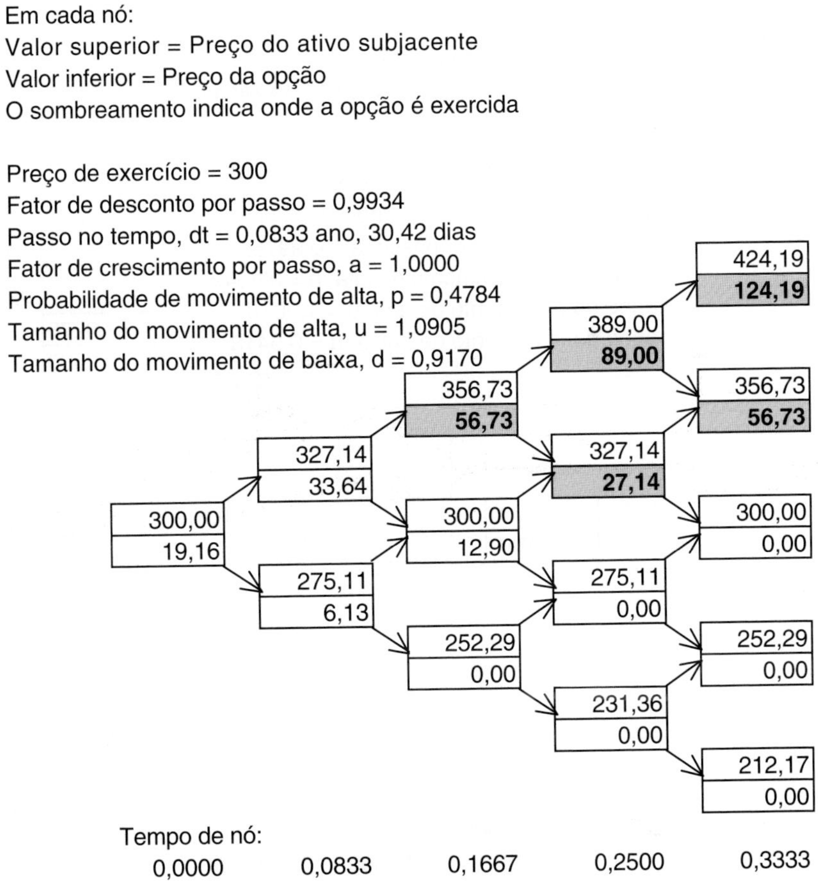

Em cada nó:
Valor superior = Preço do ativo subjacente
Valor inferior = Preço da opção
O sombreamento indica onde a opção é exercida
Preço de exercício = 300
Fator de desconto por passo = 0,9934
Passo no tempo, dt = 0,0833 ano, 30,42 dias
Fator de crescimento por passo, a = 1,0000
Probabilidade de movimento de alta, p = 0,4784
Tamanho do movimento de alta, u = 1,0905
Tamanho do movimento de baixa, d = 0,9170
424,19
124,19
389,00
89,00
356,73
56,73
356,73
56,73
327,14
33,64
327,14
27,14
300,00
19,16
300,00
12,90
300,00
0,00
275,11
6,13
275,11
0,00
252,29
0,00
252,29
0,00
231,36
0,00
212,17
0,00
Tempo de nó:
0,0000
0,0833
0,1667
0,2500
0,3333

FIGURA 21.5 Árvore binomial produzida pelo DerivaGem para uma opção de compra americana sobre um contrato futuro de índice (Exemplo 21.3).

A árvore, como produzida pelo DerivaGem, aparece na Figura 21.5. (O número superior é o preço futuro; o número inferior é o preço da opção.) O valor estimado da opção é 19,16. O uso de mais passos leva a um maior nível de precisão. Com 50 passos no tempo, o DerivaGem fornece um valor de 20,18; com 100 passos, o valor é 20,22. ■

■ *Exemplo 21.4*

Considere uma opção de venda americana de 1 ano sobre a libra esterlina (GBP). A taxa de câmbio atual (USD por GBP) é 1,6100, o preço de exercício é 1,6000, a taxa de juros livre de risco americana é 8% ao ano, a taxa de juros livre de risco em libras esterlinas é 9% ao ano e a volatilidade da taxa de câmbio da libra é de 12% ao ano. Nesse caso, $S_0 = 1{,}61$, $K = 1{,}60$, $r = 0{,}08$, $r_f = 0{,}09$, $\sigma = 0{,}12$ e $T = 1{,}0$. A vida da opção é dividida em quatro períodos de 3 meses para a construção da árvore, de modo que $\Delta t = 0{,}25$. Nesse caso, $q = r_f$ e a equação (21.7) nos dá:

$$a = e^{(0{,}08-0{,}09)\times 0{,}25} = 0{,}9975$$

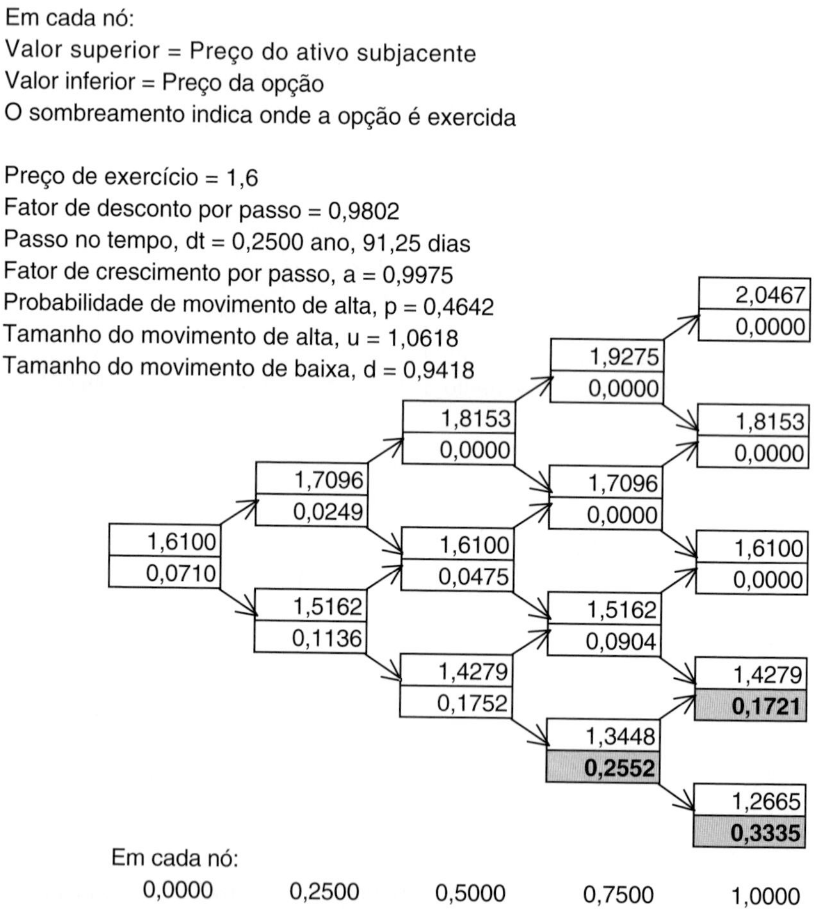
Em cada nó:
Valor superior = Preço do ativo subjacente
Valor inferior = Preço da opção
O sombreamento indica onde a opção é exercida
Preço de exercício = 1,6
Fator de desconto por passo = 0,9802
Passo no tempo, dt = 0,2500 ano, 91,25 dias
Fator de crescimento por passo, a = 0,9975
Probabilidade de movimento de alta, p = 0,4642
Tamanho do movimento de alta, u = 1,0618
Tamanho do movimento de baixa, d = 0,9418
2,0467
0,0000
1,9275
0,0000
1,8153
0,0000
1,8153
0,0000
1,7096
0,0249
1,7096
0,0000
1,6100
0,0710
1,6100
0,0475
1,6100
0,0000
1,5162
0,1136
1,5162
0,0904
1,4279
0,1752
1,4279
0,1721
1,3448
0,2552
1,2665
0,3335
Em cada nó:
0,0000
0,2500
0,5000
0,7500
1,0000

FIGURA 21.6 Árvore binomial produzida pelo DerivaGem para uma opção de venda americana sobre uma moeda (Exemplo 21.4).

Os outros parâmetros necessários para construir a árvore são:

$$u = e^{\sigma\sqrt{\Delta t}} = 1,0618, \quad d = 1/u = 0,9418 \quad p = \frac{a-d}{u-d} = 0,4642, \quad 1 - p = 0,5358$$

A árvore, como produzida pelo DerivaGem, aparece na Figura 21.6. (O número superior é a taxa de câmbio; o número inferior é o preço da opção.) O valor estimado da opção é $0,0710. (Com 50 passos no tempo, o DerivaGem fornece um valor de 0,0738 para a opção; com 100 passos, o valor é 0,0738.) ∎

21.3 MODELO BINOMIAL PARA UMA AÇÃO QUE PAGA DIVIDENDOS

Agora passamos para uma questão mais complicada: como usar o modelo binomial para uma ação que paga dividendos. Assim como no Capítulo 15, a palavra "dividendo" será, para os fins desta discussão, usada para se referir à redução no preço da ação na data ex-dividendos por consequência do dividendo.

Rendimento em dividendos conhecido

Para opções sobre ações de longo prazo, às vezes se pressupõe, por uma questão de conveniência, que há um rendimento em dividendos conhecido de q sobre a ação. Assim, as opções podem ser avaliadas da mesma maneira que opções sobre um índice de ações.

Para um nível maior de precisão, podemos pressupor que os rendimentos em dividendos conhecidos serão pagos discretamente. Suponha que há um único dividendo e o rendimento em dividendos (ou seja, o dividendo como porcentagem do preço da ação) é conhecido. Os parâmetros u, d e p podem ser calculados como se não esperássemos dividendo algum. Se o tempo $i\Delta t$ é anterior à data ex-dividendos da ação, os nós da árvore correspondem aos preços de ação:

$$S_0 u^j d^{i-j}, \quad j = 0, 1, \ldots, i$$

Se o tempo $i\Delta t$ é posterior à data ex-dividendos da ação, os nós correspondem aos preços de ação:

$$S_0(1-\delta)u^j d^{i-j}, \quad j = 0, 1, \ldots, i$$

onde δ é o rendimento em dividendos. A árvore tem a forma mostrada na Figura 21.7. Vários rendimentos em dividendos conhecidos durante a vida de uma opção podem ser resolvidos de forma semelhante. Se δ_i é o rendimento em dividendos total associado com todas as datas ex-dividendos entre o tempo zero e o tempo $i\Delta t$, os nós no tempo $i\Delta t$ correspondem aos preços de ação:

$$S_0(1-\delta_i)u^j d^{i-j}$$

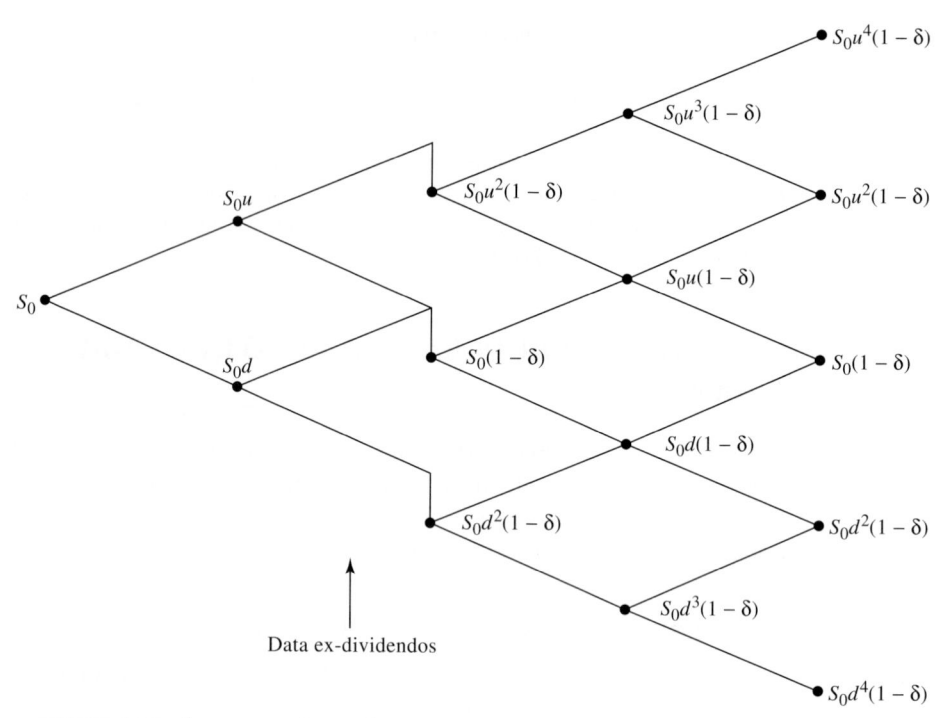

FIGURA 21.7 Árvore quando a ação paga um rendimento em dividendos conhecido em uma determinada data.

Dividendo em dólares conhecido

Em algumas situações, especialmente quando a vida da opção é curta, o pressuposto mais realista é que a quantidade em dólares do dividendo é conhecida, não o rendimento em dividendos. Se pressupomos que a volatilidade da ação, σ, é constante, a árvore assume a forma mostrada na Figura 21.8. Ela não se recombina, o que significa que o número de nós que precisa ser avaliado pode se tornar enorme. Suponha que há apenas um dividendo, que a data ex-dividendos, τ, ocorre entre $k\Delta t$ e $(k+1)\Delta t$, e que a quantia em dólares do dividendo é D. Quando $i \leq k$, os nós na árvore no tempo $i\Delta t$ correspondem aos preços de ação:

$$S_0 u^j d^{i-j}, \quad j = 0, 1, 2, \ldots, i$$

assim como antes. Quando $i = k + 1$, os nós na árvore correspondem aos preços de ações:

$$S_0 u^j d^{i-j} - D, \quad j = 0, 1, 2, \ldots, i$$

Quando $i = k + 2$, os nós na árvore correspondem aos preços de ações:

$$(S_0 u^j d^{i-1-j} - D)u \quad \text{e} \quad (S_0 u^j d^{i-1-j} - D)d$$

para $j = 0, 1, 2,..., i − 1$, de modo que há $2i$ e não $i + 1$ nós. Quando $i = k + m$, há $m(k + 2)$ e não $k + m + 1$ nós. O número de nós se expande ainda mais rapidamente quando há diversas datas ex-dividendos durante a vida da opção.

A Seção 15.12 explicou que as opções europeias sobre ações que pagam dividendos são avaliadas pressupondo que o preço da ação tem dois componentes: uma parte incerta e outra que é o valor presente dos dividendos pagos durante a vida da opção. Ela descreve diversos motivos para os praticantes considerarem esse pressuposto razoável. As opções americanas claramente precisam ser avaliadas usando o mesmo modelo que as europeias. (Caso contrário, os preços das opções americanas que nunca deveriam ser exercidas antecipadamente não seriam iguais aos preços das opções europeias.) Logo, as opções americanas sobre ações que pagam dividendos conhecidos na prática são avaliadas usando a abordagem na Seção 15.12. Para nossa sorte, isso resolve o problema de proliferação de nós na Figura 21.8.

Suponha que há apenas uma data ex-dividendos, τ, durante a vida da opção, e que $k\Delta t \leq \tau \leq (k + 1)\Delta t$. O valor S^* do componente incerto (ou seja, o componente não usado para pagar dividendos) no tempo $i\Delta t$ é dado por:

$$S^* = S \quad \text{quando} \quad i\Delta t > \tau$$

e:

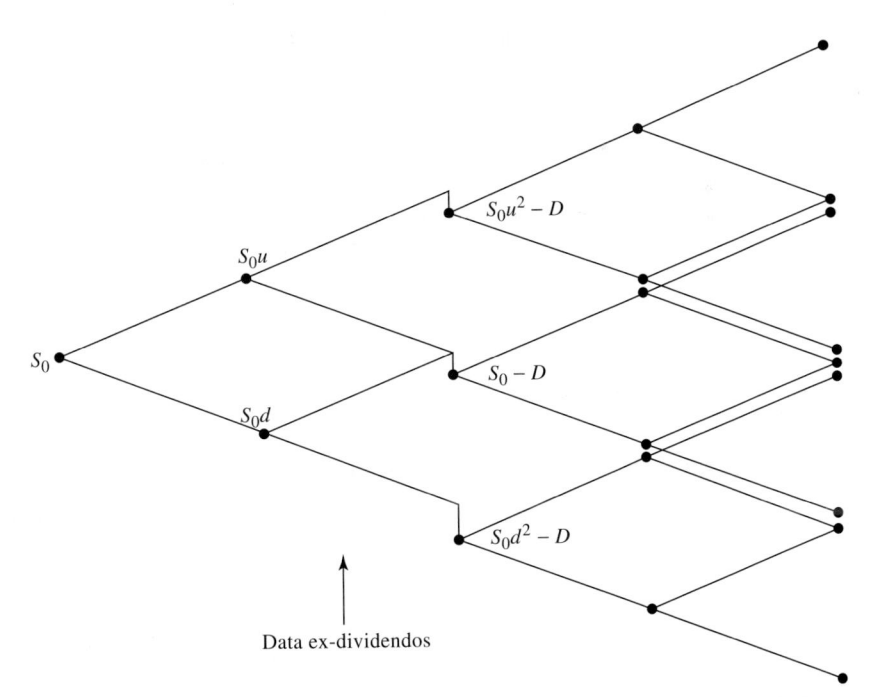

$$S^* = S − De^{−r(\tau − i\Delta t)} \quad \text{quando} \quad i\Delta t \leq \tau$$

FIGURA 21.8 Árvore quando se pressupõe que a quantia em dólares do dividendo é conhecida e a volatilidade é constante.

onde D é o dividendo. Defina σ^* como a volatilidade de S^*. Os parâmetros p, u e d podem ser calculados a partir das equações (21.4) a (21.7) com σ substituído por σ^* e uma árvore pode ser construída da maneira tradicional para modelar S^*.[6] Adicionando ao preço da ação o valor presente dos dividendos futuros (se houver) em cada nó, a árvore pode ser convertida em outra árvore que modele S. Suponha que S_0^* é o valor de S^* no tempo zero. No tempo $i\Delta t$, os nós dessa árvore correspondem aos preços de ação:

$$S_0^* u^j d^{i-j} + De^{-r(\tau - i\Delta t)}, \quad j = 0, 1, \ldots, i$$

quando $i\Delta t < \tau$ e:

$$S_0^* u^j d^{i-j}, \quad j = 0, 1, \ldots, i$$

quando $i\Delta t > \tau$. Essa abordagem, que leva a uma situação na qual a árvore se recombina de forma que haja $i + 1$ nós no tempo $i\Delta t$, pode ser generalizada de uma forma simples e direta para lidar com a situação na qual há vários dividendos.

■ **Exemplo 21.5**

Considere uma opção de venda americana de 5 meses sobre uma ação que, espera-se, pagará um único dividendo de $2,06 durante a vida da opção. O preço da ação inicial é $52, o preço de exercício é $50, a taxa de juros livre de risco é 10% ao ano, a volatilidade é 40% ao ano e a data ex-dividendos é em 3,5 meses.

Primeiro construímos uma árvore para modelar S^*, o preço da ação menos o valor presente dos dividendos futuros durante a vida da opção. No tempo zero, o valor presente do dividendo é:

$$2,06 \times e^{-0,2917 \times 0,1} = 2,00$$

O valor inicial de S^* é, portanto, 50,00. Se pressupormos que a volatilidade de 40% ao ano se refere a S^*, então a Figura 21.3 fornece uma árvore binomial para S^*. (Isso ocorre porque S^* tem o mesmo valor inicial e volatilidade que o preço da ação no qual a Figura 21.3 foi baseada.) Somar o valor presente do dividendo em cada nó leva à Figura 21.9, que é o modelo binomial para S. As probabilidades em cada nó são, assim como na Figura 21.3, 0,5073 para um movimento positivo e 0,4927 para um movimento negativo. Analisando a árvore retroativamente da maneira tradicional, o preço da opção é $4,44. (Usando 50 passos no tempo, o DerivaGem fornece um valor de 4,208 para a opção; usando 100 passos, 4,214.)   ■

Técnica do controle de variação

Uma técnica conhecida pelo nome *controle de variação* pode melhorar a precisão do apreçamento de opções americanas.[7] A técnica envolve usar a mesma árvore para

---

[6] Como discutido na Seção 15.12, a diferença entre σ e σ^* geralmente não precisa ser considerada explicitamente, pois, na prática, os analistas normalmente trabalham com as volatilidades implicadas pelos preços de mercado usando seus modelos, e essas são volatilidades σ^*.

[7] Ver J. Hull and A. White, "The Use of the Control Variate Technique in Option Pricing", *Journal of Financial and Quantitative Analysis*, 23 (September 1988): 237–51.

calcular o valor da opção americana, f_A, e da opção europeia correspondente, f_E. O preço de Black–Scholes–Merton da opção europeia, f_{BSM}, também é calculado. Pressupõe-se que o erro quando a árvore é usada para apreçar a opção europeia, $f_{BSM} - f_E$, é igual ao erro quando a árvore é usada para apreçar a opção americana. Isso dá uma estimativa do preço da opção americana como igual a:

$$f_A + (f_{BSM} - f_E)$$

Para ilustrar essa abordagem, a Figura 21.10 avalia a opção na Figura 21.3 com base no pressuposto de que ela é europeia. O preço obtido, f_E, é \$4,32. De acordo com a fórmula de Black–Scholes–Merton, o preço europeu verdadeiro da opção, f_{BSM}, é

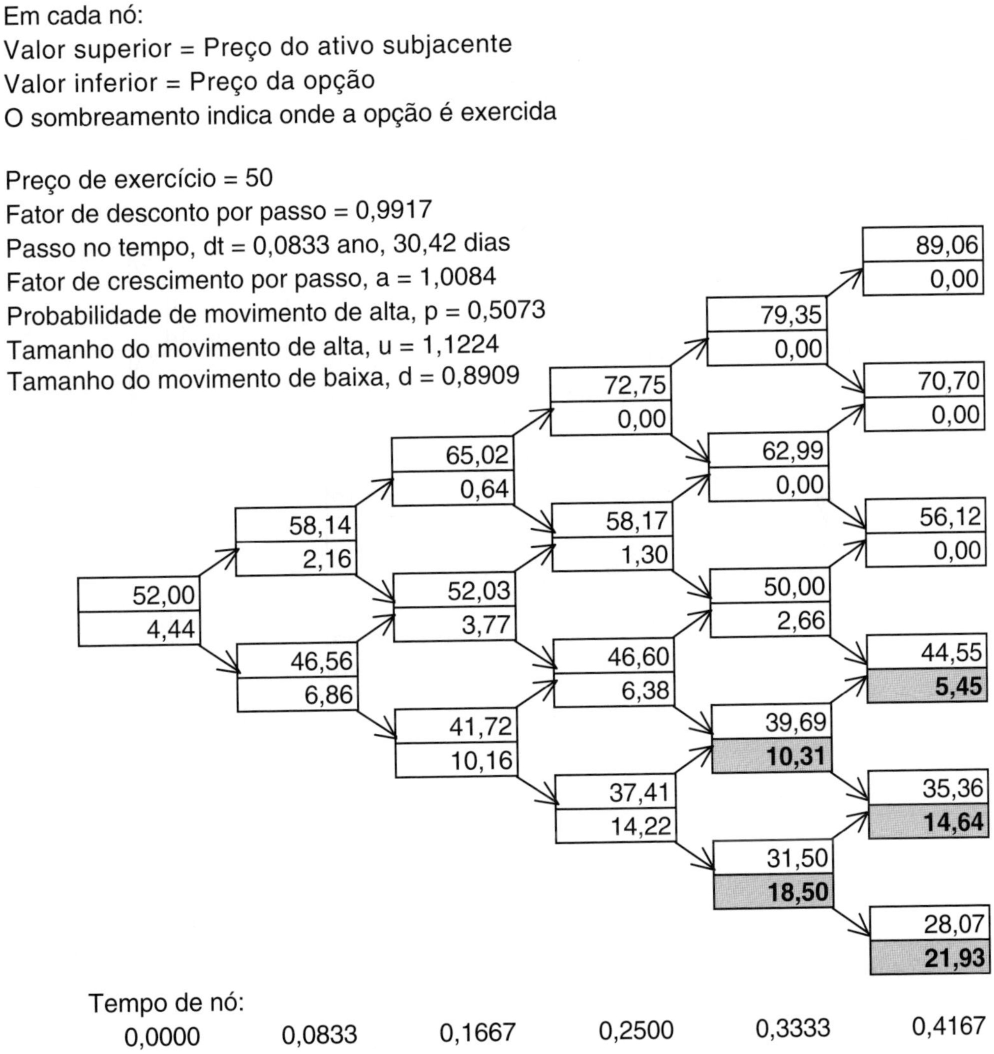
Em cada nó:
Valor superior = Preço do ativo subjacente
Valor inferior = Preço da opção
O sombreamento indica onde a opção é exercida
Preço de exercício = 50
Fator de desconto por passo = 0,9917
Passo no tempo, dt = 0,0833 ano, 30,42 dias
Fator de crescimento por passo, a = 1,0084
Probabilidade de movimento de alta, p = 0,5073
Tamanho do movimento de alta, u = 1,1224
Tamanho do movimento de baixa, d = 0,8909
89,06
0,00
79,35
0,00
70,70
0,00
72,75
0,00
62,99
0,00
65,02
0,64
56,12
0,00
58,14
2,16
58,17
1,30
52,00
4,44
52,03
3,77
50,00
2,66
44,55
5,45
46,56
6,86
46,60
6,38
39,69
10,31
41,72
10,16
35,36
14,64
37,41
14,22
31,50
18,50
28,07
21,93
Tempo de nó:
0,0000
0,0833
0,1667
0,2500
0,3333
0,4167

FIGURA 21.9 Árvore produzida pelo DerivaGem para o Exemplo 21.5.

$4,08. A estimativa do preço americano na Figura 21.3, f_A, é $4,49. A estimativa de *controle de variação* do preço americano é, portanto:

$$4,49 + (4,08 - 4,32) = 4,25$$

Uma boa estimativa do preço americano, calculado usando 100 passos, é 4,278. A abordagem de *controle de variação* produz, assim, uma melhoria considerável em relação à estimativa de árvore básica de 4,49 nesse caso.

A técnica de *controle de variação* na prática envolve usar a árvore para calcular a diferença entre o preço europeu e o americano, não o preço americano em si. Apresentamos uma aplicação adicional da técnica de *controle de variação* quando discutimos a simulação de Monte Carlo em uma parte posterior deste capítulo.

Em cada nó:
Valor superior = Preço do ativo subjacente
Valor inferior = Preço da opção
O sombreamento indica onde a opção é exercida

Preço de exercício = 50
Fator de desconto por passo = 0,9917
Passo no tempo, dt = 0,0833 ano, 30,42 dias
Fator de crescimento por passo, a = 1,0084
Probabilidade de movimento de alta, p = 0,5073
Tamanho do movimento de alta, u = 1,1224
Tamanho do movimento de baixa, d = 0,8909

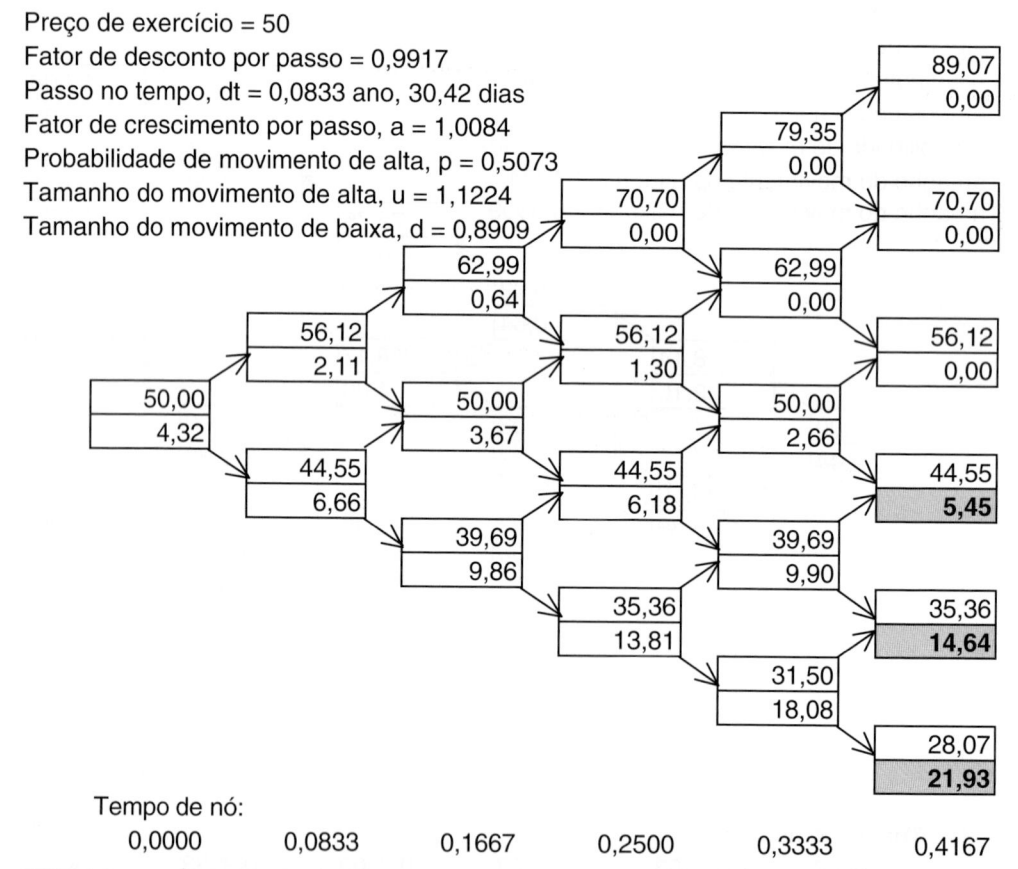

Tempo de nó:
0,0000   0,0833   0,1667   0,2500   0,3333   0,4167

FIGURA 21.10 Árvore produzida pelo DerivaGem para a versão europeia da opção na Figura 21.3. Em cada nó, o número superior é o preço da ação e o número inferior é o preço da opção.

21.4 PROCEDIMENTOS ALTERNATIVOS PARA A CONSTRUÇÃO DE ÁRVORES

A abordagem de Cox, Ross e Rubinstein descrita até aqui não é a única maneira de construir uma árvore binomial. A mudança em ln S no tempo Δt em um mundo *risk-neutral* tem média $(r - q - \sigma^2/2)\Delta t$ e desvio padrão $\sigma\sqrt{\Delta t}$. Estas podem se tornar correspondentes definindo $p = 0,5$ e:

$$u = e^{(r-q-\sigma^2/2)\Delta t + \sigma\sqrt{\Delta t}}, \qquad d = e^{(r-q-\sigma^2/2)\Delta t - \sigma\sqrt{\Delta t}}$$

Esse procedimento alternativo de construção de árvores tem uma vantagem em relação à abordagem de Cox, Ross e Rubinstein, a saber, que as probabilidades sempre são de 0,5, independentemente do valor ou do número de passos no tempo.[8] Sua

Em cada nó:
Valor superior = Preço do ativo subjacente
Valor inferior = Preço da opção
O sombreamento indica onde a opção é exercida

Preço de exercício = 0,795
Fator de desconto por passo = 0,9851
Passo no tempo, dt = 0,2500 ano, 91,25 dias

Probabilidade de movimento de alta, p = 0,5000

Tempo de nó:
0,0000   0,2500   0,5000   0,7500

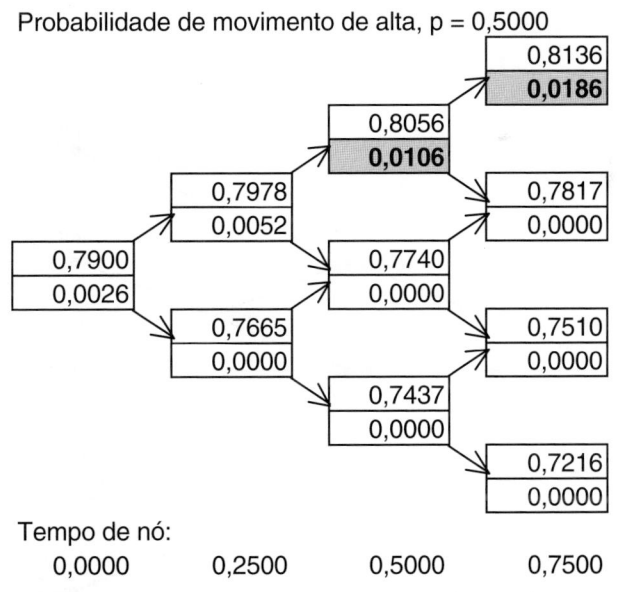

FIGURA 21.11 Árvore binomial para opção de compra americana sobre uma moeda estrangeira. Em cada nó, o número superior é a taxa de câmbio à vista e o número inferior é o preço da opção. Todas as probabilidades são 0,5.

---

[8] Quando os passos no tempo são tão grandes que $\sigma < |(r-q)\sqrt{\Delta t}|$, a árvore de Cox, Ross e Rubinstein fornece probabilidades negativas. O procedimento alternativo descrito aqui não tem essa desvantagem.

desvantagem é que não é tão simples calcular o delta, gama e teta a partir da árvore, pois esta não está mais centrada no preço da ação inicial.

■ Exemplo 21.6

Considere uma opção de compra de 9 meses sobre uma moeda estrangeira. A moeda estrangeira vale 0,7900 quando medida na moeda nacional, o preço de exercício é 0,7950, a taxa de juros livre de risco nacional é de 6% ao ano, a taxa de juros livre de risco estrangeira é de 10% ao ano e a volatilidade da taxa de câmbio é de 4% ao ano. Nesse caso, $S_0 = 0{,}79$, $K = 0{,}795$, $r = 0{,}06$, $r_f = 0{,}10$, $\sigma = 0{,}04$ e $T = 0{,}75$. Usando o procedimento alternativo de construção de árvore, definimos $\Delta t = 0{,}25$ (3 passos) e as probabilidades de cada ramo como 0,5, de modo que:

$$u = e^{(0{,}06-0{,}10-0{,}0016/2)0{,}25+0{,}04\sqrt{0{,}25}} = 1{,}0098$$
$$d = e^{(0{,}06-0{,}10-0{,}0016/2)0{,}25-0{,}04\sqrt{0{,}25}} = 0{,}9703$$

A árvore para a taxa de câmbio aparece na Figura 21.11. A árvore informa o valor da opção como igual a $0,0026. ■

Árvores trinomiais

As árvores trinomiais podem ser utilizadas como uma alternativa às binomiais. A forma geral da árvore é apresentada na Figura 21.12. Suponha que p_u, p_m e p_d são as pro-

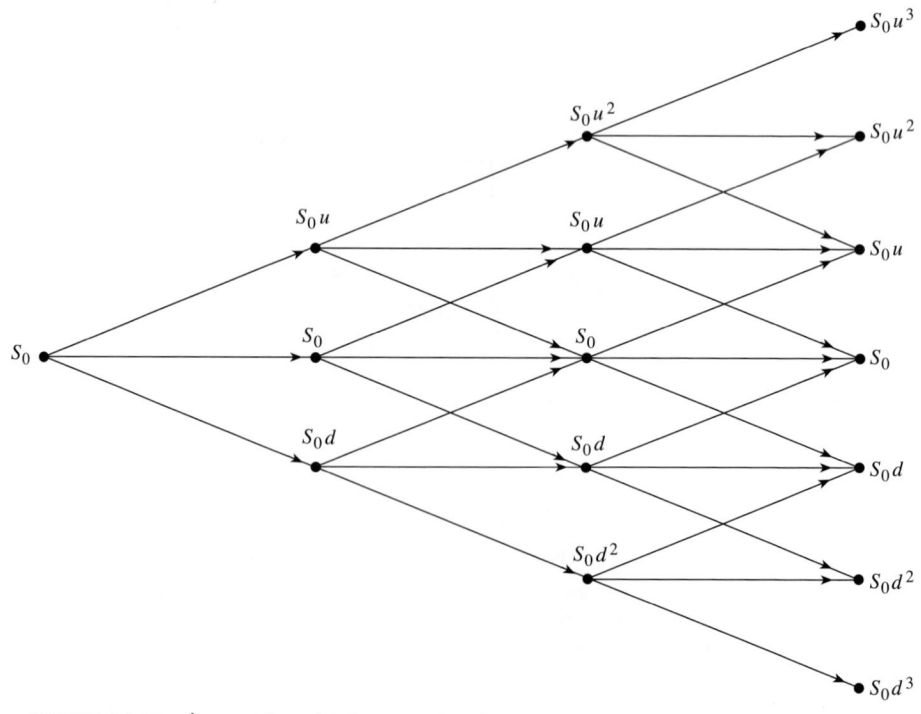

FIGURA 21.12 Árvore trinomial de preço de ação.

babilidades de movimentos positivos, médios e negativos em cada nó e Δt é a duração de cada passo no tempo. Para um ativo que paga dividendos a uma taxa q, os valores de parâmetros que correspondem à média e ao desvio padrão das mudanças em ln S são:

$$u = e^{\sigma\sqrt{3\Delta t}}, \quad d = 1/u$$

$$p_d = -\sqrt{\frac{\Delta t}{12\sigma^2}}\left(r - q - \frac{\sigma^2}{2}\right) + \frac{1}{6}, \quad p_m = \frac{2}{3}, \quad p_u = \sqrt{\frac{\Delta t}{12\sigma^2}}\left(r - q - \frac{\sigma^2}{2}\right) + \frac{1}{6}$$

Os cálculos para uma árvore trinomial são análogos àqueles para uma árvore binomial. Trabalhamos retroativamente, do final da árvore para o começo. Em cada nó, calculamos o valor de exercer e o valor de continuar. O valor de continuar é:

$$e^{-r\Delta t}(p_u f_u + p_m f_m + p_d f_d)$$

onde f_u, f_m e f_d são os valores da opção nos nós positivo, médio e negativo subsequentes, respectivamente. A abordagem de árvore trinomial se releva equivalente ao método das diferenças finitas, que será descrito na Seção 21.8.

Figlewski e Gao propuseram um aprimoramento do método de árvore trinomial, que eles chamam de *modelo de malha adaptativa*. Nele, uma árvore de alta resolução (Δt pequeno) é enxertada em uma árvore de baixa resolução (Δt grande).[9] Quando avaliamos uma opção americana normal, a alta resolução é mais útil para as partes da árvore próximas ao preço de exercício no final da vida da opção.

21.5 PARÂMETROS DEPENDENTES DO TEMPO

Até aqui, pressupomos que r, q, r_f e σ são constantes. Na prática, geralmente se pressupõe que eles são dependentes do tempo. Pressupõe-se que os valores dessas variáveis entre os tempos t e $t + \Delta t$ sejam iguais a seus valores a termo.[10]

Para tornar r e q (ou r_f) uma função do tempo em uma árvore binomial de Cox–Ross–Rubinstein, definimos:

$$a = e^{[f(t)-g(t)]\Delta t} \qquad (21.11)$$

para nós no tempo t, onde $f(t)$ é a taxa de juros a termo entre os tempos t e $t + \Delta t$ e $g(t)$ é o valor a termo de q (ou r_f) entre esses tempos. Isso não muda a geometria da árvore, pois u e d não dependem de a. As probabilidades nos ramos que emanam dos nós no tempo t são:[11]

$$p = \frac{e^{[f(t)-g(t)]\Delta t} - d}{u - d} \qquad (21.12)$$

$$1 - p = \frac{u - e^{[f(t)-g(t)]\Delta t}}{u - d}$$

---

[9] Ver S. Figlewski and B. Gao, "The Adaptive Mesh Model: A New Approach to Efficient Option Pricing", *Journal of Financial Economics*, 53 (1999): 313–51.

[10] O rendimento em dividendos a termo e a taxa de variância a termo são calculados da mesma maneira que a taxa forward. (A taxa de variância é o quadrado da volatilidade.)

[11] Para um número suficientemente alto de passos, essas probabilidades sempre são positivas.

> **História de Negócios 21.1** Calculando Pi com a simulação de Monte Carlo
>
> Suponha que as laterais do quadrado na Figura 21.13 têm comprimento igual a uma unidade. Imagine que você atira dardos aleatoriamente no quadrado e calcula a porcentagem que acerta o círculo. Qual seria o resultado? O quadrado tem área 1,0 e o círculo tem raio 0,5. A área do círculo é π vezes o raio ao quadrado, ou $\pi/4$. Logo, a proporção dos dardos que acerta o círculo deve ser $\pi/4$. Podemos estimar π multiplicando a proporção que cai dentro do círculo por 4.
>
> Podemos usar uma planilha do Excel para simular os dardos, como mostrado na Tabela 21.1. Definimos a célula A1 e a célula B1 como =RAND(). A1 e B1 são números aleatórios entre 0 e 1 e definem quanto à direita e quanto para cima o dardo cai no quadrado da Figura 21.13. A seguir, definimos a célula C1 como:
>
> =IF((A1−0,5)^2+(B1−0,5)^2<0,5^2,4,0)
>
> O efeito disso é fazer com que C1 seja igual a 4 caso o dardo caia dentro do círculo e 0 caso caia fora.
>
> Defina as próximas 99 linhas da planilha de forma semelhante à primeira. (Use a operação "selecionar e arrastar" no Excel.) Defina C102 como =AVERAGE(C1:C100) e C103 como =STDEV(C1:C100). C102 (que é 3,04 na Tabela 21.1) é uma estimativa de π calculada a partir de 100 testes aleatórios. C103 é o desvio padrão dos nossos resultados e, como veremos no Exemplo 21.7, pode ser utilizado para avaliar a precisão da estimativa. Aumentar o número de testes melhora a precisão, mas a convergência com o valor correto de 3,14159 é lenta.

No resto do caminho, usamos a árvore da mesma maneira que antes, exceto quando descontado entre os tempos t e $t + \Delta t$, usamos $f(t)$.

É mais difícil tornar a volatilidade, σ, uma função do tempo em uma árvore binomial. Suponha que $\sigma(t)$ é a volatilidade usada para apreçar uma opção com vencimento t. Uma abordagem seria tornar a duração de cada passo no tempo inversamente proporcional à taxa de variância média durante o passo. Os valores de u e d são então sempre iguais e a árvore se recombina. Defina $V = \sigma(T)^2 T$, onde T é a vida da árvore e t_i como o final do i-ésimo passo. Para N passos no tempo, escolhemos t_i para satisfazer $\sigma(t_i)^2 t_i = iV/N$ e determinamos $u = e^{\sqrt{V/N}}$, com $d = 1/u$. O parâmetro p é definido em termos de u, d, r e q, assim como para uma volatilidade constante. Esse procedimento pode ser combinado com aquele mencionado anteriormente para lidar com taxas de juros não constantes, de modo que ambas as taxas de juros e as volatilidades sejam dependentes do tempo.

21.6 SIMULAÇÃO DE MONTE CARLO

Agora vamos explicar a simulação de Monte Carlo, uma abordagem bastante diferente da avaliação de derivativos a partir de árvores binomiais. A História de Negócios 21.1 ilustra a ideia de amostragem aleatória por trás da simulação de Monte Carlo, mostrando como uma simples planilha de Excel pode ser construída para estimar π.

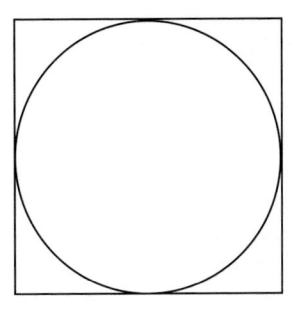

FIGURA 21.13 Cálculo de π atirando dardos.

Quando utilizada para avaliar uma opção, a simulação de Monte Carlo usa o resultado da avaliação *risk-neutral*. Obtemos amostras de caminhos para descobrir o resultado esperado em um mundo *risk-neutral* e então descontamos esse resultado à taxa de juros livre de risco. Considere um derivativo dependente de uma única variável de mercado S, que oferece um resultado no tempo T. Pressupondo que as taxas de juros são constantes, podemos avaliar o derivativo da seguinte forma:

1. Obtenha uma amostra de um caminho aleatório para S em mundo *risk-neutral*.
2. Calcule o resultado do derivativo.
3. Repita os passos 1 e 2 para obter muitos valores amostrais do resultado do derivativo em um mundo *risk-neutral*.
4. Calcule a média dos resultados amostrais para obter uma estimativa do resultado esperado em um mundo *risk-neutral*.
5. Desconte esse resultado esperado à taxa de juros livre de risco para obter uma estimativa do valor do derivativo.

A planilha de Monte Carlo no DerivaGem 3.00 serve de ilustração para isso.

Suponha que o processo seguido pela variável de mercado subjacente em um mundo *risk-neutral* é:

$$dS = \hat{\mu} S\, dt + \sigma S\, dz \tag{21.13}$$

TABELA 21.1 Amostra de cálculos de planilha na História de Negócios 21.1

	A	B	C
1	0,207	0,690	4
2	0,271	0,520	4
3	0,007	0,221	0
⋮	⋮	⋮	⋮
100	0,198	0,403	4
101			
102		Mean:	3,04
103		SD:	1,69

onde dz é um processo de Wiener, $\hat{\mu}$ é o retorno esperado em um mundo *risk-neutral* e σ é a volatilidade.[12] Para simular o caminho seguido por S, podemos dividir a vida do derivativo em N breves intervalos de duração Δt e aproximar a equação (21.13) como:

$$S(t + \Delta t) - S(t) = \hat{\mu} S(t)\, \Delta t + \sigma S(t) \epsilon \sqrt{\Delta t} \qquad (21.14)$$

onde $S(t)$ denota o valor de S no tempo t, ϵ é uma amostra aleatória de uma distribuição normal com média zero e desvio padrão de 1,0. Isso permite que o valor de S no tempo Δt seja calculado a partir do valor inicial de S, o valor no tempo $2\Delta t$ seja calculado a partir do valor no tempo Δt e assim por diante. O procedimento está ilustrado na Seção 14.3. Um teste de simulação envolve construir um caminho completo para S usando N amostras aleatórias de uma distribuição normal.

Na prática, geralmente é mais preciso simular $\ln S$ em vez de S. De acordo com o lema de Itô, o processo seguido por $\ln S$ é:

$$d \ln S = \left(\hat{\mu} - \frac{\sigma^2}{2} \right) dt + \sigma\, dz \qquad (21.15)$$

de modo que:

$$\ln S(t + \Delta t) - \ln S(t) = \left(\hat{\mu} - \frac{\sigma^2}{2} \right) \Delta t + \sigma \epsilon \sqrt{\Delta t}$$

ou, de forma equivalente:

$$S(t + \Delta t) = S(t) \exp\left[\left(\hat{\mu} - \frac{\sigma^2}{2} \right) \Delta t + \sigma \epsilon \sqrt{\Delta t} \right] \qquad (21.16)$$

Essa equação é utilizada para construir um caminho para S.

Trabalhar com $\ln S$ em vez de S aumenta o nível de precisão. Além disso, se $\hat{\mu}$ e σ são constantes:

$$\ln S(T) - \ln S(0) = \left(\hat{\mu} - \frac{\sigma^2}{2} \right) T + \sigma \epsilon \sqrt{T}$$

é verdadeiro para todos os T.[13] Por consequência:

$$S(T) = S(0) \exp\left[\left(\hat{\mu} - \frac{\sigma^2}{2} \right) T + \sigma \epsilon \sqrt{T} \right] \qquad (21.17)$$

Essa equação pode ser utilizada para avaliar derivativos que oferecem um resultado não padrão no tempo T. Como mostrado na História de Negócios 21.2, ela também pode ser utilizada para verificar as fórmulas de Black–Scholes–Merton.

---

[12] Se S é o preço de uma ação que não paga dividendos, então $\hat{\mu} = r$, se é uma taxa de câmbio, $\hat{\mu} = r - r_f$, e assim por diante. Observe que a volatilidade é a mesma em um mundo *risk-neutral* e no mundo real, como explicado na Seção 13.7.

[13] Por outro lado, a equação (21.14) é exatamente verdadeira apenas no limite à medida que Δt tende a zero.

> **História de Negócios 21.2** Verificando Black–Scholes–Merton no Excel
>
> A fórmula de Black–Scholes–Merton para uma opção de compra europeia pode ser verificada pelo uso de uma árvore binomial com um número muito grande de passos no tempo. Uma maneira alternativa de verificá-la é usar a simulação de Monte Carlo. A Tabela 21.2 mostra uma planilha que pode ser construída. As células C2, D2, E2, F2, e G2 contêm S_0, K, r, σ e T, respectivamente. As células D4, E4 e F4 calculam d_1, d_2 e o preço de Black–Scholes–Merton, respectivamente. (O preço de Black–Scholes–Merton é 4,817 na planilha de amostra.)
>
> NORMSINV é a função cumulativa inversa para a distribuição normal padrão. Logo, NORMSINV(RAND()) fornece uma amostra aleatória de uma distribuição normal padrão. Definimos a célula A1 como:
>
> =C$2*EXP(($E$2−$F$2*$F$2/2)*$G$2+$F$2*NORMSINV(RAND( ))*SQRT($G$2))
>
> Isso corresponde à equação (21.17) e é uma amostra aleatória do conjunto de todos os preços da ação no tempo T. Podemos definir a célula B1 como:
>
> =EXP(−$E$2*$G$2)*MAX(A1−$D$2,0)
>
> Este é o valor presente do resultado de uma opção de compra. Definimos as próximas 999 linhas da planilha de forma semelhante à primeira. (Use a operação "selecionar e arrastar" no Excel.) Defina B1002 como AVERAGE(B1:B1000), que é 4,98 na planilha de amostra. Esta é uma estimativa do valor da opção e não deve ser muito distante do preço de Black–Scholes–Merton. B1003 é definido como STDEV(B1:B1000). Como veremos no Exemplo 21.8, ele pode ser usado para avaliar a precisão da estimativa.

A principal vantagem da simulação de Monte Carlo é que ela pode ser utilizada quando o resultado depende do caminho seguido pela variável subjacente S e também quando depende apenas do valor final de S. (Por exemplo, ela pode ser usada quando os resultados dependem do valor médio de S entre o tempo 0 e o tempo T.) Os resultados podem ocorrer várias vezes durante a vida do derivativo em vez de todos no final. Qualquer processo estocástico para S pode ser acomodado. Como mostraremos a seguir, o procedimento também pode ser estendido para acomodar situações nas quais o resultado do derivativo depende de diversas variáveis de mercado subjacentes. As desvantagens da simulação de Monte Carlo são o fato de ela exigir muitos recursos computacionais e de não lidar facilmente com situações nas quais há oportunidades de exercício antecipado.[14]

Derivativos dependentes de mais de uma variável de mercado

Discutimos os processos estocásticos correlacionados na Seção 14.5. Considere a situação na qual o resultado de um derivativo depende de n variáveis θ_i ($1 \leq i \leq n$). Defina s_i como a volatilidade de θ_i, $\hat{m}_i$ como a taxa de crescimento esperada de θ_i em um mundo *risk-neutral* e ρ_{ik} como a correlação entre os processos de Wiener que determinam θ_i e θ_k.[15] Assim como no caso de uma variável única, a vida do derivativo

---

[14] Como discutido no Capítulo 27, diversos pesquisadores sugeriram maneiras de estender a simulação de Monte Carlo para avaliar opções americanas.

[15] Observe que s_i, $\hat{m}_i$ e ρ_{ik} não são necessariamente constantes; eles podem depender de θ_i.

TABELA 21.2 Simulação de Monte Carlo para verificar Black–Scholes–Merton

	A	B	C	D	E	F	G
1	45,95	0	S_0	K	r	σ	T
2	54,49	4,38	50	50	0,05	0,3	0,5
3	50,09	0,09		d_1	d_2	BSM price	
4	47,46	0		0,2239	0,0118	4,817	
5	44,93	0					
⋮	⋮	⋮					
1000	68,27	17,82					
1001							
1002	Mean:	4,98					
1003	SD:	7,68					

deve ser subdividida em N subintervalos de comprimento Δt. A versão discreta do processo para θ_i é, então:

$$\theta_i(t + \Delta t) - \theta_i(t) = \hat{m}_i \theta_i(t) \Delta t + s_i \theta_i(t) \epsilon_i \sqrt{\Delta t} \qquad (21.18)$$

onde ϵ_i é uma amostra aleatória de uma distribuição normal padrão. O coeficiente de correlação entre ϵ_i e ϵ_k é ρ_{ik} ($1 \leq i; k \leq n$). Um teste de simulação envolve obter N amostras de ϵ_i ($1 \leq i \leq n$) de uma distribuição normal padronizada multivariada. Estas são inseridas na equação (21.18) para produzir caminhos simulados para cada θ_i, permitindo assim um valor amostral para o cálculo do derivativo.

Geração de amostras aleatórias a partir de distribuições normais

A instrução =NORMSINV(RAND()) no Excel pode ser utilizada para gerar uma amostra aleatória a partir de uma distribuição normal padrão, assim como na História de Negócios 21.2. Quando duas amostras correlacionadas ϵ_1 e ϵ_2 de distribuições normais padrões são necessárias, um procedimento apropriado é aquele descrito a seguir. Amostras independentes x_1 e x_2 de uma distribuição normal padronizada univariada são obtidas da maneira descrita. As amostras necessárias ϵ_1 e ϵ_2 são então calculadas da seguinte forma:

$$\epsilon_1 = x_1$$
$$\epsilon_2 = \rho x_1 + x_2 \sqrt{1 - \rho^2}$$

onde ρ é o coeficiente de correlação.

Em termos mais gerais, considere a situação na qual precisamos de n amostras correlacionadas de distribuições normais com a correlação entre a amostra i e a amostra j igual a ρ_{ij}. Primeiramente obtemos uma amostra de n variáveis independentes x_i ($1 \leq i \leq n$) de distribuições normais padronizadas univariadas. As amostras necessárias, ϵ_i ($1 \leq i \leq n$), são então definidas da seguinte maneira:

$$\left.\begin{aligned}\epsilon_1 &= \alpha_{11} x_1 \\ \epsilon_2 &= \alpha_{21} x_1 + \alpha_{22} x_2 \\ \epsilon_3 &= \alpha_{31} x_1 + \alpha_{32} x_2 + \alpha_{33} x_3\end{aligned}\right\} \qquad (21.19)$$

e assim por diante. Escolhemos os coeficientes α_{ij} de modo que as correlações e variâncias sejam corretas. Isso pode ser feito passo a passo da maneira apresentada a seguir. Defina $\alpha_{11} = 1$; escolha α_{21} tal que $\alpha_{21}\alpha_{11} = \rho_{21}$; escolha α_{22} tal que $\alpha^2_{21} + \alpha^2_{22} = 1$; escolha α_{31} tal que $\alpha_{31}\alpha_{11} = \rho_{31}$; escolha α_{32} tal que $\alpha_{31}\alpha_{21} + \alpha_{32}\alpha_{22} = \rho_{32}$; escolha α_{33} tal que $\alpha^2_{31} + \alpha^2_{32} + \alpha^2_{33} = 1$; e assim por diante.[16] Esse procedimento é conhecido pelo nome de *decomposição de Cholesky*.

Número de testes

A precisão do resultado dado pela simulação de Monte Carlo depende do número de testes. Normalmente, se calcula o desvio padrão e a média dos resultados descontados dados pelos testes de simulação. Denote a média por μ e o desvio padrão por ω. A variável μ é a estimativa da simulação do valor do derivativo. O erro padrão da estimativa é:

$$\frac{\omega}{\sqrt{M}}$$

onde M é o número de testes. Logo, um intervalo de confiança de 95% para o preço f do derivativo é dado por:

$$\mu - \frac{1{,}96\omega}{\sqrt{M}} < f < \mu + \frac{1{,}96\omega}{\sqrt{M}}$$

Isso mostra que a incerteza sobre o valor do derivativo é inversamente proporcional à raiz quadrada do número de testes. Para dobrar a precisão de uma simulação, precisamos quadruplicar o número de testes; para aumentar a precisão por um fator de 10, precisamos aumentar o número de testes por um fator de 100; e assim por diante.

■ Exemplo 21.7

Na Tabela 21.1, π é calculado como a média de 100 números. O desvio padrão dos números é 1,69. Nesse caso, $\omega = 1{,}69$ e $M = 100$, de modo que o erro padrão da estimativa é $1{,}69/\sqrt{100} = 0{,}169$. Logo, a planilha dá um intervalo de confiança para π como $(3{,}04 - 1{,}96 \times 0{,}169)$ a $(3{,}04 + 1{,}96 \times 0{,}169)$ ou 2,71 a 3,37. (O valor correto de 3,14159 está dentro desse intervalo de confiança.) ■

■ Exemplo 21.8

Na Tabela 21.2, o valor da opção é calculado como a média de 1000 números. O desvio padrão dos números é 7,68. Nesse caso, $\omega = 7{,}68$ e $M = 1000$. O erro padrão da estimativa é $7{,}68/\sqrt{1000} = 0{,}24$. Logo, a planilha dá um intervalo de confiança para o valor da opção como $(4{,}98 - 1{,}96 \times 0{,}24)$ a $(4{,}98 + 1{,}96 \times 0{,}24)$, ou 4,51 a 5,45. (O preço de Black–Scholes–Merton, 4,817, está dentro desse intervalo de confiança.) ■

---

[16] Se as equações para os αs não têm soluções reais, a estrutura de correlação pressuposta é internamente inconsistente. Isso será discutido em mais detalhes na Seção 23.7.

Amostragem em uma árvore

Em vez de implementar a simulação de Monte Carlo pela amostragem aleatória do processo estocástico para uma variável subjacente, podemos utilizar uma árvore binomial de N passos e obter uma amostra dos 2^N caminhos possíveis. Suponha que temos uma árvore binomial na qual a probabilidade de um movimento positivo é de 0,6. O procedimento para a amostragem de um caminho aleatório pela árvore é descrito a seguir. Em cada nó, obtemos uma amostra de um número aleatório entre 0 e 1. Se o número é inferior a 0,4, escolhemos o ramo inferior. Se é maior do que 0,4, escolhemos o ramo superior. Depois de termos um caminho completo que vai do nó inicial ao final da árvore, podemos calcular o resultado. Isso completa o primeiro teste. Um procedimento semelhante é utilizado para completar mais testes. A média dos resultados é descontada pela taxa de juros livre de risco para obtermos uma estimativa do valor do derivativo.[17]

■ Exemplo 21.9

Suponha que a árvore na Figura 21.3 é usada para avaliar uma opção que paga $\max(S_{ave} - 50, 0)$, onde S_{ave} é o preço médio da ação durante 5 meses (com o primeiro e o último preço da ação incluídos na média). Sabe-se que é uma opção asiática. Quando dez testes de simulação são usados, um possível resultado é aquele mostrado na Tabela 21.3. O valor da opção é calculado como o resultado médio descontado à taxa de juros livre de risco. Nesse caso, o resultado médio é $7,08 e a taxa de juros livre de risco é 10%, então o valor calculado é $7,08 e^{-0,1 \times 5/12} = 6,79$. (Isso ilustra a metodologia. Na prática, precisaríamos usar uma árvore com mais passos e muito mais testes de simulação para obter uma resposta precisa.) ■

Calculando as letras gregas

As letras gregas discutidas no Capítulo 19 podem ser calculadas usando a simulação de Monte Carlo. Imagine que estamos interessados no derivativo parcial de f com relação a x, onde f é o valor do derivativo e x é o valor da variável subjacente ou parâmetro. Primeiro, a simulação de Monte Carlo é usada da maneira tradicional para calcular uma estimativa de $\hat{f}$ para o valor do derivativo. Um pequeno aumento Δx é então aplicado ao valor de x e um novo derivativo, $\hat{f}^*$, é calculado da mesma maneira que $\hat{f}$. Uma estimativa do parâmetro de hedge é dada por:

$$\frac{\hat{f}^* - \hat{f}}{\Delta x}$$

Para minimizar o erro padrão da estimativa, o número de intervalos de tempo, N, as amostras aleatórias utilizadas e o número de testes, M, devem ser os mesmos para o cálculo de $\hat{f}$ e $\hat{f}^*$.

---

[17] Ver D. Mintz, "Less is More", *Risk*, July 1997: 42–45, para uma discussão sobre como a amostragem através de uma árvore pode ser mais eficiente.

TABELA 21.3 Simulação de Monte Carlo para avaliar uma opção asiática a partir da árvore na Figura 21.3. O resultado é a quantia pela qual o preço médio da ação excede $50. U = movimento positivo; D = movimento negativo

Teste	Caminho	Preço da ação médio	Resultado da opção
1	UUUUD	64,98	14,98
2	UUUDD	59,82	9,82
3	DDDUU	42,31	0,00
4	UUUUU	68,04	18,04
5	UUDDU	55,22	5,22
6	UDUUD	55,22	5,22
7	DDUDD	42,31	0,00
8	UUDDU	55,22	5,22
9	UUUDU	62,25	12,25
10	DDUUD	45,56	0,00
Média			7,08

Aplicações

A simulação de Monte Carlo tende a ser numericamente mais eficiente do que outros procedimentos quando há três ou mais variáveis estocásticos. Isso ocorre porque o tempo necessário para realizar uma simulação de Monte Carlo aumenta de forma aproximadamente linear com o número de variáveis, enquanto o tempo necessário para realizar a maioria dos outros procedimentos aumenta exponencialmente com o número de variáveis. Uma vantagem da simulação de Monte Carlo é que ela fornece um erro padrão para as estimativas que realiza. Outra é que a abordagem pode acomodar resultados complexos e processos estocásticos complexos. Além disso, ela pode ser utilizada quando o resultado depende de alguma função de toda a trajetória seguida por uma variável e não apenas seu valor terminal.

21.7 PROCEDIMENTOS DE REDUÇÃO DE VARIÂNCIA

Se os processos estocásticos para as variáveis subjacentes a um derivativo são simulados da maneira indicada nas equações (21.13) a (21.18), geralmente é necessário um número enorme de testes para estimar o valor do derivativo com um nível razoável de precisão. Isso é muito caro em termos de recursos computacionais. Nesta seção, examinamos diversos procedimentos de redução da variância que podem levar a economias drásticas em recursos computacionais.

Técnica das variáveis antitéticas

Na técnica das variáveis antitéticas, um teste de simulação envolve calcular dois valores do derivativo. O primeiro valor f_1 é calculado da maneira tradicional; o segundo valor f_2 é calculado pela alteração do sinal de todas as amostras aleatórias de distribuições normais padrões. (Se ϵ é uma amostra usada para calcular f_1, então $-\epsilon$ é a amostra correspondente usada para calcular f_2.) O valor amostral do derivativo calculado a partir de um teste de simulação é a média de f_1 e f_2. Isso funciona bem porque quando um valor está acima do valor verdadeiro, o outro tende a estar abaixo e vice-versa.

Denote $\bar{f}$ como a média de f_1 e f_2:

$$\bar{f} = \frac{f_1 + f_2}{2}$$

A estimativa final do valor do derivativo é a média dos $\bar{f}$. Se $\bar{\omega}$ é o desvio padrão dos $\bar{f}$ e M é o número de testes de simulação (ou seja, o número de pares de valores calculado), então o erro padrão da estimativa é:

$$\bar{\omega}/\sqrt{M}$$

O resultado geralmente é muito menor do que o erro padrão calculado usando $2M$ testes aleatórios.

Técnica de *controle de variação*

Anteriormente, apresentamos um exemplo da técnica de *controle de variação* em conexão com o uso de árvores para avaliar opções americanas (ver Seção 21.3). A técnica de *controle de variação* se aplica quando há dois derivativos semelhantes, A e B. O derivativo A é o que está sendo avaliado; o derivativo B é semelhante ao A e tem uma solução analítica disponível. Duas simulações que usam os mesmos fluxos de números aleatórios e o mesmo Δt são realizadas em paralelo. A primeira é usada para obter uma estimativa f_A^* do valor de A; a segunda é usada para obter uma estimativa f_B^* do valor de B. Uma estimativa melhor do valor de f_A é obtida usando a fórmula:

$$f_A = f_A^* - f_B^* + f_B \tag{21.20}$$

onde f_B é o valor verdadeiro conhecido de B calculado analiticamente. Hull e White oferecem um exemplo do uso da técnica de *controle de variação* na avaliação do efeito da volatilidade estocástica sobre o preço de uma opção de compra europeia.[18] Nesse caso, A é a opção pressupondo volatilidade estocástica e B é a opção pressupondo volatilidade constante.

Amostragem de importância

A melhor maneira de explicar a amostragem de importância é com um exemplo. Suponha que desejamos calcular o preço de uma opção de compra europeia muito fora do dinheiro com preço de exercício K e vencimento T. Se obtemos uma amostra do preço do ativo subjacente no tempo T da maneira tradicional, a maioria dos caminhos leva a um resultado de zero. É um desperdício de recursos computacionais, pois os

---

[18] Ver J. Hull and A. White, "The Pricing of Options on Assets with Stochastic Volatilities", *Journal of Finance*, 42 (June 1987): 281–300.

caminhos de resultado zero contribuem muito pouco para a determinação do valor da opção. Assim, tentamos escolher apenas os caminhos importantes, ou seja, os caminhos nos quais o preço da ação fica acima de K no vencimento.

Suponha que F é a distribuição de probabilidade incondicional para o preço da ação no tempo T e q, a probabilidade do preço da ação ser maior do que K no vencimento, é conhecido analiticamente. Assim, $G = F/q$ é a distribuição de probabilidade do preço da ação condicionada no preço da ação ser maior do que K. Para implementar a amostragem de importância, obtemos a amostra de G em vez de F. A estimativa do valor da opção é o resultado descontado médio multiplicado por q.

Amostragem estratificada

A amostragem de valores representativos, não de valores aleatórios, de uma distribuição de probabilidade normalmente oferece mais precisão. A amostragem estratificada é uma maneira de fazê-lo. Suponha que desejamos obter 1000 amostras de uma distribuição de probabilidade. Nós dividiríamos a distribuição em 1000 intervalos igualmente prováveis e escolheríamos um valor representativo (em geral, a média ou a mediana) para cada intervalo.

No caso de uma distribuição normal padrão, quando há n intervalos, podemos calcular o valor representativo para o i-ésimo intervalo como:

$$N^{-1}\left(\frac{i - 0{,}5}{n}\right)$$

onde N^{-1} é a distribuição normal cumulativa inversa. Por exemplo, quando $n = 4$, os valores representativos correspondentes aos quatro intervalos são $N^{-1}(0{,}125)$, $N^{-1}(0{,}375)$, $N^{-1}(0{,}625)$ e $N^{-1}(0{,}875)$. A função N^{-1} pode ser calculada usando a função NORMSINV no Excel.

Ajuste de momentos

O ajuste de momentos envolve ajustar as amostras extraídas de uma distribuição normal padronizada de modo que o primeiro momento, o segundo e possivelmente os superiores são ajustados. Suponha que obtemos a amostra de uma distribuição normal com média 0 e desvio padrão 1 para calcular a mudança de valor de uma determinada variável durante um determinado período de tempo. Suponha que as amostras são ϵ_i ($1 \leq i \leq n$). Para ajustar os dois primeiros momentos, calculamos a média das amostras, m, e o desvio padrão das amostras, s. A seguir, definimos as amostras ajustadas ϵ_i^* ($1 \leq i \leq n$) como:

$$\epsilon_i^* = \frac{\epsilon_i - m}{s}$$

Essas amostras ajustadas têm a média correta de 0 e o desvio padrão correto de 1,0. Usamos as amostras ajustadas para todos os cálculos.

O ajuste de momentos poupa recursos computacionais, mas pode levar a problemas de memória, pois cada número amostrado deve ser armazenado até o fim da simulação. O ajuste de momentos também é chamado de *reamostragem quadrática*, sendo bastante utilizado com a técnica das variáveis antitéticas. Como a última ajusta automaticamente todos os momentos ímpares, o objetivo do ajuste de momentos passa a ser ajustar o segundo momento e, possivelmente, o quarto.

Usando sequências quase-aleatórias

Uma sequência quase-aleatória (também chamada de uma sequência de *baixa discrepância*) é uma sequência de amostras representativas de uma distribuição de probabilidade.[19] As descrições do uso de sequências quase-aleatórias aparece em Brotherton-Ratcliffe e em Press *et al*.[20] As sequências quase-aleatórias podem ter a propriedade desejável de levar ao erro padrão de uma estimativa ser proporcional a $1/M$ em vez de $1/\sqrt{M}$, onde M é o tamanho da amostra.

A amostragem quase-aleatória é semelhante à amostragem estratificada. O objetivo é obter uma amostra composta de valores representativos das variáveis subjacentes. Na amostragem estratificada, pressupõe-se que sabemos de antemão quantas amostras serão obtidas. Um procedimento de amostragem quase-aleatória é mais flexível. As amostras são obtidas de modo a sempre estarem "preenchendo as lacunas" entre as amostras existentes. Em cada estágio da simulação, os pontos amostrados têm espaçamento aproximadamente igual em todo o espaço de probabilidade.

A Figura 21.14 mostra os pontos gerados em duas dimensões usando um procedimento de Sobol.[21] Nela, fica evidente que pontos sucessivos tendem a preencher as lacunas deixadas pelos pontos anteriores.

21.8 MÉTODOS DAS DIFERENÇAS FINITAS

Os métodos das diferenças finitas avaliam um derivativo resolvendo a equação diferencial que o derivativo satisfaz. A equação diferencial é convertida em um conjunto de equações de diferenças, e as equações de diferenças são resolvidas iterativamente.

Para ilustrar a abordagem, vamos considerar como ela seria utilizada para avaliar uma opção de venda americana sobre uma ação que paga um rendimento em dividendos de q. A equação diferencial que a opção deve satisfazer é, da equação (17.6):

$$\frac{\partial f}{\partial t} + (r-q)S\frac{\partial f}{\partial S} + \tfrac{1}{2}\sigma^2 S^2 \frac{\partial^2 f}{\partial S^2} = rf \qquad (21.21)$$

Suponha que a vida da opção é T. Dividimos esta em N intervalos de espaçamento igual de comprimento $\Delta t = T/N$. Logo, são consideradas $N + 1$ vezes no total:

$$0, \quad \Delta t, \quad 2\Delta t, \quad \ldots, \quad T$$

---

[19] O termo *quase-aleatória* é enganoso. Uma sequência quase-aleatória é totalmente determinística.

[20] Ver R. Brotherton-Ratcliffe, "Monte Carlo Motoring", *Risk*, December 1994: 53–58; W. H. Press, S. A. Teukolsky, W.T. Vetterling, and B. P. Flannery, *Numerical Recipes in C: The Art of Scientific Computing*, 2nd edn. Cambridge University Press, 1992.

[21] Ver, de I. M. Sobol, *USSR Computational Mathematics and Mathematical Physics*, 7, 4 (1967): 86–112. Uma descrição do procedimento de Sobol se encontra em W. H. Press, S. A. Teukolsky, W. T. Vetterling, and B. P. Flannery, *Numerical Recipes in C: The Art of Scientific Computing*, 2nd edn. Cambridge University Press, 1992.

Suponha que S_{max} é um preço de ação suficientemente alto que, quando alcançado, praticamente elimina o valor de uma opção de venda. Definimos $\Delta S = S_{max}/M$ e consideramos um total de $M + 1$ preços de ação igualmente espaçados:

$$0, \Delta S, 2\Delta S, \ldots, S_{max}$$

O nível S_{max} é escolhido para que um destes seja o preço da ação atual.

Os pontos de tempo de preço da ação definem uma grade composta de $(M + 1)(N + 1)$ pontos, como mostrado na Figura 21.15. Definimos o ponto (i, j) na grade como o ponto que corresponde ao tempo $i\Delta t$ e ao preço da ação $j\Delta S$. Usaremos a variável $f_{i,j}$ para denotar o valor da opção no ponto (i, j).

Método daplícito

Para um ponto interior (i, j) na grade, $\partial f/\partial S$ pode ser aproximado como:

$$\frac{\partial f}{\partial S} = \frac{f_{i,j+1} - f_{i,j}}{\Delta S} \qquad (21.22)$$

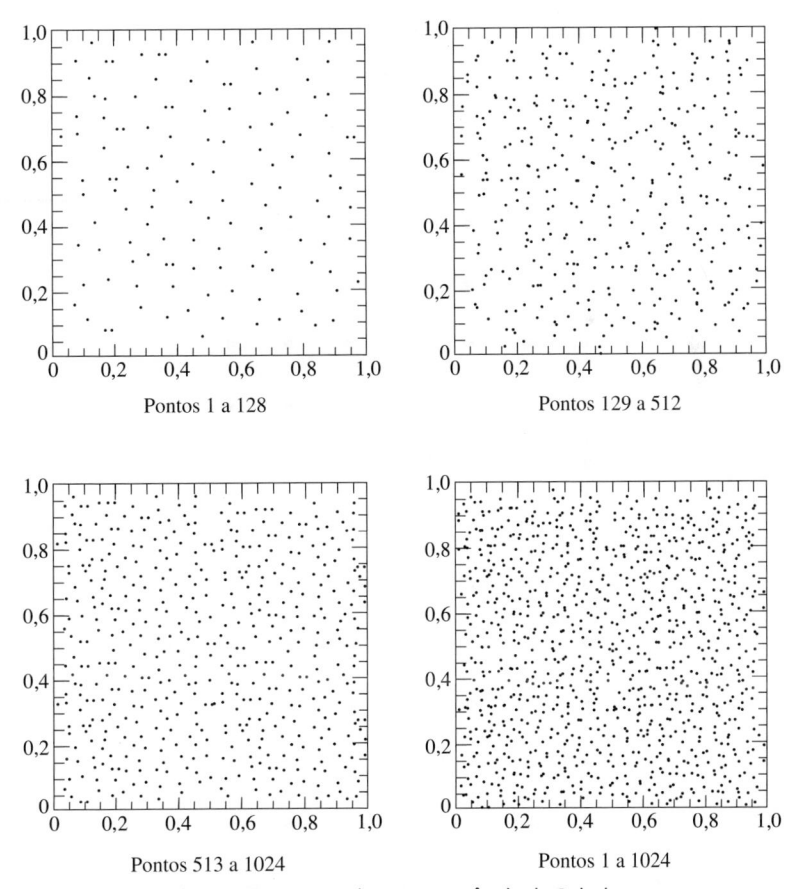

Pontos 1 a 128

Pontos 129 a 512

Pontos 513 a 1024

Pontos 1 a 1024

FIGURA 21.14 Primeiros 1.024 pontos de uma sequência de Sobol.

ou como:

$$\frac{\partial f}{\partial S} = \frac{f_{i,j} - f_{i,j-1}}{\Delta S} \qquad (21.23)$$

A equação (21.22) é conhecida como a *aproximação de diferença adiantada*; a equação (21.23) é conhecida como a *aproximação de diferença atrasada*. Utilizamos uma aproximação mais simétrica obtendo a média das duas:

$$\frac{\partial f}{\partial S} = \frac{f_{i,j+1} - f_{i,j-1}}{2\,\Delta S} \qquad (21.24)$$

Para $\partial f/\partial t$, usaremos uma aproximação de diferença adiantada tal que o valor no tempo $i\Delta t$ esteja relacionado ao valor no tempo $(i+1)\Delta t$:

$$\frac{\partial f}{\partial t} = \frac{f_{i+1,j} - f_{i,j}}{\Delta t} \qquad (21.25)$$

A seguir, considere $\partial^2 f/dS^2$. A aproximação de diferença atrasada para $\partial f/\partial S$ no ponto (i, j) é dada pela equação (21.23). A diferença atrasada no ponto $(i, j+1)$ é:

$$\frac{f_{i,j+1} - f_{i,j}}{\Delta S}$$

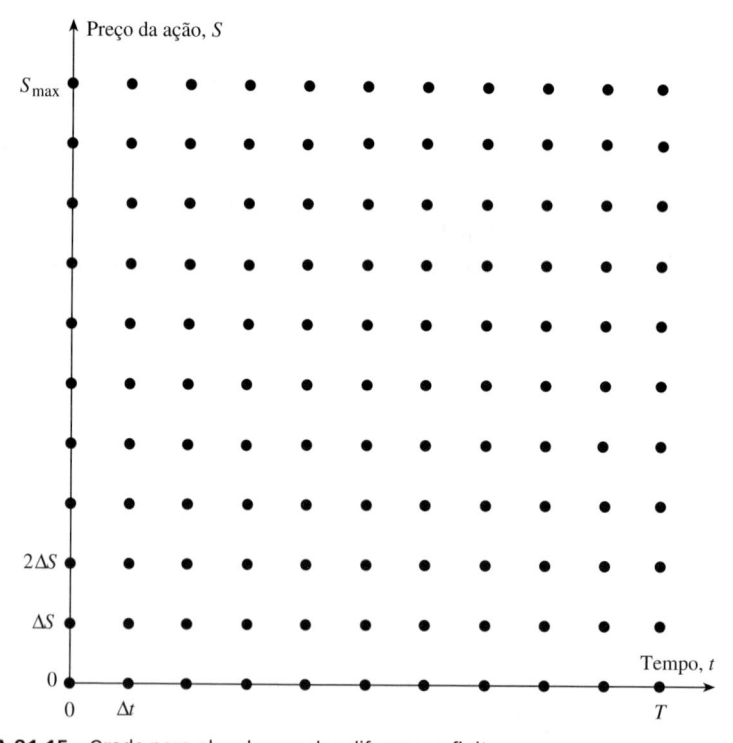

FIGURA 21.15 Grade para abordagem das diferenças finitas.

Assim, uma aproximação de diferença finita para $\partial^2 f/\partial S^2$ no ponto (i, j) é:

$$\frac{\partial^2 f}{\partial S^2} = \left(\frac{f_{i,j+1} - f_{i,j}}{\Delta S} - \frac{f_{i,j} - f_{i,j-1}}{\Delta S} \right) \bigg/ \Delta S$$

ou:

$$\frac{\partial^2 f}{\partial S^2} = \frac{f_{i,j+1} + f_{i,j-1} - 2f_{i,j}}{\Delta S^2} \tag{21.26}$$

Inserir as equações (21.24), (21.25) e (21.26) na equação diferencial (21.21) e anotando que $S = j\Delta S$ nos informa que:

$$\frac{f_{i+1,j} - f_{i,j}}{\Delta t} + (r-q)j\Delta S \frac{f_{i,j+1} - f_{i,j-1}}{2\Delta S} + \tfrac{1}{2}\sigma^2 j^2 \Delta S^2 \frac{f_{i,j+1} + f_{i,j-1} - 2f_{i,j}}{\Delta S^2} = rf_{i,j}$$

para $j = 1, 2,..., M - 1$ e $i = 0, 1,..., N - 1$. Reorganizando os termos, obtemos:

$$a_j f_{i,j-1} + b_j f_{i,j} + c_j f_{i,j+1} = f_{i+1,j} \tag{21.27}$$

onde:

$$a_j = \tfrac{1}{2}(r-q)j\Delta t - \tfrac{1}{2}\sigma^2 j^2 \Delta t$$
$$b_j = 1 + \sigma^2 j^2 \Delta t + r\Delta t$$
$$c_j = -\tfrac{1}{2}(r-q)j\Delta t - \tfrac{1}{2}\sigma^2 j^2 \Delta t$$

O valor da opção de venda no tempo T é $\max(K - S_T, 0)$, onde S_T é o preço da ação no tempo T. Logo:

$$f_{N,j} = \max(K - j\Delta S, 0), \quad j = 0, 1, \ldots, M \tag{21.28}$$

O valor da opção de venda quando o preço da ação é zero é K. Logo:

$$f_{i,0} = K, \quad i = 0, 1, \ldots, N \tag{21.29}$$

Pressupomos que a opção de venda vale zero quando $S = S_{\max}$, de modo que:

$$f_{i,M} = 0, \quad i = 0, 1, \ldots, N \tag{21.30}$$

As equações (21.28), (21.29) e (21.30) definem o valor da opção de venda ao longo das três bordas da grade na Figura 21.15, onde here $S = 0$, $S = S_{\max}$ e $t = T$. Ainda falta usar a equação (21.27) para chegar ao valor de f em todos os outros pontos. Primeiro, os são resolvidos os pontos correspondentes ao tempo $T - \Delta t$. A equação (21.27) com $i = N - 1$ produz:

$$a_j f_{N-1,j-1} + b_j f_{N-1,j} + c_j f_{N-1,j+1} = f_{N,j} \tag{21.31}$$

para $j = 1, 2,..., M - 1$. Os lados direitos dessas equações são conhecidos da equação (21.28). Além disso, das equações (21.29) e (21.30):

$$f_{N-1,0} = K \tag{21.32}$$

$$f_{N-1,M} = 0 \tag{21.33}$$

As equações (21.31) são, assim, $M - 1$ equações simultâneas que podem ser resolvidas para os $M - 1$ desconhecidos: $f_{N-1,1}, f_{N-1,2}, ..., f_{N-1,M-1}$.[22] Depois disso, cada valor de $f_{N-1,j}$ é comparado com $K - j\Delta S$. Se $f_{N-1,j}, K - j\Delta S$, o exercício antecipado no tempo $T - \Delta t$ é ideal e $f_{N-1,j}$ é determinado como igual a $K - j\Delta S$. Os nós correspondentes ao tempo $T - 2\Delta t$ são resolvidos da mesma forma, e assim por diante. Por fim, $f_{0,1}, f_{0,2}, f_{0,3}, ..., f_{0,M-1}$ são obtidos. Um destes é o preço de opção dos juros.

A técnica de *controle de variação* pode ser usada em conjunto com os métodos das diferenças finitas. A mesma grade é usada para avaliar uma opção semelhante àquela em consideração, mas para a qual uma avaliação analítica está disponível. Nesse caso, a equação (21.20) é utilizada.

■ **Exemplo 21.10**

A Tabela 21.4 mostra o resultado de usar o método das diferenças finitas implícito descrito anteriormente para apreçar a opção de venda americana descrita no Exemplo 21.1. Os valores de 20, 10 e 5 foram escolhidos para M, N e ΔS, respectivamente. Assim, o preço da opção é avaliado em intervalos de \$5 do preço da ação entre \$0 e \$100 e em intervalos de meio mês durante toda a vida da opção. O preço da opção dado pela grade é de \$4,07. A mesma grade dá o preço da opção europeia correspondente como \$3,91. O verdadeiro preço europeu dado pela fórmula de Black–Scholes–Merton é de \$4,08. Logo, a estimativa de *controle de variação* do preço americano é:

$$4,07 + (4,08 - 3,91) = \$4,24$$ ■

Método das diferenças finitas explícito

O método das diferenças finitas implícito tem a vantagem de ser bastante robusto. Ele sempre converge com a solução da equação diferencial à medida que ΔS e Δt se aproximam de zero.[23] Uma das desvantagens do método das diferenças finitas implícito é que $M - 1$ equações simultâneas precisam ser resolvidas para calcular o $f_{i,j}$ a partir do $f_{i+1,j}$. O método pode ser simplificado se pressupomos que os valores de $\partial f/\partial S$ e $\partial^2 f/\partial S^2$ no ponto (i, j) na grade são iguais ao ponto $(i + 1, j)$. Assim, as equações (21.24) e (21.26) se tornam:

$$\frac{\partial f}{\partial S} = \frac{f_{i+1,j+1} - f_{i+1,j-1}}{2\Delta S}$$

$$\frac{\partial^2 f}{\partial S^2} = \frac{f_{i+1,j+1} + f_{i+1,j-1} - 2f_{i+1,j}}{\Delta S^2}$$

---

[22] Isso não envolve inverter uma matriz. A equação $j = 1$ na (21.31) pode ser usada para expressar $f_{N-1,2}$ em termos de $f_{N-1,1}$, a equação $j = 2$, quando combinada com a equação $j = 1$, pode ser usada para expressar $f_{N-1,3}$ em termos de $f_{N-1,1}$, e assim por diante. A equação $j = M - 2$, em conjunto com as equações anteriores, permite que $f_{N-1,M-1}$ seja expresso em termos de $f_{N-1,1}$. A equação final $j = M - 1$ pode então ser resolvida para $f_{N-1,1}$, que pode então ser usada para determinar o outro $f_{N-1,j}$.

[23] Uma regra geral nos métodos das diferenças finitas é que ΔS deve ser mantido proporcional a $\sqrt{\Delta t}$ à medida que se aproxima de zero.

TABELA 21.4 Grade para avaliar a opção americana no Exemplo 21.1 usando o método das diferenças finitas implícito

Preço da ação (dólares)	Tempo até o vencimento (meses)										
	5	4,5	4	3,5	3	2,5	2	1,5	1	0,5	0
100	0,00	0,00	0,00	0,00	0,00	0,00	0,00	0,00	0,00	0,00	0,00
95	0,02	0,02	0,01	0,01	0,00	0,00	0,00	0,00	0,00	0,00	0,00
90	0,05	0,04	0,03	0,02	0,01	0,01	0,00	0,00	0,00	0,00	0,00
85	0,09	0,07	0,05	0,03	0,02	0,01	0,01	0,00	0,00	0,00	0,00
80	0,16	0,12	0,09	0,07	0,04	0,03	0,02	0,01	0,00	0,00	0,00
75	0,27	0,22	0,17	0,13	0,09	0,06	0,03	0,02	0,01	0,00	0,00
70	0,47	0,39	0,32	0,25	0,18	0,13	0,08	0,04	0,02	0,00	0,00
65	0,82	0,71	0,60	0,49	0,38	0,28	0,19	0,11	0,05	0,02	0,00
60	1,42	1,27	1,11	0,95	0,78	0,62	0,45	0,30	0,16	0,05	0,00
55	2,43	2,24	2,05	1,83	1,61	1,36	1,09	0,81	0,51	0,22	0,00
50	4,07	3,88	3,67	3,45	3,19	2,91	2,57	2,17	1,66	0,99	0,00
45	6,58	6,44	6,29	6,13	5,96	5,77	5,57	5,36	5,17	5,02	5,00
40	10,15	10,10	10,05	10,01	10,00	10,00	10,00	10,00	10,00	10,00	10,00
35	15,00	15,00	15,00	15,00	15,00	15,00	15,00	15,00	15,00	15,00	15,00
30	20,00	20,00	20,00	20,00	20,00	20,00	20,00	20,00	20,00	20,00	20,00
25	25,00	25,00	25,00	25,00	25,00	25,00	25,00	25,00	25,00	25,00	25,00
20	30,00	30,00	30,00	30,00	30,00	30,00	30,00	30,00	30,00	30,00	30,00
15	35,00	35,00	35,00	35,00	35,00	35,00	35,00	35,00	35,00	35,00	35,00
10	40,00	40,00	40,00	40,00	40,00	40,00	40,00	40,00	40,00	40,00	40,00
5	45,00	45,00	45,00	45,00	45,00	45,00	45,00	45,00	45,00	45,00	45,00
0	50,00	50,00	50,00	50,00	50,00	50,00	50,00	50,00	50,00	50,00	50,00

A equação de diferenças é:

$$\frac{f_{i+1,j} - f_{i,j}}{\Delta t} + (r-q)j \Delta S \frac{f_{i+1,j+1} - f_{i+1,j-1}}{2\Delta S} + \frac{1}{2}\sigma^2 j^2 \Delta S^2 \frac{f_{i+1,j+1} + f_{i+1,j-1} - 2f_{i+1,j}}{\Delta S^2} = rf_{i,j}$$

ou:

$$f_{i,j} = a_j^* f_{i+1,j-1} + b_j^* f_{i+1,j} + c_j^* f_{i+1,j+1} \tag{21.34}$$

onde:

$$a_j^* = \frac{1}{1+r\Delta t}(-\tfrac{1}{2}(r-q)j\Delta t + \tfrac{1}{2}\sigma^2 j^2 \Delta t)$$

$$b_j^* = \frac{1}{1+r\Delta t}(1 - \sigma^2 j^2 \Delta t)$$

$$c_j^* = \frac{1}{1+r\Delta t}(\tfrac{1}{2}(r-q)j\Delta t + \tfrac{1}{2}\sigma^2 j^2 \Delta t)$$

Isso cria o chamado *método das diferenças finitas explícito*.[24] A Figura 21.16 mostra a diferença entre os métodos implícito e explícito. O método implícito leva à equação (21.27), que dá uma relação entre três valores diferentes da opção no tempo $i\Delta t$ (ou seja, $f_{i,j-1}, f_{i,j}$ e $f_{i,j+1}$) e um valor da opção no tempo $(i + 1)\Delta t$ (ou seja, $f_{i+1,j}$). O método explícito leva à equação (21.34), que dá uma relação entre um valor da opção no tempo $i\Delta t$ (ou seja, $f_{i,j}$) e três valores diferentes da opção no tempo $(i + 1)\Delta t$ (ou seja, $f_{i+1,j-1}, f_{i+1,j}, f_{i+1,j+1}$).

■ Exemplo 21.11

A Tabela 21.5 mostra o resultado de usar a versão explícita do método das diferenças finitas para apreçar a opção de venda americana descrita no Exemplo 21.1. Assim como no Exemplo 21.10, os valores de 20, 10 e 5 foram escolhidos para M, N e S, respectivamente. O preço da opção dado pela grade é \$4,26.[25] ■

Mudança da variável

Quando o movimento browniano geométrico é usado para o preço do ativo subjacente, é computacionalmente mais eficiente usar os métodos das diferenças finitas com $\ln S$ em vez de S como a variável subjacente. Defina $Z = \ln S$. A equação (21.21) se torna:

$$\frac{\partial f}{\partial t} + \left(r - q - \frac{\sigma^2}{2}\right)\frac{\partial f}{\partial Z} + \frac{1}{2}\sigma^2 \frac{\partial^2 f}{\partial Z^2} = rf$$

Método das diferenças finitas implícito

Método das diferenças finitas explícito

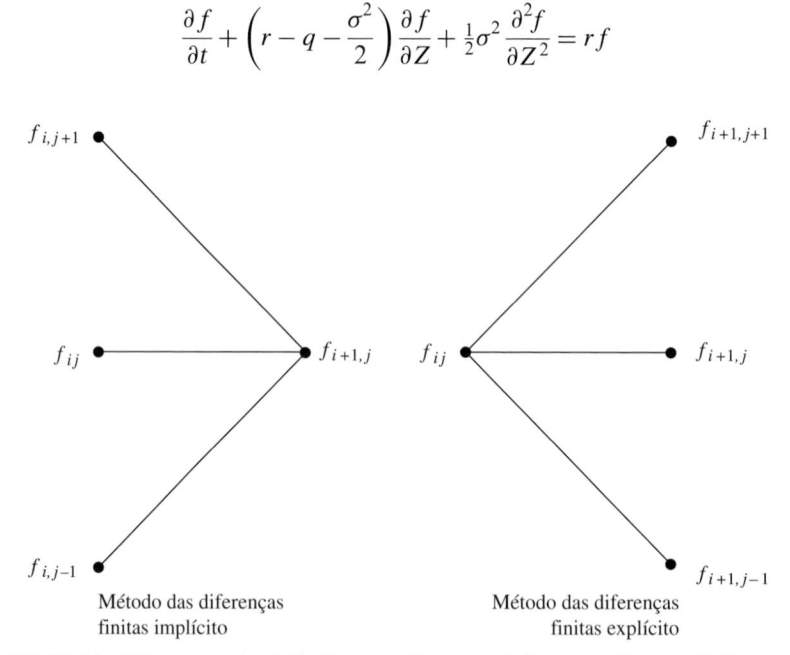

FIGURA 21.16 Diferença entre métodos das diferenças finitas implícito e explícito.

---

[24] Também obtemos o método das diferenças finitas explícito se usamos a aproximação de diferença atrasada em vez da aproximação de diferença adiantada para $\partial f/\partial t$.

[25] Os números negativos e outras inconsistências no quadrante superior esquerdo da grade serão explicados posteriormente.

TABELA 21.5 Grade para avaliar a opção americana no Exemplo 21.1 usando o método das diferenças finitas explícito

Preço da ação (dólares)	Tempo até o vencimento (meses)										
	5	4,5	4	3,5	3	2,5	2	1,5	1	0,5	0
100	0,00	0,00	0,00	0,00	0,00	0,00	0,00	0,00	0,00	0,00	0,00
95	0,06	0,00	0,00	0,00	0,00	0,00	0,00	0,00	0,00	0,00	0,00
90	−0,11	0,05	0,00	0,00	0,00	0,00	0,00	0,00	0,00	0,00	0,00
85	0,28	−0,05	0,05	0,00	0,00	0,00	0,00	0,00	0,00	0,00	0,00
80	−0,13	0,20	0,00	0,05	0,00	0,00	0,00	0,00	0,00	0,00	0,00
75	0,46	0,06	0,20	0,04	0,06	0,00	0,00	0,00	0,00	0,00	0,00
70	0,32	0,46	0,23	0,25	0,10	0,09	0,00	0,00	0,00	0,00	0,00
65	0,91	0,68	0,63	0,44	0,37	0,21	0,14	0,00	0,00	0,00	0,00
60	1,48	1,37	1,17	1,02	0,81	0,65	0,42	0,27	0,00	0,00	0,00
55	2,59	2,39	2,21	1,99	1,77	1,50	1,24	0,90	0,59	0,00	0,00
50	4,26	4,08	3,89	3,68	3,44	3,18	2,87	2,53	2,07	1,56	0,00
45	6,76	6,61	6,47	6,31	6,15	5,96	5,75	5,50	5,24	5,00	5,00
40	10,28	10,20	10,13	10,06	10,01	10,00	10,00	10,00	10,00	10,00	10,00
35	15,00	15,00	15,00	15,00	15,00	15,00	15,00	15,00	15,00	15,00	15,00
30	20,00	20,00	20,00	20,00	20,00	20,00	20,00	20,00	20,00	20,00	20,00
25	25,00	25,00	25,00	25,00	25,00	25,00	25,00	25,00	25,00	25,00	25,00
20	30,00	30,00	30,00	30,00	30,00	30,00	30,00	30,00	30,00	30,00	30,00
15	35,00	35,00	35,00	35,00	35,00	35,00	35,00	35,00	35,00	35,00	35,00
10	40,00	40,00	40,00	40,00	40,00	40,00	40,00	40,00	40,00	40,00	40,00
5	45,00	45,00	45,00	45,00	45,00	45,00	45,00	45,00	45,00	45,00	45,00
0	50,00	50,00	50,00	50,00	50,00	50,00	50,00	50,00	50,00	50,00	50,00

A grade então avalia o derivativo para os valores igualmente espaçados de Z em vez de para os valores igualmente espaçados de S. A equação de diferenças para o método implícito se torna:

$$\frac{f_{i+1,j} - f_{i,j}}{\Delta t} + (r - q - \sigma^2/2)\frac{f_{i,j+1} - f_{i,j-1}}{2\Delta Z} + \frac{1}{2}\sigma^2 \frac{f_{i,j+1} + f_{i,j-1} - 2f_{i,j}}{\Delta Z^2} = rf_{i,j}$$

ou:

$$\alpha_j f_{i,j-1} + \beta_j f_{i,j} + \gamma_j f_{i,j+1} = f_{i+1,j} \qquad (21.35)$$

onde:

$$\alpha_j = \frac{\Delta t}{2\Delta Z}(r - q - \sigma^2/2) - \frac{\Delta t}{2\Delta Z^2}\sigma^2$$

$$\beta_j = 1 + \frac{\Delta t}{\Delta Z^2}\sigma^2 + r\,\Delta t$$

$$\gamma_j = -\frac{\Delta t}{2\Delta Z}(r - q - \sigma^2/2) - \frac{\Delta t}{2\Delta Z^2}\sigma^2$$

A equação de diferenças para o método explícito se torna:

$$\frac{f_{i+1,j} - f_{i,j}}{\Delta t} + (r - q - \sigma^2/2)\frac{f_{i+1,j+1} - f_{i+1,j-1}}{2\Delta Z} + \frac{1}{2}\sigma^2 \frac{f_{i+1,j+1} + f_{i+1,j-1} - 2f_{i+1,j}}{\Delta Z^2} = rf_{i,j}$$

ou:

$$\alpha_j^* f_{i+1,j-1} + \beta_j^* f_{i+1,j} + \gamma_j^* f_{i+1,j+1} = f_{i,j} \qquad (21.36)$$

onde:

$$\alpha_j^* = \frac{1}{1 + r\Delta t}\left[-\frac{\Delta t}{2\Delta Z}(r - q - \sigma^2/2) + \frac{\Delta t}{2\Delta Z^2}\sigma^2\right] \qquad (21.37)$$

$$\beta_j^* = \frac{1}{1 + r\Delta t}\left(1 - \frac{\Delta t}{\Delta Z^2}\sigma^2\right) \qquad (21.38)$$

$$\gamma_j^* = \frac{1}{1 + r\Delta t}\left[\frac{\Delta t}{2\Delta Z}(r - q - \sigma^2/2) + \frac{\Delta t}{2\Delta Z^2}\sigma^2\right] \qquad (21.39)$$

A abordagem de mudança de variável tem a propriedade de que α_j, β_j e γ_j, assim como α_j^*, β_j^* e γ_j^*, são independentes de j. Na maioria dos casos, uma boa escolha para ΔZ seria $\sigma\sqrt{3\Delta t}$.

Relação com abordagens de árvore trinomial

O método das diferenças finitas explícito é equivalente à abordagem de árvore trinomial.[26] Nas expressões para a_j^*, b_j^* e c_j^* na equação (21.34), podemos interpretar os termos da seguinte maneira:

$-\frac{1}{2}(r - q)j\Delta t + \frac{1}{2}\sigma^2 j^2 \Delta t$: Probabilidade do preço da ação diminuir de $j\Delta S$ para $(j - 1)\Delta S$ no tempo Δt.

$1 - \sigma^2 j^2 \Delta t$: Probabilidade do preço da ação permanecer inalterado em $j\Delta S$ no tempo Δt.

$\frac{1}{2}(r - q)j\Delta t + \frac{1}{2}\sigma^2 j^2 \Delta t$: Probabilidade do preço da ação aumentar de $j\Delta S$ para $(j + 1)\Delta S$ no tempo Δt.

Essa interpretação está ilustrada na Figura 21.17. As somas das três probabilidades é a unidade. Elas dão o aumento esperado no preço da ação no tempo Δt como $(r - q)j\Delta S\Delta t = (r - q)S\Delta t$. Esse é o aumento esperado em um mundo risk-neutral. Para valores pequenos de Δt, elas também dão a variância da mudança do preço da ação no tempo Δt como $\sigma^2 j^2 \Delta S^2 \Delta t = \sigma^2 S^2 \Delta t$. Isso corresponde ao processo estocástico seguido por S. O valor de f no tempo $i\Delta t$ é calculado como o valor esperado de f no tempo $(i + 1)\Delta t$ em um mundo risk-neutral descontado à taxa de juros livre de risco.

---

[26] Também podemos mostrar que o método das diferenças finitas implícito é equivalente a uma abordagem de árvore multinomial no qual há $M + 1$ ramos emanando de cada nó.

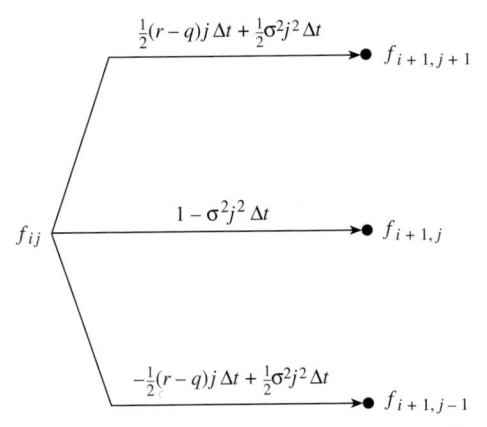

FIGURA 21.17 Interpretação do método das diferenças finitas explícito como uma árvore trinomial.

Para que a versão explícita do método das diferenças finitas explícito funcione bem, as três "probabilidades":

$$-\tfrac{1}{2}(r-q)j\,\Delta t + \tfrac{1}{2}\sigma^2 j^2 \Delta t,$$

$$1 - \sigma^2 j^2 \Delta t$$

$$\tfrac{1}{2}(r-q)j\,\Delta t + \tfrac{1}{2}\sigma^2 j^2 \Delta t$$

devem ser todas positivas. No Exemplo 21.11, $1 - \sigma^2 j^2 \Delta t$ é negativo quando $j \geq 13$ (ou seja, quando $S \geq 65$). Isso explica os preços de opção negativos e as outras inconsistências na parte superior esquerda da Tabela 21.5. O exemplo ilustra o principal problema associado ao método das diferenças finitas explícito. Como as probabilidades na árvore associada podem ser negativas, ele não produz necessariamente resultados que convergem com a solução da equação diferencial.[27]

Quando a abordagem de mudança de variável é utilizada (ver equações (21.36) a (21.39)), as probabilidades de que $Z = \ln S$ diminuirá em ΔZ, permanecerá igual e aumentará em ΔZ são:

$$-\frac{\Delta t}{2\Delta Z}(r - q - \sigma^2/2) + \frac{\Delta t}{2\Delta Z^2}\sigma^2$$

$$1 - \frac{\Delta t}{\Delta z^2}\sigma^2$$

$$\frac{\Delta t}{2\Delta Z}(r - q - \sigma^2/2) + \frac{\Delta t}{2\Delta Z^2}\sigma^2$$

---

[27] J. Hull and A. White, "Valuing Derivative Securities Using the Explicit Finite Difference Method", *Journal of Financial and Quantitative Analysis*, 25 (March 1990): 87–100, mostra como esse problema pode ser superado. Na situação considerada aqui, basta construir a grade em ln S em vez de S para garantir a convergência.

respectivamente. Esses movimentos em Z correspondem ao preço da ação mudar de S para $Se^{-\Delta Z}$, S e $Se^{\Delta Z}$, respectivamente. Se definirmos $\Delta Z = \sigma\sqrt{3\Delta t}$, a árvore e as probabilidades são idênticas àquelas da abordagem de árvore trinomial discutidas na Seção 21.4.

Outros métodos das diferenças finitas

Os pesquisadores propuseram outros métodos das diferenças finitas que, em diversas circunstâncias, têm maior eficiência computacional do que os métodos puramente explícitos ou implícitos.

Usando o chamado *método hopscotch* ("jogo da amarelinha"), alternamos entre os cálculos explícitos e implícitos à medida que passamos de um nó para o outro, como ilustrado na Figura 21.18. Em cada tempo, primeiro realizamos todos os cálculos nos "nós explícitos" (E) da maneira tradicional. A seguir, os "nós implícitos" (I) podem ser trabalhados sem resolver um conjunto de equações simultâneas, pois os valores nos nós adjacentes já foram calculados.

No método de *Crank–Nicolson*, a estimativa de:

$$\frac{f_{i+1,j} - f_{i,j}}{\Delta t}$$

é definida como igual à média daquela dada pelos métodos implícito e explícito.

Aplicações dos métodos das diferenças finitas

Os métodos das diferenças finitas podem ser utilizados para os mesmos tipos de problemas de apreçamento de derivativos que as abordagens de árvores. Eles lidam com derivativos americanos e europeus, mas não podem ser utilizados facilmente em situações nas quais o resultado de um derivativo depende do histórico pregresso da

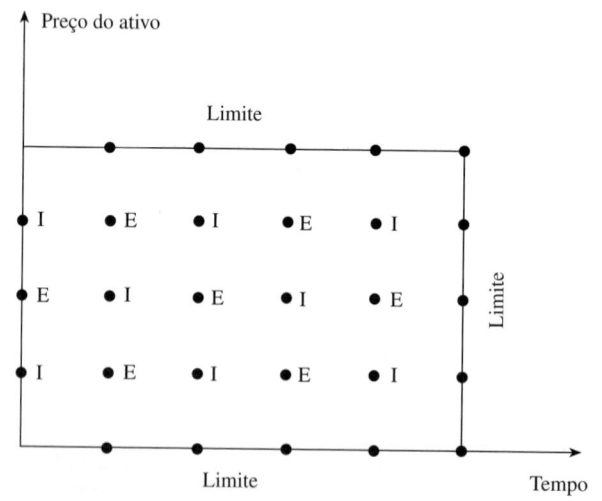

FIGURA 21.18 O método *hopscotch*. I indica o nó no qual os cálculos implícitos são realizados; E indica o nó no qual os cálculos explícitos são realizados.

variável subjacente. Os métodos das diferenças finitas podem, ao custo de um aumento significativo nos recursos computacionais utilizados, ser usados quando há múltiplas variáveis de estado. A grade na Figura 21.15 passa então a ser multidimensional.

O método para calcular as letras gregas é semelhante àquele usado para árvores. Delta, gama e teta podem ser calculados diretamente a partir dos valores $f_{i,j}$ na grade. Para vega, é necessário realizar uma pequena mudança na volatilidade e recalcular o valor do derivativo usando a mesma grade.

RESUMO

Neste capítulo, apresentamos três procedimentos numéricos diferentes para avaliar derivativos quando não há uma solução analítica disponível. Estes envolvem o uso de árvores, simulação de Monte Carlo e métodos das diferenças finitas.

As árvores binomiais pressupõem que, em cada breve intervalo de tempo Δt, um preço de ação aumenta por uma quantia multiplicativa u ou diminui por uma quantia multiplicativa d. Os tamanhos de u e d e suas probabilidades associadas são escolhidos de modo que a mudança no preço da ação tenha a média e o desvio padrão corretos em um mundo *risk-neutral*. Os preços de derivativos são calculados começando no final da árvore e analisando-a retroativamente. Para uma opção americana, o valor em um nó é o maior entre (a) o valor se ela é exercida imediatamente e (b) o valor esperado descontado se ela é mantida por mais um período de tempo Δt.

A simulação de Monte Carlo envolve usar números aleatórios para obter uma amostra de muitos caminhos diferentes que poderiam ser seguidos pelas variáveis subjacentes em um mundo *risk-neutral*. Para cada caminho, o resultado é calculado e descontado à taxa de juros livre de risco. A média aritmética dos resultados descontados é o valor estimado do derivativo.

Os métodos das diferenças finitas resolvem a equação diferencial subjacente convertendo-a em uma equação de diferenças. Eles são semelhantes às abordagens de árvore, pois as computações trabalham retroativamente, iniciando no final da vida do derivativo e indo até o início. O método das diferenças finitas explícito é funcionalmente igual ao uso de uma árvore trinomial. O método das diferenças finitas implícito é mais complexo, mas tem a vantagem de que o usuário não precisa tomar precauções especiais para garantir a convergência.

Na prática, o método escolhido provavelmente dependerá das características do derivativo avaliado e do nível de precisão exigido. A simulação de Monte Carlo vai do início para o fim da vida de um derivativo. Ela pode ser utilizada para derivativos europeus e consegue lidar com bastante complexidade com relação aos resultados. Ela se torna relativamente mais eficiente à medida que o número de variáveis subjacentes aumenta. As abordagens de árvore e os métodos das diferenças finitas vão do final da vida de um título para o seu começo e podem acomodar derivativos americanos e europeus. Contudo, elas são difíceis de aplicar quando os resultados dependem do histórico pregresso das variáveis de estado e não apenas de seus valores atuais. Além disso, elas correm o risco de se tornarem muito dispendiosas em termos de recursos computacionais quando três ou mais variáveis estão envolvidas.

LEITURAS COMPLEMENTARES

Gerais

Clewlow, L., and C. Strickland, *Implementing Derivatives Models*. Chichester: Wiley, 1998.

Press, W. H., S. A. Teukolsky, W. T. Vetterling, and B. P. Flannery, *Numerical Recipes in C: The Art of Scientific Computing*, 3rd edn. Cambridge University Press, 2007.

Sobre abordagens de árvore

Cox, J. C, S. A. Ross, and M. Rubinstein. "Option Pricing: A Simplified Approach", *Journal of Financial Economics*, 7 (October 1979): 229–64.

Figlewski, S., and B. Gao. "The Adaptive Mesh Model: A New Approach to Efficient Option Pricing", *Journal of Financial Economics*, 53 (1999): 313–51.

Hull, J. C., and A. White, "The Use of the Control Variate Technique in Option Pricing", *Journal of Financial and Quantitative Analysis*, 23 (September 1988): 237–51.

Rendleman, R., and B. Bartter, "Two State Option Pricing", *Journal of Finance*, 34 (1979): 1092–1110.

Sobre a simulação de Monte Carlo

Boyle, P. P., "Options: A Monte Carlo Approach", *Journal of Financial Economics*, 4 (1977): 323–38.

Boyle, P. P., M. Broadie, and P. Glasserman. "Monte Carlo Methods for Security Pricing", *Journal of Economic Dynamics and Control*, 21 (1997): 1267–1322.

Broadie, M., P. Glasserman, and G. Jain. "Enhanced Monte Carlo Estimates for American Option Prices", *Journal of Derivatives*, 5 (Fall 1997): 25–44.

Sobre métodos das diferenças finitas

Hull, J. C., and A. White, "Valuing Derivative Securities Using the Explicit Finite Difference Method", *Journal of Financial and Quantitative Analysis*, 25 (March 1990): 87–100.

Wilmott, P., *Derivatives: The Theory and Practice of Financial Engineering*. Chichester: Wiley, 1998.

Questões e problemas

21.1 Quais dos itens seguintes podem ser estimados para uma opção americana pela construção de uma única árvore binomial: delta, gama, vega, teta, rô?

21.2 Calcule o preço de uma opção de venda americana de 3 meses sobre uma ação que não paga dividendos quando o preço da ação é $60, o preço de exercício é $60, a taxa de juros livre de risco é 10% ao ano e a volatilidade é 45% ao ano. Use uma árvore binomial com um intervalo de tempo de 1 mês.

21.3 Explique como a técnica *controle de variação* é implementada quando uma árvore é utilizada para avaliar opções americanas.

21.4 Calcule o preço de uma opção de compra americana de 9 meses sobre futuros de milho quando o preço futuro atual é 198 centavos, o preço de exercício é 200 centavos, a taxa de juros livre de risco é 8% ao ano e a volatilidade é 30% ao ano. Use uma árvore binomial com um intervalo de tempo de 3 meses.

21.5 Considere uma opção que paga a quantia pela qual o preço da ação final excede o preço da ação médio durante a vida da opção. Ela poderia ser avaliada usando a abordagem de árvore binomial? Explique sua resposta.

21.6 "Para uma ação que paga dividendos, a árvore para o preço da ação não se recombina, mas a árvore para o preço da ação menos o valor presente dos dividendos futuros se recombina". Explique essa afirmação.

21.7 Mostre que as probabilidades em uma árvore binomial de Cox, Ross e Rubinstein são negativos quando a condição na nota de rodapé 8 é válida.

21.8 Use amostragem estratificada com 100 testes para melhorar a estimativa de π na História de Negócios 21.1 e na Tabela 21.1.

21.9 Explique por que a abordagem da simulação de Monte Carlo não pode ser utilizada facilmente para derivativos americanos.

21.10 Uma opção de venda americana de 9 meses sobre uma ação que não paga dividendos tem preço de exercício de $49. O preço da ação é $50, a taxa de juros livre de risco é 5% ao ano e a volatilidade é 30% ao ano. Use uma árvore binomial de três passos para calcular o preço da opção.

21.11 Use uma árvore de três passos para avaliar uma opção de compra americana de 9 meses sobre futuros de trigo. O preço futuro atual é 400 centavos, o preço de exercício é 420 centavos, a taxa de juros livre de risco é 6% e a volatilidade é 35% ao ano. Estime o delta da opção a partir da sua árvore.

21.12 Uma opção de compra americana de 3 meses sobre uma ação tem preço de exercício de $20. O preço da ação é $20, a taxa de juros livre de risco é 3% ao ano e a volatilidade é 25% ao ano. Espera-se um dividendo de $2 em 1,5 mês. Use uma árvore binomial de três passos para calcular o preço da opção.

21.13 Uma opção de venda americana de 2 meses sobre um índice de ações tem preço de exercício de 480. O nível atual do índice é 484, a taxa de juros livre de risco é 10% ao ano, o rendimento em dividendos sobre o índice é 3% ao ano e a volatilidade do índice é de 25% ao ano. Divida a vida da opção em quatro períodos de meio mês e use a abordagem de árvore para estimar o valor da opção.

21.14 Como a abordagem de *controle de variação* melhora a estimativa do delta de uma opção americana quando a abordagem de árvore é utilizada?

21.15 Suponha que a simulação de Monte Carlo está sendo utilizada para avaliar uma opção de compra europeia sobre uma ação que não paga dividendos quando a volatilidade é estocástica. Como a técnica de *controle de variação* e a técnica das variáveis antitéticas poderiam ser utilizadas para melhorar a eficiência numérica? Explique por que é necessário calcular seis valores da opção em cada teste de simulação quando ambas a técnica de *controle de variação* e a técnica das variáveis antitéticas são utilizadas;

21.16 Explique como mudam as equações (21.27) a (21.30) quando é utilizado o método das diferenças finitas implícito para avaliar uma opção de compra americana sobre uma moeda.

21.17 Uma opção de venda americana sobre uma ação que não paga dividendos tem 4 meses até o vencimento. O preço de exercício é $21, o preço da ação é $20, a taxa de juros livre de risco é 10% ao ano e a volatilidade é 30% ao ano. Use a versão explícita da abordagem das diferenças finitas para avaliar a opção. Use intervalos de preço da ação de $4 e intervalos de tempo de 1 mês.

21.18 O preço à vista do cobre é $0,60 por libra. Suponha que os preços futuros (dólares por libra) são os seguintes:

3 meses	0,59
6 meses	0,57
9 meses	0,54
12 meses	0,50

A volatilidade do preço do cobre é 40% ao ano e a taxa de juros livre de risco é 6% ao ano. Use uma árvore binomial para avaliar uma opção de compra americana sobre cobre com preço de exercício de $0,60 e tempo até o vencimento de 1 ano. Divida a vida da opção em quatro períodos de 3 meses para fins de construir a árvore. (*Dica*: Como explicado na Seção 18.7, o preço futuro de uma variável é seu preço futuro esperado em um mundo *risk-neutral*.)

21.19 Use a árvore binomial no Problema 21.19 para avaliar um título que paga x^2 em 1 ano onde x é o preço do cobre.

21.20 Quando as condições de limite para $S = 0$ e $S \to \infty$ afetam as estimativas dos preços de derivativos no método das diferenças finitas explícito?

21.21 Como você utilizaria o método das variáveis antitéticas para melhorar a estimativa da opção europeia na História de Negócios 21.2 e Tabela 21.2?

21.22 Uma empresa emitiu um título conversível de 3 anos com valor de face de $25 e que pode ser trocado por duas das ações da empresa a qualquer momento. A empresa pode resgatar a emissão, forçando a conversão, quando o preço da ação é maior ou igual a $18. Pressupondo que a empresa forçará a conversão na primeira oportunidade possível, quais são as condições de limite para o preço do título conversível? Descreva como você usaria os métodos das diferenças finitas para avaliar o título conversível, pressupondo taxas de juros constantes. Pressuponha que não há risco de inadimplência por parte da empresa.

21.23 Apresente fórmulas que podem ser utilizadas para obter três amostras aleatórias de distribuições normais padrões quando a correlação entre a amostra i e a amostra j é $\rho_{i,j}$.

Questões adicionais

21.24 Uma opção de venda americana referente à venda de um franco suíço por dólares tem preço de exercício de $0,80 e tempo até o vencimento de 1 ano. A volatilidade do franco suíço é 10%, a taxa de juros em dólar é 6%, a taxa de juros em franco suíço é 3% e a taxa de câmbio atual é 0,81. Use uma árvore binomial de três passos para avaliar a opção. Estime o delta da opção a partir da sua árvore.

21.25 O valor atual da libra britânica é $1,60 e a volatilidade da taxa de câmbio libra/dólar é 15% ao ano. Uma opção de compra americana tem preço de exercício $1,62 e tempo até o vencimento de 1 ano. As taxas de juros livres de risco nos Estados Unidos e na Grã-Bretanha são 6% ao ano e 9% ao ano, respectivamente. Use o método das diferenças finitas explícito para avaliar a opção. Considere taxas de câmbio em intervalos de 0,20 entre 0,80 e 2,40 e intervalos de tempo de 3 meses.

21.26 Responda as seguintes questões sobre os alternativos para a construção de árvores na Seção 21.4:
   (a) Mostre que o modelo binomial na Seção 21.4 é exatamente consistente com a média e a variância da mudança no logaritmo do preço da ação no tempo Δt.
   (b) Mostre que o modelo trinomial na Seção 21.4 é consistente com a média e a variância da mudança no logaritmo do preço da ação no tempo Δt quando os termos da ordem de $(\Delta t)^2$ e maiores são ignorados.
   (c) Construa uma alternativa ao modelo trinomial na Seção 21.4 de modo que as probabilidades sejam 1/6, 2/3 e 1/6 nos ramos superior, médio e inferior que emanam de cada nó. Pressuponha que o ramo vai de S a Su, Sm ou Sd com $m^2 = ud$. Faça com que a média e a variância da mudança do logaritmo do preço da ação se correspondam exatamente.

21.27 Estime o delta, gama e teta a partir da árvore no Exemplo 21.3. Explique como cada um deles pode ser interpretado.

21.28 Qual seria o ganho do exercício antecipado no nó inferior no ponto de 9 meses no Exemplo 21.4?

21.29 Uma árvore binomial de quatro passos de Cox–Ross–Rubinstein é usada para apreçar uma opção de venda americana de um ano sobre um índice quando o nível do índice é 500, o preço de exercício é 500, o rendimento em dividendos é 2%, a taxa de juros livre de risco é 5% e a volatilidade é 25% ao ano. Qual é o preço da opção, delta, gama e teta? Explique como você calcularia o vega e o rô.

CAPÍTULO

22

Value at risk

O Capítulo 19 examinou medidas como delta, gama e vega para descrever para diferentes aspectos do risco em um portfólio de derivativos. Normalmente, a instituição financeira calcula cada uma dessas medidas todos os dias para todas as variáveis de mercado aos quais ela está exposta. Em geral, há centenas, até milhares, dessas variáveis de mercado. Uma análise delta–gama–vega leva, portanto, à produção de um número enorme de diferentes medidas de risco todos os dias. Essas medidas de risco fornecem informações valiosas para os traders da instituição financeira. Contudo, elas não oferecem uma maneira de mensurar o risco total ao qual a instituição financeira está exposta.

O *Value at Risk* (VaR) é uma tentativa de fornecer um único número que resuma o risco total em um portfólio de ativos financeiros. O VaR é amplamente utilizado por tesoureiros corporativos e gerentes de fundos, não apenas por instituições financeiras. Tradicionalmente, os reguladores bancários usam o VaR para determinar o capital que cada banco deve manter para os riscos que corre.

Este capítulo explica a medida VaR e descreve as duas abordagens principais para calculá-la, conhecidas como a abordagem de *simulação histórica* e a de *construção de modelos*.

22.1 A MEDIDA VaR

Quando utiliza a medida de *Value at Risk*, o analista está interessado em fazer uma afirmação da seguinte forma:

> Eu tenho X porcento de certeza de que não haverá uma perda de mais de V dólares nos próximos N dias.

A variável V é o VaR do portfólio. Ela é uma função de dois parâmetros: o horizonte temporal (N dias) e o nível de confiança ($X\%$). Ela é o nível de perda durante N dias que tem uma probabilidade de apenas $(100 - X)\%$ de ser excedida. Os reguladores bancários exigem que os bancos calculem o VaR para o risco de mercado com $N = 10$ e $X = 99$ (ver a discussão na História de Negócios 22.1).

História de Negócios 22.1 Como os reguladores do sistema bancário utilizam VaR

O Comitê de Supervisão Bancária de Basileia é um comitê dos reguladores bancários de todo o mundo que se reúne regularmente em Basileia, na Suíça. Em 1988, o comitê publicou um documento que passou a ser conhecido como Basileia I, um acordo entre os reguladores sobre como calcular o capital que cada banco é obrigado a manter para fins de risco de crédito. Posteriormente, o Comitê de Basileia publicou *A Emenda de 1996*, implementada em 1998, que exigia que os bancos mantivessem capital para proteção contra risco de mercado e não apenas risco de crédito. A Emenda diferencia entre a carteira negociável (*trading book*) do banco e sua carteira de investimento em títulos (*banking book*). O *banking book* é composto principalmente de empréstimos e em geral não é reavaliado com regularidade para fins gerenciais e contábeis. O *trading book* é composto de inúmeros instrumentos diferentes negociados pelo banco (ações, títulos, swaps, contratos a termo, opções, etc.) e normalmente é reavaliado todos os dias.

A Emenda de 1996 calcula o capital para o *trading book* usando a medida VaR com $N = 10$ e $X = 99$. Isso significa que ela enfoca a perda de reavaliação durante um período de 10 dias que, espera-se, será excedida apenas 1% do tempo. O capital que o banco precisa manter é k vezes essa medida VaR (com um ajustamento para os chamados riscos específicos). O multiplicador k é escolhido para cada banco individualmente pelos reguladores e deve ser de pelo menos 3,0. Para um banco com procedimentos de estimativa de VaR excelentes e bem testados, é provável que k será estabelecido como igual ao valor mínimo de 3,0. Para outros bancos, o resultado pode ser maior.

Depois de Basileia I vieram Basileia II, Basileia II.5 e Basileia III. Basileia II (implementado na maior parte do mundo em 2007) usa o VaR com um horizonte temporal de um ano e um nível de confiança de 99,9% para calcular o capital para risco de crédito e risco operacional. Basileia II.5 (implementado em 2012) revisou o modo como o capital de risco de mercado é calculado. Uma das mudanças envolve o chamado *stressed VaR*, que é uma medida VaR baseada em como as variáveis de mercado se movimentaram durante um período de tempo particularmente adverso. Basileia III está aumentando a quantidade de capital que os bancos devem manter e a proporção desse capital que deve estar em patrimônio líquido.

É interessante observar que em maio de 2012, o Comitê de Basileia publicou um documento de debate indicando que estava considerando trocar de VaR para *expected shortfall* para o risco de mercado.

Quando o horizonte temporal é N dias e o nível de confiança é $X\%$, o VaR é a perda correspondente ao $(100 - X)$-ésimo percentil da distribuição do ganho no valor do portfólio durante os próximos N dias. (Observe que quando analisamos a distribuição de probabilidade do ganho, uma perda é um ganho negativo e o VaR trata da cauda esquerda da distribuição. Quando analisamos a distribuição de probabilidade da perda, um ganho é uma perda negativa e o VaR trata da cauda direita da distribuição.) Por exemplo, quando $N = 5$ e $X = 97$, o VaR é o terceiro percentil da distribuição do ganho no valor do portfólio durante os próximos 5 dias. As Figuras 22.1 e 22.2 ilustram o VaR.

O VaR é uma medida atraente porque é fácil de entender. Basicamente, ele faz uma pergunta simples: "Qual é o pior que poderia acontecer?" Essa é a pergunta

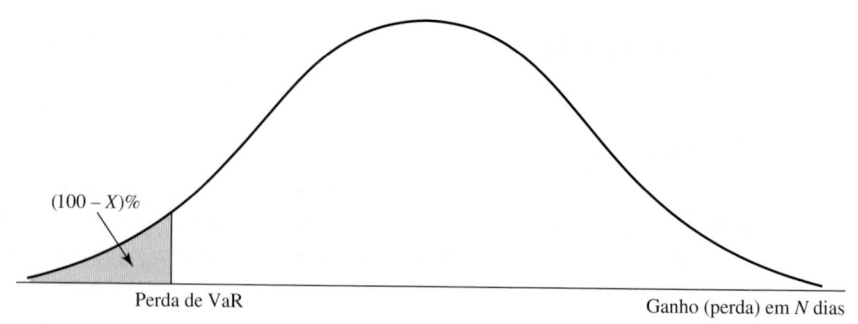

FIGURA 22.1 Cálculo do VaR a partir da distribuição de probabilidade da mudança no valor do portfólio; o nível de confiança é $X\%$. Os ganhos no valor do portfólio são positivos; as perdas são negativas.

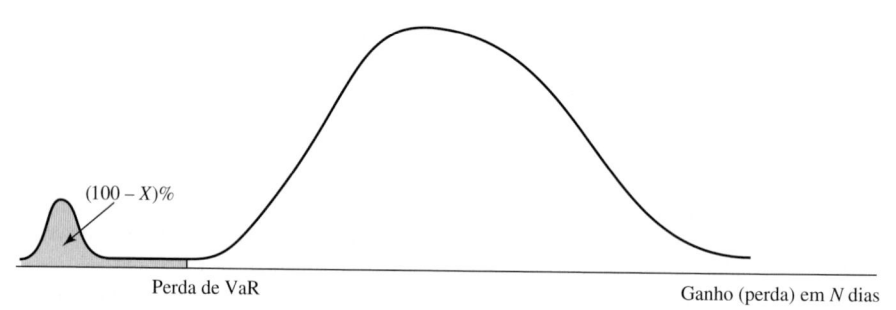

FIGURA 22.2 Situação alternativa à Figura 22.1. O VaR é o mesmo, mas a perda potencial é maior.

que toda a alta gerência quer ver respondida. Seus membros gostam muito da ideia de fundir todas as letras gregas para todas as variáveis de mercado subjacente a um portfólio e de usar um único número.

Se aceitarmos que é útil ter um único número para descrever o risco de um portfólio, uma pergunta interessante é se o VaR é mesmo a melhor alternativa. Alguns pesquisadores argumentam que o VaR deixa os traders tentados a escolher um portfólio com o retorno distribuída de forma semelhante àquele na Figura 22.2. Os portfólios nas Figuras 22.1 e 22.2 têm o mesmo VaR, mas o da segunda figura é muito mais arriscado, pois as perdas potenciais são muito maiores.

Uma medida que lida com o problema que acabamos de mencionar é a *expected shortfall*.[1] Enquanto o VaR pergunta "Qual é o pior que pode acontecer?", a *expected shortfall* pergunta "Se a situação ficar ruim, quanto a empresa deve perder?" A *expected shortfall* é a perda esperada durante um período de N dias, desde que a perda seja pior do que a perda do VaR. Por exemplo, com $X = 99$ e $N = 10$, a *expec-*

---

[1] Essa medida, também conhecida como *C-VaR* ou *perda na cauda*, foi sugerida por P. Artzner, F. Delbaen, J.-M. Eber, and D. Heath, "Coherent Measures of Risk", *Mathematical Finance*, 9 (1999): 203–28. Os autores definem certas propriedades que uma boa medida de risco deve ter e mostram que a medida VaR padrão não tem todas elas. Para mais detalhes, ver J. Hull, *Risk Management and Financial Institutions*, 3rd edn. Hoboken, NJ: Wiley, 2012.

ted shortfall é a quantia média que a empresa perde durante um período de 10 dias quando a perda é pior do que o VaR de 10 dias a 99%.

O horizonte temporal

O VaR tem dois parâmetros: o horizonte temporal *N*, mensurado em dias, e o nível de confiança *X*. Na prática, os analistas quase sempre definem $N = 1$ no primeiro momento, quando o VaR é estimado para o risco de mercado. Isso ocorre porque em geral não temos dados suficientes disponíveis para estimar diretamente o comportamento das variáveis de mercado durante períodos maiores do que 1 dia. O pressuposto mais usado é que:

$$N\text{-dia VaR} = 1\text{-dia VaR} \times \sqrt{N}$$

Essa fórmula é exatamente verdadeira quando as mudanças no valor do portfólio em dias sucessivos têm distribuições normais idênticas independentes com média zero. Em outros casos, ela é uma aproximação.

22.2 SIMULAÇÃO HISTÓRICA

A simulação histórica é uma maneira popular de estimar o VaR. Ela envolve utilizar dados passados como guia para o que acontecerá no futuro. Suponha que desejamos calcular o VaR para um portfólio usando um horizonte temporal de um dia, nível de confiança de 99% e 501 dias de dados. (O horizonte temporal e o nível de confiança são aqueles normalmente usados para um cálculo de VaR de risco de mercado; 501 é uma opção popular para o número de dias de dados porque, como veremos, ele leva à criação de 500 cenários.) O primeiro passo é identificar as variáveis de mercado que afetam o portfólio. Estas normalmente serão as taxas de juros, preços de ações, preços de commodities e assim por diante. Todos os preços são mensurados na moeda nacional. Por exemplo, uma variável de mercado para um banco alemão provavelmente será o S&P 500 medido em euros.

Os dados são coletados sobre movimentos nas variáveis de mercado durante os últimos 501 dias, fornecendo 500 cenários alternativos para o que pode acontecer entre hoje e amanhã. Denote o primeiro dia para o qual temos dados como o Dia 0, o segundo como o Dia 1 e assim por diante. O Cenário 1 é aquele no qual as mudanças percentuais nos valores de todas as variáveis são as mesmas ocorridas entre o Dia 0 e o Dia 1, no Cenário 2 elas são as mesmas ocorridas entre o Dia 1 e o Dia 2 e assim por diante. Para cada cenário, calculamos a mudança em dólares no valor do portfólio entre hoje e amanhã. Isso define uma distribuição de probabilidade para a perda diária (os ganhos são perdas negativas) no valor de nosso portfólio. O 99º percentil da distribuição pode ser estimado como a quinta maior perda.[2] A estimativa do VaR é a perda que ocorre quando estamos nesse 99º percentil. Temos 99% de certeza de que não sofreremos uma perda

---

[2] Temos alternativas nessa situação. Poderíamos argumentar em prol de usar a quinta maior perda, a sexta maior perda ou uma média das duas. Na função PERCENTILE do Excel, quando há *n* observações e *k* é um número inteiro, o percentil $k/(n-1)$ é a observação ordenada $k+1$. Outros percentis são calculados usando interpolação linear.

maior do que a estimativa do VaR se as mudanças nas variáveis de mercado dos últimos 501 dias são representativas do que acontecerá entre hoje e amanhã.

Para expressar a abordagem algebricamente, defina v_i como o valor de uma variável de mercado no Dia i e suponha que hoje é o Dia n. O i-ésimo cenário na abordagem de simulação histórica pressupõe que o valor da variável de mercado amanhã será:

$$\text{Valor sob } i\text{-ésimo cenário} = v_n \frac{v_i}{v_{i-1}}$$

Ilustração: Investimento em quatro índices de ações

Para ilustrar os cálculos por trás dessa abordagem, imagine que um investidor nos Estados Unidos possui, em 25 de setembro de 2008, um portfólio que vale $10 milhões, composto de investimentos em quatro índices de ações: o Dow Jones Industrial Average (DJIA) nos EUA, o FTSE 100 na Grã-Bretanha, o CAC 40 na França e o Nikkei 225 no Japão. O valor do investimento em cada índice em 25 de setembro de 2008 aparece na Tabela 22.1. Uma planilha de Excel contendo 501 dias de dados históricos sobre os preços de fechamento dos quatro índices, além das taxas de câmbio e um conjunto completo de cálculos de VaR, está disponível no site do autor:[3]

www.rotman.utoronto.ca/~hull/OFOD/VaRExample

Como estamos considerando um investidor americano, os valores dos índices FTSE 100, CAC 40 e Nikkei 225 devem ser mensurados em dólares americanos. Por exemplo, o FTSE 100 era 5.823,40 em 10 de agosto de 2006, quando a taxa de câmbio era 1,8918 USD por GBP. Isso significa que, mensurado em dólares, ele era 5.823,40 × 1,8918 = 11.016,71. A Tabela 22.2 apresenta uma amostra dos dados de todos os índices mensurados em dólares americanos.

Vinte e cinco de setembro de 2008 é uma data interessante para a avaliação de um investimento em ações. Os problemas nos mercados de crédito, que tiveram início em agosto de 2007, tinham mais de um ano. Os preços de ações estavam caindo havia meses. As volatilidades estavam aumentando. A Lehman Brothers entrara

TABELA 22.1 Portfólio de investimentos usado para cálculos de VaR

Índice	Valor do portfólio (milhares de dólares)
DJIA	4.000
FTSE	3.000
CAC 40	1.000
Nikkei 225	2.000
Total	10.000

---

[3] Para manter o exemplo o mais simples e direto possível, apenas dias nos quais todos os quatro índices foram negociados estão inclusos na compilação dos dados e os dividendos não foram considerados.

TABELA 22.2 Equivalente em dólares americanos de índices de ações para simulação histórica (igual ao valor do índice multiplicado pela taxa de câmbio)

Dia	Data	DJIA	FTSE 100	CAC 40	Nikkei 225
0	7 de agosto de 2006	11.219,38	11.131,84	6.373,89	131,77
1	8 de agosto de 2006	11.173,59	11.096,28	6.378,16	134,38
2	9 de agosto de 2006	11.076,18	11.185,35	6.474,04	135,94
3	10 de agosto de 2006	11.124,37	11.016,71	6.357,49	135,44
⋮	⋮	⋮	⋮	⋮	⋮
499	24 de setembro de 2008	10.825,17	9.438,58	6.033,93	114,26
500	25 de setembro de 2008	11.022,06	9.599,90	6.200,40	112,82

com pedido de falência dez dias antes. O *Troubled Asset Relief Program* (TARP), o programa de $700 bilhões da Secretaria do Tesouro dos EUA, ainda não havia sido aprovado pelo Congresso.

A Tabela 22.3 mostra os valores dos índices (mensurados em dólares americanos) em 26 de setembro de 2008 para os cenários considerados. O Cenário 1 (a primeira linha na Tabela 22.3) mostra os valores dos índices em 26 de setembro de 2008, pressupondo que suas mudanças percentuais entre 25 de setembro e 26 de setembro de 2008 são as mesmas que eram entre 7 de agosto e 8 de agosto de 2006; o Cenário 2 (a segunda linha na Tabela 22.3) mostra os valores das variáveis de mercado em 26 de setembro de 2008, pressupondo que essas mudanças percentuais são as mesmas que aquelas entre 8 de agosto e 9 de agosto de 2006; e assim por diante. Em geral, o Cenário i pressupõe que as mudanças percentuais nos índices entre 25 de setembro e 26 de setembro são as mesmas que aquelas entre o Dia $i-1$ e o Dia i para $1 \leq i \leq 500$. As 500 linhas na Tabela 22.3 são os 500 cenários considerados.

O DJIA era 11.022,06 em 25 de setembro de 2008. Em 8 de agosto de 2006, ele era 11.173,59, uma queda em relação aos 11.219,38 em 7 de agosto de 2006. Logo, o valor do DJIA sob o Cenário 1 é:

$$11.022,06 \times \frac{11.173,59}{11.219,38} = 10.977,08$$

Da mesma forma, os valores do FTSE 100, o CAC 40 e o Nikkei 225 são 9.569,23, 6.204,55 e 115,05, respectivamente. Assim, o valor do portfólio sob o Cenário 1 é (em milhares de $):

$$4.000 \times \frac{10.977,08}{11.022,06} + 3.000 \times \frac{9.569,23}{9.599,90} + 1.000 \times \frac{6.204,55}{6.200,40} + 2.000 \times \frac{115,05}{112,82} = 10.014,334$$

Assim, o portfólio tem um ganho de $14.334 sob o Cenário 1. Um cálculo semelhante é realizado para os outros cenários. A Figura 22.3 mostra um histograma das perdas (os ganhos são registrados como perdas negativas). As barras no histograma representam perdas (milhares de $000) nas faixas de 450 a 550, 350 a 450, 250 a 350 e assim por diante.

TABELA 22.3 Cenários gerados para 26 de setembro de 2008 usando os dados na Tabela 22.2

Número do cenário	DJIA	FTSE 100	CAC 40	Nikkei 225	Valor do portfólio (milhares de dólares)	Perda (milhares de dólares)
1	10.977,08	9.569,23	6.204,55	115,05	10.014,334	−14,334
2	10.925,97	9.676,96	6.293,60	114,13	10.027,481	−27,481
3	11.070,01	9.455,16	6.088,77	112,40	9.946,736	53,264
⋮	⋮	⋮	⋮	⋮	⋮	⋮
499	10.831,43	9.383,49	6.051,94	113,85	9.857,465	142,535
500	11.222,53	9.763,97	6.371,45	111,40	10.126,439	−126,439

As perdas para os 500 cenários diferentes são então ordenadas. A Tabela 22.4 apresenta uma amostra dos resultados desse processo. O pior cenário é o de número 494 (nos quais pressupõe-se que os índices mudam da mesma maneira que durante a falência da Lehman Brothers). O *value at risk* de um dia a 99% pode ser estimado como a quinta pior perda. O valor é de $253.385.

Como explicado na Seção 22.1, o VaR de 10 dias a 99% normalmente é calculado como $\sqrt{10}$ vezes o VaR de 1 dia a 99%. Nesse caso, o VaR de 10 dias seria, então:

$$\sqrt{10} \times 253.385 = 801.274$$

ou $801.274.

TABELA 22.4 Perdas ordenadas da maior para a menor para 500 cenários

Número do cenário	Perda (milhares de dólares)
494	477,841
339	345,435
349	282,204
329	277,041
487	253,385
227	217,974
131	202,256
238	201,389
473	191,269
306	191,050
477	185,127
495	184,450
376	182,707
237	180,105
365	172,224
⋮	⋮

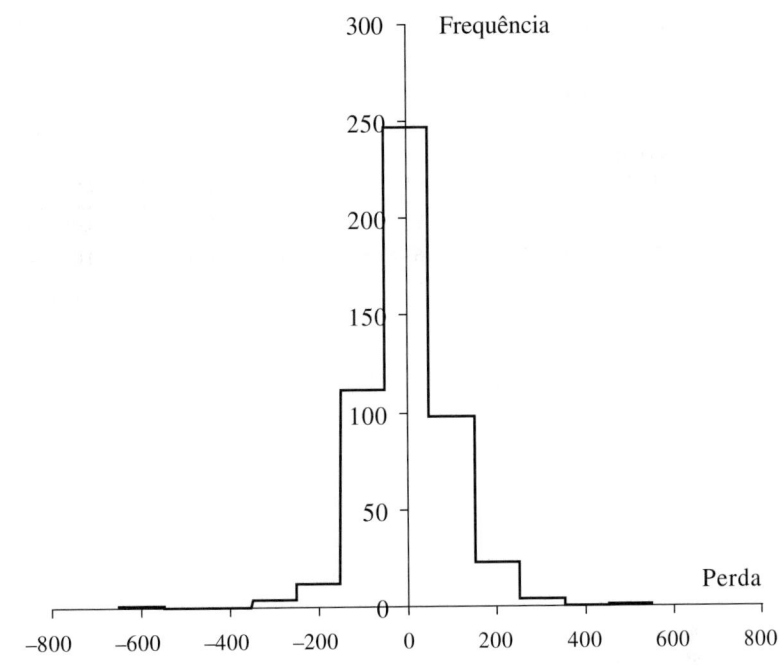

FIGURA 22.3 Histograma de perdas para os cenários considerados entre 25 e 26 de setembro de 2008.

A cada dia, a estimativa de VaR em nosso exemplo seria atualizada com os 501 dias de dados mais recentes. Considere, por exemplo, o que ocorre em 26 de setembro de 2008 (Dia 501). Descobrimos novos valores para todas as variáveis de mercado e podemos calcular um novo valor para o nosso portfólio. A seguir, executamos o procedimento que descrevemos para calcular um novo VaR. Os dados sobre as variáveis de mercado de 8 de agosto de 2006 a 26 de setembro de 2008 (Dia 1 a Dia 501) são utilizadas no cálculo. (Isso nos fornece as 500 observações necessárias sobre as mudanças percentuais nas variáveis de mercado; os valores das variáveis de mercado de 7 de agosto de 2006, o Dia 0, não são mais utilizados.) Da mesma forma, no próximo dia de trabalho, 29 de setembro de 2008 (Dia 502), são utilizados os dados de 9 de agosto de 2006 a 29 de setembro de 2008 (Dia 2 a Dia 502) para determinar o VaR, e assim sucessivamente.

Na prática, o portfólio de uma instituição financeira com certeza é significativamente mais complexo do que o que foi considerado nesta seção. Ele provavelmente é composto de milhares ou dezenas de milhares de posições. Algumas das posições do banco normalmente estão em contratos a termo, opções e outros derivativos. Além disso, o portfólio em si provavelmente muda de um dia para o outro. Se as operações do banco levam a um portfólio mais arriscado, o VaR normalmente aumenta; se leva a um portfólio menos arriscado, o VaR normalmente diminui. O VaR é calculado em cada dia com base no pressuposto de que o portfólio permanecerá inalterado no próximo dia útil.

Muitas vezes é necessário considerar centenas ou até milhares de variáveis de mercado em um cálculo de VaR. No caso das taxas de juros, o banco normalmente precisa de diversas estruturas a termo de taxas de juros de cupom zero em diversas moedas para calcular o valor de seu portfólio. As variáveis de mercado consideradas são aquelas usadas para calcular essas estruturas a termo (ver Capítulo 4 para o cálculo da estrutura a termo das taxas zero). Cada curva à vista para a qual o banco está exposto pode ter até dez variáveis de mercado.

22.3 ABORDAGEM DE CONSTRUÇÃO DE MODELOS

A principal alternativa à simulação histórica é a abordagem de construção de modelos. Antes de entrarmos em detalhes sobre essa abordagem, precisamos mencionar uma questão relativa às unidades para mensuração da volatilidade.

Volatilidades diárias

No apreçamento de opções, o tempo normalmente é medido em anos e a volatilidade de um ativo é cotada como a "volatilidade anual". Quando utilizamos a abordagem de construção de modelos para calcular o VaR para o risco de mercado, o tempo normalmente é mensurado em dias e a volatilidade de um ativo é cotada como a "volatilidade diária".

Qual é a relação entre a volatilidade anual usada no apreçamento de opções e a volatilidade diária usada nos cálculos de VaR? Vamos definir σ_{ano} como a volatilidade anual de um determinado ativo e σ_{dia} como a volatilidade diária equivalente do ativo. Pressupondo 252 dias de negociação em um ano, a equação (15.2) dá o desvio padrão do retorno com capitalização contínua sobre o ativo em 1 ano como σ_{ano} ou $\sigma_{dia}\sqrt{252}$. Logo:

$$\sigma_{ano} = \sigma_{dia}\sqrt{252}$$

ou:

$$\sigma_{dia} = \frac{\sigma_{ano}}{\sqrt{252}}$$

de modo que a volatilidade diária é cerca de 6% da volatilidade anual.

Como indicado na Seção 15.4, σ_{dia} é aproximadamente igual ao desvio padrão da mudança percentual no preço do ativo em um dia. Para calcular o VaR, pressupomos igualdade exata. A volatilidade diária de um preço de ativo (ou qualquer outra variável) é, assim, definida como igual ao desvio padrão da mudança percentual em um dia.

Nossa discussão nas próximas seções pressupõe que temos estimativas de volatilidades diárias e correlações disponíveis. O Capítulo 23 discute como essas estimativas são produzidas.

Caso de um único ativo

Considere como o VaR é calculado usando a abordagem de construção de modelos em uma situação bastante simples na qual o portfólio é composto de uma posição em uma única ação: $10 milhões em ações da Microsoft. Vamos supor que $N = 10$ e $X = 99$, de modo que estamos interessados no nível de perda durante 10 dias que acreditamos, com 99% de confiança, não será excedido. Inicialmente, consideramos um horizonte temporal de 1 dia.

Pressuponha que a volatilidade da Microsoft é de 2% ao dia (correspondente a cerca de 32% ao ano). Como o tamanho da posição é $10 milhões, o desvio padrão das mudanças diárias no valor da posição é 2% de $10 milhões, ou $200.000.

Na abordagem de construção de modelos, é costumeiro pressupor que a mudança esperada em uma variável de mercado durante o período de tempo considerado é igual a zero. Isso não é estritamente verdade, mas é um pressuposto razoável. A mudança esperada no preço de uma variável de mercado durante um breve período de tempo geralmente é pequena em comparação com o desvio padrão da mudança. Suponha, por exemplo, que a Microsoft tem um retorno esperado de 20% ao ano. Durante um período de 1 dia, o retorno esperado é 0,20/252, ou cerca de 0,08%, enquanto o desvio padrão do retorno é 2%. Durante um período de 10 dias, o retorno esperado é $0,08 \times 10$, ou cerca de 0,8%, enquanto o desvio padrão do retorno é $2\sqrt{10}$, ou cerca de 6,3%.

Por ora, já estabelecemos que a mudança no valor do portfólio de ações da Microsoft durante um período de 1 dia tem desvio padrão de $200.000 e (pelo menos aproximadamente) média de zero. Estamos pressupondo que a mudança é distribuída normalmente.[4] Da função NORMSINV do Excel, $N^{-1}(0,01) = -2,326$. Isso significa que há uma probabilidade de 1% do valor de uma variável normalmente distribuída diminuir mais de 2,326 desvios padrões. De forma equivalente, significa que temos 99% de certeza de que o valor de uma variável normalmente distribuída não diminuirá mais de 2,326 desvios padrões. O VaR de 1 dia a 99% do nosso portfólio composto de uma posição de $10 milhões em ações da Microsoft é, portanto:

$$2,326 \times 200.000 = \$465.300$$

Como discutido anteriormente, o VaR de N dias é calculado como $\sqrt{N}$ vezes o VaR de 1 dia. O VaR de 10 dias a 99% para a Microsoft é, portanto:

$$465.300 \times \sqrt{10} = \$1.471.300$$

A seguir, considere um portfólio composto de uma posição de $5 milhões na AT&T e suponha que a volatilidade diária da AT&T é de 1% (cerca de 16% ao ano). Um cálculo semelhante ao da Microsoft mostra que o desvio padrão da mudança no valor do portfólio em 1 dia é:

$$5.000.000 \times 0,01 = 50,000$$

Pressupondo que a mudança é normalmente distribuída, o VaR de 1 dia a 99% é:

$$50.000 \times 2,326 = \$116.300$$

---

[4] Para sermos consistentes com o pressuposto de apreçamento de opções do Capítulo 15, poderíamos pressupor que o preço da Microsoft é lognormal amanhã. Como 1 dia é um período tão curto, ele é quase idêntico ao pressuposto utilizado de fato, ou seja, de que a mudança de preço da ação entre hoje e amanhã é normal.

e o VaR de 10 dias a 99% é:

$$116.300 \times \sqrt{10} = \$367.800$$

Casos de dois ativos

Agora considere um portfólio composto de $10 milhões em ações da Microsoft e $5 em ações da AT&T. Vamos supor que os retornos sobre as duas ações tem uma distribuição normal bivariada com correlação de 0,3. Um resultado padrão nas estatísticas nos informa que se duas variáveis X e Y têm desvios padrões iguais a σ_X e σ_Y, com o coeficiente de correlação entre elas igual a ρ, o desvio padrão de $X + Y$ é dado por:

$$\sigma_{X+Y} = \sqrt{\sigma_X^2 + \sigma_Y^2 + 2\rho\sigma_X\sigma_Y}$$

Para aplicar esse resultado, definimos X como igual à mudança no valor da posição na Microsoft durante um período de 1 dia e Y como igual à mudança no valor da posição na AT&T durante um período de 1 dia, tal que:

$$\sigma_X = 200.000 \quad \text{e} \quad \sigma_Y = 50.000$$

O desvio padrão da mudança no valor do portfólio composto de ambas as ações durante um período de 1 dia é, portanto:

$$\sqrt{200.000^2 + 50.000^2 + 2 \times 0,3 \times 200.000 \times 50.000} = 220.200$$

Pressupõe-se que a mudança média é zero e que a mudança é normalmente distribuída. Assim, o VaR de 1 dia a 99% é:

$$220.200 \times 2,326 = \$512.300$$

O VaR de 10 dias a 99% é $\sqrt{10}$ vezes isso, ou $1.620.100.

Os benefícios da diversificação

No exemplo que acabamos de considerar:

1. O VaR de 10 dias a 99% para o portfólio de ações da Microsoft é $1.471.300.
2. O VaR de 10 dias a 99% para o portfólio de ações da AT&T é $367.800.
3. O VaR de 10 dias a 99% para o portfólio de ações da Microsoft e da AT&T é $1.620.100.

A quantia

$$(1.471.300 + 367.800) - 1.620.100 = \$219.000$$

representa os benefícios da diversificação. Se a Microsoft e a AT&T estivessem perfeitamente correlacionadas, o VaR para o portfólio de ambas a Microsoft e a AT&T seria igual ao VaR para o portfólio da Microsoft mais o VaR para o portfólio da

AT&T. Uma correlação menos do que perfeita leva à "eliminação por diversificação" de parte do risco.[5]

22.4 O MODELO LINEAR

Os exemplos que acabamos de considerar são simples ilustrações do uso do modelo linear para calcular o VaR. Suponha que temos um portfólio que vale P, composto de n ativos com uma quantia α_i investida no ativo i ($1 \leq i \leq n$). Defina Δx_i como o retorno sobre o ativo i em um dia. A mudança em dólares do valor de nosso investimento no ativo i em um dia é $\alpha_i \Delta x_i$ e:

$$\Delta P = \sum_{i=1}^{n} \alpha_i \Delta x_i \qquad (22.1)$$

onde ΔP é a mudança em dólares no valor de todo o portfólio em um dia.

No exemplo considerado na seção anterior, \$10 milhões foram investidos no primeiro ativo (Microsoft) e \$5 milhões foram investidos no segundo ativo (AT&T), tal que (em milhões de dólares) $\alpha_1 = 10$, $\alpha_2 = 5$ e:

$$\Delta P = 10\Delta x_1 + 5\Delta x_2$$

Se pressupormos que os Δx_i na equação (22.1) são normais multivariados, então ΔP tem distribuição normal. Assim, para calcular o VaR, precisamos calcular apenas a média e o desvio padrão de ΔP. Estamos pressupondo, como discutido na seção anterior, que o valor esperado de cada Δx_i é zero. Isso significa que a média de ΔP é zero.

Para calcular o desvio padrão de ΔP, definimos σ_i como a volatilidade diária do i-ésimo ativo e ρ_{ij} como o coeficiente de correlação entre os retornos sobre o ativo i e o ativo j. Isso significa que σ_i é o desvio padrão de Δx_i e ρ_{ij} é o coeficiente de correlação entre Δx_i e Δx_j. A variância de ΔP, que denotaremos por σ^2_P, é dada por:

$$\sigma_P^2 = \sum_{i=1}^{n} \sum_{j=1}^{n} \rho_{ij} \alpha_i \alpha_j \sigma_i \sigma_j \qquad (22.2)$$

Essa equação também pode ser escrita como:

$$\sigma_P^2 = \sum_{i=1}^{n} \alpha_i^2 \sigma_i^2 + 2 \sum_{i=1}^{n} \sum_{j<i} \rho_{ij} \alpha_i \alpha_j \sigma_i \sigma_j$$

O desvio padrão da mudança durante N dias é $\sigma_P \sqrt{N}$ e o VaR a 99% para um horizonte temporal de N dias é $2.326 \sigma_P \sqrt{N}$.

O retorno do portfólio em um dia é $\Delta P / P$. Da equação (22.2), a variância disso é:

$$\sum_{i=1}^{n} \sum_{j=1}^{n} \rho_{ij} w_i w_j \sigma_i \sigma_j$$

---

[5] Harry Markowitz foi um dos primeiros pesquisadores a estudar os benefícios da diversificação para um gerente de portfólio. Suas pesquisas lhe renderam o Prêmio Nobel em 1990. Ver H. Markowitz, "Portfolio Selection", *Journal of Finance*, 7, 1 (March 1952): 77–91.

onde $w_i = \alpha_i/P$ é o peso do i-ésimo investimento no portfólio. Essa versão da equação (22.2) é a mais usada pelos gerentes de portfólio.

No exemplo considerado na seção anterior, $\sigma_1 = 0{,}02$, $\sigma_2 = 0{,}01$ e $\rho_{12} = 0{,}3$. Como foi observado, $\alpha_1 = 10$ e $\alpha_2 = 5$, de modo que:

$$\sigma_P^2 = 10^2 \times 0{,}02^2 + 5^2 \times 0{,}01^2 + 2 \times 10 \times 5 \times 0{,}3 \times 0{,}02 \times 0{,}01 = 0{,}0485$$

e $\sigma_P = 0{,}2202$. Este é o desvio padrão da mudança no valor do portfólio por dia (em milhões de dólares). O VaR de 10 dias a 99% é $2{,}326 \times 0{,}2202 \times \sqrt{10} = \$1{,}62$ milhão, o que está de acordo com o cálculo na seção anterior.

Matrizes de correlação e covariância

Uma matriz de correlação é uma matriz na qual o item na i-ésima linha e j-ésima coluna é a correlação ρ_{ij} entre a variável i e j. Ela é apresentada na Tabela 22.5. Como uma variável é sempre perfeitamente correlacionada consigo mesma, os elementos diagonais na matriz de correlação são iguais a 1. Além disso, como $\rho_{ij} = \rho_{ji}$, a matriz de correlação é simétrica. Em conjunto com os desvios padrões das variáveis, a matriz de correlação permite que calculemos a variância do portfólio usando a equação (22.2).

Em vez de trabalhar com correlações e volatilidades, os analistas muitas vezes utilizam variâncias e covariâncias. A variância diária var_i da variável i é o quadrado de sua volatilidade diária:

$$\text{var}_i = \sigma_i^2$$

A covariância cov_{ij} entre a variável i e a variável j é o produto da volatilidade diária da variável i, a volatilidade diária da variável j e a correlação entre i e j:

$$\text{cov}_{ij} = \sigma_i \sigma_j \rho_{ij}$$

A equação para a variância do portfólio na equação (22.2) pode ser escrita como:

$$\sigma_P^2 = \sum_{i=1}^{n} \sum_{j=1}^{n} \text{cov}_{ij}\, \alpha_i \alpha_j \qquad (22.3)$$

Em uma *matriz de covariâncias*, o item na i-ésima linha e j-ésima coluna é a covariância entre a variável i e a variável j. Como acabamos de mencionar, a covariância entre uma variável e ela mesma é sua variância. Assim, os itens diago-

TABELA 22.5 Uma matriz de correlação: ρ_{ij} é a correlação entre a variável i e a variável j

$$\begin{bmatrix} 1 & \rho_{12} & \rho_{13} & \cdots & \rho_{1n} \\ \rho_{21} & 1 & \rho_{23} & \cdots & \rho_{2n} \\ \rho_{31} & \rho_{32} & 1 & \cdots & \rho_{3n} \\ \vdots & \vdots & \vdots & & \vdots \\ \rho_{n1} & \rho_{n2} & \rho_{n3} & \cdots & 1 \end{bmatrix}$$

nais na matriz são variâncias (ver Tabela 22.6). Por esse motivo, a matriz de covariâncias também é chamada de *matriz de variância–covariância*. (Assim como a matriz de correlações, ela é simétrica.) Usando a notação de matrizes, a equação para a variância do portfólio dada acima se torna:

$$\sigma_P^2 = \alpha^T C \alpha$$

onde α é o vetor (coluna) cujo *i*-ésimo elemento é α_i, C é a matriz de covariâncias e α^T é a transposição de α.

As variâncias e covariâncias normalmente são calculadas a partir de dados históricos. Na Seção 23.8, vamos ilustrar esse fato para o exemplo de quatro índices apresentado na Seção 22.2.

Lidando com taxas de juros

Na abordagem de construção de modelos, seria impossível definir uma variável de mercado para cada preço de títulos ou taxa de juros ao qual a empresa está exposta. Algumas simplificações são necessárias quando essa abordagem é adotada. Uma possibilidade é pressupor que ocorrem apenas movimentos paralelos na curva de juros. Nesse caso, só é necessário definir uma variável de mercado: o tamanho do movimento paralelo. As mudanças no valor de um portfólio de títulos podem então ser calculadas utilizando a relação de duração:

$$\Delta P = -DP\Delta y$$

onde P é o valor do portfólio, ΔP é a mudança em P em um dia, D é a duração modificada do portfólio e Δy é o movimento paralelo em 1 dia.

Normalmente, essa abordagem não oferece precisão suficiente. O procedimento mais adotado é escolher como variáveis de mercado os preços dos títulos de cupom zero com vencimentos padrões: 1 mês, 3 meses, 6 meses, 1 ano, 2 anos, 5 anos, 7 anos, 10 anos e 30 anos. Para calcular o VaR, os fluxos de caixa dos instrumentos no portfólio são então mapeados com os fluxos de caixa que ocorrem nas datas de vencimento padrões. Considere uma posição de $1 milhão em um título do Tesouro com duração de 1,2 ano que paga um cupom de 6% semestralmente. Os cupons são pagos em 0,2, 0,7 e 1,2 ano e o principal é pago em 1,2 ano. Assim, o título inicial é considerado como uma posição de $30.000 em um título de cupom zero de 0,2 ano mais uma posição de $30.000 em um título de cupom zero de 0,7 anos mais uma posição de $1,03 milhões em um título de cupom zero de 1,2 ano. A

TABELA 22.6 Uma matriz de covariâncias: cov_{ij} é a covariância entre a variável *i* e a variável *j*. Os itens diagonais são a variância: $cov_{ii} = var_i$

$$\begin{bmatrix} var_1 & cov_{12} & cov_{13} & \cdots & cov_{1n} \\ cov_{21} & var_2 & cov_{23} & \cdots & cov_{2n} \\ cov_{31} & cov_{32} & var_3 & \cdots & cov_{3n} \\ \vdots & \vdots & \vdots & \vdots & \vdots \\ cov_{n1} & cov_{n2} & cov_{n3} & \cdots & var_n \end{bmatrix}$$

posição no título de 0,2 ano é então substituída por uma posição aproximadamente equivalente de título de cupom zero de 1 mês e de 3 meses; a posição no título de 0,7 ano é substituída por uma posição aproximadamente equivalente nos títulos de cupom zero de 6 meses e 1 ano; e a posição no título de 1,2 ano é substituída por uma posição aproximadamente equivalente nos títulos de cupom zero de 1 ano e 2 anos. O resultado é que a posição no título que paga cupom de 1,2 ano é considerada, para fins de VaR, como uma posição em títulos de cupom zero com vencimentos de 1 mês, 3 meses, 6 meses, 1 ano e 2 anos.

Esse procedimento é chamado de *mapeamento de fluxo de caixa*. Uma maneira de realizá-lo está explicada na Nota Técnica 25 em www.rotman.utoronto.ca/~hull/TechnicalNotes. Observe que o mapeamento de fluxo de caixa não é necessário quando se utiliza a abordagem de simulação histórica. Isso ocorre porque a estrutura a termo completa das taxas de juros pode ser calculada a partir das variáveis consideradas para cada um dos cenários gerados.

Aplicações do modelo linear

A aplicação mais simples do modelo linear é a um portfólio sem derivativos composto de posições em ações e títulos. O mapeamento de fluxo de caixa converte os títulos em títulos de cupom zero com vencimentos padrões. A mudança no valor do portfólio é linearmente dependente dos retornos sobre as ações e esses títulos de cupom zero.

Um exemplo de derivativo que pode ser resolvido pelo modelo linear é um contrato a termo para comprar uma moeda estrangeira. Suponha que o contrato tem vencimento no tempo T. Ele pode ser considerado como a troca de um título de cupom zero estrangeiro com vencimento no tempo T por um título de cupom zero nacional com vencimento no tempo T. Para calcular o VaR, o contrato a termo é tratado, portanto, como uma posição comprada no título estrangeiro combinada com uma posição vendida no título nacional. Cada título pode ser trabalhado usando um procedimento de mapeamento dos fluxos de caixa.

A seguir, considere um swap de taxas de juros. Como explicado no Capítulo 7, este pode ser considerado a troca de um título de taxa flutuante por um título de taxa fixa. O título de taxa fixa é um título que paga cupom normal. O título de taxa flutuante tem valor par logo após a próxima data de pagamento. Ele pode ser considerado um título de cupom zero com data de vencimento igual à próxima data de pagamento. Por consequência, o swap de taxas de juros se reduz a um portfólio de posições compradas e vendidas em títulos e pode ser trabalhado usando um procedimento de mapeamento dos fluxos de caixa.

O modelo linear e as opções

Agora vamos considerar como usaríamos o modelo linear quando há opções. Primeiro, considere um portfólio composto de opções sobre uma única ação cujo preço atual é S. Suponha que o delta da posição (calculado da maneira descrita no Capítulo

19) é δ.[6] Como δ é a taxa de mudança do valor do portfólio com S, é aproximadamente verdade que:

$$\delta = \frac{\Delta P}{\Delta S}$$

ou:

$$\Delta P = \delta \Delta S \qquad (22.4)$$

onde ΔS é a mudança em dólares no preço da ação em 1 dia e ΔP é, como sempre, a mudança em dólares no portfólio em 1 dia. Defina Δx como a mudança percentual no preço da ação em 1 dia, de modo que:

$$\Delta x = \frac{\Delta S}{S}$$

Logo, uma relação aproximada entre ΔP e Δx é:

$$\Delta P = S\delta \Delta x$$

Quando temos uma posição em diversas variáveis de mercado subjacentes que inclui opções, podemos derivar uma relação linear aproximada entre ΔP e os Δx_i da mesma forma. Essa relação é:

$$\Delta P = \sum_{i=1}^{n} S_i \delta_i \Delta x_i \qquad (22.5)$$

onde S_i é o valor da i-ésima variável de mercado e δ_i é o delta do portfólio com relação à i-ésima variável de mercado. Isso corresponde à equação (22.1):

$$\Delta P = \sum_{i=1}^{n} \alpha_i \Delta x_i$$

com $\alpha_i = S_i \delta_i$. A equação (22.2) ou a (22.3) pode, assim, ser utilizada para calcular o desvio padrão de ΔP.

■ Exemplo 22.1

Um portfólio é composto de opções sobre a Microsoft e a AT&T. As opções sobre a Microsoft têm delta de 1.000 e as opções sobre a AT&T têm delta de 20.000. O preço das ações da Microsoft é $120 e o preço das ações da AT&T é $30. DA equação (22.5), é aproximadamente verdadeiro que:

$$\Delta P = 120 \times 1.000 \times \Delta x_1 + 30 \times 20.000 \times \Delta x_2$$

ou:

$$\Delta P = 120.000 \Delta x_1 + 600.000 \Delta x_2$$

---

[6] Normalmente, denotamos o delta e o gama de um portfólio por Δ e Γ. Nesta seção e na seguinte, usamos as letras gregas minúsculas δ e γ para não abusarmos do símbolo Δ.

onde Δx_1 e Δx_2 são os retornos da Microsoft e da AT&T em 1 dia e ΔP é a mudança resultante no valor do portfólio. (Pressupõe-se que o portfólio é equivalente a um investimento de $120.000 na Microsoft e de $600.000 na AT&T.) Pressupondo que a volatilidade diária da Microsoft é 2% e a volatilidade diária da AT&T é 1% e a correlação entre as mudanças diárias é 0,3, o desvio padrão de ΔP (em milhares de dólares) é:

$$\sqrt{(120 \times 0{,}02)^2 + (600 \times 0{,}01)^2 + 2 \times 120 \times 0{,}02 \times 600 \times 0{,}01 \times 0{,}3} = 7{,}099$$

Como $N(-1{,}645) = 0{,}05$, o VaR de 5 dias a 95% é $1{,}645 \times \sqrt{5} \times 7{,}099 = \$26.110$. ∎

22.5 O MODELO QUADRÁTICO

Quando um portfólio inclui opções, o modelo linear é uma aproximação. Ele não leva em conta o gama do portfólio. Como discutido no Capítulo 19, o delta é definido como a taxa de mudança do valor do portfólio com relação a uma variável de mercado subjacente e o gama é definido como a taxa de mudança do delta com relação à variável de mercado. O gama mede a curvatura da relação entre o valor do portfólio e a variável de mercado subjacente.

A Figura 22.4 mostra o impacto de um gama não zero sobre a distribuição de probabilidade do valor do portfólio. Quando o gama é positivo, a distribuição de probabilidade tende a ter viés positivo; quando o gama é negativo, ela tende a ter viés negativo. As Figuras 22.5 e 22.6 ilustram o porquê desse resultado. A Figura 22.5 mostra a relação entre o valor de uma opção de compra comprada e o preço do ativo subjacente. Uma opção de compra comprada é um exemplo de posição em opções com gama positivo. A figura mostra que quando a distribuição de probabilidade para o preço do ativo subjacente no final do dia 1 é normal, a distribuição de probabilidade para o preço da opção tem viés positivo.[7] A Figura 22.6 mostra a relação entre o valor de uma posição vendida em uma opção de compra e o preço do ativo subjacente. Uma posição vendida em uma opção de compra tem um gama negativo. Nesse

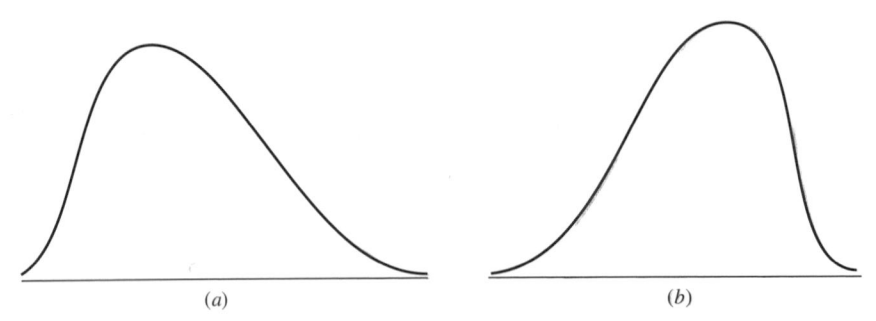

FIGURA 22.4 Distribuição de probabilidade para o valor de um portfólio: (a) gama positivo; (b) gama negativo.

---

[7] Como mencionado na nota de rodapé 4, podemos usar a distribuição normal para aproximar a distribuição lognormal nos cálculos de VaR.

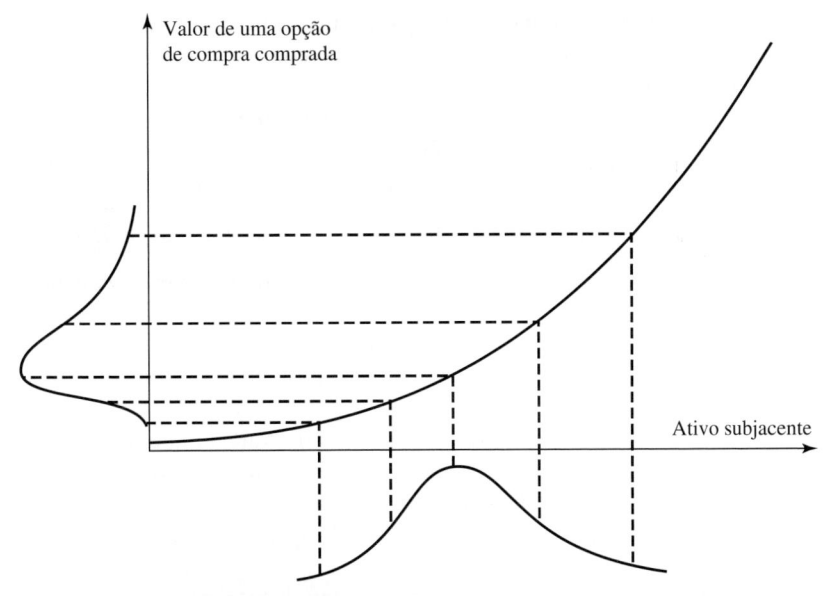

FIGURA 22.5 Tradução da distribuição de probabilidade normal para um ativo em distribuição de probabilidade para o valor de uma opção de compra comprada sobre o ativo.

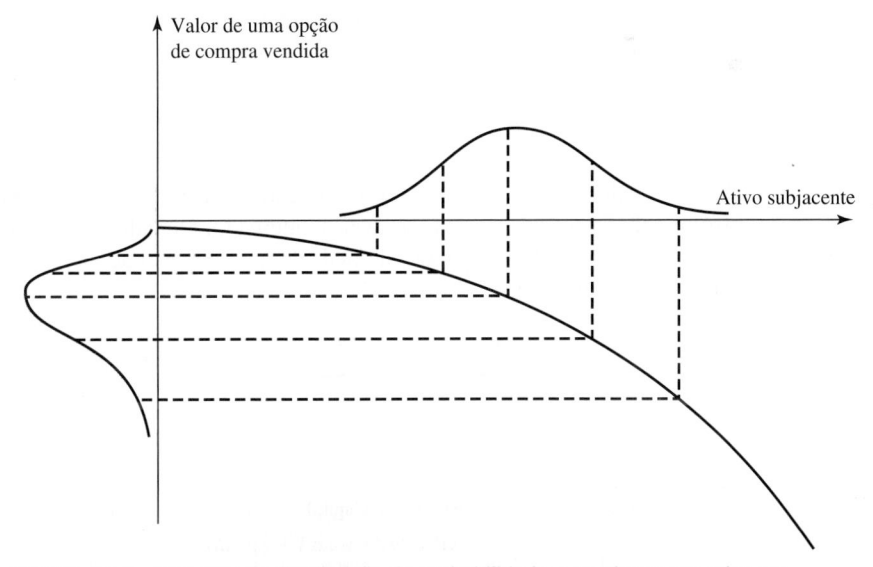

FIGURA 22.6 Tradução da distribuição de probabilidade normal para um ativo em distribuição de probabilidade para o valor de uma opção de compra vendida sobre o ativo.

caso, vemos que uma distribuição normal para o preço do ativo subjacente ao final do dia 1 corresponde a uma distribuição com viés negativo para o valor da posição na opção.

O VaR de um portfólio é criticamente dependente da cauda esquerda da distribuição de probabilidade do valor do portfólio. Por exemplo, quando o nível de confiança utilizado é 99%, o VaR é o valor na cauda esquerda abaixo do qual há apenas 1% da distribuição. Como indicado nas Figuras 22.4a e 22.5, um portfólio com gama positivo tende a ter uma cauda esquerda menos pesada do que a distribuição normal. Se a distribuição de ΔP é normal, o VaR calculado tende a ser alto demais. Da mesma forma, como indicado nas Figuras 22.4b e 22.6, um portfólio com gama negativo tende a ter uma cauda esquerda mais pesada do que a distribuição normal. Se a distribuição de ΔP é normal, o VaR calculado tende a ser baixo demais.

Para uma estimativa mais precisa do VaR do que aquela dada pelo modelo linear, as medidas delta e gama podem ser utilizadas para relacionar ΔP com os Δx_i. Considere um portfólio dependente de um único ativo cujo preço é S. Suponha que δ e γ são o delta e o gama do portfólio. Do apêndice do Capítulo 19, a equação:

$$\Delta P = \delta \, \Delta S + \tfrac{1}{2}\gamma(\Delta S)^2$$

é uma melhoria em relação à aproximação na equação (22.4).[8] Definir:

$$\Delta x = \frac{\Delta S}{S}$$

reduz isso para:

$$\Delta P = S\delta \, \Delta x + \tfrac{1}{2}S^2\gamma(\Delta x)^2 \qquad (22.6)$$

Em termos mais gerais, para um portfólio com n variáveis de mercado subjacentes, com cada instrumento no portfólio dependente de apenas uma das variáveis de mercado, a equação (22.6) se torna:

$$\Delta P = \sum_{i=1}^{n} S_i \delta_i \, \Delta x_i + \sum_{i=1}^{n} \tfrac{1}{2} S_i^2 \gamma_i (\Delta x_i)^2$$

onde S_i é o valor da i-ésima variável de mercado e Δ_i e γ_i são o delta e o gama do portfólio com relação à i-ésima variável de mercado. Quando instrumentos individuais no portfólio podem depender de mais de uma variável de mercado, a equação assume a forma mais geral:

$$\Delta P = \sum_{i=1}^{n} S_i \delta_i \, \Delta x_i + \sum_{i=1}^{n} \sum_{j=1}^{n} \frac{1}{2} S_i S_j \gamma_{ij} \, \Delta x_i \, \Delta x_j \qquad (22.7)$$

---

[8] A expansão em série de Taylor no apêndice do Capítulo 19 sugere a aproximação:

$$\Delta P = \Theta \, \Delta t + \delta \, \Delta S + \tfrac{1}{2}\gamma(\Delta S)^2$$

quando termos de ordem superior a Δt são ignorados. Na prática, o termo $\Theta \Delta t$ é tão pequeno que quase sempre pode ser ignorado.

onde γ_{ij} é um "gama cruzado", definido como:

$$\gamma_{ij} = \frac{\partial^2 P}{\partial S_i \, \partial S_j}$$

A equação (22.7) não é tão fácil de trabalhar quanto a equação (22.1), mas pode ser utilizada para calcular momentos para ΔP. Um resultado estatístico conhecido pelo nome de expansão de Cornish–Fisher pode ser utilizado para estimar percentis da distribuição de probabilidade a partir dos momentos.[9]

22.6 SIMULAÇÃO DE MONTE CARLO

Como alternativa ao procedimento descrito até aqui, a abordagem de construção de modelos pode ser implementada utilizando a simulação de Monte Carlo para gerar a distribuição de probabilidade para ΔP. Suponha que desejamos calcular um VaR de 1 dia para um portfólio. O procedimento é o seguinte:

1. Avalie o portfólio hoje da maneira normal, usando os valores atuais das variáveis de mercado.
2. Obtenha uma amostra da distribuição de probabilidade normal multivariada dos Δx_i.[10]
3. Use os valores dos Δx_i extraídos da amostra para determinar o valor de cada variável de mercado ao final de um dia.
4. Reavalie o portfólio ao final do dia da maneira normal.
5. Subtraia o valor calculado no Passo 1 do valor do Passo 4 para determinar ΔP de amostra.
6. Repita os Passos 2 a 5 muitas vezes para construir uma distribuição de probabilidade para P.

O VaR é calculado como o percentil apropriado da distribuição de probabilidade de ΔP. Suponha, por exemplo, que calculamos 5.000 valores amostrais diferentes de ΔP da maneira descrita anteriormente. O VaR de 1 dia a 99% é o valor de ΔP para o 50º pior resultado; o VaR de 1 dia a 95% é o valor de ΔP para o 250º pior resultado; e assim por diante.[11] Normalmente se pressupõe que o VaR de N dias é o VaR de 1 dia multiplicado por $\sqrt{N}$.[12]

---

[9] Ver Nota Técnica 10 em www.rotman.utoronto.ca/~hull/TechnicalNotes para detalhes sobre o cálculo dos momentos e o uso de expansões de Cornish–Fisher. Quando há uma única variável subjacente, $E(\Delta P) = 0{,}5S^2\gamma\sigma^2$, $E(\Delta P^2) = S^2\delta^2\sigma^2 + 0{,}75S^4\gamma^2\sigma^4$ e $E(\Delta P^3) = 4{,}5S^4\delta^2\sigma^4 + 1{,}875S^6\gamma^3\sigma^6$, onde S é o valor da variável e σ é sua volatilidade diária. A Aplicação de Amostra E no DerivaGem implementa o método da expansão de Cornish–Fisher para esse caso.

[10] Uma maneira de fazê-lo é dada na Seção 21.6.

[11] Assim como no caso da simulação histórica, a teoria dos valores extremos pode ser utilizada para "suavizar as caudas" para que possamos obter estimativas melhores dos percentis extremos.

[12] Isso só é aproximadamente verdade quando o portfólio inclui opções, mas é o pressuposto utilizado na prática para a maioria dos métodos de cálculo de VaR.

A desvantagem da simulação de Monte Carlo é que ela tende a ser lenta, pois o portfólio completo da empresa (que pode ser composto de centenas de milhares de instrumentos diferentes) precisa ser reavaliado muitas vezes.[13] Uma maneira de acelerar o processo é pressupor que a equação (22.7) descreve a relação entre ΔP e os Δx_i. Podemos então saltar diretamente para os Passos 2 a 5 na simulação de Monte Carlo e evitar a necessidade de uma reavaliação completa do portfólio. Essa técnica também é chamada de *abordagem de simulação parcial*. Uma abordagem semelhante também é utilizada ocasionalmente na implementação da simulação histórica.

22.7 COMPARAÇÃO DAS ABORDAGENS

Foram discutidos dois métodos para a estimativa do VaR: a abordagem de simulação histórica e a abordagem de construção de modelos. As vantagens da abordagem de construção de modelos são que os resultados podem ser produzidos com bastante rapidez e que ela é fácil de utilizar em conjunto com sistemas de atualização da volatilidade como aqueles descritos no próximo capítulo. A principal desvantagem da abordagem de construção de modelos é que ela pressupõe que as variáveis de mercado têm uma distribuição normal multivariada. Na prática, as mudanças diárias nas variáveis de mercado muitas vezes têm distribuições com caudas bastante diferentes da distribuição normal, como ilustra a Tabela 20.1.

A abordagem de simulação histórica tem a vantagem de que os dados históricos determinam a distribuição de probabilidade conjunta das variáveis de mercado. Ela também evita a necessidade de mapeamento dos fluxos de caixa. As principais desvantagens da simulação histórica é que ela exige muitos recursos computacionais e dificulta o uso de sistemas de atualização da volatilidade.[14]

Uma vantagem da abordagem de construção de modelos é que ela tende a dar maus resultados para portfólios com deltas baixos (ver Problema 22.21).

22.8 TESTE DE ESTRESSE E *BACK TESTING*

Além de calcular o VaR, muitas empresas realizam o chamado *teste de estresse* ou *stress testing*, que envolve estimar como seria o desempenho do portfólio da empresa sob alguns dos movimentos de mercado mais extremos dos últimos 10 a 20 anos.

Por exemplo, para testar o impacto de um movimento extremo nos preços de ações americanos, uma empresa poderia definir as mudanças percentuais em todas as variáveis de mercado como iguais àquelas de 19 de outubro de 1987 (quando o S&P 500 teve um movimento de 22,3 desvios padrões). Se esse valor for considerado extremo demais, a empresa poderia escolher 8 de janeiro de 1988 (quando o S&P 500 teve um movimento de 6,8 desvios padrões). Para testar o efeito de movimentos

---

[13] Uma abordagem para limitar o número de reavaliações de portfólios é proposta em F. Jamshidian and Y. Zhu "Scenario simulation model: theory and methodology", *Finance and Stochastics*, 1 (1997), 43–67.

[14] Para uma maneira de adaptar a abordagem de simulação histórica para incorporar a atualização da volatilidade, ver J. Hull and A. White. "Incorporating volatility updating into the historical simulation method for value-at-risk", *Journal of Risk* 1, No. 1 (1998): 5–19.

extremos nas taxas de juros britânicas, a empresa poderia definir as mudanças percentuais em todas as variáveis de mercado como iguais àquelas de 10 de abril de 1992 (quando os rendimentos de títulos de 10 anos tiveram um movimento de 7,7 desvios padrões).

Ocasionalmente, os cenários usados no teste de estresse são gerados pela alta gerência. Uma técnica utilizada é pedir à alta gerência que se reúna periodicamente e faça um *brainstorming* para desenvolver cenários extremos que poderiam ocorrer no ambiente econômico atual e devido a incerteza globais.

O teste de estresse pode ser considerado uma maneira de levar em conta os eventos extremos que ocorrem de tempos em tempos, mas são praticamente impossíveis de acordo com as distribuições de probabilidade pressupostas para as variáveis de mercado. Uma movimentação diária de 5 desvios padrões em uma variável de mercado é um exemplo desse tipo de evento extremo. Pressupondo uma distribuição normal, ela ocorreria uma vez a cada 7.000 anos, mas, na prática, não é estranho ver um movimento diário de 5 desvios padrões uma ou duas vezes a cada 10 anos.

Após a crise de crédito de 2007 e 2008, os reguladores propuseram o cálculo do *stressed VaR*, baseado em uma simulação histórica de como as variáveis de mercado se moveram durante um período de condições de mercado extremas (como aquelas de 2008).

Independentemente do método utilizado para calcular o VaR, o *back testing* representa uma verificação importante. O método envolve testar como seria o desempenho das estimativas de VaR no passado. Suponha que estamos calculando um VaR de 1 dia a 99%. O *back testing* envolveria analisar com que frequência a perda em um dia seria maior do que o VaR de 1 dia a 99% que teria sido calculado para aquele dia. Se a perda fosse maior do que o VaR em 1% dos dias, poderíamos ficar confortavelmente seguros da metodologia para calcular o VaR. Se ocorresse em, digamos, 7% dos dias, a metodologia seria suspeita.

22.9 ANÁLISE DE COMPONENTES PRINCIPAIS

Uma abordagem com relação ao risco decorrente de grupos de variáveis de mercado altamente correlacionadas é a análise de componentes principais, uma ferramenta estatística padrão com diversas aplicações na gestão de riscos. A análise usa dados históricos sobre movimentos nas variáveis de mercado e tenta definir um conjunto de componentes ou fatores que expliquem esses movimentos.

A melhor maneira de ilustrar a abordagem é com um exemplo. As variáveis de mercados que vamos considerar são taxas de swap com vencimentos de 1 ano, 2 anos, 3 anos, 4 anos, 5 anos, 7 anos, 10 anos e 30 anos. As Tabelas 22.7 e 22.8 mostram os resultados produzidos para essas variáveis de mercado utilizando 2.780 observações diárias entre 2000 e 2011. A primeira coluna na Tabela 22.7 mostra os vencimentos das taxas que foram consideradas. As oito colunas restantes na tabela mostram os oito fatores (ou componentes principais) que descrevem os movimentos das taxas. O primeiro fator, apresentado na coluna PC1, corresponde a um movimento aproximadamente paralelo na curva de juros. Quando temos uma unidade desse fator, a taxa de 1 ano aumenta em 0,216 pontos-base, a taxa de 2 anos aumenta em 0,331 pontos-base e assim por diante. O segundo fator aparece na coluna PC2. Ele corresponde a uma "torção" ou mudança de inclinação na curva de juros. As taxas entre 1 ano e 4 anos se movem em uma direção, enquanto as taxas entre 5 anos e 30 anos se movem na outra direção. O terceiro fator corresponde a um "arqueamento" da curva. As taxas de relativamente curto prazo (1 ano e 2 anos) e as taxas de relativamente longo prazo (10 anos e 30 anos) se movem em uma direção, enquanto as taxas intermediárias se movem na outra direção. O movimento das taxas de juros para um determinado fatores é conhecido como a *carga de fatores*. No nosso exemplo, a carga do primeiro fator para a taxa de 1 ano é 0,216.[15]

Como há oito taxas e oito fatores, as mudanças nas taxas de juros observadas em cada dia sempre podem ser expressas como a soma linear dos fatores pela solução de um conjunto de oito equações simultâneas. A quantidade de um determinado fator nas mudanças das taxas de juros em um determinado dia é conhecida como o *escore de fatores* daquele dia.

A importância do fator é mensurada pelo desvio padrão de seu escore. Os desvios padrões dos escores de fatores em nosso exemplo aparecem na Tabela 22.8, com os fatores listados por ordem de importância. Os números na Tabela 22.8 são medidos em pontos-base. Uma quantidade do primeiro fator igual a 1 desvio padrão corresponde, portanto, a um movimento de $0,216 \times 17,55 = 3,78$ pontos-base na taxa de 1 ano, a um movimento de $0,331 \times 17,55 = 5,81$ pontos-base na taxa de 2 anos e assim por diante.

O site do autor disponibiliza o software para realizar os cálculos por trás das Tabelas 22.7 e 22.8. Os fatores têm a propriedade de que os escores de fatores não estão correlacionados em todo o conjunto de dados. Por exemplo, no caso que estamos analisando, o primeiro escore de fatores (quantidade de movimento paralelo) não está correlacionado com o segundo escore de fatores (quantidade de torção) durante os 2.780 dias. As variâncias dos escores de fatores têm a propriedade de que sua soma é igual à variância total dos dados. Da Tabela 22.8, a variância total dos dados originais (ou seja, a soma da variância das observações sobre a taxa de 1 ano, a variância das observações sobre a taxa de 2 anos e assim por diante) é:

$$17,55^2 + 4,77^2 + 2,08^2 + \cdots + 0,53^2 = 338,8$$

TABELA 22.7 Cargas de fatores para dados de *swaps*

	PC1	PC2	PC3	PC4	PC5	PC6	PC7	PC8
1 ano	0,216	−0,501	0,627	−0,487	0,122	0,237	0,011	−0,034
2 anos	0,331	−0,429	0,129	0,354	−0,212	−0,674	−0,100	0,236
3 anos	0,372	−0,267	−0,157	0,414	−0,096	0,311	0,413	−0,564
4 anos	0,392	−0,110	−0,256	0,174	−0,019	0,551	−0,416	0,512
5 anos	0,404	0,019	−0,355	−0,269	0,595	−0,278	−0,316	−0,327
7 anos	0,394	0,194	−0,195	−0,336	0,007	−0,100	0,685	0,422
10 anos	0,376	0,371	0,068	−0,305	−0,684	−0,039	−0,278	−0,279
30 anos	0,305	0,554	0,575	0,398	0,331	0,022	0,007	0,032

---

[15] As cargas de fatores têm a propriedade de que a soma de seus quadrados para cada fator é 1,0. Além disso, observe que um fator não é alterado se os sinais de todas as suas cargas de fatores são invertidos.

TABELA 22.8 Desvio padrão de escores de fatores (pontos-base)

PC1	PC2	PC3	PC4	PC5	PC6	PC7	PC8
17,55	4,77	2,08	1,29	0,91	0,73	0,56	0,53

Com isso, vemos que o primeiro fator representa $17,55^2/338,8 = 90,9\%$ da variância nos dados originais; os dois primeiros fatores representam:

$$(17,55^2 + 4,77^2)/338,8 = 97,7\%$$

da variância nos dados; o terceiro fator representa outros 1,3% da variância. Isso mostra que a maior parte do risco nos movimentos das taxas de juros são de responsabilidade dos dois ou três primeiros fatores e sugere que podemos relacionar os riscos em um portfólio de instrumentos dependentes de taxas de juros aos movimentos nesses fatores em vez de considerar todas as oito taxas.

Os três fatores mais importantes da Tabela 22.7 estão marcados na Figura 22.7.[16]

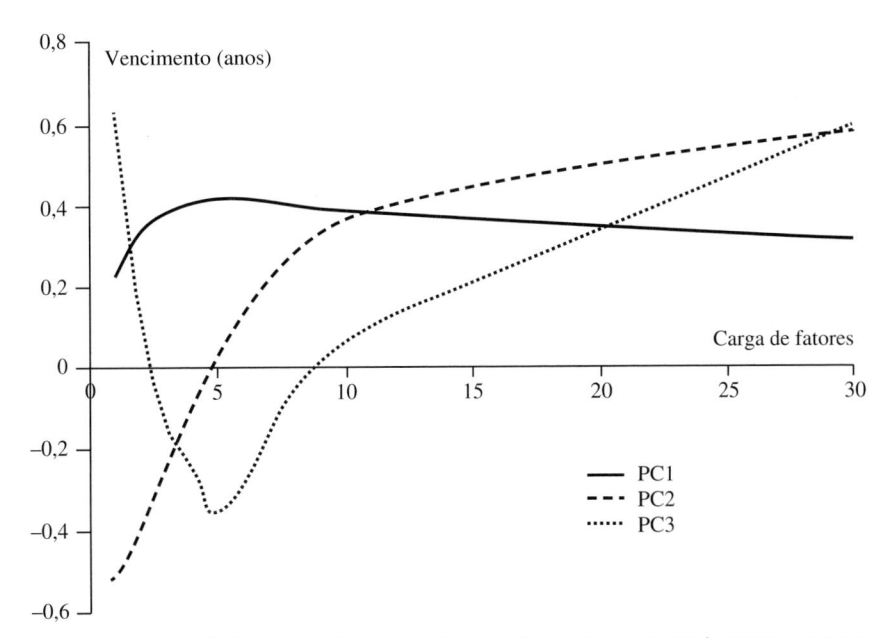

FIGURA 22.7 Os três fatores mais importantes que determinam os movimentos em taxas de swap.

---

[16] Resultados semelhantes àqueles descritos aqui, relativos à natureza dos fatores e à parcela do risco total que representam, são obtidos quando uma análise de componentes principais é utilizada para explicar os movimentos em quase qualquer curva de juros em qualquer país.

Usando a análise de componentes principais para calcular o VaR

Para ilustrar como uma análise de componentes principais pode ser utilizada para calcular o VaR, considere um portfólio com as exposições a movimentos nas taxas de juros mostradas na Tabela 22.9. Uma mudança de 1 ponto-base na taxa de 3 anos faz com que o valor do portfólio aumente em $10 milhões, uma mudança de 1 ponto-base na taxa de 4 anos faz com que aumente em $4 milhões e assim por diante. Suponha que os dois primeiros fatores são utilizados para modelar os movimentos nas taxas. (Como mencionado anteriormente, isso captura 97,7% da variância nos movimentos das taxas.) Usando os dados da Tabela 22.7, a exposição ao primeiro fator (mensurada em milhões de dólares por ponto-base do escore de fatores) é:

$$10 \times 0{,}372 + 4 \times 0{,}392 - 8 \times 0{,}404 - 7 \times 0{,}394 + 2 \times 0{,}376 = -0{,}05$$

e a exposição ao segundo fator é:

$$10 \times (-0{,}267) + 4 \times (-0{,}110) - 8 \times 0{,}019 - 7 \times 0{,}194 + 2 \times 0{,}371 = -3{,}87$$

Suponha que f_1 e f_2 são os escores de fatores (mensurados em pontos-base). Uma boa aproximação da mudança no valor do portfólio é dada por:

$$\Delta P = -0{,}05 f_1 - 3{,}87 f_2$$

Os escores de fatores não são correlacionados e têm os desvios padrões informados na Tabela 22.8. O desvio padrão de ΔP é, assim:

$$\sqrt{0{,}05^2 \times 17{,}55^2 + 3{,}87^2 \times 4{,}77^2} = 18{,}48$$

Assim, o VaR de 1 dia a 99% é 18,48 × 2,326 = 42,99. Observe que os dados na Tabela 22.9 são tais que há pouquíssima exposição ao primeiro fator e exposição significativa ao segundo. Usar apenas um fator subestimaria significativamente o VaR (ver Problema 22.11). O método baseado em duração para analisar taxas de juros, mencionado na Seção 22.4, também subestimaria significativamente o VaR, pois considera apenas os movimentos paralelos na curva de juros.

Na teoria, a análise de componentes principais pode ser utilizada para variáveis de mercado que não as taxas de juros. Suponha que uma instituição financeira tem exposições a diversos índices de ações diferentes. A análise de componentes principais pode ser utilizada para identificar fatores que descrevam movimentos nos índices, os mais importantes dos quais podem ser utilizados para substituir os índices de mercado em uma análise de VaR. A eficácia da análise de componentes principais para um grupo de variáveis de mercado depende de seu grau de correlação.

TABELA 22.9 Mudança no valor do portfólio para um movimento de 1 ponto-base na taxa (milhões de $)

Taxa de 3 anos	Taxa de 4 anos	Taxa de 5 anos	Taxa de 7 anos	Taxa de 10 anos
+10	+4	−8	−7	+2

Como já explicado neste capítulo, o VaR em geral é calculado pela relação entre as mudanças reais em um portfólio e as mudanças percentuais nas variáveis de mercado (o Δx_i). Para um cálculo de VaR, pode então ser apropriado realizar uma análise de componentes principais sobre as mudanças percentuais nas variáveis de mercado e não sobre as mudanças reais.

RESUMO

Um cálculo de *value at risk* (VaR) pretende fazer uma afirmação da seguinte forma: "Temos X porcento de certeza de que não perderemos mais de V dólares nos próximos N dias". A variável V é o VaR, $X\%$ é o nível de confiança e N dias é o horizonte temporal.

Uma abordagem ao cálculo do VaR é a simulação histórica. Esta envolve criar um banco de dados composto dos movimentos diários em todas as variáveis de mercado durante um determinado período. O primeiro teste de simulação pressupõe que as mudanças percentuais em cada variável de mercado são as mesmas que aquelas do primeiro dia abrangido pelo banco de dados; o segundo teste de simulação pressupõe que as mudanças percentuais são as mesmas que aquelas do segundo dia; e assim por diante. A mudança no valor do portfólio, ΔP, é calculada para cada teste de simulação, e o VaR é calculado como o percentil apropriado da distribuição de probabilidade de ΔP.

Uma alternativa é a abordagem de construção de modelos. Ela é relativamente simples e direto, desde que possamos utilizar dois pressupostos:

1. A mudança no valor do portfólio (ΔP) é linearmente dependente das mudanças percentuais nas variáveis de mercado.
2. As mudanças percentuais nas variáveis de mercado são multivariadas e normalmente distribuídas.

A distribuição de probabilidade de ΔP é, assim, normal, e há fórmulas analíticas para relacionar o desvio padrão de ΔP com as volatilidades e correlações das variáveis de mercado subjacentes. O VaR pode ser calculado a partir de propriedades conhecidas da distribuição normal.

Quando um portfólio inclui opções, ΔP não é relacionado linearmente com as mudanças percentuais nas variáveis de mercado. Sabendo o gama do portfólio, podemos derivar uma relação quadrática aproximada entre ΔP e as mudanças percentuais nas variáveis de mercado. A simulação de Monte Carlo pode então ser utilizada para estimar o VaR.

No próximo capítulo, discutimos como as volatilidades e correlações podem ser estimadas e monitoradas.

LEITURAS COMPLEMENTARES

Artzner P., F. Delbaen, J.-M. Eber, and D. Heath. "Coherent Measures of Risk", *Mathematical Finance*, 9 (1999): 203–28.

Basak, S., and A. Shapiro. "Value-at-Risk-Based Risk Management: Optimal Policies and Asset Prices", *Review of Financial Studies*, 14, 2 (2001): 371–405.

Boudoukh, J., M. Richardson, and R. Whitelaw. "The Best of Both Worlds", *Risk*, May 1998: 64–67.

Dowd, K. *Beyond Value at Risk: The New Science of Risk Management*. New York: Wiley, 1998.

Duffie, D., and J. Pan. "An Overview of Value at Risk", *Journal of Derivatives*, 4, 3 (Spring 1997): 7–49.

Embrechts, P., C. Kluppelberg, and T. Mikosch. *Modeling Extremal Events for Insurance and Finance*. New York: Springer, 1997.

Hull, J. C., and A. White. "Value at Risk When Daily Changes in Market Variables Are Not Normally Distributed", *Journal of Derivatives*, 5 (Spring 1998): 9–19.

Hull, J. C., and A. White. "Incorporating Volatility Updating into the Historical Simulation Method for Value at Risk", *Journal of Risk*, 1, 1 (1998): 5–19.

Jackson, P., D. J. Maude, and W. Perraudin. "Bank Capital and Value at Risk". *Journal of Derivatives*, 4, 3 (Spring 1997): 73–90.

Jamshidian, F., and Y. Zhu. "Scenario Simulation Model: Theory and Methodology", *Finance and Stochastics*, 1 (1997): 43–67.

Jorion, P. *Value at Risk*, 3rd edn. McGraw-Hill, 2007.

Longin, F. M. "Beyond the VaR", *Journal of Derivatives*, 8, 4 (Summer 2001): 36–48.

Marshall, C., and M. Siegel. "Value at Risk: Implementing a Risk Measurement Standard", *Journal of Derivatives* 4, 3 (Spring 1997): 91–111.

Neftci, S. "Value at Risk Calculations, Extreme Events and Tail Estimation", *Journal of Derivatives*, 7, 3 (Spring 2000): 23–38.

Rich, D. "Second Generation VaR and Risk-Adjusted Return on Capital", *Journal of Derivatives*, 10, 4 (Summer 2003): 51–61.

Questões e problemas

22.1 Considere uma posição composta de um investimento de $100.000 no ativo A e $100.000 no ativo B. Pressuponha que as volatilidades diárias de ambos os ativos são 1% e que o coeficiente de correlação entre seus retornos é 0,3. Qual é o VaR de 5 dias a 99% do portfólio?

22.2 Descreva três maneiras de trabalhar com instrumentos dependentes de taxas de juros quando a abordagem de construção de modelos é utilizada para calcular o VaR. Como você trabalharia com esses instrumentos quando a simulação histórica é utilizada para calcular o VaR?

22.3 Uma instituição financeira possui um portfólio de opções sobre a taxa de câmbio dólar/libra esterlina. O delta do portfólio é 56,0. A taxa de câmbio atual é 1,5000. Derive uma relação linear aproximada entre a mudança no valor do portfólio e a mudança percentual na taxa de câmbio. Se a volatilidade diária da taxa de câmbio é 0,7%, estime o VaR de 10 dias 99%.

22.4 Suponha que você sabe que o gama do portfólio na pergunta anterior é 16,2. Como isso muda sua estimativa da relação entre a mudança no valor do portfólio e a mudança percentual na taxa de câmbio?

22.5 Suponha que uma boa aproximação da mudança diária no valor de um portfólio é linearmente dependente de dois fatores, calculada a partir de uma análise de componentes principais. O delta de um portfólio com relação ao primeiro fator é 6 e o delta com relação ao segundo fator é -4. Os desvios padrões dos fatores são 20 e 8, respectivamente. Qual é o VaR de 5 dias a 90%?

22.6 Suponha que uma empresa possui um portfólio composto de posições em ações e títulos. Pressuponha que não há derivativos. Explique os pressupostos subjacentes a (a) o modelo linear e (b) o modelo de simulação histórica para cálculo do VaR.

22.7 Explique como um swap de taxas de juros é mapeado em um portfólio de título de cupom zero com vencimentos padrões para um cálculo de VaR.

22.8 Explique a diferença entre o *Value at Risk* e o *expected shortfall*.

22.9 Explique por que o modelo linear oferece apenas estimativas aproximadas do VaR para um portfólio que contém opções.

22.10 Algum tempo atrás, uma empresa firmou um contrato a termo para comprar £1 milhão por $1,5 milhão. Agora faltam 6 meses para o vencimento do contrato. A volatilidade diária do título de cupom zero em libras esterlinas de 6 meses (quando seu preço se traduz em dólares) é de 0,06% e a volatilidade diária do título de cupom zero em dólares de seis meses é 0,05%. A correlação entre os retornos dos dois títulos é 0,8. A taxa de câmbio atual é 1,53. Calcule o desvio padrão da mudança no valor em dólares do contrato a termo em 1 dia. Qual é o VaR de 10 dias a 99%? Pressuponha que a taxa de juros de 6 meses em libras esterlinas e em dólares é de 5% ao ano com capitalização contínua.

22.11 O texto calcula uma estimativa VaR para o exemplo na Tabela 22.9 pressupondo dois fatores. De que maneiras a estimativa mudaria se pressupuséssemos (a) um fator e (b) três fatores.

22.12 Suponha que no Problema 22.12, o vega do portfólio é -2 por 1% de mudança na volatilidade anual. Derive um modelo que relacione a mudança no valor do portfólio em 1 dia com delta, gama e vega. Sem usar cálculos detalhados, explique como usaria o modelo para calcular uma estimativa do VaR.

22.13 O VaR de 1 dia a 99% calculado para o exemplo de quatro índices na Seção 22.2 é $253.385. Analise as planilhas referentes a ele no site do autor e calcule: (a) o VaR de 1 dia a 95% e (b) o VaR de 1 dia a 97%.

22.14 Use as planilhas no site do autor para calcular o VaR de 1 dia a 99% usando a metodologia básica na Seção 22.2 se o portfólio de quatro índices considerado na Seção 22.2 fosse dividido igualmente entre os quatro índices.

Questões adicionais

22.15 Uma empresa tem uma posição em bônus que vale $6 milhões. A duração modificada do portfólio é 5,2 anos. Pressuponha que somente movimentos paralelos podem ocorrer na curva de juros e que o desvio padrão da mudança no rendimento diário (quando o rendimento é medido em porcentagem) é 0,09. Utilize o modelo de duração para estimar o VaR de 20 dias a 90% do portfólio. Explique cuidadosamente os pontos fracos dessa abordagem ao cálculo do VaR. Explique duas alternativas que oferecem maior nível de precisão.

22.16 Considere uma posição composta de um investimento de $300.000 em ouro e um investimento de $500.000 em prata. Suponha que as volatilidades diárias desses dois ativos são 1,8% e 1,2%, respectivamente e que o coeficiente de correlação entre seus retornos é 0,6. Qual é o VaR de 10 dias a 97,5% do portfólio? Em quanto a diversificação reduz o VaR?

22.17 Considere um portfólio de opções sobre um único ativo. Suponha que o delta do portfólio é 12, o valor do ativo é $10 e a volatilidade diária do ativo é 2%. Estime o VaR de 1 dia a 95% do portfólio a partir do delta. A seguir, suponha que o gama do portfólio é −2,6. Derive uma relação quadrática entre a mudança no valor do portfólio e a mudança percentual no preço do ativo subjacente em um dia. Como você usaria isso em uma simulação de Monte Carlo?

22.18 Uma empresa tem uma posição comprada em um título de 2 anos e em um título de 3 anos, assim como uma posição vendida em um título de 5 anos. Cada título tem principal de $100 e paga um cupom de 5% anualmente. Calcule a exposição da empresa às taxas de 1 ano, 2 anos, 3 anos, 4 anos e 5 anos. Use os dados nas Tabelas 22.7 e 22.8 para calcular um VaR de 20 dias a 95% pressupondo que as mudanças nas taxas são explicadas por (a) um fator, (b) dois fatores e (c) três fatores. Pressuponha que a curva de juros de cupom zero é plana em 5%.

22.19 Um banco lançou uma opção de compra sobre uma ação e uma opção de venda sobre outra ação. Para a primeira opção, o preço da ação é 50, o preço de exercício é 51, a volatilidade é 28% ao ano e o tempo até o vencimento é 9 meses. Para a segunda opção, o preço da ação é 20, o preço de exercício é 19, a volatilidade é 25% ao ano e o tempo até o vencimento é 1 ano. Nenhuma das ações paga um dividendo, a taxa de juros livre de risco é 6% ao ano e a correlação entre os retornos dos preços das ações é 0,4. Calcule o VaR de 10 dias a 99%:
(a) Usando apenas deltas.
(b) Usando a abordagem de simulação parcial.
(c) Usando a abordagem de simulação completa.

22.20 Suponha que o portfólio considerado na Seção 22.2 tem (em milhares de $) 3.000 no DJIA, 3.000 no FTSE, 1.000 no CAC 40 e 3.000 no Nikkei 225. Use a planilha no site do autor para calcular a diferença que isso faz para o VaR de 1 dia a 99% calculado na Seção 22.2.

CAPÍTULO

23

Estimativas de volatilidades e correlações

Neste capítulo, explicamos como os dados históricos podem ser utilizados para produzir estimativas dos níveis atuais e futuros de volatilidades e correlações. O capítulo é relevante para o cálculo do *Value at Risk* usando a abordagem de construção de modelos e para a avaliação de derivativos. No cálculo do *Value at Risk*, nosso interesse maior é nos níveis atuais de volatilidades e correlações, pois estamos avaliando possíveis mudanças no valor de um portfólio durante um período muito curto de tempo. Na avaliação de derivativos, normalmente são necessárias previsões de volatilidades e correlações durante toda a vida do derivativo.

O capítulo considera modelos com nomes imponentes, como a média móvel ponderada exponencialmente (EWMA), a heteroscedasticidade condicional autorregressiva (ARCH) e a heteroscedasticidade condicional autorregressiva generalizada (GARCH). A característica marcante dos modelos é que eles reconhecem que as volatilidades e correlações não são constantes. Durante alguns períodos, uma determinada volatilidade ou correlação pode ser relativamente baixa, enquanto durante outros pode ser relativamente alta. Os modelos tentam acompanhar as variações da volatilidade ou da correlação com o tempo.

23.1 ESTIMATIVA DA VOLATILIDADE

Defina σ_n como a volatilidade de uma variável de mercado no dia n, como estimado no final do dia $n-1$. O quadrado da volatilidade, σ_n^2, no dia n é a *taxa de variância*. Na Seção 15.4, descrevemos a abordagem padrão à estimativa de σ_n a partir de dados históricos. Suponha que o valor da variável de mercado no dia i é S_i. A variável u_i é definida como o retorno com capitalização contínua no durante o dia i (entre o final do dia $i-1$ e o final do dia i):

$$u_i = \ln \frac{S_i}{S_{i-1}}$$

Uma estimativa sem vieses da taxa de variância por dia, σ_n^2, usando as m observações mais recentes de u_i é:

$$\sigma_n^2 = \frac{1}{m-1} \sum_{i=1}^{m} (u_{n-i} - \bar{u})^2 \qquad (23.1)$$

onde $\bar{u}$ é a média de u_is:

$$\bar{u} = \frac{1}{m} \sum_{i=1}^{m} u_{n-i}$$

Para fins de monitorar a volatilidade diária, a fórmula na equação (23.1) normalmente é alterada de diversas maneiras:

1. u_i é definido como a mudança percentual na variável de mercado entre o final do dia $i-1$ e o final do dia i, de modo que:[1]

$$u_i = \frac{S_i - S_{i-1}}{S_{i-1}} \qquad (23.2)$$

2. $\bar{u}$ é pressuposto como igual a zero.[2]
3. $m - 1$ é substituído por m.[3]

Essas três mudanças fazem pouquíssima diferença para as estimativas que são calculadas, mas nos permitem simplificar a fórmula da taxa de variância para:

$$\sigma_n^2 = \frac{1}{m} \sum_{i=1}^{m} u_{n-i}^2 \qquad (23.3)$$

onde u_i é dado pela equação (23.2).[4]

Sistemas de ponderação

A equação (23.3) dá pesos iguais a $u_{n-1}^2, u_{n-2}^2, ..., u_{n-m}^2$. Nosso objetivo é estimar o nível atual da volatilidade, σ_n. Logo, faz sentido dar mais peso aos dados mais recentes. Um modelo que faz isso é:

$$\sigma_n^2 = \sum_{i=1}^{m} \alpha_i u_{n-i}^2 \qquad (23.4)$$

---

[1] Isso é consistente com o argumento da Seção 22.3 sobre o modo como a volatilidade é definida para fins de cálculos de VaR.

[2] Como explicado na Seção 22.3, esse pressuposto normalmente tem pouquíssimo efeito sobre as estimativas da variância, pois a mudança esperada em uma variável em um dia é muito pequena quando comparada com o desvio padrão das mudanças.

[3] Substituir $m - 1$ por m nos leva de uma estimativa sem vieses da variância para uma estimativa de probabilidade máxima. As estimativas de probabilidade máxima serão discutidas posteriormente neste capítulo.

[4] Observe que os us neste capítulo têm a mesma função que os Δx no Capítulo 22. Ambos são mudanças percentuais diárias em variáveis de mercado. No caso dos u, os subscritos contam observações realizadas em dias diferentes sobre a mesma variável de mercado. No caso dos Δxs, eles contam observações realizadas no mesmo dia sobre variáveis de mercado diferentes. O uso de subscritos para σ também é diferente entre os dois capítulos. Neste, os subscritos se referem a dias; no Capítulo 22, se referem a variáveis de mercado.

A variável α_i é o peso dado à observação i dias atrás. Os αs são positivos. Se os escolhermos de modo que $\alpha_i < \alpha_j$ quando $i > j$, as observações mais antigos recebem pesos menores. A soma dos pesos deve ser igual à unidade, tal que:

$$\sum_{i=1}^{m} \alpha_i = 1$$

Uma extensão da ideia na equação (23.4) seria pressupor que há uma taxa de variância média de longo prazo e que esta deve receber algum peso. Isso leva ao modelo com a forma:

$$\sigma_n^2 = \gamma V_L + \sum_{i=1}^{m} \alpha_i u_{n-i}^2 \qquad (23.5)$$

onde V_L é a taxa de variância de longo prazo e γ é o peso alocado a V_L. Como a soma dos pesos deve ser a unidade, temos:

$$\gamma + \sum_{i=1}^{m} \alpha_i = 1$$

Este é o chamado modelo ARCH(m), sugerido originalmente por Engle.[5] A estimativa da variância se baseia em uma variância média de longo prazo e m observações. Quanto mais antiga uma observação, menor o seu peso. Definindo $\omega = \gamma V_L$, o modelo na equação (23.5) pode ser escrito na forma:

$$\sigma_n^2 = \omega + \sum_{i=1}^{m} \alpha_i u_{n-i}^2 \qquad (23.6)$$

Nas próximas duas seções, discutimos duas abordagens importantes ao monitoramento da volatilidade usando as ideias nas equações (23.4) e (23.5).

23.2 O MODELO DE MÉDIA MÓVEL PONDERADA EXPONENCIALMENTE

O modelo de média móvel ponderada exponencialmente (EWMA, *exponentially weighted moving average*) é um caso específico do modelo na equação (23.4) no qual os pesos α_i diminuem exponencialmente à medida que retrocedemos no tempo. Mais especificamente, $\alpha_{i+1} = \lambda \alpha_i$, onde λ é uma constante entre 0 e 1.

Esse sistema de ponderação leva a uma fórmula particularmente simples para a atualização de estimativas de volatilidade. A fórmula é:

$$\sigma_n^2 = \lambda \sigma_{n-1}^2 + (1-\lambda) u_{n-1}^2 \qquad (23.7)$$

A estimativa, σ_n, da volatilidade de uma variável para o dia n (realizada no final do dia $n - 1$) é calculada a partir de σ_{n-1} (a estimativa que foi realizada no final do dia

---

[5] Ver R. Engle "Autoregressive Conditional Heteroscedasticity with Estimates of the Variance of UK Inflation", *Econometrica*, 50 (1982): 987–1008.

$n-2$ da volatilidade para o dia $n-1$) e u_{n-1} (a mudança percentual diária mais recente na variável).

Para entender por que a equação (23.7) corresponde a pesos que diminuem exponencialmente, substituímos σ_{n-1}^2 para obtermos:

$$\sigma_n^2 = \lambda[\lambda\sigma_{n-2}^2 + (1-\lambda)u_{n-2}^2] + (1-\lambda)u_{n-1}^2$$

ou:

$$\sigma_n^2 = (1-\lambda)(u_{n-1}^2 + \lambda u_{n-2}^2) + \lambda^2 \sigma_{n-2}^2$$

Realizando uma substituição semelhante para σ_{n-2}^2, obtemos:

$$\sigma_n^2 = (1-\lambda)(u_{n-1}^2 + \lambda u_{n-2}^2 + \lambda^2 u_{n-3}^2) + \lambda^3 \sigma_{n-3}^2$$

Continuando dessa maneira, obtemos:

$$\sigma_n^2 = (1-\lambda)\sum_{i=1}^{m}\lambda^{i-1}u_{n-i}^2 + \lambda^m \sigma_{n-m}^2$$

Para um valor grande de m, o termo $\lambda_m \sigma_{n-m}^2$ é suficientemente pequeno para ser ignorado, de modo que a equação (23.7) é a mesma que a equação (23.4), com $\alpha_i = (1-\lambda)\lambda^{i-1}$. Os pesos dos u_i diminuem à taxa λ à medida que retrocedemos no tempo. Cada peso é λ vezes o peso anterior.

■ Exemplo 23.1

Suponha que λ é 0,90, a volatilidade estimada para uma variável de mercado para o dia $n-1$ é 1% ao dia e durante o dia $n-1$ a variável de mercado aumentou em 2%. Isso significa que $\sigma_{n-1}^2 = 0{,}01^2 = 0{,}0001$ e $u_{n-1}^2 = 0{,}02^2 = 0{,}0004$. A equação (23.7) produz:

$$\sigma_n^2 = 0{,}9 \times 0{,}0001 + 0{,}1 \times 0{,}0004 = 0{,}00013$$

A estimativa da volatilidade, σ_n, para o dia n é, portanto, $\sqrt{0{,}00013}$, ou 1,14%, ao dia. Observe que o valor esperado de u_{n-1}^2 é σ_{n-1}^2, ou 0,0001. Neste exemplo, o valor realizado de u_{n-1}^2 é maior do que o valor esperado e, por consequência, nossa estimativa da volatilidade aumenta. Se o valor realizado de u_{n-1}^2 tivesse sido menor do que seu valor esperado, nossa estimativa da volatilidade teria diminuído. ■

A abordagem de EWMA tem a característica atraente de exigir o armazenamento de uma quantidade relativamente pequena de dados. Em um dado momento, somente precisamos lembrar da estimativa atual da taxa de variância e da observação mais recente do valor da variável. Quando se obtém uma nova observação da variável de mercado, calcula-se uma nova mudança percentual diária e a equação (23.7) é utilizada para atualizar a estimativa da taxa de variância. Com isso, a estimativa antiga da taxa de variância e o valor antigo da variável de mercado podem ser descartados.

A abordagem EWMA foi projetada para acompanhar as mudanças na volatilidade. Suponha que há um movimento mais forte na variável de mercado no dia $n-1$, tal que o valor de u_{n-1}^2 é grande. De acordo com a equação (23.7), isso faz com que a estimativa da volatilidade atual aumente. O valor de λ determina o quão sensível a estimativa da volatilidade diária será à mudança percentual diária mais recente. Um valor baixo de λ leva a um peso considerável sendo alocado a u_{n-1}^2 no cálculo de σ_n. Nesse caso, as estimativas produzidas para a volatilidade em dias sucessivos são elas próprias altamente voláteis. Um valor alto de λ (ou seja, um valor próximo de 1,0) produz estimativas da volatilidade diária que reagem de forma relativamente lenta às novas informações fornecidas pela mudança percentual diária.

O banco de dados RiskMetrics, criado originalmente pela JPMorgan e disponibilizado para o público em 1994, usou o modelo EWMA com $\lambda = 0{,}94$ para a atualização de estimativas de volatilidade diária. A técnica foi escolhida porque a empresa descobriu que em uma ampla variedade de variáveis de mercado diferentes, esse valor de λ fornece as previsões da taxa de variância que mais se aproximam da taxa de variância realizada.[6] A taxa de variância realizada em um determinado dia era calculada como a média igualmente ponderada dos u_i^2 nos 25 dias subsequentes (ver Problema 23.19).

23.3 O MODELO GARCH(1,1)

Agora passamos a uma discussão do chamado modelo GARCH(1,1), proposto por Bollerslev em 1986.[7] A diferença entre o modelo GARCH(1,1) e o modelo EWMA é análoga à diferença entre a equação (23.4) e a equação (23.5). No GARCH(1,1), σ_n^2 é calculado a partir de uma taxa de variância média de longo prazo, V_L, assim como de σ_{n-1} e u_{n-1}. A equação para GARCH(1,1) é:

$$\sigma_n^2 = \gamma V_L + \alpha u_{n-1}^2 + \beta \sigma_{n-1}^2 \qquad (23.8)$$

onde γ é o peso alocado a V_L, α é o peso alocado a u_{n-1}^2 e β é o peso alocado a σ_{n-1}^2. Como a soma dos pesos deve ser a unidade, temos:

$$\gamma + \alpha + \beta = 1$$

O modelo EWMA é um caso específico de GARCH(1,1) onde $\gamma = 0$, $\alpha = 1 - \lambda$ e $\beta = \lambda$.

O "(1, 1)" em GARCH(1,1) indica que σ_n^2 se baseia na observação mais recente de u^2 e a estimativa mais recente da taxa de variância. O modelo GARCH(p, q) mais geral calcula σ_n^2 para as p observações mais recentes de u^2 e as q estimativas mais recentes da taxa de variância.[8] O modelo GARCH(1,1) é o mais popular, por uma margem considerável, entre todos os modelos GARCH.

---

[6] Ver JPMorgan, *RiskMetrics Monitor*, Fourth Quarter, 1995. Explicaremos uma abordagem alternativa (probabilidade máxima) à estimativa de parâmetros posteriormente neste capítulo.

[7] Ver T. Bollerslev, "Generalized Autoregressive Conditional Heteroscedasticity", *Journal of Econometrics*, 31 (1986): 307–27.

[8] Já foram propostos outros modelos GARCH que incorporam notícias assimétricas. Esses modelos são estruturados de forma que σ_n dependa do sinal de u_{n-1}. Esses modelos podem ser mais apropriados para ações do que GARCH(1,1). Como mencionado no Capítulo 20, a volatilidade do preço de uma ação tende a ter relação inversa com o preço, de modo que um valor negativo de u_{n-1} deve ter um efeito maior em σ_n do que o mesmo valor positivo de u_{n-1}. Para uma discussão sobre modelos para lidar com notícias assimétricas, ver D. Nelson, "Conditional Heteroscedasticity and Asset Returns: A New Approach", *Econometrica*, 59 (1990): 347–70; R. F. Engle and V. Ng, "Measuring and Testing the Impact of News on Volatility", *Journal of Finance*, 48 (1993): 1749–78.

Definindo $\omega = \gamma V_L$, o modelo GARCH(1,1) também pode ser escrito da forma:

$$\sigma_n^2 = \omega + \alpha u_{n-1}^2 + \beta \sigma_{n-1}^2 \tag{23.9}$$

Essa é a forma do modelo que costuma ser utilizado para estimar os parâmetros. Depois que ω, α e β foram estimados, podemos calcular γ como $1 - \alpha - \beta$. A variância de longo prazo V_L pode então ser calculada como ω/γ. Para um processo GARCH(1,1) estável, precisamos que $\alpha + \beta < 1$. Caso contrário, o peso aplicado à variância de longo prazo é negativo.

■ Exemplo 23.2

Suponha que um modelo GARCH(1,1) é estimado a partir dos dados diários como:

$$\sigma_n^2 = 0{,}000002 + 0{,}13 u_{n-1}^2 + 0{,}86 \sigma_{n-1}^2$$

Isso corresponde a $\alpha = 0{,}13$, $\beta = 0{,}86$ e $\omega = 0{,}000002$. Como $\gamma = 1 - \alpha - \beta$, por consequência $\gamma = 0{,}01$. Como $\omega = \gamma V_L$, $V_L = 0{,}0002$. Em outras palavras, a variância média de longo prazo por dia implicada pelo modelo é 0,0002. Isso corresponde a uma volatilidade de $\sqrt{0{,}0002} = 0{,}014$, ou 1,4%, ao dia.

Suponha que a estimativa da volatilidade no dia $n - 1$ é de 1,6% ao dia, tal que $\sigma_{n-1}^2 = 0{,}016^2 = 0{,}000256$, e que no dia $n - 1$ a variável de mercado diminui em 1%, tal que $u_{n-1}^2 = 0{,}01^2 = 0{,}0001$. Assim:

$$\sigma_n^2 = 0{,}000002 + 0{,}13 \times 0{,}0001 + 0{,}86 \times 0{,}000256 = 0{,}00023516$$

A nova estimativa da volatilidade é, portanto, $\sqrt{0{,}00023516} = 0{,}0153$, ou 1,53%, por dia. ■

Os pesos

Inserindo σ_{n-1}^2 na equação (23.9), obtemos:

$$\sigma_n^2 = \omega + \alpha u_{n-1}^2 + \beta(\omega + \alpha u_{n-2}^2 + \beta \sigma_{n-2}^2)$$

ou:

$$\sigma_n^2 = \omega + \beta\omega + \alpha u_{n-1}^2 + \alpha\beta u_{n-2}^2 + \beta^2 \sigma_{n-2}^2$$

Inserindo σ_{n-2}^2, obtemos:

$$\sigma_n^2 = \omega + \beta\omega + \beta^2\omega + \alpha u_{n-1}^2 + \alpha\beta u_{n-2}^2 + \alpha\beta^2 u_{n-3}^2 + \beta^3 \sigma_{n-3}^2$$

Continuando dessa maneira, vemos que o peso aplicado a u_{n-i}^2 é $\alpha\beta^{i-1}$. Os pesos diminuem exponencialmente à taxa β. O parâmetro β pode ser interpretado como a "taxa de declínio". Ela é semelhante a λ no modelo EWMA. Ela define a importância relativa das observações sobre os us para determinar a taxa de variância atual. Por exemplo, se $\beta = 0{,}9$, então u_{n-2}^2 tem apenas 90% da importância de u_{n-1}^2, u_{n-3}^2 tem 81% da importância de u_{n-1}^2 e assim por diante. O modelo GARCH(1,1) é semelhante ao modelo EWMA, exceto que, além de alocar pesos que diminuem exponencialmente além de u_2, ele também dá algum peso à volatilidade média de longo prazo.

Reversão à média

O modelo GARCH (1,1) reconhece que, com o tempo, a variância tende a ser puxada de volta ao nível médio de longo prazo de V_L. O peso alocado à V_L é $\gamma = 1 - \alpha - \beta$. O GARCH(1,1) é equivalente a um modelo no qual a variância V segue o processo estocástico:

$$dV = a(V_L - V)\,dt + \xi V\,dz$$

com o tempo medido em dias, $a = 1 - \alpha - \beta$ e $\xi = \alpha\sqrt{2}$ (ver Problema 23.14). Este é um modelo de reversão à média. A variância tem um drift que a leva de volta a V_L a uma taxa a. Quando $V > V_L$, a variância tem drift negativo; quando $V < V_L$, o drift é positivo. A volatilidade ξ está sobreposta ao drift. O Capítulo 27 amplia a discussão sobre esse tipo de modelo.

23.4 ESCOLHENDO ENTRE OS MODELOS

Na prática, as taxas de variância tendem a reverter à média. O modelo GARCH(1,1) incorpora a reversão à média, ao contrário do modelo EWMA. Assim, o GARCH (1,1) teoricamente é mais atraente do que o modelo EWMA.

Na próxima seção, discutimos como os parâmetros de melhor ajuste ω, α e β no GARCH(1,1) podem ser estimados. Quando o parâmetro ω é zero, o GARCH(1,1) se reduz ao EWMA. Nos casos em que o valor de melhor ajuste de ω é negativo, o modelo GARCH(1,1) não é estável e faz mais sentido passar para o modelo EWMA.

23.5 MÉTODOS DE PROBABILIDADE MÁXIMA

Agora é apropriado discutir como os parâmetros nos modelos que estamos considerando são estimados a partir dos dados históricos. A abordagem utilizada é conhecida pelo nome de *método de probabilidade máxima*. Ela envolve escolher valores para os parâmetros que maximizem as chances (ou a probabilidade) da ocorrência dos dados.

Para ilustrar o método, começamos com um exemplo bastante simples. Suponha que obtemos uma amostra de 10 ações aleatórias em determinado dia e descobrimos que o preço de uma delas diminuiu naquele dia e os preços das outras nove permaneceram estáveis ou aumentaram. Qual é a melhor estimativa da probabilidade do preço de uma ação diminuir nesse dia? A resposta natural é 0,1. Vamos ver se essa é a resposta que o método de probabilidade máxima nos dá.

Suponha que a probabilidade de uma queda de preço é p. A probabilidade de uma ação específica diminuir de preço e as outras nove não é $p(1-p)^9$. Usando a abordagem de probabilidade máxima, a melhor estimativa de p é aquela que maximiza $p(1-p)^9$. Diferenciando essa expressão com relação a p e definindo o resultado como igual a zero, descobrimos que $p = 0,1$ maximiza a expressão. Isso mostra que a estimativa de probabilidade máxima de p é 0,1, como esperado.

Estimando uma variância de constante

Nosso próximo exemplo de método de probabilidade máxima considera o problema de estimar a variância de uma variável X a partir de m observações sobre X quando a distribuição subjacente é normal e tem média zero. Pressuponha que as observações são $u_1, u_2,..., u_m$. Denote a variância por v. A probabilidade de u_i ser observado é definido como a função de densidade de probabilidade para X quando $X = u_i$. Esta é:

$$\frac{1}{\sqrt{2\pi v}} \exp\left(\frac{-u_i^2}{2v}\right)$$

A probabilidade de m observações ocorrerem na ordem em que foram observadas é:

$$\prod_{i=1}^{m}\left[\frac{1}{\sqrt{2\pi v}} \exp\left(\frac{-u_i^2}{2v}\right)\right] \qquad (23.10)$$

Usando o método de probabilidade máxima, a melhor estimativa de v é o valor que maximiza essa expressão.

Maximizar uma expressão é equivalente a maximizar o logaritmo da expressão. Tomando os logaritmos da expressão na equação (23.10) e ignorando fatores multiplicativos constantes, vemos que desejamos maximizar:

$$\sum_{i=1}^{m}\left[-\ln(v) - \frac{u_i^2}{v}\right] \qquad (23.11)$$

ou:

$$-m\ln(v) - \sum_{i=1}^{m}\frac{u_i^2}{v}$$

Diferenciando essa expressão com relação a v e definindo a equação resultante como igual a zero, vemos que o estimador de probabilidade máxima de v é:[9]

$$\frac{1}{m}\sum_{i=1}^{m}u_i^2$$

Estimando parâmetros EWMA ou GARCH (1,1)

Agora consideramos como o método de probabilidade máxima pode ser utilizado para estimar os parâmetros quando se utiliza EWMA, GARCH (1,1) ou algum outro sistema de atualização da volatilidade. Defina $v_i = \sigma_i^2$ como a variância estimada para o dia i. Pressuponha que a distribuição de probabilidade u_i condicional da variância é normal. Uma análise semelhante àquela apresentada anteriormente mostra que os melhores parâmetros são aqueles que maximizam:

$$\prod_{i=1}^{m}\left[\frac{1}{\sqrt{2\pi v_i}} \exp\left(\frac{-u_i^2}{2v_i}\right)\right]$$

---

[9] Isso confirma o argumento realizado na nota de rodapé 3.

Usando logaritmos, vemos que isso é equivalente a maximizar:

$$\sum_{i=1}^{m}\left[-\ln(v_i) - \frac{u_i^2}{v_i}\right] \quad (23.12)$$

Isso é o mesmo que a expressão na equação (23.11), exceto que v é substituído por v_i. É preciso buscar iterativamente para descobrir os parâmetros no modelo que maximizam a expressão na equação (23.12).

A planilha na Tabela 23.1 indica como os cálculos podem ser organizados para o modelo GARCH(1,1). A tabela analisa dados sobre o S&P 500 entre 18 de julho de 2005 e 13 de agosto de 2010.[10] A primeira coluna na tabela registra a data. A segunda coluna conta os dias. A terceira coluna mostra o S&P 500, S_i, ao final do dia i. A quarta coluna mostra a mudança proporcional no S&P 500 entre o final do dia $i-1$ e o final do dia i. Este é $u_i = (S_i - S_{i-1})/S_{i-1}$. A quinta coluna mostra a estimativa da taxa de variância, $v_i = \sigma_i^2$, para o dia i realizada no final do dia $i-1$. No dia 3, começamos definindo a variância como igual a u_2^2. Nos dias subsequentes, é utilizada a equação (23.9). A sexta coluna tabula a medida de probabilidade, $-\ln(v_i) - u_i^2/v_i$. Os valores na quinta e sexta colunas se baseiam nas estimativas de teste atuais de ω, α e β. Estamos interessados em escolher valores de ω, α e β que maximizem a soma dos números na sexta coluna. Isso envolve um procedimento de busca iterativo.[11]

No nosso exemplo, os valores ideias dos parâmetros acabam sendo:

$$\omega = 0{,}0000013465, \quad \alpha = 0{,}083394, \quad \beta = 0{,}910116$$

e o valor máximo da função na equação (23.12) é 10.228,2349. Os números mostrados na Tabela 23.1 foram calculados com base na iteração final da busca pelo valor ideal de ω, α e β.

A taxa de variância de longo prazo, V_L, em nosso exemplo é:

$$\frac{\omega}{1 - \alpha - \beta} = \frac{0{,}0000013465}{0{,}006490} = 0{,}0002075$$

A volatilidade de longo prazo é $\sqrt{0{,}0002075}$, ou 1,4404%, por dia.

As Figuras 23.1 e 23.2 mostram o índice S&P 500 e sua volatilidade GARCH(1,1) durante o período de 5 anos abrangido pelos dados. Na maior parte do tempo, a volatilidade era inferior a 2% ao dia, mas volatilidades de até 5% ao dia ocorreram durante a crise de crédito. (Volatilidades altíssimas também são indicadas pelo índice VIX; ver Seção 15.11.)

Uma abordagem alternativa à estimativa dos parâmetros no GARCH(1,1), que em alguns casos pode ser mais robusta, é conhecida pelo nome de *variance targe-*

---

[10] Os dados e os cálculos se encontram em www.rotman.utoronto.ca/~hull/OFOD/GarchExample.

[11] Como será discutido posteriormente, um algoritmo de propósito geral como o Solver no Microsoft Excel pode ser utilizado. Também é possível utilizar um algoritmo de propósito especial, como o de Levenberg–Marquardt. Ver, por exemplo, W. H. Press, B. P. Flannery, S. A. Teukolsky, e W. T. Vetterling. *Numerical Recipes in C: The Art of Scientific Computing*, Cambridge University Press, 1988.

TABELA 23.1 Estimativa de Parâmetros em Modelo GARCH(1,1) para o S&P 500 entre 18 de julho de 2005 e 13 de agosto de 2010

Data	Dia i	S_i	u_i	$v_i = \sigma_i^2$	$-\ln(v_i) - u_i^2/v_i$
18 Julho 2005	1	1221,13			
19 Julho 2005	2	1229,35	0,006731		
20 Julho 2005	3	1235,20	0,004759	0,00004531	9,5022
21 Julho 2005	4	1227,04	−0,006606	0,00004447	9,0393
22 Julho 2005	5	1233,68	0,005411	0,00004546	9,3545
25 Julho 2005	6	1229,03	−0,003769	0,00004517	9,6906
⋮	⋮	⋮	⋮	⋮	⋮
11 Agosto 2010	1277	1089,47	−0,028179	0,00011834	2,3322
12 Agosto 2010	1278	1083,61	−0,005379	0,00017527	8,4841
13 Agosto 2010	1279	1079,25	−0,004024	0,00016327	8,6209
					10.228,2349

Estimativas de teste de parâmetros GARCH
$\omega = 0{,}0000013465$ $\alpha = 0{,}083394$ $\beta = 0{,}910116$

ting.[12] O procedimento envolve definir a taxa de variância média de longo prazo, V_L, como igual à variância amostral calculada a partir dos dados (ou algum outro valor que se acredita ser razoável). O valor de ω é então igual a $V_L(1 - \alpha - \beta)$ e apenas dois parâmetros precisam ser estimados. Para os dados na Tabela 23.1, a variância amostral é 0,0002412, o que nos dá uma volatilidade diária de 1,5531%. Definindo V_L como igual à variância amostral, os valores de α e β que maximizam a função objetiva na equação (23.12) são 0,08445 e 0,9101, respectivamente. O valor da função objetiva é 10.228,1941, apenas marginalmente inferior ao valor de 10.228,2349 obtido usando o procedimento anterior.

Quando o modelo EWMA é utilizado, o procedimento de estimativa é relativamente simples. Definimos $\omega = 0$, $\alpha = 1 - \lambda$ e $\beta = \lambda$, e apenas um parâmetro precisa ser estimado. Nos dados da Tabela 23.1, o valor de λ que maximiza a função objetiva na equação (23.12) é 0,9374 e o valor da função objetiva é 10.192,5104.

Para o GARCH (1,1) e o EWMA, podemos usar a rotina Solver no Excel para buscar os valores dos parâmetros que maximizam a função de probabilidade. A rotina funciona bem, desde que a planilha seja estruturada de forma que os parâmetros buscados tenham valores aproximadamente iguais. Por exemplo, no GARCH (1,1) podemos fazer com que as células A1, A2 e A3 contenham $\omega \times 10^5$, 10α e β. Poderíamos definir B1 = A1/100.000, B2 = A2/10 e B3 = A3. Nós usaríamos B1, B2 e B3 para calcular a função de probabilidade e pediríamos ao Solver que calculasse os valores de A1, A2 e A3 que maximizam a função de probabilidade. Ocasionalmente, o Solver fornece um máximo local, então é uma boa ideia testar diversos valores iniciais diferentes para os parâmetros.

---

[12] Ver R. Engle and J. Mezrich, "GARCH for Groups", *Risk*, August 1996: 36–40.

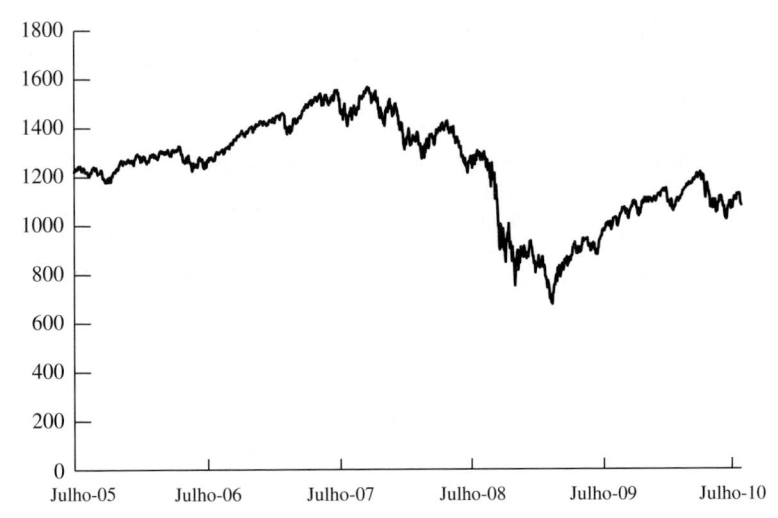

FIGURA 23.1 Índice S&P 500: 18 de julho de 2005 a 13 de agosto de 2010.

O modelo é bom mesmo?

O pressuposto por trás do modelo GARCH é que a volatilidade muda com a passagem do tempo. Durante alguns períodos, a volatilidade é relativamente alta; durante outros, relativamente baixa. Em outras palavras, quando u_i^2 é alto, há uma tendência para que $u_{i+1}^2, u_{i+2}^2,...$ sejam altos; quando u_i^2 é baixo, há uma tendência para que u_{i+1}^2, $u_{i+2}^2,...$ sejam baixas. Podemos testar se essa afirmação é verdadeira ou falsa analisando a estrutura de autocorrelação dos u_i^2.

Vamos pressupor que os u_i^2 demonstram autocorrelação. Se um modelo GARCH está funcionando bem, ele deve remover a autocorrelação. Podemos testar se isso

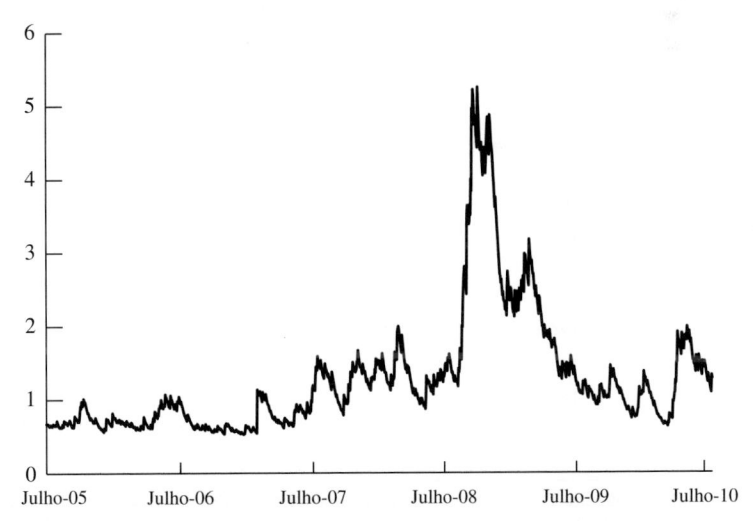

FIGURA 23.2 Volatilidade diária do índice S&P 500: 18 de julho de 2005 a 13 de agosto de 2010.

ocorreu de fato considerando a estrutura de autocorrelação para as variáveis u_i^2/σ_i^2. Se estas demonstrarem pouquíssima autocorrelação, nosso modelo para σ_i foi bem-sucedido em explicar as autocorrelações nos u_i^2.

A Tabela 23.2 mostra os resultados para os dados do S&P 500 utilizados anteriormente. A primeira coluna mostra as defasagens consideradas no cálculo da autocorrelação. A segunda mostra autocorrelações para u_i^2; a terceira mostra autocorrelações para u_i^2/σ_i^2.[13] A tabela mostra que as autocorrelações são positivas para u_i^2 para todas as defasagens entre 1 e 15. No caso de u_i^2/σ_i^2, algumas das autocorrelações são positivas e algumas são negativas. Todas são muito menores em magnitude do que as autocorrelações para u_i^2.

O modelo GARCH parece ter funcionado bem na missão de explicar os dados. Para um teste mais científico, podemos utilizar a chamada estatística de Ljung–Box.[14] Se uma determinada série tem m observações, a estatística de Ljung–Box é:

$$m \sum_{k=1}^{K} w_k \eta_k^2$$

onde η_k é a autocorrelação para uma defasagem de k, K é o número de defasagens consideradas e:

$$w_k = \frac{m+2}{m-k}$$

TABELA 23.2 Autocorrelações antes e depois do uso de um modelo GARCH para dados do S&P 500

Defasagem de tempo	Autocorrelação para u_i^2	Autocorrelação para u_i^2/σ_i^2
1	0,183	−0,063
2	0,385	−0,004
3	0,160	−0,007
4	0,301	0,022
5	0,339	0,014
6	0,308	−0,011
7	0,329	0,026
8	0,207	0,038
9	0,324	0,041
10	0,269	0,083
11	0,431	−0,007
12	0,286	0,006
13	0,224	0,001
14	0,121	0,017
15	0,222	−0,031

---

[13] Para uma série x_i, a autocorrelação com uma defasagem de k é o coeficiente de correlação entre x_i e x_{i+k}.

[14] Ver G. M. Ljung and G. E. P. Box, "On a Measure of Lack of Fit in Time Series Models", *Biometrica*, 65 (1978): 297–303.

Para $K = 15$, podemos rejeitar a autocorrelação zero com 95% de confiança quando a estatística de Ljung–Box é maior do que 25.

Da Tabela 23.2, a estatística de Ljung–Box para a série u_i^2 é cerca de 1.566. É uma evidência forte de autocorrelação. Para a série u_i^2/σ_i^2, a estatística de Ljung–Box é 21.7, sugerindo que a autocorrelação foi praticamente eliminada pelo modelo GARCH.

23.6 USANDO GARCH(1,1) PARA PREVER A VOLATILIDADE FUTURA

A taxa de variância estimada no final do dia $n - 1$ para o dia n, quando GARCH(1,1) é utilizado, é:

$$\sigma_n^2 = (1 - \alpha - \beta)V_L + \alpha u_{n-1}^2 + \beta \sigma_{n-1}^2$$

de modo que:

$$\sigma_n^2 - V_L = \alpha(u_{n-1}^2 - V_L) + \beta(\sigma_{n-1}^2 - V_L)$$

No dia $n + t$ no futuro:

$$\sigma_{n+t}^2 - V_L = \alpha(u_{n+t-1}^2 - V_L) + \beta(\sigma_{n+t-1}^2 - V_L)$$

O valor esperado de u_{n+t-1}^2 é σ_{n+t-1}^2. Logo:

$$E[\sigma_{n+t}^2 - V_L] = (\alpha + \beta)E[\sigma_{n+t-1}^2 - V_L]$$

onde E denota o valor esperado. Usar essa equação repetidamente produz:

$$E[\sigma_{n+t}^2 - V_L] = (\alpha + \beta)^t(\sigma_n^2 - V_L)$$

ou:

$$E[\sigma_{n+t}^2] = V_L + (\alpha + \beta)^t(\sigma_n^2 - V_L) \qquad (23.13)$$

Essa equação prevê a volatilidade no dia $n + t$ usando as informações disponíveis no final do dia $n - 1$. No modelo EWMA, $\alpha + \beta = 1$ e a equação (23.13) mostra que a taxa de variância futura esperada é igual à taxa de variância atual. Quando $\alpha + \beta < 1$, o termo final da equação se torna progressivamente menor à medida que t aumenta. A Figura 23.3 mostra o caminho esperado seguido pela taxa de variância para situações nas quais a taxa de variância atual é diferente de V_L. Como mencionado anteriormente, a taxa de variância tem reversão à média com nível de reversão de V_L e taxa de reversão de $1 - \alpha - \beta$. Nossa previsão da taxa de variância futura tende a V_L à medida que nosso período de análise se prolonga. Essa análise enfatiza a ideia de que precisamos ter $\alpha + \beta < 1$ para termos um processo GARCH(1,1) estável. Quando $\alpha + \beta > 1$, o peso dado à variância média de longo prazo é negativo e o processo "foge" da média em vez de reverter a ela.

Para os dados do S&P 500 considerados anteriormente, $\alpha + \beta = 0,9935$ e $V_L = 0,0002075$. Suponha que a estimativa da taxa de variância atual por dia é 0,0003.

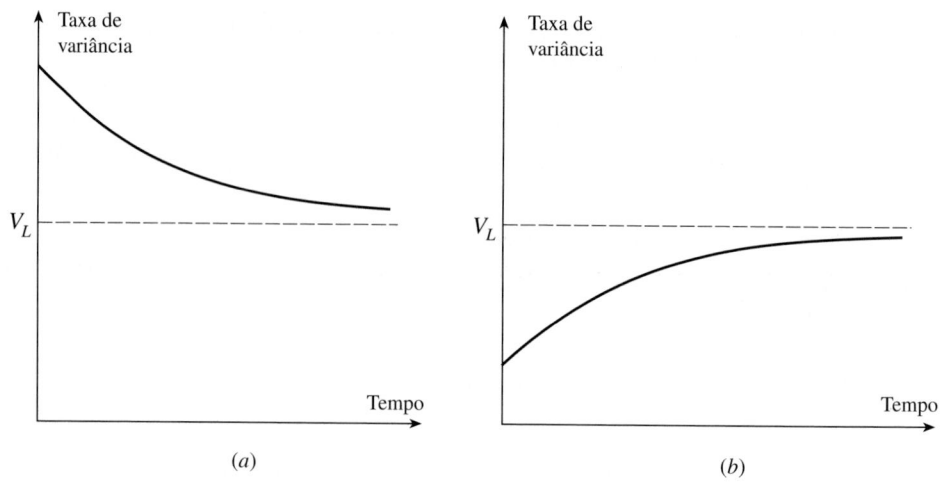

FIGURA 23.3 Caminho esperado para a taxa de variância quando (*a*) a taxa de variância atual está acima da taxa de variância de longo prazo e (*b*) a taxa de variância atual está abaixo da taxa de variância de longo prazo.

(Isso corresponde a uma volatilidade de 1,732% ao dia.) Em 10 dias, a taxa de variância esperada é:

$$0{,}0002075 + 0{,}9935^{10}(0{,}0003 - 0{,}0002075) = 0{,}0002942$$

A volatilidade diária esperada é 1,72%, ainda bastante acima da volatilidade de longo prazo de 1,44% ao dia. Contudo, a taxa de variância esperada em 500 dias é:

$$0{,}0002075 + 0{,}9935^{500}(0{,}0003 - 0{,}0002075) = 0{,}0002110$$

e a volatilidade esperada por dia é 1,45%, bastante próxima da volatilidade de longo prazo.

Estruturas a termo da volatilidade

Suponha que estamos no dia n. Defina:

$$V(t) = E(\sigma_{n+t}^2)$$

e:

$$a = \ln \frac{1}{\alpha + \beta}$$

de modo que a equação (23.13) se torna:

$$V(t) = V_L + e^{-at}[V(0) - V_L]$$

Aqui, $V(t)$ é uma estimativa da taxa de variância instantânea em t dias. A taxa de variância média por dia entre hoje e o tempo T é dada por:

$$\frac{1}{T}\int_0^T V(t)\,dt = V_L + \frac{1 - e^{-aT}}{aT}[V(0) - V_L]$$

TABELA 23.3 Estrutura a termo da volatilidade do S&P 500 prevista por GARCH(1,1)

Vida da opção (dias)	10	30	50	100	500
Volatilidade da opção (% ao ano)	27,36	27,10	26,87	26,35	24,32

Quanto maior o T, mais esse valor se aproxima de V_L. Defina $\sigma(T)$ como a volatilidade anual que deveria ser utilizada para apreçar uma opção de T dias sob o GARCH(1,1). Pressupondo 252 dias por ano, $\sigma(T)^2$ é 252 vezes a taxa de variância média por dia, tal que:

$$\sigma(T)^2 = 252\left(V_L + \frac{1-e^{-aT}}{aT}[V(0)-V_L]\right) \quad (23.14)$$

Como discutido no Capítulo 20, os preços de mercado de diferentes opções sobre o mesmo ativo muitas vezes são utilizadas para calcular a *estrutura a termo da volatilidade*. Esta é a relação entre as volatilidades implícitas das opções e seus vencimentos. A equação (23.14) pode ser utilizada para estimar uma estrutura a termo da volatilidade com base no modelo GARCH(1,1). A estrutura a termo da volatilidade estimada normalmente não é igual à estrutura a termo da volatilidade implícita. Contudo, como mostraremos a seguir, ela muitas vezes é utilizada para prever o modo como a estrutura a termo da volatilidade implícita reagirá a mudança na volatilidade.

Quando a volatilidade atual está acima da volatilidade de longo prazo, o modelo GARCH(1,1) estima uma estrutura a termo da volatilidade com inclinação descendente. Quando a volatilidade atual está abaixo da volatilidade de longo prazo, ele estima uma estrutura a termo da volatilidade com inclinação ascendente. No caso dos dados do S&P 500, $a = \ln(1/0,99351) = 0,006511$ e $V_L = 0,0002075$. Suponha que a taxa de variância diária atual, $V(0)$, é estimada como 0,0003 por dia. Logo, de acordo com a equação (23.14):

$$\sigma(T)^2 = 252\left(0,0002075 + \frac{1-e^{-0,006511T}}{0,006511T}(0,0003-0,0002075)\right)$$

onde T é medido em dias. A Tabela 23.3 mostra a volatilidade anual para diferentes valores de T.

Impacto das mudanças de volatilidade

A equação (23.14) pode ser escrita como:

$$\sigma(T)^2 = 252\left[V_L + \frac{1-e^{-aT}}{aT}\left(\frac{\sigma(0)^2}{252}-V_L\right)\right]$$

Quando $\sigma(0)$ muda em $\Delta\sigma(0)$, $\sigma(T)$ muda em aproximadamente:

$$\frac{1-e^{-aT}}{aT}\frac{\sigma(0)}{\sigma(T)}\Delta\sigma(0) \quad (23.15)$$

TABELA 23.4 Impacto de mudança de 1% na volatilidade instantânea prevista por GARCH(1,1)

Vida da opção (dias)	10	30	50	100	500
Aumento na volatilidade (%)	0,97	0,92	0,87	0,77	0,33

A Tabela 23.4 mostra o efeito de uma mudança de volatilidade sobre opções com diversos vencimentos para os dados do S&P 500 considerados acima. Assim como antes, pressupomos que $V(0) = 0,0003$, de modo que $\sigma(0) = \sqrt{252} \times \sqrt{0,0003} = 27,50\%$. A tabela considera uma mudança de 100 pontos-base na volatilidade instantânea de 27,50% ao ano para 28,50% ao ano. Isso significa que $\Delta\sigma(0) = 0,01$, ou 1%.

Muitas instituições financeiras utilizam análises como essa para determinar a exposição de sua carteira a mudanças na volatilidade. Em vez de considerar um aumento geral de 1% nas volatilidades implícitas quando calculam o vega, elas relacionam o tamanho do aumento da volatilidade que é considerado com o vencimento da opção. Com base na Tabela 23.4, um aumento de volatilidade de 0,97% seria considerado para uma opção de 10 dias, um aumento de 0,92% para uma opção de 30 dias, um aumento de 0,87% para uma opção de 50 dias e assim por diante.

23.7 CORRELAÇÕES

A discussão até o momento se concentrou na estimativa e previsão da volatilidade. Como explicado no Capítulo 22, as correlações também têm um papel crucial no cálculo do VaR. Nesta seção, mostramos como as estimativas de correlação podem ser atualizadas de modo semelhante às estimativas de volatilidade.

A correlação entre as duas variáveis X e Y pode ser definida como:

$$\frac{\text{cov}(X, Y)}{\sigma_X \sigma_Y}$$

onde σ_X e σ_Y são os desvios padrões de X e Y e cov(X, Y) é a covariância entre X e Y. A covariância entre X e Y é definida como:

$$E[(X - \mu_X)(Y - \mu_Y)]$$

onde μ_X e μ_Y são as médias de X e Y, e E denota o valor esperado. Apesar de ser mais fácil desenvolver uma intuição sobre o significado de uma correlação do que para uma covariância, são as covariâncias que representam as variáveis fundamentais de nossa análise.[15]

Defina x_i e y_i como as mudanças percentuais em X e Y entre o final do dia $i - 1$ e o final do dia i:

$$x_i = \frac{X_i - X_{i-1}}{X_{i-1}}, \qquad y_i = \frac{Y_i - Y_{i-1}}{Y_{i-1}}$$

---

[15] Uma analogia nesse caso é que as taxas de variância eram as variáveis fundamentais para os procedimentos EWMA e GARCH na primeira parte deste capítulo, apesar de as volatilidades serem mais fáceis de entender.

onde X_i e Y_i são os valores de X e Y no final do dia i. Também definimos o seguinte:

$\sigma_{x,n}$: Volatilidade diária da variável X, estimada para o dia n.

$\sigma_{y,n}$: Volatilidade diária da variável Y, estimada para o dia n.

cov$_n$: Estimativa da covariância entre as mudanças diárias em X e Y, calculada no dia n.

A estimativa da correlação entre X e Y no dia n é:

$$\frac{\text{cov}_n}{\sigma_{x,n}\,\sigma_{y,n}}$$

Usando ponderação igual e pressupondo que as médias de x_i e y_i são zero, a equação (23.3) mostra que as taxas de variância de X e Y podem ser estimadas a partir das m observações mais recentes como:

$$\sigma_{x,n}^2 = \frac{1}{m}\sum_{i=1}^{m} x_{n-i}^2, \qquad \sigma_{y,n}^2 = \frac{1}{m}\sum_{i=1}^{m} y_{n-i}^2$$

Uma estimativa semelhante para a covariância entre X e Y é:

$$\text{cov}_n = \frac{1}{m}\sum_{i=1}^{m} x_{n-i}\,y_{n-i} \tag{23.16}$$

Uma alternativa para a atualização de covariâncias é um modelo EWMA semelhante à equação (23.7). A fórmula para a atualização da estimativa de covariância é, então:

$$\text{cov}_n = \lambda\,\text{cov}_{n-1} + (1-\lambda)x_{n-1}\,y_{n-1}$$

Uma análise semelhante àquela apresentada para o modelo de volatilidade EWMA mostra que os pesos dados às observações sobre os $x_i\,y_i$ diminuem à medida que avançamos no tempo. Quanto menor o valor de λ, maior o peso dado às observações recentes.

■ Exemplo 23.3

Suponha que $\lambda = 0{,}95$ e que a estimativa da correlação entre duas variáveis X e Y no dia $n-1$ é 0,6. Suponha também que a estimativa das volatilidades para os X e Y no dia $n-1$ são 1% e 2%, respectivamente. Da relação entre a correlação e a covariância, a estimativa da covariância entre os X e Y no dia $n-1$ é:

$$0{,}6 \times 0{,}01 \times 0{,}02 = 0{,}00012$$

Suponha que as mudanças percentuais em X e Y no dia $n-1$ são 0,5% e 2,5%, respectivamente. A variância e a covariância para o dia n seriam atualizadas da seguinte maneira:

$$\sigma_{x,n}^2 = 0{,}95 \times 0{,}01^2 + 0{,}05 \times 0{,}005^2 = 0{,}00009625$$
$$\sigma_{y,n}^2 = 0{,}95 \times 0{,}02^2 + 0{,}05 \times 0{,}025^2 = 0{,}00041125$$
$$\text{cov}_n = 0{,}95 \times 0{,}00012 + 0{,}05 \times 0{,}005 \times 0{,}025 = 0{,}00012025$$

A nova volatilidade de X é $\sqrt{0{,}00009625} = 0{,}981\%$ e a nova volatilidade de Y é $\sqrt{0{,}00041125} = 2{,}028\%$. O novo coeficiente de correlação entre X e Y é:

$$\frac{0{,}00012025}{0{,}00981 \times 0{,}02028} = 0{,}6044$$

■

Os modelos GARCH também podem ser utilizados para a atualização de estimativas de covariância e a previsão do nível futuro das covariâncias. Por exemplo, o modelo GARCH(1,1) para atualizar uma covariância é:

$$\text{cov}_n = \omega + \alpha x_{n-1} y_{n-1} + \beta \text{cov}_{n-1}$$

e a covariância de longo prazo é $\omega/(1 - \alpha - \beta)$. É possível desenvolver fórmulas semelhantes àquelas nas equações (23.13) e (23.14) para prever as covariâncias futuras e calcular a covariância média durante a vida de uma opção.[16]

Condição de consistência para covariâncias

Depois que todas as variâncias e covariâncias foram calculadas, podemos construir uma matriz de covariâncias. Como explicado na Seção 22.4, quando $i \neq j$, o (i, j)--ésimo elemento dessa matriz mostra a covariância entre a variável i e a variável j. Quando $i = j$, ele mostra a variância da variável i.

Nem todas as matrizes de covariâncias são internamente consistentes. A condição para que uma matriz de covariâncias $N \times N$ Ω seja internamente consistente é:

$$w^\mathsf{T} \Omega w \geqslant 0 \qquad (23.17)$$

para todos os vetores $N \times 1$ w, onde w^T é a transposição de w. Uma matriz que satisfaz essa propriedade é conhecida como *positiva-semidefinida*.

Para entender por que a condição na equação (23.17) deve ser válida, suponha que w^T é $[w_1, w_2, ..., w_n]$. A expressão $w^\mathsf{T} \Omega w$ é a variância de $w_1 x_1 + w_2 x_2 + \cdots + w_n x_n$, onde x_i é o valor da variável i. Por consequência, ele não pode ser negativo.

Para garantir que uma matriz positiva-semidefinida será produzida, as variâncias e covariâncias devem ser calculadas de maneiras consistentes. Por exemplo, se as variâncias são calculadas pela ponderação igual dos últimos m dados, o mesmo deve ser aplicado para as covariâncias. Se as variâncias são atualizadas usando um modelo EWMA com $\lambda = 0{,}94$, o mesmo deve ser aplicado para as covariâncias.

Um exemplo de matriz de covariâncias que não é internamente consistente seria:

$$\begin{bmatrix} 1 & 0 & 0{,}9 \\ 0 & 1 & 0{,}9 \\ 0{,}9 & 0{,}9 & 1 \end{bmatrix}$$

A variância de cada variável é 1,0, então as covariâncias também são coeficientes de correlação. A primeira variável é altamente correlacionada com a terceira variável e

---

[16] As ideias neste capítulo podem ser estendidas a modelos GARCH multivariados, nos quais toda a matriz de covariâncias é atualizada de maneira consistente. Para uma discussão sobre as abordagens alternativas, ver R. Engle and J. Mezrich, "GARCH for Groups", *Risk*, August 1996: 36–40.

a segunda variável é altamente correlacionada com a terceira variável. Contudo, não há correlação alguma entre a primeira variável e a segunda. Isso parece estranho. Quando w é definido como igual a $(1, 1, -1)$, a condição na equação (23.17) não é satisfeita, provando que a matriz não é positiva-semidefinida.[17]

23.8 APLICAÇÃO DO EWMA A EXEMPLO DE QUATRO ÍNDICES

Agora voltamos ao exemplo considerado na Seção 22.2. Ele envolvia um portfólio em 25 de setembro de 2008 composto de um investimento de $4 milhões no Dow Jones Industrial Average, um de $3 milhões no FTSE 100, um de $1 milhão no CAC 40 e um de $2 milhões no Nikkei 225. Os retornos diários foram coletados durante 500 dias com final em 25 de setembro de 2008. Os dados e cálculos apresentados aqui se encontram em: www.rotman.utoronto.ca/~hull/OFOD/VaRExample.

A matriz de correlações que seria calculada em 25 de setembro de 2008 pela ponderação igual dos 500 últimos retornos aparece na Tabela 23.5. O FTSE 100 e o CAC 40 são altamente correlacionados. O Dow Jones Industrial Average tem correlação moderadamente alta com o FTSE 100 e o CAC 40. A correlação do Nikkei 225 com outros índices é menos alta.

A matriz de covariâncias para o caso de pesos iguais aparece na Tabela 23.6. Da equação (22.3), essa matriz dá a variância das perdas do portfólio (milhares de $)

TABELA 23.5 Matriz de correlações em 25 de setembro de 2008, calculada pela ponderação igual dos 500 últimos retornos diários: a variável 1 é o DJIA; a variável 2 é o FTSE 100; a variável 3 é o CAC 40; a variável 4 é o Nikkei 225

$$\begin{bmatrix} 1 & 0{,}489 & 0{,}496 & -0{,}062 \\ 0{,}489 & 1 & 0{,}918 & 0{,}201 \\ 0{,}496 & 0{,}918 & 1 & 0{,}211 \\ -0{,}062 & 0{,}201 & 0{,}211 & 1 \end{bmatrix}$$

TABELA 23.6 Matriz de covariâncias em 25 de setembro de 2008, calculada pela ponderação igual dos 500 últimos retornos diários: a variável 1 é o DJIA; a variável 2 é o FTSE 100; a variável 3 é o CAC 40; a variável 4 é o Nikkei 225

$$\begin{bmatrix} 0{,}0001227 & 0{,}0000768 & 0{,}0000767 & -0{,}0000095 \\ 0{,}0000768 & 0{,}0002010 & 0{,}0001817 & 0{,}0000394 \\ 0{,}0000767 & 0{,}0001817 & 0{,}0001950 & 0{,}0000407 \\ -0{,}0000095 & 0{,}0000394 & 0{,}0000407 & 0{,}0001909 \end{bmatrix}$$

---

[17] É possível provar que a condição para que uma matriz de correlações 3×3 seja consistente é:

$$\rho_{12}^2 + \rho_{13}^2 + \rho_{23}^2 - 2\rho_{12}\rho_{13}\rho_{23} \leqslant 1$$

onde ρ_{ij} é o coeficiente de correlação entre as variáveis i e j.

TABELA 23.7 Matriz de covariâncias em 25 de setembro de 2008, calculada usando o método EWMA com $\lambda = 0{,}94$: a variável 1 é o DJIA; a variável 2 é o FTSE 100; a variável 3 é o CAC 40; a variável 4 é o Nikkei 225

$$\begin{bmatrix} 0{,}0004801 & 0{,}0004303 & 0{,}0004257 & -0{,}0000396 \\ 0{,}0004303 & 0{,}0010314 & 0{,}0009630 & 0{,}0002095 \\ 0{,}0004257 & 0{,}0009630 & 0{,}0009535 & 0{,}0001681 \\ -0{,}0000396 & 0{,}0002095 & 0{,}0001681 & 0{,}0002541 \end{bmatrix}$$

como 8.761,833. O desvio padrão é a raiz quadrada disso, ou 93,60. O VaR de 1 dia a 99% em milhares de é $ é, portanto, $2{,}33 \times 93{,}60 = 217{,}757$. Isso significa $217.757, comparável com os $253.385 calculados usando a abordagem de simulação histórica na Seção 22.2.

Em vez de calcular as variâncias e covariâncias dando pesos iguais a todos os retornos observados, vamos usar o método da média móvel ponderada exponencialmente com $\lambda = 0{,}94$, o que nos dá a matriz de covariâncias da Tabela 23.7.[18] Da equação (22.3), a variância das perdas do portfólio (milhares de $) é 40.995,765. O desvio padrão é a raiz quadrada disso, ou 202,474. O VaR de 1 dia a 99% é, portanto:

$$2{,}33 \times 202{,}474 = 471{,}025$$

O resultado é $471.025, mais de duas vezes o valor dado quando os retornos tinham pesos iguais. As Tabelas 23.8 e 23.9 mostram os motivos. O desvio padrão de um port-

TABELA 23.8 Volatilidades (% por dia) usando pesos iguais e EWMA

	DJIA	FTSE 100	CAC 40	Nikkei 225
Pesos iguais:	1,11	1,42	1,40	1,38
EWMA:	2,19	3,21	3,09	1,59

TABELA 23.9 Matriz de correlações em 25 de setembro de 2008, calculada usando o método EWMA: a variável 1 é o DJIA; a variável 2 é o FTSE 100; a variável 3 é o CAC 40; a variável 4 é o Nikkei 225

$$\begin{bmatrix} 1 & 0{,}611 & 0{,}629 & -0{,}113 \\ 0{,}611 & 1 & 0{,}971 & 0{,}409 \\ 0{,}629 & 0{,}971 & 1 & 0{,}342 \\ -0{,}113 & 0{,}409 & 0{,}342 & 1 \end{bmatrix}$$

---

[18] Nos cálculos de EWMA, a variância inicialmente foi determinada como igual à variância da população. Isso representa uma alternativa a defini-la como igual ao primeiro retorno ao quadrado, como na Tabela 23.1. As duas abordagens fornecem variâncias finais semelhantes, e a variância final é o único elemento no qual estamos interessados.

fólio composto de posições compradas em títulos aumenta com os desvios padrões dos retornos de títulos e também com as correlações entre os retornos de títulos. A Tabela 23.8 mostra que os desvios padrões diários estimados são muito maiores quando se utiliza o EWMA do que quando os dados têm pesos iguais. Isso ocorre porque as volatilidades eram muito maiores durante o período imediatamente anterior a 25 de setembro de 2008 do que durante o resto dos 500 dias abrangidos pelos dados. Comparando a Tabela 23.9 com a Tabela 23.5, vemos que as correlações também haviam aumentado.[19]

RESUMO

Os modelos de apreçamento de opções mais populares, como Black–Scholes–Merton, pressupõem que a volatilidade do ativo subjacente é constante. Esse pressuposto está longe de ser perfeito. Na prática, a volatilidade de um ativo, assim como seu preço, é uma variável estocástica. Ao contrário do preço do ativo, ela não pode ser observada diretamente. Este capítulo discutiu procedimentos para tentar acompanhar o nível atual da volatilidade.

Definimos u_i como a mudança percentual em uma variável de mercado entre o final do dia $i-1$ e o final do dia i. A taxa de variância da variável de mercado (ou seja, o quadrado de sua volatilidade) é calculada como uma média ponderada dos u_i^2. A principal características dos procedimentos discutidos é que eles não dão pesos iguais às observações sobre os u_i^2. Quanto mais recente uma observação, maior o peso alocado a ela. No EWMA e nos modelos GARCH(1,1), os pesos alocados às observações diminuem exponencialmente à medida que elas envelhecem. O modelo GARCH(1,1) difere do modelo EWMA porque algum peso também é alocado à taxa de variância média de longo prazo. Ele tem uma estrutura que permite a produção relativamente fácil de previsões do nível futuro da taxa de variância.

Os métodos de probabilidade máxima normalmente são usados para estimar parâmetros a partir de dados históricos nos modelos EWMA, GARCH(1,1) e similares. Esses métodos envolvem usar um procedimento iterativo para determinar os valores de parâmetros que maximizam a chance de ocorrência dos dados históricos. Depois que seus parâmetros foram determinados, um modelo GARCH(1,1) pode ser avaliado por quão bem ele remove a autocorrelação dos u_i^2.

Para todos os modelos desenvolvidos para acompanhar as variâncias há um modelo correspondente que pode ser desenvolvido para acompanhar as covariâncias. Os procedimentos descritos neste capítulo podem, assim, ser utilizados para atualizar a matriz de covariâncias completa usada nos cálculos de *value at risk*.

LEITURAS COMPLEMENTARES

Bollerslev, T. "Generalized Autoregressive Conditional Heteroscedasticity", *Journal of Econometrics*, 31 (1986): 307–27.

Cumby, R., S. Figlewski, and J. Hasbrook. "Forecasting Volatilities and Correlations with EGARCH Models", *Journal of Derivatives*, 1, 2 (Winter 1993): 51–63.

---

[19] Este é um exemplo do fenômeno de que as correlações tendem a aumentar em condições de mercado adversas.

Engle, R. F. "Autoregressive Conditional Heteroscedasticity with Estimates of the Variance of UK Inflation", *Econometrica* 50 (1982): 987–1008.

Engle R. F., and J. Mezrich. "Grappling with GARCH", *Risk*, September 1995: 112–117.

Engle, R. F., and J. Mezrich, "GARCH for Groups", *Risk*, August 1996: 36–40.

Engle, R. F., and V. Ng, "Measuring and Testing the Impact of News on Volatility", *Journal of Finance*, 48 (1993): 1749–78.

Noh, J., R. F. Engle, and A. Kane. "Forecasting Volatility and Option Prices of the S&P 500 Index", *Journal of Derivatives*, 2 (1994): 17–30.

Questões e problemas

23.1 Explique o modelo de média móvel ponderada exponencialmente (EWMA) para estimar a volatilidade a partir de dados históricos.

23.2 Qual é a diferença entre o modelo de média móvel ponderada exponencialmente e o modelo GARCH(1,1) para atualização de volatilidades?

23.3 A estimativa mais recente da volatilidade diária de um ativo é 1,5% e o preço do ativo ao final das negociações ontem era $30,00. O parâmetro λ no modelo EWMA é 0,94. Suponha que o preço do ativo ao final das negociações hoje é $30,50. Como isso afetará a atualização da volatilidade pelo modelo EWMA?

23.4 Uma empresa utiliza um modelo EWMA para prever a volatilidade. Ela decide mudar o parâmetro λ de 0,95 para 0,85. Explique o provável impacto dessa decisão nas previsões.

23.5 A volatilidade de uma determinada variável de mercado é de 30% ao ano. Calcule um intervalo de confiança de 99% para o tamanho da mudança diária percentual da variável.

23.6 Uma empresa usa o modelo GARCH(1,1) para atualização da volatilidade. Os três parâmetros são ω, α e β. Descreva o impacto de um pequeno aumento em cada um desses parâmetros quando os outros permanecem fixos.

23.7 A estimativa mais recente da volatilidade diária da taxa de câmbio dólar americano/libra esterlina é 0,6% e a taxa de câmbio às 16h de ontem era 1,5000. O parâmetro λ no modelo EWMA é 0,9. Suponha que a taxa de câmbio às 16h hoje é 1,4950. Como seria a atualização da estimativa da volatilidade diária?

23.8 Pressuponha que o S&P 500 no encerramento das operações ontem estava em 1.040 e a volatilidade diária do índice era estimada em 1% ao dia naquele momento. Os parâmetros em um modelo GARCH(1,1) são $\omega = 0,000002$, $\alpha = 0,06$ e $\beta = 0,92$. Se o nível do índice no encerramento das operações hoje é 1.060, qual é a nova estimativa de volatilidade?

23.9 Suponha que as volatilidades diárias do ativo A e do ativo B, calculadas no fechamento das negociações de ontem, eram 1,6% e 2,5%, respectivamente. Os preços dos ativos no fechamento das negociações de ontem eram $20 e $40 e a estimativa do coeficiente de correlação entre os retornos sobre os dois ativos era 0,25. O parâmetro λ usado no modelo EWMA é 0,95.
(a) Calcule a estimativa atual da covariância entre os ativos.
(b) Pressupondo que os preços dos ativos no encerramento das negociações de hoje eram $20,5 e $40,5, atualize a estimativa de correlação.

CAPÍTULO 23 ▪ Estimativas de volatilidades e correlações **583**

23.10 Os parâmetros de um modelo GARCH(1,1) são estimados como $\omega = 0{,}000004$, $\alpha = 0{,}05$ e $\beta = 0{,}92$. Qual é a volatilidade média de longo prazo e qual é a equação que descreve o modo como a taxa de variância reverte para sua média de longo prazo? Se a volatilidade atual é de 20% ao ano, qual é a volatilidade esperada em 20 dias?

23.11 Suponha que as volatilidades diárias atuais do ativo X e do ativo Y são 1,0% e 1,2%, respectivamente. Os preços dos ativos no encerramento das negociações ontem eram $30 e $50 e a estimativa do coeficiente de correlação entre os retornos sobre os dois ativos nessa data era 0,50. As correlações e volatilidades são atualizadas usando um modelo GARCH(1,1). As estimativas dos parâmetros do modelo são $\alpha = 0{,}04$ e $\beta = 0{,}94$. Para a correlação $\omega = 0{,}000001$, e para as volatilidades $\omega = 0{,}000003$. Se os preços dos dois ativos no encerramento das negociações hoje eram $31 e $51, como é a atualização da estimativa de correlação?

23.12 Suponha que a volatilidade diária do índice de ações FTSE 100 (mensurado em libras esterlinas) é 1,8% e a volatilidade diária da taxa de câmbio dólar/libra esterlina é 0,9%. Suponha também que a correlação entre o FTSE 100 e a taxa de câmbio dólar/libra esterlina é 0,4. Qual é a volatilidade do FTSE 100 quando ele é traduzido para dólares americanos? Pressuponha que a taxa de câmbio dólar/libra esterlina é expressa como o número de dólares americanos por libra esterlina. (*Dica*: Quando $Z = XY$, a mudança diária percentual em Z é aproximadamente igual à mudança diária percentual em X mais a mudança diária percentual em Y.)

23.13 Suponha que no Problema 23.12, a correlação entre o Índice S&P 500 (mensurado em dólares) e o Índice FTSE 100 (mensurado em libras esterlinas) é 0,7, a correlação entre o Índice S&P 500 (mensurado em dólares) e a taxa de câmbio dólares/libras esterlinas é 0,3 e a volatilidade diária do índice S&P 500 é 1,6%. Qual é a correlação entre o índice S&P 500 (mensurado em dólares) e o índice FTSE 100 quando este é convertido para dólares? (*Dica*: Para três variáveis X, Y e Z, a covariância entre $X + Y$ e Z é igual à covariância entre X e Z mais a covariância entre Y e Z.)

23.14 Mostre que o $\sigma_n^2 = \omega + \alpha u_{n-1}^2 + \beta \sigma_{n-1}^2$ do modelo GARCH (1,1) na equação (23.9) é equivalente ao modelo de volatilidade estocástica $dV = a(V_L - V)\,dt + \xi V\,dz$, onde o tempo é mensurado em dias, V é o quadrado da volatilidade do preço do ativo e:

$$a = 1 - \alpha - \beta, \qquad V_L = \frac{\omega}{1 - \alpha - \beta}, \qquad \xi = \alpha\sqrt{2}$$

Qual é o modelo de volatilidade estocástica quando o tempo é mensurado em anos? (*Dica*: A variável u_{n-1} é o retorno sobre o preço do ativo no tempo Δt. Podemos pressupor que ele é normalmente distribuído com média zero e desvio padrão σ_{n-1}. Por consequência dos momentos da distribuição normal, a média e a variância de u_{n-1}^2 são σ_{n-1}^2 e $2\sigma_{n-1}^4$, respectivamente.)

23.15 No final da Seção 23.8, o VaR para o exemplo de quatro índices foi calculado usando a abordagem de construção de modelos. Qual a mudança no VaR calculado se o investimento é de $2,5 milhões em cada índice? Realize os cálculos quando (a) as volatilidades e correlações são estimadas usando o modelo igualmente ponderado e (b) quando são estimadas usando o modelo EWMA com $\lambda = 0{,}94$. Use as planilhas disponíveis no site do autor.

23.16 Qual é o efeito de mudar λ de 0,94 para 0,97 nos cálculos de EWMA no exemplo de quatro índices no final da Seção 23.8? Use as planilhas no site do autor.

Questões adicionais

23.17 Suponha que o preço do ouro no fechamento das negociações de ontem era $600 e sua volatilidade foi estimada como 1,3% ao dia. O preço no fechamento das negociações de hoje é $596. Atualize a estimativa de volatilidade utilizando:
(a) O modelo EWMA com $\lambda = 0{,}94$.
(b) O modelo GARCH(1,1) com $\omega = 0{,}000002$, $\alpha = 0{,}04$ e $\beta = 0{,}94$.

23.18 Suponha que no Problema 23.17, o preço da prata no encerramento das negociações de ontem era $16, sua volatilidade era estimada em 1,5% ao dia e sua correlação com o ouro era estimada como de 0.8. O preço da prata no encerramento das negociações de hoje permanece inalterado em $16. Atualize a volatilidade da prata e a correlação entre a prata e o ouro usando os dois modelos no Problema 23.17. Na prática, o parâmetro ω tende a ser o mesmo para o ouro e a prata?

23.19 Uma planilha de Excel contendo mais de 900 dias de dados diários sobre diferentes taxas de câmbio e índices de ações está disponível no site do autor:

www.rotman.utoronto.ca/~hull/data.

Escolha uma taxa de câmbio e um índice de ações. Estime o valor de λ no modelo EWMA que minimiza o valor de $\sum_i (v_i - \beta_i)^2$, onde v_i é a previsão de variância realizada no final do dia $i - 1$ e β_i é a variância calculada a partir dos dados entre o dia i e o dia $i + 25$. Use a ferramenta Solver no Excel. Defina a previsão de variância no final do primeiro dia como igual ao quadrado do retorno naquele dia para iniciar os cálculos de EWMA.

23.20 Suponha que os parâmetros em um modelo GARCH (1,1) são $\alpha = 0{,}03$, $\beta = 0{,}95$ e $\omega = 0{,}000002$.
(a) Qual é a volatilidade de longo prazo?
(b) Se a volatilidade atual é 1,5% ao dia, qual é sua estimativa da volatilidade em 20, 40 e 60 dias?
(c) Qual volatilidade deve ser utilizada para apreçar opções de 20, 40 e 60 dias?
(d) Suponha que ocorre um evento que aumenta a volatilidade atual em 0,5% para 2% ao dia. Estime o efeito sobre a volatilidade em 20, 40 e 60 dias.
(e) Estime quanto o evento aumenta as volatilidades usadas para apreçar opções de 20, 40 e 60 dias.

23.21 Os cálculos para o exemplo de quatro índices no final da Seção 23.8 pressupõem que os investimentos no DJIA, FTSE 100, CAC 40 e Nikkei 225 são de $4 milhões, $3 milhões, $1 milhão e $2 milhões, respectivamente. Qual a mudança no VaR calculado se os investimentos são de $3 milhões, $3 milhões, $1 milhão e $3 milhões, respectivamente? Realize os cálculos quando (a) as volatilidades e correlações são estimadas usando o modelo igualmente ponderado e (b) quando são estimadas usando o modelo EWMA. Qual é o efeito de mudar o valor de λ de 0,94 para 0,90 nos cálculos de EWMA? Use as planilhas disponíveis no site do autor.

23.22 Estime os parâmetros para EWMA e GARCH(1, 1) a partir dos dados da taxa de câmbio euro–USD entre 27 de julho de 2005 e 27 de julho de 2010. Os dados se encontram no site do autor: www.rotman.utoronto.ca/~hull/data.

CAPÍTULO

24

Risco de crédito

A maioria dos derivativos considerados até este ponto é referente ao risco de mercado. Neste capítulo, consideramos outro risco importante para as instituições financeiras: o risco de crédito. A maioria das instituições financeiras dedica recursos consideráveis à mensuração e gestão do risco de crédito. Há anos que os reguladores exigem que os bancos mantenham níveis de capital que reflitam os riscos de crédito que estão correndo.

O risco de crédito decorre da possibilidade de que devedores e contrapartes em transações de derivativos inadimplam. Este capítulo discute diversas abordagens usadas para estimar a probabilidade de que uma empresa irá inadimplir e explica a principal diferença entre as probabilidades *risk-neutral* e do mundo real de inadimplência. Ele analisa a natureza do risco de crédito em transações de derivativos de balcão e discute as cláusulas que os corretores de derivativos colocam em seus contratos para reduzir o risco de crédito. Ele também abrange a correlação de default, modelos de cópula gaussiana e a estimativa do *value at risk* de crédito.

O Capítulo 25 discute os derivativos de crédito e mostra como as ideias introduzidas aqui podem ser utilizadas para avaliar esses instrumentos.

24.1 CLASSIFICAÇÕES DE CRÉDITO

As agência de notas de crédito, como a Moody's, a S&P e a Fitch, estão no ramo de fornecer classificações que descrevem a qualidade de crédito de títulos corporativos. A melhor classificação dada pela Moody's é Aaa. Nessa classificação, considera-se que os títulos têm chance praticamente zero de inadimplência. A melhor classificação seguinte é Aa, seguida de A, Baa, Ba, B, Caa, Ca e C. Apenas títulos com classificação Baa ou melhor são considerados de *grau de investimento*. As classificações da S&P e da Fitch que correspondem ao Aaa, Aa, A, Baa, Ba, B, Caa, Ca e C da Moody's são AAA, AA, A, BBB, BB, B, CCC, CC e C, respectivamente. Para criar medidas de classificação mais sofisticadas, a Moody's divide sua categoria de crédito Aa em Aa1, Aa2 e Aa3, sua categoria A em A1, A2 e A3 e assim por diante.

Da mesma forma, a S&P e a Fitch dividem sua categoria de crédito AA em AA+, AA e AA−, sua categoria de crédito A em A+, A e A− e assim por diante. A categoria Aaa da Moody's e a categoria AAA da S&P/Fitch não são subdivididas, e geralmente o mesmo se aplica às duas categorias inferiores.

24.2 PROBABILIDADES DE INADIMPLÊNCIA HISTÓRICAS

A Tabela 24.1 é típica dos dados produzidos pelas agências de notas de crédito. Ela mostra a experiência de inadimplência durante um período de 20 anos de títulos que tinham uma determinada classificação no início do período. Por exemplo, um título com uma classificação de Baa tem 0,177% de chance de inadimplir até o final do primeiro ano, 0,495% de chance de inadimplir até o final do segundo ano e assim por diante. A probabilidade de um título inadimplir durante um determinado ano pode ser calculada utilizando a tabela. Por exemplo, a probabilidade de um título inicialmente Baa inadimplir durante o segundo ano é 0,495 − 0,177 = 0,318%.

A Tabela 24.1 mostra que, para títulos de grau de investimento, a probabilidade de inadimplência em um ano tende a ser uma função crescente do tempo (ex.: as probabilidades de um título de classificação A inadimplir durante os anos 0−5, 5−10, 10−15 e 15−20 são 0,870%, 1,610%, 1,775% e 2,586%, respectivamente). Isso ocorre porque inicialmente se considera que o emissor do título tem boa qualidade de crédito, e que quanto mais o tempo passa, maior a possibilidade de sua saúde financeira piorar. Para títulos com má classificação de crédito, a probabilidade de inadimplência muitas vezes é uma função decrescente do tempo (ex.: as probabilidades de um título de classificação B inadimplir durante os anos 0−5, 5−10, 10−15 e 15−20 são 24,613%, 17,334%, 10,270% e 5,867%, respectivamente). O motivo disso é que para um título com má classificação de crédito, os próximos um ou dois anos podem ser críticos. Quanto mais tempo o emissor sobrevive, maior a chance de sua saúde financeira melhorar.

Taxas de risco

Usando a Tabela 24.1, podemos calcular a probabilidade de um título com classificação Caa ou menos inadimplir durante o terceiro ano como 36,908 − 27,867 =

TABELA 24.1 Taxas de inadimplência acumuladas médias (%), 1970–2012, da Moody's

Termo (anos):	1	2	3	4	5	7	10	15	20
Aaa	0,000	0,013	0,013	0,037	0,106	0,247	0,503	0,935	1,104
Aa	0,022	0,069	0,139	0,256	0,383	0,621	0,922	1,756	3,135
A	0,063	0,203	0,414	0,625	0,870	1,441	2,480	4,255	6,841
Baa	0,177	0,495	0,894	1,369	1,877	2,927	4,740	8,628	12,483
Ba	1,112	3,083	5,424	7,934	10,189	14,117	19,708	29,172	36,321
B	4,051	9,608	15,216	20,134	24,613	32,747	41,947	52,217	58,084
Caa–C	16,448	27,867	36,908	44,128	50,366	58,302	69,483	79,178	81,248

9,041%. Chamaremos esse resultado de *probabilidade de inadimplência incondicional*. Ela é a probabilidade de inadimplência durante o terceiro ano da perspectiva de hoje. A probabilidade de que o título sobreviverá até o final do ano 2 é 100 − 27,867 = 72,133%. A probabilidade de que a inadimplência ocorrerá durante o terceiro ano, condicional em não ocorrer inadimplência anterior, é, por consequência, 0,09041/0,72133, ou 12,53%.

Os 12,53% que acabamos de calcular é uma probabilidade condicional para um período de tempo de 1 ano. Em vez disso, suponha que consideramos um curto período de tempo de duração Δt. A *taxa de risco* $\lambda(t)$ no tempo t é definida de forma que $\lambda(t)\Delta t$ é a probabilidade de inadimplência entre o tempo t e $t + \Delta t$, condicional em não haver nenhuma inadimplência anterior.

Se $V(t)$ é a probabilidade cumulativa da empresa sobreviver até o tempo t (ou seja, não haver inadimplência até o tempo t), a probabilidade condicional de inadimplência entre o tempo t e $t + \Delta t$ é $[V(t) - V(t + \Delta t)]/V(t)$. Como isso é igual a $\lambda(t)\Delta t$:

$$V(t + \Delta t) - V(t) = -\lambda(t)V(t)\Delta t$$

Obtendo limites:

$$\frac{dV(t)}{dt} = -\lambda(t)V(t)$$

dos quais:

$$V(t) = e^{-\int_0^t \lambda(\tau)d\tau}$$

Definindo $Q(t)$ como a probabilidade de inadimplência até o tempo t, de modo que $Q(t) = 1 - V(t)$, obtemos:

$$Q(t) = 1 - e^{-\int_0^t \lambda(\tau)d\tau}$$

ou:

$$Q(t) = 1 - e^{-\bar{\lambda}(t)t} \qquad (24.1)$$

onde $\bar{\lambda}(t)$ é a taxa de risco média entre o tempo 0 e o tempo t. Outro termo utilizado para a taxa de risco é a *intensidade de inadimplência*.

24.3 TAXAS DE RECUPERAÇÃO

Quando uma empresa vai à falência, seus credores entram com pedidos contra os ativos da empresa.[1] Às vezes ocorre uma reorganização, na qual esses credores concordam em receber um pagamento parcial. Em outros casos, os ativos são vendidos pelo liquidante e os resultados são usados para atender os pedidos dentro do possível. Em geral, alguns pedidos têm prioridades em relação aos outros e são atendidos mais totalmente.

---

[1] Nos Estados Unidos, a reivindicação feita por um titular de títulos é o valor de face do título mais os juros acumulados.

TABELA 24.2 Taxas de recuperação sobre títulos corporativos como porcentagem do valor de face, 1982–2012, da Moody's

Classe	Taxa de recuperação média (%)
Título garantido sênior	51,6
Título não garantido sênior	37,0
Título subordinado sênior	30,9
Título sênior	31,5
Título subordinado júnior	24,7

A taxa de recuperação para um título é definida normalmente como o valor de mercado do título alguns dias após uma inadimplência como porcentagem de seu valor de face. A Tabela 24.2 apresenta dados históricos sobre as taxas de recuperação médias em diferentes categorias de títulos. A taxa de recuperação média varia de 51,6% para títulos lastreados e seniores a outros credores e 24,7% para títulos subordinados a outros credores e com uma caução real que é subordinada a outros credores.

A dependência das taxas de recuperação em relação às taxas de inadimplência

No Capítulo 8, vimos que uma das lições da crise de crédito de 2007 é que a taxa de recuperação média sobre hipotecas está negativamente relacionada à taxa de inadimplência em hipotecas. À medida que essa taxa aumenta, as execuções levam à oferta de mais casas no mercado e a uma queda nos preços de imóveis, o que por sua vez leva a uma queda nas taxas de recuperação.

A taxa de recuperação média sobre títulos corporativos demonstra uma dependência negativa semelhante das taxas de inadimplência.[2] Em um ano em que o número de inadimplências de títulos é baixo, as condições econômicas em geral são boas e a taxa de recuperação média sobre os títulos que inadimplem pode alcançar até 60%; em um ano em que a taxa de inadimplência de títulos corporativos é alta, as condições econômicas normalmente são ruins e a taxa de recuperação média sobre títulos inadimplentes pode ficar em meros 30%. O resultado da dependência negativa é que um ano ruim para inadimplências é duplamente ruim para o credor, pois costuma ser acompanhado por uma baixa taxa de recuperação.

24.4 ESTIMATIVA DE PROBABILIDADES DE INADIMPLÊNCIA A PARTIR DE SPREADS DE RENDIMENTOS DE TÍTULOS

Tabelas como a 24.1 oferecem uma maneira de estimar as probabilidades de inadimplência. Outra abordagem é analisar os spreads de rendimentos de títulos. O spread de rendimento de um título é o excedente do rendimento prometido sobre o título em

---
[2] Ver E. I. Altman, B. Brady, A. Resti, and A. Sironi, "The Link between Default and Recovery Rates: Theory, Empirical Evidence, and Implications", *Journal of Business*, 78, 6 (2005): 2203–28.

relação à taxa de juros livre de risco. O pressuposto tradicional é que o rendimento excedente representa uma compensação pela possibilidade de inadimplência.[3]

Suponha que o spread de rendimentos de títulos para um título de T anos é $s(T)$ ao ano. Isso significa que a taxa de perda média sobre o título entre o tempo 0 e o tempo T deve ser de aproximadamente $s(T)$ ao ano. Suponha que a taxa de risco média durante esse tempo é $\bar{\lambda}(T)$. Outra expressão para a taxa de perda média é $\bar{\lambda}(T)(1 - R)$, onde R é a taxa de recuperação estimada. Isso significa que é aproximadamente verdade que:

$$\bar{\lambda}(T)(1 - R) = s(T)$$

ou:

$$\bar{\lambda}(T) = \frac{s(T)}{1 - R} \qquad (24.2)$$

A aproximação funciona muito bem em uma ampla gama de situações.

■ Exemplo 24.1

Suponha que os títulos de 1 ano, 2 anos e 3 anos emitidos por uma empresa rendem 150, 180 e 195 pontos-base mais do que a taxa de juros livre de risco, respectivamente. Se a taxa de recuperação é estimada em 40%, a taxa de risco média para 1 ano dada pela equação (24.2) é $0{,}0150/(1 - 0{,}4) = 0{,}025$, ou 2,5%, ao ano. Da mesma forma, a taxa de risco média para os anos 1 e 2 é $0{,}0180/(1 - 0{,}4) = 0{,}030$, ou 3,0%, ao ano, e a taxa de risco média para todos os três anos é $0{,}0195/(1 - 0{,}4) = 0{,}0325$, ou 3,25%. Esses resultados implicam que a taxa de risco média para o segundo ano é $2 \times 0{,}03 - 1 \times 0{,}025 = 0{,}035$, ou 3,5%, e que a taxa de risco média para o terceiro ano é $3 \times 0{,}0325 - 2 \times 0{,}03 = 0{,}0375$, ou 3,75%. ■

Correspondência de preços de títulos

Para um cálculo mais exato, podemos escolher taxas de risco que correspondam a preços de títulos. A abordagem é semelhante ao método de *bootstrap* para calcular uma curva de juros de juros de cupom zero descrito na Seção 4.5. Suponha que são usados títulos com vencimentos t_i, onde $t_1 < t_2 < t_3$. O título de vencimento menor é usado para calcular a taxa de risco até o tempo t_1. O segundo título de vencimento mais curto é usado para calcular o risco entre os tempos t_1 e t_2, e assim por diante.

■ Exemplo 24.2

Suponha que a taxa de juros livre de risco é 5% ao ano (com capitalização contínua) para todos os vencimentos e os títulos de 1 ano, 2 anos e 3 anos têm rendimentos de 6,5%, 6,8% e 6,95%, respectivamente (também com capitalização contínua). (Isso é consistente com os dados no Exemplo 24.1.) Vamos supor que cada título tem valor de face de $100 e oferece cupons semianuais a uma taxa de 8% ao ano (sendo que um

---

[3] Esse pressuposto não é perfeito, como discutiremos posteriormente. Por exemplo, o preço de um título corporativo é afetado por sua liquidez. Quanto menor a liquidez, menor seu preço.

cupom acaba de ser pago). Os valores dos títulos podem ser calculados a partir de seus rendimentos como $101,33, $101,99 e $102,47. Se os títulos fossem livres de risco, os valores dos títulos (obtidos pelo desconto de fluxos de caixa a 5%) seriam $102,83, $105,52 e $108,08, respectivamente. Isso significa que o valor presente das perdas de inadimplência esperadas sobre o título de 1 ano devem ser $102,83 − $101,33 = $1,50. Da mesma forma, o valor presente das perdas de inadimplência esperadas sobre os títulos de 2 anos e 3 anos devem ser $3,53 e $5,61. Suponha que a taxa de risco no ano i é λ_i ($1 \leq i \leq 3$) e a taxa de recuperação é 40%.

Considere o título de 1 ano. A probabilidade de uma inadimplência nos primeiros 6 meses é $1 - e^{-0,5\lambda_1}$ e a probabilidade de uma inadimplência durante os 6 meses seguintes é $e^{-0,5\lambda_1} - e^{-\lambda_1}$. Vamos pressupor que as inadimplências somente podem ocorrer nos pontos médios desses intervalos de 6 meses, então as possíveis datas de inadimplência são em 3 meses e 9 meses. O valor livre de risco (a termo) do título no ponto de 3 meses é:

$$4e^{-0,05\times 0,25} + 104e^{-0,05\times 0,75} = \$104,12$$

Dada a definição de taxa de recuperação na seção anterior, se ocorrer uma inadimplência, o título valerá $40. O valor presente da perda caso haja uma inadimplência no ponto de 3 meses é, portanto:

$$(104,12 - 40)e^{-0,05\times 0,25} = \$63,33$$

O valor livre de risco do título no ponto de 9 meses é $104e^{-0,05\times 0,25} = \$102,71$. Se houver uma inadimplência, o título valerá $40. Logo, o valor presente de uma perda caso haja uma inadimplência no ponto de 9 meses é:

$$(102,71 - 40)e^{-0,05\times 0,75} = \$60,40$$

Por consequência, a taxa de risco λ_1 deve satisfazer:

$$(1 - e^{-0,5\lambda_1}) \times 63,33 + (e^{-0,5\lambda_1} - e^{-\lambda_1}) \times 60,40 = 1,50$$

A solução para isso (ex.: usando o Solver no Excel) é $\lambda_1 = 2,46\%$.

O título de 2 anos será considerado a seguir. Suas probabilidades de inadimplência nos tempos 3 meses e 9 meses são conhecidas devido à análise do título de 1 ano. A taxa de risco para o segundo ano é calculada de modo que o valor presente da perda esperada sobre o título seja de $3,53. O título de 3 anos é tratado da mesma forma. As taxas de risco para o segundo e o terceiro ano são 3,48% e 3,74%. (Observe que as três taxas de risco estimadas são bastante semelhantes àquelas calculadas no Exemplo 24.1 usando a equação (24.2)). Uma planilha com os cálculos está disponível no site do autor. ∎

A taxa de juros livre de risco

Os métodos que acabamos de apresentar para o cálculo de probabilidades de inadimplência são criticamente dependentes da taxa de juros livre de risco escolhida. Os spreads no Exemplo 24.1 são as diferenças entre os rendimentos de títulos e as taxas de juros livres de risco. O cálculo das perdas esperadas em decorrência da inadimplência implicadas pelos preços de títulos no Exemplo 24.2 depende do cálculo dos preços de títulos livres de risco. A taxa do Tesouro é a taxa de juros livre de risco de referência mais utilizada pelos corretores de títulos. Por exemplo, um corretor poderia cotar um rendimento sobre um título como sendo um spread de 250 pontos-base sobre a taxa do Tesouro. Contudo, como discutido na Seção 9.1, as taxas do Tesouro são baixas demais para servirem como indicadores das taxas de juros livres de risco.

Os spreads de *credit default swaps* (CDS), que foram explicados rapidamente na Seção 7.12 e serão discutidos em mais detalhes no Capítulo 25, oferecem uma estimativa de spread de crédito que não depende da taxa de juros livre de risco. Diversos pesquisadores tentaram implicar taxas de juros livres de risco comparando rendimentos de títulos com spreads de CDS. A evidência é que a taxa de juros livre de risco implicada fica próxima de corresponder à taxa LIBOR/swap. Por exemplo, uma estimativa coloca as taxas de juros livres de risco implicadas cerca de 10 pontos-base abaixo das taxas LIBOR/swap.[4]

Spreads de swaps de ativos

Na prática, muitas vezes a taxa LIBOR/swap é usada como taxa de juros livre de risco de referência na realização dos cálculos de crédito. Os spreads de swaps de ativos oferecem uma estimativa direta bastante útil do spread de rendimentos de títulos sobre a curva LIBOR/swap.

Para explicar como os swaps de ativos funcionam, considere a situação na qual um spread de swaps de ativos para um determinado título é cotado como 150 pontos-base. Há três situações possíveis:

1. O título é vendido por seu valor par de 100. O swap envolve então um lado (a empresa A) que paga o cupom sobre o título e um lado (a empresa B) que paga LIBOR mais 150 pontos-base. Observe que são os cupons prometidos que são trocados. As trocas ocorrem independentemente da inadimplência ou não do título.

2. O título é vendido abaixo de seu valor, por exemplo, por 95. O swap é então estruturado de forma que, além dos cupons, a empresa A paga $5 por $100 do principal nocional no início. A empresa B paga LIBOR mais 150 pontos-base.

3. O título é vendido acima de seu valor, por exemplo, por 108. O swap é então estruturado de forma que, além de LIBOR mais 150 pontos-base, a empresa B paga $8 por $100 do principal no início. A empresa A paga os cupons.

O efeito disso tudo é que o valor presente do spread de swaps de ativos é a quantia pela qual o preço do título corporativo é excedido pelo preço de um título livre de risco semelhante no qual se pressupõe que a taxa de juros livre de risco é dada pela curva LIBOR/swap (ver Problema 24.20). Esse resultado é útil para cálculos como aqueles no Exemplo 24.2.

---

[4] Ver J. Hull, M. Predescu, and A. White, "The Relationship between Credit Default Swap Spreads, Bond Yields, and Credit Rating Announcements", *Journal of Banking and Finance*, 28 (November 2004): 2789–2811.

24.5 COMPARAÇÃO DE ESTIMATIVAS DE PROBABILIDADE DE INADIMPLÊNCIA

As probabilidades de inadimplência estimadas a partir de dados históricos normalmente são muito menores do que aquelas derivadas pelos spreads de rendimentos de títulos. A diferença entre as duas foi particularmente grande durante a crise de crédito que teve início em meados de 2007. Isso aconteceu devido à chamada "fuga para a qualidade" durante a crise, na qual todos os investidores queriam possuir títulos seguros, como títulos do Tesouro. Os preços dos títulos corporativos diminuíram, o que aumentou seus rendimentos. O spread de crédito sobre esses títulos aumentou e cálculos como os da equação (24.2) resultaram em estimativas de probabilidade de inadimplência bastante altas.

A Tabela 24.3 mostra a diferença entre as estimativas de probabilidade de inadimplência calculadas usando dados históricas e aquelas implicadas pelos spreads de crédito. Para evitar que os resultados sejam altamente influenciados pelo período da crise, ela utiliza apenas dados pré-crise para calcular as estimativas de spreads de rendimentos de títulos.

A segunda coluna da Tabela 24.3 se baseia na coluna de 7 anos da Tabela 24.1. (Usamos a coluna de 7 anos porque os títulos que analisaremos posteriormente têm vida de cerca de 7 anos.) Para explicar os cálculos, observe que a equação (24.1) produz:

$$\bar{\lambda}(7) = -\tfrac{1}{7}\ln[1 - Q(7)]$$

onde $\bar{\lambda}(t)$ é a taxa de risco média no tempo t e $Q(t)$ é a probabilidade de inadimplência cumulativa no tempo t. A Tabela 24.1 apresenta os valores de $Q(7)$ para diferentes categorias de crédito. Por exemplo, para uma empresa de nota A, $Q(7)$ é 0,01441. A taxa de risco de 7 anos média é, portanto:

$$\bar{\lambda}(7) = -\tfrac{1}{7}\ln(1 - 0{,}01441) = 0{,}0021$$

ou 0,21%.

Para calcular as taxas de risco médias a partir dos rendimentos de títulos na terceira coluna da Tabela 24.3, usamos a equação (24.2) e os rendimentos de títulos publicados pela Merrill Lynch. Os resultados mostrados são as médias entre dezem-

TABELA 24.3 Taxas de risco médias de sete anos (% ao ano)

Classificação	Taxa de risco histórica	Taxa de risco do título	Razão	Diferença
Aaa	0,04	0,60	17,0	0,56
Aa	0,09	0,73	8,2	0,64
A	0,21	1,15	5,5	0,94
Baa	0,42	2,13	5,0	1,71
Ba	2,17	4,67	2,1	2,50
B	5,67	8,02	1,4	2,35
Caa e inferior	12,50	18,39	1,5	5,89

bro de 1996 e junho de 2007. Pressupõe-se que a taxa de recuperação é de 40%. Os títulos da Merrill Lynch têm vida de cerca de sete anos. (Isso explica por que nos concentramos na coluna de 7 anos na Tabela 24.1 quando calculamos as probabilidades de inadimplência históricas.) Para calcular o spread dos rendimentos de títulos, pressupomos, como discutido na seção anterior, que a taxa de juros livre de risco é a taxa de swap de 7 anos menos 10 pontos-base. Por exemplo, para títulos de classificação A, o rendimento médio da Merrill Lynch era 5,995%. A taxa de swap de 7 anos média era 5,408%, de modo que a taxa de juros livre de risco média era 5,308%. O resultado é uma taxa de risco de 7 anos média de:

$$\frac{0{,}05995 - 0{,}05308}{1 - 0{,}4} = 0{,}0115$$

ou 1,15%.

A Tabela 24.3 mostra que a razão entre a taxa de risco extraída dos preços de títulos e a taxa de risco calculada usado dados históricos é muito alta para empresas de grau de investimento e tende a diminuir à medida que a classificação de crédito da empresa diminui.[5] A diferença entre as duas taxas de risco tende a aumentar à medida que a classificação de crédito diminui.

A Tabela 24.4 oferece outra maneira de analisar esses resultados. Ela mostra o retorno excedente sobre a taxa de juros livre de risco (que ainda se pressupõe ser a taxa de swap de 7 anos menos 10 pontos-base) obtido pelos investidores em títulos com uma classificação de crédito diferente. Voltemos ao título de classificação A. O spread médio sobre título do Tesouro de 7 anos é 111 pontos-base. Desse número, 42 pontos-base correspondem ao spread médio entre título do Tesouro de 7 anos e nosso indicador da taxa de juros livre de risco. Um spread de 12 pontos-base é necessário para cobrir as inadimplências esperadas. (Isso é igual à taxa de risco histórica da Tabela 24.3 multiplicada por 0,6 para levar em conta as recuperações.) O resultado é um retorno excedente (depois de considerarmos as inadimplências esperadas) de 57 pontos-base.

TABELA 24.4 Retorno excedente esperado sobre títulos (pontos-base)

Classificação	Spread de rendimento de títulos sobre títulos do Tesouro	Spread de taxa de juros livre de risco sobre títulos do Tesouro	Spread para inadimplências históricas	Retorno excedente
Aaa	78	42	2	34
Aa	86	42	5	39
A	111	42	12	57
Baa	169	42	25	102
Ba	322	42	130	150
B	523	42	340	141
Caa	1146	42	750	354

[5] Os resultados nas Tabelas 24.3 e 24.4 são atualizações dos resultados de J. Hull, M. Predescu, and A. White, "Bond Prices, Default Probabilities, and Risk Premiums", *Journal of Credit Risk*, 1, 2 (Spring 2005): 53–60.

As Tabelas 24.3 e 24.4 mostram que uma grande diferença percentual entre as estimativas de probabilidade de inadimplência se traduz em um pequeno (mas significativo) retorno excedente sobre o título. Para títulos com classificação Aaa, a razão entre as duas taxas de risco é 17,0, mas o retorno excedente esperado é de apenas 34 pontos-base. O retorno excedente tende a aumentar à medida que a qualidade de crédito diminui.[6]

O retorno excedente na Tabela 24.4 não permanece constante com o tempo. Os spreads de crédito e, logo, os retornos excedentes, eram altos em 2001, 2002 e a primeira metade de 2003. Depois disso, eles foram relativamente baixos até a crise de crédito.

Probabilidades do mundo real *versus risk-neutral*

As probabilidades de inadimplência ou taxas de risco implicadas pelos spreads de crédito são estimativas *risk-neutral*. Elas podem ser utilizadas para calcular os fluxos de caixa esperados em um mundo *risk-neutral* quando há risco de crédito. O valor dos fluxos de caixa é obtido usando a avaliação *risk-neutral* com o desconto dos fluxos de caixa esperados a uma taxa de juros livre de risco. O Exemplo 24.2 mostra uma aplicação disso ao cálculo do custo das inadimplências. Veremos mais aplicações no próximo capítulo.

As probabilidades de inadimplência ou taxas de risco calculadas a partir de dados históricos são do mundo real (também chamadas de *físicas*). A Tabela 24.3 mostra que as probabilidades de inadimplência *risk-neutral* são muito maiores do que as probabilidades de inadimplência do mundo real. O retorno excedente esperado na Tabela 24.4 decorre diretamente da diferença entre as probabilidades de inadimplência do mundo real e as *risk-neutral*. Se não houvesse qualquer retorno excedente esperado, as probabilidades de inadimplência do mundo real e *risk-neutral* seriam as mesmas e vice-versa.

Por que encontramos diferenças tão grandes entre as probabilidades de inadimplência do mundo real e do mundo *risk-neutral*? Como acabamos de argumentar, isso é o mesmo que perguntar por que os corretores de títulos corporativos ganham em média mais do que a taxa de juros livre de risco.

Um motivo muito defendido para os resultados é que os títulos corporativos são relativamente ilíquidos e que os retornos sobre os títulos são maiores do que seriam para compensar esse fato. Isso é verdade, mas as pesquisas mostram que não explica totalmente os resultados na Tabela 24.4.[7] Outro motivo possível para os resultados é que as probabilidades de inadimplência subjetivas dos traders de títulos podem ser muito maiores do que aquelas dadas na Tabela 24.1. Os traders de títulos podem estar considerando cenários de depressão muito piores do que aqueles ocorridos durante o período abrangido pelos dados históricos. Contudo, é difícil saber como isso explicaria grande parte do retorno excedente observado.

---

[6] Os resultados para os títulos de classificação B nas Tabelas 24.3 e 24.4 são contrários ao padrão geral.

[7] Por exemplo, J. Dick-Nielsen, P. Feldhütter, and D. Lando, "Corporate Bond Liquidity before and after the Onset of the Subprime Crisis," *Journal of Financial Economics*, 103, 3 (2012):471–92, utiliza diversas medidas de liquidez diferentes e um grande banco de dados de transações de títulos. O artigo mostra que o componente de liquidez dos spreads de crédito é relativamente pequeno.

Sem dúvida nenhuma, o motivo mais importante para os resultados nas Tabelas 24.3 e 24.4 é que os títulos não inadimplem independentemente uns dos outros. Há períodos de tempo nos quais as taxas de inadimplência são muito baixas e outros períodos nos quais são muito altas. As evidências para essa afirmação se encontram na análise das taxas de inadimplência de diferentes anos. As estatísticas da Moody's mostram que desde 1970, a taxa de inadimplência anual variou de 0,09% em 1979 a máximos de 3,97% e 5,35% em 2001 e 2009, respectivamente. A variação anual nas taxas de inadimplência dá origem ao risco sistemático (ou seja, o risco que não pode ser eliminado por diversificação) e os traders de títulos obtém um retorno esperado excedente por aceitarem o risco. (Isso é semelhante ao retorno esperado excedente obtido pelos titulares de ações que é calculado pelo Modelo de Precificação de Ativos Financeiros; ver apêndice do Capítulo 3.) A variação anual nas taxas de inadimplência pode ser causada pelas condições econômicas gerais ou pode ocorrer porque a inadimplência de uma empresa tem um efeito cascata que leva a inadimplências por parte de outras empresas. (O segundo fenômeno é chamado de *contágio de crédito* pelos pesquisadores.)

Além do risco sistemático que acabamos de discutir, também existe um risco não sistemático (ou idiossincrático) associado à cada título. Se estivéssemos analisando ações, diríamos que os investidores podem eliminar boa parte do risco não sistemático com a escolha de um portfólio de, digamos, 30 ações. Assim, eles não deveriam exigir um prêmio pelo risco por aceitarem risco não sistemático. Para os títulos, os argumentos não são tão claros. Os retornos sobre títulos são altamente distorcidos, com potencial positivo limitado. (Por exemplo, sobre um título individual, pode haver 99,75% de chance de um retorno de 7% em um ano e 0,25% de chance de retorno de −60% no ano; o primeiro resultado correspondente à não inadimplência e o segundo a uma inadimplência.) Esse tipo de risco é difícil de eliminar por diversificação.[8] Seriam necessários dezenas de milhares de títulos diferentes. Na prática, muitos portfólios de títulos estão longe da diversificação total. O resultado é que os traders de títulos podem obter um retorno adicional por correrem um risco não sistemático, além do risco sistemático que aceitam e que foi mencionado no parágrafo anterior.

Qual estimativa de probabilidade de inadimplência deveria ser usada?

Neste momento, seria natural perguntar se devemos utilizar as probabilidades de inadimplência do mundo real ou *risk-neutral* na análise do risco de crédito. A resposta depende do objetivo da análise. Quando avaliamos derivativos de créditos ou estimamos o impacto do risco de inadimplência sobre o apreçamento de instrumentos, devemos utilizar as probabilidades de inadimplência *risk-neutral*. Isso ocorre porque a análise calcula o valor presente dos fluxos de caixa futuros esperados e quase sempre (implícita ou explicitamente) envolve utilizar avaliação *risk-neutral*. Nas análises de cenário para calcular perdas futuras potenciais de inadimplências, é preciso utilizar probabilidades de inadimplência do mundo real.

---

[8] Ver J. D. Amato and E. M. Remolona, "The CreditSpreadPuzzle", *BISQuarterlyReview*, 5 (Dec. 2003):51–63.

24.6 UTILIZANDO PREÇOS DE AÇÕES PARA ESTIMAR PROBABILIDADES DE INADIMPLÊNCIA

Quando utilizamos uma tabela como a 24.1 para estimar a probabilidade de inadimplência do mundo real de uma empresa, estamos confiando na classificação de crédito da organização. Infelizmente, as classificações de crédito são revisadas relativamente com pouca frequência. Isso levou alguns analistas a argumentarem que os preços de ações representam informações mais atualizadas para estimar as probabilidades de inadimplência.

Em 1974, Merton propôs um modelo no qual as ações de uma empresa são uma opção sobre os ativos da empresa.[9] Suponha, por uma questão de simplicidade, que a empresa tem um título de cupom zero em circulação e que o título tem vencimento no tempo T. Defina:

V_0: Valor dos ativos da empresa hoje

V_T: Valor dos ativos da empresa no tempo T

E_0: Valor das ações da empresa hoje

E_T: Valor das ações da empresa no tempo T

D: Pagamento de dívida devida no tempo T

σ_V: Volatilidade dos ativos (pressupõe-se que é constante)

σ_E: Volatilidade instantânea das ações.

Se $V_T < D$, é (pelo menos teoricamente) racional que a empresa descumpra suas obrigações referentes à dívida no tempo T. O valor das ações passa então a ser zero. Se $V_T > D$, a empresa deve realizar o pagamento da dívida no tempo T e o valor das ações nesse momento é $V_T - D$. Assim, o modelo de Merton dá o valor das ações da empresa no tempo T como sendo:

$$E_T = \max(V_T - D, 0)$$

Isso mostra que as ações são uma opção de compra sobre o valor dos ativos com preço de exercício igual ao pagamento exigido sobre a dívida. A fórmula de Black–Scholes–Merton dá o valor das ações hoje como:

$$E_0 = V_0 N(d_1) - De^{-rT} N(d_2) \qquad (24.3)$$

onde:

$$d_1 = \frac{\ln(V_0/D) + (r + \sigma_V^2/2)T}{\sigma_V \sqrt{T}} \quad \text{e} \quad d_2 = d_1 - \sigma_V \sqrt{T}$$

O valor da dívida hoje é $V_0 - E_0$.

A probabilidade *risk-neutral* de que a empresa descumprirá suas obrigações referentes à dívida é $N(-d_2)$. Para calcular esse resultado, precisamos de V_0 e de σ_V. Nenhum dos dois pode ser observado diretamente. Contudo, se a empresa é negocia-

---

[9] Ver R. Merton "On the Pricing of Corporate Debt: The Risk Structure of Interest Rates", *Journal of Finance*, 29 (1974): 449–70.

da publicamente, podemos observar E_0. Isso significa que a equação (24.3) oferece uma condição que deve ser satisfeita por V_0 e por σ_V. Também podemos estimar σ_E a partir de dados históricos ou de opções. Do lema de Itô:

$$\sigma_E E_0 = \frac{\partial E}{\partial V}\sigma_V V_0 = N(d_1)\sigma_V V_0 \qquad (24.4)$$

Isso nos fornece outra equação que deve ser satisfeita por V_0 e por σ_V. As equações (24.3) e (24.4) apresentam um par de equações simultâneas que podem ser resolvidas para descobrirmos V_0 e σ_V.[10]

■ Exemplo 24.3

O valor das ações da empresa é $3 milhões e a volatilidade das ações é 80%. A dívida que precisará ser paga em 1 ano é de $10 milhões. A taxa de juros livre de risco é de 5% ao ano. Nesse caso, $E_0 = 3$, $\sigma_E = 0{,}80$, $r = 0{,}05$, $T = 1$ e $D = 10$. Resolver as equações (24.3) e (24.4) produz $V_0 = 12{,}40$ e $\sigma_V = 0{,}2123$. O parâmetro d_2 é 1,1408, então a probabilidade de inadimplência é $N(-d_2) = 0{,}127$, ou 12,7%. O valor de mercado da dívida é $V_0 - E_0$, ou 9,40. O valor presente do pagamento prometido sobre a dívida é $10e^{-0{,}05 \times 1} = 9{,}51$. A perda esperada sobre a dívida é, portanto, $(9{,}51 - 9{,}40)/9{,}51$, ou cerca de 1,2% de seu valor sem inadimplência. A perda esperada (EL, *expected loss*) é igual a probabilidade de inadimplência (PD, *probability of default*) vezes um menos a taxa de recuperação. Logo, a taxa de recuperação é igual a EL/PD. Nesse caso, a taxa de recuperação é $1 - 1{,}2/12{,}7$, ou cerca de 91%, do valor sem inadimplência da dívida. ■

O modelo de Merton básico que acabamos de apresentar foi estendidos de diversas maneiras. Por exemplo, uma versão do modelo pressupõe que uma inadimplência ocorre sempre que o valor dos ativos cai abaixo de um nível de barreira. Outra permite que pagamentos sobre instrumentos de dívida sejam exigidos em mais de um momento.

O quanto as probabilidades de inadimplência produzidas pelo modelo de Merton e suas extensões correspondem à experiência real de inadimplência? A resposta é que o modelo de Merton e suas extensões produzem um bom ordenamento das probabilidades de inadimplência (*risk-neutral* ou do mundo real). Isso significa que uma transformação monotônica pode ser usada para converter o resultado de probabilidade de inadimplência do modelo de Merton em uma boa estimativa da probabilidade de inadimplência do mundo real ou *risk-neutral*.[11] Pode parecer estranho considerar uma probabilidade de inadimplência $N(-d_2)$ que é, na teoria, uma probabilidade de inadimplência *risk-neutral* (pois é calculada usando um modelo de apreçamento de opções) e usá-la para estimar uma probabilidade de inadimplência do mundo real. Dada a natureza do processo de calibramento que acabamos de descrever, o

---

[10] Para resolver duas equações não lineares da forma $F(x, y) = 0$ e $G(x, y) = 0$, podemos pedir que a rotina Solver no Excel encontre os valores de x e y que minimizam $[F(x, y)]^2 + [G(x, y)]^2$.

[11] O KVM da Moody's oferece um serviço que transforma uma probabilidade de inadimplência produzida pelo modelo de Merton eum uma probabilidade de inadimplência do mundo real (que chama de frequência de inadimplência esperada, ou EDF (*expected default frequency*). A CreditGrades usa o modelo de Merton para estimar os spreads de crédito, que têm uma ligação próxima com as probabilidades de inadimplência *risk-neutral*.

pressuposto fundamental é que o ordenamento das probabilidades de inadimplência *risk-neutral* de diferentes empresas é a mesma que o ordenamento de suas probabilidades de inadimplência do mundo real.

24.7 RISCO DE CRÉDITO EM TRANSAÇÕES DE DERIVATIVOS

Nesta seção, consideramos como o risco de crédito é quantificado para transações de derivativos com compensação bilateral. Em geral, os derivativos compensados bilateralmente entre duas empresas são regidos por um Contrato Global da International Swaps and Derivatives Association (ISDA). Uma disposição importante desse contrato é o uso do saldo líquido, segundo o qual todas as transações são tratadas como se fossem uma única transação para os fins de (a) calcular pedidos em caso de inadimplência e (b) calcular as garantias que devem ser postadas.

O Contrato Global define as circunstâncias nas quais ocorre um *evento de inadimplência*. Por exemplo, quando um lado não realiza pagamentos sobre transações de derivativos em circulação quando necessário ou não posta a garantia exigida ou declara falência, isso representa um evento de inadimplência. O outro lado tem então o direito de rescindir todas as transações não liquidadas. Há duas circunstâncias nas quais isso provavelmente levará a uma perda para a parte não inadimplente:

1. O valor total das transações para a parte não inadimplente é positivo e maior do que a garantia (se houver) postada pela parte inadimplente. A parte não inadimplente é então um credor não garantido para o valor sem garantia das transações.

2. O valor total das transações é positivo para a parte inadimplente e a garantia postada pela parte não inadimplente é maior do que esse valor. A parte não inadimplente é então um credor não garantido para o retorno da garantia excedente que postou.

Para os fins de nossa discussão, ignoramos os custos do spread entre compra e venda incorridos pela parte não inadimplente quando ela substitui as transações que tinha com a parte inadimplente.

CVA e DVA

O CVA e o DVA foram introduzidos no Capítulo 9. O ajuste de valor de crédito (CVA) de um banco para uma contraparte é o valor presente do custo esperado para o banco de uma inadimplência da contraparte. Seu ajuste de valor de débito (ou de dívida) (DVA) é o valor presente do custo esperado para a contraparte de uma inadimplência do banco. A possibilidade do banco descumprir suas obrigações é um benefício para o banco, pois significa que há alguma possibilidade de que o banco não precisará realizar os pagamentos exigidos sobre seus derivativos. O DVA, um custo para a contraparte, é, então, um benefício para o banco.

O valor sem inadimplência das transações em circulação é seu valor pressupondo que nenhum dos lados irá descumprir suas obrigações. (Modelos de apreçamento de derivativos como Black–Scholes–Merton oferecem valores sem inadimplência.)

Se f_{nd} é o valor sem inadimplência para o banco de suas transações de derivativos em circulação com a contraparte, o valor das transações em circulação quando levamos possíveis inadimplências em conta é:

$$f_{nd} - CVA + DVA$$

Suponha que a vida do derivativo em circulação de mais longo prazo entre o banco e a contraparte é T anos. Como explicado no Capítulo 9, o intervalo entre o tempo 0 e o tempo T é dividido em N subintervalos e o CVA e o DVA são estimados como:

$$CVA = \sum_{i=1}^{N} q_i v_i, \quad DVA = \sum_{i=1}^{N} q_i^* v_i^*$$

Aqui, q_i é a probabilidade *risk-neutral* da inadimplência da contraparte durante o i-ésimo intervalo, v_i é o valor presente da perda esperada do banco se a contraparte descumpre suas obrigações no ponto médio do i-ésimo intervalo, q_i^* é a probabilidade *risk-neutral* do banco descumprir suas obrigações durante o i-ésimo intervalo e v_i^* é o valor e da perda esperada da contraparte (ganho do banco) se o banco descumpre suas obrigações no ponto médio do i-ésimo intervalo.

Considere primeiro o cálculo de q_i. Observe que q_i deve ser uma probabilidade de inadimplência *risk-neutral*, pois estamos avaliando fluxos de caixa futuros e usando (implicitamente) a avaliação *risk-neutral* (ver Seção 24.5). Suponha que t_i é o ponto final do i-ésimo intervalo, de modo que q_i é a probabilidade *risk-neutral* de uma inadimplência de uma contraparte entre os tempos t_{i-1} e t_i. Primeiro, estimamos spreads de crédito para a contraparte para diversos vencimentos diferentes. Usando interpolação, obtemos uma estimativa, $s(t_i)$, do spread de crédito da contraparte para o vencimento t_i ($1 \leq i \leq N$). Da equação (24.2), uma estimativa da taxa de risco média da contraparte entre os tempos 0 e t_i é $s(t_i)/(1 - R)$, onde R é a taxa de recuperação esperada em caso de uma inadimplência da contraparte. Da equação (24.1), a probabilidade de que a contraparte não irá descumprir suas obrigações até o tempo t_i é:

$$\exp\left(-\frac{s(t_i)t_i}{1-R}\right)$$

Isso significa que:

$$q_i = \exp\left(-\frac{s(t_{i-1})t_{i-1}}{1-R}\right) - \exp\left(-\frac{s(t_i)t_i}{1-R}\right)$$

é a probabilidade da contraparte inadimplir durante o i-ésimo intervalo. A probabilidade q_i^* é calculada de forma semelhante a partir dos spreads de crédito do banco.

A seguir, considere o cálculo do v_i, pressupondo que nenhuma garantia é postada. Isso normalmente exige uma simulação de Monte Carlo que envolve muitos recursos computacionais. As variáveis de mercado que determinam o valor sem inadimplência das transações em circulação entre o corretor e a contraparte são simuladas em um mundo *risk-neutral* entre o tempo 0 e o tempo T. Em cada teste de simulação, é calculada a exposição do banco à contraparte no ponto médio de cada intervalo. A exposição é igual a max(V, 0), onde V é o valor total das transações para o banco. (Se as transações têm um valor total negativo para o banco, não há exposição; se têm valor positivo, a exposição é igual a esse valor positivo.) A variável v_i é definida como igual ao valor presente da exposição média entre todos os testes de simulação multiplicado por um menos a taxa de recuperação. A variável v_i^* é calculada de forma semelhante a partir da exposição da contraparte ao banco.

Quando há um contrato de garantia entre o banco e a contraparte, o cálculo de v_i é mais complexo. É necessário estimar, em cada teste de simulação, o nível de garantia detido por cada lado no ponto médio do i-ésimo intervalo em caso de inadimplência. Nesse cálculo, normalmente se pressupõe que a contraparte para de postar garantias e para de devolver qualquer garantia excedente mantida c dias antes de uma inadimplência. O parâmetro c, que normalmente é de 10 ou 20 dias, é chamado de *período de sanação* ou *período de margem para cobertura do risco*. Para sabermos a garantia mantida no ponto médio de um intervalo em caso de inadimplência, é necessário calcular o valor das transações c dias antes. O modo como a exposição é calculada será ilustrado no exemplo a seguir. O valor presente da perda esperada v_i é calculado a partir da exposição média em todos os testes de simulação, assim como no caso sem garantias. Uma análise semelhante da exposição média da contraparte ao banco leva ao valor v_i^*.

■ Exemplo 24.4

Há um contrato de garantia bilateral de limite zero entre um banco e sua contraparte. Isso significa que cada lado deve postar garantia com valor igual a max(V, 0) junto ao outro lado, onde V é o valor das transações em circulação para o outro lado. O período de sanação é de 20 dias. Suponha que o tempo τ é o ponto médio de um desses intervalos usado no cálculo do CVA do banco.

1. Em um determinado teste de simulação, o valor das transações em circulação para o banco no tempo τ é 50 e seu valor 20 dias antes é 45. Nesse caso, o cálculo pressupõe que o banco terá garantias que valem 45 em caso de inadimplência no tempo τ. A exposição do banco é o valor não garantido que tem nas transações, ou seja, 5.

2. Em um determinado teste de simulação, o valor das transações em circulação para o banco no tempo τ é 50 e seu valor 20 dias antes é 55. Nesse caso, pressupõe-se que o banco terá garantias adequadas e sua exposição é zero.

3. Em um determinado teste de simulação, o valor das transações em circulação para o banco no tempo τ é -50 e seu valor 20 dias antes é -45. Nesse caso, pressupõe-se que o banco postou garantias inferiores a 50 em caso de inadimplência no tempo τ e sua exposição é zero.

4. Em um determinado teste de simulação, o valor das transações em circulação para o banco no tempo τ é -50 e seu valor 20 dias antes é -55. Nesse caso, pressupõe-se que a contraparte detém 55 de garantia 20 dias antes do tempo τ e que, em caso de inadimplência no tempo τ, nenhuma parte dela será devolvida. Assim, a exposição do banco é 5, a garantia excedente que postou. ■

Além de calcular o CVA, os bancos normalmente calculam a exposição de pico no ponto médio de cada intervalo. Este é um percentil alto das exposições dadas pelos testes de simulação de Monte Carlo. Por exemplo, se o percentil é 97,5% e há 10.000 testesde Monte Carlo, a exposição de pico em um determinado ponto médio é a 250º maior exposição nesse ponto. A exposição de pico máxima é o máximo das exposições de pico em todos os pontos médios.[12]

Os bancos normalmente armazenam todos os caminhos da amostra para todas as variáveis de mercado e todas as avaliações calculadas em cada caminho. Isso permite que o impacto de uma nova transação sobre um CVA e DVA seja calculado com relativa rapidez. Apenas o valor da nova transação para cada caminho de amostra precisa ser calculado para determinarmos seu efeito incremental no CVA e DVa. Se o valor da nova transação é positivamente correlacionado com transações existentes, é provável que aumente o CVA e o DVA. Se é negativamente correlacionado com transações existentes (ex.: porque está total ou parcialmente liquidando tais transações), é provável que ele diminua o CVA e DVA.

O método apresentado para calcular o CVA pressupõe que a probabilidade de inadimplência pela contraparte é independente da exposição do banco. Em muitas situações, é uma premissa razoável. Os traders usam o termo *wrong-way risk* para descrever a situação na qual a probabilidade de inadimplência é positivamente correlacionada com a exposição e o termo *right-way risk* para descrever a situação na qual a probabilidade de inadimplência é negativamente correlacionada com a exposição. Foram desenvolvidos modelos mais complexos do que os descritos neste livro para detalhar a dependência entre a probabilidade de inadimplência e a exposição.

Um banco tem um CVA e um DVA para cada uma de suas contrapartes. Os CVAs e DVAs podem ser considerados derivativos que mudam de valor à medida que as variáveis de mercado mudam, os spreads de crédito das contrapartes mudam e os spreads de crédito bancário mudam. Muitas vezes, os riscos em CVA e DVA são gerenciados da mesma maneira que os riscos em outros derivativos, utilizando cálculos de letras gregas, análises de cenário, etc.

Mitigação do risco de crédito

Os bancos utilizam diversas maneiras diferentes para tentar reduzir o risco de crédito em transações compensadas bilateralmente. Uma delas, já mencionada, é o uso do saldo líquido. Suponha que um banco possui três transações não garantidas com uma contraparte que valem +$10 milhões, +$30 milhões e −$25 milhões. Se elas são consideradas transações independentes, a exposição do banco nas transações é de $10 milhões, $30 milhões e $0, com uma exposição total de $40 milhões. Com o saldo líquido, as transações são consideradas uma só, com valor de $15 milhões, e a exposição é reduzida de $40 milhões para $15 milhões.

Os contratos de garantia são uma maneira importante de reduzir o risco de crédito. A garantia pode ser caixa (que rende juros) ou títulos negociáveis. O valor de mercado do segundo tipo pode ser reduzido por uma certa porcentagem para calcular seu equivalente em caixa para fins de garantia, um processo chamado de *haircut*

---

[12] Há uma questão teórica aqui (que normalmente é ignorada). A exposição máxima é uma medida de análise de cenário e deve ser calculada usando estimativas de inadimplência do mundo real e não estimativas *risk-neutral*.

(literalmente, um "corte de cabelo"). As transações com derivativos recebem um tratamento favorável em caso de inadimplência. A parte não inadimplente tem direito a ficar com qualquer garantia postada pelo outro lado. Em geral, procedimentos jurídicos caros e demorados não se tornam necessários.

Outra técnica de mitigação de crédito usada pelas instituições financeiras é o chamado *downgrade trigger* (literalmente, "gatilho de redução de classificação"). Esta é uma cláusula do Contrato Global segundo a qual se a classificação de crédito da contraparte cai abaixo de um determinado nível, por exemplo, BBB, o banco tem a opção de encerrar todas as transações com derivativos em circulação ao valor de mercado. Os *downgrade triggers* não oferecem proteção contra um salto relativamente grande na classificação de crédito da contraparte (ex.: de A para a inadimplência). Além disso, eles só funcionam bem se forem usados relativamente pouco. Se uma empresa tem muitos *downgrade triggers* com suas contrapartes, a técnica provavelmente oferecerá pouca proteção para tais contrapartes (ver História de Negócios 24.1).

Casos especiais

Nesta seção, consideramos dois casos especiais nos quais o CVA pode ser calculado sem a simulação de Monte Carlo.

O primeiro caso especial é aquele no qual o portfólio entre o banco e a contraparte é composto de um único derivativo sem garantias que oferece um resultado ao banco no tempo T. (O banco poderia, por exemplo, ter comprado da contraparte uma opção europeia com vida restante T.) A exposição do banco em uma data futura é o valor sem inadimplência do derivativo nessa data. O valor presente da exposição é, portanto, o valor presente do valor futuro do derivativo. Esse é o valor sem inadimplência do derivativo hoje. Assim:

$$v_i = f_{nd}(1 - R)$$

para todos os i, onde f_{nd} é o valor sem inadimplência do derivativo hoje e R é a taxa de recuperação. Isso implica que:

$$\text{CVA} = (1 - R)f_{nd}\sum_{i=1}^{n} q_i$$

Nesse caso, DVA = 0, de modo que o valor f do derivativo hoje, depois de levarmos em conta o risco de crédito, é:

$$f = f_{nd} - (1 - R)f_{nd}\sum_{i=1}^{n} q_i \qquad (24.5)$$

Um derivativo específico do tipo que estamos considerando é um título de cupom zero de T anos emitido pela contraparte. Pressupondo que as recuperações sobre o título e o derivativo são as mesmas, o valor do título, B, é:

$$B = B_{nd} - (1 - R)B_{nd}\sum_{i=1}^{n} q_i \qquad (24.6)$$

> **História de Negócios 24.1** *Downgrade Triggers* e a falência da Enron
>
> Em dezembro de 2001, a Enron, uma das maiores empresas dos EUA, foi à falência. Até seus últimos dias, a classificação de seus títulos era de grau de investimento. A classificação da Moody's imediatamente antes da inadimplência era Baa3 e a da S&P era BBB−. A inadimplência foi, contudo, antecipada em parte pela bolsa de valores, pois o preço das ações da Enron caiu rapidamente no período que levou à falência. A probabilidade de inadimplência estimada por modelos como aqueles descritos na Seção 24.6 aumentou rapidamente durante esse período.
>
> A Enron firmara um grande número de transações de derivativos com *downgrade triggers*. Segundo estes instrumentos, se a classificação de crédito caísse abaixo do grau de investimento (ou seja, abaixo de Baa3/BBB−), suas contrapartes teriam a opção de encerrar as transações. Imagine que a Enron tivesse sido rebaixada abaixo do grau de investimento em outubro de 2001. As transações que as contrapartes escolheriam encerrar seriam aquelas com valores negativos para a Enron (e valores positivos para as contrapartes). Assim, a Enron seria obrigada a fazer pagamentos em caixa gigantescos para suas contrapartes. A empresa não teria como fazer isso e o resultado seria sua falência imediata.
>
> Esse exemplo ilustra que os *downgrade triggers* oferecem proteção apenas quando são utilizados relativamente pouco. Quando uma empresa firma um grande número de contratos com *downgrade triggers*, eles podem acabar fazendo com que ela vá à falência prematuramente. No caso da Enron, poderíamos argumentar que ela iria à falência de qualquer jeito e que acelerar o evento em dois meses não teria causado nenhum mal. Na verdade, a Enron ainda tinha uma chance de sobreviver em outubro de 2001. Um acordo estava sendo negociado com outra empresa de energia, a Dynergy, então forçar a falência em outubro de 2001 não era do interesse dos credores ou dos acionistas.
>
> As empresas de classificação de crédito estavam em uma posição difícil. Se rebaixassem a Enron para reconhecer a deterioração de sua posição financeira, estariam assinando sua sentença de morte. Se não o fizessem, havia uma chance de a Enron sobreviver.

onde B_{nd} é o valor sem inadimplência do título. Das equações (24.5) e (24.6):

$$\frac{f}{f_{nd}} = \frac{B}{B_{nd}}$$

Se y é o rendimento sobre o título de T anos emitido pela contraparte e y_{nd} é o rendimento sobre um título livre de risco semelhante, $B = e^{-yT}$ e $B_{nd} = e^{-y_{nd}T}$, de modo que essa equação nos dá:

$$f = f_{nd} e^{-(y-y_{nd})T}$$

Isso mostra que o derivativo pode ser avaliado pelo aumento da taxa de desconto aplicada ao resultado esperado em um mundo *risk-neutral* pelo spread de crédito de T anos da contraparte.

■ **Exemplo 24.5**

O preço de Black–Scholes–Merton de uma opção sem garantia de 2 anos é $3. Títulos de cupom zero de 2 anos emitidos pela empresa que vende a opção têm rendimento 1,5% maior do que a taxa de juros livre de risco. O valor da opção após considerarmos o risco de inadimplência é $3e^{-0,015\times 2} = \$2,91$. (Isso pressupõe que a opção é independente e não entra no saldo líquido junto com outros derivativos em caso de inadimplência.) ■

Para o segundo caso especial, consideramos um banco que firmou uma transação a termo sem garantias com uma contraparte na qual ele concordou em comprar um ativo pelo preço K no tempo T. Defina F_t como o preço a termo no tempo t para a entrega do ativo no tempo T. O valor da transação no tempo t é, da Seção 5.7:

$$(F_t - K)e^{-r(T-t)}$$

onde r é a taxa de juros livre de risco (pressuposta como constante).

Portanto, a exposição do banco no tempo t é:

$$\max[(F_t - K)e^{-r(T-t)}, 0] = e^{-r(T-t)}\max[F_t - K, 0]$$

O valor esperado de F_t em um mundo *risk-neutral* é F_0. O desvio padrão de $\ln F_t$ é $\sigma\sqrt{t}$, onde σ é a volatilidade de F_t. Logo, de acordo com a equação (15A.1), a exposição esperada no tempo t é:

$$w(t) = e^{-r(T-t)}\big[F_0 N(d_1(t)) - KN(d_2(t))\big]$$

onde:

$$d_1(t) = \frac{\ln(F_0/K) + \sigma^2 t/2}{\sigma\sqrt{t}}, \quad d_2(t) = d_1(t) - \sigma\sqrt{t}$$

Logo:

$$v_i = w(t_i)e^{-rt_i}(1 - R)$$

■ **Exemplo 24.6**

Um banco firmou um contrato a termo para comprar 1 milhão de onças de ouro de uma mineradora em 2 anos por $1.500 por onça. O preço a termo de 2 anos atual é de $1.600 por onça. Vamos supor que apenas dois intervalos são considerados no cálculo do CVA, cada um com um ano de duração. A probabilidade da empresa inadimplir durante o primeiro ano é de 2% e a probabilidade da inadimplência ocorrer durante o segundo ano é de 3%. A taxa de juros livre de risco é de 5% ao ano. Espera-se uma recuperação de 30% em caso de inadimplência. A volatilidade do preço a termo do ouro é de 20%.

Nesse caso, $q_1 = 0,02$, $q_2 = 0,03$, $F_0 = 1.600$, $K = 1.500$, $\sigma = 0,2$, $r = 0,05$, $R = 0,3$, $t_1 = 0,5$ e $t_2 = 1,5$.

$$d_1(t_1) = \frac{\ln(1600/1500) + 0,2^2 \times 0,5^2}{0,2\sqrt{0,5}} = 0,5271$$

$$d_2(t_1) = d_1 - 0,2\sqrt{0,5} = 0,3856$$

de modo que:

$$w(t_1) = e^{-0,05 \times 1,5}[1600N(0,5271) - 1500N(0,3856)] = 135,73$$

e:

$$v_1 = w(t_1)e^{-0,05 \times 0,5} \times (1 - 0,3) = 92,67$$

Da mesma forma, $w(t_2) = 201,18$ e $v_2 = 130,65$.
O custo esperado das inadimplências é:

$$q_1v_1 + q_2v_2 = 0,02 \times 92,67 + 0,03 \times 130,65 = 5,77$$

O valor sem inadimplência do contrato a termo é $(1.600 - 1.500)e^{-0,05 \times 2} = 90,48$. Quando consideramos as inadimplências da contraparte são levadas em conta, o valor cai para $90,48 - 5,77 = 84,71$. O cálculo pode ser estendido para levar em conta uma maior frequência de datas nas quais a mineradora pode inadimplir (ver Problema 24.29). O DVA, que aumenta o valor do derivativo, pode ser calculado de maneira semelhante àquela usada para o CVA (ver Problema 24.30). ∎

24.8 CORRELAÇÃO DE DEFAULT

O termo *correlação de default* ou *correlação de inadimplência* é utilizado para descrever a tendência de duas empresas inadimplirem mais ou menos ao mesmo tempo. A correlação de default existe por diversos motivos diferentes. Empresas no mesmo setor ou na mesma região geográfica tendem a ser afetadas de forma semelhante por eventos externos e, por consequência, podem sofrer dificuldades financeiras ao mesmo tempo. Em geral, as condições econômicos fazem com que as taxas de inadimplência média sejam maiores em alguns anos do que em outros. A inadimplência de uma empresa pode fazer com que outra também descumpra suas obrigações, o chamado efeito de contágio de crédito. A correlação de default significa que o risco não pode ser totalmente eliminado pela diversificação e é o principal motivo para as probabilidades de inadimplência *risk-neutral* serem maiores do que as probabilidades de inadimplência do mundo real (ver Seção 24.5).

A correlação de default é importante para determinar as distribuições de probabilidade para perdas por inadimplência de um portfólio de exposições a diferentes contrapartes.[13] Dois tipos de modelos de correlação de default foram sugeridos pelos pesquisados e são chamados de *modelos de forma reduzida* e *modelos estruturais*.

Os modelos de forma reduzida pressupõe que as taxas de risco para diferentes empresas seguem processos estocásticos e estão correlacionadas com variáveis macroeconômicas. Quando a taxa de risco para a empresa A é alta, há uma tendência de que a taxa de risco para a empresa B seja alta também. Isso induz uma correlação de default entre as duas empresas.

---

[13] Uma medida de correlação binomial que é usada pelas agências de notas de crédito está descrita na Nota Técnica 26 em www.rotman.utoronto.ca/~hull/TechnicalNotes.

Os modelos de forma reduzida são matematicamente atraentes e refletem a tendência dos ciclos econômicos de gerarem correlações de default. Sua principal desvantagem é que a amplitude de correlações de default possíveis é limitada. Mesmo quando há uma correlação perfeita entre as taxas de risco das duas empresas, a probabilidade de que ambas inadimplirão durante o mesmo curto período de tempo geralmente é bastante baixa. Isso pode ser um problema em algumas circunstâncias. Por exemplo, quando duas empresas operam no mesmo setor e no mesmo país ou quando a saúde financeira de uma empresa é, por algum motivo, altamente dependente da saúde financeira de outra empresa, uma correlação de default relativamente alta pode ser apropriada. Uma abordagem para resolver esse problema é estender o modelo de forma que a taxa de risco tenha saltos de grandes dimensões.

Os modelos estruturais se baseiam em um modelo semelhante ao de Merton (ve Seção 24.6). Uma empresa inadimple se o valor de seus ativos fica abaixo de um determinado nível. A correlação de default entre as empresas A e B é introduzida no modelo pela pressuposição de que o processo estocástico seguido pelos ativos da empresa A está correlacionado com o processo estocástico seguido pelos ativos da empresa B. Os modelos estruturais têm uma vantagem em relação aos modelos de forma reduzida, a saber, que a correlação pode ser definida em qualquer nível desejado. Sua principal desvantagem é que eles podem ser bastante lentos computacionalmente.

O modelo de cópula gaussiana para o tempo até a inadimplência

Um modelo que se tornou uma ferramenta prática bastante popular é o modelo de cópula gaussiana para o tempo até a inadimplência. Ele é semelhante ao modelo estrutural de Merton. Ele pressupõe que todas as empresas inadimplirão um dia e tenta quantificar a correlação entre as distribuições de probabilidade dos tempos até a inadimplência para duas ou mais empresas diferentes.

O modelo pode ser utilizado em conjunto com as probabilidades de inadimplência do mundo real ou *risk-neutral*. A cauda esquerda da distribuição de probabilidade para o tempo até a inadimplência de uma empresa pode ser estimada a partir dos dados produzidos pelas agências de notas de crédito, como aqueles na Tabela 24.1. A cauda esquerda da distribuição de probabilidade *risk-neutral* do tempo até a inadimplência pode ser estimada a partir dos preços de títulos usando a abordagem na Seção 24.4.

Defina t_1 como o tempo até a inadimplência da empresa 1 e t_2 como o tempo até a inadimplência da empresa 2. Se as distribuições de probabilidade de t_1 e t_2 fossem normais, poderíamos pressupor que a distribuição de probabilidade conjunta de t_1 e t_2 é normal bivariada. Contudo, a distribuição de probabilidade do tempo até a inadimplência de uma empresa não é sequer aproximadamente normal. É aqui que entra o modelo de cópula gaussiana. Transformamos t_1 e t_2 nas novas variáveis x_1 e x_2 usando:

$$x_1 = N^{-1}[Q_1(t_1)], \qquad x_2 = N^{-1}[Q_2(t_2)]$$

onde Q_1 e Q_2 são as distribuições de probabilidade cumulativas para t_1 e t_2, e N^{-1} é o inverso da distribuição normal cumulativa ($u = N^{-1}(v)$ quando $v = N(u)$). Estas são transformações "de percentil para percentil". O ponto do quinto percentil na distribuição de probabilidade para t_1 é transformado em $x_1 = -1,645$, que é o ponto do quinto percentil na distribuição normal padrão; o ponto do décimo percentil na distribuição de probabilidade para t_1 é transformado em $x_1 = -1,282$, que é o ponto do décimo percentil na distribuição normal padrão; e assim por diante. A transformação de t_2 para x_2 é semelhante.

Por construção, x_1 e x_2 têm distribuições normais com média zero e desvio padrão unitário. O modelo pressupõe que a distribuição conjunta de x_1 e x_2 é normal bivariada. Com esse pressuposto, diz-se que estamos utilizando uma *cópula gaussiana*. O pressuposto é conveniente porque significa que a distribuição de probabilidade conjunta de t_1 e t_2 é totalmente definida pelas distribuições de probabilidade de inadimplência cumulativas Q_1 e Q_2 para t_1 e t_2, em conjunto com um único parâmetro de correlação.

A atração do modelo de cópula gaussiana é que ele pode ser estendido a muitas empresas. Suponha que estamos considerando n empresas e que t_i é o tempo até a inadimplência da *i*-ésima empresa. Transformamos cada t_i em uma nova variável, x_i, que tem uma distribuição normal padrão. A transformação é a de percentil para percentil

$$x_i = N^{-1}[Q_i(t_i)]$$

onde Q_i é a distribuição de probabilidade cumulativa para t_i. Assim, pressupõe-se que os x_i são normais multivariados. A correlação de default entre t_i e t_j é mensurada como a correlação entre x_i e x_j. É a chamada *correlação de cópula*.[14]

A cópula gaussiana é uma maneira útil de representar a estrutura de correlação entre variáveis que não são normalmente distribuídas. Ela permite que a estrutura de correlação das variáveis seja estimada separadamente a partir de suas distribuições marginais (não condicionais). Apesar das variáveis em si não serem normais multivariadas, a abordagem pressupõe que após uma transformação ser aplicada a cada variável, elas são normais multivariadas.

■ Exemplo 24.7

Suponha que desejamos simular inadimplências durante os próximos 5 anos em 10 empresas. As correlações de default de cópula entre cada par de empresas e 0,2. Para cada empresa, a probabilidade cumulativa de uma inadimplência durante os próximos 1, 2, 3, 4, 5 anos e 1%, 3%, 6%, 10%, 15%, respectivamente. Quando se utiliza uma cópula gaussiana, usamos uma amostra de uma distribuição normal multivariada para obter os x_i ($1 \leq i \leq 10$) com a correlação dois a dois entre os x_i igual a 0,2. Depois, podemos converter os x_i para t_i, um tempo até a inadimplência. Quando a amostra da distribuição normal é inferior a $N^{-1}(0,01) = -2,33$, uma inadimplência ocorre durante o primeiro ano; quando a amostra fica entre $-2,33$ e $N^{-1}(0,03) = -1,88$, uma inadimplência ocorre durante o segundo ano; quando a amostra fica entre $-1,88$

---

[14] Como aproximação, muitas vezes se pressupõe que a correlação de cópula entre t_i e t_j é a correlação entre os retornos sobre ações para as empresas *i* e *j*.

e $N^{-1}(-0,06) = -1,55$, uma inadimplência ocorre durante o terceiro ano; quando a amostra fica entre $-1,55$ e $N^{-1}(0,10) = -1,28$, uma inadimplência ocorre durante o quarto ano; quando a amostra fica entre $-1,28$ e $N^{-1}(0,15) = -1,04$, uma inadimplência ocorre durante o quinto ano; quando a amostra é maior do que $-1,04$, não há inadimplência durante os 5 anos. ∎

Uma estrutura de correlação baseada em fatores

Para evitar definir uma correlação diferente entre x_i e x_j para cada par de empresas i e j no modelo de cópula gaussiana, muitas vezes se utiliza um modelo unifatorial. A premissa é que:

$$x_i = a_i F + \sqrt{1 - a_i^2}\, Z_i \qquad (24.7)$$

Nessa equação, F é um fator comum que afeta as inadimplências para todas as empresas e Z_i é um fator que afeta apenas a empresa i. A variável F e as variáveis Z_i têm distribuições normais padrões independentes. Os a_i são parâmetros constantes entre -1 e $+1$. A correlação entre x_i e x_j é $a_i a_j$.[15]

Suponha que a probabilidade de a empresa i descumprir suas obrigações até um determinado tempo T é $Q_i(T)$. Sob o modelo de cópula gaussiana, uma inadimplência ocorre até o tempo T quando $N(x_i)$, $Q_i(T)$ ou $x_i < N^{-1}[Q_i(T)]$. Da equação (24.7), essa condição é:

$$a_i F + \sqrt{1 - a_i^2}\, Z_i < N^{-1}[Q_i(T)]$$

ou:

$$Z_i < \frac{N^{-1}[Q_i(T)] - a_i F}{\sqrt{1 - a_i^2}}$$

Condicional do valor do fator F, a probabilidade de inadimplência é, portanto:

$$Q_i(T \mid F) = N\left(\frac{N^{-1}[Q_i(T)] - a_i F}{\sqrt{1 - a_i^2}}\right) \qquad (24.8)$$

Um caso específico do modelo de cópula gaussiana unifatorial é aquele no qual as distribuições de probabilidade da inadimplência são as mesmas para todos os i e a correlação entre x_i e x_j é a mesma para todos os i e j. Suponha que $Q_i(T) = Q(T)$ para todos os i e que a correlação comum é ρ, de modo que $a_i = \sqrt{\rho}$ para todos os i. A equação (24.8) se torna:

$$Q(T \mid F) = N\left(\frac{N^{-1}[Q(T)] - \sqrt{\rho}\, F}{\sqrt{1 - \rho}}\right) \qquad (24.9)$$

---

[15] O parâmetro a_i também é aproximado como a correlação dos retornos das ações da empresa i com um índice de mercado bem diversificado.

24.9 VaR DE CRÉDITO

O *value at risk* de crédito pode ser definido de forma análoga ao modo como o VaR é definido para os riscos de mercado (ver Capítulo 22). Por exemplo, um VaR de crédito com nível de confiança de 99,9% e horizonte temporal de 1 ano é a perda de crédito que temos 99,9% de confiança não será excedida durante 1 ano.

Considere um banco com um grande portfólio de empréstimos semelhantes. Como aproximação, pressuponha que a probabilidade de inadimplência é a mesma para cada empréstimo e que a correlação entre cada par de empréstimos é a mesma. Quando o modelo de cópula gaussiana para o tempo até a inadimplência é utilizado, o lado direito da equação (24.9) representa uma boa aproximação da porcentagem de inadimplências até o tempo T como função de F. O fator F tem uma distribuição normal padrão. Temos $X\%$ de certeza que seu valor será maior do que $N^{-1}(1-X) = N^{-1}(X)$. Logo, temos $X\%$ de certeza de que a porcentagem das perdas durante T anos sobre um grande portfólio será menor do que $V(X, T)$, onde:

$$V(X, T) = N\left(\frac{N^{-1}[Q(T)] + \sqrt{\rho}\, N^{-1}(X)}{\sqrt{1-\rho}}\right) \quad (24.10)$$

Esse resultado foi produzido originalmente por Vasicek.[16] Assim como na equação (24.9), $Q(T)$ é a probabilidade de inadimplência no tempo T e ρ é a correlação de cópula entre qualquer dupla de empréstimos.

Uma estimativa básica do VaR de crédito quando se utiliza um nível de confiança de $X\%$ e o horizonte temporal é T é, portanto, $L(1-R)V(X, T)$, onde L é o tamanho do portfólio de empréstimos e R é a taxa de recuperação. A contribuição de um determinado empréstimo de tamanho L_i para o VaR de crédito é $L_i(1-R)V(X, T)$. Esse modelo está por trás de algumas das fórmulas que os reguladores usam para o capital de risco de crédito.[17]

■ Exemplo 24.7

Suponha que um banco tem exposições de varejo no total de $100 milhões. A probabilidade de inadimplência de 1 ano tem média de 2% e a taxa de recuperação média é de 60%. O parâmetro de correlação de cópula é estimado como sendo de 0,1. Nesse caso:

$$V(0,999, 1) = N\left(\frac{N^{-1}(0,02) + \sqrt{0,1}\, N^{-1}(0,999)}{\sqrt{1-0,1}}\right) = 0,128$$

mostrando que a taxa de inadimplência do 99,9% pior caso é 12,8%. O VaR de crédito de 1 ano a 99,9% é, portanto, $100 \times 0,128 \times (1 - 0,6)$, ou $5,13 milhões. ■

---

[16] Ver O. Vasicek, "Probability of Loss on a Loan Portfolio", Working Paper, KMV, 1987. Os resultados de Vasicek foram publicados na revista *Risk* em dezembro de 2002 sob o título "Loan Portfolio Value".

[17] Para mais detalhes, ver J. Hull, *Risk Management and Financial Institutions*, 3rd edn. Hoboken, NJ: Wiley, 2012.

CreditMetrics

Muitos bancos desenvolveram outros procedimentos para calcular o VaR de crédito. Uma abordagem popular é conhecida pelo nome de CreditMetrics. Ela envolve estimar a distribuição de probabilidade das perdas de crédito com a realização de uma simulação de Monte Carlo das mudanças das classificações de crédito de todas as contrapartes. Suponha que estamos interessados em determinar a distribuição de probabilidade das perdas durante um período de 1 ano. Em cada teste de simulação, obtemos uma amostra para determinara s mudanças das classificações de crédito e inadimplências de todas as contrapartes durante o ano. A seguir, reavaliamos nossos contratos em circulação para determinar o total das perdas de crédito no ano. Após um grande número de testes de simulação, obtém-se uma distribuição de probabilidade para perdas de crédito, que por sua vez pode ser utilizada para calcular o VaR de crédito.

Essa abordagem corre o risco de ser bastante exigente em termos computacionais. Contudo, ela tem a vantagem de que as perdas de crédito são definidas como aquelas decorrentes de rebaixamentos de crédito e não apenas das inadimplências. Além disso, o impacto das cláusulas de redução de risco de crédito como aquelas descritas na Seção 24.7 pode ser incorporado à análise.

A Tabela 24.5 é típica dos dados históricos fornecidos pelas agências de notas de crédito sobre mudanças nas classificações de crédito e pode ser usada como base para uma simulação de Monte Carlo de CreditMetrics. Ela mostra a probabilidade percentual de um título passar de uma categoria de crédito para outra durante um período de 1 ano. Por exemplo, um título que inicia com nota de crédito A tem 89,80% de chance de ainda ter classificação A ao final de 1 ano. Ele tem 0,05% de chance de descumprir suas obrigações durante o ano, 0,09% de chance de cair para B e assim por diante.[18]

TABELA 24.5 Matriz de transição de classificações de um ano, 1970–2012, com as probabilidades expressas como porcentagens e ajustes para transições para a categoria WR (*without rating*, sem classificação), calculada a partir dos dados da Moody's

Classificação inicial	Classificação ao final do ano								
	Aaa	Aa	A	Baa	Ba	B	Caa	Ca–C	Inadimplência
Aaa	90,59	8,31	0,89	0,17	0,03	0,00	0,00	0,00	0,00
Aa	1,25	89,48	8,05	0,90	0,20	0,04	0,01	0,01	0,08
A	0,08	2,97	89,80	6,08	0,79	0,13	0,03	0,01	0,10
Baa	0,04	0,30	4,58	88,43	5,35	0,84	0,14	0,02	0,30
Ba	0,01	0,09	0,52	6,61	82,88	7,72	0,67	0,07	1,43
B	0,01	0,05	0,16	0,65	6,39	81,69	6,40	0,57	4,08
Caa	0,00	0,02	0,03	0,19	0,81	9,49	72,06	4,11	13,29
Ca–C	0,00	0,03	0,12	0,07	0,57	3,48	9,12	57,93	28,69
Inadimplência	0,00	0,00	0,00	0,00	0,00	0,00	0,00	0,00	100,00

---

[18] A Nota Técnica 11 em www.rotman.utoronto.ca/~hull/TechnicalNotes explica como uma tabela como a 24.5 pode ser usada para calcular matrizes de transação para períodos que não 1 ano.

Na amostragem para determinar as perdas de crédito, não podemos pressupor que as mudanças nas classificações de crédito para diversas contrapartes são independentes. Em geral, utiliza-se um modelo de cópula gaussiana para construir uma distribuição de probabilidade conjunta dos tempos até a inadimplência. A correlação de cópula entre as transições de classificação para duas empresas normalmente é definida como igual à correlação entre seus retornos sobre ações utilizando um modelo fatorial semelhante àquele da Seção 24.8.

Para ilustrar a abordagem CreditMetrics, vamos supor que estamos simulando a mudança de classificação de uma empresa Aaa e uma Baa durante um período de 1 ano usando a matriz de transição na Tabela 24.5. Suponha que a correlação entre as ações das duas empresas é 0,2. Em cada teste de simulação, obteríamos amostras de duas variáveis x_A e x_B de distribuições normais de modo que sua correlação seja 0.2. A variável x_A determina a nova classificação da empresa Aaa e a variável x_B determina a nova classificação da empresa Baa. Como $N^{-1}(0,9059) = 1,3159$, a empresa Aaa permanece Aaa se $x_A < 1,3159$; como $N^{-1}(0,9059 + 0,0831) = 2,2904$, ela se torna Aa se $1,3159 \leq x_A < 2,2904$; como $N^{-1}(0,9059 + 0,0831 + 0,0089) = 2,8627$, ela se torna A se $2,2904 \leq x_A < 2,8627$; e assim por diante. A seguir, considere a empresa Baa. Como $N^{-1}(0,0004) = -3,3528$, a empresa Baa se torna Aaa se $x_B < -3,3528$; como $N^{-1}(0,0004 + 0,0030) = -2,7065$, ela se torna Aa se $-3,3528 \leq x_B < -2,7065$; como:

$$N^{-1}(0,0004 + 0,0030 + 0,0458) = 1,6527$$

ele se torna A se $-2,7065 \leq x_B < -1,6527$; e assim por diante. O Aaa nunca descumpre suas obrigações durante o ano. O Baa descumpre suas obrigações quando $x_B > N^{-1}(0,9970)$, ou seja, quando $x_B > 2,7478$.

RESUMO

A probabilidade de uma empresa inadimplir durante um determinado período de tempo no futuro pode ser estimada a partir de dados históricos, preços de títulos ou preços de ações. As probabilidades de inadimplência calculadas a partir de preços de títulos são probabilidades *risk-neutral*, enquanto aquelas calculadas a partir de dados históricos são probabilidades do mundo real. As probabilidades do mundo real devem ser utilizadas para análise de cenário e o cálculo do VaR de crédito. As probabilidades *risk-neutral* devem ser utilizadas para avaliar instrumentos sensíveis ao crédito. As probabilidades de inadimplência *risk-neutral* muitas vezes são significativamente maiores do que as probabilidades de inadimplência do mundo real.

O ajuste de valor de crédito (CVA) é a quantia pela qual um banco reduz o valor de um portfólio de derivativos com uma contraparte devido à possibilidade de inadimplência por parte desta. O ajuste de valor de dívida (ou débito) é a quantia pela qual ele aumenta o valor de um portfólio porque ele próprio poderá inadimplir. O cálculo do CVA e DVA envolve uma simulação de Monte Carlo demorada para determinar as exposições futuras esperadas dos dois lados do portfólio.

O VaR de crédito pode ser definido de forma semelhante a como o VaR é definido para risco de mercado. Uma abordagem ao seu cálculo é a cópula gaussiana para o tempo até a inadimplência, usada pelos reguladores no cálculo de capital para risco de crédito. Outra abordagem popular para o cálculo do VaR de crédito é a CreditMetrics, que usa um modelo de cópula gaussiana para mudanças na classificação de crédito.

LEITURAS COMPLEMENTARES

Altman, E. I. "Measuring Corporate Bond Mortality and Performance", *Journal of Finance*, 44 (1989): 902–22.

Altman, E. I., B. Brady, A. Resti, and A. Sironi. "The Link Between Default and Recovery Rates: Theory, Empirical Evidence, and Implications", *Journal of Business*, 78, 6 (2005), 2203–28.

Duffie, D., and K. Singleton "Modeling Term Structures of Defaultable Bonds", *Review of Financial Studies*, 12 (1999): 687–720.

Finger, C. C. "A Comparison of Stochastic Default Rate Models", *RiskMetrics Journal*, 1 (November 2000): 49–73.

Gregory, J. *Counterparty Credit Risk and Credit Value Adjustment: A Continuing Challenge for Global Financial Markets*, 2nd edn. Chichester, UK: Wiley, 2012.

Hull, J., M. Predescu, and A. White. "Relationship between Credit Default Swap Spreads, Bond Yields, and Credit Rating Announcements", *Journal of Banking and Finance*, 28 (November 2004): 2789–2811.

Kealhofer, S. "Quantifying Credit Risk I: Default Prediction", *Financial Analysts Journal*, 59, 1 (2003a): 30–44.

Kealhofer, S. "Quantifying Credit Risk II: Debt Valuation", *Financial Analysts Journal*, 59, 3 (2003b): 78–92.

Li, D. X. "On Default Correlation: A Copula Approach", *Journal of Fixed Income*, March 2000: 43–54.

Merton, R. C. "On the Pricing of Corporate Debt: The Risk Structure of Interest Rates", *Journal of Finance*, 29 (1974): 449–70.

Vasicek, O. "Loan Portfolio Value", *Risk* (December 2002), 160–62.

Questões e problemas

24.1 O spread entre o rendimento sobre um título corporativo de 3 anos e o rendimento sobre um título livre de risco semelhante é 50 pontos-base. A taxa de recuperação é de 30%. Estime a taxa de risco média anual durante o período de 3 anos.

24.2 Suponha que no Problema 24.1 o spread entre o rendimento sobre um título de 5 anos emitido pela mesma empresa e o rendimento sobre um título livre de risco semelhante é 60 pontos-base. Pressuponha a mesma taxa de recuperação de 30%. Estime a taxa de risco média anual durante o período de 5 anos. O que seus resultados indicam sobre a taxa de risco média nos anos 4 e 5?

24.3 Os pesquisadores deveriam utilizar probabilidades de inadimplência do mundo real ou *risk-neutral* para (a) calcular o *value at risk* de crédito e (b) ajustar o preço de um derivativo para inadimplências?

24.4 Qual é a maneira normal de definir as taxas de recuperação?

24.5 Explique a diferença entre uma densidade de probabilidade de inadimplência incondicional e uma taxa de risco.

24.6 Confirme (a) que os números na segunda coluna da Tabela 24.3 são consistentes com os números na Tabela 24.1 e (b) que os números na quarta coluna da Tabela 24.4 são consistentes com os números na Tabela 24.3 e uma taxa de recuperação de 40%.

24.7 Descreva como funciona o saldo líquido. Um banco já tem uma transação com uma contraparte em seus livros. Explique por que uma nova transação do banco com uma contraparte pode ter o efeito de aumentar ou reduzir a exposição de crédito do banco à contraparte.

24.8 "O DVA pode melhorar o resultado final quando um banco está sofrendo dificuldades financeiras". Explique por que essa afirmação é verdadeira.

24.9 Explique a diferença entre o modelo de cópula gaussiana para o tempo até a inadimplência e a CreditMetrics nos seguintes aspectos: (a) a definição de uma perda de crédito e (b) o modo como a correlação de default é modelada.

24.10 Suponha que a curva LIBOR/swap é plana em 6% com capitalização contínua e um título de 5 anos com cupom de 5% (pago semestralmente) é vendido por 90,00. Como deve ser estruturado um swap de ativos sobre o título? Qual é o spread de swap de ativos calculado nessa situação?

24.11 Mostre que o valor de um título corporativo que paga cupom é a soma dos valores de seus títulos de cupom zero constituintes quando a quantia reclamada em caso de inadimplência é o valor sem inadimplência do título, mas que o mesmo não é verdade quando a quantia reclamada é o valor de face do título mais juros acumulados.

24.12 Um título corporativo de 4 anos oferece um cupom de 4% ao ano pago semestralmente e tem um rendimento de 5% expresso com capitalização contínua. A curva de juros livre de risco é plana em 3% com capitalização contínua. Pressuponha que as inadimplências podem ocorrer no final de cada ano (imediatamente antes de um pagamento de cupom ou de principal) e que a taxa de recuperação é de 30%. Estime a probabilidade de inadimplência *risk-neutral* pressupondo que ela é a mesma em todos os anos.

24.13 Uma empresa emitiu títulos de 3 e 5 anos com um cupom de 4% ao ano pago anualmente. Os rendimentos sobre os títulos (expresso com capitalização contínua) são de 4,5% e 4,75%, respectivamente. As taxas de juros livres de risco são de 3,5% para todos os vencimentos. A taxa de recuperação é de 30%. As inadimplências podem ocorrer na metade de cada ano. As taxas de inadimplência *risk-neutral* anuais são Q_1 para os anos 1 a 3 e Q_2 para os anos 4 e 5. Estime Q_1 e Q_2.

24.14 Suponha que uma instituição financeira firmou um swap dependente da taxa de juros em libras esterlinas com a contraparte X e um swap exatamente contrário com a contraparte Y. Quais das seguintes afirmações são verdadeiras e quais são falsas?

(a) O valor presente total do custo das inadimplências é a soma do valor presente do custo das inadimplências sobre o contrato com X mais o valor presente do custo das inadimplências sobre o contrato com Y.

(b) A exposição esperada em 1 ano em ambos os contratos é a soma da exposição esperada no contrato com X e a exposição esperada no contrato com Y.

(c) O limite de confiança superior de 95% para a exposição em 1 ano em ambos os contratos é a soma do limite de confiança superior de 95% para a exposição em 1 ano no contrato com X e o limite de confiança superior de 95% para a exposição em 1 ano no contrato com Y.

Explique suas respostas.

24.15 "Um contrato a termo comprado sujeito a risco de crédito é uma combinação de uma posição vendida em uma opção de venda sem inadimplência e uma posição comprada em uma opção de compra sujeita a risco de crédito". Explique essa afirmação.

24.16 Explique por que a exposição de crédito em uma dupla de contratos a termo correspondentes é semelhante a um *straddle*.

24.17 Explique por que o impacto do risco de crédito sobre uma dupla de swaps de taxas de juros correspondentes tende a ser menor do que sobre uma dupla de swaps de moeda correspondentes.

24.18 "Quando um banco está negociando swaps de moedas, ele deve tentar garantir que está recebendo a moeda de menor taxa de juros de uma empresa com baixo risco de crédito". Explique o porquê.

24.19 A paridade put–call se mantém quando há risco de inadimplência? Explique sua resposta.

24.20 Suponha que em um swap de ativos, B é o preço de mercado do título por dólar do principal, B^* é o valor sem inadimplências do título por dólar do principal e V é o valor presente do spread de swap de ativos por dólar do principal. Mostre que $V = B^* - B$.

24.21 Mostre que sob o modelo de Merton na Seção 24.6, o spread de crédito sobre um título de cupom zero de T anos é $-\ln[N(d_2) + N(-d_1)/L]/T$, onde $L = De^{-rT}/V_0$.

24.22 Suponha que o spread entre o rendimento sobre um título livre de risco de cupom zero de 3 anos e um título de cupom zero de 3 anos emitido por uma empresa é 1%. Por quanto Black–Scholes–Merton superestima o valor de uma opção europeia de 3 anos vendida pela empresa?

24.23 Dê um exemplo de (a) *right-way risk* e de (b) *wrong-way risk*.

Questões adicionais

24.24 Suponha que um título corporativo de 3 anos oferece um cupom de 7% ao ano pago semestralmente e tem um rendimento de 5% expresso (com capitalização semestral). Os rendimentos para todos os vencimentos sobre os títulos livres de risco é de 4% ao ano (com capitalização semestral). Pressuponha que as inadimplências podem ocorrer a cada 6 meses (imediatamente antes de um pagamento de cupom) e a taxa de recuperação é de 45%. Estime a taxa de risco (que se pressupõe ser constante) para os três anos.

24.25 Uma empresa tem títulos de 1 e 2 anos em circulação, cada um dos quais oferece um cupom de 8% ao ano pago anualmente. Os rendimentos sobre os títulos (expresso com capitalização contínua) são de 6,0% e 6,6%, respectivamente. As taxas de juros livres de risco são de 4,5% para todos os vencimentos. A taxa de recuperação é de 35%. As inadimplências podem ocorrer na metade de cada ano. Estime a taxa de inadimplência *risk-neutral* de cada ano.

24.26 Explique cuidadosamente a diferença entre as probabilidades de inadimplência do mundo real e *risk-neutral*. Qual delas é a maior? Um banco firma um derivativo de crédito no qual concorda em pagar $100 ao final de 1 ano se a classificação de crédito de uma determina empresa cair de A para Baa ou menos durante o ano. A taxa de juros livre de risco de 1 ano é 5%. Usando a Tabela 24.5, estime um valor para o derivativo. Quais pressupostos você está utilizando? Eles tendem a subestimar ou a superestimar o valor do derivativo?

24.27 O valor das ações de uma empresa é $4 milhões e a volatilidade de suas ações é 60%. As dívidas que precisarão ser pagas em 2 anos são de $15 milhões. A taxa de juros livre de risco é de 6% ao ano. Use o modelo de Merton para estimar a perda esperada da inadimplência, a probabilidade de inadimplência e a taxa de recuperação em caso de inadimplência. (*Dica*: A função Solver no Excel pode ser utilizada para resolver essa pergunta, como indicado na nota de rodapé 10.)

24.28 Suponha que um banco tem exposições de um determinado tipo no total de $10 milhões. A probabilidade de inadimplência de 1 ano tem média de 1% e a taxa de recuperação média é de 40%. O parâmetro de correlação de cópula é 0,2. Estime o VaR de crédito de 1 ano a 99,5%.

24.29 Estenda o Exemplo 24.6 para calcular o CVA quando a inadimplência pode ocorrer no meio de cada mês. Pressuponha que a probabilidade de inadimplência mensal durante o primeiro ano é 0,001667 e a probabilidade de inadimplência mensal durante o segundo ano é 0,0025.

24.30 Calcule o DVA no Exemplo 24.6. Pressuponha que a inadimplência pode ocorrer no meio de cada mês. A probabilidade de inadimplência do banco é de 0,001 por mês para os dois anos.

CAPÍTULO

25

Derivativos de crédito

Um avanço importante nos mercados de derivativos desde o final da década de 1990 foi o crescimento dos derivativos de crédito. Em 2000, o principal nocional total dos contratos de derivativos de crédito em circulação era de cerca de $800 bilhões. Quando a crise de crédito estourou em 2007, esse valor chegava a $50 trilhões. Após a crise, o tamanho do mercado diminuiu. O principal nocional total era de cerca de $25 trilhões em dezembro de 2012. Os derivativos de crédito são contratos cujo resultado depende da qualidade de crédito de uma ou mais empresas ou países. Este capítulo explica como os derivativos de crédito funcionam e como são avaliados.

Os derivativos de crédito permitem que as empresas negociem riscos de crédito da mesma forma que negociam riscos de mercado. Os bancos e outras instituições financeiras costumavam não poder fazer nada depois que assumiam um risco de crédito, apenas esperar (e torcer para tudo dar certo). Hoje, eles gerenciam ativamente seus portfólios de risco de crédito, mantendo alguns e firmando contratos de derivativos de crédito para se proteger de outros. Historicamente, os bancos são os maiores compradores de proteção de crédito e as seguradoras são os maiores vendedores.

Os derivativos de crédito podem ser categorizados como *single-name* ou *multi-name* (com uma ou múltiplas entidades de referência). O derivativo de crédito *single-name* mais popular é o *credit default swap*. O resultado desse instrumento depende da qualidade de crédito de uma empresa ou país. O contrato tem dois lados: o comprador e o vendedor da proteção. Há um resultado do vendedor da proteção para o comprador se a entidade especificada (empresa ou país) descumpre suas obrigações. Um derivativo de crédito *multi-name* bastante popular é a obrigação de dívida garantida. Nela, um portfólio de instrumentos de dívida é especificado e uma estrutura complexa é criada na qual os fluxos de caixa do portfólio são divididos entre diversas categorias de investidores. O Capítulo 8 descreve como os derivativos de crédito *multi-name* foram criados a partir de hipotecas residenciais durante o período que levou à crise de crédito. O capítulo atual se concentra na situação na qual os riscos de crédito subjacentes são referentes a empresas ou países.

Este capítulo começa explicando como funcionam os *credit default swaps* e como eles são avaliados. A seguir, ele explica os índices de crédito e o modo como os

CAPÍTULO 25 ■ Derivativos de crédito

> **História de Negócios 25.1 Quem corre o risco de crédito?**
>
> Tradicionalmente, a principal atividade dos bancos é realizar empréstimos e então correr o risco de crédito de que o devedor irá descumprir suas obrigações. Contudo, há algum tempo que os bancos relutam em manter os empréstimos em seus balanços. Isso se explica pelo fato de que, após levarmos em conta o capital exigido pelos reguladores, o retorno médio obtido sobre os empréstimos muitas vezes é menos atraente do que aquele obtido sobre outros ativos. Como discutido na Seção 8.1, os bancos criaram títulos lastreados por ativos para repassar empréstimos (e seu risco de crédito) para os investidores. No final da década de 1990 e início da de 2000, os bancos também usaram bastante os derivativos de crédito para transferir o risco de crédito de seus empréstimos para outras partes do sistema financeiro.
>
> O resultado de tudo isso é que a instituição financeira que corre o risco de crédito de um empréstimo muitas vezes é diferente daquela que realizou as verificações de crédito original. Como mostra a crise de crédito que teve início em 2007, isso nem sempre é bom para a saúde geral do sistema financeiro.

traders os utilizam para comprar proteção para um portfólio. Depois, ele passa para os *basket credit default swaps*, títulos garantidos por ativos e obrigações de dívida garantidas. Ele expande o material do Capítulo 24 para mostrar como o modelo de cópula gaussiana da correlação de default pode ser utilizado para avaliar tranches de obrigações de dívida garantidas.

25.1 CREDIT DEFAULT SWAPS

O derivativo de crédito mais popular é o *credit default swap* (CDS), introduzido originalmente na Seção 7.12. O CDS é um contrato que oferece seguro contra o risco de uma inadimplência por parte de uma determinada empresa. A empresa é chamada de *entidade de referência* e uma inadimplência de sua parte é chamada de um *evento de crédito*. O comprador do seguro obtém o direito de vender títulos emitidos pela empresa por seu valor de face quando um evento de crédito e o vendedor do seguro concorda em comprar os títulos por seu valor de face quando o evento de crédito ocorre.[1] O valor de face total dos títulos que podem ser vendidos é chamado de *principal nocional* do *credit default swap*.

O comprador do CDS realiza pagamentos periódicos para o vendedor até o final da vida do CDS ou até um evento de crédito ocorrer. Esses pagamentos normalmente são realizados no final de cada trimestre, mas também ocorrem acordos nos quais os pagamentos são realizados a cada mês, 6 meses ou 12 meses e às vezes as quantias são pagas no início do período. A liquidação em caso de inadimplência envolve a entrega física dos títulos ou um pagamento em caixa.

Um exemplo nos ajudará a ilustrar como um acordo típico é estruturado. Suponha que duas partes firmam um *credit default swap* de 5 anos em 20 de março

---

[1] O valor de face (ou valor par) de um título que paga cupom é o principal que o emissor repaga no vencimento se não inadimple.

```
┌─────────────┐   90 pontos-base por ano      ┌─────────────┐
│ Comprador da│ ─────────────────────────────▶│ Vendedor da │
│proteção contra│                              │proteção contra│
│ inadimplência│◀─────────────────────────────│ inadimplência│
└─────────────┘  Pagamento em caso de inadimplência └─────────────┘
                  por entidade de referência
```

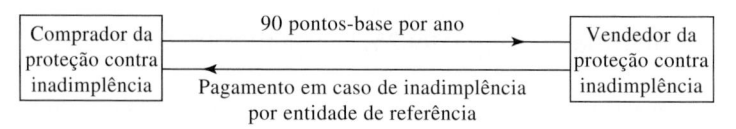

FIGURA 25.1 *Credit default swap.*

de 2015. Pressuponha que o principal nocional é de $100 milhões e o comprador concorda em pagar 90 pontos-base ao ano para proteção contra inadimplência pela entidade de referência, com os pagamentos realizados no final de cada trimestre.

O CDS é mostrado na Figura 25.1. Se a entidade de referência não descumpre suas obrigações (ou seja, se não há um evento de crédito) o comprador não recebe um resultado e paga 22,5 pontos-base (um quarto de 90 pontos-base) sobre $100 milhões em 20 de junho de 2015, e em cada trimestre subsequente até 20 de março de 2020. A quantia paga em cada trimestre é 0,00225 × 100.000.000, ou $225.000.[2] Se há um evento de crédito, é provável que haja um resultado significativo. Suponha que o comprador notifica o vendedor sobre um evento de crédito em 20 de maio de 2018 (2 meses após o início do quarto ano). Se o contrato especifica a liquidação física, o comprador tem o direito de vender títulos emitidos pela entidade de referência com valor de face de $100 milhões por $100 milhões. Se, como hoje é comum, é possível usar a liquidação financeira, um processo de leilão organizado pela ISDA é usado para determinar o valor médio de mercado do título mais barato que pode ser entregue alguns dias após o evento de crédito. Suponha que o leilão indica que o título vale $35 por $100 de valor de face. O resultado em caixa seria de $65 milhões.

Os pagamentos regulares trimestrais, semestrais ou anuais do comprador da proteção para o vendedor se encerram quando há um evento de crédito. Contudo, como esses pagamentos são realizados no final do período, o comprador geralmente precisa realizar um último pagamento acumulado. No nosso exemplo, no qual a inadimplência ocorre em 20 de maio de 2018, o comprador precisaria pagar ao vendedor a quantia do pagamento anual acumulada entre 20 de março de 2018 e 20 de maio de 2018 (aproximadamente $150.000), mas nenhum pagamento adicional seria necessário.

A quantia total paga por ano como porcentagem do principal nocional para comprar proteção (90 pontos-base em nosso exemplo) é conhecida pelo nome de *spread de CDS*. Diversos grandes bancos são *market makers* no mercado de *credit default swaps*. Quando quota um novo CDS de 5 anos sobre uma empresa, o *market maker* pode oferecer um preço de compra de 250 pontos-base e um preço de venda de 260 pontos-base. Isso significa que o *market maker* está preparado para comprar proteção com o pagamento de 250 pontos-base ao ano (ou seja, 2,5% do principal por ano) e vender proteção por 260 pontos-base por ano (ou seja, 2,6% do principal por ano).

Muita empresas e países diferentes são entidades de referência para contratos de CDS negociados. Como mencionado, os pagamentos geralmente são realizados no final de cada trimestre. Os contratos com vencimentos de 5 anos são os mais po-

---

[2] Os pagamentos trimestrais podem ser ligeiramente diferentes de $225.000 devido à aplicação das convenções de contagem de dias descritas no Capítulo 6.

História de Negócios 25.2 O Mercado de CDS

Em 1998 e 1999, a International Swaps and Derivatives Association (ISDA) desenvolveu um contrato padrão para negociação de *credit default swaps* no mercado de balcão. Desde então, esse mercado se tornou mais popular. Um contrato de CDS é muito parecido com um contrato de seguro, mas há uma diferença crucial. Um contrato de seguro oferece proteção contra perdas sobre um ativo que é da propriedade do comprador da proteção. No caso de um CDS, o comprador não precisa ser dono do ativo subjacente.

Durante a crise de crédito que teve início em agosto de 2007, os reguladores começaram a se preocupar bastante com o risco sistêmico (ver História de Negócios 1.2). Eles acreditavam que os *credit default swaps* eram uma fonte de vulnerabilidade para os mercados financeiros. O perigo é que a inadimplência de uma instituição financeira poderia levar a grandes prejuízos de suas contrapartes em transações de CDS, o que causaria inadimplências adicionais por parte de outras instituições financeiras. As preocupações regulatórias foram alimentadas pelas dificuldades da AIG, uma gigante do ramo de seguros. A AIG era uma grande vendedora de proteção para os tranches de classificação AAA criados a partir de hipotecas (ver Capítulo 8). A proteção acabou sendo cara demais para a AIG e a empresa foi resgatada pelo governo americano.

Durante 2007 e 2008, muitos tipos de derivativos de crédito deixaram de ser comprados e vendidos, mas os CSDs continuaram a ser negociados ativamente (apesar de o custo da proteção ter aumentado de forma drástica). A vantagem dos CDSs em relação a alguns outros derivativos de crédito é que eles funcionam de modo simples e direto. Outros derivativos, como aqueles criados com a securitização de hipotecas residenciais (ver Capítulo 8), não têm a mesma transparência.

Não é raro que o volume de CDSs de uma empresa seja maior do que suas dívidas. A liquidação financeira dos contratos se torna, então, obviamente necessária. Quando a Lehman inadimpliu em setembro de 2008, havia cerca de $400 bilhões de contratos de CDS e $155 bilhões de dívidas da Lehman em circulação. O pagamento em caixa para os compradores da proteção (determinado por um processo de leilão do ISDA) foi de 91,375% do principal.

Há uma diferença importante entre os *credit default swaps* e os outros derivativos de balcão considerados neste livro. Os outros derivativos de balcão dependem de taxas de juros, taxas de câmbio, índices de ações, preços de commodities e assim por diante. Não temos por que pressupor que qualquer participante do mercado possui informações melhores do que qualquer outro sobre essas variáveis.

Os spreads de *credit default swaps* dependem da probabilidade de uma determinada empresa inadimplir durante um determinado período de tempo, então é possível que alguns participantes do mercado tenham mais informações para estimar essa probabilidade do que outros. Uma instituição financeira que trabalha junto a uma empresa oferecendo conselhos, realizando empréstimos e assessorando a emissão de novas títulos provavelmente terá mais informações sobre a qualidade do crédito da empresa do que uma outra instituição financeira que não trabalhe com o mesmo cliente. Os economistas chamam isso de um problema de *informação assimétrica*. As instituições financeiras enfatizam que a decisão de adquirir proteção contra o risco de inadimplência por uma empresa normalmente é tomada por um gerente de risco e não se baseia em informações especiais que a instituição financeira possa deter sobre a empresa em alguma outra parte de suas organização.

pulares, mas outros vencimentos, como 1, 2, 3, 7 e 10 anos, não são raros. Em geral, os contratos vencem em uma das seguintes datas padrões: 20 de março, 20 de junho, 20 de setembro e 20 de dezembro. O efeito disso é que o tempo real até o vencimento de um contrato quando este é iniciado é próximo, mas não necessariamente igual, ao número de anos até o vencimento que é especificado. Suponha que você procura um corretor em 15 de novembro de 2015 para comprar proteção de 5 anos para uma empresa. O contrato provavelmente duraria até 20 de dezembro de 2020. Seu primeiro pagamento seria devido em 20 de dezembro de 2015 e seria igual à quantia que abrange o período de 15 de novembro de 2015 a 20 de dezembro de 2015.[3] Um aspecto fundamental de um contrato de CDS é a definição de evento de crédito (ou seja, inadimplência). Em geral, o evento de crédito é definido como a não realização de um pagamento em sua data devida, uma reestruturação da dívida ou uma falência. A reestruturação é excluída de alguns contratos na América do Norte, especialmente em situações nas quais o rendimento sobre a dívida da empresa é alto. A História de Negócios 25.2 apresenta mais informações sobre o mercado de CDS.

Credit default swaps e rendimentos de títulos

Um CDS pode ser usado para hedgear uma posição em um título corporativo. Suponha que um investidor compra um título corporativo de 5 anos com rendimento de 7% ao ano por seu valor de face e ao mesmo tempo firma um CDS de 5 anos para adquirir proteção contra uma inadimplência por parte do emissor do título. Suponha que o spread do CDS é 200 pontos-base, ou 2%, ao ano. O efeito do CDS é converter o título corporativo em um título livre de risco (pelo menos aproximadamente). Se o emissor do título não inadimple, o investidor obtém 5% ao ano quando calculamos a diferença entre o spread do CDS e o rendimento do título corporativo. Se a inadimplência ocorre, o investidor obtém 5% até esse momento. Sob os termos do CDS, o investidor pode então trocar o título por seu valor de face. Esse valor de face pode ser investido à taxa de juros livre de risco pelos 5 anos restantes.

Isso mostra que o spread do rendimento sobre um título de *n* anos emitido por uma empresa em relação à taxa de juros livre de risco deve ser aproximadamente igual ao spread de CDS de *n* anos da empresa. Se ele é significativamente maior do que isso, o investidor pode obter mais do que a taxa de juros livre de risco comprando o título corporativo e adquirindo proteção. Se é significativamente menor, o investidor pode tomar um empréstimo por menos do que a taxa de juros livre de risco com a venda do título a descoberto e a venda de proteção com CDS.

A *base CDS–título* é definida como:

Base CDS–título = Spread de CDS − Spread de rendimento do título

O spread de rendimento do título é calculado usando a taxa LIBOR/swap como taxa de juros livre de risco. Em geral, o spread de rendimento do título é definido como igual ao spread de swap de ativos.

---

[3] Se o tempo até a primeira data padrão é inferior a 1 mês, o primeiro pagamento normalmente é realizado na segunda data de pagamento padrão; caso contrário, ele é realizado na primeira data de pagamento padrão.

O argumento sem arbitragem apresentado anteriormente sugere que a base CDS–título deve ser próxima de zero. Na verdade, ela tende a ser positiva durante alguns períodos (Ex.: pré-2007) e negativa durante outros (ex.: 2007–2009). O sinal da base CDS–título em um dado momento pode depender da entidade de referência subjacente.

O título mais barato para entregar

Como explicado na Seção 24.3, a taxa de recuperação sobre um título é definida como o valor do título imediatamente após a inadimplência como uma porcentagem do valor de face. Isso significa que o resultado de um CDS é $L(1 - R)$, onde L é o principal nocional e R é a taxa de recuperação.

Em geral, um CDS especifica que diversos títulos diferentes podem ser entregues em caso de inadimplência. Normalmente, os títulos têm a mesma senioridade, mas podem não ser vendidos pela mesma porcentagem do valor de face imediatamente após uma inadimplência.[4] Isso dá ao titular de um CDS uma opção sobre o título mais barato para entregar. Como foi mencionado, em geral se utiliza um processo de leilão organizado pela ISDA para determinar o valor do título mais barato para entregar e, portanto, o resultado para o comprador da proteção.

25.2 AVALIAÇÃO DE *CREDIT DEFAULT SWAPS*

O spread de CDS para uma determinada entidade de referência pode ser calculado a partir das estimativas de probabilidade de inadimplência. Ilustraremos o processo usando um CDS de 5 anos.

Suponha que a taxa de risco da entidade de referência é de 2% ao ano para todos os 5 anos de vida do CDS. A Tabela 25.1 mostra as probabilidades de sobrevivência e probabilidades incondicionais de inadimplência. Da equação (24.1), a probabilidade de sobrevivência até o tempo t é $e^{-0,02t}$. A probabilidade de inadimplência durante um ano é a probabilidade de sobrevivência até o início do ano menos a probabilidade de sobrevivência até o final do ano. Por exemplo, a probabilidade de sobrevivência até o tempo 2 anos é $e^{-0,02 \times 2} = 0,9608$ e a probabilidade de sobrevivência até o tempo 3 anos é $e^{-0,02 \times 3} = 0,9418$. A probabilidade de inadimplência durante o terceiro ano é $0,9608 - 0,9418 = 0,0190$.

Vamos pressupor que as inadimplências sempre ocorrem na metade do ano e que os pagamentos sobre o *credit default swap* são realizados uma vez ao ano, no final de cada ano. Também vamos pressupor que a taxa de juros livre de risco é 5% ao ano com capitalização contínua e a taxa de recuperação é 40%. O cálculo se divide em três partes, mostradas nas Tabelas 25.2, 25.3 e 25.4.

A Tabela 25.2 mostra o cálculo do valor presente dos pagamentos esperados realizados sobre o CDS, pressupondo que os pagamentos são realizados a uma taxa

---

[4] Há diversos motivos para isso. O pedido realizado caso haja uma inadimplência normalmente é igual ao valor de face do título mais os juros acumulados. Logo, os títulos com juros acumulados altos na data da inadimplência tendem a ter preços mais altos imediatamente após a inadimplência. Além disso, o mercado pode decidir que caso ocorra uma organização, alguns titulares de títulos se sairão melhor do que outros.

TABELA 25.1 Probabilidades de inadimplência incondicionais e probabilidades de sobrevivência

Ano	Probabilidade de sobrevivência até o final do ano	Probabilidade de inadimplência durante o ano
1	0,9802	0,0198
2	0,9608	0,0194
3	0,9418	0,0190
4	0,9231	0,0186
5	0,9048	0,0183

de s ao ano e o principal nocional é de \$1. Por exemplo, há uma probabilidade de 0,9418 de que o terceiro pagamento de s será realizado. Assim, o pagamento esperado é $0,9418s$ e seu valor presente é $0,9418se^{-0,05 \times 3} = 0,8106s$. O valor presente total dos pagamentos esperados é $4,0728s$.

A Tabela 25.3 mostra o cálculo do valor presente do resultado esperado, pressupondo um principal nocional de \$1. Como mencionado anteriormente, estamos pressupondo que as inadimplências sempre acontecem no ponto médio durante o ano. Por exemplo, há uma probabilidade de 0,0190 de um resultado na metade do terceiro ano. Dado que a taxa de recuperação é 40%, o resultado esperado nessa data é $0,0190 \times 0,6 \times 1 = 0,0114$. O valor presente do resultado esperado é $0,0114e^{-0,05 \times 2,5} = 0,0101$. O valor presente total dos resultados esperados é \$0,0506.

Em um último passo, a Tabela 25.4 considera o pagamento de acúmulo realizado em caso de inadimplência. Por exemplo, há uma probabilidade de 0,0190 de que haverá um pagamento de acúmulo final na metade do terceiro ano. O pagamento de acúmulo é $0,5s$. O pagamento de acúmulo esperado nessa data é, portanto, $0,0190 \times 0,5s = 0,0095s$. Seu valor presente é $0,0095se^{-0,05 \times 2,5} = 0,0084s$. O valor presente total dos pagamentos de acúmulo esperado é $0,0422s$.

Das Tabelas 25.2 e 25.4, o valor presente dos pagamentos esperados é:

$$4,0728s + 0,0422s = 4,1150s$$

TABELA 25.2 Cálculo do valor presente de pagamentos esperados. Pagamento = s ao ano

Tempo (anos)	Probabilidade de sobrevivência	Pagamento esperado	Fator de desconto	VP do pagamento esperado
1	0,9802	$0,9802s$	0,9512	$0,9324s$
2	0,9608	$0,9608s$	0,9048	$0,8694s$
3	0,9418	$0,9418s$	0,8607	$0,8106s$
4	0,9231	$0,9231s$	0,8187	$0,7558s$
5	0,9048	$0,9048s$	0,7788	$0,7047s$
Total				$4,0728s$

TABELA 25.3 Cálculo do valor presente do resultado esperado.
Principal nocional = $1

Tempo (anos)	Probabilidade de inadimplência	Taxa de recuperação	Resultado esperado ($)	Fator de desconto	VP do resultado esperado ($)
0,5	0,0198	0,4	0,0119	0,9753	0,0116
1,5	0,0194	0,4	0,0116	0,9277	0,0108
2,5	0,0190	0,4	0,0114	0,8825	0,0101
3,5	0,0186	0,4	0,0112	0,8395	0,0094
4,5	0,0183	0,4	0,0110	0,7985	0,0088
Total					0,0506

Da Tabela 25.3, o valor presente do resultado esperado é 0,0506. Equacionar os dois produz:

$$4,1150s = 0,0506$$

ou $s = 0,0123$. O spread de CDS médio do mercado para o acordo de 5 anos que acabamos de considerar deve ser 0,0123 vez o principal ou 123 pontos-base por ano. Esse resultado pode ser produzido usando a planilha CDS do DerivaGem.

Os cálculos pressupõem que as inadimplências ocorrem apenas nos pontos médios entre as datas de pagamento. Esse pressuposto simples normalmente nos dá bons resultados, mas pode ser relaxado com facilidade para que possamos considerar mais datas de inadimplência.

Marcação a mercado de um CDS

Um CDS, assim como a maioria dos outros swaps, recebe marcação a mercado diária. Ele pode ter valor positivo ou negativo. Suponha que o *credit default swap* em nosso exemplo fora negociado para um spread de 150 pontos-base, o valor presente dos pagamentos do comprador seria $4,1150 \times 0,0150 = 0,0617$ e o valor presente do resultado seria 0,0506, assim como antes. O valor do swap para o vendedor seria, portanto, $0,0617 - 0,0506$, ou 0.0111 vezes o principal. Da mesma forma, o valor de marcação a mercado do swap para o comprador da proteção seria $-0,0111$ vezes o principal.

TABELA 25.4 Cálculo do valor presente do pagamento de acúmulo

Tempo (anos)	Probabilidade de inadimplência	Pagamento de acúmulo esperado	Fator de desconto	VP do pagamento de acúmulo esperado
0,5	0,0198	$0,0099s$	0,9753	$0,0097s$
1,5	0,0194	$0,0097s$	0,9277	$0,0090s$
2,5	0,0190	$0,0095s$	0,8825	$0,0084s$
3,5	0,0186	$0,0093s$	0,8395	$0,0078s$
4,5	0,0183	$0,0091s$	0,7985	$0,0073s$
Total				$0,0422s$

Estimativa das probabilidades de inadimplência

As probabilidades de inadimplência usadas para avaliar um CDS devem ser as *risk--neutral* e não as do mundo real (ver a Seção 24.5 para uma discussão sobre a diferença entre as duas). As probabilidades de inadimplência *risk-neutral* podem ser estimadas a partir dos preços de títulos ou dos swaps de ativos, como explicado no Capítulo 24. Uma maneira alternativa seria implicá-las a partir das cotações de CDS. Essa última abordagem é semelhante à prática no mercado de opções de implicar volatilidades a partir dos preços de opções negociadas ativamente e usá-las para avaliar outras opções.

Imagine que mudamos o exemplo nas Tabelas 25.2, 25.3 e 25.4 para que não saibamos as probabilidades de inadimplência. Em vez disso, sabemos que o spread de CDS médio do mercado para um CDS de 5 anos recém-emitido é de 100 pontos--base por ano. Podemos aplicar engenharia reversa aos nossos cálculos (usando o Excel em conjunto com o Solver) para concluir que a taxa de risco implicada é de 1,63% ao ano.

Credit default swaps binários

Um *credit default swap* binário é estruturado de forma semelhante a um CDS normal, exceto que o resultado é uma quantia em dólares fixa. Suponha que no exemplo considerado nas Tabelas 25.1 a 25.4, o resultado é $1 em vez de $1 - R$ dólares e o spread do swap é s. As Tabelas 25.1, 25.2 e 25.4 permanecem as mesmas, mas a Tabela 25.3 é substituída pela Tabela 25.5. O spread de CDS para um novo CDS binário é dado por $4,1150s = 0,0844$, de modo que o spread de CDS s é 0,0205, ou 205 pontos-base.

Qual é a importância da taxa de recuperação?

Independentemente de usarmos spreads de CDS ou preços de títulos para estimar as probabilidades de inadimplência, precisamos de uma estimativa da taxa de recuperação. Contudo, desde que usemos a mesma taxa de recuperação para (a) estimar as probabilidades de inadimplência *risk-neutral* e (b) avaliar um CDS, o valor do CDS (ou a estimativa do spread de CDS) não é muito sensível à taxa de recuperação. Isso ocorre porque as probabilidades implícitas de inadimplência são aproximadamente proporcionais a $1/(1 - R)$ e os resultados de um CDS são proporcionais a $1 - R$.

TABELA 25.5 Cálculo do valor presente do resultado esperado de um *credit default swap* binário. Principal = $1

Tempo (anos)	Probabilidade de inadimplência	Resultado esperado ($)	Fator de desconto	VP do resultado esperado ($)
0,5	0,0198	0,0198	0,9753	0,0193
1,5	0,0194	0,0194	0,9277	0,0180
2,5	0,0190	0,0190	0,8825	0,0168
3,5	0,0186	0,0186	0,8395	0,0157
4,5	0,0183	0,0183	0,7985	0,0146
Total				0,0844

Esse argumento não se aplica à avaliação de CDS binários. As probabilidades de inadimplência implícitas ainda são aproximadamente proporcionais a $1/(1 - R)$. Contudo, para um CDS binário, os resultados do CDS são independentes de R. Se temos um spread de CDS para um CDS *plain vanilla* e para um CDS binário, podemos estimar a taxa de recuperação e a probabilidade de inadimplência (ver Problema 25.25).

25.3 ÍNDICES DE CRÉDITO

Os participantes dos mercados de crédito desenvolveram índices para acompanhar os spreads de *credit default swaps*. Em 2004, os diferentes produtores de índices firmaram acordos que levaram a algum nível de consolidação. Dois portfólios padrões importantes usados pelos fornecedores de índices são:

1. CDX NA IG, um portfólio de 125 empresas de grau de investimento na América do Norte.
2. iTraxx Europe, um portfólio de 125 empresas de grau de investimento na Europa.

Esses portfólios são atualizados em 20 de março e 20 de setembro de cada ano. As empresas que não são mais de grau de investimento são eliminadas do portfólio, substituídas por novas empresas de grau de investimento.[5]

Suponha que o índice CDX NA IG de 5 anos é cotado por um *market maker* como 65 pontos-base de oferta de compra e 66 pontos-base de oferta de venda. (Esse é o chamado spread do índice.) Em termos gerais, isso significa que um trader pode comprar proteção de CDS sobre todas as 125 empresas do índice por 66 pontos-base por empresa. Suponha que um trader deseja $800.000 de proteção sobre cada empresa. O custo total é $0,0066 \times 800.000 \times 125$, ou $660.000 ao ano. O trader também pode vender $800.000 de proteção sobre cada uma das 125 empresas por um total de $650.000 ao ano. Quando uma empresa descumpre suas obrigações o comprador da proteção recebe o resultado normal do CDS e o pagamento anual é reduzido em $660.000/125 = \$5.280$. Há um mercado ativo para a compra e venda de proteção de índices de CDS para vencimentos de 3, 5, 7 e 10 anos. Os vencimentos para esses tipos de contratos sobre o índice normalmente são 20 de dezembro e 20 de junho. (Isso significa que um contrato de "5 anos" normalmente dura entre 4,75 e 5,25 anos.) Em termos gerais, o índice é a média dos spreads de CDS sobre as empresas no portfólio subjacente.[6]

---

[5] Em 20 de setembro de 2013, o portfólio Series 20 iTraxx Europe e o portfólio Series 21 CDX NA IG foram definidos. Os números de série indicam que, até o final de setembro de 2013, o portfólio do iTraxx Europe fora atualizado 19 vezes e o portfólio do CDX NA IG fora atualizado 20 vezes.

[6] Para ser mais exato, o índice é ligeiramente inferior à média dos spreads de *credit default swaps* para as empresas no portfólio. Para entender por que isso ocorre, considere um portfólio composto de duas empresas, uma com um spread de 1.000 pontos-base e a outra com um spread de 10 pontos-base. Comprar proteção contra essas empresas custaria ligeiramente menos de 505 pontos-base por empresa. Isso ocorre porque não se espera que os 1.000 pontos-base sejam pagos por tanto tempo quanto os 10 pontos-base e, portanto, eles devem ter menos peso. Outra complicação para o CDX NA IG, mas não para o iTraxx Europe, é que a definição de inadimplência aplicável ao índice inclui reestruturação, enquanto a definição para os contratos CDS sobre as empresas subjacentes pode não incluí-la.

25.4 O USO DE CUPONS FIXOS

A maneira exata como as transações de CDS e de índice de CDS funcionam é um pouco mais complexa do que o que foi descrito até aqui. Para cada subjacente e cada vencimento, são especificados um cupom e uma taxa de recuperação. Um preço é calculado a partir do spread cotado usando o seguinte procedimento:

1. Pressuponha quatro pagamentos por ano, realizados em atraso.
2. Implique uma taxa de risco a partir do spread cotado. Isso envolve cálculos semelhantes àqueles da Seção 25.2. Uma busca iterativa é utilizada para determinar a taxa de risco que leva ao spread cotado.
3. Calcule uma "duração" D para os pagamentos de CDS. Esse é o número pelo qual o spread é multiplicado para obtermos o valor presente dos pagamentos do spread. (No exemplo na Seção 25.2, o número é 4,1150.)[7]
4. O preço P é dado por $P = 100 - 100 \times D \times (s - c)$, onde s é o spread e c e o cupom expresso em forma decimal.

Quando compra proteção, o trader paga $100 - P$ por \$100 do total remanescente do principal nocional e o vendedor da proteção recebe essa quantia. (Se $100 - P$ é negativo, o comprador da proteção recebe uma quantia em caixa e o vendedor da proteção paga.) O comprador da proteção então paga o cupom vezes o principal nocional remanescente em cada data de pagamento. (Em um CDS, o principal nocional remanescente é o principal nocional original até a inadimplência e zero posteriormente. Para um índice de CDS, o principal nocional remanescente é o número de nomes no índice que ainda não descumpriram suas obrigações multiplicado pelo principal por nome.) O resultado quando há uma inadimplência é calculado da maneira tradicional. Esse sistema facilita as operações, pois os instrumentos são negociados como título. Os pagamentos trimestrais normais realizados pelo comprador da proteção são independentes do spread na data em que o comprador firma o contrato.

■ **Exemplo 25.1**

Suponha que a cotação do índice iTraxx Europe é 34 pontos-base e o cupom é 40 pontos-base para um contrato com duração de exatamente 5 anos, com ambas as cotações expressas usando contagem de dias efetivo/360. (Essa é a convenção de contagem de dias tradicional nos mercados de CDS e de índice de CDS.) As cotações efetivo/efetivo equivalentes são 0,345% para o índice e 0,406% para o cupom. Suponha que a curva de juros é plana em 4% ao ano (efetivo/efetivo, capitalização contínua). A taxa de recuperação especificada é de 40%. Com quatro pagamentos ao ano no final de cada período, a taxa de risco implícita é de 0,5717%. A duração é 4,447 anos. Assim, o preço é:

$$100 - 100 \times 4{,}447 \times (0{,}00345 - 0{,}00406) = 100{,}27$$

Considere um contrato no qual a proteção é de \$1 milhão por nome. Inicialmente, o vendedor da proteção pagaria ao comprador \$1.000.000 × 125 × 0,0027. Posteriormente,

---

[7] Esse uso do termo "duração" é diferente daquele encontrado no Capítulo 4.

o comprador da proteção realizaria pagamentos trimestrais no final de cada período a uma taxa anual de $1.000.000 \times 0,00406 \times n$, onde n é o número de empresas que não descumpriu suas obrigações. Quando uma empresa inadimple, o resultado é calculado da maneira tradicional e há um pagamento de acúmulo do comprador para o vendedor, calculado a uma taxa de 0,406% ao ano sobre $1 milhão. ∎

25.5 CONTRATOS A TERMO E OPÇÕES SOBRE CDS

Depois que o mercado de CDS se estabeleceu, foi natural que os corretores de derivativos negociassem contratos a termo e opções sobre spreads de *credit default swaps*.[8]

Um *credit default swap* a termo é a obrigação de comprar ou vender um determinado CDS sobre uma determinada entidade de referência em um determinado tempo futuro T. Se a entidade de referência descumpre suas obrigações antes do tempo T, o contrato a termo deixa de existir. Assim, o banco pode firmar um contrato a termo para vender proteção de cinco anos sobre uma empresa por 280 pontos-base com início em 1 ano. Se a empresa descumpre suas obrigações antes do ponto de 1 ano, o contrato a termo deixa de existir.

Uma opção sobre *credit default swap* é uma opção de comprar ou vender um determinado CDS sobre uma determinada entidade de referência em um determinado tempo futuro T. Por exemplo, um trader poderia negociar o direito de comprar proteção de 5 anos sobre uma empresa, com início em 1 ano, por 280 pontos-base. Esta é uma opção de compra. Se o spread de CDS de 5 anos para a empresa em 1 ano for maior do que 280 pontos-base, a opção será exercida; se for menor, não será. O custo da opção seria pago adiantado. Da mesma forma, um investidor poderia negociar o direito de vender proteção de 5 anos para uma empresa, com início em 1 ano, por 280 pontos-base. Esta é uma opção de venda. Se o spread de CDS de 5 anos para a empresa em 1 ano for menor do que 280 pontos-base, a opção será exercida; se for maior, não será. Assim como os CDSs a termo, as opções de CDS normalmente são estruturadas de forma a deixarem de existir caso a entidade de referência descumpra suas obrigações antes do vencimento da opção.

25.6 BASKET CREDIT DEFAULT SWAPS

No chamado *basket credit default swap*, há um certo número de entidades de referência. Uma *add-up basket CDS* oferece um resultado quando qualquer uma das entidades de referência descumpre suas obrigações. Um *first-to-default CDS* oferece um resultado apenas quando a primeira inadimplência ocorre. Um *CDS de segundo default* oferece um resultado apenas quando a segunda inadimplência ocorre. Em termos mais gerais, um *CDS k-ésimo a inadimplir* fornece um resultado apenas quando a *k*-ésima inadimplência ocorre. Os resultados são calculados da mesma forma que para um CDS normal. Após a inadimplência relevante ter ocorrido, há uma liquidação. Depois disso, swap é terminado e não há mais pagamentos de ou para nenhuma das partes.

---

[8] A avaliação desses instrumentos é discutida em J. C. Hull and A. White, "The Valuation of Credit Default Swap Options", *Journal of Derivatives*, 10, 5 (Spring 2003): 40–50.

25.7 *SWAP* DE RETORNO TOTAL

Um *swap de retorno total* é um tipo de derivativo de crédito. Ele é um contrato para trocar o retorno total sobre um título (ou qualquer portfólio de ativos) pela LIBOR mais um spread. O retorno total inclui cupons, juros e o ganho ou perda sobre o ativo durante a vida do swap.

Um exemplo de swap de retorno total seria um contrato de 5 anos com principal nocional de $100 milhões para trocar o retorno total sobre um título corporativo pela LIBOR mais 25 pontos-base, como ilustrado na Figura 25.2. Nas datas de pagamento de cupom, o pagador paga os cupons obtidos sobre um investimento de $100 milhões no título. O recebedor paga os juros a uma taxa de LIBOR mais 25 pontos-base sobre um principal de $100 milhões. (A LIBOR é definida em uma data de cupom e paga na seguinte, assim como em um swap de taxas de juros *plain vanilla*.) Ao final da vida do swap, há um pagamento que reflete a mudança no valor do título. Por exemplo, se o valor do título aumenta em 10% durante a vida do swap, o pagador precisa pagar $10 milhões (= 10% de $100 milhões) ao final de 5 anos. Da mesma forma, se o valor do título diminui em 15%, o recebedor precisa pagar $15 milhões ao final de 5 anos. Se há uma inadimplência sobre o título, o swap normalmente é terminado e o recebedor realiza um pagamento final igual ao excedente de $100 milhões em relação ao valor de mercado do título.

Se o principal nocional é somado a ambos os lados no final da vida do swap, o swap de retorno total pode ser caracterizado da seguinte maneira. O pagador paga os fluxos de caixa sobre um investimento de $100 milhões no título corporativo. O recebedor paga os fluxos de caixa sobre um título de $100 milhões que paga LIBOR mais 25 pontos-base. Se o pagador possui o título corporativo, o swap de retorno total lhe permite repassar o risco de crédito do título para o recebedor. Se ele não possui o título, o swap de retorno total lhe permite assumir uma posição vendida no título.

Os swaps de retorno total são muito usados como ferramentas de financiamento. Um cenário que poderia levar ao swap na Figura 25.2 é o seguinte. O recebedor precisa de financiamento para investir $100 milhões no título de referência. Ele procura o pagador (que provavelmente será uma instituição financeira) e concorda com o swap. O pagador então investe $100 milhões no título. Isso deixa o recebedor na mesma posição que ficaria se tivesse tomado dinheiro emprestado à taxa LIBOR mais 25 pontos-base para comprar o título. O pagador mantém a propriedade do título por toda a vida do swap e enfrenta menos risco de crédito do que se tivesse emprestado dinheiro ao recebedor para financiar a compra do título, sendo o título usado como garantia para o empréstimo. Se o recebedor inadimple, o pagador não tem o problema legal de tentar realizar a garantia. Os swaps de retorno total são semelhantes aos repos (ver Seção 4.1), pois são estruturados de forma a minimizar o risco de crédito no financiamento de títulos.

O spread em relação à LIBOR recebido pelo pagador é uma compensação pelo risco de que o recebedor irá inadimplir. O pagador perderá dinheiro se o recebedor descumprir suas obrigações em um momento em que o preço do título de referência diminui. Assim, o spread depende da qualidade de crédito do recebedor, da qualidade de crédito do emissor do título e da correlação entre os dois.

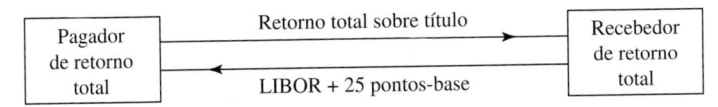

```
                    Retorno total sobre título
    ┌──────────┐  ──────────────────────────▶  ┌──────────┐
    │ Pagador  │                                │Recebedor │
    │de retorno│                                │de retorno│
    │  total   │  ◀──────────────────────────   │  total   │
    └──────────┘     LIBOR + 25 pontos-base     └──────────┘
```

FIGURA 25.2 Swap de retorno total.

O acordo padrão descrito acima permite diversas variações. Às vezes, em vez de haver um pagamento em caixa pela mudança no valor do título, há uma liquidação física na qual o pagador troca o ativo subjacente pelo principal nocional no final da vida do swap. Às vezes, os pagamentos de mudança de valor são realizados periodicamente em vez de todos no final.

25.8 OBRIGAÇÕES DE DÍVIDA GARANTIDA

No Capítulo 8, discutimos os títulos garantidos por ativos (ABS, *asset-back securities*). A Figura 8.1 mostra uma estrutura mais simples. Um ABS no qual os ativos subjacentes são títulos é conhecido como uma *obrigação de dívida garantida*, ou *CDO*. É definida uma cachoeira semelhante àquela indicada na Figura 8.2 para os pagamentos de juros e principal sobre os títulos. As regras exatas por trás da cachoeira são complexas, mas o importante é que são estruturadas para garantir que, se uma tranche for mais sênior do que o outro, o primeiro tem maior probabilidade de receber os pagamentos de juros e a amortização do principal prometidos.

CDOs sintéticos

Quando um CDO é criado a partir de um portfólio de títulos, como descrito acima, a estrutura resultante é chamada de *cash CDO*. Em um avanço de mercado importante, foi reconhecido que uma posição comprada em um título corporativo tem risco semelhante a uma posição vendida em um CDS quando a entidade de referência no CDS é a empresa que emite o título. Isso levou a uma estrutura alternativa, chamada de *CDO sintético*, que se tornou bastante popular.

O originador do CDO sintético escolhe um portfólio de empresas e um vencimento (ex.: 5 anos) para a estrutura. Ele vende proteção de CDS para cada empresa no portfólio, com os vencimentos do CDS iguais ao vencimento da estrutura. O principal do CDO sintético é o total dos principais nocionais subjacentes aos CDSs. O originador tem entradas de caixa iguais aos spreads de CDS e saídas de caixa quando as empresas no portfólio descumprem suas obrigações. As tranches são formadas e as entradas e saídas de caixa são distribuídas entre elas. As regras para determinar as entradas e saídas de caixa das tranches são mais simples e diretas para um CDO sintético do que para um *cash CDO*. Suponha que há apenas três tranches: patrimônio líquido, mezanino e sênior. As regras poderiam ser as seguintes:

1. A tranche de patrimônio líquido é responsável pelos pagamentos sobre os CDSs até eles atingirem 5% do principal do CDO sintético. Ela obtém um spread de 1.000 pontos-base ao ano sobre o principal da tranche em circulação.

2. A tranche mezanino é responsável pelos pagamentos acima de 5% e até um máximo de 20% do principal do CDO sintético. Ele obtém um spread de 100 pontos-base ao ano sobre o principal da tranche em circulação.
3. A tranche sênior é responsável pelos pagamentos acima de 20%. Ela obtém um spread de 10 pontos-base ao ano sobre o principal da tranche em circulação.

Para entender como o CDO sintético funcionaria, suponha que seu principal é de $100 milhões. Os principais das tranches de patrimônio líquido, mezanino e sênior são $5 milhões, $15 milhões e $80 milhões, respectivamente. Inicialmente, as tranches obtêm os spreads especificados sobre esses principais nocionais. Suponha que após 1 ano, as inadimplências das empresas no portfólio levam a pagamentos de $2 milhões sobre os CDSs. Os titulares da tranche de patrimônio líquido são responsáveis por esses pagamentos. O principal da tranche de patrimônio líquido cai para $3 milhões e seu spread (1.000 pontos-base) é calculado sobre $3 milhões em vez de $5 milhões. Se em um momento posterior durante a vida do CDO, há mais pagamentos de $4 milhões sobre os CDSs, o acumulado dos pagamentos exigidos pela tranche de patrimônio líquido é de $5 milhões, de modo que seu principal em circulação cai para zero. Os titulares da tranche mezanino precisam pagar $1 milhão, o que reduz seu principal em circulação para $14 milhões.

Os *cash CDOs* exigem um investimento inicial por parte dos titulares das tranches (para financiar os títulos subjacentes). Os titulares de CDOs sintéticos, por outro lado, não precisam realizar um investimento inicial, mas apenas concordar com o modo como as entradas e saídas de caixa serão calculadas. Na prática, eles quase sempre são obrigados a postar o principal da tranche inicial como garantia. Quando a tranche se torna responsável por um resultado sobre um CDS, o dinheiro é retirado da garantia. O saldo na conta de garantia rende juros à taxa LIBOR.

Portfólios padrões e *single-tranche trading*

No CDO sintético que descrevemos, os titulares das tranches vendem proteção para o originador do CDO, que por sua vez vende proteção sobre os CDSs para outros participantes do mercado. Uma inovação no mercado foi a negociação de uma tranche sem a criação do portfólio subjacente de posições vendidas em CDS, também chamada de *single-tranche trading*. Cada negociação tem dois lados: o comprador da proteção sobre uma tranche e o vendedor da proteção sobre a tranche. O portfólio de posições vendidas em CDS é usado como ponto de referência para definir os fluxos de caixa entre os dois lados, mas não é criado. O comprador da proteção paga o spread da tranche para o vendedor da proteção e o vendedor da proteção paga ao comprador quantias que correspondem às perdas sobre o portfólio de referência de CDS pelas quais a tranche é responsável.

Na Seção 25.3, analisamos índices de CDS como o CDX NA IG e o iTraxx Europe. O mercado usa os portfólios subjacentes a esses índices para definir as tranches de CDO sintético padrões. Estas são negociados bastante ativamente. As seis tranches padrões do iTraxx Europe abrangem perdas nas faixas de 0−3%, 3−6%, 6−9%, 9−12%, 12−22% e 22−100%. As seis tranches padrões do CDX NA IG abrangem perdas nas faixas de 0−3%, 3−7%, 7−10%, 10−15%, 15−30% e 30−100%.

TABELA 25.6 Cotações médias do mercado, do Creditex Group, para as tranches de 5 anos do iTraxx Europe. As cotações estão em pontos-base, exceto para a tranche 0–3%, no qual a cotação é igual à porcentagem do principal da tranche que deve ser paga adiantada além de 500 pontos-base por ano

Data	Tranche					Índice iTraxx
	0–3%	3–6%	6–9%	9–12%	12–22%	
31 de janeiro de 2007	10,34%	41,59	11,95	5,60	2,00	23
31 de janeiro de 2008	30,98%	316,90	212,40	140,00	73,60	77
31 de janeiro de 2009	64,28%	1185,63	606,69	315,63	97,13	165

A Tabela 25.6 mostra as cotações para as tranches de 5 anos do iTraxx no final de janeiro de três anos sucessivos. O spread do índice é o custo em pontos-base de comprar proteção para todas as empresas no índice, como descrito na Seção 25.3. As cotações para todas as tranches, exceto a tranche 0–3%, são o custo em pontos-base por ano de comprar a proteção para a tranche. (Como explicado anteriormente, o valor é pago sobre um principal que diminui à medida que a tranche sofre perdas.) No caso da tranche 0–3% (patrimônio líquido), o comprador da proteção realiza um pagamento inicial e então paga 500 pontos-base por ano sobre o principal da tranche em circulação. A cotação é referente ao pagamento inicial como porcentagem do principal da tranche inicial.

Como dois anos fazem diferença nos mercados de crédito! A Tabela 25.6 mostra que a crise de crédito levou a um aumento enorme nos spreads de crédito. O índice iTraxx subiu de 23 pontos-base em janeiro de 2007 para 165 pontos-base em janeiro de 2009. As cotações de tranches individuais também sofreram aumentos enormes. Um motivo para essas mudanças é que as probabilidades de inadimplência avaliadas pelo mercado para empresas de grau de investimento aumentaram. Contudo, também é verdade que os vendedores de proteção muitas vezes estavam sofrendo problemas de liquidez. Eles se tornaram mais avessos ao risco e aumentaram os prêmios pelo risco que exigiam.

25.9 PAPEL DA CORRELAÇÃO EM UM *BASKET CDS* E CDO

O custo da proteção em um CDS k-ésimo a inadimplir ou uma tranche de um CDO é criticamente dependente da correlação de default. Suponha que uma cesta de 100 entidades de referência é usada para definir um CDS k-ésimo a inadimplir de 5 anos e que cada entidade de referência possui uma probabilidade *risk-neutral* de 2% de descumprir suas obrigações durante os cinco anos. Quando a correlação de default entre as entidades de referência é zero, a distribuição binomial mostra que a probabilidade de uma ou mais inadimplências ocorrerem durante os 5 anos é de 86,74% e a probabilidade de 10 ou mais inadimplências é 0,0034%. Assim, um *first-to-default CDS* é bastante valioso, enquanto um CDS décimo a inadimplir não vale praticamente nada.

À medida que a correlação de default aumenta, a probabilidade de uma ou mais inadimplências diminui e a probabilidade de 10 ou mais inadimplências aumenta. No limite, quando a correlação de default entre as entidades de referência é perfeita, a probabilidade de uma ou mais inadimplências é igual à probabilidade de dez ou mais inadimplências e é 2%. Isso ocorre porque nessa situação extrema, as entidades de referência são basicamente a mesma. Ou todas descumprem suas obrigações (com 2% de probabilidade) ou nenhuma descumpre (com 98% de probabilidade).

A avaliação de uma tranche de um CDO sintético também depende da correlação de default. Se a correlação é baixa, a tranche de patrimônio líquido júnior é bastante arriscada e as tranches seniores são bastante seguras. À medida que a correlação de default aumenta, as tranches juniores se tornam menos arriscadas e as tranches seniores se tornam mais arriscadas. No limite, quando a correlação de default é perfeita e a taxa de recuperação é zero, as tranches são todas igualmente arriscadas.

25.10 AVALIAÇÃO DE UM CDO SINTÉTICO

Os CDOs sintéticos podem ser avaliados usando o software DerivaGem. Para explicar os cálculos, suponha que as datas de pagamento sobre uma tranche de CDO sintético ocorrem nos tempos $\tau_1, \tau_2,..., \tau_m$ e $\tau_0 = 0$. Defina E_j como o principal da tranche esperada no tempo τ_j e $v(\tau)$ como o valor presente de \$1 recebido no tempo τ. Suponha que o spread sobre uma determinada tranche (ou seja, o número de pontos-base pago pela proteção) é s ao ano. Esse spread é pago sobre o principal da tranche remanescente. O valor presente dos pagamentos de spread regulares sobre o CDO é dado, assim, por sA, onde:

$$A = \sum_{j=1}^{m}(\tau_j - \tau_{j-1})E_j v(\tau_j) \quad (25.1)$$

A perda esperada entre os tempos τ_{j-1} e τ_j é $E_{j-1} - E_j$. Pressuponha que a perda ocorre no ponto médio do intervalo de tempo (ou seja, no tempo $0{,}5\tau_{j-1} + 0{,}5\tau_j$). O valor presente dos resultados esperados sobre a tranche de CDO é:

$$C = \sum_{j=1}^{m}(E_{j-1} - E_j)v(0{,}5\tau_{j-1} + 0{,}5\tau_j) \quad (25.2)$$

O pagamento de acúmulo devido sobre as perdas é dado por sB, onde:

$$B = \sum_{j=1}^{m} 0{,}5(\tau_j - \tau_{j-1})(E_{j-1} - E_j)v(0{,}5\tau_{j-1} + 0{,}5\tau_j) \quad (25.3)$$

O valor da tranche para o comprador da proteção é $C - sA - sB$. O spread de equilíbrio sobre a tranche ocorre quando o valor presente dos pagamentos é igual ao valor presente dos resultados, ou:

$$C = sA + sB$$

O spread de equilíbrio é, portanto:

$$s = \frac{C}{A + B} \quad (25.4)$$

As equações (25.1) a (25.3) mostram o papel crucial do principal da tranche esperado no cálculo do spread de equilíbrio para uma tranche. Se sabemos que o principal esperado para uma tranche em todas as datas de pagamento e também conhecemos a curva de juros de cupom zero, o spread da tranche de equilíbrio pode ser calculado usando a equação (25.4).

Usando o modelo de cópula gaussiana para o tempo até a inadimplência

O modelo de cópula gaussiana unifatorial para o tempo até a inadimplência foi apresentado originalmente na Seção 24.8. Este é o modelo de mercado padrão para avaliar CDOs sintéticos. Pressupõe-se que todas as empresas têm a mesma probabilidade $Q(t)$ de descumprir suas obrigações até o tempo t. A equação (24.9) converte essa probabilidade de inadimplência incondicional até o tempo t na probabilidade de inadimplência até o tempo t condicional de um fator F:

$$Q(t \mid F) = N\left(\frac{N^{-1}[Q(t)] - \sqrt{\rho}\,F}{\sqrt{1 - \rho}}\right) \quad (25.5)$$

Aqui, ρ é a correlação da cópula, pressuposta como igual para qualquer dupla de empresas.

No cálculo de $Q(t)$, em geral se pressupõe que a taxa de risco para uma empresa é constante e consistente com o spread do índice. Pressupõe-se também que a taxa de risco é calculada usando a abordagem de avaliação de CDS na Seção 25.2 e buscando a taxa de risco que dá o spread do índice. Suponha que a taxa de risco é λ. Assim, de acordo com a equação (24.1):

$$Q(t) = 1 - e^{-\lambda t} \quad (25.6)$$

Das propriedades da distribuição binomial, o modelo de mercado padrão dá a probabilidade de exatamente k inadimplências até o tempo t, condicionais de F, como:

$$P(k, t \mid F) = \frac{n!}{(n-k)!\,k!}\,Q(t \mid F)^{k}[1 - Q(t \mid F)]^{n-k} \quad (25.7)$$

onde n é o número de entidades de referência no portfólio. Suponha que a tranche sob consideração abrange perdas sobre o portfólio entre α_L e α_H. O parâmetro α_L é conhecido pelo nome de *ponto de ligação*, enquanto o parâmetro α_H é chamado de *ponto de desligamento*. Defina:

$$n_L = \frac{\alpha_L n}{1 - R} \quad \text{e} \quad n_H = \frac{\alpha_H n}{1 - R}$$

onde R é a taxa de recuperação. Além disso, defina $m(x)$ como o menor número inteiro maior do que x. Sem perder generalidade, vamos pressupor que o principal da tranche inicial é 1. O principal da tranche permanece igual a 1 enquanto o número de inadimplências, k, é menor do que $m(n_L)$. Ele é zero quando o número de inadimplências é maior ou igual a $m(n_H)$. Caso contrário, o principal da tranche é:

$$\frac{\alpha_H - k(1-R)/n}{\alpha_H - \alpha_L}$$

Defina $E_j(F)$ como o principal da tranche esperado no tempo τ_j, condicional do valor do fator F. Por consequência:

$$E_j(F) = \sum_{k=0}^{m(n_L)-1} P(k, \tau_j \mid F) + \sum_{k=m(n_L)}^{m(n_H)-1} P(k, \tau_j \mid F) \frac{\alpha_H - k(1-R)/n}{\alpha_H - \alpha_L} \quad (25.8)$$

Defina $A(F)$, $B(F)$ e $C(F)$ como os valores de A, B e C, condicionais de F. Da mesma forma que as equações (25.1) a (25.3):

$$A(F) = \sum_{j=1}^{m} (\tau_j - \tau_{j-1}) E_j(F) v(\tau_j) \quad (25.9)$$

$$B(F) = \sum_{j=1}^{m} 0{,}5(\tau_j - \tau_{j-1})(E_{j-1}(F) - E_j(F)) v(0{,}5\tau_{j-1} + 0{,}5\tau_j) \quad (25.10)$$

$$C(F) = \sum_{j=1}^{m} (E_{j-1}(F) - E_j(F)) v(0{,}5\tau_{j-1} + 0{,}5\tau_j) \quad (25.11)$$

A variável F tem distribuição normal padrão. Para calcular os valores incondicionais de A, B e C, é necessário integrar $A(F)$, $B(F)$ e $C(F)$ sobre um distribuição normal padrão. Depois que os valores incondicionais foram calculados, o spread de equilíbrio sobre a tranche pode ser calculado como $C/(A+B)$.[9]

A melhor maneira de realizar a integração é com um procedimento conhecido pelo nome de *quadratura gaussiana*, que envolve a seguinte aproximação:

$$\int_{-\infty}^{\infty} \frac{1}{\sqrt{2\pi}} e^{-F^2/2} g(F)\, dF \approx \sum_{k=1}^{M} w_k g(F_k) \quad (25.12)$$

à medida que M aumenta, a precisão aumenta. Os valores de w_k e F_k para diferentes valores de M são dados no site do autor.[10] O valor de M é o dobro da variável "número de pontos de integração" no DerivaGem. Em geral, definir o número de pontos de integração como igual a 20 gera bons resultados.

■ Exemplo 25.2

Considere a tranche mezanino do iTraxx Europe (vencimento de 5 anos) quando a correlação de cópula é 0,15 e a taxa de recuperação é 40%. Nesse caso, $\alpha_L = 0{,}03$, $\alpha_H = 0{,}06$, $n = 125$, $n_L = 6{,}25$ e $n_H = 12{,}5$. Vamos supor que a estrutura a termo das taxas de juros é plana em 3,5%, os pagamentos são trimestrais e o spread de CDS sobre o índice é 50 pontos-base. Um cálculo semelhante àquele na Seção 25.2 mostra que a taxa de risco constante correspondente ao spread de CDS é 0,83% (com capitalização contínua). A Tabela 25.7 apresenta uma parte dos cálculos restantes. Utiliza-se

---

[9] No caso da tranche de patrimônio líquido, a cotação é o pagamento adiantado que deve ser realizado além dos 500 pontos-base anuais. O pagamento adiantado de equilíbrio é $C - 0{,}05(A + B)$.

[10] Os parâmetros w_k e F_k são calculados a partir das raízes de polinômios de Hermite. Para mais informações sobre a quadratura gaussiana, consulte a Nota Técnica 21 disponível em www.rotman.utoronto.ca/~hull/TechnicalNotes.

TABELA 25.7 Avaliação do CDO no Exemplo 25.2: principal=1; pagamentos são por unidade do spread

Pesos e valores para fatores						
w_k	...	0,1579	0,1579	0,1342	0,0969	...
F_k	...	0,2020	−0,2020	−0,6060	−1,0104	...
Principal esperado, $E_j(F_k)$						
Tempo						
$j = 1$	...	1,0000	1,0000	1,0000	1,0000	...
⋮	⋮	⋮	⋮	⋮	⋮	⋮
$j = 19$	...	0,9953	0,9687	0,8636	0,6134	...
$j = 20$	...	0,9936	0,9600	0,8364	0,5648	...
VP do pagamento esperado, $A(F_k)$						
$j = 1$	...	0,2478	0,2478	0,2478	0,2478	...
⋮	⋮	⋮	⋮	⋮	⋮	⋮
$j = 19$	...	0,2107	0,2051	0,1828	0,1299	...
$j = 20$	...	0,2085	0,2015	0,1755	0,1185	...
Total	...	4,5624	4,5345	4,4080	4,0361	...
VP do pagamento de acúmulo esperado, $B(F_k)$						
$j = 1$	...	0,0000	0,0000	0,0000	0,0000	...
⋮	⋮	⋮	⋮	⋮	⋮	⋮
$j = 19$	...	0,0001	0,0008	0,0026	0,0051	...
$j = 20$	...	0,0002	0,0009	0,0029	0,0051	...
Total	...	0,0007	0,0043	0,0178	0,0478	...
VP do resultado esperado, $C(F_k)$						
$j = 1$	...	0,0000	0,0000	0,0000	0,0000	...
⋮	⋮	⋮	⋮	⋮	⋮	⋮
$j = 19$	...	0,0011	0,0062	0,0211	0,0412	...
$j = 20$	...	0,0014	0,0074	0,0230	0,0410	...
Total	...	0,0055	0,0346	0,1423	0,3823	...

um valor de $M = 60$ na equação (25.12). Os valores de fatores, F_k, e seus pesos, w_k, aparecem no primeiro segmento da tabela. Os principais de tranches esperadas nas datas de pagamentos condicionais dos valores de fatores são calculados a partir das equações (25.5) a (25.8) e são mostrados no segundo segmento da tabela. Os valores de A, B e C condicionais dos valores de fatores são calculados nos três últimos segmentos da tabela usando as equações (25.9) a (25.11). Os valores incondicionais de A, B e C são calculados pela integração de $A(F)$, $B(F)$ e $C(F)$ sobre a distribuição de probabilidade de F. Para tanto, define-se $g(F)$ como igual, por sua vez, a $A(F)$, $B(F)$ e $C(F)$ na equação (25.12). O resultado é:

$$A = 4{,}2846, \quad B = 0{,}0187, \quad C = 0{,}1496$$

O spread da tranche de equilíbrio é $0{,}1496/(4{,}2846 + 0{,}0187) = 0{,}0348$, ou 348 pontos-base.

Esse resultado pode ser obtido com o DerivaGem. A planilha CDS é usada para converter o spread de 50 pontos-base em uma taxa de risco de 0,83%. A planilha CDO é então utilizada com essa taxa de risco e 30 pontos de integração. ∎

Avaliação do CDS *k*-ésimo a inadimplir

Um CDS *k*-ésimo a inadimplir (ver Seção 25.6) também pode ser avaliado usando o modelo de mercado padrão pelo condicionamento do fator F. A probabilidade condicional de que a *k*-ésima inadimplência ocorrerá entre os tempos τ_{j-1} e τ_j é a probabilidade condicional de que haverá k ou mais inadimplências até o tempo τ_j menos a probabilidade condicional de que haverá k ou inadimplências até o tempo τ_{j-1}. O resultado pode ser calculado a partir das equações (25.5) a (25.7) como:

$$\sum_{q=k}^{n} P(q, \tau_j \mid F) - \sum_{q=k}^{n} P(q, \tau_{j-1} \mid F)$$

Podemos pressupor que as inadimplências entre o tempo τ_{j-1} e τ_j ocorrem no tempo $0{,}5\tau_{j-1} + 0{,}5\tau_j$. Isso nos permite calcular o valor presente dos pagamentos, e dos resultados, condicionais de F, da mesma maneira que paga os resultados de CDSs normais (ve Seção 25.2). Integrando sobre F, podemos calcular os valores presentes incondicionais de pagamentos e resultados.

■ Exemplo 25.3

Considere um portfólio composto de 10 títulos, cada um dos quais com taxa de risco de 2% ao ano. Suponha que estamos interessados em avaliar um CDS de terceiro a inadimplir no qual os pagamentos são realizados anualmente no final do período. Pressuponha que a correlação de cópula é 0,3, a taxa de recuperação é 40% e todas as taxas de juros livres de risco são 5$. Assim como na Tabela 25.7, consideramos $M = 60$ diferentes valores de fatores. A probabilidade cumulativa incondicional de cada título inadimplir até os anos 1, 2, 3, 4 e 5 é 0,0198, 0,0392, 0,0582, 0,0769 e 0,0952, respectivamente. A equação (25.5) mostra que, condicional de $F = 1{,}0104$, essas probabilidades de inadimplência são 0,0361, 0,0746, 0,1122, 0,1484 e 0,1830, respectivamente. Da distribuição binomial, a probabilidade condicional de três ou mais inadimplências até os tempos 1, 2, 3, 4 e 5 anos é 0,0047, 0,0335, 0,0928, 0,1757 e 0,2717, respectivamente. A probabilidade condicional da terceira inadimplência ocorrer durante os anos 1, 2, 3, 4 e 5 é, portanto, 0,0047, 0,0289, 0,0593, 0,0829 e 0,0960, respectivamente. Uma análise semelhante àquela na Seção 25.2 mostra que os valores presentes dos resultados, pagamentos regulares e pagamentos de acúmulo condicionais de $F = -1{,}0104$ são $0{,}1379$, $3{,}8443s$ e $0{,}1149s$, onde s é o spread. Cálculos semelhantes são realizados para os outros 59 valores de fatores e a equação (25.12) é utilizada para integrar sobre F. Os valores presentes incondicionais dos resultados, pagamentos regulares e pagamentos de acúmulo são $0{,}0629$, $4{,}0580s$ e $0{,}0524s$. O spread de CDS de equilíbrio é, portanto, $0{,}0629/(4{,}0580 + 0{,}0524) = 0{,}0153$, ou 153 pontos-base. ■

Correlação implícita

No modelo de mercado padrão, geralmente se pressupõe que a taxa de recuperação R é de 40%. Isso deixa a correlação de cópula ρ como o único parâmetro desconhecido. O resultado é que o modelo passa a ser semelhante a Black–Scholes–Merton, no qual há apenas um parâmetro desconhecido, a volatilidade. Os participantes do mercado gostam de implicar uma correlação a partir de cotações do mercado para tranches da mesma maneira que implicam uma volatilidade a partir dos preços de mercado das opções.

Suponha que os valores de $\{\alpha_L, \alpha_H\}$ para tranches sucessivamente mais sêniores são $\{\alpha_0, \alpha_1\}$, $\{\alpha_1, \alpha_2\}$, $\{\alpha_2, \alpha_3\}$,..., com $\alpha_0 = 0$. (Por exemplo, no caso do iTraxx Europe, $\alpha_0 = 0$, $\alpha_1 = 0{,}03$, $\alpha_2 = 0{,}06$, $\alpha_3 = 0{,}09$, $\alpha_4 = 0{,}12$, $\alpha_5 = 0{,}22$, $\alpha_6 = 1{,}00$.) Há duas medidas de correlação implícitas alternativas. Uma é a *correlação composta* ou *correlação de tranche*. Para uma tranche $\{\alpha_{q-1}, \alpha_q\}$, esse é o valor da correlação, ρ, que leva ao spread calculado ser o mesmo que o spread no mercado. Ele é encontrado por meio de uma busca iterativa. A outra é a *correlação de base*. Para um determinado valor de α_q ($q \geq 1$), esse é o valor de ρ que leva à tranche $\{0, \alpha_q\}$ sendo apreçada de forma consistente com o mercado. Ele é obtido usando os seguintes passos:

1. Calcule a correlação composta para cada tranche.
2. Use a correlação composta para calcular o valor presente da perda esperada sobre cada tranche durante a vida do CDO como porcentagem do principal da tranche inicial. Esta é a variável que definimos como C acima. Suponha que o valor de C para a tranche $\{\alpha_{q-1}, \alpha_q\}$ é C_q.
3. Calcule o valor presente da perda esperada sobre a tranche $\{0, \alpha_q\}$ como porcentagem do principal do total do portfólio subjacente. Este é $\sum_{p=1}^{q} C_p(\alpha_p - \alpha_{p-1})$.
4. O valor C para a tranche $\{0, \alpha_q\}$ é o valor calculado no Passo 3 dividido por α_q. A correlação de base é o valor do parâmetro de correlação, ρ, que é consistente com esse valor C. Para encontrá-lo, é preciso usar uma busca iterativa.

O valor presente da perda como porcentagem do portfólio subjacente que seria calculado no Passo 3 para as cotações do iTraxx Europe para 31 de janeiro de 2007 dado na Tabela 25.6 é mostrado na Figura 25.3. As correlações implícitas para essas

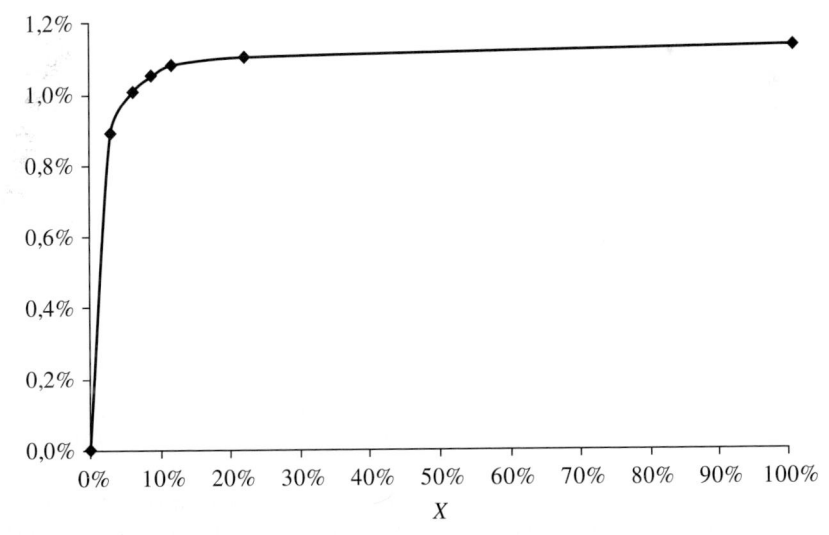

FIGURA 25.3 O eixo vertical dá o valor presente da perda esperada sobre a tranche 0 a X% como uma porcentagem do principal subjacente total para o índice iTraxx Europe em 31 de janeiro de 2007.

TABELA 25.8 Correlações implícitas para tranches de 5 anos da iTraxx Europe em 31 de janeiro de 2007

Correlações compostas					
Tranche	0–3%	3–6%	6–9%	9–12%	12–22%
Correlação implícita	17,7%	7,8%	14,0%	18,2%	23,3%
Correlações de base					
Tranche	0–3%	0–6%	0–9%	0–12%	0–22%
Correlação implícita	17,7%	28,4%	36,5%	43,2%	60,5%

cotações são apresentadas na Tabela 25.8. Os cálculos foram realizados usando o DerivaGem, pressupondo que a estrutura a termo das taxas de juros é plana em 3% e a taxa de recuperação é 40%. A planilha CDS mostra que o spread de 23 pontos-base implica uma taxa de risco de 0,382%. As correlações implícitas são calculadas usando a planilha CDO. Os valores subjacentes à Figura 25.3 também podem ser calculados nessa planilha usando a expressão no passo 3, acima.

Os padrões de correlação na Tabela 25.8 são típicos daqueles observados normalmente. As correlações compostas demonstram um "*smile* de correlação". À medida que a tranche se torna mais sênior, a correlação implícita primeiro diminui e então aumenta. As correlações de base demonstram uma vantagem de correlação na qual a correlação implícita é uma função crescente do ponto de desligamento da tranche.

Se os preços de mercado fossem consistentes com o modelo de cópula gaussiana unifatorial, as correlações implícitas (compostas e de base) seriam as mesmas para todas as tranches. A partir dos fortes *smiles* e vantagens que observamos na prática, entretanto, podemos inferir que os preços de mercado não são consistentes com esse modelo.

Avaliação de tranches não padrões

Não precisamos de um modelo para avaliar as tranches padrões de um portfólio padrão, como o iTraxx Europe, pois os spreads para essas tranches podem ser observados no mercado. Às vezes, é preciso produzir cotações para tranches não padrões de um portfólio padrão. Suponha que você precisa de uma cotação para a tranche 4−8% do iTraxx Europe. Uma abordagem seria interpolar as correlações de base para estimar a correlação de base para a tranche 0−4% e a tranche 0−8%. Essas duas correlações de base permitem que estimemos o valor presente da perda esperada (como porcentagem do principal do portfólio subjacente) para essas tranches. O valor presente da perda esperada para a tranche 4−8% (como porcentagem do principal subjacente) pode ser estimado como a diferença entre o valor presente das perdas esperadas para as tranches 0−8% e 0−4%. O resultado pode ser utilizado para implicar uma correlação composta e um spread de equilíbrio para a tranche.

Hoje se reconhece que essa não é a melhor maneira de proceder. Uma abordagem melhor seria calcular as perdas esperadas para cada uma das tranches padrões e produzir um gráfico como aquele da Figura 25.3, mostrando a variação da perda esperada para a tranche 0−X% com X. Os valores nesse gráfico podem ser interpolados para fornecer a perda esperada para as tranches 0−4% e 0−8%. A diferença entre essas perdas esperadas é uma estimativa melhor da perda esperada sobre a tranche 4−8% do que aquela obtida usando a abordagem de correlação de base.

Podemos mostrar que para uma situação sem arbitragem, as perdas esperadas, quando calculadas da maneira descrita na Figura 25.3, devem aumentar com X a uma taxa decrescente. Se as correlações de base são interpoladas e então usadas para calcular as perdas esperadas, essa condição sem arbitragem muitas vezes não é satisfeita. (O problema é que a correlação de base para a tranche 0−X% é uma função não linear da perda esperada sobre a tranche 0−X%.) Assim, a abordagem direta da interpolação das perdas esperadas é muito melhor do que a abordagem indireta de interpolar correlações de base. Além disso, o procedimento pode ser realizado de modo a garantir que a condição sem arbitragem mencionada acima seja satisfeita.

25.11 ALTERNATIVAS AO MODELO DE MERCADO PADRÃO

Esta seção descreve diversas alternativas ao modelo de cópula gaussiana unifatorial que se tornou o padrão do mercado.

Modelo heterogêneo

O modelo de mercado padrão é um modelo homogêneo, no sentido que se pressupõe que as distribuições de probabilidade de tempo até a inadimplência são as mesmas para todas as empresas e as correlações de cópula para qualquer par de empresas são as mesmas. O pressuposto de homogeneidade pode ser relaxado para que seja possível usar um modelo mais geral. Contudo, esse modelo tem implementação mais complexa, pois cada empresa tem uma probabilidade diferente de descumprir suas obrigações em uma data qualquer e $P(k, t | F)$ não pode mais ser calculado usando a fórmula binomial na equação (25.7). É necessário usar um procedimento numérico como aquele descrito em Andersen *et al.* (2003) e em Hull e White (2004).[11]

Outras cópulas

O modelo de cópula gaussiana unifatorial é um modelo específico da correlação entre os tempos até a inadimplência. Muitos outros modelos de cópula unifatorial foram propostos, incluindo a cópula t de Student, a cópula de Clayton, a cópula de Arquimedes e a cópula de Marshall–Olkin. Também podemos criar novas cópulas unifatoriais pressupondo que F e os Z_i na equação (24.7) têm distribuições não normais com média 0 e desvio padrão 1. Hull e White mostram que obtemos um bom ajuste ao mercado quando F e os Z_i têm distribuições t de Student com quatro graus de liberdade.[12] É o que chamam de *cópula de duplo t*.

---

[11] Ver L. Andersen, J. Sidenius, and S. Basu, "All Your Hedges in One Basket", *Risk*, November 2003; and J. C. Hull e A. White, "Valuation of a CDO and *n*th-to-Default Swap without Monte Carlo Simulation", *Journal of Derivatives*, 12, 2 (Winter 2004), 8–23.

[12] Ver J. C. Hull and A. White, "Valuation of a CDO and *n*th-to-Default Swap without Monte Carlo Simulation", *Journal of Derivatives*, 12, 2 (Winter 2004), 8–23.

Outra abordagem é aumentar o número de fatores no modelo. Infelizmente, a execução do modelo se torna muito mais lenta, pois é necessário integrar diversas distribuições normais em vez de apenas uma.

Cargas de fatores aleatórias

Andersen e Sidenius sugeriram um modelo no qual a correlação de cópula ρ na equação (25.5) é uma função de F.[13]

Em geral, ρ aumenta à medida que F diminui. Isso significa que em todos os estados do mundo nos quais a taxa de inadimplência é alta (ou seja, estados do mundo nos quais F é baixo), a correlação de default também é alta. Evidências empíricas sugerem que isso é verdade.[14] Andersen e Sidenius afirmam que esse modelo se ajusta às cotações de mercado muito melhor do que o modelo de mercado padrão.

O modelo de cópula implícita

Hull e White mostram como uma cópula pode ser implicada a partir de cotações de mercado.[15] A versão mais simples do modelo pressupõe que uma determinada taxa de risco média se aplica a todas as empresas em um portfólio durante a vida de um CDO. A taxa de risco média tem uma distribuição de probabilidade que pode ser implicada a partir do apreçamento das tranches. O cálculo da cópula implícita é conceitualmente semelhante à ideia, discutida no Capítulo 20, de calcular uma distribuição de probabilidade implícita para um preço de ação a partir dos preços de opções.

Modelos dinâmicos

Os modelos discutidos até aqui podem ser caracterizados como modelos estáticos. Basicamente, eles modelam o ambiente de inadimplência médio durante a vida do CDO. O modelo construído para um CDO de 5 anos é diferente daquele construído para um CDO de 7 anos, que por sua vez é diferente do modelo construído para um CDO de 10 anos. Os modelos dinâmicos são diferentes dos estáticos porque tentam modelar a evolução da perda sobre um portfólio com o tempo. Há três tipos diferentes de modelos dinâmicos:

1. *Modelos estruturais*: Semelhantes aos modelos descritos na Seção 24.6, exceto que os processos estocásticos para os preços de ativos de muitas empresas são modelados simultaneamente. Quando o preço de ativo para uma empresa

---

[13] Ver L. Andersen and J. Sidenius, "Extension of the Gaussian Copula Model: Random Recovery and Random Factor Loadings", *Journal of Credit Risk*, 1, 1 (Winter 2004), 29–70.

[14] Ver, por exemplo, A. Sevigny and O. Renault, "Default Correlation: Empirical Evidence", Working Paper, Standard and Poors, 2002; S. R. Das, L. Freed, G. Geng, and N. Kapadia, "Correlated Default Risk", *Journal of Fixed Income*, 16 (2006), 2, 7–32, J. C. Hull, M. Predescu, and A. White, "The Valuation of Correlation-Dependent Credit Derivatives Using a Structural Model", *Journal of Credit Risk*, 6 (2010), 99–132; e A. Ang and J. Chen, "Asymmetric Correlation of Equity Portfolios", *Journal of Financial Economics*, 63 (2002), 443–494.

[15] Ver J. C. Hull and A. White, "Valuing Credit Derivatives Using an Implied Copula Approach", *Journal of Derivatives*, 14 (2006), 8–28; e J. C. Hull and A. White, "An Improved Implied Copula Model and its Application to the Valuation of Bespoke CDO Tranches", *Journal of Investment Management*, 8, 3 (2010), 11–31.

alcança uma barreira, há uma inadimplência. Os processos seguidos pelos ativos são correlacionados. O problema com esses tipos de modelo é que eles precisam ser implementados com simulações de Monte Carlo, o que dificulta o calibramento.

2. *Modelos de forma reduzida*: Nesses modelos, as taxas de risco das empresas são modeladas. Para que eles tenham um nível realista de correlação, é necessário pressupor que há saltos nas taxas de risco.

3. *Modelos de cima para baixo*: São modelos nos quais a perda total sobre um portfólio é modelada diretamente. Os modelos não consideram o que acontece com empresas individuais.

RESUMO

Os derivativos de crédito permitem que os bancos e outras instituições financeiras gerenciem ativamente seus riscos de crédito. Eles podem ser utilizados para transferir risco de crédito de uma empresa para outra e para diversificar o risco de crédito com a troca de uma exposição por outra.

O derivativo de crédito mais comum é o *credit default swap*, um contrato pelo qual uma empresa compra seguro de outra empresa contra uma terceira (a entidade de referência) descumprir suas obrigações. Em geral, o resultado é a diferença entre o valor de face de um título emitido pela entidade de referência e seu valor imediatamente após uma inadimplência. Os *credit default swaps* podem ser analisados com o cálculo do valor presente dos pagamentos esperados e o valor presente do resultado esperado em um mundo *risk-neutral*.

Um *credit default swap* a termo é uma obrigação de firmar um determinado *credit default swap* em uma data específica. Uma opção sobre *credit default swap* é o direito de firmar um determinado *credit default swap* em uma data específica. Ambos os instrumentos deixam de existir se a entidade de referência descumpre suas obrigações antes da data. Um CDS *k*-ésimo a inadimplir é definido como um CDS que dá resultado quando ocorre a *k*-ésima inadimplência em um portfólio de empresas.

Um swap de retorno total é um instrumento no qual o retorno total sobre um portfólio de ativos sensíveis ao crédito é trocado pela LIBOR mais um spread. Os swaps de retorno total muitas vezes são utilizados como veículos de financiamento. Uma empresa que deseja adquirir um portfólio de ativos pedirá que uma instituição financeira compre os ativos em seu nome. A seguir, a instituição financeira firmará um swap de retorno total com a empresa pelo qual pagará o retorno sobre os ativos para esta e receberá a LIBOR mais um spread. A vantagem desse tipo de acordo é que a instituição financeira reduz sua exposição à inadimplência por parte da empresa.

Em uma obrigação de dívida garantida, diversos títulos diferentes são criados a partir de um portfólio de títulos corporativo ou empréstimos comerciais. Há regras para determinar como as perdas de crédito são alocadas. O resultado das regras é que títulos com notas de crédito muito altas e muito baixas são criadas a partir do portfólio. Uma obrigação de dívida garantida sintética cria um conjunto semelhante de títulos a partir de *credit default swaps*. O modelo de mercado padrão para apreçar um CDS *k*-ésimo a inadimplir e tranches de um CDO sintético é o modelo de cópula gaussiana unifatorial para o tempo até a inadimplência.

LEITURAS COMPLEMENTARES

Andersen, L., and J. Sidenius, "Extensions to the Gaussian Copula: Random Recovery and Random Factor Loadings", *Journal of Credit Risk*, 1, No. 1 (Winter 2004): 29–70.

Andersen, L., J. Sidenius, and S. Basu, "All Your Hedges in One Basket", *Risk*, 16, 10 (November 2003): 67–72.

Das, S., *Credit Derivatives: Trading & Management of Credit & Default Risk*, 3rd edn. New York: Wiley, 2005.

Hull, J. C., and A. White, "Valuation of a CDO and *n*th to Default Swap without Monte Carlo Simulation", *Journal of Derivatives*, 12, No. 2 (Winter 2004): 8–23.

Hull, J. C., and A. White, "Valuing Credit Derivatives Using an Implied Copula Approach", *Journal of Derivatives*, 14, 2 (Winter 2006), 8–28.

Hull, J. C., and A. White, "An Improved Implied Copula Model and its Application to the Valuation of Bespoke CDO Tranches", *Journal of Investment Management*, 8, 3 (2010), 11–31.

Laurent, J.-P., and J. Gregory, "Basket Default Swaps, CDOs and Factor Copulas", *Journal of Risk*, 7, 4 (2005), 8–23.

Li, D. X., "On Default Correlation: A Copula Approach", *Journal of Fixed Income*, March 2000: 43–54.

Schönbucher, P. J., *Credit Derivatives Pricing Models*. New York: Wiley, 2003.

Tavakoli, J. M., *Credit Derivatives & Synthetic Structures: A Guide to Instruments and Applications*, 2nd edn. New York: Wiley, 1998.

Questões e problemas

25.1 Explique a diferença entre um *credit default swap* normal e um *credit default swap* binário.

25.2 Um *credit default swap* exige um pagamento semestral à taxa de 60 pontos-base ao ano. O principal é de $300 milhões e o *credit default swap* é liquidado em caixa. A inadimplência ocorre após 4 anos e 2 meses e o agente de cálculo estima que o preço do título mais barato para entregar é 40% de seu valor de face logo após a inadimplência. Liste os fluxos de caixa e suas tempestividades para o vendedor do *credit default swap*.

25.3 Explique as duas maneiras de liquidar um *credit default swap*.

25.4 Explique como um *cash CDO* e um CDO sintético são criados.

25.5 Explique o que é um *first-to-default credit default swap*. Seu valor aumenta ou diminui à medida que a correlação de default entre as empresas no cesto aumenta? Explique.

25.6 Explique a diferença entre as probabilidades de inadimplência *risk-neutral* e do mundo real.

25.7 Explique por que um swap de retorno total pode ser útil como ferramenta financeira.

25.8 Suponha que a curva à vista livre de risco é plana em 7% ao ano com capitalização contínua e que as inadimplências podem ocorrer na metade de cada ano em um novo *credit default swap* de 5 anos. Suponha que a taxa de recuperação é de 30% e que a taxa de risco é 3%. Estime o spread do *credit default swap*. Pressuponha que os pagamentos são realizados anualmente.

25.9 Qual é o valor do swap no Problema 25.8 por dólar de principal nocional para o comprador da proteção se o spread do *credit default swap* é 150 pontos-base?

25.10 Qual é o spread de *credit default swap* no Problema 25.8 se ele é um CDS binário?

25.11 Como funciona um *credit default swap* de *n*-ésimo a inadimplir de 5 anos? Considere uma cesta de 100 entidades de referência na qual cada entidade de referência tem 1% de probabilidade de inadimplir em cada ano. À medida que a correlação de default entre as entidades de referência aumenta, o que você acha que tende a acontecer com o valor do swap quando (a) $n = 1$ e (b) $n = 25$. Explique sua resposta.

25.12 Qual é a fórmula que relaciona o resultado de um CDS ao principal nocional e à taxa de recuperação?

25.13 Mostre que o spread para um novo CDS *plain vanilla* deveria ser $(1 - R)$ vezes o spread para um novo CDS binário semelhante, onde R é a taxa de recuperação.

25.14 Confirme que se o spread de CDS para o exemplo nas Tabelas 25.1 a 25.4 é 100 pontos-base, a taxa de risco deve ser de 1,63% ao ano. Como a taxa de risco muda quando a taxa de recuperação é de 20% em vez de 40%? Confirme que sua resposta é consistente com a taxa de risco implícita ser aproximadamente proporcional a $1/(1 - R)$, onde R é a taxa de recuperação.

25.15 Uma empresa firma um swap de retorno total no qual recebe o retorno sobre um título corporativo que paga um cupom de 5% e paga a taxa LIBOR. Explique a diferença entre isso e um swap normal no qual 5% são trocados pela LIBOR.

25.16 Explique como os contratos a termo e opções sobre *credit default swaps* são estruturados.

25.17 "A posição de um comprador de um *credit default swap* é semelhante à posição de alguém com posição comprada em um título livre de risco e vendida em um título corporativo". Explique essa afirmação.

25.18 Por que há um possível problema de informação assimétrica nos *credit default swaps*?

25.19 Avaliar um CDS usando probabilidades de inadimplência do mundo real em vez das probabilidades de inadimplência *risk-neutral* superestima ou subestima seu valor? Explique sua resposta.

25.20 Qual é a diferença entre um swap de retorno total e um swap de ativos?

25.21 Suponha que em um modelo de cópula gaussiana unifatorial, a probabilidade de inadimplência de 5 anos para cada um de 125 nomes é de 3% e a correlação de cópula dois a dois é 0,2. Calcule, para valores de fator de -2, -1, 0, 1 e 2: (a) a probabilidade de inadimplência condicional do valor do fator e (b) a probabilidade de mais de 10 inadimplências condicional do valor do fator.

25.22 Explique a diferença entre a correlação de base e a correlação composta.

25.23 No Exemplo 25.2, qual é o spread da tranche para a tranche de 9% a 12%, pressupondo uma correlação de tranche de 0,15?

Questões adicionais

25.24 Suponha que a curva à vista livre de risco é plana em 6% ao ano com capitalização contínua e que as inadimplências podem ocorrer nos tempos 0,25 ano, 0,75 ano, 1,25 ano e 1,75 ano em um *credit default swap plain vanilla* de 2 anos com pagamentos semestrais. Suponha que a taxa de recuperação é 20% e as probabilidades de inadimplência incondicionais (vistas no tempo zero) são de 1% nos tempos 0,25 ano a 0,75 ano e de 1,5% nos tempos 1,25 ano e 1,75 ano. Qual é o spread do *credit default swap*?

Qual seria o spread de spread de crédito se o instrumento fosse um *credit default swap* binário?

25.25 Pressuponha que a taxa de risco para uma empresa é λ e a taxa de recuperação é R. A taxa de juros livre de risco é 5% ao ano. A inadimplência sempre ocorre na metade do ano. O spread para um CDS *plain vanilla* de 5 anos no qual os pagamentos são anuais é 120 pontos-base e o spread para um CDS binário de 5 anos no qual os pagamentos são realizados anualmente é 160 pontos-base. Estime R e λ.

25.26 Explique como você espera que os retornos oferecidos sobre as diversas tranches em um CDO sintético mudem quando a correlação entre os títulos no portfólio aumenta.

25.27 Suponha que:
  (a) O rendimento sobre um título livre de risco de 5 anos é 7%.
  (b) O rendimento sobre um título corporativo de 5 anos emitido pela empresa X é 9,5%.
  (c) Um *credit default swap* de 5 anos oferece seguro contra a inadimplência da empresa X custa 150 pontos-base ao ano.

Qual é a oportunidade de arbitragem nessa situação? Qual seria a oportunidade de arbitragem se o spread de crédito fosse de 300 pontos-base em vez de 150 pontos-base?

25.28 No Exemplo 25.3, qual é o spread para (a) um *first-to-default* CDS e (b) um CDS de segundo *default*?

25.29 No Exemplo 25.2, qual é o spread da tranche para a tranche de 6% a 9%, pressupondo uma correlação de tranche de 0,15?

25.30 Os spreads de CDS de 1, 2, 3, 4 e 5 anos são 100, 120, 135, 145 e 152 pontos-base, respectivamente. A taxa de juros livre de risco é 3% para todos os vencimentos, a taxa de recuperação é 35% e os pagamentos são trimestrais. Calcule a taxa de risco de cada ano. Qual é a probabilidade de inadimplência no ano 1? Qual é a probabilidade de inadimplência no ano 2?

25.31 A Tabela 25.6 mostra que o índice iTraxx de 5 anos era 77 pontos-base em 31 de janeiro de 2008. Pressuponha que a taxa de juros livre de risco é 5% para todos os vencimentos, a taxa de recuperação é 40% e os pagamentos são trimestrais. Pressuponha também que o spread de 77 pontos-base se aplica a todos os vencimentos. Calcule uma taxa de risco consistente com o spread. Use essa informação na planilha CDO com 10 pontos de integração para implicar correlações de base para cada tranche a partir das cotações para 31 de janeiro de 2008.

CAPÍTULO 26

Opções exóticas

Derivativos como as opções de compra e de venda europeias e americanas são os chamados *produtos plain vanilla*. Eles têm propriedades padrões bem-definidas e são negociados ativamente. Seus preços ou volatilidades implícitas são cotadas por bolsas ou por corretores intermediários regularmente. Um dos aspectos mais exitantes do mercado de derivativos de balcão é a quantidade de produtos não padrões que foram criados pelos engenheiros financeiros. Esses produtos são chamados de *opções exóticas* ou simplesmente de *exóticas*. Apesar de em geral representarem uma parcela relativamente pequena de seu portfólio, essas opções exóticas são importantes para os corretores de derivativos, pois quase sempre são muito mais lucrativas que os produtos *plain vanilla*.

Os produtos exóticos são desenvolvidos por diversos motivos diferentes. Às vezes, eles atendem uma necessidade de hedge real do mercado; em outras, há motivos fiscais, contábeis, legais ou regulatórios para os tesoureiros corporativos, gerentes de fundos e instituições financeiras acreditarem que os produtos exóticos são atraentes; às vezes, os produtos são estruturados de modo a refletir uma perspectiva sobre movimentos futuros potenciais em variáveis de mercado específicas; ocasionalmente, um produto exótico é estruturado por um corretor de derivativos de modo a parecer do que deveria para um tesoureiro corporativo ou gerente de fundo desatento.

Neste capítulo, descrevemos algumas das opções exóticas mais comuns e discutimos sua avaliação. Vamos pressupor que o ativo subjacente oferece um rendimento à taxa q. Como discutido nos Capítulos 17 e 18, para uma opção sobre um índice de ações, q deve ser definido como igual ao rendimento em dividendos sobre o índice; para uma opção sobre uma moeda, deve ser definido como igual à taxa de juros livre de risco estrangeira; para uma opção sobre um contrato futuro, deve ser definido como igual à taxa de juros livre de risco nacional.

26.1 PACOTES

Um *pacote* é um portfólio composto de opções de compra europeias padrões, opções de venda europeias padrões, contratos a termo, caixa e o ativo subjacente em si. No Capítulo 12, analisamos diversos tipos de pacotes diferentes: spreads de alta, spreads de baixa, spreads borboleta, spreads calendário, *straddles*, *strangles* e assim por diante.

Muitas vezes, o pacote é estruturado pelos traders de modo que o custo inicial seja zero. Um exemplo é o *contrato range forward*.[1] O instrumento foi discutido na Seção 17.2. Ele é composto de uma opção de compra comprada e uma opção de venda vendida, ou uma opção de compra vendida e uma opção de venda comprada. O preço de exercício da opção de compra é maior do que o preço de exercício da opção de venda, sendo que tais preços são escolhidos para que o valor da opção de compra seja igual ao valor da opção de venda.

Vale lembrar que qualquer derivativo pode ser convertido em um produto de custo zero com o diferimento do pagamento até o vencimento. Considere uma opção de compra europeia. Se c é o custo da opção quando o pagamento é realizado no tempo zero, então $A = ce^{rT}$ é o custo quando o pagamento é realizado no tempo T, o vencimento da opção. Nesse caso, o resultado é $\max(S_T - K, 0) - A$ ou $\max(S_T - K - A, -A)$. Quando o preço de exercício, K, é igual ao preço a termo, outros nomes para uma opção de pagamento diferido incluem *break forward*, opção de Boston, contrato a termo com saída opcional e contrato a termo passível de cancelamento.

26.2 OPÇÕES DE COMPRA E DE VENDA AMERICANAS PERPÉTUAS

A equação diferencial que deve ser satisfeita pelo preço de um derivativo quando há um dividendo à taxa q é a equação (17.6):

$$\frac{\partial f}{\partial t} + (r-q)S\frac{\partial f}{\partial S} + \tfrac{1}{2}\sigma^2 S^2 \frac{\partial^2 f}{\partial S^2} = rf$$

Considere um derivativo que paga uma quantia fixa Q quando $S = H$ pela primeira vez. Se $S < H$, as condições limites para a equação diferencial são que $f = Q$ quando $S = H$ e $f = 0$ quando $S = 0$. A solução $f = Q(S/H)^\alpha$ satisfaz as condições limites quando α. 0. Além disso, ela satisfaz a equação diferencial quando:

$$(r-q)\alpha + \tfrac{1}{2}\alpha(\alpha - 1)\sigma^2 = r$$

A solução positiva dessa equação é $\alpha = \alpha_1$, onde:

$$\alpha_1 = \frac{-w + \sqrt{w^2 + 2\sigma^2 r}}{\sigma^2}$$

---

[1] Outros nomes utilizados para contratos *range forward* incluem colar de custo zero, contrato a termo flexível, opção de cilindro, *fence* de opções, min–max e banda forward.

e $w = r - q - \sigma^2/2$. Logo, o valor do derivativo deve ser $Q(S/H)^{\alpha_1}$, pois isso satisfaz as condições de limite e a equação diferencial.

A seguir, considere uma opção de compra americana perpétua com preço de exercício K. Se a opção é exercida quando $S = H$, o resultado é $H - K$ e, a partir do resultado que acabamos de provar, o valor da opção é $(H - K)(S/H)^{\alpha_1}$. O titular da opção de compra pode escolher o preço do ativo, H, ao qual a opção é exercida. O valor ideal de H é aquele que maximiza o valor que acabamos de calcular. Usando métodos de cálculo padrão, é $H = H_1$, onde:

$$H_1 = K \frac{\alpha_1}{\alpha_1 - 1}$$

O preço de uma opção de compra perpétua se $S < H_1$ é, portanto:

$$\frac{K}{\alpha_1 - 1} \left(\frac{\alpha_1 - 1}{\alpha_1} \frac{S}{K} \right)^{\alpha_1}$$

Se $S > H_1$, a opção de compra deve ser exercida imediatamente e vale $S - K$.

Para avaliar uma opção de venda americana, consideramos um derivativo que paga Q quando $S = H$ na situação na qual $S > H$ (de modo que a barreira H é alcançada de cima). Nesse caso, as condições limites para a equação diferencial são que $f = Q$ quando $S = H$ e $f = 0$ à medida que S tende ao infinito. Nesse caso, a solução $f = Q(S/H)^{-\alpha}$ satisfaz as condições limite quando $\alpha > 0$. Assim como antes, podemos demonstrar que também satisfaz a equação diferencial quando $\alpha = \alpha_2$, onde:

$$\alpha_2 = \frac{w + \sqrt{w^2 + 2\sigma^2 r}}{\sigma^2}$$

Se o titular da opção de venda americana escolhe exercer quando $S = H$, o valor da opção de venda é $(K - H)(S/H)^{-\alpha_2}$. O titular da opção de venda escolherá o nível de exercício $H = H_2$ para maximizar esse resultado. Defina:

$$H_2 = K \frac{\alpha_2}{\alpha_2 + 1}$$

O preço de uma opção de venda perpétua se $S > H_2$ é, portanto:

$$\frac{K}{\alpha_2 + 1} \left(\frac{\alpha_2 + 1}{\alpha_2} \frac{S}{K} \right)^{-\alpha_2}$$

Se $S < H_2$, a opção de venda deve ser exercida imediatamente e vale $K - S$.

A Seção 15.6 e o Problema 15.23 fornecem casos específicos desses resultados para $q = 0$.

26.3 OPÇÕES AMERICANAS NÃO PADRÕES

Em uma opção americana padrão, o exercício pode ocorrer em qualquer momento durante a vida da opção e o preço de exercício é sempre o mesmo. As opções americanas negociadas no mercado de balcão ocasionalmente têm características não padrões. Por exemplo:

1. O exercício antecipado pode ser restrito a determinadas datas. Nesse caso, o instrumento é conhecido como uma *opção bermuda*. (Bermuda fica entre a Europa e as Américas!)
2. O exercício antecipado pode ser permitido durante apenas parte da vida da opção. Por exemplo, pode haver um período de *lock-out* inicial sem preço de exercício.
3. O preço de exercício pode mudar durante a vida da opção.

Os warrants emitidos pelas empresas sobre suas próprias ações muitas vezes têm algumas ou todas essas características. Por exemplo, em um warrant de 7 anos, o exercício pode ser possível em algumas datas durante os anos 3 a 7, com o preço de exercício sendo $30 durante os anos 3 e 4, $32 durante os próximos 2 anos e $33 durante o último ano.

As opções americanas não padrões normalmente podem ser avaliadas por meio de uma árvore binomial. Em cada nó, o teste (se houver) para o exercício antecipado é ajustado de modo a refletir os termos da opção.

26.4 OPÇÕES DE GAP

Uma opção de compra de gap é uma opção de compra europeia que paga $S_T - K_1$ quando $S_T > K_2$. A diferença entre uma opção de compra de gap e uma opção de compra normal com preço de exercício K_2 é que o resultado quando $S_T > K_2$ é maior por $K_2 - K_1$. (Esse aumento é positivo ou negativo, dependendo de $K_2 > K_1$ ou $K_1 > K_2$.)

Uma opção de gap pode ser avaliada por uma pequena modificação à fórmula de Black–Scholes–Merton. Usando nossa notação tradicional, o valor é:

$$S_0 e^{-qT} N(d_1) - K_1 e^{-rT} N(d_2) \qquad (26.1)$$

onde:

$$d_1 = \frac{\ln(S_0/K_2) + (r - q + \sigma^2/2)T}{\sigma\sqrt{T}}$$

$$d_2 = d_1 - \sigma\sqrt{T}$$

O preço nessa fórmula é maior do que o preço dado pela fórmula de Black-Scholes-Merton para uma opção de compra normal com preço de exercício K_2 em:

$$(K_2 - K_1)e^{-rT} N(d_2)$$

Para entender essa diferença, observe que a probabilidade de a opção ser exercida é $N(d_2)$ e que, quando ela é exercida, o resultado para o titular da opção de gap é maior do que aquele para o titular da opção normal em $K_2 - K_1$.

Para uma opção de venda de gap, o resultado é $K_1 - S_T$ quando $S_T < K_2$. O valor da opção é:

$$K_1 e^{-rT} N(-d_2) - S_0 e^{-qT} N(-d_1) \qquad (26.2)$$

onde d_1 e d_2 são definidos da mesma forma que para a equação (26.1).

■ Exemplo 26.1

Atualmente, um ativo vale $500.000. Durante o próximo ano, espera-se que ele tenha volatilidade de 20%. A taxa de juros livre de risco é 5% e não se espera renda nenhuma. Suponha que uma seguradora concorda em comprar o ativo por $400.000 caso seu valor caia abaixo de $400.000 ao final de um ano. O resultado será $400.000 - S_T$ sempre que o valor do ativo for inferior a $400,000. A seguradora forneceu uma opção de venda normal na qual o titular tem o direito de vender o ativo para a seguradora por $400.000 em um ano. Essa opção pode ser avaliada utilizando a equação (15.21), com $S_0 = 500.000$, $K = 400.000$, $r = 0{,}05$, $\sigma = 0{,}2$, $T = 1$. O valor é $3.436.

A seguir, suponha que o custo de transferir um ativo é $50.000 e esse custo é de responsabilidade do titular. Assim, a opção somente é exercida se o valor do ativo é inferior a $350.000. Nesse caso, o custo para a seguradora é $K_1 - S_T$ quando $S_T < K_2$, onde $K_2 = 350.000$, $K_1 = 400.000$ e S_T é o preço do ativo em um ano. Esta é uma opção de venda de gap. O valor é dado pela equação (26.2), com $S_0 = 500.000$, $K_1 = 400.000$, $K_2 = 350.000$, $r = 0{,}05$, $q = 0$, $\sigma = 0{,}2$, $T = 1$. O valor é $1.896. Reconhecer o custo para o titular de fazer um pedido reduz o custo da apólice para a seguradora em cerca de 45% nessa situação. ■

26.5 OPÇÕES *FORWARD START*

As opções *forward start* são aquelas que têm início em alguma data no futuro. Às vezes, as opções sobre ações para funcionários, analisadas no Capítulo 16, podem ser pensadas como opções *forward start*. Isso ocorre porque a empresa se compromete (implícita ou explicitamente) a conceder opções no dinheiro para os funcionários no futuro.

Considere uma opção de compra europeia no dinheiro *forward start* que iniciará no tempo T_1 e vencerá no tempo T_2. Suponha que o preço do ativo é S_0 no tempo zero e S_1 no tempo T_1. Para avaliar a opção, observamos nas fórmulas de apreçamento de opções europeias nos Capítulos 15 e 17 que o valor de uma opção de compra no dinheiro sobre um ativo é proporcional ao preço do ativo. O valor da opção *forward start* no tempo T_1 é, portanto, cS_1/S_0, onde c é o valor no tempo zero de uma opção no dinheiro que dura $T_2 - T_1$. Usando a avaliação *risk-neutral*, o valor da opção *forward start* no tempo zero é:

$$e^{-rT_1} \hat{E}\left[c\frac{S_1}{S_0}\right]$$

onde $\hat{E}$ denota o valor esperado em um mundo *risk-neutral*. Como c e S_0 são conhecidos e $\hat{E}[S_1] = S_0 e^{(r-q)T_1}$, o valor da opção *forward start* é ce^{-qT_1}. Para uma ação que não paga dividendos, $q = 0$ e o valor da opção *forward start* é exatamente igual ao valor de uma opção no dinheiro normal com a mesma vida que a opção *forward start*.

26.6 OPÇÕES CLIQUET

Uma *opção cliquet* (também chamada de opção *ratchet* ou opção *strike reset*) é uma série de opções de compra ou de venda com regras para determinar o preço de exercício. Suponha que as datas de repactuação são nos tempos $\tau, 2\tau,..., (n-1)\tau$, com $n\tau$ igual ao final da vida da cliquet. Uma estrutura simples seria a seguinte. A primeira opção tem preço de exercício K (que pode ser igual ao preço do ativo inicial) e dura entre os tempos 0 e τ; a segunda opção oferece um resultado no tempo 2τ com preço de exercício igual ao valor do ativo no tempo τ; a terceira opção oferece um resultado no tempo 3τ com preço de exercício igual ao valor do ativo no tempo 2τ; e assim por diante. Esta é uma opção normal mais $n-1$ opções *forward start*. Esse segundo tipo pode ser avaliado da maneira descrita na Seção 26.5.

Algumas opções cliquet são muito mais complexas do que aquela já descrita. Por exemplo, às vezes há limites superiores e inferiores sobre o resultado total durante todo o período; às vezes, as cliquets são terminadas no final de um período caso o preço do ativo esteja dentro de uma determinada faixa. Quando não há resultados analíticos disponíveis, muitas vezes a melhor abordagem para a avaliação é usar simulações de Monte Carlo.

26.7 OPÇÕES COMPOSTAS

As *opções compostas* são opções sobre opções. Existem quatro tipos principais de opções compostas: de compra sobre um opção de compra, de venda sobre uma opção de compra, de compra sobre uma opção de venda e de venda sobre uma opção de venda. As opções compostas têm dois preços de exercício e duas datas de exercício. Considere, por exemplo, uma opção de compra sobre uma opção de compra. Na primeira data de exercício, T_1, o titular da opção composta tem direito a pagar o primeiro preço de exercício, K_1, e receber uma opção de compra. Esta dá ao titular o direito de comprar o ativo subjacente pelo segundo preço de exercício, K_2, na segunda data de exercício, T_2. A opção composta será exercida na primeira data de exercício apenas se o valor da opção nesse momento for maior do que o primeiro preço de exercício.

Quando se adota o pressuposto tradicional de movimento browniano geométrico, as opções compostas europeias podem ser avaliadas analiticamente em termos de integrais da distribuição normal bivariada.[2] Com nossa notação normal, o valor no tempo zero de uma opção de compra europeia sobre uma opção de compra é:

$$S_0 e^{-qT_2} M(a_1, b_1; \sqrt{T_1/T_2}) - K_2 e^{-rT_2} M(a_2, b_2; \sqrt{T_1/T_2}) - e^{-rT_1} K_1 N(a_2)$$

onde:

$$a_1 = \frac{\ln(S_0/S^*) + (r - q + \sigma^2/2)T_1}{\sigma\sqrt{T_1}}, \quad a_2 = a_1 - \sigma\sqrt{T_1}$$

$$b_1 = \frac{\ln(S_0/K_2) + (r - q + \sigma^2/2)T_2}{\sigma\sqrt{T_2}}, \quad b_2 = b_1 - \sigma\sqrt{T_2}$$

---

[2] Ver R. Geske, "The Valuation of Compound Options", *Journal of Financial Economics*, 7 (1979): 63–81; M. Rubinstein, "Double Trouble", *Risk*, December 1991/January 1992: 53–56.

A função $M(a, b: \rho)$ é a função de distribuição normal bivariada cumulativa de que a primeira variável será menor do que a e a segunda será menor do que b quando o coeficiente de correlação entre as duas é ρ.[3] A variável S^* é o preço do ativo no tempo T_1 para o qual o preço da opção no tempo T_1 é igual a K_1. Se o preço do ativo real ficar acima de S^* no tempo T_1, a primeira opção será exercida; se não ficar acima de S^*, a opção expira com valor zero.

Com notação semelhante, o valor de uma opção de venda europeia sobre uma opção de compra é:

$$K_2 e^{-rT_2} M(-a_2, b_2; -\sqrt{T_1/T_2}) - S_0 e^{-qT_2} M(-a_1, b_1; -\sqrt{T_1/T_2}) + e^{-rT_1} K_1 N(-a_2)$$

O valor de uma opção de venda europeia sobre uma opção de venda é:

$$K_2 e^{-rT_2} M(-a_2, -b_2; \sqrt{T_1/T_2}) - S_0 e^{-qT_2} M(-a_1, -b_1; \sqrt{T_1/T_2}) - e^{-rT_1} K_1 N(-a_2)$$

O valor de uma opção de compra europeia sobre uma opção de venda é:

$$S_0 e^{-qT_2} M(a_1, -b_1; -\sqrt{T_1/T_2}) - K_2 e^{-rT_2} M(a_2, -b_2; -\sqrt{T_1/T_2}) + e^{-rT_1} K_1 N(a_2)$$

26.8 OPÇÕES DO TITULAR

Uma *opção do titular* ou *chooser option* (também chamada de *opção à sua escolha*) tem a característica de, após um período específico, dar ao titular o direito de escolher se ela será uma opção de compra ou de venda. Suponha que o momento em que a escolha é realizada é T_1. O valor da opção do titular nesse momento é:

$$\max(c, p)$$

onde c é o valor da opção de compra subjacente à opção e p é o valor da opção de venda subjacente à opção.

Se as opções subjacentes à opção do titular são europeias e têm o mesmo preço de exercício, a paridade put–call pode ser usada para fornecer uma fórmula de avaliação. Suponha que S_1 é o preço do ativo no tempo T_1, K é o preço de exercício, T_2 é o vencimento das opções e r é a taxa de juros livre de risco. A paridade put–call implica que:

$$\max(c, p) = \max(c, c + Ke^{-r(T_2-T_1)} - S_1 e^{-q(T_2-T_1)})$$
$$= c + e^{-q(T_2-T_1)} \max(0, Ke^{-(r-q)(T_2-T_1)} - S_1)$$

Isso mostra que a opção do titular é um pacote composto de:

1. Uma opção de compra com preço de exercício K e vencimento T_2.
2. $e^{-q(T_2-T_1)}$ opções de venda com preço de exercício $Ke^{-(r-q)(T_2-T_1)}$ e vencimento T_1.

Assim ela pode ser avaliada facilmente.

Podemos definir opções do titular mais complexas nas quais a opção de compra e a de venda não têm o mesmo preço de exercício e tempo até o vencimento.

---

[3] Ver Nota Técnica 5 em www.rotman.utoronto.ca/~hull/TechnicalNotes para um procedimento numérico para calcular M. Uma função para calcular M também se encontra no site.

Nesse caso, elas não são pacotes e têm características mais ou menos semelhantes às das opções compostas.

26.9 OPÇÕES DE BARREIRA

As *opções de barreira* são opções nas quais o resultado depende do preço do ativo subjacente alcançar um determinado nível durante um determinado período de tempo.

Diversos tipos diferentes de opções de barreira são negociados regularmente no mercado de balcão. Alguns participantes do mercado são atraídos por ela porque são mais baratas do que as opções normais correspondentes. Essas opções de barreira podem ser classificadas como *opções knock-out* ou *opções knock-in*. Uma opção *knock-out* deixa de existir quando o preço do ativo subjacente alcança uma determinada barreira; uma opção *knock-in* passa a existir apenas quando o preço do ativo subjacente alcança uma barreira.

As equações (17.4) e (17.5) mostram que os valores no tempo zero de uma opção de compra e de venda normal são:

$$c = S_0 e^{-qT} N(d_1) - Ke^{-rT} N(d_2)$$
$$p = Ke^{-rT} N(-d_2) - S_0 e^{-qT} N(-d_1)$$

onde:

$$d_1 = \frac{\ln(S_0/K) + (r - q + \sigma^2/2)T}{\sigma\sqrt{T}}$$
$$d_2 = \frac{\ln(S_0/K) + (r - q - \sigma^2/2)T}{\sigma\sqrt{T}} = d_1 - \sigma\sqrt{T}$$

Uma *opção de compra down-and-out* é um tipo de opção *knock-out*. Ela é uma opção de compra normal que deixa de existir se o preço do ativo alcança um determinado nível de barreira H. O nível de barreira fica abaixo do preço do ativo inicial. A opção *knock-in* correspondente é uma *opção de compra down-and-in*. Esta é uma opção de compra normal que passa a existir apenas se o preço do ativo alcança o nível de barreira.

Se H é menor ou igual ao preço de exercício, K, o valor de uma opção de compra *down-and-in* no tempo zero é:

$$c_{di} = S_0 e^{-qT} (H/S_0)^{2\lambda} N(y) - Ke^{-rT} (H/S_0)^{2\lambda-2} N(y - \sigma\sqrt{T})$$

onde:

$$\lambda = \frac{r - q + \sigma^2/2}{\sigma^2}$$
$$y = \frac{\ln[H^2/(S_0 K)]}{\sigma\sqrt{T}} + \lambda\sigma\sqrt{T}$$

Como o valor de uma opção de compra normal é igual ao valor de uma opção de compra *down-and-in* mais o valor de uma opção de compra *down-and-out*, o valor de uma opção de compra *down-and-out* é dado por:

$$c_{do} = c - c_{di}$$

Se $H \geq K$, então:

$$c_{do} = S_0 N(x_1) e^{-qT} - K e^{-rT} N(x_1 - \sigma\sqrt{T})$$
$$- S_0 e^{-qT} (H/S_0)^{2\lambda} N(y_1) + K e^{-rT} (H/S_0)^{2\lambda-2} N(y_1 - \sigma\sqrt{T})$$

e:

$$c_{di} = c - c_{do}$$

onde:

$$x_1 = \frac{\ln(S_0/H)}{\sigma\sqrt{T}} + \lambda\sigma\sqrt{T}, \quad y_1 = \frac{\ln(H/S_0)}{\sigma\sqrt{T}} + \lambda\sigma\sqrt{T}$$

Uma *opção de compra up-and-out* é uma opção de compra normal que deixa de existir se o preço do ativo alcança um nível de barreira, H, que é superior ao preço do ativo atual. Uma *opção de compra up-and-in* é uma opção de compra normal que passa a existir somente se a barreira é alcançada. Quando H é menor ou igual a K, o valor da opção de compra *up-and-out*, c_{uo}, é zero, e o valor da opção de compra *up--and-in*, c_{ui}, é c. Quando H é maior do que K:

$$c_{ui} = S_0 N(x_1) e^{-qT} - K e^{-rT} N(x_1 - \sigma\sqrt{T}) - S_0 e^{-qT} (H/S_0)^{2\lambda} [N(-y) - N(-y_1)]$$
$$+ K e^{-rT} (H/S_0)^{2\lambda-2} [N(-y + \sigma\sqrt{T}) - N(-y_1 + \sigma\sqrt{T})]$$

e:

$$c_{uo} = c - c_{ui}$$

As opções de venda de barreira são definidas de forma semelhante às opções de compra de barreira. Uma *opção de venda up-and-out* é uma opção de venda que deixa de existir quando uma barreira, H, maior do que o preço do ativo atual, é alcançada. Uma *opção de venda up-and-in* é uma opção de venda que passa a existir apenas se a barreira é alcançada. Quando a barreira, H, é maior ou igual ao preço de exercício, K, seus preços são:

$$p_{ui} = -S_0 e^{-qT} (H/S_0)^{2\lambda} N(-y) + K e^{-rT} (H/S_0)^{2\lambda-2} N(-y + \sigma\sqrt{T})$$

e:

$$p_{uo} = p - p_{ui}$$

Quando H é menor ou igual a K:

$$p_{uo} = -S_0 N(-x_1) e^{-qT} + K e^{-rT} N(-x_1 + \sigma\sqrt{T})$$
$$+ S_0 e^{-qT} (H/S_0)^{2\lambda} N(-y_1) - K e^{-rT} (H/S_0)^{2\lambda-2} N(-y_1 + \sigma\sqrt{T})$$

e:

$$p_{ui} = p - p_{uo}$$

Uma *opção de venda down-and-out* é uma opção de venda que deixa de existir quando uma barreira inferior ao preço do ativo atual é alcançada. Uma *opção de venda down-and-in* é uma opção de venda que passa a existir apenas quando a barreira é alcançada. Quando a barreira é maior do que o preço de exercício, $p_{do} = 0$ e $p_{di} = p$. Quando a barreira é menor do que o preço de exercício:

$$p_{di} = -S_0 N(-x_1)e^{-qT} + Ke^{-rT}N(-x_1 + \sigma\sqrt{T}) + S_0 e^{-qT}(H/S_0)^{2\lambda}[N(y) - N(y_1)]$$
$$- Ke^{-rT}(H/S_0)^{2\lambda-2}[N(y - \sigma\sqrt{T}) - N(y_1 - \sigma\sqrt{T})]$$

e:

$$p_{do} = p - p_{di}$$

Todas essas avaliações partem do pressuposto tradicional de que a distribuição de probabilidade para o preço do ativo em um tempo futuro é lognormal. Uma questão importante para as opções de barreira é a frequência com a qual o preço do ativo, S, é observado para determinar se a barreira foi ou não alcançada. As fórmulas analíticas dadas nesta seção pressupõem que S é observado continuamente e, às vezes, isso é verdade.[4] Em geral, os termos de um contrato afirmam que S é observado periodicamente; por exemplo, uma vez ao dia, às 15 horas. Broadie, Glasserman e Kou fornecem uma maneira de ajustar as fórmulas que acabamos de apresentar para a situação na qual o preço do ativo subjacente é observado discretamente.[5] O nível de barreira H é substituído por $He^{-0,5826\sigma\sqrt{T/m}}$ para uma opção *up-and-in* ou *up-and-out* e por $He^{0,5826\sigma\sqrt{T/m}}$ para uma opção *down-and-in* ou *down-and-out*, onde m é o número de vezes que o preço do ativo é observado (de modo que T/m é o intervalo de tempo entre as observações).

As opções de barreira muitas vezes têm propriedades muito diferentes em relação às opções normais. Por exemplo, o vega pode ser negativo. Considere uma opção *up-and-out* quando o preço do ativo é próximo do nível de barreira. À medida que a volatilidade aumenta, a probabilidade da barreira ser alcançada aumenta. Por consequência, um aumento na volatilidade pode fazer com que o preço da opção de barreira diminua nessas circunstâncias.

Uma desvantagem das opções de barreira consideradas até aqui é que um "pico" no preço do ativo pode fazer com que a opção sofra *knock-out* ou *knock-in*. Uma estrutura alternativa é a *opção parisiense*, na qual o preço do ativo precisa estar acima ou abaixo da barreira por um determinado período de tempo para que a opção sofra *knock-out* ou *knock-in*. Por exemplo, uma opção de venda parisiense *down-and-out* com preço de exercício igual a 90% do preço do ativo inicial e uma barreira de 75% do preço do ativo inicial poderia especificar que a opção sofre *knock-out* se o preço do ativo fica abaixo da barreira por 50 dias. A confirmação poderia especificar que os 50 dias são um "período contínuo de 50 dias" ou "quaisquer 50 dias durante a vida da opção". As opções parisienses são mais difíceis de avaliar do que as opções

---

[4] Uma maneira de controlar se uma barreira foi alcançada de baixo (ou de cima) é enviar uma ordem limitada para a bolsa para vender (comprar) o ativo no preço de barreira e ver se a ordem é atendida ou não.

[5] M. Broadie, P. Glasserman, and S. G. Kou, "A Continuity Correction for Discrete Barrier Options", *Mathematical Finance* 7, 4 (October 1997): 325–49.

de barreira normais.[6] A simulação de Monte Carlo e as árvores binomiais podem ser utilizadas, em conjunto com os aprimoramentos discutidos nas Seções 27.5 e 27.6.

26.10 OPÇÕES BINÁRIAS

As *opções binárias* são opções com resultados descontínuos. Um exemplo simples de opção binária seria uma *opção de compra caixa ou nada*. Esta tem resultado zero se o preço do ativo acaba abaixo do preço de exercício no tempo T e paga uma quantia fixa, Q, se ele acaba acima do preço de exercício. Em um mundo *risk-neutral*, a probabilidade do preço do ativo estar acima do preço de exercício no vencimento de uma opção é, usando nossa notação tradicional, $N(d_2)$. O valor de uma opção de compra caixa ou nada é, portanto, $Qe^{-rT}N(d_2)$. Uma *opção de venda caixa ou nada* é definida de forma análoga a uma opção de compra do mesmo tipo. Ela paga Q se o preço do ativo fica abaixo do preço de exercício e nada se fica acima do preço de exercício. O valor de uma opção de venda caixa ou nada é $Qe^{-rT}N(-d_2)$.

Outro tipo de opção binária é a *opção de compra ativo ou nada*. Esta tem resultado zero se o preço do ativo subjacente fica abaixo do preço de exercício e paga o preço do ativo se fica acima do preço de exercício. Com nossa notação tradicional, o valor de uma opção de compra ativo ou nada é $S_0 e^{-qT} N(d_1)$. Uma *opção de venda ativo ou nada* tem resultado zero se o preço do ativo subjacente fica acima do preço de exercício e paga o preço do ativo se este fica abaixo do preço de exercício. O valor de uma opção de venda ativo ou nada é $S_0 e^{-qT} N(-d_1)$.

Uma opção de compra europeia normal é equivalente a uma posição comprada em uma opção de compra ativo ou nada e uma posição vendida em uma opção de compra caixa ou nada na qual o resultado em caixa na opção de compra caixa ou nada é igual ao preço de exercício. Da mesma forma, uma opção de venda europeia normal é equivalente a uma posição comprada em uma opção de venda caixa ou nada e uma opção vendida em uma opção de venda ativo ou nada na qual o resultado em caixa sobre a opção de venda caixa ou nada é igual ao preço de exercício.

26.11 OPÇÕES LOOKBACK

Os resultados das *opções lookback* dependem do preço máximo ou mínimo alcançado pelo ativo durante a vida da opção. O resultado de uma *opção de compra lookback flutuante* é a quantia pela qual o preço do ativo final excede o preço mínimo alcançado pelo ativo durante a vida da opção. O resultado de uma *opção de venda lookback flutuante* é a quantia pela qual o preço máximo alcançado pelo ativo durante a vida da opção excede o preço do ativo final.

---

[6] Ver, por exemplo, M. Chesney, J. Cornwall, M. Jeanblanc-Picqué, G. Kentwell, and M. Yor, "Parisian pricing", *Risk*, 10, 1 (1997), 77–79.

Foram produzidas fórmulas de avaliação para opções lookback flutuantes.[7] O valor de uma opção de compra lookback flutuante no tempo zero é:

$$c_{fl} = S_0 e^{-qT} N(a_1) - S_0 e^{-qT} \frac{\sigma^2}{2(r-q)} N(-a_1) - S_{min} e^{-rT} \left[N(a_2) - \frac{\sigma^2}{2(r-q)} e^{Y_1} N(-a_3) \right]$$

onde:

$$a_1 = \frac{\ln(S_0/S_{min}) + (r - q + \sigma^2/2)T}{\sigma \sqrt{T}}$$

$$a_2 = a_1 - \sigma\sqrt{T},$$

$$a_3 = \frac{\ln(S_0/S_{min}) + (-r + q + \sigma^2/2)T}{\sigma\sqrt{T}}$$

$$Y_1 = -\frac{2(r - q - \sigma^2/2)\ln(S_0/S_{min})}{\sigma^2}$$

e S_{min} é o preço de ativo mínimo alcançado até então. (Se a opção lookback acaba de ser originada, $S_{min} = S_0$.) Ver Problema 26.23 para o caso $r = q$.

O valor de uma opção de venda lookback flutuante é:

$$p_{fl} = S_{max} e^{-rT} \left[N(b_1) - \frac{\sigma^2}{2(r-q)} e^{Y_2} N(-b_3) \right] + S_0 e^{-qT} \frac{\sigma^2}{2(r-q)} N(-b_2) - S_0 e^{-qT} N(b_2)$$

onde:

$$b_1 = \frac{\ln(S_{max}/S_0) + (-r + q + \sigma^2/2)T}{\sigma\sqrt{T}}$$

$$b_2 = b_1 - \sigma\sqrt{T}$$

$$b_3 = \frac{\ln(S_{max}/S_0) + (r - q - \sigma^2/2)T}{\sigma\sqrt{T}}$$

$$Y_2 = \frac{2(r - q - \sigma^2/2)\ln(S_{max}/S_0)}{\sigma^2}$$

e S_{max} é o preço de ativo máximo alcançado até então. (Se a opção lookback acaba de ser originada, $S_{max} = S_0$.)

Uma opção de compra lookback flutuante é uma maneira do titular comprar o ativo subjacente ao menor preço alcançado durante a vida da opção. Da mesma forma, uma opção de venda lookback flutuante é uma maneira de o titular vender o ativo subjacente ao maior preço alcançado durante a vida da opção.

---

[7] Ver B. Goldman, H. Sosin, and M. A. Gatto, "Path-Dependent Options: Buy at the Low, Sell at the High", *Journal of Finance*, 34 (December 1979): 1111–27.; M. Garman, "Recollection in Tranquility", *Risk*, March (1989): 16–19.

Exemplo 26.2

Considere uma opção de venda lookback flutuante recém-emitida sobre uma ação que não paga dividendos na qual o preço da ação é 50, a volatilidade de preço da ação é 40% ao ano, a taxa de juros livre de risco é 10% ao ano e o tempo até o vencimento é 3 meses. Nesse caso, $S_{max} = 50$, $S_0 = 50$, $r = 0,1$, $q = 0$, $\sigma = 0,4$ e $T = 0,25$, $b_1 = -0,025$, $b_2 = -0,225$, $b_3 = 0,025$ e $Y_2 = 0$, de modo que o valor da opção de venda lookback é 7,79. Uma opção de compra lookback flutuante recém-emitida sobre a mesma ação vale 8,04. ∎

Em uma opção lookback fixa, é especificado um preço de exercício. Para uma *opção de compra lookback fixa*, o resultado é o mesmo que para uma opção de compra europeia normal, exceto que o preço do ativo final é substituído pelo preço máximo alcançado pelo ativo durante a vida da opção. Para uma *opção de venda lookback fixa*, o resultado é o mesmo que para uma opção de venda europeia normal, exceto que o preço do ativo final é substituído pelo preço mínimo alcançado pelo ativo durante a vida da opção. Defina $S^*_{max} = \max(S_{max}, K)$, onde, assim como antes, S_{max} é o preço máximo alcançado pelo ativo até então e K é o preço de exercício. Além disso, defina p^*_{fl} como o valor de uma opção venda lookback flutuante que dura o mesmo período que a opção de compra lookback fixa quando o preço máximo do ativo real até então, S_{max}, é substituído por S^*_{max}. Um argumento do tipo paridade put–call mostra que o valor da opção de compra lookback fixa, c_{fix} é dado por:[8]

$$c_{fix} = p^*_{fl} + S_0 e^{-qT} - Ke^{-rT}$$

Da mesma forma, se $S^*_{min} = \min(S_{min}, K)$, o valor de uma opção de venda lookback fixa, p_{fix}, é dado por:

$$p_{fix} = c^*_{fl} + Ke^{-rT} - S_0 e^{-qT}$$

onde c^*_{fl} é o valor de uma opção de compra lookback flutuante com duração igual ao da opção de venda lookback fixa quando o preço mínimo real do ativo até então, S_{min}, é substituído por S^*_{min}. Isso mostra que as equações dadas acima para opções lookback flutuantes podem ser modificados para apreçar opções lookback fixas.

As opções lookback são mais atraentes para os investidores, mas muito caras em comparação com as opções normais. Assim como ocorre com as opções de barreira, o valor de uma opção lookback pode ser muito sensível à frequência com a qual o preço do ativo é observada para calcular o máximo ou mínimo. As fórmulas apresentadas pressupõem que o preço do ativo é observado continuamente. Broadie, Glasserman e Kou expõem uma maneira de ajustar as fórmulas que acabamos de apresentar para a situação na qual o preço do ativo é observado discretamente.[9]

---

[8] O argumento foi proposto por H. Y. Wong and Y. K. Kwok, "Sub-replication and Replenishing Premium: Efficient Pricing of Multi-state Lookbacks", *Review of Derivatives Research*, 6 (2003), 83–106.

[9] M. Broadie, P. Glasserman, and S. G. Kou, "Connecting Discrete and Continuous Path-Dependent Options", *Finance and Stochastics*, 2 (1998): 1–28.

26.12 SHOUT OPTIONS

Uma *shout option* é uma opção europeia na qual o titular pode "gritar" (*shout*) para o lançador em um dado momento durante sua vida. No final da vida da opção, o titular do instrumento recebe o maior valor entre o resultado normal de uma opção europeia ou o valor intrínseco no momento do grito. Suponha que o preço de exercício é $50 e o titular da opção de compra grita quando o preço do ativo subjacente é $60. Se o preço do ativo final é inferior a $60, o titular recebe um resultado de $10. Se é maior do que $60, o titular recebe o excedente do preço do ativo em relação a $50.

Uma *shout option* tem algumas das mesmas características que uma opção lookback, mas é significativamente mais barata. Ela pode ser avaliada pela observação de que se o titular grita em um tempo τ quando o preço do ativo é S_τ, o resultado da opção é:

$$\max(0, S_T - S_\tau) + (S_\tau - K)$$

onde, como sempre, K é o preço de exercício e S_T é o preço do ativo no tempo T. O valor no tempo τ se o titular grita é, portanto, o valor presente de $S_\tau - K$ (recebido no tempo T) mais o valor de uma opção europeia com preço de exercício S_τ. A última pode ser calculada usando as fórmulas de Black–Scholes–Merton.

Uma *shout option* é avaliada com a construção de uma árvore binomial ou trinomial para o ativo subjacente da maneira normal. Analisando a árvore retroativamente, o valor da opção caso o titular grite o valor e o valor caso não grite podem ser calculados em cada nó. O preço da opção no nó é o maior entre os dois. Assim, o procedimento para avaliar uma *shout option* é semelhante àquele usado para avaliar uma opção americana normal.

26.13 OPÇÕES ASIÁTICAS

As *opções asiáticas* são aquelas cujo resultado depende da média aritmética do preço do ativo subjacente durante a vida da opção. O resultado de uma *opção de compra de preço médio* é $\max(0, S_{méd} - K)$ e o de uma *opção de venda de preço médio* é $\max(0, K - S_{méd})$, onde $S_{méd}$ é o preço médio do ativo subjacente. As opções de preço médio são mais baratas do que as opções normais e talvez até mais adequadas do que elas para as necessidades de alguns tesoureiros corporativos. Suponha que um tesoureiro americano espera receber um fluxo de caixa de 100 milhões de dólares australianos, dividido regularmente durante o próximo ano, da subsidiária australiana da empresa. O tesoureiro provavelmente se interessaria por uma opção que garantisse a taxa de câmbio média realizada durante o ano acima de um determinado nível. Uma opção de venda de preço médio produz esse efeito de maneira mais eficaz do que as opções de venda normais.

As opções de preço médio podem ser avaliadas usando fórmulas semelhantes àquelas usadas para opções normais se pressupomos que $S_{méd}$ é lognormal. Por sorte, quando se adota o pressuposto tradicional para o processo seguido pelo preço do ativo, esse pressuposto é razoável.[10] Uma abordagem popular é ajustar uma distribuição lognormal aos dois primeiros momentos de $S_{méd}$ e usar o modelo de Black.[11] Suponha que M_1 e M_2 são os dois primeiros momentos de $S_{méd}$. Os valores das opções de compra e de venda de preço médio são dados pelas equações (18.9) e (18.10), com:

$$F_0 = M_1 \tag{26.3}$$

e:

$$\sigma^2 = \frac{1}{T} \ln\left(\frac{M_2}{M_1^2}\right) \tag{26.4}$$

Quando a média é calculada continuamente e r, q e σ são constantes (como no DerivaGem):

$$M_1 = \frac{e^{(r-q)T} - 1}{(r-q)T} S_0$$

e:

$$M_2 = \frac{2e^{[2(r-q)+\sigma^2]T} S_0^2}{(r-q+\sigma^2)(2r-2q+\sigma^2)T^2} + \frac{2S_0^2}{(r-q)T^2}\left(\frac{1}{2(r-q)+\sigma^2} - \frac{e^{(r-q)T}}{r-q+\sigma^2}\right)$$

Em termos mais gerais, quando a média é calculada a partir das observações nos tempos T_i ($1 \leq i \leq m$):

$$M_1 = \frac{1}{m}\sum_{i=1}^{m} F_i \quad \text{e} \quad M_2 = \frac{1}{m^2}\left(\sum_{i=1}^{m} F_i^2 e^{\sigma_i^2 T_i} + 2\sum_{j=1}^{m}\sum_{i=1}^{j-1} F_i F_j e^{\sigma_i^2 T_i}\right)$$

onde F_i e σ_i são o preço a termo e a volatilidade implícita para o vencimento T_i. Consulte a Nota Técnica 27 em www.rotman.utoronto.ca/~hull/TechnicalNotes para uma prova disso.

■ Exemplo 26.3

Considere uma opção de compra de preço médio recém-emitida sobre uma ação que não paga dividendos na qual o preço da ação é 50, a volatilidade de preço da ação é 40% ao ano, a taxa de juros livre de risco é 10% ao ano e o tempo até o vencimento é 1 ano. Nesse caso, $S_0 = 50$, $K = 50$, $r = 0,1$, $q = 0$, $\sigma = 0,4$ e $T = 1$. Se a média é calculada continuamente, $M_1 = 52,59$ e $M_2 = 2.922,76$. Das equações (26.3) e (26.4), $F_0 = 52,59$ e $\sigma = 23,54\%$. A equação (18.9), com $K = 50$, $T = 1$ e $r = 0,1$, dá o valor da opção como 5,62. Quando 12, 52 e 250 observações são usadas para a média, o preço da opção é 6,00, 5,70 e 5,63, respectivamente. ■

---

[10] Quando o preço do ativo segue o movimento browniano geométrico, a média geométrica do preço é exatamente lognormal e a média aritmética é aproximadamente lognormal.

[11] Ver S. M. Turnbull and L. M. Wakeman, "A Quick Algorithm for Pricing European Average Options", *Journal of Financial and Quantitative Analysis*, 26 (September 1991): 377–89.

Podemos modificar a análise para acomodar a situação na qual a opção não é recém-emitida e alguns preços usados para determinar a média já foram observados. Suponha que o período de cálculo da média é composto de um período de duração t_1 durante o qual os preços já foram observados e um período futuro de duração t_2 (a vida restante da opção). Suponha que o preço médio do ativo durante o primeiro período é $\bar{S}$. O resultado de uma opção de compra de preço médio é:

$$\max\left(\frac{\bar{S}t_1 + S_{méd}t_2}{t_1 + t_2} - K, 0\right)$$

onde $S_{méd}$ é o preço de ativo médio durante a parte restante do período de média. Este é o mesmo que:

$$\frac{t_2}{t_1 + t_2}\max(S_{méd} - K^*, 0)$$

onde:

$$K^* = \frac{t_1 + t_2}{t_2}K - \frac{t_1}{t_2}\bar{S}$$

Quando $K^* > 0$, a opção pode ser avaliada da mesma maneira que uma opção asiática recém-emitida, desde que mudemos o preço de exercício de K para K^* e multipliquemos o resultado por $t_2/(t_1 + t_2)$. Quando $K^* < 0$, a opção com certeza será exercida e pode ser avaliada como um contrato a termo. O valor é:

$$\frac{t_2}{t_1 + t_2}[M_1 e^{-rt_2} - K^* e^{-rt_2}]$$

Outro tipo de opção asiática é uma opção de preço de exercício médio. Uma *opção de compra de preço de exercício médio* paga $\max(0, S_T - S_{méd})$, enquanto uma *opção de venda de preço de exercício médio* paga $\max(0, S_{méd} - S_T)$. As opções de preço de exercício médio podem garantir que o preço médio pago por um ativo em negociações frequentes durante um determinado período não é maior do que o preço final. Por outro lado, ela também pode garantir que o preço médio recebido por um ativo em negociações frequentes durante um determinado período não é inferior ao preço final. A opção pode ser avaliada como sendo de troca de um ativo por outro quando pressupomos que $S_{méd}$ é lognormal.

26.14 OPÇÕES PARA TROCAR UM ATIVO POR OUTRO

As *opções para trocar um ativo por outro* (também chamadas de *opções de permuta*) surgem em diversos contextos. Uma opção para comprar ienes com dólares australianos é, do ponto de vista de um investidor americano, uma opção para trocar um ativo de moeda estrangeira por outro ativo de moeda estrangeira. Uma oferta pública de aquisição de ações é uma opção de trocar ações de uma empresa por ações de outra empresa.

Considere uma opção europeia para entregar um ativo que vale U_T no tempo T e receber em troca um ativo que vale V_T. O resultado da opção é:

$$\max(V_T - U_T, 0)$$

Margrabe foi o primeiro a produzir uma fórmula para avaliar essa opção.[12] Suponha que os preços de ativo U e V seguem o movimento browniano geométrico com volatilidades σ_U e σ_V. Suponha também que a correlação instantânea entre U e V é ρ, e que os rendimentos gerados por U e V são q_U e q_V, respectivamente. O valor da opção no tempo zero é:

$$V_0 e^{-q_V T} N(d_1) - U_0 e^{-q_U T} N(d_2) \qquad (26.5)$$

onde:

$$d_1 = \frac{\ln(V_0/U_0) + (q_U - q_V + \hat{\sigma}^2/2)T}{\hat{\sigma}\sqrt{T}}, \quad d_2 = d_1 - \hat{\sigma}\sqrt{T}$$

e:

$$\hat{\sigma} = \sqrt{\sigma_U^2 + \sigma_V^2 - 2\rho\sigma_U\sigma_V}$$

e U_0 e V_0 são os valores de U e V nos tempos zero.

Esse resultado será provado no Capítulo 28. É interessante observar que a equação (26.5) é independente da taxa de juros livre de risco r. Isso ocorre porque à medida que r aumenta, a taxa de crescimento de ambos os preços de ativos em um mundo *risk-neutral* aumenta, mas essa mudança é compensada exatamente por um aumento na taxa de desconto. A variável $\hat{\sigma}$ é a volatilidade de V/U. As comparações com a equação (17.4) mostram que o preço da opção é o mesmo que o preço de U_0 opções de compra europeias sobre um ativo que vale V/U quando o preço de exercício é 1,0, a taxa de juros livre de risco é q_U e o rendimento em dividendos sobre o ativo é q_V. Mark Rubinstein mostra que a versão americana dessa opção pode ser caracterizada de forma semelhante para fins de avaliação.[13] Ela pode ser considerada como U_0 opções americanas para comprar um ativo que vale V/U por 1,0 quando a taxa de juros livre de risco é q_U e o rendimento em dividendos sobre o ativo é q_V. Assim, a opção pode ser avaliada da maneira descrita no Capítulo 21 usando uma árvore binomial.

Uma opção para obter o melhor ou pior de dois ativos pode ser considerada uma posição em um dos ativos combinada com a opção de trocá-lo pelo outro ativo:

$$\min(U_T, V_T) = V_T - \max(V_T - U_T, 0)$$

$$\max(U_T, V_T) = U_T + \max(V_T - U_T, 0)$$

---

[12] Ver W. Margrabe, "The Value of an Option to Exchange One Asset for Another", *Journal of Finance*, 33 (March 1978): 177–86.

[13] Ver M. Rubinstein, "One for Another", *Risk*, July/August 1991: 30–32.

26.15 OPÇÕES QUE ENVOLVEM DIVERSOS ATIVOS

Opções que envolvem dois ou mais ativos arriscados também são chamadas de *opções arco-íris*. Um exemplo é o contrato futuro de título negociado na CBOT, descrito no Capítulo 6. A parte com a posição vendida pode escolher entre um grande número de títulos diferentes quando realiza a entrega.

Provavelmente a opção que envolve diversos ativos mais populares é a *opção de cesta* europeia, uma opção cujo resultado é dependente do valor de um portfólio (ou cesta) de ativos. Os ativos normalmente são ações individuais, índices de ações ou moedas. Uma opção de cesta europeia pode ser avaliada usando a simulação de Monte Carlo, pressupondo que os ativos seguem processos correlacionados de movimento browniano geométrico. Uma abordagem muito mais rápida é calcular os dois primeiros momentos da cesta no vencimento da opção em um mundo *risk-neutral* e então pressupor que o valor da cesta é lognormalmente distribuído nessa data. A opção pode então ser avaliada usando o modelo de Black com os parâmetros mostrados nas equações (26.3) e (26.4). Nesse caso:

$$M_1 = \sum_{i=1}^{n} F_i \quad \text{e} \quad M_2 = \sum_{i=1}^{n}\sum_{j=1}^{n} F_i F_j e^{\rho_{ij}\sigma_i\sigma_j T}$$

onde n é o númeo de ativos, T é o vencimento da opção, F_i e σ_i são o preço a termo e a volatilidade do i-ésimo ativo e ρ_{ij} é a correlação entre o i-ésimo e o j-ésimo ativo. Ver Nota Técnica 28 em www.rotman.utoronto.ca/~hull/TechnicalNotes.

26.16 SWAPS DE VOLATILIDADE E DE VARIÂNCIA

Um swap de volatilidade é um contrato para trocar a volatilidade realizada de um ativo entre o tempo 0 e o tempo T por uma volatilidade fixa predeterminada. A volatilidade realizada normalmente é calculada da maneira descrita na Seção 15.4, mas com o pressuposto de que o retorno diário médio é zero. Suponha que há n observações diárias sobre o preço do ativo durante o período entre o tempo 0 e o tempo T. A volatilidade realizada é:

$$\bar{\sigma} = \sqrt{\frac{252}{n-2}\sum_{i=1}^{n-1}\left[\ln\left(\frac{S_{i+1}}{S_i}\right)\right]^2}$$

onde S_i é a i-ésima observação sobre o preço do ativo. (Às vezes, $n-1$ pode substituir $n-2$ nessa fórmula.)

O resultado do swap de volatilidade no tempo T para o pagador da volatilidade fixa é $L_{vol}(\bar{\sigma} - \sigma_K)$, onde L_{vol} é o principal nocional e σ_K é a volatilidade fixa. Enquanto uma opção oferece uma exposição complexa ao preço do ativo e à volatilidade, um swap de volatilidade é mais simples, pois gera exposição apenas à volatilidade.

Um swap de variância é um contrato para trocar a taxa de variância realizada $\bar{V}$ entre o tempo 0 e o tempo T por uma taxa de variância predeterminada. A taxa de variância é o quadrado da volatilidade ($\bar{V} = \bar{\sigma}^2$). Os swaps de variância são mais fáceis de avaliar do que os swaps de volatilidade, pois a taxa de variância entre o tempo 0 e o tempo T pode ser replicada usando um portfólio de opções de venda e de compra. O resultado de um swap de variância no tempo T para o pagador da taxa de variância fixa é $L_{\text{var}}(\bar{V} - V_K)$, onde L_{var} é o principal nocional e V_K é a taxa de variância fixa. Muitas vezes, o principal nocional para um swap de variância é expresso em termos do principal nocional correspondente par aum swap de volatilidade usando $L_{\text{var}} = L_{\text{vol}}/(2\sigma_K)$.

Avaliação de swap de variância

A Nota Técnica 22, disponível em www.rotman.utoronto.ca/~hull/TechnicalNotes, mostra que, para qualquer valor S^* do preço do ativo, a variância média esperada entre os tempos 0 e T é:

$$\hat{E}(\bar{V}) = \frac{2}{T}\ln\frac{F_0}{S^*} - \frac{2}{T}\left[\frac{F_0}{S^*} - 1\right] + \frac{2}{T}\left[\int_{K=0}^{S^*}\frac{1}{K^2}e^{rT}p(K)\,dK + \int_{K=S^*}^{\infty}\frac{1}{K^2}e^{rT}c(K)\,dK\right] \tag{26.6}$$

onde F_0 é o preço a termo do ativo para um contrato com vencimento no tempo T, $c(K)$ é o preço de uma opção de compra europeia com preço de exercício K e tempo até o vencimento T e $p(K)$ é o preço de uma opção de venda europeia com preço de exercício K e tempo até o vencimento T.

Isso oferece uma maneira de avaliar um swap de variância.[14] O valor de um contrato para receber a variância realizada entre o tempo 0 e o tempo T e pagar uma taxa de variância de V_K, com ambas aplicadas a um principal de L_{var}, é:

$$L_{\text{var}}[\hat{E}(\bar{V}) - V_K]e^{-rT} \tag{26.7}$$

Suponha que os preços de opções europeias com preços de exercício K_i ($1 \leq i \leq n$) são conhecidos, onde $K_1 < K_2 < \cdots < K_n$. Uma abordagem padrão para implementar a equação (26.6) é definir S^* como igual ao primeiro preço de exercício abaixo de F_0 e então aproximar os integrais como:

$$\int_{K=0}^{S^*}\frac{1}{K^2}e^{rT}p(K)dK + \int_{K=S^*}^{\infty}\frac{1}{K^2}e^{rT}c(K)dK = \sum_{i=1}^{n}\frac{\Delta K_i}{K_i^2}e^{rT}Q(K_i) \tag{26.8}$$

onde $\Delta K_i = 0{,}5(K_{i+1} - K_{i-1})$ para $2 \leq i \leq n-1$, $\Delta K_1 = K_2 - K_1$, $\Delta K_n = K_n - K_{n-1}$. A função $Q(K_i)$ é o preço de uma opção de venda europeia com preço de exercício K_i se $K_i < S^*$ e o preço de uma opção de compra europeia com preço de exercício K_i se $K_i > S^*$. Quando $K_i = S^*$, a função $Q(K_i)$ é igual à média dos preços de uma opção de compra europeia e uma opção de venda europeia com preço de exercício K_i.

---

[14] Ver também K. Demeterfi, E. Derman, M. Kamal, and J. Zou, "A Guide to Volatility and Variance Swaps", *The Journal of Derivatives*, 6, 4 (Summer 1999), 9–32. Para opções sobre variância e volatilidade, ver P. Carr and R. Lee, "Realized Volatility and Variance: Options via Swaps", *Risk*, May 2007, 76–83.

■ **Exemplo 26.4**

Considere um contrato de 3 meses para receber a taxa de variância realizada de um índice durante 3 meses e pagar uma taxa de variância de 0,045 sobre um principal de $100 milhões. A taxa de juros livre de risco é 4% e o rendimento em dividendos sobre o índice é de 1%. O nível atual do índice é 1020. Suponha que, para preços de exercício de 800, 850, 900, 950, 1.000, 1.050, 1.100, 1.150, 1.200, as volatilidades implícitas de 3 meses do índice são 29%, 28%, 27%, 26%, 25%, 24%, 23%, 22%, 21%, respectivamente. Nesse caso, $n = 9$, $K_1 = 800$, $K_2 = 850$,..., $K_9 = 1.200$, $F_0 = 1.020e^{(0,04-0,01)\times 0,25} = 1.027,68$ e $S^* = 1.000$. O DerivaGem mostra que $Q(K_1) = 2,22$, $Q(K_2) = 5,22$, $Q(K_3) = 11,05$, $Q(K_4) = 21,27$, $Q(K_5) = 51,21$, $Q(K_6) = 38,94$, $Q(K_7) = 20,69$, $Q(K_8) = 9,44$, $Q(K_9) = 3,57$. Além disso, $\Delta K_i = 50$ para todos os i. Logo:

$$\sum_{i}^{n} \frac{\Delta K_i}{K_i^2} e^{rT} Q(K_i) = 0,008139$$

Por consequência das equações (26.6) e (26.8):

$$\hat{E}(\bar{V}) = \frac{2}{0,25} \ln\left(\frac{1027,68}{1.000}\right) - \frac{2}{0,25}\left(\frac{1027,68}{1.000} - 1\right) + \frac{2}{0,25} \times 0,008139 = 0,0621$$

Da equação (26.7), o valor do swap de variância (em milhões de dólares) é $100 \times (0,0621 - 0,045)e^{-0,04\times 0,25} = 1,69$. ■

Avaliação de um swap de volatilidade

Para avaliar um swap de volatilidade, precisamos de $\hat{E}(\bar{\sigma})$, onde $\bar{\sigma}$ é o valor médio da volatilidade entre o tempo 0 e o tempo T. Podemos escrever:

$$\bar{\sigma} = \sqrt{\hat{E}(\bar{V})}\sqrt{1 + \frac{\bar{V} - \hat{E}(\bar{V})}{\hat{E}(\bar{V})}}$$

Expandindo o segundo termo no lado direito de uma série, temos:

$$\bar{\sigma} = \sqrt{\hat{E}(\bar{V})}\left\{1 + \frac{\bar{V} - \hat{E}(\bar{V})}{2\hat{E}(\bar{V})} - \frac{1}{8}\left[\frac{\bar{V} - \hat{E}(\bar{V})}{\hat{E}(\bar{V})}\right]^2\right\}$$

Obtendo expectativas:

$$\hat{E}(\bar{\sigma}) = \sqrt{\hat{E}(\bar{V})}\left\{1 - \frac{1}{8}\left[\frac{\text{var}(\bar{V})}{\hat{E}(\bar{V})^2}\right]\right\} \qquad (26.9)$$

onde $\text{var}(\bar{V})$ é a variância de $\bar{V}$. Assim, a avaliação de um swap de volatilidade exige uma estimativa da variância da taxa de variância média durante a vida do contrato. O valor de um contrato para receber a volatilidade realizada entre o tempo 0 e o tempo T e pagar uma volatilidade de σ_K, com ambas aplicadas a um principal de L_{vol}, é:

$$L_{vol}[\hat{E}(\bar{\sigma}) - \sigma_K]e^{-rT}$$

Exemplo 26.5

Para a situação no Exemplo 26.4, considere um swap de volatilidade no qual a volatilidade realizada é recebida e uma volatilidade de 23% é paga sobre um principal de $100 milhões. Nesse caso, $\hat{E}(\bar{V}) = 0{,}0621$. Suponha que o desvio padrão da variância média durante 3 meses foi estimado em 0,01. Isso significa que $\text{var}(\bar{V}) = 0{,}0001$. A equação (26.9) nos dá:

$$\hat{E}(\bar{\sigma}) = \sqrt{0{,}0621}\left(1 - \tfrac{1}{8} \times \frac{0{,}0001}{0{,}0621^2}\right) = 0{,}2484$$

O valor do swap em (milhões de dólares) é:

$$100 \times (0{,}2484 - 0{,}23)e^{-0{,}04 \times 0{,}25} = 1{,}82$$

O Índice VIX

Na equação (26.6), a função ln pode ser aproximada pelos dois primeiros termos em uma expansão em série:

$$\ln\left(\frac{F_0}{S^*}\right) = \left(\frac{F_0}{S^*} - 1\right) - \tfrac{1}{2}\left(\frac{F_0}{S^*} - 1\right)^2$$

Isso significa que a variância acumulada esperada *risk-neutral* é calculada como:

$$\hat{E}(\bar{V})T = -\left(\frac{F_0}{S^*} - 1\right)^2 + 2\sum_{i=1}^{n}\frac{\Delta K_i}{K_i^2}e^{rT}Q(K_i) \qquad (26.10)$$

Desde 2004, o índice de volatilidade VIX (ver Seção 15.11) se baseia na equação (26.10). O procedimento usando em um dia qualquer é calcular $\hat{E}(\bar{V})T$ para opções negociadas no mercado com vencimentos imediatamente acima e abaixo de 30 dias. A variância cumulativa esperada *risk-neutral* de 30 dias é calculada a partir desses dois números usando interpolação. A seguir, ela é multiplicada por 365/30 e o índice é definido como igual à raiz quadrada do resultado. Para mais detalhes sobre o cálculo, consulte: www.cboe.com/micro/vix/vixwhite.pdf.

26.17 REPLICAÇÃO ESTÁTICA DE OPÇÕES

Se os procedimentos descritos no Capítulo 19 são usados para hedgear opções exóticas, algumas são fáceis de administrar, mas outras podem ser bastante difíceis devido às descontinuidades (ver História de Negócios 26.1). Para os casos difíceis, uma técnica conhecida pelo nome de *replicação estática* de opções pode ser útil.[15] Ela

---

[15] Ver E. Derman, D. Ergener, and I. Kani, "Static Options Replication", *Journal of Derivatives* 2, 4 (Summer 1995): 78–95.

envolve buscar um portfólio de opções negociadas ativamente que replique de forma aproximada a opção exótica. A venda a descoberto dessa posição cria o hedge.[16]

O princípio básico por trás da replicação estática de opções é o seguinte. Se dois portfólios valem o mesmo em um determinado limite, eles também valem o mesmo em todos os pontos interiores a tal limite. Considere, por exemplo, uma opção de compra *up-and-out* de 9 meses sobre uma ação que não paga dividendos cujo preço da ação é 50, o preço de exercício é 50, a barreira é 60, a taxa de juros livre de risco é 10% ao ano e a volatilidade é 30% ao ano. Suponha que $f(S, t)$ é o valor da opção no tempo t para um preço de ação S. Qualquer limite no espaço (S, t) pode ser usado para fins de produzir o portfólio replicante. A Figura 26.1 apresenta uma alternativa conveniente. Ela é definida por $S = 60$ e $t = 0{,}75$. Os valores da opção *up-and-out* no limite são dados por:

$$f(S, 0{,}75) = \max(S - 50, 0) \text{ quando } S < 60$$

$$f(60, t) = 0 \text{ quando } 0 \leq t \leq 0{,}75$$

Existem muitas maneiras de obter uma correspondência aproximada desses valores de barreira usando opções normais. A opção natural para corresponder ao primeiro limite é uma opção de compra europeia de 9 meses com preço de exercício de 50. O primeiro componente do portfólio replicante é, portanto, uma unidade dessa opção. (Chamaremos esta de opção A.)

Uma maneira de obter a correspondência do limite $f(60, t)$ é proceder da seguinte maneira:

1. Divida a vida da opção em N passos de duração Δt.
2. Escolha uma opção de compra europeia com preço de exercício de 60 e vencimento no tempo $N\Delta t$ (= 9 meses) para corresponder ao limite no ponto $\{60, (N - 1)\Delta t\}$.
3. Escolha uma opção de compra europeia com preço de exercício de 60 e vencimento no tempo $(N - 1)\Delta t$ para corresponder ao limite no ponto $\{60, (N - 2)\Delta t\}$.

e assim por diante. Observe que as opções são escolhidas em sequência para que tenham valor zero nas partes do limite nas quais há correspondência de opções anteriores.[17] A opção com preço de exercício de 60 com vencimento em 9 meses tem valor zero no limite vertical correspondido pela opção A. A opção com vencimento no tempo $i\Delta t$ tem valor zero no ponto $\{60, i\Delta t\}$ correspondido pela opção com vencimento no tempo $(i + 1)\Delta t$ para $1 \leq i \leq N - 1$.

Suponha que $\Delta t = 0{,}25$. Além da opção A, o portfólio replicante é composto de posições em opções europeias com preço de exercício 60 que vencem em 9, 6 e 3 meses. Chamaremos estas de opções B, C e D, respectivamente. Dados nossos

---

[16] A Nota Técnica 22 disponível em www.rotman.utoronto.ca/~hull/TechnicalNotes oferece um exemplo de replicação estática. Ela mostra que a taxa de variância de um ativo pode ser replicada por uma posição no ativo e opções fora do dinheiro sobre o ativo. Esse resultado, que leva à equação (26.6), pode ser usado para hedgear swaps de variância.

[17] Isso não é requisito. Se vamos buscar a correspondência de K pontos no limite, podemos escolher K opções e resolver um conjunto de K equações lineares para determinar as posições exigidas nas opções.

História de Negócios 26.1 O delta hedge é mais fácil ou mais difícil para as exóticas?

Como descrito no Capítulo 19, podemos abordar o hedge de opções exóticas com a criação de uma posição delta neutra e o rebalanceamento frequente para manter a neutralidade delta. Quando aplicamos esse procedimento, descobrimos que algumas opções exóticas são mais fáceis de hedgear que as *plain vanilla* e algumas são mais difíceis.

Um exemplo de opção exótica relativamente fácil de hedgear é uma opção de preço médio no qual o período de média é toda a vida da opção. À medida que o tempo passa, observamos mais dos preços de ativo que serão utilizados para calcular a média final. Isso significa que nossa incerteza sobre o resultado diminui com a passagem do tempo. Por consequência, a opção se torna progressivamente mais fácil de hedgear. Nos últimos dias, o delta da opção sempre se aproxima de zero, pois os movimentos de preço durante essa fase têm pouquíssimo impacto no resultado.

As opções de barreira, por outro lado, são relativamente difíceis de hedgear. Considere uma opção de compra *down-and-out* sobre uma moeda quando a taxa de câmbio está 0,0005 acima da barreira. Se a barreira é alcançada, a opção não vale nada. Se a barreira não é alcançada, a opção pode se tornar valiosíssima. O delta da opção é descontínuo na barreira, o que dificulta bastante o hedge convencional.

pressupostos sobre a volatilidade e as taxas de juros, a opção B vale 4,33 no ponto {60, 0,5}. A opção A vale 11,54 nesse ponto. A posição na opção B necessária para corresponder ao limite no ponto {60, 0,5} é, portanto, $-11,54/4,33 = -2,66$. A opção C vale 4,33 no ponto {60, 0,25}. A posição assumida nas opções A e B vale $-4,21$ nesse ponto. A posição na opção C necessária para corresponder ao limite no ponto {60, 0,25} é, portanto, $4,21/4,33 = 0,97$. Cálculos semelhantes mostram que a posição na opção D necessária para corresponder ao limite no ponto {60, 0} é 0,28.

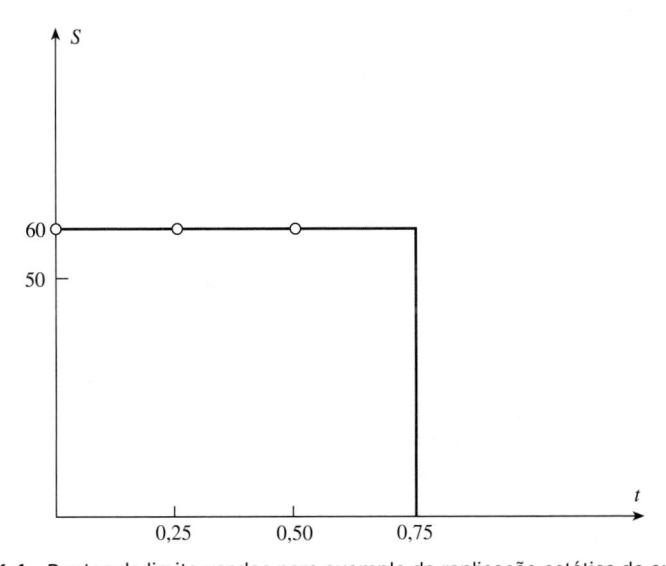

FIGURA 26.1 Pontos de limite usados para exemplo de replicação estática de opções.

TABELA 26.1 O portfólio de opções de compra europeias usado para replicar uma opção *up-and-out*

Opção	Preço de exercício	Vencimento (anos)	Posição	Valor inicial
A	50	0,75	1,00	+6,99
B	60	0,75	−2,66	−8,21
C	60	0,50	0,97	+1,78
D	60	0,25	0,28	+0,17

A Tabela 26.1 resume o portfólio escolhido. (Ver também Aplicação de Amostra F do software DerivaGem.) Inicialmente, ela vale 0,73 (ou seja, no tempo zero quando o preço da ação é 50), em comparação com os 0,31 dados pela fórmula analítica para a opção de compra *up-and-out* anteriormente neste capítulo. O portfólio replicante não é exatamente o mesmo que a opção *up-and-out*, pois corresponde ao último em apenas três pontos no segundo limite. Se usarmos o mesmo procedimento, mas com correspondência em 18 pontos no segundo limite (usando opções com vencimento a cada meio mês), o valor do portfólio replicante é reduzido para 0,38. Se há correspondência de 100 pontos, o valor é reduzido mais ainda, para 0,32.

Para hedgear um derivativo, o portfólio que replica suas condições limite deve ser vendido a descoberto. O portfólio deve ser liquidado quando qualquer parte do limite for alcançada.

Em relação ao delta hedge, a replicação estática de opções tem a vantagem de não precisar de rebalanceamento frequente. Ela pode ser usada para uma ampla gama de derivativos. O usuário tem bastante flexibilidade para escolher o limite para o qual será realizada a correspondência e as opções que serão utilizadas.

RESUMO

As opções exóticas são opções com regras que governam seu resultado mais complexas do que as opções padrões. Discutimos 15 tipos diferentes de opções exóticas: pacotes, opções americanas perpétuas, opções americanas não padrões, opções de gap, opções *forward start*, opções cliquet, opções compostas, opções do titular, opções de barreira, opções binárias, opções lookback, *shout option*, opções asiáticas, opções de trocar um ativo por outro e opções que envolvem diversos ativos. Também discutimos como avaliar tais opções usando os mesmos pressupostos aplicados para derivar o modelo de Black–Scholes–Merton no Capítulo 15. Algumas delas podem ser avaliadas analiticamente, mas utilizando fórmulas muito mais complexas do que aquelas aplicadas a opções de compra e de venda europeias normais; algumas podem ser resolvidas com aproximações analíticas; e algumas podem ser avaliadas usando extensões dos procedimentos numéricos no Capítulo 21. No Capítulo 27, apresentamos mais procedimentos numéricos para a avaliação de opções exóticas.

Algumas opções exóticas são mais fáceis de hedgear do que as opções normais correspondentes; outras, mais difíceis. Em geral, as opções asiáticas são mais fáceis de hedgear porque seu resultado se torna progressivamente mais certo à medida que nos aproximamos do vencimento. As opções de barreira podem ser mais difíceis de hedgear porque o delta é descontínuo na barreira. Uma abordagem ao hedge de opções exóticas, conhecido como replicação estática de opções, é encontrar um portfólio de opções normais cujo valor corresponde ao da opção exótica em algum limite. A opção exótica é hedgeada pela venda a descoberto desse portfólio.

LEITURAS COMPLEMENTARES

Carr, P., and R. Lee, "Realized Volatility and Variance: Options via Swaps", *Risk*,May2007, 76–83.

Clewlow, L., and C. Strickland, *Exotic Options: The State of the Art*. London: Thomson Business Press, 1997.

Demeterfi, K., E. Derman, M. Kamal, and J. Zou, "More than You Ever Wanted to Know about Volatility Swaps", *Journal of Derivatives*, 6, 4 (Summer, 1999), 9–32.

Derman, E., D. Ergener, and I. Kani, "Static Options Replication", *Journal of Derivatives*, 2, 4 (Summer 1995): 78–95.

Geske, R., "The Valuation ofCompoundOptions", *Journal of Financial Economics*, 7 (1979): 63–81.

Goldman, B., H. Sosin, and M. A. Gatto, "Path Dependent Options: Buy at the Low, Sell at the High", *Journal of Finance*, 34 (December 1979); 1111–27.

Margrabe, W., "The Value of an Option to Exchange One Asset for Another", *Journal of Finance*, 33 (March 1978): 177–86.

Rubinstein, M., and E. Reiner, "Breaking Down the Barriers", *Risk*, September (1991): 28–35.

Rubinstein, M., "Double Trouble", *Risk*, December/January (1991/1992): 53–56.

Rubinstein, M., "One for Another", *Risk*, July/August (1991): 30–32.

Rubinstein, M., "Options for the Undecided", *Risk*, April (1991): 70–73.

Rubinstein, M., "Pay Now, Choose Later", *Risk*, February (1991): 44–47.

Rubinstein, M., "Somewhere Over the Rainbow", *Risk*, November (1991): 63–66.

Rubinstein, M., "Two in One", *Risk* May (1991): 49.

Rubinstein, M., and E. Reiner, "Unscrambling the Binary Code", *Risk*, October 1991: 75–83.

Stulz, R. M., "Options on the Minimum or Maximum of Two Assets", *Journal of Financial Economics*, 10 (1982): 161–85.

Turnbull, S. M., and L. M. Wakeman, "A Quick Algorithm for Pricing European Average Options", *Journal of Financial and Quantitative Analysis*, 26 (September 1991): 377–89.

Questões e problemas

26.1 Explique a diferença entre uma opção *forward start* e uma opção do titular.

26.2 Descreva o resultado de um portfólio composto de uma opção de compra lookback flutuante e uma opção de venda lookback flutuante com o mesmo vencimento.

26.3 Considere uma opção do titular que dá o direito de escolher entre uma opção de compra europeia e uma opção de venda europeia em qualquer momento durante um período de 2 anos. As datas de vencimento e os preços de exercício das opções de compra e de venda são iguais, independentemente da escolha realizada. Em algum momento será ideal escolher antes do final do período de 2 anos? Explique sua resposta.

26.4 Suponha que c_1 e p_1 são os preços de uma opção de compra de preço média europeia e uma opção de venda de preço média europeia com preço de exercício K e vencimento T, c_2 e p_2 são os preços de uma opção de compra de preço de exercício médio europeia e uma opção de opção de compra de preço de exercício médio europeia com vencimento T e c_3 e p_3 são os preços de uma opção de compra europeia normal e uma opção de venda europeia normal com preço de exercício K e vencimento T. Mostre que $c_1 + c_2 - c_3 = p_1 + p_2 - p_3$.

26.5 O texto deriva uma decomposição de um determinado tipo de opção do titular em uma opção de compra com vencimento no tempo T_2 e uma opção de venda com vencimento no tempo T_1. Derive uma descomposição alternativa em uma opção de compra com vencimento no tempo T_1 e uma opção de venda com vencimento no tempo T_2.

26.6 A Seção 26.9 fornece duas fórmulas para uma opção de compra *down-and-out*. A primeira se aplica à situação na qual a barreira, H, é menor ou igual ao preço de exercício, K. A segunda se aplica à situação na qual $H \geq K$. Mostre que as duas fórmulas são iguais quando $H = K$.

26.7 Explique por que uma opção de venda *down-and-out* vale zero quando a barreira é maior do que o preço de exercício.

26.8 Suponha que o preço de exercício de uma opção de compra americana sobre uma ação que não paga dividendos cresce à taxa g. Mostre que se g é menor do que a taxa de juros livre de risco, r, o exercício antecipado da opção de compra nunca é ideal.

26.9 Como é possível calcular o valor de uma opção de venda *forward start* sobre uma ação que não paga dividendos se concordamos que o preço de exercício será 10% maior do que o preço da ação no momento de início da opção?

26.10 Se um preço de ação segue o movimento browniano geométrico, qual processo $A(t)$ segue onde $A(t)$ é a média aritmética do preço da ação entre o tempo zero e o tempo t?

26.11 Explique por que o delta hedge é mais fácil para opções asiáticas do que para opções normais.

26.12 Calcule o preço de uma opção europeia de 1 ano para dar 100 onças de prata em troca de 1 onça de ouro. Os preços atuais do ouro e da prata são $1.520 e $16, respectivamente; a taxa de juros livre de risco é de 10% ao ano; a volatilidade de cada preço de commodity é 20%; e a correlação entre os dois preços é 0,7. Ignore os custos de estocagem.

26.13 Uma opção *down-and-out* europeia sobre um ativo vale o mesmo que uma opção *down-and-out* europeia sobre o preço futuro do ativo para um contrato futuro com vencimento na mesma data que a opção?

26.14 Responda as seguintes perguntas sobre opções compostas:

(a) Qual relação de paridade put–call existe entre o preço de uma opção de compra europeia sobre uma opção de compra e uma opção de venda europeia sobre uma opção de compra? Mostre que as fórmulas dadas no texto satisfazem a relação.

(b) Qual relação de paridade put–call existe entre o preço de uma opção de compra europeia sobre uma opção de venda e uma opção de venda europeia sobre uma opção de venda? Mostre que as fórmulas dadas no texto satisfazem a relação.

26.15 Uma opção de compra lookback flutuante se torna mais ou menos valiosa à medida que aumentamos a frequência com a qual observamos o preço do ativo para calcular o mínimo?

26.16 Uma opção de compra *down-and-out* se torna mais ou menos valiosa à medida que aumentamos a frequência com a qual observamos o preço do ativo para determinar se barreira foi ou não cruzada? Qual é a resposta para a mesma pergunta em referência a uma opção de compra *down-and-in*?

26.17 Explique por que uma opção de compra europeia normal é a soma de uma opção de compra *down-and-out* europeia e de uma opção de compra *down-and-in* europeia. O mesmo vale para opções de compra americanas?

26.18 Qual é o valor de um derivativo que paga $100 em 6 meses se o índice S&P é maior do que 1.000 e zero se não é? Pressuponha que o nível atual do índice é 960, a taxa de juros livre de risco é 8% ao ano, o rendimento em dividendos sobre o índice é 3% ao ano e a volatilidade do índice é de 20%.

26.19 Em uma opção de compra *down-and-out* de 3 meses sobre futuros de prata, o preço de exercício é $20 por onça e a barreira é $18. O preço futuro atual é $19, a taxa de juros livre de risco é 5% e a volatilidade dos futuros de prata é de 40% ao ano. Explique como a opção funciona e calcule seu valor. Qual é o valor de uma opção de compra normal sobre futuros de prata com os mesmos termos? Qual é o valor de uma opção de compra *down-and-in* sobre futuros de prata com os mesmos termos?

26.20 Uma nova opção de compra lookback flutuante europeia sobre um índice de ações tem vencimento de 9 meses. O nível atual do índice é 400, a taxa de juros livre de risco é 6% ao ano, o rendimento em dividendos sobre o índice é de 4% ao ano e a volatilidade do índice é de 20%. Avalie a opção.

26.21 Estime o valor de uma nova opção de compra de preço médio europeia de 6 meses sobre uma ação que não paga dividendos. O preço da ação inicial é $30, o preço de exercício é $30, a taxa de juros livre de risco é 5% e a volatilidade do preço da ação é de 30%.

26.22 Calcule o valor de:
(a) Uma opção de compra europeia normal sobre uma ação que não paga dividendos na qual o preço da ação é $50, o preço de exercício é $50, a taxa de juros livre de risco é 5% ao ano, a volatilidade é 30% ao ano e o tempo até o vencimento é de um ano.
(b) Uma opção de compra *down-and-out* europeia que é como em (a) com a barreira em $45
(c) Uma opção de compra *down-and-in* europeia que é como em (a) com a barreira em $45.
Mostre que a opção (a) vale a soma dos valores das opções em (b) e (c).

26.23 Explique os ajustamentos que precisam ser realizados quando $r = q$ para (a) as fórmulas de avaliação para opções de compra lookback flutuantes na Seção 26.11 e (b) as fórmulas para M_1 e M_2 na Seção 26.13.

26.24 Avalie o swap de variância no Exemplo 26.4 da Seção 26.16 pressupondo que as volatilidades implícitas para opções com preços de exercício 800, 850, 900, 950, 1.000, 1.050, 1.100, 1.150 e 1.200 são 20%, 20,5%, 21%, 21,5%, 22%, 22,5%, 23%, 23,5% e 24%, respectivamente.

26.25 Confirme que os resultados na Seção 26.2 para o valor de um derivativo que paga Q quando $S = H$ são consistentes com aqueles na Seção 15.6.

Questões adicionais

26.26 Qual é o valor em dólares de um derivativo que paga em 1 ano desde que a taxa de câmbio dólar/libra esterlina seja maior do que 1,5000 nessa data? A taxa de câmbio atual é de 1,4800. As taxas de juros em dólares e em libras esterlinas são de 4% e 8% ao ano, respectivamente. A volatilidade da taxa de câmbio é de 12% ao ano.

26.27 Considere uma opção de compra de barreira *up-and-out* sobre uma ação que não paga dividendos quando o preço da ação é 50, o preço de exercício é 50, a volatilidade é 30%, a taxa de juros livre de risco 5%, o tempo até o vencimento é 1 ano e a barreira está em $80. Avalie a opção e crie um gráfico da relação entre (a) o preço da opção e o preço da ação, (b) o delta e o preço da ação, (c) o preço da opção e o tempo até o vencimento e (d) o preço da opção e a volatilidade. Ofereça uma explicação intuitiva para os resultados que obtém. Mostre que o delta, gama, teta e vega para uma opção de compra de barreira *up-and-out* pode ser positivo ou negativo.

26.28 Considere uma opção de compra *down-and-out* sobre uma moeda estrangeira. A taxa de câmbio inicial é 0,90, o tempo até o vencimento é 2 anos, o preço de exercício é 1,00, a barreira é 0,80, a taxa de juros livre de risco nacional é 5%, a taxa de juros livre de risco é 6% e a volatilidade é de 25% ao ano. Desenvolver uma estratégia de replicação estática de opções envolvendo cinco opções.

26.29 Suponha que um índice de ações está em 900. O rendimento em dividendos é de 2%, a taxa de juros livre de risco é 5% e a volatilidade é de 40%. Use os resultados na Nota Técnica 27 no site do autor para calcular o valor de uma opção de compra de preço médio de 1 ano na qual o preço de exercício é 900 e o nível do índice é observado no final de cada trimestre para fins de cálculo da média. Compare esse resultado com o preço calculado para uma opção de preço médio de 1 ano na qual o preço é observado continuamente. Ofereça uma explicação intuitiva para quaisquer diferenças possíveis entre os preços.

26.30 Os *outperformance certificates* (também chamados de *sprint certificates*, *accelerator certificates* ou *speeders*) são oferecidos a investidores, principalmente por bancos, como maneira de investir nas ações de uma empresa. O investimento inicial é igual ao preço da ação, S_0. Se o preço da ação sobe entre o tempo 0 e o tempo T, o investidor ganha k vezes o aumento no tempo T, onde k é uma constante maior do que 1,0. Contudo, o preço da ação usado para calcular o ganho no tempo T é limitado em um nível máximo M. Se o preço da ação cai, a perda do investidor é igual à queda. O investidor não recebe dividendos.
   (a) Mostre que um *outperformance certificate* é um pacote.
   (b) Calcule o valor de um *outperformance certificate* quando o preço da ação é 50 euros, $k = 1,5$, $M = 70$ euros, a taxa de juros livre de risco é 5% e a volatilidade do preço da ação é 25%. Esperam-se dividendos iguais a 0,5 euros em 2 meses, 5 meses, 8 meses e 11 meses.

26.31 Realize a análise no Exemplo 26.4 da Seção 26.16 para avaliar o swap de variância pressupondo que a vida do swap é 1 mês e não 3 meses.

26.32 Qual é a relação entre uma opção de compra normal, uma opção de compra binária e uma opção de compra de gap?

26.33 Produza uma fórmula para avaliar uma opção cliquet na qual uma quantia Q é investida para produzir um resultado ao final de n períodos. O retorno obtido em cada período é o maior entre o retorno sobre um índice (excluindo dividendos) e zero.

CAPÍTULO

27

Mais sobre modelos e procedimentos numéricos

Até aqui, os modelos que utilizamos para avaliar opções se basearam no modelo de movimento browniano geométrico do comportamento do preço do ativo que está por trás das fórmulas de Black–Scholes–Merton e os procedimentos numéricos que utilizamos foram relativamente simples e diretos. Neste capítulo, introduzimos diversos novos modelos e explicamos como os procedimentos numéricos podem ser adaptados para lidar com determinadas situações.

O Capítulo 20 explicou como os traders superam os pontos fracos do modelo de movimento browniano geométrico usando superfícies de volatilidade. Uma superfície de volatilidade determina a volatilidade apropriada que deve ser inserida nas fórmulas de Black–Scholes–Merton para o apreçamento de opções *plain vanilla*. Infelizmente, ela não nos diz muito sobre a volatilidade que deve ser utilizada para opções exóticas quando utilizamos as fórmulas de apreçamento do Capítulo 26. Suponha que a superfície de volatilidade indica que a volatilidade correta que deve ser utilizada para apreçar uma opção *plain vanilla* de 1 ano com preço de exercício de $40 é 27%. Esse resultado pode ser totalmente inadequado para o apreçamento de uma opção de barreira (ou alguma outra opção exótica) cujo preço de exercício é $40 e a vida é um ano.

A primeira parte deste capítulo discute diversas alternativas ao movimento browniano geométrico, criadas para lidar com o problema do apreçamento de opções exóticas de forma consistente com as opções *plain vanilla*. Esses processos alternativos de preços de ativo se ajustam melhor aos preços de mercado das opções *plain vanilla* do que o movimento browniano geométrico. Por consequência, temos mais segurança para utilizá-los na avaliação de opções exóticas.

A segunda parte do capítulo estende a discussão aos procedimentos numéricos. Ela explica como os títulos conversíveis e alguns tipos de derivativos dependentes da trajetória podem ser avaliados utilizando árvores. Ela também discute os problemas especiais associados à avaliação numérica de opções de barreira e como tais problemas podem ser enfrentados. Finalmente, ela descreve maneiras alternativas de construir árvores para duas variáveis correlacionadas e mostra como a simulação de Monte Carlo pode ser utilizada para avaliar derivativos quando há oportunidades de exercício antecipado.

Assim como nos capítulos anteriores, os resultados são apresentados para derivativos dependentes de um ativo que oferece rendimento a uma taxa q. Para uma opção sobre um índice de ações, q deve ser definido como igual ao rendimento em dividendos sobre o índice; para uma opção sobre uma moeda, deve ser definido como igual à taxa de juros livre de risco estrangeira; para uma opção sobre um contrato futuro, deve ser definido como igual à taxa de juros livre de risco nacional.

27.1 ALTERNATIVAS A BLACK–SCHOLES–MERTON

O modelo de Black–Scholes–Merton pressupõe que o preço de um ativo muda continuamente de maneira que produza uma distribuição lognormal para o preço em qualquer data futura. Muitos processos alternativos podem ser pressupostos. Uma possibilidade é reter a propriedade de que o preço do ativo muda continuamente, mas pressupor um processo que não o movimento browniano geométrico. Outra alternativa é sobrepor as mudanças contínuas no preço do ativo com saltos. Outra é pressupor um processo no qual todas as mudanças no preço do ativo são saltos. Vamos considerar exemplos de todos os três tipos de processo nesta seção. Em especial, vamos considerar o modelo de elasticidade constante da variância, o modelo misto de salto–difusão de Merton e o modelo de gama da variância. Os tipos de processos que vamos considerar nesta seção são conhecidos coletivamente pelo nome de *processos de Lévy*.[1]

O modelo de elasticidade constante da variância

Uma alternativa a Black–Scholes–Merton é o modelo de *elasticidade constante da variância* (CEV, *constant elasticity of variance*), um modelo de difusão no qual o processo *risk-neutral* para um preço de ação S é:

$$dS = (r - q)S\,dt + \sigma S^\alpha\,dz$$

onde r é a taxa de juros livre de risco, q é o rendimento em dividendos, dz é um processo de Wiener, σ é um parâmetro de volatilidade e α é uma constante positiva.[2]

Quando $\alpha = 1$, o modelo CEV é o modelo de movimento browniano geométrico que utilizamos até aqui. Quando $\alpha < 1$, a volatilidade aumenta à medida que o preço da ação diminui. Isso cria uma distribuição de probabilidade semelhante àquela observada para ações com uma cauda esquerda pesada e uma cauda direita menos

---

[1] Em termos gerais, um processo de Levy é um processo estocástico de tempo contínuo com incrementos independentes estacionários.

[2] Ver J. C. Cox and S. A. Ross, "The Valuation of Options for Alternative Stochastic Processes", *Journal of Financial Economics*, 3 (March 1976): 145-66.

pesada (ver Figura 20.4).³ Quando $\alpha > 1$, a volatilidade aumenta à medida que o preço da ação aumenta. Isso cria uma distribuição de probabilidade com uma cauda direita pesada e uma cauda esquerda menos pesada. Isso corresponde a um *smile* de volatilidade no qual a volatilidade implícita é uma função crescente do preço de exercício. Esse tipo de *smile* de volatilidade também é observado ocasionalmente para opções sobre futuros.

As fórmulas de avaliação para opções de compra e de venda europeias sob o modelo CEV são:

$$c = S_0 e^{-qT}[1 - \chi^2(a, b+2, c)] - Ke^{-rT}\chi^2(c, b, a)$$

$$p = Ke^{-rT}[1 - \chi^2(c, b, a)] - S_0 e^{-qT}\chi^2(a, b+2, c)$$

quando $0 < \alpha < 1$ e:

$$c = S_0 e^{-qT}[1 - \chi^2(c, -b, a)] - Ke^{-rT}\chi^2(a, 2-b, c)$$

$$p = Ke^{-rT}[1 - \chi^2(a, 2-b, c)] - S_0 e^{-qT}\chi^2(c, -b, a)$$

quando $\alpha > 1$, com:

$$a = \frac{[Ke^{-(r-q)T}]^{2(1-\alpha)}}{(1-\alpha)^2 v}, \quad b = \frac{1}{1-\alpha}, \quad c = \frac{S^{2(1-\alpha)}}{(1-\alpha)^2 v}$$

onde:

$$v = \frac{\sigma^2}{2(r-q)(\alpha-1)}[e^{2(r-q)(\alpha-1)T} - 1]$$

e $\chi^2(z, k, v)$ é a probabilidade cumulativa que uma variável com uma distribuição χ^2 não central com parâmetro de não centralidade v e k graus de liberdade é menor do que z. Um procedimento para computar $\chi^2(z, k, v)$ se encontra na Nota Técnica 12 no site do autor: www.rotman.utoronto.ca/~hull/TechnicalNotes.

O modelo CEV é útil para avaliar opções sobre ações exóticas. Os parâmetros do modelo podem ser escolhidos de modo a se ajustar o máximo possível aos preços de opções *plain vanilla* por meio da minimização da soma dos quadrados das diferenças entre os preços de modelos e preços de mercado.

Modelo misto de salto–difusão de Merton

Merton sugeriu um modelo no qual os saltos são combinados com mudanças contínuas.⁴ Defina:

λ: Número médio de saltos por ano.

k: Tamanho do salto médio, medido como uma porcentagem do preço do ativo.

---

³O motivo é o seguinte: À medida que o preço da ação diminui, a volatilidade aumenta, tornando um preço de ação ainda menor mais provável; quando o preço da ação aumenta, a volatilidade diminui, tornando preços mais elevados menos prováveis.

⁴ Ver R. C. Merton, "Option Pricing When Underlying Stock Returns Are Discontinuous", *Journal of Financial Economics*, 3 (March 1976): 125–44.

Pressupõe-se que o tamanho percentual do salto será extraído de uma distribuição de probabilidade no modelo.

A probabilidade de um salto no tempo Δt é $\lambda \Delta t$. A taxa de crescimento média no preço do ativo a partir dos saltos é, portanto, λk. O processo *risk-neutral* para o preço do ativo é:

$$\frac{dS}{S} = (r - q - \lambda k)\,dt + \sigma\,dz + dp$$

onde dz é um processo de Wiener, dp é o processo de Poisson que gera os saltos e σ é a volatilidade do movimento browniano geométrico. Pressupõe-se que os processos dz e dp são independentes.

Um caso importante do modelo de Merton é aquele no qual o logaritmo de um mais o tamanho do salto percentual é normal. Pressuponha que o desvio padrão da distribuição normal é s. Merton mostra que um preço de opção europeia pode ser escrito como:

$$\sum_{n=0}^{\infty} \frac{e^{-\lambda' T}(\lambda' T)^n}{n!}\,f_n$$

onde $\lambda' = \lambda(1 + k)$. A variável f_n é o preço de opção de Black–Scholes–Merton quando o rendimento em dividendos é q, a taxa de variância é:

$$\sigma^2 + \frac{ns^2}{T}$$

e a taxa de juros livre de risco é:

$$r - \lambda k + \frac{n\gamma}{T}$$

onde $\gamma = \ln(1 + k)$.

Esse modelo dá origem a caudas esquerda e direita mais pesadas do que Black–Scholes–Merton. Ele pode ser utilizado para apreçar opções de moeda. Assim como no caso do modelo CEV, os parâmetros do modelo são escolhidos por meio da minimização da soma dos quadrados das diferenças entre os preços de modelos e preços de mercado.

Modelos como o de Merton, que envolvem saltos, podem ser implementados com a simulação de Monte Carlo. Quando os saltos são gerados por um processo de Poisson, a probabilidade de exatamente m saltos no tempo t é:

$$\frac{e^{-\lambda t}(\lambda t)^m}{m!}$$

onde λ é o número médio de saltos por ano. De forma equivalente, λt é o número médio de saltos no tempo t.

Suponha que, em média, ocorrem 0,5 salto por ano. A probabilidade de m saltos em 2 anos é:

$$\frac{e^{-0,5 \times 2}(0,5 \times 2)^m}{m!}$$

A Tabela 27.1 fornece a probabilidade e a probabilidade cumulativa de 0, 1, 2, 3, 4, 5, 6, 7 e 8 saltos em 2 anos. (Os números em uma tabela como essa podem ser calculados usando a função POISSON no Excel.)

TABELA 27.1 Probabilidades para número de saltos em 2 anos

Número de saltos, m	Probabilidade de exatamente m saltos	Probabilidade de m saltos ou menos
0	0,3679	0,3679
1	0,3679	0,7358
2	0,1839	0,9197
3	0,0613	0,9810
4	0,0153	0,9963
5	0,0031	0,9994
6	0,0005	0,9999
7	0,0001	1,0000
8	0,0000	1,0000

Para simular um processo que segue os saltos durante 2 anos, é necessário determinar, em cada teste de simulação:

1. O número de saltos.
2. O tamanho de cada salto.

Para determinar o número de saltos, em cada teste de simulação escolhemos um número aleatório entre 0 e 1 e usamos a Tabela 27.1 como tabela de consulta. Se o número aleatório está entre 0 e 0,3679, não ocorre nenhum salto; se o número aleatório está entre 0,3679 e 0,7358, ocorre um salto; se o número aleatório está entre 0,7358 e 0,9197, ocorrem dois saltos; e assim por diante. Para determinar o tamanho de cada salto, é necessário, em cada teste de simulação, extrair um número da distribuição de probabilidade para o tamanho do salto para cada salto que ocorre. Depois que o número de saltos e o tamanho dos saltos foram determinados, sabemos o valor final da variável sendo simulada para o teste de simulação.

No modelo misto de salto–difusão de Merton, os saltos são sobrepostos sobre o processo de difusão lognormal tradicional que se pressupõe para preços de ações. O processo tem então dois componentes (o componente de difusão tradicional e o componente de salto) e uma amostra deve ser extraída de cada um separadamente. A amostra do componente de difusão é obtida da forma descrita nas Seções 21.6 e 21.7, enquanto a amostra do componente de salto é extraída da maneira descrita acima. Quando os derivativos são avaliados, é importante garantir que o retorno esperado geral do ativo (de ambos os componentes) é a taxa de juros livre de risco. Isso significa que o drift para o componente de difusão no modelo de Merton é $r - q - \lambda k$.

O modelo de gama da variância

Um exemplo de modelo de saltos puros que está ganhando bastante popularidade é o *modelo de gama da variância*.[5] Defina uma variável g como a mudança durante o tempo T em uma variável que segue um processo gama com taxa média de 1 taxa de

---
[5] Ver D. B. Madan, P. P. Carr, and E. C. Chang, "The Variance-Gamma Process and Option Pricing", *European Finance Review*, 2 (1998): 79–105.

variância de v. Um processo gama é um processo de saltos puros no qual ocorrem pequenos saltos com bastante frequência e grandes saltos apenas ocasionalmente. A densidade de probabilidade para g é:

$$\frac{g^{T/v-1}e^{-g/v}}{v^{T/v}\Gamma(T/v)}$$

onde $\Gamma(\cdot)$ denota a função gama. Essa densidade de probabilidade pode ser calculada no Excel usando a função GAMMADIST($\cdot$, $\cdot$, $\cdot$, $\cdot$). O primeiro argumento da função é g, o segundo é T/v, o terceiro é v e o quarto é VERDADEIRO ou FALSO, onde VERDADEIRO retorna a função de distribuição de probabilidade cumulativa e FALSO retorna a função de densidade de probabilidade que acabamos de apresentar.

Como sempre, definimos S_T como o preço do ativo no tempo T, S_0 como o preço do ativo hoje, r como a taxa de juros livre de risco e q como o rendimento em dividendos. Em um mundo *risk-neutral*, $\ln S_T$, sob o modelo de gama da variância, tem uma distribuição de probabilidade que, condicionada de g, é normal. A média condicional é:

$$\ln S_0 + (r-q)T + \omega + \theta g$$

e o desvio padrão condicional é:

$$\sigma\sqrt{g}$$

onde:

$$\omega = (T/v)\ln(1 - \theta v - \sigma^2 v/2)$$

O modelo de gama da variância tem três parâmetros: v, σ e θ.[6] O parâmetro v é a taxa de variância do processo gama, σ é a volatilidade e θ é um parâmetro que define a vantagem. Quando $\theta = 0$, $\ln S_T$ é simétrico; quando $\theta < 0$, sua vantagem é negativa (assim como para ações); e quando $\theta > 0$, sua vantagem é positiva.

Suponha que estamos interessados em usar o Excel para obter 10.000 amostras aleatórias da mudança no preço do ativo entre o tempo 0 e o tempo T usando o modelo de gama da variância. Preliminarmente, podemos definir as células E1, E2, E3, E4, E5, E6 e E7 como iguais a T, v, θ, σ, r, q e S_0, respectivamente. Também podemos definir E8 como igual a ω ao definir a célula como:

= $E$1 * LN(1 − $E$3 * $E$2 − $E$4 * $E$4 * $E$2/2)/$E$2

Podemos então proceder da seguinte maneira:

1. Obtenha valores amostrais para g usando a função GAMMAINV. Determine os conteúdos das células A1, A2,..., A10000 como:

    = GAMMAINV(RAND(), $E$1/$E$2, $E$2)

---

[6] Observe que todos esses parâmetros podem mudar quando passamos do mundo real para o mundo *risk-neutral*, em contraste com os modelos de difusão pura, nos quais a volatilidade permanece a mesma.

2. Para cada valor de g, obtemos um valor amostral de z para uma variável que é normalmente distribuída com média θg e desvio padrão $\sigma\sqrt{g}$. Para tanto, definimos a célula B1 como:

$$= A1 * \$E\$3 + SQRT(A1) * \$E\$4 * NORMSINV(RAND())$$

e as células B2, B3,..., B10000 da mesma forma.

3. O preço de ação S_T é dado por:

$$S_T = S_0 \exp[(r-q)T + \omega + z]$$

Definindo C1 como:

$$= \$E\$7 * EXP((\$E\$5 - \$E\$6) * \$E\$1 + B1 + \$E\$8)$$

e C2, C3,..., C10000 da mesma forma, são criadas amostras aleatórias da distribuição de S_T nessas células.

A Figura 27.1 mostra a distribuição de probabilidade obtida usando o modelo de gama da variância para S_T quando $S_0 = 100$, $T = 0{,}5$, $v = 0{,}5$, $\theta = 0{,}1$, $\sigma = 0{,}2$ e $r = q = 0$. Para fins de comparação, ela também mostra a distribuição dada pelo movimento browniano geométrico quando a volatilidade σ é 0,2 (ou 20%). Apesar de não ficar claro na Figura 27.1, a distribuição do gama da variância tem caudas mais pesadas do que a distribuição lognormal dada pelo movimento browniano geométrico.

Uma maneira de caracterizar a distribuição do gama da variância é que g define a taxa à qual a informação chega durante o tempo T. Se g é grande, muitas informações chegam e a amostra que obtemos de uma distribuição normal no passo 2, tem média e variância relativamente grandes. Se g é pequeno, chegam relativamente poucas informações e a amostra que obtemos tem média e variância relativamente

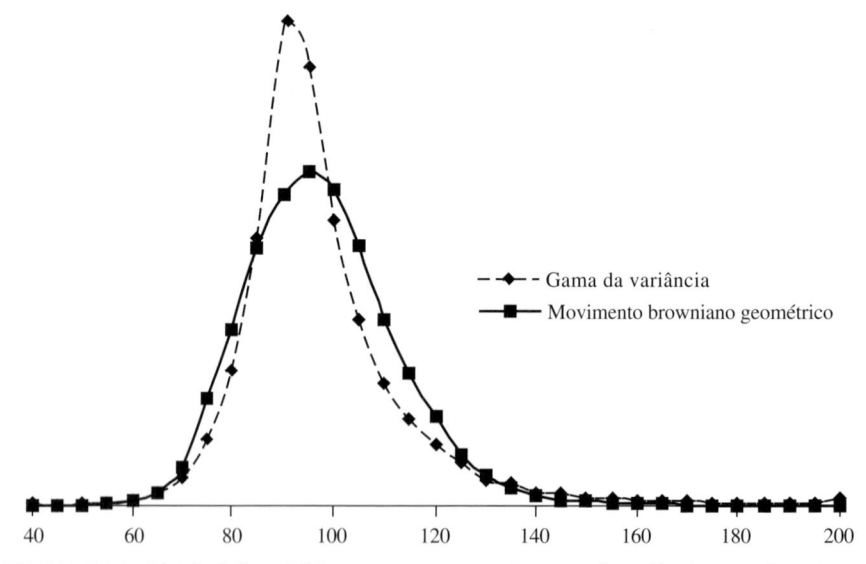

FIGURA 27.1 Distribuições obtidas com o processo de gama da variância e movimento browniano geométrico.

pequenas. O parâmetro *T* é a medida de tempo tradicional e *g* também é chamado de medida econômica do tempo ou tempo ajustado para o fluxo de informações.

Madan *et al.* (1998) fornecem fórmulas semianalíticas de avaliação de opções europeias. O modelo de gama da variância tende a produzir um *smile* de volatilidade em forma de U. O *smile* não é necessariamente simétrico, sendo bastante pronunciado para vencimentos mais curtos e "morrendo aos poucos" para vencimentos mais longos. O modelo pode ser ajustado a preço de opções *plain vanilla* simples sobre ações ou moedas estrangeiras.

27.2 MODELOS DE VOLATILIDADE ESTOCÁSTICA

O modelo de Black–Scholes–Merton pressupõe que a volatilidade é constante. Na prática, como discutido no Capítulo 23, a volatilidade varia com o passar do tempo. O modelo do gama da variância reflete esse fato com sua variável *g*. Valores baixos de *g* correspondem a uma baixa taxa de chegada para informações e uma baixa volatilidade; valores altos de *g* correspondem a uma alta taxa de chegada para informações e uma alta volatilidade.

Uma alternativa ao modelo do gama da variância é um modelo no qual o processo seguido pela variável de volatilidade é especificado explicitamente. Primeiramente, vamos supor que o parâmetro de volatilidade no movimento browniano geométrico é uma função conhecida do tempo. O processo *risk-neutral* seguido pelo preço do ativo é, então:

$$dS = (r - q)S\,dt + \sigma(t)S\,dz \tag{27.1}$$

As fórmulas de Black–Scholes–Merton estão corretas, desde que a taxa de variância seja definida como igual à taxa de variância média durante a vida da opção (ver Problema 27.6). A taxa de variância é o quadrado da volatilidade. Suponha que durante um período de 1 ano, a volatilidade de uma ação será 20% durante os primeiros 6 meses e 30% durantes os últimos 6 meses. A taxa de variância média é:

$$0,5 \times 0,20^2 + 0,5 \times 0,30^2 = 0,065$$

É correto usar Black–Scholes–Merton com uma taxa de variância de 0,065. Esse valor corresponde a uma volatilidade de $\sqrt{0,065} = 0,255$, ou 25,5%.

A equação (27.1) pressupõe que a volatilidade instantânea de um ativo é perfeitamente previsível. Na prática, a volatilidade varia estocasticamente. Isso levou ao desenvolvimento de modelos mais complexos, com duas variáveis estocásticas: o preço da ação e sua volatilidade.

Um modelo que foi utilizado por pesquisadores é:

$$\frac{dS}{S} = (r - q)\,dt + \sqrt{V}\,dz_S \tag{27.2}$$

$$dV = a(V_L - V)\,dt + \xi V^\alpha\,dz_V \tag{27.3}$$

onde a, V_L, ξ e α são constantes e dz_s e dz_v são processos de Wiener. A variável V nesse modelo é a taxa de variância do ativo. A taxa de variância tem um drift que a leva de volta ao nível V_L a uma taxa a.

Hull e White mostram que quando a volatilidade é estocástica, mas não correlacionada com o preço do ativo, o preço de uma opção europeia é o preço de Black–Scholes–Merton integrado sobre a distribuição de probabilidade da taxa de variância média durante a vida da opção.[7] Assim, o preço de uma opção de compra europeia é:

$$\int_0^\infty c(\bar{V})g(\bar{V})\,d\bar{V}$$

onde $\bar{V}$ é o valor médio da taxa de variância, c é o preço de Black–Scholes–Merton expresso com uma função de $\bar{V}$ e g é a função de densidade de probabilidade de $\bar{V}$ em um mundo *risk-neutral*. Esse resultado pode ser utilizado para mostrar que Black–Scholes–Merton superestima os preços de opções que estão no dinheiro ou próximo disso e subestima os preços de opções muito dentro ou muito fora do dinheiro. O modelo é consistente com o padrão de volatilidades implícitas observados para opções de moedas (ver Seção 20.2).

O caso no qual o preço do ativo e a volatilidade estão correlacionados é mais complexo. Os preços de opções podem ser obtidos usando a simulação de Monte Carlo. No caso específico em que $\alpha = 0{,}5$, Hull e White fornecem uma expansão em série e Heston fornece um resultado analítico.[8] O padrão de volatilidades implícitas obtido quando a volatilidade é negativamente correlacionada com o preço do ativo é semelhante àquele observado para ações (ver Seção 20.3).[9]

O Capítulo 23 discute os modelos de média móvel ponderada exponencialmente (EWMA) e GARCH(1,1). Estes são abordagens alternativas à caracterização de um modelo de volatilidade estocástica. Duan mostra que é possível usar o GARCH(1,1) como base para um modelo de apreçamento de opções internamente consistente.[10] (Ver Problema 23.14 para a equivalência dos modelos GARCH(1,1) e de volatilidade estocástica.)

Os modelos de volatilidade estocástica podem ser ajustados aos preços de opções *plain vanilla* e então usados para apreçar opções exóticas.[11] Para opções que duram menos de um ano, o impacto de uma volatilidade estocástica no apreçamen-

---

[7] Ver J. C. Hull and A. White, "The Pricing of Options on Assets with Stochastic Volatilities", *Journal of Finance*, 42 (June 1987): 281–300. Esse resultado é independente do processo seguido pela taxa de variância.

[8] Ver J. C. Hull and A. White, "An Analysis of the Bias in Option Pricing Caused by a Stochastic Volatility", *Advances in Futures and Options Research*, 3 (1988): 27–61; S. L. Heston, "A Closed Form Solution for Options with Stochastic Volatility with Applications to Bonds and Currency Options", *Review of Financial Studies*, 6, 2 (1993): 327–43.

[9] A razão é dada na nota de rodapé 3.

[10] Ver J.-C. Duan, "The GARCH Option Pricing Model", *Mathematical Finance*, vol. 5 (1995), 13–32; e J.-C. Duan, "Cracking the Smile" *RISK*, vol. 9 (December 1996), 55-59.

[11] Para um exemplo disso, ver J. C. Hull and W. Suo, "A Methodology for the Assessment of Model Risk and its Application to the Implied Volatility Function Model", *Journal of Financial and Quantitative Analysis*, 37, 2 (June 2002): 297–318.

to é relativamente pequena em termos absolutos (apesar de ser bastante grande em termos percentuais para opções muito fora do dinheiro). O impacto se torna progressivamente maior à medida que a vida da opção aumenta. O impacto de uma volatilidade estocástica sobre o desempenho do delta hedge normalmente é bastante grande. Os traders reconhecem esse fato e, como descrito no Capítulo 19, calculam o vega para monitorar sua exposição às mudanças na volatilidade.

27.3 O MODELO DE IVF

Os parâmetros dos modelos que analisamos até aqui podem ser escolhidos de modo a oferecerem um ajuste aproximado aos preços de opções *plain vanilla* em um dia qualquer. Às vezes, as instituições financeiras querem ir um passo além e usam um modelo que fornece um ajuste exato aos preços dessas opções.[12] Em 1994, Derman e Kani, Dupire e Rubinstein desenvolveram um modelo criado com esse objetivo, que viria a ser conhecido como o modelo de *função de volatilidade implícita* (IVF, *implied volatility function*) ou modelo de árvore implícita.[13] Ele oferece um ajuste exato aos preços de opções europeias observados em um dia qualquer, independentemente do formato da superfície de volatilidade.

O processo *risk-neutral* para o preço do ativo no modelo tem a forma:

$$dS = [r(t) - q(t)]S\,dt + \sigma(S, t)S\,dz$$

onde $r(t)$ é a taxa de juros a termo instantânea para um contrato com vencimento no tempo t e $q(t)$ é o rendimento em dividendos como função do tempo. A volatilidade $\sigma(S, t)$ é uma função de S e de t e é escolhida de forma que o modelo aprece todas as opções europeias de maneira consistente com o mercado. Como demonstram Dupire e Andersen e Brotherton-Ratcliffe, $\sigma(S, t)$ pode ser calculado analiticamente:[14]

$$[\sigma(K, T)]^2 = 2\frac{\partial c_{\text{mkt}}/\partial T + q(T)c_{\text{mkt}} + K[r(T) - q(T)]\partial c_{\text{mkt}}/\partial K}{K^2(\partial^2 c_{\text{mkt}}/\partial K^2)} \qquad (27.4)$$

onde $c_{\text{mkt}}(K, T)$ é o preço de mercado de uma opção de compra europeia com preço de exercício K e vencimento T. Se um número suficientemente grande de preços de opções de compra europeias está disponível no mercado, essa equação pode ser utilizada para estimar a função $\sigma(S, t)$.[15]

---

[12] Há um motivo prático para isso. Se o banco não usa um modelo com essa propriedade, há o risco de os traders que trabalham para o banco dedicarem seu tempo a praticar arbitragem com os modelos internos do banco.

[13] Ver B. Dupire, "Pricing with a Smile", *Risk*, February (1994): 18–20; E. Derman and I. Kani, "Riding on a Smile", *Risk*, February (1994): 32–39; M. Rubinstein, "Implied Binomial Trees" *Journal of Finance*, 49, 3 (July 1994), 771–818.

[14] Ver B. Dupire, "Pricing with a Smile", *Risk*, February (1994), 18–20; L. B. G. Andersen and R. Brotherton-Ratcliffe "The Equity Option Volatility Smile: An Implicit Finite Difference Approach", *Journal of Computation Finance* 1, No. 2 (Winter 1997/98): 5–37. Dupire considera o caso em que r e q são zero; Andersen e Brotherton-Ratcliffe consideram a situação mais geral.

[15] Normalmente é necessária alguma suavização da superfície de volatilidade observada.

Andersen e Brotherton-Ratcliffe implementam o modelo usando a equação (27.4) em conjunto com o método das diferenças finitas implícito. Uma abordagem alternativa, a metodologia da árvore implícita sugerida por Derman e Kani e Rubinstein, envolve construir uma árvore para o preço do ativo que é consistente com os preços das opções no mercado.

Quando usado na prática, o modelo de IVF é recalibrado diariamente com os preços de opções *plain vanilla*. Ele é uma ferramenta para apreçar opções exóticas de forma consistente com as *plain vanilla*. Como discutido no Capítulo 20, as opções *plain vanilla* definem a distribuição de probabilidade *risk-neutral* do preço do ativo em todos os tempos futuros. Logo, o modelo de IVF obtém a distribuição de probabilidade *risk-neutral* do preço do ativo em todos os tempos futuros corretamente. Isso significa que as opções que oferecem resultados em apenas um momento (ex.: opções tudo ou nada ou ativo ou nada) são apreçadas corretamente pelo modelo de IVF. Contudo, o modelo não acerta necessariamente a distribuição conjunta do preço do ativo em dois ou mais tempos. Isso significa que opções exóticas como as compostas e de barreira podem ser apreçadas incorretamente.[16]

27.4 TÍTULOS CONVERSÍVEIS

Agora passamos para uma discussão sobre como os procedimentos numéricos apresentados no Capítulo 21 podem ser modificados para enfrentar determinados problemas de avaliação. Começaremos pela questão dos títulos conversíveis.

Os *títulos conversíveis* são aqueles emitidos por uma empresa cujo titular tem a opção de trocar o título pelas ações da empresa em determinadas datas no futuro. A *taxa de conversão* é o número de ações obtido em troca de um título (que pode ser uma função do tempo). Os títulos quase sempre são resgatáveis (ou seja, o emissor tem o direito de recomprá-los em datas específicas a preços predeterminados). O titular sempre tem o direito de converter o título depois que ele for resgatado. Assim, a possibilidade de resgate normalmente é uma maneira de forçar a conversão antes do que o titular gostaria. Às vezes, a opção de resgate do titular depende do preço das ações da empresa estarem acima de um determinado patamar.

O risco de crédito tem um papel importante na avaliação dos títulos conversíveis. Se o risco de crédito é ignorado, são obtidos preços de baixa qualidade, pois a avaliação dos cupons e dos pagamentos de principal sobre o título é exagerada. Ingersoll fornece uma maneira de avaliar títulos conversíveis usando um modelo semelhante ao de Merton (1974), discutido na Seção 24.6.[17] Ele pressupõe o movimento browniano geométrico para os ativos totais do emissor e modela as ações da empresa, sua dívida conversíveis e suas outras dívidas como direitos contingentes do

---

[16] Hull e Suo testam o modelo de IVF pressupondo que todos os preços de derivativos são determinados por um modelo de volatilidade estocástica. Eles descobriram que o modelo funciona razoavelmente bem para opções compostas, mas às vezes gera erros graves para opções de barreira. Ver J. C. Hull and W. Suo, "A Methodology for the Assessment of Model Risk and its Application to the Implied Volatility Function Model", *Journal of Financial and Quantitative Analysis*, 37, 2 (June 2002): 297–318.

[17] Ver J. E. Ingersoll, "A Contingent Claims Valuation of Convertible Securities", *Journal of Financial Economics*, 4, (May 1977), 289–322.

valor dos ativos. O risco de crédito é levado em conta porque os titulares da dívida são pagos integralmente apenas se o valor dos ativos é maior do que a quantia que lhes é devida.

Um modelo mais simples e bastante utilizado na prática envolve modelar o preço das ações do emissor. Pressupõe-se que a ação segue o movimento browniano geométrico, exceto que há uma probabilidade $\lambda \Delta t$ de que haverá uma inadimplência em cada breve período de tempo Δt. Em caso de inadimplência, o preço da ação vai para zero e há uma recuperação sobre o título. A variável λ é a taxa de risco *risk--neutral* definida na Seção 24.2.

O processo de preço de ação pode ser representado pela variação da árvore binomial tradicional de forma que em cada nó haja:

1. Uma probabilidade p_u de um movimento positivo percentual de tamanho u durante o próximo período de tempo de duração Δt.
2. Uma probabilidade p_d de um movimento negativo percentual de tamanho d durante o próximo período de tempo de duração Δt.
3. Uma probabilidade $\lambda \Delta t$ ou, mais precisamente, $1 - e^{-\lambda \Delta t}$, de que haverá uma inadimplência, com o preço da ação movendo-se para zero durante o próximo período de tempo de duração Δt.

Os valores de parâmetros, escolhidos para corresponder aos dois primeiros momentos da distribuição de preço da ação, são:

$$p_u = \frac{a - de^{-\lambda \Delta t}}{u - d}, \quad p_d = \frac{ue^{-\lambda \Delta t} - a}{u - d}, \quad u = e^{\sqrt{(\sigma^2 - \lambda)\Delta t}}, \quad d = \frac{1}{u}$$

onde $a = e^{(r-q)\Delta t}$, r é a taxa de juros livre de risco e q é o rendimento em dividendos sobre a ação.

A vida da árvore é definida como igual à vida do título conversível. O valor do título conversível nos nós finais da árvore é calculado com base em quaisquer opções de conversão que o titular possua na data. A seguir, analisamos a árvore retroativamente. Nos nós em que os termos do instrumento permitem conversão, podemos testar se a conversão é ou não ideal. Também testamos se a posição do emissor pode ser melhorada pelo resgate dos títulos. Se sim, pressupomos que os títulos são resgatados e retestamos se a conversão é ou não ideal. Isso é equivalente a definir o valor em um nó como igual a:

$$\max[\min(Q_1, Q_2), Q_3]$$

onde Q_1 é o valor dado pelo *rollback* (pressupondo que o título não é convertido ou resgatado no nó), Q_2 é o preço da opção de compra e Q_3 é o valor se a conversão ocorre.

■ *Exemplo 27.1*

Considere um título de cupom zero de 9 meses emitido pela empresa XYZ com valor de face de $100. Suponha que ele pode ser trocado por duas ações da empresa XYZ em qualquer momento durante os 9 meses. Pressuponha também que ele pode ser resgatado por $113 em qualquer momento. O preço da ação inicial é $50, sua volatilidade

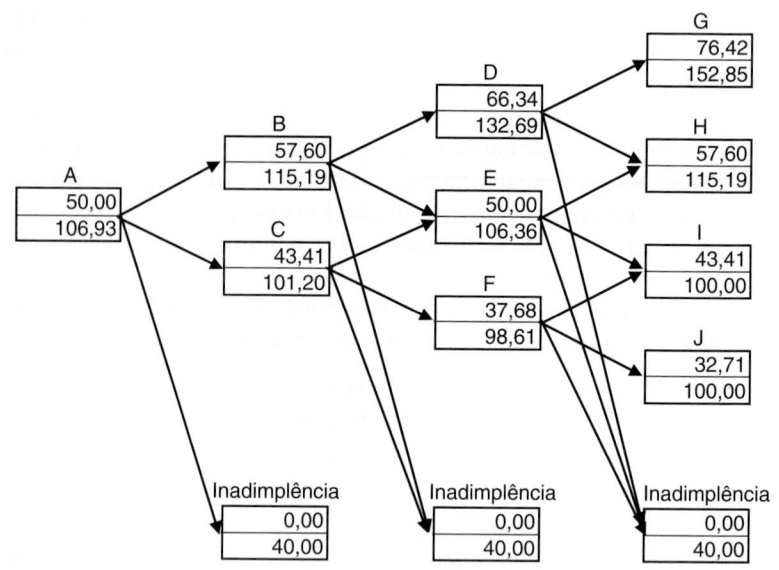

FIGURA 27.2 Árvore para avaliar títulos conversíveis. O número superior em cada nó é o preço da ação; o número inferior é o preço do título conversível.

é 30% ao ano e não há dividendos. A taxa de risco λ é de 1% ao ano e todas as taxas de juros livres de risco para todos os vencimentos são de 5%. Suponha que em caso de inadimplência, o título vale $40 (ou seja, a taxa de recuperação, como é definida tradicional, é de 40%).

A Figura 27.2 mostra a árvore de preços de ações que pode ser usada para avaliar o título conversível quando há três passos no tempo ($\Delta t = 0{,}25$). O número superior em cada nó é o preço da ação; o número inferior é o preço do título conversível. Os parâmetros da árvore são:

$$u = e^{\sqrt{(0{,}09-0{,}01)\times 0{,}25}} = 1{,}1519, \quad d = 1/u = 0{,}8681$$

$$a = e^{0{,}05\times 0{,}25} = 1{,}0126, \quad p_u = 0{,}5167, \quad p_d = 0{,}4808$$

A probabilidade uma inadimplência (ou seja, de se mover para os nós inferiores da árvore) é $1 - e^{-0{,}01\times 0{,}25} = 0{,}002497$. Nos três nós de inadimplência, o preço da ação é zero e o preço do título é 40.

Considere o primeiro nó e os nós finais. Nos nós G e H, o título deve ser convertido e vale o dobro do preço da ação. Nos nós I e J, o título não deve ser convertido e vale 100.

Analisar a árvore retroativamente nos permite calcular o valor em nós anteriores. Considere, por exemplo, o nó E. O valor, caso o título seja convertido, é $2 \times 50 = \$100$. Se ele não é convertido, há (a) uma probabilidade de 0,5167 de que ele passará para o nó H, onde o título vale 115,19, (b) uma probabilidade de 0,4808 de que ele passará para o nó I, onde o título vale 100 e (c) uma probabilidade de 0,002497 de que haverá uma inadimplência e o título valerá 40. Por consequência, o valor do título, caso não seja convertido, é:

$$(0{,}5167 \times 115{,}19 + 0{,}4808 \times 100 + 0{,}002497 \times 40) \times e^{-0{,}05\times 0{,}25} = 106{,}36$$

O resultado é maior do que o valor de 100 que teria se convertido. Assim, deduzimos que não vale a pena converter o título no nó E. Finalmente, observamos que o emissor do título não o resgataria no nó E, pois isso significaria oferecer 113 por um título que vale 106,36.

Para mais um exemplo, considere o nó B. O valor do título, caso convertido, é $2 \times 57,596 = 115,19$. Se ele não é convertido, um cálculo semelhante àquele apresentado acima para o nó E dá seu valor como 118,31. O titular do título conversível escolherá, portanto, não converter. Contudo, nesse estágio, o emissor do título o resgatará por 113 e o titular do título decidirá então que converter é melhor do que ser resgatado. O valor do título no nó B é, portanto, 115,19. Um argumento semelhante é usado para chegarmos ao valor no nó D. Sem conversão, o valor é 132,79. Contudo, o título é resgatado, forçando a conversão e reduzindo o valor no nó para 132,69.

O valor da opção conversível é seu valor no nó inicial A, ou 106,93. ∎

Quando são pagos juros sobre a dívida, essas quantias precisam ser levadas em conta. Em cada nó, na avaliação do título pressupondo que ele não é convertido, deve ser incluído o valor presente de quaisquer juros pagos sobre o título no próximo passo no tempo. A taxa de risco *risk-neutral* λ pode ser estimada a partir dos preços de títulos ou spreads de *credit default swaps*. Em uma implementação mais geral, λ, σ e r são funções do tempo. Isso pode ser trabalhado com uma árvore trinomial em vez de uma binomial (ver Seção 21.4).

Uma desvantagem do modelo que apresentamos é que a probabilidade de inadimplência é independente do preço da ação. Isso levou alguns pesquisadores a sugerir uma implementação de método das diferenças finitas implícito do modelo no qual a taxa de risco λ é uma função, além do tempo, do preço da ação.[18]

27.5 DERIVATIVOS DEPENDENTES DA TRAJETÓRIA

Um *derivativo dependente da trajetória* (ou um derivativo dependente da história) é um instrumento cujo resultado depende do caminho seguido pelo preço do ativo subjacente e não apenas seu valor final. As opções asiáticas e opções lookback são exemplos de derivativos dependentes da trajetória. Como explicado no Capítulo 26, o resultado de uma opção asiática depende do preço médio do ativo subjacente; o resultado de uma opção lookback depende de seu preço máximo ou mínimo. Uma abordagem para avaliar opções dependentes da trajetória quando não há resultados analíticos disponíveis é usar uma simulação de Monte Carlo, como discutido no Capítulo 21. Um valor de amostra do derivativo pode ser calculado pela amostragem de um caminho aleatório para o ativo subjacente em um mundo *risk-neutral*, o cálculo do resultado e o desconto do resultado à taxa de juros livre de risco. Uma estimativa do valor do derivativo é encontrada pelo cálculo da média de muitos valores amostrais do derivativo obtidos dessa maneira.

---

[18] Ver, por exemplo, L. Andersen and D. Buffum, "Calibration and Implementation of Convertible Bond Models", *Journal of Computational Finance*, 7, 1 (Winter 2003/04), 1–34. Os autores sugerem pressupor que a taxa de risco é inversamente proporcional a S^α, onde S é o preço da ação e α é uma constante positiva.

O principal problema da simulação de Monte Carlo é que a quantidade de recursos computacionais necessária para atingir o nível exigido de pressão é inaceitavelmente alta. Além disso, derivativos dependentes da trajetória americanos (ou seja, derivativos dependentes da trajetória nos quais um lado tem oportunidades de exercício ou outras decisões a tomar) não são fáceis de resolver. Nesta seção, mostramos como os métodos de árvore binomial apresentados no Capítulo 21 podem ser estendidos para lidar com alguns derivativos dependentes da trajetória.[19] O procedimento pode trabalhar com derivativos dependentes da trajetória americanos e é computacionalmente mais eficiente do que a simulação de Monte Carlo para derivativos dependentes da trajetória europeus.

Para que o procedimento funcione, duas condições devem ser satisfeitas:

1. O resultado do derivativo deve depender de uma única função, F, do caminho seguido pelo ativo subjacente.

2. Deve ser possível calcular o valor de F no tempo $\tau + \Delta t$ a partir do valor de F no tempo τ e o valor do ativo subjacente no tempo $\tau + \Delta t$.

Ilustração usando opções lookback

Como uma primeira ilustração do procedimento, considere uma opção de venda lookback flutuante americana sobre uma ação que não paga dividendos.[20] Se exercida no tempo τ, ela paga a quantia pela qual o preço máximo da ação entre o tempo 0 e o tempo τ excede o preço da ação atual. Suponha que o preço da ação inicial é $50, a volatilidade de preço da ação é 40% ao ano, a taxa de juros livre de risco é 10% ao ano, a vida total da opção é 3 meses e os movimentos de preço da ação são representados por uma árvore binomial de três passos. Com nossa notação tradicional, isso significa que $S_0 = 50$, $\sigma = 0,4$, $r = 0,10$, $\Delta t = 0,08333$, $u = 1,1224$, $d = 0,8909$, $a = 1,0084$ e $p = 0,5073$.

A árvore é mostrada na Figura 27.3. Nesse caso, a função de trajetória F é o preço máximo da ação até então. O número superior em cada nó é o preço da ação. O próximo nível de números em cada nó mostra os preços máximos possíveis que podem ser alcançados pela ação em caminhos que partem do nó. O último nível de números mostra os valores do derivativo correspondente a cada um dos preços máximos possíveis da ação.

Os valores do derivativo nos nós finais da árvore são calculados como o preço máximo da ação menos o preço real da ação. Para ilustrar o procedimento de *roll back*, suponha que estamos no nó A, onde o preço da ação é $50. O preço máxima da ação alcançado até então é 56,12 ou 50. Considere primeiro a situação no qual ele é igual a 50. Se há um movimento positivo, o preço máximo da ação se torna 56,12 e o valor do derivativo é zero. Se há um movimento negativo, o preço máximo da ação permanece em 50 e o valor do derivativo é 5,45. Pressupondo que não há exercício

---

[19] Essa abordagem foi sugerida em J. Hull and A. White, "Efficient Procedures for Valuing European and American Path-Dependent Options", *Journal of Derivatives*, 1, 1 (Fall 1993): 21–31.

[20] Este exemplo é usado como uma primeira ilustração do procedimento geral para lidar com a dependência da trajetória. Para uma abordagem mais eficiente para a avaliação de opções lookback americanas, ver Nota Técnica 13 em: www.rotman.utoronto.ca/~hull/TechnicalNotes.

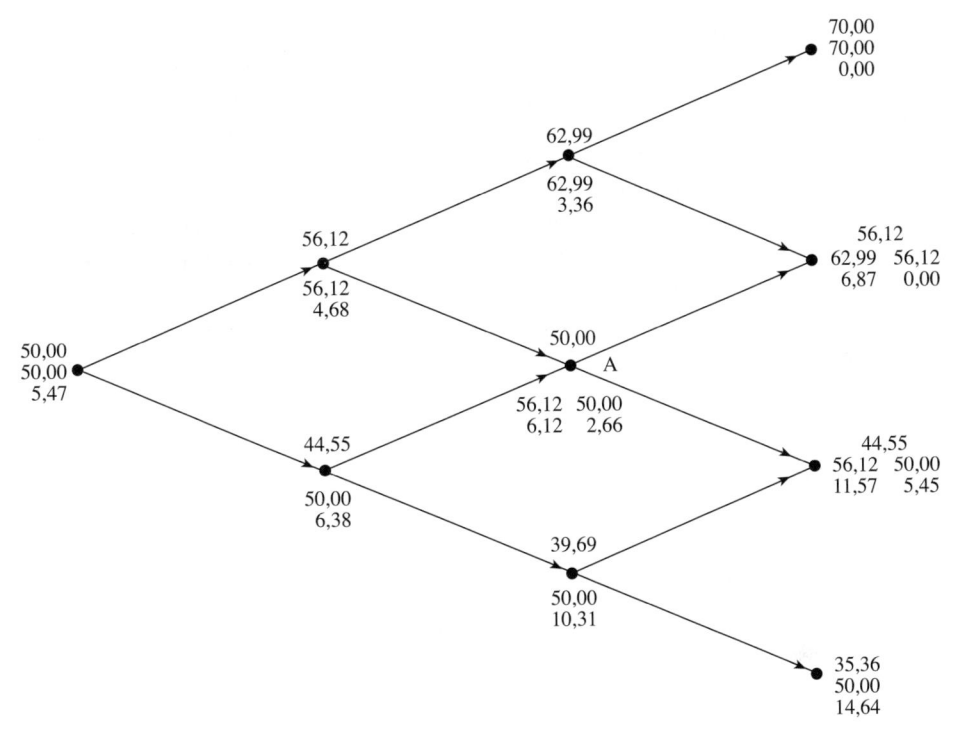

FIGURA 27.3 Árvore para avaliar uma opção lookback americana.

antecipado, o valor do derivativo em A quando o máximo alcançado até então é 50 é, portanto:

$$(0 \times 0{,}5073 + 5{,}45 \times 0{,}4927)e^{-0{,}1 \times 0{,}08333} = 2{,}66$$

Claramente, não vale a pena exercer no nó A nessas circunstâncias, pois o resultado desse exercício é igual a zero. Um cálculo semelhante para a situação na qual o valor máximo no nó A é 56,12 fornece o valor do derivativo no nó A, sem exercício antecipado, como igual a:

$$(0 \times 0{,}5073 + 11{,}57 \times 0{,}4927)e^{-0{,}1 \times 0{,}08333} = 5{,}65$$

Nesse caso, o exercício antecipado dá um valor de 6,12 e é a estratégia ideal. Analisar a árvore retroativamente da maneira indicada dá o valor da opção lookback americana como igual a $5,47.

Generalização

A abordagem descrita anteriormente é computacionalmente viável quando o número de valores alternativos da função de trajetória, F, em cada nó não cresce com muita rapidez à medida que o número de passos no tempo aumenta. O exemplo que utilizamos, uma opção lookback, não apresenta problemas porque o número de valores alternativos para o preço de ativo máximo em um nó em uma árvore binomial com n passos no tempo nunca é maior do que n.

Por sorte, a abordagem pode ser estendida para lidar com situações nas quais há um grande número de valores possíveis diferentes da função de trajetória em cada nó. A ideia básica é a seguinte. Em cada nó, são realizados cálculos para um pequeno número de valores representativos de F. Quando o valor do derivativo é necessário para outros valores da função de trajetória, ele é calculado a partir de valores conhecidos usando interpolação.

A primeira fase é analisar a árvore, estabelecendo os valores máximo e mínimo da função de trajetória em cada nó. Pressupondo que o valor da função de trajetória no tempo $\tau + \Delta t$ depende apenas do valor da função de trajetória no tempo τ e do valor da variável subjacente no tempo $\tau + \Delta t$, os valores máximo e mínimo da função de trajetória para os nós no tempo $\tau + \Delta t$ podem ser calculados de maneira simples e direta a partir daqueles para os nós no tempo τ. A segunda fase é escolher valores representativos da função de trajetória em cada nó. Podemos usar diversas abordagens diferentes. Uma regra simples é escolher os valores representativos como o valor máximo, o valor mínimo e um determinado número de outros valores igualmente espaçados entre esses dois. À medida que analisamos a árvore retroativamente, avaliamos o derivativo para cada um dos valores representativos da função de trajetória.

Para ilustrar a natureza do cálculo, considere o problema de avaliar a opção de compra de preço médio no Exemplo 26.3 da Seção 26.13 quando o resultado depende da média aritmética do preço da ação. O preço da ação inicial é 50, o preço de exercício é 50, a taxa de juros livre de risco é 10%, a volatilidade de preço da ação é 40% e o tempo até o vencimento é 1 ano. Para 20 passos no tempo, os parâmetros da árvore binomial são $\Delta t = 0,05$, $u = 1,0936$, $d = 0,9144$, $p = 0,5056$ e $1 - p = 0,4944$. A função de trajetória é a média aritmética do preço da ação.

A Figura 27.4 mostra os cálculos realizados em uma pequena parte da árvore. O nó X é o nó central no tempo 0,2 anos (no final do quarto passo no tempo). Os nós Y e Z são os dois nós no tempo 0,25 anos que podem ser alcançados a partir do nó X. O preço da ação no nó X é 50. A indução a termo mostra que o preço de ação médio máximo que pode ser alcançado ao alcançar o nó X é 53,83. O mínimo é 46,65. (Os

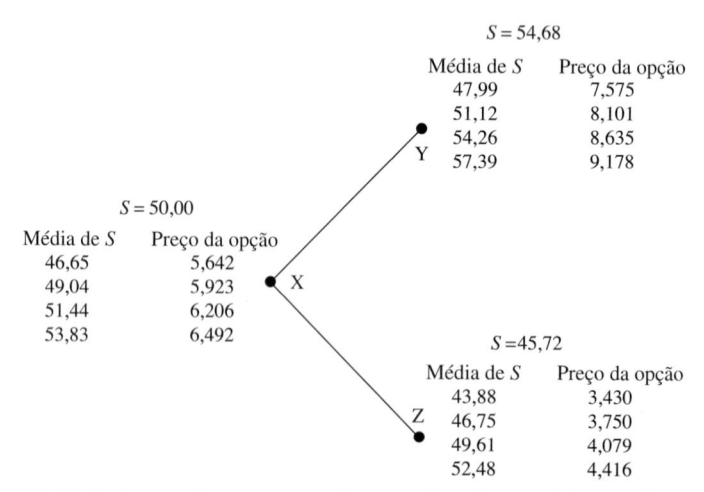

```
                                          S = 54,68
                                  Média de S    Preço da opção
                                     47,99          7,575
                                     51,12          8,101
                                   • 54,26          8,635
                                  Y  57,39          9,178

         S = 50,00
   Média de S    Preço da opção
      46,65          5,642
      49,04          5,923      • X
      51,44          6,206
      53,83          6,492
                                          S = 45,72
                                  Média de S    Preço da opção
                                     43,88          3,430
                                   • 46,75          3,750
                                  Z  49,61          4,079
                                     52,48          4,416
```

FIGURA 27.4 Parte de uma árvore para avaliar a opção sobre a média aritmética.

preços inicial e final da ação são incluídos quando calculamos a média.) A partir do nó X, a árvore se ramifica para um de dois nós, Y e Z. No nó Y, o preço da ação é 54,68 e os limites para a média são 47,99 e 57,39. No nó Z, o preço da ação é 45,72 e os limites para o preço médio da ação são 43,88 e 52,48.

Suponha que os valores representativos da média são escolhidos para serem quatro valores igualmente espaçados em cada nó. Isso significa que no nó X, são consideradas médias de 46,65, 49,04, 51,44 e 53,83. No nó Y, são consideradas médias de 47,99, 51,12, 54,26 e 57,39. No nó Z, as médias 43,88, 46,75, 49,61 e 52,48 são consideradas. Pressuponha que a indução retroativa já foi usada para calcular o valor da opção para cada um dos valores alternativos da média nos nós Y e Z. Os valores são mostrados na Figura 27.4 (ex.: no nó Y, quando a média é 51,12, o valor da opção é 8,101).

Considere os cálculos no nó X para o caso no qual a média é 51,44. Se o preço da ação avançar para o nó Y, a nova média será:

$$\frac{5 \times 51{,}44 + 54{,}68}{6} = 51{,}98$$

O valor do derivativo no nó Y para essa média pode ser identificado pela interpolação entre os valores quando a média é 51,12 e quando é 54,26. Ele é:

$$\frac{(51{,}98 - 51{,}12) \times 8{,}635 + (54{,}26 - 51{,}98) \times 8{,}101}{54{,}26 - 51{,}12} = 8{,}247$$

Da mesma forma, se o preço da ação desce até o nó Z, a nova média será:

$$\frac{5 \times 51{,}44 + 45{,}72}{6} = 50{,}49$$

e, por interpolação, o valor do derivativo é 4,182.

O valor do derivativo no nó X quando a média é 51,44 é, portanto:

$$(0{,}5056 \times 8{,}247 + 0{,}4944 \times 4{,}182)e^{-0{,}1 \times 0{,}05} = 6{,}206$$

Os outros valores no nó X são calculados de forma semelhante. Depois que os valores em todos os nós no tempo 0,2 ano foram calculados, os nós no tempo 0,15 ano podem ser considerados.

O valor dado pela árvore completa para a opção no tempo zero é 7,17. À medida que o número de passos no tempo e o número de médias consideradas em cada nó aumenta, o valor da opção converge com a resposta correta. Com 60 passos no tempo e 100 médias em cada nó, o valor da opção é 5,58. A aproximação analítica para o valor da opção, como calculado no Exemplo 26.3, com média contínua é 5,62.

Uma vantagem importante do método descrito aqui é que ele pode analisar opções americanas. Os cálculos são aqueles descritos, exceto que testamos o exercício antecipado em cada nó para cada um dos valores alternativos da função de trajetória no nó. (Na prática, a decisão de exercício antecipado pode depender do valor da função de trajetória e do valor do ativo subjacente.) Considere a versão americana da opção de compra de preço médio considerada aqui. O valor calculado usando a árvore de 20 passos e quatro médias em cada nó é 7,77; com 60 passos no tempo e 100 médias, o valor é 6,17.

A abordagem que acabamos de descrever pode ser utilizada em uma ampla variedade de situações diferentes. Duas condições que devem ser satisfeitas foram listadas no início desta seção. A eficiência melhora um pouco se usamos a interpolação quadrática e não a linear em cada nó.

27.6 OPÇÕES DE BARREIRA

O Capítulo 26 apresentou resultados analíticos para opções de barreira padrões. Esta seção considera procedimentos numéricos que podem ser utilizados para opções de barreira quando não há resultados analíticos.

Em princípio, muitas opções de barreira podem ser avaliadas usando as árvores binomiais e trinomiais discutidas no Capítulo 21. Considere uma *opção up-and-out*. Uma abordagem simples seria avaliá-la da mesma maneira que uma opção normal, exceto que, quando encontramos um nó acima da barreira, o valor da opção é definido como igual a zero.

As árvores trinomiais funcionam melhor do que as binomiais, mas mesmo para elas a convergência é muito lenta quando utilizamos a abordagem simples. O motivo para isso é que a barreira pressuposta pela árvore é diferente da barreira real.[21] Defina a *barreira interna* como a barreira formada pelos nós imediatamente dentro da barreira real (ou seja, mais próximo do centro da árvore) e a *barreira externa* como a barreira formada pelos nós imediatamente fora da barreira real (ou seja, mais distantes do centro da árvore). A Figura 27.5 mostra as barreiras interna e externa para uma árvore trinomial com o pressuposto de que a barreira real é horizontal. Os cálculos de árvore tradicionais pressupõem implicitamente que a barreira externa é a real, pois as condições de barreira são usadas pela primeira vez em nós nessa barreira. Quando o passo no tempo é Δt, o espaçamento vertical entre os nós é da ordem de $\sqrt{\Delta t}$. Isso significa que os erros criados pela diferença entre a barreira real e a barreira externa também tendem a ser da ordem de $\sqrt{\Delta t}$.

Uma abordagem para superar esse problema é:

1. Calcular o preço do derivativo pressupondo que a barreira interna é a barreira real.

2. Calcular o valor do derivativo pressupondo que a barreira externa é a barreira real.

3. Interpolar entre os dois preços.

Outra abordagem é garantir que os nós fiquem sobre a barreira. Suponha que o preço da ação inicial é S_0 e que a barreira está em H. Em uma árvore trinomial, há três movimentos possíveis no preço do ativo em cada nó: para cima por um montante proporcional u; ficar na mesma; e para baixo por um montante proporcional d, onde $d = 1/u$. Sempre podemos escolher u de modo que os nós fiquem sobre a barreira. A condição que deve ser satisfeita por u é:

---

[21] Para uma discussão sobre isso, ver P. P. Boyle and S. H. Lau, "Bumping Up Against the Barrier with the Binomial Method", *Journal of Derivatives*, 1, 4 (Summer 1994): 6–14.

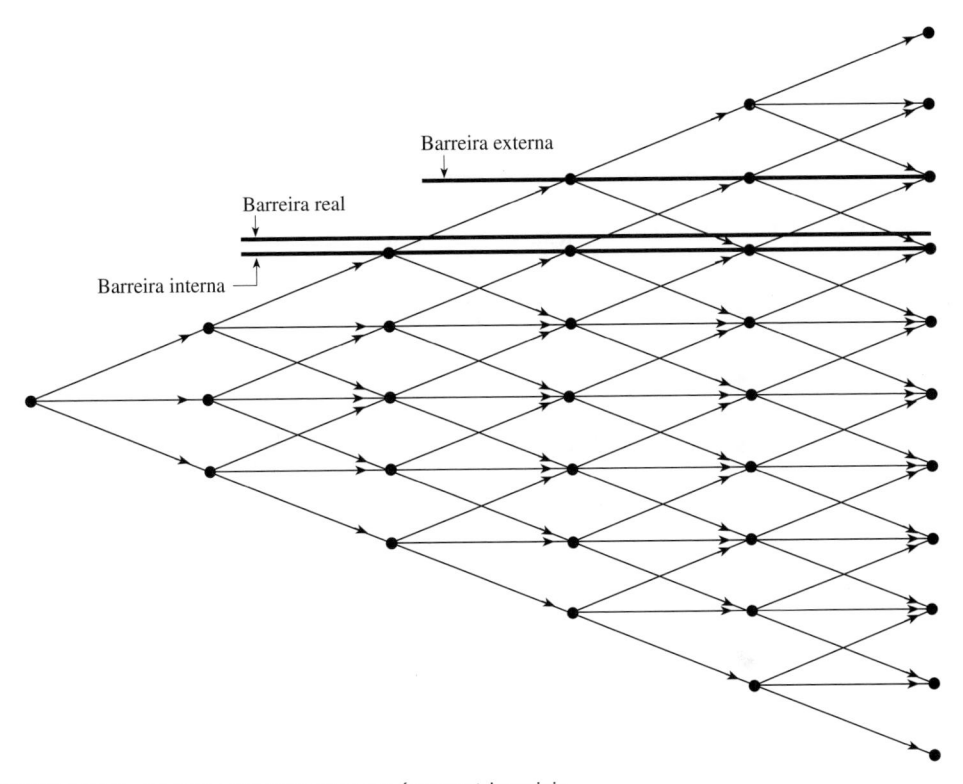

FIGURA 27.5 Barreiras pressupostas por árvores trinomiais.

$$H = S_0 u^N$$

ou:

$$\ln H = \ln S_0 + N \ln u$$

para algum valor positivo ou negativo de N.

Na discussão sobre árvores trinomiais na Seção 21.4, o valor sugerido para u foi $e^{\sigma\sqrt{3\Delta t}}$, de modo que $\ln u = \sigma\sqrt{3\Delta t}$. Na situação considerada aqui, uma boa regra seria escolher um $\ln u$ que ficasse o mais próximo possível desse valor, de forma consistente com a condição dada aqui. Isso significa que:

$$\ln u = \frac{\ln H - \ln S_0}{N}$$

onde:

$$N = \text{int}\left[\frac{\ln H - \ln S_0}{\sigma\sqrt{3\Delta t}} + 0{,}5\right]$$

e int(x) é a parte integral de x.

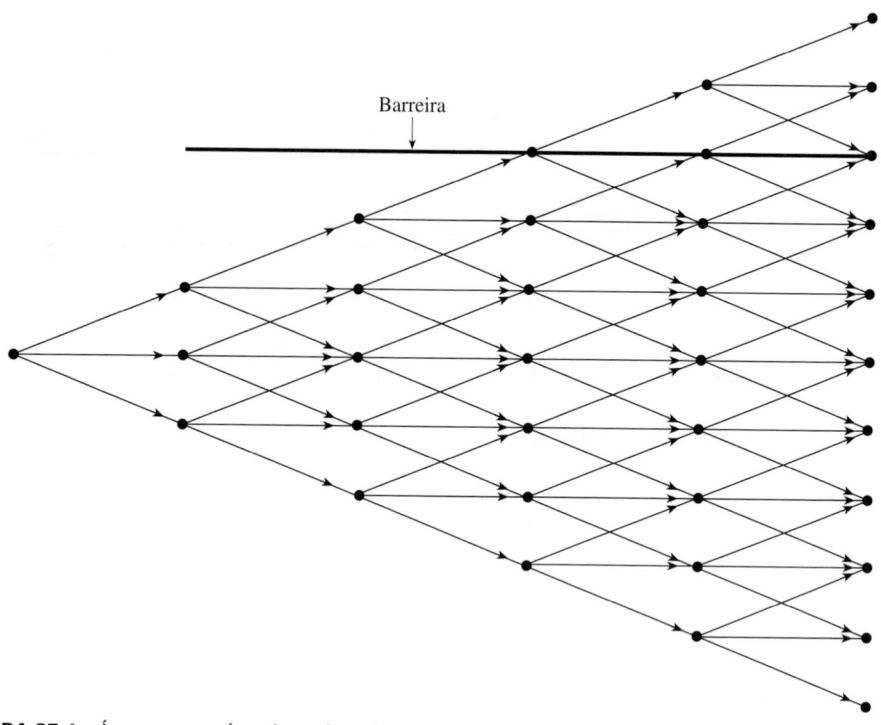

FIGURA 27.6 Árvore com nós sobre a barreira.

Isso leva a uma árvore com a forma mostrada na Figura 27.6. As probabilidades p_u, p_m e p_d nos ramos superior, médio e inferior da árvore são escolhidas para corresponder aos dois primeiros momentos do retorno, tal que:

$$p_d = -\frac{(r-q-\sigma^2/2)\Delta t}{2\ln u} + \frac{\sigma^2 \Delta t}{2(\ln u)^2}, \quad p_m = 1 - \frac{\sigma^2 \Delta t}{(\ln u)^2}, \quad p_u = \frac{(r-q-\sigma^2/2)\Delta t}{2\ln u} + \frac{\sigma^2 \Delta t}{2(\ln u)^2}$$

O modelo de malha adaptativa

Os métodos apresentados até aqui funcionam razoavelmente bem quando o preço do ativo inicial não está próximo da barreira. Quando o preço do ativo inicial está próximo da barreira, o modelo de malha adaptativa, apresentado originalmente na Seção 21.4, pode ser utilizado.[22] A ideia por trás do modelo é que a eficiência computacional melhora quando enxertamos uma árvore mais fina sobre uma mais grossa para produzirmos um modelamento mais detalhado do preço do ativo nas regiões da árvore em que isso é mais necessário.

Uma árvore mais fina próxima às barreiras é útil para a avaliação de uma opção de barreira. A Figura 27.7 mostra a estrutura da árvore. A geometria da árvore é organizada de forma que os nós fiquem sobre as barreiras. As probabilidades nos

---

[22] Ver S. Figlewski and B. Gao, "The Adaptive Mesh Model: A New Approach to Efficient Option Pricing", *Journal of Financial Economics*, 53 (1999): 313–51.

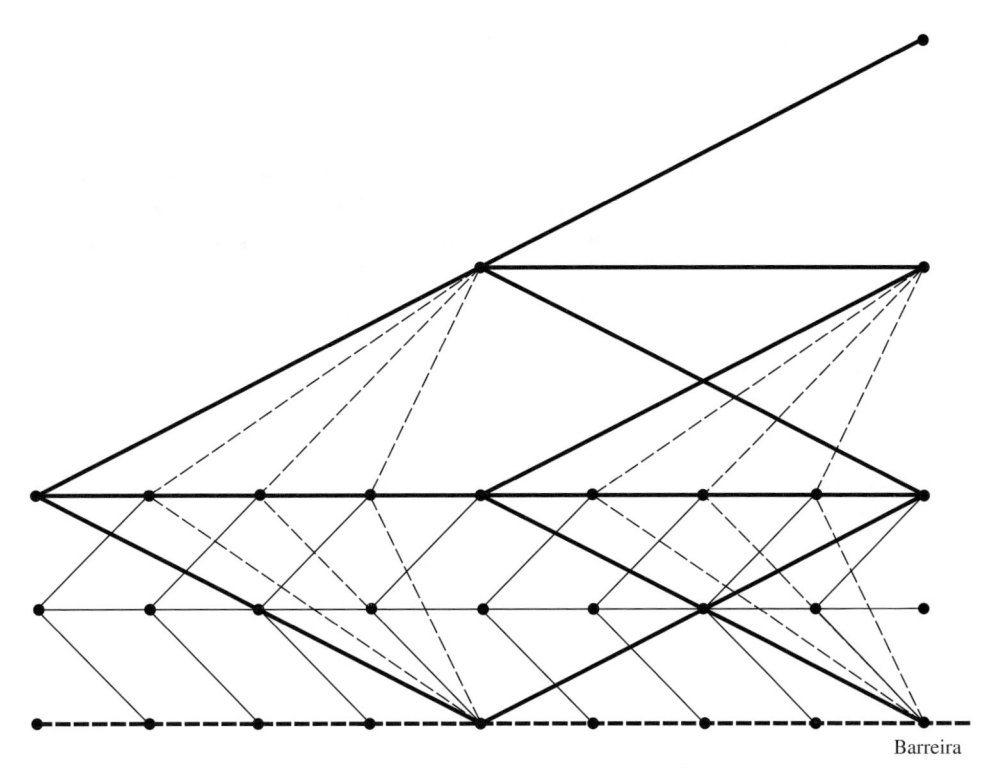

FIGURA 27.7 O modelo de malha adaptativa usado para avaliar opções de barreira.

ramos são escolhidas, como sempre, para corresponder aos dois primeiros momentos do processo seguido pelo ativo subjacente. As linhas mais pesados na Figura 27.7 são os ramos da árvore mais grossa. As linhas contínuas mais leves são a árvore fina. Primeiramente analisamos retroativamente a árvore grossa da maneira tradicional, depois calculamos o valor nos nós adicionais usando os brancos indicados pelas linhas tracejadas. Finalmente, analisamos a árvore fina do fim até o começo.

27.7 OPÇÕES SOBRE DOIS ATIVOS CORRELACIONADOS

Outro problema numérico complicado é o de avaliar opções americanas dependentes de dois ativos cujos preços são correlacionados. Diversas abordagens alternativas foram sugeridas. Esta seção explica três delas.

Transformação de variáveis

É relativamente fácil construir uma árvore de três dimensões para representar os movimentos de duas variáveis *não correlacionadas*. O procedimento é o seguinte. Primeiramente, construa uma árvore bidimensional para cada variável. A seguir, combine-as em umas única árvore tridimensional. As probabilidades nos ramos da árvore tridimensional são o produto das probabilidades correspondentes nas árvores bidimensionais. Suponha, por exemplo, que as variáveis são preços de ações, S_1 e S_2. Cada um pode ser representado em duas dimensões por uma árvore binomial de Cox, Ross e Rubinstein. Pressuponha que S_1 tem uma probabilidade p_1 de aumentar em um montante proporcional u_1 e uma probabilidade $1 - p_1$ de diminuir em um montante proporcional d_1. Suponha também que S_2 tem uma probabilidade p_2 de aumentar em um montante proporcional u_2 e uma probabilidade $1 - p_2$ de diminuir em um montante proporcional d_2. Na árvore tridimensional, quatro ramos emanam de cada nó. As probabilidades são:

$p_1 p_2$: S_1 aumenta; S_2 aumenta
$p_1 (1 - p_2)$: S_1 aumenta; S_2 diminui
$(1 - p_1) p_2$: S_1 diminui; S_2 aumenta
$(1 - p_1)(1 - p_2)$: S_1 diminui; S_2 diminui

A seguir, considere a situação na qual S_1 e S_2 são correlacionados. Suponha que os processos *risk-neutral* são:

$$dS_1 = (r - q_1)S_1\, dt + \sigma_1 S_1\, dz_1$$
$$dS_2 = (r - q_2)S_2\, dt + \sigma_2 S_2\, dz_2$$

e a correlação instantânea entre os processos de Wiener, dz_1 e dz_2, é ρ. Isso significa que:

$$d \ln S_1 = (r - q_1 - \sigma_1^2/2)\, dt + \sigma_1\, dz_1$$
$$d \ln S_2 = (r - q_2 - \sigma_2^2/2)\, dt + \sigma_2\, dz_2$$

Duas novas variáveis não correlacionadas podem ser definidas:[23]

$$x_1 = \sigma_2 \ln S_1 + \sigma_1 \ln S_2$$
$$x_2 = \sigma_2 \ln S_1 - \sigma_1 \ln S_2$$

Essas variáveis seguem os processos:

$$dx_1 = [\sigma_2(r - q_1 - \sigma_1^2/2) + \sigma_1(r - q_2 - \sigma_2^2/2)]\, dt + \sigma_1 \sigma_2 \sqrt{2(1 + \rho)}\, dz_A$$
$$dx_2 = [\sigma_2(r - q_1 - \sigma_1^2/2) - \sigma_1(r - q_2 - \sigma_2^2/2)]\, dt + \sigma_1 \sigma_2 \sqrt{2(1 - \rho)}\, dz_B$$

onde dz_A e dz_B são processos de Wiener não correlacionados.

As variáveis x_1 e x_2 podem ser modeladas usando duas árvores binomiais separadas. No tempo Δt, x_i tem uma probabilidade p_i de aumentar em h_i e uma probabilidade $1 - p_i$ de diminuir em h_i. As variáveis h_i e p_i são escolhidas de modo que as árvores forneçam valores corretos para os dois primeiros momentos da distribuição de x_1 e x_2. Como não são correlacionadas, as duas árvores podem ser combinadas em uma única árvore tridimensional, como descrito anteriormente. Em cada nó da árvore, S_1 e S_2 podem ser calculados a partir de x_1 e x_2 usando as relações inversas:

---

[23] Essa ideia foi sugerida em J. Hull and A. White, "Valuing Derivative Securities Using the Explicit Finite Difference Method", *Journal of Financial and Quantitative Analysis*, 25 (1990): 87–100.

$$S_1 = \exp\left[\frac{x_1 + x_2}{2\sigma_2}\right] \quad \text{e} \quad S_2 = \exp\left[\frac{x_1 - x_2}{2\sigma_1}\right]$$

O procedimento para analisar retroativamente uma árvore tridimensional para avaliar um derivativo é análogo aquele utilizado para uma árvore bidimensional.

Usando uma árvore não retangular

Rubinstein sugeriu uma maneira de construir uma árvore tridimensional para dois preços de ação correlacionados usando um sistema não-retangular de nós.[24] De um nó (S_1, S_2), onde o primeiro preço de ação é S_1 e o segundo preço de ação é S_2, há uma probabilidade de 0,25 de passar para cada um dos seguintes:

$$(S_1 u_1, S_2 A), \quad (S_1 u_1, S_2 B), \quad (S_1 d_1, S_2 C), \quad (S_1 d_1, S_2 D)$$

onde:

$$u_1 = \exp[(r - q_1 - \sigma_1^2/2)\Delta t + \sigma_1 \sqrt{\Delta t}]$$
$$d_1 = \exp[(r - q_1 - \sigma_1^2/2)\Delta t - \sigma_1 \sqrt{\Delta t}]$$

e:

$$A = \exp[(r - q_2 - \sigma_2^2/2)\Delta t + \sigma_2 \sqrt{\Delta t}\,(\rho + \sqrt{1 - \rho^2}\,)]$$
$$B = \exp[(r - q_2 - \sigma_2^2/2)\Delta t + \sigma_2 \sqrt{\Delta t}\,(\rho - \sqrt{1 - \rho^2}\,)]$$
$$C = \exp[(r - q_2 - \sigma_2^2/2)\Delta t - \sigma_2 \sqrt{\Delta t}\,(\rho - \sqrt{1 - \rho^2}\,)]$$
$$D = \exp[(r - q_2 - \sigma_2^2/2)\Delta t - \sigma_2 \sqrt{\Delta t}\,(\rho + \sqrt{1 - \rho^2}\,)]$$

Quando a correlação é zero, esse método é equivalente a construir árvores independentes para S_1 e S_2 usando o método alternativo de construção de árvore binomial da Seção 21.4.

Ajustando as probabilidades

Uma terceira abordagem à construção de uma árvore tridimensional para S_1 e S_2 envolve, primeiro, pressupor que não há correlação e, a seguir, ajustar as probabilidades em cada nó para refletir a correlação.[25] É utilizado o método alternativo de construção de árvores binomiais para cada um de S_1 e S_2 na Seção 21.4. Esse método tem a propriedade de que todas as probabilidades são 0,5. Quando as duas árvores binomiais são combinadas com o pressuposto de que não há correlação, as probabilidades são aquelas mostradas na Tabela 27.2. Quando as probabilidades são ajustadas para refletir a correlação, elas se tornam aquelas mostradas na Tabela 27.3.

---

[24] Ver M. Rubinstein, "Return to Oz", *Risk*, November (1994): 67–70.

[25] Essa abordagem foi sugerida no contexto das árvores de taxas de juros em J. Hull and A. White, "Numerical Procedures for Implementing Term Structure Models II: Two-Factor Models", *Journal of Derivatives*, Winter (1994): 37–48.

TABELA 27.2 Combinação de binomiais pressupondo que não há correlação

Movimento S_2	Movimento S_1	
	Descida	Subida
Subida	0,25	0,25
Descida	0,25	0,25

27.8 SIMULAÇÃO DE MONTE CARLO E OPÇÕES AMERICANAS

A simulação de Monte Carlo é bastante apropriada para a avaliação de opções dependentes da trajetória e opções nas quais há muitas variáveis estocásticas. As árvores e os métodos das diferenças finitas são apropriados para as opções americanas. O que acontece quando a opção é ao mesmo tempo dependente da trajetória e americana? O que acontece se uma opção americana depende de diversas variáveis estocásticas? A Seção 27.5 explicou uma maneira de modificar a abordagem de árvore binomial para avaliar opções dependentes da trajetória em algumas situações. Diversos pesquisadores buscaram uma maneira de usar a simulação de Monte Carlo para avaliar opções americanas e acabaram adotando uma abordagem diferente.[26] Esta seção explica duas formas alternativas de proceder.

A abordagem de mínimos quadrados

Para avaliar uma opção americana, é necessário escolher entre o exercício e a continuidade em cada ponto de exercício antecipado. O valor do exercício normalmente é fácil de determinar. Diversos pesquisadores, incluindo Longstaff e Schwartz, oferecem uma maneira de determinar o valor da continuidade quando a simulação de Monte Carlo é utilizada.[27] Sua abordagem envolve usar uma análise de mínimos quadrados para determinar a relação de melhor ajuste entre o valor da continuidade e os valores das variáveis relevantes em cada momento em que uma decisão sobre exercício an-

TABELA 27.3 Combinação de binomiais pressupondo correlação de ρ

Movimento S_2	Movimento S_1	
	Descida	Subida
Subida	0,25(1 − ρ)	0,25(1 + ρ)
Descida	0,25(1 + ρ)	0,25(1 − ρ)

---

[26] Tilley foi o primeiro pesquisador a publicar uma solução para o problema. Ver J. A. Tilley, "Valuing American Options in a Path Simulation Model", *Transactions of the Society of Actuaries*, 45 (1993): 83–104.

[27] Ver F. A. Longstaff and E. S. Schwartz, "Valuing American Options by Simulation: A Simple Least- Squares Approach", *Review of Financial Studies*, 14, 1 (Spring 2001): 113–47.

TABELA 27.4 Caminhos de amostra para exemplo de opção de venda

Caminho	$t = 0$	$t = 1$	$t = 2$	$t = 3$
1	1,00	1,09	1,08	1,34
2	1,00	1,16	1,26	1,54
3	1,00	1,22	1,07	1,03
4	1,00	0,93	0,97	0,92
5	1,00	1,11	1,56	1,52
6	1,00	0,76	0,77	0,90
7	1,00	0,92	0,84	1,01
8	1,00	0,88	1,22	1,34

tecipado precisa ser tomada. A melhor maneira de ilustrar a abordagem é com um exemplo numérico. Usaremos aquele apresentado no artigo de Longstaff–Schwartz.

Considere uma opção de venda americana de 3 anos sobre uma ação que não paga dividendos que pode ser exercida no final do ano 1, no final do ano 2 e no final do ano 3. A taxa de juros livre de risco é 6% ao ano (com capitalização contínua). O preço da ação atual é 1,00 e o preço de exercício é 1,10. Pressuponha que os oito caminhos mostrados na Tabela 27.4 representam uma amostra para o preço da ação. (Esse exemplo é apenas para fins de ilustração; na prática, a amostra incluiria muito mais caminhos.) Se a opção somente pode ser exercida no ponto de 3 anos, ela oferece um fluxo de caixa igual a seu valor intrínseco nesse ponto. É o que vemos na última coluna da Tabela 27.5.

Se a opção de venda está dentro do dinheiro no ponto de 2 anos, o titular da opção deve decidir se deve exercê-la. A Tabela 27.4 mostra que a opção está dentro do dinheiro no ponto de 2 anos para os caminhos 1, 3, 4, 6 e 7. Para esses caminhos, pressupomos uma relação aproximada:

$$V = a + bS + cS^2$$

onde S é o preço da ação no ponto de 2 anos e V é o valor de continuar, descontado de volta ao ponto de 2 anos. Nossas cinco observações sobre S são: 1,08, 1,07, 0,97, 0,77 e 0,84. Da Tabela 27.5 os valores correspondentes para V são: 0,00, $0,07e^{-0,06 \times 1}$, $0,18e^{-0,06 \times 1}$, $0,20e^{-0,06 \times 1}$ e $0,09e^{-0,06 \times 1}$. Os valores de a, b e c que minimizam:

$$\sum_{i=1}^{5}(V_i - a - bS_i - cS_i^2)^2$$

onde S_i e V_i são a i-ésima observação sobre S e V, respectivamente, são $a = -1,070$, $b = 2,983$ e $c = -1,813$, de modo que a relação de melhor ajuste é:

$$V = -1,070 + 2,983S - 1,813S^2$$

Isso dá o valor no ponto de 2 anos para a continuidade dos caminhos 1, 3, 4, 6 e 7 de 0,0369, 0,0461, 0,1176, 0,1520 e 0,1565, respectivamente. Da Tabela 27.4, o valor do exercício é 0,02, 0,03, 0,13, 0,33 e 0,26. Isso significa que devemos exercer no ponto de 2 anos para os caminhos 4, 6 e 7. A Tabela 27.6 resume os fluxos de caixa pressupondo exercício no ponto de 2 anos ou no ponto de 3 anos para os oito caminhos.

TABELA 27.5 Fluxos de caixa se o exercício somente é possível no ponto de 3 anos

Caminho	t = 1	t = 2	t = 3
1	0,00	0,00	0,00
2	0,00	0,00	0,00
3	0,00	0,00	0,07
4	0,00	0,00	0,18
5	0,00	0,00	0,00
6	0,00	0,00	0,20
7	0,00	0,00	0,09
8	0,00	0,00	0,00

A seguir, considere os caminhos que estão dentro do dinheiro no ponto 1 ano. Estes são os caminhos 1, 4, 6, 7 e 8. Da Tabela 27.4, os valores de S para os caminhos são 1,09, 0,93, 0,76, 0,92 e 0,88, respectivamente. Da Tabela 27.6, os valores de continuação correspondentes descontados de volta a $t = 1$ são 0,00, $0,13e^{-0,06 \times 1}$, $0,33e^{-0,06 \times 1}$, $0,26e^{0,06 \times 1}$ e 0,00, respectivamente. A relação de mínimos quadrados é:

$$V = 2,038 - 3,335S + 1,356S^2$$

Esse resultado dá o valor de continuar no ponto de 1 ano para os caminhos 1, 4, 6, 7, 8 como 0,0139, 0,1092, 0,2866, 0,1175 e 0,1533, respectivamente. Da Tabela 27.4, o valor do exercício é 0,01, 0,17, 0,34, 0,18 e 0,22, respectivamente. Isso significa que devemos exercer no ponto de 1 ano para os caminhos 4, 6, 7 e 8. A Tabela 27.7 resume os fluxos de caixa pressupondo que o exercício antecipado é possível em todos os três tempos. O valor da opção é determinado pelo desconto de cada fluxo de caixa de volta ao tempo zero à taxa de juros livre de risco e o cálculo da média dos resultados. Ele é:

$$\tfrac{1}{8}(0,07e^{-0,06 \times 3} + 0,17e^{-0,06 \times 1} + 0,34e^{-0,06 \times 1} + 0,18e^{-0,06 \times 1} + 0,22e^{-0,06 \times 1}) = 0,1144$$

Como esse valor é maior do que 0,10, exercer a opção imediatamente não é ideal.

TABELA 27.6 Fluxos de caixa se o exercício somente é possível nos pontos de 2 e 3 anos

Caminho	t = 1	t = 2	t = 3
1	0,00	0,00	0,00
2	0,00	0,00	0,00
3	0,00	0,00	0,07
4	0,00	0,13	0,00
5	0,00	0,00	0,00
6	0,00	0,33	0,00
7	0,00	0,26	0,00
8	0,00	0,00	0,00

CAPÍTULO 27 ▪ Mais sobre modelos e procedimentos numéricos

TABELA 27.7 Fluxos de caixa da opção

Caminho	$t = 1$	$t = 2$	$t = 3$
1	0,00	0,00	0,00
2	0,00	0,00	0,00
3	0,00	0,00	0,07
4	0,17	0,00	0,00
5	0,00	0,00	0,00
6	0,34	0,00	0,00
7	0,18	0,00	0,00
8	0,22	0,00	0,00

Esse método pode ser estendido de diversas maneiras. Se a opção pode ser exercida a qualquer momento, podemos aproximar seu valor considerando um grande número de pontos de exercício (assim como faz uma árvore binomial). Podemos pressupor que a relação entre V e S é mais complexa. Por exemplo, podemos pressupor que V é uma função cúbica, e não quadrática, de S. O método pode ser utilizado quando a decisão sobre exercício antecipado depende de múltiplas variáveis de estado. Pressupõe-se uma forma funcional para a relação entre V e as variáveis e os parâmetros são estimados usando a abordagem de mínimos quadrados, assim como no exemplo que acabamos de considerar.

A abordagem de parametrização do limite de exercício

Pesquisadores como Andersen propuseram uma abordagem alternativa na qual o limite de exercício antecipado é parametrizado e os valores ideais dos parâmetros são determinados iterativamente começando pelo fim da vida da opção e retrocedendo até o início.[28] Para ilustrar a abordagem, continuamos com o exemplo da opção de venda e pressupomos que foram obtidas amostras dos oito caminhos na Tabela 27.4. Nesse caso, o limite de exercício antecipado no tempo t pode ser parametrizado por um valor crítico de S, $S^*(t)$. Se o preço do ativo no tempo t está abaixo de $S^*(t)$, exercemos no tempo t; se está acima de $S^*(t)$, não exercemos no tempo t. O valor de $S^*(3)$ é 1,10. Se o preço da ação está acima de 1,10 quando $t = 3$ (o final da vida da opção), não exercemos; se está abaixo de 1,10, exercemos. Agora vamos considerar a determinação de $S^*(2)$.

Suponha que escolhemos um valor de $S^*(2)$ inferior a 0,77. A opção não é exercida no ponto de 2 anos para nenhum dos caminhos. O valor da opção no ponto de 2 anos para os oito caminhos é, então, 0,00, 0,00, $0,07e^{-0,06\times 1}$, $0,18e^{-0,06\times 1}$, 0,00, $0,20e^{-0,06\times 1}$, $0,09e^{-0,06\times 1}$ e 0,00, respectivamente. A média desses valores é 0,0636. A seguir, suponha que $S^*(2) = 0,77$. O valor da opção no ponto de 2 anos para os oito caminhos é, então, 0,00, 0,00, $0,07e^{-0,06\times 1}$, $0,18e^{-0,06\times 1}$, 0,00, 0,33, $0,09e^{-0,06\times 1}$ e 0,00, respectivamente. A média desses valores é 0,0813. Da mesma forma, quando $S^*(2)$ é igual a 0,84, 0,97, 1,07 e 1,08, o valor médio da opção no ponto de 2

---

[28] Ver L. Andersen, "A Simple Approach to the Pricing of Bermudan Swaptions in the Multifactor LIBOR Market Model", *Journal of Computational Finance*, 3, 2 (Winter 2000): 1–32.

anos e 0,1032, 0,0982, 0,0938 e 0,0963, respectivamente. Essa análise mostra que o valor ideal de $S^*(2)$ (ou seja, aquele que maximiza o valor médio da opção) é 0,84. (Mais precisamente, é ideal escolher $0,84 \leqslant S^*(2), 0,97$.) Quando escolhemos esse valor ideal para $S^*(2)$, o valor da opção no ponto de 2 anos para os oito caminhos é 0,00, 0,00, 0,0659, 0,1695, 0,00, 0,33, 0,26 e 0,00, respectivamente. O valor médio é 0,1032.

Agora passamos para o cálculo de $S^*(1)$. Se $S^*(1)$, 0,76, a opção não é exercida no ponto de 1 ano para qualquer um dos caminhos e o valor da opção no ponto de 1 ano e $0,1032e^{-0,06\times1} = 0,0972$. Se $S^*(1) = 0,76$, o valor da opção para cada um dos oito caminhos no ponto de 1 ano é 0,00, 0,00, $0,0659e^{-0,06\times1}$, $0,1695e^{-0,06\times1}$, 0,0, 0,34, $0,26e^{0:-0,06\times1}$ e 0,00, respectivamente. O valor médio da opção é 0,1008. Da mesma forma, quando $S^*(1)$ é igual a 0,88, 0,92, 0,93 e 1,09, o valor médio da opção é 0,1283, 0,1202, 0,1215 e 0,1228, respectivamente. Assim, a análise mostra que o valor ideal de $S^*(1)$ é 0,88. (Mais precisamente, é ideal escolher $0,88 \leqslant S^*(1) < 0,92$.) O valor da opção no tempo zero, sem exercício antecipado, é $0,1283e^{-0,06\times1} = 0,1208$. Este é maior do que o valor de 0,10 obtido pelo exercício no tempo zero.

Na prática, são realizadas dezenas de milhares de simulações para determinar o limite de exercício antecipado da maneira que descrevemos. Depois que o limite de exercício antecipado foi obtido, as trajetórias para as variáveis são descartadas e é realizada uma nova simulação de Monte Carlo usando o limite de exercício antecipado para avaliar a opção. Nosso exemplo de opção de venda americana é simples porque sabemos que o limite de exercício antecipado em um determinado momento pode ser definido exclusivamente em termos do valor do preço da ação nessa data. Em situações mais complexas, é necessário adotar pressupostos sobre como parametrizar o limite de exercício antecipado.

Limites superiores

As duas abordagens descritas tendem a subestimar o preço de opções americanas, pois pressupõem um limite de exercício antecipado subótimo. Isso levou Andersen e Broadie a proporem um procedimento que oferece um limite superior para o preço.[29] Esse procedimento pode ser utilizado em conjunto com qualquer algoritmo que gere um limite inferior e identifica o valor verdadeiro de uma opção americana mais precisamente do que o algoritmo em si.

RESUMO

Foram desenvolvidos inúmeros modelos para ajustar os *smiles* de volatilidade observados na prática. O modelo de elasticidade constante da variância leva a um *smile* de volatilidade semelhante àquele observado para opções sobre ações. O modelo de salto–difusão leva a um *smile* de volatilidade semelhante àquele observado para opções de moeda. Os modelos de gama da variância e de volatilidade estocástica são mais flexíveis, pois levam ou ao tipo de *smile* de volatilidade observado para opções sobre ações ou aquele observado para opções de moeda. O modelo de função de

---

[29] Ver L. Andersen and M. Broadie, "A Primal-Dual Simulation Algorithm for Pricing Multi-Dimensional American Options", *Management Science*, 50, 9 (2004), 1222–34.

volatilidade implícita oferece ainda mais flexibilidade. Ele é estruturado de modo a oferecer um ajuste exato a qualquer padrão de preços de opções europeias observado no mercado.

A técnica natural que deve ser utilizada para avaliar opções dependentes da trajetória é a simulação de Monte Carlo, mas ela tem a desvantagem de ser relativamente lenta e ter dificuldade para lidar com derivativos americanos. Por sorte, as árvores podem ser utilizadas para avaliar muitos tipos de derivativos dependentes da trajetória. A abordagem envolve escolher valores representativos para a função de trajetória subjacente em cada nó da árvore e calcular o valor do derivativo para cada um desses valores à medida que analisamos a árvore retroativamente.

A metodologia de árvore binomial pode ser estendida para a avaliação de títulos conversíveis. Ramos adicionais, correspondentes a uma inadimplência por parte da empresa, são adicionados à árvore. Os cálculos de *roll-back* refletem então a opção do titular de converter e a opção do emissor de resgatar.

As árvores podem ser utilizadas para avaliar muitos tipos de opções de barreira, mas a convergência do valor da opção com o valor correto da árvore à medida que o número de passos no tempo aumenta tende a ser lenta. Uma abordagem para melhorar a convergência é organizar a geometria da árvore de modo que os nós sempre fiquem sobre as barreiras. Outra é usar um sistema de interpolação para se ajustar para o fato de que a barreira pressuposta pela árvore é diferente da barreira real. Uma terceira é estruturar a árvore de forma que ela ofereça uma representação mais refinada de movimentos no preço do ativo subjacente próximos à barreira.

Uma maneira de avaliar opções dependentes dos preços de dois ativos correlacionados é aplicar uma transformação ao preço do ativo para criar duas novas variáveis não correlacionadas. Ambas as variáveis são modeladas com árvores, que por sua vez são então combinadas para formar uma única árvore tridimensional. Em cada nó da árvore, o inverso da transformação fornece s preços dos ativos. Uma segunda abordagem é organizar as posições dos nós na árvore tridimensional para refletir a correlação. Uma terceira abordagem é começar com uma árvore que pressupõe não haver correlação entre as variáveis e então ajustar as probabilidades na árvore para refletir a correlação.

A simulação de Monte Carlo não se ajusta naturalmente à avaliação de opções americanas, mas ela pode ser adaptada de duas maneiras diferentes para lidar com esse tipo de instrumento. O primeiro usa uma análise de mínimos quadrados para relacionar o valor da continuidade (ou seja, do não exercício) com os valores das variáveis relevantes. O segundo envolve analisar a opção retroativamente, do fim de sua vida até o início, para parametrizar o limite de exercício antecipado e determiná-lo iterativamente.

LEITURAS COMPLEMENTARES

Andersen, L., "A Simple Approach to the Pricing of Bermudan Swaptions in the Multifactor LIBOR Market Model", *Journal of Computational Finance*, 3, 2 (Winter 2000): 1–32.

Andersen, L. B. G., and R. Brotherton-Ratcliffe, "The Equity Option Volatility Smile: An Implicit Finite Difference Approach", *Journal of Computational Finance*, 1, 2 (Winter 1997/98): 3–37.

Bodurtha, J. N., and M. Jermakyan, "Non-Parametric Estimation of an Implied Volatility Surface", *Journal of Computational Finance*, 2, 4 (Summer 1999): 29–61.

Boyle, P. P., and S. H. Lau, "Bumping Up Against the Barrier with the Binomial Method", *Journal of Derivatives*, 1, 4 (Summer 1994): 6–14.

Cox, J. C. and S. A. Ross, "The Valuation of Options for Alternative Stochastic Processes", *Journal of Financial Economics*, 3 (March 1976), 145–66.

Derman, E., and I. Kani, "Riding on a Smile", *Risk*, February (1994): 32–39.

Duan, J.-C., "The GARCH Option Pricing Model", *Mathematical Finance*, 5 (1995): 13–32.

Duan, J.-C., "Cracking the Smile", *Risk*, December (1996): 55–59.

Dupire, B., "Pricing with a Smile", *Risk*, February (1994): 18–20.

Figlewski, S., and B. Gao, "The Adaptive Mesh Model: A New Approach to Efficient Option Pricing", *Journal of Financial Economics*, 53 (1999): 313–51.

Heston, S. L., "A Closed Form Solution for Options with Stochastic Volatility with Applications to Bonds and Currency Options", *Review of Financial Studies*, 6, 2 (1993): 327–43.

Hull, J., and A. White, "Efficient Procedures for Valuing European and American Path-Dependent Options", *Journal of Derivatives*, 1, 1 (Fall 1993): 21–31.

Hull J. C., and A. White, "The Pricing of Options on Assets with Stochastic Volatilities", *Journal of Finance*, 42 (June 1987): 281–300.

Hull, J. C. and W. Suo, "A Methodology for the Assessment of Model Risk and its Application to the Implied Volatility Function Model", *Journal of Financial and Quantitative Analysis*, 37, 2 (2002): 297–318.

Longstaff, F. A. and E. S. Schwartz, "Valuing American Options by Simulation: A Simple Least-Squares Approach", *Review of Financial Studies*, 14, 1 (Spring 2001): 113–47.

Madan D. B., P. P. Carr, and E. C. Chang, "The Variance-Gamma Process and Option Pricing" *European Finance Review*, 2 (1998): 79–105.

Merton, R. C., "Option Pricing When Underlying Stock Returns Are Discontinuous", *Journal of Financial Economics*, 3 (March 1976): 125–44.

Rebonato, R., '*Volatility and Correlation: The Perfect Hedger and the Fox*, 2nd edn. Chichester: Wiley, 2004.

Ritchken, P, and R. Trevor, "Pricing Options Under Generalized GARCH and Stochastic Volatility Processes", *Journal of Finance* 54, 1 (February 1999): 377–402

Rubinstein, M., "Implied Binomial Trees", *Journal of Finance*, 49, 3 (July 1994): 771–818.

Rubinstein, M., "Return to Oz", *Risk*, November (1994): 67–70.

Stutzer, M., "A Simple Nonparametric Approach to Derivative Security Valuation", *Journal of Finance*, 51 (December 1996): 1633–52.

Tilley, J. A., "Valuing American Options in a Path Simulation Model", *Transactions of the Society of Actuaries*, 45 (1993): 83–104.

Questões e problemas

27.1 Confirme que o modelo CEV satisfaz a paridade put–call.

27.2 Qual é o preço do modelo misto de salto–difusão de Merton para uma opção de compra europeia quando $r = 0,05$, $q = 0$, $\lambda = 0,3$, $k = 0,5$, $\sigma = 0,25$, $S_0 = 30$, $K = 30$, $s = 0,5$ e $T = 1$.

27.3 Confirme que o modelo misto de salto–difusão de Merton satisfaz a paridade put–call quando o tamanho do salto é lognormal.

27.4 Suponha que a volatilidade de um ativo será 20% do mês 0 ao mês 6, 22% do mês 6 ao mês 12 e 24% do mês 12 ao mês 24. Qual volatilidade deve ser utilizada na fórmula de Black–Scholes–Merton para avaliar uma opção de 2 anos?

27.5 Considere o caso do modelo de salto–difusão de Merton no qual os saltos sempre reduzem o preço do ativo a zero. Pressuponha que o número médio de saltos por ano é λ. Mostre que o preço de uma opção de compra europeia é o mesmo que em um mundo sem saltos, exceto que a taxa de juros livre de risco é $r + \lambda$ em vez de simplesmente r. A possibilidade dos saltos aumenta ou reduz o valor da opção de compra nesse caso? (*Dica*: Avalie a opção pressupondo que não há saltos e pressupondo que há um ou mais saltos. A probabilidade de não haver saltos no tempo T é $e^{-\lambda T}$.)

27.6 No tempo 0, o preço de uma ação que não paga dividendos é S_0. Suponha que o intervalo de tempo entre 0 e T é dividido em dois subintervalos de duração t_1 e t_2. Durante o primeiro subintervalo, a taxa de juros livre de risco e a volatilidade são r_1 e σ_1, respectivamente. Durante o segundo subintervalo, são r_2 e σ_2, respectivamente. Pressuponha que o mundo é *risk neutral*.

(a) Use os resultados no Capítulo 15 para determinar a distribuição do preço da ação no tempo T em termos de $r_1, r_2, \sigma_1, \sigma_2, t_1, t_2$ e S_0.

(b) Suponha que $\bar{r}$ é a taxa de juros média entre o tempo zero e o tempo T e que $\bar{V}$ é a taxa de variância média entre os tempos zero e T. Qual é a distribuição do preço da ação como função de T em termos de $\bar{r}, \bar{V}, T$ e S_0?

(c) Quais são os resultados correspondentes a (a) e (b) quando há três subintervalos com diferentes taxas de juros e volatilidades?

(d) Mostre que se a taxa de juros livre de risco, r, e a volatilidade, σ, são funções conhecidas do tempo, a distribuição dos preços da ação no tempo T em um mundo *risk-neutral* é:

$$\ln S_T \sim \phi[\ln S_0 + (\bar{r} - \tfrac{1}{2}\bar{V})T,\ \bar{V}T]$$

onde $\bar{r}$ é o valor médio de r, $\bar{V}$ é igual ao valor médio de σ^2 e S_0 é o preço da ação hoje e $\phi(m, v)$ é uma distribuição a com média m e variância v.

27.7 Escreva as equações para simular a trajetória seguida pelo preço do ativo no modelo de volatilidade estocástica nas equações (27.2) e (27.3).

27.8 "O modelo de IVF não acerta necessariamente a evolução da superfície de volatilidade". Explique essa afirmação.

27.9 "Quando as taxas de juros são constantes, o modelo de IVF avalia corretamente qualquer derivativo cujo resultado depende do valor do ativo subjacente em apenas um momento" Explique o porquê.

27.10 Use uma árvore de três passos para avaliar uma opção de compra lookback flutuante americana sobre uma moeda quando a taxa de câmbio inicial é 1,6, a taxa de juros livre de risco nacional é 5% ao ano, a taxa de juros livre de risco estrangeira é 8% ao ano, a volatilidade da taxa de câmbio é 15% e o tempo até o vencimento é 18 meses. Use a abordagem da Seção 27.5.

27.11 O que acontece com o modelo de gama da variância à medida que o parâmetro v tende a zero?

27.12 Use uma árvore de três passos no tempo para avaliar uma opção de venda americana sobre a média geométrica do preço de uma ação que não paga dividendos quando o preço da ação é $40, o preço de exercício é $40, a taxa de juros livre de risco é 10% ao ano, a volatilidade é 35% ao ano e o tempo até o vencimento é três meses. A média geométrica é mensurada do dia de hoje até o vencimento da opção.

27.13 A abordagem para avaliar opções dependentes da trajetória na Seção 27.5 pode ser usada para uma opção americana de 2 anos que oferece um resultado igual a max($S_{méd}$ − K, 0), onde $S_{méd}$ é o preço médio do ativo durante os três meses anteriores ao exercício? Explique sua resposta.

27.14 Confirme que o número 6,492 na Figura 27.4 está correto.

27.15 Examine a política de exercício antecipado para os oito caminhos considerados no exemplo da Seção 27.8. Qual é a diferença entre a política de exercício antecipado dada pela abordagem de mínimos quadrados e a abordagem de parametrização do limite de exercício? Qual delas oferece um preço de opção mais elevado para os caminhos da amostra?

27.16 Considere uma opção de venda europeia sobre uma ação que não paga dividendos quando o preço da ação é $100, o preço de exercício é $110, a taxa de juros livre de risco é 5% ao ano e o tempo até o vencimento é um ano. Suponha que a taxa de variância média durante a vida de uma opção tem 0,20 de probabilidade de ser 0,06, 0,5 de probabilidade de ser 0,09 e 0,3 de probabilidade de ser 0,12. A volatilidade não está correlacionada com o preço da ação. Estime o valor da opção.

27.17 Quando há duas barreiras, como é possível criar uma árvore na qual os nós fiquem sobre ambas as barreiras?

27.18 Considere um título de cupom zero de 18 meses com valor de face de $100 que pode ser convertido em cinco ações da empresa em qualquer momento durante sua vida. Suponha que o preço da ação atual é $20, não são pagos dividendos sobre a ação, a taxa de juros livre de risco para todos os vencimentos é de 6% ao ano com capitalização contínua e a volatilidade do preço da ação é de 25% ao ano. Pressuponha que a taxa de risco é de 3% ao ano e a taxa de recuperação é de 35%. O título é resgatável a $110. Use uma árvore de três passos no tempo para calcular o valor do título. Qual é o valor da opção de conversão (líquido da opção de compra do emissor)?

Questões adicionais

27.19 Uma nova opção de compra lookback flutuante europeia sobre um índice de ações tem vencimento de 9 meses. O nível atual do índice é 400, a taxa de juros livre de risco é 6% ao ano, o rendimento em dividendos sobre o índice é de 4% ao ano e a volatilidade do índice é de 20%. Use a abordagem na Seção 27.5 para avaliar a opção.

27.20 Suponha que as volatilidades utilizadas para apreçar uma opção de moeda de 6 meses são aquelas da Tabela 20.2. Pressuponha que as taxas de juros livres de risco são nacional e estrangeira são de 5% ao ano e a taxa de câmbio atual é 1,00. Considere um spread de alta composto de uma posição comprada em uma opção de compra de 6 meses com preço de exercício de 1,05 e uma posição vendida em uma opção de compra de 6 meses com preço de exercício de 1,10.
(a) Qual é o valor do spread?

(b) Qual volatilidade única usada para ambas as opções daria o valor correto do spread de alta?
(c) A sua resposta apoia a afirmação no início deste capítulo de que a volatilidade correta para uso no apreçamento de opções exóticas pode não ser intuitiva?
(d) O modelo de IVF fornece o preço correto para o spread de alta?

27.21 Repita a análise da Seção 27.8 para o exemplo de opção de venda pressupondo que o preço de exercício é 1,13. Use a abordagem de mínimos quadrados e a abordagem de parametrização do limite de exercício.

27.22 Uma opção de compra europeia sobre uma ação que não paga dividendos tem tempo até o vencimento de 6 meses e preço de exercício de $100. O preço da ação é $100 e a taxa de juros livre de risco é 5%. Responda às seguintes perguntas:
(a) Qual é o preço de Black–Scholes–Merton da opção se a volatilidade é 30%?
(b) Qual é o parâmetro de volatilidade CEV que dá o mesmo preço para opção que aquele calculado em (a) quando $\alpha = 0,5$?
(c) No modelo misto de salto–difusão de Merton, a frequência média dos saltos é 1 ao ano, o tamanho do salto percentual médio é 2% e o desvio padrão do logaritmo é 1 mais o tamanho de salto percentual é 20%. Qual é a volatilidade da parte de difusão do processo que dá o mesmo preço para a opção que você calculou em (a)?
(d) No modelo de gama da variância, $\theta = 0$ e $v = 40\%$. Qual é o valor da volatilidade que dá o mesmo preço para a opção que você calculou em (a)?
(e) Para os modelos que você desenvolveu em (b), (c) e (d), calcule o *smile* de volatilidade considerando opções de compra europeias com preços de exercício entre 80 e 120. Descreva a natureza das distribuições de probabilidade implicadas pelos *smiles*.

27.23 Um título conversível com valor de face de $100 foi emitido pela empresa ABC. Ele paga um cupom de $5 ao final de cada ano e pode ser convertido em ações da ABC ao final do primeiro ano ou ao final do segundo ano. Ao final do primeiro ano, ele pode ser trocado por 3,6 ações imediatamente após a data do cupom. Ao final do segundo ano, ele pode ser trocado por 3,5 ações imediatamente após a data do cupom. O preço da ação atual é $25 e a volatilidade do preço da ação é 25%. Não são pagos dividendos sobre a ação. A taxa de juros livre de risco é 5% com capitalização contínua. O rendimento sobre os títulos emitidos pela ABC é 7% com capitalização contínua e a taxa de recuperação é 30%.
(a) Use uma árvore de três passos para calcular o valor do título.
(b) Quanto vale a opção de conversão?
(c) Qual é a diferença para o valor do título e o valor da opção de conversão se o título é resgatável em qualquer momento durante os primeiros 2 anos por $115?
(d) Explique como sua análise mudaria se houvesse um pagamento de dividendos de $1 sobre as ações nos pontos de 6 meses, 18 meses e 30 meses. Não é necessário apresentar cálculos detalhados.

(*Dica*: Use a equação (24.2) para estimar a taxa de risco média.)

CAPÍTULO 28

Martingales e medidas

Até aqui, quando avaliamos opções, pressupomos que as taxas de juros são constantes. Neste capítulo, esse pressuposto é relaxado em preparação para a avaliação de derivativos de taxas de juros nos Capítulos 29 a 33.

O princípio da avaliação *risk-neutral* afirma que um derivativo pode ser avaliado pelo (a) cálculo do resultado esperado pressupondo que o retorno esperado do ativo subjacente é igual à taxa de juros livre de risco e (b) o desconto do resultado esperado pela taxa de juros livre de risco. Quando as taxas de juros são constantes, a avaliação *risk-neutral* representa uma ferramenta de avaliação bem-definida e sem ambiguidades. Quando as taxas de juros são estocásticas, a situação é menos clara. O que significa pressupor que o retorno esperado sobre o ativo subjacente é igual à taxa de juros livre de risco? Seria (a) que a cada dia, o retorno esperado é a taxa de juros livre de risco de um dia, ou (b) que a cada ano, o retorno esperado é a taxa de juros livre de risco de 1 ano, ou (c) que durante um período de 5 anos, o retorno esperado é a taxa de 5 anos no início do período? O que significa descontar os resultados esperados à taxa de juros livre de risco? Poderíamos, por exemplo, descontar um resultado esperado realizado no ano 5 pela taxa de juros livre de risco de 5 anos de hoje?

Neste capítulo, explicamos os fundamentos teóricos da avaliação *risk-neutral* quando as taxas de juros são estocásticas e mostramos que muitos mundos *risk-neutral* diferentes podem ser pressupostos em cada situação. Primeiro, definimos um parâmetro conhecido como o *preço de mercado do risco* e mostramos que o retorno excedente sobre a taxa de juros livre de risco obtida por qualquer derivativo em um breve período de tempo está linearmente relacionado com os preços de mercado do risco das variáveis estocásticas subjacentes. Aquele que chamaremos de *mundo risk-neutral tradicional* pressupõe que todos os preços de mercado do risco são zero, mas veremos que outros pressupostos sobre o preço de mercado do risco são mais úteis em certas situações.

Os *martingales* e as *medidas* são essenciais para obtermos uma entendimento completo da avaliação *risk-neutral*. Um martingale é um processo estocástico de drift zero. Uma medida é uma unidade na qual avaliamos preços de títulos. Um resultado importante deste capítulo será o *resultado de medida de martingale equivalente*, que afirma que se usarmos o preço de um título negociado como unidade de medida, há um preço de mercado do risco para o qual todos os preços de títulos seguem martingales.

Este capítulo ilustra o potencial do resultado de medida de martingale equivalente utilizando-o para estender o modelo de Black (ver Seção 18.8) à situação na qual as taxas de juros são estocásticas e para avaliar opções de trocar um ativo por outro. O Capítulo 29 usa o resultado para entender os modelos de mercado padrões para a avaliação de derivativos de taxas de juros, o Capítulo 30 o utiliza para avaliar alguns derivativos não padrões e o Capítulo 32 o utiliza para desenvolver o modelo de mercado LIBOR.

28.1 O PREÇO DE MERCADO DO RISCO

Começaremos considerando as propriedades de derivativos dependentes do valor de uma única variável θ. Pressuponha que o processo seguido por θ é:

$$\frac{d\theta}{\theta} = m\,dt + s\,dz \tag{28.1}$$

onde dz é um processo de Wiener. Os parâmetros m e s são a taxa de crescimento esperada em θ e a volatilidade de θ, respectivamente. Pressupomos que ambos dependem apenas de θ e do tempo t. A variável θ não precisa ser o preço de um ativo de investimento. Ela poderia ser algo muito distante dos mercados financeiros, como a temperatura no centro da cidade de New Orleans.

Suponha que f_1 e f_2 são os preços de dois derivativos que dependem apenas de θ e de t. Eles podem ser opções ou outros instrumentos que oferecem um resultado igual a alguma função de θ em alguma data futura. Pressupomos que durante o período de tempo considerado, f_1 e f_2 não geram renda.[1]

Suponha que os processos seguidos por f_1 e f_2 são:

$$\frac{df_1}{f_1} = \mu_1\,dt + \sigma_1\,dz$$

e:

$$\frac{df_2}{f_2} = \mu_2\,dt + \sigma_2\,dz$$

onde μ_1, μ_2, σ_1 e σ_2 são funções de θ e t. O "dz" nesses processos deve ser igual ao dz na equação (28.1), pois ele é a única fonte de incerteza nos preços de f_1 e f_2.

Os preços f_1 e f_2 podem ser relacionados utilizando uma análise semelhante à de Black–Scholes descrita na Seção 15.6. As versões discretas dos processos para f_1 e f_2 são:

$$\Delta f_1 = \mu_1 f_1 \Delta t + \sigma_1 f_1 \Delta z \tag{28.2}$$

$$\Delta f_2 = \mu_2 f_2 \Delta t + \sigma_2 f_2 \Delta z \tag{28.3}$$

---

[1] A análise pode ser estendida a derivativos que oferecem renda (ver Problema 28.7).

Podemos eliminar o Δz formando um portfólio instantaneamente livre de risco composto de $\sigma_2 f_2$ do primeiro derivativo e $-\sigma_1 f_1$ do segundo derivativo. Se Π é o valor do portfólio, então:

$$\Pi = (\sigma_2 f_2) f_1 - (\sigma_1 f_1) f_2 \qquad (28.4)$$

e:

$$\Delta \Pi = \sigma_2 f_2 \, \Delta f_1 - \sigma_1 f_1 \, \Delta f_2$$

Inserindo as equações (28.2) e (28.3), obtemos:

$$\Delta \Pi = (\mu_1 \sigma_2 f_1 f_2 - \mu_2 \sigma_1 f_1 f_2) \Delta t \qquad (28.5)$$

Como o portfólio é imediatamente livre de risco, ele deve obter a taxa de juros livre de risco. Logo:

$$\Delta \Pi = r \Pi \, \Delta t$$

Inserindo as equações (28.4) e (28.5), obtemos:

$$\mu_1 \sigma_2 - \mu_2 \sigma_1 = r \sigma_2 - r \sigma_1$$

ou:

$$\frac{\mu_1 - r}{\sigma_1} = \frac{\mu_2 - r}{\sigma_2} \qquad (28.6)$$

Observe que o lado esquerdo da equação (28.6) depende apenas dos parâmetros do processo seguido por f_1 e o lado direito depende somente dos parâmetros do processo seguido por f_2. Defina λ como o valor de cada lado na equação (28.6), de modo que:

$$\frac{\mu_1 - r}{\sigma_1} = \frac{\mu_2 - r}{\sigma_2} = \lambda$$

Eliminando os subscritos, a equação (28.6) mostra que se f é o preço de um derivativo dependente apenas de θ e t, com:

$$\frac{df}{f} = \mu \, dt + \sigma \, dz \qquad (28.7)$$

então:

$$\frac{\mu - r}{\sigma} = \lambda \qquad (28.8)$$

O parâmetro λ é conhecido como o *preço de mercado do risco* de θ. (No contexto da mensuração do desempenho do portfólio, ele é conhecido como índice de Sharpe.) A variável pode depender de θ e de t, mas não depende da natureza do derivativo f.

Nossa análise mostra que, sem arbitragem, $(\mu - r)/\sigma$ deve, em qualquer momento, ser igual para todos os derivativos que dependem apenas de θ e t.

O preço de mercado do risco de θ mensura o equilíbrio e as trocas entre risco e retorno que ocorrem para títulos que dependem de θ. A equação (28.8) pode ser escrita como:

$$\mu - r = \lambda \sigma \qquad (28.9)$$

A variável σ pode ser interpretada aproximadamente como a quantidade de risco θ presente em f. No lado direito da equação, a quantidade de risco θ é multiplicada pelo preço do risco θ. O lado esquerdo da equação é o retorno esperado excedente sobre a taxa de juros livre de risco exigido para compensar esse risco. A equação (28.9) é análoga ao Modelo de Precificação de Ativos Financeiros, que relaciona o retorno excedente esperado sobre uma ação com seu risco. Este capítulo não trata sobre a mensuração do preço de mercado do risco, que será discutido no Capítulo 35, no qual consideramos a avaliação de opções reais.

É natural pressupor que σ, o coeficiente de dz, na equação (28.7) é a volatilidade de f. Na verdade, σ pode ser negativo. Esse será o caso quando f está negativamente relacionado com θ (de modo que $\partial f/\partial \theta$ é negativo). É o valor absoluto $|\sigma|$ de σ, que é a volatilidade de f. Uma maneira de entender essa questão é observar que o processo para f tem as mesmas propriedades estatísticas quando substituímos dz por $-dz$.

O Capítulo 5 diferenciou entre ativos de investimento e ativos de consumo. Um ativo de investimento é aquele comprado ou vendido exclusivamente para fins de investimento por alguns investidores. Os ativos de consumo são mantidos principalmente para consumo. A equação (28.8) é verdadeira para todos os ativos de investimento que não oferecem renda e dependem apenas de θ. Se a variável θ em si for um investimento desse tipo, então:

$$\frac{m-r}{s} = \lambda$$

Contudo, em outras circunstâncias, essa relação não é necessariamente verdadeira.

■ Exemplo 28.1

Considere um derivativo cujo preço está positivamente relacionado com o preço do petróleo e que não depende de outras variáveis estocásticas. Suponha que ele oferece um retorno esperado de 12% ao ano e tem volatilidade de 20% ao ano. Pressuponha que a taxa de juros livre de risco é 8% ao ano. Logo, o preço de mercado do risco do petróleo é:

$$\frac{0,12 - 0,08}{0,2} = 0,2$$

Observe que o petróleo é um ativo de consumo, não um ativo de investimento, de modo que seu preço de mercado do risco não pode ser calculado usando a equação (28.8) e definindo μ como igual ao retorno esperado de um investimento em petróleo e σ como sendo igual à volatilidade dos preços de petróleo. ■

■ Exemplo 28.2

Considere dois títulos, ambos os quais são positivamente dependentes da taxa de juros de 90 dias. Suponha que o primeiro tem retorno esperado de 3% ao ano e volatilidade de 20% ao ano, enquanto o segundo tem volatilidade de 30% ao ano. Pressuponha que a taxa de juros livre de risco instantânea é de 6% ao ano. O preço de mercado do risco da taxa de juros é, usando o retorno esperado e a volatilidade do primeiro título:

$$\frac{0,03 - 0,06}{0,2} = -0,15$$

Reorganizando a equação (28.9), o retorno esperado do segundo título é, assim:

$$0,06 - 0,15 \times 0,3 = 0,015$$

ou 1,5% ao ano. ∎

Mundos alternativos

O processo seguido pelo preço de derivativo f é:

$$df = \mu f\, dt + \sigma f\, dz$$

O valor de μ depende das preferências de risco dos investidores. Em um mundo no qual o preço de mercado do risco é zero, λ é igual a zero. Da equação (28.9), $\mu = r$, de modo que o processo seguido por f é:

$$df = rf\, dt + \sigma f\, dz$$

Chamaremos esse de *mundo risk-neutral tradicional*.

Outros pressupostos sobre o preço de mercado do risco, λ, permitem a definição de outros mundos internamente consistentes. Da equação (28.9):

$$\mu = r + \lambda\sigma$$

de modo que:

$$df = (r + \lambda\sigma)f\, dt + \sigma f\, dz \qquad (28.10)$$

O preço de mercado do risco de uma variável determina as taxas de crescimento de todos os títulos que dependem da variável. À medida que passamos de um preço de mercado do risco para outro, as taxas de crescimento esperado dos preços de títulos mudam, mas suas volatilidades permanecem iguais. Esse é o teorema de Girsanov, que ilustramos para o modelo binomial na Seção 13.7. A escolha de um determinado preço de mercado do risco também é chamada de definição da *medida de probabilidade*. Algum valor do preço de mercado do risco corresponde ao "mundo real" e às taxas de crescimento dos preços de títulos que são observadas na prática.

28.2 MÚLTIPLAS VARIÁVEIS DE ESTADO

Suponha que n variáveis, $\theta_1, \theta_2, ..., \theta_n$, seguem processos estocásticos da forma:

$$\frac{d\theta_i}{\theta_i} = m_i\, dt + s_i\, dz_i \qquad (28.11)$$

para $i = 1, 2, ..., n$, onde os dz_i são processos de Wiener. Os parâmetros m_i e s_i são as taxas de crescimento esperado e as volatilidades e podem ser funções do θ_i e do tempo. A equação (14A.10) no apêndice do Capítulo 14 apresenta uma versão do lema de Itô que abrange funções de diversas variáveis. Ela mostra que o processo para o preço f de um título dependente de θ_i tem n componentes estocásticos. Ela pode ser escrita da seguinte forma:

$$\frac{df}{f} = \mu\, dt + \sum_{i=1}^{n} \sigma_i\, dz_i \qquad (28.12)$$

Nessa equação, μ é o retorno esperado do título e $\sigma_i\, dz_i$ é o componente do risco desse retorno que pode ser atribuído a θ_i. Ambos μ e o σ_i têm o potencial de serem dependentes de θ_i e do tempo.

A Nota Técnica 30 em www.rotman.utoronto.ca/~hull/TechnicalNotes mostra que:

$$\mu - r = \sum_{i=1}^{n} \lambda_i \sigma_i \qquad (28.13)$$

onde λ_i é o preço de mercado do risco para θ_i. Essa equação relaciona o retorno excedente esperado que os investidores exigem sobre o título com λ_i e σ_i. A equação (28.9) é o caso específico dessa equação quando $n = 1$. O termo $\lambda_i \sigma_i$ no lado direito mede o quanto o retorno excedente exigido pelos investidores sobre um título é afetado pela dependência do título de θ_i. Se $\lambda_i \sigma_i = 0$, não há efeito; se $\lambda_i \sigma_i > 0$, os investidores exigem um retorno maior para compensá-los pelo risco decorrente de θ_i; se $\lambda_i \sigma_i < 0$, a dependência do título de θ_i faz com que os investidores exijam um retorno menor do que em outros casos. A situação $\lambda_i \sigma_i < 0$ ocorre quando a variável tem o efeito de reduzir, não de aumentar, os riscos no portfólio de um investidor típico.

■ Exemplo 28.3

O preço de uma ação depende de três variáveis subjacentes: o preço do petróleo, o preço do ouro e o desempenho de um índice de ações. Suponha que o preço de mercado do risco para essas três variáveis é 0,2, −0,1 e 0,4, respectivamente. Suponha também que o σ_i na equação (28.12), correspondente às três variáveis, foi estimado em 0,05, 0,1 e 0,15, respectivamente. O retorno excedente da ação sobre a taxa de juros livre de risco é:

$$0{,}2 \times 0{,}05 - 0{,}1 \times 0{,}1 + 0{,}4 \times 0{,}15 = 0{,}06$$

ou 6,0% ao ano. Se variáveis que não as consideradas afetarem o preço da ação, esse resultado ainda será verdadeiro, desde que o preço de mercado do risco para cada uma dessas variáveis seja zero. ■

A equação (28.13) está intimamente relacionada à teoria do apreçamento por arbitragem, desenvolvida por Stephen Ross em 1976.[2] A versão de tempo contínuo do Modelo de Precificação de Ativos Financeiros (CAPM) pode ser considerada um caso específico da equação. O CAPM (ver apêndice do Capítulo 3) argumenta que um investidor exige retornos excedentes para compensar por qualquer risco que esteja correlacionado com o risco no retorno da bolsa de valores, mas não exige retornos excedentes para outros riscos. Os riscos correlacionados com o retorno da bolsa são chamados de *sistemáticos*; os outros riscos são chamados de *não sistemáticos*. Se

---

[2] Ver S. A. Ross, "The Arbitrage Theory of Capital Asset Pricing", *Journal of Economic Theory*, 13 (December 1976): 343–62.

o CAPM é verdadeiro, θ_i é proporcional à correlação entre as mudanças em θ_i e o retorno do mercado. Quando θ_i não está correlacionado com o retorno do mercado, λ_i é zero.

28.3 MARTINGALES

Um *martingale* é um processo estocástico de drift zero.[3] Uma variável θ segue um martingale se seu processo tem a forma:

$$d\theta = \sigma\, dz$$

onde dz é um processo de Wiener. A variável σ em si pode ser estocástica. Ela pode depender de θ e outras variáveis estocásticas. Um martingale tem a propriedade conveniente de que seu valor esperado em qualquer data futura é igual ao seu valor hoje. Isso significa que:

$$E(\theta_T) = \theta_0$$

onde θ_0 e θ_T denotam os valores de θ nos tempos zero e T, respectivamente. Para entender esse resultado, observe que durante um brevíssimo intervalo de tempo, a mudança em θ tem distribuição normal com média zero. A mudança esperada em θ durante qualquer intervalo de tempo muito pequeno é, assim, zero. A mudança em θ entre o tempo zero e o tempo T é a soma das mudanças durante muitos brevíssimos intervalos. Logo, a mudança esperada em θ entre o tempo 0 e o tempo T também deve ser zero.

O resultado de medida de martingale equivalente

Suponha que f e g são os preços de títulos negociados dependentes de uma única fonte de incerteza. Pressuponha que os títulos não geram renda durante o período de tempo considerado e defina $\phi = f/g$.[4] A variável ϕ é o preço relativo de f com relação a g. Podemos considerá-la como a mensuração do preço de f em unidades de g em vez de dólares. O preço de título g é conhecido como o *numéraire*.

O *resultado de medida de martingale equivalente* mostra que, quando não há oportunidades de arbitragem, ϕ é um martingale para alguma alternativa do preço de mercado do risco. Além disso, para um determinado título de *numéraire* g, a mesma alternativa de preço de mercado do risco torna ϕ um martingale para todos os títulos f. Essa escolha de preço de mercado do risco é a volatilidade de g. Em outras palavras, quando o preço de mercado do risco é definido como igual à volatilidade de g, a razão f/g é um martingale para todos os preços de título f. (Observe que o preço de mercado do risco tem a mesma dimensão que a volatilidade. Ambos são "por raiz quadrada do tempo". Por consequência, definir o preço de mercado do risco como igual a uma volatilidade é dimensionalmente válido.)

---

[3] Mais formalmente, uma sequência de variáveis aleatórias $X_0, X_1, \ldots$ é um martingale se $E(X_i \mid X_{i-1}, X_{i-2}, \ldots, X_0) = X_{i-1}$, para todos $i > 0$, onde E denota expectativas.

[4] O Problema 28.8 estende a análise a situações nas quais os títulos produzem renda.

Para provar esse resultado, suponha que as volatilidades de f e g são σ_f e σ_g. Da equação (28.10), em um mundo no qual o preço de mercado do risco é σ_g:

$$df = (r + \sigma_g \sigma_f) f\, dt + \sigma_f f\, dz$$

$$dg = (r + \sigma_g^2) g\, dt + \sigma_g g\, dz$$

Usando o lema de Itô, obtemos:

$$d\ln f = (r + \sigma_g \sigma_f - \sigma_f^2/2)\, dt + \sigma_f\, dz$$

$$d\ln g = (r + \sigma_g^2/2)\, dt + \sigma_g\, dz$$

de modo que:

$$d(\ln f - \ln g) = (\sigma_g \sigma_f - \sigma_f^2/2 - \sigma_g^2/2)\, dt + (\sigma_f - \sigma_g)\, dz$$

ou:

$$d\left(\ln \frac{f}{g}\right) = -\frac{(\sigma_f - \sigma_g)^2}{2}\, dt + (\sigma_f - \sigma_g)\, dz$$

O lema de Itô pode ser usado para determinar o processo para f/g a partir do processo para $\ln(f/g)$:

$$d\left(\frac{f}{g}\right) = (\sigma_f - \sigma_g) \frac{f}{g}\, dz \qquad (28.14)$$

Isso mostra que f/g é um martingale e prova o resultado de medida de martingale equivalente. Chamaremos um mundo no qual o preço de mercado do risco é a σ_g de g de um mundo *forward risk-neutral* ("neutro em relação ao risco a termo") com relação a g.

Como f/g é um martingale em um mundo que é *forward risk-neutral* com relação a g, uma consequência do resultado no início desta seção é que:

$$\frac{f_0}{g_0} = E_g\left(\frac{f_T}{g_T}\right)$$

ou:

$$f_0 = g_0 E_g\left(\frac{f_T}{g_T}\right) \qquad (28.15)$$

onde E_g denota o valor esperado em um mundo que é *forward risk-neutral* com relação a g.

28.4 ESCOLHAS ALTERNATIVAS PARA O *NUMÉRAIRE*

A seguir, apresentamos diversos exemplos do resultado de medida de martingale equivalente. O primeiro mostra que ele é consistente com o resultado de avaliação *risk-neutral* tradicional utilizado em capítulos anteriores. Os outros preparam o caminho para a avaliação de opções sobre títulos, caps de taxas de juros e opções sobre swaps no Capítulo 29.

Conta do mercado monetário como *numéraire*

A conta do mercado monetário em dólares é um título que vale $1 no tempo zero e rende a taxa de juros livre de risco instantânea r em um momento qualquer.[5] A variável r pode ser estocástica. Se definirmos g como igual à conta do mercado monetário, ele cresce à taxa r, de modo que:

$$dg = rg\,dt \qquad (28.16)$$

O drift de g é estocástica, mas a volatilidade de g é zero. Logo, de acordo com os resultados da Seção 28.3, f/g é um martingale em um mundo no qual o preço de mercado do risco é zero. Este é o mundo que definimos anteriormente como o mundo *risk-neutral* tradicional. Da equação (28.15):

$$f_0 = g_0 \hat{E}\left(\frac{f_T}{g_T}\right) \qquad (28.17)$$

onde $\hat{E}$ denota expectativas no mundo *risk-neutral* tradicional.

Nesse caso, $g_0 = 1$ e:

$$g_T = e^{\int_0^T r\,dt}$$

de modo que a equação (28.17) se reduz a:

$$f_0 = \hat{E}\left(e^{-\int_0^T r\,dt} f_T\right) \qquad (28.18)$$

ou:

$$f_0 = \hat{E}\left(e^{-\bar{r}T} f_T\right) \qquad (28.19)$$

onde $\bar{r}$ é o valor médio de r entre o tempo 0 e o tempo T. Essa equação mostra que uma maneira de avaliar um derivativo de taxa de juros é simular a taxa de curto prazo r no mundo *risk-neutral* tradicional. Em cada teste, o resultado é calculado e descontado pelo valor médio da taxa de curto prazo no caminho da amostra.

Quando pressupõe-se que a taxa de juros de curto prazo r é constante, a equação (28.19) se reduz para:

$$f_0 = e^{-rT} \hat{E}(f_T)$$

ou a relação de avaliação *risk-neutral* usada nos capítulos anteriores.

---

[5] A conta do mercado monetário é o limite à medida que Δt se aproxima de zero do título seguinte. Para o primeiro breve período de tempo de duração Δt, ela é investida à taxa do período Δt inicial; no tempo Δt, ela é reinvestida para mais um período de tempo Δt à nova taxa do período Δt; no tempo $2\Delta t$, ela é reinvestida novamente por mais um período de tempo Δt à nova taxa do período Δt; e assim sucessivamente. As contas do mercado monetário em outras moedas são definidas de forma análoga à conta do mercado monetário em dólares.

Preço de títulos de cupom zero como *numéraire*

Defina $P(t, T)$ como o preço no tempo t de um título de cupom zero livre de risco que gera resultado de \$1 no tempo T. Agora, exploramos as consequências de definir g como igual a $P(t, T)$. Abaixo, E_T denota as expectativas em um mundo que é *forward risk-neutral* com relação a $P(t, T)$. Como $g_T = P(T, T) = 1$ e $g_0 = P(0, T)$, a equação (28.15) nos dá:

$$f_0 = P(0, T) E_T(f_T) \qquad (28.20)$$

Observe a diferença entre as equações (28.20) e (28.19). Na equação (28.19), o desconto está dentro do operador das expectativas. Na equação (28.20), o desconto, representado pelo termo $P(0, T)$, está fora do operador das expectativas. O uso de $P(t, T)$ como *numéraire*, assim, simplifica consideravelmente a situação para um título que dá resultado apenas no tempo T.

Considere qualquer variável θ que não é uma taxa de juros.[6] Um contrato a termo sobre θ com vencimento T é definido como um contrato com resultado $\theta_T - K$ no tempo T, onde θ_T é o valor θ no tempo T. Defina f como o valor desse contrato a termo. Da equação (28.20):

$$f_0 = P(0, T)[E_T(\theta_T) - K]$$

O preço a termo, F, de θ é o valor de K para o qual f_0 é igual a zero. Logo:

$$P(0, T)[E_T(\theta_T) - F] = 0$$

ou:

$$F = E_T(\theta_T) \qquad (28.21)$$

A equação (28.21) mostra que o preço a termo de qualquer variável (exceto por uma taxa de juros) é o preço à vista futuro esperado em um mundo que é *forward risk-neutral* com relação a $P(t, T)$. Observe aqui a diferença entre preços a termo e preços futuros. O argumento na Seção 18.7 mostra que o preço futuro de uma variável é o preço à vista futuro esperado no mundo *risk-neutral* tradicional.

A equação (28.20) mostra que qualquer título que oferece um resultado no tempo T pode ser avaliado calculando seu resultado esperado em um mundo que é *forward risk-neutral* com relação a um título com vencimento no tempo T e descontando à taxa de juros livre de risco para o vencimento T. A equação (28.21) mostra que é correto pressupor que o valor esperado das variáveis subjacentes é igual a seus valores a termo quando calculamos o resultado esperado.

---

[6] A análise apresentada aqui não se aplica a taxas de juros, pois os contratos a termo para taxas de juros são definidos de forma diferente dos contratos a termo para outras variáveis. Uma taxa forward é a taxa de juros implicada pelo preço de títulos a termo correspondente.

Taxas de juros quando um preço de título de cupom zero é o *numéraire*

Para o próximo resultado, defina $R(t, T, T^*)$ como a taxa forward vista no tempo t para o período entre T e T^* expressa com um período de capitalização de $T^* - T$. (Por exemplo, se $T^* - T = 0{,}5$, a taxa de juros é expressa com capitalização semestral; se $T^* - T = 0{,}25$, ela é expressa com capitalização trimestral; e assim por diante.) O preço a termo visto no tempo t de um título de cupom zero com duração entre os tempos T e T^* é:

$$\frac{P(t, T^*)}{P(t, T)}$$

Uma taxa forward é definida de forma diferente do valor a termo da maioria das variáveis. Uma taxa de juros livre de risco forward é a taxa de juros implicada pelos preços de títulos de cupom zero livres de risco. A relação é:

$$\frac{1}{[1 + (T^* - T)R(t, T, T^*)]} = \frac{P(t, T^*)}{P(t, T)}$$

de modo que:

$$R(t, T, T^*) = \frac{1}{T^* - T}\left[\frac{P(t, T)}{P(t, T^*)} - 1\right]$$

ou:

$$R(t, T, T^*) = \frac{1}{T^* - T}\left[\frac{P(t, T) - P(t, T^*)}{P(t, T^*)}\right]$$

Estabelecendo:

$$f = \frac{1}{T^* - T}[P(t, T) - P(t, T^*)]$$

e $g = P(t, T^*)$, o resultado de medida de martingale equivalente mostra que $R(t, T, T^*)$ é um martingale em um mundo que é *forward risk-neutral* com relação a $P(t, T^*)$. Isso significa que:

$$R(0, T, T^*) = E_{T^*}[R(T, T, T^*)] \qquad (28.22)$$

onde E_{T^*} denota expectativas em um mundo que é *forward risk-neutral* com relação a $P(t, T^*)$.

A variável $R(0, T, T^*)$ é a taxa forward entre os tempos T e T^* vista no tempo 0, enquanto $R(T, T, T^*)$ é a taxa de juros realizada entre os tempos T e T^*. Assim, a equação (28.22) mostra que a taxa forward entre os tempos T e T^* é igual à taxa de juros futura esperada em um mundo que é *forward risk-neutral* com relação a um título de cupom zero com vencimento no tempo T^*. Esse resultado, quando combinado com aquele na equação (28.20), será crucial para um entendimento do modelo de mercado padrão para caps de taxas de juros no próximo capítulo.

Fator de anuidade como o *numéraire*

Para a próxima aplicação de argumentos de medida de martingale equivalente, considere um swap LIBOR por fixa com início em um tempo futuro T com datas de pagamento nos tempos $T_1, T_2, ..., T_N$. No swap, uma taxa de juros fixa é trocada por uma taxa flutuante LIBOR. Defina $T_0 = T$. Pressuponha que o principal nocional é \$1. Suponha que a taxa de swap a termo (ou seja, a taxa de juros sobre o lado fixo que faz com que o swap tenha valor de zero) é $s(t)$ no tempo t ($t \leq T$). O valor do lado fixo do swap é:

$$s(t)A(t)$$

onde:

$$A(t) = \sum_{i=0}^{N-1}(T_{i+1} - T_i)P(t, T_{i+1})$$

Pressuponha que estamos usando desconto LIBOR. Quando o principal é somado ao pagamento na última data de pagamento do swap, o valor do lado flutuante do swap na data de início é igual ao principal subjacente. (Isso ocorre porque o lado flutuante é então uma nota de taxa flutuante LIBOR e o desconto é à taxa LIBOR. Lembre-se de que esse tipo de argumento leva ao procedimento na Seção 7.7 para avaliar um swap em termos de títulos.) Logo, se \$1 é somado no tempo T_N, o lado flutuante vale \$1 no tempo T_0. O valor de \$1 recebido no tempo T_N é $P(t, T_N)$. O valor de \$1 no tempo T_0 é $P(t, T_0)$. O valor do lado flutuante no tempo t é, portanto:

$$P(t, T_0) - P(t, T_N)$$

Igualando os valores dos lados fixo e flutuante, obtemos:

$$s(t)A(t) = P(t, T_0) - P(t, T_N)$$

ou:

$$s(t) = \frac{P(t, T_0) - P(t, T_N)}{A(t)} \quad (28.23)$$

O resultado de medida de martingale equivalente pode ser aplicado definindo f como igual a $P(t, T_0) - P(t, T_N)$ e g como igual a $A(t)$. Isso leva a:

$$s(t) = E_A[s(T)] \quad (28.24)$$

onde E_A denota expectativas em um mundo que é *forward risk-neutral* com relação a $A(t)$. Logo, em um mundo que é *forward risk-neutral* com relação a $A(t)$, a taxa de swap futura esperada é a taxa de swap atual.

Para qualquer título, f, o resultado na equação (28.15) mostra que:

$$f_0 = A(0)E_A\left[\frac{f_T}{A(T)}\right] \quad (28.25)$$

Esse resultado, quando combinado com a equação (28.24), será crucial para entendermos o modelo de mercado padrão para opções sobre swaps europeias no próximo capítulo. Como veremos, ele pode ser estendido para abranger o desconto OIS.

28.5 EXTENSÃO PARA VÁRIOS FATORES

Os resultados apresentados nas Seções 28.3 e 28.4 podem ser estendidos para abranger a situação na qual há muitos fatores independentes.[7] Pressuponha que há n fatores independentes e que os processos para f e g no mundo *risk-neutral* tradicional são:

$$df = rf\,dt + \sum_{i=1}^{n} \sigma_{f,i} f\,dz_i$$

e:

$$dg = rg\,dt + \sum_{i=1}^{n} \sigma_{g,i} g\,dz_i$$

De acordo com a Seção 28.2, outros mundos internamente consistentes podem ser definidos determinando que:

$$df = \left[r + \sum_{i=1}^{n} \lambda_i \sigma_{f,i} \right] f\,dt + \sum_{i=1}^{n} \sigma_{f,i} f\,dz_i$$

e:

$$dg = \left[r + \sum_{i=1}^{n} \lambda_i \sigma_{g,i} \right] g\,dt + \sum_{i=1}^{n} \sigma_{g,i} g\,dz_i$$

onde o λ_i ($1 \leq i \leq n$) são os n preços de mercado do risco. Um desses outros mundos é o mundo real.

A definição de *forward risk-neutral* pode ser estendida de modo que o mundo seja *forward risk-neutral* com relação a g, onde $\lambda_i = \sigma_{g,i}$ para todos os i. Usando o lema de Itô e o fato de que os dz_i não são correlacionados, podemos mostrar que o processo seguido por f/g nesse mundo tem drift zero (ver Problema 28.12). O resto dos resultados nas duas últimas seções (da equação (28.15) em diante) ainda são, portanto, verdadeiros.

28.6 DE VOLTA AO MODELO DE BLACK

A Seção 18.8 explicou que o modelo de Black é uma ferramenta popular para apreçar opções europeias em termos do preço a termo ou futuro do ativo subjacente quando as taxas de juros são constantes. Agora, podemos relaxar o pressuposto de taxas

---

[7] A condição de independência não é crítica. Se os fatores não são independentes, eles podem ser ortogonalizados.

de juros constantes e mostrar que o modelo de Black pode ser utilizado para apreçar opções europeias em termos do preço a termo do ativo subjacente quando as taxas de juros são estocásticas.

Considere uma opção de compra europeia sobre um ativo com preço de exercício K que dura até o tempo T. Da equação (28.20), o preço da opção é dado por:

$$c = P(0, T)E_T[\max(S_T - K, 0)] \tag{28.26}$$

onde S_T é o preço do ativo no tempo T e E_T denota expectativas em um mundo que é *forward risk neutral* com relação a $P(t, T)$. Defina F_0 e F_T como o preço a termo do ativo no tempo 0 e o tempo T para um contrato com vencimento no tempo T. Como $S_T = F_T$:

$$c = P(0, T)E_T[\max(F_T - K, 0)]$$

Pressuponha que F_T é lognormal no mundo considerado, com o desvio padrão de $\ln(F_T)$ igual a $\sigma_F\sqrt{T}$. Isso pode ser verdade porque o preço a termo segue um processo estocástico com volatilidade σ_F. A equação (15A.1) mostra que:

$$E_T[\max(F_T - K, 0)] = E_T(F_T)N(d_1) - KN(d_2) \tag{28.27}$$

onde:

$$d_1 = \frac{\ln[E_T(F_T)/K] + \sigma_F^2 T/2}{\sigma_F\sqrt{T}}$$

$$d_2 = \frac{\ln[E_T(F_T)/K] - \sigma_F^2 T/2}{\sigma_F\sqrt{T}}$$

Da equação (28.21), $E_T(F_T) = E_T(S_T) = F_0$. Logo:

$$c = P(0, T)[F_0 N(d_1) - KN(d_2)] \tag{28.28}$$

onde:

$$d_1 = \frac{\ln[F_0/K] + \sigma_F^2 T/2}{\sigma_F\sqrt{T}}$$

$$d_2 = \frac{\ln[F_0/K] - \sigma_F^2 T/2}{\sigma_F\sqrt{T}}$$

Da mesma forma:

$$p = P(0, T)[KN(-d_2) - F_0 N(-d_1)] \tag{28.29}$$

onde p é o preço de uma opção de venda europeia sobre o ativo com preço de exercício K e tempo até o vencimento T. Esse é o modelo de Black. Ele se aplica a ativos de investimento e de consumo e, como acabamos de mostrar, é verdadeiro quando as taxas de juros são estocásticas, desde que F_0 seja o preço do ativo a termo. A variável σ_F pode ser interpretada como a volatilidade do preço do ativo a termo.

28.7 OPÇÃO DE TROCAR UM ATIVO POR OUTRO

A seguir, considere uma opção para trocar um ativo de investimento que vale U por um ativo de investimento que vale V. O conceito já foi discutido na Seção 26.14. Suponha que as volatilidades de U e V são σ_U e σ_V e o coeficiente de correlação entre eles é ρ.

Primeiramente, pressuponha que os ativos não geram renda e escolha o título de *numéraire* g para ser U. Definindo $f = V$ na equação (28.15), obtemos:

$$V_0 = U_0 E_U\left(\frac{V_T}{U_T}\right) \tag{28.30}$$

onde E_U denota expectativas em um mundo que é *forward risk-neutral* com relação a U.

A variável f na equação (28.15) pode ser definida como igual ao valor da opção sob consideração, de modo que $f_T = \max(V_T - U_T, 0)$. Logo:

$$f_0 = U_0 E_U\left[\frac{\max(V_T - U_T, 0)}{U_T}\right]$$

ou:

$$f_0 = U_0 E_U\left[\max\left(\frac{V_T}{U_T} - 1, 0\right)\right] \tag{28.31}$$

A volatilidade de V/U é $\hat{\sigma}$ (ver Problema 28.13), onde:

$$\hat{\sigma}^2 = \sigma_U^2 + \sigma_V^2 - 2\rho\sigma_U\sigma_V$$

Da equação (15A.1), a equação (28.31) se torna:

$$f_0 = U_0\left[E_U\left(\frac{V_T}{U_T}\right)N(d_1) - N(d_2)\right]$$

onde:

$$d_1 = \frac{\ln(V_0/U_0) + \hat{\sigma}^2 T/2}{\hat{\sigma}\sqrt{T}} \quad \text{e} \quad d_2 = d_1 - \hat{\sigma}\sqrt{T}$$

Inserindo o resultado da equação (28.30), obtemos:

$$f_0 = V_0 N(d_1) - U_0 N(d_2) \tag{28.32}$$

Esse é o valor de uma opção para trocar um ativo por outro quando os ativos não geram renda.

O Problema 28.8 mostra que quando f e g geram renda à taxa q_f e q_g, a equação (28.15) se torna:

$$f_0 = g_0 e^{(q_f - q_g)T} E_g\left(\frac{f_T}{g_T}\right)$$

Isso significa que as equações (28.30) e (28.31) se tornam:

$$E_U\left(\frac{V_T}{U_T}\right) = e^{(q_U - q_V)T}\frac{V_0}{U_0}$$

e:

$$f_0 = e^{-q_U T}U_0 E_U\left[\max\left(\frac{V_T}{U_T} - 1, 0\right)\right]$$

e a equação (28.32) se torna:

$$f_0 = e^{-q_V T}V_0 N(d_1) - e^{-q_U T}U_0 N(d_2)$$

com d_1 e d_2 sendo redefinidos como:

$$d_1 = \frac{\ln(V_0/U_0) + (q_U - q_V + \hat{\sigma}^2/2)T}{\hat{\sigma}\sqrt{T}} \quad \text{e} \quad d_2 = d_1 - \hat{\sigma}\sqrt{T}$$

Esse é o resultado dado na equação (26.5) para o valor de uma opção para trocar um ativo por outro.

28.8 MUDANÇA DE *NUMÉRAIRE*

Nesta seção, consideramos o impacto de uma mudança no *numéraire* no processo seguido por uma variável de mercado. Primeiro suponha que a variável é o preço de um título negociado, f. Em um mundo no qual o preço de mercado do risco dz_i é λ_i:

$$df = \left[r + \sum_{i=1}^{n}\lambda_i \sigma_{f,i}\right]f\,dt + \sum_{i=1}^{n}\sigma_{f,i}f\,dz_i$$

Da mesma forma, quando é λ_i^*:

$$df = \left[r + \sum_{i=1}^{n}\lambda_i^* \sigma_{f,i}\right]f\,dt + \sum_{i=1}^{n}\sigma_{f,i}f\,dz_i$$

O efeito de passar do primeiro mundo para o segundo é, assim, aumentar a taxa de crescimento esperado do preço de qualquer título negociado f em:

$$\sum_{i=1}^{n}(\lambda_i^* - \lambda_i)\sigma_{f,i}$$

A seguir, considere uma variável v que não é o preço de um título negociável. Como mostrado na Nota Técnica 20 em www.rotman.utoronto.ca/~hull/TechnicalNotes, a taxa de crescimento esperada de v reage a uma mudança no preço de mercado do risco da mesma maneira que a taxa de crescimento esperada dos preços de títulos negociáveis. Ela aumenta em:

$$\alpha_v = \sum_{i=1}^{n}(\lambda_i^* - \lambda_i)\sigma_{v,i} \qquad (28.33)$$

onde $\sigma_{v,i}$ é o i-ésimo componente da volatilidade de v.

Quando passamos de um *numéraire* de g para um *numéraire* de h, $\lambda_i = \sigma_{g,i}$ e $\lambda_i^* = \sigma_{h,i}$. Defina $w = h/g$ e $\sigma_{w,i}$ como o i-ésimo componente da volatilidade de w. De acordo com o lema de Itô (ver Problema 28.13):

$$\sigma_{w,i} = \sigma_{h,i} - \sigma_{g,i}$$

de modo que a equação (28.33) se torna:

$$\alpha_v = \sum_{i=1}^{n} \sigma_{w,i}\,\sigma_{v,i} \tag{28.34}$$

Chamaremos w de *razão do numéraire*. A equação (28.34) é equivalente a:

$$\alpha_v = \rho\sigma_v\sigma_w \tag{28.35}$$

onde σ_v é a volatilidade total de v, σ_w é a volatilidade total de w e ρ é a correlação instantânea entre as mudanças em v e w.[8]

É um resultado surpreendentemente simples. O ajustamento à taxa de crescimento esperado de uma variável v quando mudamos de um *numéraire* para o outro é a covariância instantânea entre a mudança percentual em v e a mudança percentual na razão do *numéraire*. Esse resultado será utilizado quando considerarmos os ajustamentos para tempestividade e quanto no Capítulo 30.

Um caso específico dos resultados nesta seção é quando passamos do mundo real para o mundo *risk-neutral* tradicional (no qual todos os preços de mercado do risco são zero). Da equação (28.33), a taxa de crescimento de v muda em $-\sum_{i=1}^{n} \lambda_i \sigma_{v,i}$. Isso corresponde ao resultado na equação (28.13) quando v é o preço de um título negociado. Como mostramos, isso também é verdade quando v não é o preço de um título negociado. Em geral, o modo como passamos de um mundo para outro para variáveis que não são preços de títulos negociados é o mesmo que para aqueles que são.

RESUMO

O preço de mercado do risco de uma variável define as trocas entre o risco e o retorno para títulos negociados que dependem da variável. Quando há uma variável subjacente, o retorno excedente de um derivativo em relação à taxa de juros livre de

---

[8] Para ver como isso é verdade, observe que as mudanças Δv e Δw em v e w em um breve período de tempo Δt são dadas por:

$$\Delta v = \cdots + \sum \sigma_{v,i}\, v\epsilon_i \sqrt{\Delta t}$$
$$\Delta w = \cdots + \sum \sigma_{w,i}\, w\epsilon_i \sqrt{\Delta t}$$

Como os dz_i não são correlacionados, $E(\epsilon_i \epsilon_j) = 0$ quando $i \neq j$. Além disso, de acordo com a definição de ρ, temos:

$$\rho v \sigma_v w \sigma_w = E(\Delta v\, \Delta w) - E(\Delta v)\, E(\Delta w)$$

Quando termos de ordem maior do que Δt são ignorados, isso leva a:

$$\rho \sigma_v \sigma_w = \sum \sigma_{w,i}\, \sigma_{v,i}$$

risco é igual ao preço de mercado do risco multiplicado pela volatilidade do derivativo. Quando há muitas variáveis subjacentes, o retorno excedente é a soma do preço de mercado do risco multiplicada pela volatilidade para cada variável.

Uma ferramenta valiosa na avaliação de derivativos é a avaliação *risk-neutral*, introduzida nos Capítulos 13 e 15. O princípio da avaliação *risk-neutral* mostra que se pressupormos que o mundo é *risk-neutral* quando avaliamos derivativos, obtemos a resposta certa — e não apenas em um mundo *risk-neutral*, mas em todos os outros também. No mundo *risk-neutral* tradicional, o preço de mercado do risco de todas as variáveis é zero. Este capítulo estendeu o princípio da avaliação *risk-neutral*. Ele demonstrou que quando as taxas de juros são estocásticas, há muitas alternativas úteis e interessantes ao mundo *risk-neutral* tradicional.

Um martingale é um processo estocástico de drift zero. Qualquer variável que siga um martingale tem a propriedade simplificadora de que seu valor esperado em qualquer data futura é igual a seu valor hoje. O resultado de medida de martingale equivalente mostra que se g é o preço de um título, há um mundo no qual a razão f/g é um martingale para todos os preços de título f. Contudo com a escolha apropriada do título de *numéraire* g, podemos simplificar muitos derivativos dependentes de taxas de juros.

Este capítulo utilizou o resultado de medida de martingale equivalente para estender o modelo de Black à situação na qual as taxas de juros são estocásticas e para avaliar opções de trocar um ativo por outro. Nos Capítulos 29 a 33, ele será útil para avaliar derivativos de taxas de juros.

LEITURAS COMPLEMENTARES

Baxter, M., and A. Rennie, *Financial Calculus*. Cambridge University Press, 1996.

Cox, J. C., J. E. Ingersoll, and S. A. Ross, "An Intertemporal General Equilibrium Model of Asset Prices", *Econometrica*, 53 (1985): 363–84.

Duffie, D., *Dynamic Asset Pricing Theory*, 3rd edn. Princeton University Press, 2001.

Harrison, J. M., and D. M. Kreps, "Martingales and Arbitrage in Multiperiod Securities Markets", *Journal of Economic Theory*, 20 (1979): 381–408.

Harrison, J. M., and S. R. Pliska, "Martingales and Stochastic Integrals in the Theory of Continuous Trading", *Stochastic Processes and Their Applications*, 11 (1981): 215–60.

Questões e problemas

28.1 Como definimos o preço de mercado do risco para uma variável que não é o preço de um ativo de investimento?

28.2 Suponha que o preço de mercado do risco do ouro é zero. Se os custos de estocagem são de 1% ao ano e a taxa de juros livre de risco é de 6% ao ano, qual é a taxa de crescimento esperado do preço do ouro? Pressuponha que o ouro não gera renda.

28.3 Considere dois títulos, ambos os quais dependem da mesma variável de mercado. Os retornos esperados dos títulos são 8% e 12%. A volatilidade do primeiro título é de 15%. A taxa de juros livre de risco instantânea é de 4%. Qual é a volatilidade do segundo título?

28.4 Uma empresa petrolífera foi criada com um único objetivo: explorar uma pequena região do Texas em busca de petróleo. Seu valor depende principalmente de duas variáveis estocásticas: o preço do petróleo e a quantidade das reservas de petróleo comprovadas. Discuta se o preço de mercado do risco da segunda dessas duas variáveis provavelmente será positivo, negativo ou zero.

28.5 Deduza a equação diferencial para um derivativo que depende dos preços de dois títulos negociados que não pagam dividendos pela formação de um portfólio livre de risco composto do derivativo e dos dois títulos negociados.

28.6 Suponha que uma taxa de juros x segue o processo:

$$dx = a(x_0 - x)\,dt + c\sqrt{x}\,dz$$

onde a, x_0 e c são constantes positivas. Suponha também que o preço de mercado do risco de x é λ. Qual é o processo para x no mundo *risk-neutral* tradicional?

28.7 Prove que, quando o título f oferece renda a uma taxa q, a equação (28.9) se torna:

$$\mu + q - r = \lambda\sigma$$

(*Dica*: Forme um novo título f^* que não oferece renda pressupondo que toda a renda de f é reinvestida em f.)

28.8 Mostre que quando f e g geram renda a taxas q_f e q_g, respectivamente, a equação (28.15) se torna:

$$f_0 = g_0 e^{(q_f - q_g)T} E_g\left(\frac{f_T}{g_T}\right)$$

(*Dica*: Forme novos títulos f^* e g^* que não geram renda pressupondo que toda a renda de f é reinvestida em f e que toda a renda de g é reinvestida em g.)

28.9 "O valor futuro esperado de uma taxa de juros em um mundo *risk-neutral* é maior do que no mundo real". O que essa afirmação indica sobre o preço de mercado do risco para (a) uma taxa de juros e (b) um preço de título. Você acha que essa afirmação provavelmente é verdadeira? Justifique.

28.10 A variável S é um ativo de investimento que gera renda à taxa q, mensurada na moeda A. Ela segue o processo:

$$dS = \mu_S S\,dt + \sigma_S S\,dz$$

no mundo real. Definindo novas variáveis quando necessário, apresente o processo seguido por S e o preço de mercado do risco correspondente em:
(a) Um mundo que é o mundo *risk-neutral* tradicional para a moeda A.
(b) Um mundo que é o mundo *risk-neutral* tradicional para a moeda B.
(c) Um mundo que é *forward risk-neutral* com relação ao título de cupom zero na moeda A com vencimento no tempo T.
(d) Um mundo que é *forward risk-neutral* com relação a um título de cupom zero na moeda B com vencimento no tempo T.

28.11 Explique a diferença entre o modo como uma taxa forward é definida e o modo como os valores a termo de outras variáveis, como preços de ações, preços de commodities e taxas de câmbio, são definidas.

28.12 Prove o resultado na Seção 28.5 de que quando:

$$df = \left[r + \sum_{i=1}^{n} \lambda_i \sigma_{f,i}\right] f\, dt + \sum_{i=1}^{n} \sigma_{f,i} f\, dz_i$$

e:

$$dg = \left[r + \sum_{i=1}^{n} \lambda_i \sigma_{g,i}\right] g\, dt + \sum_{i=1}^{n} \sigma_{g,i} g\, dz_i$$

com o dz_i não correlacionado, f/g é um martingale para $\lambda_i = \sigma_{g,i}$. (*Dica*: Comece usando a equação (14A.11) para obter os processos para $\ln f$ e $\ln g$.)

28.13 Mostre que quando $w = h/g$ e h e g dependem de n processos de Wiener, o i-ésimo componente da volatilidade de w é o i-ésimo componente da volatilidade de h menos o i-ésimo componente da volatilidade de g. (*Dica*: Comece usando a equação (14A.11) para obter os processos para $\ln g$ e $\ln h$.)

28.14 "Se X é o valor esperado de uma variável, X segue um martingale". Explique essa afirmação.

Questões adicionais

28.15 O preço de um título é positivamente dependente de duas variáveis: o preço do cobre e a taxa de câmbio iene/dólar. Suponha que o preço de mercado do risco dessas variáveis é 0,5 e 0,1, respectivamente. Se o preço do cobre fosse fixado, a volatilidade do título seria de 8% ao ano; se a taxa de câmbio iene/dólar fosse fixada, a volatilidade do título seria de 12% ao ano. A taxa de juros livre de risco é de 7% ao ano. Qual é a taxa de retorno esperada do título? Se as duas variáveis não estão correlacionadas uma à outra, qual é a volatilidade do título?

28.16 Suponha que o preço de um título de cupom zero com vencimento no tempo T segue o processo $dP(t, T) = \mu_P P(t, T)\, dt + \sigma_P P(t, T)\, dz$ e o preço de um derivativo dependente do título segue o processo $df = \mu_f f\, dt + \sigma_f f\, dz$.

Pressuponha apenas uma fonte de incerteza e que f não gera renda.
   (a) Qual é o preço a termo F de f para um contrato com vencimento no tempo T?
   (b) Qual é o processo seguido por F em um mundo que é *forward risk-neutral* com relação a $P(t, T)$?
   (c) Qual é o processo seguido por F no mundo *risk-neutral* tradicional?
   (d) Qual é o processo seguido por f em um mundo que é *forward risk-neutral* com relação a um título com vencimento no tempo T^*, onde $T^* \neq T$? Pressuponha que σ_P^* é a volatilidade desse título.

28.17 Considere uma variável que não é uma taxa de juros:
   (a) Em qual mundo o preço futuro da variável é um martingale?
   (b) Em qual mundo o preço a termo da variável é um martingale?
   (c) Definindo as variáveis do modo necessário, derive uma expressão para a diferença entre o drift do preço futuro e o drift do preço a termo no mundo *risk-neutral* tradicional.
   (d) Mostre que seu resultado é consistente com as ideias defendidas na Seção 5.8 sobre as circunstâncias nas quais o preço futuro fica acima do preço a termo.

CAPÍTULO

29

Derivativos de taxas de juros: os modelos de mercado padrões

Os derivativos de taxas de juros são instrumentos cujos resultados dependem, em algum aspecto, do nível das taxas de juros. Nas décadas de 1980 e 1990, o volume de negociação de derivativos de juros nos mercados de balcão e de bolsas aumentou rapidamente. Foram desenvolvidos muitos novos produtos para atender as necessidades específicas dos usuários finais. Um desafio importante para os corretores de derivativos era encontrar procedimentos robustos e de alta qualidade para o apreçamento e hedge desses produtos. Os derivativos de taxas de juros são mais difíceis de avaliar do que os derivativos de ações e de taxas de câmbio pelos seguintes motivos:

1. O comportamento de uma taxa de juros individual é mais complexa do que a de um preço de ação ou taxa de câmbio.
2. Para a avaliação de muitos produtos, é necessário desenvolver um modelo que descreva o comportamento de toda a curva de juros de cupom zero.
3. As volatilidades de diferentes pontos na curva de juros são diferentes.
4. As taxas de juros são utilizadas para descontar o derivativo, não apenas para definir seu resultado.

Este capítulo considera os três produtos de opções sobre taxas de juros de balcão mais populares: as opções sobre títulos, caps/floors de taxas de juros e opções sobre swaps. Ele explica como os produtos funcionam e quais são os modelos de mercado padrões usados para avaliá-los.

29.1 OPÇÕES SOBRE TÍTULOS

Uma opção sobre títulos é uma opção para comprar ou vender um determinado título até determinada data por um determinado preço. Além de negociar no mercado de balcão, as opções sobre títulos muitas vezes são embutidas nos títulos quando estes são emitidos para torná-los mais atraentes para o emissor ou para possíveis compradores.

Opções sobre títulos embutidas

Um exemplo de título com uma opção sobre título embutida é o *título resgatável*, ou seja, que contém disposições permitindo que a empresa emissora compre o título de volta por um preço predeterminado em certas datas futuras. O titular desse título vendeu uma opção de compra para o emissor. O preço de exercício ou preço da opção de compra é o preço predeterminado que deve ser pago pelo emissor ao titular. Os títulos resgatáveis normalmente não podem ser resgatados durante seus primeiros anos de vida (o chamado período de *lock-out*). Depois disso, o preço da opção de compra normalmente é uma função decrescente do tempo. Por exemplo, em um título resgatável de 10 anos, pode não haver privilégios de opção de compra pelos primeiros 2 anos. Depois disso, o emissor pode ter o direito de comprar o título de volta a um preço de 110 nos anos 3 e 4 de sua vida, um preço de 107,5 nos anos 5 e 6, um preço de 106 nos anos 7 e 8 e um preço de 103 nos anos 9 e 10. O valor da opção de compra se reflete nos rendimentos cotados sobre os títulos. Os títulos com opções de compra normalmente oferecem rendimentos maiores do que os títulos sem elas.

Outro tipo de título com uma opção embutida é um *puttable bond*, que contém disposições que permitem que o titular exija a redenção antecipada a um preço predeterminado em certas datas futuras. O titular desse título comprou uma opção de venda sobre título, além do título em si. Como a opção de venda aumenta o valor do título para o titular, títulos com esse recurso oferecem rendimentos menores do que aqueles sem ele. Um exemplo simples de *puttable bond* é um título de 10 anos no qual o titular tem o direito de ser pago ao final de 5 anos (também chamado de *retractable bond.*)

Os instrumentos de empréstimos e depósitos muitas vezes também contêm opções sobre títulos embutidas. Por exemplo, um depósito de taxa fixa de 5 anos junto a uma instituição financeira que pode ser redimido sem penalizações a qualquer momento contém uma opção de venda americana sobre um título. (O instrumento de depósito é um título que o investidor tem o direito de vender de volta à instituição financeira por seu valor de face em qualquer data.) Os privilégios de pagamento antecipado sobre empréstimos e hipotecas também são opções de compra sobre títulos.

Finalmente, um comprometimento de empréstimo de um banco ou outra instituição financeira é uma opção de venda sobre um título. Considere, por exemplo, a situação na qual um banco cota uma taxa de juros de 5 anos de 5% ao ano para um possível devedor e afirma que a taxa é válida pelos próximos 2 meses. Na prática, o cliente obteve o direito de vender um título de 5 anos com um cupom de 5% para a instituição financeira por seu valor de face em qualquer data pelos próximos 2 meses. A opção será exercida se as taxas de juros aumentarem.

Opções europeias sobre títulos

Muitas opções sobre títulos de balcão e algumas opções sobre títulos embutidos são europeias. O pressuposto do modelo de mercado padrão para avaliar opções europeias sobre títulos é que o preço do título a termo tem volatilidade σ_B. Isso permite que o modelo de Black na Seção 28.6 seja utilizado. Nas equações (28.28) e (28.29), σ_F é determinado como igual a σ_B e F_0 como igual ao preço do título a termo F_B, de modo que:

$$c = P(0, T)[F_B N(d_1) - K N(d_2)] \qquad (29.1)$$

$$p = P(0, T)[K N(-d_2) - F_B N(-d_1)] \qquad (29.2)$$

onde:

$$d_1 = \frac{\ln(F_B/K) + \sigma_B^2 T/2}{\sigma_B \sqrt{T}} \quad \text{e} \quad d_2 = d_1 - \sigma_B \sqrt{T}$$

Nessas equações, K é o preço de exercício da opção, T é seu tempo até o vencimento e $P(0, T)$ é o fator de desconto (livre de risco) para o vencimento T.

Da Seção 5.5, F_B pode ser calculado usando a fórmula:

$$F_B = \frac{B_0 - I}{P(0, T)} \qquad (29.3)$$

onde B_0 é o preço do título no tempo zero e I é o valor presente dos cupons que serão pagos durante a vida da opção. Nessa fórmula, o preço do título à vista e o preço do título a termo são preços em caixa, não preços cotados. A relação entre preços de títulos cotados e em caixa é explicada na Seção 6.1.

O preço de exercício K nas equações (29.1) e (29.2) deve ser o preço de exercício em caixa. Na escolha do valor correto para K, os termos exatos da opção são, assim, importantes. Se o preço de exercício é definido como a quantia em caixa trocada pelo título quando a opção é exercida, K deve ser estabelecido como igual a seu preço de exercício. Se, como é mais comum, o preço de exercício é o preço cotado aplicável quando a opção é exercida, K deve ser estabelecido como igual ao preço de exercício mais os juros acumulados na data de expiração da opção. Os traders chamam o preço cotado de um título de seu *preço limpo* e o preço em caixa de seu *preço sujo*.

■ Exemplo 29.1

Considere uma opção de compra europeia de 10 meses sobre um título de 9,75 anos com valor de face de $1.000. (Quando a opção vencer, o título terá 8 anos e 11 meses sobrando.) Suponha que o preço do título em caixa atual é $960, o preço de exercício é $1.000, a taxa de juros livre de risco de 10 meses é 10% ao ano e a volatilidade do preço do título a termo para um contrato com vencimento em 10 meses é de 9% ao ano. O título paga um cupom de 10% ao ano (com os pagamentos realizados semestralmente). São esperados pagamentos de cupom de $50 em 3 meses e 9 meses. (Isso significa que os juros acumulados são de $25 e o preço do título cotado é de $935.) Suponha que as taxas de juros livres de risco de 3 meses e 9 meses são 9,0% e 9,5% ao ano, respectivamente. O valor presente dos pagamentos de cupom é, portanto:

$$50 e^{-0,25 \times 0,09} + 50 e^{-0,75 \times 0,095} = 95,45$$

ou $95,45. O preço a termo do título vem da equação (29.3) e é dado por:

$$F_B = (960 - 95{,}45)e^{0{,}1 \times 0{,}8333} = 939{:}68$$

(a) Se o preço de exercício é o preço em caixa que seria pago pelo título no exercício, os parâmetros para a equação (29.1) são $F_B = 939{,}68$, $K = 1000$, $P(0, T) = e^{-0{,}1 \times (10/12)} = 0{,}9200$, $\sigma_B = 0{,}09$ e $T = 10/12$. O preço da opção de compra é $9,49.

(b) Se o preço de exercício é o preço cotado que seria pago pelo título no exercício, é preciso somar 1 mês de juros acumulados a K, pois o vencimento da opção ocorre 1 mês após a data do cupom, produzindo um valor para K de:

$$1.000 + 100 \times 0{,}08333 = 1.00833$$

Os valores para os outros parâmetros na equação (29.1) permanecem inalterados (ou seja, $F_B = 939{,}68$, $P(0, T) = 0{,}9200$, $\sigma_B = 0{,}09$ e $T = 0{,}8333$). O preço da opção é $7,97. ∎

A Figura 29.1 mostra como o desvio padrão do logaritmo do preço de um título muda à medida que nossa análise se estende para o futuro. O desvio padrão é zero hoje porque não há incerteza sobre o preço do título hoje. Ele também é zero no vencimento do título, pois sabemos que o preço do título é igual a seu valor de face no vencimento. Entre hoje e o vencimento do título, o desvio padrão primeiro aumenta e depois diminui.

A volatilidade σ_B que deve ser utilizada quando avaliamos uma opção europeia sobre o título é:

$$\frac{\text{Desvio padrão do logaritmo do preço do título no vencimento da opção}}{\sqrt{\text{Tempo até o vencimento da opção}}}$$

O que acontece quando, para um determinado título subjacente, a vida da opção aumenta? A Figura 29.2 mostra um padrão típico para σ_B como função da vida da opção, com σ_B diminuindo à medida que a vida da opção aumenta.

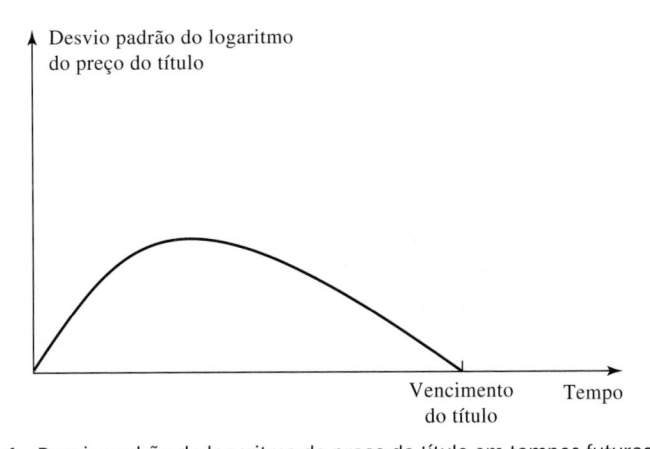

FIGURA 29.1 Desvio padrão do logaritmo do preço do título em tempos futuros.

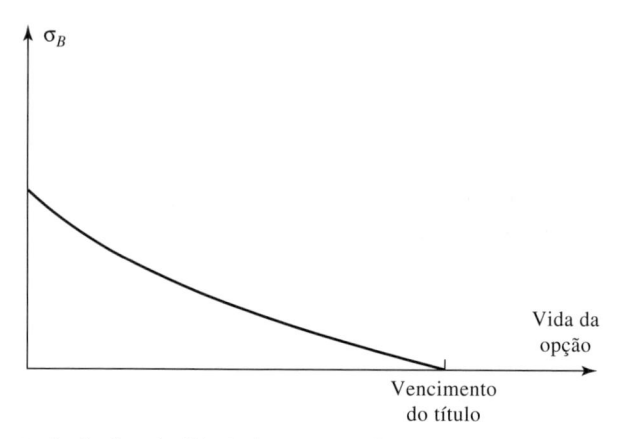

FIGURA 29.2 Variação da volatilidade do preço do título σ_B com a vida da opção quando mantemos o título fixo.

Volatilidades de rendimento

As volatilidades cotadas para opções sobre títulos muitas vezes são volatilidades de rendimentos, não volatilidades de preço. O conceito de duração, introduzido no Capítulo 4, é usado pelo mercado para converter uma volatilidade de rendimento cotada em uma volatilidade de preço. Suponha que D é a duração modificada do título subjacente à opção no vencimento da opção, como definido no Capítulo 4. A relação entre a mudança ΔF_B no preço do título a termo F_B e a mudança Δy_F no rendimento a termo y_F é:

$$\frac{\Delta F_B}{F_B} \approx -D\Delta y_F$$

ou:

$$\frac{\Delta F_B}{F_B} \approx -Dy_F \frac{\Delta y_F}{y_F}$$

A volatilidade é uma medida do desvio padrão das mudanças percentuais no valor de uma variável. Logo, essa equação sugere que a volatilidade do preço do título a termo σ_B usada no modelo de Black pode ser relacionada aproximadamente à volatilidade do rendimento do título a termo σ_y por:

$$\sigma_B = Dy_0\sigma_y \tag{29.4}$$

onde y_0 é o valor inicial de y_F. Quando uma volatilidade de rendimentos é cotada para uma opção europeia, o pressuposto implícito normalmente é que ela será convertida em uma volatilidade de preço usando a equação (29.4), e que essa volatilidade será então utilizada em conjunto com a equação (29.1) ou (29.2) para obter o preço da opção. Suponha que o título subjacente a uma opção de compra terá uma duração modificada de 5 anos no vencimento da opção, o rendimento a termo é 8% e a volatilidade do rendimento a termo cotada por um corretor é de 20%. Isso significa que o preço de mercado da opção correspondente à cotação do corretor é o preço dado pela equação (29.1) quando a variável de volatilidade σ_B é:

$$5 \times 0{,}08 \times 0{,}2 = 0{,}08$$

ou 8% ao ano. A Figura 29.2 mostra que as volatilidades de títulos a termo dependem da opção considerada. As volatilidades de rendimento a termo, como acabamos de defini-las, são mais constantes, o que explica por que os traders preferem utilizá-las.

■ Exemplo 29.2

Considere uma opção de venda europeia sobre um título de 10 anos com principal de 100. O cupom é de 8% ao ano, pago semestralmente. A vida da opção é de 2,25 anos e o preço de exercício da opção é 115. A volatilidade do rendimento a termo é 20%. A curva à vista é plana em 5% com capitalização contínua. O preço cotado do título é 122,82. O preço da opção quando o preço de exercício é um preço cotado é $2,36. Quando o preço de exercício é um preço em caixa, o preço da opção é $1,74. (Ver Problema 29.16 para o cálculo manual.) ■

29.2 CAPS E FLOORS DE TAXAS DE JUROS

Uma opção sobre taxa de juros popular oferecida pelas instituições financeiras no mercado de balcão é um *cap de taxa de juros*. A melhor maneira de interpretar os caps de taxas de juros começa pela consideração de uma nota de taxa flutuante na qual a taxa é repactuada periodicamente como sendo igual à LIBOR. O tempo entre as repactuações é chamado de *tenor*. Suponha que o tenor é de 3 meses. A taxa de juros sobre a nota para os primeiros 3 meses é a taxa LIBOR de 3 meses inicial; a taxa de juros para os próximos 3 meses é estabelecida como igual à taxa LIBOR de 3 meses que vale no mercado após os primeiros 3 meses; e assim por diante.

O cap de taxa de juros é estruturado para oferecer seguro contra o aumento da taxa de juros sobre a nota de taxa flutuante acima de um determinado nível (a chamada *taxa do cap*). Suponha que o principal é de $10 milhões, o tenor é de 3 meses, a vida do cap é de 5 anos e a taxa do cap é 4%. (Como os pagamentos são realizados trimestralmente, essa taxa do cap é expressa com capitalização trimestral.) O cap oferece seguro contra o aumento dos juros sobre a nota de taxa flutuante acima de 4%.

Por ora, vamos ignorar questões de contagem de dias e pressupor que há exatamente 0,25 ano entre cada data de pagamento. (Discutiremos as questões relativas à contagem de dias ao final desta seção.) Suponha que em uma determinada data de repactuação, a taxa de juros LIBOR de 3 meses é de 5%. A nota de taxa flutuante exigiria que:

$$0{,}25 \times 0{,}05 \times \$10.000.000 = \$125.000$$

de juros fossem pagos 3 meses depois. Com uma taxa LIBOR de 3 meses de 4%, o pagamento de juros seria de:

$$0{,}25 \times 0{,}04 \times \$10.000.000 = \$100.000$$

Logo, o cap oferece um resultado de $25.000. O resultado não ocorre na data da repactuação quando os 5% são observados, mas sim 3 mses depois. Isso reflete o atraso normal entre a taxa de juros ser observada e o pagamento correspondente ser exigido.

A LIBOR é observada em cada data de repactuação durante a vida do cap. Se a LIBOR é inferior a 4%, o cap não produz resultado três meses depois. Se a LIBOR é maior do que 4%, o resultado é um quarto do excedente, aplicado ao principal de $10 milhões. Observe que os caps normalmente são definidos de modo que a taxa LIBOR inicial, mesmo que quando maior do que a taxa do cap, não leva a um resultado na primeira data de repactuação. Em nosso exemplo, o cap dura 5 anos. Logo, há um total de 19 datas de repactuação (nos tempos 0,25, 0,50, 0,75... 4,75 anos) e 19 resultados em potencial dos caps (nos tempos 0,50, 0,75, 1,00... 5,00 anos).

O cap como portfólio de opções sobre taxas de juros

Considere um cap com vida total de T, principal de L e taxa do cap de R_K. Suponha que as datas de repactuação são $t_1, t_2,..., t_n$ e defina $t_{n+1} = T$. Defina R_k como a taxa de juros LIBOR para o período entre o tempo t_k e t_{k+1} observada no tempo t_k ($1 \leq k \leq n$). O cap leva a um resultado no tempo t_{k+1} ($k = 1, 2,..., n$) de:

$$L\delta_k \max(R_k - R_K, 0) \tag{29.5}$$

onde $\delta_k = t_{k+1} - t_k$.[1] Ambos R_k e R_K são expressos com frequência de capitalização igual à frequência das repactuações.

A expressão (29.5) é o resultado de uma opção de compra sobre a taxa LIBOR observada no tempo t_k com o resultado ocorrendo no tempo t_{k+1}. O cap é um portfólio de n opções desse tipo. As taxas LIBOR são observadas nos tempos $t_1; t_2, t_3,..., t_n$ e os resultados correspondentes ocorrem nos tempos $t_2, t_3, t_4,..., t_{n+1}$. As n opções de compra subjacentes ao cap são chamadas de *caplets*.

Um cap como um portfólio de opções sobre títulos

Um cap de taxa de juros também pode ser caracterizado como um portfólio de opções de venda sobre títulos de cupom zero com resultados das opções de venda ocorrendo na data em que são calculados. O resultado na expressão (29.5) no tempo t_{k+1} é equivalente a:

$$\frac{L\delta_k}{1 + R_k\delta_k} \max(R_k - R_K, 0)$$

no tempo t_k. Algumas linhas de álgebra mostram que isso se reduz a:

$$\max\left[L - \frac{L(1 + R_K\delta_k)}{1 + R_k\delta_k}, 0\right] \tag{29.6}$$

---

[1] As questões relativas a contagem de dias serão discutidas no final desta seção.

A expressão:

$$\frac{L(1 + R_K\delta_k)}{1 + R_k\delta_k}$$

é o valor no tempo t_k de um título de cupom zero que dá um resultado $L(1 + R_K\delta_k)$ no tempo t_{k+1}. A expressão em (29.6) é, assim, o resultado de uma opção de venda com vencimento t_k sobre um título de cupom zero com vencimento t_{k+1} quando o valor de face do título é $L(1 + R_K\delta_k)$ e o preço de exercício é L. Logo, um cap de taxa de juros pode ser considerado um portfólio de opções de venda europeias sobre títulos de cupom zero.

Floors e collars

Os floors de taxas de juros e collars de taxas de juros (também chamados de contratos de *floor–ceiling*) são definidos de forma análoga aos caps. Um *floor* oferece um resultado quando a taxa de juros sobre a nota de taxa flutuante subjacente cai abaixo de um determinado nível. Usando a notação introduzida anteriormente, um floor oferece um resultado no tempo t_{k+1} ($k = 1, 2,..., n$) de:

$$L\delta_k \max(R_K - R_k, 0)$$

De forma análoga a um cap de taxa de juros, um floor de taxa de juros é um portfólio de opções de venda sobre taxa taxas de juros ou um portfólio de opções de compra sobre títulos de cupom zero. Cada uma das opções individuais que compõem um floor é chamada de *floorlet*. Um *collar* é um instrumento estruturado de forma a garantir que a taxa de juros sobre a nota de taxa flutuante LIBOR subjacente sempre ficará entre dois níveis. Um collar é uma combinação de uma posição comprada em um cap e uma posição vendida em um floor. Em geral, ele é estruturado de forma que o preço do cap seja inicialmente igual ao preço do floor. O custo de firmar o collar é, assim, igual a zero.

A História de Negócios 29.1 apresenta a relação de paridade put–call entre caps e floors.

Avaliação de caps e floors

Como mostrado na equação (29.5), o caplet correspondente à taxa observada no tempo t_k oferece um resultado no tempo t_{k+1} de:

$$L\delta_k \max(R_k - R_K, 0)$$

Sob o modelo de mercado padrão, o valor do caplet é:

$$L\delta_k P(0, t_{k+1})[F_k N(d_1) - R_K N(d_2)] \tag{29.7}$$

onde:

$$d_1 = \frac{\ln(F_k/R_K) + \sigma_k^2 t_k/2}{\sigma_k\sqrt{t_k}}$$

$$d_2 = \frac{\ln(F_k/R_K) - \sigma_k^2 t_k/2}{\sigma_k\sqrt{t_k}} = d_1 - \sigma_k\sqrt{t_k}$$

> **História de Negócios 29.1** Paridade put–call para caps e floors
>
> Há uma relação de paridade put–call entre os preços de caps e floors:
>
> $$\text{Valor do cap} = \text{Valor do floor} + \text{Valor do swap}$$
>
> Nessa relação, o cap e o floor têm o mesmo preço de exercício, R_K. O swap é um contrato para receber a LIBOR e pagar uma taxa fixa de R_K, sem troca de pagamentos na primeira data de repactuação. Todos os três instrumentos têm a mesma vida e a mesma frequência de pagamentos.
>
> Para ver que o resultado é verdadeiro, considere uma posição comprada no cap combinada com uma posição vendida no floor. O cap oferece um fluxo de caixa de LIBOR $- R_K$ para períodos nos quais LIBOR é maior do que R_K. O floor vendido oferece um fluxo de caixa de $-(R_K - \text{LIBOR}) = \text{LIBOR} - R_K$ para períodos nos quais LIBOR é menor do que R_K. Logo, há um fluxo de caixa de LIBOR $- R_K$ em todas as circunstâncias. Esse é o fluxo de caixa sobre o swap. Por consequência, o valor do cap menos o valor do floor deve ser igual ao valor do swap.
>
> Observe que os swaps normalmente são estruturados de modo que a LIBOR no tempo zero determine o pagamento na primeira data de repactuação. Os caps e floors normalmente são estruturados para que não haja resultado na primeira data de repactuação. É por isso que a paridade put–call envolve um swap não padrão no qual não há pagamento na primeira data de repactuação.

Aqui, F_k é a taxa forward no tempo 0 para o período entre os tempos t_k e t_{k+1} e σ_k é a volatilidade dessa taxa forward. É uma extensão natural do modelo d Black. A volatilidade σ_k é multiplicada por $\sqrt{t_k}$, pois a taxa de juros R_k é observada no tempo t_k, mas o fator de desconto livre de risco $P(0, t_{k+1})$ reflete o fato de que o resultado ocorre no tempo t_{k+1}, não no t_k. O valor do floorlet correspondente é:

$$L\delta_k P(0, t_{k+1})[R_K N(-d_2) - F_k N(-d_1)] \qquad (29.8)$$

■ Exemplo 29.3

Considere um contrato que limita a taxa de juros LIBOR sobre $10 milhões em 8% ao ano (com capitalização trimestral) por 3 meses, com início em 1 ano. Este é um caplet e poderia ser um elemento de um cap. Pressuponha que as taxas LIBOR/swap são usadas como taxas de desconto livres de risco e a curva à vista LIBOR/swap é plana em 7% ao ano, com capitalização trimestral, com a volatilidade da taxa forward de 3 meses subjacente ao caplet igual a 20% ao ano. A taxa zero com capitalização contínua para todos os vencimentos é 6,9395%. Na equação (29.7), $F_k = 0{,}07$, $\delta k = 0{,}25$, $L = 10$, $R_K = 0{,}08$, $t_k = 1{,}0$, $t_{k+1} = 1{,}25$, $P(0, t_{k+1}) = e^{-0{,}069395 \times 1{,}25} = 0{,}9169$ e $\sigma_k = 0{,}20$. Além disso:

$$d_1 = \frac{\ln(0{,}07/0{,}08) + 0{,}2^2 \times 1/2}{0{,}20 \times 1} = -0{,}5677$$

$$d_2 = d_1 - 0{,}20 = -0{,}7677$$

de modo que o preço do caplet (em milhões de $) é:

$$0{,}25 \times 10 \times 0{,}9169[0{,}07 N(-0{,}5677) - 0{,}08 N(-0{,}7677)] = \$0{,}005162 \qquad ■$$

O resultado é $5.162. O mesmo valor também pode ser obtido utilizando o software DerivaGem.

Cada caplet de um cap deve ser avaliado separadamente usando a equação (29.7). Da mesma forma, cada floorlet de um floor deve ser avaliado separadamente usando a equação (29.8). Uma abordagem é usar uma volatilidade diferente para cada caplet (ou floorlet). As volatilidades são então chamadas de *volatilidades spot*. Uma abordagem alternativa é usar a mesma volatilidade para todos os caplets (floorlets) que compõem um cap (floor) específico, mas variar essa volatilidade de acordo com a vida do cap (floor). As volatilidades usadas são então chamadas de *volatilidades flat*.[2] As volatilidades cotadas no mercado normalmente são volatilidades flat. Contudo, muitos traders preferem estimar as volatilidades spot, pois isso permite que identifiquem caplets (floorlets) com preços sub ou superestimados. As opções de venda (compra) sobre futuros de eurodólar são bastante semelhantes a caplets (floorlets) e as volatilidades spot usadas para caplets e floorlets sobre a LIBOR de 3 meses são comparadas com frequência àquelas calculadas a partir de preços de opções sobre futuros de eurodólar.

Volatilidades spot *versus* volatilidade *flat*

A Figura 29.3 mostra um padrão típico para volatilidades spot e volatilidades flat como função do vencimento. (No caso de uma volatilidade spot, corresponde ao vencimento de um caplet ou floorlet; no caso de uma volatilidade flat, é o vencimento de um cap ou floor.) As volatilidades flat são semelhantes às médias acumuladas das volatilidades spot e, logo, apresentam menos variabilidade. Como indicado pela Figura 29.3, é normal observar um *hump* ("corcova") nas volatilidades. O ápice da corcova ocorre em torno do ponto de 2 a 3 anos. Esse *hump* é observado quando as volatilidades são implicadas dos preços de opções e quando são calcu-

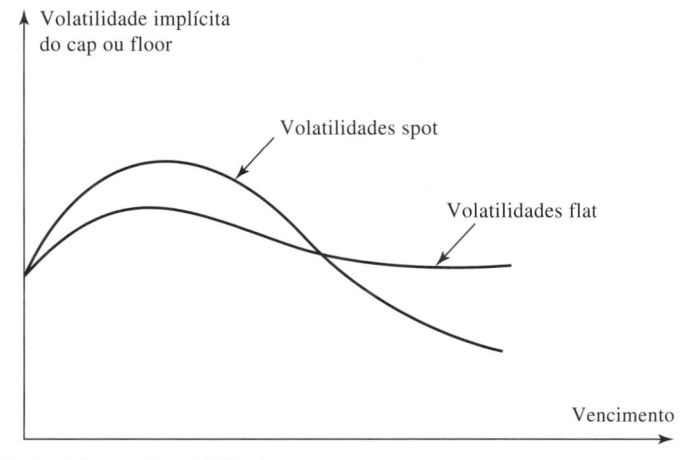

FIGURA 29.3 O *hump* de volatilidade.

---

[2] As volatilidades flat podem ser calculadas a partir das volatilidades spot e vice-versa (ver Problema 29.20).

TABELA 29.1 Cotações típicas de corretores de volatilidade flat implícita para caps e floors de dólares americanos (% ao ano)

Vida	Oferta de compra do cap	Oferta de venda do cap	Oferta de compra do floor	Oferta de venda do floor
1 ano	18,00	20,00	18,00	20,00
2 anos	23,25	24,25	23,75	24,75
3 anos	24,00	25,00	24,50	25,50
4 anos	23,75	24,75	24,25	25,25
5 anos	23,50	24,50	24,00	25,00
7 anos	21,75	22,75	22,00	23,00
10 anos	20,00	21,00	20,25	21,25

ladas a partir de dados históricos. Não existe um consenso sobre por que o *hump* ocorre. Uma possível explicação é apresentada a seguir. As taxas no lado de curto prazo da curva à vista são controladas pelos bancos centrais. As taxas de juros de 2 e 3 anos, por outro lado, são determinadas em grande parte pelas atividades dos traders. Esses traders podem estar reagindo de forma exagerada às mudanças observadas na taxa de curto prazo e fazendo com que a volatilidade dessas taxas seja maior do que a volatilidade das taxas de curto prazo. Para vencimentos de mais de 2 a 3 anos, a reversão à média das taxas de juros, discutida no Capítulo 31, faz com que as volatilidades diminuam.

Os corretores intermediários fornecem tabelas de volatilidades flat implícitas para caps e floors. Os instrumentos subjacentes às cotações normalmente estão "no dinheiro", definido como a situação na qual a taxa do cap/floor é igual à taxa de swap para um swap que tem as mesmas datas de pagamento que o cap. A Tabela 29.1 mostra cotações de corretores típicas para o mercado de dólares americanos. O tenor do cap é 3 meses e a vida do cap varia de 1 a 10 anos. Os dados demonstram o tipo de *hump* apresentado na Figura 29.3.

Justificativa teórica para o modelo

Podemos demonstrar que a extensão do modelo de Black usado para avaliar caplet é internamente consistente considerando um mundo que é *forward risk-neutral* com relação ao título de cupom zero livre de risco com vencimento no tempo t_{k+1}. A Seção 28.4 mostra que:

1. O valor atual de qualquer título é seu valor esperado no tempo t_{k+1} nesse mundo multiplicado pelo preço de um título de cupom zero com vencimento no tempo t_{k+1} (ver equação (28.20)).
2. O valor esperado de uma taxa de juros livre de risco com duração entre os tempos t_k e t_{k+1} é igual à taxa forward nesse mundo (ver equação (28.22)).

O primeiro desses resultados mostra que, usando a notação apresentada anteriormente, o preço de um caplet que oferece um resultado no tempo t_{k+1} é:

$$L\delta_k P(0, t_{k+1})E_{k+1}[\max(R_k - R_K, 0)] \tag{29.9}$$

onde E_{k+1} denota o valor esperado em um mundo que é *forward risk-neutral* com relação a um título de cupom zero com vencimento no tempo t_{k+1}. Quando pressupõe-se que a taxa forward subjacente ao cap (inicialmente F_k) tem uma volatilidade constante σ_k, R_k é lognormal no mundo que estamos considerando, com desvio padrão de $\ln(R_k)$ igual a $\sigma_k\sqrt{t_k}$. Da equação (15A.1), a equação (29.9) se torna:

$$L\delta_k P(0, t_{k+1})[E_{k+1}(R_k)N(d_1) - R_K N(d_2)]$$

onde:

$$d_1 = \frac{\ln[E_{k+1}(R_k)/R_K] + \sigma_k^2 t_k/2}{\sigma_k\sqrt{t_k}}$$

$$d_2 = \frac{\ln[E_{k+1}(R_k)/R_K] - \sigma_k^2 t_k/2}{\sigma_k\sqrt{t_k}} = d_1 - \sigma_k\sqrt{t_k}$$

O segundo resultado implica que:

$$E_{k+1}(R_k) = F_k$$

Esse resultado é verdadeiro se a LIBOR for usada como a taxa de desconto livre de risco da equação (28.22). Na Seção 29.4, mostramos que ele é verdadeiro para desconto OIS, desde que as taxas LIBOR a termo sejam determinadas de uma maneira consistente com o desconto OIS. Em conjunto, os resultados levam ao modelo de apreçamento de caps na equação (29.7). Eles mostram que podemos descontar à taxa de juros do vencimento t_{k+1} observada no mercado, desde que a taxa de juros esperada seja igual à taxa de juros a termo.

Uso do DerivaGem

O software DerivaGem que acompanha este livro pode ser usado para apreçar caps e floors de taxas de juros usando o modelo de Black. Na planilha Cap_and_Swap_Option, selecione Cap/Floor como o Underlying Type e Black-European como o Pricing Model. A curva à vista LIBOR/swap é inserida usando taxas com capitalização contínua. (Para desconto OIS, a curva à vista OIS também deve ser inserida.) Os insumos incluem a data de início e de fim do período abrangido pelo cap, a volatilidade flat e a frequência de ajuste do cap (ou seja, o tenor). O software calcula as datas de pagamento analisando retroativamente a partir do final do período abrangido pelo cap até o seu início. Pressupõe-se que o caplet/floorlet inicial abrange um período de duração 0,5 a 1,5 vezes um período normal. Suponha, por exemplo, que o período abrangido pelo cap é 1,22 anos a 2,80 anos e a frequência de ajuste é trimestral. Seis caplets cobrem os períodos 2,55 a 2,80 anos, 2,30 a 2.55 anos, 2,05 a 2,30 anos, 1,80 a 2,05 anos, 1,55 a 1,80 anos e 1,22 a 1,55 anos.

O impacto das convenções de contagem de dias

As fórmulas apresentadas até o momento nesta seção não refletem as convenções de contagem de dias (ver Seção 6.1 para uma explicação sobre as convenções de contagem de dias). Suponha que a taxa do cap R_K é expressa usando uma contagem de dias efetivo/360 (como seria normal nos Estados Unidos). Isso significa que o intervalo de tempo Δ_k nas fórmulas deve ser substituído por a_k, a *fração de acúmulo* para o período de tempo entre t_k e t_{k+1}. Suponha, por exemplo, que t_k é 1º de maio e t_{k+1} é 1º de agosto. Sob o efetivo/360, há 92 dias entre essas datas de pagamento, de modo que $a_k = 92/360 = 0{,}2556$. A taxa forward F_k deve ser expressa com uma contagem de dias efetivo/360. Isso significa que devemos estabelecê-la resolvendo:

$$1 + a_k F_k = \frac{P(0, t_k)}{P(0, t_{k+1})}$$

O impacto de tudo isso é semelhante ao cálculo de Δ_k usando uma base efetivo/efetivo, convertendo R_K de efetivo/360 para efetivo/efetivo e calculando F_k usando uma base efetivo/efetivo pela resolução de:

$$1 + \delta_k F_k = \frac{P(0, t_k)}{P(0, t_{k+1})}$$

29.3 OPÇÕES SOBRE SWAPS EUROPEIAS

As opções sobre swaps, ou *swaptions*, são opções sobre swaps de taxas de juros e outro tipo popular de opção de taxa de juros. Elas dão ao titular o direito de firmar um determinado swap de taxas de juros em uma determinada data no futuro. (O titular, obviamente, não é obrigado a exercer esse direito.) Muitas grandes instituições financeiras que oferecem contratos de swaps de taxas de juros a seus clientes corporativos também estão preparadas para lhes vender swaptions ou comprar swaptions deles. Como mostrado na História de Negócios 29.2, uma swaption pode ser considerada uma espécie de opção sobre título.

Para dar um exemplo de como utilizar uma swaption, considere uma empresa que sabe que em 6 meses firmará um contrato de empréstimo de taxa flutuante de 5 anos e sabe que desejará trocar os pagamentos de juros flutuantes por pagamentos de juros fixos para converter o empréstimo em um de taxa fixa (ver Capítulo 7 para uma discussão de como os swaps podem ser utilizados dessa maneira). Com algum custo, a empresa poderia firmar uma swaption que lhe dá o direito de receber a LIBOR de 6 meses e pagar uma determinada taxa de juros fixa (por exemplo, 3% ao ano) por um período de 5 anos com início em 6 meses. Se a taxa fixa trocada pela flutuante em um swap de 5 anos normal em 6 meses for menor do que 3% ao ano, a empresa escolherá não exercer a swaption e firmará um contrato de swap tradicional. Contudo, se a taxa for maior do que 3% ao ano, a empresa escolherá exercer a swaption e obterá um swap com condições mais favoráveis do que aquelas disponíveis no mercado.

As swaptions, quando utilizadas da maneira descrita anteriormente, oferecem às empresas uma garantia de que a taxa de juros fixa que pagarão sobre um empréstimo em alguma data futura não excederá um determinado patamar. Elas são uma alternativa aos swaps a termo (também chamados de *swaps diferidos*). Os swaps a termo não envolvem custo inicial, mas têm a desvantagem de obrigar a empresa a firmar um contrato de swap. Com uma swaption, a empresa se beneficia dos movimentos favoráveis das taxas de juros ao mesmo tempo que adquire proteção contra os desfavoráveis. A diferença entre uma swaption e um swap a termo é análoga à diferença entre uma opção sobre uma moeda estrangeira e um contrato a termo sobre a moeda.

Avaliação de swaptions europeias

Como explicado no Capítulo 7, a taxa de swap para um determinado vencimento em um determinado tempo é a taxa fixa (média) que seria trocada pela LIBOR em um swap recém-emitido com o mesmo vencimento. Normalmente, o modelo usado para avaliar uma opção europeia sobre um swap pressupõe que a taxa de swap subjacente no vencimento da opção é lognormal. Considere uma swaption na qual o titular tem o direito de pagar uma taxa s_K e receber LIBOR sobre um swap que durará n anos, com início em T anos. Vamos supor que há m pagamentos ao ano sob o swap e que o principal nocional é L.

O Capítulo 7 mostrou que as convenções de contagem de dias podem levar a pagamentos fixos sob um swap serem ligeiramente diferentes em cada data de pagamento. Por ora, vamos ignorar o efeito das convenções de contagem de dias e pressupor que cada pagamento fixo sobre o swap será a taxa fixa vezes L/m. O impacto das convenções de contagem de dias será considerado no final desta seção.

Suponha que a taxa de swap para um swap de n anos com início no tempo T é S_T. Comparando os fluxos de caixa sobre um swap no qual a taxa fixa é S_T com os fluxos de caixa sobre um swap no qual a taxa fixa é s_K, vemos que o resultado da swaption é composto de uma série de fluxos de caixa iguais a:

$$\frac{L}{m}\max(s_T - s_K,\ 0)$$

Os fluxos de caixa são recebidos m vezes ao ano pelos n anos da vida do swap. Suponha que as datas de pagamento do swap são $T_1, T_2,..., T_{mn}$, mensuradas em anos a partir de hoje. (É aproximadamente verdade que $T_i = T + i/m$.) Cada fluxo de caixa é o resultado de uma opção de compra sobre S_T com preço de exercício s_K.

Enquanto um cap é um portfólio de opções sobre taxas de juros, uma swaption é uma única opção sobre a taxa de swap, com resultados repetidos. O modelo de mercado padrão dá o valor de uma swaption na qual o titular tem o direito de pagar s_K como:

$$\sum_{i=1}^{mn} \frac{L}{m} P(0, T_i)[s_0 N(d_1) - s_K N(d_2)]$$

onde:

$$d_1 = \frac{\ln(s_0/s_K) + \sigma^2 T/2}{\sigma\sqrt{T}}$$

$$d_2 = \frac{\ln(s_0/s_K) - \sigma^2 T/2}{\sigma\sqrt{T}} = d_1 - \sigma\sqrt{T}$$

s_0 é a taxa de swap a termo no tempo zero calculada da maneira indicada na equação (28.23) e σ é a volatilidade da taxa de swap a termo (de modo que $\sigma\sqrt{T}$ é o desvio padrão de $\ln S_T$).

> **História de Negócios 29.2** Swaptions e opções sobre títulos
>
> Como explicado no Capítulo 7, um swap de taxas de juros pode ser considerado um contrato para trocar um título de taxa fixa por um título de taxa flutuante. No início do swap, o valor do título de taxa flutuante sempre é igual ao principal do swap. Assim, uma swaption pode ser considerada uma opção de trocar um título de taxa fixa pelo principal do swap, ou seja, um tipo de opção sobre título.
> Se uma swaption dá ao titular o direito de pagar uma taxa fixa e receber uma flutuante, ela é uma opção de venda sobre o título de taxa fixa com preço de exercício igual ao principal. Se uma swaption dá ao titular o direito de pagar a taxa flutuante e receber a fixa, ela é uma opção de compra sobre o título de taxa fixa com preço de exercício igual ao principal.

Essa é uma extensão natural do modelo de Black. A volatilidade σ é multiplicada por $\sqrt{T}$. O termo $\sum_{i=1}^{mn} P(0, T_i)$ é o fator de desconto para os mn resultados. Definindo A como o valor de um contrato que paga $1/m$ nos tempos T_i ($1 \leq i \leq mn$), o valor da swaption se torna:

$$LA[s_0 N(d_1) - s_K N(d_2)] \qquad (29.10)$$

onde:

$$A = \frac{1}{m} \sum_{i=1}^{mn} P(0, T_i)$$

Se a swaption dá ao titular o direito de receber uma taxa fixa de s_K em vez de pagá-la, o resultado da swaption é:

$$\frac{L}{m} \max(s_K - s_T, 0)$$

Esta é uma opção de venda sobre S_T. Assim como antes, os resultados são recebidos nos tempos T_i ($1 \leq i \leq mn$). O modelo de mercado padrão dá o valor da swaption como:

$$LA[s_K N(-d_2) - s_0 N(-d_1)] \qquad (29.11)$$

O DerivaGem pode ser utilizado para avaliar swaptions usando o modelo de Black. Na planilha Cap_and_Swap_Options, selecione Swap Options como o Underlying Type e Black – European como o modelo de apreçamento. A curva à vista LIBOR/swap e, quando necessário, a curva à vista OIS são inseridas usando taxas com capitalização contínua.

■ Exemplo 29.4

Suponha que a curva de juros LIBOR (que, pressupomos, é usada para desconto) é plana em 6% ao ano com capitalização contínua. Considere uma swaption que dá ao titular o direito de pagar 6,2% em um swap de 3 anos com início em 5 anos. A volatilidade

CAPÍTULO 29 ▪ Derivativos de taxas de juros: os modelos de mercado padrões

TABELA 29.2 Cotações típicas de corretores para swaptions europeias nos EUA (porcentagem anual de volatilidades médias de mercado)

	Duração do swap (anos)						
Expiração	1	2	3	4	5	7	10
1 mês	17,75	17,75	17,75	17,50	17,00	17,00	16,00
3 meses	19,50	19,00	19,00	18,00	17,50	17,00	16,00
6 meses	20,00	20,00	19,25	18,50	18,75	17,75	16,75
1 ano	22,50	21,75	20,50	20,00	19,50	18,25	16,75
2 anos	22,00	22,00	20,75	19,50	19,75	18,25	16,75
3 anos	21,50	21,00	20,00	19,25	19,00	17,75	16,50
4 anos	20,75	20,25	19,25	18,50	18,25	17,50	16,00
5 anos	20,00	19,50	18,50	17,75	17,50	17,00	15,50

da taxa de swap a termo é de 20%. Os pagamentos são realizados semestralmente e o principal é de $100 milhões. Nesse caso:

$$A = \tfrac{1}{2}(e^{-0,06\times 5,5} + e^{-0,06\times 6} + e^{-0,06\times 6,5} + e^{-0,06\times 7} + e^{-0,06\times 7,5} + e^{-0,06\times 8}) = 2,0035$$

Uma taxa de 6% ao ano com capitalização contínua se traduz em uma taxa com capitalização semestral de 6,09%. Logo, nesse exemplo, $s_0 = 0,0609$, $s_K = 0,062$, $T = 5$ e $\sigma = 0,2$ de modo que:

$$d_1 = \frac{\ln(0,0609/0,062) + 0,2^2 \times 5/2}{0,2\sqrt{5}} = 0,1836 \quad \text{e} \quad d_2 = d_1 - 0,2\sqrt{5} = -0,2636$$

Da equação (29.10), o valor da swaption (em milhões de dólares) é:

$$100 \times 2,0035 \times [0,0609 \times N(0,1836) - 0,062 \times N(-0,2636)] = 2,07$$

ou $2,07. ▪

Cotações de corretores

Os corretores intermediários fornecem tabelas de volatilidades implícitas para swaptions europeias (ou seja, valores de σ implicados por preços de mercado quando as equações (29.10) e (29.11) são utilizadas). Os instrumentos subjacentes às cotações normalmente estão "no dinheiro", no sentido de que a taxa de swap de exercício é igual à taxa de swap a termo. A Tabela 29.2 mostra cotações de corretores típicas fornecidas para o mercado de dólares americanos. A vida da opção é mostrada na escala vertical. Ela varia de 1 mês a 5 anos. A vida do swap subjacente no vencimento da opção aparece na escala horizontal. Ela varia de 1 a 10 anos. As volatilidades na coluna de 1 ano da tabela apresentam um *hump* semelhante àquele discutido para os caps anteriormente. À medida que passamos para as colunas correspondentes às opções sobre swaps de mais longo prazo, o *hump* persiste, mas se torna menos destacado.

Justificativa teórica para o modelo de swaptions

Podemos demonstrar que a extensão do modelo de Black usado para swaptions é internamente consistente considerando um mundo que é *forward risk-neutral* com relação à anuidade A. A análise na Seção 28.4 mostra que:

1. O valor atual de qualquer título é o valor atual da anuidade multiplicado pelo valor esperado de:

$$\frac{\text{Preço do título no tempo } T}{\text{Valor da anuidade no tempo } T}$$

nesse mundo (ver equação (28.25)).

2. O valor esperado da taxa de swap no tempo T nesse mundo é igual à taxa de swap a termo (ver equação (28.24)).

O primeiro resultado mostra que o valor da swaption é:

$$LAE_A[\max(s_T - s_K, 0)]$$

Da equação (15A.1), este é:

$$LA[E_A(s_T)N(d_1) - s_K N(d_2)]$$

onde:

$$d_1 = \frac{\ln[E_A(s_T)/s_K] + \sigma^2 T/2}{\sigma\sqrt{T}}$$

$$d_2 = \frac{\ln[E_A(s_T)/s_K] - \sigma^2 T/2}{\sigma\sqrt{T}} = d_1 - \sigma\sqrt{T}$$

O segundo resultado mostra que $E_A(S_T)$ é igual a s_0. (Isso é verdadeiro se a LIBOR for usada como a taxa de desconto livre de risco da equação (28.24). Na Seção 29.4, mostramos que ele é verdadeiro para desconto OIS, desde que as taxas de swap a termo sejam determinadas de uma maneira consistente com o desconto OIS.) Em conjunto, os resultados levam à fórmula de apreçamento de opções sobre swaps na equação (29.10). Eles mostra que as taxas de juros podem ser tratadas com constantes para fins de desconto, desde que a taxa de swap esperada seja determinada como igual à taxa de swap a termo.

O impacto das convenções de contagem de dias

As fórmulas já apresentadas se tornam mais precisas se consideramos as convenções de contagem de dias. A taxa fixa para o swap subjacente à opção sobre swap é expressa com uma convenção de contagem de dias como efetivo/365 ou 30/60.

Suponha que $T_0 = T$ e que, para a convenção de contagem de dias aplicável, a fração de acúmulo correspondente ao período de tempo entre T_{i-1} e T_i é a_i. (Por exemplo, se T_{i-1} corresponde a 1º de março e T_i corresponde a 1º de setembro e a contagem de dias é efetivo/365, $a_i = 184/365 = 0{,}5041$.) As fórmulas que foram apresentadas são então corretas, com o fator de anuidade A definido como:

$$A = \sum_{i=1}^{mn} a_i P(0, T_i)$$

Para desconto LIBOR, as taxas de swap a termo podem ser calculadas usando a equação (28.23).

29.4 DESCONTO OIS

Os argumentos de cap/floor e swaption que apresentamos neste capítulo pressupõem que a LIBOR é usada para determinar as taxas de desconto livres de risco e não apenas para definir os fluxos de caixa. Quando o desconto OIS é utilizado, a abordagem descrita na Seção 9.3 pode ser usada para determinar as taxas LIBOR a termo. A taxa LIBOR a termo para o período entre t_k e t_{k+1} é, então, $E_{k+1}(R_k)$, onde R_k é a taxa LIBOR realizada para esse período e E_{k+1} denota expectativas em um mundo que é *forward risk-neutral* com relação a um título de cupom zero livre de risco (OIS) com vencimento no tempo t_{k+1}.

Para a avaliação de caps, a equação (29.9) ainda é correta. Ela leva à equação (29.7) se F_k é definido como $E_{k+1}(R_k)$ e $P(0, t_{k+1})$ é calculado a partir da curva à vista OIS.

Os argumentos relativos à avaliação de swaptions são parecidos. Quando o desconto OIS é utilizado, as equações (29.10) e (29.11) são corretas. O fator de anuidade A é calculado a partir da curva à vista OIS. A taxa de swap a termo s_0 é calculada a partir das taxas LIBOR a termo de modo que o swap a termo valha zero quando o desconto OIS é utilizado.

Essas questões serão discutidas em mais detalhes na Seção 32.3.

29.5 HEDGE DE DERIVATIVOS DE TAXAS DE JUROS

Esta seção analisa como o material sobre letras gregas no Capítulo 19 pode ser ampliado para abranger derivativos de taxas de juros.

No contexto dos derivativos de taxas de juros, o risco delta é o risco associado a um deslocamento da curva à vista. Como esse deslocamento pode ocorrer de diversas maneiras diferentes, muitos deltas podem ser calculados. As alternativas incluem:

1. Calcular o impacto de um movimento paralelo de 1 ponto-base na curva à vista, também chamado de DV01.
2. Calcular o impacto de pequenas mudanças nas cotações para cada um dos instrumentos usados para construir a curva à vista.

3. Dividir a curva à vista (ou a curva a termo) em diversas seções (ou *buckets*). Calcular o impacto de deslocar as taxas em um *bucket* em 1 ponto-base, mantendo o resto da estrutura a termo inicial inalterada. (É o que descrevemos na História de Negócios 6.3.)
4. Realizar uma análise de componentes principais como descrito na Seção 22.9. Calcular um delta com relação às mudanças em cada um dos primeiros fatores. O primeiro delta mensura o impacto de um movimento pequeno e aproximadamente paralelo na curva à vista; o segundo delta mensura o impacto de uma pequena torção na curva à vista; e assim por diante.

Na prática, os traders tendem a preferir a segunda abordagem, argumentando que a única maneira da curva à vista mudar é se a cotação para um dos instrumentos usados para computar a curva à vista mudar também. Logo, eles acreditam que faz sentido se concentrar nas exposições decorrentes de mudanças nos preços desses instrumentos.

Quando várias medidas delta são calculadas, há muitas medidas gama possíveis. Suponha que 10 instrumentos são utilizados para calcular a curva à vista e que os deltas são calculados considerando o impacto das mudanças nas cotações para cada uma delas. O gama é uma segunda derivativa parcial da forma $\partial^2 \Gamma/\partial x_i\, \partial x_j$, onde Γ é o valor do portfólio. Há 10 opções para x_i e 10 opções para x_j e um total de 55 medidas de gama diferentes. Pode ser uma "sobrecarga de informações". Uma abordagem possível é ignorar os gamas cruzados e se concentrar nas 10 derivativas parciais nas quais $i = j$. Outra é calcular uma única medida gama como a segunda derivativa parcial do valor do portfólio com relação a um movimento paralelo na curva à vista. Outra é calcular gamas com relação aos dois primeiros fatores em uma análise de componentes principais.

O vega de um portfólio de derivativos de taxas de juros mensura sua exposição a mudanças de volatilidade. Uma abordagem envolve calcular o impacto sobre o portfólio de realizar a mesma pequena mudança às volatilidades de Black de todos os caps e opções sobre swaps europeias. Contudo, isso pressupõe que um único fator determina todas as volatilidades, o que pode ser excessivamente simplista. Uma ideia melhor seria realizar uma análise de componentes principais das volatilidades de todos os caps e opções sobre swaps e calcular medidas vega correspondentes aos primeiros 2 ou 3 fatores.

RESUMO

O modelo de Black e suas extensões oferecem uma abordagem popular para avaliar opções sobre taxas de juros europeias. A essência do modelo de Black é que pressupõe-se que o valor da variável subjacente à opção é lognormal no vencimento da opção. No caso de uma opção europeia sobre títulos, o modelo de Black pressupõe que o preço do título subjacente é lognormal no vencimento da opção. Para um cap, o modelo pressupõe que as taxas de juros subjacentes a cada um dos caplets constituintes são lognormalmente distribuídas. No caso de uma opção sobre swap, o modelo pressupõe que a taxa de sswap subjacente é lognormalmente distribuída.

Cada um dos modelos que apresentamos neste capítulo é internamente consistente, mas eles não são consistentes entre si. Por exemplo, quando os preços de

CAPÍTULO 29 ■ Derivativos de taxas de juros: os modelos de mercado padrões

títulos futuros são lognormais, as taxas de swap e taxas de juros futuras não são lognormais; quando as taxas de juros futuras são lognormais, as taxas de swap e os preços de títulos futuros não são lognormais. Não é fácil estender os modelos de modo a avaliar instrumentos como opções sobre swaps americanas. Os Capítulos 31 e 32 apresentam modelos de taxas de juros mais gerais que, apesar de mais complexos, podem ser aplicados a uma gama muito mais ampla de produtos.

O modelo de Black envolve calcular o resultado esperado com base no pressuposto de que o valor esperado de uma variável é igual a seu valor a termo e então descontar o resultado esperado à taxa zero observada no mercado hoje. Esse é o procedimento correto para os instrumentos *plain vanilla* que consideramos neste capítulo. Contudo, como veremos no próximo capítulo, isso não é correto em todas as situações.

LEITURAS COMPLEMENTARES

Black, F. "The Pricing of Commodity Contracts", *Journal of Financial Economics*, 3 (March 1976): 167–79.

Hull, J., and A. White. "OIS Discounting and the Pricing of Interest Rate Derivatives", Working Paper, University of Toronto, 2013.

Questões e problemas (respostas no manual de soluções)

29.1 Uma empresa usa um cap para limitar a LIBOR de 3 meses a 10% ao ano. O principal é de $20 milhões. Na data da repactuação, a LIBOR de 3 meses é de 12% ao ano. Isso levaria a qual pagamento sob o cap? Quando o pagamento seria realizado?

29.2 Explique por que uma opção de swap pode ser considerada um tipo de opção sobre títulos.

29.3 Use o modelo de Black para avaliar uma opção de venda europeia de 1 ano sobre um título de 10 anos. Pressuponha que o preço de caixa atual do título é $125, o preço de exercício é $110, a taxa de juros livre de risco de 1 ano é 10% ao ano, a volatilidade do preço a termo do título é 8% ao ano e o valor presente dos cupons que serão pagos durante a vida da opção é $10.

29.4 Explique cuidadosamente como você utilizaria (a) volatilidades spot e (b) volatilidades flat para avaliar um cap de 5 anos.

29.5 Calcule o preço de uma opção que limite a taxa de 3 meses, iniciando em 15 meses, em 13% (cotada com capitalização trimestral) sobre um principal de $1.000. A taxa forward para o período em questão é de 12% ao ano (cotada com capitalização trimestral), a taxa de juros livre de risco de 18 meses (com capitalização contínua) é de 11,5% ao ano e a volatilidade da taxa forward é de 12% ao ano.

29.6 Um banco usa o modelo de Black para apreçar opções europeias sobre títulos. Suponha que uma volatilidade de preço implícita para uma opção de 5 anos sobre um título com vencimento em 10 anos é utilizada para apreçar uma opção de 9 anos sobre o título. Você acha que o preço resultante será alto demais ou baixo demais? Explique.

29.7 Calcule o valor de uma opção de compra europeia de 4 anos sobre um título com vencimento em exatamente 5 anos usando o modelo de Black. O preço de caixa do título é $105, o preço de caixa de um título de 4 anos com o mesmo cupom é $102, o preço de exercício é $100, a taxa de juros livre de risco de 4 anos é 10% ao ano com capitalização contínua e a volatilidade do preço do título em 4 anos é de 2% ao ano.

29.8 Se a volatilidade do rendimento para uma opção de venda de 5 anos sobre um título com vencimento em 10 anos é especificada como 22%, como a opção deve ser avaliada? Pressuponha que, com base nas taxas de juros de hoje, a duração modificada do título no vencimento da opção será 4,2 anos e o rendimento a termo sobre o título é de 7%.

29.9 Qual outro instrumento é igual a um collar de custo zero de 5 anos no qual o preço de exercício do cap é igual ao preço de exercício do floor? O preço de exercício comum é igual a quê?

29.10 Derive uma relação de paridade put–call para opções europeias sobre títulos.

29.11 Derive uma relação de paridade put–call para opções europeias sobre swaps.

29.12 Explique por que há uma oportunidade de arbitragem se a volatilidade (flat) de Black implícita de um cap é diferente da de um floor. As cotações de corretores na Tabela 29.1 apresentam uma oportunidade de arbitragem?

29.13 Quando o preço de um título é lognormal, o rendimento do título pode ser negativo? Explique sua resposta.

29.14 Qual é o valor de uma opção sobre swap europeia que dá ao titular o direito de firmar um swap de pagamento anual de 3 anos em 4 anos no qual uma taxa fixa de 5% é paga e a LIBOR é recebida? O principal do swap é de $10 milhões. Pressuponha que a curva de juros LIBOR/swap é usada para desconto e é plana em 5% ao ano com capitalização anual e que a volatilidade da taxa de swap é de 20%. Agora imagine que todas as taxas de swap são de 5% e que todas as taxas OIS são de 4,7%. Calcule a curva à vista LIBOR e o valor da opção sobre swap.

29.15 Suponha que o rendimento R sobre um título de cupom zero segue o processo:

$$dR = \mu\, dt + \sigma\, dz$$

onde μ e σ são funções de R e t e dz é um processo de Wiener. Use o lema de Itô para mostrar que a volatilidade do preço do título de cupom zero diminui até zero à medida que se aproxima do vencimento.

29.16 Realize um cálculo manual para confirmar os preços de opções do Exemplo 29.2.

29.17 Suponha que as taxas de swap LIBOR por fixa de 1 ano, 2 anos, 3 anos, 4 anos e 5 anos para swaps com pagamentos semestrais são 6%, 6,4%, 6,7%, 6,9% e 7%. O preço de um cap semestral de 5 anos com um principal de $100 e uma taxa do cap de 8% é $3. Determine:

(a) A volatilidade flat de 5 anos para caps e floors com desconto LIBOR.
(b) A taxa floor em um collar de 5 anos de custo zero quando a taxa do cap é 8% e o desconto LIBOR é utilizado.
(c) Responda (a) e (b) se o desconto OIS é utilizado e as taxas de swap OIS estão 100 pontos-base abaixo das taxas de swap LIBOR.

29.18 Mostre que $V_1 + f = V_2$, onde V_1 é o valor de uma swaption para pagar uma taxa fixa de s_K e receber LIBOR entre os tempos T_1 e T_2, f é o valor de um swap a termo para receber uma taxa fixa de s_K e pagar LIBOR entre os tempos T_1 e T_2, e V_2 é o valor de uma swaption para receber uma taxa fixa de s_K entre os tempos T_1 e T_2. Deduza que $V_1 = V_2$ quando s_K é igual à taxa de swap a termo atual.

29.19 Suponha que as taxas zero LIBOR são as do Problema 29.17. Determine o valor de uma opção para pagar uma taxa fixa de 6% e receber LIBOR sobre um swap de 5 anos com início em 1 ano. Pressuponha que o principal é de $100 milhões, os pagamentos

CAPÍTULO 29 ■ Derivativos de taxas de juros: os modelos de mercado padrões **749**

são trocados semestralmente e a volatilidade da taxa de swap é 21%. Use desconto LIBOR.

29.20 Descreva como você calcularia (a) as volatilidades flat do cap a partir das volatilidades spot do cap e (b) as volatilidades spot do cap a partir das volatilidades flat do cap.

Questões adicionais

29.21 Considere uma opção de venda europeia de 8 meses sobre um título do Tesouro que tem 14,25 anos até o vencimento. O preço de caixa do título atual é $910, o preço de exercício é $900 e a volatilidade para o preço do título é de 10% ao ano. Um cupom de $35 será pago pelo título em 3 meses. A taxa de juros livre de risco é 8% para todos os vencimentos até 1 ano. Use o modelo de Black para determinar o preço da opção. Considere o caso no qual o preço de exercício corresponde ao preço de caixa do título e o caso no qual corresponde ao preço cotado.

29.22 Calcule o preço de um cap sobre a taxa LIBOR de 90 dias em 9 meses quando o principal é de $1.000. Use o modelo de Black com desconto LIBOR e as seguintes informações:
   (a) O preço futuro do eurodólar de 9 meses = 92. (Ignore as diferenças entre os preços futuros e a termo.)
   (b) A volatilidade da taxa de juros implicada por uma opção de eurodólar de 9 meses = 15% ao ano.
   (c) A taxa de juros livre de risco de 12 meses atual com capitalização contínua = 7,5% ao ano.
   (d) A taxa do cap = 8% ao ano. (Pressuponha uma contagem de dias efetivo/360.)

29.23 Suponha que a curva de juros LIBOR é plana em 8% com capitalização anual. Uma swaption dá ao titular o direito de receber 7,6% em um swap de 5 anos com início em 4 anos. Os pagamentos são realizados anualmente. A volatilidade da taxa de swap a termo é de 25% ao ano e o principal é de $1 milhão. Use o modelo de Black para apreçar a swaption com desconto LIBOR.

29.24 Avalie um collar de 5 anos que garante que as taxas de juros máximas e mínimas sobre um empréstimo baseado na LIBOR (com repactuações trimestrais) serão 7% e 5%, respectivamente. As curvas à vista LIBOR e OIS atualmente são planas em 6% e 5,8%, respectivamente (com capitalização contínua). Use uma volatilidade flat de 20%. Pressuponha que o principal é de $100. Use desconto OIS.

29.25 Use o software DerivaGem para avaliar uma swaption europeia que lhe dá o direito de, em 2 anos, firmar um swap de 5 anos no qual paga uma taxa fixa de 6% e recebe uma taxa flutuante. Os fluxos de caixa são trocados semestralmente sobre o swap. As taxas de swap LIBOR por fixa de 1 ano, 2 anos, 5 anos e 10 anos nas quais os pagamentos são trocados a cada seis meses são 5%, 6%, 6,5% e 7%, respectivamente. Pressuponha um principal de $100 e uma volatilidade de 15% ao ano.
   (a) Use desconto LIBOR.
   (b) Use o desconto OIS pressupondo que as taxas de swap OIS estão 80 pontos-base abaixo das taxas de swap LIBOR.
   (c) Use a abordagem incorreta na qual o desconto OIS é aplicado a taxas de swap calculadas com desconto LIBOR. Qual é o erro decorrente do uso dessa abordagem incorreta?

CAPÍTULO

30

Ajustamentos para convexidade, tempestividade e quanto

Um procedimento de dois passos popular para avaliar um derivativo é:
1. Calcular o resultado esperado pressupondo que o valor esperado de cada variável subjacente é igual a seu valor a termo
2. Descontar o resultado esperado à taxa de juros livre de risco aplicável para o período de tempo entre a data da avaliação e a data do resultado.

Usamos esse procedimento originalmente para avaliar FRAs e swaps. O Capítulo 4 mostra que um FRA pode ser avaliado calculando o resultado com base no pressuposto de que a taxa forward será realizada e descontando o resultado à taxa de juros livre de risco. Da mesma forma, o Capítulo 7 estende esse conceito, mostrando que os swaps podem ser avaliados pelo cálculo dos fluxos de caixa com base no pressuposto de que as taxas forward serão realizadas e descontando os fluxos de caixa às taxas de juros livres de risco. Os Capítulos 18 e 28 mostram que o modelo de Black oferece uma abordagem geral para avaliar uma ampla gama de opções europeias, e o modelo de Black é uma aplicação do procedimento de dois passos. Os modelos apresentados no Capítulo 29 para opções sobre títulos, caps/floors e opções sobre swaps são todos exemplos do procedimento de dois passos.

Isso levanta a questão se é sempre correto avaliar derivativos de taxas de juros europeus usando o procedimento de dois passos. E a resposta é não! Para derivativos de taxas de juros não padrões, às vezes é necessário modificar o procedimento de dois passos para que seja realizado um ajustamento para convexidade ao valor a termo da variável no primeiro passo. Este capítulo considera três tipos de ajustamento: ajustamentos para convexidade, ajustamentos para tempestividade e ajustamentos para quanto.

30.1 AJUSTAMENTOS PARA CONVEXIDADE

Primeiro, considere um instrumento que oferece um resultado dependente do rendimento de títulos observado na data do resultado.

Em geral, o valor a termo de uma variável S é calculado com referência a um contrato a termo com resultado $S_T - K$ no tempo T. É o valor de K que faz com que o contrato tenha valor zero. Como discutido na Seção 28.4, as taxas forward e os rendimentos a termos são definidos de maneiras diferentes. Uma taxa forward é a taxa implicada por um título de cupom zero a termo. De forma mais geral, um rendimento de título a termo é o rendimento implicado pelo preço do título a termo.

Suponha que B_T é o preço do título no tempo T, y_T é seu rendimento e a relação (de apreçamento de títulos) entre B_T e y_T é:

$$B_T = G(y_T)$$

Defina F_0 como o preço a termo do título no tempo zero para uma transação com vencimento no tempo T e y_0 como o rendimento do título a termo no tempo zero. A definição de um rendimento do título a termo significa que:

$$F_0 = G(y_0)$$

A função G é não linear. Isso significa que, quando o preço do título futuro esperado é igual ao preço do título a termo (de modo que estejamos em um mundo que é *forward risk neutral* com relação ao título de cupom zero com vencimento no tempo T), rendimento do título futuro esperado não é igual ao rendimento do título a termo.

Isso está ilustrado na Figura 30.1, que mostra a relação entre os preços de títulos e rendimentos de títulos no tempo T. Por uma questão de simplicidade, imagine que há apenas três preços de títulos possíveis, B_1, B_2 e B_3, e que eles são igualmente prováveis em um mundo *forward risk neutral* com relação a $P(t, T)$. Suponha que os

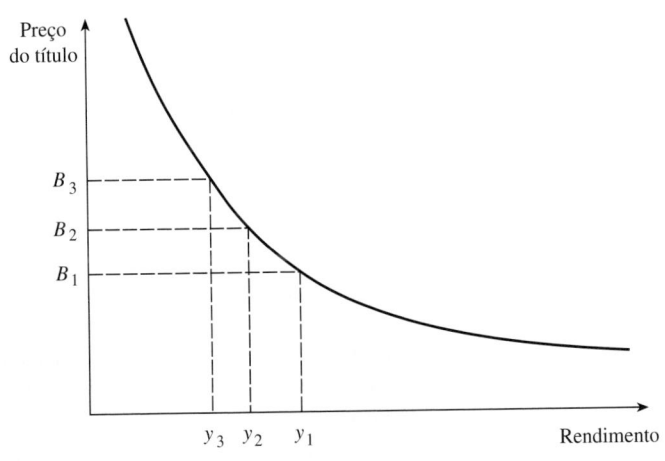

FIGURA 30.1 Relação entre preços de títulos e rendimentos de títulos no tempo T.

preços de títulos são igualmente espaços, de modo que $B_2 - B_1 = B_3 - B_2$. O preço do título a termo é o preço do título esperado B_2. Os preços de títulos se traduzem em três rendimentos de títulos igualmente prováveis: y_1, y_2 e y_3. Estes não são igualmente espaços. A variável y_2 é o rendimento do título a termo, pois ela é o rendimento correspondente ao preço do título a termo. O rendimento do título esperado é a média de y_1, y_2 e y_3 e claramente é maior do que y_2.

Considere um derivativo que oferece um resultado dependente do resultado do título no tempo T. Da equação (28.20), ele pode ser avaliado (a) calculando o resultado esperado em um mundo que é *forward risk neutral* com relação a um título de cupom zero com vencimento no tempo T e (b) descontando à taxa de juros livre de risco atual para o vencimento T. Sabemos que o preço de um título esperado é igual ao preço a termo no mundo sendo considerado. Logo, precisamos saber o valor do rendimento do título esperado quando o preço do título esperado é igual ao preço do título a termo. A análise no apêndice ao final deste capítulo mostra que uma expressão aproximada para o rendimento do título esperado exigido é:

$$E_T(y_T) = y_0 - \tfrac{1}{2} y_0^2 \sigma_y^2 T \frac{G''(y_0)}{G'(y_0)} \tag{30.1}$$

onde G' e G'' denotam a primeira e a segunda derivativas parciais de G, E_T denota expectativas em um mundo que é *forward risk neutral* com relação a $P(t, T)$ e σ_y é a volatilidade do rendimento a termo. Logo, o resultado esperado pode ser descontado à taxa de juros livre de risco atual para o vencimento T, desde que pressuponhamos que o rendimento do título esperado é:

$$y_0 - \tfrac{1}{2} y_0^2 \sigma_y^2 T \frac{G''(y_0)}{G'(y_0)}$$

em vez de y_0. A diferença entre o rendimento esperado do título e o rendimento do título a termo:

$$-\tfrac{1}{2} y_0^2 \sigma_y^2 T \frac{G''(y_0)}{G'(y_0)}$$

é conhecida como um *ajustamento para convexidade*. Ela corresponde à diferença entre y_2 e o rendimento esperado na Figura 30.1. (O ajustamento para convexidade é positivo porque $G'(y_0) < 0$ e $G''(y_0) > 0$.)

Aplicação 1: Taxas de Juros

Para uma primeira aplicação da equação (30.1), considere um instrumento que oferece um fluxo de caixa no tempo T igual à taxa de juros entre os temos T e T^* aplicada a um principal de L. (Esse exemplo será útil quando considerarmos os *LIBOR-in-arrears swaps* no Capítulo 33.) Observe que a taxa de juros aplicável ao período entre os tempos T e T^* normalmente é paga no tempo T^*; aqui, pressupõe-se que ela será paga adiantada, no tempo T.

O fluxo de caixa no tempo T é $LR_T\tau$, onde $\tau = T^* - T$ e R_T é a taxa de juros de cupom zero aplicável ao período entre T e T^* (expressa com um período de capitalização de τ).[1] A variável R_T pode ser considerada como o rendimento no tempo T sobre um título de cupom zero com vencimento no tempo T^*. A relação entre o preço desse título e seu rendimento é:

$$G(y) = \frac{1}{1 + y\tau}$$

Da equação (30.1),

$$E_T(R_T) = R_0 - \tfrac{1}{2} R_0^2 \sigma_R^2 T \frac{G''(R_0)}{G'(R_0)}$$

ou:

$$E_T(R_T) = R_0 + \frac{R_0^2 \sigma_R^2 \tau T}{1 + R_0 \tau} \qquad (30.2)$$

onde R_0 é a taxa forward aplicável ao período entre T e T^* e σ_R é a volatilidade da taxa forward.

Logo, o valor do instrumento é:

$$P(0, T) L \tau \left[R_0 + \frac{R_0^2 \sigma_R^2 \tau T}{1 + R_0 \tau} \right]$$

■ Exemplo 30.1

Considere um derivativo que oferece um resultado em 3 anos igual à taxa de juros livre de risco de cupom zero de 1 ano (capitalização anual) naquela data multiplicada por $1000. Suponha que a taxa de juros livre de risco para todos os vencimentos é de 10% ao ano com capitalização anual e a volatilidade da taxa forward aplicável ao período de tempo entre o ano 3 e o ano 4 é 20%. Nesse caso, $R_0 = 0,10$, $\sigma R = 0,20$, $T = 3$, $\tau = 1$ e $P(0, 3) = 1/1,10^3 = 0,7513$. O valor do derivativo é:

$$0,7513 \times 1000 \times 1 \times \left[0,10 + \frac{0,10^2 \times 0,20^2 \times 1 \times 3}{1 + 0,10 \times 1} \right]$$

ou $75,95 (em comparação com o preço de $75,13 sem qualquer ajuste para convexidade). ■

Aplicação 2: Taxas de Swap

A seguir, considere um derivativo que oferece um resultado no tempo T igual à taxa de swap observada na mesma data. Uma taxa de swap é um rendimento par quando se utiliza desconto LIBOR. Para calcular o ajuste para convexidade, podemos realizar uma aproximação e pressupor que a taxa de swap de N anos no tempo T é

---

[1] Como sempre, para facilitar a explicação pressupomos contagens de dias efetivo/efetivo em nossos exemplos.

igual ao rendimento na mesma data sobre um título de N anos com um cupom igual à taxa de swap a termo de hoje. Isso permite o uso da equação (30.1).

■ Exemplo 30.2

Considere um instrumento que oferece um resultado em 3 anos igual à taxa de swap de 3 anos naquela data multiplicada por \$100. Suponha que os pagamentos sobre o swap são realizados anualmente, a taxa de swap para todos os vencimentos é de 12% ao ano com capitalização anual, a volatilidade para a taxa de swap a termo de 3 anos em 3 anos (implícita nos preços de opções sobre swaps) é de 22% e a curva à vista LIBOR/swap é utilizada para desconto. Quando a taxa de swap é aproximada como o rendimento sobre um título de 12%, a função relevante $G(y)$ é:

$$G(y) = \frac{0,12}{1+y} + \frac{0,12}{(1+y)^2} + \frac{1,12}{(1+y)^3}$$

$$G'(y) = -\frac{0,12}{(1+y)^2} - \frac{0,24}{(1+y)^3} - \frac{3,36}{(1+y)^4}$$

$$G''(y) = \frac{0,24}{(1+y)^3} + \frac{0,72}{(1+y)^4} + \frac{13,44}{(1+y)^5}$$

Nesse caso, o rendimento a termo y_0 é 0,12, de modo que $G'(y_0) = -2,4018$ e $G''(y_0) = 8,2546$. Da equação (30.1):

$$E_T(y_T) = 0,12 + \tfrac{1}{2} \times 0,12^2 \times 0,22^2 \times 3 \times \frac{8,2546}{2,4018} = 0,1236$$

Logo, devemos pressupor uma taxa de swap a termo de 0,1236 (=12,36%) em vez de 0,12 quando avaliamos o instrumento. O instrumento vale:

$$\frac{100 \times 0,1236}{1,12^3} = 8,80$$

ou \$8,80 (em comparação com o preço de 8,54 obtido sem qualquer ajustamento para convexidade). ■

30.2 AJUSTAMENTOS PARA TEMPESTIVIDADE

Nesta seção, consideramos a situação na qual uma variável de mercado V é observada no tempo T e seu valor é usado para calcular um resultado que ocorre em um tempo posterior T^*. Defina:

V_T: Valor de V no tempo T

$E_T(V_T)$: O valor esperado de V_T em um mundo que é *forward risk-neutral* com relação a $P(t, T)$

$E_{T^*}(V_T)$: O valor esperado de V_T em um mundo que é *forward risk-neutral* com relação a $P(t, T^*)$.

CAPÍTULO 30 ■ Ajustamentos para convexidade, tempestividade e quanto

A razão do *numéraire* quando passamos do *numéraire* $P(t, T)$ para o *numéraire* $P(t, T)$ (ver Seção 28.8) é:

$$W = \frac{P(t, T^*)}{P(t, T)}$$

Esse é o preço a termo de um título de cupom zero com duração entre os tempos T e T^*. Defina:

σ_V: Volatilidade de V

σ_W: Volatilidade de W

ρ_{VW}: Correlação entre V e W.

Da equação (28.35), a mudança do *numéraire* aumenta a taxa de crescimento de α_V em V, onde

$$\alpha_V = \rho_{VW}\sigma_V\sigma_W \tag{30.3}$$

Esse resultado pode ser expresso em termos da taxa forward entre os tempos T e T^*. Defina:

R: Taxa forward para o período entre T e T^*, expressa com uma frequência de capitalização de m

σ_R: Volatilidade de R.

A relação entre W e R é:

$$W = \frac{1}{(1 + R/m)^{m(T^*-T)}}$$

A relação entre a volatilidade de W e a volatilidade de R pode ser calculada a partir do lema de Itô como:

$$\sigma_W W = \sigma_R R \frac{\partial W}{\partial R} = -\frac{\sigma_R R(T^* - T)}{(1 + R/m)^{m(T^*-T)+1}}$$

de modo que:

$$\sigma_W = -\frac{\sigma_R R(T^* - T)}{1 + R/m}$$

Assim, a equação (30.3) se torna:[2]

$$\alpha_V = -\frac{\rho_{VR}\sigma_V\sigma_R R(T^* - T)}{1 + R/m}$$

---

[2] As variáveis R e W têm correlação negativa. Podemos refletir isso definindo $\sigma_W = -\sigma_R R(T^* - T)/(1 + R/m)$, que é um número negativo, e definindo $\rho_{VW} = \rho_{VR}$. Também podemos mudar o sinal de σ_W para que seja positivo e definir $\rho_{VW} = -\rho_{VR}$. Em ambos os casos, acabamos com a mesma fórmula para α_V.

onde $\rho_{VR} = -\rho_{VW}$ é a correlação instantânea entre V e R. Como aproximação, podemos pressupor que R permanece constante em seu valor inicial, R_0, e que as volatilidades e correlação nessa experssão são constantes para obtermos, no tempo zero:

$$E_{T^*}(V_T) = E_T(V_T)\exp\left[-\frac{\rho_{VR}\sigma_V\sigma_R R_0(T^* - T)}{1 + R_0/m}T\right] \qquad (30.4)$$

■ **Exemplo 30.3**

Considere um derivativo que oferece um resultado em 6 anos igual ao valor de um índice de ações observado em 5 anos. Suponha que 1.200 é o valor a termo do índice e ações para um contrato com vencimento em 5 anos. Suponha que a volatilidade do índice é 20%, a volatilidade da taxa forward entre os anos 5 e 6 é 18% e a correlação entre os dois é $-0,4$. Suponha também que a curva à vista livre de risco é plana em 8% com capitalização anual. Os resultados produzidos podem ser usados com V definido como o valor do índice, $T = 5$, $T^* = 6$, $m = 1$, $R_0 = 0,08$, $\rho_{VR} = -0,4$, $\sigma_V = 0,20$ e $\sigma_R = 0,18$, de modo que:

$$E_{T^*}(V_T) = E_T(V_T)\exp\left[-\frac{-0,4 \times 0,20 \times 0,18 \times 0,08 \times 1}{1 + 0,08} \times 5\right]$$

ou $E_{T^*}(V_T) = 1,00535 E_T(V_T)$. Dos argumentos no Capítulo 28, $E_T(V_T)$ é o preço a termo do índice, ou 1.200. Logo, $E_{T^*}(V_T) = 1.200 \times 1,00535 = 1.206,42$. Usando mais uma vez os argumentos do Capítulo 28, por consequência da equação (28.20), o valor do derivativo é $1.206,42 \times P(0, 6)$. Nesse caso, $P(0, 6) = 1/1,08^6 = 0,6302$, de modo que o valor do derivativo é 760,25. ■

Voltando à aplicação 1

A análise apresenta acima oferece uma maneira diferente de produzir o resultado na Aplicação 1 da Seção 30.1. Usando a notação daquela aplicação, R_T é a taxa de juros entre T e T^* e R_0 é a taxa forward para o período entre o tempo T e T^*. Da equação (28.22):

$$E_{T^*}(R_T) = R_0$$

Aplicar a equação (30.4) com V igual a R produz:

$$E_{T^*}(R_T) = E_T(R_T)\exp\left[-\frac{\sigma_R^2 R_0\tau}{1 + R_0\tau}T\right]$$

onde $\tau = T^* - T$ (observe que $m = 1/\tau$). Logo:

$$R_0 = E_T(R_T)\exp\left[-\frac{\sigma_R^2 R_0 T\tau}{1 + R_0\tau}\right]$$

ou:

$$E_T(R_T) = R_0\exp\left[\frac{\sigma_R^2 R_0 T\tau}{1 + R_0\tau}\right]$$

CAPÍTULO 30 ■ Ajustamentos para convexidade, tempestividade e quanto

Aproximar a função exponencial informa:

$$E_T(R_T) = R_0 + \frac{R_0^2 \sigma_R^2 \tau T}{1 + R_0 \tau}$$

Esse é o mesmo resultado que a equação (30.2).

30.3 QUANTOS

Um *quanto* ou *derivativo entre moedas* é um instrumento que envolve duas moedas. O resultado é definido em termos de uma variável mensurada em uma das moedas, mas realizado na outra. Um exemplo de quanto é o contrato futuro do CME sobre o Nikkei discutido na História de Negócios 5.3. A variável de mercado subjacente ao contrato é o índice Nikkei 225 (mensurado em ienes), mas o contrato é liquidado em dólares americanos.

Considere um quanto que oferece um resultado na moeda X no tempo T. Pressuponha que o resultado depende do valor V de uma variável observada na moeda Y no tempo T. Defina:

$P_X(t, T)$: Valor no tempo t na moeda X de um título de cupom zero que oferece resultado de 1 unidade da moeda X no tempo T

$P_Y(t, T)$: Valor no tempo t na moeda Y de um título de cupom zero que oferece resultado de 1 unidade da moeda Y no tempo T

V_T: Valor de V no tempo T

$E_X(V_T)$: Valor esperado de V_T em um mundo que é *forward risk neutral* com relação a $P_X(t, T)$

$E_Y(V_T)$: Valor esperado de V_T em um mundo que é *forward risk neutral* com relação a $P_Y(t, T)$.

A razão do *numéraire* quando passamos do *numéraire* $P_Y(t, T)$ para o *numéraire* $P_X(t, T)$ é:

$$W(t) = \frac{P_X(t, T)}{P_Y(t, T)} S(t)$$

onde $S(t)$ é a taxa de câmbio à vista (unidades de Y por unidade de X) no tempo t. Por consequência dessa razão do *numéraire*, $W(t)$ é a taxa de câmbio a termo (unidades de Y por unidade de X) para um contrato com vencimento no tempo T. Defina:

σ_W Volatilidade de W

σ_V: Volatilidade de V

ρ_{VW}: Correlação instantânea entre V e W.

Da equação (28.35), a mudança do *numéraire* aumenta a taxa de crescimento de α_V em V, onde

$$\alpha_V = \rho_{VW} \sigma_V \sigma_W \tag{30.5}$$

Se pressupõe-se que as volatilidades e a correlação são constantes, isso significa que:

$$E_X(V_T) = E_Y(V_T)e^{\rho_{VW}\sigma_V\sigma_W T}$$

ou, como aproximação:

$$E_X(V_T) = E_Y(V_T)(1 + \rho_{VW}\sigma_V\sigma_W T) \tag{30.6}$$

Essa equação será usada para a avaliação dos chamados swaps diferenciais no Capítulo 33.

■ **Exemplo 30.4**

Suponha que o valor atual do índice Nikkei é 15.000 ienes, a taxa de juros livre de risco de 1 ano em dólares é 5%, a taxa de juros livre de risco de 1 ano em ienes é 2% e o rendimento em dividendos do índice Nikkei é 1%. O preço a termo do índice Nikkei para um contrato de 1 ano denominado em ienes pode ser calculado da maneira tradicional usando a equação (5.8) como:

$$15.000e^{(0,02-0,01)\times 1} = 15.150,75$$

Suponha que a volatilidade do índice é 20%, a volatilidade da taxa de câmbio a termo de 1 ano de ienes por dólar é 12% e a correlação entre as duas é 0,3. Nesse caso, $E_Y(V_T) = 15.150,75$, $\sigma_V = 0,20$, $\sigma_W = 0,12$ e $\rho = 0,3$. Da equação (30.6), o valor esperado do índice Nikkei em um mundo que é *forward risk neutral* com relação a um título em dólares com vencimento em 1 ano é:

$$15.150,75e^{0,3\times 0,2\times 0,12\times 1} = 15.260,23$$

Esse é o preço a termo do índice Nikkei para um contrato que oferece um resultado em dólares e não em ienes. (Enquanto aproximação, também é o preço futuro de tal contrato.) ■

Usando medidas *risk-neutral* tradicionais

A medida *forward risk neutral* funciona bem quando os resultados ocorrem apenas uma vez. Em outras situações, muitas vezes é mais apropriado usar a medida *risk-neutral* tradicional. Suponha que o processo seguido por uma variável V no mundo *risk-neutral* da moeda tradicional Y é conhecido e que desejamos estimar seu processo no mundo *risk-neutral* da moeda tradicional X. Defina:

S: Taxa de câmbio à vista (unidades de Y por unidade de X)

σ_S: Volatilidade de S

σ_V: Volatilidade de V

ρ: Correlação instantânea entre S e V.

Nesse caso, a mudança do *numéraire* é da conta de mercado monetário na moeda Y para a conta de mercado monetário na moeda X. Defina g_X como o valor da conta de mercado monetário na moeda X e g_Y como o valor da conta de mercado monetário na moeda Y. A razão do *numéraire* é:

História de Negócios 30.1   O paradoxo de Siegel

Considere duas moedas, X e Y. Suponha que as taxas de juros nas duas moedas, r_X e r_Y, são constantes. Defina S como o número de unidades da moeda Y por unidade da moeda X. Como explicado no Capítulo 5, uma moeda é um ativo que oferece um rendimento à taxa de juros livre de risco estrangeira. O processo *risk-neutral* tradicional para S é, assim:

$$dS = (r_Y - r_X)S\,dt + \sigma_S S\,dz$$

Do lema de Itô, isso implica que o processo para $1/S$ é:

$$d(1/S) = (r_X - r_Y + \sigma_S^2)(1/S)\,dt - \sigma_S(1/S)\,dz$$

Isso leva ao chamado *paradoxo de Siegel*. Como a taxa de crescimento esperada de S é $r_Y - r_X$ em um mundo *risk-neutral*, a simetria sugere que a taxa de crescimento esperada de $1/S$ deve ser $r_X - r_Y$ e não $r_X - r_Y + \sigma_S^2$.

Para entender o paradoxo de Siegel, é necessário considerar que o processo que demos para S é o processo *risk-neutral* para S em um mundo no qual o *numéraire* é a conta de mercado monetário na moeda Y. O processo para $1/S$, por ser deduzido do processo para S, também pressupõe, assim, que este é o *numéraire*. Como $1/S$ é o número de unidades de X por unidade de Y, para sermos simétricos, também devemos mensurar o processo para $1/S$ em um mundo no qual o *numéraire* é a conta de mercado monetário na moeda X. A equação (30.7) mostra que quando mudamos o *numéraire*, da conta de mercado monetário na moeda Y para a conta de mercado monetário na moeda X, a taxa de crescimento de uma variável V aumenta em $\rho\sigma_V\sigma_S$, onde ρ é a correlação entre S e V. Nesse caso, $V = 1/S$, de modo que $\rho = -1$ e $\sigma_V = \sigma_S$. Logo, a mudança no *numéraire* faz com que a taxa de crescimento de $1/S$ aumente em $-\sigma_S^2$. Isso neutraliza o $+\sigma_S^2$ no processo dado acima para $1/S$. O processo para $1/S$ em um mundo no qual o *numéraire* é a conta de mercado monetário na moeda X é, assim:

$$d(1/S) = (r_X - r_Y)(1/S)\,dt - \sigma_S(1/S)\,dz$$

Isso é simétrico com o processo que iniciamos para S. O paradoxo está resolvido!

$$g_X S / g_Y$$

As variáveis $g_X(t)$ e $g_Y(t)$ têm um drift estocástico, mas volatilidade zero, como explicado na Seção 28.4. Do lema de Itô, sabemos que a volatilidade da razão do *numéraire* é σ_S. A mudança do *numéraire* envolve, assim, aumentar a taxa de crescimento esperada de V em:

$$\rho\sigma_V\sigma_S \qquad (30.7)$$

O preço de mercado do risco muda de zero para $\rho\sigma_S$. Esse resultado nos permite entender o chamado paradoxo de Siegel (ver História de Negócios 30.1).

■ Exemplo 30.5

Uma opção americana de 2 anos oferece um resultado de $S - K$ libras esterlinas, onde S é o nível do índice S&P 500 no tempo de exercício e K é o preço de exercício. O nível atual do S&P 500 é 1.200. As taxas de juros livres de risco em libras esterlinas e dólares são constantes em 5% e 3%, respectivamente, a correlação entre a taxa de câmbio dólares/libra e o S&P 500 é 0,2, a volatilidade do S&P 500 é 25% e a volatilidade da taxa de câmbio é 12%. O rendimento em dividendos sobre o S&P 500 é de 1,5%.

Essa opção pode ser avaliada pela construção de uma árvore binomial para o S&P 500 usando como *numéraire* a conta de mercado monetário na Grã-Bretanha (ou seja, usando o mundo *risk-neutral* tradicional visto da perspectiva de um investidor britânico). Da equação (30.7), a mudança no *numéraire* da conta de mercado monetário americana para a britânica leva a um aumento na taxa de crescimento esperada do S&P 500 de:

$$0{,}2 \times 0{,}25 \times 0{,}12 = 0{,}006$$

ou 0,6%. A taxa de crescimento do S&P 500 usando o *numéraire* em dólares americanos é 3% − 1,5% = 1,5%. A taxa de crescimento usando o *numéraire* em libras esterlinas é, portanto, 2,1%. A taxa de juros livre de risco em libras esterlinas é 5%. Assim, o S&P 500 se comporta como um ativo que oferece um rendimento em dividendos de 5% − 2,1% = 2,9% sob o *numéraire* em libras esterlinas. Usando os valores de parâmetro de $S = 1.200$, $K = 1.200$, $r = 0{,}05$, $q = 0{,}029$, $\sigma = 0{,}25$ e $T = 2$ com 100 passos no tempo, estime o valor da opção como sendo de £179.83. ■

RESUMO

Na avaliação de um derivativo que oferece um resultado em uma determinada data futura, é natural pressupor que as variáveis subjacentes ao derivativo são iguais a seus valores a termo e descontar à taxa de juros aplicável da data da avaliação até a data do resultado. Este capítulo demonstrou que isso nem sempre representa o procedimento correto.

Quando um resultado depende de um rendimento de título *y* observado no tempo *T*, devemos pressupor que o rendimento esperado será maior do que o rendimento a termo, como indicado pela equação (30.1). Esse resultado pode ser adaptado para situações nas quais o resultado depende de uma taxa de swap. Quando uma variável é observada no tempo *T*, mas o resultado ocorre em uma data posterior *T**, o valor a termo da variável deve ser ajustado da forma indicada pela equação (30.4). Quando uma variável é observada em uma moeda, mas leva a um resultado em outra moeda, o valor a termo da variável também deve ser ajustado. Nesse caso, o ajustamento é mostrado na equação (30.6).

Esses resultados serão usados quando considerarmos swaps não padrões no Capítulo 33.

LEITURAS COMPLEMENTARES

Brotherton-Ratcliffe, R., and B. Iben, "Yield Curve Applications of Swap Products," in *Advanced Strategies in Financial Risk Management* (R. Schwartz and C. Smith, eds.). New York Institute of Finance, 1993.

Jamshidian, F., "Corralling Quantos," *Risk*, March (1994): 71–75.

Reiner, E., "Quanto Mechanics," *Risk*, March (1992), 59–63.

CAPÍTULO 30 ▪ Ajustamentos para convexidade, tempestividade e quanto **761**

Questões e problemas (respostas no manual de soluções)

30.1 Explique como você avaliaria um derivativo com resultado de $100R$ em 5 anos, onde R é a taxa de juros de 1 ano (com capitalização anual) observada em 4 anos. Qual seria a diferença se o resultado ocorresse em (a) 4 anos e (b) 6 anos?

30.2 Explique se algum ajustamento para convexidade ou para tempestividade é necessário quando:
   (a) Desejamos avaliar uma opção de spread com resultado a cada trimestre igual ao excedente (se houver) da taxa de swap de 5 anos sobre a taxa LIBOR de 3 meses aplicado a um principal de $100. O resultado ocorre 90 dias após as taxas serem observadas.
   (b) Desejamos avaliar um derivativo com resultado a cada trimestre igual à taxa LIBOR de 3 meses menos aos juros do Tesouro de 3 meses. O resultado ocorre 90 dias após as taxas serem observadas.

30.3 Suponha que no Exemplo 29.3 da Seção 29.2, o resultado ocorre após 1 ano (ou seja, quando a taxa de juros é observada) e não em 15 meses. Qual é a diferença disso para os insumos do modelo de Black?

30.4 A curva de juros LIBOR/swap (usada para desconto) é plana em 10% ao ano com capitalização anual. Calcule o valor de um instrumento no qual, em 5 anos, a taxa de swap de 2 anos (com capitalização anual) é recebida e uma taxa fixa de 10% é paga. Ambas são aplicadas a um principal nocional de $100. Pressuponha que a volatilidade da taxa de swap é de 20% ao ano. Explique por que o valor do instrumento é diferente de zero.

30.5 Qual seria a diferença no Problema 30.4 se a taxa de swap fosse observada em 5 anos, mas a troca de pagamentos ocorresse em (a) 6 anos e (b) 7 anos? Pressuponha que as volatilidades de todas as taxas forward são de 20%. Pressuponha também que a taxa de swap a termo para o período entre os anos 5 e 7 tem uma correlação de 0,8 com a taxa forward entre os anos 5 e 6 e uma correlação de 0,95 com a taxa forward entre os anos 5 e 7.

30.6 O preço de um título no tempo T, mensurado em termos de seu rendimento, é $G(y_T)$. Pressuponha um movimento browniano geométrico para o rendimento do título a termo y em um mundo que é *forward risk neutral* com relação a um título com vencimento no tempo T. Pressuponha que a taxa de crescimento do rendimento do título a termo é α e sua volatilidade é σ_y.
   (a) Use o lema de Itô para calcular o processo para o preço a termo do título em termos de α, σ_y, y e $G(y)$.
   (b) O preço a termo do título deve seguir um martingale no mundo considerado. Use esse fato para calcular uma expressão para α.
   (c) Mostre que a expressão para α é, em uma primeira aproximação, consistente com a equação (30.1).

30.7 A variável S é um ativo de investimento que oferece um rendimento a uma taxa q mensurada na moeda A. Ela segue o processo:

$$dS = \mu_S S\, dt + \sigma_S S\, dz$$

no mundo real. Definindo novas variáveis quando necessário, apresente o processo seguido por S e o preço de mercado do risco correspondente em:
   (a) Um mundo que é o mundo *risk-neutral* tradicional para a moeda A
   (b) Um mundo que é o mundo *risk-neutral* tradicional para a moeda B

(c) Um mundo que é *forward risk neutral* com relação ao título de cupom zero na moeda A com vencimento no tempo T

(d) Um mundo que é *forward risk neutral* com relação a um título de cupom zero na moeda B com vencimento no tempo T.

30.8 Uma opção de compra oferece um resultado no tempo T de max($S_T - K$, 0) ienes, onde S_T é o preço em dólares do ouro no tempo T e K é o preço de exercício. Pressupondo que os custos de estocagem do ouro são zero e definindo as outras variáveis como necessário, calcule o valor do contrato.

30.9 Um índice de ações canadense está em 400. O dólar canadense vale 0,70 dólares americanos hoje. As taxas de juros livres de risco no Canadá e nos EUA estão constantes em 6% e 4%, respectivamente. O rendimento em dividendos sobre o índice é de 3%. Defina Q como o número de dólares canadenses por dólar americano e S como o valor do índice. A volatilidade de S é de 20%, a volatilidade de Q é de 6% e a correlação entre S e Q é de 0,4. Determine o valor da opção de compra americana de 2 anos sobre o índice se ele:

(a) Dá resultado em dólares canadenses igual à quantia pela qual o índice excede 400.

(b) Dá resultado em dólares americanos igual à quantia pela qual o índice excede 400.

Questões adicionais

30.10 Considere um instrumento que dará um resultado de S dólares em 2 anos, onde S é o valor do índice Nikkei. O índice está em 20.000. A taxa de câmbio iene/dólar é de 100 (ienes por dólar). A correlação entre a taxa de câmbio e o índice é de 0,3 e o rendimento em dividendos sobre o índice é de 1% ao ano. A volatilidade do índice Nikkei é de 20% e a volatilidade da taxa de câmbio iene/dólar é de 12%. As taxas de juros (pressupostas como constantes) nos EUA e no Japão são de 4% e 2%, respectivamente.

(a) Qual é o valor do instrumento?

(b) Suponha que a taxa de câmbio em algum momento durante a vida do instrumento é Q e o nível do índice é S. Demonstre que um investidor americano pode criar um portfólio que muda de valor em aproximadamente ΔS dólares quando o índice muda de valor em ΔS ienes investindo S dólares no índice Nikkei e vendendo a descoberto SQ ienes.

(c) Confirme que isso está correto pressupondo que o índice muda de 20.000 para 20.050 e a taxa de câmbio muda de 100 para 99,7.

(d) Como você realizaria delta hedge para o instrumento sob consideração?

30.11 Suponha que a curva de juros LIBOR é plana em 8% (com capitalização contínua). O resultado de um derivativo ocorre em 4 anos. Ele é igual à taxa de 5 anos menos a taxa de 2 anos nessa data, aplicada a um principal de $100, com ambas as taxas utilizando capitalização contínua. (O resultado pode ser positivo ou negativo.) Calcule o valor do derivativo. Pressuponha que a volatilidade de todas as taxas é de 25%. Qual é a diferença se o resultado ocorre em 5 anos e não em 4? Pressuponha que todas as taxas estão perfeitamente correlacionadas. Use desconto LIBOR.

30.12 Suponha que o resultado de um derivativo ocorrerá em 10 anos e será igual à taxa de swap em dólares americanos de 3 anos para um swap de pagamentos semestrais observados na data aplicado a um determinado principal. Pressuponha que a curva de juros do swap (usada para desconto) é plana em 8% (com capitalização semestral) ao ano em dólares e 3% (com capitalização semestral) em ienes. A volatilidade da taxa de swap a termo é de 18%, a volatilidade da taxa de câmbio a termo iene/dólar de 10 anos é de 12% e a correlação entre a taxa de câmbio e as taxas de juros em dólares americanos é de 0,25. Qual é o valor do derivativo se (a) taxa de swap é aplicada a um principal de $100 milhões com um resultado em dólares e (b) é aplicada a 100 milhões de ienes com resultado em ienes?

30.13 O resultado de um derivativo ocorrerá em 8 anos. Ele será igual à média das taxas de juros livres de risco de 1 ano observadas nos tempos 5, 6, 7 e 8 anos aplicada a um principal de $1.000 milhões. A curva de juros livre de risco é plana em 6% com capitalização anual e as volatilidades de todas as taxas são de 16%. Pressuponha uma correlação perfeita entre todas as taxas. Qual é o valor do derivativo?

APÊNDICE
Prova da fórmula de ajustamento para convexidade

Este apêndice calcula um ajustamento para convexidade para rendimentos de títulos a termo. Suponha que o resultado de um derivativo no tempo T depende de um rendimento de título observado nessa data. Defina:

y_0: Rendimento de título a termo observado hoje para um contrato a termo com vencimento T

y_T: Rendimento do título no tempo T

B_T: Preço do título no tempo T

σ_y: Volatilidade do rendimento do título a termo.

Suponha que:

$$B_T = G(y_T)$$

Expandindo $G(y_T)$ em uma série de Taylor sobre $y_T = y_0$ rende a seguinte aproximação:

$$B_T = G(y_0) + (y_T - y_0)G'(y_0) + 0{,}5(y_T - y_0)^2 G''(y_0)$$

onde G' e G'' são a primeira e a segunda derivativas parciais de G. Considerar as expectativas em um mundo que é *forward risk neutral* com relação a um título de cupom zero com vencimento no tempo T produz:

$$E_T(B_T) = G(y_0) + E_T(y_T - y_0)G'(y_0) + \tfrac{1}{2}E_T[(y_T - y_0)^2]G''(y_0)$$

onde E_T denota as expectativas nesse mundo. A expressão $G(y_0)$ é, por definição, o preço do título a termo. Além disso, devido ao mundo específico no qual estamos trabalhando, $E_T(B_T)$ é igual ao preço do título a termo. Logo, $E_T(B_T) = G(y_0)$, de modo que:

$$E_T(y_T - y_0)G'(y_0) + \tfrac{1}{2}E_T[(y_T - y_0)^2]G''(y_0) = 0$$

A expressão $E_T[(y_T - y_0)^2]$ é aproximadamente $\sigma_y^2 y_0^2 T$. Logo, é aproximadamente verdade que:

$$E_T(y_T) = y_0 - \tfrac{1}{2}y_0^2 \sigma_y^2 T \frac{G''(y_0)}{G'(y_0)}$$

Isso mostra que para obter o rendimento do título esperado em um mundo que é *forward risk neutral* com relação a um título de cupom zero com vencimento no tempo T, o termo:

$$-\tfrac{1}{2}y_0^2 \sigma_y^2 T \frac{G''(y_0)}{G'(y_0)}$$

deve ser somado ao rendimento do título a termo. Esse é o resultado na equação (30.1). Para uma prova alternativa, consulte o Problema 30.6.

CAPÍTULO

31

Derivativos de taxas de juros: modelos da taxa de curto prazo

Os modelos para o apreçamento de opções sobre taxas de juros apresentados até aqui pressupõem que a distribuição de probabilidade de uma taxa de juros, preço de títulos ou alguma outra variável em um momento futuro é lognormal. Eles são bastante utilizados para avaliar instrumentos como caps, opções europeias sobre títulos e swaps. Contudo, eles têm seus limites. Eles não descrevem como as taxas de juros evoluem com o passar do tempo. Por consequência, eles não podem ser utilizados para avaliar derivativos de taxas de juros americanos ou notas estruturadas.

Este capítulo e o próximo analisam abordagens alternativas para superar essas limitações. Elas envolvem construir um *modelo de estrutura a termo*, que descreve a evolução de todas as taxas de juros de cupom zero.[1] Este capítulo enfoca os modelos de estrutura a termo construídos pela especificação do comportamento da taxa de juros de curto prazo, r.

Este capítulo trata do modelamento de uma única curva à vista livre de risco. A tendência em prol do desconto OIS, discutida no Capítulo 9, significa que muitas vezes é necessário modelar duas curvas à vista simultaneamente. Os modelos neste capítulo são então aplicados à taxa OIS e é desenvolvido um modelo independente do spread entre as taxas OIS e LIBOR. A Seção 32.3 analisa como isso é possível.

31.1 CONTEXTO

A taxa de juros de curto prazo livre de risco, r, no tempo t é a taxa que se aplica a um período infinitesimalmente curto t. Ela também chamada de *taxa de curto prazo instantânea*. Os preços de títulos, preços de opções e outros preços de derivativos

---

[1] Uma vantagem dos modelos de estrutura a termo é que os ajustamentos para convexidade e tempestividade discutidos no capítulo anterior não são necessários.

dependem apenas do processo seguido por *r* em um mundo *risk-neutral*. O processo para *r* no mundo real não é utilizado. Como explicado no Capítulo 28, o mundo *risk--neutral* tradicional é aquele no qual, em um brevíssimo período de tempo entre *t* e *t* + Δ*t*, os investidores obtêm em média $r(t)\Delta t$. Todos os processos para *r* que serão considerados neste capítulo, exceto quando marcados explicitamente do contrário, são processos nesse mundo *risk-neutral*.

Da equação (28.19), o valor no tempo *t* de um derivativo de taxa de juros que oferece um resultado de f_T no tempo *T* é:

$$\hat{E}[e^{-\bar{r}(T-t)} f_T] \quad (31.1)$$

onde $\bar{r}$ é o valor médio de *r* no intervalo de tempo entre *t* e *T* e $\hat{E}$ denota o valor esperado no mundo *risk-neutral* tradicional.

Como sempre, defina $P(t, T)$ como o preço no tempo *t* de um título de cupom zero livre de risco que oferece resultado de $1 no tempo *T*. Da equação (31.1):

$$P(t, T) = \hat{E}[e^{-\bar{r}(T-t)}] \quad (31.2)$$

Se $R(t, T)$ é a taxa de juros livre de risco com capitalização contínua no tempo *t* para um termo de $T - t$, então:

$$P(t, T) = e^{-R(t,T)(T-t)}$$

de modo que:

$$R(t, T) = -\frac{1}{T - t} \ln P(t, T) \quad (31.3)$$

e, da equação (31.2):

$$R(t, T) = -\frac{1}{T - t} \ln \hat{E}[e^{-\bar{r}(T-t)}] \quad (31.4)$$

Essa equação permite que obtenhamos a estrutura a termo das taxas de juros em um dado momento a partir do valor de *r* naquele momento e o processo *risk-neutral* para *r*. Ela mostra que depois que o processo para *r* foi definido, tudo mais sobre a curva à vista inicial e sua evolução com o tempo pode ser determinado.

Suponha que *r* segue o processo geral:

$$dr = m(r, t) dt + s(r, t) dz$$

Do lema de Itô, qualquer derivativo que dependa da *r* segue o processo:

$$df = \left(\frac{\partial f}{\partial t} + m \frac{\partial f}{\partial r} + \frac{1}{2} s^2 \frac{\partial f}{\partial r^2} \right) dt + s \frac{\partial f}{\partial r} dz$$

Como estamos trabalhando no mundo *risk-neutral* tradicional, se o derivativo não gera renda, esse processo deve ter a forma:

$$df = rf \, dt + \cdots$$

de modo que:

$$\frac{\partial f}{\partial t} + m \frac{\partial f}{\partial r} + \frac{1}{2} s^2 \frac{\partial^2 f}{\partial r^2} = rf \quad (31.5)$$

Isso é equivalente à equação diferencial de Black–Scholes–Merton para derivativos de taxas de juros. Uma solução da equação deve ser o preço de título de cupom zero $P(t, T)$.

31.2 MODELOS DE EQUILÍBRIO

Os modelos de equilíbrio normalmente começam com pressupostos sobre variáveis econômicas e derivam um processo para a taxa de curto prazo, r. Depois disso, eles exploram o que o processo para r implica sobre preços de títulos e de opções.

Em um modelo de equilíbrio de um fator, o processo para r envolve apenas uma fonte de incerteza. Em geral, o processo *risk-neutral* para a taxa de curto prazo é descrito por um processo de Itô da forma:

$$dr = m(r)\,dt + s(r)\,dz$$

Pressupõe-se que o drift instantâneo, m, e o desvio padrão instantâneo, s, são funções de r, mas independentes do tempo. O pressuposto de um único fator não é tão restritivo quanto parece no primeiro momento. Um modelo unifatorial implica que todas as taxas se movem na mesma direção durante qualquer breve intervalo de tempo, mas não que se movem na mesma quantidade. O formato da curva à vista pode, assim, mudar com a passagem do tempo.

Esta seção considera três modelos de equilíbrio unifatoriais:

$m(r) = \mu r; \quad s(r) = \sigma r$ (Modelo de Rendleman e Bartter)

$m(r) = a(b - r); \quad s(r) = \sigma$ (Modelo de Vasicek)

$m(r) = a(b - r); \quad s(r) = \sigma\sqrt{r}$ (Modelo de Cox, Ingersoll e Ross)

O modelo de Rendleman e Bartter

No modelo de Rendleman e Bartter, o processo *risk-neutral* para r é:[2]

$$dr = \mu r\,dt + \sigma r\,dz$$

onde μ e σ são constantes. Isso significa que r segue o movimento browniano geométrico. O processo para r é do mesmo tipo que aquele pressuposto para o preço de ações no Capítulo 15. Ele pode ser representado utilizando uma árvore binomial semelhante àquela usada para ações no Capítulo 13.[3]

O pressuposto que a taxa de juros de curto prazo se comporta como um preço de ação é um ponto de partida natural, mas está longe de ser ideal. Uma diferença importante entre as taxas de juros e os preços de ações é que as primeiras parecem ser puxadas de volta a algum nível médio de longo prazo com o passar do tempo, um fenômeno conhecido pelo nome de *reversão à média*. Quando r é alta, a reversão à média tende a fazer com que tenha drift negativo; quando r é baixa, a reversão à média tende a fazer com que tenha drift positivo. A Figura 31.1 ilustra a reversão à média. O modelo de Rendleman e Bartter não incorpora a reversão à média.

---

[2] Ver R. Rendleman and B. Bartter, "The Pricing of Options on Debt Securities," *Journal of Financial and Quantitative Analysis*, 15 (March 1980): 11–24.

[3] O modo como a árvore de taxas de juros é utilizada será explicado posteriormente no capítulo.

Há argumentos econômicos convincentes em prol da reversão à média. Quando as taxas são altas, a economia tende a se desacelerar e os devedores diminuem sua busca por recursos. Por consequência, as taxas caem. Quando as taxas diminuem, a demanda por recursos por parte dos devedores tende a aumentar e as taxas tendem a se elevar.

O modelo de Vasicek

No modelo de Vasicek, o processo *risk-neutral* para r é:

$$dr = a(b - r)\,dt + \sigma\,dz$$

onde a, b e σ são constantes não negativas[4]. Esse modelo incorpora a reversão à média. A taxa de curto prazo é puxada para um nível b a uma taxa a. Sobreposto a esse "puxão" há um termo estocástico normalmente distribuído $\sigma\,dz$.

Os preços de títulos de cupom zero no modelo de Vasicek são dados por:

$$P(t, T) = A(t, T)e^{-B(t,T)r(t)} \tag{31.6}$$

onde:

$$B(t, T) = \frac{1 - e^{-a(T-t)}}{a} \tag{31.7}$$

e:

$$A(t, T) = \exp\left[\frac{(B(t, T) - T + t)(a^2 b - \sigma^2/2)}{a^2} - \frac{\sigma^2 B(t, T)^2}{4a}\right] \tag{31.8}$$

Quando $a = 0$, $B(t, T) = T - t$ e $A(t, T) = \exp[\sigma^2(T - t)^3/6]$.

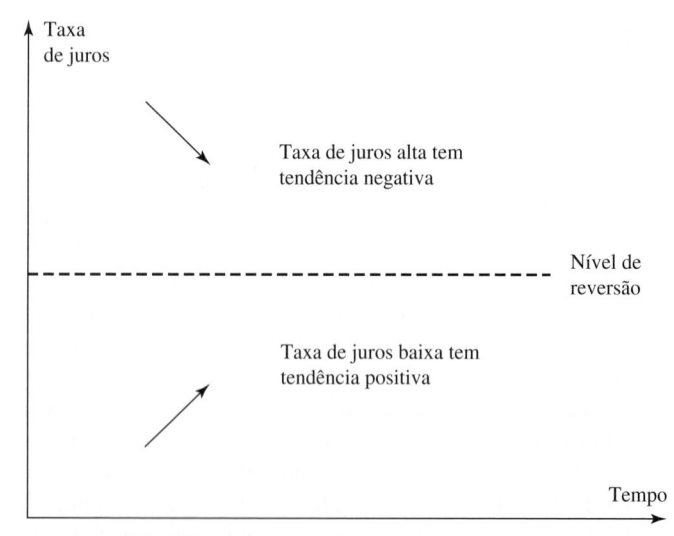

FIGURA 31.1 Reversão à média.

---

[4] Ver O. A. Vasicek, "An Equilibrium Characterization of the Term Structure," *Journal of Financial Economics*, 5 (1977): 177–88.

Para ver que isso é verdade, observe que $m = a(b - r)$ e $s = \sigma$ na equação diferencial (31.5), de modo que:

$$\frac{\partial f}{\partial t} + a(b - r)\frac{\partial f}{\partial r} + \tfrac{1}{2}\sigma^2 \frac{\partial^2 f}{\partial r^2} = rf$$

Por substituição, vemos que $f = A(t, T) \exp^{-B(t,T)r}$ satisfaz essa equação diferencial quando:

$$B_t - aB + 1 = 0$$

e:

$$A_t - abAB + \tfrac{1}{2}\sigma^2 AB^2 = 0$$

onde subscritos denotam derivativos. As expressões para $A(t, T)$ e $B(t, T)$ nas equações (31.7) e (31.8) são soluções para essas equações. Além disso, como $A(T, T) = 1$ e $B(T, T) = 0$, a condição de limite $P(T, T) = 1$ é satisfeita.

O modelo de Cox, Ingersoll e Ross

Cox, Ingersoll e Ross (CIR) propuseram o seguinte modelo alternativo:[5]

$$dr = a(b - r)\,dt + \sigma\sqrt{r}\,dz$$

onde a, b e σ são constantes não negativas. O resultado tem o mesmo drift com reversão à média que Vasicek, mas o desvio padrão da mudança na taxa de curto prazo em um breve período de tempo é proporcional a $\sqrt{r}$. Isso significa que à medida que a taxa de curto prazo aumenta, o desvio padrão aumenta também.

Os preços de títulos no modelo CIR têm a mesma forma geral que aqueles no modelo de Vasicek:

$$P(t, T) = A(t, T)e^{-B(t,T)r(t)}$$

mas as funções $B(t, T)$ e $A(t, T)$ são diferentes:

$$B(t, T) = \frac{2(e^{\gamma(T-t)} - 1)}{(\gamma + a)(e^{\gamma(T-t)} - 1) + 2\gamma}$$

e:

$$A(t, T) = \left[\frac{2\gamma e^{(a+\gamma)(T-t)/2}}{(\gamma + a)(e^{\gamma(T-t)} - 1) + 2\gamma}\right]^{2ab/\sigma^2}$$

com $\gamma = \sqrt{a^2 + 2\sigma^2}$.

Para ver esse resultado, inserimos $m = a(b - r)$ e $s = \sigma\sqrt{r}$ na equação diferencial (31.5) para obtermos:

$$\frac{\partial f}{\partial t} + a(b - r)\frac{\partial f}{\partial r} + \tfrac{1}{2}\sigma^2 r\frac{\partial f}{\partial r^2} = rf$$

---

[5] Ver J. C. Cox, J. E. Ingersoll, and S. A. Ross, "A Theory of the Term Structure of Interest Rates," *Econometrica*, 53 (1985): 385–407.

Assim como no caso do modelo de Vasicek, podemos provar o resultado de apreçamento de títulos inserindo $f = A(t, T)e^{-B(t,T)r}$ na equação diferencial. Nesse caso, $A(t, T)$ e $B(t, T)$ são soluções de:

$$B_t - aB - \tfrac{1}{2}\sigma^2 B^2 + 1 = 0, \quad A_t - abAB = 0$$

Além disso, a condição limite $P(T, T) = 1$ é satisfeita.

Propriedades de Vasicek e CIR

As funções $A(t, T)$ e $B(t, T)$ são diferentes para Vasicek e CIR, mas para ambos os modelos:

$$P(t, T) = A(t, T)e^{-B(t,T)r(t)}$$

de modo que:

$$\frac{\partial P(t, T)}{\partial r(t)} = -B(t, T)P(t, T) \tag{31.9}$$

Da equação (31.3), a taxa zero no tempo t para um período de $T - t$ é:

$$R(t, T) = -\frac{1}{T-t} \ln A(t, T) + \frac{1}{T-t} B(t, T)r(t)$$

Isso mostra que toda a estrutura a termo no tempo t pode ser determinada como uma função de $r(t)$ depois que a, b e σ foram escolhidos. A taxa $R(t, T)$ é linearmente dependente de $r(t)$.[6] Isso significa que o valor de $r(t)$ determina o nível da estrutura a termo no tempo t. A forma da estrutura a termo no tempo t é independente de $r(t)$, mas ainda depende de t. Como mostrado na Figura 31.2, a forma em um determinado momento pode ter inclinação ascendente, inclinação descendente ou um ligeiro *hump*.

No Capítulo 4, vimos que a duração modificada D de um título ou outro instrumento dependente de taxas de juros, que tem preço Q, é definida por:

$$\frac{\Delta Q}{Q} = -D \Delta y$$

onde Δy denota o tamanho do movimento paralelo na curva de juros. Uma medida de duração alternativa $\hat{D}$, que pode ser utilizada em conjunto com Vasicek ou CIR, é definida da seguinte forma:

$$\hat{D} = -\frac{1}{Q} \frac{\partial Q}{\partial r}$$

Quando Q é o título de cupom zero, $P(t, T)$, a equação (31.9) mostra que $\hat{D} = B(t, T)$.

---

[6] Alguns pesquisadores desenvolveram modelos de equilíbrio de dois fatores que oferecem um conjunto de movimentos possíveis mais ricos na estrutura a termo do que Vasicek ou CIR. Ver, por exemplo, F. A. Longstaff and E. S. Schwartz, "Interest Rate Volatility and the Term Structure: A Two-Factor General Equilibrium Model," *Journal of Finance*, 47, 4 (September 1992): 1259–82.

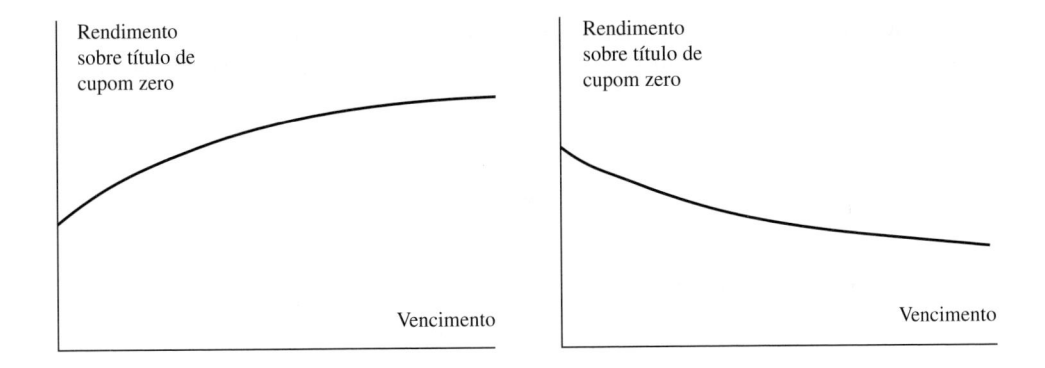

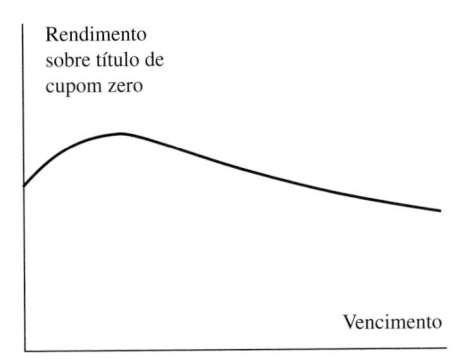

CAPÍTULO 31 ▪ Derivativos de taxas de juros: modelos da taxa de curto prazo

FIGURA 31.2 Possíveis formatos das estruturas a termo nos modelos de Vasicek e CIR.

▪ Exemplo 31.1

Considere um título de cupom zero de 4 anos de duração. Nesse caso, $D = 4$, de modo que um movimento paralelo de 10 pontos-base (0,1%) na estrutura a termo leva a uma redução de aproximadamente 0,4% no preço do título. Se o modelo de Vasicek é utilizado com $a = 0{,}1$:

$$\hat{D} = B(0, 4) = \frac{(1 - e^{-0,1 \times 4})}{0,1} = 3{,}30$$

Isso significa que um aumento de 10 pontos-base na taxa de curto prazo leva a uma redução do preço do título de aproximadamente 0,33%. A sensibilidade do preço do título a movimentos na taxa de curto prazo é menor do que a movimentos paralelos na curva à vista devido ao impacto da reversão à média. ▪

Quando Q é um portfólio de n títulos de cupom zero, $P(t, T_i)$ ($1 \leq i \leq n$) e c_i é o principal do i-ésimo título, temos:

$$\hat{D} = -\frac{1}{Q}\frac{\partial Q}{\partial r} = -\frac{1}{Q}\sum_{i=1}^{n} c_i \frac{\partial P(t, T_i)}{\partial r} = \sum_{i=1}^{n} \frac{c_i P(t, T_i)}{Q}\hat{D}_i$$

onde $\hat{D}_i$ é o $\hat{D}$ para $P(t, T_i)$. Isso mostra que o $\hat{D}$ para um título que paga cupom pode ser calculado como uma média ponderada dos $\hat{D}$s para os títulos de cupom zero subjacentes, semelhante ao modo como a medida de duração tradicional D é calculada (ver Tabela 4.6). Uma medida de convexidade para Vasicek e CIR pode ser definida de forma semelhante à medida de duração (ver Problema 31.21).

A taxa de crescimento esperado de $P(t, T)$ no mundo *risk-neutral* tradicional no tempo t é $r(t)$ porque $P(t, T)$ é o preço de um título negociado. Como $P(t, T)$ é uma função de $r(t)$, o coeficiente de $dz(t)$ no processo para $P(t, T)$ pode ser calculado a partir do lema de Itô como $\sigma \partial P(t, T)/\partial r(t)$ para Vasicek $\sigma \sqrt{r(t)}\, \partial P(t, T)/\partial r(t)$ para CIR. Inserindo os termos da equação (31.9), os processos para $P(t, T)$ em um mundo *risk-neutral* são, portanto:

$$\text{Vasicek:} \quad dP(t, T) = r(t)P(t, T)\, dt - \sigma B(t, T)P(t, T)\, dz(t)$$

$$\text{CIR:} \quad dP(t, T) = r(t)P(t, T)\, dt - \sigma \sqrt{r(t)}\, B(t, T)P(t, T)\, dz(t)$$

Para comparar a estrutura a termo das taxas de juros dadas por Vasicek e CIR para um determinado valor de r, faz sentido usar os mesmos a e b. Contudo, o σ de Vasicek, σ_{vas}, deve ser escolhido de modo a ser aproximadamente igual ao σ de CIR, σ_{cir}, vezes $\sqrt{r(t)}$. Por exemplo, se r é 4% e $\sigma_{vas} = 0{,}01$, um valor apropriado para σ_{cir} seria $0{,}01/\sqrt{0{,}04} = 0{,}05$. O software para experimentar com os modelos se encontra em www.rotman.utoronto.ca/~hull/VasicekCIR. Sob Vasicek, r pode se tornar negativo, o que não é possível sob CIR.[7]

Aplicações de modelos de equilíbrio

Como será discutido na próxima seção, durante a avaliação de derivativos, é importante que o modelo utilizado ofereça um ajuste exato à estrutura a termo atual das taxas de juros. Contudo, quando uma simulação de Monte Carlo é realizada durante um longo período de tempo para fins de análise de cenários, os modelos de equilíbrio discutidos nesta seção podem representar ferramentas bastante úteis. Um fundo de pensão ou seguradora interessado em avaliar seu portfólio em 20 anos provavelmente acreditará que a forma exata da estrutura a termo atual das taxas de juros afeta relativamente pouco seus riscos.

Depois que um dos modelos analisados foi escolhido, uma abordagem é determinar os parâmetros a partir de movimentos passados na taxa de curto prazo. (A taxa de 1 mês ou de 3 meses pode ser utilizada como indicador da taxa de curto prazo.) Os dados podem ser coletados sobre mudanças diárias, semanais ou mensais na taxa de curto prazo e os parâmetros podem ser estimados pela regressão de Δr contra r (ver Exemplo 31.2) ou pelo uso de métodos de probabilidade máxima (ver Problema 31.13). Outra abordagem é coletar dados sobre os preços de títulos e usar um aplicativo como o Solver no Excel para determinar os valores de a, b e σ, que minimiza as somas dos quadrados da diferença entre os preços de mercado dos títulos e seus preços do modelo.

Há uma diferença importante entre as duas abordagens. A primeira (ajustar os dados históricos) oferece estimativas de parâmetros no mundo real. A segunda

---

[7] No CIR, quando as taxas de juros se aproximam de zero, a variabilidade das taxas de juros se torna bastante pequena. Em todas as circunstâncias não são possíveis. As taxas de juros não são possíveis quando $2ab \geq \sigma_2$.

(ajustar preços de títulos) oferece estimativas de parâmetros no mundo *risk-neutral*. Quando realizamos uma análise de cenários, estamos interessados em modelar o comportamento da taxa de curto prazo no mundo real. Contudo, provavelmente também estamos interessados em conhecer a estrutura a termo completa das taxas de juros em diferentes momentos durante a vida da simulação de Monte Carlo. Para tanto, precisamos das estimativas de parâmetros *risk-neutral*.

Quando passamos do mundo real para o mundo *risk-neutral*, a volatilidade da taxa de curto prazo não muda, mas o drift, sim. Para determinar a mudança no drift, é necessário realizar uma estimativa do preço de mercado do risco da taxa de juros. Foi o que Ahmad e Wilmott fizeram ao comparar a inclinação da curva de juros de cupom zero com o drift do mundo real da taxa de curto prazo.[8] Sua estimativa do preço de mercado médio de longo prazo do risco da taxa de juros para as taxas americanas foi de cerca de $-1,2$. Há uma variação considerável em sua estimativa do preço de mercado do risco da taxa de juros com o tempo. Durante condições de mercado extremas, quando o *fear factor* é alto (por exemplo, durante a crise de crédito de 2007–2009), o preço de mercado do risco da taxa de juros foi um número negativo muito maior do que $-1,2$.

■ Exemplo 31.2

Suponha que a versão discreta do modelo de Vasicek:

$$\Delta r = a(b - r)\Delta t + \sigma \epsilon \sqrt{\Delta t}$$

é utilizada para ajustar os dados semanais sobre uma taxa de curto prazo durante um período de 10 anos para os fins de uma simulação de Monte Carlo. Pressuponha que quando Δr (a mudança na taxa de curto prazo em 1 semana) é regredida contra r, a inclinação é $-0,004$, a ordenada na origem é $0,00016$ e o erro padrão da estimativa é $0,001$. Nesse caso, $\Delta t = 1/52$, de modo que $a/52 = 0,004$, $ab/52 = 0,00016$ e $\sigma/\sqrt{52} = 0,001$. Isso significa que $a = 0,21$, $b = 0,04$ e $\sigma = 0,0072$. (Esses parâmetros indicam que a taxa de curto prazo reverte para 4,0% com uma taxa de reversão de 21%. A volatilidade da taxa de curto prazo em um momento qualquer é 0,72% dividido pela taxa de curto prazo.) Com isso, a taxa de curto prazo pode ser simulada no mundo real.

Para determinar o processo *risk-neutral* para r, observamos que o drift proporcional de r é $a(b - r)/r$ e sua volatilidade é σ/r. Dos resultados no Capítulo 28, o drift proporcional se reduz por $\lambda\sigma/r$ quando passamos do mundo real para o mundo *risk-neutral* onde λ é o preço de mercado risco da taxa de juros. O processo para r no mundo *risk-neutral* é, portanto:

$$dr = [a(b - r) - \lambda\sigma]\,dt + \sigma\,dz$$

ou:

$$dr = [a(b^* - r)]\,dt + \sigma\,dz$$

onde:

$$b^* = b - \lambda\sigma/a$$

---

[8] Ver R. Ahmad and P. Wilmott, "The Market Price of Interest-Rate Risk: Measuring and Modeling Fear and Greed in the Fixed-Income Markets," *Wilmott*, January 2007, 64–70.

Dados os resultados de Ahmad e Wilmott, poderíamos optar por definir $\lambda = -1{,}2$, de modo que $b^* = 0{,}04 + 1{,}2 \times 0{,}0072/0{,}21 = 0{,}082$. As equações (31.6) a (31.8) (com $b = b^*$) podem então ser utilizadas para determinar a estrutura a termo das taxas de juros completa em qualquer momento durante a simulação de Monte Carlo. ∎

■ Exemplo 31.3

O modelo de Cox–Ingersoll–Ross:

$$dr = a(b-r)\,dt + \sigma\sqrt{r}\,dz$$

pode ser utilizado para avaliar títulos de qualquer vencimento usando os resultados analíticos do modelo. Suponha que os valores de a, b e σ que minimizam a soma dos quadrados das diferenças entre os preços de mercado de um conjunto de títulos e os preços dados pelo modelo são $a = 0{,}15$, $b = 0{,}06$ e $\sigma = 0{,}05$. Esses valores dos parâmetros dão um processo *risk-neutral* de melhor ajuste para a taxa de curto prazo. Nesse caso, o drift proporcional na taxa de curto prazo é $a(b-r)/r$ e a volatilidade da taxa de curto prazo $\sigma/\sqrt{r}$. Dos resultados no Capítulo 28, o drift proporcional aumenta em $\lambda\sigma/\sqrt{r}$ quando passamos do mundo *risk-neutral* para o mundo real onde λ é o preço de mercado do risco de taxa de juros. O processo do mundo real para r é, portanto:

$$dr = [a(b-r) + \lambda\sigma\sqrt{r}]\,dt + \sigma\sqrt{r}\,dz$$

Este pode ser utilizado para simular o processo para a taxa de curto prazo no mundo real.[9] Em um dado momento, taxas de mais longo prazo podem ser determinadas utilizando o processo *risk-neutral* e resultados analíticos. Assim como antes, poderíamos optar por definir $\lambda = -1{,}2$.

31.3 MODELOS SEM ARBITRAGEM

A desvantagem dos modelos de equilíbrio apresentados é que eles não ajustam automaticamente a estrutura a termo das taxas de juros de hoje. Com a escolha inteligente dos parâmetros, eles podem fornecer um ajuste aproximado para muitas das estruturas a termo encontradas na prática. Mas o ajuste não é preciso. A maioria dos traders considera o resultado insatisfatório. Não sem razão, eles argumentam que não podem confiar no preço de uma opção sobre títulos quando o modelo utilizado não apreça o título subjacente corretamente. Um erro de 1% no preço do título subjacente pode levar a um erro de 25% no preço da opção.

Um *modelo sem arbitragem* é um modelo estruturado para ser exatamente consistente com a estrutura a termo das taxas de juros de hoje. A diferença essencial entre um modelo de equilíbrio e um modelo sem arbitragem é, portanto, a seguinte. Em um modelo de equilíbrio, a estrutura a termo das taxas de juros de hoje é um produto. Em um modelo sem arbitragem, a estrutura a termo das taxas de juros de hoje é um insumo.

---

[9] Movendo-se entre o mundo real e o mundo *risk-neutral* para o modelo de Cox–Ingersoll–Ross, pode ser conveniente pressupor que λ é proporcional a $\sqrt{r}$ ou $1/\sqrt{r}$ de modo a preservar a forma funcional para o drift.

Em um modelo de equilíbrio, o drift da taxa de curto prazo (ou seja, o coeficiente de dt) normalmente não é uma função do tempo. Em um modelo sem arbitragem, o drift geralmente é dependente do tempo. Isso ocorre porque o formato da curva à vista inicial rege o caminho médio adotado pela taxa de curto prazo no futuro em um modelo sem arbitragem. Se a curva à vista tem inclinação ascendente forte para vencimentos entre t_1 e t_2, r tem um drift positivo entre esses tempos; se tem uma inclinação descendente forte para esses vencimentos, r tem um drift negativo entre esses tempos.

Mas os modelos de equilíbrio podem ser convertidos em modelos sem arbitragem pela inclusão de uma função do tempo no drift da taxa de curto prazo. A seguir, consideramos os modelos de Ho–Lee, Hull–White (um e dois fatores), Black–Derman–Toy e Black–Karasinski.

O modelo de Ho–Lee

Ho e Lee propuseram o primeiro modelo sem arbitragem da estrutura a termo em um artigo de 1986.[10] Eles apresentaram o modelo na forma de uma árvore binomial de preços de títulos com dois parâmetros: o desvio padrão da taxa de curto prazo e o preço de mercado do risco da taxa de curto prazo. Desde então, descobriu-se que o limite de tempo contínuo do modelo no mundo *risk-neutral* tradicional é:

$$dr = \theta(t)\,dt + \sigma\,dz \qquad (31.10)$$

onde σ, o desvio padrão instantâneo da taxa de curto prazo, é constante e $\theta(t)$ é uma função do tempo escolhido para garantir que o modelo se ajusta à estrutura a termo inicial. A variável $\theta(t)$ define a direção média na qual r se move no tempo t. Esta é independente do nível de r. O parâmetro de Ho e Lee relativo ao preço de mercado do risco é irrelevante quando o modelo é utilizado para apreçar derivativos de taxas de juros.

A Nota Técnica 31 em www.rotman.utoronto.ca/~hull/TechnicalNotes mostra que:

$$\theta(t) = F_t(0,t) + \sigma^2 t \qquad (31.11)$$

onde $F(0, t)$ é a taxa forward instantânea para um vencimento t como visto no tempo zero e o subscrito t denota uma derivativa parcial com relação a t. Como aproximação, $\theta(t)$ é igual a $F_t(0, t)$. Isso significa que a direção média do movimento da taxa de curto prazo no futuro é aproximadamente igual à inclinação da curva a termo instantânea. A Figura 31.3 ilustra o modelo de Ho–Lee. Sobreposto ao movimento médio na taxa de curto prazo, você encontra o resultado aleatório normalmente distribuído.

A Nota Técnica 31 também mostra que:

$$P(t,T) = A(t,T)e^{-r(t)(T-t)} \qquad (31.12)$$

onde:

---

[10] Ver T. S. Y. Ho and S.-B. Lee, "Term Structure Movements and Pricing Interest Rate Contingent Claims," *Journal of Finance*, 41 (December 1986): 1011–29.

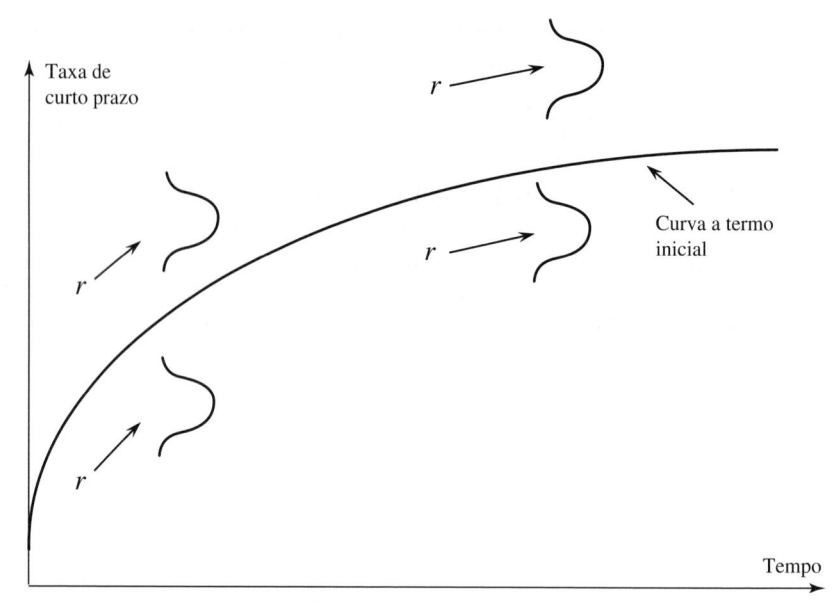

FIGURA 31.3 O modelo de Ho–Lee.

$$\ln A(t, T) = \ln \frac{P(0, T)}{P(0, t)} + (T - t)F(0, t) - \tfrac{1}{2}\sigma^2 t(T - t)^2$$

Da Seção 4.6, $F(0, t) = -\partial \ln P(0, t)/\partial t$. Os preços de títulos de cupom zero, $P(0, t)$, são conhecidos para todos os t a partir da estrutura a termo das taxas de juros de hoje. Assim, a equação (31.12) dá o preço do título de cupom zero em um tempo futuro t em termos da taxa de curto prazo no tempo t e os preços dos títulos hoje.

O modelo unifatorial de Hull–White

Em um artigo publicado em 1990, Hull e White exploraram extensões do modelo de Vasicek que oferecem um ajuste exato à estrutura a termo inicial.[11] Uma versão do modelo de Vasicek estendido que consideram é:

$$dr = [\theta(t) - ar]\,dt + \sigma\,dz \qquad (31.13)$$

ou:

$$dr = a\left[\frac{\theta(t)}{a} - r\right]dt + \sigma\,dz$$

onde a e σ são constantes. Esse é o chamado modelo de Hull–White. Ele pode ser caracterizado como o modelo de Ho–Lee com reversão à média à taxa a, ou então como o modelo de Vasicek com um nível de reversão dependente do tempo. No

---

[11] Ver J. Hull and A. White, "Pricing Interest Rate Derivative Securities," *Review of Financial Studies*, 3, 4 (1990): 573–92.

tempo t, a taxa de curto prazo reverte para $\theta(t)/a$ à taxa a. O modelo de Ho–Lee é um caso específico do modelo de Hull–White com $a = 0$.

O modelo possui o mesmo nível de tratabilidade analística que Ho–Lee. A Nota Técnica 31 mostra que:

$$\theta(t) = F_t(0, t) + aF(0, t) + \frac{\sigma^2}{2a}(1 - e^{-2at}) \quad (31.14)$$

O último termo nessa equação geralmente é pequeno. Se o ignorarmos, a equação implica que o drift do processo para r no tempo t é $F_t(0, t) + a[F(0, t) - r]$. Isso mostra que, em média, r segue a inclinação da curva da taxa forward instantânea inicial. Quando desvia da curva, ela reverte à ela à taxa a. O modelo está ilustrado na Figura 31.4.

A Nota Técnica 31 mostra que os preços de títulos no tempo t no modelo de Hull–White são dados por:

$$P(t, T) = A(t, T)e^{-B(t,T)r(t)} \quad (31.15)$$

onde:

$$B(t, T) = \frac{1 - e^{-a(T-t)}}{a} \quad (31.16)$$

e:

$$\ln A(t, T) = \ln \frac{P(0, T)}{P(0, t)} + B(t, T)F(0, t) - \frac{1}{4a^3}\sigma^2(e^{-aT} - e^{-at})^2(e^{2at} - 1) \quad (31.17)$$

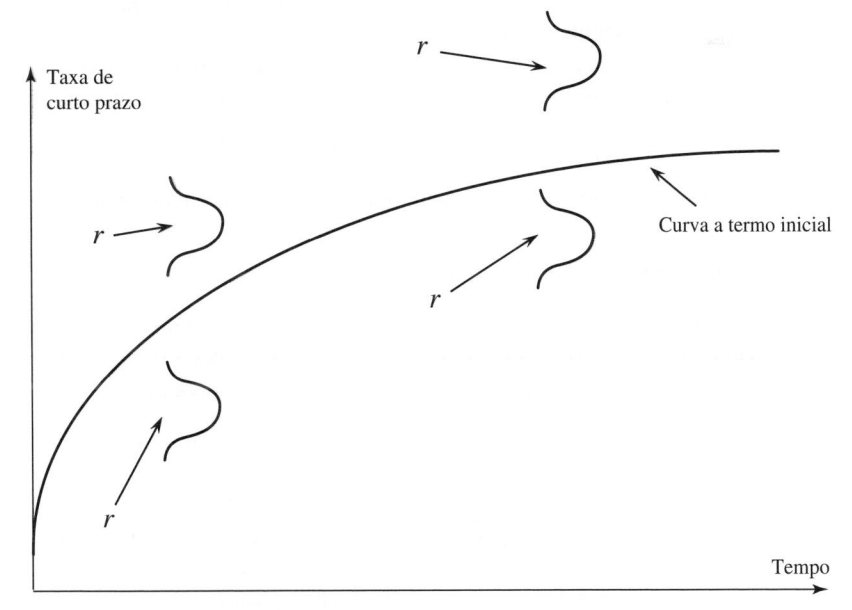

FIGURA 31.4 O modelo de Hull–White.

Como mostramos na próxima seção, as opções europeias sobre títulos podem ser avaliadas analiticamente usando os modelos de Ho–Lee e Hull–White. Um método para representar os modelos na forma de árvore trinomial é apresentado posteriormente neste capítulo. Isso é útil quando consideramos opções americanas e outros derivativos que não podem ser avaliados analiticamente.

O modelo de Black–Derman–Toy

Em 1990, Black, Derman e Toy propuseram um modelo de árvore binomial para um processo de taxa de curto prazo lognormal.[12] Seu procedimento para construir a árvore binomial está explicado na Nota Técnica 23 em www.rotman.utoronto.ca/~hull/TechnicalNotes. É possível mostrar que o processo estocástico que corresponde ao modelo é:

$$d\ln r = [\theta(t) - a(t)\ln r]\,dt + \sigma(t)\,dz$$

com:

$$a(t) = -\frac{\sigma'(t)}{\sigma(t)}$$

onde $\sigma'(t)$ é o derivativo de σ com relação a t. Esse modelo tem a vantagem em relação aos de Ho–Lee e Hull–White que a taxa de juros não pode se tornar negativa. O processo de Wiener dz pode fazer com que $\ln(r)$ seja negativo, mas r em si é sempre positivo. Uma desvantagem do modelo é que não há propriedades analíticas. Outra desvantagem, mais grave, é que o modo como a árvore é construída impõe uma relação entre o parâmetro de volatilidade $\sigma(t)$ e o parâmetro de taxa de reversão $a(t)$. A taxa de reversão é positiva apenas se a volatilidade da taxa de curto prazo é uma função decrescente do tempo.

Na prática, a versão mais útil do modelo é quando $\sigma(t)$ é constante. O parâmetro a passa a ser zero, de modo que não há reversão à média e o modelo se reduz para:

$$d\ln r = \theta(t)\,dt + \sigma\,dz$$

Isso pode ser caracterizado como uma versão lognormal do modelo de Ho–Lee.

O modelo de Black–Karasinski

Em 1991, Black e Karasinski desenvolveram uma extensão do modelo de Black–Derman–Toy no qual a taxa de reversão e a volatilidade são determinadas independentemente uma da outra.[13] A versão mais geral do modelo é:

$$d\ln r = [\theta(t) - a(t)\ln r]\,dt + \sigma(t)\,dz$$

---

[12] Ver F. Black, E. Derman, and W. Toy, "A One-Factor Model of Interest Rates and Its Application to Treasury Bond Prices," *Financial Analysts Journal*, January/February (1990): 33–39.

[13] Ver F. Black and P. Karasinski, "Bond and Option Pricing When Short Rates are Lognormal," *Financial Analysts Journal*, July/August (1991): 52–59.

O modelo é o mesmo que o de Black–Derman–Toy, exceto que não há relação entre $a(t)$ e $\sigma(t)$. Na prática, muitas vezes se pressupõe que $a(t)$ e $\sigma(t)$ são constantes, de modo que o modelo se torna:

$$d \ln r = [\theta(t) - a \ln r] dt + \sigma \, dz \qquad (31.18)$$

Assim como no caso de todos os modelos que estamos considerando, a função $\theta(t)$ é determinada de modo a oferecer um ajuste exato à estrutura a termo inicial das taxas de juros. O modelo não tem tratabilidade analítica, mas em uma parte posterior deste capítulo descrevemos uma maneira conveniente de determinar $\theta(t)$ e, ao mesmo tempo, representar o processo para r na forma de uma árvore trinomial.

O Modelo de Dois Fatores de Hull–White

Hull e White desenvolveram um modelo de dois fatores:[14]

$$df(r) = [\theta(t) + u - af(r)] dt + \sigma_1 \, dz_1 \qquad (31.19)$$

onde $f(r)$ é uma função de r e u tem um valor inicial de zero e segue o processo:

$$du = -bu \, dt + \sigma_2 \, dz_2$$

Assim como nos modelos unifatoriais considerados anteriormente, o parâmetro $\theta(t)$ é escolhido para tornar o modelo consistente com a estrutura a termo inicial. A variável estocástica u é um componente do nível de reversão de $f(r)$ e ela própria reverte a um nível de zero à taxa b. Os parâmetros a, b, σ_1 e σ_2 são constantes e dz_1 e dz_2 são processos de Wiener com correlação instantânea ρ.

Esse modelo oferece um padrão mais rico de movimentos de estrutura a termo e um padrão mais risco de volatilidades do que os modelos unifatoriais de r. Para mais informações sobre as propriedades analíticas do modelo e o modo como é possível construir uma árvore para ele, ver Nota Técnica 14 em www.rotman.utoronto.ca/~hull/TechnicalNotes.

31.4 OPÇÕES SOBRE TÍTULOS

Alguns dos modelos apresentados acima permite que a avaliação analítica de opções sobre títulos de cupom zero. Para os modelos unifatoriais de Vasicek, Ho–Lee e Hull–White, o preço no tempo zero de uma opção de compra com vencimento no tempo T sobre um título de cupom zero com vencimento no tempo s é:

$$LP(0, s)N(h) - KP(0, T)N(h - \sigma_P) \qquad (31.20)$$

onde L é o principal do título, K é seu preço de exercício e:

$$h = \frac{1}{\sigma_P} \ln \frac{LP(0, s)}{P(0, T)K} + \frac{\sigma_P}{2}$$

---

[14] Ver J. Hull and A. White, "Numerical Procedures for Implementing Term Structure Models II: Two-Factor Models," *Journal of Derivatives*, 2, 2 (Winter 1994): 37–48.

O preço de uma opção de venda sobre o título é:

$$KP(0, T)N(-h + \sigma_P) - LP(0, s)N(-h)$$

A Nota Técnica 31 mostra que, no caso dos modelos de Vasicek e Hull–White:

$$\sigma_P = \frac{\sigma}{a}[1 - e^{-a(s-T)}]\sqrt{\frac{1 - e^{-2aT}}{2a}}$$

e no caso do modelo Ho–Lee:

$$\sigma_P = \sigma(s - T)\sqrt{T}$$

A equação (31.20) é basicamente o mesmo que o modelo de Black para o apreçamento de opções sobre títulos na Seção 29.1, mas com a volatilidade do preço do título a termo igual a $\sigma_P/\sqrt{T}$. Como explicado na Seção 29.2, um cap ou floor de taxa de juros pode ser expresso como um portfólio de opções sobre títulos de cupom zero. Logo, ele pode ser avaliado analiticamente utilizando as equações que acabamos de apresentar.

Também há fórmulas para avaliar opções sobre títulos de cupom zero no modelo de Cox, Ingersoll e Ross, que apresentamos na Seção 31.2. Estas envolvem integrais da distribuição qui-quadrado não central.

Opções sobre títulos que pagam cupom

Em um modelo unifatorial de r, todos os títulos de cupom zero sobem de preço quando r diminui e todos os títulos de cupom zero caem de preço quando r aumenta. Por consequência, um modelo unifatorial permite que uma opção europeia sobre um título que paga cupom seja expressa como a soma de opções europeias sobre títulos de cupom zero. O procedimento é o seguinte:

1. Calcular r^*, o valor crítico de r para o qual o preço do título que paga cupom é igual ao preço de exercício da opção sobre o título no vencimento da opção T.
2. Calcular preços de opções europeias com vencimento T sobre os títulos de cupom zero que compõem o título que paga cupom. Os preços de exercício das opções são iguais aos valores que os títulos de cupom zero terão no tempo T quando $r = r^*$.
3. Definir o preço da opção europeia sobre o título que paga cupom como igual à soma dos preços das opções sobre títulos de cupom zero calculados no Passo 2.

Isso permite que as opções sobre títulos que pagam cupom sejam avaliadas para os modelos de Vasicek, Cox, Ingersoll e Ross, Ho–Lee e Hull–White. Como explicado na História de Negócios 29.2, uma opção de swap europeia pode ser considerada umma opção sobre um título que paga cupom. Assim, ela pode ser avaliada usando esse procedimento. Para mais detalhes sobre o procedimento e um exemplo numérico dele, ver Nota Técnica 15 em www.rotman.utoronto.ca/~hull/TechnicalNotes.

31.5 ESTRUTURAS DA VOLATILIDADE

Os modelos que analisamos dão origem a diferentes ambientes de volatilidade. A Figura 31.5 mostra a volatilidade para a taxa forward de 3 meses como função do vencimento para os modelos de Ho–Lee, Hull–White unifatorial e Hull–White de dois fatores. Pressupõe-se que a estrutura a termo da volatilidade é plana.

Para Ho–Lee, a volatilidade da taxa forward de 3 meses é a mesma para todos os vencimentos. No modelo unifatorial de Hull–White, o efeito da reversão à média é fazer com que a volatilidade da taxa forward de 3 meses seja uma função decrescente do vencimento. No modelo de dois fatores de Hull–White, quando os parâmetros são escolhidos corretamente, a volatilidade da taxa forward de 3 meses parece ter um *hump*. O último é consistente com as evidências empíricas e as volatilidades do cap implícitas discutidas na Seção 29.2.

31.6 ÁRVORES DE TAXAS DE JUROS

Uma árvore de taxas de juros é uma representação de tempo discreto do processo estocástico para a taxa de curto prazo, semelhante a como uma árvore de preços de ações é uma representação de tempo discreto do processo seguido por um preço de ação. Se o passo na árvore é Δt, as taxas na árvore são as taxas do período Δt com capitalização contínua. O pressuposto tradicional quando uma árvore é construída é que a taxa do período Δt, R, segue o mesmo processo estocástico que a taxa instantânea, r, no modelo de tempo contínuo correspondente. A principal diferença entre as

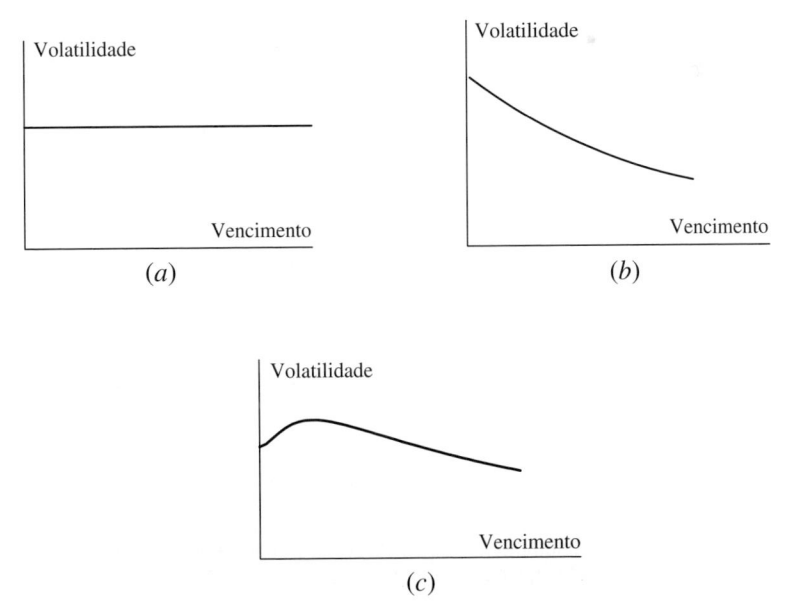

FIGURA 31.5 Volatilidade da taxa forward de 3 meses como função do vencimento para (a) o modelo de Ho–Lee, (b) o modelo unifatorial de Hull–White e (c) o modelo de dois fatores de Hull–White (quando os parâmetros são escolhidos adequadamente).

árvores de taxas de juros e as árvores de preços de ações está no modo como o desconto é realizado. Em uma árvore de preços de ações, geralmente se pressupõe que a taxa de desconto é a mesma em cada nó ou uma função do tempo. Em uma árvore de taxas de juros, a taxa de desconto varia de um nó para o outro.

É conveniente utilizar uma árvore trinomial para taxas de juros e não uma binomial. A principal vantagem de uma árvore trinomial é que ela oferece um grau adicional de liberdade, facilitando a representação de algumas características do processo das taxas de juros, como a reversão à média. Como mencionado na Seção 21.8, usar uma árvore trinomial é equivalente a usar o método das diferenças finitas explícito.

Ilustração do uso de árvores trinomiais

Para ilustrar como as árvores de taxas de juros trinomiais são utilizadas para avaliar derivativos, considere o exemplo simples mostrado na Figura 31.6. Ele é uma árvore de dois passos no qual cada passo no tempo é igual a 1 ano, de modo que $\Delta t = 1$ ano. Pressuponha que as probabilidades de movimento positivo, médio e negativo são 0,25, 0,50 e 0,25, respectivamente, em cada nó. A taxa do período Δt pressuposta aparece como o número superior em cada nó.[15]

A árvore também é utilizada para avaliar um derivativo que oferece um resultado ao final do segundo passo no tempo de:

$$\max[100(R - 0{,}11), 0]$$

onde R é a taxa do período Δt. O valor calculado desse derivativo é o número inferior em cada nó. Nos nós finais, o valor do derivativo é igual ao resultado. Por exemplo, no nó E,

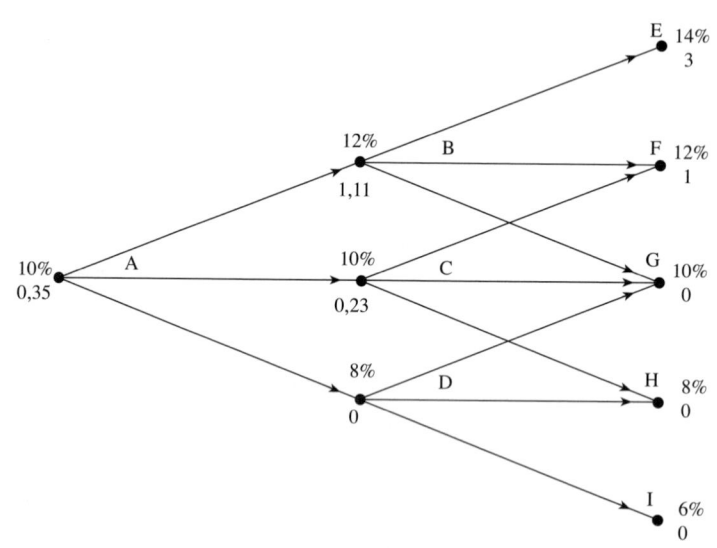

FIGURA 31.6 Exemplo do uso de árvores de taxas de juros trinomiais. O número superior em cada nó é a taxa; o número inferior é o valor do instrumento.

---

[15] Posteriormente, explicamos como são determinadas as probabilidades e as taxas em uma árvore de taxas de juros.

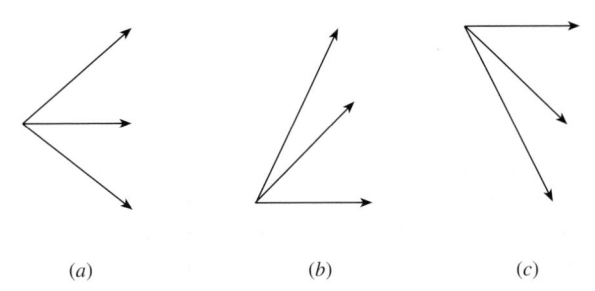

CAPÍTULO 31 ■ Derivativos de taxas de juros: modelos da taxa de curto prazo

(a)   (b)   (c)

FIGURA 31.7 Métodos de ramificação alternativos em uma árvore trinomial.

o valor é $100 \times (0{,}14 - 0{,}11) = 3$. Nos nós anteriores, o valor do derivativo é calculado usando o procedimento de *rollback* explicado nos Capítulos 13 e 21. No nó B, a taxa de juros de 1 ano é de 12%. O resultado é usado para fins de desconto, o que nos permite obter o valor do derivativo no nó B a partir de seus valores nos nós E, F e G como:

$$[0{,}25 \times 3 + 0{,}5 \times 1 + 0{,}25 \times 0]e^{-0{,}12 \times 1} = 1{,}11$$

No nó C, a taxa de juros de 1 ano é de 10%. Isso é utilizado para descontos de modo a obter o valor do derivativo no nó C como:

$$(0{,}25 \times 1 + 0{,}5 \times 0 + 0{,}25 \times 0)e^{-0{,}1 \times 1} = 0{,}23$$

No nó inicial A, a taxa de juros também é 10% e o valor do derivativo é:

$$(0{,}25 \times 1{,}11 + 0{,}5 \times 0{,}23 + 0{,}25 \times 0)e^{-0{,}1 \times 1} = 0{,}35$$

Ramificação não padrão

Ocasionalmente, pode ser conveniente modificar o padrão de ramificação trinomial padrão usado em todos os nós da Figura 31.6. Três possibilidades de ramificação alternativas aparecem na Figura 31.7. A ramificação tradicional aparece na Figura 31.7a, que é "um para cima/reto/um para baixo". Uma alternativa a esse sistema é "dois para cima/um para cima/reto", como mostrado na Figura 31.7b, um padrão útil para incorporar a reversão à média quando as taxas de juros estão muito baixas. Um terceiro padrão, mostrado na Figura 31.7c, é "reto/um para baixo/dois para baixo", útil para incorporar a reversão à média quando as taxas de juros estão muito altas. A próxima seção ilustra o uso dos diferentes padrões de ramificação.

31.7 UM PROCEDIMENTO GENERALIZADO DE CONSTRUÇÃO DE ÁRVORES

Hull e White propuseram um procedimento robusto em dois estágios para construir árvores trinomiais para representar uma ampla variedade de modelos unifatoriais.[16]

---

[16] Ver J. Hull and A. White, "Numerical Procedures for Implementing Term Structure Models I: Single-Factor Models," *Journal of Derivatives*, 2, 1 (1994): 7–16; e J. Hull and A. White, "Using Hull–White Interest Rate Trees," *Journal of Derivatives*, (Spring 1996): 26–36.

Esta seção começa explicando como o procedimento pode ser utilizado para o modelo de Hull–White na equação (31.13) e então mostra como estendê-lo para representar outros modelos, como o de Black–Karasinski.

Primeiro estágio

O modelo de Hull–White para a taxa de curto prazo instantânea r é:

$$dr = [\theta(t) - ar] dt + \sigma\, dz$$

Vamos supor que o passo no tempo na árvore é constante e igual a Δt.[17]
Pressuponha que a taxa Δt, R, segue o mesmo processo que r.

$$dR = [\theta(t) - aR] dt + \sigma\, dz$$

Claramente, isso é razoável no limite à medida que Δt tende a zero. O primeiro estágio na construção de uma árvore para esse modelo é construir uma árvore para a variável R^*, que inicialmente é zero e segue o processo:

$$dR^* = -aR^* dt + \sigma\, dz$$

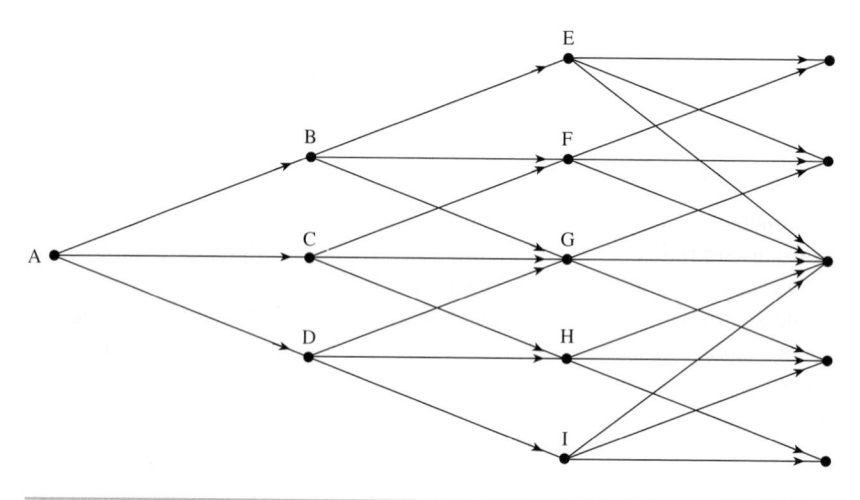

Nó:	A	B	C	D	E	F	G	H	I
R^* (%)	0,000	1,732	0,000	−1,732	3,464	1,732	0,000	−1,732	−3,464
p_u	0,1667	0,1217	0,1667	0,2217	0,8867	0,1217	0,1667	0,2217	0,0867
p_m	0,6666	0,6566	0,6666	0,6566	0,0266	0,6566	0,6666	0,6566	0,0266
p_d	0,1667	0,2217	0,1667	0,1217	0,0867	0,2217	0,1667	0,1217	0,8867

FIGURA 31.8 Árvore para R^* no modelo de Hull–White (primeiro estágio).

---

[17] Ver Nota Técnica 16 em www.rotman.utoronto.ca/~hull/TechnicalNotes para uma discussão sobre como utilizar passos no tempo não constantes.

Esse processo é simétrico em torno de $R^* = 0$. A variável $R^*(t + \Delta t) - R^*(t)$ é normalmente distribuída. Se os termos de ordem superior a Δt são ignorados, o valor esperado de $R^*(t + \Delta t) - R^*(t)$ é $-aR^*(t)\Delta t$ e a variância de $R^*(t + \Delta t) - R^*(t)$ é $\sigma^2 \Delta t$.

O espaçamento entre as taxas de juros na árvore, ΔR, é definido como:

$$\Delta R = \sigma\sqrt{3\Delta t}$$

Essa se revela uma boa escolha para ΔR da perspectiva da minimização de erros.

O objetivo do primeiro estágio do procedimento é construir uma árvore semelhante àquela mostrada na Figura 31.8 para R^*. Para tanto, primeiro é necessário resolver qual dos três métodos de ramificação mostrados na Figura 31.7 se aplicam a cada nó. Isso determinará a geometria geral da árvore. Depois disso, também é necessário calcular as probabilidades de ramificação.

Defina (i, j) como o nó no qual $t = i\Delta t$ e $R^* = j\Delta R$. (A variável i é um número inteiro positivo e j é um número inteiro positivo ou negativo.) O método de ramificação utilizado no nó deve levar a probabilidades positivas em todos os três ramos. Na maior parte do tempo, a ramificação mostrada na Figura 31.7a é adequada. Quando $a > 0$, é necessário passar da ramificação na Figura 31.7a para aquela na Figura 31.7c para um valor suficientemente grande de j. Da mesma forma, é necessário passar da ramificação na Figura 31.7a para aquela na Figura 31.7b quando j é suficientemente negativo. Defina j_{max} como o valor de j no qual passamos da ramificação da Figura 31.7a para aquela da Figura 31.7c e j_{min} como o valor de j no qual passamos da ramificação da Figura 31.7a para a da Figura 31.7b. Hull e White mostram que as probabilidades sempre são positivas se determinarmos que j_{max} é igual ao menor número inteiro maior do que $0{,}184/(a\Delta t)$ e j_{min} é definido como igual a $-j_{max}$.[18] Defina p_u, p_m e p_d como as probabilidades dos ramos superior, médio e inferior emanarem do nó. As probabilidades são escolhidas para corresponder à mudança esperada e à variância da mudança em R^* durante o próximo intervalo de tempo Δt. A soma das probabilidades também deve ser igual à unidade. Isso leva a três equações nas três probabilidades.

Como foi mencionado, a mudança média em R^* no tempo Δt é $-aR^* \Delta t$ e a variância da mudança é $\sigma^2 \Delta t$. No nó (i, j), $R^* = j\Delta R$. Se a ramificação tem a forma mostrada na Figura 31.7a, p_u, p_m e p_d no nó (i, j) devem satisfazer as três equações a seguir para corresponderem à média e ao desvio padrão:

$$p_u \Delta R - p_d \Delta R = -aj\Delta R \Delta t$$
$$p_u \Delta R^2 + p_d \Delta R^2 = \sigma^2 \Delta t + a^2 j^2 \Delta R^2 \Delta t^2$$
$$p_u + p_m + p_d = 1$$

Usando $\Delta R = \sigma\sqrt{3\Delta t}$, a solução dessas equações é:

$$p_u = \tfrac{1}{6} + \tfrac{1}{2}(a^2 j^2 \Delta t^2 - aj \Delta t)$$
$$p_m = \tfrac{2}{3} - a^2 j^2 \Delta t^2$$
$$p_d = \tfrac{1}{6} + \tfrac{1}{2}(a^2 j^2 \Delta t^2 + aj \Delta t)$$

---

[18] As probabilidade são positivas para qualquer valor de j_{max} entre $0{,}184/(a\Delta t)$ e $0{,}816/(a\Delta t)$ e para qualquer valor de j_{min} entre $-0{,}184/(a\Delta t)$ e $-0{,}816/(a\Delta t)$. Mudar a ramificação no primeiro nó possível é o procedimento mais computacionalmente eficiente.

Da mesma forma, se a ramificação assume a forma mostrada na Figura 31.7b, as probabilidades são:

$$p_u = \tfrac{1}{6} + \tfrac{1}{2}(a^2 j^2 \Delta t^2 + aj\Delta t)$$
$$p_m = -\tfrac{1}{3} - a^2 j^2 \Delta t^2 - 2aj\Delta t$$
$$p_d = \tfrac{7}{6} + \tfrac{1}{2}(a^2 j^2 \Delta t^2 + 3aj\Delta t)$$

Finalmente, se a ramificação assume a forma mostrada na Figura 31.7c, as probabilidades são:

$$p_u = \tfrac{7}{6} + \tfrac{1}{2}(a^2 j^2 \Delta t^2 - 3aj\Delta t)$$
$$p_m = -\tfrac{1}{3} - a^2 j^2 \Delta t^2 + 2aj\Delta t$$
$$p_d = \tfrac{1}{6} + \tfrac{1}{2}(a^2 j^2 \Delta t^2 - aj\Delta t)$$

Para ilustrar o primeiro estágio da construção da árvore, suponha que $\sigma = 0{,}01$, $a = 0{,}1$ e $\Delta t = 1$ ano. Nesse caso, $\Delta R = 0{,}01\sqrt{3} = 0{,}0173$, j_{max} é definido como igual ao menor número inteiro maior do que $0{,}184/0{,}1$ e $j_{min} = -j_{max}$. Isso significa que $j_{max} = 2$ e $j_{min} = -2$. A árvore se encontra na Figura 31.8. As probabilidades nos ramos que emanam de cada nó são mostradas abaixo da árvore e calculadas usando as equações acima para p_u, p_m e p_d.

Observe que as probabilidades em cada nó da Figura 31.8 dependem apenas de j. Por exemplo, as probabilidades no nó B são as mesmas que as probabilidades no nó F. Além disso, a árvore é simétrica. As probabilidades no nó D são um reflexo das probabilidades no nó B.

Segundo estágio

O segundo estágio na construção da árvore é converter a árvore para R^* em uma árvore para R. Para tanto, deslocamos os nós na árvore R^* de modo que a estrutura a termo inicial das taxas de juros tenha correspondência exata. Defina:

$$\alpha(t) = R(t) - R^*(t)$$

Os $\alpha(t)$s que se aplicam à medida que o passo no tempo Δt na árvore se torna infinitesimalmente pequeno podem ser calculados analiticamente a partir da equação (31.14).[19] Contudo, desejamos que a árvore tenha um Δt finito para corresponder exatamente à estrutura a termo. Assim, utilizamos um procedimento iterativo para determinar os αs.

Defina α_i como $\alpha(i\Delta t)$, o valor de R no tempo $i\Delta t$ na árvore R menos o valor correspondente de R^* no tempo $i\Delta t$ na árvore R^*. Defina $Q_{i,j}$ como o valor presente

---

[19] Para estimar o $\alpha(t)$ instantâneo analiticamente, observamos que:

$$dR = [\theta(t) - aR]\,dt + \sigma\,dz \quad \text{e} \quad dR^* = -aR^*\,dt + \sigma\,dz$$

de modo que $d\alpha = [\theta(t) - a\alpha(t)]dt$. Usando a equação (31.14), vemos que a solução para isso é:

$$\alpha(t) = F(0,t) + \frac{\sigma^2}{2a^2}(1 - e^{-at})^2.$$

de um título que dá resultado \$1 se o nó (i,j) é alcançado e zero se não é. O α_i e o $Q_{i,j}$ podem ser calculados utilizando indução a termo de modo que a estrutura a termo inicial tenha correspondência exata.

Ilustração do segundo estágio

Suponha que as taxas zero com capitalização contínua no exemplo da Figura 31.8 são aquelas mostradas na Tabela 31.1. O valor de $Q_{0,0}$ é 1,0. O valor de α_0 é escolhido para dar o preço certo para um título de cupom zero com vencimento no tempo Δt. Ou seja, α_0 é definido como igual à taxa de juros do período Δt inicial. Como $\Delta t = 1$ nesse exemplo, $\alpha_0 = 0{,}03824$. Isso define a posição do nó inicial na árvore R na Figura 31.9. O próximo passo é calcular os valores de $Q_{1,1}$, $Q_{1,0}$ e $Q_{1,-1}$. Há uma probabilidade de 0,1667 de que o nó (1, 1) seja alcançado e a taxa de desconto para o primeiro passo no tempo é 3,82%. O valor de $Q_{1,1}$ é, portanto, $0{,}1667e^{-0{,}0382} = 0{,}1604$. Da mesma forma, $Q_{1,0} = 0{,}6417$ e $Q_{1,-1} = 0{,}1604$.

Depois que $Q_{1,1}$, $Q_{1,0}$ e $Q_{1,-1}$ foram calculados, podemos determinar α_1. O valor é escolhido para fornecer o preço certo para um título de cupom zero e vencimento no tempo $2\Delta t$. Como $\Delta R = 0{,}01732$ e $\Delta t = 1$, o preço desse título, visto no nó B, é $e^{-(\alpha_1 + 0{,}01732)}$. Da mesma forma, o preço visto no nó C é $e^{-\alpha_1}$ e o preço visto no nó D é $e^{-(\alpha_1 - 0{,}01732)}$. O preço visto no nó inicial A é, portanto:

$$Q_{1,1}e^{-(\alpha_1+0{,}01732)} + Q_{1,0}e^{-\alpha_1} + Q_{1,-1}e^{-(\alpha_1-0{,}01732)} \tag{31.21}$$

Da estrutura a termo inicial, o preço do título deve ser $e^{-0{,}04512 \times 2} = 0{,}9137$. Inserindo no lugar dos Qs na equação (31.21):

$$0{,}1604e^{-(\alpha_1+0{,}01732)} + 0{,}6417e^{-\alpha_1} + 0{,}1604e^{-(\alpha_1-0{,}01732)} = 0{,}9137$$

ou:

$$e^{-\alpha_1}(0{,}1604e^{-0{,}01732} + 0{,}6417 + 0{,}1604e^{0{,}01732}) = 0{,}9137$$

ou:

$$\alpha_1 = \ln\left[\frac{0{,}1604e^{-0{,}01732} + 0{,}6417 + 0{,}1604e^{0{,}01732}}{0{,}9137}\right] = 0{,}05205$$

TABELA 31.1 Taxas zero para o exemplo nas Figuras 31.8 e 31.9

Vencimento	Taxa (%)
0,5	3,430
1,0	3,824
1,5	4,183
2,0	4,512
2,5	4,812
3,0	5,086

Isso significa que o nó central no tempo Δt na árvore para R corresponde a uma taxa de juros de 5,205% (ver Figura 31.9).

O próximo passo é calcular $Q_{2,2}$, $Q_{2,1}$, $Q_{2,0}$, $Q_{2,-1}$ e $Q_{2,-2}$. Os cálculos podem ser abreviados usando os valores de Q determinados anteriormente. Considere o exemplo de $Q_{2,1}$. Este é o valor de um título que oferece resultado de $1 se o nó F é alcançado e zero se não é. O nó F somente pode ser alcançado dos nós B e C. As taxas de juros nesses nós são 6,937% e 5,205%, respectivamente. As probabilidades associadas com os ramos B−F e C−F são 0,6566 e 0,1667. O valor no nó B de um título que dá resultado de $1 no nó F é, portanto, $0,6566e^{-0,06937}$. O valor no nó C é $0,1667e^{-0,05205}$. A variável $Q_{2,1}$ é $0,6566e^{-0,06937}$ vezes o valor presente de $1 recebido no nó B mais $0,1667e^{-0,05205}$ vezes o valor presente de $1 recebido no nó C; ou seja:

$$Q_{2,1} = 0{,}6566e^{-0,06937} \times 0{,}1604 + 0{,}1667e^{-0,05205} \times 0{,}6417 = 0{,}1998$$

Da mesma forma, $Q_{2,2} = 0{,}0182$, $Q_{2,0} = 0{,}4736$, $Q_{2,-1} = 0{,}2033$ e $Q_{2,-2} = 0{,}0189$.

O próximo passo na produção da árvore R na Figura 31.9 é calcular α_2. Depois disso, podemos calcular os $Q_{3,j}$. A variável α_3 pode então ser calculada, e assim por diante.

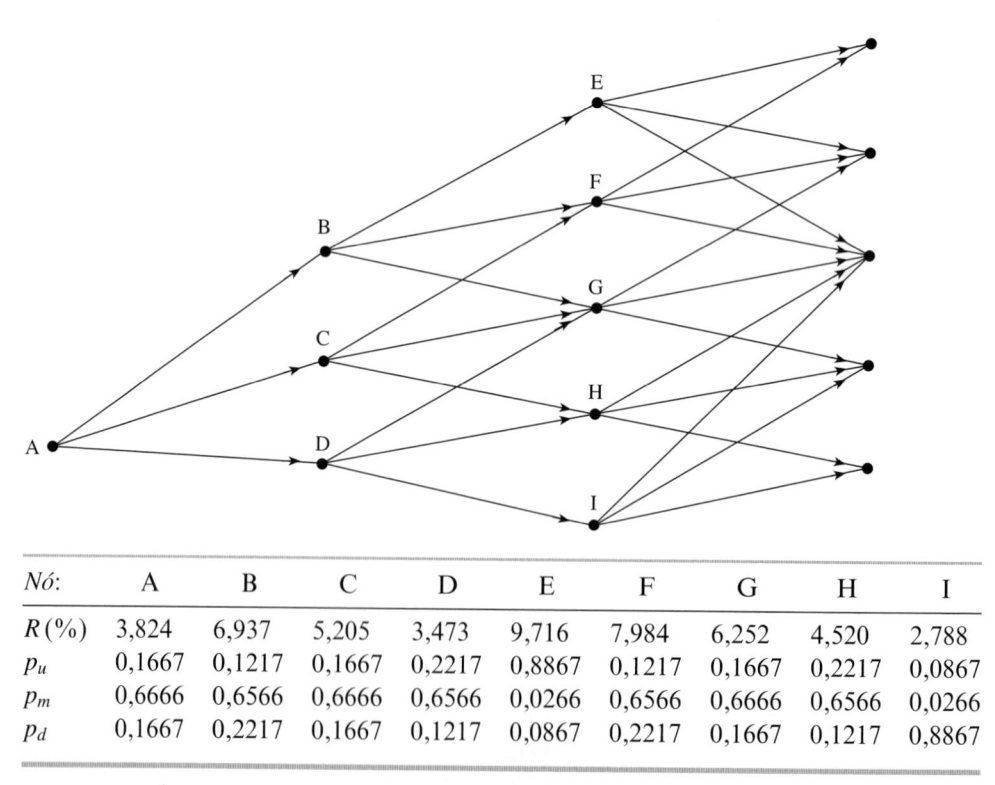

Nó:	A	B	C	D	E	F	G	H	I
$R(\%)$	3,824	6,937	5,205	3,473	9,716	7,984	6,252	4,520	2,788
p_u	0,1667	0,1217	0,1667	0,2217	0,8867	0,1217	0,1667	0,2217	0,0867
p_m	0,6666	0,6566	0,6666	0,6566	0,0266	0,6566	0,6666	0,6566	0,0266
p_d	0,1667	0,2217	0,1667	0,1217	0,0867	0,2217	0,1667	0,1217	0,8867

FIGURA 31.9 Árvore para R no modelo de Hull–White (segundo estágio).

Fórmulas para αs e Qs

Para expressar a abordagem mais formalmente, suponha que os $Q_{i,j}$ foram determinados para $i \leq m$ ($m \geq 0$). O próximo passo é determinar α_m tal que a árvore aprece corretamente um título de cupom zero e vencimento em $(m+1)\Delta t$. A taxa de juros no nó (m, j) é $\alpha_m + j\Delta R$, de modo que o preço de um título de cupom zero e vencimento no tempo $(m+1)\Delta t$ é dado por:

$$P_{m+1} = \sum_{j=-n_m}^{n_m} Q_{m,j} \exp[-(\alpha_m + j\Delta R)\Delta t] \qquad (31.22)$$

onde n_m é o número de nós em cada lado do nó central no tempo $m\Delta t$. A solução dessa equação é:

$$\alpha_m = \frac{\ln \sum_{j=-n_m}^{n_m} Q_{m,j} e^{-j\Delta R \Delta t} - \ln P_{m+1}}{\Delta t}$$

Depois que α_m foi determinado, o $Q_{i,j}$ para $i = m+1$ pode ser calculado usando:

$$Q_{m+1,j} = \sum_k Q_{m,k} q(k,j) \exp[-(\alpha_m + k\Delta R)\Delta t]$$

onde $q(k, j)$ é a probabilidade de um movimento do nó (m, k) para o nó $(m+1, j)$ e são somados todos os valores de k para os quais esta não é zero.

Extensão para outros modelos

O procedimento descrito acima pode ser estendido para modelos mais gerais da forma:

$$df(r) = [\theta(t) - af(r)]dt + \sigma\, dz \qquad (31.23)$$

onde f é uma função monotônica de r. Essa família de modelos tem a propriedade de poder se ajustar a qualquer estrutura a termo.[20]

Assim como antes, pressupomos que a taxa do período Δt, R, segue o mesmo processo que r:

$$df(R) = [\theta(t) - af(R)]dt + \sigma\, dz$$

Começamos definindo $x = f(R)$, de modo que:

$$dx = [\theta(t) - ax]dt + \sigma\, dz$$

O primeiro estágio e construir uma árvore para a variável x^* que siga o mesmo processo que x, exceto que $\theta(t) = 0$ e o valor inicial é zero. O procedimento é idêntico àquele já descrito para a construção de uma árvore como aquela na Figura 31.8.

---

[20] Nem todos os modelos sem arbitragem têm essa propriedade. Por exemplo, o modelo CIR estendido, considerado por Cox, Ingersoll e Ross (1985) e Hull e White (1990), que tem a forma:

$$dr = [\theta(t) - ar]dt + \sigma\sqrt{r}\, dz$$

não se ajusta a curvas de juros nos quais a taxa forward diminui rapidamente. Isso ocorre porque o processo não é bem-definido quando $\theta(t)$ é negativo.

Assim como na Figura 31.9, os nós no tempo $i\Delta t$ são então deslocados por uma quantia α_i para permitir um ajuste exato à estrutura a termo inicial. As equações para determinar α_i e $Q_{i,j}$ por indução são ligeiramente diferentes daquelas para o caso $f(R) = R$. O valor de Q no primeiro nó, $Q_{0,0}$, é definido como igual a 1. Suponha que os $Q_{i,j}$ foram determinados para $i \leqslant m$ ($m \geqslant 0$). O próximo passo é determinar α_m tal que a árvore aprece corretamente um título de cupom zero $(m + 1)\Delta t$. Defina g como a função inversa de f tal que a taxa de juros do período Δt no j-ésimo nó no tempo $m\Delta t$ seja:

$$g(\alpha_m + j\Delta x)$$

O preço de um título de cupom zero e vencimento no tempo $(m + 1)\Delta t$ é dado por:

$$P_{m+1} = \sum_{j=-n_m}^{n_m} Q_{m,j} \exp[-g(\alpha_m + j\Delta x)\Delta t] \tag{31.24}$$

Essa equação pode ser resolvida usando um procedimento numérico como Newton–Raphson. O valor α_0 de α quando $m = 0$ é $f(R(0))$.

Depois que α_m foi determinado, o $Q_{i,j}$ para $i = m + 1$ pode ser calculado usando:

$$Q_{m+1,j} = \sum_k Q_{m,k} q(k, j) \exp[-g(\alpha_m + k\Delta x)\Delta t]$$

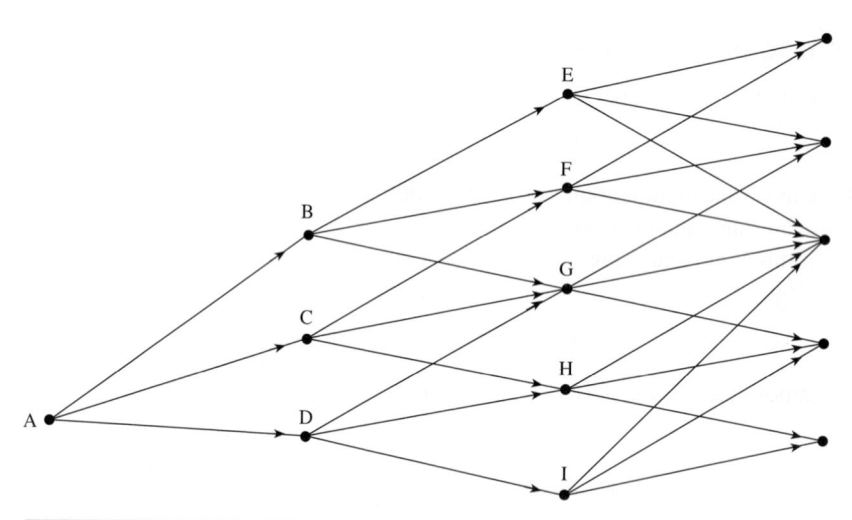

Nó:	A	B	C	D	E	F	G	H	I
x	−3,373	−2,875	−3,181	−3,487	−2,430	−2,736	−3,042	−3,349	−3,655
R (%)	3,430	5,642	4,154	3,058	8,803	6,481	4,772	3,513	2,587
p_u	0,1667	0,1177	0,1667	0,2277	0,8609	0,1177	0,1667	0,2277	0,0809
p_m	0,6666	0,6546	0,6666	0,6546	0,0582	0,6546	0,6666	0,6546	0,0582
p_d	0,1667	0,2277	0,1667	0,1177	0,0809	0,2277	0,1667	0,1177	0,8609

FIGURA 31.10 Árvore para modelo lognormal.

onde $q(k, j)$ é a probabilidade de um movimento do nó (m, k) para o nó $(m + 1, j)$ e são somados todos os valores de k para os quais esta não é zero.

A Figura 31.10 mostra os resultados de aplicar o procedimento ao modelo de Black–Karasinski na equação (31.18):

$$d\ln(r) = [\theta(t) - a\ln(r)]\,dt + \sigma\,dz$$

quando $a = 0{,}22$, $\sigma = 0{,}25$, $\Delta t = 0{,}5$ e as taxas zero são aquelas da Tabela 31.1.

Definir $f(r) = r$ leva ao modelo de Hull–White na equação (31.13); definir $f(r) = \ln(r)$ leva ao modelo de Black–Karasinksi na equação (31.18). A principal vantagem do modelo $f(r) = r$ é sua tratabilidade analítica. Sua principal desvantagem é que é possível obter taxas de juros negativas. Em muitas circunstâncias, a probabilidade de ocorrência de taxas de juros negativas sob o modelo é minúscula, mas alguns analistas relutam em utilizar um modelo no qual alguma chance, por menor que seja, de se produzir taxas de juros negativas. O modelo $f(r) = \ln r$ não tem tratabilidade analítica, mas tem a vantagem de que as taxas de juros são sempre positivas.

Lidando com ambientes com baixas taxas de juros

Quando as taxas de juros são muito baixas, não é fácil escolher um modelo satisfatório. A probabilidade de taxas de juros negativas no modelo de Hull–White não é mais ínfima. Além disso, o modelo de Black–Karasinski não funciona bem, pois a mesma volatilidade não é apropriada tanto para taxas altas quanto para baixas. Uma opção para evitar taxas negativas é escolher $f(r)$ como proporcional a $\ln r$ quando r é baixo e proporcional a r quando é mais alto.[21] Outra ideia é escolher a taxa de curto prazo como o valor absoluto da taxa dada por um modelo do tipo Vasicek. Uma ideia melhor, sugerida por Alexander Sokol, pode ser construir um modelo no qual a taxa de reversão e a volatilidade de r são funções de r estimado a partir de dados empíricos. A variável r pode então ser transformada em uma nova variável x que tem um coeficiente constante dz, enquanto a abordagem de construção de árvore com ramificação trinomial mais geral do que na Figura 31.7 pode ser utilizada para implementar o modelo.

Usando resultados analíticos em conjunto com árvores

Quando uma árvore é construída para a versão $f(r) = r$ do modelo de Hull–White, os resultados analíticos na Seção 31.3 podem ser utilizados para fornecer a estrutura a termo completa e os preços de opções europeias em cada nó. É importante reconhecer que a taxa de juros na árvore é R, a taxa do período Δt, e não a taxa de curto prazo instantânea r.

Das equações (31.15), (31.16) e (31.17), podemos mostrar que (ver Problema 31.20):

$$P(t, T) = \hat{A}(t, T)e^{-\hat{B}(t,T)R} \quad (31.25)$$

---

[21] Ver J. Hull and A. White, "Taking Rates to the Limit,"*Risk*, December (1997): 168–69.

onde:

$$\ln \hat{A}(t, T) = \ln \frac{P(0, T)}{P(0, t)} - \frac{B(t, T)}{B(t, t + \Delta t)} \ln \frac{P(0, t + \Delta t)}{P(0, t)}$$

$$- \frac{\sigma^2}{4a}(1 - e^{-2at})B(t, T)[B(t, T) - B(t, t + \Delta t)] \quad (31.26)$$

e:

$$\hat{B}(t, T) = \frac{B(t, T)}{B(t, t + \Delta t)} \Delta t \quad (31.27)$$

(No caso do modelo de Ho–Lee, definimos $\hat{B}(t, T) = T - t$ nessas equações.)

Assim, os preços de títulos devem ser calculados com a equação (31.25) e não com a equação (31.15).

■ **Exemplo 31.1**

Suponha que as taxas zero são aquelas da Tabela 31.2. As taxas para os vencimentos entre aquelas indicadas são geradas por meio de interpolação linear.

Considere uma opção de venda europeia de 3 anos (= 3 × 365 dias) sobre um título de cupom zero que pagará 100 em 9 anos (= 9 × 365 dias). Pressupõe-se que as taxas de juros segue o modelo de Hull–White ($f(r) = r$). O preço de exercício é 63, $a = 0{,}1$ e $\sigma = 0{,}01$. É construída uma árvore de 3 anos e os preços do título de cupom zero são calculados analiticamente nos nós finais da maneira descrita. Como mostrado na Tabela 31.3, os resultados da árvore são consistentes com o preço analítico da opção.

Esse exemplo oferece um bom teste da implementação do modelo, pois o gradiente da curva à vista muda bruscamente logo após a expiração da opção. Pequenos erros na construção e uso da árvore podem ter um grande efeito nos valores de opção obtidos. ■

Árvore para opções americanas sobre títulos

O software DerivaGem implementa o modelo normal e o lognormal para avaliar opções europeias e americanas sobre títulos, caps/floors e opções europeias sobre swaps. A Figura 31.11 mostra a árvore produzida pelo software quando ele é utilizado para avaliar uma opção de compra europeia de 1,5 anos sobre um título de 10 anos usando quatro passos no tempo e o modelo lognormal (Black–Karasinski). Os parâmetros usados no modelo lognormal são $a = 5\%$ e $\sigma = 20\%$. O título subjacente dura 10 anos, tem principal de 100 e paga um cupom de 5% ao ano semestralmente. A curva de juros é plana em 5% ao ano. O preço de exercício é 105. Como explicado na Seção 29.1, o preço de exercício pode ser um preço de caixa ou um preço cotado. Nesse caso, ele é um preço de exercício cotado. O preço do título mostrado na árvore é o preço do título naquele instante. Os juros acumulados em cada nó são mostrados abaixo da árvore. O preço de exercício de caixa é calculado como o preço de exercício cotado mais os juros acumulados. O preço do título cotado é o preço do título de caixa menos os juros acumulados. O resultado da opção é o preço do título de caixa menos o preço de exercício de caixa. Uma versão equivalente é o preço do título cotado menos o preço de exercício cotado.

TABELA 31.2 Curva à vista com todas as taxas usando capitalização contínua, efetivo/365

Vencimento	Dias	Taxa (%)
3 dias	3	5,01772
1 mês	31	4,98284
2 meses	62	4,97234
3 meses	94	4,96157
6 meses	185	4,99058
1 ano	367	5,09389
2 anos	731	5,79733
3 anos	1.096	6,30595
4 anos	1.461	6,73464
5 anos	1.826	6,94816
6 anos	2.194	7,08807
7 anos	2.558	7,27527
8 anos	2.922	7,30852
9 anos	3.287	7,39790
10 anos	3.653	7,49015

A árvore dá o preço da opção como 0,672. Uma árvore muito maior, com 100 passos no tempo, dá o preço da opção como 0,703. Observe que o preço do título de 10 anos não pode ser calculado analiticamente quando se pressupõe o modelo lognormal. Ele é calculado numericamente pela análise retroativa de uma árvore muito maior do que aquela mostrada.

31.8 CALIBRAMENTO

Até aqui, pressupomos que os parâmetros de volatilidade a e σ são conhecidos. Agora, vamos discutir o modo como eles são determinados, o chamado calibramento do modelo.

Os parâmetros de volatilidade são determinados a partir de dados de mercado sobre ações negociadas ativamente (ex.: cotações de corretores para caps e opções sobre swaps como aquelas nas Tabelas 29.1 e 29.2). Estes serão chamados de *instrumentos de calibramento*. O primeiro estágio é escolher uma medida de "qualidade de ajustamento". Suponha que há n instrumentos de calibramento. Uma medida popular de qualidade de ajustamento é:

$$\sum_{i=1}^{n}(U_i - V_i)^2$$

onde U_i é o preço de mercado do i-ésimo instrumento de calibramento e V_i é o preço dado pelo modelo para esse instrumento. O objetivo do calibramento é escolher os parâmetros do modelo de forma que essa medida de qualidade de ajustamento seja minimizada.

TABELA 31.3 Valor de uma opção de venda de três anos sobre um título de cupom zero de nove anos com preço de exercício de 63: $a = 0,1$ e $\sigma = 0,01$; a curva à vista é aquela da Tabela 31.2

Passos	Árvore	Analítico
10	1,8468	1,8093
30	1,8172	1,8093
50	1,8057	1,8093
100	1,8128	1,8093
200	1,8090	1,8093
500	1,8091	1,8093

O número de parâmetros de volatilidade não deve ser maior do que o número de instrumentos de calibramento. Se a e σ são constantes, há apenas dois parâmetros de volatilidade. Os modelos podem ser estendidos de modo que a ou σ, ou ambos, sejam funções do tempo. As funções de passos também podem ser utilizadas. Suponha, por exemplo que a é constante e σ é uma função do tempo. Poderíamos escolher os tempos $t_1, t_2,..., t_n$ e pressupor que $\sigma(t) = \sigma_0$ para $t \leq t_1$, $\sigma(t) = \sigma_i$ para $t_i < t \leq t_{i+1}$ ($1 \leq i \leq n - 1$) e $\sigma(t) = \sigma_n$ para $t > t_n$. Haveria, então, um total de $n + 2$ parâmetros de volatilidade: $a, \sigma_0, \sigma_1,...$ e σ_n.

A minimização da medida de qualidade de ajustamento pode ser obtida com o procedimento de Levenberg–Marquardt.[22] Quando a ou σ, ou ambos, são funções do tempo, é adicionada uma função de penalidade à medida de qualidade de ajustamento de forma que as funções se tornem "bem comportadas". No exemplo mencionado acima, no qual σ é uma função de passos, uma função objetiva adequada seria:

$$\sum_{i=1}^{n}(U_i - V_i)^2 + \sum_{i=1}^{n} w_{1,i}(\sigma_i - \sigma_{i-1})^2 + \sum_{i=1}^{n-1} w_{2,i}(\sigma_{i-1} + \sigma_{i+1} - 2\sigma_i)^2$$

O segundo termo fornece uma penalidade para grandes mudanças em σ entre um passo e o seguinte. O terceiro termo fornece uma penalidade para uma forte curvatura em σ. Os valores apropriados para $w_{1,i}$ e $w_{2,i}$ se baseiam em experimentação e são escolhidos de modo a oferecer um nível razoável de suavidade na função σ.

Os instrumentos de calibramento escolhidos devem ser o mais parecidos possível com o instrumento sendo avaliado. Suponha, por exemplo, que o modelo será utilizado para avaliar uma opção sobre swap bermuda que dura 10 anos e pode ser exercida em qualquer data de pagamento entre o ano 5 e o ano 9 para um swap com vencimento em 10 anos no futuro. Os instrumentos de calibração mais relevantes são opções sobre swaps europeias $5 \times 5, 6 \times 4, 7 \times 3, 8 \times 2$ e 9×1. (Uma opção sobre swap europeia $n \times m$ é uma opção de n anos para firmar um swap com duração de m anos além do vencimento da opção.)

---

[22] Para uma boa descrição desse procedimento, ver W. H. Press, B. P. Flannery, S. A. Teukolsky, and W. T. Vetterling, *Numerical Recipes: The Art of Scientific Computing*, 3rd edn. Cambridge University Press, 2007.

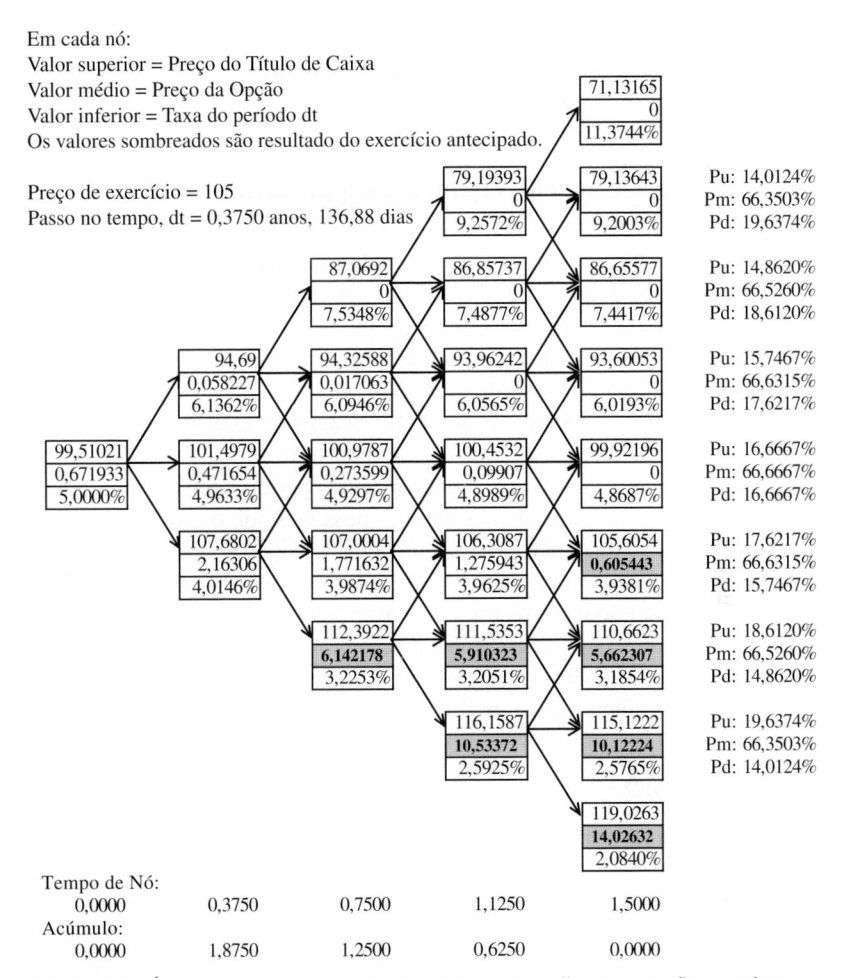

CAPÍTULO 31 ▪ Derivativos de taxas de juros: modelos da taxa de curto prazo

Em cada nó:
Valor superior = Preço do Título de Caixa
Valor médio = Preço da Opção
Valor inferior = Taxa do período dt
Os valores sombreados são resultado do exercício antecipado.

Preço de exercício = 105
Passo no tempo, dt = 0,3750 anos, 136,88 dias

	71,13165
	0
	11,3744%

79,19393	79,13643	Pu: 14,0124%
0	0	Pm: 66,3503%
9,2572%	9,2003%	Pd: 19,6374%

87,0692	86,85737	86,65577	Pu: 14,8620%
0	0	0	Pm: 66,5260%
7,5348%	7,4877%	7,4417%	Pd: 18,6120%

94,69	94,32588	93,96242	93,60053	Pu: 15,7467%
0,058227	0,017063	0	0	Pm: 66,6315%
6,1362%	6,0946%	6,0565%	6,0193%	Pd: 17,6217%

99,51021	101,4979	100,9787	100,4532	99,92196	Pu: 16,6667%
0,671933	0,471654	0,273599	0,09907	0	Pm: 66,6667%
5,0000%	4,9633%	4,9297%	4,8989%	4,8687%	Pd: 16,6667%

107,6802	107,0004	106,3087	105,6054	Pu: 17,6217%
2,16306	1,771632	1,275943	**0,605443**	Pm: 66,6315%
4,0146%	3,9874%	3,9625%	3,9381%	Pd: 15,7467%

112,3922	111,5353	110,6623	Pu: 18,6120%
6,142178	**5,910323**	**5,662307**	Pm: 66,5260%
3,2253%	3,2051%	3,1854%	Pd: 14,8620%

116,1587	115,1222	Pu: 19,6374%
10,53372	**10,12224**	Pm: 66,3503%
2,5925%	2,5765%	Pd: 14,0124%

119,0263
14,02632
2,0840%

Tempo de Nó:
0,0000   0,3750   0,7500   1,1250   1,5000
Acúmulo:
0,0000   1,8750   1,2500   0,6250   0,0000

FIGURA 31.11 Árvore, produzida pelo DerivaGem, para avaliar uma opção americana sobre títulos.

A vantagem de tornar a ou σ, ou ambos, funções do tempo é que os modelos podem ser ajustados mais precisamente aos preços dos instrumentos negociados ativamente no mercado. A desvantagem é que a estrutura da volatilidade se torna não estacionária. A estrutura a termo da volatilidade dada pelo modelo no futuro pode ser muito diferente daquela que existe no mercado hoje.[23]

Uma abordagem um pouco diferente ao calibramento é usar todos os instrumentos de calibramento disponíveis para calcular os parâmetros a e σ de "melhor ajuste global". O parâmetro a é fixado em seu valor de melhor ajuste. O modelo pode então ser utilizado da mesma maneira que Black–Scholes–Merton. Há uma relação de um para um entre os preços de opção e o parâmetro σ. O modelo pode ser utiliza-

---

[23] Para uma discussão da implementação de um modelo no qual a e σ são funções do tempo, ver Nota Técnica 16 em www.rotman.utoronto.ca/~hull/TechnicalNotes.

do para converter tabelas como as Tabelas 29.1 e 29.2 em tabelas de σs implícitos.[24] Essas tabelas podem então ser utilizadas para avaliar o σ mais apropriado para apreçar o instrumento sob consideração.

31.9 HEDGE USANDO UM MODELO UNIFATORIAL

A Seção 29.5 descreveu algumas abordagens gerais ao hedge de um portfólio de derivativos de taxas de juros. Essas abordagens podem ser utilizadas com os modelos de estrutura a termo deste capítulo. O cálculo de deltas, gamas e vegas envolve a realização de pequenas mudanças à curva zero ou ao ambiente de volatilidade e a recomputação do valor do portfólio.

Observe que apesar de muitas vezes se pressupor um fator no apreçamento de derivativos de taxas de juros, não é corretor pressupor apenas um fator no hedge. Por exemplo, os deltas calculados devem permitir muitos movimentos diferentes na curva de juros, não apenas aqueles possíveis sob o modelo escolhido. A prática de levar em conta mudanças que não podem acontecer sob o modelo considerado, assim como aquelas que podem, é chamada de *outside model hedging* e representa uma prática padrão entre os traders.[25] A realidade é que os modelos unifatoriais relativamente simples, se utilizados com cuidado, normalmente fornecem preços razoáveis para os instrumentos, mas os bons procedimentos de hedge devem pressupor, explícita ou implicitamente, múltiplos fatores.

RESUMO

Os modelos tradicionais da estrutura a termo utilizada nas finanças são conhecidos como modelos de equilíbrio. Eles são úteis para entender as possíveis relações entre as variáveis na economia, mas têm a desvantagem de que a estrutura a termo inicial é um produto do modelo, não um de seus insumos. Na avaliação de derivativos, é importante que o modelo seja consistente com a estrutura a termo inicial observada no mercado. Os modelos sem arbitragem foram projetados para ter essa propriedade. Eles usam a estrutura a termo inicial como um dado certo e definem como ela pode evoluir.

Este capítulo forneceu uma descrição de diversos modelos sem arbitragem unifatoriais da taxa de curto prazo, que são robustos e podem ser utilizados em conjunto com qualquer conjunto de taxas zero iniciais. O modelo mais simples é o de Ho–Lee, que tem a vantagem de ser tratável analiticamente. Sua principal desvantagem é que uma de suas consequências é que todas as taxas são igualmente variáveis em todos

---

[24] Observe que no modelo de estrutura a termo, os σs implícitos não são os mesmos que as volatilidades implícitas calculadas a partir do modelo de Black nas Tabelas 29.1 e 29.2. O procedimento para calcular os σs implícitos é o seguinte. As volatilidades de Black são convertidas em preços usando o modelo de Black. A seguir, um procedimento iterativo é utilizado para implicar o parâmetro σ no modelo de estrutura a termo a partir do preço.

[25] Um exemplo simples do *outside model hedging* é o modo como o modelo de Black–Scholes–Merton é utilizado. O modelo de Black–Scholes–Merton pressupõe que a volatilidade é constante, mas os traders calculam regularmente o vega e hedgeiam contra mudanças na volatilidade.

os tempos. O modelo de Hull–White é uma versão do modelo de Ho–Lee que inclui reversão à média. Ele permite uma descrição mais rica do ambiente de volatilidade ao mesmo tempo que preserva sua tratabilidade analítica. Os modelos unifatoriais lognormais evitam a possibilidade das taxas de juros negativas, mas não têm tratabilidade analítica.

LEITURAS COMPLEMENTARES

Modelos de equilíbrio

Ahmad, R., and P. Wilmott, "The Market Price of Interest Rate Risk: Measuring and Modelling Fear and Greed in the Fixed Income Markets," *Wilmott*, January 2007: 64–70.

Cox, J. C., J. E. Ingersoll, and S. A. Ross, "A Theory of the Term Structure of Interest Rates," *Econometrica*, 53 (1985): 385–407.

Longstaff, F. A. and E. S. Schwartz, "Interest Rate Volatility and the Term Structure: A Two Factor General Equilibrium Model," *Journal of Finance*, 47, 4 (September 1992): 1259–82.

Vasicek, O. A.,"An Equilibrium Characterization of the Term Structure," *Journal of Financial Economics*, 5 (1977): 177–88.

Modelos sem arbitragem

Black, F., E. Derman, and W. Toy, "A One-Factor Model of Interest Rates and Its Application to Treasury Bond Prices," *Financial Analysts Journal*, January/February 1990: 33–39.

Black, F., and P. Karasinski, "Bond and Option Pricing When Short Rates Are Lognormal," *Financial Analysts Journal*, July/August (1991): 52–59.

Brigo, D., and F. Mercurio, *Interest Rate Models: Theory and Practice*, 2nd edn. New York: Springer, 2006.

Ho, T. S. Y., and S.-B. Lee, "Term Structure Movements and Pricing Interest Rate Contingent Claims," *Journal of Finance*, 41 (December 1986): 1011–29.

Hull, J., and A. White, "Bond Option Pricing Based on a Model for the Evolution of Bond Prices," *Advances in Futures and Options Research*, 6 (1993): 1–13.

Hull, J., and A. White, "Pricing Interest Rate Derivative Securities," *The Review of Financial Studies*, 3, 4 (1990): 573–92.

Hull, J., and A. White, "Using Hull–White Interest Rate Trees," *Journal of Derivatives*, Spring (1996): 26–36.

Rebonato, R., *Interest Rate Option Models*. Chichester: Wiley, 1998.

Questões e problemas (respostas no manual de soluções)

31.1 Qual é a diferença entre um modelo de equilíbrio e um modelo sem arbitragem?

31.2 Suponha que a taxa de curto prazo está em 4% e seu desvio padrão é de 1% ao ano. O que acontece com o desvio padrão quando a taxa de curto prazo aumenta para 8% no (a) modelo de Vasicek; (b) modelo de Rendleman e Bartter; e (c) modelo de Cox, Ingersoll e Ross?

31.3 Se o preço de uma ação revertesse à média ou seguisse um processo dependente da trajetória haveria uma ineficiência de mercado. Por que não há uma ineficiência de mercado quando a taxa de curto prazo faz isso?

31.4 Explique a diferença entre um modelo de taxas de juros unifatorial e um de dois fatores.

31.5 A abordagem descrita na Seção 31.4 para a decomposição de uma opção sobre um título que paga cupom em um portfólio de opções sobre título de cupom zero pode ser utilizada em conjunto com um modelo de dois fatores? Explique sua resposta.

31.6 Suponha que $a = 0,1$ e $b = 0,1$ no modelo de Vasicek e no de Cox, Ingersoll, Ross. Em ambos os modelos, a taxa de curto prazo inicial é 10% e o desvio padrão inicial da mudança da taxa de curto prazo em um breve período Δt é $0,02\sqrt{\Delta t}$. Compare os preços dados pelos modelos para um título de cupom zero com vencimento no ano 10.

31.7 Suponha que $a = 0,1$, $b = 0,08$ e $\sigma = 0,015$ no modelo de Vasicek, com o valor inicial da taxa de curto prazo igual a 5%. Calcule o preço de uma opção de compra europeia de 1 ano sobre um título de cupom zero com um principal de $100 com vencimento em 3 anos quando o preço de exercício é $87.

31.8 Repita o Problema 31.7 avaliando uma opção de venda europeia com preço de exercício de $87. Qual é a relação de paridade put–call entre os preços das opções de compra e de venda europeias? Mostre que os preços das opções de compra e de venda satisfazem a paridade put–call nesse caso.

31.9 Suponha que $a = 0,05$, $b = 0,08$ e $\sigma = 0,015$ no modelo de Vasicek com a taxa de juros de curto prazo inicial igual a 6%. Calcule o preço de uma opção de compra europeia de 2,1 anos sobre um título com vencimento em 3 anos. Suponha que o título paga um cupom de 5% semestralmente. O principal do título é 100 e o preço de exercício da opção é 99. O preço de exercício é o preço de caixa (não o preço cotado) que será pago pelo título.

31.10 Use a resposta do Problema 31.9 e argumentos de paridade put–call para calcular o preço de uma opção de venda que tenha os mesmos termos que a opção de compra no Problema 31.9.

31.11 No modelo de Hull–White, $a = 0,08$ e $\sigma = 0,01$. Calcule o preço de uma opção de compra europeia de 1 ano sobre um título de cupom zero com vencimento em 5 anos quando a estrutura a termo é plana em 10%, o principal do título é $100 e o preço de exercício é $68.

31.12 Suponha que $a = 0,05$ e $\sigma = 0,015$ no modelo de Hull–White com a estrutura a termo inicial plana em 6% com capitalização semestral. Calcule o preço de uma opção de compra europeia de 2,1 anos sobre um título com vencimento em 3 anos. Suponha que o título paga um cupom de 5% semestralmente. O principal do título é 100 e o preço de exercício da opção é 99. O preço de exercício é o preço de caixa (não o preço cotado) que será pago pelo título.

31.13 Observações espaçadas em intervalos Δt são realizadas sobre a taxa de curto prazo. A i-ésima observação é r_i $(0 \leq i \leq m)$. Mostre que as estimativas do método de probabilidade máxima de a, b e σ no modelo de Vasicek são dadas pela maximização de:

$$\sum_{i=1}^{m}\left(-\ln(\sigma^2 \Delta t) - \frac{[r_i - r_{i-1} - a(b - r_{i-1})\Delta t]^2}{\sigma^2 \Delta t}\right)$$

Qual é o resultado correspondente para o modelo CIR?

CAPÍTULO 31 ■ Derivativos de taxas de juros: modelos da taxa de curto prazo

31.14 Suponha que $a = 0,05$, $\sigma = 0,015$ e a estrutura a termo é plana em 10%. Construa uma árvore trinomial para o modelo de Hull–White no qual há dois passos no tempo, cada um com 1 ano de duração.

31.15 Calcule o preço de um título de cupom zero de 2 anos da árvore na Figura 31.6.

31.16 Calcule o preço de um título de cupom zero de 2 anos a partir da árvore na Figura 31.9 e confirme que ele concorda com a estrutura a termo inicial.

31.17 Calcule o preço de um título de cupom zero de 18 meses a partir da árvore na Figura 31.10 e confirme que ele concorda com a estrutura a termo inicial.

31.18 O que está envolvido no calibramento do modelo de estrutura a termo unifatorial?

31.19 Avalie opções sobre swaps europeias 1×4, 2×3, 3×2 e 4×1 para receber a flutuante e pagar a fixa. Pressuponha que as taxas de juros de 1, 2, 3, 4 e 5 anos são 6%, 5,5%, 6%, 6,5% e 7%, respectivamente. A frequência de pagamentos sobre o swap é semestral e a taxa fixa é de 6% ao ano com capitalização semestral. Use o modelo de Hull–White com $a = 3\%$ e $\sigma = 1\%$. Calcule a volatilidade implicada pelo modelo de Black para cada uma das opções.

31.20 Prove as equações (31.25), (31.26) e (31.27).

31.21 (a) Qual é a segunda derivativa parcial de $P(t, T)$ com relação a r nos modelos de Vasicek e CIR.
(b) Na Seção 31.2, $\hat{D}$ é apresentado como uma alternativa à medida de duração padrão D. Qual é a alternativa semelhante $\hat{C}$ à medida de convexidade na Seção 4.9?
(c) Qual é $\hat{C}$ para $P(t, T)$? Como você calcularia $\hat{C}$ para um título que paga cupom?
(d) Apresente uma expansão em série de Taylor para $\Delta P(t, T)$ em termos de Δr e $(\Delta r)^2$ para Vasicek e CIR.

31.22 Suponha que a taxa de curto prazo r é 4% e seu processo no mundo real é $dr = 0,1[0,05 - r]dt + 0,01\,dz$, enquanto o processo *risk-neutral* é $dr = 0,1[0,11 - r]dt + 0,01\,dz$.
(a) Qual é o preço de mercado do risco da taxa de juros?
(b) Qual é o retorno esperado e a volatilidade para um título de cupom zero de 5 anos no mundo *risk-neutral*?
(c) Qual é o retorno esperado e a volatilidade para o título de cupom zero de 5 anos no mundo real?

Questões adicionais

31.23 Construa uma árvore trinomial para o modelo de Ho–Lee onde $\sigma = 0,02$. Suponha que a taxa de juros de cupom zero inicial para vencimentos de 0,5, 1,0 e 1,5 anos são 7,5%, 8% e 8,5%. Use dois passos no tempo, ambos de 6 meses cada. Calcule o valor de um título de cupom zero com valor de face de $100 e vida remanescente de 6 meses nas pontas dos nós finais da árvore. Use a árvore para avaliar uma opção de venda de 1 ano com preço de exercício de 95 sobre o título.

31.24 Um trader deseja calcular o preço de uma opção de compra americana de 1 ano sobre um título de 5 anos com valor de face de 100. O título paga um cupom de 6% semestralmente e o preço de exercício (cotado) da opção é $100. As taxas zero com capitalização contínua para os vencimentos de 6 meses, 1 ano, 2 anos, 3 anos, 4 anos e 5 anos são 4,5%, 5%, 5,5%, 5,8%, 6,1,% e 6,3%. A taxa de reversão de melhor ajuste para o modelo normal ou o lognormal foi estimada como sendo de 5%.

Uma opção de compra europeia de 1 ano com um preço de exercício (cotado) de 100 sobre o título é negociada ativamente. Seu preço de mercado é $0,50. O trader decide usar essa opção para calibramento. Responda às seguintes perguntas:
  (a) Pressupondo um modelo normal, implique o parâmetro σ a partir do preço da opção europeia.
  (b) Use o parâmetro σ para calcular o preço da opção quando ela é americana.
  (c) Repita (a) e (b) para o modelo lognormal. Mostre que o modelo usado não afeta significativamente o preço obtido, desde que seja calibrado com o preço europeu conhecido.
  (d) Mostre a árvore para o modelo normal e calcule a probabilidade da ocorrência de uma taxa de juros negativa.
  (e) Mostre a árvore para o modelo lognormal e confirme que o preço da opção é calculado corretamente no nó em que, com a notação da Seção 31.7, $i = 9$ e $j = -1$.

31.25 Avalie opções sobre swaps europeias 1×4, 2×3, 3×2 e 4×1 para receber a flutuante e pagar a fixa. Pressuponha que as taxas de juros de 1, 2, 3, 4 e 5 anos são 3%, 3,5%, 3,8%, 4,0% e 4,1%, respectivamente. A frequência de pagamentos sobre o swap é semestral e a taxa fixa é de 4% ao ano com capitalização semestral. Use o modelo lognormal com $a = 5\%$, $\sigma = 15\%$ e 50 passos no tempo. Calcule a volatilidade implicada pelo modelo de Black para cada uma das opções.

31.26 Modifique a Aplicação de Amostra G no software Construtor de Aplicações do DerivaGem para testar a convergência do preço da árvore trinomial quando ela é utilizada para apreçar uma opção de compra de 2 anos sobre um título de 5 anos com valor de face de 100. Suponha que o preço de exercício (cotado) é 100, a taxa de cupom é 7% com cupons pagos duas vezes ao ano. Pressuponha que a curva à vista é aquela da Tabela 31.2. Compare os resultados para os seguintes casos:
  (a) A opção é europeia; modelo normal com $\sigma = 0{,}01$ e $a = 0{,}05$
  (b) A opção é europeia; modelo lognormal com $\sigma = 0{,}15$ e $a = 0{,}05$
  (c) A opção é americana; modelo normal com $\sigma = 0{,}01$ e $a = 0{,}05$
  (d) A opção é americana; modelo lognormal com $\sigma = 0{,}15$ e $a = 0{,}05$:

31.27 Suponha que o processo (CIR) para o movimento da taxa de curto prazo no mundo *risk-neutral* (tradicional) é:

$$dr = a(b - r)\,dt + \sigma\sqrt{r}\,dz$$

e o preço de mercado do risco da taxa de juros é λ.
  (a) Qual é o processo do mundo real para r?
  (b) Qual é o retorno esperado e a volatilidade para um título de 10 anos no mundo *risk-neutral*?
  (c) Qual é o retorno esperado e a volatilidade de um título de 10 anos no mundo real?

CAPÍTULO

32

HJM, LMM e múltiplas curvas à vista

Os modelos de taxas de juros discutidos no Capítulo 31 são amplamente utilizados para instrumentos de apreçamento quando os modelos mais simples do Capítulo 29 são inadequados. Eles são fáceis de implementar e, se utilizados com cautela, podem garantir que o apreçamento consistente da maioria dos derivativos de taxas de juros usando instrumentos negociados ativamente, como caps de taxas de juros, opções sobre swaps europeias e opções europeias sobre títulos. Duas limitações dos modelos são:

1. A maioria envolve apenas um fator (ou seja, uma fonte de incerteza).
2. Eles não dão ao usuário total liberdade para escolher a estrutura da volatilidade.

Tornando os parâmetros a e σ funções do tempo, um analista pode usar os modelos de modo que eles se ajustem ás volatilidades observadas no mercado hoje, mas, como mencionado na Seção 31.8, nesse caso a estrutura a termo da volatilidade é não estacionária. A estrutura da volatilidade no futuro pode ser muito diferente daquela observada no mercado hoje.

Este capítulo discute algumas abordagens gerais à construção de modelos de estrutura a termo que dão ao usuário mais flexibilidade para especificar o ambiente de volatilidade e permitem a utilização de diversos fatores. Quando usamos desconto OIS, muitas vezes é necessário desenvolver um modelo que descreva a evolução de duas (ou mais) curvas de juros (ex.: a curva à vista LIBOR e a curva à vista OIS). Este capítulo discute como executar esse processo.

Este capítulo também abrange o mercado de títulos lastreados por hipoteca de agência nos Estados Unidos e descreve como algumas das ideias apresentadas nele podem ser utilizadas para apreçar instrumentos nesse mercado.

32.1 O MODELO DE HEATH, JARROW E MORTON

Em 1990, David Heath, Bob Jarrow e Andy Morton (HJM) publicaram um artigo importante descrevendo as condições sem arbitragem que devem ser satisfeitas por um modelo da curva de juros.[1] Para descrever seu modelo, usaremos a seguinte notação:

$P(t, T)$: Preço no tempo t de um título de cupom zero livre de risco com principal de \$1 e vencimento no tempo T

Ω_t: Vetor dos valores passado e presente de taxas de juros e preços de títulos no tempo t relevantes para determinar as volatilidades de preços de títulos nessa data

$v(t, T, \Omega_t)$: Volatilidade de $P(t, T)$

$f(t, T_1, T_2)$: Taxa forward vista no tempo t para o período entre o tempo T_1 e o tempo T_2

$F(t, T)$: Taxa forward instantânea vista no tempo t para um contrato com vencimento no tempo T

$r(t)$: Taxa de juros livre de risco de curto prazo no tempo t

$dz(t)$: Processo de Wiener que determina os movimentos da estrutura a termo.

Processos para preços de títulos de cupom zero e taxas forward

Começamos pressupondo que há apenas um fator e que usaremos o mundo *risk-neutral* tradicional. Um título de cupom zero é um título negociado que não oferece renda. Seu retorno no mundo *risk-neutral* tradicional deve, assim, ser r. Isso significa que seu processo estocástico tem a forma:

$$dP(t, T) = r(t)P(t, T)\,dt + v(t, T, \Omega_t)P(t, T)\,dz(t) \qquad (32.1)$$

Como indica o argumento Ω_t, a volatilidade v do título de cupom zero pode, na forma mais geral do modelo, ser qualquer função bem-comportada das taxas de juros e preços de títulos passados e presentes. Como a volatilidade do preço do título diminui até zero no vencimento, devemos obter:[2]

$$v(t, t, \Omega_t) = 0$$

Da equação (4.5), a taxa forward $f(t, T_1, T_2)$ pode ser relacionada com os preços de títulos de cupom zero da seguinte maneira:

$$f(t, T_1, T_2) = \frac{\ln[P(t, T_1)] - \ln[P(t, T_2)]}{T_2 - T_1} \qquad (32.2)$$

---

[1] Ver D. Heath, R. A. Jarrow, and A. Morton, "Bond Pricing and the Term Structure of Interest Rates: A New Methodology," *Econometrica*, 60, 1 (1992): 77–105.

[2] A condição $v(t, t, \Omega_t) = 0$ é equivalente ao pressuposto de que todos os títulos de desconto têm drift finitos em todos os momentos. Se a volatilidade do título não diminui até zero no vencimento, pode ser necessário utilizar um drift infinito para garantir que o preço do título é igual a seu valor de face no vencimento.

Da equação (32.1) e o lema de Itô:

$$d\ln[P(t, T_1)] = \left[r(t) - \frac{v(t, T_1, \Omega_t)^2}{2}\right] dt + v(t, T_1, \Omega_t) dz(t)$$

e:

$$d\ln[P(t, T_2)] = \left[r(t) - \frac{v(t, T_2, \Omega_t)^2}{2}\right] dt + v(t, T_2, \Omega_t) dz(t)$$

de modo que, da equação (32.2):

$$df(t, T_1, T_2) = \frac{v(t, T_2, \Omega_t)^2 - v(t, T_1, \Omega_t)^2}{2(T_2 - T_1)} dt + \frac{v(t, T_1, \Omega_t) - v(t, T_2, \Omega_t)}{T_2 - T_1} dz(t)$$

(32.3)

A equação (32.3) mostra que o processo *risk-neutral* para f depende exclusivamente dos vs. Ele depende de r e dos Ps apenas na medida em que os próprios vs dependem dessas variáveis.

Quando colocamos $T_1 = T$ e $T_2 = T + \Delta T$ na equação (32.3) e então obtemos limites à medida que ΔT tende a zero, $f(t, T_1, T_2)$ se torna $F(t, T)$, o coeficiente de $dz(t)$ se torna $-v_T(t, T, \Omega_t)$ e o coeficiente de dt se torna:

$$\frac{1}{2} \frac{\partial[v(t, T, \Omega_t)^2]}{\partial T} = v(t, T, \Omega_t) v_T(t, T, \Omega_t)$$

onde o subscrito de v denota uma derivativa parcial. Logo:

$$dF(t, T) = v(t, T, \Omega_t) v_T(t, T, \Omega_t) dt - v_T(t, T, \Omega_t) dz(t) \quad (32.4)$$

Depois que a função $v(t, T, \Omega_t)$ foi especificada, os processos *risk-neutral* para as $F(t, T)$ são conhecidos.

A equação (32.4) mostra que há uma ligação entre o drift e o desvio padrão da taxa forward instantânea. Esse é o principal resultado HJM. Integrar $v_\tau(t, \tau, \Omega_t)$ entre $\tau = t$ e $\tau = T$ leva a:

$$v(t, T, \Omega_t) - v(t, t, \Omega_t) = \int_t^T v_\tau(t, \tau, \Omega_t) d\tau$$

Como $v(t, t, \Omega_t) = 0$, isso se torna:

$$v(t, T, \Omega_t) = \int_t^T v_\tau(t, \tau, \Omega_t) d\tau$$

Se $m(t, T, \Omega_t)$ e $s(t, T, \Omega_t)$ são o drift instantâneo e desvio padrão de $F(t, T)$, de modo que:

$$dF(t, T) = m(t, T, \Omega_t) dt + s(t, T, \Omega_t) dz$$

logo, da equação (32.4):

$$m(t, T, \Omega_t) = s(t, T, \Omega_t) \int_t^T s(t, \tau, \Omega_t) d\tau \quad (32.5)$$

Esse é o resultado HJM.

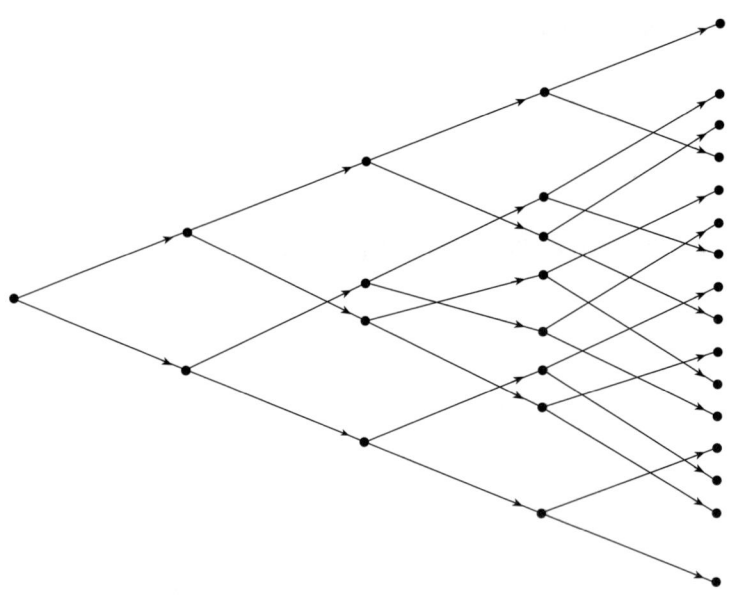

FIGURA 32.1 Uma árvore não recombinante como aquela decorrente do modelo geral HJM.

O processo para a taxa de curto prazo r no modelo geral HJM é não Markov. Isso significa que o processo para r em um tempo futuro t depende do caminho seguido por r entre agora e o tempo t e também do valor de r no tempo t.[3] Esse é o principal problema para a implementação de um modelo geral HJM. A simulação de Monte Carlo foi utilizada. É difícil usar uma árvore para representar os movimentos da estrutura a termo, pois a árvore normalmente não se recombina. Pressupondo que o modelo possui um fator e a árvore é binomial, como na Figura 32.1, há 2^n nós após n passos no tempo (quando $n = 30$, 2^n é cerca de 1 bilhão).

O modelo HJM na equação (32.4) é falsamente complexo. Uma determinada taxa forward $F(t, T)$ é Markov na maioria das aplicações do modelo e pode ser representada por uma árvore recombinante. Contudo, a mesma árvore não pode ser utilizada para todas as taxas forward. Definir $s(t, T, \Omega_t)$ igual a uma constante, σ, leva ao modelo de Ho–Lee (ver Problema 32.3); definir $s(t, T, \Omega_t) = \sigma e^{-a(T-t)}$ leva ao modelo de Hull–White (ver Problema 32.4). Estes são casos Markov específicos do HJM nos quais a mesma árvore recombinante pode ser utilizada para representar a taxa de curto prazo, r, e todas as taxas forward.

Extensão para vários fatores

O resultado HJM pode ser estendido à situação na qual há diversos fatores independentes. Suponha que:

$$dF(t, T) = m(t, T, \Omega_t) dt + \sum_k s_k(t, T, \Omega_t) dz_k$$

---

[3] Para mais detalhes, ver Nota Técnica Note 17 em www.rotman.utoronto.ca/~hull/Technical-Notes.

Uma análise semelhante àquela que acabamos de oferecer (ver Problema 32.2) mostra que:

$$m(t, T, \Omega_t) = \sum_k s_k(t, T, \Omega_t) \int_t^T s_k(t, \tau, \Omega_t) \, d\tau \qquad (32.6)$$

32.2 O MODELO DE MERCADO LIBOR

Uma desvantagem do modelo HJM é que ele é expresso em termos de taxas forward instantâneas e estas não são diretamente observáveis no mercado. Outra desvantagem relacionada é que é difícil calibrar o modelo em relação aos preços de instrumentos negociados ativamente. Isso levou Brace, Gatarek e Musiela (BGM), Jamshidian e Miltersen, Sandmann e Sondermann a proporem uma alternativa.[4] Conhecida como o *modelo de mercado LIBOR* (LMM) ou *modelo BGM*, ela é expressa em termos das taxas forward que os traders usam em conjunto com o desconto LIBOR.

O modelo

Defina $t_0 = 0$ e $t_1, t_2,...$ como os tempos de repactuação para os caps negociados no mercado hoje. Nos Estados Unidos, os caps mais populares têm repactuações trimestrais, então é aproximadamente verdadeiro que $t_1 = 0{,}25$, $t_2 = 0{,}5$, $t_3 = 0{,}75$ e assim por diante. Defina $\delta_k = t_{k+1} - t_k$ e:

$F_k(t)$: Taxa forward entre os tempos t_k e t_{k+1} vista no tempo t, expressa com um período de capitalização de δ_k e contagem de dias efetivo/efetivo

$m(t)$: Índice para a próxima data de repactuação no tempo t; isso significa que $m(t)$ é o menor número inteiro tal que $t \leq t_{m(t)}$

$\zeta_k(t)$: Volatilidade de $F_k(t)$ no tempo t.

Inicialmente, pressupomos que há apenas um fator.

Como mostrado na Seção 28.4, em um mundo que é *forward risk neutral* com relação a $P(t, t_{k+1})$, $F_k(t)$ é um martingale e segue o processo:

$$dF_k(t) = \zeta_k(t) F_k(t) \, dz \qquad (32.7)$$

onde dz é um processo de Wiener.

O processo para $P(t, t_k)$ tem a forma:

$$\frac{dP(t, t_k)}{P(t, t_k)} = \cdots + v_k(t) \, dz$$

---

[4] Ver A. Brace, D. Gatarek, and M. Musiela "The Market Model of Interest Rate Dynamics," *Mathematical Finance* 7, 2 (1997): 127–55; F. Jamshidian, "LIBOR and Swap Market Models and Measures," *Finance and Stochastics*, 1 (1997): 293–330; e K. Miltersen, K. Sandmann, and D. Sondermann, "Closed Form Solutions for Term Structure Derivatives with LogNormal Interest Rate," *Journal of Finance*, 52, 1 (March 1997): 409–30.

onde $v_k(t)$ é negativo porque os preços de títulos e taxas de juros estão negativamente relacionados.

Na prática, em geral o procedimento mais conveniente é avaliar os derivativos de taxas de juros trabalhando em um mundo que é sempre *forward risk neutral* com a relação a um título com vencimento na próxima data de repactuação. Chamamos isso de um mundo *rolling forward risk-neutral*.[5] Nesse mundo, podemos descontar do tempo t_{k+1} para o tempo t_k usando a taxa zero observada no tempo t_k para um vencimento t_{k+1}. Não precisamos nos preocupar com o que acontece com as taxas de juros entre os tempos t_k e t_{k+1}.

No tempo t, o mundo *rolling forward risk-neutral* é um mundo que é *forward risk neutral* com relação ao preço do título, $P(t, t_{m(t)})$. A equação (32.7) dá o processo seguido por $F_k(t)$ em um mundo que é *forward risk neutral* com relação a $P(t, t_{k+1})$. De acordo com a Seção 28.8, o processo seguido por $F_k(t)$ no mundo *rolling forward risk-neutral* é:

$$dF_k(t) = \zeta_k(t)[v_{m(t)}(t) - v_{k+1}(t)]F_k(t)\,dt + \zeta_k(t)F_k(t)\,dz \qquad (32.8)$$

A relação entre as taxas forward e preços de títulos é:

$$\frac{P(t, t_i)}{P(t, t_{i+1})} = 1 + \delta_i F_i(t)$$

ou:

$$\ln P(t, t_i) - \ln P(t, t_{i+1}) = \ln[1 + \delta_i F_i(t)]$$

O lema de Itô pode ser utilizado para calcular o processo seguido pelo lado esquerdo e pelo lado direito dessa equação. Equacionar os coeficientes de dz nos dá:[6]

$$v_i(t) - v_{i+1}(t) = \frac{\delta_i F_i(t)\zeta_i(t)}{1 + \delta_i F_i(t)} \qquad (32.9)$$

de modo que, da equação (32.8), o processo seguido por $F_k(t)$ no mundo *rolling forward risk neutral* é:

$$\frac{dF_k(t)}{F_k(t)} = \sum_{i=m(t)}^{k} \frac{\delta_i F_i(t)\zeta_i(t)\zeta_k(t)}{1 + \delta_i F_i(t)}\,dt + \zeta_k(t)\,dz \qquad (32.10)$$

O resultado HJM na equação (32.4) é o caso limite disto à medida que δ_i tende a zero (ver Problema 32.7).

---

[5] Na terminologia da Seção 28.4, esse mundo corresponde a usar um "CD móvel" como o *numéraire*. Um CD (certificado de depósito) móvel é aquele no qual começamos com $1, compramos um título com vencimento no tempo t_1, reinvestimos o resultado no tempo t_1 em um título com vencimento no tempo t_2, reinvestimos o resultado no tempo t_2 em um título com vencimento no tempo t_3 e assim por diante. (Em termos mais estritos, as árvores de taxas de juros que construímos no Capítulo 31 estão em um mundo *rolling forward risk-neutral* não no mundo *risk-neutral* tradicional.) O *numéraire* é um CD rolado ao final de cada passo no tempo.

[6] Como os *v*s e *ζ*s têm sinais contrários, a volatilidade do preço do título aumenta (em termos absolutos) à medida que o vencimento aumenta, como esperado.

Volatilidade das taxas forward

O modelo pode ser simplificado se pressupormos que $\zeta_k(t)$ é uma função apenas do número de períodos de acúmulo completos entre a próxima data de repactuação e o tempo t_k. Defina Λ_i como o valor de $\zeta_k(t)$ quando há i períodos de acúmulo do tipo. Isso significa que $\zeta_k(t) = \Lambda_{k-m(t)}$ é uma função de passos.

O Λ_i pode (pelo menos na teoria) ser estimado a partir das volatilidades usadas para avaliar caplets no modelo de Black (ou seja, das volatilidades spot na Figura 29.3).[7] Suponha que σ_k é a volatilidade de Black para o caplet que corresponde ao período entre os tempos t_k e t_{k+1}. Equacionando as variâncias, devemos obter:

$$\sigma_k^2 t_k = \sum_{i=1}^{k} \Lambda_{k-i}^2 \delta_{i-1} \qquad (32.11)$$

Essa equação pode ser utilizada para obter os Λs de forma iterativa.

■ Exemplo 32.1

Pressuponha que os δi são todos iguais e as volatilidades spot de caplets de Black para os três primeiros caplets são 24%, 22% e 20%. Isso significa que $\Lambda_0 = 24\%$. Como:

$$\Lambda_0^2 + \Lambda_1^2 = 2 \times 0{,}22^2$$

$\Lambda 1$ é 19,80%. Além disso, como:

$$\Lambda_0^2 + \Lambda_1^2 + \Lambda_2^2 = 3 \times 0{,}20^2$$

$\Lambda 2$ é 15,23%. ■

■ Exemplo 32.2

Considere os dados na Tabela 32.1 sobre volatilidades de caplets σk. Estas apresentam o *hump* discutido na Seção 29.2. Os Λs se encontram na segunda linha. Observe que o *hump* nos Λs é mais destacado do que o *hump* nos σs. ■

TABELA 32.1 Dados de volatilidade; período de acúmulo = 1 ano

Ano, *k*:	1	2	3	4	5	6	7	8	9	10
$\sigma_k(\%)$:	15,50	18,25	17,91	17,74	17,27	16,79	16,30	16,01	15,76	15,54
$\Lambda_{k-1}(\%)$:	15,50	20,64	17,21	17,22	15,25	14,15	12,98	13,81	13,60	13,40

---

[7] Na prática, os Λs são determinados utilizando uma calibração de mínimos quadrados, como será discutido posteriormente.

Implementação do modelo

O modelo de mercado LIBOR pode ser implementado usando a simulação de Monte Carlo. Expressa em termos de Λ_is, a equação (32.10) é:

$$\frac{dF_k(t)}{F_k(t)} = \sum_{i=m(t)}^{k} \frac{\delta_i F_i(t) \Lambda_{i-m(t)} \Lambda_{k-m(t)}}{1 + \delta_i F_i(t)} dt + \Lambda_{k-m(t)} dz \tag{32.12}$$

assim, de acordo com o lema de Itô:

$$d \ln F_k(t) = \left[\sum_{i=m(t)}^{k} \frac{\delta_i F_i(t) \Lambda_{i-m(t)} \Lambda_{k-m(t)}}{1 + \delta_i F_i(t)} - \frac{(\Lambda_{k-m(t)})^2}{2} \right] dt + \Lambda_{k-m(t)} dz \tag{32.13}$$

Se, como forma de aproximação, pressupormos no cálculo do drift de $\ln F_k(t)$ que $F_i(t) = F_i(t_j)$ para $t_j < t < t_{j+1}$, então:

$$F_k(t_{j+1}) = F_k(t_j) \exp \left[\left(\sum_{i=j+1}^{k} \frac{\delta_i F_i(t_j) \Lambda_{i-j-1} \Lambda_{k-j-1}}{1 + \delta_i F_i(t_j)} - \frac{\Lambda_{k-j-1}^2}{2} \right) \delta_j + \Lambda_{k-j-1} \epsilon \sqrt{\delta_j} \right] \tag{32.14}$$

onde ϵ é uma amostra aleatória de uma distribuição normal com média igual a zero e desvio padrão igual a um. Na simulação de Monte Carlo, essa equação é usada para calcular as taxas forward no tempo t_1 a partir daquelas no tempo zero; a seguir, ela é usada para calcular as taxas forward nos tempos t_2 a partir daquelas no tempo t_1; e assim por diante.

Extensão para vários fatores

O modelo de mercado LIBOR pode ser estendido de modo a incorporar diversos fatores independentes. Suponha que há p fatores e $\zeta_{k,q}$ é o componente da volatilidade de $F_k(t)$ que pode ser atribuído ao q-ésimo fator. A equação (32.10) se torna (ver Problema 32.11):

$$\frac{dF_k(t)}{F_k(t)} = \sum_{i=m(t)}^{k} \frac{\delta_i F_i(t) \sum_{q=1}^{p} \zeta_{i,q}(t) \zeta_{k,q}(t)}{1 + \delta_i F_i(t)} dt + \sum_{q=1}^{p} \zeta_{k,q}(t) dz_q \tag{32.15}$$

Defina $\lambda_{i,q}$ como o q-ésimo componente da volatilidade quando há i períodos de acúmulo entre a próxima data de repactuação e o vencimento do contrato a termo. A equação (32.14) se torna, então:

$$F_k(t_{j+1}) = F_k(t_j)$$
$$\times \exp \left[\left(\sum_{i=j+1}^{k} \frac{\delta_i F_i(t_j) \sum_{q=1}^{p} \lambda_{i-j-1,q} \lambda_{k-j-1,q}}{1 + \delta_i F_i(t_j)} - \frac{\sum_{q=1}^{p} \lambda_{k-j-1,q}^2}{2} \right) \delta_j + \sum_{q=1}^{p} \lambda_{k-j-1,q} \epsilon_q \sqrt{\delta_j} \right] \tag{32.16}$$

onde os ϵ_q são amostras aleatórias de uma distribuição normal com média igual a zero e desvio padrão igual a um.

A aproximação de que o drift de uma taxa forward permanece constante dentro de cada período de acúmulo nos permite saltar de uma data de repactuação para a seguinte na simulação. Isso é conveniente, pois, como foi mencionado, o mundo *rolling forward risk-neutral* nos permite descontar de uma data de repactuação para a seguinte. Suponha que desejamos simular uma curva à vista para N períodos de acúmulo. Em cada teste, começamos com as taxas forward no tempo zero. Estas são $F_0(0), F_1(0),\ldots, F_{N-1}(0)$ e são calculadas a partir da curva à vista inicial. A equação (32.16) é utilizada para calcular $F_1(t_1), F_2(t_1),\ldots, F_{N-1}(t_1)$. A seguir, a equação (32.16) é utilizada novamente para calcular $F_2(t_2), F_3(t_2),\ldots, F_{N-1}(t_2)$ e assim por diante, até $F_{N-1}(t_{N-1})$ ser obtido. Observe que à medida que avançamos no tempo, a curva à vista vai se encurtando. Por exemplo, suponha que cada período de acúmulo e de 3 meses e $N = 40$. Começamos com uma curva à vista de 10 anos. No ponto de 6 anos (no tempo t_{24}), a simulação nos dá informações sobre uma curva à vista de 4 anos.

A aproximação de drift que utilizamos (ou seja, $F_i(t) = F_i(t_j)$ para $t_j < t < t_{j+1}$) pode ser testada pela avaliação de caplets usando a equação (32.16) e a comparação dos preços com aqueles dados pelo modelo de Black. O valor de $F_k(t_k)$ é a taxa realizada para o período de tempo entre t_k e t_{k+1} e permite que calculemos o resultado do caplet no tempo t_{k+1}. Esse resultado é descontado de volta ao tempo zero, um período de acúmulo por vez. O valor do caplet é a média dos resultados descontados. Os resultados desse tipo de análise mostram que os valores do cap da simulação de Monte Carlo não são significativamente diferentes daqueles dados pelo modelo de Black. Isso vale mesmo quando os períodos de acúmulo têm 1 ano de duração e se utiliza um grande número de testes.[8] Isso sugere que, na maioria das simulações, a aproximação do drift é inócua.

Ratchet Caps, Sticky Caps e Flexi Caps

O modelo de mercado LIBOR pode ser utilizado para avaliar alguns tipos de caps não padrão. Consider os *ratchet caps* e os *sticky caps*. Eles incorporaram regras para determinar como a taxa do cap é definida para cada caplet. Em um *ratchet cap*, ela é igual à taxa LIBOR na data de repactuação anterior mais um spread. Em um *sticky cap*, ela é igual à taxa limitada (*capped*) anterior mais um spread. Suponha que a taxa do cap no tempo t_j é K_j, a taxa LIBOR no tempo t_j é R_j e o spread é s. Em um *ratchet cap*, $K_{j+1} = R_j + s$. Em um *sticky cap*, $K_{j+1} = \min(R_j, K_j) + s$.

As Tabelas 32.2 e 32.3 apresentam avaliações de um *ratchet cap* e um *sticky cap* usando o modelo de mercado LIBOR com um, dois e três fatores e desconto LIBOR. O principal é de $100. Pressupõe-se que a estrutura a termo é plana em 5% ao ano com capitalização contínua, ou 5,127% com capitalização anual, e as volatilidades dos caplets são aquelas da Tabela 32.1. A taxa de juros é repactuada anualmente. O spread é 25 pontos-base aplicados à taxa com capitalização anual. As Tabelas 32.4 e 32.5 mostram como a volatilidade foi dividida em componentes quando os modelos de dois e três fatores foram utilizados. Os resultados se baseiam em 100.000 si-

---
[8] Ver J. C. Hull and A. White, "Forward Rate Volatilities, Swap Rate Volatilities, and the Implementation of the LIBOR Market Model," *Journal of Fixed Income*, 10, 2 (September 2000): 46–62. A única exceção é quando as volatilidades do cap são muito altas.

TABELA 32.2 Avaliação de *ratchet caplets*

Tempo de início do *caplet* (anos)	Um fator	Dois fatores	Três fatores
1	0,196	0,194	0,195
2	0,207	0,207	0,209
3	0,201	0,205	0,210
4	0,194	0,198	0,205
5	0,187	0,193	0,201
6	0,180	0,189	0,193
7	0,172	0,180	0,188
8	0,167	0,174	0,182
9	0,160	0,168	0,175
10	0,153	0,162	0,169

mulações de Monte Carlo que incorporam a técnica das variáveis antitéticas descrita na Seção 21.7. O erro padrão de cada preço é cerca de 0,001.

Um terceiro tipo de cap não padrão é um *flexi cap*. Este é semelhante a um cap normal, exceto que há um limite no número total de caps que podem ser exercidos. Considere um *flexi cap* de pagamento anual quando o principal é de $100, a estrutura a termo é plana em 5% e as volatilidades do cap são aquelas das Tabelas 32.1, 32.4 e 32.5. Suponha que todos os caplets dentro do dinheiro são exercidos, até um limite máximo e cinco caplets. Com um, dois e três fatores, o modelo de mercado LIBOR dá o preço do instrumento como 3,43, 3,58 e 3,61, respectivamente (ver Problema 32.15 para outros tipos de *flexi caps*).

O apreçamento de um cap *plain vanilla* depende apenas da volatilidade total e é independente do número de fatores. Isso ocorre porque o preço de um caplet *plain vanilla* depende do comportamento de apenas uma taxa forward. Os preços de caplets nos instrumentos não padrões que analisamos são diferentes, pois dependem da distribuição de probabilidade conjunta de diversas taxas forward diferentes. Por consequência, eles na verdade dependem do número de fatores.

TABELA 32.3 Avaliação de *sticky caplets*

Tempo de início do *caplet* (anos)	Um fator	Dois fatores	Três fatores
1	0,196	0,194	0,195
2	0,336	0,334	0,336
3	0,412	0,413	0,418
4	0,458	0,462	0,472
5	0,484	0,492	0,506
6	0,498	0,512	0,524
7	0,502	0,520	0,533
8	0,501	0,523	0,537
9	0,497	0,523	0,537
10	0,488	0,519	0,534

TABELA 32.4 Componentes da volatilidade em um modelo de dois fatores

Ano, k:	1	2	3	4	5	6	7	8	9	10
$\lambda_{k-1,1}$ (%):	14,10	19,52	16,78	17,11	15,25	14,06	12,65	13,06	12,36	11,63
$\lambda_{k-1,2}$ (%):	−6,45	−6,70	−3,84	−1,96	0,00	1,61	2,89	4,48	5,65	6,65
Volatilidade total (%):	15,50	20,64	17,21	17,22	15,25	14,15	12,98	13,81	13,60	13,40

Avaliação de opções sobre swaps europeias

Há uma aproximação analítica para avaliar opções sobre swaps europeias no modelo de mercado LIBOR.[9] Pressuponha que o desconto LIBOR é utilizado. Definida T_0 como o vencimento do swap e pressuponha que as datas de pagamento para o swap são $T_1, T_2, \ldots, T_N$. Defina $\tau_i = T_{i+1} - T_i$. Da equação (28.23), a taxa de swap no tempo t é dada por:

$$s(t) = \frac{P(t, T_0) - P(t, T_N)}{\sum_{i=0}^{N-1} \tau_i P(t, T_{i+1})}$$

Também é verdade que:

$$\frac{P(t, T_i)}{P(t, T_0)} = \prod_{j=0}^{i-1} \frac{1}{1 + \tau_j G_j(t)}$$

para $1 \leq i \leq N$, onde $G_j(t)$ é a taxa forward no tempo t para o período entre T_j e T_{j+1}. Juntas, essas duas equações definem uma relação entre $s(t)$ e o $G_j(t)$. Aplicando o lema de Itô (ver Problema 32.12), a variância $V(t)$ da taxa de swap $s(t)$ é dada por:

$$V(t) = \sum_{q=1}^{p} \left[\sum_{k=0}^{N-1} \frac{\tau_k \beta_{k,q}(t) G_k(t) \gamma_k(t)}{1 + \tau_k G_k(t)} \right]^2 \qquad (32.17)$$

TABELA 32.5 Componentes da volatilidade em um modelo de três fatores

Ano, k:	1	2	3	4	5	6	7	8	9	10
$\lambda_{k-1;1}$ (%):	13,65	19,28	16,72	16,98	14,85	13,95	12,61	12,90	11,97	10,97
$\lambda_{k-1;2}$ (%):	6,62	7,02	4,06	2,06	0,00	1,69	3,06	4,70	5,81	6,66
$\lambda_{k-1;3}$ (%):	3,19	2,25	0,00	1,98	3,47	1,63	0,00	1,51	2,80	3,84
Volatilidade total (%):	15,50	20,64	17,21	17,22	15,25	14,15	12,98	13,81	13,60	13,40

---

[9] Ver J. C. Hull and A. White, "Forward Rate Volatilities, Swap Rate Volatilities, and the Implementation of the LIBOR Market Model," *Journal of Fixed Income*, 10, 2 (September 2000): 46–62. Outras aproximações analíticas foram propostas por A. Brace, D. Gatarek, and M. Musiela "The Market Model of Interest Rate Dynamics," *Mathematical Finance*, 7, 2 (1997): 127–55 e L. Andersen and J. Andreasen, "Volatility Skews and Extensions of the LIBOR Market Model," *Applied Mathematical Finance*, 7, 1 (March 2000), 1–32.

onde:

$$\gamma_k(t) = \frac{\prod_{j=0}^{N-1}[1+\tau_j G_j(t)]}{\prod_{j=0}^{N-1}[1+\tau_j G_j(t)] - 1} - \frac{\sum_{i=0}^{k-1} \tau_i \prod_{j=i+1}^{N-1}[1+\tau_j G_j(t)]}{\sum_{i=0}^{N-1} \tau_i \prod_{j=i+1}^{N}[1+\tau_j G_j(t)]}$$

e $\beta_{j,q}(t)$ é o q-ésimo componente da volatilidade de $G_j(t)$. Nós obtemos uma aproximação de $V(t)$ definindo $G_j(t) = G_j(0)$ para todos os j e t. A volatilidade do swap que é inserida no modelo de mercado padrão para avaliação de uma swaption é, então:

$$\sqrt{\frac{1}{T_0}\int_{t=0}^{T_0} V(t)\,dt}$$

ou

$$\sqrt{\frac{1}{T_0}\int_{t=0}^{T_0}\sum_{q=1}^{p}\left[\sum_{k=0}^{N-1}\frac{\tau_k \beta_{k,q}(t)G_k(0)\gamma_k(0)}{1+\tau_k G_k(0)}\right]^2 dt} \qquad (32.18)$$

Na situação na qual a duração do período de acúmulo para o swap subjacente à swaption é igual à duração do período de acúmulo para um cap, $\beta_{k,q}(t)$ é o q-ésimo componente da volatilidade de uma taxa forward do cap quando o tempo até o vencimento é $T_k - t$. O valor pode ser consultado em uma tabela como a Tabela 32.5.

Os períodos de acúmulo para os swaps subjacentes às cotações de corretores para opções sobre swaps europeias nem sempre correspondem aos períodos de acúmulo para os caps e subjacentes a tais cotações. Por exemplo, nos Estados unidos, os caps e floors de referência têm repactuações trimestrais, enquanto os swaps subjacentes às opções sobre swaps europeias de referência têm repactuações semestrais. Felizmente, o resultado da avaliação para opções sobre swaps europeias podem ser estendidas à situação na qual cada período de acúmulo de swap inclui M subperíodos que poderiam ser períodos de acúmulo em um cap típico. Defina $\tau_{j,m}$ como a duração do m-ésimo subperíodo no j-ésimo período de acúmulo, tal que:

$$\tau_j = \sum_{m=1}^{M} \tau_{j,m}$$

Defina $G_{j,m}(t)$ como a taxa forward observada no tempo t para o período de acúmulo $\tau_{j,m}$. Como:

$$1 + \tau_j G_j(t) = \prod_{m=1}^{M}[1 + \tau_{j,m} G_{j,m}(t)]$$

a análise que leva à equação (32.18) pode ser modificada de modo que a volatilidade de $s(t)$ seja obtida em termos das volatilidades de $G_{j,m}(t)$ em vez das volatilidades do $G_j(t)$. A volatilidade de swap que será inserida no modelo de mercado padrão para avaliar uma opção sobre swap é (ver Problema 32.13)

$$\sqrt{\frac{1}{T_0}\int_{t=0}^{T_0}\sum_{q=1}^{p}\left[\sum_{k=n}^{N-1}\sum_{m=1}^{M}\frac{\tau_{k,m}\beta_{k,m,q}(t)G_{k,m}(0)\gamma_k(0)}{1+\tau_{k,m}G_{k,m}(0)}\right]^2 dt} \qquad (32.19)$$

Aqui, $\beta_{j,m,q}(t)$ é o q-ésimo componente da volatilidade de $G_{j,m}(t)$. Ele é o q-ésimo componente da volatilidade de uma taxa forward do cap quando o tempo até o vencimento é de t ao início do m-ésimo subperíodo no período de acúmulo do swap (T_j, T_{j+1}).

As expressões (32.18) e (32.19) para a volatilidade do swap envolvem as aproximações que $G_j(t) = G_j(0)$ e $G_{j,m}(t) = G_{j,m}(0)$. Hull e White compararam os preços de opções sobre swaps europeias calculadas usando as equações (32.18) e (32.19) com os preços calculados usando uma simulação de Monte Carlo e descobriram que ambas são bastante próximas. Depois que o modelo de mercado LIBOR foi calibrado, as equações (32.18) e (32.19) oferecem, assim, uma maneira rápida de avaliar opções sobre swaps europeias. Os analistas podem determinar se os preços das opções sobre swaps europeias são super- ou subvalorizados em relação aos caps. Como veremos a seguir, eles também poderiam utilizar os resultados para calibrar o modelo em relação aos preços de mercado das opções sobre swaps. A análise pode ser estendida para abranger o desconto OIS.

Calibrando o modelo

A variável Λ_j é a volatilidade no tempo t da taxa forward F_j para o período entre t_k e t_{k+1} quando há j períodos de acúmulo completos entre t e t_k. Para calibrar o modelo de mercado LIBOR, é necessário determinar o Λ_j e como eles são divididos em $\lambda_{j,q}$. Os Λs normalmente são determinados a partir de dados de mercado atuais, enquanto a divisão em λs é determinada a partir de dados históricos.

Considere primeiro a determinação dos λs a partir dos Λs. Podemos utilizar uma análise de componentes principais (ver Seção 22.9) dos dados sobre as taxas forward. O modelo é:

$$\Delta F_j = \sum_{q=1}^{M} \alpha_{j,q} x_q$$

onde M é o número total de fatores (que é igual ao número de taxas forward diferentes), ΔF_j é a mudança na j-ésima taxa forward F_j, $\alpha_{j,q}$ é a carga de fatores para a j-ésima taxa forward e o q-ésimo fator e x_q é o escore de fatores para o q-ésimo fator. Defina s_q como o desvio padrão do q-ésimo escore de fator. Se o número de fatores usados no modelo de mercado LIBOR, p, é igual ao número total de fatores, M, é correto determinar que:

$$\lambda_{j,q} = \alpha_{j,q} s_q$$

para $1 \leq j,q \leq M$. Quando, como é tradicional, $p < M$, o $\lambda_{j,q}$ deve ter escala tal que:

$$\Lambda_j = \sqrt{\sum_{q=1}^{p} \lambda_{j,q}^2}$$

Isso envolve definir:

$$\lambda_{j,q} = \frac{\Lambda_j s_q \alpha_{j,q}}{\sqrt{\sum_{q=1}^{p} s_q^2 \alpha_{j,q}^2}} \qquad (32.20)$$

A seguir, considere as estimativas dos Λs. A equação (32.11) oferece uma maneira de determiná-los teoricamente para que sejam consistentes com os preços de caplets. Na prática, o procedimento não costuma ser utilizado, pois leva a oscilações muito fortes nos Λs e, às vezes, não há um conjunto de Λs exatamente consistentes com as cotações de caps. Um procedimento de calibração bastante utilizado é semelhante àquele descrito na Seção 31.8. Suponha que U_i é o preço de mercado do i-ésimo instrumento de calibramento (em geral, um cap ou uma swaption europeia) e V_i é o preço do modelo. Os Λs são escolhidos de forma a minimizar:

$$\sum_i (U_i - V_i)^2 + P$$

onde P é uma função de penalidade escolhida para garantir que os Λs são "bem comportados". Semelhante à Seção 31.8, P pode ter a forma:

$$P = \sum_i w_{1,i}(\Lambda_{i+1} - \Lambda_i)^2 + \sum_i w_{2,i}(\Lambda_{i+1} + \Lambda_{i-1} - 2\Lambda_i)^2$$

Quando o instrumento de salibramento é uma swaption europeia, as fórmulas (32.18) e (32.19) viabilizar a minimização por meio do procedimento de Levenberg–Marquardt. A equação (32.20) é utilizada para determinar os λs a partir dos Λs.

Vantagens de volatilidade

Os corretores fornecem cotações sobre caps que estão ou que não estão no dinheiro. Em alguns mercados, observa-se uma vantagem de volatilidade, ou seja, a volatilidade cotada (Black) para um cap ou floor é uma função decrescente do preço de exercício. Essa situação pode ser resolvida usando o modelo CEV. (Ver Seção 27.1 para a aplicação do modelo CEV a ações.) O modelo é:

$$dF_i(t) = \cdots + \sum_{q=1}^{p} \zeta_{i,q}(t) F_i(t)^\alpha \, dz_q \tag{32.21}$$

onde α é uma constante ($0 < \alpha < 1$). Esse modelo pode ser trabalhado de forma bastante semelhante ao modelo lognormal. Os caps e floors podem ser avaliados analiticamente utilizando a distribuição χ^2 não central cumulativa. Há aproximações analíticas semelhantes àquelas apresentadas acima para os preços de opções sobre swaps europeias.[10]

Opções sobre swaps bermuda

Um derivativo de taxa de juros popular é a opção sobre swap bermuda, uma opção sobre swap que pode ser exercida em algumas ou todas as datas de pagamento do swap subjacente. As opções sobre swaps bermuda são difíceis de avaliar usando o

---

[10] Para mais detalhes, ver L. Andersen and J. Andreasen, "Volatility Skews and Extensions of the LIBOR Market Model," *Applied Mathematical Finance*, 7, 1 (2000): 1–32; J. C. Hull and A. White, "Forward Rate Volatilities, Swap Rate Volatilities, and the Implementation of the LIBOR Market Model," *Journal of Fixed Income*, 10, 2 (September 2000): 46–62.

modelo de mercado LIBOR porque este depende da simulação de Monte Carlo e é difícil avaliar as decisões de exercício antecipado quando essa técnica é utilizada. Felizmente, os procedimentos descritos na Seção 27.8 podem ser utilizados. Longstaff e Schwartz aplicam a abordagem de mínimas quadrados quando há um grande número de fatores. Pressupõe-se que o valor do não exercício em uma determinada data de pagamento é uma função polinomial dos valores dos fatores.[11] Andersen mostra que a abordagem de limite de exercício antecipado ideal pode ser utilizada. Ele experimenta com diversas maneiras de parametrizar o limite de exercício antecipado e descobre que os melhores resultados são obtidos quando se pressupõe que a decisão de exercício antecipado depende apenas do valor intrínseco da opção.[12] A maioria dos traders avalia opções bermuda utilizam um dos modelos unifatoriais sem arbitragem discutidos no Capítulo 31. Contudo, a precisão dos modelos unifatoriais para o apreçamento de opções sobre swaps bermuda é uma questão controversa.[13]

32.3 LIDANDO COM MÚLTIPLAS CURVAS À VISTA

Os modelos nos Capítulos 29 a 31 e aqueles considerados até aqui neste capítulo pressupõem que apenas uma curvas de juros é necessária para avaliar um derivativo de taxa de juros. Antes da crise de crédito que teve início em 2007, isso muitas vezes era verdade. Para muitos derivativos, resultados e fatores de desconto eram calculados a partir da curva à vista LIBOR/swap. Como explicado no Capitulo 9, hoje é normal usar a curva OIS como a curva à vista livre de risco para fins de desconto, pelo menos na avaliação de transações com garantias. Isso significa que mais de uma curva à vista precisa ser modelada para derivativos como swaps, caps de taxas de juros e swaptions cujos resultados dependem da LIBOR. Uma curva à vista LIBOR é necessária para calcular os resultados; a curva à vista OIS é necessária descontos.

Se modelarmos a curva à vista OIS e a curva à vista LIBOR/swap e pressupormos que os bancos podem emprestar ou tomar emprestado sem risco às taxas dadas por ambas as curvas, não é possível pressupor, como fizemos até aqui, que não há arbitragem nos mercados financeiros. Os bancos poderiam tomar emprestado à taxa OIS e emprestar à LIBOR para garantir um lucro. A alternativa é modelar o risco de crédito e o risco de liquidez de modo que o spread entre a LIBOR e a OIS seja explicado. Infelizmente, isso adiciona uma camada enorme de complexidade e dificulta demais a utilização dos modelos. Por consequência, os praticantes decidiram modelar a LIBOR e a OIS de maneira independente, sem considerar explicitamente o risco de inadimplência e o risco de liquidez, e ignorar as oportunidades de arbitragem criadas pelo uso de mais de uma curva à vista.

---

[11] Ver F. A. Longstaff and E. S. Schwartz, "Valuing American Options by Simulation: A Simple Least Squares Approach," *Review of Financial Studies*, 14, 1 (2001): 113–47.

[12] L. Andersen, "A Simple Approach to the Pricing of Bermudan Swaptions in the Multifactor LIBOR Market Model," *Journal of Computational Finance*, 3, 2 (Winter 2000): 5–32.

[13] Para pontos de vista contrários, ver "Factor Dependence of Bermudan Swaptions: Fact or Fiction", de L. Andersen e J. Andreasen, e "Throwing Away a Billion Dollars: The Cost of Suboptimal Exercise Strategies in the Swaption Market", de F. A. Longstaff, P. Santa-Clara e E. S. Schwartz. Ambos os artigos se encontram no *Journal of Financial Economics*, 62, 1 (October 2001).

Você poderia imaginar que só existe uma curva LIBOR. Se soubéssemos qual é o processo para a taxa de curto prazo LIBOR instantânea, conheceríamos, como explicado no Capítulo 31, a curva à vista LIBOR completa. Antes da crise de crédito, isso era um pressuposto razoável. Desde então, como mencionado na Seção 9.3, os praticantes calculam curvas à vista separadas a partir de instrumentos dependentes das taxas LIBOR de 1 mês, 3 meses, 6 meses e 12 meses. Essas curvas à vista não são iguais.[14] Isso significa que, na prática, os escritórios de derivativos utilizam pelo menos cinco curvas à vista diferentes para produtos baseados na LIBOR.

Em princípio, o modelamento da curva à vista OIS é simples. Podemos utilizar a abordagem de modelo da taxa de curto prazo do Capítulo 31 ou o sistema HJM/LMM discutido neste capítulo. (O "modelo de mercado LIBOR" se torna, assim, o "modelo de mercado OIS".) Na Seção 9.3, explicamos que as taxas LIBOR a termo calculadas quando se utiliza desconto OIS não são as mesmas taxas LIBOR a termo quando se utiliza desconto LIBOR. É uma questão importante, mas às vezes ignoradas pelos praticantes. Defina $F_{LD}(t, t_1, t_2)$ como a LIBOR a termo no tempo t para o período entre t_1 e t_2 quando o desconto LIBOR é utilizado e $F_{OD}(t, t_1, t_2)$ como o mesmo quando o desconto OIS é utilizado. Os Exemplos 9.2 e 9.3 indicam como o $F_{LD}(t, t_1, t_2)$ e o $F_{OD}(t, t_1, t_2)$ podem ser sujeitados ao método de *bootstrap* a partir de cotações de swap LIBOR por fixa.[15] Defina $P_{LD}(t, T)$ como o preço no tempo t de um título de cupom zero com vencimento no tempo T quando o desconto LIBOR é utilizado e $P_{OD}(t, T)$ como o mesmo quando o desconto OIS é utilizado. Da Seção 28.4, $F_{LD}(t, t_1, t_2)$ é um martingale em um mundo que é *forward risk-neutral* com relação a $P_{LD}(t, t_2)$, de modo que é igual à taxa LIBOR esperada entre t_1 e t_2 nesse mundo. Usamos esse resultado para avaliar caplets sob o desconto LIBOR (ver Seção 29.2). Contudo, $F_{LD}(t, t_1, t_2)$, em geral, não é um martingale em um mundo que é *forward risk-neutral* com relação a $P_{OD}(t, t_2)$. Quando utilizamos desconto OIS, é necessário trabalhar com $F_{OD}(t, t_1, t_2)$, não $F_{LD}(t, t_1, t_2)$. Isso ocorre porque $F_{OD}(t, t_1, t_2)$ é um martingale em um mundo que é *forward risk-neutral* com relação a $P_{OD}(t, t_2)$, de modo que é igual à taxa LIBOR esperada entre t_1 e t_2 nesse mundo.

Como explicado no Capítulo 9, para avaliar um swap sob desconto OIS, pressupomos que as taxas forward, $F_{OD}(t, t_1, t_2)$, são realizadas e descontamos a taxas OIS. Para avaliar caplets e floorlets, podemos usar as equações (29.7) e (29.8), mas, como explicado na Seção 29.4, temos que tomar cuidado para definir as variáveis adequadamente. A variável F_k nessas equações é $F_{OD}(0, t_k, t_{k+1})$ e a variável $P(0, t_{k+1})$ nessas equações é $P_{OD}(0, t_{k+1})$. A volatilidade σ_k, que normalmente é implicada pelos preços de mercados, pode depender do uso de desconto LIBOR ou OIS.

---

[14] Para uma discussão sobre isso e uma ilustração das diferenças, ver, por exemplo, M. Bianchetti, "Two Curves, One Price," *Risk*, 23, 8 (August 2010): 66–72. O uso de múltiplas curvas à vista LIBOR reflete o risco de crédito. Um empréstimo LIBOR de 12 meses tem mais risco do que 12 empréstimos LIBOR de 1 mês atualizados continuamente.

[15] Como explicado anteriormente, hoje em dia, várias curvas à vista LIBOR são utilizadas na prática. No restante do texto, pressupomos que a curva LIBOR usada corresponde ao tenor da taxa LIBOR em consideração.

Argumentos semelhantes podem ser utilizados para avaliar swaptions sob desconto OIS. As equações (29.10) e (29.11) podem ser utilizadas, desde que utilizemos a definição:

$$A = \frac{1}{m} \sum_{i=1}^{mn} P_{OD}(0, T_i)$$

e calculemos a taxa de swap a termo a partir dos F_{OD}s e não dos F_{LD}s. Mais uma vez, as volatilidades implícitas podem depender de estarmos utilizando desconto LIBOR ou OIS.

Para avaliar produtos mais complexos, muitas vezes é necessário modelar as curvas à vista LIBOR e OIS simultaneamente. Diversos pesquisadores sugeriram maneiras de fazê-lo. Uma abordagem é modelar a evolução das duas curvas separadamente, por exemplo, pressupondo que as taxas de curto prazo LIBOR e OIS seguem processos estocásticos correlacionados. A desvantagem dessa técnica é que as taxas OIS podem exceder as taxas LIBOR correspondentes. Uma ideia melhor é utilizar a abordagem de modelo da taxa de curto prazo no Capítulo 31 ou o sistema HJM/LMM discutido neste capítulo para modelar as taxas OIS. A estrutura a termo do spread da LIBOR em relação à OIS pode então ser modelada separadamente como uma variável não negativa. A abordagem mais simples é pressupor que o spread é igual ao spread a termo. Para um modelo de spread estocástico, sabemos que a LIBOR a termo, $F_{OD}(t, t_i, t_{i+1})$, é um martingale em um mundo que é *forward risk-neutral* com relação a $P_{OD}(t, t_{i+1})$. A OIS a termo entre t_i e t_{i+1} também é um martingale nesse mundo. O spread (ou seja, a diferença entre os dois) é, portanto, um martingale no mundo.

O modelo para spreads a termo pode se basear em um ou mais fatores, semelhante aos modelos nas equações (32.10) e (32.15) para taxas forward, de modo que:[16]

$$\frac{dF_k(t)}{F_k(t)} = \cdots + \sum_{q=1}^{p} \zeta_{k,q}(t) dz_q$$

onde, para os fins dessa equação, definimos $F_k(t)$ como o spread a termo entre os tempos t_k e t_{k+1} visto no tempo t e $\zeta_{k,q}$ como o q-ésimo componente da volatilidade desse spread a termo. Assim, todos os resultados dados na Seção 32.2 para calcular o processo seguido pelas taxas de juros sob a medida *rolling forward risk-neutral* se aplicam aos spreads.

32.4 TÍTULOS LASTREADOS POR HIPOTECA DE AGÊNCIA

Uma aplicação dos modelos apresentados neste capítulo é no mercado de títulos lastrados por hipoteca de agência (MBS de agência) nos Estados Unidos.

Um MBS de agência é semelhante ao ABS, analisado no Capítulo 8, exceto que os pagamentos são garantidos por uma agência relacionada com o governo, como a

---

[16] Ver, por exemplo, F. Mercurio and Z. Xie, "The Basis Goes Stochastic," *Risk*, 25, 12 (December 2012): 78–83.

Government National Mortgage Association (GNMA) ou a Federal National Mortgage Association (FNMA), de modo que os investidores ficam protegidos contra a inadimplência. Isso faz com que um MBS de agência soe como um título de renda fixa normal emitido pelo governo. Na verdade, há uma diferença crucial entre um MBS de agência e um investimento de renda fixa normal. A diferença é que as hipotecas em um conjunto de MBS de agência possuem privilégios de pagamento antecipado, que podem ser bastante valiosos para os mutuários. Nos Estados Unidos, as hipotecas normalmente duram 30 anos e podem ser pagas antecipadamente em qualquer data. Isso significa que o mutuário tem uma opção americana de 30 anos sobre a hipoteca que lhe dá o direito de vendê-la de volta ao credor por seu valor de face.

Os pagamentos antecipados de hipotecas ocorrem por diversos motivos. Às vezes, as taxas de juros caem e o proprietário da casa decide refinanciar sua hipoteca a uma taxa mais baixa. Em outras ocasiões, uma hipoteca é paga antecipadamente pelo simples motivo que a casa está sendo vendida. Um elemento crítico da avaliação de MBS de agência é determinar a chamada *função de pagamento antecipado*, que descreve os pagamentos antecipados esperados sobre o conjunto subjacente de hipotecas no tempo t em termos da curva de juros no tempo t e outras variáveis relevantes.

Uma função de pagamento antecipado representa um preditor de baixíssima confiabilidade sobre a experiência real dos pagamentos antecipados para cada hipoteca individual. Quando muitos empréstimos imobiliários parecidos são combinados no mesmo conjunto, há um efeito de "lei dos grandes números" e os pagamentos antecipados podem ser previstos com maior precisão a partir da análise dos dados históricos. Como foi mencionado, os pagamentos antecipados nem sempre são motivados puramente por considerações sobre taxas de juros. Ainda assim, há um tendência dos pagamentos antecipados serem mais prováveis quando as taxas de juros são baixas do que quando são altas. Isso significa que os investidores exigem uma taxa de juros mais alta sobre um MBS de agência do que sobre outros títulos de renda fixa para compensar as opções de pagamento antecipado que foram lançadas.

Obrigações garantidas por hipoteca

O MBS de agência mais simples é chamado de *repasse*. Todos os investidores recebem o mesmo retorno e correm o mesmo risco de pagamento antecipado. Nem todos os títulos lastreados por hipoteca funcionam assim. Em uma *obrigação garantida por hipoteca* (CMO), os investidores são divididos em classes e são desenvolvidas regras para determinar como os pagamentos de principal serão canalizados para as diferentes classes. Um CMO cria classes de títulos com diferentes níveis de risco de pagamento antecipado da mesma maneira que o ABS considerado no Capítulo 8 cria classes de títulos com diferentes níveis de risco de crédito.

Como exemplo de CMO, considere um MBS de agência no qual os investidores são divididos em três classes: classe A, classe B e classe C. Todos os pagamentos de principal (tantos os programados quanto os antecipados) são canalizados para os investidores da classe A até que estes tenham sido pagos por completo. Depois, os pagamentos são canalizados para os investidores da classe B até que estes também tenham sido pagos por completo. Finalmente, os pagamentos de principal são canalizados para os investidores da classe C. Nessa situação, os investidores da classe A correm a maior parte do risco de pagamento antecipado. A expectativa é que os títulos da classe A durem menos do que os títulos da classe B, que por sua vez devem durar menos do que os títulos da classe C.

O objetivo desse tipo de estrutura é estruturar classes de títulos mais atraentes para investidores institucionais do que aqueles criados por um MBS de repasse mais simples. Os riscos de pagamento antecipado assumidos pelas diferentes classes dependem do valor par em cada classe. Por exemplo, a classe C tem pouquíssimo risco de pagamento antecipado se os valores par nas classes A, B e C são 400, 300 e 100, respectivamente. A classe C corre mais risco de pagamento antecipado na situação em que os valores par nas classes são 100, 200 e 500.

Os criadores dos títulos lastreados por hipoteca criaram muito mais estruturas exóticas do que aquela descrita acima. A História de Negócios 32.1 oferece um exemplo.

Avaliação de títulos lastreados por hipoteca de agência

Em geral, os MBS de agência são avaliados pelo uso de simulações de Monte Carlo para modelar o comportamento das taxas do Tesouro. Podemos utilizar a abordagem HJM/LMM. Considere o que acontece em um teste de simulação. Todos os meses, os pagamentos antecipados esperados são calculados a partir da curva de juros e do histórico dos movimentos dessa curva. Tais pagamentos antecipados determinam os fluxos de caixa esperados para o titular do MBS de agência, que são descontados à taxa do Tesouro mais um spread em relação ao tempo zero para obter um valor amostral para o MBS de agência. Uma estimativa do valor do MBS de agência é a média dos valores amostrais em múltiplos testes de simulação.

Spread ajustado para opções

Além calcular os preços teóricos de títulos lastreados por hipoteca e outros títulos com opções embutidas, os traders também gostam de calcular o chamado *spread ajustado para opções* (OAS), uma medida do spread em relação aos rendimentos sobre títulos do Tesouro do Governo oferecido pelo instrumento quando todas as opções são levadas em conta.

Para calcular o OAS de um instrumento, ele é apreçado da maneira descrita acima usando as taxas do Tesouro mais um spread para desconto. O preço do instrumento dado pelo modelo é comparado com o preço no mercado. Uma série de iterações é então utilizada para determinar o valor do spread que faz com que o preço do modelo seja igual ao preço de mercado. Esse spread é o OAS.

RESUMO

Os modelos HJM e LMM oferecem abordagens para avaliar derivativos de taxas de juros que dão ao usuário total liberdade para escolher a estrutura a termo da volatilidade. O modelo LMM tem duas vantagens principais em relação ao modelo HJM. Primeiro, ele é desenvolvido em termos das taxas forward que determinam o apreçamento de caps, não das taxas forward instantâneas. Segundo, ele é relativamente fácil de calibrar em relação ao preço de caps ou opções sobre swaps europeias. Os modelos HJM e LMM têm ambos a desvantagem de não poderem ser representados

> **História de Negócios 32.1** IOs e POs
>
> No chamado *MBS estripado*, os pagamentos de principal são separados dos pagamentos de juros. Todos os pagamentos de principal são canalizados para uma classe de título, conhecida como *apenas principal* (PO, *principal only*). Todos os pagamentos de juros são canalizados para outra classe de título, conhecida como *apenas juros* (IO, *interest only*). Ambos são investimentos arriscados. À medida que as taxas de pagamento antecipado aumentam, o PO se torna mais valioso e o IO, menos. À medida que as taxas de pagamento antecipado diminuem, o contrário acontece. Em um PO, uma quantia fixa de principal é devolvida ao investidor, mas sua tempestividade é incerta. Uma alta taxa de pagamentos antecipados sobre o conjunto de empréstimos subjacente leva ao recebimento antecipado do principal (o que é, obviamente, uma boa notícia para o titular do PO). Uma baixa taxa de pagamentos antecipados sobre o conjunto de empréstimos subjacente atrasa o retorno do principal e reduz o rendimento gerado pelo PO. No caso de um IO, o total dos fluxos de caixa recebidos pelo investidor é incerto. Quanto maior a taxa de pagamento antecipado, menores os fluxos de caixa totais recebidos pelo investidor e vice-versa.

como árvores recombinantes. Na prática, isso significa que normalmente precisam ser implementados utilizando a simulação de Monte Carlo e exigem muito mais recursos computacionais do que os modelos no Capítulo 31.

Desde o início da crise de crédito em 2007, a taxa OIS é utilizada como taxa de desconto livre de risco para derivativos com garantias. Isso significa que os procedimentos de avaliação para swaps de taxas de juros, caps/floors e swaptions precisam ser ajustados para que as taxas OIS sejam usadas como taxas de desconto e as taxas forward e de swap sejam calculadas usando as medidas *forward risk-neutral* apropriadas. Para instrumentos mais complexos, é necessário modelar a evolução conjunta da curva à vista OIS e da curva à vista LIBOR.

O mercado de títulos lastreados por hipoteca de agência nos Estados Unidos deu origem a muitos derivativos de taxas de juros exóticos: CMOs, IOs, POs e assim por diante. Esses instrumentos oferecem fluxos de caixa ao titulares que dependem dos pagamentos antecipados sobre um conjunto de hipotecas. Tais pagamentos dependem, entre outros fatores, do nível das taxas de juros. Como eles são altamente dependentes da trajetória, os títulos lastreados por hipoteca de agência normalmente precisam ser avaliados usando simulações de Monte Carlo. Assim, eles são candidatos ideais para aplicações dos modelos HJM e LMM.

LEITURAS COMPLEMENTARES

Andersen, L., "A Simple Approach to the Pricing of Bermudan Swaption in the Multi-Factor LIBOR Market Model," *The Journal of Computational Finance*, 3, 2 (2000): 5–32.

Andersen, L., and J. Andreasen, "Volatility Skews and Extensions of the LIBOR Market Model," *Applied Mathematical Finance*, 7, 1 (March 2000): 1–32.

Andersen, L., and V. Piterbarg, *Interest Rate Modeling*, Vols. I–III. New York: Atlantic Financial Press, 2010.

Brace A., D. Gatarek, and M. Musiela "The Market Model of Interest Rate Dynamics," *Mathematical Finance*, 7, 2 (1997): 127–55.

Duffie, D. and R. Kan, "A Yield-Factor Model of Interest Rates," *Mathematical Finance* 6, 4 (1996), 379–406.

Heath, D., R. Jarrow, and A. Morton, "Bond Pricing and the Term Structure of Interest Rates: A Discrete Time Approximation," *Journal of Financial and Quantitative Analysis*, 25, 4 (December 1990): 419–40.

Heath, D., R. Jarrow, and A. Morton, "Bond Pricing and the Term Structure of the Interest Rates: A New Methodology," *Econometrica*, 60, 1 (1992): 77–105.

Hull, J., and A. White, "Forward Rate Volatilities, Swap Rate Volatilities, and the Implementation of the LIBOR Market Model," *Journal of Fixed Income*, 10, 2 (September 2000): 46–62.

Jamshidian, F., "LIBOR and Swap Market Models and Measures," *Finance and Stochastics*, 1 (1997): 293–330.

Jarrow, R. A., and S. M. Turnbull, "Delta, Gamma, and Bucket Hedging of Interest Rate Derivatives," *Applied Mathematical Finance*, 1 (1994): 21–48.

Mercurio, F., and Z. Xie, "The Basis Goes Stochastic," *Risk*, 25, 12 (December 2012): 78–83.

Miltersen, K., K. Sandmann, and D. Sondermann, "Closed Form Solutions for Term Structure Derivatives with Lognormal Interest Rates," *Journal of Finance*, 52, 1 (March 1997): 409–30.

Rebonato, R., *Modern Pricing of Interest Rate Derivatives: The LIBOR Market Model and Beyond*. Princeton Umiversity Press, 2002.

Questões e problemas (respostas no manual de soluções)

32.1 Explique a diferença entre um modelo de Markov e um modelo não Markov da taxa de curto prazo.

32.2 Prove a relação entre o drift e a volatilidade da taxa forward para a versão multifatorial do HJM na equação (32.6).

32.3 "Quando a volatilidade da taxa forward $s(t, T)$ no HJM é constante, o resultado é o modelo de Ho–Lee". Confirme que isso é verdade mostrando que o HJM fornece um processo para preços de títulos que é consistente com o modelo de Ho–Lee no Capítulo 31.

32.4 "Quando a volatilidade da taxa forward, $s(t, T)$, no HJM é $\sigma e^{-a(T-t)}$, o resultado é o modelo de Hull–White". Confirme que essa afirmação é verdadeira mostra que HJM dá um processo para preços de títulos que é consistente com o modelo de Hull–White no Capítulo 31.

32.5 Qual é a vantagem do LMM em relação ao HJM?

32.6 Ofereça uma explicação intuitiva de por que o valor de um *ratchet cap* aumenta à medida que o número de fatores também aumenta.

32.7 Mostre que a equação (32.10) se reduz para a (32.4) à medida que os δ_i tendem a zero.

32.8 Explique por que um *sticky cap* é mais caro do que um *ratchet cap* semelhante.

32.9 Explique por que IOs e POs têm sensibilidades contrárias à taxa de pagamentos antecipados.

32.10 "Um spread ajustado para opções é análogo ao rendimento sobre um título". Explique essa afirmação.

32.11 Prove a equação (32.15).

32.12 Prove a fórmula para a variância $V(T)$ da taxa de swap na equação (32.17).

32.13 Prove a equação (32.19).

Questões adicionais

32.14 Em um cap de pagamento anual, as volatilidades de Black para caplets no dinheiro que começam em 1, 2, 3 e 5 anos e terminam 1 ano depois são 18%, 20%, 22% e 20%, respectivamente. Estime a volatilidade de uma taxa forward de 1 ano no Modelo de Mercado LIBOR quando o tempo até o vencimento é (a) 0 a 1 ano, (b) 1 a 2 anos, (c) 2 a 3 anos e (d) 3 a 5 anos. Pressuponha que a curva à vista é plana em 5% ao ano (com capitalização anual). Considere o desconto LIBOR para estimar as volatilidades flat para caps de 2, 3, 4, 5 e 6 anos no dinheiro.

32.15 No *flexi cap* considerado na Seção 32.2, o titular é obrigado a exercer os primeiros N caplets dentro do dinheiro. Depois disso, nenhum outro caplet pode ser exercido. (No exemplo, $N = 5$.) Duas outras maneiras que também são utilizadas para definir *flexi caps* são:

(a) O titular pode escolher se algum caplet é exercido, mas há um limite de N sobre o número total de caplets que podem ser exercidos.

(b) Depois que o titular escolhe exercer um caplet, todos os caplets dentro do dinheiro subsequentes devem ser exercidos até um máximo de N.

Discuta os problemas na avaliação desses tipos de *flexi caps*. Dos três tipos de *flexi caps*, qual você acredita que seria o mais caro? Qual você acredita que seria o menos caro?

CAPÍTULO

33

De volta aos swaps

Os swaps foram fundamentais para o sucesso dos mercados de derivativos de balcão, revelando-se instrumentos bastante flexíveis para a gestão de risco. Com base na variedade dos contratos negociados e no volume total de operações negociadas todos os anos, os swaps podem ser considerados uma das inovações mais bem-sucedidas da história dos mercados financeiros.

Os Capítulos 7 e 9 discutiram como os swaps de taxas de juros LIBOR por fixa podem ser avaliados. A abordagem padrão pode ser resumida como "pressupor que as taxas forward serão realizadas". Os passos são os seguintes:

1. Calcule os fluxos de caixa líquidos do swap pressupondo que as taxas LIBOR no futuro serão iguais às taxas forward calculadas a partir dos instrumentos negociados no mercado hoje. (Como explicado na Seção 9.3, as taxas forward quando se utiliza desconto OIS são diferentes daquelas quando se utiliza desconto LIBOR.)
2. Determine que o valor do swap é igual ao valor presente dos fluxos de caixa líquidos.

Este capítulo descreve diversos swaps não padrões. Alguns podem ser avaliados usando a abordagem "pressupor que as taxas forward serão realizadas"; outras exigem a aplicação de ajustamentos para convexidade, tempestividade e quanto, como vimos no Capítulo 30; outros contêm opções embutidas que devem ser avaliadas usando os procedimentos descritos nos Capítulos 29, 31 e 32.

33.1 VARIAÇÕES DO SWAP COMUM

Muitos swaps de taxas de juros envolvem variações relativamente pequenas em relação À estrutura *plain vanilla* discutida no Capítulo 7. Em alguns swaps, o principal nocional muda com o tempo de maneira predeterminada. Os swaps nos quais o principal nocional é uma função crescente do tempo são chamados de *swaps step-up*. Os swaps nos quais o principal nocional é uma função decrescente do tempo

> **História de Negócios 33.1** Confirmação hipotética para swap não padrão
>
> | | |
> |---|---|
> | Data do negócio: | 4 de janeiro de 2013 |
> | Data efetiva: | 11 de janeiro de 2013 |
> | Convenção de dias úteis (todas as datas): | Dia útil seguinte |
> | Calendário de feriados: | EUA |
> | Data de término: | 11 de janeiro de 2018 |
>
> *Valores fixos*
>
> | | |
> |---|---|
> | Pagador dos valores fixos: | Microsoft |
> | Principal nocional de taxa fixa: | 100 milhões de USD |
> | Taxa fixa: | 6% ao ano |
> | Convenção de contagem de dias de taxa fixa: | Efetivo/365 |
> | Datas de pagamento da taxa fixa: | Cada 11 de julho e 11 de janeiro a partir de 11 de julho de 2013, até e incluindo 11 de janeiro de 2018 |
>
> *Valores flutuantes*
>
> | | |
> |---|---|
> | Pagador da taxa flutuante: | Goldman Sachs |
> | Principal nocional de taxa flutuante: | 120 milhões de USD |
> | Taxa flutuante: | LIBOR de 1 mês de USD |
> | Convenção de contagem de dias de taxa flutuante: | Efetivo/360 |
> | Datas de pagamento da taxa flutuante: | 11 de julho de 2013 e o 11º dia de cada mês subsequente até e incluindo 11 de janeiro de 2018 |

são chamados de *swaps com amortização*. Os swaps *step-up* podem ser úteis para uma construtora que pretende tomar empréstimos crescentes a taxas flutuantes para financiar um determinado projeto e deseja optar por financiamento a taxas fixas. Um swap com amortização poderia ser utilizado por uma empresa que usa empréstimos a uma taxa fixa, com um determinado cronograma de pré-pagamentos, e deseja optar por financiamento a uma taxa flutuante.

O principal pode ser diferente em cada lado de um swap. Além disso, a frequência de pagamentos pode ser diferente. A História de Negócios 33.1 ilustra essa situação, mostrando um swap hipotético entre a Microsoft e a Goldman Sachs no qual o principal nocional é de $120 milhões no lado flutuante e $100 milhões no lado fixo. Os pagamentos são realizados todos os meses no lado flutuante e a cada 6 meses no lado fixo. Variações desse tipo sobre a estrutura *plain vanilla* básica não afetam a metodologia de avaliação. A abordagem "pressupor que as taxas forward serão realizadas" ainda pode ser utilizada.

A taxa de referência flutuante para um swap nem sempre é a LIBOR. Por exemplo, em alguns swaps, é a taxa de nota promissória (CP, *commercial paper*) ou a taxa OIS. Um *swap de base* envolve trocar os fluxos de caixa calculados usando uma taxa de referência flutuante pelos fluxos de caixa calculados usando outra taxa de referência flutuante. Um exemplo seria um swap no qual a taxa OIS de 3 meses é trocada pela LIBOR de 3 meses, com ambas aplicadas a um principal de $100 milhões. Um

> **História de Negócios 33.2** Confirmação hipotética para swaps compostos
>
> | | |
> |---|---|
> | Data do negócio: | 4 de janeiro de 2013 |
> | Data efetiva: | 11 de janeiro de 2013 |
> | Calendário de feriados: | EUA |
> | Convenção de dias úteis (todas as datas): | Dia útil seguinte |
> | Data de término: | 11 de janeiro de 2018 |
>
> *Valores fixos*
>
> | | |
> |---|---|
> | Pagador dos valores fixos: | Microsoft |
> | Principal nocional de taxa fixa: | 100 milhões de USD |
> | Taxa fixa: | 6% ao ano |
> | Convenção de contagem de dias de taxa fixa: | Efetivo/365 |
> | Data de pagamento da taxa fixa: | 11 de janeiro de 2018 |
> | Capitalização da taxa fixa: | Aplicável em 6,3% |
> | Datas de capitalização da taxa fixa: | Cada 11 de julho e 11 de janeiro a partir de 11 de julho de 2013, até e incluindo 11 de julho de 2017 |
>
> *Valores flutuantes*
>
> | | |
> |---|---|
> | Pagador da taxa flutuante: | Goldman Sachs |
> | Principal nocional de taxa flutuante: | 100 milhões de USD |
> | Taxa flutuante: | LIBOR de 6 meses de USD mais 20 pontos-base |
> | Convenção de contagem de dias de taxa flutuante: | Efetivo/360 |
> | Data de pagamento da taxa flutuante: | 11 de janeiro de 2018 |
> | Capitalização da taxa flutuante: | Aplicável em LIBOR mais 10 pontos-base |
> | Datas de capitalização da taxa flutuante: | Cada 11 de julho e 11 de janeiro a partir de 11 de julho de 2013, até e incluindo 11 de julho de 2017 |

swap de base pode ser usado para fins de gestão de riscos por uma instituição financeira cujos ativos e passivos dependem de diferentes taxas de referência flutuantes.

Os swaps nos quais a taxa de referência flutuante não é a LIBOR normalmente podem ser avaliados utilizando a abordagem "pressupor que as taxas forward serão realizadas". A taxa forward é calculada de modo que os swaps que envolvem a taxa de referência têm valor zero. (Isso é semelhante ao modo como a taxa forward LIBOR é calculada quando o desconto OIS é utilizado.)

33.2 SWAPS COMPOSTOS

Outra variação do swap *plain vanilla* é o *swap composto*. A História de Negócios 33.2 é uma confirmação hipotética para um swap composto. Nesse exemplo, há apenas uma data de pagamento para os pagamentos a uma taxa flutuante e os pagamentos a uma taxa fixa, a saber, o fim da vida do swap. A taxa de juros flutuante é a LI-

BOR mais 20 pontos-base. Em vez de serem pagos, os juros são compostos a termo até o fim da vida do swap a uma taxa de LIBOR mais 10 pontos-base. A taxa de juros fixa é de 6%. Em vez de serem pagos, esses juros são compostos a termo a uma taxa de juros fixa de 6,3% até o fim do swap.

A abordagem "pressupor que as taxas forward serão realizadas" pode ser utilizada pelo menos aproximadamente para avaliar um swap composto como aquele na História de Negócios 33.2. É uma maneira simples e direta de lidar com o lado fixo do swap, pois o pagamento que será realizado na data do vencimento é conhecido com certeza. A abordagem "pressupor que as taxas forward serão realizadas" para o lado flutuante pode ser justificada porque há uma série de contratos de taxa forward (FRAs) nos quais os fluxos de caixa de taxa flutuante são trocados pelos valores que teriam se cada taxa flutuante fosse igual à taxa forward correspondente.[1]

■ Exemplo 33.1

Um swap composto com repactuação anual tem vida de 3 anos. Uma taxa fixa é paga e uma taxa flutuante é recebida. A taxa de juros fixa é 4% e a taxa de juros flutuante é a LIBOR de 12 meses. A capitalização do lado fixo é de 3,9% e a do lado flutuante é a LIBOR de 12 meses menos 20 pontos-base. A curva à vista de swap/LIBOR é usada para desconto. Ela é plana em 5% com capitalização anual e o principal nocional é de $100 milhões.

No lado fixo, são obtidos juros de $4 milhões no final do primeiro ano. A capitalização disso é igual a 4 × 1,039 = $4,156 milhões ao final do segundo ano. A segunda quantia de juros de $4 milhões é adicionada ao final do segundo ano, elevando a quantia composta a termo para $8,156 milhões. A capitalização disso é igual a 8,156 × 1,039 = $8,474 milhões no final do terceiro ano, quando há uma terceira quantia de juros de $4 milhões. O fluxo de caixa no final do terceiro ano lado fixo do swap é, assim, de $12,474 milhões.

No lado flutuante, pressupomos que todas as taxas de juros futuras são iguais às taxas forward LIBOR correspondentes. Como estamos pressupondo desconto LIBOR, isso significa que pressupõe-se que todas as taxas de juros futuras serão de 5% com capitalização anual. Os juros calculados ao final do primeiro ano são de $5 milhões. A capitalização dessa quantia a termo a 4,8% (taxa forward LIBOR menos 20 pontos-base) produz 5 × 1,048 = $5,24 milhões ao final do segundo ano. Somando os juros, a quantia composta a termo é igual a $10,24 milhões. A capitalização a termo no final do terceiro ano produz 10,24 × 1,048 = $10,731 milhões. Somando os juros finais, obtemos $15,731 milhões.

O swap pode ser avaliado pressupondo que leva a um influxo de $15,731 milhões e a uma saída de $12,474 milhões ao final do ano 3. O valor do swap é, portanto:

$$\frac{15{,}731 - 12{,}474}{1{,}05^3} = 2{,}814$$

ou $2,814 milhões. (Essa análise ignora questões de contagem de dias e realiza a aproximação indicada na nota de rodapé 1.) ■

---

[1] Ver Nota Técnica 18 em www.rotman.utoronto.ca/~hull/TechnicalNotes para os detalhes. A abordagem "pressupor que taxas forward são realizadas" funciona exatamente se o spread usado para a capitalização, s_c, é zero, ou se é aplicado de modo que Q no tempo t é capitalizado até $Q(1 + R\tau)(1 + s_c\tau)$ no tempo $t + \tau$, onde R é a taxa LIBOR. Se, como é mais comum, a capitalização é até $Q[1 + (R + s_c)\tau]$, então há uma pequena aproximação.

33.3 SWAPS DE MOEDA

Os swaps de moeda foram apresentados no Capítulo 7. Eles permitem que a exposição a taxas de juros em uma moeda seja trocada pela exposição a taxas de juros em outra moeda. Em geral, são especificados dois principais, um em cada moeda. Os principais são trocados no início e no fim da vida do swap, como descrito na Seção 7.9.

Suponha que as moedas envolvidas em um swap de moeda são o dólar americano (USD) e a libra esterlina britânica (GBP). Em um swap de moeda fixa por fixa, uma taxa de juros fixa é especificada em cada moeda. Os pagamentos de um lado são determinados pela aplicação da taxa de juros fixa em USD ao principal em USD; os pagamentos do outro lado são determinados pela aplicação da taxa de juros fixa em GBP ao principal em GBP. A Seção 7.10 analisou a avaliação desse tipo de swap.

Outros swaps de moeda são discutidos na Seção 7.11. Em um swap de moeda flutuante por flutuante, os pagamentos em um lado são determinados pela aplicação da LIBOR em USD (possivelmente com a soma de um spread) ao principal em USD; da mesma forma, os pagamentos no outro lado são determinados pela aplicação da LIBOR em GBP (possivelmente com a soma de um spread) ao principal em GBP. Em um swap de taxas de juros entre moedas, uma taxa flutuante em uma moeda é trocada por uma taxa fixa em outra moeda.

Os swaps de taxas de juros flutuante por flutuante e enrre moedas podem ser avaliados usando a regra de "pressupor que as taxas forward serão realizadas". Pressupõe-se que as taxas LIBOR futuras em cada moeda são iguais às taxas forward de hoje, o que permite que os fluxos de caixa nas moedas sejam determinados. Os fluxos de caixa em USD são descontados à taxa zero em USD. Os fluxos de caixa em GBP são descontados à taxa zero em GBP. A taxa de juros atual é então usada para traduzir os dois valores presentes para uma única moeda comum.

Ocasionalmente, é realizado um ajuste a esse procedimento para refletir as realidades do mercado. Na teoria um novo swap flutuante por flutuante deve envolver a troca da LIBOR em uma moeda pela LIBOR em outra moeda (sem a adição de spreads). Na prática, efeitos macroeconômicos dão origem a spreads. As instituições financeiras muitas vezes ajustam as taxas de desconto utilizadas para levar isso em consideração. Por exemplo, imagine que as condições de mercado são tais que a LIBOR em USD é trocada pela LIBOR em ienes japoneses (JPY) menos 20 pontos-base em novos swaps flutuante por flutuante de todos os vencimentos. Em suas avaliações de swaps de moeda, uma instituição financeira americana poderia descontar os fluxos de caixa em USD pela LIBOR em USD e descontar os fluxos de caixa em JPY pela LIBOR em JPY menos 20 pontos-base.[2] Ela faria isso para todos os swaps que envolvessem fluxos de caixa em JPY e USD.

---

[2] Esse ajuste é *ad hoc*, mas se não for realizado, os traders obtêm um lucro ou perda imediato todas as vezes que negociam um novo swap flutuante por flutuante JPY/USD.

33.4 SWAPS MAIS COMPLEXOS

Agora vamos considerar alguns exemplos de swaps nos quais a regra simples "pressupor que as taxas forward serão realizadas" não funciona. Em todos os casos, é preciso pressupor que uma taxa forward ajustada, não taxa forward real, será realizada. Esta seção expande a discussão apresentada no Capítulo 30.

LIBOR-in-Arrears Swap

Um swap de taxas de juros *plain vanilla* é estruturado de modo que a taxa de juros flutuante observada em uma data de pagamento é paga na próxima data de pagamento. Um instrumento alternativo negociado ocasionalmente é um *LIBOR-in-arrears swap*. Nele, a taxa flutuante paga na data de pagamento é igual à taxa observada na data de pagamento em si.

Suponha que as datas de repactuação no swap são t_i para $i = 0, 1,..., n$, com $\tau_i = t_{i+1} - t_i$. Defina R_i como a taxa LIBOR para o período entre t_i e t_{i+1}, F_i como o valor a termo de R_i e σ_i como a volatilidade dessa taxa forward. (O valor de σ_i normalmente é implicado pelos preços dos caplets.) Em um *LIBOR-in-arrears swap*, o pagamento sobre o lado flutuante no tempo t_i se baseia em R_i e não em R_{i-1}. Como explicado na Seção 30.1, é necessário realizar um ajustamento para convexidade à taxa forward quando o pagamento é avaliado. A avaliação deve se basear no pressuposto de que a taxa flutuante paga é:

$$F_i + \frac{F_i^2 \sigma_i^2 \tau_i t_i}{1 + F_i \tau_i} \qquad (33.1)$$

e não F_i.

■ **Exemplo 33.2**

Em um *LIBOR-in-arrears swap*, o principal é de $100 milhões. Uma taxa fixa de 5% é recebida anualmente e a LIBOR é paga. Os pagamentos são trocados nos finais dos anos 1, 2, 3, 4 e 5. A curva à vista LIBOR/swap é usada para desconto e é plana em 5% ao ano (mensurada com capitalização anual). Todas as volatilidades nos vértices são de 22% ao ano.

A taxa forward para cada pagamento flutuante é de 5%. Se fosse um swap normal, não um swap *in-arrears*, seu valor seria (ignorando convenções de contagem de dias, etc.) exatamente zero. Como é um swap *in-arrears*, é preciso realizar ajustamentos para convexidade. Na equação (33.1), $Fi = 0,05$, $\sigma i = 0,22$ e $\tau i = 1$ para todos os i. O ajustamento para convexidade muda a taxa pressuposta no tempo t_i de 0,05 para:

$$0,05 + \frac{0,05^2 \times 0,22^2 \times 1 \times t_i}{1 + 0,05 \times 1} = 0,05 + 0,000115 t_i$$

As taxas flutuantes para os pagamentos nos finais dos anos 1, 2, 3, 4 e 5 devem, assim, ser pressupostos como 5,0115%, 5,0230%, 5,0345%, 5,0460% e 5.0575%, respectivamente. A troca líquida na primeira data de pagamento é equivalente a uma saída de caixa de 0,0115% de $100 milhões, ou $11.500. Os fluxos de caixa líquidos equivalentes para as outras trocas são calculadas de forma semelhante. O valor do swap é:

$$-\frac{11.500}{1,05} - \frac{23.000}{1,05^2} - \frac{34.500}{1,05^3} - \frac{46.000}{1,05^4} - \frac{57.500}{1,05^5}$$

ou −$144.514. ∎

Swaps CMS e CMT

Um swap de vencimento constante (CMS) is é um swap de taxas de juros no qual a taxa flutuante é igual à taxa de swap para um swap com uma determinada vida. Por exemplo, os pagamentos flutuantes sobre um swap CMS podem ser realizados a cada 6 meses a uma taxa igual à taxa de swap de 5 anos. Em geral, há um período de atraso para que o pagamento em uma determinada data seja igual àtaxa de swap observada na data de pagamento anterior. Suponha que as taxas sejam determinadas nos tempos t_0, t_1, t_2,..., os pagamentos são realizados nos tempos t_1, t_2, t_3,... e L é o principal nocional. O pagamento flutuante na data t_{i+1} é:

$$\tau_i L S_i$$

onde $\tau_i = t_{i+1} - t_i$ e S_i é a taxa de swap no tempo t_i.

Suponha que y_i é o valor a termo da taxa de swap S_i. Para avaliar o pagamento no tempo t_{i+1}, acaba sendo correto realizar um ajuste à taxa de swap a termo, de modo que pressupõe-se que a taxa de swap realizada é:

$$y_i - \tfrac{1}{2} y_i^2 \sigma_{y,i}^2 t_i \frac{G_i''(y_i)}{G_i'(y_i)} - \frac{y_i \tau_i F_i \rho_i \sigma_{y,i} \sigma_{F,i} t_i}{1 + F_i \tau_i} \qquad (33.2)$$

e não y_i. Nessa equação, $\sigma_{y,i}$ é a volatilidade da taxa de swap a termo, F_i é a taxa forward atual entre os tempos t_i e t_{i+1}, $\sigma_{F,i}$ é a volatilidade dessa taxa forward e ρ_i é a correlação entre a taxa de swap a termo e a taxa forward. $G_i(x)$ é o preço no tempo t_i de um título como função de seu rendimento x. O título paga cupons à taxa y_i e tem a mesma vida e frequência de pagamento que o swap a partir do qual a taxa CMS é calculada. $G_i'(x)$ e $G_i''(x)$ são a primeira e a segunda derivativas parciais de G_i com relação a x. As volatilidades $\sigma_{y,i}$ podem ser implicadas de swaptions; as volatilidades $\sigma_{F,i}$ podem ser implicadas de preços de caplets; a correlação ρ_i pode ser estimada a partir de dados históricos.

A equação (33.2) envolve um ajustamento para convexidade e para tempestividade. O termo:

$$-\tfrac{1}{2} y_i^2 \sigma_{y,i}^2 t_i \frac{G_i''(y_i)}{G_i'(y_i)}$$

é um ajuste semelhante àquele no Exemplo 30.2 da Seção 30.1. Ele se baseia no pressuposto de que a taxa de swap S_i leva a apenas um pagamento no tempo t_i e não a uma aunidade de pagamentos. O termo:

$$-\frac{y_i \tau_i F_i \rho_i \sigma_{y,i} \sigma_{F,i} t_i}{1 + F_i \tau_i}$$

é semelhante àquele na Seção 30.2 e é um ajustamento para o fato de que o pagamento calculado a partir de S_i é realizado no tempo t_{i+1} em vez de t_i.

■ Exemplo 33.3

Em um swap CMS de 6 anos, a taxa de swap de 5 anos é recebida e uma taxa fixa de 5% é paga sobre um principal nocional de $100 milhões. A troca de pagamentos é semestral (tanto sobre o swap de 5 anos subjacente quanto sobre o swap CMS em si). A troca na data de pagamento é determinada pela taxa de swap na data de pagamento anterior. A curva à vista LIBOR/swap é usada para desconto e é plana em 5% ao ano com capitalização semestral. Todas as opções sobre swaps de 5 anos têm uma volatilidade implícita de 15% e todos os caplets com um tenor de 6 meses têm uma volatilidade implícita de 20%. A correlação entre cada taxa do cap e cada taxa de swap é de 0,7.

Nesse caso, $y_i = 0{,}05$, $\sigma_{y,i} = 0{,}15$, $\tau_i = 0{,}5$, $F_i = 0{,}05$, $\sigma_{F,i} = 0{,}20$ e $\rho_i = 0{,}7$ para todos os i. Além disso:

$$G_i(x) = \sum_{i=1}^{10} \frac{2{,}5}{(1 + x/2)^i} + \frac{100}{(1 + x/2)^{10}}$$

de modo que $G_i'(y_i) = -437{,}603$ e $G_i''(y_i) = 2261{,}23$. A equação (33.2) fornece o ajustamento para convexidade/tempestividade total como sendo de $0{,}0001197 t_i$, ou 1,197 pontos-base ao ano até a taxa de swap ser observada. Por exemplo, para fins de avaliação do swap CMS, a taxa de swap de 5 anos em 4 anos será pressuposta como sendo igual a 5,0479% e não 5% e devemos pressupor que o fluxo de caixa líquido recebido no ponto de 4,5 anos é $0{,}5 \times 0{,}000479 \times 100.000.000 = \$23.940$. Outros fluxos de caixa líquidos são calculados da mesma maneira. Usando seu valor presente, descobrimos que o valor do swap é de $159.811. ■

O funcionamento de um swap do Tesouro de vencimento constante (swap CMT) é semelhante ao de um swap CMS, exceto que a taxa flutuante é o rendimento sobre um título do Tesouro com uma vida específica. A análise de um swap CMT é essencialmente igual àquela para um swap CMS com S_i definido como o rendimento par sobre um título do Tesouro com a vida especificada.

Swaps diferenciais

Um *swap diferencial*, também chamado de *diff swap*, é um swap de taxas de juros no qual uma taxa de juros flutuante é observada em uma moeda e aplicada a um principal em outra moeda. Suponha que a taxa LIBOR para o período entre t_i e t_{i+1} na moeda Y é aplicada à moeda X com o pagamento ocorrendo no tempo t_{i+1}. Defina V_i como a taxa forward entre t_i e t_{i+1} na moeda Y e W_i como a taxa de câmbio a termo para um contrato com vencimento t_{i+1} (expressa como o número de unidades na moeda Y que é igual a uma unidade da moeda X). Se a taxa LIBOR na moeda Y fosse aplicada um principal na moeda Y, o fluxo de caixa no tempo t_{i+1} seria avaliado com base no pressuposto de que a taxa LIBOR no tempo t_i é igual a V_i. Da análise na Seção 30.3, é necessário realizar um ajustamento para quanto quando ela é aplicada um principal na moeda X. Seria correto avaliar o fluxo de caixa com base no pressuposto de que a taxa LIBOR é igual a:

$$V_i + V_i\rho_i\sigma_{W,i}\sigma_{V,i}t_i \qquad (33.3)$$

onde $\sigma_{V,i}$ é a volatilidade de V_i, $\sigma_{W,i}$ é a volatilidade de W_i e ρ_i é a correlação entre V_i e W_i.

■ Exemplo 33.4

Em um contrato de swap diferencial de 3 anos com pagamentos anuais, a LIBOR de 12 meses em USD é recebida e a LIBOR de 12 meses em libras esterlinas é paga, com ambas aplicadas a um principal de 10 milhões de libras esterlinas. As taxas zero LIBOR/swap são usadas para desconto e são de 5% ao ano (com capitalização semestral) para todos os vencimentos. A volatilidade de todas as taxas forward de 1 ano nos EUA está estimada em 20%, a volatilidade da taxa de câmbio USD/libra a termo (dólares por libra) é de 12% para todos os vencimentos e a correlação entre as duas é de 0,4.

Nesse caso, $V_i = 0{,}05$, $\rho_i = 0{,}4$, $\sigma_{W,i} = 0{,}12$, $\sigma_{V,i} = 0{,}2$. Os fluxos de caixa de taxa flutuante dependentes da taxa de 1 ano em USD observada no tempo t_i devem, portanto, ser calculadas com base no pressuposto de que a taxa será:

$$0{,}05 + 0{,}05 \times 0{,}4 \times 0{,}12 \times 0{,}2 \times t_i = 0{,}05 + 0{,}00048 t_i$$

Isso significa que devemos pressupor para fins de avaliação que os fluxos de caixa do swap nos tempos 1, 2 e 3 anos são 0, 4.800 e 9.600 libras esterlinas. Logo, o valor do swap é:

$$\frac{0}{1{,}05} + \frac{4.800}{1{,}05^2} + \frac{9.600}{1{,}05^3} = 12.647$$

ou 12.647 libras esterlinas. ■

33.5 EQUITY SWAPS

Em um *equity swap*, uma parte promete pagar o retorno sobre um índice de ações sobre um principal nocional, enquanto a outra promete pagar um retorno fixo ou flutuante sobre um principal nocional. Os *equity swaps* permitem que os gerentes de fundos aumentem ou reduzam sua exposição a um índice sem comprar e vender ações. Um *equity swap* é uma maneira conveniente de reunir uma série de contratos a termo sobre um índice para atender as necessidades do mercado.

O índice de ações normalmente é um índice de retorno total no qual os dividendos são reinvestidos nas ações que compõem o índice. A História de Negócios 33.3 apresenta um exemplo de *equity swap*. Nela, o retorno de 6 meses sobre o S&P 500 é trocado pela LIBOR. O principal em ambos os lados do swap é de $100 milhões e os pagamentos são realizados a cada 6 meses.

Para um swap de *equity* por flutuante como aquele na História de Negócios 33.3, o valor no início da vida é zero, pressupondo desconto LIBOR. Isso ocorre porque a instituição financeira pode replicar sem custos os fluxos de caixa de um lado tomando um empréstimo igual ao principal em cada data de pagamento à taxa LIBOR e investindo-o no índice até a próxima data de pagamento, com quaisquer di-

> **História de Negócios 33.3** Confirmação hipotética para um *equity swap*
>
> | | |
> |---|---|
> | Data do negócio: | 4 de janeiro de 2013 |
> | Data efetiva: | 11 de janeiro de 2013 |
> | Convenção de dias úteis (todas as datas): | Dia útil seguinte |
> | Calendário de feriados: | EUA |
> | Data de término: | 11 de janeiro de 2018 |
>
> *Valores de equity*
>
> | | |
> |---|---|
> | Pagador de *equity*: | Microsoft |
> | Principal de *equity*: | 100 milhões de USD |
> | Índice de *equity*: | Retorno Total do índice S&P 500 |
> | Pagamento de *equity*: | $100(I_1 - I_0)/I_0$, onde I_1 é o nível do índice na data de pagamento e I_0 é o nível do índice na data de pagamento imediatamente anterior. No caso da primeira data de pagamento, I_0 é o nível do índice em 11 de janeiro de 2013 |
> | Datas de pagamento de *equity*: | Cada 11 de julho e 11 de janeiro a partir de 11 de julho de 2013, até e incluindo 11 de janeiro de 2018 |
>
> *Valores flutuantes*
>
> | | |
> |---|---|
> | Pagador da taxa flutuante: | Goldman Sachs |
> | Principal nocional de taxa flutuante: | 100 milhões de USD |
> | Taxa flutuante: | LIBOR de 6 meses de USD |
> | Convenção de contagem de dias de taxa flutuante: | Efetivo/360 |
> | Datas de pagamento da taxa flutuante: | Cada 11 de julho e 11 de janeiro a partir de 11 de julho de 2013, até e incluindo 11 de janeiro de 2018 |

videndos sendo reinvestidos. Um argumento semelhante mostra que o swap sempre vale zero imediatamente após a data de pagamento.

Entre as datas de pagamento, é preciso avaliar o fluxo de caixa das ações e o fluxo de caixa da LIBOR na próxima data de pagamento. O fluxo de caixa da LIBOR foi fixado na última data de repactuação, então pode ser avaliado facilmente. O valor do fluxo de caixa das ações é LE/E_0, onde L é o principal, E é o valor atual do índice de ações e E_0 é seu valor na última data de pagamento.[3]

33.6 SWAPS COM OPÇÕES EMBUTIDAS

Alguns swaps contêm opções embutidas. Nesta seção, consideramos alguns dos exemplos mais encontrados.

---

[3] Ver a Nota Técnica Note 19 em www.rotman.utoronto.ca/~hull/TechnicalNotes para uma discussão mais detalhada.

Accrual swaps

Os *accrual swaps* são swaps nos quais os juros de um lado se acumulam (*accrue*) apenas quando a taxa de referência flutuante está dentro de uma determinada faixa. Em alguns casos, a faixa permanece fixa durante toda a vida do swap; em outros, ela é repactuada periodicamente.

Como exemplo simples de *accrual swap*, considere uma transação na qual uma taxa fixa Q é trocada pela LIBOR de 3 meses todos os trimestres e a taxa fixa se acumula apenas em dias nos quais a LIBOR de 3 meses fica abaixo de 8% ao ano. Suponha que o principal é L. Em um swap normal, o pagador de taxa fixa pagaria QLn_1/n_2 em cada data de pagamento, onde n_1 é o número de dias no trimestre anterior e n_2 é o número de dias no ano. (Pressupondo que a contagem de dias é efetivo/efetivo.) Em um *accrual swap*, isso muda para QLn_3/n_2, onde n_3 é o número de dias no trimestre anterior nos quais a LIBOR de 3 meses estava abaixo de 8%. O pagador de taxa fixa poupa QL/n_2 em cada dia em que a LIBOR de 3 meses fica acima de 8%.[4] Assim, a posição do pagador de taxa fixa pode ser considerada equivalente a um swap normal mais uma série de opções binárias, uma para cada dia da vida do swap. As opções binárias dão um resultado QL/n_2 quando a LIBOR de 3 meses fica acima de 8%.

Generalizando, suponha que a taxa limite da LIBOR (8% no caso considerado acima) é R_K e os pagamentos são trocados a cada τ anos. Considere o dia i durante a vida do swap e suponha que t_i é o tempo até o dia i. Suponha que a taxa LIBOR de τ anos no dia i é R_i, de modo que os juros se acumulam quando $R_i < R_K$. Defina F_i como o valor a termo de R_i e σ_i como a volatilidade de F_i. (O último valor é estimado a partir das volatilidades à vista dos caplets.) Usando o pressuposto lognormal tradicional, a probabilidade da LIBOR ser maior do que R_K em um mundo que é *forward risk neutral* com relação a um título de cupom zero com vencimento no tempo $t_i + \tau$ é $N(d_2)$, onde:

$$d_2 = \frac{\ln(F_i/R_K) - \sigma_i^2 t_i/2}{\sigma_i \sqrt{t_i}}$$

O resultado da opção binária é realizada na data de pagamento do swap após o dia i. Imagine que este é o tempo s_i. A probabilidade da LIBOR ser maior do que R_K em um mundo que é *forward risk neutral* com relação a um título de cupom zero com vencimento no tempo s_i é dada por $N(d_2^*)$, onde d_2^* é calculado usando a mesma fórmula que d_2, mas com um pequeno ajustamento para tempestividade para F_i que reflete a diferença entre o tempo $t_i + \tau$ e o tempo s_i.

O valor da opção binária correspondente ao dia i é:

$$\frac{QL}{n_2} P(0, s_i) N(d_2^*)$$

---

[4] A convenção normal é que se um dia é feriado, pressupõe-se que a taxa aplicável será a taxa no dia útil imediatamente anterior.

O valor total das opções binárias é obtido pela soma dessa expressão para todos os dias na vida do swap. O ajustamento para tempestividade (que faz com que d_2 seja substituído por d_2^*) é tão pequeno que, na prática, muitas vezes é ignorado.

Swap passível de cancelamento

Um swap passível de cancelamento é um swap de taxas de juros *plain vanilla* no qual um lado tem a opção de terminar ou rescindir o contrato em uma ou mais datas de pagamento. Terminar um swap é o mesmo que firmar o swap contrário. Considere um swap entre a Microsoft e a Goldman Sachs. Se a Microsoft tem a opção de cancelá-lo, podemos considerar o swap como um swap normal mais uma posição comprada em uma opção de firmar o swap contrário. Se a Goldman Sachs tem a opção de cancelamento, a Microsoft tem um swap normal mais uma posição vendida em uma opção de firmar o swap.

Se há apenas uma data de término, um swap passível de cancelamento é igual a um swap normal mais uma posição em um swaption europeia. Considere, por exemplo, um swap de 10 anos no qual a Microsoft recebe 6% e paga a LIBOR. Suponha que a Microsoft tem a opção de rescindir o contrato ao final de 6 anos. O swap é um swap normal de 10 anos para receber 6% e pagar a LIBOR mais uma posição comprada em uma opção europeia de 6 anos de firmar um swap de 4 anos no qual paga-se 6% e recebe-se a LIBOR. (O último é chamado de swaption europeu 6 × 4.) O modelo de mercado padrão para avaliar swaptions europeias está descrito no Capítulo 29.

Quando o swap pode ser terminado em diversas datas de pagamento diferentes, ele é um swap normal mais uma swaption bermuda. Considere, por exemplo, a situação na qual a Microsoft firmou um swap de 5 anos com pagamentos semestrais nos quais ela recebe 6% e paga a LIBOR. Suponha que a contraparte tem a opção de terminar o swap nas datas de pagamento entre o ano 2 e o ano 5. O swap é um swap normal mais uma posição vendida em uma swaption bermuda, na qual a segunda é uma opção de firmar um swap com vencimento em 5 anos e envolve um pagamento fixo de 6% sendo recebido e um pagamento flutuante à taxa LIBOR sendo realizado. A swaption pode ser exercida em qualquer data de pagamento entre o ano 2 e o ano 5. Os métodos para a avaliação de swaptions bermuda são discutidos nos Capítulos 31 e 32.

Swaps compostos passíveis de cancelamento

Às vezes, swaps compostos podem ser terminados em datas de pagamento específicas. Com o término, o pagador de taxa flutuante paga o valor composto das quantias flutuantes até aquela data e o pagador de taxa fixa paga o valor composto dos pagamentos fixos até aquela data.

Podemos utilizar alguns truques para avaliar os swaps compostos passíveis de cancelamento. Primeiro vamos supor que a taxa flutuante é a LIBOR, que a capitalização é à LIBOR e que o desconto LIBOR é utilizado. Pressuponha que o principal do swap é pago sobre os lados fixo e flutuante do swap ao final de sua vida. Isso é semelhante a passar da Tabela 7.1 para a Tabela 7.2 para um swap simples. O valor do swap não muda, mas o efeito é garantir que o valor do lado flutuante sempre será igual ao principal nocional nos dias de pagamento. Para tomar a decisão de cancelamento, precisamos apenas analisar o lado fixo. Construímos uma árvore de taxas de juros como aquela descrita no Capítulo 31. Analisando a árvore retroativamente da maneira tradicional, avaliamos o lado fixo. Em cada nó no qual o swap pode ser cancelado, testamos se seria ideal manter o swap ou cancelá-lo. Na prática, cancelar o swap determina que o lado fixo é igual a par. Se estamos pagando a taxa fixa e recebendo a flutuante, nosso objetivo é minimizar o valor do lado fixo; se estamos recebendo a fixa e pagando a flutuante, nosso objetivo é maximizar o valor do lado fixo.

Quando o lado flutuante é a LIBOR mais um spread composto à taxa LIBOR, os fluxos de caixa correspondentes à taxa de juros do spread podem ser subtraídos do lado fixo em vez de serem somados ao lado flutuante. Assim, a opção pode ser avaliada da mesma forma que seria caso não houvesse um spread.

Quando a capitalização é realizada à taxa LIBOR mais um spread, uma abordagem aproximada seria a seguinte:[5]

1. Calcule o valor do lado flutuante do swap em cada data de cancelamento pressupondo que as taxas forward serão realizadas.
2. Calcule o valor do lado flutuante do swap em cada data de cancelamento pressupondo que a taxa flutuante é a LIBOR e a capitalização é realizada à taxa LIBOR.
3. Defina o excesso do passo 1 em relação ao passo 2 como o "valor dos spreads" em uma data de cancelamento.
4. Trate a opção da maneira descrita acima. Na hora de decidir se exerce ou não a opção de cancelamento, subtraia o valor dos spreads dos valores calculados para o lado fixo.

Uma abordagem semelhante pode ser utilizada para descontos OIS se pressupomos que o spread entre OIS e LIBOR é igual ao spread a termo.

33.7 OUTROS SWAPS

Este capítulo discutiu algumas das estruturas de swap no mercado. Na prática, os únicos limites para a diversidade de contratos negociados no mercado são a imaginação dos engenheiros financeiros e o apetite dos tesoureiros corporativos por ferramentas inovadoras de gestão de riscos.

Um swap muito popular nos Estados Unidos em meados da década de 1990 foi o *swap de taxa de amortização indexada* (também chamado de *swap de principal indexado*). Nele, o principal vai se reduzindo, dependendo do nível das taxas de juros. Quanto menor a taxa de juros, maior a redução do principal. O lado fixo de um swap de taxa de amortização indexada foi estruturado originalmente para refletir de maneira aproximada o retorno obtido por um investidor em um título lastreado por hipoteca de agência após as opções de pagamento antecipado serem levadas em

---

[5] Essa abordagem não é perfeitamente precisa, pois pressupõe que a decisão de exercer a opção de cancelamento não é influenciado pelos pagamentos futuros usarem uma taxa de capitalização diferente da LIBOR.

> **História de Negócios 33.4** A operação bizarra da Procter and Gamble
>
> Um swap particularmente bizarro é o chamado swap "5/30" firmado entre o Bankers Trust (BT) e a Procter and Gamble (P&G) em 2 de novembro de 1993. Este era um swap de 5 anos com pagamentos semestrais. O principal nocional era de $200 milhões. A BT pagava à P&G 5,30% ao ano. A P&G pagava à BT a taxa de CP (nota promissória) de 30 dias média menos 75 pontos-base mais um spread. A taxa de nota promissória média era calculada usando observações da taxa de nota promissória de 30 dias todos os dias durante o período de acúmulo anterior e calculando sua média.
>
> O spread era zero para a primeira data de pagamento (2 de maio de 1994). Para as nove datas de pagamento remanescentes, ele era:
>
> $$\max\left[0, \frac{98{,}5\left(\frac{\text{5-year CMT\%}}{5{,}78\%}\right) - (\text{30-year TSY price})}{100}\right]$$
>
> Nesse acordo, o CMT de 5 anos é o rendimento do Tesouro de vencimento constante (ou seja, o rendimento sobre uma nota do Tesouro de 5 anos, como informada pela Federal Reserva dos EUA). O preço TSY de 30 anos é o ponto central dos preços de oferta de compra e de venda de título de caixa para o título do Tesouro de 6,25% com vencimento em agosto de 2023. Observe que o spread calculado a partir da fórmula é uma taxa de juros decimal. Ela não é medida em pontos-base. Se a fórmula dá 0,1 e a taxa CP é de 6%, a taxa paga pela P&G é 15,25%.
>
> A P&G esperava que o spread seria zero e a transação permitiria a troca do financiamento a uma taxa de fixa de 5,30% pelo financiamento a 75 pontos-base abaixo da taxa de nota promissória. Na verdade, as taxas de juros subiram rapidamente no início de 1994, as taxas de títulos caíram e o swap se revelou extremamente caro (ver Problema 33.10).

conta. Assim, o swap trocava o retorno sobre o título lastreado por hipoteca por um retorno de taxa flutuante.

Os *swaps de commodities* estão se tornando cada vez mais populares. Uma empresa que consome 100.000 barris de petróleo por ano poderia concordar em pagar $8 milhões todos os anos pelos próximos 10 anos e receber em troca 100.000S, onde S é o preço de mercado do petróleo por barril. Na prática, o efeito do contrato seria fixar o custo do petróleo para a empresa em $80 por barril. Um produtor de petróleo poderia concordar com a troca contrária, garantindo que o preço que realizaria pelo seu petróleo seria de $80 por barril. O Capítulo 34 discute derivativos de energia desse tipo.

Diversos outros tipos de swaps são discutidos em outras partes deste livro. Por exemplo, os swaps de ativos são discutidos no Capítulo 24, os swaps de retorno total e diversos tipos de *credit default swaps* são trabalhados no Capítulo 25 e os swaps de volatilidade e variância são analisados no Capítulo 26.

Operações bizarras

Alguns swaps têm resultados calculados de maneiras extremamente bizarras. Um exemplo seria a operação realizada entre a Procter and Gamble e a Bankers Trust em 1993 (ver História de Negócios 33.4). Os detalhes dessa transação são de domínio público porque foram tema de um processo judicial posteriormente.[6]

RESUMO

Os swaps têm se mostrado instrumentos financeiros bastante versáteis. Muitos swaps podem ser avaliados (a) pressupondo que a LIBOR (ou alguma outra taxa de referência flutuante) será igual a seu valor a termo e (b) descontando os fluxos de caixa resultantes. Estes incluem os swaps de taxas de juros *plain vanilla*, a maioria dos tipos de swap de moeda, swaps nos quais o principal muda de uma maneira predeterminada, swaps nos quais as datas de pagamento são diferentes em cada lado e swaps compostos.

Alguns swaps exigem ajustamentos às taxas forward quando são avaliados. Estes são chamados de ajustamentos para convexidade, tempestividade ou quanto. Entre os swaps que exigem ajustamentos estão o *LIBOR-in-arrears*, CMS/CMT e diferenciais.

Os *equity swaps* envolvem a troca do retorno sobre um índice de ações por uma taxa de juros fixa ou flutuante. Eles normalmente são estruturados de modo que valham zero imediatamente após a data de pagamento, mas podem ter valores diferentes de zero entre as datas de pagamento.

Alguns swaps envolvem opções embutidas. Um *accrual swap* é um swap normal mais um grande portfólio de opções binárias (uma para cada dia da vida do swap). Um swap passível de cancelamento é um swap normal mais uma swaption bermuda.

LEITURAS COMPLEMENTARES

Chance, D., and Rich, D., "The Pricing of Equity Swap and Swaptions," *Journal of Derivatives* 5, 4 (Summer 1998): 19–31.

Smith D. J., "Aggressive Corporate Finance: A Close Look at the Procter and Gamble–Bankers Trust Leveraged Swap," *Journal of Derivatives*, 4, 4 (Summer 1997): 67–79.

Questões e problemas (respostas no manual de soluções)

33.1 Calcule todos os fluxos de caixa fixos e seus tempos exatos para o swap na História de Negócios 33.1. Pressuponha que as convenções de contagem de dias são aplicadas usando metas de datas de pagamentos e não datas de pagamento reais.

33.2 Suponha que um swap especifica que uma taxa fixa é trocada por duas vezes a taxa LIBOR. O swap pode ser avaliado usando a regra de "pressupor que as taxas forward serão realizadas"?

---

[6] Ver D. J. Smith, "Aggressive Corporate Finance: A Close Look at the Procter and Gamble–Bankers Trust Leveraged Swap," *Journal of Derivatives* 4, 4 (Summer 1997): 67–79.

33.3 Qual é o valor de um swap composto fixa por flutuante de 2 anos no qual o principal é $100 milhões e os pagamentos são realizados semestralmente? A taxa fixa é recebida e a taxa flutuante é paga. A taxa fixa é 8% e sua capitalização é de 8,3% (ambas com capitalização semestral). A taxa flutuante é a LIBOR mais 10 pontos-base e sua capitalização é à LIBOR mais 20 pontos-base. A curva à vista LIBOR é plana em 8% com capitalização semestral (e é usada para desconto).

33.4 Qual é o valor de um swap de 5 anos no qual a LIBOR é paga da maneira tradicional e, em troca, a LIBOR com capitalização à LIBOR é recebida no outro lado? O principal de ambos os lados é $100 milhões. As datas de pagamento no lado do pagamento e as datas de capitalização no lado de recebimento ocorrem a cada seis meses. A curva à vista LIBOR é plana em 5% com capitalização semestral (e é usada para desconto).

33.5 Explique cuidadosamente por que um banco escolheria descontar os fluxos de caixa em um swap de moeda usando uma taxa ligeiramente diferente da LIBOR.

33.6 Calcule o ajustamento para convexidade/tempestividade total no Exemplo 33.3 da Seção 33.4 se todas as volatilidades do cap são 18% em vez de 20% e as volatilidades para todas as opções sobre swaps de 5 anos são 13% em vez de 15%. Qual taxa de swap de 5 anos após 3 anos deve ser pressuposta para a avaliação do swap? Qual é o valor do swap?

33.7 Explique por que um swap de taxas de juros *plain vanilla* e o swap composto na Seção 33.2 podem ser avaliados usando a regra "pressupor que as taxas forward serão realizadas", mas um *LIBOR-in-arrears swap* na Seção 33.4 não pode.

33.8 No *accrual swap* discutido no texto, o lado fixo se acumula apenas quando a taxa de referência flutuante fica abaixo de um determinado nível. Discuta como a análise pode ser estendida para lidar com uma situação na qual o lado fixo se acumula apenas quando a taxa de referência flutuante fica acima de um nível e abaixo de outro.

Questões adicionais

33.9 As taxas zero LIBOR são planas em 5% nos Estados Unidos e planas em 10% na Austrália (ambas com capitalização anual). Em um swap diferencial de 4 anos, a LIBOR australiana é recebida e 9% são pagos, com ambos aplicados a um principal em USD de $10 milhões. Os pagamentos são trocados anualmente. Estima-se que a volatilidade de todas as taxas forward de 1 ano na Austrália seja de 25%, a volatilidade da taxa de câmbio USD/AUD a termo (AUD por USD) é de 15% para todos os vencimentos e a correlação entre as duas é de 0,3. Qual é o valor do swap?

33.10 Estime a taxa de juros paga pela P&G no swap 5/30 na Seção 33.7 se (a) a taxa CP é de 6,5% e a curva de juros do Tesouro é plana em 6% e (b) a taxa CP é 7,5% e a curva de juros do Tesouro é plana em 7% com capitalização semestral.

33.11 Suponha que você está trocando um *LIBOR-in-arrears swap* com uma contraparte pouco sofisticada que não realiza ajustamentos para convexidade. Para tirar vantagem da situação, você deveria pagar ou receber a fixa? Como você tentaria estruturar o swap em termos de sua vida e frequências de pagamento?

Considere a situação na qual a curva de juros é plana em 10% ao ano com capitalização anual. Todas as volatilidades de cap são de 18%. Estime a diferença entre o modo como um trader sofisticado e um pouco sofisticado avaliariam um *LIBOR-in-arrears swap* no qual os pagamentos são realizados anualmente e a vida do swap é (a) 5 anos, (b) 10 anos e (c) 20 anos. Pressuponha um principal nocional de $1 milhão.

33.12 Suponha que a taxa zero LIBOR é plana em 5% com capitalização anual e é utilizada para desconto. Em um swap de 5 anos, a empresa X paga uma taxa fixa de 6% e recebe a LIBOR. A volatilidade da taxa de swap de dois anos em 3 anos é de 20%.
   (a) Qual é o valor do swap?
   (b) Calcule o valor do swap se a empresa X tem a opção de cancelá-lo após 3 anos.
   (c) Calcule o valor do swap se a contraparte tem a opção de cancelá-lo após 3 anos.
   (d) Qual é o valor do swap se qualquer uma das partes puder cancelá-lo ao final de 3 anos?

33.13 Como você calcularia o valor inicial do *equity swap* na História de Negócios 33.3 se o desconto OIS fosse utilizado?

CAPÍTULO

34

Derivativos de energia e de commodities

A variável subjacente a um derivativo muitas vezes é chamada simplesmente de *a subjacente*. Partes anteriores deste livro se concentraram em situações nas quais a subjacente é um preço de ação, um índice de ações, uma taxa de câmbio, um preço de bônus, uma taxa de juros ou a perda de um evento de crédito. Neste capítulo, consideramos diversas outras subjacentes.

A primeira parte do capítulo trata de situações nas quais a subjacente é um commodity. O Capítulo 2 discutiu contratos futuros sobre commodities, enquanto o Capítulo 18 discutiu como opções europeias e americanas sobre contratos futuros sobre commodities podem ser avaliadas. Como uma opção sobre futuro europeia tem o mesmo resultado que uma opção sobre à vista europeia quando o contrato futuro vence na mesma data que a opção, o modelo usado para avaliar opções sobre futuros europeias (o modelo de Black) também pode ser utilizado para avaliar opções sobre spot europeias. Contudo, as opções sobre spot americanas e outros derivativos mais complexos que dependem do preço à vista de uma commodity exigem modelos mais sofisticados. Uma característica dos preços de commodities é que elas muitas vezes demonstram reversão à média (de forma semelhante às taxas de juros) e ocasionalmente também estão sujeitos a saltos. Alguns dos modelos desenvolvidos para taxas de juros podem ser adaptados para se aplicarem a commodities.

A segunda parte do capítulo considera derivativos de clima e de seguro. Uma característica exclusiva desses derivativos é que eles dependem de variáveis sem riscos sistemáticos. Por exemplo, podemos pressupor que o valor esperado da temperatura em um determinado local ou as perdas sofridas devidas a furacões serão iguais em um mundo *risk-neutral* e no mundo real. Isso significa que os dados históricos podem ser mais úteis na avaliação desses tipos de derivativos do que de alguns outros.

34.1 COMMODITIES AGRÍCOLAS

Os commodities agrícolas incluem produtos cultivados (ou criados a partir de produtos cultivados) como milho, trigo, soja, cacau, café, açúcar, algodão e suco de laranja congelado. Eles também incluem produtos relativos à pecuária, como gado, leitões e barrigas de porco. Os preços de commodities agrícolas, assim como de todos os commodities, são determinados pela oferta e a procura. O Departamento de Agricultura dos Estados Unidos publica relatórios sobre estoques e produção. Uma estatística muito monitorada para commodities como milho e trigo é a *relação estoque-uso*, que representa a razão entre o estoque no final do ano e a utilização no ano. Em geral, ela fica entre 20% e 40%. A relação impacta a volatilidade do preço. À medida que a relação para um commodity diminui, o preço do commodity se torna mais sensível a mudanças na oferta, o que aumenta a volatilidade.

Há motivos para acreditar que há algum nível de reversão à média nos preços agrícolas. À medida que os preços diminuem, os fazendeiros têm menos incentivos para produzir o commodity, o que reduz a oferta e cria pressão de aumento no preço. Da mesma forma, à medida que o preço de um commodity agrícola aumenta, os fazendeiros provavelmente dedicam mais recursos à produção do commodity, criando pressão de baixa no preço.

Os preços de commodities agrícolas tendem a ser sazonais, pois a estocagem é cara e há um limite de quanto tempo cada produto pode ser armazenado. O clima tem um papel crucial em determinar o preço de muitos produtos agrícolas. As geadas podem dizimar a safra de café brasileira, um furacão na Flórida tende a impactar consideravelmente o preço do suco de laranja congelado e assim por diante. A volatilidade do preço de um commodity cultivado tende a atingir seu máximo no período anterior à colheita e então diminui quando as dimensões da safra são conhecidas. Durante a temporada de cultivo, o processo de preço para um commodity agrícola tende a demonstrar saltos devido ao clima.

Muitos dos commodities cultivados e negociados se destinam à alimentação animal. (Por exemplo, o contrato futuro de milho negociado pelo CME Group é referente ao milho usado para alimentar animais.) O preço do gado e o período de abate podem depender do preço desses commodities, que por sua vez são influenciados pelo clima.

34.2 METAIS

Os metais são outra categoria importante de commodities. Eles incluem ouro, prata, platina, paládio, cobre, estanho, chumbo, zinco, níquel e alumínio. Os metais têm características muito diferentes em relação aos commodities agrícolas. Seus preços não são afetados pelo clima e não são sazonais. Eles são extraídos do solo. Eles são divisíveis e relativamente fáceis de estocar. Alguns metais, como o cobre, são utilizados quase exclusivamente na manufatura de bens e devem ser classificados como ativos de consumo. Como explicado na Seção 5.1, outros, como o ouro e a prata, são mantidos puramente para fins de investimento, e não apenas para consumo, e devem ser classificados como ativos de investimento.

Assim como no caso dos commodities agrícolas, os analistas podem monitorar os níveis de estoque para determinar a volatilidade de preço de curto prazo. A volatilidade cambial também pode contribuir para a volatilidade, pois o país no qual o metal é extraído muitas vezes não é o mesmo em cuja moeda o preço é cotado. No longo prazo, o preço de um metal é determinado por tendências em quanto ele é usado em diversos processos de produção e a identificação de novas fontes do metal. As mudanças em métodos de exploração e extração, a geopolítica, cartéis e regulamentações ambientais também impactam o preço.

Uma possível fonte de oferta para metais é a reciclagem. Um metal pode ser usado para criar um produto e, durante os 20 anos seguintes, 10% dele pode voltar ao mercado devido a um processo de reciclagem.

Em geral, não se supõe que os metais que são ativos de investimento sigam processos de reversão à média, pois tal processo daria origem a uma oportunidade de arbitragem para o investidor. Para metais que são ativos de consumo, pode haver alguma reversão à média. À medida que o preço de um metal aumenta, é provável que seu uso se torne menos atraente em alguns processos de produção e que sua extração em locais difíceis se torne mais economicamente viável. O resultado é uma pressão para a redução do preço. Da mesma forma, à medida que o preço diminui, é provável que o uso do metal se torne mais atraente em alguns processos de produção e que sua extração em locais difíceis se torne menos economicamente viável. O resultado é uma pressão para o aumento do preço.

34.3 PRODUTOS DE ENERGIA

Os produtos de energia estão entre os commodities mais importantes e os mais ativamente negociados. Uma ampla variedade de derivativos de energia são negociados no mercado de balcão e nas bolsas. Aqui, vamos considerar petróleo, gás natural e eletricidade. Temos motivos para acreditar que todos os três seguem processos de reversão à média. À medida que o preço de uma fonte de energia aumenta, é provável que ela seja consumida menos e produzida mais. Isso cria uma pressão negativa sobre os preços. À medida que o preço de uma fonte de energia diminui, é provável que ela seja consumida mais, mas a produção tende a se tornar menos economicamente viável. Isso cria uma pressão para o aumento do preço.

Petróleo bruto

O mercado de petróleo bruto é o maior mercado de commodities do mundo, com demanda global na casa de 80 milhões de barris por dia. Os contratos de fornecimento de preço fixo de dez anos são comuns no mercado de balcão há muitos anos. Eles são swaps nos quais o petróleo a um preço fixo é trocado pelo petróleo a um preço flutuante.

Existem muitos graus de petróleo bruto, refletindo variações na gravidade e no conteúdo de enxofre. Dois *benchmarks* de preço importantes são o Brent Crude (extraído no Mar do Norte) e o West Texas Intermediate (WTI). O petróleo bruto é refinado e transformado em produtos como gasolina, óleo para aquecimento, óleo combustível e querosene.

CAPÍTULO 34 ■ Derivativos de energia e de commodities 843

No mercado de balcão, praticamente qualquer derivativo disponível sobre ações comuns ou índices de ações está disponível com o petróleo como ativo subjacente. Swaps, contratos a termo e opções são populares. Os contratos às vezes exigem liquidação financeiras e às vezes ajuste final pela entrega física (ou seja, a entrega do petróleo).

Os contratos negociados em bolsas também são populares. O CME Group e a IntercontinentalExchange (ICE) negociam diversos contratos futuros sobre petróleo e contratos de opções sobre futuros sobre petróleo. Alguns dos contratos futuros são liquidados financeiramente; outros são ajustados pela entrega física. Por exemplo, os futuros de Brent Crude negociados na ICE têm uma opção de liquidação financeira; os futuros de petróleo *light sweet crude* negociados no CME Group exigem entrega física. Em ambos os casos, a quantidade de petróleo subjacente em um contrato é 1.000 barris. O CME Group também negocia contratos populares sobre dois produtos refinados: óleo para aquecimento e gasolina. Em ambos os casos, um contrato é referente à entrega de 42.000 galões.

Gás natural

A indústria do gás natural em todo mundo passou por um período de desregulamentação e eliminação de monopólios estatais nas décadas de 1980 e 1990. Hoje, o fornecedor de gás natural não é mais necessariamente a mesma empresa que o produtor do gás. Os fornecedores enfrentam o problema de atender a demanda diária.

Um contrato de balcão típico é referente à entrega de uma quantidade específica de gás natural a uma taxa aproximadamente uniforme durante um período de 1 mês. Os contratos a termo, opções e swaps estão disponíveis no mercado de balcão. O vendedor de gás natural geralmente é responsável por transportar o gás através de gasodutos até o local especificado.

O CME Group negocia um contrato referente à entrega de 10.000 milhões de BTUs de gás natural. O contrato, se não encerrado, exige que a entrega física seja realizada durante o mês de entrega a uma taxa aproximadamente uniforme em uma central específica no estado americano da Louisiana. A ICE negocia um contrato semelhante em Londres.

O gás natural é uma fonte popular de energia para o aquecimento de edifícios. Ele também é usado para produzir eletricidade, que por sua vez é utilizada em condicionadores de ar. Por consequência, a procura por gás natural é sazonal e depende do clima.

Eletricidade

A eletricidade é um commodity estranho, pois não é fácil de estocar.[1] O fornecimento máximo de eletricidade em uma região em um dado momento é determinado pela capacidade máxima de todas as usinas elétricas da região. Nos Estados Unidos, há 140 regiões conhecidas como áreas de controle. A oferta e a procura primeiro são

---

[1] Os produtores de eletricidade com capacidade ociosa ocasionalmente a utilizam para bombear água até o alto de suas usinas hidrelétricas, onde ela pode ser usada para produzir eletricidade posteriormente. Isso é o mais perto que eles chegam de estocar esse commodity.

equilibradas dentro de uma área de controle, com a energia excedente vendida para as outras áreas de controle. É esse excesso de energia que representa o mercado atacadista de eletricidade. A capacidade de uma área de controle de vender energia para outra área de controle depende da capacidade de transmissão dos cabos entre as duas. A transmissão de uma área para a outra envolve um custo de transmissão, cobrado pelo proprietário da linha, e em geral há perdas de transmissão ou de energia.

Um dos principais usos da eletricidade é em sistemas de ar condicionado. Por consequência, a demanda por eletricidade e, logo, seu preço é muito maior nos meses de verão do que nos meses de inverno. A não estocabilidade da eletricidade causa movimentos ocasionais de grandes dimensões no preço spot. Ondas de calor podem aumentar o preço à vistaem até 1.000% por breves períodos de tempo.

Assim como o gás natural, a eletricidade passou por um período de desregulamentação e eliminação de monopólios governamentais, acompanhado pelo desenvolvimento de um mercado de derivativos de eletricidade. Hoje, o CME Group negocia um contrato futuro sobre o preço da eletricidade e há um mercado de balcão ativo em contratos a termo, opções e swaps. Um contrato típico (negociado em bolsa ou de balcão) permite que um lado receba um determinado número de megawatts-hora por um determinado preço e em um determinado local durante um mês específico. Em um contrato 5×8, a energia é recebida cinco dias por semana (de segunda a sexta) fora do horário de pico (das 23h às 7h) durante o mês especificado. Em um contrato 5×16, a energia é recebida cinco dias por semana durante o horário de pico (das 7h às 23h) durante o mês especificado. Em um contrato 7×24, ela é recebida durante todo o dia, todos os dias, durante o mês. Os contratos de opção têm exercício diário ou exercício mensal. No caso do exercício diário, o titular da opção pode escolher em cada dia do mês (com aviso prévio de um dia) se receberá ou não a quantidade especificada de energia pelo preço de exercício especificado. Quando há exercício mensal, o titular toma uma única decisão no início do mês sobre receber ou não energia durante todo o mês pelo preço de exercício especificado.

Um contrato interessante nos mercados de eletricidade e gás natural é a chamada *opção de swing* ou *opção take-and-pay*. Nesse contrato, uma quantidade mínima e máxima de energia que deve ser comprada a um determinado preço pelo titular da opção é especificada para cada dia durante um mês e para o mês no total. O titular da opção pode mudar (*swing*) a taxa pela qual a energia é comprada durante o mês, mas em geral há um limite no número total de mudanças que podem ser realizadas.

34.4 MODELAMENTO DE PREÇOS DE COMMODITIES

Para avaliar derivativos, muitas vezes estamos interessados em modelar o preço à vistade um commodity no mundo *risk-neutral* tradicional. De acordo com a Seção 18.7, o preço futuro esperado do commodity nesse mundo é o preço futuro.

Um processo simples

Podemos construir um processo simples para um preço de commodity pressupondo que a taxa de crescimento esperada no preço do commodity depende exclusivamente do tempo e que a volatilidade do preço do commodity é constante. O processo *risk-neutral* para o preço de commodity S assume, então, a forma:

$$\frac{dS}{S} = \mu(t)\,dt + \sigma\,dz \qquad (34.1)$$

e:

$$F(t) = \hat{E}[S(t)] = S(0)e^{\int_0^t \mu(\tau)d\tau}$$

onde $F(t)$ é o preço futuro para um contrato com vencimento t e $\hat{E}$ denota o valor esperado em um mundo *risk-neutral*. Logo:

$$\ln F(t) = \ln S(0) + \int_0^t \mu(\tau)d\tau$$

Diferenciando ambos os lados com referência ao tempo nos dá:

$$\mu(t) = \frac{\partial}{\partial t}[\ln F(t)]$$

■ Exemplo 34.1

Suponha que os preços futuros do boi gordo no final de julho de 2014 (em centavos por libra) são os seguintes:

Agosto de 2014	62,20
Outubro de 2014	60,60
Dezembro de 2014	62,70
Fevereiro de 2015	63,37
Abril de 2015	64,42
Junho de 2015	64,40

Estes podem ser usados para estimar a taxa de crescimento esperada nos preços de boi gordo em um mundo *risk-neutral*. Por exemplo, quando o modelo na equação (34.1) é utilizado, a taxa de crescimento esperada nos preços de boi gordo entre outubro e dezembro de 2014, em um mundo *risk-neutral*, é:

$$\ln\left(\frac{62,70}{60,60}\right) = 0,034$$

ou 3,4% por 2 meses com capitalização contínua. Anualizado, esse valor é igual a 20,4% ao ano. ■

■ Exemplo 34.2

Suponha que os preços futuros do boi gordo são aqueles listados no Exemplo 34.1. Uma certa decisão de reprodução do gado envolveria um investimento de $100.000 hoje e despesas de $20.000 em 3, 6 e 9 meses. Espera-se que o resultado seja a disponibilidade de um animal extra para venda ao final do ano. Há duas incertezas principais: o número de libras de gado adicionais que estarão disponíveis para a venda e o preço por libra. O número esperado de libras é 300.000. O preço esperado do gado em 1 ano em um mundo *risk-neutral* é, do Exemplo 34.1, 64,40 centavos por libra. Pressupondo que a taxa de juros livre de risco é 10% ao ano, o valor do investimento (em milhares de dólares) é:

$$-100 - 20e^{-0{,}1\times 0{,}25} - 20e^{-0{,}1\times 0{,}50} - 20e^{-0{,}1\times 0{,}75} + 300 \times 0{,}644 e^{-0{,}1\times 1} = 17{,}729$$

Isso pressupõe que qualquer incerteza sobre a quantidade extra de gado que estará disponível para venda tem zero risco sistemático e que não há correlação entre a quantidade de gado que estará disponível para venda e o preço.

Reversão à média

Como discutido anteriormente, a maioria dos preços de commodities segue processos de reversão à média. Eles tendem a ser puxados de volta a um valor central. Um processo mais realista do que a equação (34.1) para o processo *risk-neutral* seguido pelo preço de commodity S é:

$$d \ln S = [\theta(t) - a \ln S]\, dt + \sigma\, dz \qquad (34.2)$$

Isso incorpora a reversão à média e é análogo ao processo lognormal pressuposto para a taxa de curto prazo no Capítulo 31. Observe que o processo também é escrito como:

$$\frac{dS}{S} = [\theta^*(t) - a \ln S]\, dt + \sigma\, dz$$

De acordo com o lema de Itô, isso é equivalente ao processo na equação (34.2) quando $\theta^*(t) = \theta(t) + \tfrac{1}{2}\sigma^2$.

A metodologia de árvore trinomial na Seção 31.7 pode ser adaptada para construir uma árvore para S e determinar o valor de $\theta(t)$ na equação (34.2) tal que $F(t) = \hat{\mathrm{E}}[S(t)]$. Ilustraremos o procedimento com a construção de uma árvore de três passos para a situação na qual o preço à vista atual é \$20 e os preços futuros de 1, 2 e 3 anos são \$22, \$23 e \$24, respectivamente. Suponha que $a = 0{,}1$ e $\sigma = 0{,}2$ na equação (34.2). Primeiro, definimos uma variável X que inicialmente é zero e segue o processo:

$$dX = -aX\, dt + \sigma\, dz \qquad (34.3)$$

Usando o procedimento na Seção 31.7, é possível construir uma árvore trinomial para X. É o que mostra a Figura 34.1.

A variável $\ln S$ segue o mesmo processo que X, exceto por uma deriva dependente do tempo. De forma análoga à Seção 31.7, a árvore para X pode ser convertida em uma árvore para $\ln S$ pelo deslocamento das posições dos nós. Essa árvore aparece na Figura 34.2. O nó inicial corresponde a um preço de 20, então o deslocamento para esse nó é ln 20. Suponha que o deslocamento dos nós em 1 ano é α_1. Os valores de X nos três nós no ponto de 1 ano são $+0{,}3464$, 0 e $-0{,}3464$. Os valores correspondentes de $\ln S$ são $0{,}3464 + \alpha_1$, α_1 e $-0{,}3464 + \alpha_1$. Os valores de S são, portanto, $e^{0,3464+\alpha_1}$, e^{α_1} e $e^{-0,3464+\alpha_1}$, respectivamente. Nós precisamos que o valor esperado de S seja igual ao preço futuro. Isso significa que:

$$0,1667e^{0,3464+\alpha_1} + 0,6666e^{\alpha_1} + 0,1667e^{-0,3464+\alpha_1} = 22$$

A solução dessa equação é $\alpha_1 = 3,071$. Os valores de S no ponto de 1 ano são, portanto, 30,49, 21,56 e 15,25.

No ponto de 2 anos, primeiro calculamos as probabilidades dos nós E, F, G, H e I serem alcançados a partir das probabilidades dos nós B, C e D serem alcançados. A probabilidade de alcançar o nó F é a probabilidade de alcançar o nó B vezes a probabilidade de passar de B para F mais a probabilidade de alcançar o nó C vezes a probabilidade de passar de C para F. Ou seja:

$$0,1667 \times 0,6566 + 0,6666 \times 0,1667 = 0,2206$$

Da mesma forma, as probabilidades de alcançar os nós E, G, H e I são 0,0203, 0,5183, 0,2206 e 0,0203, respectivamente. A quantidade α_2 pela qual os nós no tempo 2 anos são deslocados deve satisfazer:

$$0,0203e^{0,6928+\alpha_2} + 0,2206e^{0,3464+\alpha_2} + 0,5183e^{\alpha_2}$$
$$+ 0,2206e^{-0,3464+\alpha_2} + 0,0203e^{-0,6928+\alpha_2} = 23$$

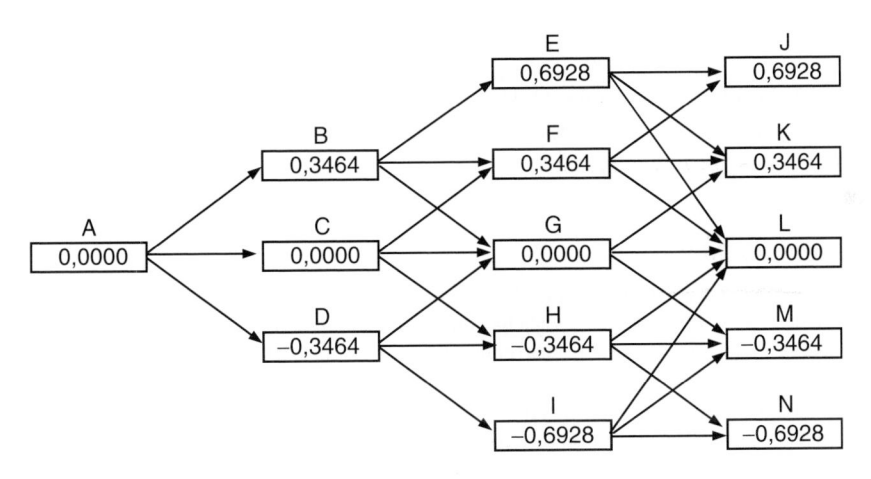

Nó:	A	B	C	D	E	F	G	H	I
p_u:	0,1667	0,1217	0,1667	0,2217	0,8867	0,1217	0,1667	0,2217	0,0867
p_m:	0,6666	0,6566	0,6666	0,6566	0,0266	0,6566	0,6666	0,6566	0,0266
p_d:	0,1667	0,2217	0,1667	0,1217	0,0867	0,2217	0,1667	0,1217	0,8867

FIGURA 34.1 Árvore para X. Construir essa árvore é o primeiro estágio da construção de uma árvore para o preço à vista de uma commodity, S. Aqui, p_u, p_m e p_d são as probabilidades de movimentos "positivos", "neutros" e "negativos" de um nó para o outro.

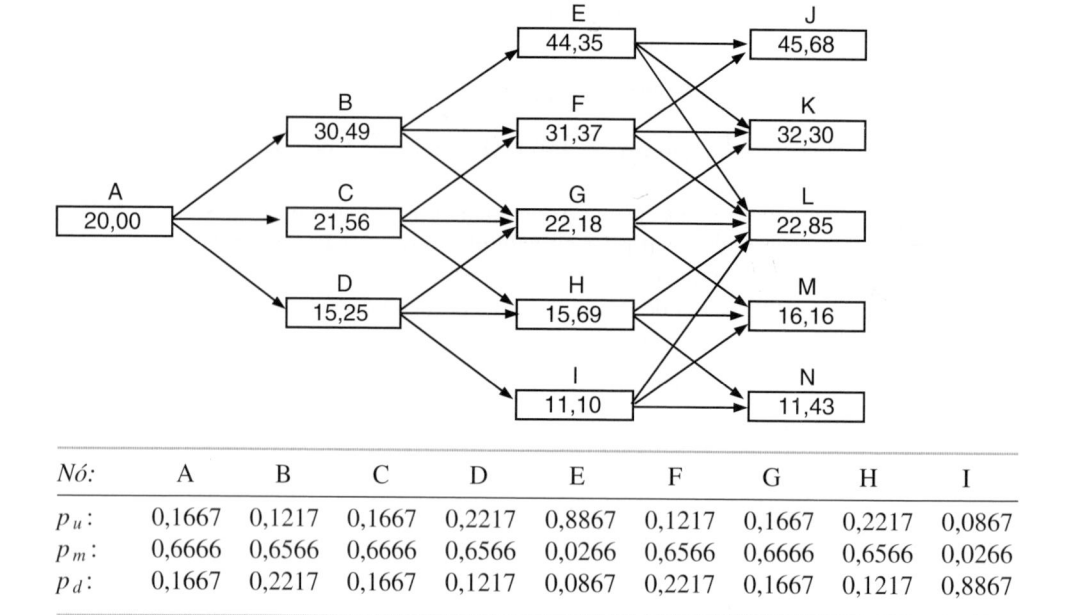

```
                          E                J
                        44,35            45,68
                 B              F              K
               30,49          31,37          32,30
    A              C              G              L
  20,00          21,56          22,18          22,85
                 D              H              M
               15,25          15,69          16,16
                                I              N
                              11,10          11,43
```

Nó:	A	B	C	D	E	F	G	H	I
p_u:	0,1667	0,1217	0,1667	0,2217	0,8867	0,1217	0,1667	0,2217	0,0867
p_m:	0,6666	0,6566	0,6666	0,6566	0,0266	0,6566	0,6666	0,6566	0,0266
p_d:	0,1667	0,2217	0,1667	0,1217	0,0867	0,2217	0,1667	0,1217	0,8867

FIGURA 34.2 Árvore para o preço à vista de uma commodity: p_u, p_m e p_d são as probabilidades de movimentos "positivos", "neutros" e "negativos" de um nó para o outro.

A solução disso é $\alpha_2 = 3{,}099$. Isso significa que os valores de S no ponto de 2 anos são 44,35, 31,37, 22,18, 15,69 e 11,10, respectivamente.

Um cálculo semelhante pode ser realizado no tempo 3 anos. A Figura 34.2 mostra a árvore resultante para S.

■ Exemplo 34.3

Suponha que a árvore na Figura 34.2 é usada para apreçar uma opção de venda americana de 3 anos sobre o preço à vista da commodity com preço de exercício de 20 quando a taxa de juros (com capitalização contínua) é 3% ao ano. Analisando retroativamente a árvore da maneira tradicional, obtemos a Figura 34.3, mostrando que o valor da opção é $1,48. A opção é exercida antecipadamente nos nós D, H e I. Para obter um valor mais preciso, seria utilizada uma árvore com mais passos no tempo. Os preços futuros seriam interpolados para obter os preços futuros para vencimentos correspondentes ao final de cada passo no tempo dessa árvore mais detalhada. ■

Interpolação e sazonalidade

Quando é utilizado um grande número de passos no tempo, é necessário interpolar entre preços futuros para obter um preço futuro ao final de cada passo. Quando há sazonalidade, o procedimento de interpolação deve refletir isso. Suponha que há passos mensais. Uma maneira simples de incorporar a sazonalidade é coletar mensalmente dados históricos sobre o preço à vista e calcular a média móvel de 12 meses do preço. Assim, é possível estimar um *fator sazonal percentual* como a média da

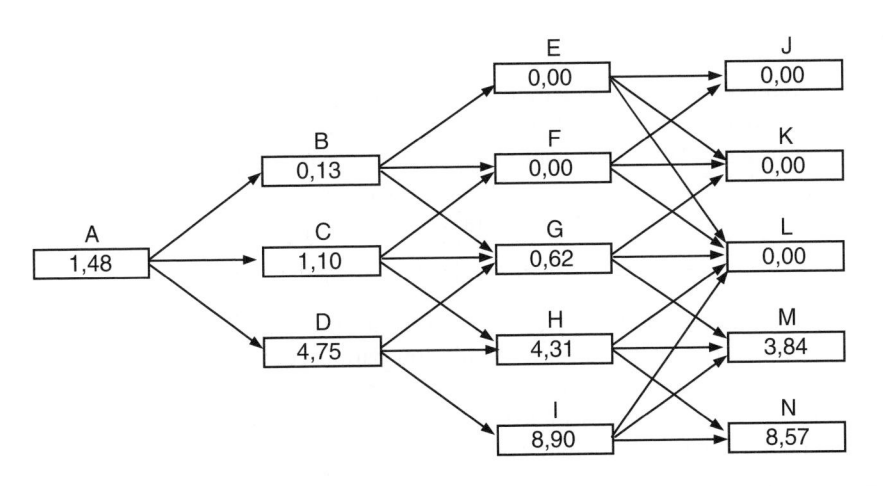

CAPÍTULO 34 ■ Derivativos de energia e de commodities

```
              E ──→ J
         B ↗  0,00    0,00
         0,13  F ──→ K
    A ↗        0,00   0,00
    1,48 → C → G ──→ L
         1,10  0,62   0,00
         D ↘  H ──→ M
         4,75 4,31   3,84
              I ──→ N
              8,90   8,57
```

Nó:	A	B	C	D	E	F	G	H	I
p_u:	0,1667	0,1217	0,1667	0,2217	0,8867	0,1217	0,1667	0,2217	0,0867
p_m:	0,6666	0,6566	0,6666	0,6566	0,0266	0,6566	0,6666	0,6566	0,0266
p_d:	0,1667	0,2217	0,1667	0,1217	0,0867	0,2217	0,1667	0,1217	0,8867

FIGURA 34.3 Avaliação de uma opção de venda americana com preço de exercício de $20 usando a árvore na Figura 34.2.

razão entre o preço à vista para o mês e a média móvel de 12 meses dos preços à vista centrados (aproximadamente) no mês.

Os fatores sazonais percentuais são então utilizados para dessazonalizar os preços futuros conhecidos. Os futuros dessazonalizados mensais são então calculados por meio de interpolação e a árvore é construída. Suponha, por exemplo, que os preços futuros são observados no mercado para setembro e dezembro como 40 e 44, respectivamente, e desejamos calcular preços futuros para outubro e novembro. Suponha também que os fatores de sazonalidade percentual para setembro, outubro, novembro e dezembro são calculados a partir dos dados históricos como 0,95, 0,85, 0,8 e 1,1, respectivamente. Os preços futuros dessazonalizados são 40/0,95 = 42,1 para setembro e 44/1,1 = 40 para dezembro. Os preços futuros dessazonalizados interpolados são 41,4 e 40,7 para outubro e novembro, respectivamente. Os preços futuros sazonalizados que seriam usados na construção da árvore para outubro e novembro são 41,4 × 0,85 = 35,2 e 40,7 × 0,8 = 32,6, respectivamente.

Como foi mencionado, a volatilidade de um commodity pode demonstrar sazonalidade. Por exemplo, os preços de alguns commodities agrícolas são mais voláteis durante a temporada de cultivo devido às incertezas climáticas. A volatilidade pode ser monitorada usando os métodos discutidos no Capítulo 23 e é possível estimar um fator sazonal percentual para a volatilidade. O parâmetro σ pode então ser substituído por $\sigma(t)$ nas equações (34.2) e (34.3). Um procedimento que pode ser usado para construir uma árvore trinomial para a situação na qual a volatilidade é uma função do tempo é discutido nas Notas Técnicas 9 e 16 em www.rotman.utoronto.ca/~hull/TechnicalNotes.

Saltos

Alguns commodities, como a eletricidade e o gás natural, apresentam saltos de preço devido a choques de demanda relacionados com o clima. Outros commodities, especialmente os agrícolas, podem apresentar saltos de preço devido a choques de oferta relacionados com o clima. Os saltos podem ser incorporados à equação (34.2) de modo que o processo para o preço à vista se torna:

$$d \ln S = [\theta(t) - a \ln S] dt + \sigma\, dz + dp$$

onde dp é o processo de Poisson que gera os saltos percentuais. Isso é semelhante ao modelo misto de salto–difusão de Merton para preços de ações, descrito na Seção 27.1. Depois que a distribuição de probabilidade do tamanho dos saltos e frequência dos saltos foram escolhidas, podemos calcular o aumento médio do preço do commodity em uma data futura t que é resultado dos saltos. Para determinar $\theta(t)$, o método da árvore trinomial pode ser usado com os preços futuros para o vencimento t reduzidos por esse aumento. A simulação de Monte Carlo pode ser utilizada para implementar o modelo, como explicado nas Seções 21.6 e 27.1.

Outros modelos

Também se utilizam modelos mais sofisticados para preços de petróleo. Se y é o rendimento de conveniência, então a deriva proporcional do preço à vista é $r - y$, onde r é a taxa de juros livre de risco de curto prazo e um processo natural a ser pressuposto para o preço à vista é:

$$\frac{dS}{S} = (r - y) dt + \sigma_1\, dz_1$$

Gibson e Schwartz sugerem que o rendimento de conveniência y deve ser modelado como um processo com reversão à média:[2]

$$dy = k(\alpha - y)dt + \sigma_2\, dz_2$$

onde k e α são constantes e dz_2 é um processo de Wiener, que é correlacionado com o processo de Wiener dz_1. Para oferecer um ajuste exato aos preços futuros, podemos tornar α uma função do tempo.

Eydeland e Geman propõem uma volatilidade estocástica para preços de gás e eletricidade.[3] Ela é:

$$\frac{dS}{S} = a(b - \ln S) dt + \sqrt{V}\, dz_1$$

$$dV = c(d - V)dt + e\sqrt{V}\, dz_2$$

---

[2] Ver R. Gibson and E. S. Schwartz, "Stochastic Convenience Yield and the Pricing of Oil Contingent Claims," *Journal of Finance*, 45 (1990): 959–76.

[3] A. Eydeland and H. Geman, "Pricing Power Derivatives," *Risk*, September 1998.

onde a, b, c, d e e são constantes e dz_1 e dz_2 são processos de Wiener correlacionados. Posteriormente, Geman propôs um modelo para o petróleo no qual o nível de reversão b também é estocástico.[4]

34.5 DERIVATIVOS DE CLIMA

Muitas empresas estão posicionadas de modo que seu desempenho pode ser afetado adversamente pelo clima.[5] Para essas empresas, faz sentido considerar o hedge de seu risco climático da mesma maneira que hedgeiam riscos cambiais ou de taxas de juros.

Os primeiros derivativos de clima de balcão foram introduzidos em 1997. Para entender como eles funcionam, vamos explicar duas variáveis:

HDD: Graus-dia de aquecimento
CDD: Graus-dia de resfriamento

O HDD de um dia é definido como:

$$HDD = \max(0, 65 - A)$$

e o CDD de um dia é definido como:

$$CDD = \max(0, A - 65)$$

onde A é a média da maior e da menor temperatura durante o dia em uma estação meteorológica especificada, medida em graus Fahrenheit. Por exemplo, se a temperatura máxima durante um dia (de meia-noite a meia-noite) é 68 Fahrenheit e a mínima é 44 Fahrenheit, $A = 56$. O HDD diário é então 9 e o CDD diário é 0.

Um produto de balcão típico é um contrato a termo ou de opção que oferece um resultado dependente do HDD ou CDD acumulado durante um mês. Por exemplo, um corretor de derivativos poderia, em janeiro de 2014, vender a um cliente uma opção de compra sobre o HDD acumulado durante fevereiro de 2015 na estação meteorológica do Chicago O'Hare Airport com preço de exercício de 700 e taxa de pagamento de $10.000 por grau-dia. Se o HDD acumulado real for 820, o resultado é $1,2 milhões. Muitas vezes, os contratos incluem um limite de pagamento. Se o limite em nosso exemplo é de $1,5 milhões, o contrato é equivalente a um spread de alta (ver Capítulo 12). O cliente tem uma opção de compra comprada sobre o HDD acumulado com preço de exercício de 700 e uma opção de compra vendida com preço de exercício de 850.

O HDD de um dia é uma medida do volume de energia necessário para aquecimento naquele dia. O CDD de um dia é uma medida do volume de energia necessário para resfriamento durante o dia. A maioria dos contratos derivativos de clima são firmados entre produtores de energia e consumidores de energia. Mas lojistas, redes de supermercado, fabricantes de alimentos e bebidas, empresas de serviços

---

[4] H. Geman, "Scarcity and Price Volatility in Oil Markets," EDF Trading Technical Report, 2000.

[5] O Departamento de Energia dos EUA estima que um sétimo da economia americana está sujeita a riscos climáticos.

de saúde, empresas agrícolas e empresas do setor de lazer também são usuários em potencial dos derivativos de clima. A Weather Risk Management Association (www.wrma.org) foi formada para atuar em prol dos interesses do setor de gestão de riscos de clima.

Em setembro de 1999, a Chicago Mercantile Exchange (CME) começou a negociar futuros de clima e opções europeias sobre futuros de clima. Os contratos são sobre HDD e CDD acumulados para um mês, observados em uma estação meteorológica. Os contratos são liquidados financeiramente ao final do mês depois que o HDD e o CDD são conhecidos. Um contrato futuro é sobre $20 vezes o HDD ou CDD acumulado para o mês. A CME também oferece futuros e opções de clima para diversas cidades ao redor do mundo, além de futuros e opções sobre furacões, geadas e precipitação neve.

34.6 DERIVATIVOS DE SEGURO

Quando são utilizados para fins de hedge, os contratos derivativos têm muitas das mesmas características que os contratos de seguro. Ambos os tipos de contrato são estruturados de forma a oferecer proteção contra eventos adversos. Não surpreende que muitas seguradoras possuem subsidiárias que negociam derivativos e que muitas das atividades das seguradoras estão se tornando bastante semelhantes às dos bancos de investimento.

Tradicionalmente, o setor de seguros hedgeia sua exposição a riscos catastróficos (CAT), como furacões e terremotos, usando uma prática conhecida pelo nome de resseguro. Os contratos de resseguro podem assumir diversas formas. Suponha que uma seguradora tem uma exposição de $100 milhões a terremotos na Califórnia e deseja limitá-la a $30 milhões. Uma alternativa seria firmar contratos de resseguro anuais que cubram, proporcionalmente, 70% de sua exposição. Se um terremoto californiano naquele ano específico soma prejuízo de $50 milhões, os custos da empresa seriam então de apenas $15 milhões. Outra alternativa, mais popular, envolvendo prêmios de resseguro menores, seria comprar uma série de contratos de resseguro que abrangem as chamadas *camadas de custo em excesso*. A primeira camada poderia oferecer indenização para perdas entre $30 e $40 milhões; a camada seguinte cobriria perdas entre $40 e $50 milhões; e assim por diante. Cada contrato de resseguro é chamado de contrato *excess-of-loss* ("excedente da perda"). A resseguradora lançou um spread de alta sobre as perdas totais. Ela tem posição comprada em uma opção de compra com preço de exercício igual ao extremo inferior da camada e vendida em uma opção de compra com preço de exercício igual ao extremo superior da camada.[6]

Alguns pagamentos sobre riscos CAT foram altíssimos. O Furacão Andrew, em 1992, causou cerca de $15 bilhões em custos de seguro na Flórida, excedendo os prêmios de seguro relevantes recebidos na Flórida durante os sete anos anteriores. Se o Furacão Andrew tivesse atingido Miami, estima-se que as perdas seguradas teriam

---

[6] O resseguro também é oferecido na forma de um pagamento à vista caso um determinado nível de perda seja alcançado. Nesse caso, o ressegurador está lançando uma opção de compra binária caixa ou nada sobre as perdas.

ultrapassado $40 bilhões. O Furacão Andrew e outras catástrofes levaram a aumentos nos prêmios de seguro/resseguro.

O mercado de balcão desenvolveu diversos produtos que funcionam como alternativas ao resseguro tradicional. A mais popular é o título CAT, um título emitido por uma subsidiária de uma seguradora que paga uma taxas de juros acima do normal. Em troca dos juros adicionais, o titular do título concorda em fornecer um contrato de resseguro de *excess-of-loss*. Dependendo dos termos do título CAT< os juros ou principal (ou ambos) podem ser usados para atender as indenizações. No exemplo considerado acima, no qual a seguradora deseja se proteger para perdas decorrentes de um terremoto californiano entre $30 e $40 milhões, a seguradora emitiria título CAT com principal total de $10 milhões. Caso as perdas da seguradora com o terremoto na Califórnia ultrapassassem $30 milhões, os titulares do título perderiam parte ou todo o seu principal. Outra opção para a seguradora cobrir essa camada de custo em excesso seria emitir um título muito maior, mas no qual apenas os juros dos titulares estariam em risco.

34.7 APREÇAMENTO DE DERIVATIVOS DE CLIMA E DE SEGURO

Uma característica marcante dos derivativos de clima e de seguro é que eles não têm risco sistemático (ou seja, o risco que é apreçado pelo mercado) em seus resultados. Isso significa que podemos pressupor que as estimativas obtidas usando dados históricos (estimativas do mundo real) também se aplicam ao mundo *risk-neutral*. Logo, os derivativos de clima e de seguro podem ser apreçados por:

1. Usar dados históricos para estimar o resultado esperado
2. Descontar o resultado esperado pela taxa de juros livre de risco.

Outra característica fundamental dos derivativos de clima e de seguro é o modo como a incerteza sobre as variáveis subjacentes cresce com o tempo. Para um preço de ação, a incerteza cresce aproximadamente com a raiz quadrada do tempo. Nossa incerteza sobre um preço de ação em 4 anos (medida pelo desvio padrão do logaritmo do preço) é aproximadamente o dobro em 1 ano. Para um preço de commodity, a reversão à média se manifesta, mas nossa incerteza sobre um preço de commodity em 4 anos ainda é consideravelmente maior do que nossa incerteza em 1 ano. Para o clima, o crescimento da incerteza com o tempo é muito menos pronunciada. Nossa incerteza sobre o HDD de fevereiro em um determinado local em 4 anos geralmente é apenas um pouco maior do que nossa incerteza sobre o HDD de fevereiro no mesmo local em 1 ano. Da mesma forma, nossa incerteza sobre perdas com terremotos para um período com início em 4 anos geralmente é apenas um pouco maior do que nossa incerteza sobre perdas com terremotos para um período semelhante com início em 1 ano.

Considere a avaliação de uma opção sobre o HDD acumulado. Poderíamos coletar 50 anos de dados históricos e estimar uma distribuição de probabilidade para o HDD. Esta poderia ser ajustada a uma distribuição lognormal ou outra distribuição de probabilidade para então calcularmos o resultado esperado sobre a opção. Este então seria descontado à taxa de juros livre de risco para obtermos o valor da opção. A análise poderia ser refinada por uma investigação das tendências nos dados históricos e a incorporação de previsões produzidas por meteorologistas.

■ Exemplo 34.4

Considere uma opção de compra sobre os HDD acumulados em fevereiro de 2016, medidos na estação metereológica do Chicago O'Hare Airport, com preço de exercício de 700 e taxa de pagamento de $10.000 por grau-dia. Suponha que o HDD é estimado a partir de 50 anos de dados históricos como tendo distribuição lognormal com o HDD médio igual a 710 e o desvio padrão do logaritmo natural do HDD igual a 0,07. Da equação (15A.1), o resultado esperado é:

$$10.000 \times [710 N(d_1) - 700 N(d_2)]$$

onde:

$$d_1 = \frac{\ln(710/700) + 0,07^2/2}{0,07} = 0,2376$$

$$d_2 = \frac{\ln(710/700) - 0,07^2/2}{0,07} = 0,1676$$

ou $250.900. Se a taxa de juros livre de risco é 3% e a opção está sendo avaliada em fevereiro de 2015 (um ano antes do vencimento), o valor da opção é:

$$250.900 \times e^{-0,03 \times 1} = 243.400$$

ou $243.400.

Podemos querer ajustar a média da distribuição de probabilidade de HDD para tendências de temperatura. Suponha que uma regressão linear mostra que o HDD acumulado para fevereiro está diminuindo a uma taxa de 0,5 por ano (talvez devido ao aquecimento global), de modo que a estimativa do HDD médio em fevereiro de 2016 é de apenas 697.[7] Mantendo a estimativa do desvio padrão do logaritmo natural do resultado igual reduz o valor do resultado esperado para $180.400 e o valor da opção para $175.100.

Finalmente, suponha que os meteorologistas que preparam previsões de longo prazo consideram provável que fevereiro de 2016 será particularmente ameno. A estimativa do HDD esperado seria então reduzida ainda mais, tornando a opção menos valiosa. ■

Na área de seguros, Litzenberger *et al.* demonstraram que não há (como seria de esperar) uma correlação estatisticamente significativa entre os retornos de títulos CAT e os retornos da bolsa de valores.[8] Isso confirma que não há risco sistemático e que as avaliações podem se basear nos dados atuariais coletados pelas seguradoras.

Os títulos CAT normalmente dão uma alta probabilidade de uma taxa de juros acima do normal e baixa probabilidade de uma grande perda. Por que os investidores se interessariam por esses instrumentos? A resposta é que o retorno esperado (levando em conta as perdas possíveis) é maior do que o retorno que pode ser obtido com investimentos livres de risco. Contudo, o risco nos títulos CAT pode (pelo menos na

---

[7] A média diminuiu em 0,5 por ano durante os últimos 50 anos e foi de 710 no período. Isso sugere que a média era cerca de 722,5 no início dos 50 anos e 697,5 ao final dos 50 anos. Uma estimativa razoável para o próximo ano é de 697.

[8] R. H. Litzenberger, D. R. Beaglehole, and C. E. Reynolds, "Assessing Catastrophe Reinsurance-Linked Securities as a New Asset Class," *Journal of Portfolio Management*, Winter 1996: 76–86.

teoria) ser eliminado totalmente pela diversificação de um portfólio de grande porte. Logo, os títulos CAT têm o potencial de melhorar a relação entre risco e retorno.

34.8 COMO UM PRODUTOR DE ENERGIA PODE HEDGEAR RISCOS

Os riscos enfrentados pelo produtor de energia tem dois componentes. O primeiro é o risco associado com o preço de mercado da energia (o risco de preço); o outro é o risco associado com a quantidade de energia que será comprada (o risco de volume). Apesar dos preços se ajustarem para refletir os volumes, há uma relação menos do que perfeita entre os dois e os produtores precisam levar ambos em conta quando desenvolvem uma estratégia de hedge. O risco de preço pode ser hedgeado usando contratos derivativos de energia. Os riscos de volume podem ser hedgeados usando os derivativos de clima. Defina:

Y: Lucro de um mês

P: Preços de energia médios do mês

T: Variável de temperatura relevante (HDD ou CDD) do mês.

Um produtor de energia pode usar dados históricos para obter uma regressão linear de melhor ajuste da forma:

$$Y = a + bP + cT + \epsilon$$

onde ϵ é o termo de erro. O produtor de energia pode então hedgear os riscos do mês assumindo uma posição de $-b$ nos contratos a termo ou futuros de energia e uma posição de $-c$ nos contratos a termo ou futuros de clima. A relação também pode ser usada para analisar a eficácia de estratégias de opções alternativas.

RESUMO

Quando riscos precisam ser gerenciados, os mercados de derivativos demonstram ser bastante inovadores no desenvolvimento de produtos que atendem as necessidades do mercado.

Existem diversos tipos diferentes de derivativos de commodities. As subjacentes incluem produtos agrícolas cultivados, gado, metais e produtos de energia. Os modelos usados para avaliá-los geralmente incorporam a reversão à média. Ocasionalmente, a sazonalidade é modelada explicitamente e os saltos são incorporados. Os derivativos de energia com óleo, gás natural e eletricidade como subjacentes são especialmente importantes e foram objetos de modelos tão sofisticados quando os mais avançados para uso com preços de ações, taxas de câmbio e taxas de juros.

No mercado de derivativos de clima, foram desenvolvidas duas medidas, o HDD e o CDD, para descrever a temperatura durante um mês. As medidas são usadas para definir os resultados de derivativos negociados em bolsas e do mercado de balcão. À medida que o mercado de derivativos de clima se desenvolve, contratos sobre precipitação, neve e outras variáveis climáticas podem se tornar mais amplamente utilizados.

Os derivativos de seguro são uma alternativa ao resseguro tradicional para as seguradoras que precisam gerenciar o risco de um evento catastrófico, como um furacão ou um terremoto. Outras formas de seguro, como seguros de vida e de automóveis, poderão ser negociados de maneira semelhante no futuro.

Os derivativos de clima e de seguro têm uma propriedade especial: as variáveis subjacentes não possuem risco sistemático. Isso significa que os derivativos podem ser avaliados pela estimativa dos resultados esperados utilizando dados históricos e descontando o resultado esperado à taxa de juros livre de risco.

LEITURAS COMPLEMENTARES

Sobre derivativos de commodities

Clewlow, L., and C. Strickland. *Energy Derivatives: Pricing and Risk Management.* Lacima Group, 2000.

Edwards, D. W. *Energy, Trading, and Investing: Trading, Risk Management and Structuring Deals in the Energy Markets.* Maidenhead: McGraw-Hill, 2010.

Eydeland, A., and K. Wolyniec. *Energy and Power Risk Management.* Hoboken, NJ: Wiley, 2003.

Geman, H. *Commodities and Commodity Derivatives: Modeling and Pricing for Agriculturals, Metals, and Energy.* Chichester: Wiley, 2005.

Gibson, R., and E. S. Schwartz. "Stochastic Convenience Yield and the Pricing of Oil Contingent Claims," *Journal of Finance*, 45 (1990): 959–76.

Schofield, N. C. *Commodity Derivatives: Markets and Applications.* Chichester: Wiley, 2011.

Sobre derivativos de clima

Alexandridis, A. K., and A. D. Zapranis. *Weather Derivatives: Modeling and Pricing Weather Related Risk.* New York: Springer, 2013.

Cao, M., and J. Wei. "Weather Derivatives Valuation and the Market Price of Weather Risk," *Journal of Futures Markets*, 24, 11 (November 2004), 1065–89.

Sobre derivativos de seguro

Canter, M. S., J. B. Cole, and R. L. Sandor. "Insurance Derivatives: A New Asset Class for the Capital Markets and a New Hedge Tool for the Insurance Industry," *Journal of Applied Corporate Finance* (Autumn 1997): 69–83.

Froot, K. A. "The Market for Catastrophe Risk: A Clinical Examination," *Journal of Financial Economics*," 60 (2001): 529–71.

Litzenberger, R. H., D. R. Beaglehole, and C. E. Reynolds. "Assessing Catastrophe Reinsurance- Linked Securities as a New Asset Class," *Journal of Portfolio Management* (Winter 1996): 76–86.

Questões e problemas (respostas no manual de soluções)

34.1 O que significam os termos HDD e CDD?

34.2 Qual é a estrutura típica de um contrato a termo de gás natural?

34.3 Diferencie entre as abordagens de dados históricos e *risk-neutral* de avaliação de derivativos. Sob quais circunstâncias as duas dão a mesma resposta?

34.4 Suponha que em cada dia durante o mês de julho, a temperatura mínima é 68 Fahrenheit e a máxima é 82 Fahrenheit. Qual é o resultado de uma opção de compra sobre o

CDD acumulado durante julho com preço de exercício de 250 e taxa de pagamento de $5.000 por grau-dia?

34.5 Por que o preço da eletricidade é mais volátil do que o de outras fontes de energia?

34.6 Por que a abordagem de dados históricos é apropriada para o apreçamento de um contrato de derivativos de clima e de um título CAT?

34.7 "O HDD e o CDD podem ser considerados os resultados de opções sobre temperatura". Explique essa afirmação.

34.8 Suponha que você possui 50 anos de dados de temperatura a seu dispor. Explique cuidadosamente as análises que realizaria para avaliar um contrato a termo sobre o CDD acumulado para um determinado mês.

34.9 Você espera que a volatilidade do preço a termo de 1 ano do petróleo seja maior ou menor do que a volatilidade do preço spot? Explique sua resposta.

34.10 Quais são as características de uma fonte de energia cujo preço tem altíssima volatilidade e altíssimo nível de reversão à média? Dê um exemplo de uma fonte de energia como ela.

34.11 Como um produtor de energia poderia usar os mercados de derivativos para hedgear riscos?

34.12 Explique como funciona um contrato de opção 5 × 8 para maio de 2009 sobre eletricidade com exercício diário. Explique como funciona um contrato de opção 5 × 8 para maio de 2009 sobre eletricidade com exercício diário. Qual vale mais?

34.13 Explique como funcionam os títulos CAT.

34.14 Considere dois títulos que têm o mesmo cupom, tempo até o vencimento e preço. Um é um título corporativo de classificação B. O outro é um título CAT. Uma análise baseada em dados históricos mostra que as perdas esperadas sobre os dois títulos em cada ano de sua vida são iguais. Qual título você aconselharia um gerente de portfólio a comprar? Por quê?

34.15 Considere um commodity com volatilidade constante σ e uma taxa de crescimento esperada que é função exclusivamente do tempo. Mostre que, no mundo *risk-neutral* tradicional:

$$\ln S_T \sim \phi[(\ln F(T) - \tfrac{1}{2}\sigma^2 T, \ \sigma^2 T\,]$$

onde S_T é o valor do commodity no tempo T, $F(t)$ é o preço futuro no tempo 0 para um contrato com vencimento no tempo t e ϕ(m, v) é uma distribuição normal com média m e variância v.

Questões adicionais

34.16 As perdas de uma seguradora de um determinado tipo são uma aproximação razoável de normalmente distribuídas com média de $150 milhões e desvio padrão de $50 milhões. (Pressuponha que não há diferença entre as perdas em um mundo *risk-neutral* e perdas no mundo real.) A taxa de juros livre de risco de 1 ano é 5%. Estime o custo dos seguintes:
(a) Um contrato que pagará, em 1 ano, 60% das perdas da seguradora, rateados
(b) Um contrato que paga $100 milhões em 1 ano se as perdas excederem $200 milhões.

34.17 Como a árvore na Figura 34.2 é modificada se os preços futuros de 1 e 2 anos são $21 e $22 em vez de $22 e $23, respectivamente? Como isso afeta o valor da opção americana no Exemplo 34.3?

CAPÍTULO

35

Opções reais

Até aqui, nos preocupamos quase exclusivamente com a avaliação de ativos financeiros. Neste capítulo, exploramos como as ideias que desenvolvemos podem ser estendidas à avaliação de oportunidades de investimento de capital em ativos reais, como terrenos, edifícios, fábricas e equipamentos. Muitas vezes, há opções obtidas nessas oportunidades de investimento (a opção de expandir o investimento, de abandonar o investimento, de diferir o investimento e assim por diante). Essas opções são muito difíceis de avaliar usando as técnicas tradicionais de avaliação de investimentos de capital. A abordagem conhecida pelo nome de *opções reais* tenta lidar com esse problema usando a teoria do apreçamento de opções.

O capítulo começa explicando a abordagem tradicional para avaliação de investimentos em ativos reais e mostra a dificuldade de avaliar corretamente as opções embutidas quando essa abordagem é utilizada. A seguir, ele explica como a abordagem de avaliação *risk-neutral* pode ser estendida para lidar com a avaliação de ativos reais e apresenta diversos exemplos que ilustram a aplicação da abordagem a diferentes situações.

35.1 AVALIAÇÃO DE INVESTIMENTO DE CAPITAL

A abordagem tradicional para avaliar um possível projeto de investimento de capital é a do "valor presente líquido" (VPL). O VPL de um projeto é o valor presente de seus fluxos de caixa incrementais futuros esperados. A taxa de desconto usada para calcular o valor presente é uma taxa de desconto "ajustada para risco", escolhida para refletir o risco do projeto. Quanto maior o nível de risco do projeto, maior a taxa de desconto.

Por exemplo, considere um investimento que custa $100 milhões e durará 5 anos. Estima-se que o influxo de caixa esperado em cada ano (no mundo real) será de $25 milhões. Se a taxa de desconto ajustada para risco é 12% (com capitalização contínua), o valor presente líquido do investimento é (em milhões de dólares):

$$-100 + 25e^{-0,12 \times 1} + 25e^{-0,12 \times 2} + 25e^{-0,12 \times 3} + 25e^{-0,12 \times 4} + 25e^{-0,12 \times 5} = -11,53$$

Um VPL negativo, como aquele que acabamos de calcular, indica que o projeto reduzirá o valor da empresa para seus acionistas e não deve ser realizado. Um VPL positivo indicaria que o projeto deve ser realizado, pois aumentará o patrimônio dos acionistas.

A taxa de desconto ajustada deve ser o retorno exigido pela empresa, ou pelos acionistas da empresa, sobre o investimento. Este pode ser calculado de diversas maneiras. Uma abordagem, bastante recomendada, envolve o Modelo de Precificação de Ativos Financeiros (ver apêndice do Capítulo 3). Os passos são os seguintes:

1. Obter uma amostra das empresas cuja principal linha de negócios é a mesma do projeto sendo contemplado.
2. Calcular os betas das empresas e obter sua média para representar o beta do projeto.
3. Definir a taxa de retorno exigida como sendo igual à taxa de juros livre de risco mais o beta calculado vezes o retorno excedente do portfólio de mercado sobre a taxa de juros livre de risco.

Um dos problemas da abordagem de VPL tradicional é que muitos projetos contêm opções embutidas. Considere, por exemplo, uma empresa que está considerando a construção de uma fábrica para um novo produto. Muitas vezes, a empresa tem a opção de abandonar o projeto se o plano não der certo. Ela também pode ter a opção de expandir a fábrica se a demanda pelo produto for maior do que as expectativas. Essas opções em geral têm características de risco muito diferentes daquelas do projeto básico e precisam de taxas de desconto diferentes.

Para o entender o problema, voltemos ao exemplo no início do Capítulo 13. Ele envolvia uma ação cujo preço atual é $20. Em três meses, o preço será $22 ou $18. A avaliação *risk-neutral* mostra que o valor de uma opção de compra de três meses sobre a ação com um preço de exercício de 21 é 0,633. A nota de rodapé 1 do Capítulo 13 mostra que se o retorno esperado exigido pelos investidores da ação no mundo real é 16%, então o retorno esperado exigido sobre a opção de compra é 42,6%. Uma análise semelhante mostra que se a opção é de venda, não de compra, o retorno esperado exigido sobre a opção é −52,5%. Essas análises significam que se a abordagem de VPL tradicional fosse usada para avaliar a opção de compra, a taxa de desconto correta seria 42,6%, e se fosse usada para avaliar uma opção de venda, a taxa de desconto correta seria −52,5%. Não há jeito fácil de estimar essas taxas de desconto. (Nós somente a conhecemos porque podemos avaliar as opções de outra maneira.) Da mesma forma, não há um jeito fácil de estimar as taxas de desconto ajustadas para risco apropriadas para fluxos de caixa quando eles são decorrentes de opções de abandono, de expansão ou de outros tipos. Essa é a motivação para explorar se o princípio da avaliação *risk-neutral* pode ser aplicado a opções sobre ativos reais e não apenas opções sobre ativos financeiros.

Outro problema com a abordagem de VPL tradicional está na estimativa da taxa de desconto ajustada para risco apropriada para o projeto básico (ou seja, o projeto sem as opções embutidas). As empresas usadas para estimar um beta para o projeto no procedimento em três passos acima têm suas próprias opções de expansão e de abandono. Seus betas refletem essas opções e podem, assim, não ser apropriadas para estimar um beta para o projeto básico.

35.2 EXTENSÃO DO SISTEMA DE AVALIAÇÃO *RISK-NEUTRAL*

Na Seção 28.1, o preço de mercado do risco para uma variável θ foi definido como:

$$\lambda = \frac{\mu - r}{\sigma} \qquad (35.1)$$

onde r é a taxa de juros livre de risco, μ é o retorno sobre um título negociado dependente apenas de θ e σ é sua volatilidade. Como mostrado na Seção 28.1, o preço de mercado do risco, λ, não depende do título negociado específico escolhido.

Suponha que um ativo real depende de diversas variáveis θ_i ($i = 1, 2,...$). Defina m_i e s_i como a taxa de crescimento esperada e a volatilidade de θ_i de modo que:

$$d\theta_i/\theta_i = m_i\, dt + s_i\, dz_i$$

onde z_i é um processo de Wiener. Defina λ_i como o preço de mercado do risco de θ_i. A avaliação *risk-neutral* pode ser estendida para mostrar que qualquer ativo dependente de θ_i pode ser avaliado por:[1]

1. A redução da taxa de crescimento esperada de cada θ_i de m_i para $m_i - \lambda_i s_i$
2. O desconto de fluxos de caixa pela taxa de juros livre de risco.

■ *Exemplo 35.1*

O custo de alugar um imóvel comercial em uma determinada cidade é cotado como a quantia que seria paga por pé quadrado por ano em um novo contrato de aluguel de 5 anos. O custo atual é $30 por pé quadrado. A taxa de crescimento esperada do custo é 12% ao ano, a volatilidade do custo é 20% ao ano e seu preço de mercado do risco é 0,3. Uma empresa tem a oportunidade de pagar $1 milhão hoje pela opção de alugar 100.000 pés quadrados a $35 por pé quadrado por um período de 5 anos com início em 2 anos. A taxa de juros livre de risco é 5% ao ano (pressupõe-se que é constante). Defina V como o custo cotado por pé quadrado de espaço comercial em 2 anos. Pressuponha que o aluguel é pago anualmente e adiantado. O resultado da opção é:

$$100.000A \max(V - 35, 0)$$

onde A é um fator de anuidade dado por:

$$A = 1 + 1 \times e^{-0,05 \times 1} + 1 \times e^{-0,05 \times 2} + 1 \times e^{-0,05 \times 3} + 1 \times e^{-0,05 \times 4} = 4,5355$$

O resultado esperado em um mundo *risk-neutral* é, então:

$$100.000 \times 4,5355 \times \hat{E}[\max(V - 35, 0)] = 453.550 \times \hat{E}[\max(V - 35, 0)]$$

---

[1] Para ver que isso é consistente com a avaliação *risk-neutral* para um ativo de investimento, suponha que θ_i é o preço de uma ação que não paga dividendos. Como esse é o preço de um título negociável, a equação (35.1) implica que $(m_i - r)/s_i = \lambda_i$, ou $m_i - \lambda_i s_i = r$. Assim, o ajuste da taxa de crescimento esperada é o mesmo que determinar o retorno sobre a ação como sendo igual à taxa de juros livre de risco. Para uma prova do resultado mais geral, consulte a Nota Técnica 20 em: www.rotman.utoronto.ca/~hull/TechnicalNotes.

onde Ê denota expectativas em um mundo *risk-neutral*. Usando o resultado da equação (15A.1), este é:

$$453{,}550[\hat{E}(V)N(d_1) - 35N(d_2)]$$

onde:

$$d_1 = \frac{\ln[\hat{E}(V)/35] + 0{,}2^2 \times 2/2}{0{,}2\sqrt{2}} \quad \text{e} \quad d_2 = \frac{\ln[\hat{E}(V)/35] - 0{,}2^2 \times 2/2}{0{,}2\sqrt{2}}$$

A taxa de crescimento esperada no custo dos imóveis comerciais em um mundo *risk--neutral* é $m - \lambda s$, onde m é a taxa de crescimento do mundo real, s é a volatilidade e λ é o preço de mercado do risco. Nesse caso, $m = 0{,}12$, $s = 0{,}2$ e $\lambda = 0{,}3$, de modo que a taxa de crescimento *risk-neutral* esperada é 0,06, ou 6% ao ano. Logo, Ê $(V) = 30e^{0{,}06 \times 2} = 33{,}82$. Inserindo esse valor na expressão acima leva ao resultado esperado em um mundo *risk-neutral* de \$1,5015 milhões. Descontando pela taxa de juros livre de risco, o valor da opção é $1{,}5015e^{-0{,}05 \times 2} = \$1{,}3586$ milhões. Isso mostra que vale a pena pagar \$1 milhão pela opção. ∎

35.3 ESTIMANDO O PREÇO DE MERCADO DO RISCO

A abordagem de opções reais à avaliação de um investimento evita a necessidade de estimar taxas de desconto ajustadas para risco da maneira descrita na Seção 35.1, mas ainda exige parâmetros de preço de mercado do risco para todas as variáveis estocásticas. Quando estão disponíveis dados históricos para uma determinada variável, podemos estimar seu preço de mercado do risco usando o Modelo de Precificação de Ativos Financeiros. Para mostrar como isso é feito, vamos considerar um ativo de investimento que depende exclusivamente da variável e definir:

μ: Retorno esperado do ativo de investimento

σ: Volatilidade do retorno do ativo de investimento

λ: Preço de mercado do risco da variável

ρ: Correlação instantânea entre as mudanças percentuais na variável e retornos sobre um índice amplo de preços do mercado de ações

μ_m: Retorno esperado sobre o índice amplo de preços do mercado de ações

σ_m: Volatilidade do retorno sobre o índice amplo de preços do mercado de ações

r: Taxa de juros livre de risco de curto prazo

Como o ativo de investimento depende exclusivamente da variável de mercado, a correlação instantânea entre seu retorno e o índice amplo de preços do mercado de ações também é ρ. De uma versão de tempo contínuo do Modelo de Precificação de Ativos Financeiros, apresentada no apêndice do Capítulo 3:[2]

---

[2] Quando realizamos uma regressão o retorno excedente sobre o ativo contra o excedente sobre o índice de mercado, a inclinação da regressão, beta, é $\rho\sigma/\sigma_m$.

$$\mu - r = \frac{\rho\sigma}{\sigma_m}(\mu_m - r)$$

Da equação (35.1), outra expressão para $\mu - r$ é:

$$\mu - r = \lambda\sigma$$

Logo:

$$\lambda = \frac{\rho}{\sigma_m}(\mu_m - r) \tag{35.2}$$

Essa equação pode ser usada para estimar λ.

■ Exemplo 35.2

Uma análise histórica das vendas da empresa, trimestre a trimestre, mostra que as mudanças percentuais nas vendas têm correlação de 0,3 com os retornos sobre o índice S&P 500. A volatilidade do S&P 500 é 20% ao ano e, com base nos dados históricos, o retorno excedente esperado do S&P 500 em relação à taxa de juros livre de risco é 5%. A equação (35.2) estima o preço de mercado do risco para as vendas da empresa como:

$$\frac{0{,}3}{0{,}2} \times 0{,}05 = 0{,}075$$

■

Quando não há dados históricos para a variável específica em consideração, outras variáveis semelhantes podem ser usadas como indicadores em alguns casos. Por exemplo, se a construção de uma fábrica para montar um novo produto está sendo considerada, podemos coletar dados sobre as vendas de outros produtos semelhantes. Assim, podemos pressupor que a correlação do novo produto com o índice de mercado é igual às desses outros produtos. Em alguns casos, a estimativa de ρ na equação (35.2) precisa se basear em avaliações subjetivas. Se um analista está convencido de que uma determinada variável não está relacionada com o desempenho de um índice de mercado, seu preço de mercado do zero deve ser definido como zero.

Para algumas variáveis, não é necessário estimar o preço de mercado do risco, pois o processo seguido por uma variável em um mundo *risk-neutral* pode ser estimado diretamente. Por exemplo, se a variável é o preço de um ativo de investimento, seu retorno total em um mundo *risk-neutral* é a taxa de juros livre de risco. Se a variável é a taxa de juros de curto prazo r, o Capítulo 31 mostra como estimar um processo *risk-neutral* a partir da estrutura a termo inicial das taxas de juros.

Para commodities, os preços futuros podem ser usados para estimar o processo *risk-neutral*, como discutido no Capítulo 34. O Exemplo 34.2 mostra uma aplicação simples da abordagem de opções reais, usando preços futuros para avaliar um investimento que envolve atividades de pecuária.

35.4 APLICAÇÃO À AVALIAÇÃO DE UM NEGÓCIO

Os métodos tradicionais de avaliação de negócios, como aplicar um multiplicador de preço/lucro aos rendimentos atuais, não funciona bem para novos negócios. Em geral, os rendimentos da empresa são negativos durante seus primeiros anos, enquanto ela tenta conquistar participação de mercado e estabelecer relacionamentos com os clientes. A empresa deve ser avaliada pela estimativa dos rendimentos futuros e de seus fluxos de caixa sob diferentes cenários.

A abordagem de opções reais pode ser útil nessa situação. Desenvolve-se um modelo que relaciona os fluxos de caixa futuros da empresa a variáveis como as taxas de crescimento das vendas, custos variáveis como porcentagem das vendas, custos fixos e assim por diante. Para variáveis cruciais, estima-se um processo estocástico *risk-neutral*, como descrito nas duas seções anteriores. A seguir, realiza-se uma simulação de Monte Carlo para gerar cenários alternativos para os fluxos de caixa líquidos por ano em um mundo *risk-neutral*. É provável que sob alguns desses cenários, a empresa se saia muito bem, enquanto em outros ela vai à falência e encerra suas operações. (A simulação deve ter uma regra embutida para determinar quando a falência acontece.) O valor da empresa é o valor presente do fluxo de caixa esperado em cada ano usando a taxa de juros livre de risco para fins de desconto. A História de Negócios 35.1 oferece um exemplo da aplicação dessa abordagem à Amazon.com.

35.5 AVALIAÇÃO DE OPÇÕES EM UMA OPORTUNIDADE DE INVESTIMENTO

Como já foi mencionado, a maioria dos projetos de investimento envolve opções. Essas opções podem agregar bastante valor para o projeto, mas muitas vezes são ignoradas ou avaliadas incorretamente. Os exemplos de opções embutidas em projetos incluem:

1. *Opções de abandono*. É uma opção de vender ou encerrar um projeto. É uma opção de venda americana sobre o valor do projeto. O preço e exercício da opção é o valor de liquidação (ou revenda) do projeto, menos quaisquer custos de encerramento. Quando o valor de liquidação é baixo, o preço de exercício pode ser negativo. As opções de abandono atenuam o impacto de péssimos resultados de investimento e aumentam a avaliação inicial de um projeto.

2. *Opções de expansão*. É uma opção de fazer investimentos adicionais e aumentar a produção caso as condições sejam favoráveis. É uma opção de compra americana sobre o valor da capacidade adicional. O preço de exercício da opção de compra é o custo de criar essa capacidade adicional, descontado pelo tempo do exercício da opção. O preço de exercício muitas vezes depende do investimento inicial. Se a gerência escolhe desde o início construir uma capacidade além do nível esperado de produção, o preço de exercício poe ser relativamente pequeno.

3. *Opções de contração*. É uma opção de reduzir a escala das operações de um projeto. É uma opção de venda americana sobre o valor da capacidade perdida. O preço de exercício é o valor presente das despesas futuras poupadas como consideradas no tempo de exercício da opção.

4. *Opções de diferir*. Uma das opções mais importantes para os gestores é a opção de diferir um projeto. É uma opção de compra americana sobre o valor do projeto.

> **História de Negócios 35.1** Avaliando a Amazon.com
>
> Uma das primeiras tentativas publicadas de avaliar uma empresa usando a abordagem de opções reais foi a de Schwartz e Moon (2000), que consideraram a Amazon.com no final de 1999. Eles pressupuseram os seguintes processos estocásticos para a receita de vendas R da empresa e sua taxa de crescimento das receitas μ:
>
> $$\frac{dR}{R} = \mu\, dt + \sigma(t)\, dz_1$$
>
> $$d\mu = \kappa(\bar{\mu} - \mu)\, dt + \eta(t)\, dz_2$$
>
> Eles pressupuseram que os dois processos de Wiener dz_1 e dz_2 não eram correlacionados e fizeram pressupostos razoáveis sobre $\sigma(t)$, $\eta(t)$, κ e $\bar{\mu}$ com base nos dados disponíveis.
>
> Eles pressupuseram que o custo dos bens vendidos seria 75% das vendas, outras despesas variáveis seriam 19% das vendas e as despesas fixas seriam de $75 milhões por trimestre. O nível de vendas inicial era $356 milhões, a dedução dos prejuízos do exercício nos exercícios subsequentes era $559 milhões e a alíquota fiscal pressuposta era de 35%. O preço de mercado do risco para R foi estimado a partir de dados históricos usando a abordagem descrita na seção anterior. O preço de mercado do risco para μ foi pressuposto como sendo igual a zero.
>
> O horizonte temporal para a análise foi de 25 anos e o valor final da empresa pressuposto foi de dez vezes o lucro operacional antes dos impostos. A posição em dinheiro inicial era de $906 milhões e se pressupôs que a empresa iria à falência caso o saldo de caixa se tornasse negativo.
>
> Foram gerados cenários futuros diferentes em um mundo *risk-neutral* usando simulações de Monte Carlo. A avaliação dos cenários envolveu levar em conta o possível exercício de títulos conversíveis e o possível exercício das opções sobre ações para funcionários. O valor da empresa para os acionistas foi calculado como o valor presente dos fluxos de caixa líquidos descontados à taxa de juros livre de risco.
>
> Usando esses pressupostos, Schwartz e Moon ofereceram uma estimativa do valor das ações da Amazon.com ao final de 1999 como sendo igual a $12,42. O preço de mercado na época era $76,125 (mas este caiu rapidamente em 2000). Uma das principais vantagens da abordagem de opções reais é que ela identifica os principais pressupostos. Schwartz e Moon descobriram que o valor estimado das ações era bastante sensível a $\eta(t)$, a volatilidade da taxa de crescimento. Essa era uma fonte importante de opcionalidade. Um pequeno aumento em $\eta(t)$ leva a mais opcionalidade e a um grande aumento no valor das ações da Amazon.com.

5. *Opções de estender a vida.* Às vezes, é possível estender a vida de um ativo pagando uma quantia fixa. É uma opção de compra americana sobre o valor futuro do ativo.

Ilustração

Como exemplo da avaliação de um investimento com opções embutidas, considere uma empresa que precisa decidir se irá ou não investir $15 milhões para extrair 6 milhões de unidades de um commodity de uma determinada fonte à taxa de 2 milhões de unidades ao ano durante 3 anos. Os custos fixos de operar os equipamentos são de $6 milhões ao ano e os custos variáveis são de $17 por unidade extraída do commodity. Pressupomos que a taxa de juros livre de risco é 10% ao ano para todos os vencimentos, que o preço à vista da commodity é $20 e que os preços futuros de 1, 2 e 3 anos são $22, $23 e $24, respectivamente.

Avaliação sem opções embutidas

Primeiro, considere o caso do projeto não ter opções embutidas. Os preços esperados do commodity em 1, 2 e 3 anos em um mundo *risk-neutral* são $22, $23 e $24, respectivamente. Podemos calcular o resultado esperado do projeto (em milhões de dólares) em um mundo *risk-neutral* a partir dos dados de custos como 4,0, 6,0 e 8,0 nos anos 1, 2 e 3, respectivamente. O valor do projeto é, assim:

$$-15{,}0 + 4{,}0e^{-0{,}1 \times 1} + 6{,}0e^{-0{,}1 \times 2} + 8{,}0e^{-0{,}1 \times 3} = -0{,}54$$

Essa análise indica que o projeto não deve ser realizado, pois reduzirá o patrimônio dos acionistas em 0,54 milhões.

Uso de uma árvore

Agora vamos pressupor que o preço à vista da commodity segue o processo:

$$d \ln S = [\theta(t) - a \ln S] dt + \sigma \, dz \qquad (35.3)$$

onde $a = 0{,}1$ e $\sigma = 0{,}2$. Na Seção 34.4, mostramos como é possível construir uma árvore para preços de commodities usando o mesmo exemplo considerado aqui. A árvore se encontra na Figura 35.1 (que é a mesma que a Figura 34.2). O processo representado pela árvore é consistente com o processo pressuposto para S, os valores pressupostos de a e σ e os preços futuros de 1, 2 e 3 anos pressupostos.

Não precisamos usar uma árvore para avaliar o projeto quando há opções embutidas. (Já mostramos que o valor básico do projeto sem opções é $-0{,}54$.) Contudo, antes de passarmos à consideração das opções, será instrutivo, além de útil para cálculos futuros, usar a árvore para avaliar o projeto na ausência de opções embutidas e confirmar que obtemos a mesma resposta encontrada anteriormente. A Figura 35.2 mostra o valor do projeto em cada nó da Figura 35.1. Considere, por exemplo, o nó H. Há uma probabilidade de 0,2217 do preço do commodity ao final do terceiro ano ser 22,85, de modo que o lucro do terceiro ano é $2 \times 22{,}85 - 2 \times 17 - 6 = 5{,}70$. Da mesma forma, há uma probabilidade de 0,6566 de que o preço do commodity ao final do terceiro ano seja 16,16, de forma que o lucro é $-7{,}68$, e uma probabilidade de 0,1217 de que o preço do commodity ao final do terceiro ano seja 11,43, de modo que o lucro é $-17{,}14$. O valor do projeto no nó H na Figura 35.2 é, assim:

$$[0{,}2217 \times 5{,}70 + 0{,}6566 \times (-7{,}68) + 0{,}1217 \times (-17{,}14)]e^{-0{,}1 \times 1} = -5{,}31$$

Para mais um exemplo, considere o nó C. Há 0,1667 de chance de avançar para o nó F, no qual o preço do commodity é 31,37. O fluxo de caixa do segundo ano é, então:

$$2 \times 31{,}37 - 2 \times 17 - 6 = 22{,}74$$

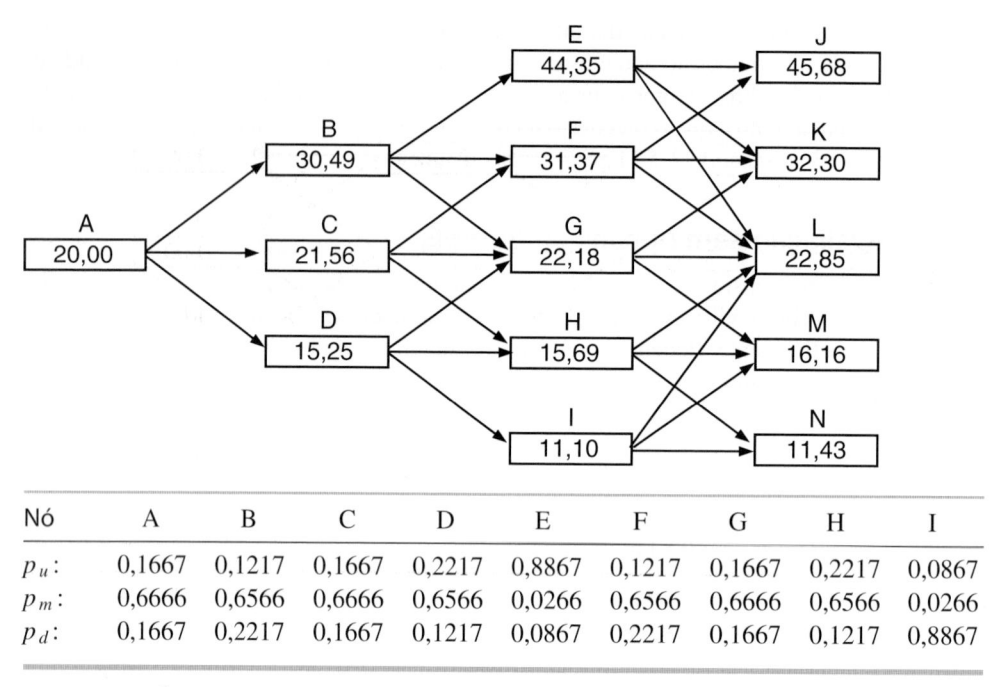

```
                    E              J
                  44,35          45,68
            B            F              K
          30,49        31,37          32,30
   A        C            G              L
 20,00    21,56        22,18          22,85
            D            H              M
          15,25        15,69          16,16
                         I              N
                       11,10          11,43
```

Nó	A	B	C	D	E	F	G	H	I
p_u:	0,1667	0,1217	0,1667	0,2217	0,8867	0,1217	0,1667	0,2217	0,0867
p_m:	0,6666	0,6566	0,6666	0,6566	0,0266	0,6566	0,6666	0,6566	0,0266
p_d:	0,1667	0,2217	0,1667	0,1217	0,0867	0,2217	0,1667	0,1217	0,8867

FIGURA 35.1 Árvore para o preço à vista de uma commodity: p_u, p_m e p_d são as probabilidades de movimentos "positivos", "neutros" e "negativos" de um nó para o outro.

O valor de fluxos de caixa subsequentes no nó F é 21,42. O valor total do projeto se passamos para o nó F é, assim, 21,42 + 22,74 = 44,16. Da mesma forma, o valor total do projeto se passamos para os nós G e H são 10,35 e −13,93, respectivamente. O valor do projeto no nó C é, então:

$$[0{,}1667 \times 44{,}16 + 0{,}6666 \times 10{,}35 + 0{,}1667 \times (-13{,}93)]e^{-0{,}1 \times 1} = 10{,}80$$

A Figura 35.2 mostra que o valor do projeto no nó inicial A é 14,46. Quando o investimento inicial é levado em contato, o valor do projeto passa, assim, para −0,54, o que está de acordo com nossos cálculos anteriores.

Opção de abandono

Agora suponha que a empresa tem a opção de abandonar o projeto a qualquer momento. Vamos supor que não há valor de recuperação e que não serão necessários pagamentos subsequentes depois que o projeto for abandonado. O abandono é uma opção de venda americana com preço de exercício zero e é avaliado na Figura 35.3. A opção de venda não deve ser exercida nos nós E, F e G, pois o valor do projeto é positivo nesses pontos. Ela deve ser exercida nos nós H e I. O valor da opção de venda é 5,31 e 13,49 nos nós H e I, respectivamente. Retrocedendo pela árvore, o valor da opção de venda de abandono no nó D, se não for exercida, é:

$$(0{,}1217 \times 13{,}49 + 0{,}6566 \times 5{,}31 + 0{,}2217 \times 0)e^{-0{,}1 \times 1} = 4{,}64$$

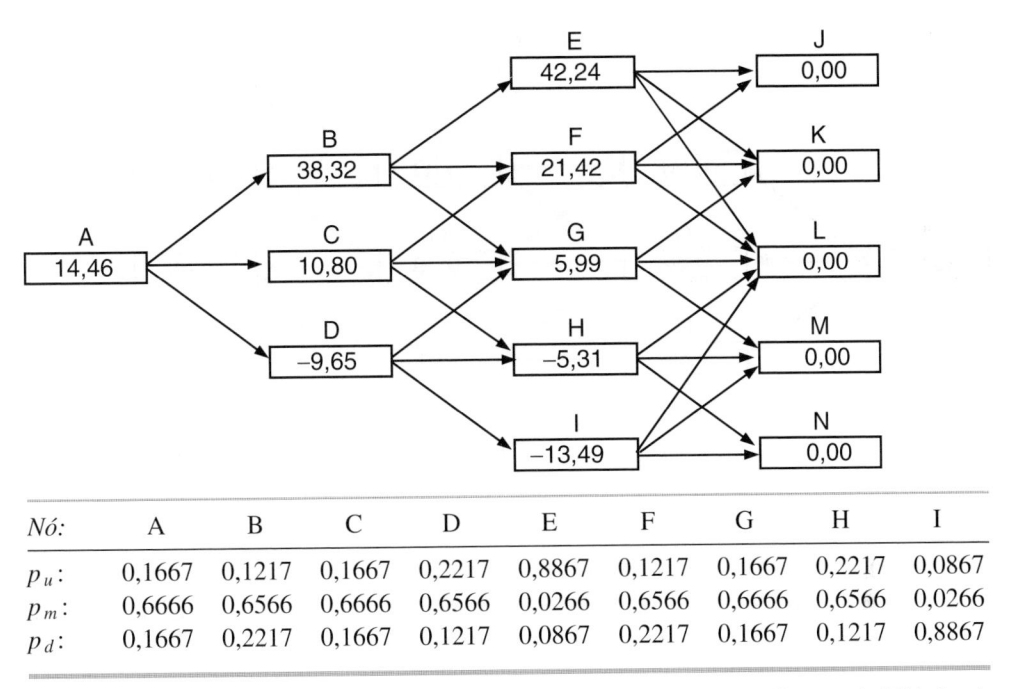

```
                          E              J
                        42,24          0,00
                 B        F              K
               38,32    21,42          0,00
     A           C        G              L
   14,46       10,80    5,99           0,00
                 D        H              M
               -9,65    -5,31          0,00
                          I              N
                       -13,49          0,00
```

Nó:	A	B	C	D	E	F	G	H	I
p_u:	0,1667	0,1217	0,1667	0,2217	0,8867	0,1217	0,1667	0,2217	0,0867
p_m:	0,6666	0,6566	0,6666	0,6566	0,0266	0,6566	0,6666	0,6566	0,0266
p_d:	0,1667	0,2217	0,1667	0,1217	0,0867	0,2217	0,1667	0,1217	0,8867

FIGURA 35.2 Avaliação de projeto básico sem opções embutidas: p_u, p_m e p_d são as probabilidades de movimentos "positivos", "neutros" e "negativos" de um nó para o outro.

O valor de exercer a opção de venda no nó D é 9,65. O valor é maior do que 4,64, então a opção de venda deve ser exercida no nó D. O valor da opção de venda no nó C é:

$$[0,1667 \times 0 + 0,6666 \times 0 + 0,1667 \times (5,31)]e^{-0,1 \times 1} = 0,80$$

e o valor no nó A é:

$$(0,1667 \times 0 + 0,6666 \times 0,80 + 0,1667 \times 9,65)e^{-0,1 \times 1} = 1,94$$

Logo, a opção de abandono vale $1,94 milhões. Ela aumenta o valor do projeto de −$0,54 milhões para +$1,40 milhões. Um projeto que antes não era atraente agora tem valor positivo para os acionistas.

Opção de expansão

A seguir, suponha que a empresa não tem uma opção de abandono. Em vez disso, ela tem a opção de, a qualquer momento, aumentar a escala do projeto em 20%. O custo disso é $2 milhões. A produção aumenta de 2,0 para 2,4 milhões de unidades por ano. Os custos variáveis permanecem $17 por unidade e os custos fixos aumentam em 20%, passando de $6,0 milhões para $7,2 milhões. É uma opção de compra americana para adquirir 20% do projeto básico na Figura 35.2 por $2 milhões. A opção é avaliada na Figura 35.4. No nó E, a opção deve ser exercida. O resultado é 0,2 × 42,24 − 2 = 6,45. No nó F, ela também deve ser exercida, obtendo um resultado de

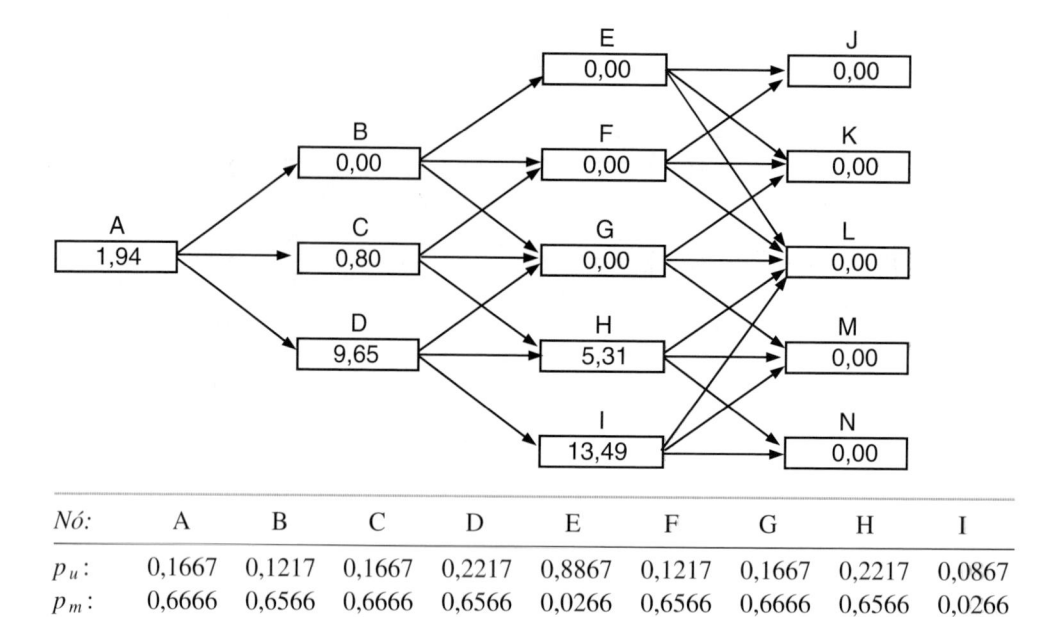

```
                    E              J
                  ┌──────┐      ┌──────┐
                  │ 0,00 │      │ 0,00 │
                  └──────┘      └──────┘
         B                  F              K
      ┌──────┐           ┌──────┐      ┌──────┐
      │ 0,00 │           │ 0,00 │      │ 0,00 │
      └──────┘           └──────┘      └──────┘
A              C                  G              L
┌──────┐    ┌──────┐           ┌──────┐      ┌──────┐
│ 1,94 │    │ 0,80 │           │ 0,00 │      │ 0,00 │
└──────┘    └──────┘           └──────┘      └──────┘
         D                  H              M
      ┌──────┐           ┌──────┐      ┌──────┐
      │ 9,65 │           │ 5,31 │      │ 0,00 │
      └──────┘           └──────┘      └──────┘
                    I              N
                  ┌──────┐      ┌──────┐
                  │13,49 │      │ 0,00 │
                  └──────┘      └──────┘
```

Nó:	A	B	C	D	E	F	G	H	I
p_u:	0,1667	0,1217	0,1667	0,2217	0,8867	0,1217	0,1667	0,2217	0,0867
p_m:	0,6666	0,6566	0,6666	0,6566	0,0266	0,6566	0,6666	0,6566	0,0266
p_d:	0,1667	0,2217	0,1667	0,1217	0,0867	0,2217	0,1667	0,1217	0,8867

FIGURA 35.3 Avaliação da opção de abandonar o projeto: p_u, p_m e p_d são as probabilidades de movimentos "positivos", "neutros" e "negativos" de um nó para o outro.

$0,2 \times 21,42 - 2 = 2,28$. Nos nós G, H e I, a opção não deve ser exercida. No nó B, o exercício vale mais do que a espera e a opção vale $0,2 \times 38,32 - 2 = 5,66$. No nó C, se não é exercida, a opção vale:

$$(0,1667 \times 2,28 + 0,6666 \times 0,00 + 0,1667 \times 0,00)e^{-0,1 \times 1} = 0,34$$

Se a opção é exercida, ela vale $0,2 \times 10,80 - 2 = 0,16$. Logo, a opção não deve ser exercida no nó C. No nó A, se não for exercida, a opção vale:

$$(0,1667 \times 5,66 + 0,6666 \times 0,34 + 0,1667 \times 0,00)e^{-0,1 \times 1} = 1,06$$

Se a opção é exercida, ela vale $0,2 \times 14,46 - 2 = 0,89$. Assim, o exercício antecipado não é ideal no nó A. Nesse caso, a opção aumenta o valor do projeto de $-0,54$ para $+0,52$. Mais uma vez, um projeto que antes tinha valor negativo agora tem um valor positivo.

A opção de expansão na Figura 35.4 é relativamente fácil de avaliar, pois, depois de exercida, todos os fluxos de saída e entrada de caixa aumentam em 20%. No caso em que os custos fixos permanecem iguais ou aumentam em menos de 20%, é necessário controlar mais informações nos nós da Figura 35.4. Mais especificamente, precisamos registrar os seguintes para calcular o resultado do exercício da opção:

1. O valor presente dos custos fixos subsequentes
2. O valor presente das receitas subsequentes, líquido dos custos variáveis.

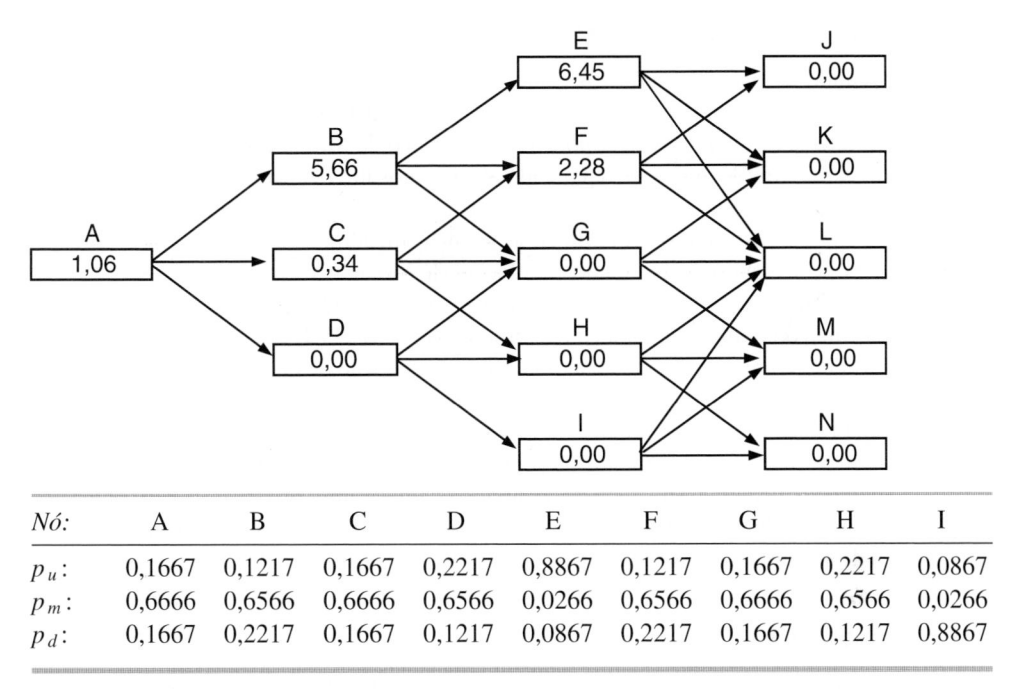

Nó:	A	B	C	D	E	F	G	H	I
p_u:	0,1667	0,1217	0,1667	0,2217	0,8867	0,1217	0,1667	0,2217	0,0867
p_m:	0,6666	0,6566	0,6666	0,6566	0,0266	0,6566	0,6666	0,6566	0,0266
p_d:	0,1667	0,2217	0,1667	0,1217	0,0867	0,2217	0,1667	0,1217	0,8867

FIGURA 35.4 Avaliação da opção de expandir o projeto: p_u, p_m e p_d são as probabilidades de movimentos "positivos", "neutros" e "negativos" de um nó para o outro.

Múltiplas opções

Quando um projeto tem duas ou mais opções, elas geralmente não são independentes. O valor de ter a opção A e a opção B, por exemplo, em geral não é a soma dos valores das duas opções. Por exemplo, imagine que a empresa que consideramos até aqui tem opções de abandono e de expansão. O projeto não pode ser expandido se já foi abandonado. Além disso, o valor da opção de venda do abandono depende do projeto ter ou não sido expandido.[3]

Essas interações entre as opções em nosso exemplo podem ser resolvidas definindo quatro estados em cada nó:

1. Ainda não abandonado; ainda não expandido
2. Ainda não abandonado; já expandido
3. Já abandonado; ainda não expandido
4. Já abandonado; já expandido.

Quando analisamos a árvore retroativamente, calculamos o valor combinado das opções em cada nó para todas as quatro alternativas. Essa abordagem à avaliação de opções dependentes da trajetória é discutida em mais detalhes na Seção 27.5.

---

[3] Por acaso, as duas opções não interagem nas Figuras 35.3 e 35.4. Contudo, as interações entre as opções se tornariam um problema se fosse construída uma árvore maior e com passos no tempo menores.

Diversas variáveis estocásticas

Quando há diversas variáveis estocásticas, o valor do projeto básico geralmente é determinado pela simulação de Monte Carlo. A avaliação das opções embutidas do projeto se torna mais difícil, pois uma simulação de Monte Carlo funciona do começo para o fim de um projeto. Quando alcançamos um determinado ponto, não temos informações sobre o valor presente dos fluxos de caixa futuros do projeto. Contudo, em alguns casos é possível utilizar as técnicas mencionadas na Seção 27.8 para avaliar opções americanas usando simulações de Monte Carlo.

Para ilustrar essa questão, Schwartz e Moon (2000) explicam como sua análise da Amazon.com, detalhada na História de Negócios 35.1, poderia ser estendida para levar em conta a opção de abandono (ou seja, a opção de declarar falência) quando o valor dos fluxos de caixa futuros é negativo.[4] Em cada passo no tempo, pressupõe-se uma relação polinomial entre o valor de não abandonar e variáveis como a receita atual, a taxa de crescimento da receita, volatilidades, saldos de caixa e perda de deduções fiscais. Cada teste de simulação fornece uma observação para obter uma estimativa de mínimos quadrados da relação em cada momento. Essa é a abordagem de Longstaff e Schwartz da Seção 27.8.[5]

RESUMO

Este capítulo investigou como as ideias desenvolvidas anteriormente neste livro podem ser aplicadas à avaliação de ativos reais e opções sobre ativos reais. Ele mostrou como o princípio de avaliação *risk-neutral* pode ser utilizado para avaliar um projeto que depende de qualquer conjunto de variáveis. A taxa de crescimento esperada de cada variável é ajustada de modo a refletir seu preço de mercado do risco. O valor do ativo é então o valor presente de seus fluxos de caixa esperados, descontado à taxa de juros livre de risco.

A avaliação *risk-neutral* oferece uma abordagem internamente consistente à avaliação de investimentos de capital. Ela também possibilita a avaliação de opções embutidas em muitos dos projetos encontrados na prática. Este capítulo ilustrou a abordagem aplicando-a à avaliação da Amazon.com no final de 1999 e a avaliação de um projeto envolvendo a extração de um commodity.

LEITURAS COMPLEMENTARES

Amran, M., and N. Kulatilaka, *Real Options*, Boston, MA: Harvard Business School Press, 1999.

Copeland, T., and V. Antikarov, *Real Options: A Practitioners Guide*, New York: Texere, 2003.

Koller, T., M. Goedhard, and D. Wessels, *Valuation: Measuring and Managing the Value of Companies*, 5th edn. New York: Wiley, 2010.

Mun, J., *Real Options Analysis*, Hoboken, NJ: Wiley, 2006.

---

[4] A análise na Seção 35.4 pressupõe que a falência ocorre quando o saldo de caixa cai abaixo de zero, mas isso não é necessariamente ideal para a Amazon.com.

[5] F. A. Longstaff and E. S. Schwartz, "Valuing American Options by Simulation: A Simple Least-Squares Approach," *Review of Financial Studies*, 14, 1 (Spring 2001): 113–47.

Schwartz, E. S., and M. Moon, "Rational Pricing of Internet Companies," *Financial Analysts Journal*, May/June (2000): 62–75.

Trigeorgis, L., *Real Options: Managerial Flexibility and Strategy in Resource Allocation*, Cambridge, MA: MIT Press, 1996.

Questões e problemas (respostas no manual de soluções)

35.1 Explique a diferença entre a abordagem de valor presente líquido e a de avaliação *risk-neutral* para avaliar uma nova oportunidade de investimento de capital. Quais as vantagens da abordagem de avaliação *risk-neutral* na avaliação de opções reais?

35.2 O preço de mercado do risco para o cobre é 0,5, a volatilidade dos preços de cobre é 20% ao ano, o preço à vista é 80 centavos por libra e o preço futuro de 6 meses é 75 centavos por libra. Qual é a taxa de crescimento percentual esperada nos preços do cobre durante os próximos 6 meses?

35.3 Mostre que se y é o rendimento de conveniência de uma commodity e u é seu custo de estocagem, a taxa de crescimento da commodity no mundo *risk-neutral* tradicional é $r - y + u$, onde r é a taxa de juros livre de risco. Deduza a relação entre o preço de mercado do risco da commodity, sua taxa de crescimento no mundo real, sua volatilidade, y e u.

35.4 A correlação entre a receita bruta de uma empresa e o índice de mercado é 0,2. O retorno excedente do mercado em relação à taxa de juros livre de risco é 6% e a volatilidade do índice de mercado é 18%. Qual é o preço de mercado do risco para a receita da empresa?

35.5 Uma empresa pode comprar uma opção para a entrega de 1 milhão de unidades de um commodity em 3 anos a $25 por unidade. O preço futuro de 3 anos é $24. A taxa de juros livre de risco é 5% ao ano com capitalização contínua e a volatilidade do preço futuro é 20% ao ano. Quanto vale a opção?

35.6 Um motorista que firma um contrato de arrendamento de um automóvel pode obter o direito de comprar o carro em 4 anos por $10.000. O valor atual do carro é $30.000. Espera-se que o valor do carro, S, siga o processo $dS = \mu S dt + \sigma S dz$, onde $\mu = -0,25$, $\sigma = 0,15$ e dz é um processo de Wiener. O preço de mercado do risco para o preço do carro está estimado em $-0,1$. Qual é o valor da opção? Pressuponha que a taxa de juros livre de risco para todos os vencimentos é 6%.

Questões adicionais

35.7 Suponha que o preço spot, o preço futuro de 6 meses e o preço futuro de 12 meses do trigo são 250, 260 e 270 centavos por saca, respectivamente. Suponha que o preço do trigo segue o processo na equação (35.3), com $a = 0,05$ e $\sigma = 0,15$. Construa uma árvore de dois passos no tempo para o preço do trigo em um mundo *risk-neutral*.

Um fazendeiro tem um projeto que envolve uma despesa de $10.000 e uma despesa adicional de $90.000 em seis meses. Ele aumentará o trigo colhido e vendido em 40.000 sacas em 1 ano. Qual é o valor do projeto? Suponha que o fazendeiro pode abandonar o projeto em 6 meses e não pagar o custo de $90.000 nessa data. Qual é o valor da opção de abandono? Pressuponha uma taxa de juros livre de risco de 5% com capitalização contínua.

35.8 No exemplo considerado na Seção 35.5:
(a) Qual é o valor da opção de abandono se ela custa $3 milhões e não zero?
(b) Qual é o valor da opção de expansão ela custa $5 milhões em vez de $2 milhões?

CAPÍTULO

36

Infortúnios com derivativos e o que podemos aprender com eles

Desde meados da década de 1980, ocorreram algumas perdas espetaculares no mercado de derivativos. As maiores foram decorrentes de transações com produtos criados a partir de hipotecas residenciais nos EUA, discutidas no Capítulo 8. Algumas das outras perdas foram sofridas pelas instituições financeiras listadas na História de Negócios 36.1, enquanto algumas foram sofridas pelas organizações não financeiras da História de Negócios 36.2. O mais incrível dessas listas é a quantidade de situações em que perdas enormes foram incorridas devido às atividades de um único funcionário. Em 1995, as operações de Nick Leeson derrubaram um banco britânico de 200 anos, o Barings; em 1994, as operações de Robert Citron levaram Organge County, uma municipalidade da Califórnia, a perder cerca de 2 bilhões de dólares. As operações de Joseph Jett para a Kidder Peabody perderam 350 milhões de dólares. As perdas de 700 milhões de dólares de John Rusnak para o Allied Irish Bank se tornaram conhecidas em 2002. Em 2006, o *hedge fund* Amaranth perdeu 6 bilhões de dólares devido aos riscos das operações realizadas por Brian Hunter. Em 2008, Jérôme Kerviel perdeu mais de 7 bilhões de dólares negociando futuros de índices de bolsas de valores para a Société Générale. As perdas enormes da UBS, Shell e Sumitomo também resultaram das atividades de um único indivíduo.

As perdas não podem ser consideradas uma acusação contra todo o setor de derivativos. O mercado de derivativos é multitrilionário e, pela maioria das medidas usadas, um sucesso retumbante, tendo atendido muito bem as necessidades de seus usuários. Os eventos listados nas Histórias de Negócios 36.1 e 36.2 representam uma parcela ínfima do total das operações (em número e em valores). Ainda assim, vale a pena refletir cuidadosamente sobre as lições que eles nos oferecem.

36.1 LIÇÕES PARA TODOS OS USUÁRIOS DE DERIVATIVOS

Antes de mais nada, vamos considerar as lições apropriadas para todos os usuários de derivativos, sejam eles instituições financeiras ou não financeiras.

CAPÍTULO 36 ■ Infortúnios com derivativos e o que podemos aprender com eles

História de Negócios 36.1 Grandes prejuízos de instituições financeiras

Allied Irish Bank
O banco perdeu cerca de 700 milhões de dólares com as atividades especulatórias de um de seus traders de câmbio, John Rusnak, durante vários anos. Rusnak criava operações fictícias com opções para acobertar seus prejuízos.

Amaranth
O *hedge fund* perdeu 6 bilhões de dólares em 2006 apostando na direção futura dos preços de gás natural.

Barings
Esse banco britânico de 200 anos foi destruído em 1995 pelas atividades de um de seus traders, Nick Leeson, em Singapura, que apostou pesado na direção futura do Nikkei 225 usando futuros e opções. A perda total foi de quase um bilhão de dólares.

Contrapartes da Enron
A Enron usava contratos criativos para enganar seus acionistas sobre sua verdadeira situação. Diversas instituições financeiras que supostamente ajudaram a Enron nesse processo pagaram mais de um bilhão de dólares em acordos para resolver processos de acionistas.

Kidder Peabody (ver página 109)
As atividades de um único trader, Joseph Jett, levou esse banco de investimentos de Nova Iorque a perder 350 milhões de dólares na negociação de títulos do governo dos EUA. A perda ocorreu devido a um erro no modo como o sistema de computador da empresa calculava os lucros.

Long-Term Capital Management (ver página 34)
O *hedge fund* perdeu cerca de 4 bilhões de dólares em 1998 com a moratória da dívida russa. A New York Federal Reserve organizou uma liquidação ordeira do fundo, convencendo 14 bancos a investir nele.

Midland Bank
Esse banco britânico perdeu 500 milhões de dólares no início da década de 1990 devido a uma aposta errada na direção das taxas de juros. Posteriormente, ele passou a ser controlado pela Hong Kong and Shanghai Banking Corporation (HSBC).

Société Générale (ver página 18)
Jérôme Kerviel perdeu mais de 7 bilhões de dólares especulando sobre a direção futura de índices de bolsas de valores em janeiro de 2008.

Perdas com Hipotecas Subprime (ver Capítulo 8)
Em 2007, os investidores perderam a confiança nos produtos estruturados criados a partir de hipotecas subprime americanas. Isso levou a uma crise de crédito e à perda de dezenas de bilhões de dólares por instituições financeiras como UBS, Merrill Lynch e Citigroup.

UBS
Em 2011, Kweku Adoboli perdeu 2,3 bilhões de dólares com posições especulativas não autorizadas em índices de bolsas de valores.

> **História de Negócios 36.2** Grandes prejuízos de organizações não financeiras
>
> *Allied Lyons*
> A tesouraria dessa empresa de bebidas e alimentos perdeu 150 milhões de dólares em 1991 vendendo opções de compra sobre a taxa de câmbio dólar-libra esterlina.
>
> *Gibson Greetings*
> A tesouraria dessa fabricante de cartões comemorativos perdeu cerca de 20 milhões de dólares em 1994 com operações envolvendo derivativos de taxas de juros altamente exóticos com a Bankers Trust. A empresa processou a Bankers Trust e as partes chegaram a um acordo extrajudicial.
>
> *Hammersmith and Fulham (ver página 177)*
> Esse governo local britânico perdeu cerca de 600 milhões de dólares com swaps e opções da taxa de juros da libra esterlina em 1988. Todos os seus contratos foram invalidados posteriormente pelos tribunais britânicos, o que representou um grande incômodo para os bancos no outro lado das transações.
>
> *Metallgesellschaft (ver página 69)*
> Essa empresa alemã firmou contratos de longo prazo para fornecimento de petróleo e gasolina e fez hedge com o rolamento de contratos futuros de curto prazo. Ela perdeu 1,3 bilhões de dólares quando foi forçada a descontinuar a atividade.
>
> *Orange County (ver página 89)*
> As atividades do tesoureiro Robert Citron levaram essa municipalidade da Califórnia a perder cerca de 2 bilhões de dólares em 1994. O tesoureiro usava derivativos para especular que as taxas de juros não iriam aumentar.
>
> *Procter & Gamble (ver página 772)*
> A tesouraria dessa grande empresa americana perdeu cerca de 90 milhões de dólares em 1994 com operações envolvendo derivativos de taxas de juros altamente exóticos com a Bankers Trust. A empresa processou a Bankers Trust e as partes chegaram a um acordo extrajudicial.
>
> *Shell*
> Um único funcionário da subsidiária japonesa da empresa perdeu um bilhão de dólares com operações não autorizadas de contratos futuros cambiais.
>
> *Sumitomo*
> Um único trader que trabalhava para essa empresa japonesa perdeu cerca de 2 bilhões de dólares nos mercados à vista, futuro e de opções sobre cobre na década de 1990.

Defina os limites de risco

É essencial que todas as empresas definam de maneira clara e sem ambiguidades os limites dos riscos financeiros que podem aceitar e então definam procedimentos para garantir que tais limites serão obedecidos. O ideal é que os limites de risco total sejam definidos no nível do conselho. A seguir, esses níveis devem ser convertidos em limites aplicáveis aos indivíduos responsáveis pela gestão de riscos específicos. Relatórios diários devem indicar os ganhos ou perdas decorrentes de determinados movimentos nas variáveis do mercado, informações que devem ser comparadas com os ganhos e perdas reais da organização para garantir que os procedimentos de avaliação por trás dos relatórios são precisos.

É especialmente importante que as empresas monitores os riscos com cuidado quando utilizam derivativos. Isso ocorre porque, como vimos no Capítulo 1, os derivativos podem ser utilizados para hedge, especulação e arbitragem. Sem monitoramento detalhado, é impossível saber se um trader de derivativos não abandonou sua função de hedger e se tornou um especulador ou se deixou ser um arbitrador para praticar especulação. As perdas do Barings, Société Générale e UBS são exemplos clássicos do que pode dar errado. Em todos os casos, o trader tinha a missão de realizar arbitragem de baixo risco ou hedges. Sem o conhecimento de seus supervisores, os traders abandonaram a função de arbitrador ou hedger e fizeram apostas enormes na direção futura de variáveis do mercado. Os sistemas em seus bancos eram tão inadequados que ninguém percebeu a dimensão do que eles estavam fazendo.

Não estamos defendendo que não se corra risco algum. O trader de uma instituição financeira ou administrador de fundos deve ter permissão para tomar posições sobre a direção futura de variáveis de mercado relevantes. Contudo, o tamanho das posições que podem ser tomadas deve ser limitado, e também é preciso haver sistemas que informem com precisão os riscos sendo assumidos.

Leve os limites de risco a sério

O que acontece se um indivíduo excede os limites de risco e obtém lucro? É uma questão complicada para a alta gerência. É tentador ignorar as violações dos limites de risco quando o resultado é lucrativo, mas essa é uma atitude míope. Ela leva a uma cultura na qual os limites de risco não são levados a sério e abre caminho para um desastre. Em algumas das situações listadas nas Histórias de Negócios 36.1 e 36.2, as empresas foram complacentes com os riscos que corriam porque haviam corrido riscos semelhantes nos anos anteriores e obtido lucros com suas apostas.

Um exemplo clássico é Orange County. As atividades de Robert Citron entre 1991 e 1993 foram muito lucrativas para a municipalidade, que passou a depender de suas operações para obter recursos adicionais. As pessoas escolheram ignorar os riscos que ele estava tomando porque havia produzido lucros. Infelizmente, as perdas de 1994 foram muito maiores do que os lucros dos anos anteriores.

As punições por exceder os limites de risco devem ser as mesmas quando o resultado é o lucro e quando é a perda. Se não, os traders que sofrem perdas tendem a aumentar progressivamente suas apostas, na esperança de obterem um lucro e receberem o perdão por tudo que fizeram.

Não presuma que sabe mais do que o mercado

Alguns traders podem mesmo ser melhores do que os outros, mas nenhum acerta sempre. Um trader que prevê corretamente a direção de movimento das variáveis de mercado 60% das vezes está indo bem. Um trader com um histórico excelente (como Robert Citron tinha no início da década de 1990) provavelmente está se beneficiando da sorte, não de habilidades superiores em suas operações.

Imagine que uma instituição financeira emprega 16 traders e um deles obtém lucros nos quatro trimestres do ano. Esse trader deveria receber um bônus alto? Seus limites de risco deveriam ser maiores? A resposta para a primeira pergunta é que, sim, inevitavelmente, o trader receberá um bônus significativo. A resposta à segunda pergunta deve ser não. A chance de obter um lucro em quatro trimestres consecutivos a partir de operações aleatórias é de $0,5^4$, ou seja, 1 em 16. Isso significa que o simples acaso levará um de 16 traders a "acertar" em todos os trimestres do ano. Você não pode presumir que a sorte do trader continuará e, logo, seus limites de risco não devem ser aumentados.

Não subestime os benefícios da diversificação

Quando um trader parece ser bom em prever uma determinada variável de mercado, temos a tendência de aumentar seus limites. Acabamos de afirmar que essa é uma má ideia, pois é muito provável que o trader teve sorte, não que ele foi inteligente. Contudo, vamos presumir que um fundo está realmente convencido de que o trader tem talentos especiais. Quanta não-diversificação o fundo deve se permitir para aproveitar as habilidades especiais do trader? A resposta é que os benefícios da diversificação são enormes e abandoná-los para especular pesadamente em apenas uma variável de mercado pode não ser a melhor estratégia.

Um exemplo ajuda a ilustrar essa questão. Imagine que há 20 ações, cada uma das quais tem retorno esperado de 10% ao ano e desvio padrão dos retornos de 30%. A correlação entre os retornos de qualquer duas das ações é de 0,2. Dividindo o investimento igualmente entre as 20 ações, o investidor tem um retorno esperado de 10% ao ano e desvio padrão dos retornos de 14,7%. A diversificação permite que o investidor reduza os riscos pela metade. Outra maneira de expressar isso é que a diversificação duplique o retorno esperado por unidade de risco assumido. O investidor precisaria ser muito bom em escolher ações para obter uma relação risco-melhor consistentemente com o investimento em apenas uma ação.

Realize análises de cenário e testes de estresse

O cálculo de medidas de risco como o VaR deve sempre ser acompanhado por análises de cenários e testes de estresse para obter um entendimento sobre o que deu errado. Mencionados no Capítulo 22, ambos são muito importantes. Os seres humanos têm a tendência infeliz de se prender a um ou dois cenários quando avaliam decisões. Em 1993 e 1994, por exemplo, a Procter & Gamble e a Gibson Greetings podiam estar tão convencidas de que as taxas de juros permaneceriam baixas que sua tomada de decisões ignorou a possibilidade de um aumento de 100 pontos-base.

É importante ser criativo no modo como os cenários são gerados e usar o bom senso de gerentes experientes. Uma abordagem seria analisar 10 ou 20 anos de dados e escolher os eventos mais extremos como cenários para análise. Às vezes, faltam dados sobre uma variável crucial. Nesse caso, uma estratégia sensata seria escolher uma variável semelhante, para a qual estão disponíveis muito mais dados, e usar mudanças percentuais diárias históricas de tal variável como indicador de possíveis mudanças percentuais diárias da variável-chave. Por exemplo, se já poucos dados sobre os preços de títulos emitidos por um determinado país, os dados históricos sobre os preços de títulos emitidos por países semelhantes podem ser utilizados para desenvolver cenários possíveis.

36.2 LIÇÕES PARA INSTITUIÇÕES FINANCEIRAS

A seguir, consideramos lições relevantes principalmente para instituições financeiras.

Monitore os traders com cuidado

Nas salas de negociação, há uma tendência de considerar os traders de alto desempenho como "intocáveis" e não sujeitar suas atividades à mesma fiscalização que as dos outros. Aparentemente, Joseph Jett, o trader que era astro dos instrumentos do Tesouro na Kidder Peabody, muitas vezes estava "ocupado demais" para responder perguntas e conversar sobre suas posições com os gerentes de risco da empresa.

Todos os traders, mas especialmente aqueles que produzem altos lucros, devem ser absolutamente responsáveis. É importante que a instituição financeira saiba se os altos lucros estão sendo obtidos pela tomada de riscos muito altos e não razoáveis. Também é importante verificar que os sistemas de computador e modelos de apreçamento da instituição financeira estão corretos e não estão sendo manipulados de alguma forma.

Separe front, middle e back office

O *front office* de uma instituição financeira é composto de traders que executam negociações, tomam posições e assim por diante. O *middle office* é composto de gerentes de risco que monitoram os riscos sendo tomados. O *back office* é onde ocorrem os registros e a contabilidade. Alguns dos piores desastres com derivativos ocorreram porque essas funções não foram mantidas separadas. Nick Leeson controlava o front office e o back office do Barings em Singapura e, por consequência, pode esconder de seus superiores em Londres por algum tempo a natureza desastrosa de suas operações. Jérôme Kerviel trabalhara no back office da Société Générale antes de se tornar trader e tirou vantagem de seu conhecimento sobre os sistemas da empresa para esconder suas posições.

Não confie cegamente nos modelos

Algumas das perdas maiores incorridas por instituições financeiras ocorreram devido aos modelos e sistemas de computador utilizados. Na página 109, discutimos como a Kidder Peabody foi enganada por seus próprios sistemas.

Se o seguimento de estratégias de negociação relativamente simples informam grandes lucros, é bem provável que os modelos por trás do cálculo estejam errados. Da mesma forma, se uma instituição financeira parece ser especialmente competitiva em suas cotações para um determinado tipo de operação, é bem provável que esteja usando um modelo diferente dos outros participantes do mercado e deveria analisar com muito cuidado o que está acontecendo. Para o chefe da sala de negociação, muitos negócios de um mesmo tipo pode ser tão preocupante quanto negócios de menos desse mesmo tipo.

Seja conservador no reconhecimento dos lucros de abertura

Quando uma instituição financeira vende um instrumento altamente exótico para uma empresa não financeira, a avaliação pode ser altamente dependente do modelo subjacente. Por exemplo, os instrumentos com opções embutidas de taxa de juros de longo prazo podem ser altamente dependentes do modelo de taxa de juros utilizado. Nessas circunstâncias, uma expressão muito usada para descrever a marcação a mercado diária do negócio é *marcação ao modelo*, pois não há preços de mercado para negócios semelhantes que possam ser utilizados como parâmetros de comparação.

Imagine que uma instituição financeira vende um instrumento para um cliente por 10 milhões de dólares a mais do que ele vale, ou pelo menos por 10 milhões a mais do que o modelo diz que ele vale. Os dez milhões representam o chamado *lucro de abertura*. Quando ele deve ser reconhecido? Parece haver bastante variação em termos de como as diversas instituições financeiras agem. Algumas reconhecem os 10 milhões imediatamente, enquanto outras são muito mais conservadoras e reconhecem o valor lentamente, durante toda a duração do negócio.

Reconhecer os lucros de abertura imediatamente é muito arriscado, pois encoraja os traders a usar modelos agressivos, receber seus bônus e ir embora antes do modelo e do valor do negócio serem analisados em mais detalhes. É muito melhor reconhecer os lucros de abertura lentamente, de modo que os traders têm a motivação necessária para investigar o impacto de diferentes modelos e vários conjuntos de premissas antes de se comprometer com um negócio.

Não venda produtos impróprios para os clientes

É tentador vender produtos impróprios para clientes corporativos, especialmente quando estes parecem estar sedentos pelos riscos subjacentes. Mas é uma atitude míope. O exemplo mais dramático disso é o caso do Bankers Trust (BT) no período anterior à primavera de 1994. Muitos dos clientes do BT foram convencidos a comprar produtos de alto risco e totalmente inadequados. Um produto típico (ex.: o swap 5/30 discutido na página 772) daria ao cliente uma boa chance de poupar alguns pontos-base sobre seus empréstimos e uma pequena chance de custar uma fortuna. Os produtos funcionaram bem para os clientes do BT em 1992 e 1993, mas estouraram em 1994 quando as taxas de juros subiram rapidamente. A má publicidade subsequente foi altamente prejudicial para o BT. Os anos que passara construindo confiança entre os clientes corporativos e desenvolvendo uma reputação invejável de inovação em derivativos foram praticamente desperdiçados devido às atividades de alguns vendedores agressivos. O BT foi forçado a pagar somas enormes a seus clientes para resolver ações judiciais fora dos tribunais. A empresa acabou sendo adquirida pelo Deutsche Bank em 1999.

Cuidado com o lucro fácil

A Enron oferece um exemplo de como operadores excessivamente agressivos podem custar bilhões de dólares aos bancos para os quais trabalham. Trabalhar com a Enron parecia bastante lucrativo e os bancos concorriam uns com os outros pela oportunidade. Mas o fato de que muitos bancos dão de tudo para obter certos tipos de negócios não deve ser considerado um indício de que esses negócios se revelarão lucrativos. Os negócios que a Enron firmou com os bancos resultaram em ações judiciais dos acionistas, uma consequência caríssima para os bancos. Em geral, as transações em que altos lucros parecem fáceis de obter devem ser analisadas com cuidado em busca de riscos ocultos.

Investir em tranches AAA dos CDOs de ABS criados a partir de hipotecas subprime (ver Capítulo 8) parecia uma oportunidade fantástica. Os retornos prometidos eram muito maiores do que aqueles normalmente obtidos com instrumentos AAA. Muitos investidores não pararam para se perguntar se os retornos adicionais não poderiam refletir riscos que não eram levados em conta pelas agências de notas de crédito.

Não ignore o risco de liquidez

Em geral, os engenheiros financeiros baseiam o apreçamento de instrumentos exóticos e outros instrumentos negociados com frequência relativamente baixa nos preços de instrumentos negociados ativamente. Por exemplo:

1. O engenheiro financeiro muitas vezes calcula uma curva à vista a partir de títulos do governo negociados ativamente (chamados de títulos *on-the-run*) e a utiliza para apreçar títulos do governo negociados com menos frequência (títulos *off-the-run*).
2. O engenheiro financeiro muitas vezes infere a volatilidade de um ativo a partir de opções negociadas ativamente e a utiliza para apreçar opções negociadas menos ativamente.
3. O engenheiro financeiro muitas vezes infere informações sobre o comportamento das taxas de juros a partir de caps e opções de swap sobre taxas de juros negociados ativamente e as utiliza para apreçar derivativos de taxas de juros não padrões negociados menos ativamente.

Essas práticas não são absurdas. Contudo, é perigoso presumir que instrumentos negociados menos ativamente sempre podem ser negociados a preços próximos de seu preço teórico. Quando os mercados financeiros sofrem algum tipo de choque, costuma ocorrer uma "fuga para a qualidade". A liquidez se torna muito importante para os investidores e os instrumentos ilíquidos costumam ser vendidos com descontos significativos em relação a seus valores teóricos. Foi o que aconteceu em 2007-9 após a crise dos mercados de crédito causada pela falta de confiança em títulos lastreados por hipotecas subprime.

Outro exemplo de perdas decorrentes do risco de liquidez é o caso da Long-Term Capital Management (LTCM), discutido na História de Negócios 2.2. O *hedge fund* seguiu uma estratégia conhecida pelo nome de *arbitragem de convergência*. A empresa tentava identificar dois títulos (ou carteiras de títulos) que deveriam, em teoria, ser vendidos pelo mesmo preço. Se o preço de mercado de um título era inferior ao outro, ela comprava o primeiro e vendia o segundo. A estratégia se baseava na ideia de que se dois títulos têm o mesmo preço teórico, seus preços de mercado acabariam se igualando.

No verão de 1998, a LTCM sofreu uma perda enorme, em grande parte porque a moratória da dívida russa causou uma fuga para a qualidade. A LTCM tendia a ter posições compradas em instrumentos ilíquidos e vendidas nos instrumentos líquidos correspondentes (por exemplo, era comprada em títulos *off-the-run* e vendida em títulos *on-the-run*). Os spreads entre os preços de instrumentos ilíquidos e dos instrumentos líquidos correspondentes se acentuaram após a moratória russa. A LTCM estava altamente alavancada. A empresa sofreu perdas enormes e chamadas de margem em suas posições que teve dificuldade em atender.

A história da LTCM reforça a importância de realizar análises de cenário e testes de estresse para pensar sobre o que poderia acontecer na pior das hipóteses. A LTCM poderia ter tentado analisar outros casos de fugas extremas para a qualidade de modo a quantificar os riscos de liquidez que estava enfrentando.

Cuidado quando todos estão seguindo a mesma estratégia de negociação

Às vezes, muitos participantes do mercado estão seguindo basicamente a mesma estratégia de negociação. Isso cria um ambiente perigoso, com o risco de grandes movimentações no mercado, mercados instáveis e grandes perdas para os participantes.

No Capítulo 19, oferecemos um exemplo desse caso quando discutimos o seguro de portfólio e o crash do mercado em outubro de 1987. Nos meses anteriores ao crash, números cada vez maiores de gerentes de portfólio tentavam segurar seus portfólios pela criação de opções de venda sintéticas. Eles compraram futuros de ações ou de índices de ações após um aumento no mercado e os venderam após uma queda. Isso criou um mercado instável. Uma queda relativamente pequena nos preços das ações poderiam levar a uma onda de vendas por parte das seguradoras de portfólios, o que por sua vez levaria a um declínio adicional no mercado, dando origem a mais uma onda de vendas, e assim sucessivamente. Sem dúvida nenhuma, o crash de outubro de 1987 teria sido muito menos grave sem o seguro de portfólio.

Outro exemplo é o da LTCM em 1998. Sua posição foi dificultada ainda mais pelo fato de que muitos outros *hedge funds* seguiam suas próprias estratégias semelhantes de arbitragem de convergência. Após a moratória russa e a fuga para a qualidade, a LTCM tentou liquidar parte de seu portfólio para atender suas chamadas de margem. Infelizmente, outros *hedge funds* enfrentavam problemas semelhantes aos da LTCM e queriam realizar negociações semelhantes. Isso exacerbou a situação, fazendo com que os spreads de liquidez aumentassem ainda mais e reforçando a fuga para a qualidade. Considere, por exemplo, a posição da LTCM em títulos do Tesouro americano. A empresa tinha uma posição comprada nos títulos ilíquidos *off-the-run* e vendida nos títulos líquidos *on-the-run*. Quando uma fuga para a qualidade fez com que os spreads entre os rendimentos dos dois tipos se alargasse, a LTCM precisou liquidar suas posições com a venda de títulos *off-the-run* e a compra de títulos *on-*

-the-run. Outros grandes *hedge funds* estavam fazendo o mesmo. Por consequência, o preço dos títulos *on-the-run* aumentou em relação aos *off-the-run*, ampliando o spread entre os dois rendimentos ainda mais do que já havia acontecido.

Outro exemplo é dado pelas atividades das seguradoras britânicas no final da década de 1990. Essas empresas firmaram diversos contratos prometendo que a taxa de juros aplicável a anuidades seria maior entre a taxa de mercado e a taxa garantida. As seguradoras perderiam dinheiro se a taxa de juros de longo prazo ficasse abaixo da taxa garantida. Por diversos motivos, todas realizaram transações com derivativos para hedgear parcialmente seus riscos ao mesmo tempo. As instituições financeiras no outro lado das transações de derivativos hedgearam seus riscos comprando grandes quantidades de títulos de longo prazo em libras esterlinas. O resultado foi que os preços dos títulos subiram e as taxas de juros de longo prazo em libras esterlinas caíram. Mais títulos precisaram ser adquiridos para manter o hedge dinâmico, as taxas de juros de longo prazo em libras esterlinas diminuíram ainda mais e assim por diante. As instituições financeiras perderam dinheiro e as seguradoras acabaram em uma posição pior em relação aos riscos que escolheram não hedgear.

A principal lição a ser aprendida com essas histórias é que pode haver grandes riscos em situações nas quais muitos participantes do mercado seguem a mesma estratégia de negociação.

Não abuse do financiamento de curto prazo para necessidades de longo prazo

Todas as instituições financeiras, até certo ponto, financiam necessidades de longo prazo com fontes de curto prazo, mas uma instituição que depende excessivamente de fundos de curto prazo tende a se expôr a riscos de liquidez inaceitáveis.

Imagine que uma instituição financeira suprem suas necessidades de longo prazo pelo rolamento de notas promissórias todos os meses. As promissórias emitidas em 1º de abril seriam redimidas com os resultados de uma nova emissão em 1º de maio; essa emissão de notas promissórias seria redimida com os resultados de uma emissão em 1º de junho; e assim por diante. Desde que a instituição financeira seja considerada saudável, não há nenhum problema nisso. Se os investidores perderem a confiança na instituição entretanto, justa ou injustamente, torna-se impossível rolar as notas promissórias e a instituição sofre uma crise de liquidez.

Muitas das quebras de instituições financeiras durante a crise de crédito (ex.: Lehman Brothers e Northern Rock) foram causadas em grande parte pela dependência excessiva do financiamento de curto prazo. Não é surpresa que o Comitê de Basileia, responsável pela regulamentação dos bancos em nível internacional, esteja introduzindo índices de liquidez que os bancos são obrigados a atingir.

A transparência de mercado é importante

Uma das lições da crise de crédito de 2007 é que a transparência de mercado é importante. Durante o período anterior a 2007, os investidores negociaram produtos altamente estruturados sem nenhum conhecimento real sobre os ativos subjacentes. Tudo que sabiam era a avaliação de crédito do título sendo negociado. Em retrospecto, podemos dizer que os investidores deveriam ter exigido mais informações sobre os ativos subjacentes e que deveriam ter avaliado com mais cuidado os riscos que estavam tomando... mas é fácil ser sábio depois do evento!

O colapso do subprime em agosto de 2007 fez com que os investidores perdessem a confiança em todos os produtos estruturados e se retirassem desse mercado. Isso levou a uma crise do mercado em que tranches de produtos estruturados somente podiam ser vendidos a preços abaixo de seus valores teóricos. A consequência foi uma fuga para a qualidade e o aumento dos spreads de crédito. Se o mercado tivesse sido transparente para que os investidores entendessem os títulos garantidos por ativos que estavam comprando, o subprime ainda teria causado perdas, mas a fuga para a qualidade e o tumulto do mercado teriam sido menos acentuados.

Administre os incentivos

Uma lição fundamental da crise de crédito de 2007 e 2008 é a importância dos incentivos. Os sistemas de bônus dos bancos tendiam a enfatizar o desempenho de curto prazo. Algumas instituições financeiras adotaram sistemas nos quais os bônus se baseiam no desempenho durante períodos maiores do que um ano (ex.: cinco anos). Isso tem algumas vantagens óbvias. Ele desincentiva os traders de realizar negociações que parecerão boas no curto prazo, mas que podem "estourar" em alguns anos.

Quando os empréstimos são securitizados, é importante alinhar os interesses da parte que dá origem ao empréstimo com a parte que correrá o risco final de modo que o originador não tenha incentivos para deturpar o modo como o empréstimo é apresentado. Uma maneira de fazê-lo é que os reguladores poderiam obrigar o originador da carteira de empréstimos mantenha um interesse em todos os tranches e outros instrumentos criados a partir da carteira.

Nunca ignore a gestão de riscos

Em tempos bons (ou que parecem bons), há a tendência de imaginar que nada pode dar errado e ignorar os resultados de testes de estresse e outras análises realizadas pelo grupo de gestão de riscos. Temos muitas histórias de gerentes de riscos que foram ignorados durante o período que precedeu a crise de crédito de 2007. O comentário de Chuck Prince, CEO do Citigroup, em julho de 2007 (logo antes da crise de crédito) exemplifica a atitude exatamente errada em relação à gestão de riscos:

> Quando a música para, em termos de liquidez, a situação se complica. Mas enquanto a música estiver tocando, você precisa dançar. Nós ainda estamos dançando.

Prince perdeu seu emprego naquele mesmo ano. As perdas do Citigroup com a crise de crédito ultrapassaram 50 bilhões de dólares.

36.3 LIÇÕES PARA INSTITUIÇÕES NÃO FINANCEIRAS

Agora vamos considerar as lições que se aplicam principalmente a organizações não financeiras.

Garanta que entende totalmente as negociações que está realizando

As empresas nunca devem realizar uma negociação ou implementar uma estratégia de negociação que não entendem completamente. É um conceito um tanto óbvio, mas é surpreendente a frequência com a qual, após uma perda significativa, um trader trabalhando em uma empresa não financeira admite não saber o que estava acontecendo ou afirma ter sido ludibriado por bancos de investimento. Foi o que fez Robert Citron, o tesoureiro de Orange County. Também foi o caso dos traders que trabalhavam para Hammersmith and Fulham; apesar das posições enormes que tomavam, eles eram incrivelmente mal-informados sobre como funcionavam de fato os swaps e outros derivativos de taxas de juros que negociavam.

Se um membro da alta gerência de uma empresa não entende uma negociação proposta por um subordinado, a transação não deve ser aprovada. Uma regra simples é que se uma negociação e o motivo para firmá-la são tão complicados que o gerente não consegue entendê-los, é quase certo que a proposta não é adequada para a organização. As negociações realizadas pela Procter & Gamble e a Gibson Greetings teriam sido vetadas por esse critério.

Uma maneira de garantir que você entende completamente um instrumento financeiro é avaliá-lo. Se a empresa não possui a capacidade interna de avaliar um instrumento, ela não deveria negociá-lo. Na prática, as empresas muitas vezes confiam em corretores de derivativos e seus conselhos sobre avaliações. Mas isso é um hábito perigoso, como a Procter & Gamble e a Gibson Greetings descobriram. Quando tentaram liquidar seus negócios, as empresas descobriram que enfrentavam preços produzidos pelos modelos proprietários do Bankers Trust, que não tinham como avaliar.

Garanta que o hedger não se transformará em especulador

Um dos fatos infelizes da vida é que o hedge é relativamente chato, enquanto a especulação é excitante. Quando uma empresa contrata um trader para gerenciar os riscos das taxas de câmbio, preços de commodities e taxas de juros, ela corre o risco de sofrer o cenário a seguir. No início, o trader trabalha com diligência e conquista a confiança da alta gerência. O trader avalia as exposições da empresa e faz o hedge correspondente. Com o tempo, o trader se convence de que sabe mais sobre o futuro do que o mercado. Aos poucos, ele se transforma em um especulador. No início, tudo dá certo, mas então a empresa sofre uma perda. Para recuperar a perda, o trader dobra sua aposta. Mas ele perde de novo, e de novo, e de novo. O resultado quase sempre é um desastre.

Como mencionado anteriormente, a alta gerência deve estabelecer limites claros dos riscos que podem ser tomados. É preciso implementar controles para garantir que os limites serão obedecidos. A estratégia de negociação de uma empresa deve começar com uma análise dos riscos enfrentados por ela em termos de taxas de câmbio, taxas de juros, mercados de commodities e assim por diante. A seguir, é preciso decidir como reduzir os riscos a níveis aceitáveis. Um sinal claro de que algo está errado na empresa é que a estratégia de negociação não é derivada de forma absolutamente direta das exposições da empresa.

Cuidado ao transformar a tesouraria em centro de lucro

Nos últimos 20 anos, tem havido a tendência de transformar a tesouraria das empresas em centro de lucro. A ideia parece ter muito em seu favor. O tesoureiro é incentivado a reduzir os custos de financiamento e gerenciar os riscos da maneira mais lucrativa possível. O problema é que o potencial de gerar lucros do tesoureiro é limitado. Quando levanta fundos e investe o superávit de caixa, o tesoureiro enfrenta um mercado eficiente. A única maneira de melhorar o resultado final é aceitando riscos adicionais. O programa de hedge da empresa dá ao tesoureiro escopo para tomar decisões espertas que aumentam os lucros. Contudo, é preciso lembrar que o objetivo do programa de hedge é reduzir os riscos, não aumentar os lucros esperados. Como afirmado no Capítulo 3, a decisão de hedgear levará a um resultado pior do que a decisão de não hedgear cerca de 50% das vezes. O perigo de transformar uma tesouraria em centro de lucro é que o tesoureiro fica motivado a se tornar um especulador, o que pode levar a resultados como aqueles sofridos por Orange County, a Procter & Gamble e a Gibson Greetings.

RESUMO

As perdas enormes sofridas com o uso de derivativos deixou muitos tesoureiros assustados. Após essas perdas, algumas organizações não financeiras anunciaram planos de reduzir ou até eliminar seu uso de derivativos. É uma medida infeliz, pois os derivativos oferecem aos tesoureiros maneiras bastante eficientes de gerenciar riscos.

As histórias por trás dessas perdas reiteram uma ideia apresentada desde o Capítulo 1: os derivativos podem ser usados para hedge ou para especulação. Em outras palavras, eles podem ser usados para reduzir os riscos ou para corrê-los. A maioria das perdas ocorreu porque os derivativos foram utilizados de maneira imprópria. Os funcionários tinham ordens implícitas ou explícitas de usar hedge para proteger suas empresas contra riscos, mas em vez disso decidiram especular.

A principal lição aprendida com essas perdas é a importância dos *controles internos*. A alta gerência da empresa deve emitir políticas claras e sem ambiguidades sobre como os derivativos devem ser utilizados e quanto os funcionários podem tomar posições sobre movimentos das variáveis do mercado. A gerência deve instituir controles para garantir que a política será executada. Dar a indivíduos a autoridade de negociar derivativos sem o monitoramento minucioso dos riscos assumidos é uma receita para o desastre.

LEITURAS COMPLEMENTARES

Dunbar, N. *Inventing Money: The Story of Long-Term Capital Management and the Legends Behind It*. Chichester, UK: Wiley, 2000.

Jorion, P. "How Long-Term Lost Its Capital," *Risk* (September 1999).

Jorion, P., and R. Roper. *Big Bets Gone Bad: Derivatives and Bankruptcy in Orange County*. New York: Academic Press, 1995.

Persaud, A. D. (ed.) *Liquidity Black Holes: Understanding, Quantifying and Managing Financial Liquidity Risk*. London, Risk Books, 2003.

Sorkin, A. R., *Too Big to Fail*. New York: Penguin, 2009.

Tett, G. *Fool's Gold: How the Bold Dream of a Small Tribe at J. P. Morgan Was Corrupted by Wall Street Greed and Unleashed a Catastrophe*. New York: Free Press, 2009.

CAPÍTULO 37

O mercado brasileiro e seus derivativos*

Os derivativos são conhecidos principalmente por sua característica de proteção contra riscos. No entanto, o uso indiscriminado desses instrumentos pode causar o efeito inverso ao desejado. Exemplo disso foi o que ocorreu com várias empresas brasileiras que tiveram prejuízo em razão do mau uso de derivativos durante a crise internacional de 2008. Casos como os da Aracruz e Sadia ficaram bastante conhecidos pelo tamanho do prejuízo, com enorme destruição de patrimônio dos acionistas, construído ao longo de décadas. Segundo Silveira (2009), uma análise realizada cinco dias antes e dez dias depois da notícia dos problemas mostra que Aracruz e Sadia perderam 72% e 60%, de seu valor, algo da ordem de R$ 6,9 bilhões e R$ 3,9 bilhões, respectivamente. Cabe destacar ainda as perdas do Grupo Votorantim, na casa de R$ 2,2 bilhões, e da Ajinomoto, de R$ 180 milhões, dentre outras.

Os derivativos são normalmente usados pelas empresas para fazer *hedge* de suas posições nos negócios definidos no seu estatuto social. Ao que parece, tanto a Sadia quanto a Aracruz foram destruídas por terem assumido posições especulativas. É possível que elas buscassem resultados de tesouraria com derivativos, em vez de utilizá--los para proteger suas posições na operação. Elas ficaram expostas a grandes perdas com a variação cambial, que acabou assumindo direção contrária à de suas apostas.

Posições especulativas dão vida ao mercado de derivativos, mas devem ser assumidas por empresas constituídas para operar e fazer resultados com esse tipo de operações, nunca por empresas que têm objeto social voltado para mercados em atividades da economia real, não em atividades financeiras.

A importância de conhecer as características dos derivativos e fazer o uso correto desses instrumentos, diferenciando situações de correta utilização, é o assunto

---

*Este capítulo foi elaborado com material cedido pelo Instituto Educacional BM&FBOVESPA (Acesse www.bmfbovespa.com.br/educacional). O texto tem autoria de Álisson Sávio Silva Siqueira, Guilherme Ribeiro de Macêdo, Tamara Ferreira Schmidt, Tricia Thaíse e Silva Pontes.

deste capítulo. Serão apresentados os aspectos referentes ao mercado de derivativos na BM&FBOVESPA[1], detalhes das operações e aplicações neste mercado.

37.1 BREVE HISTÓRICO DAS BOLSAS BRASILEIRAS

A história dos mercados derivativos no Brasil teve origem com a criação da Bolsa de Mercadorias de São Paulo (BMSP) em 1917, que além da negociação de *commodities* à vista, permitia realizar operações a termo de *commodities* agropecuárias. No final dos anos 1970, foi criado o Sistema Nacional de Compensação de Negócios a Termo, onde se registravam e liquidavam as operações com derivativos. Ainda nos anos de 1970, as Bolsas de Valores de São Paulo (BOVESPA) e a Bolsa de Valores do Rio de Janeiro (BVRJ), deram início à negociação de contratos de opções sobre ações.

A negociação de futuros no Brasil teve início na década de 1980, com as primeiras liquidações financeiras de contratos futuros realizadas pela Bolsa Brasileira de Futuros (BBF), em 1984 e, em 1986, pela Bolsa Mercantil & de Futuros (BM&F). No ano de 1991 a BMSP e a BM&F uniram-se, criando a Bolsa de Mercadorias & Futuros, mantendo a sigla BM&F. Em 1997, a BM&F realizou um novo acordo operacional, incorporando a BBF. Essas operações levaram à consolidação da Bolsa de Mercadorias & Futuros (BM&F) como o principal centro de negociação de derivativos no Brasil.

A BM&F e a BOVESPA foram desmutualizadas em 2007, transformando-se em sociedades anônimas denominadas, respectivamente, BM&F S. A. e Bovespa Holding S.A., realizando oferta pública de ações no Novo Mercado no mesmo ano. Em seguida, no ano de 2008, ocorreu a integração da bolsa de derivativos (BM&F) com a bolsa de ações (BOVESPA) gerando a Bolsa de Valores, Mercadorias e Futuros (BM&FBOVESPA S.A.). Com a integração, a BM&FBOVESPA passou a ocupar posição de destaque entre as maiores bolsas do mundo em valor de mercado.

A BM&FBOVESPA administra mercados organizados nos quais se podem negociar uma gama de produtos, tais como ações, títulos privados e públicos, moedas e contratos derivativos sobre ações, *commodities* e outros ativos financeiros, como índices, taxas e moedas. Presta ainda serviços de registro, compensação e liquidação, atuando como contraparte central garantidora das operações realizadas em seus ambientes.

37.2 FUNCIONAMENTO E OPERACIONALIZAÇÃO DOS MERCADOS DE DERIVATIVOS BRASILEIROS

A BM&FBOVESPA atua em dois mercados: o **mercado de bolsa,** que corresponde ao conjunto de mercados por ela administrados onde se realizam operações com contratos derivativos padronizados e liquidados pela contraparte central; e o **mercado de balcão,** denominação dada ao mercado de operações com contratos não padronizados, ou seja, de *swap*, a termo e de opções flexíveis. Essas operações podem ser re-

---

[1] Ver Alexandre Di Miceli da Silveira, Sete erros – Parte II Os equívocos cometidos pelas companhias que aproveitaram o boom dos IPOs. http://www.capitalaberto.com.br/temas/sete-erros-parte-ii/

gistradas na *clearing* BM&FBOVESPA com garantias, ficando prevista sua atuação como contraparte central garantidora da liquidação, ou com o registro de operações do mercado de balcão na modalidade sem garantia, que não inclui a compensação e liquidação multilaterais.

Segmentos de atuação

Os mercados administrados pela BM&FBOVESPA dividem-se em diferentes segmentos de atuação. Os dois principais segmentos são:

- Bovespa, no qual as empresas captam recursos para seus investimentos. Nesse segmento são emitidos e negociados valores mobiliários como ações, BDRs, debêntures e notas promissórias;
- BM&F, no qual empresas e demais participantes buscam os mercados derivativos para se proteger de riscos financeiros. Nesse segmento são negociados derivativos agropecuários e financeiros.

A Bolsa atua ainda nos mercados de câmbio, de carbono e de leilões.

De uma forma geral, a BM&FBOVESPA é uma Bolsa multiativos e multimercado que atua como central depositária de ativos, câmara de compensação e liquidação e contraparte central para oferecer uma gama abrangente de produtos e serviços. Conta com um modelo de negócio diversificado e integrado, atuando nas três fases: **pré-negociação**, com serviços de informação ao mercado e as vendas de sinais e cotações; **negociação**, em que corretoras ou distribuidoras enviam ordens de compra e venda para o pregão eletrônico (sistema de negociação); e **pós-negociação**, indispensável para que a efetivação do negócio seja concluída, que inclui serviços de compensação, liquidação e custódia.

Na negociação, as transações são realizadas em sistema eletrônico por meio da plataforma PUMA Trading System, responsável pelo seu processamento nos mercados de ações, derivativos, câmbio pronto e renda fixa privada. Os horários dos pregões são definidos pela Bolsa para funcionar simultaneamente com os mercados dos Estados Unidos, visando favorecer apreçamento e arbitragens. Os horários podem ser consultados *site* da BM&FBOVESPA.

Duas fases precedem e sucedem à negociação dentro do pregão normal. São elas:

- **Pré-abertura**: período que antecede a abertura das negociações, no qual é aceito apenas o registro de ofertas. Essa fase tem por objetivo fazer com que a abertura da negociação seja processada de forma transparente, sob as mesmas regras adotadas para o *fixing*.
- **After hours** e **negociação estendida**: modalidades criadas para facilitar a participação de investidores estrangeiros no mercado brasileiro. No caso de operações fora do horário normal, conhecida como *after hours*, fazem parte do pregão do dia seguinte. Já as transações fechadas dentro da "negociação estendida" são liquidadas em D+0, junto com as demais operações do dia.

Também podem ser consultadas no *site* da BM&FBOVESPA as datas de liquidação financeira (LF) e de último dia de negociação (UDN) dos contratos derivativos. Para os contratos futuros agroenergéticos, além das datas de vencimento, o *site* traz algumas informações do mês presente e do período para liquidação por entrega, a chamada liquidação física, quando assim o contrato permitir.

Os preços de ajuste são apurados por procedimentos diferenciados para:

- contratos financeiros;
- contratos agropecuários;
- *cross listing*[2] de contratos com outras bolsas.

Preço de ajuste

Em função dos contratos futuros preverem a liquidação diária dos valores ganhos e perdidos pelas partes é preciso apurar diariamente o preço de ajuste para o vencimento de cada contrato futuro negociado na Bolsa. Em geral, o preço de ajuste é definido com base no último preço praticado no *call* de fechamento do mercado. No entanto, a Bolsa adota critérios ligeiramente diferentes,[3] conforme o contrato, para o cálculo desses preços. Tomemos como exemplo os contratos futuros de Ibovespa e de dólar. No contrato futuro de Ibovespa o preço de ajuste é apurado pelo cálculo da média aritmética ponderada dos negócios realizados em 15 minutos de negociação, no intervalo das 17:30 às 17:45, exceto no dia do vencimento. Na data de vencimento o preço de ajuste será o índice de liquidação (média aritmética do Índice Bovespa nas últimas três horas de negociação do mercado à vista na BM&FBOVESPA mais o *call* de fechamento do mercado à vista). O preço de ajuste do contrato futuro de dólar, por sua vez, é calculado pela média aritmética ponderada dos negócios realizados no intervalo de negociação entre 15:50 e 16:00, inclusive na data de vencimento.

Lotes mínimos

A negociação de contratos futuros ocorre em lotes mínimos de um contrato, cinco contratos ou dez contratos, dependendo o grau de liquidez dos mercados: a Bolsa determina os grupos de contratos que se enquadram em cada faixa. Esse procedimento facilita a montagem de estratégias e evita que elas sejam inviabilizadas pela interferência de terceiros comprando ou vendendo uma pequena quantidade de contratos.

Com o objetivo de propiciar segurança aos participantes e transparência das operações e limitar o risco de crédito e promover o bom funcionamento do mercado, a Bolsa adota diversos procedimentos operacionais. Dentre esses, destaca-se a fixação de túneis de preço, nos quais admite-se a negociação de contratos; a definição de tamanho máximo de ofertas e as variações mínimas na apregoação entre uma oferta e outra. Fica reservado à Bolsa o direito de modificar os valores e limites estabelecidos, quando por critérios de controle de risco, se julgue conveniente.

---

[2] Listagem cruzada de ativos em duas bolsas. É um acordo que permite que investidores negociem contratos ou produtos disponíveis na bolsa parceira diretamente nas plataformas de negociação da bolsa local. Para cada caso há regras e condições específicas que devem ser atendidas pelos investidores e intermediadores locais.

[3] Cálculo de média de preços no final do pregão, leilão no final do pregão ou arbitragem de um preço por critérios técnicos.

O sistema de negociação eletrônica PUMA tem dois tipos de túnel de preço, o **túnel de rejeição** e o **túnel de leilão**, com finalidades complementares. O túnel de rejeição acontece na entrada da oferta no livro de ofertas e tem como objetivo diminuir a ocorrência de erros operacionais, evitando a inclusão de ofertas errôneas no sistema de negociação. As ofertas de compra e de venda inseridas no sistema de negociação que estiverem fora do túnel de rejeição são automaticamente recusadas pelo sistema. O túnel de leilão, por sua vez, é em geral mais estreito que o túnel de rejeição e acontece no momento de fechamento do negócio. Atingido o parâmetro definido, há o acionamento automático de processo de leilão. Ambos os túneis são aprimoramentos da norma que permite a negociação dentro de limites de oscilação intradiário e agregam segurança aos negócios.

Observe na figura abaixo a ação dos dois túneis de preços.

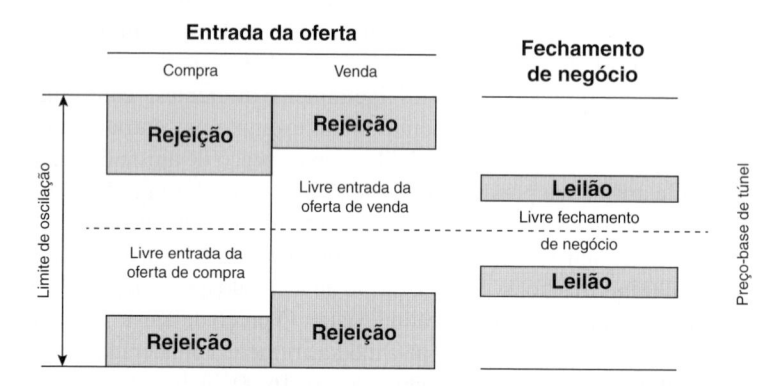

Os túneis de rejeição assemelham-se aos limites de oscilação de preços à medida em que determinam a região de preços considerada aceitável para fins de negociação. No entanto, diferentemente dos limites de oscilação de preços, que são estáticos ao longo do dia, os túneis de rejeição são atualizados de forma dinâmica, acompanhando a evolução do mercado. Essa característica permite a utilização de intervalos de preços mais estreitos, resultando em maior eficiência na gestão de risco operacional. Enquanto isso, os túneis de leilão são um aprimoramento dos limites de oscilação intradiária. Neles, a adequação de um negócio aos limites é verificada após o seu fechamento. Os túneis de leilão acionam, na iminência de fechamento do negócio, um leilão automático no sistema de negociação, caso o preço da operação não pertença ao intervalo de preços definido pelo túnel. O leilão adota um algoritmo de maximização da quantidade negociada e geração de todos os negócios a um único preço (*fixing*).

Ao longo do dia de funcionamento do pregão são realizados leilões a partir de:

- ausência de negócios na fase de pré-abertura do pregão;
- cotação fora dos limites aceitáveis (ação do túnel);
- casos especiais (para mais detalhes e exemplos de casos especiais, consultar o regulamento de operações).

Pós-negociação

Na pós-negociação acontece a alocação e repasse das operações, bem como a gestão dos riscos de cada participante do mercado. São três etapas: na compensação é feito o ajuste de posição de ativos, ou seja, são identificados vendedores e compradores e determinados os valores a receber e a pagar para cada um. Na liquidação ocorre efetivamente o recebimento dos devedores e o pagamento aos credores. A última etapa, custódia, refere-se ao processo eletrônico de guarda do ativo. Como os mercados derivativos não possuem ativos, essa etapa não ocorre nesses mercados.

Nessa fase, a *clearing*, também conhecida como câmara de compensação, desempenha um papel indispensável, atuando como contraparte central garantidora de todas as operações com contratos derivativos realizadas nos mercados de bolsa da BM&FBOVESPA, e das operações realizadas no mercado de balcão registradas na modalidade com garantia. Em outras palavras, ela assume o papel de compradora de todos os vendedores e vendedora de todos os compradores, controlando as posições em aberto de todos participantes e realizando a liquidação de todas as operações. Além disso, também é responsável pelos mecanismos de gerenciamento e contenção de riscos das posições de cada participante.

A *clearing* implementa mecanismos de mitigação de riscos por meio da imposição de limites operacionais à atuação de seus participantes:

- limites de concentração de posições – mitiga risco de liquidez;
- limites de oscilação de preços – mitiga o risco de distorção de preços.

Para a mitigação dos riscos de mercado e de liquidez inerentes às operações de venda de ativos durante o processo de execução de garantias são aplicados deságios, ou descontos, sobre os valores de mercado das garantias cujos valores são definidos pelo comitê de risco para cada categoria de ativo. A imposição de tais restrições permite à *clearing* limitar o volume de garantias por tipo de ativo financeiro e por emissor.

Margens de garantia

O sistema de margens de garantia é um importante componente no funcionamento dos mercados derivativos e atuação da *clearing*, aplicável a clientes, participantes e membros de compensação.

Para assegurar a integridade do mercado, a BM&FBOVESPA reavalia diariamente as garantias necessárias. O nível das garantias exigidas dos agentes de compensação é estabelecido de acordo com os riscos efetivamente incorridos nas posições detidas pelos investidores sob sua responsabilidade.

O total de margem exigido para as posições detidas por um investidor é obtido pelo cálculo de dois componentes:

- Margem de prêmio: corresponde ao custo de liquidação da carteira de um investidor.
- Margem de risco: corresponde ao valor adicional necessário à liquidação da carteira de um investidor no caso de uma variação adversa nos preços de mercado.

> **História de negócios 37.1** Clearing BM&FBOVESPA
>
> Em agosto de 2014, a BM&FBOVESPA deu início às atividades da *clearing* BM&FBOVESPA. A nova infraestrutura de pós-negociação integrará em uma única plataforma os mercados de derivativos de bolsa e de balcão, ações e renda fixa privada, câmbio e títulos públicos federais. Desde a fusão entre a Bovespa e a BM&F (2008), a Bolsa administrava quatro *clearings* de compensação. Por razões históricas, elas foram estruturadas e organizadas com foco no tipo de produto e não no tipo de processo.
>
> Além de incorporar a *clearing* de derivativos, a ocasião serviu também para introduzir um dos mais modernos e seguros sistemas de administração de risco do mundo: o CORE (Closeout Risk Evaluation). A *clearing* BM&FBOVESPA trouxe mais robustez e competitividade ao mercado financeiro do Brasil, representando um marco em sua evolução e história.
>
> A primeira fase do projeto de integração da pós-negociação (IPN), que ocorreu em 2014, consistiu na migração dos mercados de derivativos financeiros e de *commodities*, de bolsa e de balcão, para a nova *clearing*. A próxima migração será dos mercados de ações e renda fixa privada. Após a conclusão da migração dos demais mercados, a Bolsa terá unificado em sua nova *clearing* os processos de registro, controle de posições, liquidação e administração de risco das operações realizadas nos diversos segmentos do mercado.
>
> Com o IPN e a criação de uma *clearing* única haverá apenas uma estrutura de participantes, um conjunto de processos operacionais e de regras, uma janela de liquidação e um único sistema de administração de risco e de garantias.
>
> De uma forma geral, a implantação da *clearing* BM&FBOVESPA gera importantes benefícios para o mercado, como:
>
> - Redução dos custos dos participantes do mercado e da Bolsa em virtude da padronização de regras e procedimentos, unificação de sistemas e maior automatização de processos;
> - Maior eficiência na gestão de caixa dos participantes, como resultado da unificação dos processos de liquidação das quatro *clearings* e da compensação de débitos e créditos dos diferentes mercados em um único saldo líquido;
> - Maior eficiência na alocação de capital pelos participantes, diante da implantação do novo sistema de cálculo de risco baseado em portfólio, capaz de reconhecer a compensação de riscos entre ativos, contratos e garantias distintos, e com diferentes perfis de liquidez, dos quatro mercados;
> - Modernização tecnológica completa, com simplificação da arquitetura de TI e redução de riscos operacionais e sistêmicos. A estimativa é que a nova plataforma tenha capacidade de processamento suficiente para suportar o crescimento dos mercados durante as próximas duas décadas e com plano de continuidade de negócios e de recuperação de desastre mais robustos.
>
> Poucas bolsas no mundo adotam o modelo de negócio de estrutura vertical da Bolsa, mais valorizado após a crise de 2008, quando demonstrou sua robustez. Neste cenário, a integração das atividades de pós-negociação significará para a BM&FBOVESPA um grande salto em termos de tecnologia e eficiência, ao proporcionar maior eficiência na alocação de capital dos participantes; adoção de uma administração de risco comum a todos os mercados e harmonização e integração dos modelos, processos, regulamentos e sistemas.

A informação sobre as margens calculadas é enviada ao sistema de garantias, que verifica a situação do investidor. Caso o valor de garantias depositado não seja suficiente para cobrir a margem requerida, o sistema de garantias automaticamente lança um débito na conta do investidor para que as exigências sejam respeitadas.

A chamada de margem de garantia ocorre diariamente após a especificação de todos os negócios realizados pelo participante na data, tomando por base a posição de fechamento do dia anterior. A *clearing* acompanha continuamente sua exposição ao risco de crédito dos participantes por meio do monitoramento do risco intradiário, que lhe permite realizar antecipações de chamada de margem, ao longo do dia (em D+0), reduzindo sua exposição a riscos.

Fatores primitivos de risco

O modelo de controle do risco de operações com derivativos desenvolvido pela BM&FBOVESPA representa variáveis financeiras que influenciam diretamente a formação dos preços dos ativos negociados na Bolsa e compreende:

- Preços dos mercados à vista;
- Estruturas a termo de taxas de juro. Para os contratos da BM&FBOVESPA, são consideradas as estruturas a termo em reais (curva de taxa pré) e em dólares (curva de cupom cambial);
- Nível de volatilidade dos mercados, fator de risco presente em contratos de opção.

Os "cenários de stress" podem ser oriundos tanto de análises técnicas/estatísticas, como análises de Extreme Value Theory (EVT), como de avaliações subjetivas sobre a conjuntura dos mercados.

A principal fonte de risco da *clearing* é a possibilidade de inadimplemento ou atraso dos participantes aos quais são atribuídas as operações com garantia da *clearing* – os membros de compensação. Na medida em que atua como contraparte central das operações registradas, a *clearing* torna-se responsável pelas posições dos inadimplentes perante os membros adimplentes. A fim de mitigar o risco de contraparte, a *clearing* adota modelo de cobertura de riscos, por meio de mecanismos de gerenciamento de riscos, que compreendem a exigência de depósito de margem de garantia, a definição de uma estrutura de salvaguardas adicionais, a imposição de limites para o tamanho de posições em aberto e para a oscilação de preços, entre outros.

Liquidação financeira

Para liquidação financeira de contratos derivativos não agropecuários considera-se dia útil aquele em que há pregão na BM&FBOVESPA para negócios com contratos derivativos e mercadorias, registrados na *clearing*. Os dias não úteis são aqueles em que não há pregão na BM&FBOVESPA.

Para efeito de liquidação financeira decorrente de contratos agropecuários, considera-se dia útil o dia em que: (1) há pregão na BM&FBOVESPA para negócios com contratos derivativos e mercadorias, registrados na *clearing*; e (2) não é feriado bancário nas praças de Nova York ou São Paulo.

37.3 CONTRATOS DERIVATIVOS NEGOCIADOS NA BM&FBOVESPA

Atualmente os produtos derivativos da BM&FBOVESPA dividem-se em quatro grandes grupos: derivativos **financeiros, de** *commodities***, minicontratos e contratos de balcão**. A seguir são detalhados os derivativos que compõem cada grupo:

Financeiros: são utilizados por pessoas e empresas que pretendam se proteger do risco das oscilações de câmbio, juros e índices, entre outros. Alguns negócios estão expostos a variações cambiais, e é preciso se proteger com estratégias de *hedge* utilizando contratos futuros de taxa de câmbio. O mesmo é válido para empresas expostas a variações nas taxas de juros, que podem se proteger com contratos futuros de DI; e as expostas a inflação, que podem se proteger com contratos futuros de índices de inflação. Os derivativos financeiros são constituídos atualmente pelos contratos de taxas de juros, índices, taxas de câmbio e títulos da dívida externa. O Quadro 37.1 apresenta o detalhamento dos contratos disponíveis.

QUADRO 37.1 Derivativos financeiros disponíveis na BM&FBOVESPA

Taxas de juros	Taxas de câmbio	Índices	Título da dívida externa
• Cupom cambial (DDI) • Cupom de IGP-M (DDM) • Cupom de IPCA (DAP) • Taxa média de depósitos interfinanceiros (DI1) • Swap cambial (DCO) • Taxa média das operações compromissadas (OC1) • Cupom cambial (DCO)	• Dólar (DOL) • Dólar australiano (AUD) • Dólar canadense (CAD) • Dólar da Nova Zelândia (NZD) • Euro (BR) • Franco suíço (CHF) • Iene (JPY) • Iuan (CNY) • Libra esterlina (GBP) • Lira turca (TRY) • Peso chileno (CLP) • Peso mexicano (MXN) • Rande da África do Sul (ZAR)	• Ibovespa (IND) • IBrX-50 (BRI) • IGP-M (IGM) • IPCA (IAP) • BVMF FTSE/JSE Top40 (JSE) • BVMF Hang Seng (HSI) • BVMF MICEX (MIX) • BVMF SENSEX (BSE) • BVMF S&P 500 (ISP)	• Global bonds • US T-Note (T10)

Commodities atendem à necessidade de comercialização de determinadas mercadorias. Devem ser utilizados por pessoas e empresas que desejam se proteger do risco de preço de seus produtos e matérias-primas. Com os derivativos de *commodities* é possível garantir a fixação dos preços de determinadas mercadorias, que sofrem impactos diretos de fatores externos, como clima, condições de solo e pragas, por exemplo.

Os contratos derivativos de *commodities* cobrem as seguintes mercadorias: açúcar, boi gordo, café arábica, etanol, milho, ouro, petróleo e soja. O Quadro 37.2 detalha os contratos disponíveis.

QUADRO 37.2 Contratos de derivativos de *commodities* na BM&FBOVESPA

Açúcar	Boi gordo	Café arábica
• Açúcar cristal com liquidação financeira (ACF)	• Boi gordo com liquidação financeira (BGI)	• Café arábica 4/5 (ICF) • Café arábica 6/7 (KFE)
Etanol	**Milho**	**Ouro**
• Etanol anidro carburate (ETN) • Etanol hidratado com liquidação financeira (ETH)	• Base de preço de milho • Milho com liquidação financeira (CCM)	• Ouro (OZ1)
Petróleo	**Soja**	
• Minicontrato futuro de petróleo (WTI)	• Soja com liquidação financeira (SFI) • Mini soja CME (SJC)	

Minicontratos Os minicontratos de futuros representam uma fração dos contratos-padrão e permitem a realização de operações com a mesma transparência e agilidade característica dos mercados de derivativos. Com os minicontratos, o acesso ao mecanismo de proteção de preço (*hedge*) é simplificado e os custos operacionais são baixos. Os valores são menores e acessíveis a investidores e a empresas de qualquer porte. Para começar a operar minicontratos basta fazer cadastro em uma corretora. O Quadro 37.3 detalha os minicontratos existentes.

QUADRO 37.3 Minicontratos disponíveis na BM&FBOVESPA

Financeiros
• Mini de dólar (WDO) • Mini de euro (WEU) • Mini Ibovespa (WIN)

Contratos de balcão: Esses produtos também são utilizados como *hedge* por instituições financeiras e não financeiras. Alguns produtos também são chamados de derivativos exóticos por permitirem certa flexibilidade em relação à padronização dos elementos dos contratos, a critérios das partes que estão negociando. São três os produtos para negociação no mercado de balcão organizado: os contratos a termo, *swaps* e contratos de opções flexíveis. O quadro abaixo especifica os contratos existentes em cada um deles.

QUADRO 37.4 Contratos de derivativos de balcão na BM&FBOVESPA

Opções flexíveis	Swaps	Termo
• BOVA11 • FIND11 • GOVE11 • Ibovespa • IBrX-50 • ISUS11 • Taxas de câmbio • Taxa de juro spot	• Swaps	• Moedas

Conheça as características e os detalhes dos contratos derivativos negociados na BM&FBOVESPA. Acesse http://www.bmfbovespa.com.br, e escolha Mercados > Mercadorias e Futuros > Derivativos > Contratos.

37.4 CONTRATOS FUTUROS DE TAXA DE JUROS NO BRASIL

O contrato futuro de DI de um dia é um contrato desenhado para negociar a taxa de juros acumulada nos depósitos interfinanceiros (DI) de um dia de prazo. Esses depósitos são realizados entre as instituições financeiras para troca de reservas no curtíssimo prazo, geralmente acompanhando as oscilações da taxa Selic. Ambas as taxas, DI e Selic, constituem um importante referencial para as demais taxas de juros brasileiras.

Esse produto é característico do mercado brasileiro e possui especificidades que tornam sua característica operacional e formas de cálculos únicos e diferentes dos derivativos de juros negociados em outras bolsas no mundo, conforme veremos a seguir.

Além dos futuros de DI de um dia, também são negociados na BM&FBOVESPA contratos futuros de cupom cambial, de cupom de DI × IGP-M e de cupom de IPCA (Índice de Preços ao Consumidor Amplo). Também são negociadas opções sobre IDI (Índice de Depósito Interfinanceiro), contratos futuros sobre títulos da dívida externa e registram-se *swaps* com variáveis referenciadas em taxas de juros.

No Brasil, os derivativos de juros são utilizados principalmente pelos agentes do mercado financeiro para proteger investimentos em títulos públicos pós-fixados, em ativos gerados no financiamento ao consumidor, e em exposição pré-fixada. Empresas e investidores de diversos portes, impulsionados pela necessidade de se manterem competitivos em suas áreas de atuação, têm aumentado consideravelmente a utilização dessa ferramenta para a gestão do risco de mercado.

QUADRO 37.5 Características do contrato futuro DI-1

Resumo do contrato futuro de DI de um dia	
Item	**Descrição**
Objeto de negociação	A taxa de juro efetiva até o vencimento do contrato, definida para esse efeito pela acumulação das taxas diárias de DI no período compreendido entre a data de negociação, inclusive, e o último dia de negociação do contrato, inclusive.
Unidade de negociação	PU multiplicado pelo valor em reais de cada ponto, estabelecido pela Bolsa.
Cotação	Taxa de juro efetiva anual, base 252 dias úteis, com até 3 casas decimais.
Meses de vencimento	Os quatro primeiros meses subsequentes ao mês em que a operação for realizada e, a partir daí, os meses que se caracterizarem como de início de trimestre (janeiro, abril, julho e outubro).
Último dia de negociação	Dia útil anterior à data de vencimento.
Data de vencimento	Primeiro dia útil do mês de vencimento.
Liquidação no vencimento	Na data de vencimento, as posições em aberto, após o último ajuste, serão liquidadas financeiramente pela Bolsa, mediante o registro de operação de natureza inversa (compra ou venda) à da posição, na mesma quantidade de contratos, pela cotação (preço unitário) de 100.000 pontos. Os resultados financeiros da liquidação serão movimentados no dia útil subsequente à data de vencimento.

A cotação do contrato é feita em taxa de juros efetiva anual, base 252 dias úteis, com até três casas decimais. O registro da operação, porém, é feito pelo seu preço unitário, conhecido como PU, expresso com duas casas decimais. No vencimento, esse PU vale 100.000 pontos, sendo cada ponto igual a R$1,00. Ou seja, o valor futuro do contrato no vencimento equivale a 100.000 pontos, ou R$100.000,00. Assim, as taxas de juros negociadas são expressas em preço unitário, ao trazer os 100.000 pontos do valor futuro do contrato para valor presente, considerando a taxa de juros efetiva, i, vigente no período de n dias úteis até o vencimento do contrato. Isto é:

$$PU = \frac{100.000}{\left(1 + \dfrac{i}{100}\right)^{n/252}}$$

■ Exemplo 37.1

O Banco do Parque comprou 200 contratos futuros de DI de um dia pela taxa de 14,45%, faltando 85 dias úteis para seu vencimento. O que podemos concluir a partir dessas informações?

Resposta

O Banco do Parque está vendido em PU, sendo este igual a:

$$PU = \frac{100.000}{\left(1 + \dfrac{14,45}{100}\right)^{85/252}} = 95.549,58 \text{ pontos}$$

Nesse exemplo o banco está "comprado em taxa", logo "vendido em PU".

Exemplo 37.2

O Banco da Montanha vende 600 contratos de futuros de DI de um dia pela taxa de 14,43%, faltando 75 dias úteis para seu vencimento. Qual é o PU de registro da operação?
    Como no vencimento o contrato de futuro vale 100.000 pontos, esse valor de registro surge ao responder a pergunta: qual é o montante de dinheiro que, se aplicado à taxa de 14,43% a.a. por 75 dias úteis, permitiria obter R$100.000 no vencimento do contrato?

Resposta

$$PU = \frac{100.000}{\left(1 + \dfrac{14,43}{100}\right)^{75/252}} = 96.067,70 \text{ pontos}$$

A "venda na taxa" de 14,43% a.a. resulta no registro de uma posição comprada, expressa em PU, de 96.067,70 pontos. ■

De acordo com os exemplos anteriores, podemos deduzir que a taxa de juros i e o PU têm comportamentos inversamente proporcionais. Ou seja, o aumento da taxa de juros leva a uma queda do PU, já que a base de desconto cresce. O inverso também se aplica: uma queda na taxa de juros aumenta o PU. Esse fato permite-nos referir à negociação de PU ou à negociação de taxa.

No mercado brasileiro, é comum a referência à compra ou à venda de taxa, já que a taxa é o objeto de negociação do próprio contrato. Ao negociar uma taxa, gera-se um PU em posição contrária ao que for negociado em pregão:

- A venda de taxa gera um PU comprado.
- A compra de taxa gera um PU vendido.

O mês de vencimento dos contratos é dado pela tabela a seguir, de acordo com o código, e a data de vencimento é o primeiro dia útil do mês de vencimento. Por exemplo, o contrato Z16, referente ao mês de vencimento de dezembro de 2016 vence dia 01/12/2016.

Código	Mês	Código	Mês	Código	Mês
F	Janeiro	G	Fevereiro	H	Março
J	Abril	K	Maio	M	Junho
N	Julho	Q	Agosto	U	Setembro
V	Outubro	X	Novembro	Z	Dezembro

A seguir segue tabela com as informações de negociação do Contrato Futuro de DI1 detalhada para cada vencimento, em 10 de fevereiro de 2016 e uma visão simplificada das fórmulas de ajuste diário:

Cód. vecto.	Contratos em aberto[1]	Núm. negócios	Contratos negociados	Volume financeiro (R$)	Ajuste[2]	Taxa ef. anual. (252)	Ajuste Anterior[3]
H16	733.332	8	9.030	896.389.498	99.267,94	14,14	99.267,90
J16	1.831.951	77	56.245	5.518.845.467	98.121,50	14,20	98.121,40
K16	218.350	43	39.125	3.798.538.549	97.086,75	14,23	97.082,95
M16	175.905	35	2.435	233.778.695	96.013,73	14,24	95.991,52
N16	1.237.878	288	46.925	4.452.346.309	94.886,32	14,29	94.861,08
Q16	48.200	3	120	11.258.640	93.825,90	14,32	93.780,00
U16	116.230	2	70	6.487.157	92.678,53	14,34	92.619,09
V16	733.961	65	3.675	336.763.368	91.643,21	14,35	91.571,73
X16	61.335	1	5	453.250	90.658,03	14,38	90.570,65
Z16	121.385	1	5	448.376	89.684,01	14,40	89.589,54
F17	2.231.182	1.462	96.790	8.575.933.383	88.623,93	14,41	88.522,00
G17	11.725	0	0	0	87.534,69	14,49	87.421,94
H17	7.640	1	5	433.289	86.652,97	14,54	86.532,47
J17	154.310	15	4.335	370.801.569	85.539,96	14,59	85.401,35
N17	553.044	375	11.175	922.387.477	82.575,74	14,78	82.413,82
V17	342.723	10	480	38.161.793	79.518,52	14,97	79.345,65
F18	1.284.812	2.826	76.705	5.880.495.861	76.702,01	15,11	76.548,61
J18	153.620	37	8.070	596.433.949	73.901,00	15,28	73.748,02
N18	418.560	101	2.565	182.297.769	71.085,34	15,44	70.950,34

(continua)

Cód. vecto.	Contratos em aberto[1]	Núm. negócios	Contratos negociados	Volume financeiro (R$)	Ajuste[2]	Taxa ef. anual. (252)	Ajuste Anterior[3]
V18	42.324	1	35	2.392.348	68.349,70	15,56	68.206,26
F19	899.583	1.469	20.025	1.317.250.557	65.799,56	15,66	65.648,80
J19	36.813	6	60	3.802.892	63.394,35	15,73	63.255,89
N19	280.261	54	1.740	106.203.763	61.040,16	15,8	60.912,50
V19	38.955	3	45	2.639.784	58.669,62	15,84	58.557,79
F20	224.150	522	10.445	590.081.300	56.458,79	15,87	56.360,86
J20	23.914	1	10	544.106	54.443,53	15,87	54.337,51
N20	24.215	2	10	525.223	52.522,32	15,88	52.418,18
V20	23.445	0	0	0	50.563,11	15,88	50.447,06
F21	882.506	2.130	34.940	1.703.633.806	48.733,95	15,88	48.608,04
J21	8.130	0	0	0	46.971,97	15,91	46.881,99
N21	3.905	0	0	0	45.246,42	15,93	45.189,17
V21	565	0	0	0	43.505,22	15,95	43.481,38
F22	26.951	35	290	12.170.984	41.880,22	15,97	41.886,04
N22	1.095	0	0	0	38.860,23	16,01	38.827,86
F23	264.144	365	5.600	201.887.344	35.992,04	16,04	35.925,79
N23	2.215	0	0	0	33.370,96	16,08	33.273,60
F24	40.630	6	35	1.085.731	30.922,93	16,11	30.797,59
N24	1.525	2	100	2.867.169	28.671,69	16,14	28.521,67
F25	337.485	430	6.160	162.965.670	26.380,31	16,22	26.318,10
F26	52.965	0	0	0	22.409,53	16,36	22.362,23
F27	62.263	46	3.050	58.318.147	19.073,77	16,48	19.036,68
F29	10	0	0	0	14.092,42	16,48	14.060,22
F30	20	0	0	0	12.113,23	16,48	12.083,50

http://www2.bmf.com.br/pages/portal/bmfbovespa/boletim1/BoletimOnline1.asp?caminho=&pagetype=pop&Acao=BUSCA&cbo Mercadoria=DI1

[1] Contratos em aberto na abertura do dia
[2] PU de ajuste calculado com base na taxa de ajuste.
[3] PU de ajuste do último dia de negociação anterior, atualizado para a data de 10/02/2016.

Ajuste diário

Para efeito de apuração do valor relativo ao ajuste diário das posições em aberto, serão obedecidos os critérios a seguir:

a) Inversão da natureza das posições em PU

As operações de compra e de venda, originalmente contratadas em taxa, serão transformadas em operações de venda e de compra, respectivamente, em PU.

b) Apuração do ajuste diário

As posições em aberto ao final de cada pregão, depois de transformadas em PU, serão ajustadas com base no preço de ajuste do dia, estabelecido conforme regras da Bolsa, com movimentação financeira (pagamento dos débitos e recebimento dos ganhos) no dia útil subsequente (D+1).

O ajuste diário será calculado até a data de vencimento, inclusive, de acordo com as seguintes fórmulas:

b.1) ajuste das operações realizadas no dia

$$ADt = (PA_t - PO) \times M \times N$$

b.2) ajuste das posições em aberto no dia anterior

$$AD_t = [PA_t - (PA_{t-1} \times FC_t)] \times M \times N$$

onde:

AD_t = valor do ajuste diário, em reais, referente à data "t";

PA_t = preço de ajuste do contrato na data "t", para o vencimento respectivo;

PO = preço da operação, em PU, calculado da seguinte forma, após o fechamento do negócio:

$$PO = \frac{100.000}{\left(1 + \frac{i}{100}\right)^{n/252}}$$

onde:

i = taxa de juros negociada;

n = número de saques-reserva, compreendido entre a data de negociação, inclusive, e a data de vencimento do contrato, exclusive;

M = valor em reais de cada ponto de PU, estabelecido pela BM&FBOVESPA;

N = número de contratos;

$PA_{(t-1)}$ = preço de ajuste do contrato na data "t–1", para o vencimento respectivo;

FC_t = fator de correção do dia "t", definido pela seguinte fórmula:

$$FC_t = \prod_{j=1}^{n}\left(1 + \frac{DI_{t-j}}{100}\right)^{1/252}$$

onde:

n = número de dias de saque-reserva (dia útil para fins de operações praticadas no mercado financeiro, conforme estabelecido pelo Conselho Monetário Nacional) entre o último dia de negociação e o dia do ajuste;

$DI_{(t-j)}$ = taxa de DI, referente ao j-*ésimo* dia útil anterior ao dia a que o ajuste se refere, com até seis casas decimais. Na hipótese de haver mais de uma taxa de DI divulgada para o intervalo entre dois dias de negociação consecutivos, essa taxa representará a acumulação de todas as taxas divulgadas.

Na data de vencimento do contrato, o preço de ajuste será 100.000.

Se, em determinado dia, a taxa de DI se referir a um período (número de dias) distinto daquele a ser considerado na correção do preço de ajuste, a BM&FBOVESPA poderá arbitrar uma taxa, a seu critério, para aquele dia específico.

O valor do ajuste diário (AD_t), se positivo, será creditado ao comprador da posição em PU (vendedor original em taxa) e debitado ao vendedor da posição em PU (comprador original em taxa). Caso o valor seja negativo, será debitado ao comprador da posição em PU e creditado ao vendedor da posição em PU.

■ Exemplo 37.3

Imagine agora que o Banco do Parque realizou a venda de 200 contratos futuros de DI de 1 dia, com vencimento em 95 dias úteis, a 14,50%, o que gera uma posição comprada em PU de 95.023,55 pontos. Pelos dados disponíveis na tabela, como podemos calcular os ajustes diários desta operação?

	Dias úteis*	Ajuste do dia	Taxa diária do DI	Ajuste do dia anterior corrigido	Ajuste diário
DIA 1	95	95.025,30	0,0537%	95.023,55	349,40
DIA 2	94	95.132,22	0,0531%	95.076,35	11.173,14
DIA 3	93	95.158,31	0,0534%	95.182,74	−4.885,39
DIA 4	92	95.194,85	0,0535%	95.209,10	−2.850,71

* Dias úteis até o vencimento do contrato.

Resposta

Dia 1

AD = (PU de Ajuste do Dia − PU da Operação) × N° de contratos × Valor do Ponto
AD = (95.025,30 − 95.023,55) × 200 × R$1,00
AD = + R$349,40

O agente que está vendido em taxa (comprado em PU) **recebe** ajuste diário.

Dia 2

AD = (PU de Ajuste do Dia − PU de Ajuste do Dia Anterior Corrigido) × N° de contratos × Valor do Ponto
AD = 95.132,22 − [95.025,30 × (1+ 0,0537%)] × 200 × R$1,00
AD = (95.132,22 − 95.076,35) × 200 × R$1,00
AD = + R$11.173,14

O agente que está vendido em taxa (comprado em PU) **recebe** ajuste diário.

Dia 3

AD = (PU de Ajuste do Dia − PU de Ajuste do Dia Anterior Corrigido) × N° de contratos × Valor do Ponto
AD = 96.158,31 − [95.132,22 × (1+ 0,0531%)] × 200 × R$1,00
AD = (96.158,31 − 95.182,74) × 200 × R$1,00
AD = −R$4.885,39

O agente que está vendido em taxa (comprado em PU) **paga** ajuste diário.

Dia 4

AD = (PU de Ajuste do Dia − PU de Ajuste do Dia Anterior Corrigido) × Nº de contratos × Valor do Ponto
AD = 96.194,85 − [96.158,31 × (1 + 0,0534%)] × 200 × R$1,00
AD = (96.194,85 − 95.209,10) × 200 × R$1,00
AD = −R$2.850,71

O agente que está vendido em taxa (comprado em PU) **paga** ajuste diário.

De uma forma resumida, podemos definir o ajuste da posição em aberto no dia anterior como:

$$AD_t = \left\{ PA_t - \left[PA_{t-1} \times \left(1 + DI_{t-1}\right)^{1/252} \right] \right\} \times M \times N$$

Onde:
ADt = valor do ajuste diário, em R$, em "t";
PAt = PU de ajuste em "t";
PO = PU da operação;
M = valor em R$ de cada ponto de PU (= R$1,00);
N = número de contratos;
PA_{t-1} = PU de ajuste em "t−1";
DI_{t-1} = taxa do DI de 1 dia em "t−1".

	Aumento da taxa	Queda da taxa
Comprado em taxa (vendido em PU)	Ajuste positivo	Ajuste negativo
Vendido em taxa (comprado em PU)	Ajuste negativo	Ajuste positivo

Importante
A correção do PU (preço de ajuste) do dia anterior (calculado a *n* dias do vencimento) pela taxa do DI desse dia é necessária para torná-lo comparável com o PU do dia subsequente (calculado a **n**-1 dias do vencimento).

Liquidação no vencimento

No vencimento, o contrato de DI de 1 dia vale R$100 mil. O PU final é de 100 mil pontos, cada ponto vale R$1,00. Isso decorre da fórmula de cálculo do PU quando faltam 0 dias para o vencimento:

$$PU = \frac{100.000}{\left(1 + \frac{14,50}{100}\right)^{0/252}} = 100.000,00$$

O PU pelo qual um contrato é negociado é corrigido diariamente pela taxa do DI de um dia para calcular o preço de ajuste corrigido (e, assim, o ajuste diário). Quando chegar ao vencimento, o PU original terá sido corrigido pela taxa DI acumulada entre a data de negociação, inclusive, e o último dia de negociação do contrato, inclusive (o último dia de negociação é o dia que antecede ao dia de vencimento). No vencimento, o PU corrigido pode estar acima ou abaixo dos 100 mil pontos. Veja o exemplo a seguir:

■ Exemplo 37.4

O Banco do Lago comprou um contrato futuro de DI, com 21 dias úteis para vencimento, por uma taxa de juros de 14,20% a.a. O PU da operação de compra foi de:

$$PU = \frac{100.000}{\left(1+\frac{14,20}{100}\right)^{21/252}} = 98.899,59$$

Suponha que a taxa de juros DI acumulada nestes 21 dias tenha sido de 15,00% a.a. Com isso, a instituição financeira (que está comprada em taxa de juros e vendida em PU) ganha R$58,19, pois no vencimento vende por R$100.058,19 um título cujo valor no vencimento é de R$100.000,00.

$$PU = 98.899,59 \times \left(1+\frac{15}{100}\right)^{21/252} = 100.058,19$$

Quem ficou vendido em taxa de juros e comprado em PU tem uma perda financeira de R$58,19, pois no vencimento, compra por R$100.058,19 um título cujo valor no vencimento é de R$ 100.000,00. ■

Os contratos futuros de DI e as operações de *hedge* e arbitragem

Os ativos e passivos de renda fixa estão sujeitos às oscilações indesejáveis da taxa de juros. Uma forma de protegê-los é a utilização dos mercados de futuros de taxa de juros. O uso dos contratos futuros de DI de um dia exige uma análise cuidadosa que evidencie claramente a situação que se quer proteger (ativa ou passiva, pré-fixada ou pós-fixada, etc.) para tirar adequado proveito do instrumento de proteção.

De forma esquemática, podemos caracterizar as seguintes situações básicas:

QUADRO 37.6 Estratégias com contrato futuro DI-1

POSIÇÃO (Mercado a vista)	RISCO	ESTRATÉGIA (Mercado futuro)
Ativa pós-fixada	Queda da taxa de juro	Vender taxa = ficar comprado em PU Se a taxa de juro cair, o retorno da aplicação ou empréstimo concedido será prejudicado. Ao **iniciar** a operação no mercado futuro, define-se uma taxa de juro transformando a posição original em prefixada.
Passiva pós-fixada	Alta da taxa de juro	Comprar taxa = ficar vendido em PU Se a taxa de juro subir, os encargos referentes à dívida contraída aumentarão. Ao iniciar a operação no mercado futuro, define-se uma taxa de juro transformando a posição original em prefixada.

(continua)

QUADRO 37.6 *Continuação*

POSIÇÃO (Mercado a vista)	RISCO	ESTRATÉGIA (Mercado futuro)
Ativa prefixada	Alta da taxa de juro	Comprar taxa = ficar vendido em PU Se a taxa de juro subir, a aplicação ou empréstimo concedido deixará de ser atrativo frente às outras alternativas do mercado. Ao **final** da operação no mercado futuro a posição original terá sido remunerada por uma taxa pós-fixada (até esse momento, desconhecida).
Passiva prefixada	Queda da taxa de juro	Vender taxa = ficar comprado em PU Se a taxa do juro cair, a dívida contraída se tornará cara face às outras alternativas do mercado. Ao **final** da operação no mercado futuro, a posição original terá gerado encargos de juro calculados por uma taxa pós-fixada (até esse momento, desconhecido).

Detentores de uma posição prefixada no mercado à vista podem tentar transformar a operação original numa com rendimentos pós-fixados. Para conseguir isso, é preciso realizar as operações em momentos muito particulares do mercado.

QUADRO 37.7 Estratégias de compra e venda de taxa com contrato futuro DI-1

POSIÇÃO (Mercado a vista)	RISCO	ESTRATÉGIA (Mercado futuro)
Ativa prefixada	Alta da taxa de juro	Comprar taxa = ficar vendido em PU
Passiva	Queda da taxa de juro	Vender taxa = ficar comprado em PU

■ *Exemplo 37.5*

Um lote de 1.000 LTNs (Tesouro Prefixado) com 21 dias úteis de prazo a decorrer, adquiridas a R$ 987.995,90 (isto é, com uma taxa de desconto de 14,20% a.a.) pode ser transformada em um título que "rende" a taxa DI de Um dia. Isso é possível com a compra de 10 contratos de futuros na BM&FBOVESPA com vencimento exatamente em 21 dias úteis pelo mesmo preço.

Veja a seguir o resultado supondo que a taxa DI acumulada nestes 21 dias úteis fique em 15,0% ao ano.

QUADRO 37.8 Estratégias de *hedge* de LTN com contrato futuro DI-1

	Posição inicial	Posição final
Compra de 1.000 LTNs	R$ 987.995,90	R$ 1.000.000,00
Posição comprada de futuros	R$ 987.995,90	$PU = 987.995{,}90 \times \left(1 + \dfrac{15}{100}\right)^{21/252} = 995.570{,}19$
Estratégia combinada	R$ 987.995.90	R$ 999.570,19
Rentabilidade	14,20% (prevista)	$i = \left[\left(\dfrac{999.570{,}19}{987.995{,}90}\right)^{252/21} - 1\right] \times 100 = 15\%$ (realizada)

A estratégia para transformar uma posição ativa prefixada em uma pós-fixada só poderá ser realizada quando o mercado futuro oferecer condições apropriadas:

- A taxa do mercado de futuros é inferior à da posição à vista: a estratégia só deve ser montada caso se espere melhora substancial das taxas no mercado futuro.
- A taxa do mercado de futuros é superior à da posição à vista: a estratégia deve melhorar a rentabilidade da posição ativa, a menos que o mercado de futuros inverta a tendência.

Exemplo 37.6

Aumento de 0,01% na compra da posição em DI-1

Suponha que no momento da compra da posição no mercado futuro a taxa para o mesmo vencimento tenha aumentado 1 ponto-base (0,01%).

Nesse caso a taxa de compra é de 14,21% e a posição em futuro DI-1 é comprada por 987.988,68 (vencimento em 21 dias úteis e posição de 10 contratos).

Suponha ainda que a taxa DI acumulada no período seja de 14,20%. A posição adquirida em futuro de DI-1 será corrigida pela taxa acumulada. A estratégia trará um rendimento final de 14,19% a.a., inferior aos 14,20% a.a. da posição em LTN.

$$987.988{,}68 \times (1 + 0{,}1420)^{(21/252)} = 998.981{,}58$$

O detentor da posição terá ajuste negativo de R$1.018,42 para toda a posição (10 contratos):

$$(998.981{,}58 - 1.000.000{,}00) = -R\$1.018{,}42$$

A rentabilidade final, quando somamos os resultados à vista (1.000.000,00) e futuro (−1.018,42) ficará prejudicada:

$$\text{Rentabilidade} = \left\{ \left[\frac{1.000.000 - 1.018{,}42}{987.995{,}90} \right]^{252/21} - 1 \right\} \times 100 = 14{,}19\%$$

Queda de 0,01% na compra da posição em DI-1

Agora a taxa de compra da posição é de 14,19% e a posição em futuro DI-1 é comprada por 988.003,12 (vencimento em 21 dias úteis e posição de 10 contratos).

Suponha ainda que a taxa DI acumulada no período seja agora de 14,25%. A posição adquirida em futuro de DI-1 será corrigida pela taxa acumulada. Verifique que nesse caso, a estratégia trará um rendimento final de 14,26%a.a., superior aos 14,20% da posição em LTN.

Suponha agora o cenário em que a compra da posição em contratos de futuros seja realizada à mesma taxa de compra da posição em LTN, 14,19% para 21 dias úteis e a taxa DI acumulada no período tenha um aumento ou uma queda de 1 ponto percentual em relação à taxa de compra da posição em DI-1.

Aumento de 0,01% na taxa acumulada da posição em DI-1

A taxa de compra da posição é de 14,20% e a posição em futuro DI-1 é comprada por 987.995,90. A taxa DI acumulada no período é de 14,25%. Verifique que nesse caso, a estratégia trará um rendimento final de 14,25%a.a., superior aos 14,20% da posição em LTN.

Queda de 0,01% na taxa acumulada da posição em DI-1

A taxa de compra da posição é de 14,19% e a posição em futuro DI-1 é comprada por 988.003,12. A taxa DI acumulada no período é de 14,18%. Verifique que nesse caso, a estratégia trará um rendimento final de 14,19%a.a., inferior aos 14,20% da posição em LTN. ∎

Usos mais frequentes do DI

A compra ou venda de contratos futuros para efeitos de *hedge* obedece às estratégias de *hedge* decididas em função de posições ativas e passivas. Observe as mudanças:

QUADRO 37.9 Estratégias de hedge de taxa com contrato futuro DI-1

POSIÇÃO MERCADO A VISTA			
Ativa	Passiva	Risco	ESTRATÉGIA (Mercado futuro)
Prefixada	Pós-fixada	Alta da taxa de juro	Comprar taxa = ficar vendido em PU. Se a taxa de juros subir, os encargos referentes à dívida contraída aumentarão. A operação no mercado futuro permite prefixar uma taxa para a ponta passiva, determinando, assim, no início da estratégia, o *spread* das posições combinadas.
Prefixada	Prefixada	Não há	—
Pós-fixada	Pós-fixada	Não há	—
Pós-fixada	Prefixada	Queda da taxa de juro	Vender taxa = ficar comprado em PU. Se a taxa de juro cair, o retorno da aplicação ou empréstimo concedido será prejudicado. A operação no mercado futuro permite prefixar uma taxa para a ponta ativa, determinando, assim, no início da estratégia, o spread das posições combinadas.

As operações especulativas realizadas neste mercado, em geral, visam potencializar os ganhos de uma posição. A decisão de comprar ou vender taxa dependerá da tendência esperada para a taxa de juros. Veja alguns exemplos:

QUADRO 37.10 Estratégias de hedge de taxa com contrato futuro DI-1

POSIÇÃO MERCADO A VISTA			
Ativa	Passiva	EXPECTATIVA (sobre a taxa de juros)	ESTRATÉGIA (Mercado futuro)
Prefixada	Prefixada	Alta	Comprar taxa = ficar vendido em PU. A operação no mercado futuro permite usufruir de eventuais altas da taxa de juro, aumentando o *spread* das posições combinadas.
Pós-fixada	Pós-fixada	Baixa	Vender taxa = ficar comprado em PU. A operação no mercado futuro permite fixar uma taxa (a da operação no mercado futuro) que proporcionará ganhos a tendência de queda se confirmar, melhorando o *spread* das posições combinadas.

As estratégias especulativas, contudo, podem levar a resultados negativos, com piora do spread, caso as expectativas não forem confirmadas.

Resultados do *hedge* no mercado de DI

Ao negociar uma taxa de juros no mercado futuro de DI na BM&FBOVESPA, obtém-se uma posição expressa em PU referente a um valor nocional de R$100.000 no vencimento.

Diariamente, as posições em aberto são corrigidas pela taxa de juros do DI de um dia, antes de apurar o ajuste diário. O resultado final de um *hedge* será obtido comparando R$100.000,00 com o PU original corrigido pela taxa de juros acumulada no período da operação.

Não esqueça que no mercado futuro de DI na BM&FBOVESPA, o valor do ajuste diário (AD_t), se positivo, será creditado ao comprador da posição em PU (vendedor original em taxa) e debitado ao vendedor da posição em PU (comprador original em taxa). Caso o valor seja negativo, será debitado ao comprador da posição em PU e creditado ao vendedor da posição em PU.

■ Exemplo 37.7

Veja os resultados que poderão ocorrer sobre uma posição vendida em PU a 99.178,83 pontos (comprada à taxa de 16%) a 14 dias úteis da data do vencimento do contrato futuro, supondo que a taxa acumulada do DI foi de:

a) 15,75% a.a. ou 0,0581% a.d.

No final do período, o PU de nossa posição será definido por:

$$99.178,83 \times 1,00058114 = 99.178,83 \times 1,008165 = 99.988,60$$

Esse valor é inferior ao valor de liquidação previsto no contrato.

Neste caso, a queda da taxa de juros obrigou o vendedor de PU a pagar 99.988,60 − 100.000,00 = R$11,40 por contrato; valor que foi realizado diariamente no processo de ajustes diários que aqui não estamos apresentando para simplificar.

b) 16,00% a.a. ou 0,0589% a.d.

No final do período, o PU de nossa posição será definido por:

$$99.178,83 \times 1,00058914 = 99.178,83 \times 1,008280 = 100.000,00$$

que é o mesmo valor de liquidação previsto no contrato.

Nesta situação, nada se ganha ou perde, pois a posição foi aberta buscando proteção para um nível de taxa de juros que foi o exatamente verificado.

c) 16,40% a.a. ou 0,0603% a.d.

No final do período, o PU de nossa posição será definido por:

$$99.178,83 \times 1,00060314 = 99.178,83 \times 1,008475 = 100.019,38$$

Esse valor é superior ao valor de liquidação previsto no contrato. Neste caso, o aumento da taxa de juros levou ao recebimento de 100.019,38 − 100.000 = R$19,38 por contrato; valor que foi realizado diariamente no processo de ajustes diários que aqui não estamos apresentando para simplificar. ■

Os contratos futuros de taxa de juros bem como os títulos negociados no mercado à vista são utilizados para o cálculo da estrutura a termo da taxa de juros (ETTJ) do mercado brasileiro, detalhada no tópico seguinte.

37.5 ESTRUTURA A TERMO DAS TAXAS DE JUROS (ETTJ) NO BRASIL

A boa gestão dos títulos de dívida exige a compreensão do significado da curva de retornos e de sua estruturação. A taxa à vista, ou taxa *spot*, é o retorno exigido no momento da cotação de um fluxo de caixa futuro, no período compreendido entre o momento da sua cotação e a data de seu vencimento. Já a taxa a termo, ou *forward*, é o retorno exigido hoje para um período entre duas datas futuras do período até o vencimento do fluxo de caixa futuro. Assim, cada taxa à vista resulta da composição das taxas a termo exigidas entre períodos intermediários do período até o vencimento do fluxo de caixa.

Para construir uma curva de juros, é preciso reunir informações de taxas pagas por um mesmo título em diversos prazos e montar uma tabela como se exemplifica a seguir com valores fictícios. Suponha que as seguintes taxas vigoram hoje para os prazos de um a cinco anos para títulos sem risco.

TABELA 37.1 Dados para montagem de uma curva de retornos

Ano	Taxa à vista
1	7,00%
2	8,00%
3	9,00%
4	9,50%
5	9,75%

As taxas à vista apresentadas na **Tabela 37.1** acumulam fatores de taxa (para capitalização de hoje até o vencimento ou para cálculo do valor presente de um fluxo de caixa no vencimento), conforme a coluna "Fator de taxa no vencimento" do **Quadro 37.11** a seguir. Os fatores de taxa no vencimento são obtidos pelo fator de taxa à vista capitalizada pelo número de períodos.

QUADRO 37.11 Determinação das taxas a termo a partir dos fatores de taxas à vista

Ano	Número de períodos	Taxa à vista (*spot*)	Fator de taxa no vencimento	Fator de taxa entre vencimentos	Taxa a termo (*forward*)
Ano 1	1	7,00%	1,0700		
Ano 2	2	8,00%	1,1664	1,09009	9,01%
Ano 3	3	9,00%	1,2950	1,11028	11,03%
Ano 4	4	9,50%	1,4377	1,11014	11,01%
Ano 5	5	9,75%	1,5923	1,10756	10,76%

O fator de taxa do ano 2 resulta da composição do fator de taxa à vista desse vencimento, 8%, pelo número de períodos até esse vencimento, 2:

$$(1,08)^2 = 1,1664$$

Entretanto, no primeiro ano, o retorno deve ser de 7%, pois essa é a taxa praticada no mercado para um ano. Logo, temos:

$$1,07 \times r_{1\text{-}2} = 1,1664$$

Onde $r_{1\text{-}2}$, é a taxa de juros entre o final do período 1 e o final do período 2. Fazendo o cálculo, vemos que essa taxa é 9,01%. Essa taxa entre os anos 1 e 2 é a taxa a termo do ano 2.

Assim, enquanto a taxa à vista para o segundo vencimento é 8%, a taxa a termo do período 2 é 9,01%.

O fator de taxa do ano 3 resulta da composição do fator de taxa à vista desse vencimento, 9%, pelo número de períodos até esse vencimento, 3:

$$(1,09)^3 = 1,2950$$

No segundo anos, o retorno deve ser de 8% a.a., pois essa é a taxa praticada no mercado para dois anos. Logo, temos:

$$1,1664 \times r_{2\text{-}3} = 1,2950$$

Onde $r_{2\text{-}3}$, é a taxa de juros entre o final do período 2 e o final do período 3. Fazendo o cálculo, vemos que essa taxa é 11,03%. Essa taxa entre os anos 2 e 3 é a taxa a termo do Ano 3.

Assim, enquanto a taxa à vista para o terceiro vencimento é 9% a.a., a taxa a termo do período 3 é 11,03%.

Repetindo os cálculos até o quinto vencimento temos as demais taxas a termo, presentes na tabela anterior.

Observe que as taxas à vista são negociadas de hoje até determinado vencimento, e as taxas a termo são negociadas para um período que inicia em data futura. Entretanto, a estrutura a termo das taxas de juros é definida pelas taxas à vista para cada vencimento futuro e não pelas taxas a termo. Isso faz sentido, porque queremos saber qual é o valor hoje de valores em cada data futura representada na curva.

A estrutura a termo das taxas de juros é muito utilizada tanto na teoria como na prática dos mercados de taxas de juros, é também chamada de curva de retornos, curva de rendimento e *yield curve*.

Uma importante utilidade derivada da observação das taxas de juros atuais (presentes) que formam a curva de rendimentos é que elas fornecem informação sobre taxas futuras: as chamadas taxas a termo implícitas ou taxas *forward* implícitas.

Com base na informação apresentada, vamos analisar um exemplo sobre a forma da taxa *forward* implícita para os títulos que, em 01/07, tenham 180 dias de prazo a decorrer.

■ Exemplo 37.8

Cálculo de cálculo da taxa a termo (*forward*)

Prazo do título em 01/01	Taxa ao ano em 01/01	Rendimento Semestre 1 (taxa semestral)	Rendimento Semestre 2 (taxa semestral)	Taxa ao ano projetada em 01/07
180 dias	12%	5,83% (A)		
360 dias	13%	6,30% (B)	6,77% (C)	14,00% (D)

(A) $[(1 + i)^{(1/2)} - 1] \times 100 = [(1 + 0{,}12)^{(1/2)} - 1] \times 100 = 5{,}83\%$
(B) $[(1 + i')^{(1/2)} - 1] \times 100 = [(1 + 0{,}13)^{(1/2)} - 1] \times 100 = 6{,}30\%$
(C) $i'' = \{[(1 + i') / (1 + i)^{(1/2)}] - 1\} \times 100$
$i'' = \{[(1 + 0{,}13)/(1 + 0{,}12)^{(1/2)}] - 1\} \times 100 = 6{,}77\%$
(D) $[(1+i'')^2 - 1] \times 100 = [(1 + 0{,}0677)^2 - 1] \times 100 = 14{,}00\%$

Se, ao usar apenas as taxas de juros praticadas em uma data qualquer, podemos inferir as taxas (implícitas) futuras, cabe perguntarmos qual a necessidade de um mercado futuro de taxas de juros. ∎

Embora a função de promover a descoberta de preços seja realizada pela estrutura a termo das taxas de juros implícitas, ela não propicia a facilidade operacional dos mercados futuros. É possível fixar taxas futuras operando títulos de diferentes prazos, mas não é fácil nem barato administrar esse *hedge*.

As vantagens do mercado futuro e sua importância para a gestão financeira de empresas e instituições financeiras são inquestionáveis. Mas, guardemos uma característica muito importante desse mercado: o conjunto das cotações, observadas em um dia, para os diferentes vencimentos de um contrato futuro destinado à negociação da taxa de juros. Isso também define uma estrutura de taxas *forward*.

No mercado brasileiro, a estrutura a termo da taxa de juros pode ser calculada tendo por base os títulos negociados no mercado à vista, bem como os contratos futuros de taxa de juros. Em ambos os casos, referida a datas específicas, denominados vértices.

Todavia, como o contrato futuro de taxa DI da BM&FBOVESPA foi desenhado para negociar a taxa de juros *spot* acumulada entre o dia da operação e o dia do vencimento do contrato futuro, para chegar à estrutura de taxas implícitas, é preciso um cálculo adicional: apurar as taxas implícitas nos PUs de cada par de vencimentos futuros.

Veja um exemplo de como deduzir as taxas *forward* a partir do mercado futuro de DI de um dia da BM&FBOVESPA. Considere os seguintes dados a respeito dos contratos futuros negociados no dia 28/12 que serão utilizados para obter a curva de juros.

Data	Série	Vencimento*	NDU**	Taxa	PU
28/12	FEV	03/02	23	13,26%	98.869,98
28/12	MAR	05/03	44	13,22%	97.855,41
28/12	ABR	01/04	64	13,17%	96.906,73
28/12	MAI	02/05	85	13,08%	95.938,49
28/12	JUL	01/07	127	12,95%	94.047,45

*O vencimento ocorre no primeiro dia útil do mês.
** Número de dias úteis para o vencimento.

Para apurar a taxa *forward* para 21 dias úteis (período entre 03/02 e 05/03), faz-se o seguinte cálculo:

$$\left\{\left[\frac{(1+0{,}1322)^{44/252}}{(1+0{,}1326)^{23/252}}\right]^{252/(44-23)} - 1\right\} \times 100 = 13{,}18\% \text{ a.a.}$$

Repetindo o cálculo para os demais prazos, chegamos à seguinte estrutura temporal:

Período	Prazo (dias úteis)	Taxa *forward*
03/02 a 05/03	21	13,18%
05/03 a 01/04	20	13,06%
01/04 a 02/05	21	12,81%
02/05 a 01/07	42	12,69%

Derivações mais complexas podem ser realizadas a partir da informação oferecida pela estrutura a termo de taxas de juros.

Às vezes, é conveniente ou necessário apurar a estrutura a termo de taxas com referência a outros vértices. Se, por exemplo, houver informação de taxas no mercado *spot* de títulos para prazos de 30, 60, 90 e 120 dias úteis, poderá interessar apurar as taxas *forward* para 21; 42; 63, 84 e 105 dias.

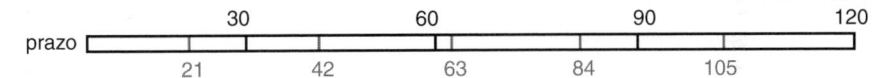

A forma da curva de juros depende principalmente das expectativas dos participantes do mercado em relação às taxas de juros futuras e da aversão ao risco por parte dos investidores. Como comentado acima, é muito importante lembrar que devido ao número finito de ativos e derivativos disponíveis, não é possível determinar uma taxa de juros para cada prazo possível, mas apenas para determinados prazos. A determinação das taxas para prazos intermediários deve ser realizada através do método de interpolação julgado mais adequado. As interpolações mais utilizadas no mercado são:

- Interpolação linear
- Interpolação log-linear
- *Splines* cúbicas

Quando a diferença entre taxa curta e a taxa longa é muito grande, a curva revela uma desconfiança dos agentes com relação à taxa do longo prazo. Questões estruturais ou de expectativa dos agentes quanto aos agentes emissores de dívida para o longo prazo os levam a exigir um prêmio muito alto para carregar títulos longos.

Fortes discrepâncias entre a taxa de curto e de longo prazo podem estar indicando um "erro" que deverá ser corrigido pelo próprio mercado no futuro. Se estiverem muito altas, então deverão cair e, se estiverem muito baixas, deverão subir. Em outras palavras, a curva de juros também pode revelar as tendências das taxas *forward* que refletem a situação econômica do momento.

37.6 OPERAÇÕES DE *SWAPS* NO BRASIL

O contrato de *swap* representa um acordo no qual as contrapartes trocam fluxos de caixa futuros baseados em indexadores (como taxas de juros, moedas, índices de inflação, ações e outros), valor de referência e prazo. A valorização do contrato tem base na regra de formação do indexador.

Por se tratar de um derivativo negociado em mercado de balcão o valor de referência, os indexadores, o prazo e as condições de liquidação, são definidos pelas partes. Estes contratos devem ser registrados em uma câmara de registros autorizada por órgãos reguladores (Banco Central do Brasil e CVM). Estas câmaras podem ser a *clearing* BM&FBOVESPA ou CETIP.

Há vários tipos de *swaps* no que diz respeito aos indexadores. Aquele com maior volume de negociação no mercado internacional é o *swap* de taxas de juro; em seguida está o *swap* de moedas. Há também o *swap* de índices (inflação, ações), *swaps* de *commodities*, e outros.

No mercado financeiro brasileiro, os *swaps* DI x pré e dólar x pré são os mais comuns. Segue abaixo um exemplo de *swap* pré x DI para ilustrar:

■ Exemplo 37.9

Em um *swap* Pré x DI a troca é entre um fluxo remunerado pela taxa acumulada do DI (taxa média de depósitos interfinanceiros de um dia), definida e calculada e divulgada pela CETIP, por fluxo remunerado por uma taxa prefixada, determinada no início da operação.

O Banco X emprestou R$ 10 milhões para o Banco Y corrigido à 100% do DI. Por outro lado, o mesmo Banco X captou no mercado R$ 10 milhões corrigidos à taxa pré-fixada de 15,5% a.a. em reais pelo prazo de um ano. Desta forma, o Banco X está ativo em DI e passivo em taxa Pré de 15,5% ao ano. Sendo assim, para administrar o risco da exposição do seu ativo em uma taxa de juros pós-fixada, o Banco X contratou junto a outro banco (Banco Z) um *swap* Pré x DI, com prazo de um ano, sendo a ponta ativa atrelada à taxa pré de 16% e a passiva a 100% do DI.

Abaixo, um resumo das operações:

Banco X

- Empresta R$ 10 milhões ao Banco Y: ativo em 100% do DI
- Capta R$ 10 milhões a mercado: passivo em taxa Pré de 15,5%

Situação do Banco X	
Ativo	Passivo
100% do DI	Pré de 15,5%aa

Após o *swap* Pré x DI:

Banco X

- Ativo em Taxa Pré de 16%
- Passivo em 100% do DI

Situação do Banco X após o Swap	
Ativo	Passivo
100% do DI	Pré de 15,5%aa
Swap	
Pré de 16%aa	100% do DI

Com o *swap*, o Banco X elimina o risco de taxa de juros pós-fixada (taxa DI). Considerando que o DI acumulado no período ano foi de 16,65%, o resultado da operação será:

Posição original:

$$\text{Ponta ativa em CDI} = 10.000.000 \times (1 + 0,1665) = R\$ 11.665.000,00$$

$$\text{Ponta passiva em pré} = 10.000.000 \times (1 + 0,155) = R\$ 11.550.000,00$$

$$\text{Resultado da situação original} = R\$ 115.000,00$$

Com o *swap*, temos:

$$\text{Ponta passiva em CDI} = 10.000.000 \times (1 + 0,1665) = R\$ 11.665.000,00$$

$$\text{Ponta ativa em pré} = 10.000.000 \times (1 + 0,16) = R\$ 11.600.000,00$$

$$\textit{Swap} (\text{Pré} \times \text{DI}) = -R\$ 65.000,00$$

Resultado da operação mais o *swap* = R$50.000,00

A estratégia propiciou um ajuste positivo de R$ 50.000,00 ao Banco X, pois o resultado do *swap* compensa a diferença verificada nos juros acumulados entre as duas variáveis da operação original. ∎

Observe que, mesmo se as taxas de juro subissem para 18% no acumulado do ano, o resultado das operações seria positivo e igual a R$ 50.000,00. Sem a utilização do *swap*, nesse caso, o banco ganharia R$ 250.000,00. No entanto, na liquidação do *swap* pagaria R$ 200.000,00, que resulta de calcular $10.000.000 \times (1,160 - 1,180)$, tornando o resultado global da estratégia igual a R$ 50.000,00.

Swap DOL × Pré

Em um *swap* Dol × Pré, as partes pactuam a troca da variação do dólar (PTAX 800 de venda divulgada pelo Bacen) acrescida do cupom cambial (juros em moeda estrangeira) por uma taxa prefixada. Este *swap* é utilizado, por exemplo, por empresas importadoras interessadas em proteger sua dívida futura da variação cambial e desejam trocá-la por exposição em taxa prefixada. Veja um exemplo, a seguir.

■ Exemplo 37.10

A empresa ABC Importações S/A tem uma dívida de US$ 1 milhão a vencer em um ano. Seus recebíveis são todos em reais, indexados à uma taxa prefixada e, portanto, seu montante acumulado ao longo de um ano para pagar a dívida está em moeda diferente de sua dívida. Com isso, a empresa ABC fica exposta à variação da cotação do dólar e corre o risco de, ao chegar a data do pagamento sua dívida, sua receita em reais não seja suficiente para quitá-la.

Desta forma para se proteger, ou seja, fazer o *hedge* de sua dívida, a empresa ABC contrata junto ao Banco X um *swap* dólar x Pré, com vencimento em um ano, com os seguintes parâmetros:

Ativo em variação cambial + 6%aa
Passivo em taxa pré de 16%aa
Vencimento: um ano (365 dias corridos / 252 dias úteis)
Valor base em USD: 1.000.000

No momento da contratação, a PTAX de início da operação está cotada em R$ 3,95/US$. Como a operação tem prazo de um ano, temos 365 dias corridos ou 252 dias úteis.

Nesta mesma data, a empresa precisaria de R$ 3.950.000 (valor base em R$) para pagar sua dívida. Como a empresa não sabe qual será a cotação do dólar no vencimento ela não consegue mensurar o volume financeiro em reais que será necessário para o pagamento da dívida. Isso deixa exposto seu fluxo de caixa e pode comprometer a saúde financeira da empresa.

Desta forma, por meio do *swap* ela pode mitigar este risco.

Para ilustrar, será criado dois cenários:

- Cenário 1: Dólar PTAX do vencimento cotado a R$ 3,50
- Cenário 2: Dólar PTAX do vencimento cotado a R$ 4,50

Para o primeiro cenário:
Ponta ativa = Valor base em reais × (PTAX no vencimento / PTAX de início) × (1 + cupom cambial × DC/360)

$$= 3.950.000 \times \left(\frac{3,50}{3,95}\right) \times \left(1 + \frac{3,9}{100} \times \frac{365}{360}\right) = R\$\ 3.638.396,83$$

Ponta passiva:

$$\text{Ativo em PRÉ} = 3.950.000 \times \left(\frac{16}{100} + 1\right)^{\frac{252}{252}} = R\$\ 4.582.000$$

Neste cenário, a empresa ABC, o *swap* tem como resultado a diferença entre a ponta ativa e a passiva, ou seja, a empresa paga ajuste no valor de R$ 943.604,17.

Considerando que os recebíveis da empresa ABC sejam remunerados à mesma taxa pré do período, no vencimento ela terá em caixa o valor de R$ 4.582.000. Como foi pago ao banco o ajuste acima, a empresa possui como resultado final o valor de R$ 3.638.396,83, que convertido pela mesma PTAX de R$ 3,50/US$, ela terá US$ 1.039.542,67. Este valor é exatamente o valor da dívida valorizado pela taxa de juros em dólares, ou seja, o cupom cambial.

No cenário 2 temos:
Ponta ativa = Valor base em reais × (PTAX no vencimento / PTAX de início) × (1 + cupom cambial × DC/360)

$$= 3.950.000 \times \left(\frac{4,50}{3,95}\right) \times \left(1 + \frac{3,9}{100} \times \frac{365}{360}\right) = R\$\ 4.677.938,50$$

Ponta passiva:

$$\text{Ativo em PRÉ} = 3.950.000 \times \left(\frac{16}{100} + 1\right)^{\frac{252}{252}} = R\$\ 4.582.000$$

Neste cenário, o *swap* tem como resultado a diferença entre a ponta ativa e a passiva, ou seja, a empresa recebe ajuste no valor de R$ 95.938,50.

Assim como no cenário anterior, considerando que os recebíveis da empresa ABC sejam remunerados à mesma taxa pré do período, no vencimento ela terá em caixa o valor de R$ 4.582.000. Como a empresa recebeu do banco o ajuste acima, a empresa possui como resultado final o valor de R$ 4.677.937,50, que convertido pela mesma PTAX de R$ 4,50/US$, ela terá US$ 1.039.542,67. Este valor é exatamente o valor da dívida valorizado pela taxa de juros em dólares, ou seja, o cupom cambial.

O quadro abaixo resume a operação:

		Cenário 1 (PTAX em R$/US$) 3,500	Cenário 2 (PTAX em R$/US$) 4,500
Swap	Ativo em VC + 7%aa	R$ 3.638.396	R$ 4.677.938
	Passivo em Pré a 16%aa	R$ (4.582.000)	R$ (4.582.000)
	Ajuste em R$	R$ (943.604)	R$ 95.938
Empresa ABC	Ativo em Pré*	R$ 4.582.000	R$ 4.582.000
Resultado	em R$	R$ 3.638.395,83	R$ 4.677.937,50
	em US$	$ 1.039.541,67	$ 1.039.542

* recebíveis valorizados à taxa pré no período

Desta forma, com o *swap*, tanto na alta da moeda quanto na queda de sua cotação, a empresa terá sempre o mesmo montante em dólares para honrar sua dívida. Temos o *hedge* da operação. Importante lembrar que nos exemplos não estamos considerando os efeitos tributários que as operações financeiras estão sujeitas. ■

Derivativos agropecuários negociados na BM&FBOVESPA

Os contratos futuros agropecuários listados na BM&FBOVESPA constituem importante instrumento na gestão de risco de empresas que atuam, direta ou indiretamente, no mercado de *commodities* produzidas e negociadas no Brasil: soja, milho, boi gordo, café, açúcar e álcool. Sua utilização permite que os agentes minimizem um dos principais riscos que enfrentam: a oscilação de preço. Mediante operações nos mercados futuros, o agente pode fixar o preço de venda/compra de sua mercadoria para uma data futura, garantindo a proteção do seu fluxo de caixa, ou seja, o *hedge*. Além disso, esse mercado permite aos agentes:

- o planejamento de suas atividades de forma mais eficiente, já que é possível ter uma ideia do cenário dos preços de seu produto em um momento futuro;
- a utilização da posição no mercado futuro como "colateral" de garantia de empréstimos. A comprovação da cobertura do risco pode proporcionar taxas de crédito mais atrativas;
- viabilizar o financiamento via emissão de títulos privados, como a Cédula de Produto Rural (CPR) e, em alguns casos, permitem que os agentes amenizem os custos dessa fonte de recursos.

Risco de base

Uma das funções mais importantes dos mercados futuros é o *hedge*. No entanto, o mercado futuro não elimina, com uma operação de *hedge*, todos os riscos. Há um que permanece ativo: o risco de base.

Base é a diferença entre o preço de uma *commodity* no mercado físico e sua cotação no mercado futuro. Ou seja:

$$\text{base} = \text{preço à vista} - \text{preço futuro}$$

Normalmente, a base reflete os custos de transporte entre o mercado local e o ponto de entrega especificado no contrato, as diferenças de qualidade do produto em relação ao objeto de negociação do contrato futuro e os juros projetados até o vencimento do contrato futuro. Além disso, considera também as condições locais de oferta e demanda, estrutura de mercado e custos de estocagem, manuseio e impostos.

A base pode ser negativa ou positiva, refletindo, respectivamente, o fato de o preço local ser menor ou maior do que a cotação no mercado de futuros. Ela pode ser calculada diariamente pela diferença entre o preço na Bolsa para o contrato com vencimento mais próximo e o preço na região de produção, como um valor médio em um período maior (semana, mês, por exemplo) ou com qualquer outra periodicidade (inclusive, várias vezes ao dia).

Esses cálculos permitem, por exemplo, que um produtor saiba que o preço da soja em sua região costuma se manter durante o mês de março R$1,50 abaixo da cotação do vencimento em maio no mercado futuro da BM&FBOVESPA. Nesse caso, teria de levar em conta essa diferença ao fazer suas operações de *hedge*. No entanto, trata-se de um cálculo estimativo. A base também pode variar, criando o chamado risco da base.

O conceito de base é importante porque pode afetar o resultado final do *hedge*. Por exemplo: se os preços no mercado físico e futuro oscilarem na mesma proporção, o *hedger* vai pagar ajustes no mercado futuro quando o preço deste subir, mas recuperará o valor pago ao vender o produto (a um preço maior) no mercado à vista. Dependendo do comportamento da base, em algumas situações ele poderá desembolsar no mercado futuro, mas não recuperará totalmente o valor pago com a venda no mercado físico (enfraquecimento da base), gerando um resultado abaixo do esperado. Em outras situações, no entanto, pode ocorrer que o preço no mercado físico se eleve mais do que no mercado futuro, causando o que se chama de "fortalecimento da base". Neste caso, o resultado final seria melhor do que o esperado.

Existe uma base para cada vencimento de contrato futuro em que haja contratos em aberto e essa base pode diferir ao longo do tempo, dependendo do ativo subjacente e dos meses de vencimento considerados.

A seguir apresentamos exemplos de atuação do *hedger* no mercado agropecuário.

Exemplos de *hedge* de venda e de compra com base constante

Considere a base constante para o mercado da soja.

Em dezembro um produtor espera colher 18.000 sacas de soja em abril ao custo de US$14,00/saca e decide fazer *hedge* de sua produção no mercado futuro da BM&FBOVESPA vendendo 40 contratos futuros (1 contrato = 450 sacas, portanto, 18.000 sacas = 40 contratos) para maio a US$19,30.[4] O produtor verifica que, historicamente, a base média em maio tem sido de −US$2,00/saca.

---

[4] O contrato futuro de soja da BM&FBOVESPA vence no nono dia útil anterior ao primeiro dia do mês de vencimento e é negociado em lotes de 450 sacas de 60 kg.

Considerando a base média constante, o produtor teria um resultado líquido esperado de US$17,30/saca. De outro modo, eventuais oscilações da base abrem a possibilidade de ele se beneficiar de um eventual fortalecimento da base entre o momento atual e o encerramento da posição, ou, alternativamente, de obter um preço final menor a US$19,00/saca, caso a base se enfraqueça.

A posição foi tomada para maio porque o produtor pensa em vender a soja no mercado físico em abril – isso se faz necessário pois o vencimento do contrato ocorre no nono dia útil anterior ao primeiro dia do mês de vencimento. Esta é uma prática normal, a de fazer o *hedge* para os contratos com data de vencimento logo em seguida e o mais próximo possível daquela em que será efetuada a negociação no físico.

Em abril, o produtor vende sua soja no mercado local ao preço de US$18,50/saca, quando a cotação nos mercados futuros era de US$19,10/saca. O quadro mostra a contabilidade da operação realizada.

Resultado da operação de *hedge* de venda com base constante

Mês (1)	Mercado físico (2)	Mercado futuro (3)	Base (4)US$/saca
Dezembro	vende 40 contratos de soja para maio a US$19,30/saca	−US$2,00/saca	
Abril	vende 18 mil sacas no mercado local a US$18,50/saca	compra 40 contratos de soja para maio a US$19,10/saca	−US$2,00/saca
Resultado	vende a US$18,50/saca	recebeu US$0,20/saca	Sem variação na base

O resultado final da operação é obtido adicionando-se, na última linha, o resultado da coluna (2) mais o resultado da coluna (3). Isto é: US$18,50 + US$0,20 = US$ 18,70/saca, conforme desejado pelo produtor.

Esse tipo de cobertura é denominado "cobertura perfeita", porque a base se manteve constante, o que, na prática, raramente acontece. Na prática, podem ocorrer fatos que afetam o mercado e têm reflexo na Bolsa, causando a diferença entre o preço futuro e o preço local. Tal fato modifica o resultado do *hedge*.

Podemos dar um outro exemplo de um *hedge* perfeito, ou melhor dizendo de um *hedge* de compra com base constante.

Um frigorífico fechou um contrato em abril para o fornecimento de carne para uma rede de supermercados em julho do mesmo ano. Em abril, a cotação nos mercados futuros para entrega em julho era de R$152,00/@[5]. A base para julho está prevista em R$4,00 acima do preço futuro. Como esse resultado era satisfatório diante do compromisso assumido, o frigorífico decide comprar contratos futuros.

Supondo que em julho, quando foi comprar o boi gordo, o preço na região era de R$157,00/@, enquanto que sua cotação no mercado futuro era de R$150,00/@ (base permaneceu constante). O resultado final da operação é mostrado no quadro a seguir:

---

[5] @ é o símbolo de arroba, medida de peso usada para o mercado de boi gordo. De uma forma simples, uma arroba equivale a aproximadamente 15 kg. Para uma definição mais técnica, sugere-se o uso das fórmulas para o cálculo:

Peso em @ = (Peso Vivo × Rendimento da Carcaça em %) / 15

Rendimento da Carcaça em % = (Peso da Carcaça no Frigorífico em Kg / Peso vivo na Fazenda em Kg) × 100

Resultado da operação de *hedge* de compra com base constante

Mês (1)	Mercado físico (2)	Mercado futuro (3)	Base (4)
Abril	compra 10 contratos de boi gordo para julho a R$152,00/@	R$4,00	
Julho	Compra 3.300 arrobas no mercado local R$157,00/@	vende 10 contratos de boi gordo para julho a R$150,00/@	R$4,00
Resultado	Compra a R$157,00/@ no mercado local	Desencaixa R$2,00/@ de ajuste diário	Sem variação na base

O resultado final da operação é obtido adicionando-se, na linha do resultado, a coluna (2) mais a coluna (3), resultando no líquido por arroba de R$157,00 + R$2,00 = R$159,00/@, proporcionando ao frigorífico a proteção necessária.

Hedge de compra com risco da base

Vamos examinar, nessa seção, um exemplo de *hedge* de compra com enfraquecimento da base.

Tomamos a mesma situação apresentada no quadro anterior, porém com enfraquecimento da base. O resultado final da operação é obtido adicionando, na linha do resultado do quadro abaixo, a coluna (2) mais a coluna (3), resultando no líquido por arroba de R$152,00 + R$2,00 = R$154,00. Nesse caso, o preço caiu tanto na Bolsa quanto na região, porém nesta última caiu mais, enfraquecendo a base e favorecendo mais o comprador no mercado físico, que no final das contas irá despender menos para adquirir a matéria-prima, reduzindo a diferença entre os preços.

Resultado do *hedge* de compra com enfraquecimento da base

Mês (1)	Mercado físico (2)	Mercado futuro (3)	Base (4)
Abril	compra 10 contratos de boi gordo para julho a R$152,00/@	R$4,00	
Dezembro	Compra 3.300 arrobas no mercado local R$152,00/@	vende 10 contratos de boi gordo para julho a R$150,00/@	R$3,00
Resultado	Compra a R$152,00/@ no mercado local	paga R$2,00/@ de ajuste diário	−R$1,00 (enfraquecimento)

Hedge de venda com risco da base

As estratégias envolvendo *hedge* de venda podem ser úteis para diferentes tipos de usuários, entre eles, o benéfico para produtores rurais, frigoríficos, torrefadores e outros tipos de empresas envolvidas tanto na compra como na venda de matéria-prima.

Abaixo um exemplo de *hedge* de venda, com enfraquecimento da base.

Para isso, serão considerados os mesmos dados do exemplo do produtor de soja, apenas supondo que o preço no mercado local baixou muito mais do que no mercado futuro conforme mostrado no quadro abaixo.

Resultado do *hedge* de venda com enfraquecimento da base

Mês (1)	Mercado físico (2)	Mercado futuro (3)	base (4)US$/saca
Dezembro	vende 40 contratos de soja para maio a US$19,30/saca	−US$2,00/saca	
Abril	vende 18.000 sacas no mercado local a US$17,50/saca	compra 40 contratos de soja para maio a US$19,10/saca	−US$3,00/saca
Resultado	vende a US$17,50/saca	recebe US$0,20/saca	−US$1,00/saca

O resultado final da operação é obtido adicionando, na linha do resultado, a coluna (2) mais a coluna (3), com o que se chega ao resultado líquido por tonelada, igual a US$17,50 + US$0,20 = US$17,70/saca; resultado líquido da venda por saca US$1,00 abaixo do desejado pelo produtor.

Em um *hedge* de venda, o vendedor almeja que a base se fortaleça durante o período de cobertura, para obter ganhos adicionais. Entretanto, mesmo ocorrendo enfraquecimento da base, em geral a situação final é melhor do que se o produtor não tivesse procurado a proteção nos mercados futuros. No exemplo apresentado, a situação final com a venda das 18 mil sacas de soja resultou em um número abaixo do esperado, porém melhor para o produtor que recebeu US$18,00/saca. Este valor é superior a US$17,50/saca, que é o valor que receberia sem fazer o *hedge*.

Quando um comprador ou vendedor entra no mercado de futuros, elimina a maior parte dos riscos, porém continua se defrontando com o risco de base. Apesar de sua variação ser menor do que os preços do mercado físico, é importante avaliar continuamente seu comportamento para gerenciar seu risco e aproveitar de eventuais flutuações favoráveis. Acompanhar sua evolução diariamente, para assim escolher o momento mais adequado de abrir ou encerrar uma operação é uma atitude diferenciadora na gestão de riscos que pode aumentar a eficácia do *hedge*.

RESUMO E CONCLUSÕES

1. O mercado brasileiro oferece vários tipos de derivativos. Este capítulo apresentou diversas estratégias de *hedge* com derivativos, financeiro e agropecuários, negociados na BM&FBOVESPA.

2. Os contratos de derivativos devem ser utilizados por empresas para realizar *hedge*, evitando a especulação. A especulação traz liquidez aos mercados de derivativos, porém é uma atividade para agentes que têm como objetivo fazer resultados com esse tipo de operações.

3. Os mercados administrados pela BM&FBOVESPA podem ser divididos em dois segmentos de atuação: o segmento Bovespa e o segmento BM&F. Os derivativos são negociados no segmento BM&F.

4. Os negócios são realizados em sistema eletrônico de negociação. A plataforma PUMA Trading System BM&FBOVESPA é o sistema eletrônico de negociação desenvolvido pela Bolsa.

5. A negociação de contratos futuros ocorre em lotes que determinam seu tamanho e são negociados em Bolsa.

6. Mercado de balcão é a denominação do mercado de operações não padronizadas, com parâmetros definidos pelas partes. Os derivativos negociados neste mercado são os contratos de *swap*, a termo e de opção flexível, registrados na *clearing* BM&FBOVESPA e para as quais está prevista a atuação da *clearing* como contraparte central garantidora da liquidação.

7. Os minicontratos de futuros representam uma fração dos contratos-padrão. Os valores são menores e acessíveis a investidores e a empresas de qualquer porte.

8. O mais importante instrumento do conjunto de derivativos financeiros da BM&FBOVESPA é o contrato de DI-1, o contrato de futuros de DI de um dia. Além dos futuros de DI de um dia, também são negociados na BM&FBOVESPA, contratos futuros de cupom cambial, de cupom de DI x IGP-M e de cupom de IPCA (Índice de Preços ao Consumidor Amplo). Também há negócios com opções sobre IDI (Índice de Depósito Interfinanceiro), contratos futuros sobre títulos da dívida externa e são registrados *swap*s com variáveis referenciadas em taxas de juro.

9. Vários *swap*s são negociados no mercado brasileiro, entre os principais estão o DI x Pré, o DI x Dólar; há também *swap*s de índices e de commodities.

Questões conceituais

37.1 Quais são os principais derivativos negociados na BM&FBOVESPA?

37.2 O uso de derivativos pode trazer vários benefícios para as empresas. Que benefícios são esses?

37.3 Os contratos de derivativos podem trazer vários riscos. Quais os principais riscos dos contratos de derivativos?

37.4 O sistema de negociação de derivativos da BM&FBOVESPA apresenta duas fases de negociação, a fase de pré-abertura e a fase *After Hours* e Negociação Estendida. O que vem a ser cada uma dessas fases?

37.5 Cite quais são explique cada um dos fatores primitivos de risco no mercado de futuros.

37.6 Explique por que comprar ou vender taxa implica em assumir uma posição inversa vendida ou comprada em PU.

37.7 No processo de construção da estrutura a termo de taxas de juros, o que são os vértices da curva?

37.8 Explique a importância da renda de conveniência para os derivativos agropecuários.

37.9 Defina o conceito de base e explique a importância do risco de base para os derivativos agropecuários.

Questões práticas

37.10 Um banco tomou R$100 milhões por um dia a uma taxa DI de 15,20% a.a. Quanto teve que devolver?

37.11 Comprei 100 contratos de DI, a 63 dias úteis de seu vencimento, a 14,40% a.a. O mercado já fechou e o ajuste divulgado pela BM&FBOVESPA foi numa PU de 96.800,00 pontos. Qual o valor do ajuste diário?

37.12 Qual estratégia deve se adotar no mercado futuro para proteger uma posição ativa pós-fixada do mercado à vista?

37.13 Qual o risco de mercado para um agente que possui dívidas atreladas a uma taxa de juro pós- fixada?

37.14 Se você vende um contrato futuro de DI a uma taxa de 14,80% a.a. a 60 dias úteis do seu vencimento. O que se pode concluir?

37.15 Como se denomina o *swap* utilizado por os agentes desejam fazer *hedge* de uma exposição à variação cambial trocando-a por uma exposição em taxa pré-fixada?

37.16 Em maio, um frigorífico planeja as compras de boi gordo que fará em julho em sua cidade de Mato Grosso do Sul. Para não se expor ao risco de variação do preço faz um *hedge* de compra no vencimento julho do mercado futuro da BM&FBOVESPA a R$ 85,00/arroba. No fim de julho, o frigorífico compra os animais necessários no local de origem (MS), onde a base é igual a R$2,00/arroba, e encerra sua posição no mercado futuro. No local de formação de preços do mercado futuro, o preço à vista, no fim de julho era de R$ 90,00/arroba. Nesse contexto, pergunta-se: qual é o preço à vista (em R$/arroba) pago ao pecuarista no local de origem (MS) e qual é o total dos ajustes diários ganhos ou pagos no mercado futuro?

37.17 Um cafeicultor de Patrocínio-MG quer garantir o preço de venda de seu café. Por isso, vende, em dezembro, 10 contratos futuros de café, com vencimento março, a US$ 120,00/saca. Em março, vende seu produto, no mercado físico, a US$ 124,00/saca. Também nesse dia faz a liquidação de sua posição no mercado futuro por reversão a US$ 126,00/saca. Qual foi o resultado total da operação por saca?

37.18 Avalie se a afirmativa esta correta ou errada, justificando sua resposta. "Para comprar taxa de juros *forward* utilizando os contratos futuros de DI de um dia é preciso vender o vencimento curto e comprar o mais distante."

37.19 Avalie se a afirmativa esta correta ou errada, justificando sua resposta. "Uma *trading* de soja que contrata a compra a preço fixo do produtor incorre no risco de alta no momento da aquisição do produto."

37.20 Avalie se a afirmativa está correta ou errada, justificando sua resposta. "Uma empresa exportadora de grãos que fixou o preço da exportação incorre no risco de alta no momento da aquisição do produto."

37.21 Avalie se a afirmativa está correta ou errada, justificando sua resposta. "Se não há diferenças entre a taxa de juro de curto e longo prazo, o formato da curva de rendimento é vertical."

37.22 Suponha que a empresa XYZ possua um montante de R$ 5 milhões indexados ao DI, a ser recebido em 30 dias corridos. Porém, deseja trocar este indexador por variação cambial mais uma taxa de juro de 10%a.a. Para tanto, negocia um *swap* com um banco no dia 30/04, ficando ativo em dólar mais 10% a.a. e passivo em 100% do DI. Passados 30 dias corridos desta operação, como devemos calcular a posição atual deste agente?

37.23 O banco ORT assume *swap* IGP-M mais cupom de 5% ao ano *versus* 100% do DI com o banco Treasury, com valor referencial de R$ 1 milhão, no dia 01/07, para vencimento em um ano. Receberá a rentabilidade calculada pelo parâmetro do IGP-M e paga a rentabilidade associada a 100% da variação do DI. Suponha que, na data de registro do *swap* (dia 30/06), o número índice divulgado pela FGV foi de 286,8430. Já na data de vencimento do *swap*, o número índice foi de 314,4190. Com relação ao DI, considere uma variação acumulada no período de 19%. Qual os resultados para o banco ORT que *swap* apresentará?

37.24 Um lote de 1.000 LTNs (Tesouro Prefixado) com 21 dias úteis de prazo a decorrer, adquiridas a R$ 985,00 (isto é, com uma taxa de desconto de 19,89% aa.) pode ser transformada em um título que "rende" a taxa DI de um dia, se pudesse ser comprado um contrato futuro na BM&FBOVESPA com vencimento exatamente em 21 dias úteis pelo mesmo preço. Estruture a operação.

37.25 Suponha uma empresa que deverá tomar recursos emprestados dentro de 21 dias úteis, no valor de R$ 10.000.000,00, para pagamento 21 dias úteis depois dessa data. No mercado futuro, a taxa de juro implícita negociada para vencimento dentro de 21 dias úteis é de 16,00% e de 17,00% para vencimento em 42 dias úteis. Portanto, qual é a taxa de juro *forward* negociada no mercado futuro, na data de hoje, para empréstimos de 21 dias daqui a 21 dias?

ESTUDO DE CASO

Analise os dados e as informações apresentadas a seguir e elabore um relatório sobre as possibilidades de produtos para o cliente, abordando benefícios e pontos negativos das opções viáveis. Em relação ao mercado de câmbio, a empresa tem exposição de transação quando ela tem contas a pagar ou a receber em moeda estrangeira.

Um importador precisa proteger em janeiro de 2018 um passivo de US$ 500.000,00 para o prazo de 12 meses, sendo que ele possui um ativo de R$ 500.000,00 aplicado em um fundo DI para compra de máquinas. Supondo que ele deseja travar a operação em uma taxa de 4,25 R$/ US$ e proteger seu ativo para aquisição de equipamentos, são obtidos os seguintes dados de mercado:

a) Prêmio da opção de compra com preço de exercício 4,20 R$/US$ é de 0,05 R$/ US$ e taxa de câmbio à vista de 3,98 R$/US$

b) *Swap* DI × Dólar com custo de 6% a.a. sobre o valor referencial (no caso, R$ 500.000,00)

c) NDF para a taxa contratada de 4,25 R$/US$ registrado na CETIP sobre o valor referencial em questão tem custo de 7,4% a.a.

d) Contrato Futuro de Dólar (DOL) para a data está sendo negociado por R$ 4.265,60.

e) DI no período ficou em 17,5% a.a., taxa de juros em R$ de 17,4% a.a. e taxa de juros em USD local é de 7,50% a.a.

f) O Adiantamento de Contrato de Câmbio (ACC) ocorre quando um exportador adianta recursos para aquisição de insumos. A liquidação da operação ocorre quando do pagamento pelo importador no exterior. O *hedge* se caracteriza na medida em que ao antecipar a venda de moeda estrangeira a uma taxa de câmbio à vista, o exportador não sofrerá os efeitos da variação cambial. No mercado, um ACC está com custo de 8% a.a., sendo que os juros devem ser pagos em moeda local.

1. Considerando que a taxa no mercado à vista ao final do período ficou em 4,35 R$/ US$, pede-se analisar cada operação e concluir qual seria a melhor para o importador.

2. Repetir a análise para cada operação, caso a taxa fosse para 4,15 R$/ US$. Ao estruturar a solução, pede-se abordar questões como margens e ajustes em cada instrumento financeiro, dissertando sobre em que situações uma operação deveria ser desfeita.

Glossário de termos

ABS *Ver* Título Garantido por Ativos.

Accrual Swap Um swap de taxas de juros no qual os juros de um lado se acumulam apenas quando uma determinada condição é atendida.

Ajustamento para Convexidade Um termo utilizado excessivamente. Por exemplo, pode se referir ao ajustamento necessário para converter uma taxa de juros futura em uma taxa de juros a termo. Também pode se referir a uma taxa forward que pode ser necessária quando o modelo de Black é utilizado.

Ajustamento para Tempestividade Ajustamento realizado ao valor a termo de uma variável para considerara a tempestividade de um resultado de um derivativo.

Ajuste de Valor de Crédito Ajuste do valor dos derivativos em circulação com uma contraparte para refletir o risco de inadimplência da contraparte.

Ajuste de Valor de Débito (ou de Dívida) Valor para uma empresa do fato de poder entrar em mora em transações de derivativos em circulação.

Ajuste de Valor de Financiamento (FVA) Ajuste realizado a preço de um derivativo devido aos custos de financiamento.

Análise de Cenários Análise dos efeitos de possíveis movimentos futuros alternativos em variáveis do mercado sobre o valor de um portfólio.

Análise de Componentes Principais Análise que pretende descobrir um pequeno número de fatores que descreve a maior parte da variação em um grande número de variáveis correlacionadas (semelhante à análise de fatores).

Análise de Fatores Análise que pretende descobrir um pequeno número de fatores que descreve a maior parte da variação em um grande número de variáveis correlacionadas (semelhante à análise de componentes principais).

Antedatação Prática (muitas vezes ilegal) de marcar um documento com uma data que precede a data atual.

Aproximação de Black Procedimento aproximado desenvolvido por Fischer Black para avaliar uma opção de compra sobre uma ação que paga dividendos.

Arbitrador Indivíduo envolvido com arbitragem.

Arbitragem Uma estratégia de negociação que tira vantagem de dois ou mais títulos terem apreçamento incorreto em relação uns aos outros.

Arbitragem de Índice Uma arbitragem envolvendo uma posição nas ações que compõem um índice de ações e uma posição em um contrato futuro sobre o índice de ações.

Árvore Representação da evolução do valor de uma variável de mercado para avaliar uma opção ou outro derivativo.

Árvore Binomial Árvore que representa como o preço de um ativo pode evoluir sob o modelo binomial.

Árvore Implícita Uma árvore que descreve os movimentos de um preço de ativo construída para ser consistente com os preços de opções observados.

Árvore Trinomial Uma árvore na qual três ramos emanam de cada nó. Usada da mesma maneira que uma árvore binomial para avaliar derivativos.

Ativo de Consumo Ativo mantido para consumo, não para investimento.

Ativo de Investimento Ativo mantido por pelo menos alguns indivíduos para fins de investimento.

Avaliação *Risk-Neutral* A avaliação de uma opção ou outro derivativo pressupondo que o mundo é *risk-neutral*. A avaliação *risk-neutral* dá o preço correto para um derivativo em todos os mundos, não apenas em um mundo *risk-neutral*.

Back Testing Testar um modelo de *value at risk* ou outro modelo usando dados históricos.

Base A diferença entre o preço à vista e o preço futuro de um commodity.

Basket Credit Default Swap *Credit default swap* no qual há diversas entidades de referência.

Beta Uma medida do risco sistemático de um ativo.

Box Spread Combinação de um spread de alta criado por opções de compra e um spread de baixa criado por opções de venda.

Break Forward *Ver* Opção de Pagamento Diferido.

Cachoeira As regras que determinam como os fluxos de caixa do portfólio subjacente são distribuídos para os tranches.

Calendário de Feriados Calendário que define quais dias são feriados para fins de determinar as datas de pagamento em um swap.

Calibramento Método para implicar os parâmetros de um modelo a partir dos preços de opções negociadas ativamente.

Câmara de Compensação Empresa que garante o desempenho das partes em uma transação de derivativos (também chamada de *clearing*).

Cap *Ver* Cap de Taxa de Juros.

Cap de Taxa de Juros Uma opção que oferece um resultado quando uma taxa de juros específica fica acima de um determinado nível. A taxa de juros é uma taxa flutuante repactuada periodicamente.

Capitalização Contínua Maneira de cotar taxas de juros. É o limite quando o intervalo de capitalização vai se tornando cada vez menor.

Caplet Um componente de um cap de taxa de juros.

CCP *Ver* Contraparte Central.

CDD Graus-dia de resfriamento. O máximo de zero e o quanto a temperatura média diária é superior a 65 graus Fahrenheit. A temperatura média é a média das temperaturas mais alta e mais baixa (meia-noite a meia-noite).

CDO *Ver* Obrigação de Dívida Garantida.

CDO ao Quadrado Instrumento no qual os riscos de inadimplência em um portfólio de tranches de CDO são alocados a novos títulos.

CDO de ABS Instrumento no qual os tranches são criados a partir de tranches de ABSs.

CDO Sintético Um CDO criado pela venda de *credit default swaps*.

CDS *Ver* Credit Default Swap.

CDX NA IG Portfólio de 125 empresas norte-americanas.

CEBO *Ver* Credit Event Binary Option.

Chamada de Margem Solicitação de margem adicional quando o saldo na conta de margem cai abaixo do nível da margem de manutenção.

Classe de Opção Todas as opções do mesmo tipo (compra ou venda) sobre uma determinada ação.

Classe de Opções *Ver* Classe de Opção.

Classificação de Crédito Uma medida da qualidade de crédito de uma emissão de título.

CMO Obrigação Garantida por Hipoteca.

Collar *Ver* Collar de Taxa de Juros.

Collar de Taxa de Juros Uma combinação de cap de taxa de juros e floor de taxa de juros.

Combinação Posição que envolve opções de compra e de venda sobre o mesmo ativo subjacente.

Comissários de Futuros Traders de futuros que estão seguindo instruções de clientes.

Comitê de Basileia Comitê responsável pela regulamentação de bancos internacionalmente.

Commodity Futures Trading Commission Organização que regulamenta a negociação de contratos futuros nos Estados Unidos.

Compensação Bilateral Sistema entre duas partes para resolver transações no mercado de balcão, muitas vezes envolvendo um ISDA Master Agreement.

Compensação Central O uso de uma câmara de compensação para derivativos de balcão.

Confirmação Contrato que confirma um acordo verbal entre duas partes referente a uma negociação no mercado de balcão.

Conta do Mercado Monetário Um investimento inicialmente igual a $1 e que, no tempo t, aumenta pela taxa de juros livre de risco de curtíssimo prazo corrente no momento.

Contagem de Dias Uma convenção para cotar taxas de juros.

Contágio de Crédito A tendência da inadimplência de uma empresa levar à inadimplência de outras empresas.

Contango Situação na qual o preço futuro está acima do preço à vista futuro esperado (também muito usado para se referir à situação na qual o preço futuro está acima do preço spot atual).

Contraparte O lado oposto em uma transação financeira.

Contraparte Central Uma câmara de compensação para derivativos de balcão.

Contrato a Termo Contrato que obriga o titular a comprar ou vender um ativo por um preço de entrega predeterminado em uma data futura predeterminada.

Contrato de *Floor–Ceiling* Ver Collar.

Contrato de Taxa Forward (FRA) Contrato de que uma determinada taxa de juro se aplicará a uma determinada quantia de principal por um determinado período no futuro.

Contrato Futuro Contrato que obriga o titular a comprar ou vender um ativo por um preço de entrega predeterminado durante um período de tempo futuro predeterminado. O contrato é ajustado diariamente.

Contrato Futuro de Eurodólar Um contrato futuro lançado sobre um depósito em eurodólares.

Contrato *Range Forward* A combinação de uma opção de compra longa e uma opção de venda vendida ou combinação de uma opção de compra vendida e uma opção de compra longa.

Convexidade Medida da curvatura na relação entre preços de títulos e rendimentos de títulos.

Cópula Maneira de definir a correlação entre variáveis com distribuições conhecidas.

Correlação Composta Correlação implicada a partir do preço de mercado de um tranche de CDO.

Correlação de Base Correlação que leva ao preço de um tranche de CDO de 0% a X% ser consistente com o mercado para um valor específico de X.

Correlação de Default Mede a tendência de duas empresas inadimplirem mais ou menos na mesma época.

Correlação Implícita Número de correlação implicado pelo preço de um derivativo de crédito usando a cópula gaussiana ou um modelo semelhante.

Covariância Medida da relação linear entre duas variáveis (igual à correlação entre as variáveis vezes o produto de seus desvios padrões).

Crashfobia Medo de um crash da bolsa que, segundo alguns autores, faz com que o mercado aumente o preço de opções muito fora do dinheiro.

CreditMetrics Procedimento para calcular o *value at risk* de crédito.

Credit Default Swap Binário Instrumento no qual há um resultado em dólares fixo em caso de inadimplência de uma determinada empresa.

Credit Default Swap Instrumento que dá ao titular o direito de vender um título por seu valor de face em caso de inadimplência por parte do emissor.

Credit Event Binary Option Opção negociada em bolsa que fornece um resultado fixo se uma entidade de referência sofrer um evento de crédito.

***Credit Support Annex* (CSA)**   Parte do ISDA Master Agreement que lida sobre requerimentos de garantia.

Cross Hedge   Hedge da exposição ao preço de um ativo com um contrato sobre outro ativo.

Cupom   Pagamento de juros realizado sobre um título.

Curtose   Medida da espessura das caudas de uma distribuição.

Curva de Juros   *Ver* Estrutura a Termo.

Curva de Juros de Cupom Zero   Gráfico da taxa de juros de cupom zero contra o tempo até o vencimento.

Curva LIBOR   Taxas de juros LIBOR de cupom zero como função do vencimento.

Curva Spot   *Ver* Curva de Juros de Cupom Zero.

Custo de Carregamento   Os custos de estocagem mais o custo de financiar um ativo menos a renda obtida sobre o ativo.

Custos de Agência   Custos que ocorrem em uma situação na qual o agente (ex.: gerente) não tem motivação para agir em prol dos interesses do principal (ex.: acionista).

Custos de Estocagem   Os custos de armazenar um commodity.

Custos de Transação   O custo de realizar uma negociação (comissão mais a diferença entre o preço obtido e o ponto central do spread de compra e de venda).

CVA   *Ver* Ajuste de Valor de Crédito.

Data da Repactuação   A data em um swap ou cap ou floor quando a taxa flutuante para o próximo período é estabelecida.

Data de Expiração   O final da vida de um contrato.

Data de Vencimento   O fim da vida de um contrato.

Data Ex-Dividendos   Quando um dividendo é declarado, uma data ex-dividendos é especificada. Os investidores que possuem a ação logo antes da data ex-dividendos recebem o dividendo.

Day Trade   Negociação iniciada e fechada no mesmo dia.

Decaimento Temporal   *Ver* Teta.

Delta   A taxa de mudança do preço de um derivativo com o preço do ativo subjacente.

Delta Hedge   Esquema de hedge estruturado para tornar o preço de um portfólio de derivativos insensível a pequenas mudanças no preço do ativo subjacente.

Densidade de Probabilidade de Inadimplência   Mede a probabilidade incondicional de inadimplência em um breve período de tempo futuro.

Derivativo   Instrumento cujo preço depende ou é derivado do preço de outro ativo.

Derivativo de Clima   Derivativo cujo pagamento depende do clima.

Derivativo de Crédito   Derivativo cujo resultado depende da qualidade do crédito de uma ou mais empresas ou países.

Derivativo de Taxa de Juros Um derivativo cujo resultado depende de taxas de juros futuras.

Derivativo Perpétuo Um derivativo que dura para sempre.

Desdobramento A conversão de cada ação existente em mais de uma nova ação.

Direito de Subscrição Uma emissão para os acionistas existentes de um título dando-lhes o direito de comprar novas ações por um determinado preço.

Distribuição Implícita Distribuição para um preço futuro de ativo implícita nos preços de opções.

Distribuição Lognormal Uma variável tem distribuição lognormal quando o algoritmo da variável tem distribuição normal.

Distribuição Normal A distribuição em formato de sino padrão da estatística.

Distribuição Normal Bivariada Distribuição para duas variáveis correlacionadas, ambas as quais são normais.

Diversificação Reduzir o risco pela divisão do portfólio entre muitos ativos diferentes.

Dividendo Pagamento em caixa feito ao proprietário de uma ação.

Dividendo em Ações Dividendo pago na forma de ações adicionais.

Downgrade Trigger Cláusula no contrato que determina que o contrato será rescindido com uma liquidação financeira caso a nota de crédito de um dos lados cair abaixo de um determinado nível.

Duração Medida da vida média de um título. Também é uma aproximação da razão entre a mudança proporcional no preço do título e a mudança absoluta de seu rendimento.

Duração em Dólares O produto da duração modificada de um título e o preço do título.

Duração Modificada Uma modificação à medida de duração padrão de modo que esta descreva mais precisamente a relação entre mudanças proporcionais em um preço de título e mudanças reais em seu rendimento. A modificação leva em conta a frequência de capitalização com a qual o rendimento é cotado.

Duration Matching Procedimento para fazer com que as durações de ativos e passivos em uma instituição financeira correspondam.

DV01 O valor em dólares de um aumento de 1 ponto-base em todas as taxas de juros.

DVA Ver Ajuste de Valor de Débito (ou de Dívida).

Entidade de Referência Empresa para a qual a proteção contra inadimplência é comprada em um *credit default swap*.

Equity Swap Swap no qual o retorno sobre um portfólio de ações é trocado por uma taxa de juros fixa ou flutuante.

Especialista Indivíduo responsável por gerenciar ordens limitadas em algumas bolsas. O especialista não disponibiliza as informações sobre ordens limitadas em circulação para outros traders.

Especulador Indivíduo que assume uma posição no mercado. Em geral, o indivíduo aposta que o preço de uma ativo irá aumentar ou que o preço de um ativo irá diminuir.

Estrutura a Termo da Volatilidade A variação da volatilidade implícita com o tempo até o vencimento.

Estrutura a Termo das Taxas de Juros A relação entre as taxas de juros e seus vencimentos.

Euribor Taxa no mercado interbancário entre bancos na Eurozona.

Euro LIBOR A *London interbank offered rate* (LIBOR) para euros.

Eurodólar Dólar mantida em um banco fora dos Estados Unidos.

Euromoeda Moeda além do controle formal das autoridades monetárias do país emissor.

Evento de Crédito Evento, como inadimplência ou recuperação judicial, que provoca um pagamento sobre um derivativo de crédito.

EWMA Média móvel ponderada exponencialmente.

Exercício Antecipado Exercício antes da data de vencimento.

Expansão de Cornish–Fisher Uma relação aproximada entre os fractis de uma distribuição de probabilidade e seus momentos.

Expected Shortfall Ver *Value at Risk* Condicional.

Exposição A perda máxima decorrente da inadimplência de uma contraparte.

Extendable Bond Título cuja vida pode ser estendida a critério do titular.

Extendable Swap Swap cuja vida pode ser estendida a critério de uma das partes do contrato.

FAS 123 Norma contábil nos Estados Unidos relativa a opções sobre ações para funcionários.

FAS 133 Norma contábil nos Estados Unidos relativa a instrumentos utilizados para hedge.

FASB Financial Accounting Standards Board.

Fator Fonte de incerteza.

Fator de Conversão Fator usado para determinar o número de títulos que devem ser entregues no contrato futuro de títulos do CME Group.

Fatoração de Cholesky Método de amostragem de uma distribuição normal multivariada.

FICO Uma classificação de crédito desenvolvida pela Fair Isaac Corporation.

Flexi Cap Cap de taxa de juros na qual há um limite no número total de caplets que pode ser exercitado.

Floor Ver Floor de taxa de juros.

Floor de Taxa de Juros Uma opção que oferece um resultado quando uma taxa de juros fica abaixo de um determinado nível. A taxa de juros é uma taxa flutuante repactuada periodicamente.

Floorlet Um componente de um floor.

Frequência de Capitalização Define como uma taxa de juros é mensurada.

Função de Distribuição Cumulativa A probabilidade de que uma variável será menos de x como uma função de x.

Função de Pagamento Antecipado Função que estima o pré-pagamento do principal de um portfólio de hipotecas em termos de outras variáveis.

Fundo de Garantia Fundo para o qual os membros de uma bolsa ou CCP contribuem. Pode ser usado para cobrir perdas em caso de inadimplência.

Futuro de Índice de Ações Futuros sobre um índice de ações.

Futuros de Índices Um contrato futuro sobre um índice de ações ou outro índice.

Futuros de Notas do Tesouro Um contrato futuro sobre notas do Tesouro.

Futuros de Títulos do Tesouro Um contrato futuro sobre títulos do Tesouro.

Gama A taxa de mudança do delta com relação ao preço do ativo.

Garantia Sistema para postar garantias por uma ou ambas as partes em uma transação de derivativos.

Gestão de GAP Procedimento para combinar os vencimentos de ativos e passivos.

Haircut Desconto aplicado ao valor de um ativo para fins de garantia.

HDD Graus-dia de aquecimento. O máximo de zero e o quanto a temperatura média diária é inferior a 65 graus Fahrenheit. A temperatura média é a média das temperaturas mais alta e mais baixa (meia-noite a meia-noite).

Hedge Negociação desenvolvida para reduzir riscos.

Hedge de Compra Hedge envolvendo uma posição futura comprada.

Hedge de Venda Um hedge em que é assumida uma posição futura vendida.

Hedge Dinâmico Procedimento para hedgear uma posição em opções alterando periodicamente a posição mantida no ativo subjacente. O objetivo geralmente é manter uma posição delta neutra.

Hedge Estática Hedge que não precisa ser alterada após ser iniciada.

Hedge Funds Fundos sujeitos a menos regulamentação e menos restrições do que os fundos mútuos. Podem assumir posições vendidas e usar derivativos, mas não podem oferecer seus títulos publicamente.

Hedger Indivíduo que participa de negociações de hedge.

Hipoteca Subprime Hipoteca concedida a um tomador com histórico de crédito ruim ou inexistente.

Hipótese do Mercado Eficiente Hipótese de que os preços dos ativos refletem as informações relevantes.

IMM Dates Terceira quarta-feira em março, junho, setembro e dezembro.

Imunização de Portfólio Tornar um portfólio relativamente insensível a taxas de juros.

Índice Case–Shiller Índice de preços imobiliários nos Estados Unidos.

Índice de Crédito Índice que acompanha o custo de comprar proteção para cada empresa em um portfólio (ex.: CDX NA IG e iTraxx Europe).

Índice de Sharpe   Razão entre o retorno excedente sobre a taxa de juros livre de risco e o desvio padrão do retorno excedente.

Índice VIX   Índice da volatilidade do S&P 500.

Índices de Ações   Índice que monitora o valor de um portfólio de ações.

Indução Retroativa   Procedimento para analisar uma árvore retroativamente, do fim para o começo, para avaliar uma opção.

Instrumento de Desconto   Um instrumento, como uma letra do Tesouro, que não fornece cupons.

Intensidade de Inadimplência   *Ver* Taxa de Risco.

Intermediário Financeiro   Um banco ou outra instituição financeira que facilita o fluxo de fundos entre diferentes entidades na economia.

International Swaps and Derivatives Association   Associação comercial para derivativos de balcão e desenvolvedora de contratos globais usados em contratos de balcão.

IO   Apenas Juros. Título lastreado por hipoteca no qual o titular recebe apenas os fluxos de caixa dos juros sobre o conjunto de hipotecas subjacentes.

ISDA   *Ver* International Swaps and Derivatives Association.

ITraxx Europe   Portfólio de 125 empresas europeias de grau de investimento.

Juros Acumulados   Os juros obtidos sobre um título desde a última data de pagamento do cupom.

Lançar uma Opção   Vender uma opção.

LEAPS   Títulos de antecipação do patrimônio a longo prazo. Opções relativamente de longo prazo sobre ações individuais ou índices de ações.

Lei Dodd–Frank   Lei sancionada nos Estados Unidos em 2010, criada para proteger consumidores e investidores, evitar resgates futuros e monitorar o funcionamento de todo o sistema financeiro de modo mais cuidadoso.

Lema de Itô   Resultado que permite que o processo estocástico para uma função de uma variável seja calculado a partir do processo estocástico para a variável em si.

Letra do Tesouro   Um instrumento que não paga cupom de curto prazo emitido pelo governo para financiar sua dívida.

Letras Gregas   Parâmetros de hedge como delta, gama, vega, teta e rô.

LIBID   *London interbank bid rate*. A taxa de oferta de compra sobre depósitos em euromoeda (ou seja, a taxa pela qual um banco está disposto a tomar empréstimos de outros bancos).

LIBOR   *London interbank offered rate*. A taxa oferecida por bancos sobre depósitos em euromoeda (ou seja, a taxa pela qual um banco está disposto a emprestar para outros bancos).

LIBOR-in-Arrears Swap   Swap no qual os juros pagos em uma data são determinados pela taxa de juros observada naquela data (e não pela taxa observada na data de pagamento anterior).

Limite de Exercício   Número máximo de contratos de opção que podem ser exercidos dentro de um período de cinco dias.

Limite de Posição A posição máxima que um trader (ou um grupo deles atuando em conjunto) tem permissão para assumir.

Liquidação Financeira Procedimento para liquidar um contrato futuro em caixa em vez de entregar o ativo subjacente.

Lucro de Abertura Lucro criado pela venda de um derivativo por mais do que seu valor teórico.

Mapeamento de Fluxo de Caixa Procedimento para representar um instrumento como um portfólio de títulos de cupom zero para fins de calcular o *value at risk*.

Marcação a Mercado A prática de reavaliar um instrumento para refletir os valores atuais das variáveis de mercado relevantes.

Margem O saldo de caixa (ou caução) exigida de um trader de futuros ou opções.

Margem de Compensação Margem postada por um membro de uma câmara de compensação.

Margem de Manutenção Quando o saldo na conta de margem de um trader caixa abaixo do nível da margem de manutenção, o trader recebe uma chamada de margem exigindo que a conta seja completada até o nível de margem inicial.

Margem de Variação Uma margem extra exigida para equilibrar uma conta de margem, levando seu saldo de volta à margem inicial quando há uma chamada de margem.

Margem Inicial O dinheiro exigido de um trader de futuros no momento da negociação.

Market Maker Trader que está disposto a cotar ofertas de compra e de venda para um ativo.

***Market-Leveraged Stock Unit* (MSU)** Unidade que dá ao titular o direito de receber ações em uma data futura. O número de ações recebido depende do preço da ação.

Martingale Um processo estocástico de deriva zero.

Matriz de Covariância *Ver* Matriz de Covariâncias.

Matriz de Covariâncias Matriz que mostra as variâncias de, e covariâncias entre, diferentes variáveis de mercado.

Matriz de Transição das Classificações de Crédito Tabela mostrando a probabilidade de uma empresa passar de uma classificação de crédito para outra durante um determinado período de tempo.

Média Geométrica A n-ésima raiz do produto de n números.

Medida P Medida do mundo real.

Medida Q Medida *risk-neutral*.

Medida Também chamada de medida de probabilidade, define o preço de mercado do risco.

Mercado de Balcão Mercado no qual os traders negociam por telefone. Os traders geralmente são instituições financeiras, grandes empresas e gerentes de fundos.

Mercado Invertido Mercado cujos preços futuros diminuem com o vencimento.

Mercado Normal Um mercado no qual os preços futuros aumentam com o vencimento.

Método das Diferenças Finitas Explícito Método para avaliar um derivativo resolvendo a equação diferencial subjacente. O valor do derivativo no tempo t está relacionado com três valores no tempo $t + \Delta t$. Ele é basicamente o mesmo que o método da árvore trinomial.

Método das Diferenças Finitas Implícito Método para avaliar um derivativo pela solução da equação diferencial subjacente. O valor do derivativo no tempo $t + \Delta t$ está relacionado a três valores no tempo t.

Método das Diferenças Finitas Método para resolver uma equação diferencial.

Método de *Bootstrap* Procedimento para calcular a curva de juros de cupom zero a partir de dados do mercado. Envolve usar instrumentos de vencimentos progressivamente mais longos.

Método de Newton–Raphson Procedimento iterativo para resolver equações não lineares.

Método de Probabilidade Máxima Método para escolher os valores de parâmetros pela maximização da probabilidade de ocorrência de um conjunto de observações.

Modelo Binomial Modelo no qual o preço de um ativo é monitorado durante períodos sucessivos de curta duração. Em cada um desses períodos, supõe-se que apenas dois movimentos de preço são possíveis.

Modelo de Black Extensão do modelo de Black-Scholes para avaliar opções europeias sobre contratos futuros. Como descrito no Capítulo 26, é bastante usado na prática para avaliar opções europeias quando se pressupõe que a distribuição do preço do ativo no vencimento será lognormal.

Modelo de Black–Scholes–Merton Modelo para apreçamento de opções europeias sobre ações, desenvolvido por Fischer Black, Myron Scholes e Robert Merton.

Modelo de Cópula Gaussiana Modelo para definir a estrutura de correlação entre duas ou mais variáveis. Em alguns modelos de derivativos de crédito, é usada para definir uma estrutura de correlação para tempos até a inadimplência.

Modelo de Elasticidade Constante da Variância (CEV) Modelo no qual a variância da mudança em uma variável em um curto período de tempo é proporcional ao valor da variável.

Modelo de Equilíbrio Modelo para o comportamento das taxas de juros derivado de um modelo da economia.

Modelo de Função de Volatilidade Implícita (IVF) Modelo estruturado de modo a corresponder aos preços de mercado de todas as opções europeias.

Modelo de Gama da Variância Um modelo de saltos puros nos quais saltos pequenos ocorrem com alta frequência e saltos grandes ocorrem com baixa frequência.

Modelo de Malha Adaptativa Modelo desenvolvido por Figlewski e Gao que enxerta uma árvore de alta resolução em uma árvore de baixa resolução para que haja modelamento mais detalhado do preço do ativo em regiões críticas.

Modelo de Média Móvel Ponderada Exponencialmente Modelo no qual a ponderação exponencial é usada para gerar previsões para uma variável a partir de dados históricos. Também aplicada a variâncias e covariâncias em cálculos de *Value at Risk*

Modelo de Mercado Um modelo geralmente usado por traders.

Modelo de Precificação de Ativos Financeiros Modelo que relaciona o retorno esperado sobre um ativo a seu beta.

Modelo de Salto–Difusão Modelo no qual o preço do ativo tem saltos superpostos a um processo de difusão, como o movimento browniano geométrico.

Modelo de Taxas de Juros Sem Arbitragem Modelo para o comportamento de taxas de juros que é exatamente consistente com a estrutura a termo inicial das taxas de juros.

Modelo GARCH Um modelo para prever a volatilidade no qual a taxa de variância segue um processo de reversão à média.

Modelo Não Estacionário Modelo no qual os parâmetros de volatilidade são uma função do tempo.

Movimento Browniano Geométrico Processo estocástico frequentemente pressuposto para preços de ativos nos quais o logaritmo da variável subjacente segue um processo de Wiener generalizado.

Movimento Browniano *Ver* Processo de Wiener.

Movimento Limite O movimento de preço máximo permitido pela bolsa em uma única sessão de negociação.

Movimento Paralelo Movimento na curva de juros no qual cada ponto sobre a curva muda pelo mesmo valor.

Múltiplo de Exercício Razão entre o preço da ação e o preço de exercício no momento do exercício para uma opção sobre ações para funcionários.

Mundo *Forward Risk-Neutral* Um mundo é *forward risk-neutral* com relação a um determinado ativo quando o preço de mercado do risco é igual à volatilidade de tal ativo.

Mundo *Risk-Neutral* Um mundo em que os investidores supostamente não precisam de retorno adicional sobre a média para correr riscos.

Negociação Eletrônica Sistema de negociação no qual um computador é usado para reunir compradores e vendedores.

NINJA Termo usado para descrever uma pessoa com mau risco de crédito: sem renda, sem emprego e sem ativos (*no income, no job, no assets*).

Nível de Reversão O nível ao qual o valor de uma variável de mercado (ex.: uma taxa de juros) tende a reverter.

Normal Backwardation Situação na qual o preço futuro está abaixo do preço spot futuro esperado.

Nota com Principal Protegido Produto no qual o retorno depende do desempenho de um ativo arriscado, mas é garantido como não negativo, de modo que o principal do investidor é preservado.

Nota do Tesouro *Ver* Títulos do Tesouro. (As notas do Tesouro têm vencimentos inferiores a 10 anos.)

Numéraire Define as unidades nas quais os preços de títulos são mensurados. Por exemplo, se o preço da IBM é o *numéraire*, todos os preços de títulos são medidos em relação à IBM. Se a IBM está em $80 e um preço de título específico está em $50, o preço do título é 0,625 quando a IBM é o *numéraire*.

Obrigação de Dívida Garantida Uma maneira de comercializar o risco de crédito. Diversas classes de títulos (conhecidas como tranches) são criadas a partir de um portfólio de títulos, com regras que determinam como o custo da inadimplência é alocado a cada classe.

Obrigação Garantida por Hipoteca (CMO) Um título lastreado por hipoteca no qual os investidores são divididos em classes, com regras para determinar como a amortização do principal será canalizado para as classes.

OCC Options Clearing Corporation. *Ver* Câmara de Compensação.

Oferta de Compra O preço que um corretor está preparado para pagar por um ativo.

Oferta de Venda O preço que um corretor está oferecendo para vender um ativo.

Oferta de Venda *Ver* Oferta de Venda.

OIS *Ver Overnight Indexed Swap*.

Opção O direito de comprar ou vender um ativo.

Opção à Sua Escolha *Ver* Opção do Titular.

Opção Americana Uma opção que pode ser exercida em qualquer momento durante sua vida.

Opção Arco-Íris Uma opção cujo resultado depende de duas ou mais variáveis subjacentes.

Opção Asiática Opção cujo resultado depende do preço médio do ativo subjacente durante um determinado período.

Opção Bermuda Uma opção que pode ser exercida em datas específicas durante sua vida.

Opção Binária Opção com resultado contínuo; por exemplo, uma opção caixa ou nada ou uma opção ativo ou nada.

Opção Cliquet Série de opções de compra ou venda com regras para determinar os preços de exercício. Em geral, uma opção começa quando a anterior termina.

Opção Com Ajuste Contrato futuro sobre o resultado de uma opção.

Opção Composta Uma opção sobre uma opção.

Opção de Barreira Opção cujo resultado depende do caminho do ativo subjacente ter alcançado uma barreira (ou seja, um nível predeterminado).

Opção de Boston *Ver* Opção de Pagamento Diferido.

Opção de Cesta Opção que oferece um resultado dependente do valor de um portfólio de ativos.

Opção de Compra Opção de comprar um ativo por determinado preço até uma determinada data.

Opção de Compra Ativo ou Nada Uma opção que oferece um resultado igual ao preço do ativo se o preço do ativo ficar acima do preço de exercício e zero se não.

Opção de Compra Caixa ou Nada Opção que oferece um resultado fixo predeterminado se o preço final do ativo ficar acima do preço de exercício e zero se não.

Opção de Compra Coberta Uma posição vendida em uma opção de compra sobre um ativo combinada com uma posição comprada no ativo.

Opção de Compra de Preço Médio Uma opção que oferece um resultado igual ao maior entre zero e o montante pelo qual o preço médio do ativo excede o preço de exercício.

Opção de Gap Opção de compra ou de venda europeia na qual há dois preços de exercício. Um determina se a opção será exercida, o outro determina o resultado.

Opção de Índice Um contrato de opção sobre um índice de ações ou outro índice.

Opção de Moeda Estrangeira Uma opção sobre uma taxa de câmbio internacional.

Opção de Pagamento Diferido Opção na qual o preço pago é diferido até o final da vida da opção.

Opção de Permuta Opção de trocar um ativo por outro.

Opção de Preço de Exercício Médio Uma opção que oferece um resultado dependente da diferença entre o preço final do ativo e o preço médio do ativo.

Opção de Spread de Crédito Opção cujo resultado depende do spread entre os rendimentos obtidos sobre dois ativos.

Opção de Spread Opção cujo resultado depende da diferença entre duas variáveis de mercado.

Opção de Swing Opção de energia na qual a taxa de consumo deve ficar entre um nível mínimo e um máximo. Em geral, há um limite no número de vez que o titular da opção pode mudar a taxa à qual a energia é consumida.

Opção de Venda Ativo ou Nada Uma opção que oferece um resultado igual ao preço do ativo se o preço do ativo ficar abaixo do preço de exercício e zero se não.

Opção de Venda Caixa ou Nada Opção que oferece um resultado fixo predeterminado se o preço final do ativo ficar abaixo do preço de exercício e zero se não.

Opção de Venda de Preço Médio Uma opção que oferece um resultado igual ao maior entre zero e o montante pelo qual o preço de exercício excede o preço médio do ativo.

Opção de Venda Uma opção de vender um ativo por um determinado preço até uma determinada data.

Opção Dentro do Dinheiro (a) Uma opção de compra cujo preço do ativo é maior do que o preço de exercício ou (b) uma opção de venda cujo preço do ativo é menor do que o preço de exercício.

Opção Dependente da Trajetória Uma opção cujo resultado depende de todo o caminho seguido pela variável subjacente, não apenas seu valor final.

Opção do Titular Opção na qual o titular tem o direito de escolher se é uma opção de compra ou de venda em algum momento durante sua vida.

Opção DOOM   Opção de venda muito fora do dinheiro.

Opção *Down-and-In*   Uma opção que passa a existir quando o preço do ativo subjacente cai até um nível predeterminado.

Opção *Down-and-Out*   Opção que passa a existir quando o preço do ativo subjacente aumenta até um nível predeterminado.

Opção Embutida   Uma opção que é parte inseparável de outro instrumento.

Opção Europeia   Uma opção que pode ser exercida somente ao final de sua vida.

Opção Exótica   Uma opção não padrão.

Opção Flexível   Opção negociada em uma bolsa com termos diferentes das opções padrões negociadas pela bolsa.

Opção Fora do Dinheiro   (a) Uma opção de compra cujo preço do ativo é menor do que o preço de exercício ou (b) uma opção de venda cujo preço do ativo é maior do que o preço de exercício.

Opção *Forward Start*   Opção projetada de modo a estar no dinheiro em algum momento no futuro.

Opção Lookback   Opção cujo resultado depende do preço mínimo ou máximo do ativo durante um determinado período.

Opção no Dinheiro   Uma opção na qual o preço de exercício é igual ao preço do ativo subjacente.

Opção Parisiense   Opção de barreira na qual o ativo precisa estar abaixo ou acima da barreira por um período de tempo par que a opção sofra o *knock-in* ou *knock-out*.

Opção Real   Opção envolvendo ativos reais (em contraponto aos financeiros). Os ativos reais incluem terra, plantas e maquinário.

Opção Sintética   Uma opção criada pela negociação do ativo subjacente.

Opção sobre Ações   Opção sobre uma ação.

Opção sobre Ações para Funcionários   Opção sobre ações emitida por uma empresa sobre suas próprias ações e distribuída para seus funcionários como parte de sua remuneração.

Opção sobre Futuro   Uma opção sobre um contrato futuro.

Opção sobre Índice de Ações   Uma opção sobre um índice de ações.

Opção sobre Taxa de Juros   Uma opção cujo resultado depende do nível das taxas de juros.

Opção sobre Título   Uma opção na qual um título é o ativo subjacente.

Opção *Take-and-Pay*   Ver Opção de Swing.

Opção *Up-and-In*   Opção que passa a existir quando o preço do ativo subjacente aumenta até um nível predeterminado.

Opção *Up-and-Out*   Opção que deixa de existir quando o preço do ativo subjacente aumenta até um nível predeterminado.

Operação de Spread   Posição em duas ou mais opções do mesmo tipo.

Operadora de Execução de Swaps   Plataforma eletrônica para negociar derivativos de balcão.

Operadores Especiais Indivíduos no chão de uma bolsa que negociam por conta própria e não em nome de terceiros.

Ordem Limitada Uma ordem que somente pode ser executada a um preço específico ou outro mais favorável para o investidor.

Overnight Indexed Swap Swap no qual uma taxa fixa por um período (ex.: 1 mês) é trocada pela média geométrica das taxas *overnight* durante o período.

Pacote Um derivativo que é um portfólio de opções de compra e de venda padrão, possivelmente combinadas com uma posição em contratos a termo e no ativo em si.

Paridade Put–Call A relação entre o preço de uma opção de compra europeia e o preço de uma opção de venda europeia quando ambas têm o mesmo preço de exercício e a mesma data de vencimento.

PD Probabilidade de inadimplência.

Perda na Cauda Ver *Value at Risk* Condicional.

Período de Aquisição de Direito Período durante o qual uma opção não pode ser exercida.

Pesquisa Empírica Pesquisa baseada em dados de mercado históricos.

Plain Vanilla Termo usado para descrever uma negociação padrão.

PO Apenas Principal. Título lastreado por hipoteca no qual o titular recebe apenas os fluxos de caixa do principal sobre o conjunto de hipotecas subjacentes.

Ponderação Exponencial Um sistema de ponderação no qual o peso dado a uma observação depende de quão recente ela é. O peso dado a uma observação i períodos de tempo atrás é λ vezes o peso dado a uma observação $i - 1$ períodos de tempo atrás quando $\lambda < 1$.

Ponto-Base Quando usado para descrever uma taxa de juros, um ponto-base é igual a um centésimo de um porcento (= 0,01%)

Portfólio Delta Neutro Portfólio com delta igual a zero, de modo que não há sensibilidade a pequenas mudanças no preço do ativo subjacente.

Portfólio Gama Neutro Um portfólio com gama igual a zero.

Portfólio Vega Neutro Um portfólio com vega de zero.

Posição a Descoberto Uma posição vendida em uma opção de compra não combinada com uma posição comprada no ativo subjacente.

Posição Longa Posição envolvendo a compra de um ativo.

Posição Vendida Posição assumida quando os traders vendem ações que não possuem.

Posições em Aberto O número total de posições compradas em circulação em um contrato futuro (igual ao número total de posições vendidas).

Preço a Termo O preço de entrega de um contrato a termo que faz com que o contrato valha zero.

Preço de Ajuste A média dos preços pelos quais um contrato é negociado imediatamente antes do sino tocar, indicando o encerramento das negociações do dia. Usado em cálculos de marcação a mercado.

Preço de Entrega Preço acordado (possivelmente em algum ponto no passado) em um contrato a termo.

Preço de Exercício O preço pelo qual o ativo subjacente pode ser comprado ou vendido em um contrato de opção (também chamado de *strike price*).

Preço de Mercado do Risco Uma medida das escolhas que os investidores fazem entre risco e retorno.

Preço de Oferta de Venda *Ver* Oferta de Venda.

Preço Futuro O preço de entrega aplicável atualmente a um contrato futuro.

Preço Limpo de um Título O preço cotado de um título. O preço de caixa pago pelo título (ou preço sujo) é calculado pela soma dos juros acumulados ao preço limpo.

Preço Spot O preço para entrega imediata.

Preço Sujo de um Título Preço de caixa de um título.

Pregão Viva-Voz Sistema de negociação no qual os traders se reúnem no chão da bolsa.

Prêmio O preço de uma opção.

Prêmio por Liquidez O quanto as taxas de juros a termo excedem as taxas de juros spot futuras esperadas.

Pressuposto Sem Arbitragem O pressuposto de que não há oportunidades de arbitragem em preços de mercado.

Principal O valor par ou de face de um instrumento de dívida.

Principal Nocional O principal usado para calcular os pagamentos em um swap de taxas de juros. O principal é "nocional" porque não será pago ou recebido.

Procedimento Numérico Método para avaliar uma opção quando não há fórmula disponível.

Procedimentos de Redução de Variância Procedimentos para reduzir o erro em uma simulação de Monte Carlo.

Processo de Difusão Modelo no qual o valor do ativo muda continuamente (sem saltos).

Processo de Itô Um processo estocástico no qual a mudança em uma variável durante cada breve período de tempo de duração Δt tem distribuição normal. A média e a variância da distribuição são proporcionais a Δt e não são necessariamente constantes.

Processo de Markov Processo estocástico no qual o comportamento da variável durante um curto período de tempo depende exclusivamente do valor da variável no início do período e não de seu histórico pregresso.

Processo de Poisson Um processo que descreve uma situação na qual os eventos acontecem aleatoriamente. A probabilidade de um evento no tempo Δt é $\lambda \Delta t$, onde λ é a intensidade do processo.

Processo de Salto Processo estocástico para uma variável envolvendo saltos no valor da variável.

Processo de Wiener Generalizado Um processo estocástico no qual a mudança em uma variável no tempo t tem distribuição normal, com média e variância proporcionais a t.

Processo de Wiener Um processo estocástico no qual a mudança em uma variável durante cada breve período de tempo de duração Δt tem distribuição normal com média igual a zero e variância igual a Δt.

Processo Estocástico Uma equação que descreve o comportamento probabilístico de uma variável estocástica.

Program Trading Procedimento no qual as operações são geradas automaticamente por um computador e transmitidas para o pregão de uma bolsa.

Protective Put Uma opção de venda combinada com uma posição longa no ativo subjacente.

Puttable Bond Título no qual o titular tem o direito de vendê-lo de volta para o emissor em datas predeterminadas por um preço predeterminado.

Puttable Swap Um swap no qual uma das partes tem o direito de terminar antecipadamente.

Quadratura Gaussiana Procedimento para integração sobre uma distribuição normal.

Quanto Derivativo cujo resultado é definido por variáveis associadas com uma moeda, mas pago em outra.

Ratchet Cap Cap de taxa de juros no qual a taxa do cap aplicável a um período de acúmulo é igual à taxa para o período de acúmulo anterior mais um spread.

Razão de Hedge A razão entre o tamanho de uma posição em um instrumento de hedge e o tamanho da posição sendo hedgeada.

Rebalanceamento O processo de ajustar uma posição de negociação periodicamente. Em geral, o propósito é manter a neutralidade do delta.

Regra Volcker Regra da Lei Dodd–Frank Act que restringe as atividades especulativas dos bancos, proposta por Paul Volcker, ex-presidente da Federal Reserve.

Rendimento de Conveniência Medida dos benefícios da propriedade de um ativo que não são obtidos pelo titular de um contrato futuro comprado sobre o ativo.

Rendimento do Título Taxa de desconto que, quando aplica a todos os fluxos de caixa de um título, faz com que o valor presente dos fluxos de caixa seja igual ao preço de mercado do título.

Rendimento em Dividendos Implícito Rendimento em dividendos estimada usando a paridade put–call dos preços de opções de compra e de venda com o mesmo preço de exercício e tempo até o vencimento.

Rendimento em Dividendos O dividendo como porcentagem do preço da ação.

Rendimento Par O cupom sobre um título que torna seu preço igual ao principal.

Rendimento Um retorno estipulado por um instrumento.

Replicação Estática de Opções Procedimento para hedgear um portfólio que envolve encontrar outro portfólio de valor aproximadamente igual em algum limite.

Repo Contrato de recompra. Procedimento para tomar dinheiro emprestado pela venda de títulos para uma contraparte e o contrato de comprá-los de volta mais tarde por um preço ligeiramente maior.

Restricted Stock Unit (RSU) Unidade que dá ao titular o direito de receber uma ação em uma data futura.

Resultado O caixa realizado pelo titular de uma opção ou outro derivativo ao final de sua vida.

Resultado Analítico Resultado no qual a resposta assume a forma de uma equação.

Reversão à Média A tendência de uma variável de mercado (como uma taxa de juros) de reverter para um nível médio de longo prazo.

Risco de Base O risco para um hedger decorrente da incerteza sobre a base em um momento futuro.

Risco de Crédito O risco de que uma perda será sofrida devido à inadimplência da contraparte em uma transação de derivativos.

Risco de Liquidez Risco de que não será possível vender uma posição em um determinado instrumento pelo seu preço teórico. Também o risco de que uma empresa não poderá tomar dinheiro emprestado para financiar seus ativos.

Risco Não Sistemático Risco que pode ser eliminado por diversificação.

Risco Não Sistemático *Ver* Risco Não Sistemático.

Risco Sistemático Risco que não pode ser eliminado por diversificação.

Risco Sistêmico Risco de que a inadimplência de uma instituição financeira levará a inadimplência por outras instituição financeiras.

Rô Taxa de mudança do preço de um derivativo com a taxa de juros.

Roll Back *Ver* Indução Retroativa.

Saldo Líquido A capacidade de fazer com que contratos com valores positivos e negativos compensem uns aos outros em caso de inadimplência por uma contraparte ou para fins de determinar requerimentos de garantias.

Scalper Trader que possui posições em período de tempo muito curto.

SEC Securities and Exchange Commission.

Securitização Procedimento para distribuir os riscos em um portfólio de ativos.

SEF *Ver* Operadora de Execução de Swaps.

Seguro de Portfólio Realizar negociações para garantir que o valor de um portfólio não cairá abaixo de um determinado nível.

Sequência de Baixa Discrepância *Ver* Sequência Quase-Aleatória.

Sequências Quase-Aleatórias Sequências de números usadas em uma simulação de Monte Carlo que são representativas de resultados alternativos e não aleatórias.

Série de Opção Todas as opções de uma determinada classe com o mesmo preço de exercício e data de expiração.

Shout Option Opção na qual o titular tem o direito de garantir um valor mínimo para o resultado em algum momento durante sua vida.

Simulação *Ver* Simulação de Monte Carlo.

Simulação de Monte Carlo Procedimento para amostragem aleatória de mudanças nas variáveis de mercado de modo a avaliar um derivativo.

Simulação Histórica Simulação baseada em dados históricos.

Sorriso de Volatilidade A variação da volatilidade implícita com o preço de exercício.

Spread Ajustado para Opções O spread sobre a curva do Tesouro que torna o preço teórico de um derivativo de taxa de juros igual ao preço de mercado.

Spread Borboleta Uma posição criada por uma posição comprada em uma opção de compra com preço de exercício K_1, uma posição comprada em uma opção de compra com preço de exercício K_3 e uma posição vendida em duas opções de compra com preço de exercício K_2, onde $K_3 > K_2 > K_1$ e $K_2 = 0,5(K_1 + K_3)$. (Um spread borboleta também pode ser criado usando opções de venda.)

Spread Calendário Posição criada assumindo uma posição comprada em uma opção de compra que vence em uma data e uma posição vendida em uma opção de compra semelhante que vence em uma data diferente. (Um spread calendário também pode ser criado usando opções de venda.)

Spread de Alta Uma posição comprada em uma opção de compra com preço de exercício K_1 combinada com uma posição vendida em uma opção de compra com preço de exercício K_2, onde $K_2 > K_1$. (Um spread de alta também pode ser criado usando opções de venda.)

Spread de Baixa Uma posição vendida em uma opção de venda com preço de exercício K_1 combinada com uma posição comprada em uma opção de venda com preço de exercício K_2 onde $K_2 > K_1$. (Um spread de baixa também pode ser criado usando opções de compra.)

Spread de CDS Pontos-base que devem ser pagos em cada ano para proteção em um CDS.

Spread Diagonal Posição em duas opções de compra em que ambos os preços de exercício e tempos até o vencimento são diferentes. (Um spread diagonal também pode ser criado com opções de venda.)

Spread Entre Compra e Venda Quanto a oferta de venda é maior do que a oferta de compra.

Spread Entre Compra e Venda *Ver* Spread Entre Compra e Venda.

Spread LIBOR–OIS Diferença entre a taxa LIBOR e a taxa OIS para uma determinado vencimento.

Stack and Roll Procedimento no qual futuros de curto prazo são rolados a termo para criar hedges de longo prazo.

Sticky Cap Cap de taxa de juros no qual a taxa do cap aplicável a um período de acúmulo é igual à taxa com cap para o período de acúmulo anterior mais um spread.

Straddle Uma posição longa em uma opção de compra e uma opção de venda com o mesmo preço de exercício.

Strangle Uma posição longa em uma opção de compra e uma opção de venda com preços de exercício diferentes.

Strap Uma posição longa em duas opções de compra e uma opção de venda com o mesmo preço de exercício.

Stressed VaR *Value at risk* calculado usando simulação histórica de um período de condições de mercado extremas.

Strike Price O preço pelo qual o ativo pode ser comprado ou vendido em um contrato de opção (também chamado de *preço de exercício*).

Strip Uma posição longa em uma opção de compra e duas opções de venda com o mesmo preço de exercício.

Superfície de Volatilidade Tabela mostrando a variação de volatilidades implícitas com o preço de exercício e o tempo até o vencimento.

Swap Contrato para trocar fluxos de caixa no futuro de acordo com uma fórmula pré-definida.

Swap a Termo *Ver* Swap Diferido.

Swap com Amortização Indexado *Ver* swap de principal indexado.

Swap com Amortização Um swap no qual o principal nocional diminui de maneira predeterminada à medida que o tempo passo.

Swap Composto Swap no qual os juros são compostos em vez de serem pagos.

Swap de Ativos Troca o cupom sobre um título por LIBOR mais um spread.

Swap de Base Swap no qual os fluxos de caixa determinados por uma taxa de referência flutuante são trocados pelos fluxos de caixa determinados por outra taxa de referência flutuante.

Swap de Commodities Swap no qual os fluxos de caixa dependem do preço de um commodity.

Swap de Moeda Swap no qual os juros e o principal em uma moeda são trocados pelos juros e o principal em outra moeda.

Swap de Principal Indexado Um swap no qual o principal diminui com o tempo. A redução no principal na data de pagamento depende do nível das taxas de juros.

Swap de Retorno Total Um swap no qual o retorno sobre um ativo, como um título, é trocado pela LIBOR mais um spread. O retorno sobre o ativo inclui rendas como cupons e a mudança no valor do ativo.

Swap de Taxas de Juros A troca de uma taxa de juros fixa sobre um determinado principal nocional por uma taxa de juros flutuante sobre o mesmo principal nocional.

Swap de Variância Swap no qual a taxa de variância realizada durante um período é trocada por uma taxa de variância fixa. Ambas são aplicadas a um principal nocional.

Swap de Vencimento Constante (CMS) Swap no qual a taxa de swap é trocada por uma taxa fixa ou uma taxa flutuante em cada data de pagamento.

Swap de Volatilidade Swap no qual a volatilidade realizada durante um período é trocada por uma volatilidade fixa. Ambas as volatilidades percentuais são aplicadas a um principal nocional.

Swap Diferencial Swap no qual uma taxa flutuante em uma moeda é trocada por uma taxa flutuante em outra moeda e ambas as taxas são aplicadas ao mesmo principal.

Swap Diferido Contrato de firmar um swap em algum momento no futuro (também chamado de swap a termo).

Swap do Tesouro de Vencimento Constante Swap no qual o rendimento sobre um título do Tesouro é trocado por uma taxa fixa ou uma taxa flutuante em cada data de pagamento.

Swap Passível de Cancelamento Swap que pode ser cancelado por uma das partes em datas pré-especificadas.

Swap *Step-up* Um swap no qual o principal aumenta com o passar do tempo de uma maneira predeterminada.

Swaption Opção de firmar um swap de taxas de juros no qual uma taxa fixa específica é trocada por uma flutuante.

Tailing the Hedge Procedimento para ajustar o número de contratos futuros usados para hedge de modo a refletir o ajuste diário.

Taxa de Câmbio a Termo O preço a termo de uma unidade de uma moeda estrangeira.

Taxa de Curto Prazo A taxa de juros que se aplica por um período de tempo muito curto.

Taxa de Deriva O aumento médio por unidade de tempo em uma variável estocástica.

Taxa de Juros a Termo A taxa de juros para um período de tempo futuro implícito nas taxas prevalentes no mercado atual.

Taxa de Juros Anual Equivalente Taxa de juros com capitalização anual.

Taxa de Juros Básica (*Fed Funds*) Efetiva Taxa de juros básica (*Fed funds*) média ponderada para transações corretadas.

Taxa de Juros Básica (*Fed funds*) Taxa de empréstimo interbancário *overnight*.

Taxa de Juros de Cupom Zero A taxa de juros que seria obtida sobre um título que não oferece cupons.

Taxa de Juros de Eurodólar A taxa de juros sobre um depósito em eurodólares.

Taxa de Juros Livre de Risco A taxa de juros que pode ser obtida sem assumir nenhum risco.

Taxa de Juros Livre de Risco de Curto Prazo *Ver* Taxa de Curto Prazo.

Taxa de Juros Spot *Ver* Taxa de Juros de Cupom Zero.

Taxa de Recuperação Quantia recuperada em caso de inadimplência como porcentagem do valor de face.

Taxa de Risco Mede a probabilidade de inadimplência em um breve período de tempo, com a condição de não haver inadimplência anterior.

Taxa de Swap A taxa fixa em um swap de taxas de juros que faz com que o swap tenha valor de zero.

Taxa de Variância O quadrado da volatilidade.

Taxa do Cap A taxa que determina os resultados em um cap de taxa de juros.

Taxa do Floor A taxa em um contrato de floor de taxa de juros.

Taxa Forward Instantânea Taxa forward para um período de tempo de curtíssimo prazo no futuro.

Taxa Forward Taxa de juros para um período de tempo no futuro implicada pelas taxas zero de hoje.

Taxa Repo A taxa de juros em uma transação de repo.

Taxa Zero *Ver* Taxa de Juros de Cupom Zero.

Técnica de *Controle de variação* Técnica que ocasionalmente pode ser usada para melhorar a precisão de um procedimento numérico.

TED Spread A diferença entre a LIBOR de 3 meses e a taxa de letras do Tesouro de 3 meses.

Tendência para o Valor de Face A reversão do preço de um título para seu valor par no vencimento.

Tenor Frequência de pagamentos.

Teorema de Girsanov Resultado mostrando que quando mudamos a medida (ex.: passamos do mundo real para um mundo *risk-neutral*), o retorno de uma variável muda, mas a volatilidade permanece a mesma.

Teoria da Preferência pela Liquidez Teoria que leva à conclusão que as taxas de juros a termo ficam acima das taxas de juros spot futuras esperadas.

Teoria da Segmentação de Mercado Teoria de que as taxas de curto prazo são determinadas pelo mercado independentemente das taxas de longo prazo.

Teoria das Expectativas Teoria de que as taxas de juros a termo são iguais às taxas de juros spot futuras esperadas.

Teste de Estresse Teste do impacto de movimentações de mercado extremas sobre o valor de um portfólio.

Teta A taxa de mudança do preço de uma opção ou outro derivativo com a passagem do tempo.

Título Conversível Título corporativo que pode ser convertido em uma quantidade predeterminada das ações da empresa em determinados momentos durante sua vida.

Título Garantido por Ativos Título criado a partir de um portfólio de empréstimos, título, contas a receber de cartões de crédito ou outros ativos.

Título Lastreado por Hipoteca Título que dá ao titular uma participação nos fluxos de caixa realizados a partir de um conjunto de hipotecas.

Título Mais Barato para Entregar O título cuja entrega é a mais barata no contrato futuro de títulos do CME Group.

Título Resgatável Títulos que contém disposições permitindo que o emissor o compre de volta por um preço predeterminado em determinados pontos durante sua vida.

Título *Strip* Título de cupom zero criados pela venda de cupons sobre títulos do Tesouro separadamente do principal.

Títulos CAT Títulos no qual os juros, e possivelmente o principal pago, são reduzidos se uma determinada categoria de sinistros "catastróficos" for maior do que um determinado valor.

Títulos de Cupom Zero Títulos que não oferecem cupom.

Títulos de Desconto *Ver* Títulos de Cupom Zero.

Títulos do Tesouro Instrumento que paga cupom de longo prazo emitido pelo governo para financiar sua dívida.

Tranche Um de diversos títulos com diversos atributos de risco. Os tranches de um CDO ou CMO seriam um exemplo.

Tranche de Patrimônio Líquido O primeiro tranche a absorver as perdas.

Tranche Mezanino Tranche que sofre perdas após o tranche de patrimônio líquido, mas antes das tranches sênior.

Triple Witching Hour Termo dado ao tempo quando futuros de índices de ações, opções sobre índices de ações e opções sobre futuros de índices de ações todos expiram juntos.

Uptick Um aumento de preço.

Valor Esperado de uma Variável O valor médio da variável obtida pela ponderação dos valores alternativos por suas probabilidades.

Valor Final O valor no vencimento.

Valor Intrínseco Para uma opção de compra, é o maior entre zero e o excesso do preço do ativo em relação ao preço de exercício. Para uma opção de venda, é o maior entre zero o excesso do preço de exercício em relação ao preço do ativo.

Valor Par O montante principal de um título.

Valor Temporal O valor de uma opção decorrente do tempo que falta até o vencimento (igual ao preço da opção menos seu valor intrínseco).

Value at Risk Uma perda que não excederá um nível de confiança especificado.

Value at Risk **Condicional (C-VaR)** Perda esperada durante N dias condicionada em estar na cauda $(100 - X)\%$ da distribuição de lucros/perdas. A variável N é o horizonte temporal e $X\%$ é o nível de confiança.

Value at Risk **de Crédito** A perda de crédito que não será excedida dentro de um nível de confiança específico.

Vantagem de Volatilidade Termo usado para descrever um *sorriso de volatilidade* quando ele não é simétrico.

Variável Determinística Variável cujo valor futuro é conhecido.

Variável Estocástica Variável cujo valor futuro é incerto.

Variável Subjacente Variável sobre a qual depende o preço de uma opção ou outro derivativo.

Vega A taxa de mudança de preço de uma opção ou outro derivativo com a volatilidade.

Venda a Descoberto Vender no mercado ações que foram tomadas emprestadas de outro investidor.

Volatilidade Medida da incerteza do retorno realizado sobre um ativo.

Volatilidade *Flat* O nome dado à volatilidade usada para apreçar um cap quando a mesma volatilidade é usada para cada caplet.

Volatilidade Histórica Volatilidade estimada a partir de dados históricos.

Volatilidade Implícita Volatilidade implicada por um preço de opção usando o modelo Black–Scholes ou outro modelo semelhante.

Volatilidades Spot As volatilidades usadas para apreçar um cap quando uma volatilidade diferente é usada para cada caplet.

Warrant Opção emitida por uma empresa ou instituição financeira. Warrants de compra são emitidos com frequência por empresas sobre suas próprias ações.

Weeklys Opção criada em uma quinta-feira que expira na sexta-feira da semana seguinte.

Wild Card Play O direito de entregar um contrato futuro ao preço de fechamento por um período de tempo após o encerramento das negociações.

Índice

As referências a itens no Glossário de termos estão em **negrito**.

À sua escolha, opção, 650–651, **925–949**
Abandono, opção de, 862–864
Aberto, ordem em, 42–43
Abertura, lucro de, 877–879, **925–949**
Abordagem de mínimos quadrados, 698–702
ABS, 198–199, **925–949**
ABX, índice, 204–205
Accrual swap, 190–191, 832–834, **925–949**
Acúmulo, fração de, 739–740, 744–745
Add–up basket credit default swap, 627–628
Agência, custos de, 206–209, 382–383, **925–949**
Agência de notas de crédito, 206–207, 585
Agrícolas, produtos, 840–842
AIG, 619–620
Ajustável, hipoteca com taxa, 202–203
Ajuste, opção com, 425–427, **925–949**
Ajuste de momentos, procedimento de redução da variância na, 515–515
Ajuste de taxa de garantia, 222–223
Ajuste de valor de crédito (CVA), 220–223, 598–605, **925–949**
Ajuste de valor de débito (ou de dívida) (DVA), 221–223, 598–605, **925–949**
Ajuste de valor de financiamento (FVA), 222–224, **925–949**
Ajuste diário, 30–31
Algorítmica, negociação, 3–4
Allied Irish Bank, 872–873
Allied Lyons, 874–875
Alta frequência, negociação em, 3–4
Amaranth, 872–873
Amazon.com, avaliação da, 863–864
Americana, opção, 9–10, 227, **925–949**
  aproximação analítica a preços, 486–487
  aproximação de Black, 370–371
  árvore binomial, 486–507
  dividendo, efeito do, 266–267, 368–370
  exercício antecipado, 229–230, 261–264, 368–370
  não padrão, 647–648
  opção sobre ações que pagam dividendos, 266–267, 368–370
  opção sobre uma ação que não paga dividendos, 261–264

opções sobre futuros em comparação com opções sobre spot, 425–426
  relação put–call, 260–262, 266–267
  simulação de Monte Carlo e, 698–703
Amortização, swap com, 190–191, 823, **925–949**
Amostragem de importância, procedimento de redução da variância na, 513–515
Amostragem estratificada, procedimento de redução da variância na, 515
Análise de cenários, 452–453, 876–877, **925–949**
Análise de componentes principais, 552–557, **925–949**
Análise de fatores, 552–557, **925–949**
Antedatação, 390–391, **925–949**
Aproximação de Black, **925–949**
  opção de compra americana, 370–371
Aquisição de direito, período de, 381–382, **925–949**
Arbitradores, 17–18, **925–949**
Arbitragem, **925–949**
Arbitragem, teoria do apreçamento por (APT), 713–714
Arbitragem de convergência, 36, 879–880
Arbitragem de índice, 124–125, **925–949**
Arbitragem regulatória, 206–207
ARCH, modelo, 563
Arco–íris, opção, 661–662, **925–949**
Árvore, **925–949**. *Ver também* Árvore binomial, Árvore trinomial.
Árvore implícita, modelo de, 683–684, **925–949**
Árvore trinomial, 504–506, 781–793, **925–949**
  avaliação de uma opção sobre bônus americana, 792–793
  cálculo, 781–783
  calibramento, 792–796
  commodity, 845–850
  construção para Black–Karasinski, 788–791
  construção para Hull–White, 783–789
  ramificação não padrão, 782–784
  relação com o método das diferenças finitas, 524–526
  resultados analíticos, 791–793
Árvores de taxas de juros, 781–793
Assimétrica, informação, 619–620
Associações de poupança e empréstimo (*Savings and Loans*), 104–105

Ativo ou nada, opção de compra, 655–656, **925–949**
Ativo ou nada, opção de venda, 655–656, **925–949**
Ativos/passivos, gestão de (ALM), 103–104, 157
Atualização contínua, taxa de, 173–174
Avaliação de negócios, 862–863
Avaliação de opções sobre ações
    aproximação de Black, 370–371
    árvore binomial, 293–311, 486–507
    avaliação *risk–neutral*, 402–403
    distribuição implícita e distribuição lognormal, 471–473
    dividendos, 235–237, 253–255, 367–370
    fatores que afetam preços, 250–255
    limites para ações que não pagam dividendos, 254–258
    limites para ações que pagam dividendos, 265–266
    opções americanas sobre ações que não pagam dividendos, 486–494
    opções americanas sobre ações que pagam dividendos, 368–370
    opções europeias sobre ações que não pagam dividendos, 358–363
    opções europeias sobre ações que pagam dividendos, 367–370, 401–403
    opções europeias sobre ações que pagam rendimentos em dividendos conhecidos, 401–403
    opções sobre ações para funcionários, 385–389
    paridade put-call, 257–262, 266–267, 466–468
    premissas, 254–255
    rendimento em dividendos, 401–403
    retorno esperado da ação e, 297–299
    sorriso de volatilidade (vantagem), 471–473
    único grande salto no ativo esperado, 475–478
Avaliação de um negócio, 862–863
Avaliação *risk–neutral*, 297–300, 357–359, 402–403, 487–488, 595–596, 859–862, **925–949**
Aviso de intenção de entrega, 26–28

Back office, 877–878
Back testing, 552–553, **925–949**
Balcão, mercado de, 3–7, 33–38, **925–949**
    opções, 395–396
Bankers Trust (BT), 835–837, 878–879
Barings Bank, 19, 872–873, 877–878
Barreira, opção de, 651–655, 665–668, 691–695, **925–949**
    avaliando, usando o modelo de malha adaptativa, 694–695
    barreira externa, 691–693
    barreira interna, 691–693
Base, 57–62, **925–949**
Base, swap de, 824–825, **925–949**
Basel I, II, III, 209–210
Basket credit default swap, 627–628, **925–949**
    add–up basket credit default swap, 627–628
    avaliação, 635–636

first–to–default basket credit default swap, 627–628
função da correlação, 631–632
kth–to–default basket credit default swap, 627–628
Bear Stearns, 104–105
Bermuda, opção, 647–648, **925–949**
Bermuda, opção sobre swap, 814–816
Beta, 67–71, 80–81, 395–396, **925–949**
    mudança, 69–71
BGM, modelo. *Ver* Brace–Gatarek–Musiela, modelo de.
Bilateral, compensação, 3–4, 34–38, **925–949**
Binomial, árvore, 293–315, 486–507, **925–949**
    ação que não paga dividendos, 486–494
    ação que paga um rendimento em dividendos conhecido, 310–311, 496–497
    ações que pagam dividendos, 496–501
    avaliação *risk–neutral* e, 297–300
    correspondência da volatilidade, 306–307
    definição, 293–294
    delta e, 304–306
    derivação da fórmula de Black–Scholes–Merton de, 319–322
    dois passos, 299–305
    europeias, exemplos de opções, 293–305
    opção sobre futuro, 420–422
    opções americanas, 303–305, 486–507
    opções sobre ações para funcionários, 385–388
    opções sobre índices, moedas e futuros, 310–315, 494–497
    procedimentos alternativos para a construção de, 502–506
    sem arbitragem, argumento, 293–298
    taxas de juros dependentes do tempo e, 505–507
    técnica de *controle de variação*, 500–503
    um passo, 293–300
    volatilidade dependente do tempo e, 505–506
Binomial, modelo, 293–315, 486–507, **925–949**
Bivariada, distribuição normal, **925–949**
Black, modelo de, 423–426, 720–721, 741–742, **925–949**
    apreçamento de opções sobre spot europeias, 424–426, 720–721
    avaliação *forward risk–neutral* e, 720–721
    caps e floors e, 735–741
    generalização de, 744–746
    opções sobre títulos e, 728–733
    swaptions e, 740–745
Black–Derman–Toy, modelo de, 778–779
Black–Karasinski, modelo de, 778–780
    usando o procedimento de construção de árvore de Hull–White para, 788–791
Black–Scholes–Merton, modelo de, 343–372, **925–949**
    apreçamento, fórmulas de, 358–363
    avaliação *risk–neutral* e, 357–360
    cumulativa, função de distribuição normal, 359–360
    delta e, 435–437
    derivação de árvores binomiais, 319–322

Índice **953**

derivação usando avaliação *risk–neutral*, 377–379
diferencial, equação, 352–357
dividendo, 367–370
e simulação de Monte Carlo, 506–509
intuição, 360–361
opção europeia sobre ação que não paga dividendos, 358–363
rendimento em dividendos conhecido, 400–403
retorno esperado, 346–349
volatilidade, 347–349, 466–479
volatilidade implícita, 365–366. Ver também Sorriso de volatilidade.
Black–Scholes–Merton e opção sobre ações de *sorriso de volatilidade*, 471–473
opções de moeda estrangeira, 468–472
salto no preço do ativo esperado, 475–478
Black–Scholes–Merton modelo, e, 347–349, 466–479
causas da, 352
correspondência da volatilidade com *u* e *d*, 306–307
definição, 333–334, 347–349
dependentes do tempo em uma árvore binomial, 505–506
efeito no preço da opção, 251–252
estimativa a partir de dados históricos, 348–352, 561–576. Ver também EWMA, GARCH.
estrutura a termo, volatilidade do retorno de ações, 473–475, 573–575, **925–949**
implícita, 365–366. Ver também Sorriso de volatilidade.
previsão da volatilidade futura, 572–575
seguro de portfólio e volatilidade do mercado de ações, 458–459
superfície de volatilidade, 473–475
swap, 662–665, **925–949**
vega, 448–449, **925–949**
BM&F Bovespa, 25
Boa até o cancelamento, ordem, 42–43
Board order, 41–42
Bolsa, mercado de, 2–3
diferença entre mercado de balcão e, 2–5
para opções, 238–239
Bootstrap, método de, 89–93, **925–949**
Borboleta, spread, 279–283, 288–289, 483–484, **925–949**
Boston, opção de, 646–647, **925–949**
Boston Options Exchange, 232–233
Box spread, 279–280, **925–949**
Brace–Gatarek–Musiela, modelo de, 804–816
Break forward, 646–647, **925–949**
British Bankers Association, 83–84
Browniano, movimento, 325–326, **925–949**
Bruta, base, 33–34

Cachoeira, 199–200, 629–630, **925–949**
Caixa ou nada, opção de compra, 654–655, **925–949**
Caixa ou nada, opção de venda, 655–656, **925–949**

Calendário, spread, 283–284, **925–949**
Calibramento, 792–796, 813–814, **925–949**
Camada de custo em excesso, resseguro, 852–853
Câmara de compensação, 3–5, **925–949**
balcão, mercados, 34–35
bolsa, 2–4
futuros, 33–34
opções, 241–242, **925–949**
swaps, 188–190
Câmara de compensação da bolsa, 2–4
Caminho aleatório, 293
Cap,
flexi cap, 810, **925–949**
ratchet cap, 809–810, **925–949**
sticky cap, 809–810, **925–949**
taxa de juros, 733–741, **925–949**. Ver também Caps e floors de taxas de juros.
Capitalização contínua, 86–88, **925–949**
Caplet, 734–735, **925–949**. Ver também Cap.
Caps e floors de taxas de juros, 733–741, **925–949**
avaliação de caps e floors, 734–741
cap como portfólio de opções sobre taxas de juros, 733–735
cap como portfólio de opções sobre títulos, 733–735
floors e collars, 734–735
impacto das convenções de contagem de dias, 739–741
justificativa teórica do modelo de Black, 738–740
paridade put–call, 735–736
volatilidades spot *versus* volatilidade *flat*, 737–738
Carga de fatores, 553–554
Carga de fatores aleatórias, modelo de, 640–641
Case–Shiller, índice, 201–202, **925–949**
Cash CDO, 629–630
Catástrofe (CAT), título de, 852–853, **925–949**
CCP. Ver Contraparte central.
CDD. Ver Graus–dia de resfriamento.
CDO. Ver Obrigação de dívida garantida.
CDO ao quadrado, **925–949**
CDO de ABS, 200–202, **925–949**
CDS, spread de, **925–949**
CDS. Ver Credit default swap.
CDS–título, base, 620–621
CDX NA IG, 624–625, 630–631, **925–949**
CEBO, Ver Credit event binary option.
Centro de lucro, 883–884
Cesta, opção de, 661–662, **925–949**
Chicago Board of Trade (CBOT), 2–3, 8–9
Chicago Board Options Exchange (CBOE), 2–3, 9–10, 232–233, 395–396
Chicago Mercantile Exchange (CME), 2–3, 8–9, 851–852
Cholesky, fatoração de, 510–511, **925–949**
Cilindro, opção de, 646–647
Citigroup, 882–883
Classificação de crédito, 83–84, 585, **925–949**

Clima, derivativos de, 1, 851–852, **925–949**
  apreçamento de, 853–855
Cliquet, opções, 649–650, **925–949**
CME Group, 2–3, 8–9, 25
CMO. *Ver* Obrigação garantida por hipoteca.
Coberta, opção de compra, 241–242, 273–275, **925–949**
Coberta, posição, 432–433
Collar de taxa de juros, 734–735, **925–949**
Combinação, estratégia de negociação de opções, 284–288, **925–949**
Combinação vertical de alta, 285
Combinação vertical de baixa, 285
Comissão, opção sobre ações, 238–240
Comissários de futuros (FCMs), 41–42, **925–949**
Comitê de Basileia, 533, **925–949**
Commodities, preço de, 862–863
  árvore trinomial, 845–850
  modelamento, 844–850
  reversão à média, 841–842, 845–848
  sazonalidade, 841–842, 848–850
Commodities, swap de, 191–192, 835–836, **925–949**
Commodity
  agrícola, 840–842
  eletricidade, 843–845
  gás natural, 842–844
  metais, 841–843
  petróleo bruto, 842–843
  reciclagem, 841–842
Commodity Futures Trading Commission (CFTC), 42–43, **925–949**
Compensação bilateral, 3–4, 34–38
Compensação central, 34–38, 188–190
Composto, swap, 190–191, 825–827, **925–949**
Compra na margem, 239–241
Condicionais, probabilidades de inadimplência, 586–587
Condicional, *Value at Risk* (C–VaR), 534–535, **925–949**
Confirmação, 169–171, 824–826, 831–832, **925–949**
Construção de modelo, abordagem de, do *value at risk*, 539–552
  comparação com simulação histórica, 551–553
Consumo, ativo de, 111, **925–949**
Contabilidade, 43–44–45, 383–385
Contabilidade de hedge, 43–45
Contagem de dias, convenções de, 141–143, 168–170, **925–949**
Contágio de crédito, 594–595, **925–949**
Contango, 134–135, **925–949**
Continental Illinois, 104–105
Contínua, variável, 323
Contração, opção de, 863–864
Contraparte, **925–949**
  inadimplência, risco de, 598–605
Contraparte central (CCP), 3–5, 34–38, **925–949**
Contrato a termo, 6–9, **925–949**
  avaliação, 119–122, 358–359
  câmbio, cotações de, 6–7, 46–48
  credit default swap, 627–628
  delta, 453–455
  futuros *versus*, 8–9, 25, 46–47, 121–123
  hedge, usando, 11–14
  opção versus, 9–10, 227
  preço de entrega, 7–8
  VaR e, 546
Contrato de taxa forward (FRA), 93–97, 176–179, **925–949**
Controle, áreas de, região produtora de eletricidade, 843–844
Controles internos, 884–885
Convenções de dias úteis, 169–170
Conversão, fator de, 144–148, **925–949**
Conversão, taxa de, 684–685
Conversível, título, 244–245, 684–688, **925–949**
Convexidade, ajustamento para, 750–756, 765, **925–949**
  futuros de eurodólar, 152–154
  taxas de juros, 750–756
  taxas de swap, 753–756
Convexidade, medida de, título, 101–103, **925–949**
Cópula, 605–609, **925–949**
Cópula gaussiana, modelo de, 605–609, **925–949**
Cornish–Fisher, expansão de, 550–551, **925–949**
Correlação
  inadimplência, 604–609, 631–632
  monitoramento, 576–578
Correlação, matriz de, 544, 578–580
Correlação, *sorrisos* de, 638
Correlação composta, 636–637, **925–949**
Correlação de base, 636–637, **925–949**
Correlação implícita, 636–638, **925–949**
Correlacionados, processos estocásticos, 333–335
Cotações
  cambiais, futuros, 46–48, 128–129
  commodities, futuros, 39
  dólar americano, swaps de, 168–169
  dólar/libra, taxa de câmbio, 6–7
  futuros de notas e títulos do Tesouro, 144–146
  índices de ações, futuros de, 66–67
  letras do Tesouro, 143–144
  taxa de câmbio, 46–48
  taxa de juros, futuros de, 144–145
  títulos do Tesouro, 143–144
Covariância, 576, **925–949**
Covariância, matriz de, 545, 578–580, **925–949**
  consistência, condição de, 578
Covariâncias, matriz de, 545, 578–580, **925–949**
Cox–Ingersoll–Ross (CIR), modelo de taxas de juros, 769–772
  em comparação com Vasicek, 771–772
Cox–Ross–Rubinstein, modelo de, 307, 486–494
Crank–Nicolson, procedimento de, 526–527

Índice 955

Crashfobia, 473–474, **925–949**
Credit default swap (CDS), 188–190, 235–237, 617–625, **925–949**
 avaliação de, 620–625
 basket CDS, 627–628
 contratos a termo e opções sobre, 627–628
 cupons fixos, 626–627
 mais barato para entregar, título, 620–621
 rendimentos de títulos e, 619–621
 spread, 617–618
 taxa de recuperação e, 624–625
Credit default swap binário, 623–624, **925–949**
Credit event binary option, 235–237, **925–949**
Credit support annex (CSA), 34–35, **925–949**
CreditMetrics, 609–611, **925–949**
Crédito, derivativos de, 616–642, **925–949**
 alternativos, modelos, 639–642
Crédito, evento de, 617–618, **925–949**
Crédito, índice de, 624–625, 630–631, **925–949**
Crédito, risco de, 33–34, 585–612, **925–949**
 classificações de crédito e, 585
 comparação de estimativas de probabilidade de inadimplência, 592–596
 correlação de default e, 604–609
 estimativa das probabilidades de inadimplência a partir de preços de ações e, 595–598
 estimativa de probabilidades de inadimplência a partir de preços de títulos e, 588–591
 mitigação, 601–602
 probabilidades de inadimplência históricas e, 586–588
 swaps e, 187–189
 taxa de juros e, 82–83
 taxas de recuperação, 587–589
 transações de derivativos e, 598–605
 value at risk de crédito (VaR de Crédito), 608–611
Crescimento, fator de, 488–490
Crise de crédito, 197–211
Cross hedge, 61–66, **925–949**
Cumulativa, distribuição normal, 359–363
Cumulativa, função de distribuição, **925–949**
Cupom, **925–949**
Cupom zero, títulos de, **925–949**
Curto prazo, taxa de juros livre de risco de. *Ver* Taxa de curto prazo.
Curtose, 468–469, **925–949**
Curva de juros, **925–949**
 Orange County e, 94–95
Curva de juros de cupom zero. *Ver* Curva spot.
Curvatura, 444
Custo de carregamento, 131–132, **925–949**
Custo de estocagem, 129–130, **925–949**
Custo zero, collar de, 646–647
CVA. *Ver* Ajuste de valor de crédito.

Day trade, 32–33, **925–949**
Day trader, 41–42

Decaimento temporal, 441–442, **925–949**
Default, correlação de, 205–206, 604–609, **925–949**
 fatores para definir a estrutura de correlação, 607–609
 forma reduzida, modelos de, 604–605
 implícita, 636–638
 medida de correlação binomial, 604–605
 modelo de cópula gaussiana para o tempo até a inadimplência, 605–609
 modelos estruturais, 604–605
Delta, 304–306, 434–435, 453–454, 473–474, **925–949**
 contrato a termo, 453–455
 contrato futuro, 454–455
 de um portfólio, 440–441
 derivativos de taxas de juros, 745–746
 estimativa, usando árvore binomial, 492–494
 opções europeias, 436–439
 relação com teta e gama, 447–449
Delta hedge, 304–306, 434–442, **925–949**
 aspectos dinâmicos, 437–441
 custo de transação, 441–442
 impacto da volatilidade estocástica no delta hedge, 683–684
 medida de desempenho, 434–435, 439–440
 opções exóticas, 665–666
Delta neutro, portfólio, 440–441, **925–949**
Densidade de probabilidade de inadimplência, **925–949**
Departamento de Agricultura dos EUA, 840–841
Departamento de Energia dos EUA, 851–852
Dependente da história, derivativo, 687–688
Dependente da trajetória, derivativo, 687–692, **925–949**
Deriva, taxa de, 326–328, **925–949**
Derivativo, definição, 1, **925–949**
Derivativos de taxas de juros, 728–838, **925–949**
 americanas, opções sobre títulos, 792–793
 árvores para, 781–793
 calibramento, 792–796
 caps e floors de taxas de juros, 733–741
 construção de árvores, procedimento de, 783–793
 estruturas da volatilidade, 780–782, 792–796, 806–808, 814
 europeias, opções sobre títulos, 729–733, 779–781
 hedge, 745–746, 794–797
 opção sobre swap, 740–745, 810–816
 sem arbitragem, modelos, 773–793
 título lastreado por hipoteca, 818–819
 volatilidades spot *versus* volatilidade *flat*, 737–738
Derivativos negociáveis, preços de, 356–357
Descoberto, opção a, 240–241
Descoberto, posição a, 432–433, **925–949**
Desconto, instrumento de, **925–949**
Desconto, título de, **925–949**
Desdobramento, 235–237, **925–949**
Designado, investidor, 242–243
Desligamento, ponto de, 633–634

Deutsche Bank, 878–879
19 de outubro de 1987, 33–34, 125, 459–460, 473–474, 879–880
Dias corridos *versus* dias de negociação, 350–352
Diferença adiantada, aproximação de, 517
Diferença atrasada, aproximação de, 517
Diferencial, swap (*diff swap*), 190–191, 829–830, **925–949**
Diferidos, swaps, 740–741, **925–949**
Diferir, opções de, 863–864
Difusão, modelo de, 675–676
Difusão, processo de, **925–949**
Diluição, 362–364, 389
Dinâmicos, modelos, derivativos de crédito, 640–642
Direito de subscrição, **925–949**
Discount broker, 238–240
Discreta, variável, 323
Discricionária, ordem, 42–43
Distribuição implícita, **925–949**
   determinando, 483–485
   opções de moeda, 468–472
   opções sobre ações, 471–473
Distribuição normal, **925–949**
Distribuição qui-quadrado não central, 676–677
Diversificação, 542–543, 876–877, **925–949**
Dividendo, 367–370, 496–501, **925–949**
   avaliação de opção de compra americana usando o Modelo de Black–Scholes–Merton, 368–370
   avaliação de opção europeia usando o Modelo de Black–Scholes–Merton, 367–370
   desdobramentos e, 235–237
   efeito no preço da opção, 253–255
   limites de preços de opções, 265–266
   modelo binomial para ações que pagam dividendos, 496–501
   opção sobre ações e, 235–237, 253–255, 367–370
   preços de ações e, 235–237, 253–255
Dividendo em ações, 236–337, **925–949**
Dividendos, rendimento em, **925–949**
   árvore binomial e, 310–311, 496–497
   implícito, 405–406
Dodd–Frank, 42–43, 208–210, **925–949**
Doom, opção, 235–237, **925–949**
Dow Jones Industrial Average (DJX), 66–67, 232–233
   opções, 395–396
Down–and–in
   opção, **925–949**
   opção de compra, 651–652
   opção de venda, 652–653
Down–and–out
   opção, **925–949**
   opção de compra, 651–652
   opção de venda, 652–653
Downgrade trigger, 601–602, **925–949**
Duplo *t*, cópula de, 639–640
Duração, 96–100, **925–949**

   credit default swaps, 626–627
   modificada, 98–100
   portfólio de títulos, 99–100
   títulos, 96–98
   Vasicek e CIR, modelos de, 770–772
Duração, estratégias de hedge baseadas em, 154–157
Duração, razão de hedge baseada em, 156
Duração em dólares, 99–100, **925–949**
Duration matching, 157, **925–949**
DV01, 97–98, **925–949**

Elasticidade constante da variância (CEV), modelo de, 675–677, **925–949**
Eletricidade, derivativos de, 1, 843–845
Eletrônica, negociação, 3–4, 25, 238–239, **925–949**
Embutida, opção, **925–949**, 831–836
Energia, derivativos de, 842–845
   modelamento de preços de energia, 844–850
   riscos de hedge, 854–856
Enfraquecimento da base, 58–59
Enron, falência da, 602–603, 873
Entidade de referência, 617–618, **925–949**
Entre moedas, derivativo 757
Entre moedas, swap, 827–828
Entrega, 26–29, 40–41, 132–133
Equação diferencial para derivativo
   rendimento em dividendos constante, 402–403
   sem dividendos, 352–357
   sobre futuros, 423–424
Equity swap, 190–191, 830–831, **925–949**
Equivalente, taxa de juros anual, 85–86, **925–949**
Escore de fatores, 553–554
Especialista, **925–949**
Especulação
   usando futuros, 14–16
   usando opções, 15–17
Especuladores, 14–17, 883–884, **925–949**
Esperado, preço spot, 132–135
Estático, hedge, 435–436, 665–668, **925–949**
Estocástica, modelos de volatilidade, 680–684
Estocástica, variável, **925–949**
Estocástico, processo, 323–338, **925–949**
   correlacionado, 333–335
Estoque–uso, relação, 841–842
Estripados, títulos lastreado por hipoteca, 819–820
Estrutura a termo, teorias da, 102–103
Eurex, 25
Euribor, **925–949**
Euro LIBOR, **925–949**
Euro overnight index average (EONIA), 84–85
Eurodólar, 149–150, **925–949**
   taxa de juros de, 149–150, **925–949**
Eurodólar, futuros de, 149–155, 174–175, **925–949**
   ajustamento para convexidade, 152–154
   e curva spot LIBOR, 153–155
   versus forward, 151–154

Índice **957**

Eurodólar, opções sobre futuros de, 415–416
Euromoeda, **925–949**
Euronext, 232–233
Europeia, opção, 9–10, 227, **925–949**
  ação que não paga dividendos, 358–363
  ação que paga dividendos, 265–267, 367–370
  ação que paga um rendimento em dividendos conhecido, 401–403
  apreçamento usando o modelo de Black, 424–426, 720–721
  árvores binomiais, 293–305
  avaliação *risk–neutral*, 357–359
  Black–Scholes–Merton, modelo de, sobre uma ação que não paga dividendos, 358–363
  Black–Scholes–Merton, modelo de, sobre uma ação que paga um rendimento em dividendos conhecido, 401–403
  delta, 436–439
  opção sobre futuros em comparação com opção sobre spot, 413–414, 416–418
  paridade put–call, 257–262, 266–267, 273–276, 401–402, 466–468
Evento de inadimplência, 598
EWMA. *Ver* Média móvel ponderada exponencialmente.
Excess–of–loss, contrato de resseguro, 852–853
Ex–dividendos, data, 265–266, 368–369, **925–949**
Execute ou cancele, ordem, 42–43
Exercício, limite de, 236–237, **925–949**
Exercício, preço de, 9–10, **925–949**
Exercício antecipado, 229–230, 261–264, 381–382, **925–949**
Exóticas, opções, 878–879, 245–246, 645–669, **925–949**
  barreira, opções de, 651–655, 665–668, 691–695, **925–949**
  cesta, opções de, 661–662, **925–949**
  cliquet, opções, 649–650
  gap, opções de, 648–649
  lookback, opções, 655–658, 687–690, **925–949**
  opção americana não padrão, 647–648
  opções asiáticas, 657–660, 687–688, **925–949**
  opções binárias, 654–656, **925–949**
  opções compostas, 649–651
  opções do titular, 650–652, **925–949**
  opções *forward start*, 649–650, **925–949**
  opções para trocar um ativo por outro, 660–662
  pacotes, 645–647, **925–949**
  parisienses, opções, 654–655
  shout options, 657–658, **925–949**
Expansão, opção de, 863–864
Expansões em série de Taylor, 465
Expectativas, teoria das, formato da curva spot, 102–103, **925–949**
Expected shortfall, 534–535, **925–949**
Expiração, data de, 9–10, 227, **925–949**
  efeito no preço da opção, 251–252

Exposição, **925–949**
  crédito, 187–189, 598, **925–949**
  pico, 600–601
Extendable bond, **925–949**
Extendable swap, 190–191, **925–949**

FAS 123, 383–384, **925–949**
FAS 133, 45, **925–949**
FASB. *Ver* Financial Accounting Standards Board.
Fator, 552–557, **925–949**
FBI, 43–44
Federal National Mortgage Association (FNMA), 817–818
Federal Reserve, 83–84
Feriados, calendário de, 169–170, **925–949**
FICO, 203–204, **925–949**
Final, valor, **925–949**
Financial Accounting Standards Board (FASB), 45, 383–384
Financiamento, custos de, 222–224
Financiamento de curto prazo, 880–881
First–to–default basket credit default swap, 627–628
Físicas, probabilidades de inadimplência, 594–595
Fitch, 585
Flexi cap, 810, **925–949**
Flexíveis, contratos a termo, 646–647
Flexível, opção, 234–235, **925–949**
Floor, 734–735, **925–949**. *Ver também* Caps e floors de taxas de juros.
Floor, taxa do, **925–949**
Floor de taxa de juros, 734–735, **925–949**
Floor–ceiling, contrato de. *Ver* collar.
Floorlet de taxa de juros, 734–735, **925–949**
Flutuantes inversos, 94–95
Força dos juros, 86–87
Fortalecimento da base, 58–59
Forward, banda, 646–647
Forward, taxa, **925–949**
Forward risk–neutral, 714–715, 751–752, 805–806
Forward risk–neutral, mundo, 714–715, **925–949**
Frequência de capitalização, 84–88, **925–949**
Front office, 877–878
Front running, 43–44
Fuga para a qualidade, 104–105, 879–880
Função de volatilidade implícita (IVF), modelo de, 683–685, **925–949**
Fundo mútuo, retorno de, 348–349
Furacão Andrew, 852–853
Futuro, opção sobre, 232–233, 413–428, **925–949**
  avaliação usando árvores binomiais, 313–315, 420–422, 494–497
  avaliação usando o modelo de Black, 423–426
  em comparação com opções sobre spot, 413–414
  futuro de taxa de juros, opção sobre, 415–417
  opção com ajuste, 425–427
  paridade put–call, 417–419
  popularidade de, 416–417

Futuro de taxa de juros, opção sobre, 415–417
Futuros, contrato de, 8–9, 25–48, **925–949**
    ajuste diário, 30–31
    ativo subjacente, 26–29
    commodities, 128–132
    contratos a termo *versus*, 8–9, 25, 46–47, 121–123
    cotações de câmbio, 46–48
    cotações de preço, 29–30
    delta, 454–455
    encerramento de posições, 26–28
    entrega, 26–28, 40–41, 132–133
    especificação de, 26–30
    futuros de títulos do Tesouro e notas do Tesouro, 28–29, 144–150
    índice, 65–71, **925–949**
    marcação a mercado, 30–31
    margens e, 30–34
    mês de entrega, 28–29
    moedas, 125–129
    opções *versus*, 9–10, 227
    posição comprada, 26–27
    posição vendida, 26–27
    risco e retorno, 133–135
    tamanho do contrato, 28–29
Futuros, mercado de, regulamentação do, 42–44
Futuros, preço de, 26–27, 121–136, **925–949**
    convergência com preço spot, 29–31
    custo de carregamento, 131–132
    índices de ações, 122–125
    padrões de, 38–40
    preços spot futuros esperados e, 132–135
    relação com preços a termo, 121–123
    taxa de crescimento esperada, 422
Futuros de índices, 65–71, **925–949**
    apreçamento, 122–125
    cotações, 66–67
    hedge, usando futuros de índices, 65–71
    mudança do beta do portfólio, 69–71
    seguro de portfólio, 457–459
Futuros de índices de ações. *Ver* Futuros de índices.
Futuros de taxas de juros, 141–158
Futuros de taxas de juros, 141–158
    futuros de eurodólar, 149–155
    futuros de títulos do Tesouro, 144–150
    relação com taxa de juros a termo, 151–154
Futuros de títulos do Tesouro, 144–150, **925–949**
    cotações, 144–146
    fatores de conversão, 144–148
    mais barato para entregar, título, 146–148
    opção sobre, 415–417
    wild card play, 148–149
FVA, 222–224

Gama, 444–448, 453–454, **925–949**
    derivativos de taxas de juros, 745–746
    efeito em estimativas de VaR, 546–551
    estimativa, usando árvore binomial, 492–494
    gama cruzado, 550–551
    relação com delta e teta, 447–449
Gama cruzado, 550–551
Gama da variância, modelo de, 678–681, **925–949**
Gama neutro, portfólio, 445–446, **925–949**
GAP, gestão de, 157, **925–949**
Gap, opção de, 648–649, **925–949**
    aplicação ao seguro, 648–649
Garantia, 34–36, 221–223, 601–602, **925–949**
Garantia, fundo de, 33–35, **925–949**
GARCH, modelo, 565–576, **925–949**
    autocorrelação e, 571–572
    em comparação com EWMA, 565–568
    estimativa de parâmetros usando métodos de probabilidade máxima, 568–572
    Ljung–Box, estatística de, 572–573
    previsão da volatilidade futura, 572–575
Gás natural, derivativos de, 842–844
Gaussiana, quadratura, 633–634, **925–949**
Geométrica, média, **925–949**
Geométrico, movimento browniano, 330–331, **925–949**
Gibson Greetings, 874–877, 883–884
Ginnie Mae. *Ver* GNMA.
Girsanov, teorema de, 307, 712–713, **925–949**
GNMA, 197–199
Google, 9–11
Government National Mortgage Association (GNMA), 817–818
Graus–dia de aquecimento (HDD), 851–852, **925–949**
Graus–dia de resfriamento (CDD), 851–852, **925–949**
Gregas, letras, 431–460, **925–949**. *Ver também* Delta, Teta, Gama, Vega e Rô.
    derivativos de taxas de juros, 745–746
    estimando com a simulação de Monte Carlo, 511–513
    estimando com o método das diferenças finitas, 526–527
    estimativa, usando árvore binomial, 492–494
    expansões em série de Taylor e, 465
    sorriso de volatilidade e, 474–476
Gucci Group, 236–237

Haircut, 37–38, 601–602, **925–949**
Hammersmith and Fulham, 187–189, 874–875, 883–884
HDD. *Ver* Graus–dia de aquecimento.
Heath, Jarrow e Morton, modelo de (HJM), 801–805
Hedge, 52–75, **925–949**
    acionistas e, 55–56
    argumentos pró e contra, 54–58
    coberta e a descoberto, posição, 432–433
    concorrentes e, 55–57
    cross hedge, 61–66
    delta hedge, 304–306, 434–442
    derivativos de taxas de juros, 745–746, 794–797
    duração, estratégias de hedge baseadas em, 154–157
    e escolha de ações, 69–70

Índice **959**

efetividade do hedge, 63–64
gama, 445–446
hedge, razão de, 61–62
hedge de compra, 53–55
hedge de venda, 53–54
hedge perfeito, 52
hedge–and–forget, 52, 435–436
medida de desempenho, 439–440
Metallgesellschaft (MG) e, 72–73
mineradoras de ouro e, 57–58
na prática, 451–453
opções exóticas, 665–668
portfólio de ações, 67–71
princípios básicos, 52–55
replicação estática de opções, 665–668, **925–949**
risco de base, 57–62
rô, 450–452
rolagem, 71–73
stack and roll, 71–73
stop–loss, estratégia de, 432–435
teta, 441–444
usando futuros de índices, 65–71
vega, 448–449
Hedge, razão de, **925–949**
Hedge de compra, 53–55, **925–949**
Hedge de venda, 53–54, **925–949**
Hedge dinâmico, 435–441, 451–452, **925–949**
Hedge funds, 12–13, **925–949**
Hedge–and–forget, 52, 435–436
Hedgers, 11–15, 883–884, **925–949**
Heston, modelo de, 682
Heterogêneo, modelo, 639–640
Hipótese do mercado eficiente, **925–949**
Histórica, simulação, **925–949**
  comparação com abordagem de construção de modelos, 551–553
  Value at Risk, 535–540
Histórica, volatilidade, 348–352, **925–949**
HJM. *Ver* Heath, Jarrow e Morton, modelo de
Ho–Lee, modelo de, 774–776, 803–804
Homogêneo, modelo, 639–640
Hopscotch, método, 524–526
Hull–White, modelo de
  dois fatores, taxa de juros de, 779–780
  para árvores de taxas de juros, 783–793
  para dependência da trajetória, 686–692
  unifatorial, taxa de juros, 776–779
  volatilidade estocástica, 682
Hunt, irmãos, 42–43

IAS 2, 383–384
IAS 39, 45
IASB. *Ver* International Accounting Standard Board, 45
IMM dates, **925–949**
Implícita, cópula, 640–641

Implícito, rendimento em dividendos, 405–406, **925–949**
Imunização de portfólio, 157, **925–949**
Inadimplência, probabilidade de. *Ver* Probabilidade de inadimplência.
Inadimplência, risco de, 585–612
  contraparte, ajuste da avaliação de derivativos, 598–605
Incondicional, probabilidade de inadimplência, 586–587
Index currency option note (ICON), 22
Índice(s) de ações, 66–67, **925–949**
Indução retroativa, **925–949**
Instantânea, taxa de curto prazo, 765. *Ver também* taxa de curto prazo.
Instantânea, taxa forward, 92–95, **925–949**
Intensidade de inadimplência, 587–588, **925–949**
InterContinentalExchange (ICE), 25, 28–29, 842–843
Intermediário financeiro, **925–949**
International Accounting Standards Board, 45, 383–384
International Securities Exchange, 232–233
International Swaps and Derivatives Association (ISDA), 169–170, 618–620, **925–949**
  Master Agreement, 169–170
International Swaps and Derivatives Association, 620–621
Intrínseco, valor, 234–235, **925–949**
Invertido, mercado, 38–40, **925–949**
Investimento, ativo de, 111, **925–949**
  preço a termo para um, 114–117
  preço de mercado do risco, 710–711
Investimento, grau de, 585
Investimento de capital, avaliação de, 858–860
  VPL *versus* abordagem de opções reais, 859–860
ISDA. *ver* International Swaps and Derivatives Association.
ISDA Master Agreement, 598
Itô, lema de, 334–337, 712–715, **925–949**
  extensões, 342
  prova, 341–342
Itô, processo de, 328–331, **925–949**
ITraxx Europe, 624–625, 630–631, **925–949**
IVF. *Ver* Função de volatilidade implícita, modelo de.

JPMorgan, 564–565
Juros, apenas (IO), 819–820, **925–949**
Juros acumulados, 143–146, **925–949**

Kidder Peabody, 116–117, 872–873, 877–878
Knock–in e *knock–out*, opções, 651–652

Lançamento de opção, 11–12, **925–949**
Lançamento de opção de compra coberta, 273–275
LEAPS (títulos de antecipação do patrimônio a longo prazo), 233–234, 395–396, **925–949**
Lehman, falência da, 3–5, 619–620, 880–881
Lehman Brothers, 104–105

Letra do Tesouro, **925–949**
Levenberg–Marquardt, procedimento de, 793–795
Lévy, processos de, 675–676
LIBID, **925–949**
LIBOR, 83–84, **925–949**
   curva spot de swap/LIBOR, 174–175
   modelamento com OIS, 815–818
   taxa de swap *versus*, 173–174
LIBOR, curva, 174–175, **925–949**
LIBOR, curva spot, 153–155
LIBOR, modelo de mercado, derivativos de taxas de juros, 804–816
LIBOR por fixa, swap, 163–164
LIBOR–in–arrears swap, 190–191, 827–829, **925–949**
LIBOR–OIS, spread, 216–218, **925–949**
Ligação, ponto de, 633–634
Liikanen, relatório, 209–210
Limitada, ordem, 41–42, **925–949**
Limite, condições de, 355
Limite de posição, 29–30, 236–237, **925–949**
Limites de risco, 874–873
   não sistemáticos, 133–134
   sistemáticos, 133–135
Limites para opções, 254–258, 263–266, 400–402, 418–420
Líquida, base, 33–34
Liquidação financeira, 40–42, **925–949**
Liquidez, prêmio por, **925–949**
Liquidez, risco de, 104–105, 878–880, **925–949**
LMM. *Ver* LIBOR, modelo de mercado.
Lock–out, período de, 647–648, 729–730
Lognormal, distribuição, 337, 344, **925–949**
Lognormal, propriedade, 336–337, 344–346
London Interbank Bid Rate (LIBID), **925–949**
London Interbank Offer Rate (LIBOR), 83–84, **925–949**
   curva spot, 153–155, 174–175, **925–949**
London Stock Exchange, 17
Longa, posição, 6–7, **925–949**
   opção, 11–12
Long–Term Capital Management (LTCM), 36, 873, 879–881
Lookback, opção, 655–658, 687–690, **925–949**
   fixa, 656–657
   flutuante, 655–656
Lookback fixa, opção, 656–657
Lookback flutuante, opção, 655–656

Mais barato para entregar, título, **925–949**
   contrato futuro, 146–148
   credit default swap, 620–621
Manutenção, margem de, 31–32, 240–241, **925–949**
Mapeamento de fluxo de caixa, 545–546, 551–553, **925–949**
Marcação a mercado, 119–120, **925–949**
Marcação a modelo, 877–878
Marcado a mercado (MTM), 95–96

Margem, 30–34, 239–242, **925–949**
   chamada de margem, 31–32, 241–242, **925–949**
   compra na margem, 239–241
   contratos futuros, 30–34
   margeamento bruto, 33–34
   margeamento líquido, 33–34
   margem de compensação, 33–34
   margem de manutenção, 31–32, 240–241
   margem de variação, 31–32
   margem inicial, 30–31, 240–241
   opções sobre ações, 239–242
   requerimentos de margem, 239–242
Margem, conta de, 15–16, 30–31, 113–114, 241–242
Margem de compensação, 33–34, **925–949**
Margem inicial, 30–31, 240–241, **925–949**
Market maker, 167–169, 238–239, **925–949**
Market–if–touched (MIT), ordem, 41–42
Market–leveraged stock unit (MSU), 384–385, **925–949**
Market–not–held, ordem, 42–43
Markov, processo/propriedade de, 323–325, **925–949**
Martingale, 708–709, 713–715, **925–949**
   martingale equivalente, resultado de medida de, 708–709, 713–715
Matriz de transição das classificações de crédito, 610–611, **925–949**
Média móvel ponderada exponencialmente (EWMA), 563–565, **925–949**
   aplicação, 579–580
   em comparação com GARCH, 565–566
   estimativa de parâmetros, métodos de probabilidade máxima, 568–572
Medida, 708–709, **925–949**
Medida de correlação binomial, 604–605
Medida P, 308, **925–949**
Medida Q, 308, **925–949**
Mercado monetário, conta do, 716–717, **925–949**
Merton, modelo de (dívida como opção sobre ativos da empresa), 595–598
Metais, 841–843
Metallgesellschaft (MG), 72–73, 874–875
Método das diferenças finitas, 516–528, **925–949**
   aplicações de, 526–527
   explícitas, 520–526
   implícitas, 517–520
   outros, 524–527
   relação com abordagem de árvore trinomial, 524–526
Método das diferenças finitas explícito, 520–526, **925–949**
   relação com abordagem de árvore trinomial, 524–526
Método das diferenças finitas implícito, 517–520, **925–949**
Mid–curve sobre futuros de eurodólar, opção, 414–415
Middle office, 877–878
Midland Bank, 873
Min–max, 646–647

Modelo de equilíbrio, **925–949**
   aplicação, 772–774
   taxas de juros, 766–774
Modelo de estrutura a termo das taxas de juros, 765–797
Modelo de Malha Adaptativa, 505–506, **925–949**
   avaliação de opção de barreira, 694–695
Modelo de mercado, **925–949**
Modelo de precificação de ativos financeiros (CAPM), 67–71, 80–81, 133–134, 713–714, **925–949**
   relação com a avaliação de investimento de capital, 859–860
   relação com preço de mercado do risco, 713–714, 861–863
Modelo linear do *value at risk*, 543–548
Modelos de taxas de juros
   Black, 720–721, 728–747
   Black–Karasinski, 778–780
   calibramento, 792–796
   Cox–Ingersoll–Ross, 769–772
   Heath–Jarrow–Morton, 801–805
   Ho–Lee, 774–776
   Hull–White (dois fatores), 779–780
   Hull–White (um fator), 776–779
   LIBOR, modelo de mercado, 804–816
   para ambientes com baixas taxas de juros, 791
   Rendleman–Bartter, 767–768
   Vasicek, 767–772
Modificada, duração, 98–100, **925–949**
Moeda, opção de, 232–233, 400–401, 406–408
   avaliação, árvore binomial, 312–313, 494–497
   avaliação, Black–Scholes, 406–408
   distribuição implícita e distribuição lognormal, 469–471
   exercício antecipado, 408–409
   sorriso de volatilidade, 468–472
Moedas, contratos a termo e futuros de, 125–129
Momentos
   cesta, opções de, 662–663
   opções asiáticas, 658–659
Monopolizar o mercado, 42–43
Monte Carlo, simulação de, 331–333, 434–435, 486–487, 506–516, 550–552, 687–688, 698–703, **925–949**
   abordagem de mínimos quadrados, 698–702
   abordagem de simulação parcial (VaR), 551–552
   avaliação de derivativos sobre mais de uma variável de mercado, 508–511
   avaliação de títulos lastreados por hipoteca, 818–819
   avaliação de um novo negócio, 862–863, 869–870
   Black–Scholes–Merton, modelo de, e, 506–509
   cálculo de pi com, 506–508
   geração de amostras aleatórias, 510–511
   letras gregas e, 511–513
   LIBOR, modelo de mercado, 807–809, 814
   medida de *value at risk*, 550–552
   número de testes, 510–512
   opções americanas e, 698–703

parametrização do limite de exercício, abordagem de, 701–703
saltos, 677–679
Moody's, 585
Movimento limite, 29–30, **925–949**
   limite de alta, 29–30
   limite de baixa, 29–30
Mudança da medida/*numéraire*, 308, 723–725
Múltiplo de exercício, 387–389, **925–949**
Mundo real, taxas de juros no, 765, 772–774
Mundo *risk–neutral*, 297–300, **925–949**. *Ver também* Forward risk–neutral.
   mundo real versus, 299–300
   rolling forward risk–neutral, 805–806
   taxas de juros, 765, 772–774
   tradicional, 708–709, 711–712

Não estacionária, estrutura de volatilidade, 794–796, **925–949**
Não padrões, opções americanas, 647–648
Não sistemático, risco, 80, 133–134, 713–714, **925–949**
Nartingale equivalente, resultado de medida de, 708–709, 713–715
Nasdaq 100, índice (NDX), 66–67, 232–233
   mini Nasdaq 100, futuros do índice, 66–67
   opções de índice, 232–233
Nasdaq OMX, 232–233
National Futures Association (NFA), 42–43
Negociação, estratégias de, envolvendo opções, 271–290
   combinações, 284–288
   para uma única opção e ação, 273–276
   spreads, 275–284
New York Federal Reserve, 873
New York Stock Exchange. *Ver* NYSE Euronext.
Newton–Raphson, método de, 88–89, 365, 791, **925–949**
Nikkei, futuros da, 124, 757, 873
NINJA, 203–204, **925–949**
Nível de confiança (VaR), 532
Nível de reversão, **925–949**
Nocional, principal, 164–165, 617–618, **925–949**
Normal, mercado, 38–40, **925–949**
Normal backwardation, 134–135, **925–949**
Northern Rock, 104–105, 880–881
Nota do Tesouro, **925–949**
Numéraire, 713–720, **925–949**
   conta do mercado monetário como *numéraire*, 716–717
   fator de anuidade como o *numéraire*, 718–720
   impacto de uma mudança no *numéraire*, 723–725
   preço de título de cupom zero como *numéraire*, 716–718
   razão do *numéraire*, 723–725
   taxas de juros quando um preço de título é o *numéraire*, 717–719

Numérico, procedimento, 486–528, **925–949**
NYSE Euronext, 25, 232–233

OAS. *Ver* Spread ajustado para opções.
Obrigação de dívida garantida (CDO), 629–642, **925–949**
   caixa, 629–630
   sintética, 629–630
Obrigação garantida por hipoteca (CMO), 818–819, **925–949**
OCC. *Ver* Options Clearing Corporation (OCC)
Oferta, 3–4, 238–239, **925–949**
Oferta de compra, 3–4, 238–239, **925–949**
Oferta de venda, **925–949**
Off–the–run, título, 878–879
OIS, desconto, 218–221, 739–740, 743–745, 765, 801, 815–818
   modelamento da LIBOR com, 218–221, 815–818
OIS. *Ver* Overnight indexed swap.
   curva spot, 217–218
   taxa, 214–219
On–the–run, título, 878–879
Opção, 8–12, **925–949**
   ações. *Ver* Opções sobre ações.
   avaliação. *Ver* avaliação de opção sobre ações.
   classe, 234–235, **925–949**
   credit default swap, 627–628
   diferença entre contratos futuros (ou a termo) e, 9–10, 227
   dois ativos correlacionados, 695–699
   exercício, 241–243
   exercício, limites de, 236–237
   exótica, 245–246, 645–669
   fence, 646–647
   futuros. *Ver* Opções sobre futuros.
   hedge, usando, 13–15
   índice. *Ver* Opções de índice.
   moeda estrangeira. *Ver* Opções de moeda.
   negociação, 238–239
   posição, limites de, 236–237
   posições, 229–232
   regulamentação de, 242–243
   série, 234–235, **925–949**
   sobre futuro. *Ver* Opções sobre futuros.
   swap. *Ver* Swaptions.
   tipos de, 8–9, 227
   tributação, 242–245
   valor intrínseco, 234–235
   valor temporal, 234–235
Opção asiática, 657–660, 687–688, **925–949**
Opção binária, 235–237, 654–656, **925–949**
Opção composta, 649–651, **925–949**
Opção de compra, 8–9, 227–229, **925–949**
Opção de compra de preço de exercício médio, 660
Opção de compra de preço médio, 657–658
Opção de índice, 232–233, 395–396, **925–949**

avaliação, árvore binomial, 311–312, 494–497
avaliação, Black–Scholes–Merton, 402–406
Implícito, rendimento em dividendos, 405–406
seguro de portfólio, 457–459
Opção de moeda estrangeira. *Ver* Opção de moeda.
Opção de pagamento diferido, 646–647, **925–949**
Opção de preço de exercício médio, **925–949**
Opção de preço médio, **925–949**
Opção de venda, 8–9, 227–230, **925–949**
Opção de venda de preço de exercício médio, 660
Opção de venda de preço médio, 657–658
Opção dentro do dinheiro, 214–215, **925–949**
   delta, 437–439
   gama, 447–448
   teta, 442–443
Opção do titular, 650–652, **925–949**
Opção fora do dinheiro, 234–235, **925–949**
   delta, 437–439
   gama, 447–448
   teta, 442–443
Opção *forward start*, 649–650, **925–949**
Opção no dinheiro, 234–235, **925–949**
   definições alternativas, 473–474
   delta, 437–439
   gama, 447–448
   teta, 442–443
Opção sobre ações, 232–237, **925–949**. *Ver também* Black–Scholes–Merton, modelo de.
   a descoberto, 240–241
   comissões, 238–240
   datas de expiração, 227, 233–234
   dividendos e desdobramentos de ações, 235–237
   especificação de, 232–237
   flexível, opção, 234–235, 395–396
   margens, 239–242
   negociação, 238–239
   para funcionários, 244–245, 380–391
   posição e exercício, limites de, 236–237
   preço de exercício, 233–234
   regulamentações de, 242–243
   terminologia, 234–235
   títulos de antecipação do patrimônio a longo prazo (LEAPS), 233–234, 395–396
   tributação, 242–245
Opção sobre ações para executivos. *Ver* Opção sobre ações para funcionários.
Opção sobre ações para funcionários, 244–245, 362–364, 380–391, **925–949**
   agência, custos de, 382–383, **925–949**
   antedatação, 390–391, **925–949**
   aquisição de direito, 381–382
   arranjos contratuais, 380–382
   árvore binomial, 385–388
   avaliação de, 385–389
   contabilização de, 383–385
   exercício antecipado de, 381–382

múltiplo de exercício, 387–389
reprecificação, 382–383
vida esperada, 385–386
Zions Bancorp, 389
Opção sobre índice de ações. *Ver* Opção de índice.
Opção sobre swaps, *Ver* Swaption.
Opção sobre títulos, 728–733, **925–949**
  árvore para opções sobre títulos americanas, 792–793
  avaliação *risk–neutral* e o modelo de Black, 720–721
  embutida, 728–730
  europeia, 728–733
  sobre títulos de cupom zero, 779–781
  sobre títulos que pagam cupom, 780–781
  volatilidades de rendimento, 732–733
Opções, classe de. *Ver* Classe de opões.
Opções de estender a vida, 863–864
Opções em uma oportunidade de investimento, 862–870
Opções envolvendo diversos ativos, 661–663
Opções para trocar um ativo por outro, 660–662
  avaliação *forward risk–neutral*, 722–723
Opções reais, 1, 858–870, **925–949**
Opções sobre títulos, 779–781, 792–793
Operadora de execução de swaps (SEF), 4–5
Operadores especiais, 41–42, **925–949**
Options Clearing Corporation (OCC), 241–243, **925–949**
Orange County, 94–95, 872, 874–875, 873, 883–884
Ordem, tipos de, 41–43
Ordem a mercado, 41–42
OTC, mercado. *Ver* Mercado de balcão.
Outside model hedge, 796–797
Overnight indexed swap (OIS), 214–219

Pacotes, 645–647, **925–949**
Pagamento antecipado, função de, 817–818, **925–949**
Par, rendimento, 88–90, **925–949**
Par, valor, **925–949**
Paralelo, movimento, **925–949**
Parametrização do limite de exercício, abordagem de, 701–703
Paridade das taxas de juros, 126
Paridade put-call, 257–262, 266–267, 273–276, 401–402, 405, 417–419, 466–468, **925–949**
  caps e floors, 735–736
Parisienses, opções, 654–655, **925–949**
Passível de cancelamento, contrato a termo, 646–647
Passível de cancelamento, swap, 834, **925–949**
PD, **925–949**. *Ver* Probabilidade de inadimplência.
Pedido após evento de inadimplência, 587–588
Perda na cauda, 534–535, **925–949**
Período de margem para cobertura do risco, 599–600
Permuta, opção de, 660–662, 722–723, **925–949**
Perpétua, opção de compra, 646–647
Perpétua, opção de venda, 647–648

Perpétuo, derivativo, 356–357, 646–648, **925–949**
Pesquisa empírica, **925–949**
Petróleo bruto, derivativos de, 842–843
Philadelphia Stock Exchange (PHLX), 232–233
Pico, exposição de, 600–601
Plain vanilla, produto, 162, 645–646, **925–949**
Poisson, processo de, 676–678, **925–949**
Ponderação exponencial, **925–949**
Ponto–base, 82–83, 97–98, **925–949**
Posições em aberto, 38–40, 238–239, **925–949**
Position traders, 41–42
Positiva–semidefinida, matriz, 578
Preço cotado, títulos e letra do Tesouro, 143–144, 730–731, 792–793. *Ver também* Preço limpo.
Preço de ajuste, 38–40, **925–949**
Preço de caixa, título e letra do Tesouro, 143–144, 730–731, 792–793. *Ver também* Preço sujo.
Preço de entrega, **925–949**
Preço de exercício, 9–10, 227, **925–949**
Preço de mercado do risco, 709–713, 861–863, **925–949**
  múltiplas variáveis de estado, 712–714, 719–721
Preço de oferta de venda, **925–949**
Preço do título
  BGM, 805–806
  Cox, Ingersoll, Ross, 771–772
  HJM, 802–803
  Vasicek, 771–772
Preço limpo, título, 143–144, 730–731, **925–949**. *Ver também* Preço cotado.
Preço sujo, título, 143–144, 730–731, **925–949**. *Ver também* Preço de caixa.
Preços de ações
  processo para, 329–334
  propriedade lognormal, 336–337, 344–346
  retorno esperado, 346–349
  taxa de retorno, distribuição da, 345–347
  volatilidade, 347–349, 471–473
Pregão viva–voz, sistema de, 3–4, 25, **925–949**
Prêmio, **925–949**
Primeiro dia do aviso, 40–41
Principal, **925–949**
Principal, apenas (PO), 819–820, **925–949**
Principal protegido, nota com, 271–275, **925–949**
Probabilidade, medida de, 712–713
Probabilidade de inadimplência, 586–588
  comparação de estimativas de probabilidades de inadimplência, 592–596
  estimativa, usando preços de ações, 595–598
  estimativa, usando preços de títulos, 588–591
  implícita de *credit default swaps*, 623–624
  implícita de dados de títulos, 588–591
  probabilidades de inadimplência históricas, 586–588
  risk–neutral versus mundo real, 594–596
Probabilidade máxima, método de, 567–569, 772–773, **925–949**
Probabilidades de inadimplência históricas, 586–588

Procedimentos de redução de variância, 512–516, **925–949**
    ajuste de momentos, 515–516
    amostragem de importância, 513–515
    amostragem estratificada, 515
    reamostragem quadrática, 515
    sequências quase–aleatórias, 516
    técnica de *controle de variação*, 513–514
    variáveis antitéticas, técnica das, 513–514
Procter and Gamble, 835–837, 874–877, 883–884
Program trading, 125, **925–949**
Protective put, 273–275, **925–949**
Puttable bond, 729–730, **925–949**
Puttable swap, 191–192, **925–949**

Quadrático, modelo, do *value at risk*, 548–551
Quanto, 190–191, 757, **925–949**

Range forward, contrato, 398–401, 646–647, **925–949**
Ratchet cap, 809–810, **925–949**
Razão de hedge de variância mínima, 62–64
Reamostragem quadrática, procedimento de redução da variância na, 515
Rebalanceamento, 352–353, 435–436, **925–949**
Recompra, acordo de, 84–85
Renda de juros líquida, 102–105
Rendimento, **925–949**
Rendimento de conveniência, 130–132, **925–949**
Rendleman–Bartter, modelo de taxas de juros de, 767–768
Repactuação, data da, **925–949**
Repasse, 818–819
Replicação estática de opções, 665–668, **925–949**
Repo, 84–85, **925–949**
Repo, taxa, 84–85, **925–949**
    repo overnight, 84–85
    term repo, 84–85
Reprecificação (opções sobre ações para funcionários), 382–383
Resgatável, título, 728–730, **925–949**
Resseguro, contra riscos catastróficos (resseguro CAT), 852–853
Restricted stock unit (RSU), 382–385, **925–949**
Resultado, **925–949**
Resultado analítico, **925–949**
Retorno esperado da ação, 332–334, 346–349
    preço de opção sobre ações e, 297–299
    irrelevância de, 297–299, 357–358
Retorno total, swap de, 627–629, **925–949**
Retractable bond, 729–730
Reversão à média, **925–949**
    commodity, 841–842, 845–848
    taxa de juros, 767–769
    volatilidade, 566–567
Right–way risk, 601–602

Risco. *Ver também Value at risk.*
    back testing, 552–553
    base, 57–62
    crédito, 187–189, 585–612
    não sistemático, 80, 713–714, **925–949**
    sistemático, 80, 713–714, **925–949**
    teste de estresse, 552–553, 876–877
Risco de base, **925–949**
    hedge e, 57–62
Risco e retorno, relação entre, para futuros, 133–135
RiskMetrics, 564–565
Rô, 450–454, **925–949**
    estimativa, usando árvore binomial, 493–494
Roll back, **925–949**
Rolling forward risk–neutral, 805–806

Saída opcional, contrato a termo com, 646–647
Saldo líquido, 601–602, **925–949**
Salto, processo de, 676–681, **925–949**
Salto–difusão, modelo de, 675–679, **925–949**
Salto–difusão, modelo misto de, 676–679
Salto–difusão de Merton, modelo misto de, 676–679
Saltos puros, modelo de, 675–676
Sanação, período de, 599–600
Sazonalidade, 841–842, 848–850
Scalper, 41–42, **925–949**
Securities and Exchange Commission (SEC), 242–243, 389, **925–949**
Securitização, 197–202, **925–949**
Segmentação, teoria da, formato da curva spot, 102–103
Segmentação de mercado, teoria da, 102–103, **925–949**
Seguro, 648–649
Seguro, derivativos de, 1, 852–853
    apreçamento, 853–855
Seguro de portfólio, 395–396, 455–459, 879–880, **925–949**
    volatilidade do mercado de ações e, 458–459
Sem arbitragem, modelo de taxas de juros, 773–793, **925–949**
    Black–Karasinski, modelo de, 778–780
    Heath–Jarrow–Morton, Modelo de (HJM), 801–805
    Ho–Lee, modelo de, 774–776
    Hull–White (dois fatores) modelo de, 779–780
    Hull–White (um fator) modelo de, 776–779
    LIBOR, modelo de mercado (LMM), 804–816
Sem arbitragem, pressuposto, **925–949**
Sensibilidade de preço, razão de hedge de, 156
Sequência de baixa discrepância, 516
Sequência quase–aleatória, procedimento de redução da variância em, 516, **925–949**
Serviços completos, corretores de, 238–239
Sharpe, índice de, 710–711, **925–949**
Shell, 874–875
Shout option, 657–658, **925–949**
Siegel, paradoxo de, 759

Índice

Simulação, **925–949**
Simulação parcial, abordagem de, simulação de Monte Carlo, 551–552
Single tranche trading, 630–632
Sintética, opção, 455–459, **925–949**
Sintético, CDO, 629–630, **925–949**
   avaliação, 631–642
Sistemático, risco, 80, 133–135, 594–595, 713–714, **925–949**
Sistêmico, risco, 5–6, 34–38, **925–949**
Sobregarantia, 200–201
Sociedade de propósito específico, 198–199
Société Générale, 19, 872–873, 877–878
Sorriso de volatilidade, 466–479, **925–949**
   determinando a distribuição implícita de preços de ativos, 483–485
   letras gregas e, 474–476
   opções de moeda estrangeira, 468–472
   opções sobre ações, 471–473
Spot
   contrato, 6–7
   convergência de preço futuro com preço spot, 29–31
   opção sobre futuros em comparação com opção sobre spot, 416–418
   preço, **925–949**
   preços a termo e preços spot, 6–7, 114–122
   preços futuros e preços spot futuros esperados, 132–135
   taxa de juros, 87–88, **925–949**
   volatilidade, 737–738, **925–949**
Spread, estratégia de negociação de, 275–284
Spread, modelamento, 817–818
Spread, opção de, **925–949**
Spread, operação de, 32–33, **925–949**
Spread ajustado para opções (OAS), 818–820, **925–949**
Spread calendário altista, 284
Spread calendário baixista, 284
Spread calendário neutro, 284
Spread de alta, 275–277, **925–949**
Spread de baixa, 277–280, **925–949**
Spread de crédito, opção de, 627–628, **925–949**
Spread diagonal, 284, **925–949**
Spread entre compra e venda, 168–169, 238–239, **925–949**
Spreads calendário invertidos, 284
SPV. *Ver* Sociedade de propósito específico.
Stack and roll, 71–73, **925–949**
Standard and Poor's (S&P), 585
Standard and Poor's (S&P), índice, 66–67
   100 Index (OEX e XEO), 232–233, 395–396
   500 Index (SPX), 66–67, 232–233, 395–396
   500 Index, futuros, 40–41
   Mini S&P 500, futuros, 66–67
   opções, 232–233, 395–396
Step–up, swap, 190–191, 823, **925–949**

Sterling overnight index average (SONIA), 84–85
Sticky cap, 809–810, **925–949**
Stop, ordem de, 41–42
Stop limitada, ordem de, 41–42
Stop–loss, estratégia de, 432–435
Stop–loss, ordem, 41–42
Straddle, 285–287, **925–949**
Straddle de compra, 285
Straddles de venda, 285
Strangle, 286–288, **925–949**
Strap, 286–287, **925–949**
Stressed VaR, 552–553, **925–949**
Strip, 89–90, 286–287, **925–949**
Strip, títulos, 89–90, 116–117, **925–949**
Subprime, hipoteca, 201–205, 873, **925–949**
Sumitomo, 874–875
Superfície de volatilidade, 473–475, **925–949**
Swap, curva spot de, 174–175. *Ver também* curva spot LIBOR.
Swap a termo, 190–191, 740–741, **925–949**
Swap com amortização indexado, 835–836, **925–949**
Swap de ativos, 590–591, **925–949**
Swap de moeda, 178–188, 826–828, **925–949**
   avaliação de, 183–186
   fixa por fixa, 178–186
   fixa por flutuante, 186
   flutuante por flutuante, 186
   para transformar passivos e ativos, 180–181
   vantagem comparativa, argumento da, 180–183
Swap de principal indexado, 835–836, **925–949**
Swap de taxas de juros, 162–192, 823–837, **925–949**
   avaliação, 174–179
   confirmação, 169–171
   contagem de dias, convenções de, 168–170
   intermediário financeiro, papel do, 167–168
   mecânica de, 163–169
   para transformar um ativo, 166–167
   para transformar um passivo, 165–167
   plain vanilla, swap de taxas de juros, 162
   vantagem comparativa, argumento da, 169–174
   VaR e, 546
Swap de vencimento constante (CMS), 190–191, 828–830, **925–949**
Swap do Tesouro de vencimento constante (CMT), 190–191, 829–830, **925–949**
Swaps, 162–192, **925–949**
   accrual, 190–191, 832–834
   amortização, 190–191, 823
   amortização indexada, taxa de, 835–836
   base, 824–825
   câmara de compensação, 188–190
   commodity, 191–192, 835–836
   compostos, 190–191, 825–827
   compostos passíveis de cancelamento, 834–836
   confirmações, 169–171
   diferenciais (*diff swap*), 830–831

diferidos, 740–741
embutidas, opções, 832–836
entre moedas, 827–828
equity, 190–191, 830–832
LIBOR–in–arrears, 190–191, 827–829
moeda, 178–188, 826–828, **925–949**
passível de cancelamento, 834
principal indexado, 835–836
retorno total, 627–629, **925–949**
risco de crédito e, 187–189
step–up, 190–191, 823
swaps a termo, 190–191, 740–741
taxa de juros. *Ver* Swaps de taxas de juros.
Tesouro de vencimento constante (CMT), 190–191, 829–830
vantagem comparativa, argumento da, 169–174, 180–183
variância, 662–664
vencimento constante (CMS), 190–191, 828–830
volatilidade, 191–192, 662–665
Swaps compostos passíveis de cancelamento, 834–836
Swaption, 191–192, 740–745, **925–949**
bermuda, swaptions, 814–816
justificativa teórica para o modelo de Black, 743–744
relação com opções sobre títulos, 741–742
swaption europeia, 740–745, 810–813
volatilidades implícitas, 742–743
Swing, opção de, mercado de eletricidade e gás natural, 844–845, **925–949**

TABX, índice, 204–205
Tailing the hedge, 65–66, **925–949**
Take–and–pay, opção, mercado de eletricidade e gás natural, 844–845
Tamanho do contrato, 28–29
Taxa de câmbio a termo, **925–949**
Taxa de curto prazo, 765, **925–949**
árvores de taxas de juros, 781–793
calibramento, 792–796
estruturas da volatilidade, 780–782
generalizado de construção de árvores, procedimento, 783–793
hedge usando modelos unifatoriais, 794–797
modelos de equilíbrio, 766–774
opção sobre títulos, 779–781
sem arbitragem, modelos, 773–793
Taxa de desconto, letra do Tesouro, 143–144
Taxa de juros básica (*Fed funds*), 83–84, 214–216, **925–949**
efetiva, 83–84
Taxa de juros de cupom zero, 87–88, **925–949**
Taxa de juros livre de risco, 84–85, 162–164, 213–216, 590–591, **925–949**
efeito no preço da opção, 253–254
Taxa de recuperação, 587–589, 624–625, **925–949**
Taxa de risco, 586–588, **925–949**

Taxa de swap, 168–169, 740–742, **925–949**
convexidade, ajustamento para, 753–756
taxa LIBOR *versus*, 173–174
Taxa do Tesouro, 82–84
Taxa zero do Tesouro, 87–88, 89–93
Taxas de câmbio
Black–Scholes–Merton e, 406–408
dados empíricos, 469–470
Taxas de juros, 82–106
capitalização contínua, 86–88
contagem de dias, convenções de, 141–143, 168–170
contratos de taxa forward (FRA), 93–97
convexidade, ajustamento para, 750–756
curva de juros de cupom zero, 89–93
estrutura a termo, teorias da, 102–105
forward, 92–95
modelamento de taxas baixas, 791
modelos de equilíbrio, 766–774
spot, 87–88
taxa de curto prazo, modelos de, 765–797
tipos de, 82–85
Taxas de juros, opções sobre, 728–838, **925–949**
Taxas de juros baixas, modelos para, 791
Taxpayer Relief Act of 1997, 243–244
Teaser, taxa, 202–203
Técnica de *controle de variação*, procedimento de redução da variância na, 500–503, **925–949**
TED spread, 205–206, 214–215, **925–949**
Tempestividade, ajustamento para, 754–757, **925–949**
accrual swap, 832–834
swap de vencimento constante (CMS), 829–830
Tempo, parâmetros dependentes do, 505–507
Tempo contínuo, processo estocástico de, 323–330
Tempo discreto, processo estocástico de, 323, 330–333
Temporal, valor, 234–235, **925–949**
Tendência para o valor de face, **925–949**
Tenor, 188–190, 733–734, **925–949**
Teoria da preferência pela liquidez, 102–105, **925–949**
Term repo, 84–85
Termo, preço a, 8–9, 114–122, **925–949**
lema de Itô, aplicado a, 336
para um ativo de investimento que não oferece renda, 114–117
para um ativo de investimento que oferece renda em caixa conhecida, 117–120
para um ativo de investimento que oferece um rendimento conhecido, 119–120
relação com preço futuro, 121–123
Termo, taxa de juros a, 92–95, 176–179, 750–752, **925–949**
instantânea, 92–95
taxas de juros futuras *versus*, 151–154
Teste de estresse, 552–553, 876–877, **925–949**
Teta, 441–444, 453–454, **925–949**
estimativa, usando árvore binomial, 493–494
relação com delta e gama, 447–449

Time–of–day, ordem, 42–43
Título, rendimento do, 88–89, **925–949**
Título garantido por ativos, 198–199, 629–630, **925–949**
Título lastreado por hipoteca (MBS), 197–199, 817–820, **925–949**
　avaliação de títulos lastreados por hipoteca, 818–819
　estripado, título lastreado por hipoteca, 819–820
　obrigação garantida por hipoteca, 818–819
　spread ajustado para opções (OAS), 818–820
Títulos, apreçamento de, 87–90
Títulos, avaliação de
　Cox, Ingersoll, Ross, modelo de, 769–770
　Geral, modelo, da taxa de curto prazo, 766–767
　Vasicek, modelo de, 768–769
Títulos de antecipação do patrimônio a longo prazo (LEAPS), 233–234, **925–949**
Títulos do Tesouro, **925–949**
Títulos lastreados por hipoteca de agência. *Ver* Título lastreado por hipoteca.
To–arrive, contrato, 2–3
Tokyo International Financial Futures Exchange (TIFFE), 25
Traders, tipos de, 11–18, 41–43
Tradicional, mundo *risk–neutral*, 708–709, 711–712, 758–760
Tranche, 198–202, 629–630, **925–949**
Tranche de patrimônio líquido, 198–202, 629–630, **925–949**
Tranche mezanino, 198–202, 629–630, **925–949**
Transação, custo de, 441–442, **925–949**
Transparência de mercado, 880–883
Tributação, 45
　estratégia de planejamento, 243–244
Triple witching hour, **925–949**

Último dia de negociação, 40–41
Último dia do aviso, 40–41
Up–and–in
　opção, 652–653, **925–949**
　opção de venda, 652–653
　opções de compra, 652–653
Up–and–out
　opção, 652–653, **925–949**
　opções de compra, 652–653
　opções de venda, 652–653
Uptick, 113–114, **925–949**

Valor esperado de uma variável, **925–949**
Value at risk (VaR), 532–557, **925–949**
　análise de componentes principais, 552–557
　benefícios da diversificação e, 542–543
　comparação de abordagens, 551–553
　construção de modelos, abordagem de, 539–552
　C–VaR, 534–535
　expected shortfall, 534–535, **925–949**
　horizonte temporal, 534–536

mapeamento de fluxo de caixa e, 545–546
modelo linear, 543–548
nível de confiança, 532
quadrático, modelo, 548–551
RiskMetrics e, 564–565
simulação de Monte Carlo, 550–552
simulação histórica, 535–540
taxas de juros e, 545–546
uso por reguladores bancários, 533
volatilidades e, 539–541
Value at risk de crédito, 608–611, **925–949**
Vantagem comparativa, argumento da
　swap de moeda, 180–183
　swap de taxas de juros, 169–174
Vantagem de volatilidade, 471–472, 814, **925–949**
Variação, margem de, 31–32, **925–949**
Variance targeting, 569–570
Variância, swap de, 662–664, **925–949**
Variância, taxa de, 561, **925–949**
　estimativa usando métodos de probabilidade máxima, 567–569
Variáveis antitéticas, procedimento de redução da variância na técnica das, 513–514
Variável determinística, **925–949**
Variável subjacente, **925–949**
Vasicek, modelo de crédito de, 608–609
Vasicek, modelo de taxas de juros de, 767–772
　em comparação com Cox, Ingersoll, Ross, 771–772
Vega, 448–454, 576, **925–949**
　derivativos de taxas de juros, 745–746
　estimativa, usando árvore binomial, 493–494
Vega neutro, portfólio, 448–449, **925–949**
Vencimento, data de, 9–10, 227, **925–949**
Venda a descoberto, 112–114, **925–949**
Venda construtiva, 243–245
Vendida, posição, 6–7, 11–12, **925–949**
Vickers, comissão, 209–210
Vida esperada, 385–386
VIX, índice, 366, 664–666, **925–949**
Volatilidade, derivativos de taxas de juros, **925–949**
　estruturas, 780–782
　vantagens de volatilidade, 814, **925–949**
　volatilidade da taxa forward, 806–808
　volatilidade *flat*, 737–738
　volatilidade spot, 737–738
Volatilidade, estrutura a termo da, 473–475, 573–575, **925–949**
Volatilidade, swap de, 191–192, 662–665, **925–949**
Volatilidade das taxas forward, 806–808
Volatilidade dos preços de ações
Volatilidade *flat*, 737–738, **925–949**
Volatilidade implícita, 365–366, **925–949**
Volatilidades de rendimento, 732–733
Volatilidades de rendimento de títulos, 732–733
Volcker, regra, 209–210, **925–949**
Volume de negociação, 38–40

Warrant, 244–245, 362–364, **925–949**
Wash sale, regra, 242–244
Weather Risk Management Association (WRMA), 851–852
Weeklys, 234–235, **925–949**
Wiener, processo de, 325–330, **925–949**
Wiener generalizado, processo de, 326–329, **925–949**
Wild card play, 148–149, **925–949**
Wrong way risk, 601–602

Zero, curva de cupom, 89–93, **925–949**
  buckets e, 157
  expectativas, teoria das, 102–103
  formato da curva spot, teorias, 102–103
  múltipla, 815–818
  segmentação de mercado, teoria da, 102–103
  Teoria da preferência pela liquidez, 102–105
Zero, taxa, 87–88, **925–949**
Zions Bancorp, 389